ナ表記の対照表

r エッレ	ra ラ	re レ	ri リ	ro ロ	ru ル	舌の先を軽く震わせて
s エッセ	sa サ	sc セ	si スィ	so ソ	su ス	日本語「シ」はsci の発音
	sa ザ	se ゼ	si ズィ	so ゾ	su ズ	母音間や語頭 (s+b[d, g, l, m, n, r, v]) で
	sca スカ	sche スケ	schi スキ	sco スコ	scu スク	
	scia シャ	sce[scie] シェ	sci シ	scio ショ	sciu シュ	語中では軽く詰まって「ッシ」
t ティ	ta タ	te テ	ti ティ	to ト	tu トゥ	ti, tu は「チ」「ツ」と区別
v ヴ	va ヴァ	ve ヴェ	vi ヴィ	vo ヴォ	vu ヴ	日本語の「バ行」にならないように
z ゼータ	za ツァ	ze ツェ	zi ツィ	zo ツォ	zu ツ	
	za ザ	ze ゼ	zi ズィ	zo ゾ	zu ズ	語頭や -zz- の場合に「ヅァ」でなくてよい

名詞・形容詞の不規則な語尾変化のパターン

(巻末ミニ文法参照)

[0]: 単複同形

[1]: 男性形の語尾を [-a] に変えて女性形

[2]: 男性形の語尾

[3]: 男性形 [-a] の

[4]: 男性形 [-o] の

[5]: 男性形 [-o] の

[6]: [capo-] の合成

デイリー
日伊英
Daily Japanese-Italian-English Dictionary
伊日英
辞典

藤村昌昭 [監修]
三省堂編修所 [編]

三省堂

© Sanseido Co., Ltd. 2003

Printed in Japan

装丁　米谷テツヤ
装画　東恩納裕一

まえがき

　昨年の６月，日本全国がサッカーワールドカップの開催に沸き返っていた頃，初学者を対象とした見やすくシンプルな３か国語辞典をめざして本シリーズが誕生しました．幸い，読者の皆様にご好評をいただき，今年はイタリア語の辞典を送り出すことになりました．

　２１世紀に入り，私たちを取り巻く世界は急速な変化を遂げつつあります．
　コンピュータ技術の飛躍的な発展により，地球は一挙に狭くなりました．
　これは言語の世界にも影響を及ぼし，とくに，インターネットの分野における英語の優位性は揺るぎないものとなりました．
　その一方で，世界各地の固有の言語の重要性も増しています．言語は文化を写す鏡，その多様性に私たちは強く惹かれます．いろいろな国の人々とその国の言葉でコミュニケーションできる楽しみは，外国語を学ぶ原点ともいえましょう．一つの単語から，外国語学習の扉が無限に開かれます．

　その際に，強い味方となるのが辞書です．しかし，多くの辞書は限られたスペースに最大の情報を盛ろうとするため，見やすさ，引きやすさの点で問題があります．また，詳細な語義区分や文法解説などが入っていても，初学者にとっては，かえって単語そのものの意味に迫りにくくなっている場合もあります．

　本書は，学生からシルバー世代まで幅広い初学者の立場を考え，思い切ってシンプルに編集しました．

　まず，「日伊英」の部では，日本語に対応するイタリア語がひと目で分かります．日常よく使う１万１千の日本語が五十音順に並んでいます（派生語・複合語を含めると約１万５千項目）．

　「伊日英」の部は，かなり高度なイタリア語にも挑戦していただけるように，約9000語（約1800語の重要語は赤字で表示）を収録し，その単語の使い方が分かるような用例や成句も入っています．また，派生語や関連語を一緒に覚えられるようにまとめてありますので，効率のよい学習が可能です．さらに，「日伊英」の部と補い合うような形で利用できますから，語学のベテランの備忘録としても役立ちます．

「日常会話表現」の部では，テーマや場面ごとによく使われる表現を集めました．ちょっとした会話をお楽しみください．

そして，すべての部に英語を併記しましたので，日本語と英語，イタリア語と英語を比較対照しながら，語彙力をアップすることができます．

さらに，初学者には頭の痛い発音記号をいっさい使わずに，日本人が発音しやすいカタカナ表記を工夫して付けました．イタリア語に初めて接する人にとっては，心強い道しるべになってくれることでしょう．

本書の編集は，日本語と英語の選定および英語のカタカナ発音は原則としてシリーズ共通のものとし，イタリア語の部分と全体的な監修作業を大阪外国語大学教授 藤村昌昭先生にお願いいたしました．

携帯に便利で見やすくシンプルなこの「デイリー日伊英・伊日英辞典」がイタリア語を愛する読者の皆様の強い味方になってくれることを，心から願っています．

2003年 7月

三省堂編修所

目 次

- この辞典の使い方............ (v)(vi)
- 日伊英辞典.................. 1～714
- 日常会話表現................ 715～744
- 伊日英辞典.................. 746～1038
- ミニ文法.................... 1039～1048

この辞典の使い方

【日伊英の部】

●日本語見出し語欄

・日常よく使われる日本語約1万1千語を五十音順に配列.
・長音「ー」は，直前の母音に置き換えて配列.
　　例：アーチ → ああち，チーム → ちいむ
・常用漢字以外の漢字も使用し，親見出しの漢字については，すべてふりがなを付した.
・語義が複数ある場合には，（ ）内に限定的な意味を記述.
・見出し語を用いた派生語，複合語も約4千語収録.

●イタリア語欄

・見出しの日本語に対応するイタリア語を掲載.
・イタリア語には簡便なカタカナ発音を付した. アクセントは太字で示した.
・名詞の性数を表示した.

　　例：　アルピニスト　　alpinista *m.f.*
　　　　　　　　　　　　　アルピニスタ
　　　　　アルプス　　　　le Alpi *f.pl.*
　　　　　　　　　　　　　レ アルピ

●英語欄

・見出しの日本語に対応する英語を掲載.
・英語にもカタカナ発音を付した. アクセントは太字で示した.

【伊日英の部】

・見出し語イタリア語にはすべてカタカナ発音を付した. アクセントは太字で示した. さらに，アクセントの位置（多くの場合は語尾から数えて2番目の音節）が不規則な場合には，派生語や関連語にもカタカナ発音を付した.
・規則動詞と不規則動詞の主な活用形を巻末に掲載し，不規則動詞の見出し語には①〜㊱の参照番号を付した.
・近過去などで自動詞が助動詞[essere]を取るものを中心に[es]の省略形で示した.
・過去分詞の不規則変化はすべて付記した.
・再帰動詞は◆で示した.
・名詞と形容詞の不規則な語尾変化の主なパターンを巻末に掲載し，見出し語などに参照番号（[0]〜[6]）を付した.

(vi)

【日常会話表現の部】

- テーマや状況別に，よく使われる日常会話表現を掲載．
- 対応する英語表現も掲載．ただし，カタカナ発音は省略．
- テーマ・状況別の目次については，裏見返し参照．

【巻末ミニ文法】

- 冠詞，冠詞前置詞，人称代名詞の表を掲載．
- 名詞と形容詞の語尾変化表，不規則動詞の活用表を掲載．

■略語・記号一覧■

(日伊英の部)

m. 男性名詞　　*f.* 女性名詞
pl. 複数形

(伊日英の部)

男 男性名詞	女 女性名詞	代 代名詞
他 他動詞	自 自動詞	再 再帰動詞
形 形容詞	副 副詞	間 間投詞
前 前置詞	接 接続詞	冠 冠詞

自 [es]　助動詞[essere]を取る自動詞
自 [es/av]　助動詞[essere/avere]を使い分ける自動詞
　　　*指示のないものは[avere]
qc　qualcuno〈人〉を指示
qs　qualcosa〈物や物事〉を指示

その他一般記号

/..../	カタカナ発音
(英...)	見出し語に対応する英語
―	品詞換え指示
〔...〕	語義の限定や用法
《...》	専門分野（例：《コン》コンピューター，《スポ》スポーツ）
[...]	言い換え可能指示
～	「日伊英」の部で，見出し語相当部分を指示
―	「伊日英」の部で，見出し語相当部分を指示

日	伊	英

あ, ア

アース	massa *f.*, terra *f.* マッサ, テッラ	ground グラウンド
アーチ	arco *m.* アルコ	arch アーチ
愛	amore *m.* アモーレ	love ラヴ
藍色(の)	indaco *m.* インダコ	indigo-blue インディゴ ブルー
合鍵	duplicato della chiave *m.* ドゥプリカート デッラ キアーヴェ	duplicate key デュープリケト キー
相変わらず	come al solito, sempre コーメ アル ソーリト, センプレ	as usual アズ ユージュアル
愛嬌のある	simpatico, piacevole スィンパーティコ, ピアチェーヴォレ	charming チャーミング
愛国心	patriottismo *m.* パトリオッティズモ	patriotism ペイトリオティズム
合い言葉	parola d'ordine *f.* パローラ ドルディネ	password パスワード
挨拶	saluto *m.* サルート	greeting グリーティング
～する	salutare サルターレ	greet, salute グリート, サルート
愛称	vezzeggiativo *m.* ヴェッゼッジャティーヴォ	pet name ペト ネイム
相性	affinità *f.*, compatibilità *f.* アッフィニタ, コンパティビィリタ	affinity, compatibility アフィニティ, コンパティビリティ
愛情	amore *m.*, affetto *m.* アモーレ, アッフェット	love, affection ラヴ, アフェクション
愛人	amante *m.f.* アマンテ	*one's* lover ラヴァ
合図	cenno *m.*, segno *m.* チェンノ, セーニョ	signal, sign スィグナル, サイン
～する	accennare アッチェンナーレ	give a signal ギヴ ア スィグナル
アイスクリーム	gelato *m.* ジェラート	ice cream アイス クリーム

日	伊	英
アイススケート	pattinaggio su ghiaccio *m.* パッティナッジョ ス ギアッチョ	ice skating アイス スケイティング
アイスホッケー	hockey su ghiaccio *m.* オケイ ス ギアッチョ	ice hockey アイス ハキ
アイスランド	Islanda *f.* イズランダ	Iceland アイスランド
〜の	islandese イズランデーゼ	Icelandic アイスランディク
愛する	amare アマーレ	love ラヴ
愛想	amabilità *f.*, affabilità *f.* アマビリタ, アッファビリタ	affability アファビラティ
〜のよい	amabile, affabile アマービレ, アッファービレ	affable アファブル
〜が尽きる	provare disgusto *per* プロヴァーレ ディズグスト	become disgusted ビカム ディスガステド
間 (AとBの)	fra [tra] A e B フラ(トラ)	between A and B ビトウィーン アンド
(三つ以上の)	fra[tra] フラ(トラ)	among アマング
(期間)	durante ドゥランテ	during デュアリング
(…している〜)	mentre メントレ	while (ホ)ワイル
相槌をうつ	dare il consenso ダーレ イル コンセンソ	chime in *with* チャイム イン
相手 (相棒)	compagno(-a) *m.(f.)* コンパーニョ(ニャ)	partner パートナ
(相手役)	comprotagonista *m.f.* コンプロタゴニスタ	co-star コウスター
(競争)	concorrente *m.f.* コンコッレンテ	opponent オポウネント
(戦いの)	avversario(-a) *m.(f.)* アッヴェルサーリオ(ア)	adversary アドヴァセリ
(ライバル)	rivale *m.f.* リヴァーレ	rival ライヴァル
アイディア	idea *f.* イデーア	idea アイディーア
あいている		
(開いた)	aperto アペルト	open オウプン

日	伊	英
（空の）	vuoto ヴオート	vacant ヴェイカント
（使用可能な）	libero リーベロ	vacant ヴェイカント
（時間が）	libero リーベロ	free フリー
あいどくしょ 愛読書	il *proprio* libro preferito *m.* イル リーブロ プレフェリート	*one's* favorite book フェイヴァリト ブク
アイドル	idolo *m.* イードロ	idol アイドル
あいにく 生憎	purtroppo, per sfortuna プルトロッポ，ペル スフォルトゥーナ	unfortunately アンフォーチュネトリ
あい の 相乗りする	andare insieme アンダーレ インスィエーメ	ride together ライド トゲザ
あいはん 相反する	opposto, contrario オッポスト，コントラーリオ	contrary カントレリ
あいぶ 愛撫する	accarezzare アッカレッツァーレ	caress カレス
あいべや 相部屋になる	dividere la stanza *con* ディヴィーデレ ラ スタンツァ	share a room *with* シェア ア ルーム
あいま 合間	intervallo *m.*, pausa *f.* インテルヴァッロ，パウザ	interval, leisure インタヴァル，リージャ
あいまい 曖昧な	ambiguo, impreciso アンビーグォ，インプレチーゾ	vague, ambiguous ヴェイグ，アンビギュアス
アイルランド	Irlanda *f.* イルランダ	Ireland アイアランド
～の	irlandese イルランデーゼ	Irish アイアリシュ
アイロン	ferro da stiro *m.* フェッロ ダ スティーロ	iron アイアン
あ 会う	vedere, incontrare ヴェデーレ，インコントラーレ	see, meet スィー，ミート
あ 合う(サイズが)	stare bene *a* スターレ ベーネ	fit フィト
（色や服が）	andare bene *a* アンダーレ ベーネ	suit, match スート，マチ
（気が）	andare d'accordo *con* アンダーレ ダッコルド	get along well *with* ゲト アロング ウェル

日	伊	英
アウトプット	uscita *f.* ウッシータ	output アウトプト
アウトライン	contorno *m.*, profilo *m.* コントルノ, プロフィーロ	outline アウトライン
喘ぐ	ansare, ansimare アンサーレ, アンスィマーレ	pant, gasp パント, ギャスプ
敢えてする	osare, azzardarsi *a* オザーレ, アッザルダルスィ	dare to *do* デア トゥ
和える	condire A con B コンディーレ	dress A with B ドレス
青(い)	azzurro *m.* アッズッロ	blue ブルー
扇ぐ	sventolare ズヴェントラーレ	fan ファン
青写真	cianografia *f.* チャノグラフィーア	blueprint ブループリント
青白い	pallido パッリド	pale, wan ペイル, ワン
青信号	semaforo verde *m.* セマーフォロ ヴェルデ	green light グリーン ライト
青二才	sbarbatello ズバルバテッロ	greenhorn グリーンホーン
仰向けに	sul dorso スル ドルソ	on *one's* back オン バク
垢	crosta *f.*, sudiciume *m.* クロスタ, スディチューメ	dirt ダート
赤(い)	rosso *m.* ロッソ	red レド
足掻く	dibattersi ディバッテルスィ	struggle ストラグル
赤くなる	diventare rosso ディヴェンターレ ロッソ	turn red ターン レド
(赤面)	arrossire アッロッスィーレ	blush ブラシュ
証し	prova *f.*, testimonianza *f.* プローヴァ, テスティモニアンツァ	proof, evidence プルーフ, エヴィデンス
赤字	deficit *m.* デーフィチト	deficit デフィスィト

日	伊	英
あきち 空き地	spiazzo *m.* スピアッツォ	vacant land ヴェイカント ランド
あきびん 空き瓶	bottiglia vuota *f.* ボッティッリァ ヴオータ	empty bottle エンプティ バトル
あきべや 空き部屋	camera libera *f.* カーメラ リーベラ	vacant room ヴェイカント ルーム
あき 秋	autunno *m.* アウトゥンノ	autumn, fall オータム, フォール
あき 明らかな	evidente, ovvio エヴィデンテ, オッヴィオ	evident, obvious エヴィデント, オブヴィアス
明らかに	evidentemente, ovviamente エヴィデンテメンテ, オッヴィアメンテ	evidently, obviously エヴィデントリ, オブヴィアスリ
あき 諦らめる	rinunciare *a*, rassegnarsi *a* リヌンチャーレ, ラッセニャルスィ	give up, abandon ギヴ アップ, アバンドン
あ 飽きる	annoiarsi[stancarsi] *di* アンノイアルスィ(スタンカルスィ)	get tired ゲト タイアド
アキレス腱	tendine di Achille *m.* テンディネ ディ アキッレ	Achilles' tendon アキリーズ テンドン
あき 呆れる	stupirsi, sbalordirsi ストゥピルスィ, ズバロルディルスィ	be amazed *at* ビ アメイズド
あく 悪	male *m.*, vizio *m.* マーレ, ヴィーツィオ	evil, vice イーヴィル, ヴァイス
あ 空く	vuotarsi, sfittarsi ヴオタルスィ, スフィッタルスィ	become vacant ビカム ヴェイカント
アクアラング	autorespiratore *m.* アウトレスピラトーレ	aqualung アクワラング
あくい 悪意	malizia *f.* マリーツィア	malice マリス
あくじ 悪事	cattiveria *f.* カッティヴェーリア	evil deed イーヴィル ディード
あくしつ 悪質な	vizioso, tristo ヴィツィオーゾ, トリスト	vicious ヴィシャス
あくしゅ 握手する	stringere la mano *a* ストリンジェレ ラ マーノ	shake hands *with* シェイク ハンズ
あくしゅう 悪臭	puzzo *m.* プッツォ	bad smell バド スメル
あくせい 悪性の	maligno マリーニョ	malignant マリグナント

日	伊	英
明かす	rivelare, svelare リヴェラーレ, ズヴェラーレ	disclose ディスクロウズ
夜を〜	passare la notte パッサーレ ラ ノッテ	spend a night スペンド ア ナイト
赤ちゃん	bimbo(-a) *m.(f.)* ビンボ(バ)	baby ベイビ
アカデミー賞	premio Oscar *m.* プレーミオ オスカル	Academy Award, Oscar アキャデミ アウォード, オスカ
アカデミックな	accademico アッカデーミコ	academic アカデミク
アカペラ(で)	a cappella アッカッペッラ	a cappella ア カペラ
赤身 (肉の)	magro *m.* マーグロ	lean リーン
崇める	adorare, venerare アドラーレ, ヴェネラーレ	respect リスペクト
明かり	luce *f.*, lampada *f.* ルーチェ, ランパダ	light, lamp ライト, ランプ
上がる (移動)	salire サリーレ	go up, rise, climb ゴウ アップ, ライズ, クライム
(増加)	aumentare アウメンターレ	rise, advance ライズ, アドヴァンス
(興奮)	emozionarsi エモツィオナルスィ	get nervous ゲト ナーヴァス
明るい (明暗)	chiaro, luminoso キアーロ, ルミノーゾ	bright, light ブライト, ライト
(陽気)	allegro, gaio アッレーグロ, ガイオ	cheerful チアフル
(精通)	avere familiarità con アヴェーレ ファミリアリタ	be familiar *with* ビ ファミリャ
空き (隙間)	apertura *f.*, fessura *f.* アペルトゥーラ, フェッスーラ	opening, gap オウプニング, ギャプ
(余地)	spazio *m.*, posto *m.* スパーツィオ, ポスト	room ルーム
(空席)	posto libero *m.* ポスト リーベロ	vacant seat ヴェイカント スィート
(欠員)	posto vacante *m.* ポスト ヴァカンテ	vacancy ヴェイカンスィ
空き缶	lattina vuota *f.* ラッティーナ ヴオータ	empty can エンプティ キャン

日	伊	英
アクセサリー	accessori *m.pl.* アッチェッソーリ	accessories アクセサリズ
アクセス	accesso *m.* アッチェッソ	access アクセス
アクセル	acceleratore *m.* アッチェレラトーレ	accelerator アクセラレイタ
アクセント	accento *m.* アッチェント	accent アクセント
あくどい	disonesto, malvagio ディゾネスト, マルヴァージョ	wicked, crooked ウィキド, クルキド
悪人	persona cattiva *f.* ペルソーナ カッティーヴァ	bad person バド パーソン
欠伸	sbadiglio *m.* ズバディッリォ	yawn ヨーン
〜をする	sbadigliare ズバディッリアーレ	yawn ヨーン
悪魔	diavolo *m.*, demonio *m.* ディアーヴォロ, デモーニオ	evil spirit, devil イーヴィル スピリト, デヴィル
悪夢	incubo *m.* インクボ	nightmare ナイトメア
悪名高い	famigelato ファミジェラート	notorious ノウトーリアス
悪用する	abusare アブザーレ	abuse アビューズ
胡座をかく	sedersi alla turca セデルスィ アッラ トゥルカ	sit cross-legged スィト クロスレグド
握力	stretta di mano *f.* ストレッタ ディ マーノ	grasping power グラスピング パウア
アクリル	acrile *m.* アクリーレ	acrylic アクリリク
アクロバット	acrobazia *f.* アクロバツィーア	acrobatics アクロバティクス
明け方	alba *f.* アルバ	daybreak デイブレイク
開け放す	spalancare スパランカーレ	open wide オウプン ワイド
開ける	aprire アプリーレ	open オウプン
(包みを)	scartare スカルターレ	unwrap アンラプ

日	伊	英
空ける	vuotare, svuotare	empty, vacate
挙げる		
手を〜	alzare la mano	raise one's hand
例を〜	citare un esempio	give an example
上げる	alzare, sollevare	raise, lift
（増加）	aumentare	increase, raise
（進級・昇進）	promuovere	promote
（上達・向上）	fare progressi in	improve
（与える）	dare, offrire	give, offer
揚げる	friggere	deep-fry
凧を〜	far volare un aquilone	fly a kite
顎	mento m., mascella f.	chin, jaw
憧れる	aspirare, sognare	aspire to, long for
朝	mattina f., mattino m.	morning
麻（布）	lino m.	linen
痣	livido m., voglia f.	bruise, birthmark
浅い（深さが）	poco profondo, basso	shallow
（傷や眠りが）	leggero	slight, light
（知識が）	superficiale	superficial
朝市	mercato del mattino m.	morning market

日	伊	英
厚い (幅や)	spesso, grosso スペッソ, グロッソ	thick スィク
	cordiale, caloroso コルディアーレ, カロローゾ	cordial, hearty コーヂャル, ハーティ
悪化	peggiorare, aggravarsi ペッジョラーレ, アッグラヴァルスィ	grow worse グロウ ワース
	trattare トラッターレ	treat, deal with トリート, ディール ウィズ
	manovrare マノヴラーレ	handle ハンドル
	sfacciato, impudente スファッチャート, インプデンテ	impudent インピュデント
	cartone *m.* カルトーネ	cardboard カードボード
厚着する	coprirsi bene コプリルスィ ベーネ	be heavily clothed ビ ヘヴィリ クロウズド
暑苦しい	soffocante, afoso ソッフォカンテ, アフォーゾ	sultry, stuffy サルトリ, スタフィ
暑[熱]さ	caldo *m.* カルド	heat ヒート
厚さ	spessore *m.* スペッソーレ	thickness スィクネス
あっさり	facilmente, semplicemente ファチルメンテ, センプリチェメンテ	easily, simply イーズィリ, スィンプリ
圧縮	compressione *f.* コンプレッスィオーネ	compression コンプレション
～する	comprimere コンプリーメレ	compress コンプレス
斡旋する	fare da media*tore*(*-trice*) ファーレ ダ メディアトーレ(トリーチェ)	serve as *one's* mediator サーヴ アズ ミーディエイタ
厚手の	spesso, grosso スペッソ, グロッソ	thick スィク
圧倒する	sopraffare, schiacciare ソプラッファーレ, スキアッチャーレ	overwhelm オウヴァホウェルム
圧倒的な	schiacciante スキアッチャンテ	overwhelming オウヴァホウェルミング
圧迫する	opprimere, reprimere オップリーメレ, レプリーメレ	oppress, press オプレス, プレス

日	伊	
アップ	su ス	up アプ
～する	aumentare アウメンターレ	raise レイズ
髪を～にする	tirarsi su i capelli ティラルスィ スイ カペッリ	put up *one*. プト アップ ヘア
アップトゥ デートな	aggiornato, moderno アッジョルナート, モデルノ	up-to-date アプトゥデイト
集まり（会合）	riunione *f.*, raduno *m.* リウニオーネ, ラドゥーノ	meeting, gather ミーティング, ギャザリン
集まる	riunirsi, radunarsi リウニルスィ, ラドゥナルスィ	gather ギャザ
厚み	spessore *m.* スペッソーレ	thickness スィクネス
集める	raccogliere, radunare ラッコッリエレ, ラドゥナーレ	gather, assemble ギャザ, アセンブル
誂える	ordinare su misura オルディナーレ スッミズーラ	order オーダ
圧力	pressione *f.* プレッスィオーネ	pressure プレシャ
～鍋	pentola a pressione *f.* ペントラ アプレッスィオーネ	pressure cooker プレシャ クカ
～をかける	esercitare pressione *su* エゼルチターレ プレッスィオーネ	put pressure *on* プト プレシャ
当て（目的）	scopo *m.*, meta *f.* スコーポ, メータ	aim エイム
～にする	contare *su*, fidarsi *di* コンターレ, フィダルスィ	rely *on*, count *on* リライ, カウント
（期待）	aspettarsi アスペッタルスィ	expect イクスペクト
宛て先［名］	indirizzo *m.* インディリッツォ	address アドレス
（受取人）	destinatario(-*a*) *m.(f.)* デスティナターリオ(ア)	addressee アドレスィー
当てはまる	essere appropriato *a* エッセレ アップロプリアート	be applicable *to* ビ アプリカブル
当てる	colpire, cogliere コルピーレ, コッリエレ	hit, strike ヒト, ストライク
（推測）	indovinare, azzeccare インドヴィナーレ, アッツェッカーレ	guess ゲス

日	伊	英
あさせ 浅瀬	bassofondo *m.*, secca *f.* バッソフォンド、セッカ	shoal, shallows ショウル、シャロウズ
あさって 明後日	dopodomani ドーポドマーニ	the day after tomorrow ザ デイ アフタ トモーロウ
あさねぼう 朝寝坊	dormiglione(-a) *m.(f.)* ドルミッリオーネ(ナ)	late riser レイト ライザ
あさひ 朝日	sole del mattino *m.* ソーレ デル マッティーノ	the morning sun モーニング サン
あざむ 欺く	ingannare インガンナーレ	cheat チート
あざ 鮮やかな	vivace ヴィヴァーチェ	vivid ヴィヴィド
（見事な）	brillante, splendido ブリッランテ、スプレンディド	splendid スプレンディド
あし 脚	gamba *f.* ガンバ	leg レグ
あし 足	piede *m.* ピエーデ	foot フト
（犬や猫の）	zampa *f.* ザンパ	paw ポー
〜を組む	accavallare le gambe アッカヴァッラーレ レ ガンベ	cross *one's* legs クロース レグズ
〜を棒にする	avere le gambe rotte アヴェーレ レ ガンベ ロッテ	walk *one's* legs off ウォーク レグズ オーフ
〜を引っ張る	contrastare コントラスターレ	thwart スウォート
あじ 味	gusto *m.* グスト	taste テイスト
（風味）	sapore *m.* サポーレ	flavor フレイヴァ
アジア	Asia *f.* アーズィア	Asia エイジャ
〜の	asiatico アズィアーティコ	Asian, Asiatic エイジャン、エイジアティク
あしあと 足跡	orma *f.*, impronta di piede *f.* オルマ、インプロンタ ディ ピエーデ	footprint フトプリント
あしおと 足音	passo *m.* パッソ	footstep フトステプ
あしくび 足首	caviglia *f.* カヴィッリァ	ankle アンクル

日	伊	英
あじけ 味気ない	insipido インスィーピド	insipid インスィピド
アシスタント	assistente *m.f.* アッスィステンテ	assistant アスィスタント
あした・あす 明日	domani ドマーニ	tomorrow トモーロウ
あじつ 味付け	condimento *m.* コンディメント	seasoning スィーズニング
〜する	insaporire, condire インサポリーレ, コンディーレ	season スィーズン
あしば 足場	ponteggio *m.*, impalcatura *f.* ポンテッジョ, インパルカトゥーラ	scaffold スキャフォルド
あじみ 味見する	assaggiare アッサッジャーレ	taste テイスト
あじ 味わう	gustare, assaporare グスターレ, アッサポラーレ	taste, relish テイスト, レリシュ
あず 預かる（保管）	prendere in deposito プレンデレ イン デポーズィト	keep キープ
（世話）	prendere in custodia プレンデレ イン クストーディア	take charge *of* テイク チャーヂ
あず 預ける（託す）	affidare *a* アッフィダーレ	leave リーヴ
（預金）	depositare デポズィターレ	deposit ディパズィト
アスパラガス	asparago *m.* アスパーラゴ	asparagus アスパラガス
アスピリン	aspirina *f.* アスピリーナ	aspirin アスピリン
アスファルト	asfalto *m.* アスファルト	asphalt アスフォールト
あせ 汗	sudore *m.* スドーレ	sweat スウェト
〜をかく	sudare スダーレ	sweat, perspire スウェト, パスパイア
アセスメント	accertamento *m.* アッチェルタメント	assessment アセスメント
環境〜	accertamento ambientale *m.* アッチェルタメント アンビエンターレ	environmental assessment インヴァイロンメンタル アセスメント
あせも 汗疹	sudamina *f.* スダーミナ	heat rash ヒート ラシュ

日	伊	英
焦る	essere impaziente エッセレ インパツィエンテ	be impatient ビ インペイシェント
褪せる	scolorire, sbiadire スコロリーレ, ズビアディーレ	fade, discolor フェイド, ディスカラ
あそこ	quel posto, là, laggiù クェル ポスト, ラ, ラッジュ	that place, there ザト プレイス, ゼア
遊び	gioco *m.* ジョーコ	play プレイ
（娯楽）	divertimento *m.* ディヴェルティメント	pleasure, amusement プレジャ, アミューズメント
（気晴らし）	passatempo *m.* パッサテンポ	diversion ディヴァージョン
遊ぶ	giocare ジョカーレ	play プレイ
（楽しむ）	divertirsi ディヴェルティルスィ	amuse *oneself* アミューズ
（無為）	oziare, starsene in ozio オツィアーレ, スタルセネ インノーツィオ	be idle, laze ビ アイドル, レイズ
値・価（値段）	prezzo *m.*, costo *m.* プレッツォ, コスト	price, cost プライス, コースト
（価値・数値）	valore *m.* ヴァローレ	value ヴァリュー
…に～する	degno, meritevole デーニョ, メリテーヴォレ	worthy ワーズィ
与える	dare, offrire ダーレ, オッフリーレ	give, present ギヴ, プリゼント
（被害を）	infliggere, recare インフリッジェレ, レカーレ	cause, inflict コーズ, インフリクト
暖かい	caldo カルド	warm ウォーム
（温暖）	mite ミーテ	mild マイルド
（心が）	cordiale, affettuoso コルディアーレ, アッフェットゥオーゾ	genial チーニャル
暖まる	riscaldarsi, scaldarsi リスカルダルスィ, スカルダルスィ	get warm ゲト ウォーム
暖める	riscaldare, scaldare リスカルダーレ, スカルダーレ	warm (up), heat ウォーム (アップ), ヒート
アタッシュケース	ventiquattrore *f.* ヴェンティクァットローレ	attache case アタシェイ ケイス

日	伊	英
<ruby>仇名<rt>あだな</rt></ruby>	soprannome *m.* ソプランノーメ	nickname ニクネイム
<ruby>頭<rt>あたま</rt></ruby>	testa *f.*, capo *m.* テスタ, カーポ	head ヘド
(頭脳)	cervello *m.*, intelligenza *f.* チェルヴェッロ, インテッリジェンツァ	brains, intellect ブレインズ, インテレクト
〜が痛い	aver mal di testa アヴェル マル ディ テスタ	have a headache ハヴ ア ヘデイク
(苦悩)	tormentarsi *di* トルメンタルスィ	be worried *about* ビ ワーリド
〜に浮かぶ	venire in mente *a* ヴェニーレ イン メンテ	occur *to* オカー
〜に来る	andare in collera アンダーレ イン コッレラ	get angry ゲト アングリ
<ruby>頭金<rt>あたまきん</rt></ruby>	caparra *f.* カパッラ	deposit ディパズィト
<ruby>新しい<rt>あたら</rt></ruby>	nuovo ヌオーヴォ	new ニュー
(新鮮)	fresco フレスコ	fresh フレシュ
(最新)	ultimo ウルティモ	latest レイテスト
<ruby>辺りに<rt>あた</rt></ruby>	intorno *a* イントルノ	around アラウンド
この〜	qui intorno クィ イントルノ	around here アラウンド ヒア
〜一面	tutto intorno トゥット イントルノ	all around オール アラウンド
<ruby>当たる<rt>あ</rt></ruby> (衝突)	urtare ウルターレ	hit, strike ヒト, ストライク
(予想)	avverarsi アッヴェラルスィ	come true カム トルー
(成功)	avere successo アヴェーレ スッチェッソ	make a hit メイク ア ヒト
あちこちに	qua e là クァエラ	here and there ヒア アンド ゼア
あちらに	là, lì, laggiù ラ, リ, ラッジュ	(over) there (オウヴァ) ゼア
<ruby>熱[暑]い<rt>あつ</rt></ruby>	caldo カルド	hot ハト

日	伊	英
(さらす)	esporre *a* エスポッレ	expose *to* イクスポウズ
(割り当て)	assegnare, destinare アッセニャーレ, デスティナーレ	assign, allot アサイン, アラト
(成功)	aver successo アヴェル スッチェッソ	succeed サクスィード
(あてがう)	mettere メッテレ	put on プタン
跡	traccia *f.*, segno *m.* トラッチャ, セーニョ	trace, mark トレイス, マーク
～を追う	inseguire インセグィーレ	follow ファロウ
後片づけをする	sparecchiare (la tavola) スパレッキアーレ	clear (the table) クリア
後味	retrogusto *m.* レトログスト	aftertaste アフタテイスト
あどけない	innocente, ingenuo インノチェンテ, インジェヌオ	innocent イノセント
後始末する	sistemare システマーレ	settle セトル
後退りする	indietreggiare インディエトレッジャーレ	step back ステプ バク
跡継ぎ	erede *m.f.* エレーデ	successor サクセサ
後で	dopo, più tardi ドーポ, ピュタルディ	later, after レイタ, アフタ
アドバイス	consiglio *m.* コンスィッリォ	advice アドヴァイス
～する	consigliare コンスィッリアーレ	advise アドヴァイズ
アトラクション	attrazione *f.* アットラツィオーネ	attraction アトラクション
アトランダムに	a casaccio, a caso アッカザッチョ, アッカーゾ	at random アト ランダム
アトリエ	atelier *m.* アテリエ	atelier アトリエイ
アドリブ	ad libitum アド リビトゥム	ad-lib アドリブ
アドレス	indirizzo *m.* インディリッツォ	address アドレス

日	伊	英
穴 (あな)	buco *m.* ブーコ	hole, opening ホウル, オウプニング
アナウンサー	annunci*atore*(*-trice*) *m.*(*f.*) アンヌンチャトーレ(トリーチェ)	announcer アナウンサ
アナウンス	annuncio *m.* アンヌンチョ	announcement アナウンスメント
〜する	annunciare アンヌンチャーレ	announce アナウンス
あなた (敬称)	Lei レーイ	you ユー
(親称)	tu トゥ	you ユー
侮る (あなどる)	disprezzare ディスプレッツァーレ	despise ディスパイズ
アナログの	analogico アナロージコ	analog(ue) アナローグ
兄 (あに)	fratello (maggiore) *m.* フラテッロ(マッジョーレ)	(elder) brother (エルダ)ブラザ
兄嫁 (あによめ)	cognata *f.* コニャータ	sister-in-law スィスタリンロー
アニメ	cartoni animati *m.pl.* カルトーニ アニマーティ	animated cartoon アニメイテド カートゥーン
姉 (あね)	sorella (maggiore) *f.* ソレッラ(マッジョーレ)	(elder) sister (エルダ)スィスタ
あの	quello クェッロ	that ザト
〜頃	in quel periodo, a quei tempi イン クエル ペリーオド, ア クェイ テンピ	in those days イン ゾウズ デイズ
アパート	appartamento *m.* アッパルタメント	apartment (house) アパートメント (ハウス)
暴く (あばく)	svelare, rivelare ズヴェラーレ, リヴェラーレ	disclose ディスクロウズ
暴れる (あばれる)	agitarsi violentemente アジタルスィ ヴィオレンテメンテ	behave violently ビヘイヴ ヴァイオレントリ
アピール	appello *m.* アッペッロ	appeal アピール
〜する	fare appello *a* ファーレ アッペッロ	appeal *to* アピール

日	伊	英
浴びる		
風呂を~	fare il bagno (la doccia) ファーレ イル バーニョ(ラ ドッチャ)	take a bath [shower] テイク ア バス(シャウア)
脚光を~	venire alla ribalta ヴェニーレ アッラ リバルタ	be in the limelight ビ イン ザ ライムライト
日光を~	prendere il sole プレンデレ イル ソーレ	bask in the sun バスク イン ザ サン
アフガニスタン	afghanistan *m.* アフガニスタン	Afghanistan アフガニスタン
~の	afgano アフガーノ	Afghan アフガン
アフターケア	assistenza postoperatoria *f.* アッスィステンツァ ポストペラトーリア	aftercare アフタケア
アフターサービス	assistenza (tecnica) *f.* アッスィステンツァ (テクニカ)	after-sales service アフタセイルズ サーヴィス
危ない	pericoloso ペリコローゾ	dangerous, risky デインヂャラス, リスキ
脂	grasso *m.* グラッソ	grease, fat グリース, ファト
油	olio *m.* オーリオ	oil オイル
油絵 (画法)	pittura a olio *f.* ピットゥーラ ア オーリオ	oil painting オイル ペインティング
(絵)	quadro a olio *m.* クァードロ ア オーリオ	oil painting オイル ペインティング
脂っこい	grasso グラッソ	greasy, fatty グリースィ, ファティ
アフリカ	Africa *f.* アーフリカ	Africa アフリカ
~の	africano アフリカーノ	African アフリカン
アプリケーション	applicazione アップリカツィオーネ	application アプリケイション
炙る	passare sul fuoco パッサーレ スル フオーコ	pass over a flame パス オウヴァ ア フレイム
溢れる	traboccare トラボッカーレ	overflow, flood オウヴァフロウ, フラド
アプローチ	approccio *m.* アップロッチョ	approach アプロウチ

日	伊	英
アベック	coppia *f.* コッピア	couple カプル
アベレージ	media *f.* メーディア	average アヴェリヂ
アポ (約束・予約)	appuntamento *m.* アップンタメント	appointment アポイントメント
尼	monaca *f.*, suora *f.* モーナカ, スオーラ	nun ナン
海女	pescatrice subacquea *f.* ペスカトリーチェ スバックエア	woman diver ウマン ダイヴァ
甘い	dolce ドルチェ	sweet スウィート
(寛容)	indulgente インドゥルジェンテ	indulgent インダルチェント
甘える(ねだる)	persuadere con le moine *a* ペルスアデーレ コン レ モイーネ	wheedle *into* (ホ)ウィードル
甘口の	dolce, amabile ドルチェ, アマービレ	sweet スウィート
甘酸っぱい	agrodolce アグロドルチェ	sweet and sour スウィート アンド サウア
アマチュア	dilettante *m.f.* ディレッタンテ	amateur アマチャ
雨戸	controfinestra esterna *f.* コントロフィネストラ エステルナ	storm door ストーム ドー
甘党	essere goloso di dolci エッセレ ゴローソ ディ ドルチ	have a sweet tooth ハヴ ア スウィート トゥース
甘やかす	viziare ヴィツィアーレ	spoil, indulge スポイル, インダルヂ
余り (残り)	resto *m.*, avanzato *m.* レスト, アヴァンツァート	the rest ザ レスト
余りにも	troppo トロッポ	too (much) トゥ～ (マチ)
余る	rimanere, avanzare リマネーレ, アヴァンツァーレ	remain リメイン
甘んじる	accontentarsi di アッコンテンタルスィ ディ	be contented *with* ビ コンテンテド
天の邪鬼	bastian contrario *m.* バスティアン コントラーリオ	cross-grained person クロスグレインド パーソン

日	伊	英
あみ網	rete *f.* レーテ	net ネト
あみど網戸	finestra schermata *f.* フィネストラ スケルマータ	window screen ウィンドウ スクリーン
あ編み物もの	lavoro a maglia *m.* ラヴォーロ アッマッリャ	knitting ニティング
あみや網焼きの	alla griglia アッラ グリッリャ	grilled グリルド
あ編む	lavorare a maglia ラヴォラーレ アッマッリャ	knit ニト
あめ飴	caramella *f.* カラメッラ	candy キャンディ
あめ雨	pioggia *f.* ピオッジャ	rain レイン
〜が降る	piovere ピオーヴェレ	rain レイン
アメリカ	America *f.* アメーリカ	America アメリカ
〜の	americano アメリカーノ	American アメリカン
アメリカンフットボール	football americano *m.* フトボル アメリカーノ	American football アメリカン フトボール
あや怪しい	sospettoso, dubbioso ソスペットーゾ, ドゥッビオーゾ	suspicious, doubtful サスピシャス, ダウトフル
あや怪しむ	sospettare, dubitare ソスペッターレ, ドゥビターレ	suspect, doubt サスペクト, ダウト
あやつ にんぎょう操り人形	marionetta *f.*, burattino *m.* マリオネッタ, ブラッティーノ	puppet パペト
あやふやな	incerto, vago インチェルト, ヴァーゴ	uncertain, indefinite アンサートン, インデフィニト
あやま誤る	sbagliare, fare uno sbaglio ズバッリアーレ, ファーレ ウーノ ズバッリォ	(make a) mistake (メイク ア) ミステイク
あやま謝る	chiedere scusa *a* キエーデレ スクーザ	beg *a person's* pardon ベグ パードン
アラーム(警報)	allarme *m.* アッラルメ	alarm アラーム
あら荒い	rozzo, violento ロッツォ, ヴィオレント	rough, violent ラフ, ヴァイオレント

日	伊	英
粗い (あらい)	rozzo, ruvido ロッツォ, ルーヴィド	rough, coarse ラフ, コース
洗う (あらう)	lavare ラヴァーレ	wash ウォーシュ
髪を〜	lavar*si* i capelli ラヴァルスィ イ カペッリ	shampoo *one's* hair シャンプー ヘア
予め (あらかじ)	in anticipo インナンティーチポ	in advance イナドヴァンス
アラカルト	alla carta アッラ カルタ	à la carte アーラカート
嵐 (あらし)	temporale *m.*, tempesta *f.* テンポラーレ, テンペスタ	storm, tempest ストーム, テンペスト
荒らす (あらす)	distruggere, rovinare ディストルッジェレ, ロヴィナーレ	damage, ruin ダミヂ, ルーイン
争い (あらそい) (喧嘩)	lite *f.*, litigio *m.* リーテ, リティージョ	quarrel, dispute クウォーレル, ディスピュート
(紛争)	conflitto *m.* コンフリット	conflict カンフリクト
争う (あらそう)	combattere, litigare コンバッテレ, リティガーレ	fight, quarrel ファイト, クウォーレル
(論争)	disputare ディスプターレ	dispute *with* ディスピュート
新たに (あらたに)	di recente, appena ディ レチェンテ, アッペーナ	newly ニューリ
改まった (あらたまった)	formale, cerimonioso フォルマーレ, チェリモニオーゾ	formal フォーマル
改めて (あらためて) (再度)	di nuovo ディ ヌオーヴォ	again アゲン
(別の時に)	un'altra volta ウナルトラ ヴォルタ	some other time サム アザ タイム
改める (あらためる) (更新)	rinnovare リンノヴァーレ	renew, revise リニュー, リヴァイズ
(変更)	cambiare, modificare カンビアーレ, モディフィカーレ	change チェインヂ
(改善)	migliorare, correggere ミッリォラーレ, コッレッジェレ	reform, improve リフォーム, インプルーヴ
アラビア数字 (すうじ)	cifre arabiche *f.pl.* チーフレ アラービケ	Arabic figures アラビック フィギャズ

日	伊	英
アラブの	arabo アーラボ	Arabian アレイビアン
あらゆる	tutto, ogni トゥット, オンニ	all, every オール, エヴリ
表す (表明)	mostrare モストラーレ	show ショウ
(表現)	esprimere エスプリーメレ	express イクスプレス
(意味)	rappresentare ラップレゼンターレ	represent レプリゼント
現れる	apparire, comparire アッパリーレ, コンパリーレ	come out, appear カム アウト, アピア
蟻	formica *f.* フォルミーカ	ant アント
アリア	aria *f.* アーリア	aria アーリア
有り得る	possibile ポッスィービレ	possible パスィブル
有り得ない	impossibile インポッスィービレ	impossible インパスィブル
有り難い	grato, riconoscente グラート, リコノッシェンテ	thankful, grateful サンクフル, グレイトフル
アリバイ	alibi *m.* アーリビ	alibi アリバイ
ありふれた	troppo comune, banale トロッポ コムーネ, バナーレ	commonplace カモンプレイス
亜流	imita*tore*(*-trice*) *m.*(*f.*), epigono *m.* イミタトーレ(トリーチェ), エピーゴノ	imitator イミテイタ
ある (有る)	avere アヴェーレ	have, own ハヴ, オウン
(行われる)	tenersi, aver luogo テネルスィ, アヴェル ルオーゴ	be held, take place ビ ヘルド, テイク プレイス
(起こる)	accadere, succedere アッカデーレ, スッチェーデレ	occur, happen オカー, ハプン
(在る)	essere[esserci], trovarsi エッセレ, トロヴァルスィ	(there) be, be situated (ゼア)ビ, ビ スィチュエイテド
或いは	o, oppure オ, オップーレ	(either...) or (イーザ)オー

あ

日	伊	英
アルカリ性の	alcalino アルカリーノ	alkaline アルカライン
歩く	camminare カンミナーレ	walk ウォーク
歩いて行く	andare a piedi アンダーレ アッピエーディ	go on foot ゴウ オン フト
アルコール	alcol m. アルコル	alcohol アルコホール
～飲料	bevanda alcolica f. ベヴァンダ アルコーリカ	alcoholic drinks アルコホーリク ドリンクス
アルゼンチン	Argentina f. アルジェンティーナ	Argentina アーヂェンティーナ
～の	argentino アルジェンティーノ	Argentine アーヂェンティーン
アルツハイマー病	morbo di Alzheimer m. モルボ ディ アルツァイメル	Alzheimer's disease アールツハイマズ ディズィーズ
アルト	alto m., contralto m. アルト, コントラルト	alto アルトウ
アルバイト	(lavoro) part time m. (ラヴォーロ) パルタイム	part-time job パートタイム ヂャブ
～する	lavorare (a) part time ラヴォラーレ (ア) パルタイム	work part-time ワーク パートタイム
アルバム	album m. アルブム	album アルバム
アルピニスト	alpinista m.f. アルピニスト	alpinist アルパニスト
アルファベット	alfabeto m. アルファベート	the alphabet ジ アルファベット
～順に	in ordine alfabetico イン ノルディネ アルファベーティコ	in alphabetical order イン アルファベティカル オーダ
アルプス	le Alpi f.pl. レ アルピ	the Alps ジ アルプス
アルミ(ニウム)	alluminio m. アッルミーニオ	aluminum アルーミナム
～サッシ	telaio di alluminio m. テライオ ディ アッルミーニオ	aluminum sash アルーミナム サシュ
～ホイル	foglio di alluminio m. フォッリオ ディ アッルミーニオ	alminum foil アルーミナム フォイル
あれ	quello クェッロ	that ザト

日	伊	英
〜から	da allora ダアッローラ	since then スィンス ゼン
〜ほど	così, talmente コズィ, タルメンテ	so (much) ソウ (マチ)
荒れる (海)	essere agitato エッセレ アジタート	be rough ビ ラフ
(皮膚)	diventare ruvido ディヴェンターレ ルーヴィド	get rough ゲト ラフ
アレルギー	allergia f. アッレルジーア	allergy アラヂ
〜性の	allergico アッレルジコ	allergic アラーヂク
アレンジする	arrangiare アッランジャーレ	arrange アレインヂ
泡	schiuma f., spuma f. スキューマ, スプーマ	bubble, foam バブル, フォウム
淡い	pallido, tenue パッリド, テーヌエ	light, pale ライト, ペイル
合わせる(一つに)	mettere insieme, unire メッテレ インスィエーメ, ウニーレ	put together, unite プト トゲザ, ユーナイト
(調整)	regolare, mettere a punto レゴラーレ, メッテレ アップント	adjust, set アヂャスト, セト
(順応)	adattarsi a アダッタルスィ	adapt *oneself to* アダプト
(照合)	confrontare コンフロンターレ	check *with*, compare チェク, コンペア
慌ただしい	affaccendato, affrettato アッファチェンダート, アッフレッタート	busy, hurried ビズィ, ハーリド
慌ただしく	in fretta e furia イン フレッタ エ フーリア	in a hurry イン ナ ハーリ
泡立つ	spumare, schiumare スプマーレ, スキュマーレ	bubble, foam バブル, フォウム
慌てる (動転)	agitarsi, turbarsi アジタルスィ, トゥルバルスィ	be upset ビ アプセト
(急ぐ)	precipitarsi プレチピタルスィ	be hurried ビ ハーリド
哀れな	povero, miserabile ポーヴェロ, ミゼラービレ	poor, miserable プア, ミゼラブル
哀れむ	provare pietà *per* プロヴァーレ ピエタ	feel pity *for* フィール ピティ

日	伊	英
あわや	per poco ペル ポーコ	nearly ニアリ
案	progetto *m.*, piano *m.* プロジェット, ピアーノ	plan プラン
（提案）	proposta *f.* プロポスタ	proposal プロポウザル
安易な	facile ファーチレ	easy イーズィ
アンカー(リレー)	l'ultimo(-a) *m.(f.)* ルルティモ(マ)	the anchor ジ アンカ
～マン	anchorman *m.* アンコルマン	anchorman アンカマン
暗記する	imparare a memoria インパラーレ アッメモーリア	learn by heart ラーン バイ ハート
アングル	angolazione *f.* アンゴラツィオーネ	angle アングル
アンケート	questionario *m.* クェスティオナーリオ	questionnaire クウェスチョネア
暗号	codice *m.*, cifra *f.* コーディチェ, チーフラ	cipher, code サイファ, コウド
アンコール	bis *m.* ビス	encore アーンコー
暗黒街	malavita *f.* マラヴィータ	underworld アンダワールド
暗殺	assassinio *m.* アッサッスィーニオ	assassination アサスィネイション
～者	assassino(-a) *m.(f.)* アッサッスィーノ(ナ)	assassin アサスィン
～する	assassinare アッサッスィナーレ	assassinate アサスィネイト
安産	parto facile *m.* パルト ファーチレ	easy delivery イーズィ ディリヴァリ
暗算	calcolo mentale *m.* カルコロ メンターレ	mental arithmetic メンタル アリスメティク
暗示	allusione *f.*, suggerimento *m.* アッルズィオーネ, スッジェリメント	hint, suggestion ヒント, サグチェスチョン
～する	alludere, suggerire アッルーデレ, スッジェリーレ	hint, suggest ヒント, サグチェスト
暗室	camera oscura *f.* カーメラ オスクーラ	darkroom ダークルーム

日	伊	英
暗礁 (あんしょう)	scoglio *m.* スコッリォ	reef リーフ
（難局）	punto morto *m.* プント モルト	deadlock デドラク
暗証番号 (あんしょうばんごう)	numero di codice *m.* ヌーメロ ディ コーディチェ	code number コウド ナンバ
案じる (あんじる)	preoccuparsi *di* プレオックパルスィ	be anxious *about* ビ アン(ク)シャス
安心 (あんしん)	sollievo *m.* ソッリエーヴォ	relief リリーフ
～する	provare sollievo プロヴァーレ ソッリエーヴォ	feel relieved フィール リリーヴド
安全 (あんぜん)	sicurezza *f.* スィクレッツァ	safety, security セイフティ, スィキュアリティ
～な	sicuro スィクーロ	safe, secure セイフ, スィキュア
～運転	guida prudente *f.* グィーダ プルデンテ	safe driving セイフ ドライヴィング
～ベルト	cintura di sicurezza *f.* チントゥーラ ディ スィクレッツァ	seat belt スィート ベルト
アンダーライン	sottolineatura *f.* ソットリネアトゥーラ	underline アンダライン
～を引く	sottolineare ソットリネアーレ	underline アンダライン
アンチョビ	acciuga *f.* アッチューガ	anchovy アンチョウビ
安定 (あんてい)	stabilità *f.* スタビリタ	stability, balance スタビリティ, バランス
～する	stabilizzarsi スタビリッザルスィ	be stabilized ビ ステイビライズド
アンティーク	pezzo di antiquariato *m.* ペッツォ ディ アンティクアリアート	antique アンティーク
アンテナ	antenna *f.* アンテンナ	antenna, aerial アンテナ, エアリアル
あんな	tale, simile ターレ, スィーミレ	such, like that サチ, ライク ザト
～に	così, talmente コズィ, タルメンテ	to that extent トゥ ザト イクステント
案内 (あんない) （導き）	guida *f.* グィーダ	guidance ガイダンス

日	伊	英
(通知)	avviso アッヴィーゾ	notice ノウティス
~する	guidare, condurre グィダーレ, コンドゥッレ	guide, show ガイド, ショウ
(通知する)	informare インフォルマーレ	inform インフォーム
~所	ufficio informazioni *m.* ウッフィーチョ インフォルマツィオーニ	information office インフォメイション オーフィス
~状	(biglietto di) invito *m.* (ビッリエット ディ) インヴィート	invitation (card) インヴィテイション (カード)
暗に	tacitamente タチタメンテ	tacitly タスィトリ
案の定	effettivamente エッフェッティヴァメンテ	sure enough シュア イナフ
アンパイア	arbitro *m.* アルビトロ	umpire アンパイア
アンバランス	squilibrio *m.* スクィリーブリオ	imbalance インバランス
安否	salvezza *f.* サルヴェッツァ	safety セイフティ
アンプ	amplificatore *m.* アンプリフィカトーレ	amplifier アンプリファイア
アンペア	ampere *m.* アンペーレ	ampere アンピア
暗幕	schermo paraluce *m.* スケルモ パラルーチェ	blackout curtain ブラカウト カートン
安眠	sonno quieto *m.* ソンノ クィエート	quiet sleep クワイエト スリープ
暗黙の	tacito ターチト	tacit タスィト
アンモニア	ammoniaca *f.* アンモニーアカ	ammonia アモウニャ
安楽死	eutanasia *f.* エウタナズィーア	euthanasia ユーサネイジャ

日	伊	英

い, イ

胃	stomaco *m.* ストーマコ	stomach スタマク
～液	succo gastrico *m.* スッコ ガストリコ	gastric (juice) ギャストリク (チュース)
～潰瘍	ulcera gastrica *f.* ウルチェラ ガストリカ	gastric ulcer ギャストリク アルサ
～癌	cancro allo stomaco *m.* カンクロ アッロ ストーマコ	stomach cancer スタマク キャンサ
～痙攣	crampi allo stomaco *m.pl.* クランピ アッロ ストーマコ	stomach cramps スタマク クランプス
～酸過多	ipercloridria *f.* イペルクロリドリーア	gastric hyperacidity ギャストリク ハイパラスィディティ
～痛	mal di stomaco マル ディ ストーマコ	stomachache スタマクエイク
意		
～に介さない	non farci caso *a* ノン ファルチ カーゾ	take no notice *of* テイク ノウ ノウティス
～に叶う	essere di *proprio* gusto エッセレ ディ グスト	be to *one's* liking ビ トゥ ライキング
～に反して	contro la *propria* volontà コントロ ラ ヴォロンタ	against *one's* wish アゲインスト ウィシュ
～を決する	decidersi デチーデルスィ	make up *one's* mind メイク アプ マインド
良[好]い(良質)	buono ブォーノ	good グド
(素敵)	bello ベッロ	fine, nice ファイン, ナイス
言い換える	dire in altre parole ディーレ インナルトレ パローレ	say in other words セイ イン アザ ワーヅ
好い加減な		
(軽薄な)	frivolo フリーヴォロ	frivolous フリヴォラス
(ごまかしの)	evasivo エヴァズィーヴォ	evasive イヴェイスィヴ
(信頼できない)	inattendibile イナッテンディービレ	unreliable アンリライアブル
イージーオーダーの	semiconfezionato セミコンフェツィオナート	half ready-made ハフ レディメイド

日	伊	英
言い過ぎる	esagerare エザジェラーレ	exaggerate イグザチェレイト
イースター	Pasqua *f.* パスクァ	Easter イースタ
イースト菌	lievito *m.* リエーヴィト	yeast イースト
言いそびれる	perdere l'occasione di dire ペルデレ ロッカズィオーネ ディ ディーレ	miss the chance to tell ミス ザ チャンス トゥ テル
言い付け	istruzione *f.*, ordine *m.* イストゥルツィオーネ, オルディネ	instructions, order インストラクションズ, オーダ
言い伝え	tradizione *f.*, leggenda *f.* トラディツィオーネ, レッジェンダ	tradition, legend トラディション, レジェンド
言い逃れる	dare una risposta evasiva ダーレ ウナ リスポスタ エヴァズィーヴァ	give an evasive answer ギヴ アン イヴェイスィヴ アンサ
言い張る	insistere *su, che* インスィステレ	insist *on, that* インスィスト
言い触らす	spargere スパルジェレ	spread スプレド
言い分 (主張)	asserzione *f.* アッセルツィオーネ	claim クレイム
Eメール	e-mail *f.*, posta elettronica *f.* イメイル, ポスタ エレットローニカ	e-mail イーメイル
言い訳 (弁解)	scusa *f.* スクーザ	excuse イクスキュース
(口実)	pretesto *m.* プレテスト	pretext プリーテクスト
委員	membro del comitato *m.* メンブロ デル コミタート	committee member コミティ メンバ
～会 (組織)	comitato *m.* コミタート	committee コミティ
(会議)	riunione del comitato *f.* リウニオーネ デル コミタート	committee meeting コミティ ミーティング
～長	presidente *m.f.* プレスィデンテ	chairperson チェアパースン
言う	dire ディーレ	say, tell セイ, テル
家	casa *f.* カーザ(サ)	house ハウス

日	伊	英
～に[で]	a casa アッカーザ	home, at home ホウム, アト ホウム
<ruby>家出<rt>いえで</rt></ruby>する	scappare di casa スカッパーレ ディ カーザ	run away from home ラナウェイ フラム ホウム
<ruby>家元<rt>いえもと</rt></ruby>	caposcuola *m.f.* カポスクオーラ	the head of a school ザ ヘド オヴ ア スクール
<ruby>硫黄<rt>いおう</rt></ruby>	zolfo *m.* ゾルフォ	sulfur サルファ
イオン	ione *m.* イオーネ	ion アイオン
<ruby>以下<rt>いか</rt></ruby>	meno *di*, sotto, al di sotto *di* メーノ, ソット, アル ディ ソット	less than, under, below レス ザン, アンダ, ビロウ
<ruby>烏賊<rt>いか</rt></ruby>	calamaro *m.*, seppia *f.* カラマーロ, セッピア	cuttlefish, squid カトルフィシュ, スクウィド
<ruby>以外<rt>いがい</rt></ruby>	eccetto, tranne エッチェット, トランネ	except イクセプト
<ruby>意外<rt>いがい</rt></ruby>な	inatteso, sorprendente イナッテーゾ, ソルプレンデンテ	unexpected, surprising アニクスペクテド, サプライズィング
いかがわしい	indecente, osceno インデチェンテ, オシェーノ	indecent, obscene インディーセント, オブスィーン
<ruby>医学<rt>いがく</rt></ruby>	medicina *f.* メディチーナ	medical science メディカル サイエンス
<ruby>生<rt>い</rt></ruby>かす	fare buon uso di... ファーレ ブォンヌーゾ ディ	put...to good use プト トゥ グド ユース
<ruby>筏<rt>いかだ</rt></ruby>	zattera *f.* ザッテラ	raft ラフト
<ruby>怒<rt>いか</rt></ruby>り	ira *f.*, collera *f.*, rabbia *f.* イーラ, コッレラ, ラッビア	anger, rage アンガ, レイヂ
～に燃える	ardere d'ira アルデレ ディーラ	burn with anger バーン ウィズ アンガ
～を招く	eccitare la collera *di* エッチターレ ラ コッレラ	arouse *person's* anger アラウズ ア アンガ
～を静める	placare la collera *di* プラカーレ ラ コッレラ	calm a *person's* anger カーム ア アンガ
<ruby>錨<rt>いかり</rt></ruby>・<ruby>碇<rt></rt></ruby>	ancora *f.* アンコラ	anchor アンカ
<ruby>息<rt>いき</rt></ruby>	fiato *m.* フィアート	breath ブレス

日	伊	英
〜が切れる	avere il fiato corto アヴェーレ イル フィアート コルト	be short of breath ビ ショート オブ ブレス
〜を凝らす	trattenere il fiato トラッテネーレ イル フィアート	hold *one's* breath ホウルド ブレス
〜をつく	prendere fiato プレンデレ フィアート	take a breath テイク ア ブレス
意気 (気力)	spirito *m.*, animo *m.* スピリト, アーニモ	spirit, heart スピリト, ハート
(やる気)	morale *m.* モラーレ	morale マラル
〜消沈した	scoraggiato, sconfortato スコラッジャート, スコンフォルタート	despondent ディスパンデント
〜揚揚と	trionfalmente トリオンファルメンテ	triumphly トライアンフリ
異議	obiezione *f.* オビエツィオーネ	objection オブ**チェ**クション
〜を唱える	sollevare un'obiezione ソッレヴァーレ ウンノビエツィオーネ	raise an objection レイズ アン オブ**チェ**クション
意義	significato *m.* スィンニフィカート	significance スィグニフィカンス
〜深い	significativo スィンニフィカティーヴォ	significant スィグニフィカント
生き生きと	vivacemente ヴィヴァチェメンテ	vividly ヴィヴィドリ
〜した	vivace, vivo ヴィヴァーチェ, ヴィーヴォ	vivid, lively ヴィヴィド, ライヴリ
生き写し	proprio il ritratto *di* プロープリオ イル リトラット	the very image *of* ザ ヴェリ イミヂ
生き埋めになる	essere sepolto vivo エッセレ セポルト ヴィーヴォ	be buried alive ビ ベリド アライヴ
勢い	forza *f.*, energia *f.*, vigore *m.* フォルツァ, エネルジーア, ヴィゴーレ	force, energy, vigor フォース, エナヂ, ヴィガ
生き甲斐	ragione d'essere *f.* ラジョーネ デッセレ	raison d'être レイゾーン デトル
生き返る	tornare in vita トルナーレ イン ヴィータ	come back to life カム バク トゥ ライフ
生き方	modo di vivere *m.* モード ディ ヴィーヴェレ	way of life ウェイ オブ ライフ
生[活]きた	vivo ヴィーヴォ	live ライヴ

日	伊	英
い 行き止まり	vicolo cieco *m.* ヴィーコロ チェーコ	dead end デド エンド
いき 粋な	chic, elegante シック, エレガンテ	chic, smart シーク, スマート
いきなり	di colpo, improvvisamente ディ コルポ, インプロッヴィザメンテ	suddenly, abruptly サドンリ, アブラプトリ
いきぬ 息抜き	riposo *m.*, ricreazione *f.* リポーゾ, リクレアツィオーネ	rest, relaxation レスト, リーラクセイション
い の 生き残る	sopravvivere ソプラッヴィーヴェレ	survive サヴァイヴ
い もの 生き物	essere vivente *m.* エッセレ ヴィヴェンテ	living thing リヴィング スィング
いぎょう 偉業	impresa *f.* インプレーザ	exploit エクスプロイト
イギリス	Inghilterra *f.*, Gran Bretagna *f.* インギルテッラ, グラン ブレターニャ	England, (Great) Britain イングランド, (グレイト) ブリトン
～の	inglese イングレーゼ	English イングリシュ
い 生きる	vivere ヴィーヴェレ	live リヴ
生きている	essere vivo エッセレ ヴィーヴォ	be alive ビ アライヴ
い 行く	andare アンダーレ	go ゴウ
(相手の所へ)	venire ヴェニーレ	come カム
(去る)	andarsene アンダルセネ	leave リーヴ
いくじ 育児	allevamento dei bambini *m.* アッレヴァメント デイ バンビーニ	child care チャイルド ケア
いくじ 意気地なし	codardo(-a) *m.(f.)*, fifone(-a) *m.(f.)* コダルド(ダ), フィフォーネ(ナ)	coward, chicken カウアド, チキン
いく 幾つ	quanto クァント	how many ハウ メニ
(何歳)	quanti anni クァンティ アンニ	how old ハウ オウルド
いく 幾ら	quanto クァント	how much ハウ マチ
イクラ	uova di salmone *f.pl.* ウオーヴァ ディ サルモーネ	salmon roe サモン ロウ

日	伊	英
いけ 池	stagno *m.*, laghetto *m.* スターニョ, ラゲット	pond, pool パンド, プール
いけがき 生垣	siepe (viva) *f.* スィエーペ(ヴィーヴァ)	hedge ヘヂ
いけす 生簀	vivaio *m.* ヴィヴァイオ	fish preserve フィシュ プリザーヴ
いけにえ 生贄	sacrificio *m.* サクリフィーチョ	sacrifice サクリファイス
（犠牲）	capro espiatorio *m.* カープロ エスピアトーリオ	scapegoat スケイプゴウト
い 生ける(切花を)	disporre i fiori recisi ディスポッレ イ フィオーリ レチーズィ	arrange cut flowers アレインヂ カト フラウアズ
いけん 意見	opinione *f.* オピニオーネ	opinion オピニョン
いげん 威厳	dignità *f.*, maestà *f.* ディンニタ, マエスタ	dignity, majesty ディグニティ, マヂスティ
～のある	dignitoso, maestoso ディンニトーゾ, マエストーゾ	dignified, majestic ディグニファイド, マヂェスティク
いご　（今後） 以後	d'ora in poi ドーラ イン ポーイ	from now on フラム ナウ オン
（その後）	dopo, da allora in poi ドーポ, ダ アッローラ イン ポーイ	after, since アフタ, スィンス
いこう 移行	transizione *f.*, cambiamento *m.* トランスィツィオーネ, カンビアメント	transition, shift トランズィション, シフト
～措置	disposizione transitoria *f.* ディスポズィツィオーネ トランスィトーリア	transition measures トランズィション メジャ
いこう 意向	intenzione *f.* インテンツィオーネ	intention インテンション
イコール	fa, è uguale *a* ファ, エ ウグアーレ	equal, be equal *to* イークワル, ビ イークワル
いこくじょうちょ 異国情緒	esotismo *m.* エゾティズモ	exoticism イグザティスィズム
いごこち よ 居心地の良い	comodo, confortevole コーモド, コンフォルテーヴォレ	comfortable, cozy カンフォタブル, コウズィ
いざかや 居酒屋	taverna *f.*, osteria *f.* タヴェルナ, オステリーア	tavern, saloon タヴァン, サルーン
いさん 遺産	eredità *f.*, patrimonio *m.* エレディタ, パトリモーニオ	inheritance, legacy インヘリタンス, レガスィ

日	伊	英
いし 石	pietra *f.* ピエトラ	stone ストウン
～垣	muro di pietra *m.* ムーロ ディ ピエトラ	stone wall ストウン ウォール
～畳	lastrico *m.*, lastricato *m.* ラストリコ, ラストリカート	stone pavement ストウン ペイヴメント
いし 医師	medi*co*(-*chessa*) *m.*(*f.*) メーディコ(ッサ)	doctor ダクタ
いし 意志	volontà *f.* ヴォロンタ	will ウィル
～が強い	avere una forte volontà アヴェーレ ウナ フォルテ ヴォロンタ	have a strong will ハヴ ア ストロング ウィル
～が弱い	avere una volontà devole アヴェーレ ウナ ヴォロンタ デーボレ	have a weak will ハヴ ア ウィーク ウィル
いし 意思	intenzione *f.* インテンツィオーネ	intention インテンション
～表示する	esprimere le *proprie* intenzioni エスプリーメレ レ インテンツィオーニ	express *one's* intentions イクスプレス インテンションズ
～が疎通する	comprendersi bene コンプレンデルスィ ベーネ	understand each other アンダスタンド イーチ アザ
いし 遺志	volontà del defunto *f.* ヴォロンタ デル デフント	wish of the deceased ウィシュ オブ ザ ディスィースト
いじ 維持	manutenzione *f.* マヌテンツィオーネ	maintenance メインテナンス
～する	mantenere マンテネーレ	maintain メインテイン
～費	spese di manutenzione *f.pl.* スペーゼ ディ マヌテンツィオーネ	cost of maintenance コスト オブ メインテナンス
いじ 意地	ostinazione *f.* オスティナツィオーネ	obstinacy アブスティナスィ
の悪い	cattivo, malizioso カッティーヴォ, マリツィオーゾ	ill-natured, spiteful イルネイチャド, スパイトフル
～を張る	ostinarsi *a* オスティナルスィ	be stubborn *about* ビ スタボン
いしき 意識	coscienza *f.*, sensi *m.pl.* コッシェンツァ, センスィ	consciousness, senses カンシャスネス, センスィズ
～的に	coscientemente コッシェンテメンテ	consciously カンシャスリ
～不明	essere in coma エッセレ イン コーマ	be in a coma ビ イン ア コウマ

日	伊	英
～を回復する	riprendere coscienza リプレンデレ コッシェンツァ	recover consciousness リカヴァ カンシャスネス
苛める(いじめる)	maltrattare, angariare マルトラッターレ, アンガリアーレ	ill-treat, bully イルトリート, ブリ
医者(いしゃ)	medico(-chessa) m.(f.) メーディコ(ケッサ)	doctor ダクタ
慰謝料(いしゃりょう)	compenso m., indennizzo m. コンペンソ, インデンニッツォ	compensation, indemnity カンペンセイション, インデムニティ
異臭(いしゅう)	puzzo m. プッツォ	stench ステンチ
～を放つ	puzzare プッツァーレ	stink スティンク
移住(いじゅう)	migrazione f. ミグラツィオーネ	migration マイグレイション
～する	migrare ミグラーレ	migrate マイグレイト
畏縮する(いしゅくする)	farsi piccolo, intimidirsi ファルスィ ピッコロ, インティミディルスィ	cower, shrink カウア, シュリンク
遺書(いしょ)	nota del(della) suicida f. ノータ デル(デッラ) スイチーダ	suicide note スーイサイド ノウト
衣装(いしょう)	vestiti m.pl., costumi m.pl. ヴェスティーティ, コストゥーミ	clothes, costumes クロウズ, カスチュームズ
以上(いじょう)	più di, sopra, al di sopra di ピウ, ソープラ, アル ディ ソープラ	more than, over, above モー ザン, オウヴァ, アバヴ
異常な(いじょうな)	straordinario, anormale ストラオルディナーリオ, アノルマーレ	extraordinary, abnormal イクストローディネリ, アブノーマル
移植(いしょく) (植物)	trapianto m. トラピアント	transplantation トランスプランテイション
(臓器)	trapianto m. トラピアント	transplant トランスプラント
椅子(いす)	sedia f. セーディア	chair, stool チェア, ストゥール
泉(いずみ)	sorgente f., fontana f. ソルジェンテ, フォンターナ	spring, fountain スプリング, ファウンテン
イスラエル	Israele m. イズラエーレ	Israel イズリエル
～の	israeliano イズラエリアーノ	Israeli イズレイリ

日	伊	英
イスラム教(きょう)	islam *m.* イズラム	Islam イスラーム
イスラム教徒(きょうと)	islamita *m.f.* イズラミータ	Muslim, Islam マズリム, イスラーム
いずれ (早晩)	prima o poi プリーマ オッポーイ	sooner or later スーナ オ レイタ
異性(いせい)	l'altro sesso *m.* ラルトロ セッソ	the opposite sex ジ アポズィト セクス
遺跡(いせき)	rovine *f.pl.* ロヴィーネ	ruins ルーインズ
以前(いぜん)	prima, una volta プリーマ, ウナ ヴォルタ	before, once ビフォー, ワンス
磯(いそ)	riva rocciosa *f.* リーヴァ ロッチョーザ	rocky shore ラキ ショー
居候(いそうろう)	parassita *m.f.* パラッスィータ	parasite パラサイト
忙(いそが)しい	occupato, impegnato オックパート, インペニャート	busy, engaged ビズィ, インゲイヂド
急(いそ)がせる	fare premura *a*, sollecitare ファーレ プレムーラ, ソッレチターレ	hurry, hasten ハーリ, ヘイスン
急(いそ)ぐ	affrettarsi, sbrigarsi アフレッタルスィ, ズブリガルスィ	hurry, hasten ハーリ, ヘイスン
急いでいる	avere fretta[premura] アヴェーレ フレッタ(プレムーラ)	be in a hurry ビ イン ア ハリ
遺族(いぞく)	famigliari del defunto *m.pl.* ファミリィアーリ デル デフント	the bereaved family ザ ビリーヴド ファミリ
依存(いぞん)	dipendenza *f.* ディペンデンツァ	dependence ディペンデンス
〜する	dipendere *da* ディペンデレ	depend *on* ディペンド
板(いた)	tavola *f.*, asse *f.* ターヴォラ, アッセ	board ボード
遺体(いたい)	cadavere *m.* カダーヴェレ	dead body デド バディ
痛(いた)い	avere un dolore *a* アヴェーレ ウン ドローレ	have a pain[an ache] *in* ハヴ ア ペイン (アン エイク)
歯が〜	avere mal di dente アヴェーレ マル ディ デンテ	have a toothache ハヴ ア トゥーセイク

日	伊	英
偉大な	grande グランデ	great, grand グレイト, グランド
委託	incarico *m.*, affidamento *m.* インカーリコ, アッフィダメント	commission コミション
〜する	incaricare, affidare, インカリカーレ, アッフィダーレ	entrust, consign イントラスト, コンサイン
悪戯	scherzo *m.*, birichinata *f.* スケルツォ, ビリキナータ	mischief, trick ミスチフ, トリク
〜好きな	scherzoso, birichino スケルツォーゾ, ビリキーノ	naughty, mischievous ノーティ, ミスチヴァス
〜書き	scarabocchio *m.* スカラボッキオ	scribbling スクリブリング
徒らに	invano, inutilmente インヴァーノ, イヌティルメンテ	in vain, vainly イン ヴェイン, ヴェインリ
頂	cima *f.*, vetta *f.* チーマ, ヴェッタ	top, summit タプ, サミト
板の間	pavimento in legno *m.* パヴィメント イン レーニョ	wooden floor ウドン フロー
板挟みになる	trovarsi in un dilemma トロヴァルスィ イヌン ディレンマ	be in a dilemma ビ イン ア ディレマ
痛ましい	tragico, doloroso トラージコ, ドロローゾ	tragic, pitiful トラヂク, ピティフル
痛み	dolore *m.* ドローレ	pain, ache ペイン, エイク
〜止め	analgesico *m.* アナルジェーズィコ	painkiller, analgesic ペインキラ, アナルヂーズィク
痛む　(体)	dolere *a* ドレーレ	hurt, ache ハート, エイク
(心)	addolorarsi アッドロラルスィ	be grieved ビ グリーヴド
悼む	piangere ピアンジェレ	mourn モーン
傷む　(損傷)	essere danneggiato エッセレ ダンネッジャート	be damaged ビ ダミヂド
(腐敗)	guastarsi, andare a male グァスタルスィ, アンダーレ アッマーレ	go bad ゴウ バド
炒める	soffriggere ソッフリッジェレ	stir-fry スターフライ

日	伊	英
イタリア	Italia f., Repubblica Italiana f. イターリア, レプップリカ イタリアーナ	Italy イタリ
～の	italiano イタリアーノ	Italian イタリャン
イタリック(体)	corsivo m. コルスィーヴォ	italics イタリクス
至る所に[で]	dappertutto, dovunque ダッペルトゥット, ドヴンクェ	everywhere エヴリ(ホ)ウェア
労る	avere cura di アヴェーレ クーラ	take (good) care of テイク(グド)ケア
異端の	eretico エレーティコ	heretic ヘレティク
位置	posizione f., situazione f. ポズィツィオーネ, スィトゥアツィオーネ	position, situation ポズィション, スィチュエイション
市	fiera f., mercato m. フィエーラ, メルカート	fair, market フェア, マーケト
一々	a uno a uno アウーノアウーノ	one by one ワン バイ ワン
一応 (ざっと)	grosso modo グロッソ モード	roughly ラフリ
(とにかく)	comunque コムンクェ	anyway, anyhow エニウェイ, エニハウ
(念のために)	per maggior sicurezza ペル マッジョール スィクレッツァ	just to make sure ヂャスト トゥ メイク シュア
(さしあたり)	per ora ペル オーラ	for now フォ ナウ
一月	gennaio m. ジェンナイオ	January ヂャニュエリ
苺	fragola f. フラーゴラ	strawberry ストローベリ
一時預り	deposito bagagli m. デポーズィト バガッリ	left luggage office レフト ラギヂ オフィス
(クローク)	guardaroba m. グァルダローバ	cloakroom, checkroom クロウクルーム, チェクルーム
無花果	fico m. フィーコ	fig フィグ
一時的な	temporaneo テンポラーネオ	temporary テンポレリ
著しい	notevole, rilevante ノテーヴォレ, リレヴァンテ	remarkable, marked リマーカブル, マークト

日	伊	英
一度 (いちど)	una volta ウナ ヴォルタ	once, one time ワンス, ワン タイム
もう〜	ancora una volta アンコーラ ウナ ヴォルタ	once more[again] ワンス モー(アゲイン)
一日 (いちにち)	un giorno, una giornata ウン ジョルノ, ウナ ジョルナータ	a day ア デイ
素敵な〜	una bella giornata ウナ ベッラ ジョルナータ	a wonderful day ア ワンダフル デイ
〜一回	una volta al[il] giorno ウナ ヴォルタ アル(イル)ジョルノ	once a day ワンス ア デイ
〜中	tutto il giorno トゥット イル ジョルノ	all day (long) オール デイ (ローング)
市場 (いちば)	mercato m. メルカート	market マーケト
一目散に (いちもくさんに)	a gambe levate アッガンベ レヴァーテ	at full speed アト フル スピード
一目瞭然 (いちもくりょうぜん)	chiaro come il sole キアーロ コメ イル ソーレ	as clear as day アズ クリア アズ デイ
銀杏 (いちょう)	ginkgo m. ジンクゴ	ginkgo ギンコウ
胃腸薬 (いちょうやく)	medicina digestiva f. メディチーナ ディジェスティーヴァ	digestive medicine ディチェスティヴ メドスン
一覧表 (いちらんひょう)	lista f. tabella f. リスタ, タベッラ	list, table リスト, テイブル
一流の (いちりゅうの)	di prima classe[categoria] ディ プリーマ クラッセ(カテゴリーア)	first-class[rate] ファーストクラス
超〜	fuoriclasse , di serie A フオリクラッセ, ディ セーリエ ア	topnotch, top-ranking タプナチ, タプランキング
一連の (いちれんの)	una serie di ウナ セーリエ	a series of ア スィアリーズ
いつ	quando クァンド	when (ホ)ウェン
(何時に)	a che ora アケオーラ	what time (ホ)ワト タイム
〜から	da quando ダクァンド	since when スィンス (ホ)ウェン
〜まで	fino a[fin] quando フィーノアックァンド(フィンクァンド)	till when ティル (ホ)ウェン
〜までに	per quando ペルクァンド	by when バイ (ホ)ウェン

日	伊	英
いつか (将来)	un giorno ウン ジョルノ	some time, some day サム タイム, サム デイ
(過去)	in passato, l'altro giorno イン パッサート, ラルトロ ジョルノ	before, the other day ビフォー, ジ アザ デイ
いっかい 一回	una volta ウナ ヴォルタ	once ワンス
もう〜	ancora una volta アンコーラ ウナ ヴォルタ	once more[again] ワンス モー(アゲイン)
週〜	una volta alla[la] settimana ウナ ヴォルタ アッラ(ラ)セッティマーナ	once a week ワンス ア ウィーク
いっかいぶん 一回分 (薬の)	una dose ウナ ドーゼ	a dose ア ドウス
(分割払いの)	una rata ウナ ラータ	an installment アン インストールメント
いっかつ 一括する	mettere insieme メッテレ インスィエーメ	lump together ランプ トゲザ
一括購入する	comprare all'ingrosso コンプラーレ アッリングロッソ	buy in bulk バイ イン バルク
一括払いする	pagare l'intero(in contanti) パガーレ リンテーロ(イン コンタンティ)	pay in one lump sum ペイ イン ワン ランプ サム
いっき 一気に	(tutto) d'un fiato (トゥット)ドゥン フィアート	(all) in one go (オール)イン ワン ゴウ
〜飲む	tracannare トラカンナーレ	gulp down ガルプ ダウン
いっさんかたんそ 一酸化炭素	ossido di carbonio m. オッスィド ディ カルボーニオ	carbon monoxide カーボン モナクサイド
〜中毒	intossicazione di- f. イントッスィカツィオーネ ディ 〜	carbon monoxide poisoning カーボン モナクサイド ポイズニング
いっしき 一式	un completo, una serie di ウン コンプレート, ウナ セーリエ	a (complete) set of ア (コンプリート)セト
いっしゅ 一種	una specie di ウナ スペーチェ	a kind[sort] of ア カインド(ソート)
〜独特の	particolare, peculiare パルティコラーレ, ペクリアーレ	particular, peculiar パティキュラ, ピキューリャ
いっしゅう 一周	un giro m. ウン ジーロ	a round ア ラウンド
〜する	fare un giro ファーレ ウン ジーロ	go around ゴ アラウンド
〜年 (記念)	il primo anniversario di イル プリーモ アンニヴェルサーリオ	the first anniversary of ザ ファースト アニヴァーサリ

日	伊	英
一瞬（いっしゅん）	un momento *m.*, un attimo *m.* ウン モメント, ウナッティモ	a moment, an instant ア モウメント, アン インスタント
〜にして	in un istante イヌンニスタンテ	in an instant イン アン インスタント
一生懸命（いっしょうけんめい）	sodo, forte ソード, フォルテ	very hard ヴェリ ハード
一緒に（いっしょに）	insieme インスィエーメ	together トゲザ
私[君]と〜	con me(te) コン メ(テ)	with me[you] ウィズ ミー(ユー)
一新する（いっしんする）	rinnovare リンノヴァーレ	renew リニュー
一致する（いっちする）	coincidere *con*, corrispondere *a* コインチーデレ, コッリスポンデレ	agree[coincide] *with* アグリー(コウインサイド)
一定の（いってい の）	fisso, costante フィッソ, コスタンテ	fixed, constant フィクスト, カンスタント
いつでも	in qualsiasi momento イン クァルスィアスィ モメント	(at) any time (アト) エニ タイム
〜好きな時に	quando vuole[vuoi] クァンド ヴオーレ(ヴオイ)	whenever you like (ホ)ウェネヴァ ユ ライク
一般的（いっぱんてき）	generale, comune ジェネラーレ, コムーネ	general, common チェネラル, カモン
〜に	in genere[generale] イン ジェーネレ(ジェネラーレ)	generally チェネラリ
〜に言えば	generalmente parlando ジェネラルメンテ パルランド	generally speaking チェネラリ スピーキング
一品料理（いっぴんりょうり）	piatto alla carta *m.* ピアット アッラカルタ	à la carte dish アーラカート ディシュ
一歩（いっぽ）	un passo *m.* ウン パッソ	one step ワン ステプ
〜一歩	passo a passo パッソアッパッソ	step by step ステプ バイ ステプ
一方通行（いっぽうつうこう）	senso unico *m.* センソ ウーニコ	one-way traffic ワンウェイ トラフィク
一方的な（いっぽうてきな）	unilaterale ウニラテラーレ	one-sided, unilateral ワンサイデド, ユーニラタラル
いつまでも	per sempre ペル センプレ	forever フォレヴァ
いつも（常に）	sempre センプレ	always オールウェイズ

日	伊	英
(普通は)	di solito ディソーリト	usually ユージュアリ
～の	solito ソーリト	usual ユージュアル
～のように	come al solito コメアルソーリト	as usual アズ ユージュアル
イデオロギー	ideologia *f.* イデオロジーア	ideology アイディアロヂ
射手座	Sagittario *m.* サジッターリオ	the Archer, Sagittarius ジ アーチャ, サヂテァリアス
遺伝	ereditarietà *f.* エレディタリエタ	heredity ヘレディティ
～子	gene *m.* ジェーネ	gene ヂーン
～子組換	ricombinazione genetica *f.* リコンビナツィオーネ ジェネーティカ	gene recombination ヂーン リーカンビネイション
～工学	ingegneria genetica *f.* インジェニェリーア ジェネーティカ	genetic engineering ヂェネティク エンヂニアリング
移転する	traslocare, trasferire トラズロカーレ, トラスフェリーレ	move *to* ムーヴ
糸	filo *m.* フィーロ	thread, yarn スレド, ヤーン
(釣り糸)	lenza *f.* レンツァ	fishing-line フィシング ライン
意図	intenzione *f.* インテンツィオーネ	intention インテンション
～する	intendere インテンデレ	intend *to* インテンド
～的な	intenzionale インテンツィオナーレ	intentional インテンショナル
井戸	pozzo *m.* ポッツォ	well ウェル
緯度	latitudine *f.* ラティトゥーディネ	latitude ラティテュード
移動	spostamento *m.* スポスタメント	removal, movement リムーヴァル, ムーヴメント
～させる	spostare スポスターレ	move ムーヴ
～する	spostarsi スポスタルスィ	move ムーヴ

日	伊	英
糸口(いとぐち)	indizio *m.*, chiave *f.* インディーツィオ, キアーヴェ	clue クルー
従兄弟[姉妹](いとこ)	cugino(-a) *m.(f.)* クジーノ(ナ)	cousin カズン
愛しい(いとしい)	caro カーロ	dear, beloved ディア, ビラヴェド
営む(いとなむ) (経営)	dirigere, gestire ディリージェレ, ジェスティーレ	run, carry on ラン, キャリ オン
挑む(いどむ)	sfidare スフィダーレ	challenge チャレンヂ
以内(いない)	entro, in meno di エントロ, インメーノ ディ	within, less than ウィズィン, レス ザン
田舎(いなか)	campagna *f.* カンパーニャ	the countryside ザ カントリサイド
(故郷)	paese nativo *m.*, città natale *f.* パエーゼ ナティーヴォ, チッタ ナターレ	hometown ホウムタウン
稲作(いなさく)	risicoltura *f.* リズィコルトゥーラ	rice crop ライス クラブ
稲光(いなびかり)	lampo *m.* ランポ	lightning ライトニング
イニシアチブ	iniziativa *f.* イニツィアティーヴァ	initiative イニシャティヴ
イニシャル	iniziale *f.* イニツィアーレ	initial イニシャル
委任する(いにんする)	delegare *a*, affidare *a* デレガーレ, アッフィダーレ	entrust *with*, leave *to* イントラスト, リーヴ
委任状(いにんじょう)	(mandato di) procura *f.* (マンダート ディ)プロクーラ	letter[power] of attorney レタ(パウア) オブ アターニ
犬(いぬ)	cane *m.* カーネ	dog ドーグ
～小屋	canile *m.*, cuccia *f.* カニーレ, クッチャ	kennel, doghouse ケネル, ドーグハウス
稲(いね)	riso *m.* リーゾ	rice ライス
居眠り(いねむり)	dormitina *f.*, pisolino *m.* ドルミティーナ, ピゾリーノ	nap ナプ
～する	fare una dormitina ファーレ ウナ ドルミティーナ	take[have] a nap テイク(ハヴ) ア ナプ

日	伊	英
いのしし 猪	cinghiale *m.* チンギアーレ	wild boar ワイルド ボー
いのち 命	vita *f.* ヴィータ	life ライフ
いの 祈り	preghiera *f.*, augurio *m.* プレギエーラ, アウグーリオ	prayer プレア
いの 祈る	pregare プレガーレ	pray *to* プレイ
（望む）	augurare アウグラーレ	wish, hope ウィシュ, ホウプ
いばら 茨	spina *f.* スピーナ	thorn ソーン
～の道	strada irta di difficoltà *f.* ストラーダ イルタ ディ ディフィコルタ	thorny path ソーニ パス
いば 威張る	essere molto orgoglioso *di* エッセレ モルト オルゴッリオーゾ	be very proud *of* ビ ヴェリ プラウド
威張った	prepotente プレポテンテ	bossy ボースィ
いはん 違反	trasgressione *f.*, 　　　contravvenzione *f.* トラズグレッスィオーネ, 　　　コントラッヴェンツィオーネ	violation, offense ヴァイオレイション, オフェンス
～する	trasgredire, contravvenire トラズグレディーレ, コントラッヴェニーレ	violate, infringe ヴァイオレイト, インフリンヂ
いびき 鼾をかく	russare ルッサーレ	snore スノー
いひょう 意表をつく	sorprendere ソルプレンデレ	take *a person* by surprise テイク バイ サプライズ
いびつ 歪な	distorto, storto ディストルト, ストルト	distorted, warped ディストーテド, ウォープト
いひん 遺品　（形見）	oggetto ricordo *m.*, memento *m.* オジェット リコルド, メメント	memento, keepsake メメントウ, キープセイク
いふく 衣服	abiti *m.pl.*, vestiti *m.pl.* アービティ, ヴェスティーティ	clothes, dress クロウズ, ドレス
イブニングドレス	abito da sera *m.* アービト ダ セーラ	evening (dress) イーヴニング(ドレス)
いぶんか 異文化の	intercultural インテルクルトゥラーレ	intercultural インタカルチュラル
イベント	manifestazione *f.* マニフェスタツィオーネ	event イヴェント

日	伊	英
いぼ 疣	verruca *f.*, porro *m.* ヴェッルーカ, ポッロ	wart ウォート
いほう 違法の	illegale イッレガーレ	illegal イリーガル
いま 今	adesso, ora アデッソ, オーラ	now, at (the) present ナウ, アト (ザ) プレズント
～ごろ	a quest'ora ア クェストーラ	at(about) this time アト(アバウト)ズィス タイム
～さら	ormai オルマーイ	now, at this time ナウ, アト ズィス タイム
～しがた	or ora, un attimo fa オルオーラ, ウンナッティモ ファ	just now, a moment ago チャスト ナウ, ア モウメント アゴウ
～まで	finora フィノーラ	till now ティル ナウ
いま 居間	soggiorno *m.* ソッジョルノ	living room リヴィング ルーム
いまいち 今一	mica tanto ミーカ タント	not quite ナト クワイト
いまいま 忌々しい	maledetto, odioso マレデット, オディオーゾ	damned, cursed ダムド, カーセド
いまし 戒める	ammonire アンモニーレ	admonish アドマニシュ
いまどき 今時	oggigiorno オッジジョルノ	nowadays ナウアデイズ
いま ところ 今の所	per ora, per il momento ペローラ, ペリルモメント	for the time being フォ ザ タイム ビーイング
いま 忌わしい	brutto, ripugnante ブルット, リプニャンテ	disgusting ディスガスティング
いみ 意味	significato *m.*, senso *m.* スィンニフィカート, センソ	meaning, sense ミーニング, センス
～する	significare, voler dire スィンニフィカーレ, ヴォレル ディーレ	mean, signify ミーン, スィグニファイ
イミテーション	imitazione *f.* イミタツィオーネ	imitation イミテイション
いみん 移民 (他国へ)	emigrazione *f.* エミグラツィオーネ	emigration エミグレイション
(他国から)	immigrazione *f.* インミグラツィオーネ	immigration イミグレイション
～する	emigrare, immigrare エミグラーレ, インミグラーレ	emigrate, immigrate エミグレイト, イミグレイト

日	伊	英
イメージ	immagine *f.* インマージネ	image イミヂ
いも 芋	patata *f.* パタータ	potato ポテイトウ
(さつま芋)	patata dolce *f.* パタータ ドルチェ	sweet potato スウィート ポテイトウ
いもうと 妹	sorella (minore) *f.* ソレッラ (ミノーレ)	(younger) sister (ヤンガ) スィスタ
いもり 井守	lucertola d'acqua *f.* ルチェルトラ ダックァ	newt ヌート
いや 嫌(だ)	non piacere *a*, odiare ノン ピアチェーレ, オディアーレ	dislike, hate ディスライク, ヘイト
〜がる	non avere voglia *di* ノン アヴェーレ ヴォッリャ	be unwilling *to* ビ アンウィリング
〜がられる	farsi odiare ファルスィ オディアーレ	be disliked ビ ディスライクト
いやいや 嫌嫌	di malavoglia, a malincuore ディ マラヴォッリャ, アッマリンクオーレ	unwillingly アンウィリングリ
いや 嫌がらせ	dispetto *m.* ディスペット	vexation ヴェクセイション
いやくきん 違約金	penalità *f.*, multa *f.* ペナリタ, ムルタ	forfeit フォーフィト
いや 癒す	sanare, consolare サナーレ, コンソラーレ	heal, cure ヒール, キュア
いや 嫌な	sgradevole, antipatico ズグラデーヴォレ, アンティパーティコ	unpleasant, disgusting アンプレズント, ディスガスティング
イヤホーン	auricolare *m.* アウリコラーレ	earphone イアフォウン
いやみ 嫌味	sarcasmo *m.* サルカズモ	sarcasm サーカズム
〜な	sarcastico, antipatico サルカスティコ, アンティパーティコ	sarcastic, disagreeable サーカスティク, ディサグリーアブル
いや 嫌らしい	schifoso, osceno スキフォーゾ, オッシェーノ	indecent, sordid インディーセント, ソーディド
イヤリング	orecchino *m.* オレッキーノ	earring イアリング
いよいよ	finalmente フィナルメンテ	at last アト ラスト
いよく 意欲	volontà *f.*, voglia *f.* ヴォロンタ, ヴォッリャ	volition ヴォウリション

日	伊	英
依頼（いらい）	domanda *f.*, richiesta *f.* ドマンダ, リキエスタ	request リクウェスト
〜する	domandare, chiedere ドマンダーレ, キエーデレ	ask, request アスク, リクウェスト
〜人	cliente *m.f.* クリエンテ	client クライエント
苛苛（いらいら）する	avere il nervoso アヴェーレ イル ネルヴォーソ	be irritated ビ イリテイテド
イラク	Iraq *m.* イラク	Iraq イラーク
〜の	iracheno イラケーノ	Iraqi イラーキ
イラスト	illustrazione *f.* イッルストラツィオーネ	illustration イラストレイション
イラストレーター	illustra*tore*(*trice*) *m.(f.)* イッルストラトーレ(トリーチェ)	illustrator イラストレイタ
イラン	Iran *m.* イーラン	Iran イラン
〜の	iraniano イラニアーノ	Iranian イラニアン
入（い）り江（え）	baia *f.* バイア	inlet インレト
入（い）り口（ぐち）	entrata *f.*, ingresso *m.* エントラータ, イングレッソ	the entrance ジ エントランス
医療（いりょう）	assistenza medica *f.* アッスィステンツァ メーディカ	medical treatment メディカル トリートメント
〜費	spese mediche *f.pl.* スペーゼ メーディケ	medical expenses メディカル イクスペンシズ
威[偉]力（いりょく）	potere *m.*, potenza *f.* ポテーレ, ポテンツァ	power, might パウア, マイト
〜を発揮する	dimostrarsi potente ディモストラルスィ ポテンテ	display *one's* power ディスプレイ パウア
要（い）る	aver bisogno di アヴェル ビゾーニョ ディ	need ニード
居（い）る	essere, esserci エッセレ, エッセルチ	(there) be (ゼア) ビ-
衣類（いるい）	abbigliamento *m.*, vestiario *m.* アッビリアメント, ヴェスティアーリオ	clothing, clothes クロウズィング, クロウズ

日	伊	英
海豚(いるか)	delfino *m.* デルフィーノ	dolphin ダルフィン
イルミネーション	illuminazione *f.* イッルミナツィオーネ	illuminations イルーミネイションズ
異例(いれい)の	eccezionale エッチェッツィオナーレ	exceptional イクセプショナル
入(い)れ替(か)える	sostituire ソスティトゥイーレ	replace リプレイス
入(い)れ墨(ずみ)	tatuaggio *m.* タトゥアッジョ	tattoo タトゥー
入(い)れ智恵(ぢえ)	suggerimento *m.* スッジェリメント	suggestion サグチェスチョン
入(い)れ歯(ば)	dentiera *f.* デンティエーラ	denture デンチャ
入(い)れ物(もの)	recipiente *m.*, contenitore *m.* レチピエンテ, コンテニトーレ	container コンテイナ
入(い)れる	mettere...*in* メッテレ	put...*in* プト
（挿入する）	inserire...*in* インセリーレ	insert...*in* インサート
（スイッチを）	accendere アッチェンデレ	turn...on ターン オン
（飲み物を）	fare, preparare ファーレ, プレパラーレ	make, prepare メイク, プリペア
色(いろ)	colore *m.* コローレ	color カラ
色々(いろいろ)な	vario, diverso ヴァーリオ, ディヴェルソ	various ヴェアリアス
色鉛筆(いろえんぴつ)	matita colorata *f.* マティータ コロラータ	colored pencil カラード ペンスル
色気(いろけ) (魅力)	sex appeal *m.* セクス アピル	sex appeal セクス アピール
（関心）	interesse *m.* インテレッセ	interest インタレスト
色白(いろじろ)の	di carnagione bianca ディ カルナジョーネ ビアンカ	fair フェア
彩(いろど)り	colorazione *f.* コロラツィオーネ	coloring カラリング

日	伊	英
～を添える	ravvivare, animare ラッヴィヴァーレ, アニマーレ	liven up ライヴン アプ
異論	obiezione *f.* オビエツィオーネ	objection オブヂェクション
岩	roccia *f.* ロッチャ	rock ラク
～登り	alpinismo su roccia *m.* アルピニズモ スッロッチャ	rock climbing ラク クライミング
祝う	celebrare, festeggiare チェレブラーレ, フェステッジャーレ	congratulate, celebrate コングラチュレイト, セレブレイト
違和感	senso di sconvenienza *m.* センソ ディ スコンヴェニエンツァ	sense of incongruity センス オブ インコングルーイティ
～を覚える	sentirsi sconveniente センティルスィ スコンヴェニエンテ	feel out of place フィール アウト オブ プレイス
鰯	sardina *f.* サルディーナ	sardine サーディーン
岩魚	salmarino *m.* サルマリーノ	char チャー
印 (鑑)	timbro *m.*, sigillo *m.* ティンブロ, スィジッロ	stamp, seal スタンプ, スィール
韻を踏む	rimare リマーレ	rhyme ライム
引火する	infiammarsi インフィアンマルスィ	catch fire キャチ ファイア
因果関係	rapporto causale *m.* ラッポルト カウザーレ	causal relationship コーザル リレイションシプ
陰気な	tetro, fosco テートロ, フォスコ	gloomy グルーミ
インク	inchiostro *m.* インキオストロ	ink インク
陰茎	pene *m.* ペーネ	the penis ザ ピーニス
陰険な	perfido, malvagio ペルフィド, マルヴァージョ	crafty クラフティ
隠元豆	fagiolo *m.* ファジョーロ	kidney bean キドニ ビーン
インコ	parrocchetto *m.* パッロッケット	parakeet パラキート

日	伊	英
印刷(いんさつ)	stampa f. スタンパ	printing プリンティング
～する	stampare スタンパーレ	print プリント
印紙(いんし)	marca da bollo f. マルカ ダ ボッロ	revenue stamp レヴェニュー スタンプ
インシュリン	insulina f. インスリーナ	insulin インシュリン
印象(いんしょう)	impressione f. インプレッスィオーネ	impression インプレション
インスタントの	istantaneo イスタンターネオ	instant インスタント
インストールする	installare インスタッラーレ	install インストール
インストラクター	istrut*tore*(-*trice*) m.(f.) イストルットーレ(トリーチェ)	instructor インストラクタ
インスピレーション	ispirazione f. イスピラツィオーネ	inspiration インスピレイション
印税(いんぜい)	royalty f. ロヤルティ	royalty ロイアルティ
引率する(いんそつ)	condurre, guidare コンドゥッレ, グィダーレ	lead リード
インターチェンジ	svincolo(autostradale) m. ズヴィンコロ(アウトストラダーレ)	interchange インタチェインヂ
インターネット	internet f. インテルネット	the Internet ジ インタネト
インターフェロン	interferone m. インテルフェローネ	interferon インタフィラン
インターホン	citofono m. チトーフォノ	interphone インタフォウン
インターン	intern*o* m.(f.) インテルノ(ナ)	intern インターン
引退(いんたい)	ritiro m. リティーロ	retirement リタイアメント
～する	ritirarsi リティラルスィ	retire リタイア
インタビュー	intervista f. インテルヴィスタ	interview インタヴュー

日	伊	英
～する	intervistare インテルヴィスターレ	interview インタヴュー
インチ	pollice *m.* ポッリチェ	inch インチ
インテリ	intellettuale *m.f.* インテッレットゥアーレ	intellectual インテレクチュアル
インテリア	arredamento *m.* アッレダメント	interior design インティアリア ディザイン
インド	India *f.* インディア	India インディア
～の	indiano インディアーノ	Indian インディアン
イントネーション	cadenza *f.*, intonazione *f.* カデンツァ, イントナツィオーネ	intonation イントネイション
インドネシア	Indonesia *f.* インドネーズィア	Indonesia インドニージャ
～の	indonesiano インドネズィアーノ	Indonesian インドニージャン
インフォメーション	informazione *f.* インフォルマツィオーネ	information インフォメイション
インプットする	inputare インプターレ	input インプト
インフルエンザ	influenza *f.* インフルエンツァ	influenza インフルエンザ
インフレ	inflazione *f.* インフラツィオーネ	inflation インフレイション
陰謀（いんぼう）	congiura *f.*, complotto *m.* コンジューラ, コンプロット	plot, intrigue プロト, イントリーグ
引用（いんよう）	citazione *f.* チタツィオーネ	quotation, citation クウォテイション, サイテイション
～する	citare チターレ	quote, cite クウォウト, サイト
飲料水（いんりょうすい）	acqua potabile *f.* アックア ポタービレ	drinking water ドリンキング ウォータ
引力（いんりょく）	gravità *f.* グラヴィタ	attraction, gravitation アトラクション, グラヴィテイション
陰暦（いんれき）	calendario lunare *m.* カレンダーリオ ルナーレ	lunar calendar ルーナ キャリンダ

日	伊	英

う, ウ

ウイーン	Vienna *f.* ヴィエンナ	Vienna ヴィエナ
ウイスキー	whisky *m.* ウィスキ	whiskey (ホ)ウィスキ
ウイルス	virus *m.* ヴィールス	virus ヴァイアラス
ウインク	strizzata d'occhio *f.* ストリッツァータ ドッキオ	wink ウィンク
〜する	strizzare l'occhio ストリッツァーレ ロッキオ	wink ウィンク
ウインド サーフィン	windsurf *m.* ウィンセルフ	windsurfing ウィンドサーフィング
ウール	lana *f.* ラーナ	wool ウル
飢え	fame *f.* ファーメ	hunger ハンガ
〜た	affamato *di* アッファマート	starved *for[of]* スターヴド
上へ	su スッ	up アプ
上に[で, を]	su, sopra ス, ソープラ	on, above, over オン, アバヴ, オウヴァ
上から	dall'alto ダッラルト	from the top フラム ザ タプ
上から下まで	da cima a fondo ダ チーマ ア フォンド	from top to bottom フラム タプ トゥバトム
ウエイター	cameriere *m.* カメリエーレ	waiter ウェイタ
ウエイトレス	cameriera *f.* カメリエーラ	waitress ウェイトレス
植木	pianta *f.* ピアンタ	plant, tree プラント, トリー
ウエスト (腰)	vita *f.* ヴィータ	waist ウェイスト
ウエディング	matrimonio *m.*, nozze *f.pl.* マトリモーニオ, ノッツェ	wedding ウェディング

日	伊	英
〜ケーキ	torta nuziale *f.* トルタ ヌツィアーレ	wedding cake ウェディング ケイク
〜ドレス	abito da sposa *m.* アービト ダ スポーザ	wedding dress ウェディング ドレス
ウエハース	vafer *m.* ヴァーフェル	wafer ウェイファ
植える	piantare ピアンターレ	plant プラント
ウォーミングアップ	riscaldamento *m.* リスカルダメント	warm-up ウォームアップ
魚座	Pesci *m.pl.* ペッシ	the Fishes ザ フィシズ
ウオッカ	vodka *f.* ヴォドカ	vodka ヴァドカ
嗽	gargarismo *m.* ガルガリズモ	gargling ガーグリング
〜する	fare i gargarismi ファーレ イ ガルガリズミ	gargle ガーグル
浮かぶ (物が)	galleggiare ガッレッジャーレ	float フロウト
(考えが)	venire in mente *a* ヴェニーレ イン メンテ	occur to オカー トゥ
雨季	stagione piovosa *f.* スタジョーネ ピオヴォーザ	rainy season レイニ スィーズン
浮き沈み	vicissitudini *f.pl.* ヴィチッスィトゥーディニ	ups and downs アプス アンド ダウンズ
浮輪	ciambella *f.* チャンベッラ	rubber ring ラバ リング
鶯	usignolo (del Giappone) *m.* ウズィニョーロ (デル ジャッポーネ)	Japanese nightingale ジャパニーズ ナイティンゲイル
ウクライナ	Ucraina *f.* ウクライナ	Ukraine ユークレイン
〜の	ucraino ウクライーノ	Ukrainian ユークレイニャン
ウクレレ	ukulele *m.f.* ウクレーレ	ukulele ユークレイリ
受け入れる	accettare アッチェッターレ	receive, accept リスィーヴ, アクセプト

日	伊	英
請負（うけおい）	appalto *m.* アッパルト	contract カントラクト
～業者	appalta*tore*(*-trice*) *m.(f.)* アッパルタトーレ（トリーチェ）	contractor カントラクタ
受け継ぐ（うけつぐ）	ereditare エレディターレ	inherit インヘリト
受付（うけつけ）（行為）	accettazione *f.*, ricevimento *m.* アッチェッタツィオーネ，リチェビメント	acceptance, receipt アクセプタンス，リスィート
（場所）	reception *f.* レセプション	reception リセプション
（係・人）	receptionist *m.f.* レセプショニスト	receptionist リセプショニスト
受け付ける	accetare, ricevere アッチェッターレ，リチェーヴェレ	accept, receive アクセプト，リスィーヴ
受取（うけとり）（領収書）	ricevuta *f.* リチェヴータ	receipt リスィート
受取人（うけとりにん）	destinatario(*-a*) *m.(f.)* デスティナターリオ（ア）	receiver, remittee リスィーヴァ，リミティー
（手形の）	prendi*tore*(*-trice*) *m.(f.)* プレンディトーレ（トリーチェ）	payee ペイイー
（保険金の）	beneficiario(*-a*) ベネフィチャーリオ（ア）	beneficiary ベネフィシエリ
受け取る（うけとる）	ricevere リチェーヴェレ	receive リスィーヴ
受け渡し（うけわたし）	consegna *f.* コンセーニャ	delivery ディリヴァリ
動かす（うごかす）	muovere, spostare ムオーヴェレ，スポスターレ	move, shift ムーヴ，シフト
（機械を）	manovrare マノヴラーレ	run, operate ラン，アパレイト
動き（うごき）	movimento *m.*, moto *m.* モヴィメント，モート	movement, motion ムーヴメント，モウション
（動向）	tendenza *f.* テンデンツァ	trend トレンド
動く（うごく）	muoversi ムオーヴェルスィ	move ムーヴ
（作動）	funzionare フンツィオナーレ	run, work ラン，ワーク
兎（うさぎ）	coniglio *m.* コニッリォ	rabbit ラビト

日	伊	英
(野兎)	lepre *f.* レープレ	hare ヘア
うし 牛 (雄)	bue *m.* (buoi *pl.*) ブーエ	ox アクス
(雌)	mucca *f.* ムッカ	cow カウ
うしな 失う	perdere ペルデレ	lose, miss ルーズ, ミス
うし 後ろ	dietro *m.* ディエートロ	the back ザ バク
～の	di dietro, posteriore ディ ディエートロ, ポステリオーレ	back, rear バク, リア
～盾 (後援者)	sosten*itore*(*-trice*) *m.*(*f.*) ソステニトーレ(トリーチェ)	backer バカ
うずま 渦(巻き)	vortice *m.* ヴォルティチェ	whirlpool (ホ)ワールプール
うす 薄い (厚みが)	sottile ソッティーレ	thin スィン
(色が)	chiaro キアーロ	light ライト
(濃度が)	leggero レッジェーロ	weak, thin ウィーク, スィン
うすぐら 薄暗い	un po' scuro, tetro ウンポ スクーロ, テートロ	dim, dark, gloomy ディム, ダーク, グルーミ
うす 薄める	allungare, diluire アッルンガーレ, ディルイーレ	thin, dilute スィン, ダイリュート
うずら 鶉	quaglia *f.* クァッリァ	quail クウェイル
うす 薄れる	impallidire インパッリディーレ	become dim[faint] ビカム ディム (フェイント)
うせつ 右折	svolta a destra *f.* ズヴォルタ アッデストラ	right turn ライトターン
～する	svoltare a destra ズヴォルターレ アッデストラ	turn (to the) right ターン (トゥ ザ) ライト
～禁止	divieto di svolta a destra ディヴィエート ディ ズヴォルタ アッデストラ	no right turn ノ ライト ターン
うそ 嘘	bugia *f.*, menzogna *f.* ブジーア, メンゾーニャ	lie ライ
～をつく	dire bugie, mentire ディーレ ブジーエ, メンティーレ	tell a lie テル ア ライ

日	伊	英
～つき	bugiardo(-a) m.(f.), bugiardello(-a) ブジャルド(ダ), ブジャルデッロ(ラ)	liar, fibber ライア, フィバー
歌	canzone f. カンツォーネ	song ソーング
歌う	cantare カンターレ	sing スィング
疑い深い	sospettoso ソスペットーゾ	suspicious サスピシャス
(懐疑的な)	scettico シェッティコ	skeptical スケプティカル
疑う	dubitare ドゥビターレ	doubt ダウト
(嫌疑)	sospettare ソスペッターレ	suspect サスペクト
転寝	sonnellino m., pisolino m. ソンネッリーノ, ピゾリーノ	doze, nap ドウズ, ナプ
茹だるような	afoso, soffocante アフォーゾ, ソッフォカンテ	sweltering, boiling スウェルタリング, ボイリング
打ち明ける	confidare, confessare コンフィダーレ, コンフェッサーレ	confide, confess コンファイド, コンフェス
打ち合わせる	combinare, predisporre コンビナーレ, プレディスポッレ	make arrangements メイク アレインヂメンツ
内側	interno m. インテルノ	the inside ジ インサイド
～の	interno, interiore インテルノ, インテリオーレ	inside, inner インサイド, イナ
内気な	timido, introverso ティーミド, イントロヴェルソ	shy, timid シャイ, ティミド
打ち切る	porre fine a, interrompere ポッレ フィーネ, インテッロンペレ	cut off, terminate カト オフ, ターミネイト
打ち込む	conficcare コンフィッカーレ	drive in ドライヴ イン
(ボールを)	schiacciare スキアッチャーレ	smash スマシュ
(専念する)	dedicarsi a デディカルスィ	be dedicated to ビ デディケイテド
宇宙	cosmo m., spazio m. コズモ, スパーツィオ	the universe, the cosmos ザ ユーニヴァース, ザ カズモス
～の	spaziale スパツィアーレ	space スペイス

日	伊	英
～船	astronave *f.*	spaceship
～飛行士	astronauta *m.f.*	astronaut
打ち解けて	in via amichevole	in a friendly way
有頂天	entusiasmo *m.*, estasi *f.*	rupture, ecstasy
～になる	andare in estasi	go into ecstasies
内訳	dettaglio *m.*	details
鬱	depressione *f.*	depression
～病	malinconia *f.*	melancholia
撃つ	sparare, tirare	fire, shoot
打つ	battere, colpire	strike, hit
(心を)	commuovere	move, touch
うっかり	per distrazione	carelessly
美しい	bello	beautiful
写し (控え)	copia *f.*	copy
(複写)	fotocopia *f.*	photocopy
写す	copiare, fotocopiare	copy, photocopy
写真を～	fare una foto[fotografia]	take a picture
映す (反映)	riflettere	reflect, mirror
(鏡に姿を)	guardarsi nello[allo] specchio	look at *oneself* in the mirror
(映写)	proiettare	project, show

日	伊	英
うつ 移す	spostare, trasferire スポスターレ, トラスフェリーレ	move, transfer ムーヴ, トランスファー
(病気を)	attaccare アッタッカーレ	give, infect ギヴ, インフェクト
うった 訴える	ricorrere, appellarsi *a* リコッレレ, アッペッラルスィ	sue, appeal *to* スュー, アピール
う 打ってつけの	ideale[perfetto] *per* イデアーレ, ペルフェット	ideal[perfect] *for* アイディーアル(パーフィクト)
うっとう 鬱陶しい	noioso, fastidioso ノイオーゾ, ファスティディオーゾ	gloomy, unpleasant グルーミ, アンプレズント
うっとりする	essere incantato [affascinato] エッセレ インカントート(アッファシナート)	be enchanted *with* [*by*] ビ インチャンテド
うつ伏せに	bocconi ボッコーニ	face down, on *one's* stomach フェイス ダウン, オン スタマク
うつむ 俯く	abbassare gli occhi アッバッサーレ リ オッキ	hang *one's* head ハング ヘド
うつ 移る (移動)	trasferirsi, spostarsi トラスフェリルスィ, スポスタルスィ	move, shift ムーヴ, シフト
(推移)	passare パッサーレ	pass パス
(感染)	contagiare コンタジャーレ	catch キャチ
(浸透)	permeare ペルメアーレ	permeate パーミエイト
うつ 写[映]る	riflettersi リフレッテルスィ	be reflected *in* ビ リフレクテド
うで 腕	braccio *m.* (le braccia *pl.*) ブラッチョ	arm アーム
～を組んで	a braccetto アッブラッチェット	arm in arm アーム イン アーム
うでずもう 腕相撲	braccio di ferro ブラッチョ ディ フェッロ	arm wrestling アーム レスリング
うでた ふ 腕立て伏せ	flessione sulle braccia *f.* フレッスィオーネ スッレ ブラッチャ	pushup プシャプ
うでどけい 腕時計	orologio da polso *m.* オロロージョ ダ ポルソ	wristwatch リストワチ
うなぎ 鰻	anguilla *f.* アングィッラ	eel イール

日	伊	英
<ruby>頷<rt>うなず</rt></ruby>く	accennare col capo アッチェンナーレ コル カーポ	nod ナド
<ruby>項垂<rt>うなだ</rt></ruby>れる	stare a capo chino スターレ アッカーポ キーノ	hang *one's* head ハング ヘド
<ruby>唸<rt>うな</rt></ruby>る	ruggire, rombare ルッジーレ, ロンバーレ	growl, roar グラウル, ロー
<ruby>海胆<rt>うに</rt></ruby>	echino *m.*, riccio di mare *m.* エキーノ, リッチョ ディ マーレ	sea urchin スィー アーチン
<ruby>自惚<rt>うぬぼ</rt></ruby>れる	vantarsi *di*, stimarsi ヴァンタルスィ, スティマルスィ	fancy *oneself* ファンスィ
<ruby>右派<rt>うは</rt></ruby>	destra *f.* デストラ	the right ザ ライト
<ruby>奪<rt>うば</rt></ruby>う	derubare デルバーレ	rob ラブ
<ruby>乳母車<rt>うばぐるま</rt></ruby>	carrozzina *f.* カッロッツィーナ	baby carriage, buggy ベイビ キャリヂ, バギ
<ruby>産声<rt>うぶごえ</rt></ruby>	primo vagito *m.* プリーモ ヴァジート	first cry ファースト クライ
<ruby>初<rt>うぶ</rt></ruby>な	innocente, ingenuo インノチェンテ, インジェーヌオ	innocent, naive イノセント, ナーイーヴ
<ruby>馬<rt>うま</rt></ruby>	cavallo *m.* カヴァッロ	horse ホース
～が合う	andare d'accordo *con* アンダーレ ダッコルド	get along well *with* ゲト アロング ウェル
<ruby>旨<rt>うま</rt></ruby>い （美味）	buono, delizioso ブオーノ, デリツィオーゾ	good, delicious グド, ディリシャス
（上手）	bravo ブラーヴォ	good, skillful グド, スキルフル
<ruby>旨<rt>うま</rt></ruby>く	bene ベーネ	well ウェル
<ruby>生<rt>うま</rt></ruby>[産]れる	nascere ナッシェレ	be born ビ ボーン
<ruby>海<rt>うみ</rt></ruby>	mare *m.* マーレ	the sea ザ スィー
<ruby>膿<rt>うみ</rt></ruby>	pus *m.* プス	pus パス
<ruby>海亀<rt>うみがめ</rt></ruby>	tartaruga marina *f.* タルタルーガ マリーナ	sea turtle スィー タートル

日	伊	英
海辺（うみべ）	spiaggia *f.* スピアッジャ	the beach ザ ビーチ
生[産]む（うむ）	dare alla luce, partorire ダーレ アッラ ルーチェ, パルトリーレ	bear ベア
（産出）	produrre プロドゥッレ	produce プロデュース
梅（うめ）	prugno *m.* プルーニョ	plum tree プラム トリー
（実）	prugna *f.* プルーニャ	plum プラム
呻く（うめく）	gemere ジェーメレ	groan, moan グロウン, モウン
埋め立てる（うめたてる）	bonificare ボニフィカーレ	reclaim リクレイム
埋める（うめる）	seppellire セッペッリーレ	bury ベリ
（満たす）	riempire リエンピーレ	fill フィル
（埋め合わせ）	compensare, ricuperare コンペンサーレ, リクペラーレ	make up *for* メイカプ
羽毛（うもう）	piuma *f.* ピウマ	feathers, down フェザズ, ダウン
右翼（うよく）	ala destra *f.* アーラ デストラ	the right wing ザ ライト ウィング
（野球の）	esterno destro *m.* エステルノ デストロ	right field ライト フィールド
裏（側）（うら(がわ)）	rovescio *m.*, retro *m.* ロヴェッショ, レートロ	the back, the wrong side ザ バク, ザ ローング サイド
（足や靴の）	pianta *f.* ピアンタ	sole ソウル
～に	dietro ディエートロ	behind ビハインド
～をかく	superare in astuzia スーペラーレ インナストゥーツィア	outwit, outsmart アウトウィト, アウトスマート
裏返す（うらがえす）	voltare, rivoltare ヴォルターレ, リヴォルターレ	turn over ターン オウヴァ
裏書き（うらがき）	girata *f.* ジラータ	endorsement インドースメント
裏切る（うらぎる）	tradire トラディーレ	betray ビトレイ

日	伊	英
裏口 (うらぐち)	porta di servizio f. ポルタ ディ セルヴィーツィオ	the back door ザ バク ドー
裏声 (うらごえ)	falsetto m. ファルセット	falsetto フォールセトウ
裏地 (うらじ)	fodera f. フォーデラ	the lining ザ ライニング
裏付ける (うらづける)	confermare, provare コンフェルマーレ, プロヴァーレ	prove プルーヴ
裏通り (うらどおり)	vicolo m., viuzza f. ヴィーコロ, ヴィウッツァ	alley, lane アリ, レイン
占い (うらない)	predizione dell'avvenire f. プレディツィオーネ デッラッヴェニーレ	fortune-telling フォーチュンテリング
～師	indovino(-a) m.(f.) インドヴィーノ(ナ)	fortune-teller フォーチュンテラ
占う (うらなう)	predire l'avvenire プレディーレ ラッヴェニーレ	tell *a person's* fortune テル フォーチュン
ウラニウム	uranio m. ウラーニオ	uranium ユアレイニアム
恨み (うらみ)	rancore m. ランコーレ	grudge グラヂ
～を抱く	serbare rancore contro セルバーレ ランコーレ	have a grudge *against* ハヴ ア グラヂ
～を買う	attirarsi il rancore di アッティラルスィ イル ランコーレ	incur *one's* grudge インカー グラヂ
羨ましい (うらやましい)	invidiabile インヴィディアービレ	enviable エンヴィアブル
羨む (うらやむ)	invidiare インヴィディアーレ	envy エンヴィ
売り上げ (うりあげ)	vendita f. ヴェンディタ	sales セイルズ
売り切れる (うりきれる)	essere esaurito エッセレ エザウリート	be sold out ビ ソウルド アウト
売り出す (うりだす)	mettere in vendita メッテレ イン ヴェンディタ	put on sale プト オン セイル
売り手 (うりて)	venditore(-trice) m.(f.) ヴェンディトーレ(トリーチェ)	seller セラ
売り場 (うりば)	reparto m. レパルト	department ディパートメント

日	伊	英
う 売る	vendere ヴェンデレ	sell セル
うるうどし 閏年	anno bisestile *m.* アンノ ビゼスティーレ	leap year リープ イア
ウルグアイ	Uruguay *m.* ウルグアイ	Uruguay ユアラグワイ
～の	uruguaiano ウルグアイアーノ	Uruguayan ユアラグワイアン
うるさ 煩い （音が）	rumoroso ルモローゾ	noisy ノイズィ
（厄介な）	noioso, fastidioso ノイオーゾ, ファスティディオーゾ	troublesome トラブルサム
（口うるさい）	esigente, pignolo エズィジェンテ, ピニョーロ	particular, fussy パティキュラ, ファスィ
うるし 漆 （植物）	albero della lacca *m.* アルベロ デッラ ラッカ	lacquer tree ラカ トリー
～塗りの	laccato, di lacca ラッカート, ディ ラッカ	lacquered, japanned ラカド, ヂャパンド
うれ 嬉しい	felice, contento, lieto フェリーチェ, コンテント, リエート	happy, delightful ハピ, ディライトフル
う 熟れた	maturo マトゥーロ	ripe ライプ
う 売れる	vendersi (bene) ヴェンデルスィ (ベーネ)	sell (well) セル (ウェル)
飛ぶように～	andare a ruba アンダーレ アッルーバ	sell like hot cakes セル ライク ハト ケイクス
うろこ 鱗	squama *f.* スクアーマ	scale スケイル
うろたえる	essere sconvolto, sconcertarsi エッセレ スコンヴォルト, スコンチェルタルスィ	be upset, get confused ビ アプセト, ゲト コンフューズド
うわき 浮気	flirt *m.* フラルト	flirtation フラーテイション
～する	flirtare *con* フレルターレ	flirt *with* フラート
うわぎ 上着	giacca *f.* ジャッカ	coat コウト
うわさ 噂	voce *f.* ヴォーチェ	rumor ルーマ
～が流れる	correre コッレレ	be rumored ビ ルーマド

日	伊	英
うわ そら 上の空の	distratto ディストラット	absentminded アブセントマインデド
うわべ 上辺	apparenza *f.*, superficie *f.* アッパレンツァ, スペルフィーチェ	appearance, the surface アピアランス, ザ サーフェス
〜を飾る	salvare le apparenze サルヴァーレ レ アッパレンツェ	keep up appearances キープ アプ アピアランスィーズ
うわまわ 上回る	eccedere, superare エッチェーデレ, スーペラーレ	exceed, surpass イクスィード, サーパス
予想を〜	superare la previsione スーペラーレ ラ プレヴィズィオーネ	surpass *one's* expectation サーパス エクスペクテイション
うわやく 上役	superiore(-a) *m.(f.)* スーペリオーレ(ラ)	superior スピアリア
うん 運	fortuna *f.* フォルトゥーナ	fortune, luck フォーチュン, ラク
〜良く	per fortuna ペル フォルトゥーナ	fortunately フォーチュネトリ
〜を試す	tentare la fortuna テンターレ ラ フォルトゥーナ	try *one's* luck トライ ラク
うんえい 運営	gestione *f.*, amministrazione *f.* ジェスティオーネ, アンミニストラツィオーネ	management マニヂメント
うんが 運河	canale *m.*, naviglio *m.* カナーレ, ナヴィッリオ	canal カナル
うんざりする	essere stanco [stufo, seccato] *di* エッセレ スタンコ(ストゥーフォ, セッカート)	be sick *of*, be bored ビ スィク, ビ ボード
うんせい 運勢	stella *f.* ステッラ	star スター
うんそう 運送	trasporto *m.* トラスポルト	transportation トランスポテイション
〜業者	trasporta*tore*(-*trice*) *m.(f.)* トラスポルタトーレ(トリーチェ)	carrier キャリア
〜費	spese di trasporto *f.pl.* スペーゼ ディ トラスポルト	freight フレイト
うんちん 運賃	tariffa *f.* タリッファ	fare フェア
うんてん 運転 (車の)	guida *f.* グィーダ	driving ドライヴィング
(機械の)	manovra *f.* マノーヴラ	operation アパレイション

日	伊	英
～する	guidare, manovrare グィダーレ, マノヴラーレ	drive, operate ドライヴ, アパレイト
運転手(車の)	autista *m.f.* アウティスタ	driver ドライヴァ
(バスの)	conducente *m.f.* コンドゥチェンテ	bus driver バス ドライヴァ
(電車の)	macchinista *m.f.* マッキニスタ	motorman モウタマン
(タクシーの)	tassista *m.f.* タッスィスタ	taxi driver タクスィ ドライヴァ
(トラックの)	camionista *m.f.* カミオニスタ	truck driver トラク ドライヴァ
(お抱えの)	chauffeur *m.* ショーフェル	chauffeur ショウファ
運転免許証	patente di guida *f.* パテンテ ディ グィーダ	driver's license ドライヴァズ ライセンス
運動(物体の)	moto *m.* モート	movement, motion ムーヴメント, モウション
(身体の)	esercizio fisico *m.* エゼルチーツィオ フィーズィコ	exercise エクササイズ
(スポーツ)	sport *m.* スポルト	sports スポーツ
(社会的)	movimento *m.* モヴィメント	movement ムーヴメント
(キャンペーン)	campagna *f.* カンパーニャ	campaign キャンペイン
～する(身体)	fare esercizi fisici ファーレ エゼルチーツィ フィーズィチ	exercise エクササイズ
～する(スポーツ)	fare dello sport ファーレ デッロ スポルト	play sports プレイ スポーツ
(キャンペーン)	fare una campagna ファーレ ウナ カンパーニャ	campaign キャンペイン
～会	saggio ginnico *m.* サッジョ ジンニコ	athletic meet アスレティク ミート
～靴	scarpe da ginnastica *f.pl.* スカルペ ダ ジンナスティカ	sports shoes スポーツ シューズ
～場	campo sportivo *m.* カンポ スポルティーヴォ	sports ground スポーツ グラウンド
～選手	atleta *m.f.* アトレータ	athlete アスリート
運命	destino *m.*, sorte *f.* デスティーノ, ソルテ	fate, destiny フェイト, デスティニ

え, エ

日	伊	英
柄	maniglia *f.*, manico *m.* マニッリャ, マーニコ	grip, handle グリプ, ハンドル
絵 (作品)	quadro *m.* クァードロ	picture ピクチャ
(行為)	pittura *f.* ピットゥーラ	painting ペインティング
～のような	pittoresco ピットレスコ	picturesque ピクチャレスク
エアコン	condizionatore (d'aria) *m.* コンディツィオナトーレ (ダーリア)	air conditioner エアコンディショナ
エアロビクス	aerobica *f.* アエローピカ	aerobics エアロウビクス
永遠	eternità *f.* エテルニタ	eternity イターニティ
～の	eterno, perpetuo エテルノ, ペルペートゥオ	eternal イターナル
～に	per sempre, eternamente ペルセンプレ, エテルナメンテ	forever, eternally フォレヴァ, イターナリ
映画 (作品)	film *m.* フィルム	film, movie フィルム, ムーヴィ
(総称)	cinema *m.* チーネマ	the movies, the cinema ザ ムーヴィズ, ザ スィネマ
～を見に行く	andare al cinema アンダーレ アル チーネマ	go to the movies[cinema] ゴウ トゥ ザ ムーヴィズ[スィネマ]
～を撮る	girare un film ジラーレ ウン フィルム	shoot a movies シュート ア ムーヴィズ
映画館	cinema *m.* チーネマ	cinema theater スィネマ スィーアタ
影響	influenza *f.*, effetto *m.* インフルエンツァ, エッフェット	influence, effect インフルエンス, イフェクト
～する	influenzare インフルエンツァーレ	influence インフルエンス
営業	affare *m.*, commercio *m.* アッファーレ, コンメルチォ	business ビズネス
～時間	orario di apertura *m.* オラーリオ ディ アペルトゥーラ	business hours ビズネス アウアズ
～中	aperto アペルト	open オウプン

日	伊	英
えいご 英語	inglese *m.* イングレーゼ	English イングリシュ
えいこく 英国	Inghilterra *f.* インギルテッラ	England イングランド
えいしゃき 映写機	proiettore *m.* プロイエットーレ	projector プロヂェクタ
えいせい 衛星	satellite *m.* サテッリテ	satellite サテライト
～中継	trasmissione via satellite *f.* トラズミッスィオーネ ヴィーア サテッリテ	satellite relay サテライト リーレイ
～通信	comunicazione satellitare *f.* コムニカツィオーネ サテッリターレ	satellite communications サテライト コミューニケイションズ
えいせい 衛生	sanità *f.* サニタ	hygiene ハイヂーン
～的な	sanitario, igienico サニターリオ, イジェーニコ	sanitary, hygienic サニテリ, ハイヂーニク
～設備	impianti sanitari *m.pl.* インピアンティ サニターリ	health facilities ヘルス ファスィリティズ
えいぞう 映像	immagine *f.* インマージネ	image イミヂ
えいだん 英断	risoluzione *f.* リソルツィオーネ	resolution レゾルーション
～を下す	prendere una risoluzione ferma プレンデレ ウナ リソルツィオーネ フェルマ	take a resolute step テイク ア レゾルート ステプ
エイプリルフール	pesce d'aprile *m.* ペッシェ ダプリーレ	April fool エイプリル フール
えいやく 英訳	traduzione inglese *f.* トラドゥツィオーネ イングレーゼ	English translation イングリシュ トランスレイション
～する	tradurre in inglese トラドゥッレ インニングレーゼ	translate into English トランスレイト イントゥ イングリシュ
えいゆう 英雄	eroe(*-ina*) *m.(f.)* エローエ(イーナ)	hero ヒーロウ
～的な	eroico エローイコ	heroic ヒロウイク
えいよう 栄養	nutrizione *f.* ヌトリツィオーネ	nutrition ニュートリション
～に富む	nutriente ヌトリエンテ	nutrtious ニュートリシャス

日	伊	英
エーカー	acro *m.* アークロ	acre エイカ
エージェント	agente *m.f.* アジェンテ	agent エイヂェント
エース	asso *m.* アッソ	ace エイス
（テニス）	ace *m.* エイス	(service) ace (サーヴィス)エイス
ハートの〜	asso di cuori アッソ ディ クオーリ	the ace of hearts ジ エイス オブ ハーツ
笑顔	sorriso *m.* ソッリーゾ	smiling face スマイリング フェイス
描く（図や絵）	disegnare, dipingere ディゼニャーレ, ディピンジェレ	draw, paint ドロー, ペイント
（表現）	descrivere デスクリーヴェレ	describe ディスクライブ
駅	stazione *f.* スタツィオーネ	station ステイション
液化	liquefazione *f.* リクェファツィオーネ	liquefaction リクェファクション
〜ガス	gas liquefatto *m.* ガス リクェファット	liquefied gas リクェファイド ギャス
易者（手相見）	chiromante *m.(f.)* キロマンテ	palmist パーミスト
液晶	cristallo liquido *m.* クリスタッロ リークィド	liquid crystal リクウィド クリスタル
エキス	estratto *m.* エストラット	extract エクストラクト
エキストラ	extra *m.* エクストラ	extra, super エクストラ, スーパ
エキスパート	esperto(-a) *m.(f.)* エスペルト(タ)	expert エクスパート
エキゾチックな	esotico エゾーティコ	exotic イグザティク
液体	liquido *m.* リークィド	liquid, fluid リクウィド, フルーイド
駅弁	cestino da viaggio *m.* チェスティーノ ダ ヴィアッジョ	box lunch バクス ランチ
エクアドル	Ecuador *m.* エクァドール	Ecuador エクワドー

日	伊	英
〜の	ecuadoriano エクアドリアーノ	Ecuadorian エクワドーリャン
えくぼ	fossetta *f.* フォッセッタ	dimple ディンプル
えげつない	sporco, schifoso スポルコ, スキフォーゾ	dirty, nasty ダーティ, ナスティ
エコー	eco *m.* エーコ	echo エコウ
エコノミークラス	classe turistica *f.* クラッセ トゥリスティカ	economy class イカノミ クラス
えこひいき 依怙贔屓	favorismo *m.*, parzialità *f.* ファヴォリズモ, パルツィアリタ	favoritism, partiality フェイヴァリティズム, パーシアリティ
エコロジー	ecologia *f.* エコロジーア	ecology イカロヂ
えさ 餌	esca *f.* エスカ	food, bait フード, ベイト
えじき 餌食	preda *f.*, vittima *f.* プレーダ, ヴィッティマ	prey, victim プレイ, ヴィクティム
エジプト	Egitto *m.* エジット	Egypt イーヂプト
〜の	egiziano エジツィアーノ	Egyptian イーヂプシャン
えしゃく 会釈	inchino *m.* インキーノ	bow バウ
〜する	fare un inchino ファーレ ウンニンキーノ	bow バウ
えすえふ SF	fantascienza *f.* ファンタシェンツァ	science fiction サイエンス フィクション
エスカルゴ	lumaca *f.* ルマーカ	escargot エスカーゴウ
エスカレーター	scala mobile *f.* スカーラ モービレ	escalator エスカレイタ
エスカレートする	intensificarsi インテンスィフィカルスィ	escalate エスカレイト
エストニア	Estonia *f.* エストーニア	Estonia エストウニャ
〜の	estone エストネ	Estonian エストウニャン

日	伊	英
エスニック	etnico エトニコ	ethnic エスニック
えだ 枝	ramo *m.* ラーモ	branch, bough ブランチ, バウ
エチオピア	Etiopia *f.* エティオーピア	Ethiopia イースィオウピア
〜の	etiopico エティオーピコ	Ethiopian イースィオウピアン
エックス線 せん	raggi X *m.pl.* ラッジ イクス	X rays エクスレイズ
エッセイ	saggio *m.* サッジョ	essay エセイ
エッセンス	essenza *f.* エッセンツァ	essence エセンス
エッチな	sporco, indecente スポルコ, インデチェンテ	dirty, indecent ダーティ, インディーセント
エッチング	acquaforte *f.* アックァフォルテ	etching エチング
えつらん 閲覧	lettura *f.* レットゥーラ	reading リーディング
〜する	leggere, consultare レッジェレ, コンスルターレ	read, look up *in* リード, ルカプ
〜室	sala di lettura *f.* サーラ ディ レットゥーラ	reading room リーディング ルーム
エトルリア	Etruria *f.* エトルーリア	Etruria イトルアリア
エナメル	smalto *m.* ズマルト	enamel イナメル
エネルギー	energia *f.* エネルジーア	energy エナヂ
エネルギッシュな	energico エネルジコ	energetic エナヂェティク
えの ぐ 絵の具	colori *m.pl.* コローリ	paints, colors ペインツ, カラズ
油〜	colori a olio *m.pl.* コローリ アオーリオ	oil colors オイル カラズ
水彩〜	colori ad acquarello *m.pl.* コローリ アダックァレッロ	water colors ウォータ カラズ
えはがき 絵葉書	cartolina (illustrata) *f.* カルトリーナ (イッルストラータ)	picture postcard ピクチャ ポウストカード

日	伊	英
海老(えび)		
（芝海老）	gamberetto *m.* ガンベレット	shrimp シュリンプ
（車海老）	gambero *m.* ガンベロ	prawn プローン
（ロブスター）	aragosta *f.* アラゴスタ	lobster ラブスタ
（手長海老）	scampi *m.pl.* スカンピ	scampi スキャンピ
エピソード	episodio *m.* エピゾーディオ	episode エピソウド
絵筆(えふで)	pennello *m.* ペンネッロ	paintbrush ペイントブラシュ
エプロン	grembiule *m.* グレンビューレ	apron エイプロン
Ｆ１(えふわん)	Formula Uno *f.* フォルムラ ウーノ	Formula One フォーミュラ ワン
絵本(えほん)	libro illustrato *m.* リーブロ イッルストラート	picture book ピクチャ ブク
絵巻(物)(えまき(もの))	pittura su rotolo *f.* ピットゥーラ スッロートロ	picture scroll ピクチャ スクロウル
エメラルド	smeraldo *m.* ズメラルド	emerald エメラルド
鰓(えら)	branchia *f.* ブランキア	gills ギルズ
エラー	errore *m.* エッローレ	error エラ
偉い(えらい) （立派）	bravo ブラーヴォ	great グレイト
（ひどい）	forte, violento フォルテ, ヴィオレント	heavy ヘヴィ
選ぶ(えらぶ) （選択）	scegliere シェッリエレ	choose, select チューズ, セレクト
（選出）	eleggere エレッジェレ	elect イレクト
襟(えり)	bavero *m.* バーヴェロ	collar カラ
エリア	area *f.* アーレア	area エアリア

日	伊	英
エリート	élite f. エリト	the elite ジ エイリート
得る	ottenere, guadagnare オッテネーレ, グァダニャーレ	get, gain, obtain ゲト, ゲイン, オブテイン
エルサレム	Gerusalemme f. ジェルザレンメ	Jerusalem チェルーサレム
エルニーニョ（現象）	el Niño m. エル ニーニョ	El Niño エル ニーニョウ
エレガントな	elegante エレガンテ	elegant エリガント
エレキギター	chitarra elettrica f. キタッラ エレットリカ	electric guitar イレクトリク ギター
エレクトーン	organo elettrico m. オルガノ エレットリコ	electronic organ イレクトリク オーガン
エレベーター	ascensore m. アッシェンソーレ	elevator エレヴェイタ
エロチックな	erotico エローティコ	erotic イラティク
円 （図形）	cerchio m. チェルキオ	circle サークル
（貨幣）	yen m. イェン	yen イェン
～高	tasso forte di yen タッソ フォルテ ディ イェン	strong yen rate ストロング イェン レイト
～安	tasso debole di yen タッソ デーボレ ディ イェン	weak yen rate ウィーク イェン レイト
宴会	banchetto m. バンケット	banquet バンクウェット
遠隔操作	telecomando m. テレコマンド	remote control リモウト コントロウル
円滑な	liscio リッショ	smooth スムーズ
塩化ナトリウム	cloruro di sodio クロルーロ ディ ソーディオ	sodium chloride ソウディアム クローライド
縁側	veranda f. ヴェランダ	veranda ヴェランダ
沿岸	costa f. コスタ	coast コウスト

日	伊	英
〜の	costiero コスティエーロ	coastal コウスタル
延期	rinvio *m.* リンヴィーオ	postponement ポウストポウンメント
〜する	rimandare, posticipare リマンダーレ, ポスティチパーレ	postpone ポウストポウン
演技	recitazione *f.*, interpretazione *f.* レチタツィオーネ, インテルプレタツィオーネ	performance パフォーマンス
遠近法	prospettiva *f.* プロスペッティーヴァ	perspective パスペクティヴ
円形	cerchio *m.* チェルキオ	circle サークル
〜の	circolare, rotondo チルコラーレ, ロトンド	circular, round サーキュラ, ラウンド
〜劇場	anfiteatro *m.* アンフィテアートロ	amphitheater アンフィスィアタ
園芸	giardinaggio *m.* ジャルディナッジョ	gardening ガードニング
エンゲージリング	anello di fidanzamento *m.* アネッロ ディ フィダンツァメント	engagement ring インゲイヂメント リング
演劇 (総称)	teatro *m.* テアートロ	the drama ザ ドラーマ
(作品)	dramma *m.* ドランマ	play, drama プレイ, ドラーマ
塩酸	acido cloridrico *m.* アーチド クロリードリコ	hydrochloric acid ハイドロクローリック アスィド
遠視	ipermetropia *f.* イペルメトロピーア	farsightedness ファーサイテドネス
エンジニア	ingegnere *m.* インジェニェーレ	engineer エンヂニア
円周	circonferenza *f.* チルコンフェレンツァ	circumference サーカムフェレンス
〜率 (π)	pi greco *m.* ピー グレーコ	pi パイ
演習 (練習)	pratica *f.*, esercizio *m.* プラーティカ, エゼルチーツィオ	practice, exercise プラクティス, エクササイズ
(大学のゼミ)	seminario *m.* セミナーリオ	seminar セミナー
円熟した	maturo マトゥーロ	mature, mellow マテュア, メロウ

日	伊	英
演出	regia f. レジーア	direction ディレクション
～する	curare la regia di クラーレ ラ レジーア	direct ディレクト
～家	regista m.f. レジスタ	director ディレクタ
～効果	effetto scenico m. エッフェット シェーニコ	stage effects ステイヂ イフェクツ
援助	aiuto m., assistenza f. アユート, アッスィステンツァ	help, assistance ヘルプ, アスィスタンス
～する	aiutare, assistere アユターレ, アッスィステレ	help, assist ヘルプ, アスィスト
炎症	infiammazione f. インフィアンマツィオーネ	inflammation インフラメイション
演じる	recitare, interpretare レチターレ, インテルプレターレ	perform, play パフォーム, プレイ
エンジン	motore m. モトーレ	engine エンヂン
遠心力	forza centrifuga f. フォルツァ チェントリーフガ	centrifugal force セントリフュガル フォース
円錐	cono m. コーノ	cone コウン
エンスト	arresto del motore m. アッレスト デル モトーレ	engine stall エンヂン ストール
遠征する	fare una spedizione ファーレ ウナ スペディツィオーネ	make an expedition メイク アネクスペディション
遠赤外線	infrarosso lontano m. インフラロッソ ロンターノ	long infrared rays ローング インフラレド レイズ
演説	discorso m. ディスコルソ	speech スピーチ
～する	fare un discorso m. ファーレ ウン ディスコルソ	make a speech メイク ア スピーチ
沿線に	lungo la linea ferroviaria ルンゴ ラ リーネア フェッロヴィアーリア	along the railway アローング ザ レイルウェイ
塩素	cloro m. クローロ	chlorine クローリーン
演奏	esecuzione musicale f. エゼクツィオーネ ムズィカーレ	musical performance ミューズィカル パフォーマンス
～する	suonare, eseguire スオナーレ, エゼグィーレ	play, perform プレイ, パフォーム

日	伊	英
〜会	concerto *m.*, recital *m.* コンチェルト, レスィタル(レチタル)	concert, recital カンサト, リサイトル
えんそく 遠足	gita scolastica *f.* ジータ スコラスティカ	school excursion スクール イクスカージョン
エンター テイメント	trattenimento *m.* トラッテニメント	entertainment エンタテインメント
えんたいきん 延滞金	arretrati *m.pl.* アッレトラーティ	arrears アリアズ
えんだん 縁談	proposta di matrimonio *f.* プロポスタ ディ マトリモーニオ	marriage proposal マリヂ プロポウザル
えんちゅう 円柱	colonna *f.* コロンナ	column カラム
えんちょう 延長	prolungamento *m.* プロルンガメント	extension イクステンション
〜する	prolungare プロルンガーレ	extend イクステンド
(野球)	extra inning *m.* エクストラ インニング	extra inning エクストラ イニング
えんてんか 炎天下	sotto il sole cocente ソット イル ソーレ コチェンテ	under the burning sun アンダ ザ バーニング サン
えんどうまめ 豌豆豆	pisello *m.* ピゼッロ	(green) pea (グリーン) ピー
えんとつ 煙突	camino *m.* カミーノ	chimney チムニ
えんばん 円盤	disco *m.* ディスコ	disk ディスク
空飛ぶ〜	disco volante *m.* ディスコ ヴォランテ	flying saucer フライイング ソーサ
えんばんな 円盤投げ	lancio del disco *m.* ランチョ デル ディスコ	discus throw ディスカス スロウ
えんぴつ 鉛筆	matita *f.*, lapis *m.* マティータ, ラーピス	pencil ペンスル
えんぶん 塩分	sale *m.* サーレ	salt ソールト
〜を控える	usare meno sale ウザーレ メーノ サーレ	use less salt ユース レス ソールト
えんまく 煙幕	cortina di fumo *f.* コルティーナ ディ フーモ	smoke screen スモウク スクリーン

日	伊	英
えんまん 円満	armonia *f.* アルモニーア	harmony ハーモニ
～に暮す	vivere in buon'armonia *con* ヴィーヴェレ イン ブオーナルモニーア	live in harmony *with* リヴ イン ハーモニ
えんようぎょぎょう 遠洋漁業	pesca pelagica *f.* ペスカ ペラージカ	pelagic fishery ペラジク フィシャリ
えんりょぶか 遠慮深い	riservato, modesto リセルヴァート, モデスト	reserved, modest リザーヴド, マデスト

お，オ

日	伊	英
お 尾	coda *f.* コーダ	tail テイル
オアシス	oasi *f.* オーアズィ	oasis オウエイスィス
おい 甥	nipote *m.* ニポーテ	nephew ネフュー
お かえ 追い返す	ricacciare, respingere リカッチャーレ, レスピンジェレ	send away センド アウェイ
お か 追い掛ける	inseguire, correre dietro *a* インセグィーレ, コッレッレ ディエートロ	run after ラン アフタ
お こ きんし 追い越し禁止	divieto di sorpasso ディヴィエート ディ ソルパッソ	no passing ノウ パスィング
お こ 追い越す	sorpassare ソルパッサーレ	overtake オウヴァテイク
おい 美味しい	buono, delizioso ブオーノ, デリツィオーソ	nice, delicious ナイス, ディリシャス
お だ 追い出す	scacciare スカッチャーレ	drive out ドライヴ アウト
お つ 追い付く	raggiungere ラッジュンジェレ	catch up キャチ アプ
お 老いる	invecchiare インヴェッキアーレ	grow old グロウ オウルド
オイル	olio *m.* オーリオ	oil オイル
おう 王	re *m.* レ	king キング
お 追う	seguire, inseguire セグィーレ, インセグィーレ	run after, chase ランアフタ, チェイス

日	伊	英
負う (責任)	assumere アッスーメレ	take upon *oneself* テイク アパン
応援する (援助・助力)	aiutare アユターレ	help, aid, assist ヘルプ, エイド, アスィスト
(支援・支持)	sostenere, appoggiare ソステネーレ, アッポッジャーレ	support, back up サポート, バク
(声援・激励)	incoraggiare インコラッジャーレ	cheer チア
(チームを)	fare il tifo *per* ファーレ イル ティーフォ	root *for* ルート
横隔膜	diaframma *m.* ディアフランマ	diaphragm ダイアフラム
王冠	corona *f.* コローナ	crown クラウン
扇	ventaglio *m.* ヴェンタッリォ	fan ファン
応急処置	misura d'emergenza *f.* ミズーラ デメルジェンツァ	emergency measure イマーチェンスィ メジャ
応急手当	primo soccorso *m.* プリーモ ソッコルソ	the first aid ザ ファースト エイド
王国	regno *m.* レーニョ	kingdom キングダム
黄金時代	l'età dell'oro *f.* レタ デッローロ	the golden age ザ ゴウルドン エイヂ
王子	principe *m.* プリンチペ	prince プリンス
牡牛座	Toro *m.* トーロ	the Bull, Taurus ザ ブル, トーラス
王室	la famiglia reale *f.* ラ ファミッリア レアーレ	the Royal Family ザ ロイアル ファミリ
押収する	sequestrare セクェストラーレ	seize スィーズ
応酬する	ribattere, ritorcere リバッテレ, リトルチェレ	retort リトート
王女	principessa *f.* プリンチペッサ	princess プリンセス
応じる (応答)	rispondere *a* リスポンデレ	answer, reply *to* アンサ, リプライ

日	伊	英
（承諾）	accettare, accondiscendere a アッチェッターレ, アッコンディシェンデレ	accept, comply with アクセプト, コンプライ
おうせつしつ 応接室	sala di ricevimento f. サーラ ディ リチェヴィメント	reception room リセプション ルーム
おうせつま 応接間	salotto m. サロット	drawing room ドローイング ルーム
おうだん 横断	traversata f. トラヴェルサータ	crossing クロースィング
～する	traversare トラヴェルサーレ	cross クロース
～歩道	zebre f.pl. ゼーブレ	crosswalk クロースウォーク
おうちゃく 横着な	pigro, furbo ピーグロ, フルボ	lazy, cunning レイズィ, カニング
おうと 嘔吐	vomito m. ヴォーミト	vomiting ヴァミティング
おうとう 応答	risposta f. リスポスタ	reply リプライ
おうひ 王妃	regina f. レジーナ	queen クウィーン
おうふくきっぷ 往復切符	biglietto di andata e ritorno m. ビッリェット ディ アンダータ エ リトルノ	round-trip ticket ラウンドトリプ ティケト
おうふく 往復する	fare la spola ファーレ ラ スポーラ	go there and back ゴウ ゼア アンド バク
おうぼ 応募	domanda f., richiesta f. ドマンダ, リキエスタ	application アプリケイション
～する	fare domanda di ファーレ ドマンダ	apply for アプライ
～者	richiedente m.f. リキエデンテ	applicant アプリカント
～用紙	modulo di domanda m. モードゥロ ディ ドマンダ	application form アプリケイション フォーム
おうぼう 横暴な	tirannico ティランニコ	tyrannical ティラニカル
おうむ 鸚鵡	pappagallo m. パッパガッロ	parrot パロト
おうめん 凹面（の）	concavo コンカヴォ	concave カンケイヴ
～鏡	specchio concavo m. スペッキオ コンカヴォ	concave mirror カンケイヴ ミラ

日	伊	英
<ruby>応用<rt>おうよう</rt></ruby>	applicazione *f.* アップリカツィオーネ	application アプリケイション
～する	applicare アップリカーレ	apply アプライ
<ruby>往来<rt>おうらい</rt></ruby>	traffico *m.* トラッフィコ	traffic トラフィック
<ruby>横領<rt>おうりょう</rt></ruby>	malversazione *f.* マルヴェルサツィオーネ	embezzlement インベズルメント
～する	malversare マルヴェルサーレ	embezzle インベズル
<ruby>嗚咽<rt>おえつ</rt></ruby>	singhiozzo *m.* スィンギオッツォ	sob サブ
<ruby>終える<rt>お</rt></ruby>	finire フィニーレ	finish フィニシュ
<ruby>大雨<rt>おおあめ</rt></ruby>	rovescio *m.* ロヴェッショ	heavy rain ヘヴィレイン
<ruby>多い<rt>おお</rt></ruby> （数）	molto, tanto, numeroso モルト, タント, ヌメローゾ	many, numerous メニ, ニューメラス
（量）	tanto, molto, abbondante タント, モルト, アッボンダンテ	much, abundant マチ, アバンダント
<ruby>覆う<rt>おお</rt></ruby>	coprire コプリーレ	cover カヴァ
<ruby>狼<rt>おおかみ</rt></ruby>	lupo *m.* ルーポ	wolf ウルフ
<ruby>大きい<rt>おお</rt></ruby>	grande, grosso グランデ, グロッソ	big, large ビグ, ラーヂ
<ruby>大きくする<rt>おお</rt></ruby>	ingrandire イングランディーレ	enlarge インラーヂ
<ruby>大きくなる<rt>おお</rt></ruby>	diventare grande ディヴェンターレ グランデ	grow big グロウ ビグ
（成長する）	crescere クレッシェレ	grow up グロウ アプ
<ruby>大きさ<rt>おお</rt></ruby>	grandezza *f.* グランデッツァ	size サイズ
オークション	asta *f.* アスタ	auction オークション
～にかける	vendere all'asta ヴェンデレ アッラスタ	sell at[by] auction セル アト(バイ) オークション

日	伊	英
おおぐま座	Orsa Maggiore f. オルサ マッジョーレ	the Great Bear ザ グレイト ベア
おおげさ大袈裟な	esagerato エザジェラート	exaggerated イグザチェレイテド
オーケストラ	orchestra f. オルケストラ	orchestra オーケストラ
おおごえ大声で	ad alta voce アッダルタヴォーチェ	in a loud voice イン ア ラウド ヴォイス
おおざっぱ大雑把に	grosso modo グロッソ モード	roughly ラフリ
オーストラリア	Australia f. アウストラーリア	Australia オーストレイリャ
〜の	australiano アウストラリアーノ	Australian オーストレイリャン
オーストリア	Austria f. アウストリア	Austria オーストリア
〜の	austriaco アウストリーアコ	Austrian オーストリアン
おおぜい大勢の	un gran numero di ウン グラン ヌーメロ ディ	a large number of ア ラーヂ ナンバ
おおそうじ大掃除	grandi pulizie f.pl. グランディ プリツィーエ	general cleaning ヂェネラル クリーニング
オーソドックスな	ortodosso オルトドッソ	orthodox オーソダクス
オーダー	ordine m. オルディネ	order オーダ
〜メイドの	fatto su misura ファット ス ミズーラ	made to order メイド トゥ オーダ
おおて大手の	grosso グロッソ	big, major ビグ, メイヂャ
オーディオ	audio m. アウディオ	audio オーディオウ
オーディション	provino m. プロヴィーノ	audition オーディション
オーデコロン	colonia f., acqua di Colonia f. コローニア, アックァ ディ コローニア	cologne, eau de Cologne コロウン, オウドコロウン
おおどお大通り	via principale f. ヴィーア プリンチパーレ	main street メイン ストリート

日	伊	英
オートクチュール	alta moda f. アルタ モーダ	haute couture オウトクートゥル
オートバイ	motocicletta f., moto f. モトチクレッタ, モート	motorcycle モウタサイクル
オードブル	antipasto m. アンティパスト	hors d'oeuvre オーダーヴル
オートマチックの	automatico アウトマーティコ	automatic オートマティク
オートメーション	automazione f. アウトマツィオーネ	automation オートメイション
オーナー	proprietario(-a) m.(f.) プロプリエターリオ(ア)	owner オウナ
オーバーコート	cappotto m., soprabito m. カッポット, ソプラービト	overcoat オウヴァコウト
オーバーする	eccedere エッチェーデレ	exceed イクスィード
オーバーホール	revisione f. レヴィズィオーネ	overhaul オウヴァホール
オーバーラップ	sovrapposizione f. ソヴラッポズィツィオーネ	overlap オウヴァラプ
大広間 (おおひろま)	salone m. サローネ	hall ホール
オープンする	aprire アプリーレ	open オウプン
オーブン	forno m. フォルノ	oven アヴン
〜レンジ	forno a microonde m. フォルノ アッミクロオンデ	microwave oven マイクロウウェイヴ アヴン
オーボエ	oboe m. オーボエ	oboe オウボウ
大晦日 (おおみそか)	l'ultimo giorno dell'anno m. ルルティモ ジョルノ デッランノ	the last day of the year ザ ラスト デイ オヴ ザ イア
〜の夜	la notte di San Silvestro m. ラ ノッテ ディ サンシルヴェストロ	New Year's Eve ニュー イアズ イーヴ
大麦 (おおむぎ)	orzo m. オルゾ	barley バーリ
大文字 (おおもじ)	lettera maiuscola f. レッテラ マユスコラ	capital letter キャピトル レタ

日	伊	英
大盛り	una porzione abbondante ウナ ポルツィオーネ アッボンダンテ	a large helping ア ラーヂ ヘルピング
大家	proprietario(a) *m.(f.)* プロプリエターリオ(ア)	the owner ジ オウナ
公の	pubblico, ufficiale プッブリコ, ウッフィチャーレ	public, official パブリク, オフィシャル
～に	in pubblico, ufficialmente イン プッブリコ, ウッフィチャルメンテ	in public, officially イン パブリク, オフィシャリ
凡そ	approssimativamente アップロッスィマティヴァメンテ	approximately アプラクスィメトリ
大らかな	generoso, magnanimo ジェネローゾ, マニャーニモ	largehearted ラーヂハーテド
丘	collina *f.* コッリーナ	hill ヒル
犯す(罪などを)	commettere コンメッテレ	commit コミト
(法律などを)	infrangere, violare インフランジェレ, ヴィオラーレ	break, violate ブレイク, ヴァイオレイト
(女性を)	violare, violentare ヴィオラーレ, ヴィオレンターレ	violate, rape ヴァイオレイト, レイプ
冒す (危険を)	correre (un rischio) コッレレ (ウン リスキオ)	run (a risk) ラン (ア リスク)
おかず	pietanza *f.*, vivanda *f.* ピエタンツァ, ヴィヴァンダ	dish ディシュ
お金	denaro *m.*, soldo *m.* デナーロ, ソルド	money マニ
小川	ruscello *m.* ルシェッロ	brook, stream ブルク, ストリーム
沖	largo *m.* ラルゴ	the offing ジ オーフィング
～に	al largo アル ラルゴ	offshore オーフショー
起き上がる	alzarsi アルツァルスィ	get up ゲタップ
置き去りにする	lasciare, abbandonare ラッシャーレ, アッバンドナーレ	leave, abandon リーヴ, アバンドン
オキシダント	ossidante *m.* オッスィダンテ	oxidant アキシダント

日	伊	英
置き時計	orologio da tavola *m.* オロロージョ ダ ターヴォラ	table clock テイブル クラク
補う	compensare, supplire コンペンサーレ, スップリーレ	make up *for*, supplement メイカプ, サプレメント
置物	soprammobile *m.* ソプランモービレ	ornament オーナメント
起きる	alzarsi アルツァルスィ	get up, rise ゲタプ, ライズ
（目覚める）	svegliarsi ズヴェッリアルスィ	wake up ウェイカプ
億	cento milioni *m.pl.* チェント ミリオーニ	one hundred million ワン ハンドレド ミリョン
～万長者	miliardario(-a) *m.(f.)* ミリアルダーリオ(ア)	billionaire ビリョネア
置く	mettere, posare メッテレ, ポザーレ	put, place プト, プレイス
屋外	aperto *m.* アペルト	the outdoors ジ アウトドーズ
～の	all'aria aperta アッラーリア アペルタ	outdoor アウトドー
～で	all'aperto アッラペルト	outdoors アウトドーズ
屋上	tetto a terrazza *f.* テット アッテッラッツァ	flat roof フラト ルーフ
憶測	supposizione *f.* スッポズィツィオーネ	supposition サポズィション
～する	supporre スッポッレ	suppose サポウズ
オクターブ	ottava *f.* オッターヴァ	octave アクテヴ
屋内	interno *m.* インテルノ	inside インサイド
～の	coperto コペルト	indoor インドー
～で	al coperto アルコペルト	indoors インドーズ
臆病な	timido, fifone ティーミド, フィフォーネ	cowardly, timid カウアドリ, ティミド
奥深い	profondo プロフォンド	deep, profound ディープ, プロファウンド

日	伊	英
奥行(おくゆき)	profondità *f.* プロフォンディタ	depth デプス
遅(おく)らせる	ritardare リタルダーレ	delay, postpone ディレイ, ポウストポウン
送(おく)り先(さき)	destinazione *f.* デスティナツィオーネ	the destination ザ デスティネイション
(人)	destinatario(-*a*) *m.(f.)* デスティナターリオ(ア)	consignee カンサイニー
送(おく)り状(じょう)	fattura *f.* ファットゥーラ	invoice インヴォイス
送(おく)り主(ぬし)	mittente *m.f.* ミッテンテ	sender センダ
贈(おく)り物(もの)	regalo *m.*, dono *m.* レガーロ, ドーノ	present, gift プレズント, ギフト
送(おく)る (発送)	spedire, mandare スペディーレ, マンダーレ	send センド
(送迎)	accompagnare *a* アッコンパニャーレ	see off スィー オーフ
(過ごす)	passare, trascorrere パッサーレ, トラスコッレレ	pass パス
贈(おく)る	dare in regalo, regalare ダーレ イン レガーロ, レガラーレ	present プリゼント
遅[後](おく)れ	ritardo *m.* リタルド	delay ディレイ
～ている	essere in ritardo エッセレ インリタルド	be delayed[behind] ビ ディレイド (ビハインド)
遅(おく)れる	arrivare tardi *a* アッリヴァーレ タルディ	be late *for* ビ レイト
(時計が)	andare indietro アンダーレ インディエートロ	lose ルーズ
起(お)こす	alzare アルツァーレ	raise, set up レイズ, セタプ
(目覚めさせる)	svegliare ズヴェッリアーレ	wake ウェイク
(引き起こす)	causare, provocare カウザーレ, プロヴォカーレ	cause コーズ
怠(おこた)る	trascurare トラスクラーレ	neglect ニグレクト
行(おこな)い (品行)	condotta *f.* コンドッタ	conduct カンダクト

日	伊	英
おこなわれる 行われる	teneresi, aver luogo テネルスィ, アヴェル ルオーゴ	be hold ビ ホウルド
おこる (発生) 起こる	accadere, succedere アッカデーレ, スッチェーデレ	happen, occur ハプン, オカー
(勃発)	scoppiare スコッピアーレ	break out ブレイクアウト
(起因)	essere causato *da* エッセレ カウザート	be caused *by* ビ コーズド
おこる 怒る	arrabbiarsi アッラッビアルスィ	get angry ゲタングリ
おごる 奢る	offrire, pagare オッフリーレ, パガーレ	treat トリート
お 押[抑]さえる		
(Aを静止)	tenere A ferm*o* テネーレ フェルモ	hold A down ホウルド ダウン
(感情を)	trattenere トラッテネーレ	suppress, hold *back* サプレス, ホウルド
(出費を)	regolare (le spese) レゴラーレ (レ スペーゼ)	control (the expenses) コントロウル (ジ イクスペンスィズ)
おさな 幼い	piccolo, infantile ピッコロ, インファンティーレ	infant, juvenile インファント, チューヴェナイル
おさななじみ 幼馴染	amico(-a) d'infanzia *m.(f.)* アミーコ(カ)ディンファンツィア	childhood friend チャイルドフド フレンド
おさ 治める	dominare, governare ドミナーレ, ゴヴェルナーレ	rule, govern ルール, ガヴァン
おさ 納める (納金)	pagare, versare パガーレ, ヴェルサーレ	pay ペイ
(納品)	consegnare コンセニャーレ	deliver ディリヴァ
お き 押しが利く	avere molta influenza *su* アヴェーレ モルタ インフルエンツァ	have influence *over* ハヴ インフルエンス
おじ 叔[伯]父	zio *m.* ズィ(ツィ)ーオ	uncle アンクル
お あ 押し合う	spingersi, pigiarsi スピンジェルスィ, ピジャルスィ	jostle チャスル
お 惜しい	è un peccato *che* エ ウン ペッカート	it's a pity *that* イツ ア ピティ
お い 押し入れ	armadio a muro *m.* アルマーディオ アッムーロ	closet クラゼト

日	伊	英
教える (教授)	insegnare, istruire インセニャーレ, イストルイーレ	teach, instruct ティーチ, インストラクト
(教示)	dire ディーレ	tell テル
(Aに通知)	far sapere a A ファル サペーレ	let A know レト ノウ
お辞儀	inchino *m.* インキーノ	bow バウ
押し付ける	premere, spingere プレーメレ, スピンジェレ	press プレス
(AをBに強要)	imporre A a B インポッレ	force A on B フォース オン
おしっこ	pipì *f.* ピピ	wee ウィー
押し潰す	schiacciare スキアッチャーレ	crush, smash クラシュ, スマシュ
雄蘂	stame *m.* スターメ	stamen ステイメン
押しボタン	pulsante *m.* プルサンテ	push button プシュ バトン
惜しむ (倹約)	risparmiare リスパルミアーレ	spare スペア
(残念)	rimpiangere リンピアンジェレ	regret リグレト
おしゃぶり	succhiotto *m.* スッキオット	teething ring ティーシング リング
お喋り	chiacchiera *f.*, ciarla *f.* キアッキエラ, チャルラ	chat, chatter チャト, チャタ
(人)	chiacchierone(-a) *m.(f.)* キアッキエローネ(ナ)	chatterbox チャタバクス
～する	chiacchierare, ciarlare キアッキエラーレ, チャルラーレ	chat, chatter チャト, チャタ
お洒落な	elegante エレガンテ	smart, stylish スマート, スタイリシュ
汚職	corruzione *f.*, concussione *f.* コッルツィオーネ, コンクッスィオーネ	corruption, graft コラプション, グラフト
白粉	cipria *f.* チープリア	powder パウダ

日	伊	英
雄（おす）	maschio / マスキオ	male / メイル
押す（おす）	spingere / スピンジェレ	push, press / プシュ, プレス
（印を）	timbrare / ティンブラーレ	stamp / スタンプ
汚水（おすい）	acque luride *f.pl.* / アックェ ルーリデ	sewage / スーイヂ
お世辞（せじ）	adulazione *f.*, lusinga *f.* / アドゥラツィオーネ, ルズィンガ	flattery / フラタリ
〜を言う	adulare, lusingare / アドゥラーレ, ルズィンガーレ	flatter / フラタ
お節介（せっかい）な	inframmettente / インフラムメッテンテ	meddlesome / メドルサム
汚染（おせん）	inquinamento *m.* / インクィナメント	pollution / ポルーション
〜する	inquinare, contaminare / インクィナーレ, コンタミナーレ	pollute, contaminate / ポルート, コンタミネイト
〜物質	inquinante *m.* / インクィナンテ	pollutant, contaminant / ポルータント, コンタミナント
大気〜	inquinamento atmosferico / インクィナメント アトモスフェーリコ	air pollution / エア ポルーション
遅い（おそい）（時間）	tardi / タルディ	late / レイト
（速度）	lento / レント	slow / スロウ
襲う（おそう）	assalire, assaltare / アッサリーレ, アッサルターレ	attack / アタク
（病気や災害が）	colpire / コルピーレ	hit / ヒト
遅（おそ）かれ早（はや）かれ	prima o poi / プリーマ オ ポーイ	sooner or later / スーナ オ レイタ
恐（おそ）らく	forse, può darsi / フォルセ, プオ ダルスィ	perhaps, maybe / パハプス, メイビ
恐（おそ）れる	avere paura di, temere / アヴェーレ パウーラ, テメーレ	be afraid *of*, fear / ビ アフレイド, フィア
恐（おそ）ろしい	terribile, tremendo / テッリービレ, トレメンド	fearful, awful / フィアフル, オーフル
オゾン	ozono *m.* / オゾーノ	ozone / オウゾウン

日	伊	英
～層	ozonosfera *f.* オゾノスフェーラ	the ozone layer ジ オウゾウン レイア
煽てる	adulare, lusingare アドゥラーレ, ルズィンガーレ	flatter フラタ
穏やかな	calmo, mite カルモ, ミーテ	calm, mild カーム, マイルド
陥る	cadere *in* カデーレ イン	fall *into* フォール
落ち着き	calma *f.* カルマ	composure コンポウジャ
～のある	calmo, tranquillo カルモ, トランクィッロ	calm カーム
～のない	inquieto, nervoso インクィエート, ネルヴォーゾ	restless, nervous レストレス, ナーヴァス
落ち着く	calmarsi カルマルスィ	become calm ビカム カーム
落ち度	colpa *f.*, errore *m.* コルパ, エッローレ	fault フォールト
落ち葉	foglie morte *f.pl.* フォッリェ モルテ	fallen leaf フォールン リーフ
落ちる	cadere カデーレ	fall, drop フォール, ドラブ
（不合格）	non superare ノン スーペラーレ	fail フェイル
（落第）	essere bocciato エッセレ ボッチャート	fail フェイル
（汚れ・しみが）	andarsene アンダルセネ	come out カム アウト
夫	marito *m.* マリート	husband ハズバンド
おっとせい	otaria *f.* オターリア	fur seal ファー スィール
お釣り	resto *m.* レスト	change チェインヂ
おでき	pustola *f.* プストラ	boil ボイル
おでこ	fronte *f.* フロンテ	forehead フォーレド
お天気屋	capriccioso(-a) *m.(f.)* カプリッチョーゾ(ザ)	capricious カプリシャス

日	伊	英
お転婆(てんば)	maschietta *f.* マスキエッタ	tomboy タムボイ
音(おと)	suono *m.* スオーノ	sound サウンド
(雑音)	rumore *m.* ルモーレ	noise ノイズ
弟(おとうと)	fratello (minore) *m.* フラテッロ (ミノーレ)	(younger) brother (ヤンガ) ブラザ
嚇(おど)かす	spaventare, impaurire スパヴェンターレ, インパウリーレ	startle, frighten スタートル, フライトン
お伽話(とぎばなし)	favola *f.*, fiaba *f.* ファーヴォラ, フィアーバ	fairy tale フェアリ テイル
戯(おど)ける	buffoneggiare ブッフォネッジャーレ	clown *around, about* クラウン
男(おとこ)	uomo *m.*, maschio *m.* ウオーモ, マスキオ	man, male マン, メイル
～らしい	virile, maschile ヴィリーレ, マスキーレ	manly, masculine マンリ, マスキュリン
男(おとこ)の子(こ)	ragazzo *m.* ラガッツォ	boy ボイ
威(おど)[脅]し	minaccia *f.* ミナッチャ	threat スレト
落(お)とし穴(あな)	tranello *m.*, trappola *f.* トラネッロ, トラッポラ	pitfall, trap ピトフォール, トラプ
陥(おとしい)れる	far cadere *in*, intrappolare ファル カデーレ, イントラッポラーレ	entrap, plunge イントラプ, プランヂ
お年玉(としだま)	strenna di Capodanno *f.* ストレンナ ディ カポダンノ	New Year's gift ニュー イアズ ギフト
落(お)し物(もの)	oggetto smarrito *m.* オッジェット ズマッリート	lost article ロスト アーティクル
落(お)とす (落下)	far cadere ファル カデーレ	drop, let fall ドラプ, レト フォール
(失う)	perdere ペルデレ	lose ルーズ
(落第させる)	bocciare ボッチャーレ	fail フェイル
(音を下げる)	abbassare アッバッサーレ	lower ロウア

日	伊	英
脅す (おど)	minacciare ミナッチャーレ	threaten, menace スレトン, メナス
訪れる (おとず)	visitare ヴィズィターレ	visit ヴィズィト
一昨日 (おととい)	l'altro ieri, ieri l'altro ラルトロ イエーリ, イエーリ ラルトロ	the day before yesterday ザ デイ ビフォー イェスタディ
一昨年 (おととし)	due anni fa ドゥエアンニ ファ	the year before last ザ デイ ビフォー ラスト
大人 (おとな)	adulto(-a) m.(f.) アドゥルト(タ)	adult, grown-up アダルト, グロウナプ
大人気ない (おとなげ)	infantile, puerile インファンティーレ, プエリーレ	childish チャイルディシュ
大人しい (おとな)	tranquillo, docile トランクィッロ, ドーチレ	gentle, quiet ヂェントル, クワイエト
乙女座 (おとめざ)	Vergine f. ヴェルジネ	the Virgin ザ ヴァーヂン
踊り (おど)	ballo m., danza f. バッロ, ダンツァ	dance ダンス
踊り場 (おど ば)	pianerottolo m. ピアネロットロ	landing ランディング
劣る (おと)	essere inferiore a エッセレ インフェリオーレ	be inferior to ビ インフィアリア
踊る (おど)	ballare バッラーレ	dance ダンス
(胸が躍る)	palpitare, saltellare パルピターレ, サルテッラーレ	throb, thump スラブ, サンプ
衰える (おとろ)	indebolirsi, diventare debole インデボリルスィ, ディヴェンターレ デーボレ	become weak ビカム ウィーク
驚かす (おどろ)	sorprendere, stupire ソルプレンデレ, ストゥピーレ	surprise, astonish サプライズ, アスタニシュ
驚き (おどろ)	sorpresa f., meraviglia f. ソルプレーザ, メラヴィッリャ	surprise サプライズ
驚く (おどろ)	rimanere[restare] sorpreso リマネーレ(レスターレ)ソルプレーゾ	be surprised ビ サプライズド
お腹 (なか)	pancia f., ventre m. パンチャ, ヴェントレ	the stomach ザ スタマク
同じ (おな) (同一)	stesso, medesimo ステッソ, メデーズィモ	the same ザ セイム

日	伊	英
(同等)	uguale, equivalente ウグアーレ, エクィヴァレンテ	equal, equivalent イークワル, イクウィヴァレント
(同様)	simile スィーミレ	similar スィミラ
おならをする	fare un peto ファーレ ウン ペート	break wind ブレイク ウィンド
鬼(おに)	orco *m.*, demonio *m.* オルコ, デモーニオ	ogre, demon オウガ, ディーモン
(遊戯の)	chi sta sotto *m.f.* キ スタ ソット	tagger, it タガ, イト
～ごっこ	chiapparello *m.*, moscacieca *f.* キアッパレッロ, モスカチェーカ	tag, blindman's buff タグ, ブラインドマンズ バフ
尾根(おね)	crinale *m.*, dorsale *f.* クリナーレ, ドルサーレ	ridge リヂ
斧(おの)	ascia *f.*, accetta *f.* アッシャ, アッチェッタ	ax, hatchet アクス, ハチェト
叔[伯]母(おば)	zia *f.* ズィーア(ツィーア)	aunt アント
オパール	opale *m.f.* オパーレ	opal オウパル
お化(ば)け	fantasma *m.*, spauracchio *m.* ファンタースマ, スパウラッキオ	ghost ゴウスト
帯(おび)	cintura *f.* チントゥーラ	belt, *obi* ベルト, オウビ
怯[脅](おび)える	spaventarsi, impaurirsi スパヴェンタルスィ, インパウリルスィ	be frightened *at* ビ フライトンド
牡羊座(おひつじざ)	Ariete *m.* アリエーテ	the Ram ザ ラム
オフィス	ufficio *m.* ウッフィーチョ	office オーフィス
オブザーバー	osserva*tore*(-*trice*) *m.(f.)* オッセルヴァトーレ(トリーチェ)	observer オブザーヴァ
オフサイド	fuori gioco フオーリ ジョーコ	offside オーフサイド
オブジェ	oggetto *m.* オッジェット	objet オブジェ
オプション	opzione *f.* オプツィオーネ	option アプション
汚物(おぶつ)	lordume *m.* ロルドゥーメ	filth フィルス

日	伊	英
オブラート	ostia *f.* オスティア	wafer ウェイファ
オフレコで	ufficiosamente ウッフィチョーザメンテ	off the record オーフザレコド
おべっか	adulazione *f.*, lusinga *f.* アドゥラツィオーネ, ルズィンガ	flattery フラタリ
オペラ	opera (lirica) *f.* オーペラ (リーリカ)	opera アパラ
オペレーター	oper*atore*(*-trice*) *m.*(*f.*) オペラトーレ (トリーチェ)	operator アパレイタ
オペレッタ	operetta *f.* オペレッタ	operetta アパレタ
覚え書き	nota *f.*, appunto *m.* ノータ, アップント	memo メモウ
(外交上の)	memorandum *m.* メモランドゥム	note ノウト
覚えている	ricordare, ricordarsi di リコルダーレ, リコルダルスィ	remember リメンバ
覚える (習得)	imparare インパラーレ	learn ラーン
(暗記)	imparare a memoria インパラーレ アッメモーリア	memorize, learn by heart メモライズ, ラーン バイ ハート
(体感)	provare, sentire プロヴァーレ, センティーレ	feel フィール
溺れる	annegarsi, affogarsi アンネガルスィ, アッフォガルスィ	be drowned ビドラウンド
(ふける)	darsi *a*, indulgere *a* ダルスィ, インドゥルジェレ	indulge *in* インダルヂ
御負け (割引)	sconto *m.* スコント	discount ディスカウント
(景品)	omaggio *m.* オマッジョ	free gift フリー ギフト
おまけに	per di più ペルディピウ	and what's more アンド ワッツ モア
お守り	portafortuna *m.*, talismano *m.* ポルタフォルトゥーナ, タリズマーノ	charm, talisman チャーム, タリスマン
おまる	vasino *m.* ヴァズィーノ	bedpan ベドパン
おむつ	pannolino *m.*, ciripà *m.* パンノリーノ, チリパ	diaper ダイアパ

日	伊	英
オムニバス(の)	omnibus *m.* オムニバス	omnibus アムニバス
オムレツ	frittata *f.* フリッタータ	omelet アムレト
汚名	infamia *f.*, disonore *m.* インファーミア, ディゾノーレ	disgrace, dishonor ディスグレイス, ディサナ
重い	pesante ペザンテ	heavy ヘヴィ
（病状が）	grave グラーヴェ	grave, serious グレイヴ, スィアリアス
思い出す	ricordare, ricordarsi *di* リコルダーレ, リコルダルスィ	remember, recall リメンバ, リコール
思い違い	malinteso *m.*, equivoco *m.* マリンテーゾ, エクイーヴォコ	misunderstanding ミサンダスタンディング
思い出	ricordo *m.* リコルド	memories メモリズ
思いやり	premura *f.* プレムーラ	consideration コンスィダレイション
～のある	premuroso プレムローゾ	considerate コンスィダレト
～のない	indifferente インディッフェレンテ	inconsiderate インコンスィダレト
思う（考え）	pensare, credere ペンサーレ, クレーデレ	think, believe スィンク, ビリーヴ
（願望）	sperare スペラーレ	hope ホウプ
（不安）	aver paura, temere アヴェル パウラ, テメーレ	be afraid, fear ビ アフレイド, フィア
（推測）	supporre, immaginare スッポッレ, インマジナーレ	suppose, imagine サポウズ, イマヂン
面影	immagine *f.* インマージネ	image イミヂ
重苦しい	pesante, deprimente ペザンテ, デプリメンテ	gloomy, oppressive グルーミ, オプレスィヴ
重さ	peso *m.* ペーゾ	weight ウェイト
面白い（興味）	interessante インテレッサンテ	interesting インタレスティング
（楽しい）	divertente ディヴェルテンテ	amusing アミューズィング

日	伊	英
(滑稽な)	comico, buffo コーミコ, ブッフォ	funny, comic ファニ, カミク
玩具(おもちゃ)	giocattolo *m.* ジョカットロ	toy トイ
～屋	negozio di giocattoli *m.* ネゴーツィオ ディ ジョカットリ	toyshop トイシャプ
表(おもて)(紙や布の)	diritto *m.* ディリット	the right side ザ ライト サイド
(建物の正面)	facciata *f.* ファッチャータ	the front ザ フラント
表向(おもてむ)きは	ufficialmente ウッフィチャルメンテ	officially オフィシャリ
表通(おもてどお)り	via principale *f.* ヴィーア プリンチパーレ	main street メイン ストリート
主(おも)な	principale プリンチパーレ	main, principal メイン, プリンスィパル
主(おも)に	principalmente, in genere プリンチパルメンテ, インジェーネレ	mainly, mostly メインリ, モウストリ
趣(おもむき)	atmosfera *f.* アトモスフェーラ	atmosphere アトモスフィア
錘(おもり)	piombo *m.*, peso *m.* ピオンボ, ペーゾ	weights, plumb ウェイツ, プラム
思(おも)わず	inconsciamente インコンシャメンテ	unconsciously アンカンシャスリ
重荷(おもに)(負担)	carico *m.* カーリコ	burden バードン
重(おも)んじる(重視)	dare molta importanza *a* ダーレ モルタ インポルタンツァ	make much account *of* メイク マチ アカウント
親(おや)	geni*tore*(-*trice*) *m.*(*f.*) ジェニトーレ(トリーチェ)	parent ペアレント
(両親)	genitori *m.pl.* ジェニトーリ	parents ペアレンツ
(トランプの)	chi fa le carte キ ファ レ カルテ	the dealer ザ ディーラ
親知(おやし)らず(歯)	dente del giudizio *m.* デンテ デル ジュディーツィオ	wisdom tooth ウィズダム トゥース
お八(や)つ	merenda *f.*, spuntino *m.* メレンダ, スプンティーノ	snack スナク

日	伊	英
おやふこう 親不孝	condotta poco filiale *f.* コンドッタ ポーコ フィリアーレ	unfilial behavior アンフィリアル ビヘイヴァ
おやぶん 親分	capo *m.*, boss *m.* カーポ, ボス	boss, chief ボース, チーフ
おやゆび 親指	pollice *m.* ポッリチェ	the thumb ザ サム
（足の）	alluce *m.* アッルチェ	the big toe ザ ビグ トウ
およ 泳ぐ	nuotare ヌオターレ	swim スウィム
およ 凡そ （約）	circa, quasi チルカ, クアーズィ	about, almost アバウト, オールモウスト
（まったく）	affatto アッファット	entirely インタイアリ
およ 及ぶ	estendersi, raggiungere エステンデルスィ, ラッジュンジェレ	extend, reach イクステンド, リーチ
およ 及ぼす	esercitare *su* エゼルチターレ	exercise *on* エクササイズ
オランウータン	orango *m.* オランゴ	orangutan オーラングタン
オランダ	Olanda *f.*, Paesi Bassi *m.pl.* オランダ, パエーズィ バッスィ	Holland, the Netherlands ハランド, ザ ネザランツ
～の	olandese オランデーゼ	Dutch ダチ
おり 檻	gabbia *f.* ガッビア	cage ケイヂ
おり 澱・滓	feccia *f.* フェッチャ	dregs ドレグズ
オリーブ	oliva *f.* オリーヴァ	olive アリヴ
～油	olio d'oliva *m.* オーリオ ドリーヴァ	olive oil アリヴ オイル
オリエン テーション	orientamento *m.* オリエンタメント	orientation オーリエンテイション
オリオン座^ざ	Orione *f.* オリオーネ	Orion オライオン
お かえ 折り返す	rimboccare リンボッカーレ	turn down ターン ダウン

日	伊	英
(引き返す)	tornare indietro トルナーレ インディエートロ	turn back ターン バク
オリジナリティー	originalità *f.* オリジナリタ	originality オリヂナリティ
オリジナルの	originale オリジナーレ	original オリヂナル
折畳式の	pieghevole ピエゲーヴォレ	folding フォウルディング
折り目	piega *f.* ピエーガ	fold フォウルド
～正しい	decente, per bene デチェンテ, ペルベーネ	proper, well-mannered プラパ, ウェルマナド
織物	tessuto *m.* テッスート	textile, fabrics テクスタイル, ファブリクス
降りる (下車)	scendere シェンデレ	get off, get out *of* ゲト オフ, ゲト アウト
(断念・辞退)	rinunciare, ritirarsi リヌンチャーレ, リティラルスィ	give up, quit ギヴ アプ, クウィト
下りる (下降)	scendere, discendere シェンデレ, ディッシェンデレ	go[come] down, descend ゴウ(カム) ダウン, ディセンド
(着陸・着地)	atterrare アッテッラーレ	land ランド
(幕が)	calare カラーレ	drop, fall ドラプ, フォール
(許可が)	essere rilasciato[concesso] エッセレ リラッシャート(コンチェッソ)	be issued ビ イシュード
オリンピック	Olimpiadi *f.pl.* オリンピーアディ	the Olympic games ジ オリンピク ゲイムズ
冬季～	Olimpiadi invernali オリンピーアディ インヴェルナーリ	the Winter Olympics ザ ウィンタ オリンピクス
～スタジアム	stadio olimpico *m.* スターディオ オリンピコ	Olympic Stadium オリンピク ステイディアム
織る	tessere テッセレ	weave ウィーヴ
折る	rompere, spezzare ロンペレ, スペッツァーレ	break, snap ブレイク, スナプ
(折り曲げる)	piegare ピエガーレ	fold, bend フォウルド, ベンド
オルガン	organo *m.* オルガノ	organ オーガン

日	伊	英
オルゴール	carillon *m.* カリオン	music box ミューズィク バクス
折れる	rompersi, spezzarsi ロンペルスィ, スペッツァルスィ	break, snap ブレイク, スナプ
(譲歩)	cedere *a* チェーデレ	give in ギヴ イン
オレンジ	arancia *f.* アランチャ	orange オーレンヂ
～色の	arancione アランチョーネ	orange オーレンヂ
愚かな	stupido, scemo ストゥービド, シェーモ	foolish, silly フーリシュ, スィリ
卸売り	vendita all'ingrosso *f.* ヴェンディタ アッリングロッソ	wholesale ホウルセイル
～価格	prezzo all'ingrosso *f.* プレッツォ アッリングロッソ	wholesale price ホウルセイル プライス
～業者	grossista *m.f.* グロッスィスタ	wholesaler, dealer ホウルセイル ディーラ
下[降]ろす	mettere[tirare] giù メッテレ(ティラーレ) ジュ	take down テイク ダウン
(乗客を)	far scendere ファル シェンデレ	drop ドラプ
(積み荷を)	scaricare スカリカーレ	unload アンロウド
(お金を)	ritirare リティラーレ	withdraw ウィズドロー
(胎児を)	abortire アボルティーレ	have an abortion ハヴ アン アボーション
(おろし器で)	grattugiare グラットゥジャーレ	grate グレイト
疎かにする	trascurare トラスクラーレ	neglect, ignore ニグレクト, イグノー
終わり	fine *f.*, chiusura *f.* フィーネ, キウズーラ	end, close エンド, クロウズ
終わる	finire フィニーレ,	end エンド
(閉まる)	chiudere キューデレ	close クロウズ
(完結する)	concludere コンクルーデレ	conclude コンクルード

日	伊	英
おん 恩	favore *m.*, obbligo *m.* ファヴォーレ, オッブリゴ	favor, obligation フェイヴァ, アブリゲイション
おんかい 音階	scala musicale *f.* スカーラ ムズィカーレ	scale スケイル
おんがく 音楽	musica *f.* ムーズィカ	music ミューズィク
〜家	musicista *m.f.* ムズィチスタ	musician ミューズィシャン
おんきゅう 恩給	pensione *f.* ペンスィオーネ	pension ペンション
おんきょう 音響	suono *m.* スオーノ	sound サウンド
〜効果(演出)	effetti sonori *m.pl.* エッフェッティ ソノーリ	sound effects サウンド イフェクツ
(反響)	acustica *f.* アクスティカ	acoustics アクースティクス
オンザロック	whisky con ghiaccio *m.pl.* ウィスキ コン ギアッチョ	whiskey on the rocks (ホ)ウィスキ オン ザ ラクス
おんしつ 温室	serra *f.* セッラ	hothouse, greenhouse ハトハウス, グリーンハウス
〜栽培	coltivazione in serra *f.* コルティヴァツィオーネ インセッラ	greenhouse cultivation グリーンハウス カルティヴェイション
おんしゃ 恩赦	indulto *m.* インドゥルト	pardon, amnesty パードン, アムネスティ
おんじん 恩人	benefattore(*-trice*) *m.(f.)* ベネファットーレ(トリーチェ)	benefactor ベネファクタ
おんすい 温水	acqua calda *f.* アックア カルダ	hot water ハト ウォータ
おんせい 音声	voce *f.* ヴォーチェ	voice ヴォイス
〜多重放送	trasmissione molteplice *f.* トラズミッスィオーネ モルテプリチェ	multiplex transmission マルティプレクストランスミション
おんせつ 音節	sillaba *f.* スィッラバ	syllable スィラブル
おんせん 温泉	sorgente termale *f.* ソルジェンテ テルマーレ	hot spring ハト スプリング
おんだんな 温暖な	mite, tiepido ミーテ, ティエーピド	warm, mild ウォーム, マイルド

日	伊	英
おんち 音痴	stonatura f. ストナトゥーラ	tone deafness トウン デフネス
おんど 温度	temperatura f. テンペラトゥーラ	temperature テンパラチャ
～計	termometro m. テルモーメトロ	thermometer サマメタ
～調節	regolamento della temperatura m. レゴラメント デッラ テンペラトゥーラ	temperarature control テンパラチャ コントロウル
おんどり 雄鶏	gallo m. ガッロ	cock, rooster カク, ルースタ
おんな 女	donna f., femmina f. ドンナ, フェンミナ	woman, the fair sex ウマン, ザ フェア セクス
～らしい	femminile フェンミニーレ	womanly, feminine ウマンリ, フェミニン
おんな こ 女の子	ragazza f. ラガッツァ	girl ガール
おんぱ 音波	onda sonora f. オンダ ソノーラ	sound wave サウンド ウェイヴ
超～	onda ultrasonica f. オンダ ウルトラソーニカ	ultrasonic wave アルトラサニク ウェイヴ
おんびん 穏便に	blandamente ブランダメンテ	blandly ブランドリ
おんぷ 音符	nota musicale f. ノータ ムズィカーレ	note ノウト
オンブズマン	difensore(-a) civico(-a) m.(f.) ディフェンソーレ(ラ) チーヴィコ(カ)	ombudsman アムブヅマン
オンライン	in linea インリーネア	on-line オンライン
おんりょう 音量	volume m. ヴォルーメ	volume ヴァリュム
おんわ 温和な	dolce, mite ドルチェ, ミーテ	gentle, mild ヂェントル, マイルド

日	伊	英

か, カ

蚊	zanzara *f.* ザンザーラ	mosquito モスキートウ
～が刺す	pungere プンジェレ	bite, sting バイト, スティング
可 (成績評価)	discreto ディスクレート	fair フェア
課 (部署)	reparto *m.*, sezione *f.* レパルト, セツィオーネ	section, division セクション, ディヴィジョン
(テキストの)	lezione *f.* レツィオーネ	lesson レスン
蛾	falena *f.* ファレーナ	moth モース
ガーゼ	garza *f.* ガルザ	gauze ゴーズ
カーソル	cursore *m.* クルソーレ	cursor カーサ
カーディガン	cardigan *m.* カルディガン	cardigan カーディガン
ガーデニング	giardinaggio *m.* ジャルディナッジョ	gardening ガードニング
カーテン	tenda *f.* テンダ	curtain カートン
～コール	chiamata alla ribalta *f.* キアマータ アッラ リバルタ	curtain call カートン コール
カード	carta *f.* カルタ	card カード
クレジット～	carta di credito *f.* カルタ ディ クレーディト	credit card クレディト カード
テレフォン～	scheda telefonica *f.* スケーダ テレフォーニカ	phonecard フォウンカード
ガードマン	guardia giurata *f.* グァルディア ジュラータ	guard ガード
ガードレール	guardavia *m.*, guardrail *m.* グァルダヴィーア, グァルドレイル	guardrail ガードレイル
カーナビ	navigatore per auto *m.* ナヴィガトーレ ペラウト	car navigation system カー ナヴィゲイション スィステム
カーニバル	carnevale *m.* カルネヴァーレ	carnival カーニヴァル

日	伊	英
カーネーション	garofano *m.* ガローファノ	carnation カーネイション
カーブ	curva *f.* クルヴァ	curve, turn カーヴ, ターン
カーペット	tappeto *m.* タッペート	carpet カーペト
カール	riccio *m.* リッチョ	curl カール
ガールスカウト	giovane esploratrice *f.* ジョーヴァネ エスプロラトリーチェ	girl scout ガールスカウト
かい 会　（会合）	riunione *f.* リウニオーネ	meeting ミーティング
（パーティー）	festa *f.* フェスタ	party パーティ
（団体）	società *f.* ソチエタ	society ソサイアティ
（協会）	associazione *f.* アッソチャツィオーネ	association アソウシエイション
かい 回	volta *f.* ヴォルタ	time タイム
（競技・野球）	turno *m.*, inning *m.* トゥルノ, インニング	round, inning ラウンド, イニング
かい 貝	mollusco *m.* モッルスコ	shellfish シェルフィシュ
（貝殻）	conchiglia *f.* コンキッリャ	shell シェル
かい 階	piano *m.* ピアーノ	floor, story フロー, ストーリ
1〜	pianterreno *m.* ピアンテッレーノ	the first[ground] floor ザ ファースト(グラウンド) フロー
がい 害	danno *m.* ダンノ	harm, damage ハーム, ダミヂ
かいいん 会員	socio *m.*, membro *m.* ソーチョ, メンブロ	member, membership メンバ, メンバシプ
〜証	tessera (d'iscrizione) *f.* テッセラ (ディスクリツィオーネ)	membership card メンバシプ カード
かいうん 海運	trasporto marittimo *m.* トラスポルト マリッティモ	marine transportation マリーン トランスポテイション
かいおうせい 海王星	Nettuno *m.* ネットゥーノ	Neptune ネプテューン

日	伊	英
絵画 (作品)	quadro m. クアードロ	picture ピクチャ
外貨	valuta estera f. ヴァルータ エステラ	foreign money フォーリン マニ
海外	paesi stranieri m.pl. パエーズィ ストラニエーリ	foreign countries フォーリン カントリズ
〜へ[で]	all'estero アッレステロ	abroad アブロード
〜旅行	viaggio all'estero m. ヴィアッジョ アッレステロ	traveling abroad トラヴリング アブロード
開会式	cerimonia d'apertura f. チェリモーニア ダペルトゥーラ	opening ceremony オウプニング セレモニ
改革	riforma f. リフォルマ	reform, innovation リフォーム, イノヴェイション
〜する	riformare リフォルマーレ	reform, innovate リフォーム, イノヴェイト
外郭団体	ente affiliato m. エンテ アッフィリアート	affiliated organization アフィリエイテド オーガニゼイション
会館	centro m. チェントロ	hall ホール
海岸	spiaggia f., costa f. スピアッジャ, コスタ	the seashore, the beach ザ スィーショー, ザ ビーチ
会議	riunione f., congresso m. リウニオーネ, コングレッソ	meeting, conference ミーティング, カンファレンス
回帰線	tropico m. トロピコ	the tropic ザ トラピク
北〜	tropico del Cancro m. トロピコ デル カンクロ	the Tropic of Cancer ザ トラピク オヴ キャンサ
南〜	tropico del Capricorno m. トロピコ デル カプリコルノ	the Tropic of Capricorn ザ トラピク オヴ キャプリコーン
懐疑的な	scettico シェッティコ	skeptical スケプティカル
階級	classe f. クラッセ	class, rank クラス, ランク
中産〜	classe media f. クラッセ メーディア	middle class ミドル クラス
海峡	stretto m. ストレット	strait, channel ストレイト, チャヌル
英仏〜	la Manica f. ラ マーニカ	the Channel ザ チャヌル

日	伊	英
がいきょう 概況	situazione generale *f.* スィトゥアツィオーネ ジェネラーレ	general situation ヂェネラル スィチュエイション
かいぎょう 改行する	andare a capo アンダーレ アッカーポ	start a new paragraph スタート ア ニュー パラグラフ
かいぐん 海軍	marina militare *f.* マリーナ ミリターレ	the navy ザ ネイヴィ
かいけい 会計	contabilità *f.* コンタビリタ	account アカウント
〜係[士]	ragioniere(-a) *m.(f.)* ラジョニエーレ(ラ)	accountant アカウンタント
〜監査	revisione dei conti *f.* レヴィズィオーネ デイ コンティ	auditing オーディティング
かいけつ 解決する	risolvere リソルヴェレ	settle, solve セトル, サルヴ
かいけん 会見	incontro *m.*, intervista *f.* インコントロ, インテルヴィスタ	interview インタヴュー
記者〜	conferenza stampa *f.* コンフェレンツァ スタンパ	press conference プレス カンファレンス
がいけん 外見	apparenza *f.* アッパレンツァ	appearance アピアランス
〜上は	in apparenza インナッパレンツァ	in appearance イン アピアランス
かいげんれい 戒厳令	legge marziale *f.* レッジェ マルツィアーレ	martial law マーシャル ロー
かいこ 蚕	baco da seta *m.* バーコ ダ セータ	silkworm スィルクワーム
かいこ 解雇	licenziamento *m.* リチェンツィアメント	dismissal ディスミサル
〜する	licenziare リチェンツィアーレ	dismiss, discharge ディスミス, ディスチャーヂ
かいご 介護	cura *f.*, assistenza *f.* クーラ, アッスィステンツァ	care, nursing ケア, ナースィング
〜する	curare, assistere クラーレ, アッスィステレ	nurse, care *for* ナース, ケア
かいごう 会合	riunione *f.*, assemblea *f.* リウニオーネ, アッセンブレーア	meeting, gathering ミーティング, ギャザリング
がいこう 外交	diplomazia *f.* ディプロマツィーア	diplomacy ディプロウマスィ
〜官	diplomatico(-a) *m.(f.)* ディプロマーティコ(カ)	diplomat ディプロマト

日	伊	英
～上の	diplomatico ディプロマーティコ	diplomatic ディプロマティク
外国	paese straniero *m.* パエーゼ ストラニエーロ	foreign country フォーリン カントリ
～の	straniero, estero ストラニエーロ, エステロ	foreign フォーリン
～語	lingua straniera *f.* リングァ ストラニエーラ	foreign language フォーリン ラングウィヂ
～人	straniero(-a) *m.(f.)* ストラニエーロ(ラ)	foreigner フォーリナ
開催する	tenere, organizzare テネーレ, オルガニッザーレ	hold, open ホウルド, オウプン
改札	controllo dei biglietti *m.* コントロッロ デイ ビリィエッティ	ticket gate ティケト ゲイト
解散	scioglimento *m.* ショッリメント	breakup, dissolution ブレイカプ, ディソルーション
～する	sciogliere ショッリェレ	break up, dissolve ブレイカプ, ディザルヴ
概算	calcolo approssimativo *m.* カルコロ アップロッスィマティーヴォ	rough estimate ラフ エスティメト
海産物	prodotto del mare *m.* プロドット デル マーレ	marine products マリーン プラダクツ
開始	inizio *m.*, avvio *m.* イニーツィオ, アッヴィーオ	beginning, start ビギニング, スタート
～する	cominciare, incominciare コミンチャーレ, インコミンチャーレ	begin, start ビギン, スタート
外資	capitale straniero *m.* カピターレ ストラニエーロ	foreign capital フォーリン キャピタル
～系企業	affiliata di un'azienda straniera *f.* アッフィリアータ ディ ウナズィエンダ ストラニエーラ	foreign-affiliated firm フォーリンアフィリエイテド ファーム
買い占め	incetta *f.* インチェッタ	corner コーナ
～る	fare incetta di ファーレ インチェッタ	make a corner *in* メイク ア コーナ
会社	ditta *f.*, società *f.* ディッタ, ソチエタ	company, corporation カンパニ, コーポレイション
～員	impiegato(-a) *m.(f.)* インピエガート(タ)	office worker オーフィス ワーカ

日	伊	英
かいしゃく 解釈	interpretazione *f.* インテルプレタツィオーネ	interpretation インタープリテイション
かいしゅう 回収 (収集)	raccolta *f.* ラッコルタ	collect コレクト
(撤収)	ritiro *m.* リティーロ	withdrawal ウィズドローアル
〜する	raccogliere, ritirare ラッコッリェレ, リティラーレ	collect, withdraw コレクト, ウィズドロー
かいしゅう 改修	riparazione *f.* リパラツィオーネ	repair リペア
〜する	riparare リパラーレ	repair リペア
かいしゅう 改宗	conversione *f.* コンヴェルスィオーネ	conversion コンヴァージョン
がいしゅつ 外出する	uscire (di casa) ウッシーレ (ディ カーザ)	go out ゴウ アウト
かいじょ 解除する	annullare アンヌッラーレ	cancel キャンセル
かいじょう 会場	luogo d'incontro *m.* ルオーゴ ディンコントロ	meeting place ミーティング プレイス
がいしょく 外食する	mangiare fuori マンジャーレ フオーリ	eat out イート アウト
かいすい 海水	acqua di mare *f.* アックア ディ マーレ	seawater スィーウォータ
かいすいよく 海水浴	bagno di mare *m.* バーニョ ディ マーレ	sea bathing スィー ベイズィング
〜場	stazione balneare *f.* スタツィオーネ バルネアーレ	bathing resort ベイズィング リゾート
かいすう 回数	numero di volte *m.* ヌーメロ ディ ヴォルテ	the number of times ザ ナンバ オヴ タイムズ
〜券	blocchetto *m.*, carnet *m.* ブロッケット, カルネ	commutation ticket カミュテイション ティケット
かいせい 快晴	sereno *m.* セレーノ	fine weather ファイン ウェザ
かいせい 改正する	rivedere, emendare リヴェデーレ, エメンダーレ	revise, amend リヴァイズ, アメンド
かいせつ 開設する	stabilire, impiantare スタビリーレ, インピアンターレ	establish, set up イスタブリッシュ, セト アプ

日	伊	英
かいせつ 解説	spiegazione *f.*, commento *m.* スピエガツィオーネ, コンメント	explanation, commentary エクスプラネイション, カメンテリ
～する	spiegare, commentare スピエガーレ, コンメンターレ	explain, comment イクスプレイン, カメント
～者	commenta*tore*(*-trice*) *m.*(*f.*) コンメンタトーレ(トリーチェ)	commentator カメンテイタ
かいぜん 改善する	migliorare ミッリオラーレ	improve インプルーヴ
がいせん 外線 (電話の)	linea esterna *f.* リーネア エステルナ	outside line アウトサイド ライン
がいせんもん 凱旋門	arco di trionfo *m.* アルコ ディ トリオンフォ	triumphal arch トライアンファル アーチ
かいそう 海藻	alga *f.* アルガ	seaweed スィーウィード
かいそう 回送 (車両)	fuori servizio フオーリ セルヴィーツィオ	out-of-service アウトオヴサーヴィス
かいそう 回想	ricordo *m.*, reminiscenza *f.* リコルド, レミニシェンツァ	recollection レコレクション
～する	richiamare alla memoria リキアマーレ アッラ メモーリア	recollect レコレクト
かいそう 改装する	rinnovare リンノヴァーレ	redecorate, remodel リデコレイト, リーマデル
かいぞう 改造する	trasformare トラスフォルマーレ	convert コンヴァート
(再編)	riorganizzare リオルガニッザーレ	reorganize リオーガナイズ
かいぞく 海賊	pirata *f.*, corsaro *m.* ピラータ, コルサーロ	pirate パイアレト
～版の	pirata ピラータ	pirated パイアレイテド
かいだん 会談	colloquio *m.*, incontro *m.* コッロークィオ, インコントロ	talk, conference トーク, カンファレンス
かいだん 階段	scala *f.* スカーラ	stairs ステアズ
かいちく 改築する	ricostruire リコストルイーレ	rebuild, reconstruct リービルド, リーコンストラクト
がいちゅう 害虫	insetto nocivo *m.* インセット ノチーヴォ	harmful insect ハームフル インセクト

日	伊	英
懐中電灯 (かいちゅうでんとう)	pila *f.*, torcia *f.* ピーラ, トルチャ	flashlight フラシュライト
会長 (かいちょう)	presidente *m.f.* プレスィデンテ	the president ザ プレジデント
（会社の）	presidente onorario *m.f.* プレスィデンテ オノラーリオ	chairman チェアマン
開通する (かいつう)	essere aperto (al traffico) エッセレ アペルト (アル トラッフィコ)	be opened (to traffic) ビ オウプンド (トゥ トラフィク)
買い手 (かって)	compra*tore*(*-trice*) *m.*(*f.*) コンプラトーレ(トリーチェ)	buyer バイア
海底 (かいてい)	fondo del mare *m.* フォンド デル マーレ	the bottom of the sea ザ バトム オヴ ザ スィー
〜に［で］	in fondo al mare イン フォンド アル マーレ	at the bottom of the sea アト ザ バトム オブ ザ スィー
〜ケーブル	cavo sottomarino *m.* カーヴォ ソットマリーノ	submarine cable サブマリーン ケイブル
〜トンネル	tunnel sottomarino *m.* トゥンネル ソットマリーノ	undersea tunnel アンダスィー タヌル
改訂版 (かいていばん)	edizione riveduta *f.* エディツィオーネ リヴェドゥータ	revised edition リヴァイズド イディション
快適な (かいてきな)	comodo, confortevole コーモド, コンフォルテーヴォレ	comfortable カンフォタブル
回転 (かいてん)	giro *m.*, rotazione *f.* ジーロ, ロタツィオーネ	turn ターン
〜する	girare, rotare ジラーレ, ロターレ	turn, revolve, rotate ターン, リヴァルヴ, ロウテイト
〜競技(スキー)	slalom *m.* ズラロム	slalom スラロム
ガイド（案内）	guida *f.* グィーダ	guide ガイド
〜ブック	guida *f.* グィーダ	guidebook ガイドブク
〜ライン	direttive *f.pl.* ディレッティーヴェ	guidelines ガイドラインズ
解答 (かいとう)	soluzione *f.* ソルツィオーネ	answer, resolution アンサ, レゾルーション
〜する	risolvere リソルヴェレ	answer, solve アンサ, サルヴ
回答 (かいとう)	risposta *f.* リスポスタ	reply リプライ

日	伊	英
〜する	rispondere a リスポンデレ	reply to リプライ
街灯(がいとう)	lampione m. ランピオーネ	streetlight ストリートライト
解読する(かいどく)	decifrare デチフラーレ	decipher, decode ディサイファ, ディコウド
海難(かいなん)	disastro marittimo m. ディザストロ マリッティモ	sea disaster スィー ディザスタ
〜救助	salvataggio m. サルヴァタッジョ	sea rescue スィー レスキュー
介入(かいにゅう)	intervento m. インテルヴェント	intervention インタヴェンション
〜する	intervenire インテルヴェニーレ	intervene インタヴィーン
概念(がいねん)	idea f., concetto m., nozione f. イデーア, コンチェット, ノツィオーネ	notion, concept ノウション, カンセプト
貝柱(かいばしら)	muscolo adduttore dei bivalvi m. ムスコロ アッドゥットーレ デイ ビヴァルヴィ	ligament リガメント
開発(かいはつ)	sviluppo m. ズヴィルッポ	development ディヴェロプメント
〜する	sviluppare ズヴィルッパーレ	develop, exploit ディヴェロプ, エクスプロイト
〜途上国	paese in via di sviluppo m. パエーゼ イン ヴィーア ディ ズヴィルッポ	developing country ディヴェロピング カントリ
海抜(かいばつ)	altitudine f., quota f. アルティトゥーディネ, クオータ	above the sea アバヴ ザ スィー
会費(かいひ)	quota f. クオータ	(membership) fee (メンバシプ) フィー
外部(がいぶ)	esterno m. エステルノ	outside アウトサイド
回[快]復(かいふく)	recupero m., guarigione f. レクーペロ, グァリジョーネ	restoration, recovery レストレイション, リカヴァリ
〜する	riprendersi リプレンデルスィ	recover, restore リカヴァ, リストー
怪物(かいぶつ)	mostro m. モストロ	monster マンスタ
解放(かいほう)	liberazione f. リベラツィオーネ	emancipation, liberation イマンスィペイション, リバレイション
〜する	liberare リベラーレ	release, liberate リリース, リバレイト

日	伊	英
<ruby>開放<rt>かいほう</rt></ruby>する	aprire アプリーレ	open オウプン
<ruby>解剖<rt>かいぼう</rt></ruby>	dissezione *f.*, anatomia *f.* ディッセツィオーネ, アナトミーア	dissection ディセクション
（検死）	autopsia *f.* アウトプスィーア	autopsy オータプスィ
<ruby>外務省<rt>がいむしょう</rt></ruby>	Ministero degli affari esteri *m.* ミニステーロ デッリ アッファーリ エステリ	the Ministry of Foreign Affairs ザ ミニストリ オヴ フォーリン アフェアズ
<ruby>外務大臣<rt>がいむだいじん</rt></ruby>	Ministro degli affari esteri *m.* ミニストロ デッリ アッファーリ エステリ	the Minister of Foreign Affairs ザ ミニスタ オヴ フォーリン アフェアズ
<ruby>海綿<rt>かいめん</rt></ruby>	spugna *f.* スプーニャ	sponge スパンヂ
<ruby>買<rt>か</rt></ruby>い<ruby>物<rt>もの</rt></ruby>	spesa *f.* スペーザ	shopping シャピング
〜に行く	andare a fare spese アンダーレ アッファーレ スペーゼ	go shopping ゴウ シャピング
<ruby>解約<rt>かいやく</rt></ruby>する	annullare アンヌッラーレ	cancel キャンスル
<ruby>外来語<rt>がいらいご</rt></ruby>	parola d'origine straniera *f.* パローラ ドリージネ ストラニエーラ	word of foreign origin ワード オブ フォーリン オーリヂン
<ruby>戒律<rt>かいりつ</rt></ruby>	precetto religioso *m.* プレチェット レリジョーゾ	religious precept リリヂャス プリーセプト
<ruby>概略<rt>がいりゃく</rt></ruby>	riassunto *m.* リアッスント	outline, summary アウトライン, サマリ
<ruby>海流<rt>かいりゅう</rt></ruby>	corrente oceanica *f.* コッレンテ オチェアーニカ	current カーレント
<ruby>改良<rt>かいりょう</rt></ruby>	miglioramento *m.* ミッリョラメント	improvement, reform インプルーヴメント, リフォーム
<ruby>街路樹<rt>がいろじゅ</rt></ruby>	alberi del viale *m.pl.* アルベリ デル ヴィアーレ	street trees ストリート トリーズ
カイロプラクティック	chiroterapia *f.* キロテラピーア	chiropractic カイラプラクティク
<ruby>会話<rt>かいわ</rt></ruby>	conversazione *f.* コンヴェルサツィオーネ	conversation カンヴァセイション
<ruby>飼<rt>か</rt></ruby>う	tenere, avere テネーレ, アヴェーレ	keep, raise キープ, レイズ
<ruby>買<rt>か</rt></ruby>う	comprare, acquistare コンプラーレ, アックィスターレ	buy, purchase バイ, パーチェス

日	伊	英
カウンセラー	consigliere(-a) m.(f.) コンスィッリエーレ(ラ)	counselor カウンスラ
カウンセリング	consiglio m. コンスィッリオ	counseling カウンスリング
カウンター	bancone m. バンコーネ	counter カウンタ
カウント	conteggio m. コンテッジョ	count カウント
〜ダウン	conteggio alla rovescia m. コンテッジョ アッラ ロヴェッシャ	countdown カウントダウン
返す	restituire, rimandare レスティトゥイーレ, リマンダーレ	return, send back リターン, センド バク
蛙	rana f. ラーナ	frog フローグ
帰る (帰宅)	tornare a casa, rincasare トルナーレ アッカーザ, リンカザーレ	come home, go home カム ホウム, ゴウ ホウム
(辞去)	andarsene, partire アンダルセネ, パルティーレ	leave リーヴ
代える	sostituire con ソスティトゥイーレ	substitute for サブスティテュート
換える (交換)	cambiare, scambiare con カンビアーレ, スカンビアーレ	exchange for, change with イクスチェインヂ, チェインヂ
変える	cambiare, mutare カンビアーレ, ムターレ	change チェインヂ
顔	faccia f., viso m., volto m. ファッチャ, ヴィーゾ, ヴォルト	face, look フェイス, ルク
〜が広い	avere molte conoscenze アヴェーレ モルテ コノッシェンツェ	have many acquaintances ハヴ メニ アクウェインタンスィーズ
顔色	cera f., carnagione f. チェーラ, カルナジョーネ	complexion コンプレクション
〜が良い	avere una buona cera アヴェーレ ウナ ブオーナ チェーラ	have a healthy complexion ハヴ ア ヘルスィ コンプレクション
香り	profumo m., odore m. プロフーモ, オドーレ	smell, fragrance スメル, フレイグランス
香[薫]る	essere profumato[fragrante] エッセレ プロフマート(フラグランテ)	be fragrant ビ フレイグラント
画家	pittore(-trice) m.(f.) ピットーレ(トリーチェ)	painter ペインタ

日	伊	英
<ruby>加害者<rt>かがいしゃ</rt></ruby>	attenta*tore*(*-trice*) m.(f.) アッテンタトーレ(トリーチェ)	assailant アセイラント
<ruby>抱える<rt>かか</rt></ruby>	tenere in braccio [collo] テネーレ インブラッチョ(コッロ)	hold in *one's* arms ホウルド イン アームズ
小脇に〜	portare sotto il braccio ポルターレ ソット イルブラッチョ	carry undere one's arm キャリ アンダァ アーム
<ruby>価格<rt>かかく</rt></ruby>	prezzo m., costo m. プレッツォ, コスト	price, cost プライス, コスト
<ruby>化学<rt>かがく</rt></ruby>	chimica f. キーミカ	chemistry ケミストリ
〜調味料	condimento sintetico m. コンディメント スィンテーティコ	chemical seasoning ケミカル スィーズニング
〜反応	reazione chimica f. レアツィオーネ キーミカ	chemical reaction ケミカル リアクション
〜肥料	concime chimico m. コンチーメ キーミコ	chemical fertilizer ケミカル ファーティライザ
〜療法	chemioterapia f. ケミオテラピーア	chemotherapy キーモウセラピ
<ruby>科学<rt>かがく</rt></ruby>	scienza f. シェンツァ	science サイエンス
〜技術	tecnologia scientifica f. テクノロジーア シェンティーフィカ	scientific tecnology サイエンティフィク テクナロディィ
〜者	scienzia*t*o(*-a*) m.(f.) シェンツィアート(タ)	scientist サイエンティスト
〜的な	scientifico シェンティーフィコ	scientific サイエンティフィク
<ruby>欠かさず<rt>か</rt></ruby>	senza fallo センツァ ファッロ	without fail ウィザウト フェイル
<ruby>踵<rt>かかと</rt></ruby>	tallone m. タッローネ	heel ヒール
(靴の)	tacco m. タッコ	heel ヒール
<ruby>鏡<rt>かがみ</rt></ruby>	specchio m. スペッキオ	mirror, glass ミラ, グラス
<ruby>屈む<rt>かが</rt></ruby>	curvarsi クルヴァルスィ	stoop ストゥープ
(しゃがむ)	accovacciarsi アッコヴァッチャルスィ	crouch クラウチ
<ruby>輝く<rt>かがや</rt></ruby>	brillare, splendere ブリッラーレ, スプレンデレ	shine, glitter シャイン, グリタ

日	伊	英
係 (場所)	ufficio *m.* ウッフィーチョ	office オフィス
(担当者)	addetto(-a) *m.(f.)* アッデット(ア)	person in charge *of* パーソン イン チャージ
係長	caposervizio *m.f.* カポセルヴィーツィオ	chief clerk チーフ クラーク
掛かる	essere appeso エッセレ アッペーゾ	hang *on*[*from*] ハング
(時間や費用が)	volerci ヴォレルチ	take テイク
関[係]わる	riguardare, concernere リグァルダーレ, コンチェルネレ	be concerned in ビ コンサーンド イン
牡蛎	ostrica *f.* オストリカ	oyster オイスタ
柿	caco *m.* (cachi *m.pl.*) カーコ (カーキ)	persimmon パースィモン
鍵	chiave *f.* キアーヴェ	key キー
書き換える	riscrivere リスクリーヴェレ	rewrite リーライト
(名義を)	trasferire トラスフェリーレ	transfer トランスファー
夏期講習	corso estivo *m.* コルソ エスティーヴォ	summer course サマ コース
書留	raccomandata *f.* ラッコマンダータ	registration レヂストレイション
書き取り	dettato *m.* デッタート	dictation ディクテイション
書き直す	riscrivere リスクリーヴェレ	rewrite リーライト
垣根	siepe *f.* スィエーペ	fence, hedge フェンス, ヘヂ
掻き混ぜる	mescolare メスコラーレ	mix up ミクス アプ
掻き回す	frullare フルッラーレ	stir スター
(混乱させる)	confondere コンフォンデレ	confuse コンフューズ

日	伊	英
<ruby>家業<rt>かぎょう</rt></ruby>	mestiere di famiglia *m.* メスティエーレ ディ ファミッリア	the family business ザ ファミリ ビズネス
<ruby>核<rt>かく</rt></ruby>	nucleo *m.* ヌークレオ	nucleus ニュークリアス
〜の	nucleare ヌクレアーレ	nuclear ニュークリア
〜実験	esperimento nucleare *m.* エスペリメント ヌクレアーレ	nuclear test ニュークリア テスト
〜戦争	guerra nucleare *f.* グエッラ ヌクレアーレ	nuclear war ニュークリア ウォー
〜爆発	esplosione nucleare *f.* エスプロズィオーネ ヌクレアーレ	nuclear explosion ニュークリア イクスプロウジョン
〜兵器	armi nucleari *f.pl.* アルミ ヌクレアーリ	nuclear weapons ニュークリア ウェポンズ
<ruby>欠<rt>か</rt></ruby>く	mancare マンカーレ	lack ラク
<ruby>書<rt>か</rt></ruby>く	scrivere スクリーヴェレ	write ライト
<ruby>掻<rt>か</rt></ruby>く	grattare グラッターレ	scratch, rake スクラチ, レイク
（水を）	pagaiare, remare con la pagaia パガイアーレ, レマーレ コン ラ パガイア	paddle パドル
<ruby>家具<rt>かぐ</rt></ruby>	mobile *m.* モービレ	furniture ファーニチャ
<ruby>嗅<rt>か</rt></ruby>ぐ	sentire, annusare センティーレ, アンヌザーレ	smell, sniff スメル, スニフ
<ruby>額<rt>がく</rt></ruby>（縁）	cornice *f.* コルニーチェ	frame フレイム
<ruby>学位<rt>がくい</rt></ruby>	titolo di studio *m.* ティートロ ディ ストゥーディオ	degree ディグリー
<ruby>架空<rt>かくう</rt></ruby>の	immaginario, fantastico インマジナーリオ, ファンタスティコ	imaginary イマヂネリ
<ruby>各駅停車<rt>かくえきていしゃ</rt></ruby>	treno locale *m.* トレーノ ロカーレ	local train ロウカル トレイン
<ruby>学芸<rt>がくげい</rt></ruby>	arti e scienze *f.pl.* アルティ エ シェンツェ	arts and sciences アーツ アンド サイエンスィーズ
<ruby>格言<rt>かくげん</rt></ruby>	massima *f.*, detto *m.* マッスィマ, デット	maxim マクスィム

日	伊	英
かくご 覚悟	risoluzione *f.* リソルツィオーネ	preparedness プリペアレドネス
～する	predisporsi *a* プレディスポルスィ	be prepared *for* ビ プリペアド
かくさ 格差	divario *m.*, disparità *f.* ディヴァーリオ, ディスパリタ	gap, disparity ギャプ, ディスパラティ
かくじ 各自	ciascuno(-*a*) *m.(f.)* チャスクーノ(ナ)	each イーチ
がくし 学士	laureato(-*a*) *m.(f.)* ラウレアート(タ)	bachelor バチェラ
かくしつ 確執	discordia *f.* ディスコルディア	discord ディスコード
かくじつな 確実な	certo, sicuro チェルト, スィクーロ	sure, certain シュア, サートン
がくしゃ 学者	studioso(-*a*) *m.(f.)* ストゥディオーゾ(ザ)	scholar スカラ
がくしゅう 学習	studio *m.* ストゥーディオ	learning ラーニング
～する	studiare ストゥディアーレ	study, learn スタディ, ラーン
がくしょく 学食	mensa *f.* メンサ	students' dining hall ステューデンツ ダイニング ホール
かくしんする 確信する	convincersi *di* コンヴィンチェルスィ	be convinced *of* ビ コンヴィンスト
かくす 隠す	nascondere ナスコンデレ	hide, conceal ハイド, コンスィール
がくせい 学生	studente(-*essa*) *m.(f.)* ストゥデンテ(テッサ)	student ステューデント
～証	tessera studentesca *f.* テッセラ ストゥデンテスカ	student's ID card ステューデンツ アイディー カード
かくせいざい 覚醒剤	eccitante *m.*, stimolante *m.* エッチタンテ, スティモランテ	stimulant スティミュラント
がくせつ 学説	dottrina *f.*, teoria *f.* ドットリーナ, テオリーア	doctrine, theory ダクトリン, スィーアリ
かくだいする 拡大する	ingrandire イングランディーレ	enlarge インラーヂ
かくちょうする 拡張する	estendere, allargare エステンデレ, アッラルガーレ	extend イクステンド

日	伊	英
<ruby>学長<rt>がくちょう</rt></ruby>	ret*tore* m. レットーレ	president プレジデント
<ruby>格付け<rt>かくづけ</rt></ruby>	classificazione f. クラッスィフィカツィオーネ	rating レイティング
<ruby>確定<rt>かくてい</rt></ruby>	fissazione f. フィッサツィオーネ	decision ディスィジョン
〜する	fissare フィッサーレ	decide, fix ディサイド, フィックス
カクテル	cocktail m. コクテイル	cocktail カクテイル
<ruby>角度<rt>かくど</rt></ruby>	angolo m. アンゴロ	angle アングル
<ruby>格闘<rt>かくとう</rt></ruby>	lotta f. ロッタ	fight ファイト
<ruby>獲得する<rt>かくとく</rt></ruby>	ottenere, acquistare オッテネーレ, アックィスターレ	acquire, obtain アクワイア, オブテイン
<ruby>確認する<rt>かくにん</rt></ruby>	confermare コンフェルマーレ	confirm コンファーム
<ruby>学年<rt>がくねん</rt></ruby>	anno scolastico m. アンノ スコラスティコ	school year スクール イア
（大学の）	anno accademico m. アンノ アッカデーミコ	academic year アカデミク イア
<ruby>格納庫<rt>かくのうこ</rt></ruby>	hangar m., aviorimessa f. アンガル, アヴィオリメッサ	hangar ハンガ
<ruby>学費<rt>がくひ</rt></ruby>	spese degli studi m.pl. スペーゼ デッリ ストゥーディ	school expenses スクール イクスペンスィーズ
<ruby>楽譜<rt>がくふ</rt></ruby>	musica f. ムーズィカ	music ミュージク
（総譜）	partitura f. パルティトゥーラ	score スコー
<ruby>学部<rt>がくぶ</rt></ruby>	facoltà f. ファコルタ	faculty ファカルティ
<ruby>確保する<rt>かくほ</rt></ruby>	riservare リセルヴァーレ	secure, save スィキュア, セイヴ
<ruby>匿う<rt>かくま</rt></ruby>	dare asilo *a* ダーレ アズィーロ	shelter シェルタ
<ruby>角膜<rt>かくまく</rt></ruby>	cornea f. コルネア	cornea コーニア

日	伊	英
革命 (かくめい)	rivoluzione f. リヴォルツィオーネ	revolution レヴォルーション
学問 (がくもん)	studio m., scienze f.pl. ストゥーディオ, シェンツェ	learning, study ラーニング, スタディ
楽屋 (がくや)	camerino m. カメリーノ	dressing room ドレスィング ルーム
確約する (かくやくする)	garantire ガランティーレ	give *one's* word ギヴ ワード
格安の (かくやすの)	regalato レガラート	bargain バーゲン
確立する (かくりつする)	stabilire スタビリーレ	establish イスタブリシュ
確率 (かくりつ)	probabilità f. プロバビリタ	probability プラバビリティ
閣僚 (かくりょう)	membro del Gabinetto m. メンブロ デル ガビネット	the Cabinet ministers ザ キャビネット ミニスタズ
学力 (がくりょく)	preparazione culturale f. プレパラツィオーネ クルトゥラーレ	scholastic ability スカラスティク アビリティ
学歴 (がくれき)	titoli di studio conseguiti m.pl. ティートリ ディ ストゥーディオ コンセグイーティ	school background スクール バクグラウンド
隠れる (かくれる)	nascondersi ナスコンデルスィ	hide *oneself* ハイド
隠れん坊 (かくれんぼう)	nascondino m. ナスコンディーノ	hide-and-seek ハイダンスィーク
学割 (がくわり)	sconto per studenti m. スコント ペル ストゥデンティ	reduced fee for students リデュースド フィー フォ ステューデンツ
賭け (かけ)	scommessa f. スコンメッサ	gambling ギャンブリング
陰 (かげ)	ombra f. オンブラ	shade シェイド
影 (かげ)	ombra f. オンブラ	shadow, silhouette シャドウ, スィルエト
崖 (がけ)	precipizio m. プレチピーツィオ	cliff クリフ
家計 (かけい)	economia domestica f. エコノミーア ドメスティカ	household economy ハウスホウルド イカノミ
〜簿	libro dei conti di famiglia m. リーブロ デイ コンティ ディ ファミッリァ	household account book ハウスホウルド アカウント ブク

日	伊	英
歌劇	(opera) lirica *f.* (オーペラ) リーリカ	opera アペラ
陰口	maldicenza *f.* マルディチェンツァ	backbiting バクバイティング
賭け事	gioco d'azzardo *m.* ジョーコ ダッザルド	gambling ギャンブリング
掛け算	moltiplicazione *f.* モルティプリカツィオーネ	multiplication マルティプリケイション
掛け軸	rotolo appendente *m.* ロートロ アッペンデンテ	hanging scroll ハンギング スクロウル
可決	approvazione *f.* アップロヴァツィオーネ	approval アプルーヴァル
〜する	approvare アップロヴァーレ	approve アプルーヴ
駆け引き	tattica *f.*, diplomazia *f.* タッティカ, ディプロマツィーア	tactics タクティクス
掛け布団	trapunta *f.*, imbottita *f.* トラプンタ, インボッティータ	quilt, comforter クウィルト, カンフォタ
かけら	frammento *m.*, pezzetto *m.* フランメント, ペッツェット	chip チプ
掛ける（吊る）	appendere アッペンデレ	hang, suspend ハング, サスペンド
（覆う）	coprire コプリーレ	cover カヴァ
（費用を）	spendere スペンデレ	spend スペンド
（時間を）	impiegare インピエガーレ	spend スペンド
（眼鏡を）	portare ポルターレ	wear ウェア
欠ける	scheggiarsi スケッジャルスィ	chip *off* チプ
（欠乏）	mancare マンカーレ	lack ラク
賭ける	scommettere スコンメッテレ	bet *on* ベト
（命や財産を）	arrischiare, azzardare アッリスキアーレ, アッザルダーレ	risk リスク
駆ける	correre コッレレ	run ラン

日	伊	英
架ける	costruire コストゥルイーレ	build... over ビルド オウヴァ
陰る	oscurarsi オスクラルスィ	darken ダークン
過去	passato *m.* パッサート	the past ザ パスト
籠	cesto *m.* チェスト	basket バスケト
（鳥かご）	gabbia *f.* ガッビア	cage ケイヂ
囲い	recinto *m.* レチント	enclosure, fence インクロウジャ, フェンス
加工	lavorazione *f.* ラヴォラツィオーネ	processing プラセスィング
～する	lavorare, trattare ラヴォラーレ, トラッターレ	process プラセス
囲む	circondare チルコンダーレ	surround, enclose サラウンド, インクロウズ
傘	ombrello *m.* オンブレッロ	umbrella アンブレラ
～立て	portaombrelli *m.* ポルタオンブレッリ	umbrella stand アンブレラ スタンド
火災	incendio *m.* インチェンディオ	fire ファイア
～報知機	avvisatore d'incendio *m.* アッヴィザトーレ ディンチェンディオ	fire alarm ファイア アラーム
～保険	assicurazione contro l'incendio *f.* アッスィクラツィオーネ コントロ リンチェンディオ	fire insurance ファイア インシュアランス
風車	girandola *f.* ジランドラ	pinwheel ピン(ホ)ウィール
重なる	accumularsi, sovrapporsi アックムラルスィ, ソヴラッポルスィ	be piled up, overlap ビ パイルド アプ, オウヴァラプ
（度重なる）	ripetersi リペーテルスィ	be repeated ビ リピーテド
（祭日などが）	coincidere *con* コインチーデレ	fall on フォ～ル オン
重ねる	accumulare, sovrapporre アックムラーレ, ソヴラッポッレ	pile up パイル アプ
嵩張る	essere ingombrante エッセレ インゴンブランテ	be bulky ビ バルキ

日	伊	英
かさぶた	crosta *f.* クロスタ	scab スキャブ
飾り	ornamento *m.*, decorazione *f.* オルナメント, デコラツィオーネ	decoration, ornament デコレイション, オーナメント
飾る	decorare, ornare デコラーレ, オルナーレ	decorate, ornament デコレイト, オーナメント
火山	vulcano *m.* ヴルカーノ	volcano ヴァルケイノウ
貸し	prestito *m.* プレスティト	loan ロウン
歌詞	parole *f.pl.* パローレ	the words, the text ザ ワーズ, ザ テクスト
菓子	dolce *m.*, dolciumi *m.pl.* ドルチェ, ドルチューミ	confectionery, cake コンフェクショネリ, ケイク
家事	faccende domestiche *f.pl.* ファッチェンデ ドメスティケ	housework ハウスワーク
火事	incendio *m.* インチェンディオ	fire ファイア
貸し切り(の)	riservato リセルヴァート	reserved リザーヴド
(チャーター)	charter チャルテル	chartered チャータド
賢い	intelligente インテッリジェンテ	wise, clever ワイズ, クレヴァ
貸し出し	prestito *m.* プレスティト	lending レンディング
貸し出す	dare in prestito, prestare ダーレ イン プレスティト, プレスターレ	lend レンド
過失	errore *m.*, sbaglio *m.* エッローレ, ズバッリォ	fault, error フォールト, エラ
加湿器	umidificatore *m.* ウミディフィカトーレ	humidifier ヒューミディファイア
貸し付け	prestito *m.*, credito プレスティト, クレーディト	loan, credit ロウン, クレディト
カジノ	casinò *m.* カズィノ	casino カスィーノウ
カシミヤ	cashmere *m.*, cachemire *m.* カシュミル, カシュミル	cashmere キャジュミア

日	伊	英
貸家	casa in affitto *f.* カーザ インナッフィット	house for rent ハウス フォ レント
貨車	vagone merci *m.* ヴァゴーネ メルチ	freight car フレイト カー
歌手	cantante *m.f.* カンタンテ	singer スィンガ
カジュアルな	casual ケズアル	casual キャジュアル
果汁	succo di frutta *m.* スッコ ディ フルッタ	fruit juice フルート ヂュース
カシューナッツ	(noce di) acagiù *m.* (ノーチェ ディ)アカジュ	cashew (nut) キャシュー(ナト)
果樹園	frutteto *m.* フルッテート	orchard オーチャド
仮称	nome provvisorio *m.* ノーメ プロッヴィゾーリオ	tentative name テンタティヴ ネイム
過剰	eccesso *m.* エッチェッソ	excess, surplus イクセス, サープラス
〜な	eccessivo エッチェッスィーヴォ	excessive イクセスィヴ
〜防衛	eccesso di legittima difesa *m.* エッチェッソ ディ レジッティマ ディフェーザ	unjustifiable self-defense アンヂャスティファイアブル セルフディフェンス
過食症	bulimia *f.* ブリミーア	bulimia ビューリミア
頭文字	lettera iniziale *f.* レッテラ イニツィアーレ	initial イニシャル
(大文字)	maiuscolo *m.* マユスコロ	capital letter キャピトル レタ
齧る	rodere, rosicchiare ローデレ, ロスィッキアーレ	gnaw *at*, nibble *at* ノー, ニブル
貸す	prestare, dare in prestito プレスターレ, ダーレ イン プレスティト	lend, advance レンド, アドヴァンス
(賃貸)	affittare, dare in affitto アッフィッターレ, ダーレ インナッフィット	rent, lease レント, リース
課す	imporre インポッレ	impose インポウズ
滓	feccia *f.* フェッチャ	dregs ドレグズ

日	伊	英
かず 数	numero m. ヌーメロ	number ナンバ
ガス	gas m. ガス	gas ギャス
（濃霧）	nebbia fitta f., nebbione m. ネッビア フィッタ, ネッビオーネ	thick fog スィク フォーグ
かす 微かな	fievole, indistinto フィエーヴォレ, インディスティント	faint, dim フェイント, ディム
カスタネット	nacchere f.pl. ナッケレ	castanets キャスタネッツ
かすみ 霞	foschia f. フォスキーア	haze ヘイズ
かす ごえ 掠れ声	voce rauca f. ヴォーチェ ラウカ	husky [hoarse] voice ハスキ（ホース）ヴォイス
かす 掠れる	diventare rauco ディヴェンターレ ラウコ	get hoarse ゲト ホース
かぜ 風	vento m. ヴェント	wind ウィンド
かぜ 風邪	raffreddore m. ラッフレッドーレ	cold, flu コウルド, フルー
〜薬	medicina per il raffreddore f. メディチーナ ペル イル ラッフレッドーレ	medicine for cold メディスィン フォ コウルド
〜をひいている	avere un raffreddore アヴェーレ ウン ラッフレッドーレ	have a cold ハヴ ア コウルド
かせい 火星	Marte m. マルテ	Mars マーズ
かせい 課税	tassazione f. タッサツィオーネ	taxation タクセイション
かせいふ 家政婦	colf f. コルフ	housekeeper ハウスキーパ
かせき 化石	fossile m. フォッスィレ	fossil ファスィル
かせ 稼ぐ	guadagnare グアダニャーレ	earn, gain アーン, ゲイン
かせつ 仮説	ipotesi f. イポーテズィ	hypothesis ハイパセスィス
カセットテープ	cassetta f. カッセッタ	cassette tape カセト テイプ

日	伊	英
下線（かせん）	sottolineatura f. ソットリネアトゥーラ	underline アンダライン
～を引く	sottolineare ソットリネアーレ	underline アンダライン
仮装（かそう）	travestimento m. トラヴェスティメント	disguise ディスガイズ
～行列	sfilata in maschera f. スフィラータ イン マスケラ	costume parade カステューム パレイド
火葬（かそう）	cremazione f. クレマツィオーネ	cremation クリメイション
～場	crematorio m. クレマトーリオ	crematory クリーマトーリ
画像（がぞう）	immagine f. インマージネ	picture, image ピクチャ, イミヂ
数える（かぞえる）	contare, calcolare コンターレ, カルコラーレ	count, calculate カウント, キャルキュレイト
加速する（かそくする）	accelerare アッチェレラーレ	accelerate アクセレレイト
家族（かぞく）	famiglia f. ファミッリャ	family ファミリ
ガソリン	benzina f. ベンズィーナ	gasoline, gas ギャソリーン, ギャス
～スタンド	stazione di rifornimento f. スタツィオーネ ディ リフォルニメント	filling station フィリング ステイション
型（かた）	modello m., tipo m. モデッロ, ティーポ	model, type マドル, タイプ
（鋳型）	stampo m. スタンポ	mold モウルド
肩（かた）	spalla f. スパッラ	shoulder ショウルダ
固[堅・硬]い（かたい）	duro, rigido ドゥーロ, リージド	hard, solid ハード, サリド
課題（かだい）	soggetto m., tema m. ソッジェット, テーマ	subject, theme サブヂクト, スィーム
肩書き（かたがき）	titolo m. ティートロ	title タイトル
型紙（かたがみ）	cartamodello m. カルタモデッロ	paper pattern ペイパ パタン

日	伊	英
かたきう 敵討ち	vendetta *f.* ヴェンデッタ	revenge リヴェンヂ
かたち 形	forma *f.* フォルマ	shape, form シェイプ，フォーム
かたづ 片付ける	mettere in ordine メッテレ イン オルディネ	put in order プト イン オーダ
（仕事を）	finire フィニーレ	finish フィニシュ
かたつむり 蝸牛	chiocciola *f.*, lumaca *f.* キオッチョラ，ルマーカ	snail, escargot スネイル，エスカーゴウ
かたな 刀	spada *f.* スパーダ	sword ソード
かたはば 肩幅	larghezza delle spalle *f.* ラルゲッツァ デッレ スパッレ	shoulder length ショウルダ レングス
かたほう 片方	l'uno(-a) *m.(f.)* ルーノ(ナ)	one ワン
もう〜	l'altro(-a) *m.(f.)* ラルトロ(ラ)	the other ジ アザ
かたまり 塊	massa *f.* マッサ	mass マス
（石や木）	blocco *m.* ブロッコ	block ブラク
（肉やパン）	tocco *m.* トッコ	chunk チャンク
かた 固まる	indurirsi, diventare solido インドゥリルスィ，ディヴェンターレ ソーリド	harden ハードン
（凝固）	congelarsi, coagularsi コンジェラルスィ，コアグラルスィ	congeal, coagulate コンチール，コウアギュレイト
（一団）	raggrupparsi ラッグルッパルスィ	gather ギャザ
かたみ 形見	ricordo *m.* リコルド	keepsake キープセイク
かたみち(きっぷ) 片道（切符）	(biglietto di)solo andata *f.* (ビリェット ディ)ソーロ アンダータ	one-way ticket ワンウェイ ティケト
かたむ 傾く	inclinarsi, pendere インクリナルスィ，ペンデレ	lean, incline リーン，インクライン
かたむ 傾ける	inclinare, far pendere インクリナーレ，ファル ペンデレ	lean, incline リーン，インクライン

日	伊	英
(傾注)	dedicarsi, concentrare デディカルスィ, コンチェントラーレ	devote *oneself*, concentrate ディヴォウト, カンセントレイト
固める	indurire, rendere solido インドゥリーレ, レンデレ ソーリド	harden ハードン
(凝固)	congelare, coagulare コンジェラーレ, コアグラーレ	congeal コンチール
(強化)	consolidare, fortificare コンソリダーレ, フォルティフィカーレ	strengthen, fortify ストレングスン, フォーティファイ
偏った	parziale, pregiudicato パルツィアーレ, プレジュディカート	partial, prejudiced パーシャル, プレヂュディスト
語る	raccontare, narrare ラッコンターレ, ナッラーレ	talk, narrate トーク, ナレイト
カタログ	catalogo *m.* カターロゴ	catalog キャタローグ
花壇	aiuola *f.* アイウォーラ	flowerbed フラウアベド
価値	valore *m.* ヴァローレ	value, worth ヴァリュー, ワース
家畜	animali domestici *m.pl.* アニマーリ ドメスティチ	livestock ライヴスタク
課長	caposezione *m.f.* カポセツィオーネ	section manager セクション マニヂャ
鵞鳥	oca *f.* オーカ	goose グース
勝つ	vincere ヴィンチェレ	win ウィン
鰹	palamita sarda *f.* パラミータ サルダ	bonito ボニートウ
学科 (科目)	materia *f.* マテーリア	subject サブヂクト
(大学の)	dipartimento *m.* ディパルティメント	department ディパートメント
学会	associazione di studiosi *f.* アッソチャツィオーネ ディ ストゥディオーズィ	society, academy ソサイアティ, アキャデミ
学界	mondo accademico *m.* モンド アッカデーミコ	academic circles アカデミク サークルズ
がっかりする	scoraggiarsi スコラッジャルスィ	be disappointed ビ ディサポインテド

日	伊	英
活気(かっき)	animazione f., vivacità f. アニマツィオーネ, ヴィヴァチタ	animation, liveliness アニメイション, ライヴリネス
〜のある	animato, vivace アニマート, ヴィヴァーチェ	lively, vivacious ライヴリ, ヴィヴェイシャス
学期(がっき)	periodo scolastico m. ペリーオド スコラスティコ	school term スクール ターム
(2学期制)	semestre m. セメストレ	semester セメスタ
(3学期制)	trimestre m. トリメストレ	trimester トライメスタ
楽器(がっき)	strumento (musicale) m. ストルメント (ムズィカーレ)	musical instrument ミュージカル インストルメント
画期的(かっきてき)な	che fa epoca ケ ファ エーポカ	epochmaking エポクメイキング
学級(がっきゅう)	classe f. クラッセ	class クラス
担(かつ)ぐ	mettersi addosso メッテルスィ アッドッソ	shoulder ショウルダ
(だます)	prendere in giro, ingannare プレンデレ イン ジーロ, インガンナーレ	deceive ディスィーヴ
縁起を〜	essere superstizioso エッセレ スーペルスティツィオーゾ	be superstitious ビ スーパスティシャス
脚気(かっけ)	beriberi m. ベリベーリ	beriberi ベリベリ
括弧(かっこ)	parentesi f. パレンテズィ	bracket, parenthesis ブラケト, パレンセスィス
恰[格]好(かっこう)	figura f., forma f. フィグーラ, フォルマ	figure, shape フィギャ, シェイプ
〜な	adatto アダット	suitable スータブル
滑降(かっこう)	discesa f. ディシェーザ	downhill ダウンヒル
郭公(かっこう)	cuculo m. ククーロ	cuckoo クークー
学校(がっこう)	scuola f. スクォーラ	school スクール
喝采(かっさい)	applauso m. アップラウゾ	cheers, applause チアズ, アプローズ

日	伊	英
活字 (かつじ)	carattere *m.* カラッテレ	type タイプ
滑車 (かっしゃ)	puleggia *f.* プレッジャ	pulley プリ
合唱 (がっしょう)	coro *m.* コーロ	chorus コーラス
～する	cantare in coro カンターレ イン コーロ	sing in chorus スィング イン コーラス
褐色の (かっしょくの)	bruno *m.* ブルーノ	brown ブラウン
（日焼け）	abbronzato アッブロンザート	tanned タンド
がっしりした	robusto, solido ロブスト, ソーリド	robust, solid ロウバスト, サリド
合奏 (がっそう)	musica d'insieme *f.* ムーズィカ ディンスィエーメ	ensemble アーンサーンブル
～する	suonare insieme スオナーレ インスィエーメ	play in concert プレ イン カンサト
滑走する (かっそうする)	scivolare シヴォラーレ	glide, slide グライド, スライド
滑走路 (かっそうろ)	pista *f.* ピスタ	runway ランウェイ
かつて	una volta, prima ウナ ヴォルタ, プリーマ	once, before ワンス, ビフォー
カット	taglio *m.* タッリオ	cut カト
（挿絵）	illustrazione *f.*, vignetta *f.* イッルストラツィオーネ, ヴィニエッタ	cut, illustration カト, イラストレイション
（削減）	riduzione *f.* リドゥツィオーネ	cut カト
活動 (かつどう)	attività *f.* アッティヴィタ	activity アクティヴィティ
かっとなる	andare in collera, infuriarsi アンダーレ インコッレラ, インフリアルスィ	fly into a rage フライ イントゥ ア レイヂ
活発な (かっぱつな)	attivo, vivace アッティーヴォ, ヴィヴァーチェ	active, lively アクティヴ, ライヴリ
カップ	tazza *f.* タッツァ	cup カプ
（優勝杯）	coppa *f.* コッパ	trophy トロウフィ

日	伊	英
カップル	coppia f. コッピア	couple カプル
合併(がっぺい)	fusione f., incorporazione f. フズィオーネ, インコルポラツィオーネ	merger マーチャ
～する	fondere, incorporare フォンデレ, インコルポラーレ	merge マーヂ
活用(かつよう)	buon uso m. ブォンヌーゾ	good use グド ユース
（動詞の）	coniugazione f. コニュガツィオーネ	conjugation カンヂュゲイション
～する	fare buon uso di ファーレブォンヌーゾ	make good use of メイク グド ユース
鬘(かつら)	parrucca f. パッルッカ	wig ウィグ
仮定(かてい)	supposizione f. スッポズィツィオーネ	supposition サポジション
～する	supporre スッポッレ	suppose サポウズ
家庭(かてい)	famiglia f. ファミッリァ	home, family ホウム, ファミリ
カテーテル	catetere m. カテテーレ(カテーテレ)	catheter キャセタ
カテゴリー	categoria f. カテゴリーア	category キャテゴーリ
角(かど)	angolo m. アンゴロ	corner, turn コーナ, ターン
カドミウム	cadmio m. カードミオ	cadmium カドミアム
カトリック	cattolicesimo m. カットリチェーズィモ	Catholicism カサリスィズム
～教徒	cattolico(-a) m.(f.) カットーリコ(カ)	Catholic キャソリク
金網(かなあみ)	rete metallica f. レーテ メタッリカ	wire netting ワイア ネティング
叶(かな)える	esaudire エザウディーレ	grant, answer グラント, アンサ
金具(かなぐ)	guarnizione metallica f. グァルニツィオーネ メタッリカ	metal fittings メトル フィティングズ
悲[哀](かな)しい	triste トリステ	sad, sorrowful サド, サロウフル

日	伊	英
悲(かな)しみ	tristezza *f.* トリステッツァ	sorrow, sadness サロウ, サドネス
悲[哀](かな)しむ	rattristarsi ラットリスタルスィ	feel sad, grieve フィールサド, グリーヴ
カナダ	Canada *m.* カーナダ(カナダ)	Canada キャナダ
〜の	canadese カナデーゼ	Canadian カネイディアン
金槌(かなづち)	martello *m.* マルテッロ	hammer ハマ
カナッペ	canapè *m.* カナペ	canapé キャナペイ
金物(かなもの)	ferramenta *f.pl.* フェッラメンタ	hardware ハードウェア
必(かなら)ず	certamente, senz'altro チェルタメンテ, センツァルトロ	certainly, without fail サートンリ, ウィザウト フェイル
かなり	abbastanza アッバスタンツァ	fairly, pretty フェアリ, プリティ
カナリア	canarino *m.* カナリーノ	canary カネアリ
蟹(かに)	granchio *m.* グランキオ	crab クラブ
蟹座(かにざ)	Cancro *m.* カンクロ	the Crab, Cancer ザ クラブ, キャンサ
加入者(かにゅうしゃ)	socio *m.* ソーチョ	member メンバ
(電話の)	abbonato(-a) アッボナート(タ)	subscriber サブスクライバ
(保険の)	assicurato(-a) アッスィクラート(タ)	policyholder パリスィホウルダ
加入(かにゅう)する	iscriversi, entrare イスクリーヴェルスィ, エントラーレ	join, enter ヂョイン, エンタ
カヌー	canoa *f.* カノーア	canoe カヌー
金(かね)	denaro *m.*, soldi *m.pl.* デナーロ, ソルディ	money マニ
〜をかせぐ	fare soldi [quattrini] ファーレ ソルディ(クァットリーニ)	make money メイク マニ

日	伊	英
<ruby>鐘<rt>かね</rt></ruby>	campana *f.* カンパーナ	bell ベル
<ruby>加熱<rt>かねつ</rt></ruby>	riscaldamento *m.* リスカルダメント	heating ヒーティング
～する	scaldare, riscaldare スカルダーレ, リスカルダーレ	heat ヒート
<ruby>過熱<rt>かねつ</rt></ruby>	surriscaldamento *m.* スッリスカルダメント	overheating オウヴァヒーティング
～した	surriscaldato スッリスカルダート	overheated オウヴァヒーテド
～する	surriscaldarsi スッリスカルダルスィ	overheat オウヴァヒート
<ruby>金儲け<rt>かねもう</rt></ruby>	speculazione *f.* スペクラツィオーネ	moneymaking マニメイキング
<ruby>金持ちの<rt>かねも</rt></ruby>	ricco リッコ	rich リチ
<ruby>化膿<rt>かのう</rt></ruby>	suppurazione *f.* スップラツィオーネ	suppuration サピュレイション
～する	suppurarsi スップラルスィ	fester, suppurate フェスタ, サピュレイト
<ruby>可能性<rt>かのうせい</rt></ruby>	possibilità *f.* ポッスィビリタ	possibility パスィビリティ
<ruby>可能な<rt>かのう</rt></ruby>	possibile ポッスィービレ	possible パスィブル
<ruby>彼女<rt>かのじょ</rt></ruby>	lei, ella レーイ, エッラ	she シー
(恋人)	la *propria* ragazza *f.* ラ ラガッツァ	*one's* girl(friend) ガール（フレンド）
<ruby>河馬<rt>かば</rt></ruby>	ippopotamo *m.* イッポポータモ	hippopotamus ヒポパタマス
カバー	coperta *f.* コペルタ	cover カヴァ
(本の)	copertina *f.* コペルティーナ	(book)jacket （ブック）チャケト
～する	coprire コプリーレ	cover カヴァ
<ruby>庇う<rt>かば</rt></ruby>	proteggere プロテッジェレ	protect プロテクト
<ruby>鞄<rt>かばん</rt></ruby>	borsa *f.* ボルサ	bag バグ

日	伊	英
か はんすう 過半数	maggioranza *f.* マッジョランツァ	majority マヂョーリティ
か び 黴	muffa *f.* ムッファ	mold, mildew モウルド, ミルデュー
が びょう 画鋲	puntina(da disegno)*f.* プンティーナ(ダ ディゼーニョ)	thumbtack サムタク
か びん 花瓶	vaso da fiori *m.* ヴァーゾ ダ フィオーリ	vase ヴェイス
か ぶ 株 （植物の）	ceppo *m.* チェッポ	stump スタンプ
（株式）	azioni *f.pl.* アツィオーニ	stocks スタクス
かぶ(ら) 蕪	rapa *f.* ラーパ	turnip ターニプ
カフェイン	caffeina *f.* カッフェイーナ	caffeine キャフィーン
カフェテリア	caffetteria *f.* カッフェッテリーア	cafeteria キャフェティアリア
かぶけん 株券	azione *f.* アツィオーネ	stock certificate スタク サティフィケト
かぶしき 株式	azioni *f.pl.* アツィオーニ	stocks スタクス
～会社	società per azioni *f.* ソチエタ ペル アツィオーニ	joint-stock corporation ヂョイントスタク コーポレイション
～市場	mercato azionario *m.* メルカート アツィオナーリオ	stock market スタク マーケト
カフスボタン	gemelli *m.pl.* ジェメッリ	cuff links カフ リンクス
かぶ 被せる	coprire *con* コプリーレ	cover *with* カヴァ
カプセル	capsula *f.* カプスラ	capsule キャプスル
カプチーノ	cappuccino *m.* カップッチーノ	white coffee (ホ)ワイト コーフィ
かぶとむし 甲虫	scarabeo rinoceronte *m.* スカラベーオ リノチェロンテ	beetle ビートル
かぶぬし 株主	azionista *m.f.* アツィオニスタ	stockholder スタクホウルダ

日	伊	英
～総会	assemblea generale degli azionisti *f.* アッセンブレーア ジェネラーレ デッリ アツィオニスティ	general meeting of stockholders チェネラル ミーティング オブ スタクホルダーズ
かぶ 被る	mettersi, coprirsi メッテルスィ, コプリルスィ	put on, wear プト アン, ウェア
(ほこりなどを)	essere coperto *di* エッセレ コペルト	be covered *with* ビ カヴァド
かぶれ	eruzione *f.*, esantema *m.* エルツィオーネ, エザンテーマ	rash ラシュ
かふん 花粉	polline *m.* ポッリネ	pollen パレン
～症	pollinosi *f.* ポッリノースィ	hay fever ヘイ フィーヴァ
かべ 壁	muro *m.* ムーロ	wall ウォール
(部屋の)	parete *f.* パレーテ	wall ウォール
～紙	carta da parati *f.* カルタ ダ パラーティ	wallpaper ウォールペイパ
かへい 貨幣	moneta *f.* モネータ	money, coin マニ, コイン
かべん 花弁	petalo *m.* ペータロ	petal ペタル
かぼちゃ 南瓜	zucca *f.* ズッカ	pumpkin パンプキン
かま 釜	marmitta *f.*, pentola *f.* マルミッタ, ペントラ	iron pot アイアン パト
かま 窯	forno *m.* フォルノ	kiln キルン
かま 鎌	falce *f.* ファルチェ	sickle スィクル
かまきり 蟷螂	mantide *f.* マンティデ	mantis マンティス
がまん 我慢	pazienza *f.* パツィエンツァ	patience ペイシェンス
～する	avere pazienza アヴェーレ パツィエンツァ	have patience ハヴ ペイシェンス

日	伊	英
(大目に見る)	tollerare トッレラーレ	tolerate タラレイト
～強い	paziente パツィエンテ	patient ペイシェント
神 (かみ)	dio *m.* ディーオ	god ガド
紙 (かみ)	carta *f.* カルタ	paper ペイパ
～テープ	stella filante *f.* ステッラ フィランテ	paper streamer ペイパ ストリーマ
～吹雪	coriandoli *m.pl.* コリアンドリ	confetti コンフェティ
髪 (かみ)	capello *m.* カペッロ	hair ヘア
～型(女性の)	acconciatura *f.* アッコンチャトゥーラ	hairdo ヘアドゥー
紙屑 (かみくず)	cartaccia *f.* カルタッチャ	wastepaper ウェイストペイパ
上座 (かみざ)	capotavola *m.* カポターヴォラ	seat of honor スィート オブ アナ
剃刀 (かみそり)	rasoio *m.* ラゾイオ	razor レイザ
電気～	rasoio elettrico *m.* ラゾイオ エレットリコ	electric shaver イレクトリク シェイヴァ
雷 (かみなり)	tuono *m.*, fulmine *m.* トゥオノ, フルミネ	thunder サンダ
～が鳴る	tuonare トゥオナーレ	thunder サンダ
仮眠 (かみん)	dormitina *f.* ドルミティーナ	nap ナプ
噛む (犬が)	mordere モルデレ	bite バイト
(食べ物を)	masticare マスティカーレ	chew チュー
かむ (鼻を)	soffiarsi il naso ソッフィアルスィ イル ナーゾ	blow *one's* nose ブロウ ノウズ
ガム	cicca *f.*, gomma da masticare *f.* チッカ, ゴンマ ダ マスティカーレ	(chewing)gum (チューイング)ガム
ガムテープ	nastro adesivo *m.* ナストロ アデズィーヴォ	gummed tape ガムド テイプ

日	伊	英
カムバック	rentrée *f.* ラントレ	comeback カムバク
かめ 亀	tartaruga *f.* タルタルーガ	turtle, tortoise タートル, トータス
カメオ	cammeo *m.* カンメーオ	cameo キャミオウ
カメラ	macchina fotografica *f.* マッキナ フォトグラーフィカ	camera キャメラ
〜マン	cineoper*atore*(*-trice*) *m.*(*f.*) チネオペラトーレ(トリーチェ)	cameraman キャメラマン
（写真家）	fotograf*o*(*-a*) *m.*(*f.*) フォトーグラフォ(ファ)	photographer フォタグラファ
カメレオン	camaleonte *m.* カマレオンテ	chameleon カミーリオン
かめん 仮面	maschera *f.* マスケラ	mask マスク
がめん 画面	schermo *m.* スケルモ	screen スクリーン
かも 鴨	anatra selvatica *f.* アーナトラ セルヴァーティカ	(wild)duck (ワイルド) ダク
(騙されやすい人)	gonzo *m.* ゴンゾ	sucker サカ
かもく 科[課]目	materia *f.* マテーリア	subject サブヂクト
かもしか 羚羊	camoscio *m.* カモッショ	antelope アンテロウプ
かもつ 貨物	merci *f.pl.* メルチ	freight, cargo フレイト, カーゴウ
〜船	nave da carico *f.* ナーヴェ ダ カーリコ	freighter フレイタ
〜列車	treno merci *m.* トレーノ メルチ	freight train フレイト トレイン
カモミール	camomilla *f.* カモミッラ	camomile カママイル
かもめ 鴎	gabbiano *m.* ガッビアーノ	sea gull スィー ガル
かや 蚊帳	zanzariera *f.* ザンザリエーラ	mosquito-net モスキートネト

日	伊	英
かやく 火薬	polvere(da sparo) *f.* ポルヴェレ(ダ スパーロ)	gunpowder ガンパウダ
かゆ 粥	pappa *f.* パッパ	rice gruel ライス グルーエル
かゆい 痒い	prudere, avere un prurito プルーデレ, アヴェーレ ウン プルリート	itch イチ
かよう 通う	frequentare フレクェンターレ	commmute *to*, attend カミュート, アテンド
かようきょく 歌謡曲	canzone popolare *f.* カンツォーネ ポポラーレ	popular song パピュラ ソーング
かようび 火曜日	martedì *m.* マルテディ	Tuesday テューズディ
から 殻 (穀物の)	pula *f.* プーラ	husks ハスクス
(貝の)	conchiglia *f.* コンキッリァ	shell シェル
(卵の)	guscio *m.* グッショ	eggshell エグシェル
カラー	colore *m.* コローレ	color カラ
(襟)	colletto *m.* コッレット	collar カラ
から 辛い	piccante ピッカンテ	hot, pungent ハト, パンチャント
(塩辛い)	salato サラート	salty ソールティ
カラオケ	karaoke *m.* カラオーケ	*karaoke* カーラオウキ
からかう	prendere in giro プレンデレ イン ジーロ	make fun of メイク ファン オヴ
がらくた	ciarpame *m.*, cianfrusaglie *f.pl.* チャルパーメ, チャンフルサッリェ	rubbish, trash ラビシュ, トラシュ
からくちの 辛口の	secco セッコ	dry ドライ
からし 芥子	senape *f.*, mostarda *f.* セーナペ, モスタルダ	mustard マスタド
からす 烏	corvo *m.* コルヴォ	crow クロウ

132

日	伊	英
ガラス	vetro *m.* ヴェートロ	glass グラス
体 (からだ)	corpo *m.* コルポ	body バディ
（健康）	salute *f.* サルーテ	health ヘルス
カラット	carato *m.* カラート	carat キャラット
空手 (からて)	karate *m.*, karatè *m.* カラーテ, カラテ	karate カラーティ
空にする (から)	svuotare ズヴォターレ	empty エンプティ
空の (から)	vuoto ヴオート	empty エンプティ
カラフルな	variopinto, multicolore ヴァリオピント, ムルティコローレ	colorful カラフル
借り (か)	debito *m*, prestito *m.* デービト, プレスティト	debt, loan デト, ロウン
～入れる	prendere in prestito プレンデレ イン プレスティト	borrow バロウ
狩り (か)	caccia *f.* カッチャ	hunting ハンティング
刈り入れ (か)(い)	raccolta *f.* ラッコルタ	harvest ハーヴェスト
カリウム	potassio *m.* ポタッスィオ	potassium ポタスィアム
カリキュラム	programma di studi *m.* プログランマ ディ ストゥーディ	curriculum カリキュラム
カリスマ	carisma *m.* カリズマ	charisma カリズマ
～の	carismatico カリズマーティコ	charismatic キャリズマティク
仮の (かり)	provvisorio, temporaneo プロッヴィゾーリオ, テンポラーネオ	temporary テンポレリ
カリフラワー	cavolfiore *m.* カヴォルフィオーレ	cauliflower コーリフラウア
下流 (かりゅう)	tratto a valle *m.* トラット アヴァッレ	the lower reaches ザ ロウア リーチズ

日	伊	英
借りる	prendere in prestito プレンデレ イン プレスティト	borrow バロウ
（賃貸で）	prendere in affitto プレンデレ インナッフィット	rent レント
（レンタルで）	noleggiare ノレッジャーレ	rent レント
刈る（鎌で）	falciare ファルチャーレ	mow モウ
（穀物を）	mietere ミエーテレ	reap リープ
（剪定）	potare ポターレ	prune, trim プルーン, トリム
軽い	leggero レッジェーロ	light, slight ライト, スライト
カルキ	cloruro di calce m. クロルーロ ディ カルチェ	chloride of lime クロライド オヴ ライム
カルシウム	calcio m. カルチョ	calcium キャルスィアム
カルテ	cartella clinica f. カルテッラ クリーニカ	(medical)chart (メディカル)チャート
カルテット	quartetto m. クァルテット	quartet クウォーテト
彼	lui, egli ルーイ, エッリ	he ヒー
鰈	platessa f., passera f. プラテッサ, パッセラ	flounder フラウンダ
カレー	curry m. カッリ	curry カーリ
ガレージ	garage m., autorimessa f. ガラージュ, アウトリメッサ	garage ガラージ
彼等	loro ローロ	they ゼイ
枯れる	seccarsi, morire セッカルスィ, モリーレ	wither, die ウィザ, ダイ
カレンダー	calendario m. カレンダーリオ	calendar キャレンダ
過労	strapazzo m. ストラパッツォ	overwork オウヴァワーク
画廊	galleria d'arte f. ガッレリーア ダルテ	art gallery アート ギャラリ

日	伊	英
カロリー	caloria f. カロリーア	calorie キャロリ
かわ 川	fiume m. フィウーメ	river リヴァ
かわ 皮 (皮膚)	pelle f. ペッレ	skin スキン
(獣皮)	pelle f. ペッレ	hide ハイド
(樹皮)	scorza f. スコルツァ	bark バーク
(果皮)	buccia f. ブッチャ	peel ピール
〜をむく	pelare, sbucciare ペラーレ, ズブッチャーレ	peel ピール
かわ 革	pelle f., cuoio m. ペッレ, クオイオ	leather レザ
かわい 可愛い	carino, grazioso カリーノ, グラツィオーゾ	pretty, lovely プリティ, ラヴリ
かわい 可愛がる	coccolare, vezzeggiare コッコラーレ, ヴェッゼッジャーレ	love, pet ラヴ, ペト
かわいそう 可哀想な	povero, misero ポーヴェロ, ミーゼロ	poor, pitiable プア, ピティアブル
かわ 乾かす	asciugare アッシュガーレ	dry ドライ
かわ 乾く	asciugarsi アッシュガルスィ	dry (up) ドライ (アプ)
かわせ 為替	vaglia m. ヴァッリア	money order マニ オーダ
(国際間の)	cambio m. カンビオ	exchange イクスチェインヂ
〜レート	(tasso di)cambio m. (タッソ ディ)カンビオ	exchange rate イクスチェインヂ レイト
かわら 瓦	tegola f. テーゴラ	tile タイル
かわら 河原	greto m. グレート	dry riverbed ドライ リヴァベド
か 代わりに	invece di, al posto di インヴェーチェ ディ, アル ポスト ディ	instead of インステド オヴ
(交換)	in cambio di イン カンビオ ディ	in exchange for イン イクスチェインヂ フォー

日	伊	英
代わる	sostituire ソスティトゥイーレ	replace リプレイス
変わる	cambiare, mutare カンビアーレ, ムターレ	change, turn *into* チェインヂ, ターン
勘	intuizione f. イントゥイツィオーネ	intuition インテューイション
缶	scatola f., lattina f. スカートラ, ラッティーナ	can, tin キャン, ティン
～切り	apriscatole m. アプリスカートレ	can opener キャン オウプナ
巻	volume m. ヴォルーメ	volume ヴァリュム
癌	cancro m. カンクロ	cancer キャンサ
肝炎	epatite f. エパティーテ	hepatitis ヘパタイティス
棺桶	bara f. バーラ	coffin コーフィン
眼科(学)	oculistica f. オクリスティカ	ophthalmology アフサルマロヂ
～医	oculista m.f. オクリスタ	eye doctor アイ ダクタ
灌漑	irrigazione f. イッリガツィオーネ	irrigation イリゲイション
考え	pensiero m. ペンスィエーロ	thought, thinking ソート, スィンキング
(アイデア)	idea f. イデーア	idea アイディーア
(意見)	opinione f. オピニオーネ	opinion オピニョン
考える	pensare ペンサーレ	think スィンク
感覚	senso m., sensibilità f. センソ, センスィビリタ	sense, feeling センス, フィーリング
間隔	intervallo m., spazio m. インテルヴァッロ, スパーツィオ	interval, space インタヴァル, スペイス
管楽器	strumento a fiato m. ストルメント アッフィアート	wind instrument ウィンド インストルメント

日	伊	英
カンガルー	canguro *m.* カングーロ	kangaroo キャンガルー
かんき 換気	ventilazione *f.* ヴェンティラツィオーネ	ventilation ヴェンティレイション
〜する	ventilare ヴェンティラーレ	ventilate ヴェンティレイト
〜扇	ventilatore *m.* ヴェンティラトーレ	ventilation fan ヴェンティレイション ファン
かんきゃく 観客	spetta*tore*(*trice*) *m.*(*f.*) スペッタトーレ(トリーチェ)	spectator スペクテイタ
〜席	posto *m.*, tribuna *f.* ポスト, トリブーナ	seat, stand スィート, スタンド
かんきょう 環境	ambiente *m.* アンビエンテ	environment インヴァイアロンメント
〜の	ambientale アンビエンターレ	environmental インヴァイアロンメンタル
かんきんする 監禁する	sequestrare セクエストラーレ	confine コンファイン
がんきん 元金	capitale *m.* カピターレ	the principal ザ プリンスィパル
かんけい 関係	relazione *f.*, rapporto *m.* レラツィオーネ, ラッポルト	relation(ship) リレイション(シプ)
〜がある	entrarci, riguardare エントラルチ, リグアルダーレ	be related *to* ビ リレイテド
かんげい 歓迎	benvenuto *m.*, ricevimento *m.* ベンヴェヌート, リチェヴィメント	welcome ウェルカム
〜会	ricevimento *m.* リチェビメント	reception リセプション
〜する	accogliere a braccia aperte アッコッリエレ ア ブラッチャ アペルテ	welcome ウェルカム
かんげき 感激	commozione *f.* コンモツィオーネ	deep emotion ディープ イモウション
〜する	commuoversi コンムオーヴェルスィ	be deeply moved *by* ビ ディープリ ムーヴド
かんけつな 簡潔な	conciso コンチーゾ	brief, concise ブリーフ, コンサイス
かんげんがく 管弦楽	musica orchestrale *f.* ムーズィカ オルケストラーレ	orchestral music オーケストラル ミューズィク
〜団	orchestra *f.* オルケストラ	orchestra オーケストラ

日	伊	英
かんご 看護	cura f., assistenza f. クーラ, アッスィステンツァ	nursing ナースィング
～師	infermiere(-a) m.(f.) インフェルミエーレ(ラ)	nurse ナース
かんこう 観光	turismo m. トゥリズモ	sightseeing サイトスィーイング
～客	turista m.f. トゥリスタ	tourist トゥアリスト
～バス	pullman(turismo) m. プルマン(トゥリズモ)	sightseeing bus サイトスィーイング バス
かんこうちょう 官公庁	pubblici uffici m.pl. プッブリチ ウッフィーチ	government offices ガヴァンメント オーフィスィーズ
かんこうへん 肝硬変	cirrosi epatica f. チッローズィ エパーティカ	cirrhosis スィロウスィス
かんこく 韓国	Corea del Sud f. コレーア デル スド	Korea コリーア
～の	coreano コレアーノ	Korean コリーアン
かんこく 勧告	raccomandazione f. ラッコマンダツィオーネ	recommendation レコメンデイション
がんこ 頑固な	ostinato, testardo オスティナート, テスタルド	stubborn, obstinate スタボン, アブスティネト
がんさく 贋作	contraffazione f. コントラッファツィオーネ	fake, couterfeit フェイク, カウンタアフィット
かんざし 簪	spillone da capelli m. スピッローネ ダ カペッリ	ornamental hairpin オーナメンタル ヘアピン
かんさつ 観察	osservazione f. オッセルヴァツィオーネ	observation アブザヴェイション
～する	osservare オッセルヴァーレ	observe オブザーヴ
かんさん 換算	conversione f. コンヴェルスィオーネ	conversion コンヴァージョン
～する	convertire コンヴェルティーレ	convert コンヴァート
かんし 冠詞	articolo m. アルティーコロ	article アーティクル
かんし 監視	sorveglianza f., vigilanza f. ソルヴェッリアンツァ, ヴィジランツァ	surveillance サヴェイランス

日	伊	英
<ruby>幹<rt>かん</rt></ruby><ruby>事<rt>じ</rt></ruby>	segretario *m.* セグレターリオ	secretary セクレテリ
(世話係)	organizz*atore*(*-trice*) *m.*(*f.*) オルガニザトーレ(トリーチェ)	organizer オーガナイザ
<ruby>感<rt>かん</rt></ruby>じ (感覚)	sensazione *f.* センサツィオーネ	feeling フィーリング
(印象)	impressione *f.* インプレッスィオーネ	impression インプレション
(雰囲気)	atmosfera *f.* アトモスフェーラ	atmosphere アトモスフィア
～の良い	simpatico スィンパーティコ	pleasant プレザント
～の悪い	antipatico アンティパーティコ	unpleasant アンプレザント
<ruby>漢<rt>かん</rt></ruby><ruby>字<rt>じ</rt></ruby>	carattere cinese *m.* カラッテレ チネーゼ	Chinese character チャイニーズ キャラクタ
<ruby>元<rt>がん</rt></ruby><ruby>日<rt>じつ</rt></ruby>	capodanno *m.* カポダンノ	New Year's Day ニュー イアズ デイ
<ruby>感<rt>かん</rt></ruby><ruby>謝<rt>しゃ</rt></ruby>	ringraziamento *m.*, gratitudine *f.* リングラツィアメント, グラティトゥーディネ	thanks, gratitude サンクス, グラティテュード
～する	ringraziare リングラツィアーレ	thank サンク
<ruby>患<rt>かん</rt></ruby><ruby>者<rt>じゃ</rt></ruby>	paziente *m.f.* パツィエンテ	patient, case ペイシェント, ケイス
<ruby>慣<rt>かん</rt></ruby><ruby>習<rt>しゅう</rt></ruby>	uso *m.*, usanza *f.* ウーゾ, ウザンツァ	custom カスタム
<ruby>観<rt>かん</rt></ruby><ruby>衆<rt>しゅう</rt></ruby>	spettatori *m.pl.*, pubblico *m.* スペッタトーリ, プッブリコ	spectators, audience スペクテイタズ, オーデイエンス
<ruby>監<rt>かん</rt></ruby><ruby>修<rt>しゅう</rt></ruby><ruby>者<rt>しゃ</rt></ruby>	supervis*ore*(*-a*) *m.*(*f.*) スーペルヴィゾーレ(ラ)	supervisor スーパヴァイザ
<ruby>願<rt>がん</rt></ruby><ruby>書<rt>しょ</rt></ruby>	domanda *f.* ドマンダ	application *for* アプリケイション
<ruby>干<rt>かん</rt></ruby><ruby>渉<rt>しょう</rt></ruby>	interferenza *f.* インテルフェレンツァ	interference インタフィアレンス
(他国への)	intervento *m.* インテルヴェント	intervention インタヴェンション
～する	interferire, intervenire インテルフェリーレ, インテルヴェニーレ	interfere, intervene インタフィア, インタヴィーン
<ruby>鑑<rt>かん</rt></ruby><ruby>賞<rt>しょう</rt></ruby>	ammirazione *f.* アンミラツィオーネ	appreciation アプリーシエイション

日	伊	英
〜する	ammirare アンミラーレ	appreciate アプリーシエイト
勘定(書)	conto *m.* コント	bill ビル
感情	sentimento *m.*, emozione *f.* センティメント, エモツィオーネ	feeling, emotion フィーリング, イモウション
〜的な	emotivo エモティーヴォ	emotional イモウショナル
感傷的な	sentimentale センティメンターレ	sentimental センティメンタル
頑丈な	solido, robusto ソーリド, ロブスト	solid, stout サリド, スタウト
間食	spuntino *m.* merenda *f.* スプンティーノ, メレンダ	snack, nosh スナク, ナシュ
感じる	sentire, provare センティーレ, プロヴァーレ	feel フィール
関心	interesse *m.* インテレッセ	concern, interest コンサーン, インタレスト
〜を持つ	interessarsi インテレッサルスィ	be interested in ビ インタレステド イン
感心する	ammirare アンミラーレ	admire アドマイア
肝心な	importante, essenziale インポルタンテ, エッセンツィアーレ	important, essential インポータント, イセンシャル
関数	funzione *f.* フンツィオーネ	function ファンクション
完成	completamento *m.* コンプレタメント	completion コンプリーション
〜する	completare, perfezionare コンプレターレ, ペルフェツィオナーレ	complete コンプリート
歓声	grida di gioia *f.pl.* グリーダ ディ ジョイア	shout of joy シャウト オヴ チョイ
管制	controllo *m.* コントロッロ	control コントロウル
〜官	controllore(-*a*) di volo *m.(f.)* コントロッローレ(ラ)ディ ヴォーロ	controller コントロウラ
〜塔	torre di controllo *f.* トッレ ディ コントロッロ	control tower コントロウル タウア

日	伊	英
<ruby>関税<rt>かんぜい</rt></ruby>	dazio dogana *m.* ダーツィオ, ドガーナ	customs, duty カスタムズ, デューティ
<ruby>岩石<rt>がんせき</rt></ruby>	roccia *f.* ロッチャ	rock ラク
<ruby>関節<rt>かんせつ</rt></ruby>	articolazione *f.* アルティコラツィオーネ	joint チョイント
～炎	artrite *f.* アルトリーテ	arthritis アースライティス
<ruby>間接税<rt>かんせつぜい</rt></ruby>	imposta indiretta *f.* インポスタ インディレッタ	indirect tax インディレクト タクス
<ruby>間接的[の]<rt>かんせつてき</rt></ruby>	indiretto インディレット	indirect インディレクト
～に	indirettamente インディレッタメンテ	indirectly インディレクトリ
<ruby>感染<rt>かんせん</rt></ruby>	infezione *f.*, contagio *m.* インフェツィオーネ, コンタージョ	infection, contagion インフェクション, コンテイヂョン
<ruby>完全<rt>かんぜん</rt></ruby>	perfezione *f.* ペルフェツィオーネ	perfection パーフェクション
～な	perfetto ペルフェット	perfect パーフィクト
<ruby>観戦する<rt>かんせん</rt></ruby>	seguire una partita セグイーレ ウナ パルティータ	watch a game ワチ ア ゲイム
<ruby>幹線道路<rt>かんせんどうろ</rt></ruby>	strada maestra *f.* ストラーダ マエストラ	highway ハイウェイ
<ruby>簡素な<rt>かんそ</rt></ruby>	semplice, modesto センプリチェ, モデスト	simple, plain スィンプル, プレイン
<ruby>感想<rt>かんそう</rt></ruby>	impressione *f.*, opinione *f.* インプレッスィオーネ, オピニオーネ	thoughts, impressions ソーツ, インプレションズ
<ruby>肝臓<rt>かんぞう</rt></ruby>	fegato *m.* フェーガト	liver リヴァ
<ruby>間奏曲<rt>かんそうきょく</rt></ruby>	intermezzo *m.*, interludio *m.* インテルメッツォ, インテルルーディオ	intermezzo インタメッツオウ
<ruby>乾燥した<rt>かんそう</rt></ruby>	secco セッコ	dry ドライ
<ruby>観測<rt>かんそく</rt></ruby>	osservazione *f.* オッセルヴァツィオーネ	observation アブザヴェイション
～する	osservare オッセルヴァーレ	observe オブザーヴ

日	伊	英
寛大な	generoso, indulgente ジェネローゾ, インドゥルジェンテ	generous ヂェネラス
干拓	bonifica *f.* ボニーフィカ	reclamation レクラメイション
元旦	capodanno *m.* カポダンノ	New Year's Day ニュー イアズ デイ
感嘆する	ammirare アンミラーレ	admire アドマイア
簡単な	facile, semplice ファーチレ, センプリチェ	simple, easy スィンプル, イーズィ
勘違い	equivoco *m.*, scambio *m.* エクイーヴォコ, スカンビオ	misunderstanding ミサンダスタンディング
～する	equivocare, scambiare エクィヴォカーレ, スカンビアーレ	mistake ミステイク
館長	diret*tore*(*-trice*) *m.*(*f.*) ディレットーレ(トリーチェ)	director ディレクタ
艦長	comandante *m.* コマンダンテ	captain キャプテン
官庁	ufficio dello stato *m.* ウッフィーチョ デッロ スタート	government office ガヴァンメント オーフィス
干潮	bassa marea *f.* バッサ マレーア	low water ロウ ウォータ
灌[浣]腸	clistere *m.* クリステーレ	enema エネマ
缶詰め	scatola *f.*, scatoletta *f.* スカートラ, スカトレッタ	canned food キャンド フード
鑑定	perizia *f.* ペリーツィア	appraisal アプレイザル
～人[家]	peri*to*(*-a*) *m.*(*f.*) ペリート(タ)	appraiser アプレイザ
～する	periziare ペリツィアーレ	appraise アプレイズ
官邸	residenza ufficiale *f.* レズィデンツァ ウッフィチャーレ	official residence オフィシャル レズィデンス
乾電池	pila(a secco)*f.* ピーラ(アッセッコ)	dry cell ドライ セル
感動	commozione *f.*, emozione *f.* コンモツィオーネ, エモツィオーネ	impression, emotion インプレション, イモウション

日	伊	英
～する	commuoversi, emozionarsi コンムオーヴェルスィ, エモツィオナルスィ	be moved [touched] ビ ムーヴド (タチト)
～的な	commovente, emozionante コンモヴェンテ, エモツィオナンテ	impressive インプレスィヴ
間投詞	interiezione f., esclamazione f. インテリエツィオーネ, エスクラマツィオーネ	interjection インタヂェクション
監督	sorveglianza f. ソルヴェッリアンツァ	supervision スーパヴィジャン
（人）	sorvegliante m. f. ソルヴェッリアンテ	superintendent スューパインテンデント
（映画の）	regista m. f. レジスタ	director ディレクタ
（スポーツの）	direttore(-trice) tecnico(-a) m.(f.) ディレットーレ(トリーチェ)テクニコ(カ)	manager マニヂャ
～する	sorvegliare, dirigere ソルヴェッリアーレ, ディリージェレ	supervise スーパヴァイズ
鉋	pialla f. ピアッラ	plane プレイン
カンニングする	copiare all'esame コピアーレ アッレザーメ	cheat on the examination チート オン ジ イグザミネイション
観念	idea f., concetto m., nozione f. イデーア, コンチェット, ノツィオーネ	idea, conception アイディーア, コンセプション
（あきらめ）	rassegnazione f. ラッセニャツィオーネ	resignation レズィグネイション
～する	rassegnarsi ラッセニャルスィ	resign *oneself* リザイン
官能的な	sensuale, sexy センスアーレ, セクスィ	sensual, sexy センシュアル, セクスィ
カンパ	colletta f. コッレッタ	contribution カントリビューション
～する	fare una colletta ファーレ ウナ コッレッタ	make a contribution メイク ア カントリビューション
寒波	ondata di freddo f. オンダータ ディ フレッド	cold wave コウルド ウェイヴ
乾杯	brindisi m., cincin m. ブリンディズィ, チンチン	toast トウスト
～する	fare un brindisi ファーレ ウン ブリンディズィ	drink a toast *to* ドリンク ア トウスト
カンバス	tela f. テーラ	canvas キャンヴァス

日	伊	英
旱魃(かんばつ)	siccità *f.* スィッチタ	drought ドラウト
頑張る(がんばる)	sforzarsi スフォルツァルスィ	work hard ワーク ハード
(踏ん張る)	tenere duro テネーレ ドゥーロ	hold out ホウルド アウト
(言い張る)	insistere インスィステレ	insist インスィスト
看板(かんばん)	insegna *f.*, cartello *m.* インセーニャ, カルテッロ	billboard, signboard ビルボード, サインボード
甲板(かんぱん)	ponte *m.*, coperta *f.* ポンテ, コペルタ	deck デク
甘美な(かんびな)	dolce, soave ドルチェ, ソアーヴェ	sweet スウィート
看病する(かんびょうする)	assistere アッスィステレ	nurse, look after ナース, ルク アフタ
幹部(かんぶ)	dirigente *m.f.* ディリジェンテ	the management ザ マニヂメント
還付金(かんぷきん)	rimborso *m.* リンボルソ	refund リファンド
完璧な(かんぺきな)	perfetto, impeccabile ペルフェット, インペッカービレ	perfect パーフィクト
岸壁(がんぺき)	molo *m.*, banchina *f.* モーロ, バンキーナ	quay, wharf キー, (ホ)ウォーフ
官房(かんぼう)	segretariato *m.* セグレタリアート	secretariat セクレテアリアト
～長官	segretario generale del gabinetto *m.* セグレターリオ ジェネラーレ デル ガビネット	Chief Cabinet Secretary チーフ キャビネト セクレテリ
漢方(かんぽう)	medicina cinese *f.* メディチーナ チネーゼ	Chinese medicine チャイニーズ メディスィン
カンボジア	Cambogia *f.* カンボージャ	Cambodia キャンボウディア
～の	cambogiano カンボジャーノ	Cambodian キャンボウディアン
甘味料(かんみりょう)	dolcificante *m.* ドルチフィカンテ	sweetener スウィートナ

144

か

日	伊	英
かんむり 冠	corona *f.* コローナ	crown クラウン
かんもん 喚問する	citare チターレ	summon サモン
かんよ 関与する	partecipare パルテチパーレ	participate パーティスィペイト
かんよう 寛容な	generoso, tollerante ジェネローゾ, トッレランテ	generous, tolerant ヂェネラス, タララント
かんようく 慣用句	frase idiomatica *f.* フラーゼ イディオマーティカ	idiom イディオム
かんらく 陥落	caduta *f.* カドゥータ	fall フォール
かんらくがい 歓楽街	quartiere dei piaceri *m.pl.* クァルティエーレ デイ ピアチェーリ	amusement area アミューズメント エリア
かんらんしゃ 観覧車	ruota panoramica *f.* ルオータ パノラーミカ	Ferris wheel フェリス (ホ)ウィール
かんらんせき 観覧席	tribuna *f.*, stand *m.* トリブーナ, ステンド	seat, stand スィート, スタンド
かんり　（統制） 管理	controllo *m.* コントロッロ	control コントロウル
（経営）	gestione *f.* ジェスティオーネ	management マニヂメント
（運営）	amministrazione *f.* アンミニストラツィオーネ	administration アドミニストレイション
（保管）	custodia *f.* クストーディア	charge チャーヂ
～する	controllare コントロッラーレ	control コントロウル
（経営）	gestire ジェスティーレ	manage マニヂ
（運営）	amministrare アンミニストラーレ	administrate アドミニストレイト
（保管）	custodire クストディーレ	take charge *of* テイク チャーヂ
～人	portiere(-*a*) *m.(f.)*, custode *m.f.* ポルティエーレ(ラ), クストーデ	caretaker, janitor ケアテイカ, ヂャニタ
かんりゅう 寒流	corrente fredda *f.* コッレンテ フレッダ	cold current コウルド カーレント

日	伊	英
<ruby>完了<rt>かんりょう</rt></ruby>する	compiere コンピエレ	finish, complete フィニシュ, コンプリート
<ruby>官僚<rt>かんりょう</rt></ruby>	burocrate *m.f.* ブロクラテ	bureaucrat ビュアロクラト
〜主義	burocratismo *m.* ブロクラティズモ	bureaucratism ビュアロクラティズム
〜的な	burocratico ブロクラーティコ	bureaucratic ビュアロクラティク
<ruby>慣例<rt>かんれい</rt></ruby>	consuetudine *f.*, convenzioni *f.pl.* コンスエトゥーディネ, コンヴェンツィオーニ	custom, usage カスタム, ユースィヂ
<ruby>関連<rt>かんれん</rt></ruby>	relazione *f.*, connessione *f.* レラツィオーネ, コンネッスィオーネ	relation, connection リレイション, コネクション
〜する	essere in relazione エッセレ イン レラツィオーネ	be related *to* ビ リレイテド
<ruby>貫禄<rt>かんろく</rt></ruby>	aspetto dignitoso *m.* アスペット ディンニトーゾ	dignified presence ディグニファイド プレズンス
<ruby>緩和<rt>かんわ</rt></ruby>	rilassamento *m.* リラッサメント	relaxation リーラクセイション
〜する	attenuare, allentare アッテヌアーレ, アッレンターレ	ease, relax イーズ, リラクス

き, キ

日	伊	英
<ruby>木<rt>き</rt></ruby>	albero *m.* アルベロ	tree トリー
(木材)	legno *m.* レーニョ	wood ウド
<ruby>気<rt>き</rt></ruby>(分)	stato d'animo *m.* スタート ダーニモ	mood, feeling ムード, フィーリング
〜が合う	andare d'accordo *con* アンダーレ ダッコルド	get along well *with* ゲト アロング
〜が利く	essere sveglio [svelto] エッセレ ズヴェリョ(ズヴェルト)	be smart ビ スマート
〜が滅入る	sentirsi depresso センティルスィ デプレッソ	feel depressed フィール ディプレスト
〜にする	preoccuparsi *di* プレオックパルスィ	mind, worry *about* マインド, ワーリ
〜を失う	svenire ズヴェニーレ	faint フェイント
〜を付ける	badare, stare attento バダーレ, スターレ アッテント	mind, be careful マインド, ビ ケアフル

日	伊	英
～が付く	riprendere i sensi リプレンデレ イ センスィ	come to *oneself* カム トゥ
(配慮)	essere premuroso エッセレ プレムローゾ	be attentive ビ アテンティヴ
～を悪くする	offendersi オッフェンデルスィ	be offended ビ オフェンディド
ギア	cambio *m.* カンビオ	gear ギア
気圧	pressione atmosferica *f.* プレッスィオーネ アトモスフェーリカ	atmospheric pressure アトモスフェリク プレシャ
～計	barometro *m.* バローメトロ	barometer バロメタ
生糸	seta greggia *f.* セータ グレッジャ	raw silk ロー スィルク
キーパー	portiere *m.* ポルティエーレ	goalkeeper ゴウルキーパ
キーポイント	punto chiave *m.* プント キアーヴェ	key(point) キー (ポイント)
キーボード	tastiera *f.* タスティエーラ	keyboard キーボード
キーホルダー	portachiavi *m.* ポルタキアーヴィ	key ring キー リング
黄色	giallo *m.* ジャッロ	yellow イェロウ
～い	giallo ジャッロ	yellow イェロウ
キーワード	parola chiave *f.* パローラ キアーヴェ	key word キー ワード
議員	consigliere(-a) *m.(f.)* コンスィッリエーレ(ラ)	councillor カウンスラ
キウイ	kiwi *m.* キーウィ	kiwi キーウィー
消える	scomparire, sparire スコンパリーレ, スパリーレ	vanish, disappear ヴァニシュ, ディサピア
(火や明かりが)	spegnersi スペーニェルスィ	go out ゴウ アウト
義援金	colletta *f.*, contributo *m.* コッレッタ, コントリブート	contribution カントリビューション
記憶(力)	memoria *f.* メモーリア	memory メモリ

日	伊	英
～喪失(症)	amnesia *f.* アムネズィーア	amnesia アムニージャ
～力が良い	avere una buona memoria アヴェーレ ウナ ブオーナ メモーリア	have a good memory ハヴ ア グド メモリ
キオスク	chiosco *m.*, edicola *f.* キオスコ, エディーコラ	kiosk キーアスク
気温	temperatura *f.* テンペラトゥーラ	temperature テンパラチャ
幾何(学)	geometria *f.* ジェオメトリーア	geometry チーアメトリ
機会	occasione *f.* オッカズィオーネ	opportunity, chance アパテューニティ, チャンス
機械	macchina *f.* マッキナ	machine マシーン
議会 (国会)	Parlamento *m.* パルラメント	Congress, Parliament カングレス, パーラメント
(日本の)	Dieta *f.* ディエータ	Diet ダイエット
(地方の)	consiglio *m.* コンスィッリオ	assembly アセンブリ
着替える	cambiarsi カンビアルスィ	change チェインヂ
規格	standard *m.* スタンダルド	standard スタンダド
～サイズ	misura standard *f.* ミズーラ スタンダルド	standard size スタンダド サイズ
企画	piano *m.*, progetto *m.* ピアーノ, プロジェット	plan, project プラン, プラヂェクト
～する	progettare プロジェッターレ	plan, project プラン, プラヂェクト
気軽な (服装)	casual ケズアル	casual ケズアル
気軽に	senza cerimonie センツァ チェリモーニエ	without ceremony ウィザウト セレモウニ
器官	organo *m.* オルガノ	organ オーガン
期間	periodo *m.* ペリーオド	period, term ピアリアド, ターム

日	伊	英
きかん 機関（公共の）	istituto *m.* イスティトゥート	institution インスティテューション
きかんし 機関士	macchinista *m.f.* マッキニスタ	engineer, engine driver エンヂニア, エンヂン ドライヴァ
きかんし 機関紙［誌］	organo *m.* オルガノ	bulletin ブレティン
きかんし 気管支	bronco *m.* ブロンコ	the bronchus ザ ブランカス
～炎	bronchite *f.* ブロンキーテ	bronchitis ブランカイティス
きかんしゃ 機関車	locomotiva *f.* ロコモティーヴァ	locomotive ロウコモウティヴ
きかんじゅう 機関銃	mitragliatrice *f.* ミトラッリァトリーチェ	machine gun マシーン ガン
きき 危機	crisi *f.* クリーズィ	crisis クライスィス
きめ 効き目	efficacia *f.*, effetto *m.* エッフィカーチャ, エッフェット	effect, efficacy イフェクト, エフィカスィ
～のある	efficace エッフィカーチェ	effective イフェクティヴ
ききゅう 気球	pallone *m.* パッローネ	balloon バルーン
きぎょう 企業	impresa *f.*, azienda *f.* インプレーザ, アズィエンダ	enterprise, corporation エンタプライズ コーポレイション
多国籍～	impresa multinazionale *f.* インプレーザ ムルティナツィオナーレ	multinational corporation マルティナショナル コーポレイション
きぎょうか 起業家	imprendi*tore*(*-trice*) *m.*(*f.*) インプレンディトーレ(トリーチェ)	entrepreneur アーントレプレナー
ぎきょく 戯曲	dramma *m.* ドランマ	drama, play ドラーマ, プレイ
ききん 基金	fondo *m.* フォンド	fund ファンド
ききん 飢饉	carestia *f.* カレスティーア	famine ファミン
ききんぞく 貴金属	metallo prezioso *m.* メタッロ プレツィオーゾ	precious metal プレシャス メトル
～店	oreficeria *f.* オレフィチェリーア	jewelry shop ヂューエラ シャプ

日	伊	英
きく 菊	crisantemo *m.* クリザンテーモ	chrysanthemum クリサンセマム
き 効く	(essere) efficace エッフィカーチェ	(be) effective (ビ) イフェクティヴ
き 聞[聴]く	ascoltare アスコルターレ	listen *to* リスン
(聞こえる)	sentire, udire センティーレ, ウディーレ	hear ヒア
(従う)	ubbidire *a* ウッビディーレ	obey, follow オウベイ, ファロウ
(尋ねる)	chiedere, domandare キエーデレ, ドマンダーレ	ask, inquire アスク, インクワイア
きぐ 器具	strumento *m.*, apparecchio *m.* ストルメント, アッパレッキオ	instrument, apparatus インストルメント, アパラタス
きくば 気配り	premura *f.*, attenzioni *f.pl.* プレムーラ, アッテンツィオーニ	care, consideration ケア, コンスィダレイション
ぎけい 義兄	cognato *m.* コニャート	brother-in-law ブラザリンロー
きげき 喜劇	commedia *f.* コンメーディア	comedy カメディ
きけん 危険	pericolo *m.*, rischio *m.* ペリーコロ, リスキオ	danger, risk デインヂャ, リスク
〜な	pericoloso, rischioso ペリコローゾ, リスキオーゾ	dangerous, risky デインヂャラス, リスキ
きげん 期限	termine *m.*, scadenza *f.* テルミネ, スカデンツァ	term, deadline ターム, デドライン
きげん 機嫌	umore *m.* ウモーレ	humor, mood ヒューマ, ムード
〜が良い[悪い]	essere di buonumore 　　　　　[cattivo umore] エッセレエ ディ ブオヌモーレ 　　　　[カッティーヴォ ウモーレ]	be in a good [bad] mood ビ イン ア グド [バド]ムード
きげん 起源	origine *f.* オリージネ	origin オーリヂン
きげんぜん 紀元前	avanti Cristo(a.C.) アヴァンティ クリスト	before Christ(B.C.) ビフォー クライスト
きこう 気候	clima *m.* クリーマ	climate クライメト

日	伊	英
記号（きごう）	segno *m.* セーニョ	mark, sign マーク, サイン
聞こえる（きこえる）	sentire, udire センティーレ, ウディーレ	hear ヒア
帰国する（きこくする）	tornare a casa [in patria] トルナーレ アッカーザ(インパトリア)	go [come] home ゴウ (カム) ホウム
既婚の（きこんの）	sposato スポザート	married マリド
ぎざぎざ	dentellatura *f.* デンテッラトゥーラ	indentation インデンテイション
～のある	dentellato デンテッラート	indented インデンテド
気さくな（きさくな）	simpatico, amichevole スィンパーティコ, アミケーヴォレ	nice, friendly ナイス, フレンドリ
兆し（きざし）	segno *m.*, indizio *m.* セーニョ, インディーツィオ	sign, indication サイン, インディケイション
気障な（きざな）	affettato アッフェッタート	affected アフェクテド
刻む（きざむ）（細かく）	tritare, trinciare トリターレ, トリンチャーレ	mince ミンス
（彫り込む）	intagliare インタッリアーレ	carve カーヴ
岸（きし）	riva *f.*, sponda *f.* リーヴァ, スポンダ	the bank ザ バンク
生地（きじ）	stoffa *f.*, panno *m.* ストッファ, パノ	cloth クロース
記事（きじ）	articolo *m.*, cronaca *f.* アルティーコロ, クローナカ	article アーティクル
雉（きじ）	fagiano *m.* ファジャーノ	pheasant フェザント
技師（ぎし）	ingegnere(-a) *m.(f.)* インジェニェーレ(ラ)	engineer エンヂニア
議事（ぎじ）	dibattito *m.* ディバッティト	proceedings プロスィーディングズ
～録	verbale *m.* ヴェルバーレ	minutes ミヌツ
擬餌（ぎじ）（針）	esca artificiale *f.* エスカ アルティフィチャーレ	lure リュア

日	伊	英
ぎしき 儀式	cerimonia *f.*, rito *m.* チェリモーニア, リート	ceremony, rites セレモウニ, ライツ
きしつ 気質	carattere *m.*, temperamento *m.* カラッテレ, テンペラメント	temper, temperament テンパ, テンペラメント
きじつ 期日	data *f.*, termine *m.* ダータ, テルミネ	date, time limit デイト, タイム リミト
きし 軋む	cigolare, scricchiolare チゴラーレ, スクリッキオラーレ	creak, squeak クリーク, スクウィーク
きしゃ 記者	giornalista *m.f.*, reporter *m.f.* ジョルナリスタ, レポルテル	journalist, reporter チャーナリスト, リポータ
～会見	conferenza stampa *f.* コンフェレンツァ スタンパ	press conference プレス カンファレンス
きしゃ 汽車	treno *m.* トレーノ	train トレイン
きしゅ 騎手	fantino(-a) *m.(f.)* ファンティーノ(ナ)	jockey チャキ
きしゅ 機首	muso *m.* ムーゾ	nose ノウズ
きしゅ 機種	modello *m.*, tipo *m.* モデッロ, ティーポ	model, type マドル, タイプ
ぎしゅ 義手	braccio artificiale *m.* ブラッチョ アルティフィチャーレ	artificial arm アーティフィシャル アーム
きしゅう 奇襲	sorpresa *f.* ソルプレーザ	surprise attack サプライズ アタク
きしゅくしゃ 寄宿舎	dormitorio *m.* ドルミトーリオ	dormitory ドーミトーリ
きじゅつ 記述	descrizione *f.* デスクリツィオーネ	description ディスクリプション
～する	descrivere デスクリーヴェレ	describe ディスクライブ
ぎじゅつ 技術	tecnica *f.*, tecnologia *f.* テクニカ, テクノロジーア	technique, technology テクニーク, テクナロヂ
先端～	tecnologia avanzata *f.* テクノロジーア アヴァンツァータ	advanced technology アドヴァンスト テクナロヂ
～革新	innovazione tecnologica *f.* インノヴァツィオーネ テクノロージカ	technical innovation テクニカル イノヴェイション
～提携	cooperazione tecnologica *f.* コオペラツィオーネ テクノロージカ	technical tie-up テクニカル タイアプ

日	伊	英
きじゅん 基準	standard *m.*, criterio *m.* スタンダルド, クリテーリオ	standard, criterion スタンダド, クライティアリオン
きじゅん 規準	norma *f.* ノルマ	norm ノーム
きしょう 気象	tempo *m.* テンポ	weather ウェザ
〜衛星	satellite meteorologico *m.* サテッリテ メテオロロージコ	weather satellite ウェザ サテライト
きしょう 気性	carattere *m.*, temperamento *m.* カラッテレ, テンペラメント	temper, temperament テンパ, テンペラメント
キス	bacio *m.* バーチョ	kiss キス
〜する	baciare バチャーレ	kiss キス
きず 傷	ferita *f.* フェリータ	wound, injury ウーンド, インヂャリ
（品物の）	difetto *m.* ディフェット	flaw フロー
きずあと 傷痕	cicatrice *f.* チカトリーチェ	scar スカー
きすう 奇数	numero dispari *m.* ヌーメロ ディスパリ	odd number アド ナンバ
きず 築く	costruire, creare コストゥルイーレ, クレアーレ	build, construct ビルド, コンストラクト
きず 傷つきやすい	delicato, sensibile デリカート, センスィービレ	delicate, sensitive デリケト, センスィティヴ
きずつ 傷付ける	ferire フェリーレ	hurt, injure ハート, インヂャ
きずな 絆	legame *m.* レガーメ	bond バンド
きせい 帰省	ritorno al paese nativo *m.* リトルノ アル パエーゼ ナティーヴォ	homecoming ホウムカミング
きせい 規制	controllo *m.*, regolamentazione *f.* コントロッロ, レゴラメンタツィオーネ	control, regulation コントロウル, レギュレイション
自主〜	autoregolamentazione *f.* アウトレゴラメンタツィオーネ	voluntary controls ヴァランテリ コントロウルズ
〜緩和	deregolamentazione *f.* デレゴラメンタツィオーネ	deregulation ディレギュレイション

日	伊	英
既製(の) きせい	confezionato コンフェツィオナート	ready-made レディメイド
～服	confezioni *f.pl.* コンフェツィオーニ	ready-made(clothes) レディメイド (クロウズ)
犠牲 ぎせい	sacrificio *m.* サクリフィーチョ	sacrifice サクリファイス
～者	vittima *f.* ヴィッティマ	victim ヴィクティム
寄生虫 きせいちゅう	parassita *m.* パラッスィータ	parasite パラサイト
奇跡 きせき	miracolo *m.* ミラーコロ	miracle, wonder ミラクル, ワンダ
～的な	miracoloso ミラコローゾ	miraculous ミラキュラス
季節 きせつ	stagione *f.* スタジョーネ	season スィーズン
～外れの	fuori stagione フオーリ スタジョーネ	out of season アウト オブ スィーズン
気絶する きぜつ	svenire ズヴェニーレ	faint, swoon フェイント, スウーン
着せる き	vestire ヴェスティーレ	dress ドレス
(罪を)	incolpare インコルパーレ	fasten the crime *upon* ファスン ザ クライム
汽船 きせん	piroscafo *m.* ピロスカフォ	steamer スティーマ
偽善 ぎぜん	ipocrisia *f.* イポクリズィーア	hypocrisy ヒパクリスィ
～者	ipocrita *m.f.* イポークリタ	hypocrite ヒポクリト
基礎 きそ	base *f.*, fondamenta *f.pl.* バーゼ, フォンダメンタ	the base ザ ベイス
～的な	fondamentale フォンダメンターレ	fundamental, basic ファンダメントル, ベイスィク
起訴 きそ	accusa *f.* アックーザ	prosecution プラスィキューション
～する	accusare アックザーレ	prosecute, indict プラスィキュート, インダイト
～状	atto d'accusa *m.* アット ダックーザ	indictment インダイトメント

日	伊	英
<ruby>競<rt>きそ</rt></ruby>う	competere, concorrere コンペーテレ, コンコッレレ	compete コンピート
<ruby>寄贈<rt>きぞう</rt></ruby>	donazione *f.* ドナツィオーネ	donation ドウネイション
～する	donare ドナーレ	donate ドウネイト
～者	dona*tore*(-*trice*) *m.(f.)* ドナトーレ(トリーチェ)	donor ドウナ
<ruby>偽装<rt>ぎそう</rt></ruby>	camuffamento *m.* カムッファメント	camouflage キャモフラージュ
<ruby>偽造<rt>ぎぞう</rt></ruby>	contraffazione *f.* コントラッファツィオーネ	forgery フォーヂャリ
～する	contraffare コントラッファーレ	forge, counterfeit フォーヂ, カウンタフィト
～された	contraffatto コントラッファット	counterfeit カウンタフィト
<ruby>規則<rt>きそく</rt></ruby>	regola *f.*, regolamento *m.* レーゴラ, レゴラメント	rule, regulation ルール, レギュレイション
～的な	regolare レゴラーレ	regular レギュラ
<ruby>貴族<rt>きぞく</rt></ruby>	nobile *m.f.*, nobiltà *f.* ノービレ, ノビルタ	noble, nobility ノウブル, ノウビリティ
<ruby>義足<rt>ぎそく</rt></ruby>	gamba artificiale *f.* ガンバ アルティフィチャーレ	artificial leg アーティフィシャル レグ
<ruby>北<rt>きた</rt></ruby>	nord *m.*, settentrione *m.* ノルド, セッテントリオーネ	the north ザ ノース
～の	settentrionale, del nord セッテントリオナーレ, デルノルド	north, northern ノース, ノーザン
ギター	chitarra *f.* キタッラ	guitar ギター
<ruby>期待<rt>きたい</rt></ruby>	speranza *f.*, attese *f.pl.* スペランツァ, アッテーゼ	expectation エクスペクテイション
～する	sperare, aspettarsi スペラーレ, アスペッタルスィ	expect イクスペクト
<ruby>気体<rt>きたい</rt></ruby>	corpo gassoso *m.*, gas *m.* コルポ ガッソーゾ, ガス	gaseous body, gas ギャスィアス バディ, ギャス
<ruby>議題<rt>ぎだい</rt></ruby>	argomento di discussione *m.* アルゴメント ディ ディスクッスィオーネ	topic for discussion タピク フォ ディスカション
<ruby>鍛<rt>きた</rt></ruby>える	allenare, esercitare アッレナーレ, エゼルチターレ	train, drill トレイン, ドリル

日	伊	英
帰宅する（きたく）	rientrare a casa, rincasare リエントラーレ アッカーサ, リンカザーレ	return home, get home リターン ホウム, ゲト ホウム
北朝鮮（きたちょうせん）	Corea del Nord f. コレーア デルノルド	North Korea ノース コリア
汚い（きたな）	sporco, sudicio スポルコ, スーディチョ	dirty, filthy ダーティ, フィルスィ
北半球（きたはんきゅう）	emisfero boreale m. エミスフェーロ ボレアーレ	the northern hemisphere ザ ノーザン ヘミスフィア
基地（きち）	base f. バーゼ	base ベイス
機長（きちょう）	comandante m.f. コマンダンテ	captain キャプティン
議長（ぎちょう）	presidente m.f. プレスィデンテ	the chairperson ザ チェアパースン
貴重な（きちょう）	prezioso プレツィオーゾ	precious, valuable プレシャス, ヴァリュアブル
～品	valori m.pl. ヴァローリ	valuables ヴァリュアブルズ
几帳面な（きちょうめん）	metodico, scrupoloso メトーディコ, スクルポローゾ	methodical, scrupulous ミサディカル, スクルーピュラス
きちんと	in ordine, a posto インノルディネ, アッポスト	exactly, accurately イグザクトリ, アキュレトリ
きつい（厳格）	rigido, severo リージド, セヴェーロ	strict, severe ストリクト, スィヴィア
（つらさ）	duro, faticoso ドゥーロ, ファティコーゾ	hard ハード
（サイズが）	stretto ストレット	tight タイト
喫煙（きつえん）	fumare m. フマーレ	smoking スモウキング
～車	vagone fumatori m. ヴァゴーネ フマトーリ	smoking car スモウキング カー
気遣う（きづか）	stare in ansia per スターレ インナンスィア	be anxious about ビ アン(ク)シャス
切っ掛け（きっか）	occasione f., opportunità f. オッカズィオーネ, オッポルトゥニタ	chance, opportunity チャンス, アポチューニティ
（手がかり）	indizio m. インディーツィオ	clue クルー
キック	calcio m. カルチョ	kick キク

日	伊	英
<ruby>気付<rt>きづ</rt></ruby>く	notare, accorgersi *di* ノターレ, アッコルジェルスィ ディ	notice ノウティス
<ruby>喫茶店<rt>きっさてん</rt></ruby>	caffè *m.*, sala da tè *f.* カッフェ, サーラ ダ テ	coffee shop, tearoom コフィ シャプ, ティールーム
<ruby>生粋<rt>きっすい</rt></ruby>の	vero, autentico ヴェーロ, アウテンティコ	native, true ネイティヴ, トルー
<ruby>切手<rt>きって</rt></ruby>	francobollo *m.* フランコボッロ	stamp スタンプ
きっと	senz'altro, senza dubbio センツァルトロ, センツァ ドゥッビオ	surely, certainly シュアリ, サートンリ
<ruby>狐<rt>きつね</rt></ruby>	volpe *f.* ヴォルペ	fox ファクス
<ruby>切符<rt>きっぷ</rt></ruby>	biglietto *m.* ビッリエット	ticket ティケト
～売り場	biglietteria *f.* ビッリエッテリーア	ticket [book] office ティケト (ブク) オフィス
<ruby>規定<rt>きてい</rt></ruby>	regola *f.*, regolamento *m.* レーゴラ, レゴラメント	rule, regulation ルール, レギュレイション
<ruby>義弟<rt>ぎてい</rt></ruby>	cognato *m.* コニャート	brother-in-law ブラザリンロー
<ruby>軌道<rt>きどう</rt></ruby>	orbita *f.* オルビタ	orbit オービト
<ruby>機動隊<rt>きどうたい</rt></ruby>	squadra mobile [volante] *f.* スクアードラ モービレ(ヴォランテ)	riot police [squad] ライオト ポリース (スクワド)
<ruby>危篤<rt>きとく</rt></ruby>の	moribondo モリボンド	critical クリティカル
<ruby>気取<rt>きど</rt></ruby>る	darsi delle arie ダルスィ デッレ アーリエ	put on airs プト オン エアズ
<ruby>気<rt>き</rt></ruby>に<ruby>入<rt>い</rt></ruby>る	piacere *a* ピアチェーレ	be pleased *with* ビ プリーズド
<ruby>気<rt>き</rt></ruby>にする	preoccuparsi *di* プレオックパルスィ	worry *about* ワーリ
<ruby>記入<rt>きにゅう</rt></ruby>	riempimento *m.* リエンピメント	entry エントリ
～する	riempire リエンピーレ	enter, fill *in* エンタ, フィル
<ruby>絹<rt>きぬ</rt></ruby>	seta *f.* セータ	silk スィルク

日	伊	英
～織物	tessuto di seta *m.* テッスート ディ セータ	silk goods スィルク グッヅ
きねん 記念	commemorazione *f.* コンメモラツィオーネ	commemoration コメモレイション
～の	commemorativo コンメモラティーヴォ	commemorative コメモラティヴ
～碑	monumento *m.* モヌメント	monument マニュメント
何周年～	anniversario *m.* アンニヴェルサーリオ	anniversary アニヴァーサリ
きのう 機能	funzione *f.* フンツィオーネ	function ファンクション
～する	funzionare フンツィオナーレ	function ファンクション
きのう 昨日	ieri *m.* イエーリ	yesterday イェスタディ
きのこ 茸	fungo *m.* フンゴ	mushroom マシュルム
きば 牙	zanna *f.* ザンナ	fang, tusk ファング, タスク
きばつ 奇抜な	originale, bizzarro オリジナーレ, ビッザッロ	original, novel オリヂナル, ナヴェル
きば 気晴らし	passatempo *m.*, svago *m.* パッサテンポ, ズヴァーゴ	pastime, diversion パスタイム, ダイヴァーション
きび 厳しい	severo, rigido セヴェーロ, リージド	severe, strict スィヴィア, ストリクト
きひん 気品のある	nobile, dignitoso ノービレ, ディンニトーゾ	graceful, dignified グレイスフル, ディグニファイド
きびん 機敏な	svelto, pronto ズヴェルト, プロント	smart, quick スマート, クウィク
きふ 寄付	contributo *m.*, donazione *f.* コントリブート, ドナツィオーネ	contribution, donation カントリビューション, ドウネイション
～する	donare ドナーレ	contribute, donate カントリビュト, ドウネイト
ぎふ 義父	suocero *m.* スオーチェロ	father-in-law ファーザインロー
（継父）	patrigno *m.* パトリーニョ	stepfather ステプファーザ
（養父）	padre adottivo *m.* パードレ アドッティーヴォ	foster father フォスタ ファーザ

日	伊	英
ギプス	gesso *m.* ジェッソ	plaster cast プラスタ キャスト
き ぶん 気分	stato d'animo *m.*, sentimento *m.* スタート ダーニモ, センティメント	mood, feeling ムード, フィーリング
き ぼ 規模	scala *f.* スカーラ	scale スケイル
ぎ ぼ 義母	suocera *f.* スオーチェラ	mother-in-law マザインロー
（継母）	matrigna *f.* マトリーニャ	stepmother ステプマザ
（養母）	madre adottiva *f.* マードレ アドッティーヴァ	foster mother フォスタ マザ
き ぼう 希望	speranza *f.* スペランツァ	hope, wish ホウプ, ウィシュ
〜する	sperare, augurarsi スペラーレ, アウグラルスィ	hope, wish ホウプ, ウィシュ
き ほん 基本	base *f.* バーゼ	basis, standard ベイスィス, スタンダド
〜的な	fondamentale フォンダメンターレ	basic, fundamental ベイスィク, ファンダメントル
〜料金	tariffa base *f.* タリッファ バーゼ	basic charge ベイスィク チャーヂ
き まえ 気前のよい	generoso, liberale ジェネローゾ, リベラーレ	generous, liberal ヂェナラス, リベラル
き まぐ 気紛れ	capriccio *m.* カプリッチョ	caprice, whim カプリース, (ホ)ウィム
〜な	capriccioso, stravagante カプリッチョーゾ, ストラヴァガンテ	capricious カプリシャス
き まつしけん 期末試験	esame semestrale 　　　　　[quadrimestrale] *m.* エザーメ セメストラーレ (クァドリメストラーレ)	end-of-term exam エンドオヴターム イグザム
き 決まり	regola *f.*, regolamento *m.* レーゴラ, レゴラメント	rule, regulation ルール, レギュレイション
〜文句	luogo comune *m.*, frase fatta *f.* ルオーゴ コムーネ, フラーゼ ファッタ	set phrase セト フレイズ
き 決まる	essere deciso エッセレ デチーゾ	be decided ビ ディサイデド
き み 黄身	tuorlo *m.*, rosso *m.* トゥオルロ, ロッソ	the yolk ザ ヨウク

日	伊	英
君 (きみ)	tu / トゥ	you / ユ
～達	voi / ヴォーイ	you / ユ
機密 (きみつ)	segreto *m.* / セグレート	secret / スィークレト
～書類	documento segreto *m.* / ドクメント セグレート	secret document / スィークレト ダキュメント
黄緑 (きみどり)	giallo-verde *m.* / ジャッロヴェルデ	yellowish green / イェロウイシュ グリーン
奇妙な (きみょうな)	strano / ストラーノ	strange / ストレインヂ
義務 (ぎむ)	dovere *m.*, obbligo *m.* / ドヴェーレ, オッブリゴ	duty, obligation / デューティ, アブリゲイション
～教育	istruzione obbligatoria *f.* / イストルツィオーネ オッブリガトーリア	compulsory education / カンパルソリ エヂュケイション
気難しい (きむずかしい)	scontroso, intrattabile / スコントローゾ, イントラッターピレ	hard to please / ハード トゥ プリーズ
偽名 (ぎめい)	nome falso *m.* / ノーメ ファルソ	false name / フォールス ネイム
決める (きめる)	decidere, fissare / デチーデレ, フィッサーレ	decide, fix / ディサイド, フィクス
肝 (きも)	fegato *m.* / フェーガト	the liver / ザ リヴァ
～に銘じる	imprimere nel cuore / インプリーメレ ネル クオーレ	take to *one's* heart / テイク トゥ ハート
気持 (きもち)	sentimento *m.*, sensazione *f.* / センティメント, センサツィオーネ	feeling, sensation / フィーリング, センセイション
着物 (きもの)	chimono *m.* / キモーノ	*kimono* / キモノウ
疑問 (ぎもん)	dubbio *m.*, domanda *f.* / ドゥッビオ, ドマンダ	doubt, question / ダウト, クウェスチョン
～に思う	dubitare / ドゥビターレ	doubt / ダウト
客 (きゃく) (来客)	ospite *m. f.* / オスピテ	guest / ゲスト
(招待客)	invitato(-a) *m.(f.)* / インヴィタート(タ)	(invited)guest / (インヴァイティド) ゲスト
(顧客)	cliente *m.f.* / クリエンテ	customer / カスタマ

日	伊	英
きやく 規約	statuto *m.* スタトゥート	articles, statute アーティクルズ, スタチュート
ぎゃく 逆	contrario *m.*, opposto *m.* コントラーリオ, オッポスト	contrary, reverse カントレリ, リヴァース
～の	contrario, inverso コントラーリオ, インヴェルソ	contrary, reverse カントレリ, リヴァース
～に	al contrario アル コントラーリオ	on the contrary オン ザ カントレリ
ギャグ	gag *m.* ゲグ	gag ギャグ
ぎゃくさつ 虐殺する	massacrare マッサクラーレ	slaughter, massacre スロータ, マサカ
きゃくしゃ 客車	treno passeggeri *m.* トレーノ パッセッジェーリ	passenger car パセンチャ カー
ぎゃくしゅう 逆襲	contrattacco *m.* コントラッタッコ	counterattack カウンタアタク
きゃくせん 客船	nave passeggeri *f.* ナーヴェ パッセッジェーリ	passenger boat パセンチャ ボウト
ぎゃくたい 虐待	maltrattamento *m.* マルトラッタメント	abuse アビューズ
きゃくちゅう 脚注	postilla *f.* ポスティッラ	footnote フトノウト
ぎゃくてんする 逆転する	essere rovesciato エッセレ ロヴェッシャート	be reversed ビ リヴァースト
ぎゃくふう 逆風	vento contrario *m.* ヴェント コントラーリオ	headwind ヘドウィンド
きゃくほん 脚本	sceneggiatura *f.* シェネジャトゥーラ	script, scenario スクリプト, スィネアリオウ
きゃくま 客間	salotto *m.* サロット	drawing room ドローイング ルーム
きゃしゃな 華奢な	delicato デリカート	delicate デリケト
キャスト	cast *m.* カスト	the cast ザ キャスト
きゃっかんてき 客観的な	oggettivo オッジェッティーヴォ	objective オブチェクティヴ
ぎゃっきょう 逆境	avversità *f.* アッヴェルスィタ	adversity アドヴァースィティ

日	伊	英
脚光（きゃっこう）	luci della ribalta *f.pl.* ルーチ デッラ リバルタ	footlights フトライツ
～を浴びる	venire [salire] alla ribalta ヴェニーレ(サリーレ)アッラ リバルタ	be in the limelight ビ イン ザ ライムライト
キャッシュ	contanti *m.pl.* コンタンティ	cash キャシュ
～カード	bancomat *m.* バンコマット	bank card バンク カード
～で払う	pagare in contanti パガーレ イン コンタンティ	pay in cash ペイ イン キャシュ
キャッチフレーズ	slogan *m.* ズローガン	catchphrase キャチフレイズ
キャッチャー	catcher *m.* ケッチェル	catcher キャチャ
ギャップ	gap *m.* ゲプ	gap ギャプ
キャディー	caddie *m.* ケッディ	caddie キャディ
キャバレー	cabaret *m.* カバレ	cabaret キャバレイ
キャビア	caviale *m.* カヴィアーレ	caviar キャヴィアー
キャプテン	capitano *m.* カピターノ	captain キャプティン
キャベツ	cavolo *m.* カーヴォロ	cabbage キャビヂ
ギャラ	cachet *m.* カッシェ	guarantee ギャランティー
キャラクター	carattere *m.* カラッテレ	character キャラクタ
ギャラリー	galleria *f.* ガッレリーア	gallery ギャラリ
キャリア	carriera *f.* カッリエーラ	career カリア
ギャング	gang *f.*, gangster *m.f.* ゲング, ゲングステル	gang, gangster ギャング, ギャングスタ
キャンセル	annullamento *m.* アンヌッラメント	cancellation キャンセレイション

日	伊	英
～する	annullare アンヌッラーレ	cancel キャンセル
～待ち	lista d'attesa リスタ ダッテーザ	standby スタンバイ
キャンディー	caramella f., bonbon m. カラメッラ, ボンボン	candy キャンディ
キャンドル	candela f. カンデーラ	candle キャンドル
キャンバス	tela f. テーラ	canvas キャンヴァス
キャンパス	campus m. カンプス	campus キャンパス
キャンピングカー	camper m. カンペル	camper キャンパ
キャンプ	campeggio m. カンペッジョ	camp キャンプ
ギャンブル	gioco d'azzardo m. ジョーコ ダッザルド	gambling ギャンブリング
キャンペーン	campagna f. カンパーニャ	campaign キャンペイン
救援	soccorso m. ソッコルソ	relief, rescue リリーフ, レスキュー
休暇	ferie f.pl., vacanze f.pl. フェリエ, ヴァカンツェ	vacation, holiday ヴェイケイション, ハリデイ
急患	paziente urgente m.f. パツィエンテ ウルジェンテ	emergency case イマーヂェンスィ ケイス
球技	sport del pallone m. スポルト デル パッローネ	ball game ボール ゲイム
救急車	ambulanza f. アンブランツァ	ambulance アンビュランス
救急箱	cassetta del pronto soccorso f. カッセッタ デル プロント ソッコルソ	first-aid kit ファーストエイド キト
休業	chiusura f. キウズーラ	closure クロウジャ
窮屈な	stretto ストレット	narrow, tight ナロウ, タイト
休憩	riposo m. リポーゾ	rest レスト

日	伊	英
～する	riposare, riposarsi リポザーレ, リポザルスィ	take a rest テイク ア レスト
急激な	improvviso, repentino インプロッヴィーゾ, レペンティーノ	sudden, abrupt サドン, アブラプト
吸血鬼	vampiro(-a) m.(f.) ヴァンピーロ(ラ)	vampire ヴァンパイア
急行(列車)	espresso m., direttissimo m. エスプレッソ, ディレッティッスィモ	express イクスプレス
球根	bulbo m. ブルボ	bulb バルブ
救済	salvezza f. サルヴェッツァ	relief, aid リリーフ, エイド
旧式の	fuori moda フオーリ モーダ	old-fashioned オウルドファションド
休日	vacanza f., festa f. ヴァカンツァ, フェスタ	holiday ハリデイ
吸収	assorbimento m. アッソルビメント	absorption アブソープション
～する	assorbire アッソルビーレ	absorb アブソーブ
救助	soccorso m., salvataggio m. ソッコルソ, サルヴァタッジョ	rescue, help レスキュー, ヘルプ
～する	salvare, soccorrere サルヴァーレ, ソッコッレレ	rescue, save レスキュー, セイヴ
球場	stadio di baseball m. スターディオ ディ ベイズボル	ballpark ボールパーク
給食	refezione scolastica f. レフェツィオーネ スコラスティカ	provision of school lunch プロヴィジョン オヴ スクール ランチ
求人	offerta di lavoro f. オッフェルタ ディ ラヴォーロ	job offer ヂャブ オーファ
給水	distribuzione dell'acqua f. ディストリブツィオーネ デッラクア	water supply ウォータ サプライ
旧姓	cognome d'origine m. コニョーメ ドリージネ	former name フォーマ ネイム
(既婚女性の)	cognome da ragazza m. コニョーメ ダ ラガッツァ	maiden name メイドン ネイム
急性の	acuto アクート	acute アキュート

日	伊	英
きゅうせん 休戦	armistizio *m.* アルミスティーツィオ	armistice アーミスティス
きゅうそく 休息	riposo *m.* リポーゾ	repose, rest リポウズ, レスト
きゅうそく 急速な	rapido, pronto ラーピド, プロント	rapid, quick ラピド, クウィク
きゅうてい 宮廷	corte *f.* コルテ	the Court ザ コート
きゅうでん 宮殿	palazzo *m.* パラッツォ	palace パレス
きゅうとう 急騰	rialzo repentino *m.* リアルツォ レペンティーノ	sudden rise サドン ライズ
～する	rialzare all'improvviso リアルツァーレ アッリンプロッヴィーソ	jump ヂャンプ
きゅう 急な	urgente, improvviso ウルジェンテ, インプロッヴィーソ	urgent, sudden アーヂェント, サドン
きゅう 急に	all'improvviso アッリンプロッヴィーソ	suddenly サドンリ
ぎゅうにく 牛肉	manzo *m.*, vitello *m.* マンゾ, ヴィテッロ	beef ビーフ
ぎゅうにゅう 牛乳	latte *m.* ラッテ	milk ミルク
キューバ	Cuba *f.* クーバ	Cuba キューバ
キューピッド	cupido *m.* クピード	Cupid キューピド
きゅうびょう 急病	malattia improvvisa *f.* マラッティーア インプロッヴィーザ	sudden illness サドン イルネス
きゅうめい 救命	salvataggio *m.* サルヴァタッジョ	lifesaving ライフセイヴィング
～具	salvagente *m.* サルヴァジェンテ	lifesaving equipment ライフセイヴィング イクウィプメント
～胴衣	giubbotto di salvataggio *m.* ジュッボット ディ サルヴァタッジョ	life jacket ライフ ヂャケト
きゅうやくせいしょ 旧約聖書	Vecchio Testamento *m.* ヴェッキオ テスタメント	the Old Testament ジ オウルド テスタメント
きゅうゆ 給油	rifornimento di carburante *m.* リフォルニメント ディ カルブランテ	refueling リーフューアリング

日	伊	英
旧友(きゅうゆう)	vecchio(-a) amico(-a) m.(f.) ヴェッキオ(ア) アミーコ(カ)	old friend オウルド フレンド
休養(きゅうよう)	riposo m. リポーゾ	rest レスト
〜する	riposare, riposarsi リポザーレ, リポザルスィ	take a rest テイク ア レスト
急用(きゅうよう)	affare urgente m. アッファーレ ウルジェンテ	urgent business アージェント ビズネス
胡瓜(きゅうり)	cetriolo m. チェトリオーロ	cucumber キューカンバ
給料(きゅうりょう)	stipendio m. スティペンディオ	pay, salary ペイ, サラリ
今日(きょう)	oggi m. オッジ	today トデイ
行(ぎょう)	linea f., riga f. リーネア, リーガ	line ライン
驚異(きょうい)	meraviglia f., prodigio m. メラヴィッリア, プロディージョ	wonder ワンダ
〜的な	meraviglioso, prodigioso メラヴィッリオーゾ, プロディジョーゾ	wonderful ワンダフル
脅威(きょうい)	minaccia f. ミナッチャ	threat, menace スレト, メナス
胸囲(きょうい)	circonferenza del torace f. チルコンフェレンツァ デル トラーチェ	chest measurement チェスト メジャメント
教育(きょういく)	educazione f., istruzione f. エドゥカツィオーネ, イストルツィオーネ	education エデュケイション
〜する	istruire, educare イストルイーレ, エドゥカーレ	educate エデュケイト
〜学部	facoltà di magistero f. ファコルタ ディ マジステーロ	department of education ディパートメント オブ エデュケイション
〜実習	tirocinio didattico m. ティロチーニオ ディダッティコ	practice teaching プラクティス ティーチング
競泳(きょうえい)	gara di nuoto f. ガーラ ディ ヌオート	swimming race スウィミング レイス
強化(きょうか)	rafforzamento m. ラッフォルツァメント	strengthening ストレンクスニイング
〜する	rafforzare ラッフォルツァーレ	strengthen ストレンクスン

日	伊	英
きょうか 教科	materia *f.* マテーリア	subject サブヂクト
きょうかい 協会	associazione *f.* アッソチャツィオーネ	association, society アソウスィエイション, ソサイエティ
きょうかい 境界	confine *m.*, limite *m.* コンフィーネ, リーミテ	boundary, border バウンダリ, ボーダ
きょうかい 教会	chiesa *f.* キエーザ	church チャーチ
ぎょうかい 業界	settore *m.* セットーレ	sector セクタ
きょうがく 共学	coeducazione *f.* コエドゥカツィオーネ	coeducation コウエヂュケイション
きょうかしょ 教科書	(libro di) testo *m.* (リーブロ ディ) テスト	textbook テクストブク
きょうかつ 恐喝	ricatto *m.* リカット	blackmail, threat ブラクメイル, スレト
きょうかん 共感	simpatia *f.* スィンパティーア	sympathy スィンパスィ
きょうき 凶器	arma letale *f.* アルマ レターレ	(lethal) weapon (リーサル)ウェポン
きょうぎ 競技	competizione *f.* コンペティツィオーネ	competition カンピティション
(試合)	gara *f.*, partita *f.* ガーラ, パルティータ	game, match ゲイム, マチ
(種目)	specialità *f.* スペチャリタ	event イヴェント
〜会	riunione sportiva *f.* リウニオーネ スポルティーヴァ	athletic meeting アスレティク ミーティング
〜場	stadio *m.*, campo sportivo *m.* スターディオ, カンポ スポルティーヴォ	stadium, ground ステイディアム, グラウンド
ぎょうぎ 行儀	condotta *f.*, comportamento *m.* コンドッタ, コンポルタメント	behavior, manners ビヘイヴァ, マナズ
〜のよい	beneducato ベネドゥカート	well-mannered ウェルマナド
〜の悪い	maleducato マレドゥカート	ill-mannered イルマナド
きょうきゅう 供給	rifornimento *m.* リフォルニメント	supply サプライ
〜する	fornire, rifornire フォルニーレ, リフォルニーレ	supply サプライ

き

日	伊	英
きょうくん 教訓	lezione f. レツィオーネ	lesson レスン
きょうげん 狂言	kyogen m. キョゲン	*Noh* farce ノウ ファース
（偽り）	finta f., finzione f. フィンタ, フィンツィオーネ	sham, pretense シャム, プリテンス
きょうこう 恐慌	panico m. パーニコ	panic パニク
きょうこう 教皇	papa m. パーパ	the Pope ザ ポウプ
きょうこ 強固な	fermo, solido フェールモ, ソーリド	firm, solid ファーム, サリド
きょうざい 教材	materiale didattico m. マテリアーレ ディダッティコ	teaching material ティーチング マティアリアル
きょうさんしゅぎ 共産主義	comunismo m. コムニズモ	communism カミュニズム
きょうし 教師	insegnante m.f. インセニャンテ	teacher ティーチャ
ぎょうじ 行事	cerimonia pubblica f. チェリモーニア プップリカ	event, function イヴェント, ファンクション
きょうしつ 教室	aula f. アウラ	classroom クラスルーム
ぎょうしゃ 業者	fornitore(-trice) m.(f.) フォルニトーレ(トリーチェ)	trader トレイダ
きょうじゅ 教授	professore(-essa) m.(f.) プロフェッソーレ(レッサ)	professor プロフェサ
きょうしゅう 郷愁	nostalgia f. ノスタルジーア	nostalgia ナスタルチャ
ぎょうしょう 行商	commercio ambulante m. コンメルチョ アンブランテ	peddling ペドリング
～人	venditore(-trice) ambulante m.(f.) ヴェンディトーレ(トリーチェ)アンブランテ	peddler ペドラ
きょうしょく 教職	insegnamento m. インセニャメント	the teaching profession ザ ティーチング プロフェション
きょうせい 強制	costrizione f. コストリツィオーネ	compulsion コンパルション
～する	costringere コストリンジェレ	force, compel フォース, カンペル

日	伊	英
～的な	obbligato, forzato オッブリガート, フォルツァート	compulsory, forced コンパルソリ, フォースト
～的に	per forza, con la forza ペルフォルツァ, コンラフォルツァ	by force バイ フォース
～送還	rimpatrio obbligatorio *m.* リンパートリオ オッブリガトーリオ	forced repatriation フォースト, リペイトリエイション
行政(機関)	amministrazione *f.* アンミニストラツィオーネ	administration アドミニストレイション
業績	risultato *m.* リスルタート	achievement, results アチーヴメント, リザルツ
競争	competizione *f.*, concorrenza *f.* コンペティツィオーネ, コンコッレンツァ	competition, contest カンピティション, カンテスト
～する	competere, concorrere コンペーテレ, コンコッレレ	compete カンピート
競走	corsa *f.* コルサ	race レイス
～する	fare una corsa ファーレ ウナ コルサ	run a race ラン ア レイス
協奏曲	concerto *m.* コンチェルト	concerto カンチェアトウ
共存	coesistenza *f.* コエズィステンツァ	coexistence コウイグズィステンス
～する	coesistere コエズィステレ	coexist コウイグズィスト
兄弟	fratello *m.* フラテッロ	brother ブラザ
教壇	cattedra *f.* カッテドラ	the platform ザ プラトフォーム
教団	ordine religioso *m.* オルディネ レリジョーゾ	religious body リリヂャス バディ
強調	enfasi *f.* エンファズィ	emphasis, stress エンファスィス, ストレス
～する	accentuare, sottolineare アッチェントゥアーレ, ソットリネアーレ	emphasize, stress エンファサイズ, ストレス
共通の	comune コムーネ	common カモン
協定	accordo *m.*, convenzione *f.* アッコルド, コンヴェンツィオーネ	agreement, convention アグリーメント, カンヴェンション
郷土	paese nativo *m.* パエーゼ ナティーヴォ	native district ネイティヴ ディストリクト

き

日	伊	英
～の	locale, paesano ロカーレ, パエザーノ	local, home ロウカル, ホウム
きょうとう 教頭	vicediret*tore*(*-trice*) m.(f.) ヴィーチェディレットーレ(トリーチェ)	vice-principal ヴァイスプリンスィパル
きょうどうくみあい 協同組合	cooperativa f. コオペラティーヴァ	cooperative コウアパラティヴ
きょうどうけいえい 共同経営	cogestione f. コジェスティオーネ	joint management チョイント マニヂメント
きょうどうたい 共同体	comunità f. コムニタ	community コミューニティ
きよう 器用な	bravo, destro ブラーヴォ, デストロ	skillful スキルフル
きょうばい 競売	asta f. アスタ	auction オークション
きょうはく 脅迫	minaccia f. ミナッチャ	threat, menace スレト, メナス
～する	minacciare ミナッチャーレ	threaten, menace スレトン, メナス
きょうはん 共犯(者)	complice m.f. コンプリチェ	accomplice アカンプリス
きょうふ 恐怖	paura f., terrore m., orrore m. パウーラ, テッローレ, オッローレ	fear, fright, terror フィア, フライト, テラ
きょうほ 競歩	marcia f. マルチャ	walk ウォーク
きょうみ 興味	interesse m. インテレッセ	interest インタレスト
～深い	interessante インテレッサンテ	interesting インタレスティング
～がある	essere interessato a エッセレ インテレッサート	be interested in ビ インタレステド
～本位で	solo per curiosità ソーロ ペル クリオスィタ	just out of curiosity チャスト アオト オブ キュアリアスィティ
きょうゆうざいさん 共有財産	proprietà comune f. プロプリエタ コムーネ	common property カモン プロパティ
きょうよう 教養	cultura f. クルトゥーラ	culture カルチャ
一般～	cultura generale f. クルトゥーラ ジェネラーレ	liberal arts リベラル アーツ
～のある	colto, di cultura コルト, ディ クルトゥーラ	cultured カルチャド

日	伊	英
^{きょうりゅう} 恐竜	dinosauro m. ディノザウロ	dinosaur ダイナソー
^{きょうりょく} 協力	collaborazione f. コッラボラツィオーネ	cooperation コウアパレイション
～する	collaborare con コッラボラーレ	cooperate with コウアパレイト
^{きょうりょく} 強力な	forte, potente フォルテ, ポテンテ	strong, powerful ストロング, パウアフル
^{ぎょうれつ} 行列 (行進)	corteo m., sfilata f. コルテーオ, スフィラータ	procession, parade プロセション, パレイド
(並ぶ列)	fila f. フィーラ	line, queue ライン, キュー
^{きょうれつ} 強烈な	intenso, forte インテンソ, フォルテ	intense, strong インテンス, ストロング
^{きょうわこく} 共和国	repubblica f. レプッブリカ	republic リパブリク
^{きょえいしん} 虚栄心	vanità f. ヴァニタ	vanity ヴァニティ
^{きょか} 許可	permesso m., licenza f. ペルメッソ, リチェンツァ	permission, leave パミション, リーヴ
～する	permettere ペルメッテレ	permit パミト
^{ぎょかく} 漁獲(量)	pescata f. ペスカータ	catch of fish キャチ オヴ フィシュ
^{ぎょがん} 魚眼レンズ	occhio di pesce m., fisheye m. オッキオ ディ ペッシェ, フィッシャイ	fish-eye lens フィシュアイ レンズ
^{ぎょぎょう} 漁業	pesca f. ペスカ	fishery フィシャリ
^{きょく} 曲	musica f., brano m. ムーズィカ, ブラーノ	music, tune ミューズィク, テューン
^{きょくげい} 曲芸	acrobazia f. アクロバツィーア	acrobat アクロバト
^{きょくせん} 曲線	curva f. クールヴァ	curve カーヴ
^{きょくたん} 極端な	estremo, eccessivo エストレーモ, エッチェッスィーヴォ	extreme, excessive イクストリーム, イクセスィヴ
^{きょくとう} 極東	Estremo Oriente m. エストレーモ オリエンテ	the Far East ザ ファー イースト

き

日	伊	英
虚構（きょこう）	finzione *f.* フィンツィオーネ	fiction フィクション
漁港（ぎょこう）	porto peschereccio *m.* ポルト ペスケレッチョ	fishing port フィシング ポート
巨匠（きょしょう）	gran maestro *m.* グラン マエストロ	great master グレイト マスタ
漁場（ぎょじょう）	zona di pesca *f.* ゾーナ ディ ペスカ	fishery フィシャリ
拒食症（きょしょくしょう）	anoressia *f.* アノレッスィーア	anorexia アナレキシア
巨人（きょじん）	gigante(-*essa*) *m.(f.)* ジガンテ（テッサ）	giant チャイアント
拒絶（きょぜつ）	rifiuto *m.* リフィウート	refusal, rejection リフューザル, リヂェクション
～する	rifiutare, respingere リフィウターレ, レスピンジェレ	refuse, reject リフューズ, リヂェクト
漁船（ぎょせん）	peschereccio *m.* ペスケレッチョ	fishing boat フィシング ボウト
漁村（ぎょそん）	villaggio di pescatori *m.* ヴィッラッジョ ディ ペスカトーリ	fishing village フィシング ヴィリヂ
巨大な（きょだいな）	enorme, gigantesco エノルメ, ジガンテスコ	huge, gigantic ヒューヂ, チャイギャンティク
拠点（きょてん）	base *f.*, roccaforte *f.* バーゼ, ロッカフォルテ	base, stronghold ベイス, ストローングホウルド
去年（きょねん）	l'anno scorso *m.* ランノ スコルソ	last year ラスト イア
拒否（きょひ）	rifiuto *m.* リフィウート	denial, refusal ディナイアル, リフューザル
～する	rifiutare, respingere リフィウターレ, レスピンジェレ	deny, refuse ディナイ, リフューズ
距離（きょり）	distanza *f.* ディスタンツァ	distance ディスタンス
嫌い（きらい）	non piacere *a* ノン ピアチェーレ	do not like, dislike ドゥ ナト ライク, ディスライク
気楽（きらく）	agio *m.* アージョ	ease イーズ
～な	comodo, spensierato コーモド, スペンスィエラート	easy, carefree イーズィ, ケアフリー

日	伊	英
～に	con comodo コン コーモド	easy イーズィ
きらめ 煌く	brillare, scintillare ブリッラーレ, シンティッラーレ	glitter グリタ
きり 錐	succhiello *m.*, punteruolo *m.* スッキエッロ, プンテルオーロ	drill, gimlet ドリル, ギムレト
きり 霧	nebbia *f.* ネッビア	fog, mist フォグ, ミスト
ぎり 義理	debito *m.*, obbligo *m.* デービト, オッブリゴ	duty, obligation デューティ, アブリゲイション
きりさめ 霧雨	pioviggine *f.*, acquerugiola *f.* ピオヴィッジネ, アックェルージョラ	drizzle ドリズル
ギリシア	Grecia *f.* グレーチャ	Greece グリース
～の	greco グレーコ	Greek グリーク
キリスト	Cristo *m.* クリースト	Christ クライスト
～教	cristianesimo *m.* クリスティアネーズィモ	Christianity クリスチアニティ
～教徒	cristiano(-a) *m.(f.)* クリスティアーノ(ナ)	Christian クリスチャン
きりつ 規律	disciplina *f.* ディッシプリーナ	discipline ディスィプリン
き ぬ 切り抜き	ritaglio *m.* リタッリオ	clipping クリピング
き ぬ 切り抜ける	caversela カヴァルセラ	get by ゲト バイ
き はな 切り離す	separare, sganciare セパラーレ, ズガンチャーレ	separate セパレイト
きりふ 霧吹き	spruzzatore *m.* スプルッツァトーレ	spray スプレイ
き ふだ 切り札	briscola *f.*, carta vincente *f.* ブリスコラ, カルタ ヴィンチェンテ	trump トランプ
き み 切り身	fetta *f.*, filetto *m.* フェッタ, フィレット	slice, fillet スライス, フィレイ
きりゅう 気流	corrente atomosferica *f.* コッレンテ アトモスフェーリカ	air current エア カーレント

日	伊	英
ジェット〜	corrente a getto *f.* コッレンテ アッジェット	jet stream ヂェト ストリーム
気力	forza di volontà *f.* フォルツァ ディ ヴォロンタ	willpower ウィルパウア
麒麟	giraffa *f.* ジラッファ	giraffe ヂラフ
切る	tagliare タッリアーレ	cut カト
(薄く)	affettare アッフェッターレ	slice スライス
(鋸で)	segare セガーレ	saw ソー
(スイッチを)	spegnere スペニェレ	turn off ターン オフ
(電話を)	attaccare, riattaccare アッタッカーレ, リアッタッカーレ	ring off リング オフ
着る	mettersi, indossare メッテルスィ, インドッサーレ	put on プト オン
綺麗な	bello, carino ベッロ, カリーノ	beautiful, pretty ビューティフル, プリティ
(清潔な)	pulito プリート	clean クリーン
切れる (刃物)	tagliare(bene) タッリアーレ(ベーネ)	cut (well) カト (ウェル)
(糸など)	spezzarsi スペッツァルスィ	break ブレイク
(期限)	essere scaduto エッセレ スカドゥート	be out ビ アウト
(品物)	essere esaurito, mancare エッセレ エザウリート, マンカーレ	run out ラン アウト
(頭脳)	essere sveglio [svelto] エッセレ ズヴェッリォ(ズヴェルト)	be sharp ビ シャープ
(自制心)	infuriarsi インフリアルスィ	snap スナプ
記録	registrazione *f.* レジストラツィオーネ	record レコド
(レコード)	record *m.* レコルド	record レコド
〜する	registrare レジストラーレ	record リコード

日	伊	英
〜を破る	battere il record バッテレ イル レコルド	break the record ブレイク ザ レコド
キログラム	chilo *m.*, chilogrammo *m.* キーロ, キログランモ	kilogram キログラム
キロメートル	chilometro *m.* キローメトロ	kilometer キロミータ
キロリットル	chilolitro *m.* キローリトロ	kiloliter キロリータ
キロワット	chilowatt *m.* キロヴァット	kilowatt キロワト
ぎろん 議論	discussione *f.* ディスクッスィオーネ	argument, discussion アーギュメント, ディスカション
〜する	discutere ディスクーテレ	argue, discuss アーギュー, ディスカス
ぎわく 疑惑	sospetto *m.*, dubbio *m.* ソスペット, ドゥッビオ	suspicion, doubt サスピション, ダウト
きわだ 際立つ	distinguersi, spiccare ディスティングエルスィ, スピッカーレ	stand out スタンド アウト
きん 金	oro *m.* オーロ	gold ゴウルド
〜の	d'oro ドーロ	gold, golden ゴウルド, ゴウルドン
〜貨	moneta d'oro *f.* モネータ ドーロ	gold coin ゴウルド コイン
〜婚式	nozze d'oro *f.pl.* ノッツェ ドーロ	golden wedding ゴウルデン ウェディング
〜メダル	medaglia d'oro *f.* メダッリア ドーロ	gold medal ゴウルド メドル
ぎん 銀	argento *m.* アルジェント	silver スィルヴァ
〜の	d'argento ダルジェント	silver スィルヴァ
〜貨	moneta d'argento *f.* モネータ ダルジェント	silver coin スィルヴァ コイン
〜婚式	nozze d'argento *f.pl.* ノッツェ ダルジェント	silver wedding スィルヴァ ウェディング
〜メダル	medaglia d'argento *f.* メダッリア ダルジェント	silver medal スィルヴァ メドル
きんえん 禁煙	astinenza dal fumo *f.* アスティネンツァ ダル フーモ	abstinence from smoking アブスティネンス フラム スモウキング

日	伊	英
(掲示)	Vietato fumare ヴィエタート フマーレ	No Smoking ノウ スモウキング
～車	vagone non fumatori *m.* ヴァゴーネ ノン フマトーリ	nonsmoking car ノンスモウキング カー
～席	posto non fumatori *m.* ポスト ノン フマトーリ	nonsmoking seat ノンスモウキング スィート
ぎんが 銀河	via lattea *f.* ヴィーア ラッテア	the Galaxy ザ ギャラクスィ
きんかんがっき 金管楽器	ottoni *m.pl.* オットーニ	brass instrument ブラス インストルメント
きんきゅう 緊急の	urgente, d'urgenza ウルジェンテ, ドゥルジェンツァ	urgent アーヂェント
きんぎょ 金魚	pesce rosso *m.* ペッシェ ロッソ	goldfish ゴウルドフィシュ
きんこ 金庫	cassaforte *f.* カッサフォルテ	safe, vault セイフ, ヴォールト
きんこう 均衡	equilibrio *m.* エクィリーブリオ	the balance ザ バランス
ぎんこう 銀行	banca *f.* バンカ	bank バンク
～員	impiegato(-a) di banca *m.(f.)* インピエガート(タ)ディ バンカ	bank clerk バンク クラーク
～口座	conto in banca *m.* コント イン バンカ	bank account バンク アカウント
～預金	deposito bancario *m.* デポーズィト バンカーリオ	bank savings バンク セイヴィングズ
きんし 禁止	proibizione *f.*, divieto *m.* プロイビツィオーネ, ディヴィエート	prohibition, ban プロウヒビション, バン
～する	vietare, proibire ヴィエターレ, プロイビーレ	forbid, prohibit フォビド, プロヒビト
きんし 近視の	miope ミーオペ	nearsighted ニアサイテド
きんしゅ 禁酒	astinenza dall'alcol *f.* アスティネンツァ ダッラルコル	abstinence アブスティネンス
～する	astenersi dall'alcol アステネルスィ ダッラルコル	give up drinking ギヴ アプ ドリンキング
きんじょ 近所	vicinato *m.* ヴィチナート	the neighborhood ザ ネイバフド
～の人	vicino(-a) *m.(f.)* ヴィチーノ(ナ)	neighbor ネイバ

日	伊	英
きん 禁じる	vietare, proibire ヴィエターレ, プロイビーレ	forbid, prohibit フォビド, プロヒビト
きんせい 金星	Venere f. ヴェーネレ	Venus ヴィーナス
きんぞく 金属	metallo m. メタッロ	metal メタル
きんだい 近代	i tempi moderni m.pl. イ テンピ モデルニ	modern times マダン タイムズ
～的な	moderno モデルノ	modern マダン
きんちょう 緊張	tensione f. テンスィオーネ	tension, strain テンション, ストレイン
～する	essere teso エッセレ テーゾ	be tense, be strained ビ テンス, ビ ストレインド
～緩和	détente f. デタント	détente デイターント
ぎんなん 銀杏	noce di ginco f. ノーチェ ディ ジンコ	ginkgo nut ギンコウ ナト
きんにく 筋肉	muscolo m. ムスコロ	muscle マスル
きんねん 近年	in questi ultimi anni イン クェスティ ウルティミ アンニ	in recent years イン リースント イアズ
きんぱつ 金髪の	biondo ビオンド	blond(e) ブランド
きんべん 勤勉な	diligente ディリジェンテ	diligent ディリヂェント
きんむ 勤務	servizio m., lavoro m. セルヴィーツィオ, ラヴォーロ	service, work サーヴィス, デューティ
～する	servire, lavorare セルヴィーレ, ラヴォラーレ	serve, work サーヴ, ワーク
きんゆう 金融	finanza f., finanziamento m. フィナンツァ, フィナンツィアメント	finance フィナンス
～機関	instituto finanziario m. インスティトゥート フィナンツィアーリオ	financial institution フィナンシャル インスティテューション
きんようび 金曜日	venerdì m. ヴェネルディ	Friday フライディ
きんよくてき 禁欲的な	stoico ストーイコ	stoic ストウイク

日	伊	英
金利(きんり)	tasso d'interesse *m.* タッソ ディンテレッセ	interest rates インタレスト レイツ
勤労感謝の日(きんろうかんしゃのひ)	Festa del lavoro *f.* フェスタ デル ラヴォーロ	Labor Thanksgiving Day レイバ サンクスギヴィング デイ

く, ク

日	伊	英
区(く)	circoscrizione comunale *f.* チルコスクリツィオーネ コムナーレ	ward, district ウォード, ディストリクト
選挙〜	circoscrizione elettorale *f.* チルコスクリツィオーネ エレットラーレ	electoral district イレクトラル ディストリクト
〜役所	ufficio circoscrizionale *m.* ウッフィーチョ チルコスクリツィオナーレ	ward office ウォード オフィス
具(ぐ)	ingredienti *m.pl.* イングレディエンティ	ingredients イングリーディエンツ
杭(くい)	palo *m.* パーロ	stake, pile ステイク, パイル
悔い(くい)	rimpianto *m.* リンピアント	regret, remorse リグレト, リモース
クイーン	regina *f.* レジーナ	queen クウィーン
区域(くいき)	area *f.*, zona *f.* アーレア, ゾーナ	area, zone エアリア, ゾウン
クイズ	quiz *m.* クイッツ	quiz クウィズ
クインテット	quintetto *m.* クィンテット	quintet クウィンテト
食う(くう)	mangiare, prendere マンジャーレ, プレンデレ	eat, have, take イート, ハヴ, テイク
(蚊が)	pungere, mordere プンジェレ, モルデレ	bite, sting バイト, スティング
(ガソリンを)	consumare コンスマーレ	consume コンスーム
空間(くうかん)	spazio *m.* スパーツィオ	space, room スペイス, ルーム
空気(くうき)	aria *f.* アーリア	air エア
(雰囲気)	atmosfera *f.* アトモスフェーラ	atmosphere アトモスフィア
空軍(くうぐん)	aeronautica *f.* アエロナウティカ	air force エア フォース

日	伊	英
空港(くうこう)	aeroporto *m.* アエロポルト	airport エアポト
空襲(くうしゅう)	incursione aerea *f.* インクルズィオーネ アエーレア	air raid エア レイド
(空爆)	bombardamento aereo *m.* ボンバルダメント アエーレオ	aerial bombardment エアリアル バンバードメント
偶数(ぐうすう)	numero pari *m.* ヌーメロ パーリ	even number イーヴン ナンバ
空席(くうせき)	posto libero *m.* ポスト リーベロ	vacant seat ヴェイカント スィート
(欠員)	posto vacante *m.* ポスト ヴァカンテ	vacant position ヴェイカント ポズィション
偶然(ぐうぜん)	caso *m.*, casualità *f.* カーゾ, カズアリタ	chance, accident チャンス, アクスィデント
〜の	casuale, accidentale カズアーレ, アッチデンターレ	casual, accidental キャジュアル, アクスィデンタル
〜に	per caso ペル カーゾ	by chance バイ チャンス
空想(くうそう)	fantasia *f.* ファンタズィーア	idle fancy アイドル ファンスィ
〜する	fantasticare ファンタスティカーレ	fancy ファンスィ
偶像(ぐうぞう)	idolo *m.* イードロ	idol アイドル
空中ブランコ(くうちゅう)	trapezio *m.* トラペーツィオ	trapeze トラピーズ
空調(くうちょう)	climatizzazione *f.* クリマティッザツィオーネ	air conditioning エア コンディショニング
(エアコン)	condizionatore(d'aria)*m.* コンディツィオナトーレ(ダーリア)	air conditioner エア コンディショナ
クーデター	colpo di stato *m.* コルポ ディ スタート	coup (d'etat) クー (デイター)
空白(くうはく)	spazio bianco *m.* スパーツィオ ビアンコ	blank ブランク
(欄外)	margine *m.* マルジネ	page margin ペイヂ マーヂン
空腹(くうふく)	fame *f.* ファーメ	hunger ハンガ
クーラー	condizionatore(d'aria)*m.* コンディツィオナトーレ (ダーリア)	air conditioner エア コンディショナ

日	伊	英
(冷却容器)	cooler *m.* クーレル	cooler クーラ
クオーツ	orologio al quarzo *m.* オロロージョ アルクアルツォ	quartz クウォーツ
区画 くかく	divisione *f.* ディヴィズィオーネ	division ディヴィジョン
～整理	nuova zonatura *f.* ヌオーヴァ ゾナトゥーラ	rezoning リゾウニング
九月 くがつ	settembre *m.* セッテンブレ	September セプテンバ
区間 くかん	tratto *m.* トラット	section セクション
(スポーツの)	tappa *f.* タッパ	stage ステイヂ
茎 くき	stelo *m.* ステーロ	stalk, stem ストーク, ステム
釘 くぎ	chiodo *m.* キオード	nail ネイル
～づけにする	inchiodare インキオダーレ	nail ネイル
区切り くぎ	fine *f.*, termine *m.* フィーネ, テルミネ	end エンド
～をつける	porre fine *a* ポッレ フィーネ	put an end *to* プト アン エンド
区切る くぎ	dividere ディヴィーデレ	divide ディヴァイド
草 くさ	erba *f.* エルバ	grass, herb グラス, ハーブ
臭い くさ	puzzolente, fetido プッツォレンテ, フェーティド	smelly, stinking スメリ, スティンキング
腐った くさ	marcio, putrido マルチョ, プートリド	rotten ラトン
鎖 くさり	catena *f.* カテーナ	chain チェイン
腐る くさ	marcire, andare a male マルチーレ, アンダーレ アッマーレ	rot, go bad ラト, ゴウ バド
串 くし	spiedo *m.*, spiedino *m.* スピエード, スピエディーノ	spit, skewer スピト, スキューア

日	伊	英
櫛(くし)	pettine *m.* ペッティネ	comb コウム
籤(くじ)	lotteria *f.* ロッテリーア	lot, lottery ラト, ラタリ
挫く(くじく) (捻挫)	prendere una storta a プレンデレ ウナ ストルタ	sprain, wrench スプレイン, レンチ
挫ける(くじける)	abbattersi アッバッテルスィ	be discouraged ビ ディスカリヂド
孔雀(くじゃく)	pavone(-a) *m.(f.)* パヴォーネ(ナ)	peacock ピーカク
嚔(くしゃみ)	starnuto *m.* スタルヌート	sneeze スニーズ
～をする	starnutire スタルヌティーレ	sneeze スニーズ
苦情(くじょう)	reclamo *m.*, lamentela *f.* レクラーモ, ラメンテーラ	complaint カンプレイント
～を言う	reclamare, lamentarsi レクラマーレ, ラメンタルスィ	complain コンプレイン
鯨(くじら)	balena *f.* バレーナ	whale ホウェイル
苦心(くしん)	sforzo *m.* スフォルツォ	pains, efforts ペインズ, エファツ
～する	ingegnarsi, sforzarsi インジェニャルスィ, スフォルツァルスィ	take pains, work hard テイク ペインズ, ワーク ハード
屑(くず)	rifiuti *m.pl.* リフューティ	waste, rubbish ウェイスト, ラビシュ
～入れ	cestino(dei rifiuti)*m.* チェスティーノ(デイ リフューティ)	trash can トラシュ キャン
ぐずぐずする	attardarsi, indugiare アッタルダルスィ, インドゥジャーレ	be slow ビ スロウ
くすぐったがる	soffrire il solletico ソッフリーレ イル ソッレーティコ	feel ticklish フィール ティクリシュ
くすぐる	solleticare ソッレティカーレ	tickle ティクル
崩す(くずす)	battere, rompere バッテレ, ロンペレ	pull down, break プル ダウン, ブレイク
(金を)	cambiare カンビアーレ	change チェインヂ
薬(くすり)	medicina *f.* メディチーナ	medicine, drug メディスィン, ドラグ

日	伊	英
～屋	farmacia *f.* ファルマチーア	pharmacy, drugstore ファーマスィ, ドラグストー
薬指	anulare *m.* アヌラーレ	the ring finger ザ リング フィンガ
崩れる	crollare クロッラーレ	crumble, collapse クランブル, カラプス
(形が)	deformarsi デフォルマルスィ	get out of shape ゲト アウト オヴ シェイプ
(天気が)	guastarsi グァスタルスィ	break ブレイク
くすんだ	scuro, spento スクーロ, スペント	somber サンバ
癖	abitudine *f.* アビトゥーディネ	habit ハビト
癖毛	riccioli ribelli *m.pl.* リッチョリ リベッリ	frizzy hair フリズィ ヘア
管	tubo *m.*, canna *f.* トゥーボ, カンナ	pipe, tube パイプ, テューブ
具体的な	concreto コンクレート	concrete カンクリート
砕く	spezzare, rompere スペッツァーレ, ロンペレ	break, smash ブレイク, スマシュ
砕ける	spezzarsi, rompersi スペッツァルスィ, ロンペルスィ	break, be broken ブレイク, ビ ブロウクン
果物	frutta *f.* フルッタ	fruit フルート
～屋	fruttivendolo(-a) *m.(f.)* フルッティヴェンドロ (ラ)	fruit store フルート ストー
下らない	frivolo, vano フリーヴォロ, ヴァーノ	trifling, trivial トライフリング, トリヴィアル
下り	discesa *f.* ディッシェーザ	descent ディセント
(列車)	ascendente *m.* アシェンデンテ	down train ダウン トレイン
下る	scendere シェンデレ	go down, descend ゴウ ダウン, ディセンド
(命令などが)	essere dato エッセレ ダート	be issued ビ イシュード
口	bocca *f.* ボッカ	mouth マウス

日	伊	英
<ruby>愚痴<rt>ぐち</rt></ruby>	brontolio *m.* ブロントリーオ	idle complaint アイドル カンプレイント
<ruby>口<rt>くち</rt></ruby>癖	intercalare *m.* インテルカラーレ	mannerism マナリズム
<ruby>口<rt>くち</rt></ruby>喧嘩	litigio *m.*, bisticcio *m.* リティージョ, ビスティッチォ	quarrel クウォレル
<ruby>口<rt>くち</rt></ruby>答えする	ribattere, rimbeccare リバッテレ, リンベッカーレ	talk back トーク バク
<ruby>嘴<rt>くちばし</rt></ruby>	becco *m.* ベッコ	bill, beak ビル, ビーク
<ruby>口<rt>くち</rt></ruby>髭	baffi *m.pl.* バッフィ	mustache マスタシュ
<ruby>唇<rt>くちびる</rt></ruby>	labbro *m.*(le labbra *f.pl.*) ラッブロ (レラッブラ)	lip リプ
<ruby>口<rt>くち</rt></ruby>笛	fischio *m.* フィスキオ	whistle (ホ)ウィスル
〜を吹く	fischiare フィスキアーレ	give a whistle ギヴ ア ホウィスル
<ruby>口<rt>くち</rt></ruby>紅	rossetto *m.* ロッセット	rouge, lipstick ルージュ, リプスティク
<ruby>口<rt>くち</rt></ruby>調	tono *m.* トーノ	tone トウン
<ruby>靴<rt>くつ</rt></ruby>	scarpe *f.pl.* スカルペ	shoes シューズ
〜を履く	mettersi メッテルスィ	put on プタン
〜を脱ぐ	togliersi トッリエルスィ	take off テイコーフ
〜を磨く	lucidare, pulire ルチダーレ, プリーレ	polish, shine パリシュ, シャイン
〜墨	lucido da scarpe *m.* ルーチド ダ スカルペ	shoe polish シュー パリシュ
〜紐	laccio da scarpe *m.* ラッチョ ダ スカルペ	shoestring シューストリング
〜べら	calzascarpe *m.* カルツァスカルペ	shoehorn シューホーン
〜屋	calzoleria *f.* カルツォレリーア	shoe store シュー ストー
<ruby>苦痛<rt>くつう</rt></ruby>	pena *f.*, dolore *m.* ペーナ, ドローレ	pain ペイン

日	伊	英
<ruby>覆<rt>くつがえ</rt></ruby>す	rovesciare, capovolgere ロヴェッシャーレ, カポヴォルジェレ	upset アプセト
クッキー	biscotto *m.* ビスコット	cookie, biscuit クキ, ビスキト
<ruby>靴下<rt>くつした</rt></ruby>	calze *f.pl.*, calzini *m.pl.* カルツェ, カルツィーニ	socks, stockings サクス, スタキングズ
クッション	cuscino *m.* クッシーノ	cushion クション
<ruby>屈折<rt>くっせつ</rt></ruby>	flessione *f.* フレッスィオーネ	refraction リーフラクション
<ruby>寛<rt>くつろ</rt></ruby>ぐ	mettersi a *proprio* agio メッテルスィ ア アージョ	make *oneself* at home メイク アト ホウム
<ruby>句読点<rt>くとうてん</rt></ruby>	punteggiatura *f.* プンテッジャトゥーラ	punctuation marks パンクチュエイション マークス
<ruby>口説<rt>くど</rt></ruby>く	persuadere ペルスアデーレ	persuade パスウェイド
（女性を）	corteggiare コルテッジャーレ	make advances *to* メイク アドヴァーンスィズ
<ruby>国<rt>くに</rt></ruby>	paese *m.* パエーゼ	country カントリ
（祖国）	patria *f.* パートリア	fatherland ファーザランド
（国家）	stato *m.* スタート	state ステイト
<ruby>苦悩<rt>くのう</rt></ruby>	sofferenza *f.*, angoscia *f.* ソッフェレンツァ, アンゴッシャ	suffering, agony サファリング, アゴニ
<ruby>配<rt>くば</rt></ruby>る	distribuire, consegnare ディストリブイーレ, コンセニャーレ	distribute, deliver ディストリビュト, ディリヴァ
<ruby>首<rt>くび</rt></ruby>	collo *m.* コッロ	neck ネク
（頭部）	testa *f.* テスタ	head ヘド
～になる	essere licenziato エッセレ リチェンツィアート	be fired ビ ファイアド
～を絞める	strangolare ストランゴラーレ	strangle ストラングル
～飾り	collana *f.* コッラーナ	necklace ネクレス
～回り	circonferenza del collo *f.* チルコンフェレンツァ デル コッロ	neck size ネク サイズ

日	伊	英
～輪	collare *m.* コッラーレ	collar カラ
<ruby>工夫<rt>くふう</rt></ruby>	artificio *m.*, idea *f.* アルティフィーチョ, イデーア	device, idea ディヴァイス, アイディア
～する	ideare, concepire イデアーレ, コンチェピーレ	devise, contrive ディヴァイズ, カントライヴ
<ruby>区別<rt>くべつ</rt></ruby>	distinzione *f.* ディスティンツィオーネ	distinction ディスティンクション
～する	distinguere ディスティングェレ	distinguish ディスティングウィシュ
<ruby>窪み<rt>くぼ</rt></ruby>	cavità *f.* カヴィタ	hollow ハロウ
<ruby>熊<rt>くま</rt></ruby>	orso(-a) *m.(f.)* オルソ(サ)	bear ベア
<ruby>組<rt>くみ</rt></ruby>	classe *f.* クラッセ	class クラス
(グループ)	gruppo *m.* グルッポ	group, team グループ, ティーム
(一揃い)	serie *f.* セーリエ	set セト
(一対)	paio *m.* パイオ	pair ペア
<ruby>組合<rt>くみあい</rt></ruby>	unione *f.*, sindacato *m.* ウニオーネ, スィンダカート	association, union アソウスィエイション, ユーニオン
<ruby>組み合わせ<rt>くみ あ</rt></ruby>	combinazione *f.* コンビナツィオーネ	combination カンビネイション
<ruby>組み合わせる<rt>くみ あ</rt></ruby>	combinare, accoppiare コンビナーレ, アッコッピアーレ	match マチ
<ruby>組み立てる<rt>くみ た</rt></ruby>	montare モンターレ	put together, assemble プト トゲザ, アセンブル
<ruby>汲む<rt>く</rt></ruby> (水を)	attingere アッティンジェレ	draw ドロー
<ruby>組む<rt>く</rt></ruby>	unire ウニーレ	unite *with* ユーナイト
足を～	accavallare le gambe アッカヴァッラーレ レ ガンベ	cross *one's* legs クロース レグズ
<ruby>雲<rt>くも</rt></ruby>	nuvola *f.* ヌーヴォラ	cloud クラウド
<ruby>蜘蛛<rt>くも</rt></ruby>	ragno *m.* ラーニョ	spider スパイダ

日	伊	英
〜の巣	ragnatela f. ラニャテーラ	cobweb カブウェブ
曇りの	nuvoloso ヌヴォローソ	cloudy クラウディ
曇る	diventare nuvoloso ディヴェンターレ ヌヴォローソ	become cloudy ビカム クラウディ
（レンズが）	appannarsi アッパンナルスィ	collect moisture カレクト モイスチャ
悔しがる	provare un disappunto プロヴァーレ ディザップント	be chagrined [vexed] ビ シャグリンド (ヴェクスト)
悔やむ	pentirsi, rammaricarsi ペンティルスィ, ランマリカルスィ	repent, regret リペント, リグレト
鞍	sella f. セッラ	saddle サドル
倉・蔵	deposito m., magazzino m. デポーズィト, マガッズィーノ	warehouse, storehouse ウェアハウス, ストーハウス
位	grado m., rango m. グラード, ランゴ	rank ランク
（数値の）	cifra f. チーフラ	digit ディヂト
暗い	buio, scuro ブーイオ, スクーロ	dark, gloomy ダーク, グルーミ
グライダー	aliante m. アリアンテ	glider グライダ
クライマックス	acme f., punto culminante m. アクメ, プント クルミナンテ	the climax ザ クライマクス
グラウンド	campo m. カンポ	ground グラウンド
クラクション	clacson m. クラクソン	horn ホーン
水母	medusa f. メドゥーザ	jellyfish ヂェリフィシュ
暮らし	vita f. ヴィータ	life, living ライフ, リヴィング
クラシック（な）	classico クラッスィコ	classic クラスィク
〜音楽	musica classica f. ムーズィカ クラッスィカ	classical music クラスィカル ミューズィク
暮らす	vivere ヴィーヴェレ	live, make a living リヴ, メイク ア リヴィング

日	伊	英
クラス	classe f. クラッセ	class クラス
～メート	compagno(-a) di classe m. コンパーニョ(ニャ) ディ クラッセ	classmate クラスメイト
グラス	bicchiere m. ビッキエーレ	glass グラス
グラタン	gratin m. グラテン	gratin グラタン
クラッカー	cracker m. クレケル	cracker クラカ
(爆竹)	petardo m., mortaretto m. ペタルド, モルタレット	cracker クラカ
ぐらつく	barcollare, traballare バルコッラーレ, トラバッラーレ	wobble, totter ワブル, タタ
(決心が)	esitare, tentennare エズィターレ, テンテンナーレ	waver ウェイヴァ
クラッチ	frizione f. フリツィオーネ	crutch クラチ
グラビア	fotoincisione f., rotocalco m. フォトインチズィオーネ, ロトカルコ	gravure グラヴュア
クラブ	circolo m., club m. チルコロ, クラブ(クレブ)	club クラブ
(ゴルフの)	mazza da golf f. マッツァ ダ ゴルフ	(golf) club (ゴルフ)クラブ
(トランプの)	fiori m.pl. フィオーリ	clubs クラブズ
グラフ	grafico m., diagramma m. グラーフィコ, ディアグランマ	graph グラフ
グラフィック	grafico グラーフィコ	graphic グラフィク
～アート	arte grafica f. アルテ グラーフィカ	the graphic arts ザ グラフィク アーツ
～デザイナー	graphic designer m.f. グラフィク デザイネル	graphic designer グラフィク ディザイナ
～デザイン	graphic design m. グラフィク デザイン	graphic design グラフィク ディザイン
比べる	confrontare, paragonare コンフロンターレ, パラゴナーレ	compare カンペア
グラム	grammo m. グランモ	gram グラム

日	伊	英
暗闇(くらやみ)	buio *m.*, oscurità *f.* ブイオ, オスクリタ	darkness, the dark ダークネス, ザ ダーク
〜で[に]	al buio, nell'oscurità アル ブイオ, ネッロスクリタ	in the dark [darkness] イン ザ ダーク(ダークネス)
クラリネット	clarinetto *m.* クラリネット	clarinet クラリネト
グランドピアノ	pianoforte a coda *m.* ピアノフォルテ ア コーダ	grand piano グランド ピアーノウ
グランプリ	gran premio *m.* グラン プレーミオ	grand prix グランド プリー
栗(くり)	castagna *f.* カスターニャ	chestnut チェスナト
〜の木	castagno *m.* カスターニョ	chestnut tree チェスナト トゥリー
クリーニング	lavaggio *m.* ラヴァッジョ	cleaning クリーニング
〜屋(店)	lavanderia *f.* ラヴァンデリーア	laundry ローンドリ
クリーム	crema *f.* クレーマ	cream クリーム
グリーン	verde *m.* ヴェルデ	green グリーン
(ゴルフの)	piazzola *f.*, green *m.* ピアッツォーラ, グリン	(putting) green (パティング) グリーン
〜ピース	piselli *m.pl.* ピゼッリ	pea ピー
繰(く)り返(かえ)し	ripetizione *f.* リペティツィオーネ	repetition, refrain レペティション, リフレイン
繰(く)り返(かえ)す	ripetere リペーテレ	repeat リピート
繰(く)り越(こ)す	riportare リポルターレ	carry forward キャリ フォーワド
クリスタル	cristallo *m.* クリスタッロ	crystal クリスタル
クリスマス	Natale *m.* ナターレ	Christmas, Xmas クリスマス, クリスマス
〜イブ	la vigilia di Natale *f.* ラ ヴィジーリア ディ ナターレ	Christmas Eve クリスマス イーヴ
〜カード	biglietto d'auguri natalizi ビリエット ダウグーリ ナタリーツィ	Christmas card クリスマス カード

日	伊	英
～ツリー	albero di Natale *m.* アルベロ ディ ナターレ	Christmas tree クリスマス トリー
～プレゼント	strenna natalizia *f.* ストレンナ ナタリーツィア	Christmas present クリスマス プレゼント
グリセリン	glicerina *f.* グリチェリーナ	glycerin グリサリン
クリック	clic *m.* クリク	click クリク
～する	cliccare, fare clic クリッカーレ, ファーレ クリク	click クリク
クリップ	clip *f.*, fermaglio *m.* クリプ, フェルマッリォ	clip クリプ
クリニック	clinica *f.* クリーニカ	clinic クリニク
来る	venire, arrivare ヴェニーレ, アッリヴァーレ	come, arrive カム, アライヴ
（由来）	provenire, derivare プロヴェニーレ, デリヴァーレ	be due *to* ビ デュー
狂う	impazzire インパッツィーレ	go mad ゴウ マド
（機械が）	non funzionare bene ノン フンツィオナーレ ベーネ	be out of order ビ アウト オヴ オーダ
（夢中になる）	perdere la testa ペルデレ ラ テスタ	lose *one's* head ルーズ ヘド
グループ	gruppo *m.* グルッポ	group グループ
苦しい	penoso, duro ペノーゾ, ドゥーロ	painful, hard ペインフル, ハード
苦しみ	sofferenza *f.* ソッフェレンツァ	pain, suffering ペイン, サファリング
苦しむ	soffrire ソッフリーレ	suffer *from* サファ
苦しめる	tormentare トルメンターレ	torment トーメント
踝	caviglia *f.* カヴィッリァ	the ankle ジ アンクル
車	macchina *f.*, auto *f.* マッキナ, アウト	car カー
（乗物）	veicolo *m.* ヴェイーコロ	vehicle ヴィーイクル

日	伊	英
車椅子(くるまいす)	sedia a rotelle f. セーディア アッロテッレ	wheelchair (ホ)ウィールチェア
車海老(くるまえび)	gambero m. ガンベロ	prawn プローン
胡桃(くるみ)	noce f. ノーチェ	walnut ウォールナト
暮れ(く)	la fine dell'anno f. ラフィーネ デッランノ	the end of the year ジ エンド オヴ ザ イア
グレーの	grigio グリージョ	gray グレイ
グレープフルーツ	pompelmo m. ポンペルモ	grapefruit グレイプフルート
クレーム	reclamo m. レクラーモ	complaint カンプレイント
クレーン	gru f. グル	crane クレイン
～車	autogrù f. アウトグル	crane truck クレイン トラク
クレジット	credito m. クレーディト	credit クレディト
～カード	carta di credito f. カルタ ディ クレーディト	credit card クレディト カード
クレパス	pastello m. パステッロ	pastel crayon パステル クレイアン
クレヨン	pastello m. パステッロ	crayon クレイアン
呉れる(く)	dare, regalare ダーレ, レガラーレ	give, present ギヴ, プリゼント
暮れる(く)（日が）	farsi buio ファルスィ ブイオ	get dark ゲト ダーク
クレンザー	detersivo m. デテルスィーヴォ	cleanser クレンザ
黒(くろ)	nero m. ネーロ	black ブラク
クロアチア	Croazia f. クロアーツィア	Croatia クロウエイシャ
～の	croato クロアート	Croatian クロアーツィアン

日	伊	英
黒い	nero ネーロ	black ブラク
(日焼けして)	abbronzato アッブロンザート	sunburnt サンバーント
苦労	fatica *f.* ファティーカ	hardship ハードシプ
(厄介)	fastidio *m.*, guaio *m.* ファスティーディオ, グアイオ	trouble トラブル
(困難)	difficoltà *f.* ディッフィコルタ	difficulty ディフィカルティ
〜する	affaticarsi, soffrire アッファティカルスィ, ソッフリーレ	work hard, suffer ワーク ハード, サファ
玄人	esperto(-*a*) *m.*(*f.*), professionista *m.f.* エスペルト(タ), プロフェッスィオニスタ	expert, professional エクスパート, プロフェショナル
クローク	guardaroba *m.* グアルダローバ	cloakroom クロウクルム
クローバー	trifoglio *m.* トリフォッリォ	clover クロウヴァ
四つ葉の〜	quadrifoglio *m.* クァドリフォッリォ	four-leaf clover フォー リーフ クロウヴァ
グローバリゼーション	globalizzazione *f.* グロバリッザツィオーネ	globalization グロウバライゼイション
グローバルな	globale グロバーレ	global グロウバル
クロール	crawl *m.* クロル	the crawl ザ クロール
クローン	clone *m.* クローネ	clone クロウン
黒字	nero *m.*, attivo *m.* ネーロ, アッティーヴォ	the black ザ ブラク
クロスカントリー	cross-country *m.* クロスカウントリ	cross-country クロスカントリ
クロスワード	cruciverba *m.* クルチヴェルバ	crossword クロスワード
グロテスクな	grottesco グロッテスコ	grotesque グロウテスク
黒幕 (人)	eminenza grigia *f.* エミネンツァ グリージャ	wirepuller ワイアプラ

日	伊	英
クロワッサン	cornetto *m.*, brioche *f.* コルネット, ブリオッシュ	croissant クルワーサーン
<ruby>桑<rt>くわ</rt></ruby>	gelso *m.*, moro *m.* ジェルソ, モーロ	mulberry マルベリ
<ruby>鍬<rt>くわ</rt></ruby>	zappa *f.* ザッパ	hoe ホウ
<ruby>加える<rt>くわ</rt></ruby>	aggiungere アッジュンジェレ	add アド
<ruby>詳しい<rt>くわ</rt></ruby>	dettagliato デッタッリアート	detailed ディーテイルド
(熟知)	avere familiarità *con* アヴェーレ ファミリアリタ	be well acquainted *with* ビ ウェル アクウェインテド
<ruby>詳しく<rt>くわ</rt></ruby>	in dettaglio イン デッタッリォ	in detail イン ディテイル
<ruby>加わる<rt>くわ</rt></ruby>	partecipare *a*, unirsi *a* パルテチパーレ, ウニルスィ	join, participate チョイン
<ruby>郡<rt>ぐん</rt></ruby>	distretto *m.* ディストレット	county カウンティ
<ruby>軍艦<rt>ぐんかん</rt></ruby>	nave da guerra *f.* ナーヴェ ダ グエッラ	warship ウォーシプ
<ruby>軍事基地<rt>ぐんじきち</rt></ruby>	base militare *f.* バーゼ ミリターレ	military base ミリテリ ベイス
<ruby>君主<rt>くんしゅ</rt></ruby>	monarca *m.* モナルカ	monarch, sovereign マナク, サヴレン
<ruby>群衆<rt>ぐんしゅう</rt></ruby>[集]	folla *f.*, massa *f.* フォッラ, マッサ	crowd クラウド
～心理	psicologia della massa *f.* プスィコロジーア デッラ マッサ	mass psychology マス サイカロヂ
<ruby>軍縮<rt>ぐんしゅく</rt></ruby>	disarmo *m.* ディザルモ	disarmament ディサーマメント
<ruby>勲章<rt>くんしょう</rt></ruby>	decorazione *f.*, medaglia *f.* デコラツィオーネ, メダッリャ	decoration デコレイション
<ruby>軍人<rt>ぐんじん</rt></ruby>	militare *m.* ミリターレ	soldier, serviceman ソウルヂャ, サーヴィスマン
<ruby>燻製の<rt>くんせい</rt></ruby>	affumicato アッフミカート	smoked スモウクト
<ruby>軍隊<rt>ぐんたい</rt></ruby>	esercito *m.*, forze armate *f.pl.* エゼルチト, フォルツェ アルマーテ	army, troops アーミ, トループス

日	伊	英
ぐんび 軍備	armamenti *m.pl.* アルマメンティ	armaments アーマメンツ
ぐんぽうかいぎ 軍法会議	corte marziale *f.* コルテ マルツィアーレ	court-martial コートマーシャル
くんれん 訓練	esercizio *m.* エゼルチーツィオ	training トレイニング
〜する	esercitare, allenare エゼルチターレ, アッレナーレ	train, drill トレイン, ドリル

け, ケ

日	伊	英
け 毛　(体毛)	pelo *m.* ペーロ	hair ヘア
(頭髪)	capelli *m.pl.* カペッリ	hairs ヘアズ
けい 刑	pena *f.*, condanna *f.* ペーナ, コンダンナ	penalty, sentence ペナルティ, センテンス
けいい 敬意	rispetto *m.*, stima *f.* リスペット, スティーマ	respect リスペクト
けいえい 経営	amministrazione *f.*, gestione *f.* アンミニストラツィオーネ, ジェスティオーネ	management マニヂメント, アドミニストレイション
〜者	amministra*tore*(*-trice*)*m.*(*f.*), 　　ges*tore*(*-trice*) *m.*(*f.*) アンミニストラトーレ(トリーチェ), 　　　　ジェストーレ(トリーチェ)	manager マニヂャ
〜する	amministrare, gestire アンミニストラーレ, ジェスティーレ	manage, run マニヂ, ラン
けいおんがく 軽音楽	musica leggera *f.* ムーズィカ レッジェーラ	light music ライト ミューズィク
けいかい 警戒	guardia *f.*, vigilanza *f.* グアルディア, ヴィジランツァ	caution, precaution コーション, プリコーション
〜する	fare la guardia ファーレ ラ グアルディア	guard *against* ガード
けいかいな 軽快な	leggero, agile レッジェーロ, アージレ	light ライト
けいかく 計画	piano *m.*, progetto *m.* ピアーノ, プロジェット	plan, project プラン, プロヂェクト
〜する	progettare, programmare プロジェッターレ, プログランマーレ	plan, project プラン, プロヂェクト
けいか する 経過する	passare, trascorrere パッサーレ, トラスコッレレ	pass, go by パス, ゴウ バイ

日	伊	英
警官 (けいかん)	poliziotto(-a) *m.(f.)* ポリツィオット(タ)	police officer ポリース オーフィサ
景観 (けいかん)	vista *f.*, panorama *m.* ヴィスタ, パノラーマ	view, panorama ヴュー, パノラマ
景気 (けいき) (商売)	gli affari *m.pl.* リ アッファーリ	business ビズネス
(経済)	l'economia *f.* レコノミーア	the economy ジ イカノミ
～回復	ripresa economica *f.* リプレーザ エコノーミカ	economic recovery イーコナミク リカヴァリ
警句 (けいく)	aforisma *m.*, epigramma *m.* アフォリズマ, エピグランマ	aphorism, epigram アフォリズム, エパグラム
経験 (けいけん)	esperienza *f.* エスペリエンツァ	experience イクスピアリエンス
～する	fare esperienza, impratichirsi ファーレ エスペリエンツァ, インプラティキルスィ	experience, go through イクスピアリエンス, ゴウ スルー
稽古 (けいこ)	lezione *f.*, esercizio *m.* レツィオーネ, エゼルチーツィオ	practice, exercise プラクティス, エクササイズ
(芝居の)	prova *f.* プローヴァ	rehearsal リハーサル
～する	esercitarsi エゼルチタルスィ	practice, take lessons プラクティス, テイク レスンズ
敬語 (けいご)	espressione cortese *f.* エスプレッスィオーネ コルテーゼ	honorific アナリフィク
傾向 (けいこう)	tendenza *f.*, trend *m.* テンデンツァ, トレンド	tendency, trend テンデンスィ, トレンド
蛍光灯 (けいこうとう)	lampada fluorescente *f.* ランパダ フルオレシェンテ	fluorescent lamp フルーオレスント ランプ
警告 (けいこく)	ammonizione *f.*, ammonimento *m.* アンモニツィオーネ, アンモニメント	warning, caution ウォーニング, コーション
～する	ammonire, avvertire アンモニーレ, アッヴェルティーレ	warn, caution ウォーン, コーション
経済 (けいざい)	economia *f.* エコノミーア	economy イカノミ
～的な	economico エコノーミコ	economical イーコナミカル
～学	economia *f.* エコノミーア	economics イーコナミクス
～学者	economista *m.f.* エコノミスタ	economist イカノミスト

日	伊	英
〜学部	facoltà di economia f. ファコルタ ディ エコノミーア	department of economics ディパートメント オヴ イーコナミクス
けいさつ 警察	polizia f. ポリツィーア	the police ザ ポリース
〜署	questura f. クェストゥーラ	police station ポリース ステイション
けいさん 計算	calcolo m. カルコロ	calculation キャルキュレイション
〜機	calcolatrice f. カルコラトリーチェ	calculator キャルキュレイタ
〜する	calcolare, contare カルコラーレ, コンターレ	calculate, count キャルキュレイト, カウント
けいじ 掲示	annuncio m., avviso m. アンヌンチョ, アッヴィーゾ	notice ノウティス
〜板	tabella f., tabellone m. タベッラ, タベッローネ	bulletin [notice] board ブレティン(ノウティス)ボード
電光〜板	tabellone luminoso m. タベッローネ ルミノーゾ	electric scoreboard イレクトリク スコーボード
けいじ 刑事	agente investigativo m. アジェンテ インヴェスティガティーヴォ	detective ディテクティヴ
〜責任	responsabilità penale f. レスポンサビリタ ペナーレ	criminal liability クリミナル ライアビリティ
けいしき 形式	forma f., formalità f. フォルマ, フォルマリタ	form, formality フォーム, フォーマリティ
〜的な	formale フォルマーレ	formal フォーマル
けいじゅつ 芸術	arte f. アルテ	art アート
〜家	artista m. f. アルティスタ	artist アーティスト
けいしょう 敬称	titolo onorifico m. ティートロ オノリーフィコ	title of honor タイトル オヴ アナ
けいしょう 継承	successione f. スッチェッスィオーネ	succession サクセション
〜する	succedere スッチェーデレ	succeed to サクスィード
けいしょく 軽食	spuntino m. スプンティーノ	light meal ライト ミール
けいず 系図	genealogia f. ジェネアロジーア	genealogy ヂーニアロヂィ

日	伊	英
(家系図)	albero genealogico *m.* アルベロ ジェネアロージコ	family tree ファミリ トリー
継続する	continuare コンティヌアーレ	continue カンティニュー
軽率な	imprudente, disattento インプルデンテ, ディザッテント	careless, rash ケアレス, ラシュ
携帯する	portare con sé ポルターレ コン セ	carry, bring キャリ, ブリング
携帯電話	cellulare *m.*, telefonino *m.* チェッルラーレ, テレフォニーノ	cellular phone セリュラ フォウン
携帯用の	portatile ポルターティレ	portable ポータブル
警笛	allarme *m.* アッラルメ	alarm whistle アラーム ホウィスル
(車の)	clacson *m.* クラクソン	horn ホーン
毛糸	lana *f.* ラーナ	wool ウル
～の	di lana ディ ラーナ	woolen ウルン
経度	longitudine *f.* ロンジトゥーディネ	longitude ランヂテュード
系統	sistema *m.* スィステーマ	system スィステム
芸人	artista *m.f.* アルティスタ	artiste アーティースト
(寄席の)	fantasista *m.f.* ファンタズィスタ	vaudevillian ヴォードヴィリアン
芸能	spettacolo *m.* スペッターコロ	entertainments エンタテインメンツ
～界	mondo dello spettacolo *m.* モンド デッロ スペッターコロ	the world of show business ザ ワールド オヴ ビズネス
～人	artista *m.f.* アルティスタ	artiste アーティースト
競馬	gara ippica *f.* ガーラ イッピカ	horse racing ホース レイスィング
～場	ippodromo *m.* イッポードロモ	race track レイス トラク
軽薄な	frivolo, leggero フリーヴォロ, レッジェーロ	frivolous フリヴォラス

日	伊	英
けいひ 経費	spesa *f.* スペーザ	expenses イクスペンスィズ
けいび 警備	guardia *f.*, vigilanza *f.* グアルディア, ヴィジランツァ	defense, guard ディフェンス, ガード
〜員	guardia *f.* グアルディア	guard ガード
けいひん 景品	premio *m.*, omaggio *m.* プレーミオ, オマッジョ	premium プリーミアム
けいべつ 軽蔑	disprezzo *m.* ディスプレッツォ	contempt, scorn カンテンプト, スコーン
〜する	disprezzare ディスプレッツァーレ	despise, scorn ディスパイズ, スコーン
けいほう 警報	allarme *m.* アッラルメ	warning, alarm ウォーニング, アラーム
けいむしょ 刑務所	prigione *f.*, carcere *m.* プリジョーネ, カルチェレ	prison プリズン
けいやく(しょ) 契約(書)	contratto *m.* コントラット	contract カントラクト
〜する	fare un contratto ファーレ ウン コントラット	contract コントラクト
〜を取消す	annullare un contratto アンヌッラーレ ウン コントラット	cancel a contract キャンセル ア カントラクト
〜を更新する	rinnovare un contratto リンノヴァーレ ウン コントラット	renew a contract リニュー ア カントラクト
〜金	ingaggio *m.* インガッジョ	contract deposit カントラクト ディパズィット
けいゆ 経由	via ヴィーア	via ヴァイア
けいようし 形容詞	aggettivo *m.* アッジェッティーヴォ	adjective アヂクティヴ
けいり 経理	contabilità *f.* コンタビリタ	accounting アカウンティング
けいりゅう 渓流	torrente *m.* トッレンテ	mountain stream マウンテン ストリーム
けいりん 競輪	keirin *m.* ケイリン	*keirin* ケイリン
(自転車競走)	corsa ciclistica *f.* コルサ チクリスティカ	bike race バイク レイス
けいれき 経歴	carriera *f.* カッリエーラ	career カリア

日	伊	英
けいれん 痙攣	crampo *m.*, convulsione *f.* クランポ, コンヴルスィオーネ	cramp, convulsion クランプ, スパズム
けいろう ひ 敬老の日	Festa degli anziani *f.* フェスタ デッリ アンツィアーニ	Senior Citizens' Day スィーニャ スィティズンズ デイ
ケーキ	dolce *m.*, torta *f.* ドルチェ, トルタ	cake ケイク
ケース	cassetta *f.* カッセッタ	case ケイス
（場合）	caso *m.* カーゾ	case ケイス
ゲート	entrata *f.*, porta *f.* エントラータ, ポルタ	gate ゲイト
搭乗〜	uscita *f.* ウッシータ	boarding gate ボーディング ゲイト
ケーブル（線）	cavo *m.* カーヴォ	cable ケイブル
〜カー	funicolare *f.* フニコラーレ	cable car ケイブル カー
ゲーム	gioco *m.* ジョーコ	game ゲイム
（試合）	partita *f.* パルティータ	game ゲイム
〜センター	sala giochi *f.* サーラ ジョーキ	arcade, game center アーケイド, ゲイム センタ
けが 怪我	ferita *f.* フェリータ	wound, injury ウーンド, インヂュリ
〜する	ferirsi フェリルスィ	get hurt ゲト ハート
げか 外科	chirurgia *f.* キルルジーア	surgery サーチャリ
〜医	chirurgo(-*a*) *m.*(*f.*) キルルゴ(ガ)	surgeon サーヂョン
けがわ 毛皮	pelliccia *f.* ペッリッチャ	fur ファー
げき 劇	dramma *m.*, teatro *m.* ドランマ, テアートロ	play プレイ
〜的な	drammatico ドランマーティコ	dramatic ドラマティク
げきじょう 劇場	teatro *m.* テアートロ	theater スィアタ

日	伊	英
げきだん 劇団	compagnia teatrale *f.* コンパンニーア テアトラーレ	theatrical company スィアトリカル カンパニ
げきつう 激痛	dolore acuto *m.*, spasimo *m.* ドローレ アクート, スパーズィモ	acute pain, pang アキュート ペイン, パング
げきど 激怒	furia *f.* フーリア	rage, fury レイヂ, フュアリ
～する	infuriare インフリアーレ	rage, get fury レイヂ, ゲト フュアリ
けぎら 毛嫌い	disgusto *m.*, fobia *f.* ディズグスト, フォビーア	dislike, aversion ディスライク, アヴァージョン
げきれい 激励	incoraggiamento *m.* インコラッジャメント	encouragement インカーリヂメント
～する	incoraggiare インコラッジャーレ	encourage インカーリヂ
けさ 今朝	stamattina *f.* スタマッティーナ	this morning ズィス モーニング
げざい 下剤	purgante *m.*, lassativo *m.* プルガンテ, ラッサティーヴォ	purgative, laxative パーガティヴ, ラクサティヴ
けし 芥子	papavero *m.* パパーヴェロ	poppy パピ
げし 夏至	solstizio d'estate *m.* ソルスティーツィオ デスターテ	the summer solstice ザ サマ サルスティス
けしいん 消印	timbro postale *m.* ティンブロ ポスターレ	postmark ポウストマーク
けしき 景色	paesaggio *m.*, veduta *f.* パエサッジョ, ヴェドゥータ	scenery, view スィーナリ, ヴュー
け 消しゴム	gomma (da cancellare) *f.* ゴンマ（ダ カンチェラーレ）	eraser, rubber イレイサ, ラバ
げしゃ 下車する	scendere シェンデレ	get off ゲト オフ
げしゅく 下宿	pensione *f.* ペンスィオーネ	lodgings ラヂングズ
～する	stare a pensione スターレ ア ペンスィオーネ	lodge, room ラヂ, ルーム
げじゅん 下旬	l'ultima decade del mese *f.* ルルティマ デーカデ デル メーゼ	the latter part of a month ザ ラタ パート オヴ ア マンス
けしょう 化粧	trucco *m.* トルッコ	makeup メイカプ

日	伊	英
〜する	truccarsi トルッカルスィ	make up メイク アプ
〜室	toilette *f.* トワレット	ladies' room レイディズ ルーム
〜品	cosmetici *m.pl.* コズメーティチ	cosmetics カズメティクス
消す	spegnere, estinguere スペーニェレ, エスティングェレ	put out, extinguish プト アウト, イクスティングウィシュ
(電気などを)	spegnere スペーニェレ	turn out, turn off ターン アウト, ターン オフ
(文字などを)	cancellare カンチェッラーレ	erase イレイス
下水	acque di rifiuto *f.pl.* アックェ ディ リフュート	sewage シュイヂ
〜道	fogna *f.* フォーニャ	sewer スーア
(設備)	fognatura *f.* フォニャトゥーラ	drainage ドレイニヂ
削る	grattare, raschiare グラッターレ, ラスキアーレ	shave シェイヴ
(かんなで)	piallare ピアッラーレ	plane プレイン
(鉛筆を)	temperare テンペラーレ	sharpen シャープン
(削減)	ridurre, diminuire リドゥッレ, ディミヌイーレ	cut down, reduce カト ダウン, リデュース
桁 (数字の)	cifra *f.* チーフラ	figure フィギャ
けちな	avaro, tirchio アヴァーロ, ティルキオ	stingy スティンヂ
ケチャップ	ketchup *m.* ケチャプ	catsup ケチャプ
血圧	pressione del sangue *f.* プレッスィオーネ デル サングェ	blood pressure ブラド プレシャ
決意	risoluzione *f.* リソルツィオーネ	resolution レゾルーション
〜する	prendere una risoluzione プレンデレ ウナ リソルツィオーネ	make up *one's* mind メイク アプ マインド
欠員	posto vacante *m.* ポスト ヴァカンテ	vacant post ヴェイカント ポウスト

日	伊	英
血液	sangue *m.* サングェ	blood ブラド
～型	gruppo sanguigno *m.* グルッポ サングイーニョ	blood type ブラド タイプ
～検査	esame del sangue *m.* エザーメ デル サングェ	blood test ブラド テスト
結果	risultato *m.*, esito *m.* リスルタート, エーズィト	result, consequence リザルト, カンスィクウェンス
結核	tubercolosi *f.* トゥベルコローズィ	tuberculosis テュバーキュロウスィス
欠陥	difetto *m.* ディフェット	defect, fault ディフェクト, フォルト
～のある	difettoso ディフェットーゾ	defective, faulty ディフェクティヴ, フォールティ
血管	vaso sanguigno *m.* ヴァーゾ サングイーニョ	blood vessel ブラド ヴェセル
（動脈）	arteria *f.* アルテーリア	artery アーテリ
（静脈）	vena *f.* ヴェーナ	vein ヴェイン
月刊誌	mensile *m.* メンスィーレ	monthly マンスリ
月給	(stipendio) mensile *m.* (スティペンディオ) メンスィーレ	(monthly) salary (マンスリ) サラリ
結局	dopotutto, in fondo ドーポトゥット, インフォンド	after all アフタ オール
欠勤	assenza *f.* アッセンツァ	absence アブセンス
月経	mestruazione *f.* メストルアツィオーネ	menstruation, period メンストルエイション, ピアリオド
月桂樹	alloro *m.* アッローロ	laurel ローラル
結構 (かなり)	abbastanza アッバスタンツァ	quite, rather クワイト, ラザ
月光	chiaro di luna *m.* キアーロ ディ ルーナ	moonlight ムーンライト
結婚	matrimonio *m.*, nozze *f.pl.* マトリモーニオ, ノッツェ	marriage マリヂ

日	伊	英
〜する	sposare, sposarsi スポザーレ, スポザルスィ	marry マリ
〜式	cerimonia nuziale *f.* チェリモーニア ヌツィアーレ	wedding(ceremony) ウェディング(セレモウニ)
〜指輪	fede *f.*, anello nuziale *m.* フェーデ, アネッロ ヌツィアーレ	wedding ring ウェディング リング
傑作	capolavoro *m.* カポラヴォーロ	masterpiece マスタピース
決算	chiusura dei conti *f.* キウズーラ デイ コンティ	settlement of accounts セトルメント アヴ アカウンツ
〜する	chiudere i conti キューデレ イ コンティ	settle an account セトル アン アカウント
決して	non... mai [affatto] ノン マーイ（アッファット）	never ネヴァ
月謝	onorario mensile *m.* オノラーリオ メンスィーレ	monthly fee マンスリ フィー
月収	reddito mensile *m.* レッディト メンスィーレ	monthly income マンスリ インカム
決勝	finale *f.* フィナーレ	the finals ザ ファイナルズ
結晶	cristallo *m.* クリスタッロ	crystal クリスタル
月食	eclissi lunare *f.* エクリッスィ ルナーレ	eclipse of the moon イクリプス オヴ ザ ムーン
決心	decisione *f.* デチズィオーネ	determination ディターミネイション
〜する	decidere, decidersi デチーデレ, デチーデルスィ	decide, determine ディサイド, ディターミン
血清	siero *m.* スィエーロ	serum スィアラム
欠席	assenza *f.* アッセンツァ	absence アブセンス
〜する	essere assente *a* エッセレ アッセンテ	be absent *from* ビ アブセント
決断	decisione *f.* デチズィオーネ	decision ディスィジョン
〜する	decidere デチーデレ	decide ディサイド
決定	decisione *f.* デチズィオーネ	decision, determination ディスィジョン, ディターミネイション

日	伊	英
〜する	decidere デチーデレ	decide, determine ディサイド, ディターミン
欠点	difetto *m.*, punto debole *m.* ディフェット, プント デーボレ	fault, weak point フォルト, ウィーク ポイント
血統	sangue *m.* サングェ	blood ブラド
（動物の）	pedigree *m.* ペディグリ	pedigree ペディグリー
げっぷ	rutto *m.* ルット	burp, belch バープ, ベルチ
〜をする	fare un rutto ファーレ ウン ルット	burp, belch バープ, ベルチ
結末	fine *f.*, conclusione *f.* フィーネ, コンクルズィオーネ	end, the result エンド, ザ リザルト
月末に	alla fine del mese, a fine mese アッラ フィーネ デル メーゼ, アッフィーネ メーゼ	at the end of the month アト ジ エンド オヴ ザ マンス
月曜日	lunedì *m.* ルネディ	Monday マンディ
結論	conclusione *f.* コンクルズィオーネ	conclusion カンクルージョン
解毒剤	antidoto *m.* アンティードト	antidote アンティドウト
解熱剤	antifebbrile *m.* アンティフェッブリーレ	antipyretic アンティパイレティク
気配	aria *f.*, segno *m.* アーリア, セーニョ	sign, indication サイン, インディケイション
仮病	malattia diplomatica *f.* マラッティーア ディプロマーティカ	feigned illness フェインド イルネス
〜を使う	simulare una malattia スィムラーレ ウナ マラッティーア	feign illness フェイン イルネス
下品な	volgare, osceno ヴォルガーレ, オッシェーノ	vulgar, coarse ヴァルガ, コース
毛深い	peloso, villoso ペローゾ, ヴィッローゾ	hairy ヘアリ
煙い	fumoso フモーゾ	smoky スモウキ
毛虫	bruco *m.* ブルーコ	caterpillar キャタピラ

日	伊	英
煙 (けむり)	fumo *m.* フーモ	smoke スモウク
獣 (けもの)	bestia *f.* ベスティア	beast ビースト
欅 (けやき)	olmo siberiano *m.* オルモ スィベリアーノ	zelkova(tree) ゼルコヴァ(トリー)
下落 (げらく)	ribasso *m.* リバッソ	fall フォール
下痢 (げり)	diarrea *f.* ディアッレーア	diarrhea ダイアリア
～する	avere la diarrea アヴェーレ ラ ディアッレーア	have diarrhea ハヴ ダイアリア
ゲリラ	guerrigliero(-a) *m.(f.)* グェッリッリエーロ (ラ)	guerrilla ガリラ
～戦(法)	guerriglia *f.* グェッリッリア	guerrilla warfare ガリラ ウォーフェア
蹴る (ける)	calciare, dare un calcio *a* カルチャーレ, ダーレ ウンカルチョ	kick キク
(拒絶)	respingere レスピンジェレ	reject リヂェクト
ゲレンデ	pista(da sci) *f.* ピスタ(ダシー)	(skiing) slope (スキーイング) スロウプ
険しい (けわしい)	ripido リーピド	steep スティープ
(顔付きが)	severo セヴェーロ	severe スィヴィア
剣 (けん)	spada *f.* スパーダ	sword ソード
券 (けん)	biglietto *m.* ビッリェット	ticket ティケト
(クーポン券)	tagliando *m.*, coupon *m.* タッリアンド, クポン	coupon キューパン
県 (けん)	provincia *f.* プロヴィンチャ	prefecture プリーフェクチャ
～知事	prefetto *m.* プレフェット	prefectural governor プリフェクチャラル ガヴァナ
～庁	prefettura *f.* プレフェットゥーラ	prefectural office プリフェクチャラル オーフィス
～立の	provinciale プロヴィンチャーレ	prefectural プリフェクチャラル

日	伊	英
弦 (弓の)	corda *f.* コルダ	bowstring ボウストリング
(楽器の)	corda *f.* コルダ	string ストリング
原案	proposta originale *f.* プロポスタ オリジナーレ	the original bill ジ オリヂナル ビル
権威	autorità *f.* アウトリタ	authority オサリティ
～主義的な	autoritario アウトリタリオ	authoritarian オーソーリテアリアン
原因	causa *f.* カウザ	cause コーズ
幻影	illusione *f.* イッルズィオーネ	illusion イルージョン
検疫	quarantena *f.* クァランテーナ	quarantine クウォランティーン
現役	servizio attivo セルヴィーツィオ アッティーヴォ	active service アクティヴ サーヴィス
検閲	censura *f.* チェンスーラ	censorship センサシプ
喧嘩	lite *f.*, litigio *m.* リーテ, リティージョ	quarrel, dispute クウォレル, ディスピュート
(殴り合い)	zuffa *f.*, rissa *f.* ズッファ, リッサ	fight ファイト
～する	litigare *con* リティガーレ	quarrel *with* クウォレル
原価	prezzo di costo *m.* プレッツォ ディ コスト	the cost price ザ コスト プライス
限界	limite *m.* リーミテ	limit リミト
見学する	visitare ヴィズィターレ	visit ヴィズィト
厳格な	severo, rigido セヴェーロ, リージド	strict, rigorous ストリクト, リガラス
減価償却	ammortamento *m.* アンモルタメント	depreciation ディプリーシエイション
弦楽器	corde *f.pl.* コルデ	the strings ザ ストリングズ

日	伊	英
玄関(げんかん)	ingresso *m.*, entrata *f.* イングレッソ, エントラータ	the entrance ジ エントランス
元気な(げんき) (活気)	vigoroso, vivace, allegro ヴィゴローソ, ヴィヴァーチェ, アッレーグロ	cheerful チアフル
(健康な)	di buona salute, sano ディ ブオーナ サルーテ, サーノ	healthy, well ヘルスィ, ウェル
研究(けんきゅう)	studio *m.*, ricerca *f.* ストゥーディオ, リチェルカ	study, research スタディ, リサーチ
～者	studioso(-a) *m.(f.)* ストゥディオーソ(ザ)	student ステューデント
～所	laboratorio di ricerca *m.* ラボラトーリオ ディ リチェルカ	laboratory ラブラトーリ
～する	studiare, fare ricerche *su* ストゥディアーレ, ファーレ リチェルケ	study, make researches *in* スタディ, メイク リサーチィズ
謙虚な(けんきょ)	modesto, umile モデスト, ウーミレ	modest マデスト
現金(げんきん)	contanti *m.pl.* コンタンティ	cash キャシュ
～で	in contanti イン コンタンティ	in cash イン キャシュ
～自動預入 支払機	bancomat *m.* バンコマット(バンコマット)	A.T.M. エイティーエム
原形(げんけい)	forma originale *f.* フォルマ オリジナーレ	the original form ジ オリヂナル フォーム
原型(げんけい)	prototipo *m.* プロトーティポ	prototype プロウトタイプ
献血(けんけつ)	donazione di sangue *f.* ドナツィオーネ ディ サングェ	blood donation ブラド ドウネイション
権限(けんげん)	competenza *f.* コンペテンツァ	competence カンピテンス
言語(げんご)	lingua *f.* リングァ	language ラングウィヂ
～学	linguistica *f.* リングイスティカ	linguistics リングウィスティクス
健康(けんこう)	salute *f.* サルーテ	health ヘルス
～な	sano, di buona salute サーノ, ディ ブオーナ サルーテ	healthy, sound ヘルスィ, サウンド

日	伊	英
～診断	visita medica *f.* ヴィーズィタ メーディカ	check up チェク アプ
～保険	mutua *f.* ムートゥア	health insurance ヘルス インシュアランス
原稿	manoscritto *m.*, bozza *f.* マノスクリット, ボッツァ	manuscript, copy マニュスクリプト, カピ
現行犯	delitto [reato] flagrante *m.* デリット(レアート)フラグランテ	flagrant offense フレイグラント オフェンス
原告	querelante *m.f.* クェレランテ	plaintiff プレインティフ
建国記念日	Festa della fondazione dello Stato *f.* フェスタ デッラ フォンダツィオーネ デッロ スタート	National Foundation Day ナショナル ファウンデイション デイ
拳骨	pugno *m.* プーニョ	fist フィスト
検査	ispezione *f.*, esame *m.* イスペツィオーネ, エザーメ	inspection, examination インスペクション, イグザミネイション
～する	ispezionare, esaminare イスペツィオナーレ, エザミナーレ	inspect, examine インスペクト, イグザミン
現在	presente *m.* プレゼンテ	the present ザ プレズント
～分詞	participio presente *m.* パルティチーピオ プレゼンテ	present participle プレズント パーティスィプル
原作	originale *m.* オリジナーレ	the original ジ オリヂナル
検索する	consultare, cercare コンスルターレ, チェルカーレ	refer *to*, retrieve リファー, リトリーヴ
検札	controllo dei biglietti *m.* コントロッロ デイ ビッリェッティ	inspection of tickets インスペクション オヴ ティケツ
～係	controllore(-a) *m.(f.)* コントロッローレ(ラ)	ticket inspector ティケト インスペクタ
検事	procura*tore*(-*trice*) *m.(f.)* プロクラトーレ(トリーチェ)	public prosecutor パブリク プラスィキュータ
原子	atomo *m.* アートモ	atom アトム
～爆弾	bomba atomica *f.* ボンバ トーミカ	atomic bomb アタミク バム
～力	energia atomica *f.* エネルジーア アトーミカ	atomic energy アタミク エナヂ
～力発電所	centrale nucleare *f.* チェントラーレ ヌクレアーレ	nuclear power plant ニュークリア パウア プラント

日	伊	英
<ruby>原始<rt>げんし</rt></ruby>(の)	primitivo プリミティーヴォ	primitive プリミティヴ
～時代	i tempi primitivi *m.pl.* イ テンピ プリミティーヴィ	the primitive age ザ プリミティヴ エイヂ
～林	foresta vergine *f.* フォレスタ ヴェルジネ	virgin forest ヴァーヂン フォーレスト
<ruby>現実<rt>げんじつ</rt></ruby>	realtà *f.* レアルタ	reality, actuality リアリティ, アクチュアリティ
～の	reale レアーレ	real, actual リーアル, アクチュアル
<ruby>堅実<rt>けんじつ</rt></ruby>な	stabile, solido スタービレ, ソーリド	steady ステディ
<ruby>元首<rt>げんしゅ</rt></ruby>	sovrano(-a) *m.(f.)* ソヴラーノ(ナ)	sovereign サヴレン
<ruby>研修<rt>けんしゅう</rt></ruby>	addestramento *m.* アッデストラメント	study, training スタディ, トレイニング
～所	centro d'addestramento *m.* チェントロ ダッデストラメント	training institute トレイニング インスティテュート
～期間	periodo di addestramento *m.* ペリーオド ディ アッデストラメント	training period トレイニング ピアリアド
～生	tirocinante *m.f.*, apprendista *m.f.* ティロチナンテ, アップレンディスタ	trainee トレイニー
<ruby>拳銃<rt>けんじゅう</rt></ruby>	pistola *f.* ピストーラ	pistol, revolver ピストル, リヴァルヴァ
<ruby>現住所<rt>げんじゅうしょ</rt></ruby>	indirizzo attuale *m.* インディリッツォ アットゥアーレ	present address プレズント アドレス
<ruby>厳重<rt>げんじゅう</rt></ruby>な	severo, rigoroso セヴェーロ, リゴローゾ	strict, severe ストリクト, スィヴィア
<ruby>懸賞<rt>けんしょう</rt></ruby>	premio *m.* プレーミオ	prize プライズ
<ruby>減少<rt>げんしょう</rt></ruby>	diminuzione *f.*, riduzione *f.* ディミヌツィオーネ, リドゥツィオーネ	decrease, reduction ディークリース, リダクション
～する	diminuire ディミヌイーレ	decrease ディクリース
<ruby>現象<rt>げんしょう</rt></ruby>	fenomeno *m.* フェノーメノ	phenomenon フィナメノン
<ruby>現状<rt>げんじょう</rt></ruby>	stato attuale *m.*, status quo *m.* スタート アットゥアーレ, スタートゥス クオ	the present condition ザ プレズント カンディション
<ruby>原色<rt>げんしょく</rt></ruby>	colore primario *m.* コローレ プリマーリオ	primary color プライメリ カラ

日	伊	英
けんしんてき 献身的な	devoto, dedicato デヴォート, デディカート	devoted, dedicated ディヴォウテド, デディケイテド
げんぜい 減税	riduzione delle imposte *f.* リドゥツィオーネ デッレ インポステ	tax reduction タクス リダクション
げんせいりん 原生林	foresta vergine *f.* フォレスタ ヴェルジネ	primeval forest プライミーヴァル フォリスト
けんせつ 建設	costruzione *f.* コストルツィオーネ	construction, building カンストラクション, ビルディング
～的な	costruttivo コストルッティーヴォ	constructive コンストラクティヴ
～する	costruire コストルイーレ	construct, establish カンストラクト, イスタブリシュ
けんぜん 健全な	sano, salubre サーノ, サルーブレ	sound, wholesome サウンド, ホウルサム
げんそ 元素	elemento *m.* エレメント	element エレメント
げんそう 幻想	illusione *f.* イッルズィオーネ	illusion イルージョン
げんぞう 現像	sviluppo *m.* ズヴィルッポ	development ディヴェロプメント
～する	sviluppare ズヴィルッパーレ	develop ディヴェロプ
げんそく 原則	principio *m.*, regola generale *f.* プリンチーピオ, レーゴラ ジェネラーレ	principle, general rule プリンスィプル, ヂェネラル ルール
けんそん 謙遜	modestia *f.*, umiltà *f.* モデスティア, ウミルタ	modesty, humility マディスティ, ヒューミリティ
～する	farsi umile, fare il modesto ファルスィ ウーミレ, ファーレ イル モデスト	be modest ビ マディスト
けんたい 倦怠	noia *f.*, tedio *m.* ノイア, テーディオ	weariness, ennui ウィアリネス, アーンウィー
げんだい 現代	il nostro tempo *m.*, l'oggi *m.* イル ノストロ テンポ, ロッジ	the present age, our time ザ プレゼント エイヂ, アウア タイム
～の	d'oggi, contemporaneo ドッジ, コンテンポラーネオ	present-day, contemporary プレズントデイ, コンテンポレリ
～的な	moderno モデルノ	modern マダン
げんち 現地	luogo *m.*, posto *m.* ルオーゴ, ポスト	the spot ザ スパト
～の	locale ロカーレ	local ロウカル

日	伊	英
～時間	ora locale f. オーラ ロカーレ	local time ロウカル タイム
建築	costruzione f. コストルツィオーネ	building, construction ビルディング, カンストラクション
（技術）	architettura f. アルキテットゥーラ	architecture アーキテクチャ
～家	architetto(-a) m.(f.) アルキテット(タ)	architect アーキテクト
顕著な	notevole, cospicuo ノテーヴォレ, コスピークオ	remarkable リマーカブル
検定	autorizzazione ufficiale f. アウトリッザツィオーネ ウッフィチャーレ	official approval オフィシャル アプルーヴァル
～試験	esame di abilitazione m. エザーメ ディ アビリタツィオーネ	certification examination サーティフィケイション イグザミネイション
限定	determinazione f., limitazione f. デテルミナツィオーネ, リミタツィオーネ	limitation リミテイション
～する	determinare, limitare デテルミナーレ, リミターレ	limit to リミト
減点	diminuzione di punti f. ディミヌツィオーネ ディ プンティ	demerit mark ディーメリト マーク
原点	punto di partenza m. プント ディ パルテンツァ	the starting point ザ スターティング ポイント
原典	(testo)originale m. (テスト)オリジナーレ	original text オリジナル テクスト
限度	limite m. リーミテ	limit リミト
検討	esame m. エザーメ	examination イグザミネイション
～する	esaminare エザミナーレ	examine イグザミン
見当	idea f. イデーア	guess ゲス
～をつける	indovinare インドヴィナーレ	guess ゲス
原動力	forza motrice f. フォルツァ モトリーチェ	motive power モウティヴ パウア
現に	in realtà, infatti インレアルタ, インファッティ	actually アクチュアリ
現場	luogo m., posto m. ルオーゴ, ポスト	the spot, the scene ザ スパト, ザ スィーン

日	伊	英
けんばん 鍵盤	tastiera *f.* タスティエーラ	keyboard キーボード
けんびきょう 顕微鏡	microscopio *m.* ミクロスコーピオ	microscope マイクロスコウプ
けんぶつ 見物	visita *f.* ヴィーズィタ	sight-seeing サイトスィーイング
～する	visitare ヴィズィターレ	see, visit スィー, ヴィズィト
げんぶん 原文	(testo)originale *m.* (テスト)オリジナーレ	the original text ジ オリヂナル テクスト
けんぽう 憲法	costituzione *f.* コスティトゥツィオーネ	constitution カンスティテューション
～記念日	Festa della Costituzione *f.* フェスタ デッラ コスティトゥツィオーネ	Constitution Day カンスティテューション デイ
げんぽん 原本	originale *m.* オリジナーレ	the original ジ オリヂナル
げんまい 玄米	riso integrale *m.* リーゾ インテグラーレ	brown rice ブラウン ライス
けんめい 賢明な	intelligente, prudente インテッリジェンテ, プルデンテ	wise, prudent ワイズ, プルーデント
けんめい 懸命に	duro, forte, con zelo ドゥーロ, フォルテ, コンゼーロ	hard, eagerly ハード, イーガリ
けんもん 検問	controllo *m.* コントロッロ	checkup チェカプ
けんやく 倹約	risparmio *m.*, economia *f.* リスパルミオ, エコノミーア	thrift, economy スリフト, イカノミ
～する	risparmiare リスパルミアーレ	economize イカノマイズ
げんゆ 原油	petrolio grezzo *m.* ペトローリオ グレッソ	crude oil クルード オイル
けんり 権利	diritto *m.* ディリット	right ライト
げんり 原理	principio *m.* プリンチーピオ	principle, theory プリンスィプル, スィオリ
げんりょう 原料	materia prima *f.* マテーリア プリーマ	raw materials ロー マティアリアルズ
けんりょく 権力	potere *m.*, autorità *f.* ポテーレ, アウトリタ	power, authority パウア, オサリティ

け

日	伊	英
げんろん 言論	opinione *f.*, parola *f.* オピニオーネ, パローラ	speech(and writing) スピーチ(アンド ライティング)
〜の自由	libertà di parola [opinione] リベルタ ディ パローラ(オピニオーネ)	freedom of speech フリーダム オヴ スピーチ

こ, こ

日	伊	英
こ 子	bambino(-a) *m.(f.)*, figlio(-a) *m.(f.)* バンビーノ(ナ), フィッリオ(リァ)	child, infant チャイルド, インファント
ご 碁	*go m.* ゴ	*go* ゴウ
〜盤	scacchiera da go *f.* スカッキエーラ ダ ゴ	go board ゴウ ボード
〜を打つ	giocare al go ジョカーレ アル ゴ	play go プレイ ゴウ
コアラ	koala *m.* コアーラ	koala コウアーラ
こい 鯉	carpa *f.* カルパ	carp カープ
こい 濃い (色が)	scuro, cupo スクーロ, クーポ	dark, deep ダーク, ディープ
(コーヒーが)	forte, ristretto フォルテ, リストレット	strong ストロング
(霧が)	fitto, denso フィット, デンソ	thick, dense スィク, デンス
こい 恋	amore *m.* アモーレ	love ラヴ
〜する	innamorarsi *di* インナモラルスィ	fall in love *with* フォール イン ラヴ
〜人	ragazzo(-a) *m.(f.)* ラガッツォ(ツァ)	love, sweetheart ラヴ, スウィートハート
ごい 語彙	vocabolario *m.* ヴォカボラーリオ	vocabulary ヴォウキャビュレリ
こい 故意に	apposta アッポスタ	on purpose オン パーパス
こいぬ 子犬	cucciolo *m.* クッチョロ	puppy パピ
コイン	gettone *m.* ジェットーネ	coin コイン
〜ランドリー	lavanderia a gettone *f.* ラヴァンデリーア ア ジェットーネ	laundromat, launderette ローンドラマト, ローンドレト

日	伊	英
〜ロッカー	armadietto a gettone *m.* アルマディエット アジェットーネ	coin-operated locker コインアパレイテド ラカ
<ruby>考案<rt>こうあん</rt></ruby>する	inventare, ideare インヴェンターレ, イデアーレ	devise ディヴァイズ
<ruby>好意<rt>こうい</rt></ruby>	favore *m.* ファヴォーレ	favor フェイヴァ
〜的な	favorevole, amichevole ファヴォレーヴォレ, アミケーヴォレ	favorable, friendly フェイヴァラブル, フレンドリ
<ruby>行為<rt>こうい</rt></ruby>	atto *m.*, azione *f.* アット, アツィオーネ	act, action, deed アクト, アクション, ディード
<ruby>校医<rt>こうい</rt></ruby>	medico scolastico *m.* メーディコ スコラスティコ	school doctor スクール ダクタ
<ruby>合意<rt>ごうい</rt></ruby>	accordo *m.*, consenso *m.* アッコルド, コンセンソ	agreement アグリーメント
<ruby>更衣室<rt>こういしつ</rt></ruby>	spogliatoio *m.* スポッリァトイオ	dressing room ドレスィング ルーム
<ruby>後遺症<rt>こういしょう</rt></ruby>	postumi *m.pl.* ポストゥミ	aftereffect アフタリフェクト
<ruby>強引<rt>ごういん</rt></ruby>に	con la forza コンラフォルツァ	by force バイ フォース
<ruby>豪雨<rt>ごうう</rt></ruby>	pioggia torrenziale *f.* ピオッジャ トッレンツィアーレ	heavy rain ヘヴィ レイン
<ruby>幸運<rt>こううん</rt></ruby>	fortuna *f.* フォルトゥーナ	fortune, luck フォーチュン, ラク
〜な	fortunato フォルトゥナート	fortunate, lucky フォーチュネト, ラキ
〜にも	per fortuna ペル フォルトゥーナ	fortunately フォーチュネトリ
<ruby>公園<rt>こうえん</rt></ruby>	parco *m.*, giardino pubblico *m.* パルコ, ジャルディーノ プッブリコ	park パーク
<ruby>公演<rt>こうえん</rt></ruby>	spettacolo *m.*, rappresentazione *f.* スペッターコロ, ラップレゼンタツィオーネ	public performance パブリク パフォーマンス
<ruby>後援<rt>こうえん</rt></ruby>	patrocinio *m.* パトロチーニオ	support, sponsorship サポート, スパンサシプ
〜する	patrocinare パトロチナーレ	sponsor スパンサ
<ruby>講演<rt>こうえん</rt></ruby>	conferenza *f.*, discorso *m.* コンフェレンツァ, ディスコルソ	lecture, speech レクチャ, スピーチ

日	伊	英
～する	fare una conferenza ファーレ ウナ コンフェレンツァ	lecture レクチャ
効果	effetto *m.*, efficacia *f.* エッフェット, エッフィカーチャ	effect, efficacy イフェクト, エフィカスィ
校歌	inno scolastico *m.* インノ スコラスティコ	school song スクール ソング
硬貨	moneta *f.* モネータ	coin コイン
高架	sopraelevata *f.* ソプラエレヴァータ	the el, elevated road ジ エル, エレヴェイテド ロウド
後悔	pentimento *m.*, rimorso *m.* ペンティメント, リモルソ	regret, remorse リグレト, リモース
～する	pentirsi *di* ペンティルスィ	regret リグレト
公害	inquinamento *m.* インクィナメント	pollution ポリューション
騒音～	inquinamento acustico *m.* インクィナメント アクースティコ	noise pollution ノイズ ポリューション
郊外	periferia *f.* ペリフェリーア	the suburbs ザ サバーブズ
号外	edizione straordinaria *f.* エディツィオーネ ストラオルディナーリア	extra エクストラ
公開する	aprire al pubblico アプリーレ アル プップリコ	open to the public オウプン トゥ ザ パブリク
航海する	navigare ナヴィガーレ	navigate ナヴィゲイト
光化学スモッグ	smog fotochimico *m.* ズモグ フォトキーミコ	photochemical smog フォウトウケミカル スマグ
合格する	superare スーペラーレ	pass パス
広角レンズ	grandangolare *m.* グランダンゴラーレ	wide-angle lens ワイダングル レンズ
高価な	caro, prezioso カーロ, プレツィオーゾ	expensive, precious イクスペンスィヴ, プレシャス
豪華な	lussoso, di lusso ルッソーゾ, ディ ルッソ	gorgeous, deluxe ゴーヂャス, デルクス
交換	scambio *m.* スカンビオ	exchange イクスチェインヂ

日	伊	英
〜する	scambiare スカンビアーレ	exchange イクスチェインヂ
〜留学生	studente(-*essa*) di scambio culturale *m.(f.)* ストゥデンテ(テッサ) ディ スカンビオ クルトゥラーレ	exchange student イクスチェインヂ ステューデント
睾丸 こうがん	testicoli *m.pl.* テスティーコリ	the testicles ザ テスティクルズ
強姦 ごうかん	stupro *m.* ストゥープロ	rape レイプ
抗癌剤 こうがんざい	anticancro *m.* アンティカンクロ	anticancer agent アンティキャンサ エイヂェント
交換手 こうかんしゅ	centralinista *m.f.* チェントラリニスタ	telephone operator テレフォウン アペレイタ
交換台 こうかんだい	centralino *m.* チェントラリーノ	switchboard スウィチボード
後期 こうき	la seconda metà *f.* ラ セコンダ メタ	the latter term ザ ラタ ターム
(二学期制)	il secondo semestre *m.* イル セコンド セメストレ	the second semester ザ セカンド セメスタ
抗議 こうぎ	protesta *f.* プロテスタ	protest プロテウスト
〜する	protestare *contro* プロテスターレ	protest *against* プロテスト
講義 こうぎ	lezione *f.* レツィオーネ	lecture レクチャ
〜する	dare lezioni ダーレ レツィオーニ	lecture レクチャ
集中〜	corso intensivo *m.* コルソ インテンスィーヴォ	intensive course インテンスィヴ コース
高気圧 こうきあつ	alta pressione *f.* アルタ プレッスィオーネ	high atmospheric pressure ハイ アトモスフェリク プレシャ
好奇心 こうきしん	curiosità *f.* クリオスィタ	curiosity キュアリアスィティ
〜の強い	curioso クリオーゾ	curious キュアリアス
高貴な こうき	nobile ノービレ	noble ノウブル
高級な こうきゅう	di prim'ordine, di lusso ディ プリモルディネ, ディ ルッソ	high-class ハイクラス

日	伊	英
こうきょ 皇居	Palazzo Imperiale *m.* パラッツォ インペリアーレ	the Imperial Palace ジ インピアリアル パレス
こうぎょう 工業	industria *f.* インドゥストリア	industry インダストリ
～の	industriale インドゥストリアーレ	industrial インダストリアル
～高校	isutituto tecnico industriale *m.* イスティトゥート テクニコ インドゥストリアーレ	technical high school テクニカル ハイ スクール
～大学	politecnico *m.* ポリテクニコ	tecnical college テクニカル カリヂ
～地帯	zona industriale *f.* ゾーナ インドゥストリアーレ	industrial area インダストリアル エアリア
こうぎょう 鉱業	industria mineraria *f.* インドゥストリア ミネラーリア	mining マイニング
こうきょうきょく 交響曲	sinfonia *f.* スィンフォニーア	symphony スィンフォニ
こうきょうだんたい 公共団体	ente pubblico *m.* エンテ プッブリコ	public organization パブリク オーガニゼイション
こうきょうの 公共の	pubblico プッブリコ	public, common パブリク, カモン
こうきょうりょうきん 公共料金	tariffa dei servizi pubblici *f.* タリッファ デイ セルヴィーツィ プッブリチ	public utility charges パブリク ユーティリティ チャーヂズ
ごうきん 合金	lega *f.* レーガ	alloy アロイ
こうぐ 工具	utensile *m.*, arnese *m.* ウテンスィーレ, アルネーゼ	tool トゥール
こうくう 航空	aviazione *f.* アヴィアツィオーネ	aviation エイヴィエイション
～会社	compagnia aerea *f.* コンパンニーア アエーレア	airline エアライン
～券	biglietto aereo *m.* ビッリェット アエーレオ	airline ticket エアライン ティケト
～便	posta aerea *f.* ポスタ アエーレア	airmail エアメイル
～母艦	portaerei *f.* ポルタエーレイ	aircraft carrier エアクラフト キャリア
こうけい 光景	spettacolo *m.*, scena *f.* スペッターコロ, シェーナ	spectacle, scene スペクタクル, スィーン
こうげい 工芸	artigianato *m.* アルティジャナート	craft クラフト

日	伊	英
ごうけい 合計	somma f., totale m. ソンマ, トターレ	the sum, total ザ サム, トウタル
〜する	fare la somma, sommare ファーレ ラ ソンマ, ソンマーレ	total, sum up トウタル, サム アプ
〜で	in totale, in tutto イントターレ, イントゥット	in all, altogether イン オール, オールトゥゲザ
こうけいき 好景気	prosperità f. プロスペリタ	prosperity, boom プラスペリティ, ブーム
こうけいしゃ 後継者	successore m. スッチェッソーレ	successor サクセサ
こうげき 攻撃	attacco m., assalto m. アッタッコ, アッサルト	attack, assault アタク, アソルト
〜する	attaccare, assalire アッタッカーレ, アッサリーレ	attack, charge アタク, チャーヂ
こうけつあつ 高血圧(症)	ipertensione f. イペルテンスィオーネ	high blood pressure ハイ ブラド プレシャ
こうけん 貢献	contributo m. コントリブート	contribution カントリビューション
〜する	contribuire a コントリブイーレ	contribute to カントリビュト
こうげん 高原	altopiano m. アルトピアーノ	plateau プラトウ
こうけんにん 後見人	tutore(-trice) m.(f.) トゥトーレ(トリーチェ)	guardian ガーディアン
こうご 口語	lingua parlata f. リングア パルラータ	colloquial language コロウクウィアル ラングウィヂ
〜の	colloquiale コッロクィアーレ	colloquial コロウクウィアル
こうこう 高校	liceo m. リチェーオ	high school ハイ スクール
〜生	studente(-essa) di liceo m.f. ストゥデンテ(テッサ) ディ リチェーオ	high school student ハイ スクール ステューデント
こうごう 皇后	imperatrice f. インペラトリーチェ	empress エンプレス
こうこがく 考古学	archeologia f. アルケオロジーア	archaeology アーキアロヂ
こうこく 広告	pubblicità f. プッブリチタ	advertisement, publicity アドヴァタイズメント, パブリスィティ
〜する	fare pubblicità f. ファーレ プッブリチタ	advertise, publicize アドヴァタイズ, パブリサイズ

日	伊	英
～代理店	agenzia pubblicitaria *f.* アジェンツィーア プップリチターリア	advertising agency アドヴァタイズィング エイチェンスィ
交互に	alternativamente アルテルナティヴァメンテ	alternately オールタネトリ
交差	incrocio *m.* インクローチョ	crossing クロスィング
～する	incrociarsi インクロチャルスィ	cross, intersect クロス, インタセクト
～点	incrocio *m.* インクローチョ	crossing, crossroads クロスィング, クロスロウヅ
講座	cattedra *f.* カッテドラ	chair チェア
（講義）	lezione *f.*, corso *m.* レツィオーネ, コルソ	lecture, course レクチャ, コース
口座	conto *m.* コント	account アカウント
交際	rapporti *m.pl.*, amicizia *f.* ラッポルティ, アミチーツィア	company, friendship カンパニ, フレンシプ
～する	avere relazioni *con* アヴェーレ レラツィオーニ コン	associate *with* アソウシエイト
～費	spese di rappresentanza *f.pl.* スペーゼ ディ ラップレゼンタンツァ	expense account イクスペンス アカウント
考察する	considerare コンスィデラーレ	consider コンスィダ
絞殺する	strangolare ストランゴラーレ	strangle ストラングル
降参	resa *f.* レーザ	surrender サレンダ
～する	arrendersi アッレンデルスィ	surrender *to* サレンダ
鉱山	mina *f.*, miniera *f.* ミーナ, ミニエーラ	mine マイン
高山	alta montagna *f.* アルタ モンターニャ	high mountain ハイ マウンテン
～植物	flora alpina *f.* フローラ アルピーナ	alpine plant アルパイン プラント
～病	mal di montagna *m.* マル ディ モンターニャ	mountain sickness マウンテン スィクネス
講師	insegnante *m.f.* インセニャンテ	lecturer, instructor レクチャラ, インストラクタ

日	伊	英
(講演の)	conferenziere(-a) m.(f.) コンフェレンツィエーレ(ラ)	lecturer, speaker レクチャラ, スピーカ
こうじ 工事	lavori m.pl., costruzione f. ラヴォーリ, コストルツィオーネ	work, construction ワーク, カンストラクション
～中(掲示)	Lavori in corso ラヴォーリ イン コルソ	Under Construction アンダ コンストラクション
こうしき 公式	formula f. フォルムラ	formula フォーミュラ
～の	ufficiale, formale ウッフィチャーレ, フォルマーレ	official, formal オフィシャル, フォーマル
こうしつ 皇室	famiglia imperiale f. ファミッリャ インペリアーレ	the Imperial Family ジ インピアリアル ファミリ
こうじつ 口実	pretesto m., scusa f. プレテスト, スクーザ	pretext, excuse プリーテクスト, イクスキューズ
こうしゃ 後者	questo(-a) m.(f.) クェスト(タ)	the latter ザ ラタ
こうしゃ 校舎	edificio scolastico m. エディフィーチョ スコラスティコ	schoolhouse スクールハウス
こうしゃ 公社	ente pubblico m. エンテ プッブリコ	public corporation パブリク コーポレイション
こうしゅう 公衆	pubblico m. プッブリコ	the public ザ パブリク
～の	pubblico プッブリコ	public パブリク
～衛生	igiene pubblica f. イジェーネ プッブリカ	public health パブリク ヘルス
～電話	telefono pubblico m. テレーフォノ プッブリコ	pay phone ペイ フォウン
こうしゅう 講習	corso m. コルソ	course コース
こうしゅけい 絞首刑	impiccagione f. インピッカジョーネ	hanging ハンギング
こうじゅつしけん 口述試験	orale m. オラーレ	oral examination オーラル イクザミネイション
こうじょ 控除	detrazione f. デトラツィオーネ	deduction ディダクション
～する	detrarre デトラッレ	deduct ディダクト
こうしょう 交渉	trattativa f., negoziato m. トラッタティーヴァ, ネゴツィアート	negotiations ニゴウシエイションズ

日	伊	英
〜する	trattare, negoziare トラッターレ, ネゴツィアーレ	negotiate *with* ニゴウシエイト
こうじょう 工場	fabbrica *f.*, officina *f.* ファッブリカ, オッフィチーナ	factory, plant ファクトリ, プラント
ごうじょう 強情な	ostinato, testardo オスティナート, テスタルド	obstinate アブスティネト
こうしょうにん 公証人	notaio(-*a*) *m.(f.)* ノタイオ(ア)	notary ノウタリ
こうしょきょうふしょう 高所恐怖症	acrofobia *f.* アクロフォビーア	acrophobia アクロフォウビア
こうしん 行進	marcia *f.*, sfilata *f.* マルチャ, スフィラータ	march, parade マーチ, パレイド
〜する	marciare マルチャーレ	march マーチ
こうしん 更新	rinnovo *m.* リンノーヴォ	renewal リニューアル
〜する	rinnovare リンノヴァーレ	renew リニュー
こうしんりょう 香辛料	spezie *f.pl.* スペーツィエ	spices スパイスィズ
こうすい 香水	profumo *m.* プロフーモ	perfume パーフューム
こうずい 洪水	alluvione *f.*, diluvio *m.* アッルヴィオーネ, ディルーヴィオ	flood, inundation フラド, イノンデイション
こうせい 構成	composizione *f.*, costituzione *f.* コンポズィツィオーネ, コスティトゥツィオーネ	composition カンポズィション
〜する	comporre, costituire コンポッレ, コスティトゥイーレ	compose, constitute カンポウズ, カンスティテュート
こうせい 校正	correzione delle bozze *f.* コッレツィオーネ デッレ ボッツェ	proofreading プルーフリーディング
〜する	correggere le bozze コッレッジェレ レ ボッツェ	proofread プルーフリード
ごうせい 合成	composizione *f.* コンポズィツィオーネ	composition カンポズィション
(化学)	sintesi *f.* スィンテズィ	synthesis スィンサスィス
〜する	comporre, sintetizzare コンポッレ, スィンテティッザーレ	compound, synthesize コンパウンド, スィンササイズ
〜樹脂	resina sintetica *f.* レーズィナ スィンテーティカ	synthetic resin スィンセティク レズィン

日	伊	英
こうせいだいじん **厚生大臣**	Ministro della Sanità *m.* ミニストロ デッラ サニタ	the Minister of Health and Welfare ザ ミニスタ オヴ ヘルス アンド ウェルフェア
こうせいとりひきいいんかい **公正取引委員会**	Commissione Antitrust *f.* コンミッスィオーネ アンティトラスト	the Fair Trade Commission ザ フェア トレイド コミション
こうせい **公正な**	equo, giusto エークォ, ジュスト	just, fair ヂャスト, フェア
こうせいぶっしつ **抗生物質**	antibiotico *m.* アンティビオーティコ	antibiotic アンティバイアティク
こうせん **光線**	raggio *m.*, luce *f.* ラッジョ, ルーチェ	ray, beam レイ, ビーム
こうぜん **公然と**	apertamente, pubblicamente アペルタメンテ, ププリカメンテ	openly, publicly オウプンリ, パブリクリ
こうそ **控訴**	appello *m.* アッペッロ	appeal アピール
こうそ **酵素**	enzima *m.* エンズィーマ	enzyme エンザイム
こうそう **香草**	erbette *f.pl.*, odori *m.pl.* エルベッテ, オドーリ	herb アーブ
こうそう **構想**	piano *m.*, concetto *m.* ピアーノ, コンチェット	plan, conception プラン, コンセプション
こうぞう **構造**	struttura *f.* ストルットゥーラ	structure ストラクチャ
こうそうけんちく **高層建築**	edificio alto *m.* エディフィーチョ アルト	high-rise ハイライズ
超〜	grattacielo *m.* グラッタチェーロ	skyscraper スカイスクレイパ
こうそく **校則**	regolamento scolastico *m.* レゴラメント スコラスティコ	school regulations スクール レギュレイションズ
こうそくどうろ **高速道路**	autostrada *f.* アウトストラーダ	expressway イクスプレスウェイ
こうたいし **皇太子**	principe ereditario *m.* プリンチペ エレディターリオ	the Crown Prince ザ クラウン プリンス
〜妃	moglie di principe ereditario *f.* モッリェ ディ プリンチペ エレディターリオ	the Crown Princess ザ クラウン プリンセス
こうたい **交替[代]する**	dare [darsi] il cambio ダーレ(ダルスィ)イル カンビオ	take turns テイク ターンズ

日	伊	英
こうたい 交替[代]で	a turno アットゥルノ	in turn, by turns イン ターン, バイ ターンズ
こうだい 広大な	vasto, immenso ヴァスト, インメンソ	vast, immense ヴァスト, イメンス
こうたく 光沢	lucidezza f., lustro m. ルチデッツァ, ルストロ	luster, gloss ラスタ, グロス
こうだん 公団	ente parastatale m. エンテ パラスタターレ	public corporation パブリック コーポレイション
こうちゃ 紅茶	tè m. テ	tea ティー
こうちょう 校長	preside m.f. プレースィデ	principal プリンスィパル
(小学校の)	direttore(-trice) m.(f.) ディレットーレ(トリーチェ)	principal プリンスィパル
こうつう 交通	traffico m. トラッフィコ	traffic トラフィク
～機関	trasporto m. トラスポルト	transportation トランスポーテイション
～規制	regolazione del traffico f. レゴラツィオーネ デル トラッフィコ	traffic regulations トラフィク レギュレイションズ
～事故	incidente stradale m. インチデンテ ストラダーレ	traffic accident トラフィク アクスィデント
～渋滞	ingorgo m. インゴルゴ	trafic jam トラフィク チャム
～標識	segnale stradale m. セニャーレ ストラダーレ	traffic sign トラフィク サイン
こうてい 皇帝	imperatore m. インペラトーレ	emperor エンペラ
こうてい 行程	itinerario m. イティネラーリオ	itinerary アイティナレリ
こうてい 肯定	affermazione f. アッフェルマツィオーネ	affirmation アファーメイション
～する	affermare a アッフェルマーレ	affirm アファーム
こうていかかく 公定価格	prezzo ufficiale m. プレッツォ ウッフィチャーレ	official price オフィシャル プライス
こうていぶあい 公定歩合	tasso ufficiale di sconto m. タッソ ウッフィチャーレ ディ スコント	off discount rate オーフ ディスカウント レイト
こうてきな 公的な	ufficiale, pubblico ウッフィチャーレ, プッブリコ	official, public オフィシャル, パブリク

日	伊	英
こうてつ 鋼鉄	acciaio *m.* アッチャイオ	steel スティール
こうてん 好転する	migliorare ミッリオラーレ	turn around ターン アラウンド
こうど 高度	altitudine *f.* アルティトゥーディネ	altitude アルティテュード
～な	progredito プログレディート	advanced アドヴァンスト
こうとう 喉頭	laringe *f.* ラリンジェ	the larynx ザ ラリンクス
～炎	laringite *f.* ラリンジーテ	laryngitis ラリンチャイティス
こうとう 高騰	rincaro *m.* リンカーロ	sudden rise サドン ライズ
～する	rincarare リンカラーレ	jump ジャンプ
こうどう 行動	azione *f.* アツィオーネ	action, conduct アクション, カンダクト
～する	agire アジーレ	act アクト
こうどう 講堂	aula magna *f.* アウラ マーニャ	hall, auditorium ホール, オーディトーリアム
ごうとう 強盗 （行為）	rapina *f.* ラピーナ	robbery, burglary ラバリ, バーグラリ
（人）	rapina*tore*(*-trice*) *m.*(*f.*) ラピナトーレ(トリーチェ)	robber, burglar ラパ, バーグラ
こうとうさいばんしょ 高等裁判所	corte d'appello *f.* コルテ ダッペッロ	high court ハイ コート
こうとう 口頭の	orale オラーレ	oral, verbal オーラル, ヴァーバル
こうどく 購読(料)	abbonamento *m.* アッボナメント	subscription サブスクリプション
こうないえん 口内炎	stomatite *f.* ストマティーテ	stomatitis ストウマタイティス
こうにん 後任	successore *m.* スッチェッソーレ	successor サクセサ
こうにん 公認の	ufficiale, autorizzato ウッフィチャーレ, アウトリッザート	official, approved オフィシャル, アプルーヴド

日	伊	英
こうねん 光年	anno luce *m.* アンノ ルーチェ	light-year ライトイヤー
こうねんき 更年期	menopausa *f.* メノパウザ	menopause メノポーズ
こうばい 勾配	pendenza *f.*, inclinazione *f.* ペンデンツァ, インクリナツィオーネ	slope, incline スロウプ, インクライン
こうはいの 後輩の	più giovane *di* ピウ ジョーヴァネ	junior *to* ヂューニア
こう 香ばしい	fragrante, aromatico フラグランテ, アロマーティコ	fragrant フレイグラント
こうはん 後半	secondo tempo *m.* セコンド テンポ	the latter half ザ ラタ ハフ
こうばん 交番	posto di polizia *m.* ポスト ディ ポリツィーア	police box ポリース バクス
ごうはん 合板	compensato *m.* コンペンサート	plywood プライウド
こうび 交尾	accoppiamento *m.* アッコッピアメント	copulation カピュレイション
こうひょうの 好評の	popolare, benvoluto ポポラーレ, ベンヴォルート	popular パピュラ
こうふく 幸福	felicità *f.* フェリチタ	happiness ハピネス
〜な	felice フェリーチェ	happy ハピ
こうぶつ 鉱物	minerale *m.* ミネラーレ	mineral ミナラル
こうぶつ(の) 好物(の)	preferito *m.* プレフェリート	favorite フェイヴァリト
こうふん 興奮	eccitazione *f.* エッチタツィオーネ	excitement イクサイトメント
〜する	eccitarsi エッチタルスィ	be excited ビ イクサイテド
こうぶんしょ 公文書	atto pubblico *m.* アット プッブリコ	official document オフィシャル ダキュメント
こうへいな 公平な	giusto, imparziale ジュスト, インパルツィアーレ	fair, impartial フェア, インパーシャル
ごうべんじぎょう 合弁事業	joint venture *f.* ジョイントヴェンチャル	joint venture ヂョイント ヴェンチャ

日	伊	英
こうほ **候補(者)**	candidato(-a) *m.(f.)* カンディダート(タ)	candidate キャンディデイト
こうぼ **酵母(菌)**	lievito *m.* リエーヴィト	yeast, leaven イースト, レヴン
こうほう **広報** (活動)	pubbliche relazioni *f.pl.* プッブリケ レラツィオーニ	public relations パブリック リレイションズ
〜課	ufficio stampa *m.* ウッフィーチョ スタンパ	public relations section パブリック リレイションズ セクション
こうぼう **工房**	studio *m.* ストゥーディオ	studio ステューディオウ
ごうほうてき **合法的な**	legale レガーレ	legal リーガル
こうま **子馬**	puledro(-a) *m.f.* プレードロ(ラ)	colt, filly コウルト, フィリ
ごうまん **傲慢な**	arrogante アッロガンテ	arrogant アロガント
こうみゃく **鉱脈**	filone *m.* フィローネ	vein of ore ヴェイン オヴ オー
こうみょう **巧妙な**	abile, ingegnoso アービレ, インジェニョーゾ	skillful, dexterous スキルフル, デクストラス
こうむいん **公務員**	(pubblico)ufficiale *m.* (プッブリコ)ウッフィチャーレ	public official パブリック オフィシャル
こうもく **項目**	voce *f.*, articolo *m.* ヴォーチェ, アルティーコロ	item, clause アイテム, クローズ
こうもり **蝙蝠**	pipistrello *m.* ピピストレッロ	bat バト
こうもん **校門**	portone di scuola *m.* ポルトーネ ディ スクオーラ	school gate スクール ゲイト
こうもん **肛門**	ano *m.* アーノ	anus エイナス
ごうもん **拷問**	tortura *f.* トルトゥーラ	torture トーチャ
こうや **荒野**	landa *f.*, deserto *m.* ランダ, デゼルト	the wilds ザ ワイルヅ
こうよう **紅葉**	arrossamento *m.*, foglie rosse *f.pl.* アッロッサメント, フォッリェ ロッセ	red leaves レド リーヴズ
〜する	diventare rosso ディヴェンターレ ロッソ	turn red ターン レド

日	伊	英
広葉樹	latifoglia f. ラティフォッリャ	broadleaf tree ブロードリーフ トリー
行楽	gita di piacere f. ジータ ディ ピアチェーレ	pleasure trip プレジャ トリップ
～客	gitante m.f. ジタンテ	holiday-maker ハリデイメイカ
小売り	vendita al dettaglio [minuto] f. ヴェンディタ アル デッタッリョ(ミヌート)	retail リーテイル
合理化	razionalizzazione f. ラツィオナリッザツィオーネ	rationalization ラショナリゼイション
効率	efficienza f. エッフィチェンツァ	efficiency イフィシェンスィ
～的な	efficiente エッフィチェンテ	efficient イフィシェント
合理的な	razionale ラツィオナーレ	rational ラショナル
公立の	pubblico プップリコ	public パブリク
交流	scambio m. スカンビオ	exchange イクスチェインヂ
(電流の)	corrente alternata f. コッレンテ アルテルナータ	alternating current オールタネイティング カーレント
～する	scambiare スカンビアーレ	exchange イクスチェインヂ
合流(点)	confluenza f. コンフルエンツァ	confluence カンフルーエンス
考慮	considerazione f. コンスィデラツィオーネ	consideration カンスィダレイション
～する	considerare コンスィデラーレ	consider カンスィダ
効力	effetto m., efficacia f. エッフェット, エッフィカーチャ	effect, efficacy イフェクト, エフィカスィ
(法律)	validità f. ヴァリディタ	validity ヴァリディティ
高齢	età avanzata f. エタ アヴァンツァータ	advanced age アドヴァンスト エイヂ
～化社会	società senile f. ソチエタ セニーレ	aging society エイヂング ソサイアティ
～者	gli anziani m.pl. リ アンツィアーニ	the aged ジ エイヂド

日	伊	英
ごうれい 号令	comando *m.* コマンド	command カマンド
～をかける	dare un comando ダーレ ウン コマンド	give a command ギヴ ア カマンド
こうろん 口論	litigio *m.*, disputa *f.* リティージョ, ディスプタ	quarrel, argument クウォーレル, アーギュメント
～する	litigare *con* リティガーレ	quarrel *with*, argue *with* クウォーレル, アーギュー
こえ 声	voce *f.* ヴォーチェ	voice ヴォイス
ごえい 護衛	scorta *f.* スコルタ	guard, escort ガード, エスコート
こ 越える	passare, superare, attraversare パッサーレ, スペラーレ, アットラヴェルサーレ	go over, cross ゴウ オウヴァ, クロース
こ 超える	passare, superare パッサーレ, スペラーレ	exceed, pass イクスィード, パス
コース (道順)	itinerario *m.*, percorso *m.* イティネラーリオ, ペルコルソ	course コース
(課程)	corso *m.* コルソ	course コース
(競走・競泳の)	corsia *f.* コルスィーア	lane レイン
(針路)	rotta *f.* ロッタ	course コース
コーチ	allenatore(-*trice*) *m.(f.)*, coach *m.* アッレナトーレ(トリーチェ), コチ	coach コウチ
～する	allenare アッレナーレ	coach コウチ
コート (服)	cappotto *m.* カッポット	coat コウト
(球技の)	campo *m.* カンポ	court コート
コード(電気の)	filo *m.*, cavo *m.* フィーロ, カーヴォ	cord コード
(暗号)	codice *m.* コーディチェ	code コウド
(和音)	accordo *m.* アッコルド	chord コード
コーナー	angolo *m.* アンゴロ	corner コーナ

日	伊	英
(売場)	reparto *m.* レパルト	section, corner セクション, コーナ
〜キック	calcio d'angolo *m.* カルチョ ダンゴロ	corner kick コーナ キク
コーヒー	caffè *m.* カッフェ	coffee コフィ
コーラ	coca *f.*, cola *f.* コーカ, コーラ	coke コウク
コーラス	coro *m.* コーロ	chorus コーラス
氷	ghiaccio *m.* ギアッチョ	ice アイス
凍る	ghiacciare ギアッチャーレ	freeze フリーズ
ゴール(決勝点)	traguardo *m.* トラグアルド	the finish line ザ フィニシュ ライン
(得点)	gol *m.*, rete *f.* ゴル, レーテ	goal ゴウル
〜キーパー	portiere *m.* ポルティエーレ	goalkeeper ゴウルキーパ
〜ポスト	palo *m.* パーロ	goalpost ゴウルポウスト
〜ライン	linea di fondo *f.* リーネア ディ フォンド	goal line ゴウル ライン
ゴールインする	raggiungere il traguardo ラッジュンジェレ イル トラグアルド	reach the goal リーチ ザ ゴウル
蟋蟀	grillo *m.* グリッロ	cricket クリケト
コーンフレイク	corn-flakes *m.pl.* コルンフレイクス	cornflakes コーンフレイクス
誤解	equivoco *m.*, malinteso *m.* エクイーヴォコ, マリンテーゾ	misunderstanding ミスアンダスタンディング
〜する	equivocare, fraintendere エクィヴォカーレ, フラインテンデレ	misunderstand ミスアンダスタンド
子会社	affiliata *f.* アッフィリアータ	subsidiary サブスィディエリ
コカイン	cocaina *f.* コカイーナ	cocaine コウケイン
語学	studio delle lingue *m.* ストゥーディオ デッレ リングェ	language study ラングウィヂ スタディ

日	伊	英
（言語学）	linguistica f. リングィスティカ	linguistics リングウィスティクス
ごかくけい 五角形	pentagono m. ペンターゴノ	pentagon ペンタガン
こかげ 木陰	ombra di un albero f. オンブラ ディ ウナルベロ	the shade of a tree ザ シェイド オヴ ア トリー
こがす 焦がす	bruciare ブルチャーレ	burn, scorch バーン，スコーチ
こがた 小型の	piccolo, compatto ピッコロ，コンパット	small, compact スモール，コンパクト
ごがつ 五月	maggio m. マッジョ	May メイ
こがらし 木枯らし	freddo vento invernale m. フレッド ヴェント インヴェルナーレ	cold winter wind コウルド ウィンタ ウィンド
ごかん 五感	i cinque sensi m.pl. チンクェ センスィ	the five senses ザ ファイヴ センスィズ
ごかんせい 互換性のある	compatibile コンパティービレ	compatible コンパティブル
こぎって 小切手	assegno m. アッセーニョ	check チェク
ゴキブリ	scarafaggio m. スカラファッジョ	cockroach カクロウチ
こきゃく 顧客	cliente m.f. クリエンテ	customer, client カスタマ，クライエント
こきゅう 呼吸	respirazione f. レスピラツィオーネ	respiration レスピレイション
〜する	respirare レスピラーレ	breathe ブリーズ
〜器	apparato respiratorio m. アッパラート レスピラトーリオ	respiratory organs レスピラトーリ オーガンズ
〜困難	dispnea f. ディスプネーア	dyspnea ディスプニーア
こきょう 故郷	il *proprio* paese m. イル パエーゼ	*one's* home(town) ホウム(タウン)
こ 漕ぐ	remare レマーレ	row ラウ
（自転車を）	padalare ペダラーレ	pedal ペドル

日	伊	英
ご く 語句	parole *f.pl.* パローレ	words ワーヅ
こくおう 国王	re *m.*, monarca *m.* レ, モナルカ	king, monarch キング, マナク
こくがい 国外に[で]	all'estero アッレステロ	abroad アブロード
こくぎ 国技	sport nazionale *m.* スポルト ナツィオナーレ	national sport ナショナル スポート
こくご 国語（日本の）	giapponese *m.* ジャッポネーゼ	Japanese ヂャパニーズ
（イタリアの）	italiano *m.* イタリアーノ	Italian イタリャン
こくさい 国債	debito pubblico *m.* デービト プブリコ	national debt ナショナル デト
（証券）	titolo di stato *m.* ティートロ ディ スタート	government bonds ガヴァンメント バンヅ
こくさい 国際		
～的[の]	internazionale インテルナツィオナーレ	international インタナショナル
～化	internazionalizzazione *f.* インテルナツィオナリッザツィオーネ	internatinalization インタナショナリゼイション
～会議	congresso internazionale *m.* コングレッソ インテルナツィオナーレ	intarnational congress インタナショナル カングレス
～線	volo internazionale *m.* ヴォーロ インテルナツィオナーレ	international airline インタナショナル エアライン
～電話	chiamata all'estero *f.* キアマータ アッレステロ	overseas telephone call オウヴァスィーズ テレフォウン コール
こくさん 国産の（日本）	giapponese ジャッポネーゼ	Japanese ヂャパニーズ
（イタリア）	italiano イタリアーノ	Italian イタリャン
こくせいちょうさ 国勢調査	censimento *m.* チェンスィメント	census センサス
こくせき 国籍	nazionalità *f.*, cittadinanza *f.* ナツィオナリタ, チッタディナンツァ	nationality ナショナリティ
こくそ 告訴	accusa *f.* アックーザ	accusation, complaint アキュゼイション, カンプレイント
～する	accusare アックザーレ	accuse アキューズ

日	伊	英
こくたん 黒檀	ebano *m.* エーバノ	ebony エボニ
こくど 国土	territorio nazionale *m.* テッリトーリオ ナツィオナーレ	national land ナショナル ランド
こくどう 国道	(strada)statale *f.* (ストラーダ) スタターレ	national road ナショナル ロウド
こくない 国内の	interno インテルノ	domestic, internal ドメスティク, インターナル
国内線	volo nazionale *m.* ヴォーロ ナツィオナーレ	domestic airline ドメスティク エアライン
こくはく 告白	confessione *f.* コンフェッスィオーネ	confession カンフェション
〜する	confessare コンフェッサーレ	confess カンフェス
こくはつ 告発	denuncia *f.*, accusa *f.* デヌンチャ, アックーザ	accusation, charge アキュゼイション, チャーヂ
〜する	denunciare, accusare デヌンチャーレ, アックザーレ	accuse, charge アキューズ, チャーヂ
こくばん 黒板	lavagna *f.* ラヴァーニャ	blackboard ブラクボード
こくふく 克服する	superare, vincere スーペラーレ, ヴィンチェレ	conquer, overcome カンカ, オウヴァカム
こくべつしき 告別式	cerimonia funebre *f.* チェリモーニア フーネブレ	farewell service フェアウェル サーヴィス
こくほう 国宝	tesoro nazionale *m.* テゾーロ ナツィオナーレ	national treasure ナショナル トレジャ
こくぼう 国防	difesa nazionale *f.* ディフェーザ ナツィオナーレ	national defense ナショナル ディフェンス
〜省	Ministero Difesa *m.* ミニステーロ ディフェーザ	Ministry of Defence ミニストリ オヴ ディフェンス
こぐまざ 小熊座	Orsa minore *f.* オルサ ミノーレ	the Little Bear ザ リトル ベア
こくみん 国民	nazione *f.*, popolo *m.* ナツィオーネ, ポーポロ	nation, people ネイション, ピープル
〜の	nazionale ナツィオナーレ	national ナショナル
こくもつ 穀物	cereali *m.pl.* チェレアーリ	grain, cereals グレイン, スィアリアルズ

日	伊	英
こくりつ 国立の	nazionale, statale ナツィオナーレ, スタターレ	national, state ナショナル, ステイト
こくれん 国連	ONU *f.*, Nationi Unite *f.pl.* オーヌ, ナツィオーニ ウニーテ	UN ユーエン
こけ 苔	muschio *m.* ムスキオ	moss モス
こけい 固形の	solido ソーリド	solid サリド
こ 焦げる	bruciare ブルチャーレ	burn バーン
ごげん 語源(学)	etimologia *f.* エティモロジーア	etymology エティマロヂィ
ここ	qui, qua クィ, クァ	here, this place ヒア, ズィス プレイス
ごご 午後	pomeriggio *m.* ポメリッジョ	afternoon アフタヌーン
ココア	cacao *m.*, cioccolata *f.* カカーオ, チョッコラータ	cocoa コウコウ
ここち 心地よい	confortevole, comodo コンフォルテーヴォレ, コーモド	comfortable カンフォタブル
こごと 小言	rimprovero *m.* リンプローヴェロ	scolding スコウルディング
ココナツ	cocco *m.*, noce di cocco *f.* コッコ, ノーチェ ディ コッコ	coconut コウコナト
こころ 心	cuore *m.*, animo *m.*, spirito *m.* クオーレ, アーニモ, スピーリト	heart, mind, spirit ハート, マインド, スピリト
～から	con tutta l'anima コントゥッタラーニマ	with all *one's* heart ウィズ オール ハート
こころ 心がける	tenere a mente, cercare *di* テネーレ アッメンテ, チェルカーレ	bear in mind ベア イン マインド
こころざ 志す	tendere *a*, proporsi *di* テンデレ, プロポルスィ	intend, aim インテンド, エイム
こころ 試みる	provare プロヴァーレ	try, attempt トライ, アテンプト
こさめ 小雨	pioggerella *f.* ピオッジェレッラ	light rain ライト レイン
こし 腰 (ウエスト)	vita *f.* ヴィータ	the waist ザ ウェイスト

日	伊	英
(背中の)	reni *f.pl.*, schiena *f.* レーニ, スキエーナ	the back ザ バク
(ヒップ)	fianchi *m.pl.* フィアンキ	hips ヒプス
孤児(こじ)	orfano(-a) *m.(f.)* オルファノ(ナ)	orphan オーファン
戦争〜	orfano(-a) di guerra *m.(f.)* オルファノ(ナ) ディ グエッラ	war orphan ウォー オーファン
腰掛ける(こしかける)	sedersi, mettersi セデルスィ, メッテルスィ	sit (down) スィト (ダウン)
乞食(こじき)	mendicante *m.f.* メンディカンテ	beggar ベガ
固執(こしつ)	persistenza *f.* ペルスィステンツァ	persistence パスィステンス
〜する	persistere ペルスィステレ	persist パスィスト
個室(こしつ)	camera privata *f.* カーメラ プリヴァータ	private room プライヴェト ルーム
ゴシック(式の)	gotico *m.* ゴーティコ	Gothic ガスィク
ゴシップ	pettegolezzo *m.* ペッテゴレッツォ	gossip ガスィプ
胡椒(こしょう)	pepe *m.* ペーペ	pepper ペパ
故障(こしょう)	guasto *m.* グアスト	breakdown, trouble ブレイクダウン, トラブル
〜する	guastarsi グァスタルスィ	go wrong ゴウ ロング
誤植(ごしょく)	refuso *m.*, errore di stampa *m.* レフーゾ, エッローレ ディ スタンパ	misprint ミスプリント
個人(こじん)	individuo *m.* インディヴィードゥオ	individual インディヴィヂュアル
〜主義	individualismo *m.* インディヴィドゥアリーズモ	individualism インディヴィヂュアリズム
〜的な	personale, privato ペルソナーレ, プリヴァート	individual, personal インディヴィヂュアル, パーソナル
濾す(こす) (ろ過)	collare, filtrare コッラーレ, フィルトラーレ	filter, strain フィルタ, ストレイン

日	伊	英
コスト	costo *m.* コスト	cost コスト
擦る _{こす}	fregare, strofinare フレガーレ, ストロフィナーレ	rub ラブ
個性 _{こせい}	personalità *f.*, individualità *f.* ペルソナリタ, インディヴィドゥアリタ	personality パーソナリティ
戸籍 _{こせき}	stato civile *m.* スタート チヴィーレ	family register ファミリ レジスタ
小銭 _{こぜに}	spiccioli *m.pl.*, moneta *f.* スピッチョリ, モネータ	change チェインヂ
〜入れ	portamonete *m.* ポルタモネーテ	coin purse コイン パース
午前 _{ごぜん}	mattina *f.*, mattinata *f.* マッティーナ, マッティナータ	morning モーニング
〜10時に	alle 10 del mattino アッレ ディエーチ デル マッティーノ	at 10 a.m. アト テン エイエム
〜中に	in mattinata イン マッティナータ	during the morning デュアリング ザ モーニング
固体 _{こたい}	solido *m.* ソーリド	solid サリド
古代の _{こだい}	antico アンティーコ	ancient エインシェント
答え _{こた}	risposta *f.* リスポスタ	answer, reply アンサ, リプライ
（解答）	soluzione *f.* ソルツィオーネ	solution ソルーション
答える _{こた}	rispondere リスポンデレ	answer, reply アンサ, リプライ
木霊 _{こだま}	eco *f.*(gli echi) エーコ	echo エコウ
拘る _{こだわ}	ostinarsi *a* オスティナルスィ	be particular *about* ビ パティキュラ
御馳走 _{ごちそう}	pranzo abbondante *m.* プランツォ アッボンダンテ	feast フィースト
〜する	offrire オッフリーレ	treat トリート
誇張 _{こちょう}	esagerazione *f.* エザジェラツィオーネ	exaggeration イグザチャレイション
〜する	esagerare エザジェラーレ	exaggerate イグザチャレイト

日	伊	英
こちら	qui, qua クィ, クァ	here, this way ヒア, ズィス ウェイ
(人や物)	questo(-a) *m.f.* クエスト(タ)	this ズィス
こつ	tecnica *f.*, pratica *f.* テクニカ, プラーティカ	knack ナク
国家	stato *m.*, nazione *f.* スタート, ナツィオーネ	state ステイト
～権力	autorità statale *f.* アウトリタ スタターレ	national power ナショナル パウア
～公務員	impiegato(-a) statale *m.(f.)* インピエガート(タ)スタターレ	government worker ガヴァンメント ワーカ
～試験	esame di Stato *m.* エザーメ ディ スタート	state examination ステイト イグザミネイション
国歌	inno nazionale *m.* インノ ナツィオナーレ	national anthem ナショナル アンセム
国会 (日本の)	Dieta *f.* ディエータ	the Diet ザ ダイエト
～議員	parlamentare *m.f.* パルラメンターレ	member of the Diet メンバ オヴ ザ ダイエト
～議事堂	Palazzo della Dieta *m.* パラッツォ デッラ ディエータ	the Diet Building ザ ダイエト ビルディング
小遣い	manciata di soldi *f.* マンチャータ ディ ソルディ	pocket money パケト マニ
骨格	ossatura *f.* オッサトゥーラ	frame, build フレイム, ビルド
国旗	bandiera nazionale *f.* バンディエーラ ナツィオナーレ	the national flag ザ ナショナル フラグ
国境	frontiera *f.* フロンティエーラ	frontier フランティア
コック	cuoco(-a) *m.(f.)* クオーコ(カ)	cook クク
～長	chef *m.*, capocuoco *m.* シェフ, カポクオーコ	chef(cook) シェフ(クク)
滑稽な	comico, buffo コーミコ, ブッフォ	funny, humorous ファニ, ヒューマラス
国庫	erario *m.*, Tesoro *m.* エラーリオ, テゾーロ	the Treasury ザ トレジャリ
国交	relazioni diplomatiche *f.pl.* レラツィオーニ ディプロマーティケ	diplomatic relations ディプロマティク リレイションズ

日	伊	英
こつずい 骨髄	midollo *m.* ミドッロ	marrow マロウ
こっせつ 骨折	frattura *f.* フラットゥーラ	fracture フラクチャ
〜する	rompersi, fratturarsi ロンペルスィ, フラットゥラルスィ	break ブレイク
こっそり	in segreto イン セグレート	quietly, in secret クワイエトリ, イン スィークレト
こづつみ 小包	pacco *m.*, pacchetto *m.* パッコ, パッケット	package, parcel パキヂ, パースル
こっとうひん 骨董品	oggetti d'antiquariato *m.pl.* オッジェッティ ダンティクァリアート	curio, an antique キュアリオウ, アンティーク
コップ	bicchiere *m.* ビッキエーレ	glass グラス
こてい 固定する	fissare フィッサーレ	fix フィクス
こてん 古典	classici *m.pl.* クラッスィチ	classics クラスィクズ
〜的な	classico クラッスィコ	classic クラスィク
こと 古都	vecchia capitale *f.* ヴェッキア カピターレ	ancient capital エインシェント キャピトル
こどう 鼓動	battito *m.*, pulsazione *f.* バッティト, プルサツィオーネ	beat, pulsation ビート, パルセイション
〜する	battere, pulsare バッテレ, プルサーレ	beat ビート
こどく 孤独	solitudine *f.* ソリトゥーディネ	solitude サリテュード
〜な	solitario ソリターリオ	solitary サリテリ
ことし 今年	quest'anno *m.* クェスタンノ	this year ズィス イア
ことづけ (伝言) 言付け	messaggio *m.* メッサッジョ	message メスィヂ
ことづ 言付ける	lasciare un messaggio ラッシャーレ ウン メッサッジョ	leave a message リーヴ ア メスィヂ
こと 異なる	essere differente *da* エッセレ ディッフェレンテ	differ *from* ディファ
異なった	differente *da*, diverso *da* ディッフェレンテ, ディヴェルソ	different ディファレント

日	伊	英
ことば 言葉	lingua *f.* リングァ	language, speech ラングウィヂ, スピーチ
（単語）	parola *f.* パローラ	word ワード
こども 子供	bambino(-*a*) *m.(f.)* バンビーノ(ナ)	child チャイルド
〜の日	Festa dei bambini *f.* フェスタ デイ バンビーニ	Children's Day チルドレンズ デイ
ことり 小鳥	uccellino *m.* ウッチェッリーノ	small bird スモール バード
ことわざ 諺	proverbio *m.* プロヴェルビオ	proverb プラヴァブ
ことわ 断り	rifiuto *m.* リフュート	refusal リフューザル
（わび）	scusa *f.* スクーザ	apology, regret アパロヂ, リグレト
こと 断わる	rifiutare リフュターレ	refuse リフューズ
丁重に〜	rifiutare cortesemente リフュターレ コルテーゼメンテ	decline ディクライン
こな 粉	polvere *f.* ポルヴェレ	powder パウダ
（穀類の）	farina *f.* ファリーナ	flour フラウア
〜雪	neve farinosa *f.* ネーヴェ ファリノーザ	powdery snow パウダリ スノウ
こなごな 粉々に	a pezzetti, in mille pezzi アッペッツェッティ, インミッレ ペッツィ	to pieces トゥ ピースィズ
コネ	agganci *m.pl.* アッガンチ	connections カネクションズ
こねこ 子猫	gattino(-*a*) *m.(f.)* ガッティーノ(ナ)	kitty キティ
こ 捏ねる	impastare インパスターレ	knead ニード
この	questo(-*a*, -*i*, -*e*) クェスト(タ, ティ, テ)	this, these ズィス, ズィーズ
あいだ この間 （先日）	l'altro giorno, giorni fa ラルトロ ジョルノ, ジョルニ ファ	the other day ジ アザ デイ

日	伊	英
〜の	scorso スコルソ	last ラスト
この頃	in questi giorni イン クェスティ ジョルニ	now, these days ナウ, ズィーズ デイズ
この前(最後に)	l'ultima volta, l'altra volta ルルティマ ヴォルタ, ラルトラ ヴォルタ	last, the last time ラスト, ザ ラスト タイム
〜の	scorso スコルソ	last ラスト
この好み	gusto *m.*, preferenza *f.* グースト, プレフェレンツァ	taste, preference テイスト, プレファレンス
この好む	piacere *a* ピアチェーレ	like, be fond *of* ライク, ビ フォンド
この世	questo mondo *m.* クェスト モンド	this world ズィス ワールド
琥珀	ambra *f.* アンブラ	amber アンバ
拒む	rifiutare, respingere リフュターレ, レスピンジェレ	refuse, reject リフューズ, リヂェクト
コバルト	cobalto *m.* コバルト	cobalt コウボールト
小春日和	estate di San Martino *f.* エスターテ ディ サン マルティーノ	Indian summer インディアン サマ
ご飯	riso bollito *m.* リーゾ ボッリート	rice ライス
(食事)	pasto *m.* パスト	meal ミール
コピー	fotocopia *f.*, copia *f.* フォトコーピア, コーピア	photocopy, copy フォウトカピ, カピ
瘤	bernoccolo *m.* ベルノッコロ	lump, bump ランプ, バンプ
(木の)	nodo *m.* ノード	knot ナト
護符	talismano *m.* タリズマーノ	talisman タリズマン
拳	pugno *m.* プーニョ	fist フィスト
古墳	tumulo *m.* トゥームロ	tumulus テューミュラス

日	伊	英
子分(こぶん)	seguace *m.f.* セグアーチェ	follower ファロウア
牛蒡(ごぼう)	bardana *f.* バルダーナ	burdock バーダク
零す(こぼす)	versare ヴェルサーレ	spill スピル
零れる(こぼれる)	versarsi ヴェルサルスィ	fall, drop, spill フォール, ドラプ, スピル
(溢れる)	traboccare トラボッカーレ	overflow オウヴァフロウ
独楽(こま)	trottola *f.* トロットラ	top タプ
胡麻(ごま)	sesamo *m.* セーザモ	sesame セサミ
〜油	olio di sesamo *m.* オーリオ ディ セーザモ	sesame oil セサミ オイル
コマーシャル	pubblicità *f.* プッブリチタ	commercial カマーシャル
〜ソング	jingle *m.* ジンゴル	jingle ヂングル
細かい(こまかい)	minuto, fine ミヌート, フィーネ	small, fine スモール, ファイン
(金銭に)	tirato, gretto ティラート, グレット	stingy スティンヂ
誤魔化す(ごまかす)	imbrogliare, frodare インブロッリアーレ, フロダーレ	cheat, swindle チート, スウィンドル
鼓膜(こまく)	timpano *m.* ティンパノ	the eardrum ジ イアドラム
困らせる(迷惑)(こまらせる)	disturbare ディストゥルバーレ	trouble トラブル
(困惑)	imbarazzare インバラッツァーレ	embarrass インバラス
困る (難儀)(こまる)	trovarsi in difficoltà トロヴァルスィ イン ディッフィコルタ	be in trouble ビ イン トラブル
(途方に暮れる)	non riuscire *a* ノン リウッシーレ	be at loss *to* ビ アト ロース
(物がなくて)	essere a corto *di* エッセレ ア コルト	be hard up *for* ビ ハード アプ

日	伊	英
ごみ	rifiuti *m.pl.*, immondizie *f.pl.* リフーティ, インモンディーツィエ	garbage, rubbish ガービヂ, ラビシュ
～箱	pattumiera *f.* パットゥミエーラ	garbage can, dustbin ガービヂ キャン, ダストビン
～収集車	autoimmondizie *m.* アウトインモンディーツィエ	garbage truck, dustcart ガービヂ トラク, ダストカート
コミッション	commissione *f.* コンミッスィオーネ	commission コミション
コミュニケ	comunicato *m.* コムニカート	communiqué コミューニケイ
コミュニケーション	comunicazione *f.* コムニカツィオーネ	communicatiom カミューニケイション
込[混]む	essere affollato エッセレ アッフォッラート	be jammed ビ ヂャムド
ゴム	gomma *f.* ゴンマ	rubber ラバ
小麦	grano *m.* グラーノ	wheat ホウィート
～粉	farina *f.* ファリーナ	flour フラウア
米	riso *m.* リーゾ	rice ライス
こめかみ	tempia *f.* テンピア	the temple ザ テンプル
コメディ	commedia *f.* コンメーディア	comedy カミディ
コメディアン	commediante *m.f.* コンメディアンテ	comedian カミーディアン
コメント	commento *m.* コンメント	comment カメント
小文字	minuscola *f.* ミヌスコラ	small letter スモール レタ
子守	cura dei bambini *f.* クーラ デイ バンビーニ	baby-sitting ベイビスィティング
（人）	bambinaia *f.*, baby-sitter *m.f.* バンビナイア, ベビスィッテル	baby-sitter ベイビスィタ
～歌	ninnananna *f.* ニンナナンナ	lullaby ララバイ

日	伊	英
こもん 顧問	consigliere(-a) m.(f.) コンスィッリエーレ（ラ）	adviser, counselor アドヴァイザ, カウンセラ
こや 小屋	capanna f. カパンナ	hut, shed ハト, シード
ごやく 誤訳	traduzione errata f. トラドゥツィオーネ エッラータ	mistranslation ミストランスレイション
こゆうの 固有の	proprio, particolare プロープリオ, パルティコラーレ	proper, peculiar プロパ, ピキューリァ
こゆうめいし 固有名詞	nome proprio m. ノーメ プロープリオ	proper noun プロパ ナウン
こゆび 小指	mignolo m. ミーニョロ	little finger リトル フィンガ
こよう 雇用	assunzione f., impiego m. アッスンツィオーネ, インピエーゴ	employment インプロイメント
～する	assumere アッスーメレ	employ インプロイ
～主[者]	datore di lavoro m. ダトーレ ディ ラヴォーロ	employer インプロイア
こよみ 暦	calendario m., almanacco m. カレンダーリオ, アルマナッコ	calendar, almanac キャリンダ, オールマナク
こらえる 堪える	sopportare ソッポルターレ	bear, endure ベア, インデュア
（抑制）	trattenere, contenere トラッテネーレ, コンテネーレ	control, suppress カントロウル, サプレス
ごらく 娯楽	divertimento m. ディヴェルティメント	amusement アミューズメント
コラム	rubrica f. ルブリーカ	column カラム
～ニスト	rubricista m. f. ルブリチスタ	columnist カラムニスト
こりつ 孤立	isolamento m. イゾラメント	isolation アイソレイション
～する	isolarsi イゾラルスィ	be isolated ビ アイソレイテド
ゴリラ	gorilla m. ゴリッラ	gorilla ゴリラ
こる 凝る　（熱中）	appassionarsi a アッパッスィオナルスィ	be absorbed in ビ アブソーブド

日	伊	英
(筋肉が)	indolenzirsi インドレンツィルスィ	grow stiff グロウ スティフ
コルク	sughero *m.* スーゲロ	cork コーク
ゴルフ	golf *m.* ゴルフ	golf ゴルフ
～場	campo da golf *m.* カンポ ダ ゴルフ	golf links ゴルフ リンクス
これ	questo *m.* クエスト	this ズィス
これから	d'ora in poi ドーラ イン ポーイ	after this, from now on アフタ ズィス, フラム ナウ オン
(それでは)	ora, allora オーラ, アッローラ	now ナウ
コレクション	collezione *f.* コッレツィオーネ	collection カレクション
コレクトコール	chiamata a carico del destinatario *f.* キアマータ ア カーリコ デル デスティナターリオ	collect call カレクト コール
コレステロール	colesterolo *m.* コレステローロ	cholesterol コレスタロウル
これまで	finora フィノーラ	so far, till now ソウ ファー, ティル ナウ
転がす	rotolare ロトラーレ	roll ロウル
殺し屋	sicario *m.*, killer *m.* スィカーリオ, キッレル	killer, hit man キラ, ヒト マン
殺す	uccidere, ammazzare ウッチーデレ, アンマッツァーレ	kill, murder キル, マーダ
コロッケ	crocchetta *f.* クロッケッタ	croquette クロウケト
転ぶ	cadere カデーレ	tumble down タンブル ダウン
衣	abito *m.* アービト	clothes クロウズ
(フライの)	pastella *f.* パステッラ	coating コーティング
コロン	due punti *m.pl.* ドゥーエ プンティ	colon コウロン

日	伊	英
コロンビア	Colombia *f.* コロンビア	Colombia カランビア
こわ 恐[怖]い	terribile テッリービレ	terrible, fearful テリブル, フィアフル
こわ 恐[怖]がる	avere paura *di* アヴェーレ パウーラ ディ	fear, be afraid フィア, ビ アフレイド
こわ 壊す	rompere, distruggere ロンペレ, ディストルッジェレ	break, destroy ブレイク, ディストロイ
こわ 壊れる	rompersi, distruggersi ロンペルスィ, ディストルッジェルスィ	break, be broken ブレイク, ビ ブロウクン
こわ 壊れやすい	fragile フラージレ	fragile フラヂル
こん 紺	blu ブル	dark blue ダーク ブルー
こんかい 今回	questa volta, stavolta クェスタ ヴォルタ, スタヴォルタ	this time ズィス タイム
こんき 根気	pazienza *f.*, perseveranza *f.* パツィエンツァ, ペルセヴェランツァ	patience, perseverance ペイシェンス, パースィヴィアランス
こんきょ 根拠	fondamento *m.*, base *f.* フォンダメント, バーゼ	ground, base グラウンド, ベイス
〜のない	infondato, privo di fondamento インフォンダート, プリーヴォ ディ フォンダメント	baseless, groundless ベイスレス, グラウンドレス
コンクール	concorso *m.* コンコルソ	contest カンテスト
コンクリート	calcestruzzo *m.* カルチェストルッツォ	concrete カンクリート
こんげつ 今月	questo mese *m.* クェスト メーゼ	this month ズィス マンス
こんご 今後	d'ora in poi ドーラ イン ポーイ	from now on フラム ナウ オン
こんごう 混合	mescolanza *f.* メスコランツァ	mixture ミクスチャ
〜する	mescolare メスコラーレ	mix, blend ミクス, ブレンド
〜した	misto ミスト	mixed, blended ミクスト, ブレンデド
〜物	miscuglio *m.*, misto *m.* ミスクッリオ, ミスト	mixture, blend ミクスチャ, ブレンド

日	伊	英
〜ダブルス	doppio misto *m.* ドッピオ ミスト	mixed doubles ミクスト ダブルス
コンサート	concerto *m.* コンチェルト	concert カンサト
ピアノ〜	concerto per pianoforte *m.* コンチェルト ペル ピアノフォルテ	piano concert ピアノウ カンサト
〜ホール	sala da concerti *f.* サーラ ダ コンチェルティ	concert hall カンサト ホール
〜マスター	primo violino *m.* プリモ ヴィオリーノ	concert master カンサト マスタ
混雑する	essere affollato エッセレ アッフォッラート	be crowded *with* ビ クラウディド
コンサルタント	consulente *m.f.* コンスレンテ	consultant カンサルタント
今週	questa settimana *f.* クエスタ セッティマーナ	this week ズィス ウィーク
根性	natura *f.* ナトゥーラ	nature ネイチャ
（気骨）	spirito *m.*, fegato *m.* スピーリト, フェーガト	spirit, grit スピリト, グリト
懇親会	riunione sociale *f.* リウニオーネ ソチャーレ	social, sociable ソウシャル, ソウシャブル
コンスタント（な）	costante コスタンテ	constant カンスタント
〜に	costantemente コスタンテメンテ	constantly カンスタントリ
混声合唱	coro misto *m.* コーロ ミスト	mixed chorus ミクスト コーラス
根絶	sradicamento *m.*, estirpazione *f.* ズラディカメント, エスティルパツィオーネ	eradication イラディケイション
〜する	sradicare, estirpare ズラディカーレ, エスティルパーレ	eradicate イラディケイト
コンセプト	concetto *m.* コンチェット	concept カンセプト
コンセンサス	consenso *m.* コンセンソ	consensus コンセンサス
コンセント	presa *f.* プレーザ	outlet アウトレト
コンソメ	consommé *m.* コンソンメ	consommé カンソメイ

日	伊	英
コンタクト	contatto *m.* コンタット	contact カンタクト
～レンズ	lenti a contatto *f.pl.* レンティ アコンタット	contact lenses カンタクト レンズィズ
献立	menu *m.* メヌー	menu メニュー
懇談会	tavola rotonda *f.* ターヴォラ ロトンダ	round-table conference ラウンドテーブル カンファレンス
昆虫	insetto *m.* インセット	insect インセクト
コンディション	condizione *f.* コンディツィオーネ	condition カンディション
コンテスト	concorso *m.* コンコルソ	contest カンテスト
コンテナ	container *m.* コンタイネル	container カンテイナ
今度	questa volta *f.*, stavolta *f.* クェスタ ヴォルタ, スタヴォルタ	this time ズィス タイム
混同する	confondere コンフォンデレ	confuse コンフューズ
コンドーム	preservativo *m.* プレセルヴァティーヴォ	condom カンドム
コンドミニアム	condominio *m.* コンドミーニオ	condominium カンドミニアム
ゴンドラ	gondola *f.* ゴンドラ	gondola ガンドラ
（吊りかご）	navicella *f.* ナヴィチェッラ	gondola ガンドラ
～漕ぎ	gondoliere(-a) *m.(f.)* ゴンドリエーレ(ラ)	gondolier ガンドリエ
コントラスト	contrasto *m.* コントラスト	contrast カントラスト
コントラバス	contrabbasso *m.* コントラッバッソ	contrabass カントラベイス
コントロール	controllo *m.* コントロッロ	control カントロウル
～する	controllare コントロッラーレ	control カントロウル

日	伊	英
混沌(こんとん)	caos *m.* カオス	chaos ケイアス
こんな	così, come questo(-a) コズィ, コメエスト(タ)	such サチ
困難(こんなん)	difficoltà *f.* ディッフィコルタ	difficulty ディフィカルティ
～な	difficile, duro ディッフィーチレ, ドゥーロ	difficult, hard ディフィカルト, ハード
コンパートメント	scompartimento *m.* スコンパルティメント	compartment カンパートメント
コンパクト	portacipria *m.* ポルタチープリア	(powder)compact (パウダ) カンパクト
～な	compatto コンパット	compact コンパクト
今晩(こんばん)	stasera *f.* スタセーラ	this evening ズィス イーヴニング
コンビ	coppia *f.* コッピア	combination カンビネイション
コンビナート	complesso *m.* コンプレッソ	complex カンプレクス
石油～	complesso petrolchimico *m.* コンプレッソ ペトロルキーミコ	petrochemical complex ペトロケミカル カンプレクス
コンビニ	superetta *f.* スーペレッタ	convenience store カンヴィーニエンス ストー
コンビネーション	combinazione *f.* コンビナツィオーネ	combination カンビネイション
コンピューター	computer *m.* コンピューテル	computer カンピュータ
～グラフィック	computer graphic *m.* コンピューテル グラフィク	computer graphic カンピュータ グラフィク
～ゲーム	computer game *m.* コンピューテル ゲイム	computer game カンピュータ ゲイム
昆布(こんぶ)	laminaria *f.* ラミナーリア	kelp, tangle ケルプ, タングル
コンプレックス	complesso *m.* コンプレッソ	complex カンプレクス
コンマ	virgola *f.* ヴィルゴラ	comma カマ

日	伊	英
こんや 今夜	stasera *f.*, stanotte *f.* スタセーラ, スタノッテ	this evening, tonight ズィス イーヴニング, トナイト
こんやく 婚約	fidanzamento *m.* フィダンツァメント	engagement インゲイヂメント
～する	fidanzarsi フィダンツァルスィ	be engaged *to* ビ インゲイヂド
～者	fidanzato(-*a*) *m.(f.)* フィダンツァート(タ)	fiancé(*e*) フィアーンセイ
～指輪	anello di fidanzamento *m.* アネッロ ディ フィダンツァメント	engagement ring インゲイヂメント リング
こんらん 混乱	confusione *f.* コンフズィオーネ	confusion カンフュージョン
～する	confondersi コンフォンデルスィ	be confused ビ カンフューズド
こんれい 婚礼	sposalizio *m.* スポザリーツィオ	wedding ウェディング
こんわく 困惑	imbarazzo *m.*, impaccio *m.* インバラッツォ, インパッチョ	embarrassment インバラスメント
～する	imbarazzarsi, impacciarsi インバラッツァルスィ, インパッチャルスィ	be perplexed, be puzzled ビ パプレクスト, ビ パズルド

こ

日	伊	英

さ, サ

日本語	イタリア語	英語
差	differenza f. ディッフェレンツァ	difference ディフレンス
サーカス	circo m. チールコ	circus サーカス
サーバー	server m. セルヴェル	server サーヴァ
サービス	servizio m. セルヴィーツィオ	service サーヴィス
〜料	servizio m. セルヴィーツィオ	service charge サーヴィス チャージ
サーブ	servizio m. セルヴィーツィオ	serve, service サーヴ, サーヴィス
サーフィン	surf m., surfing m. セルフ, セルフィン	surfing サーフィング
歳	(avere...) anni m.pl. アンニ	(be...) years old イアズ オウルド
最悪の	pessimo ペッスィモ	the worst ザ ワースト
災害	calamità f., disastro m. カラミタ, ディザストロ	calamity, disaster カラミティ, ディザスタ
財界	mondo finanziario m. モンド フィナンツィアーリオ	the financial world ザ ファイナンシャル ワールド
再会する	rivedere, rivedersi リヴェデーレ, リヴェデルスィ	meet again ミート アゲン
再開する	riaprire, riprendere リアプリーレ, リプレンデレ	reopen リーオウプン
最近	di recente, recentemente ディ レチェンテ, レチェンテメンテ	recently リーセントリ
細菌	batterio m. バッテーリオ	bacteria, germ バクティアリア, チャーム
サイクリング	ciclismo m. チクリズモ	cycling サイクリング
サイクル	ciclo m. チクロ	cycle サイクル
採血	prelievo di sangue m. プレリエーヴォ ディ サングェ	drawing blood ドローイング ブラド
債券	obbligazione f. オッブリガツィオーネ	debenture, bond ディベンチャ, バンド

日	伊	英
さいけんしゃ 債権者	credit*ore*(-*trice*) *m.*(*f.*) クレディトーレ(トリーチェ)	creditor クレディタ
さいけんとう 再検討する	riesaminare リエザミナーレ	reexamine リーイグザミン
さいご 最後	fine *f.* フィーネ	the last, the end ザ ラスト, ジ エンド
〜の	ultimo, finale ウルティモ, フィナーレ	the last, final ラスト, ファイナル
〜に	infine, alla fine インフィーネ, アッラ フィーネ	at the end, finally アト ジ エンド, ファイナリ
（順番）	(per) ultimo ウルティモ	last ラスト
（機会）	per l'ultima volta ペル ルティマ ヴォルタ	for the last time フォ ザ ラスト タイム
〜まで	fino all'ultimo フィーノ アッルルティモ	to [till] the last トゥ (ティル) ザ ラスト
ざいこ 在庫	scorte *f.pl.*, stoccaggio *m.* スコルテ, ストッカッジョ	stocks スタクス
さいこう 最高(の)	massimo, ottimo マッスィモ, オッティモ	the highest, the best ザ ハイエスト, ザ ベスト
〜裁判所	Corte Suprema *f.* コルテ スプレーマ	the Supreme Court ザ シュプリーム コート
さいころ	dado *m.* ダード	die ダイ
さいこん 再婚する	risposare, risposarsi リスポザーレ, リスポザルスィ	remarry リマリ
ざいさん 財産	beni *m.pl.*, patrimonio *m.* ベーニ, パトリモーニオ	estate, fortune イステイト, フォーチュン
さいじつ 祭日	festa *f.*, giorno festivo *m.* フェスタ, ジョルノ フェスティーヴォ	festival day フェスティヴァル デイ
さいしゅう 最終(の)	ultimo ウルティモ	the last ザ ラスト
〜回	l'ultima puntata *f.* ルルティマ プンタータ	the last installment ザ ラスト インストールメント
さいしゅう 採集する	raccogliere ラッコッリエレ	collect, gather カレクト, ギャザ
さいしょ 最初	inizio *m.*, principio *m.* イニーツィオ, プリンチーピオ	the beginning ザ ビギニング
〜の	primo, iniziale プリーモ, イニツィアーレ	the first, initial ザ ファースト, イニシャル

日	伊	英
～に	prima, prima di tutto プリーマ, プリーマ ディ トゥット	first, first of all ファースト, ファースト オヴ オール
（順番）	(per) primo プリーモ	first ファースト
（機会）	per la prima volta ペル ラ プリーマ ヴォルタ	for the first time フォ ザ ファースト タイム
～から	da capo, fin dall'inizio ダッカーポ, フィン ダッリニーツィオ	from the beginning フラム ザ ビギニング
～は	dapprima ダップリーマ	at first アト ファースト
最小の	minimo ミーニモ	the least ザ リースト
菜食主義者	vegetariano(-a) ヴェジェタリアーノ(ナ)	vegetarian ヴェヂテアリアン
最新の	ultimo, aggiornato ウルティモ, アッジョルナート	the latest, up-to-date ザ レイティスト, アプトゥデイト
サイズ	misura f., taglia f., numero m. ミズーラ, タッリァ, ヌーメロ	size サイズ
再生	rinascita f. リナッシタ	rebirth リーバース
（録音録画の）	lettura f. レットゥーラ	play プレイ
財政	finanza f. フィナンツァ	finances フィナンスィズ
最善	il migliore m. イル ミッリオーレ	the best ザ ベスト
～を尽くす	fare del *proprio* meglio ファーレ デル メッリョ	do *one's* best ドゥ ベスト
最前線	fronte f. フロンテ	the front ザ フラント
催促する	sollecitare ソッレチターレ	press, urge プレス, アーヂ
最大の	il(la) più grande, massimo イル(ラ) ピウ グランデ, マッスィモ	the largest, the greatest ザ ラーヂスト, ザ グレイティスト
財団	fondazione f. フォンダツィオーネ	foundation ファウンデイション
最低の	minimo, pessimo ミーニモ, ペッスィモ	the lowest, the worst ザ ロウイスト, ザ ワースト
最適な	ideale イデアーレ	the most suitable ザ モウスト スータブ

日	伊	英
さいてん 採点する	attribuire un voto アットリブイーレ ウン ヴォート	mark, grade マーク, グレイド
サイト	sito *m.* スィート	site サイト
さいど 再度	ancora, di nuovo アンコーラ, ディ ヌオーヴォ	again アゲン
さいなん 災難	disgrazia *f.*, guaio *m.* ディズグラーツィア, グアイオ	misfortune, bad luck ミスフォーチュン, バド ラク
さいのう 才能	talento *m.*, abilità *f.* タレント, アビリタ	talent, ability タレント, アビリティ
さいばい 栽培する	coltivare コルティヴァーレ	cultivate, grow カルティヴェイト, グロウ
さいはつ 再発する	avere una ricaduta, ricadere *in* アヴェーレ ウナ リカドゥータ, リカデーレ	have a relapse ハヴ ア リラプス
さいばん 裁判	processo *m.*, causa *f.* プロチェッソ, カウザ	justice, trial チャスティス, トライアル
～官	giudice *m.f.* ジューディチェ	judge, the court チャヂ, ザ コート
～所	tribunale *m.*, corte *f.* トリブナーレ, コルテ	court of justice コート オヴ チャスティス
さいふ 財布	portafoglio *m.* ポルタフォッリオ	purse, wallet パース, ワレト
さいへん 再編	riorganizzazione *f.* リオルガニッザツィオーネ	reorganization リオーガニゼイシャン
さいほう 裁縫	cucito *m.* クチート	needlework ニードルワーク
さいぼう 細胞	cellula *f.* チェッルラ	cell セル
さいみんじゅつ 催眠術	ipnotismo *m.* イプノティズモ	hypnotism ヒプノティズム
ざいもく 材木	legname *m.* レニャーメ	wood, lumber ウド, ランバ
さいよう 採用する	adottare, assumere アドッターレ, アッスーメレ	adopt, employ アダプト, インプロイ
さいりょう 最良の	*il*(*la*) migliore, ottimo イル(ラ) ミッリオーレ, オッティモ	best ベスト
さいりよう 再利用	riciclaggio *m.* リチクラッジョ	recycle リーサイクル

日	伊	英
ざいりょう 材料	materiale *m.* マテリアーレ	materials マティアリアルズ
（料理の）	ingrediente *m.* イングレディエンテ	ingredient イングリーディエント
さいわ 幸い (にも)	per fortuna ペル フォルトゥーナ	luckily, fortunately ラキリ, フォーチュネトリ
サイン（署名）	firma *f.* フィルマ	signature スィグナチャ
（合図）	segno *m.*, cenno *m.* セーニョ, チェンノ	sign サイン
サウナ	sauna *f.* サウナ	sauna (bath) サウナ（バス）
さえぎ 遮る	interrompere, impedire インテッロンペレ, インペディーレ	interrupt, obstruct インタラプト, オブストラクト
さか 坂	salita *f.*, discesa *f.* サリータ, ディッシェーザ	hill, slope ヒル, スロウプ
さかい 境	confine *m.* コンフィーネ	boundary, border バウンダリ, ボーダ
さか 栄える	prosperare, fiorire プロスペラーレ, フィオリーレ	prosper プラスパ
さか 逆さまに	sottosopra ソットソープラ	upside down アプサイド ダウン
さが 捜［探］す	cercare チェルカーレ	seek *for*, look *for* スィーク, ルク
さかずき 杯	bicchierino *m.* ビッキエリーノ	cup, glass カプ, グラス
さかだ 逆立ち	verticale *f.* ヴェルティカーレ	handstand ハンドスタンド
〜する	fare la verticale ファーレ ラ ヴェルティカーレ	do a hanstand ドゥー ア ハンドスタンド
さかな 魚	pesce *m.* ペッシェ	fish フィシュ
〜屋	pescivendolo(-a) *m.(f.)* ペッシヴェンドロ	fishmonger フィシュマンガ
さかや 酒屋	bottiglieria *f.*, enoteca *f.* ボッティッリェリーア, エノテーカ	liquor store リカ ストー
さか 逆らう	disobbedire *a* ディゾッベディーレ	disobey ディソベイ
（反対）	opporre オッポッレ	oppose オポウズ

日	伊	英
(逆行)	andare contro アンダーレ コントロ	go against ゴウ アゲインスト
さ 下がる	scendere, calare シェンデレ, カラーレ	fall, drop フォール, ドラプ
(ぶら下がる)	pendere, essere sospeso ペンデレ, エッセレ ソスペーゾ	hang ハング
(バックする)	farsi indietro ファルスィ インディエートロ	move back ムーヴ バク
さがん 左岸	riva sinistra f. リーヴァ スィニストラ	the left bank of ザ レフト バンク
さか 盛んな	attivo, popolare アッティーヴォ, ポポラーレ	active, popular アクティヴ, パピュラ
さき 先	punta f. プンタ	the point, the tip ザ ポイント, ザ ティプ
(未来)	futuro m. フトゥーロ	the future ザ フューチャ
〜に(前方)	avanti, davanti アヴァンティ, ダヴァンティ	ahead アヘド
(順番)	prima プリーマ	earlier, before アーリア, ビフォー
(事前)	in anticipo イナンティーチポ	in advance イン アドヴァンス
さぎ 詐欺	truffa f., frode f. トルッファ, フローデ	fraud, swindle フロード, スウィンドル
サキソフォン	sassofono m. サッソーフォノ	saxophone サクソフォウン
さき 先ほど	poco fa ポーコ ファ	a little while ago ア リトル (ホ)ワイル アゴウ
さきものとりひき 先物取引	operazione a termine f. オペラツィオーネ アッテルミネ	futures trading フューチャズ トレイディング
さきゅう 砂丘	duna f. ドゥーナ	dune デューン
さぎょう 作業する	lavorare ラヴォラーレ	work ワーク
さ 裂く	lacerare, stracciare ラチェラーレ, ストラッチャーレ	rend, tear, sever レンド, テア, セヴァ
さ 割く	dedicare デディカーレ	spare スペア
さ 咲く	fiorire フィオリーレ	bloom, come out ブルーム, カム アウト

日	伊	英
さく 柵	recinto *m.* レチント	fence フェンス
さくいん 索引	indice *m.* インディチェ	index インデクス
さくげん 削減する	ridurre リドゥッレ	cut, reduce カト, リデュース
さくし 作詞する	scrivere le parole スクリーヴェレ レ パローレ	write words ライト ワーヅ
さくしゃ 作者	aut*ore*(*-trice*) *m.*(*f.*) アウトーレ(トリーチェ)	writer, author ライタ, オーサ
さくしゅ 搾取	sfruttamento *m.* スフルッタメント	exploitation エクスプロイテイション
〜する	sfruttare スフルッターレ	exploit エクスプロイト
さくじょ 削除する	cancellare, eliminare カンチェッラーレ, エリミナーレ	delete ディリート
さくせん 作戦	operazione *f.* オペラツィオーネ	operations アペレイションズ
さくひん 作品	opera *f.*, lavoro *m.* オーペラ, ラヴォーロ	work, piece ワーク, ピース
さくぶん 作文	composizione *f.* コンポズィツィオーネ	composition カンポズィション
さくや 昨夜	ieri sera, stanotte イエリセーラ, スタノッテ	last night ラスト ナイト
さくら 桜	ciliegio *m.* チリエージョ	cherry tree チェリ トリー
(花)	fiori di ciliegio *m.pl.* フィオーリ ディ チリエージョ	cherry blossoms チェリ ブラソムズ
さくらそう 桜草	primula *f.* プリームラ	primrose プリムロウズ
さくらんぼ 桜桃	ciliegia *f.* チリエージャ	cherry チェリ
さけ 鮭	salmone *m.* サルモーネ	salmon サモン
さけ 酒	alcol *m.*, liquore *m.* アルコル, リクオーレ	alcohol, liquor アルコホール, リカ
(日本酒)	*saké* *m.* サケ	*sake* サーキ

日	伊	英
〜を飲む	bere ベーレ	drink ドリンク
叫ぶ	gridare, urlare グリダーレ, ウルラーレ	shout, cry シャウト, クライ
避ける	evitare, eludere エヴィターレ, エルーデレ	avoid アヴォイド
下げる	abbassare アッバサーレ	lower ラウア
(ぶら下げる)	appendere アッペンデレ	hang ハング
(後ろに)	spostare indietro スポスターレ インディエートロ	move back ムーヴ バク
笹	bambù nano *m.* バンブ ナーノ	bamboo grass バンブー グラス
些細な	piccolo, poco ピッコロ, ポーコ	small, little スモール, リトル
支える	appoggiare, sostenere アッポッジャーレ, ソステネーレ	support, maintain サポート, メインテイン
捧げる	offrire, dedicare オッフリーレ, デディカーレ	offer, dedicate オーファ, デディケイト
囁く	bisbigliare, sussurrare ビズビッリアーレ, スッスッラーレ	whisper ホウィスパ
刺さる	conficcarsi *in* コンフィッカルスィ	stick スティク
差し込む	inserire インセリーレ	insert インサート
指図する	dare istruzioni *a* ダーレ ア イストルツィオーニ	direct, instruct ディレクト, インストラクト
差出人	mittente *m.f.* ミッテンテ	sender, remitter センダ, リミタ
座礁する	incagliare(-si), arenarsi インカッリアーレ(アルスィ), アレナルスィ	strike a rock ストライク ア ラク
刺す	pungere プンジェレ	prick プリク
(突き刺す)	forare, pugnalare フォラーレ, プニャラーレ	pierce, stab ピアス, スタブ
(蚊・蜂が)	pungere, mordere プンジェレ, モルデレ	bite, sting バイト, スティング

日	伊	英
さ 指す	indicare インディカーレ	point *to* ポイント
サスペンス	suspense *f.* サスペンス	suspense サスペンス
ざせき 座席	posto *m.*, sedile *m.* ポスト, セディーレ	seat スィート
させつ 左折	svolta a sinistra *f.* ズヴォルタ アッスィニストラ	left turn レフト ターン
～する	girare a sinistra ジラーレ ア スィニストラ	turn left ターン レフト
～禁止	Divieto di svolta a sinistra ディヴィエート ディ ズヴォルタ アッスィニストラ	No Left Turn ノウ レフト ターン
させる	fare ファーレ	make *a person do* メイク
（許可）	lasciare, permettere ラッシャーレ, ペルメッテレ	let *a person do* レト
（依頼）	farsi *fare da* ファルスィ	have *a person do* ハヴ
さそい 誘い	invito *m.* インヴィート	invitation インヴィテイション
（誘惑）	tentazione *f.* テンタツィオーネ	temptation テンプテイション
さそう 誘う	invitare インヴィターレ	invite インヴァイト
（誘惑）	tentare, indurre テンターレ, インドゥッレ	tempt テンプト
さつ 札	biglietto *m.* ビッリエット	bill ビル
～入れ	portafogli *m.* ポルタフォッリ	wallet ワレト
さつえい 撮影	fotografare *m.* フォトグラファーレ	photographing フォウトグラフィング
～する	fotografare フォトグラファーレ	photograph *of*, film フォウトグラフ, フィルム
～所	studio *m.* ストゥーディオ	movie studio ムーヴィ ステューディオウ
～禁止	Vietato fotografare ヴィエタート フォトグラファーレ	No Pictures ノウ ピクチャズ
ざつおん 雑音	rumore *m.* ルモーレ	noise ノイズ

日	伊	英
さっか 作家	scrit**tore**(*-trice*) *m.(f.)* スクリット―レ(トリーチェ)	writer, author ライタ, オーサ
サッカー	calcio *m.* カルチョ	soccer, football サカ, フトボール
〜選手	calcia**tore**(*-trice*) *m.(f.)* カルチャトーレ(トリーチェ)	soccer player サカ プレイア
さっかく 錯覚	illusione *f.* イッルズィオーネ	illusion イルージョン
さっき	poco fa ポーコ ファ	a little while ago ア リトル ホワイル アゴウ
さっきょく 作曲	composizione *f.* コンポズィツィオーネ	composition カンポズィション
〜する	comporre コンポッレ	compose カンポウズ
〜家	composi**tore**(*-trice*) *m.(f.)* コンポズィトーレ(トリーチェ)	composer カンポウザ
さっさと	presto, in fretta プレスト, イン フレッタ	quickly, in a hurry クウィクリ, イン ア ハーリ
さっきん 殺菌する	disinfettare ディズィンフェッターレ	sterilize ステリライズ
ざっし 雑誌	rivista *f.*, giornale *m.* リヴィスタ, ジョルナーレ	magazine マガズィーン
さつじん 殺人	omicidio *m.*, assassinio *m.* オミチーディオ, アッサッスィーニオ	homicide, murder ハミサイド, マーダ
〜犯	omicida *m.f.*, assassino(*-a*) *m.(f.)* オミチーダ, アッサッスィーノ(ナ)	homicide, murderer ハミサイド, マーダラ
ざっそう 雑草	erbaccia *f.* エルバッチャ	weeds ウィーツ
ざつだん 雑談する	chiacchierare キアッキエラーレ	have a chat ハヴ ア チャト
さっちゅうざい 殺虫剤	insetticida *m.* インセッティチーダ	insecticide インセクティサイド
ざっとう 雑踏	affollamento *m.*, ressa *f.* アッフォッラメント, レッサ	congestion コンチェスション
さっとう 殺到する	inondare イノンダーレ	rush ラシュ
ざつ 雑な	trascurato, *g*rossolano トラスクラート, グロッソラーノ	rough, rude ラフ, ルード
さつまいも 薩摩芋	patata dol*ce* *f.* パタータ ドルチェ	sweet potato スウィート ポテイトウ

日	伊	英
査定する (さてい)	stimare, valutare スティマーレ, ヴァルターレ	assess アセス
サディスト	sadico(-a) m.f. サーディコ(カ)	sadist サディスト
砂糖 (さとう)	zucchero m. ズッケロ	sugar シュガ
悟る (さと)	rendersi conto di レンデルスィ コント	realize リーアライズ
サドル	sellino m., sella f. セッリーノ, セッラ	saddle サドル
左派 (さは)	sinistra f. スィニストラ	left レフト
鯖 (さば)	scombro m., maccarello m. スコンブロ, マッカレッロ	mackerel マクレル
サバイバル	sopravvivenza f. ソプラッヴィヴェンツァ	survival サヴァイヴァル
裁く (さば)	giudicare ジュディカーレ	judge チャヂ
砂漠 (さばく)	deserto m. デゼルト	desert デザト
錆 (さび)	ruggine f. ルッジネ	rust ラスト
寂しい (さび)	malinconico, triste マリンコーニコ, トリステ	lonely, lonesome ロウンリ, ロウンサム
座標 (ざひょう)	coordinate f.pl. コオルディナーテ	coordinates コウオーディネッツ
錆びる (さ)	arruginirsi アッルジニルスィ	rust ラスト
サファイア	zaffiro m. ザッフィーロ (ザッフィロ)	sapphire サファイア
サフラン	zafferano m. ザッフェラーノ	saffron サフロン
差別する (さべつ)	discriminare ディスクリミナーレ	discriminate ディスクリミネイト
作法 (さほう)	etichetta f., galateo m. エティケッタ, ガラテーオ	manners マナズ
サポーター	tifoso(-a) m.(f.) ティフォーゾ(ザ)	supporter サポータ

日	伊	英
(保護用の)	ginocchiera *f.*, gomitiera *f.* ジノッキエーラ, ゴミティエーラ	athletic supporter アスレティック サポータ
仙人掌(さぼてん)	cactus *m.* カクトゥス	cactus キャクタス
サボる	oziare, poltrire オツィアーレ, ポルトリーレ	idle, loaf アイドル, ロウフ
授業を〜	marinare la lezione マリナーレ ラ レツィオーネ	cut a class カト ア クラス
学校を〜	marinare la scuola マリナーレ ラ スクオーラ	play truant プレイ トルーアント
サマータイム	ora legale *f.* オーラ レガーレ	daylight saving time デイライト セイヴィング タイム
様々(さまざま)な	vario, diverso ヴァーリオ, ディヴェルソ	various, diverse ヴェアリアス, ダイヴァース
覚(さ)ます(目を)	svegliarsi ズヴェッリアルスィ	wake ウェイク
冷(さ)ます	raffreddare ラッフレッダーレ	cool クール
妨(さまた)げる	disturbare, impedire ディストゥルバーレ, インペディーレ	disturb ディスタープ
彷徨(さまよ)う	errare, vagare エッラーレ, ヴァガーレ	wander about ワンダ アバウト
サミット	summit *m.*, vertice *m.* スンミット, ヴェルティチェ	summit サミト
寒(さむ)い	freddo フレッド	cold, chilly コウルド, チリ
(天候が)	fare freddo ファーレ フレッド	(It) be cold (イト) ビ コウルド
(体が)	avere freddo アヴェーレ フレッド	feel cold フィール コウルド
寒気(さむけ)	brivido *m.* ブリーヴィド	chill チル
〜がする	avere un brivido アヴェーレ ウン ブリーヴィド	feel a chill フィール ア チル
寒(さむ)さ	freddo *m.* フレッド	the cold ザ コウルド
鮫(さめ)	pescecane *m.*, squalo *m.* ペッシェカーネ, スクアーロ	shark シャーク
覚(さ)める(目が)	svegliarsi ズヴェッリアルスィ	wake, awake ウェイク, アウェイク

日	伊	英
冷める	raffreddarsi ラッフレッダルスィ	cool (down) クール（ダウン）
さもないと	altrimenti, se no アルトリメンティ, セ ノ	otherwise アザワイズ
莢隠元	fagiolini *m.pl.* ファジョリーニ	green bean グリーン ビーン
坐薬	supposta *f.* スッポスタ	suppository サパズィトーリ
左翼	ala sinistra *f.* アーラ スィニストラ	the left wing ザ レフト ウィング
皿	piatto *m.* ピアット	plate プレイト
（深皿）	scodella *f.* スコデッラ	dish ディシュ
（受け皿）	piattino *m.* ピアッティーノ	saucer ソーサ
ざらざらの	ruvido, rugoso ルーヴィド, ルゴーゾ	rough, coarse ラフ, コース
サラダ	insalata *f.* インサラータ	salad サリド
更に	inoltre, in più イノルトレ, イン ピウ	still more, further スティル モー, ファーザ
サラブレッド	purosangue *m.* プロサングェ	thoroughbred サロブレド
サラミ	salame *m.* サラーメ	salami サラーミ
サラリーマン	impiegato(-a) *m.(f.)* インピエガート(タ)	office worker オフィス ワーカ
猿	scimmia *f.* シンミア	monkey, ape マンキ, エイプ
去る	andarsene, lasciare アンダルセネ, ラッシャーレ	quit, leave クウィト, リーヴ
サルビア	salvia *f.* サルヴィア	salvia, sage サルヴィア, セイヂ
騒がしい	rumoroso ルモローゾ	noisy ノイズィ
騒ぐ	fare chiasso ファーレ キアッソ	make a noise メイク ア ノイズ
触る	toccare トッカーレ	touch, feel タチ, フィール

日	伊	英
さん 酸	acido *m.* アーチド	acid アスィッド
さんかく 三角(形)	triangolo *m.* トリアンゴロ	triangle トライアングル
〜の	triangolare トリアンゴラーレ	triangular トライアンギュラ
さんか 参加する	partecipare, assistere パルテチパーレ, アッスィステレ	participate, join パーティスィペイト, ヂョイン
さんがつ 三月	marzo *m.* マルツォ	March マーチ
さんぎいん 参議院	Camera dei Consiglieri *f.* カーメラ デイ コンスィッリエーリ	the House of Councilors ザ ハウス オヴ カウンスラズ
さんきゃく 三脚	treppiede(-i) *m.* トレッピエーデ(ディ)	tripod トライパド
さんぎょう 産業	industria *f.* インドゥストリア	industry インダストリ
〜廃棄物	rifiuti speciali *m.pl.* リフューティ スペチャーリ	industrial waste インダストリアル ウェイスト
ざんぎょう 残業する	fare dello straordinario ファーレ デッロ ストラオルディナーリオ	work overtime ワーク オウヴァタイム
サングラス	occhiali da sole *m.pl.* オッキアーリ ダ ソーレ	sunglasses サングラスィズ
ざんげ 懺悔	confessione *f.* コンフェッスィオーネ	confession, repentance コンフェション, リペンタンス
さんこう 参考	consultazione *f.* コンスルタツィオーネ	reference レファレンス
〜にする	consultare コンスルターレ	refer *to*, consult リファー, コンサルト
〜書	libro di consultazione *m.* リーブロ ディ コンスルタツィオーネ	reference book レファレンス ブク
ざんこく 残酷な	crudele, brutale クルデーレ, ブルターレ	cruel, merciless クルエル, マースィレス
さんごしょう 珊瑚礁	scogliera [barriera] corallina *f.* スコッリエーラ (バッリエーラ) コラッリーナ	coral reef カラル リーフ
さんじゅう 三重の	triplice, triplo トリープリチェ, トリープロ	threefold, triple スリーフォウルド, トリプル
さんしょう 参照する	vedere, confrontare ヴェデーレ, コンフロンターレ	refer *to* リファー

日	伊	英
さんすう 算数	aritmetica f. アリトメーティカ	arithmetic アリスメティク
さんせい 賛成	accordo m., sì m. アッコルド, スィ	approval アプルーヴァル
〜する	essere d'accordo, assentire a エッセレ ダッコルド, アッセンティーレ	approve of アプルーヴ
さんせい 酸性	acidità f. アチディタ	acidity アスィディティ
〜雨	pioggia acida f. ピオッジャ アーチダ	acid rain アスィド レイン
さんそ 酸素	ossigeno m. オッスィージェノ	oxygen アクスィヂェン
〜マスク	maschera a ossigeno f. マスケラ アオッスィージェノ	oxygen mask アクスィヂェン マスク
さんそう 山荘	chalet m., villetta f. シャレ, ヴィッレッタ	mountain villa マウンティン ヴィラ
ざんだか 残高	saldo m. サルド	the balance ザ バランス
サンタクロース	Babbo Natale m. バッボ ナターレ	Santa Claus サンタ クローズ
サンダル	sandali m.pl. サンダリ	sandals サンダルズ
さんだんとび 三段跳び	salto triplo m. サルト トリープロ	triple jump トリプル チャンプ
ざんてい 暫定(的な)	provvisorio プロッヴィゾーリオ	provisional プロヴィジョナル
さんち 産地	paese produttore m. パエーゼ プロドゥットーレ	place of production プレイス オヴ プロダクション
さんちょう 山頂	cima f., vetta f. チーマ, ヴェッタ	the top of a mountain ザ タプ オヴ ア マウンティン
サンドイッチ	tramezzino m., sandwich m. トラメッズィーノ, サンヴィッチ	sandwich サンドウィチ
ざんねん 残念	peccato m. ペッカート	regret リグレト
〜な	spiacevole, doloroso スピアチェーヴォレ, ドロローゾ	regrettable リグレタブル
〜ながら	purtroppo プルトロッポ	regretfully リグレトフリ
さんばし 桟橋	banchina f., molo m. バンキーナ, モーロ	wharf, pier ウォーフ, ピア

日	伊	英
散髪（さんぱつ）	taglio dei capelli *m.* タッリォ デイ カペッリ	haircut ヘアカト
～する	farsi tagliare i capelli ファルスィ タッリアーレ イ カペッリ	have a haircut ハヴ ア ヘアカト
賛美歌（さんびか）	inno *m.* インノ	hymn ヒム
産婦人科（さんふじんか）	reparto ostetrico-ginecologico *m.* レパルト オステトリコ ジネコロージコ	obsterics and gynecology オブステトリクス アンド ガイニカロヂィ
～医	ostetrico(-a) *m.(f.)*, ginecologo(-a) *m.(f.)* オステートリコ(カ), ジネコーロゴ(ガ)	obstetrician, gynecologist アブステトリシャン, ガイニカロヂスト
サンプル	campione *m.* カンピオーネ	sample サンプル
散文（さんぶん）	prosa *f.* プローザ	prose プロウズ
散歩する（さんぽする）	fare una passeggiata ファーレ ウナ パッセッジャータ	take a walk テイク ア ウォーク
酸味（さんみ）	acidità *f.* アチディタ	acidity アスィディティ
山脈（さんみゃく）	catena di montagne *f.* カテーナ ディ モンターニェ	mountain range マウンティン レインヂ
アルプス～	le Alpi *f.pl.* レ アルピ	the Alps ジ アルプス
参列する（さんれつする）	assistere *a* アッスィステレ	attend アテンド
山麓（さんろく）(に)	(ai) piedi del monte *m.pl.* (アイ) ピエーディ デル モンテ	(at) the foot of a mountain (アト) ザ フト オヴ マウンテン

し, シ

日	伊	英
市（し）	città *f.*, comune *m.* チッタ, コムーネ	city, town スィティ, タウン
～の	comunale コムナーレ	city, municipal スィティ, ミューニスィパル
氏（し）	signor, sig. スィニョール	Mr. ミスタ
（氏族）	famiglia *f.* ファミッリァ	the family, the clan ザ ファミリ, ザ クラン
詩（し）	poesia *f.*, poema *m.* ポエズィーア, ポエーマ	poetry, poem ポウイトリ, ポウイム
字（じ）	lettera *f.* レッテラ	letter, character レタ, キャラクタ

日	伊	英
(筆跡)	calligrafia *f.* カッリグラフィーア	handwriting ハンドライティング
時 (時刻)	le(ore)... レ	... o'clock オクラク
痔	emorroidi *f.pl.* エモッロイディ	piles, hemorrhoids パイルズ, ヘモロイヅ
試合	partita *f.*, gara *f.* パルティータ, ガーラ	game, match ゲイム, マチ
仕上げる	finire フィニーレ	finish フィニシュ
幸せ	felicità *f.* フェリチタ	happiness ハピネス
～な	felice, fortunato フェリーチェ, フォルトゥナート	happy, fortunate ハピ, フォーチュネト
GNP	prodotto nazionale lordo *m.*, PNL プロドット ナツィオナーレ ロルド, ピーエンネエッレ	gross national product グロウス ナショナル プラダクト
飼育	allevamento *m.* アッレヴァメント	breeding ブリーディング
自意識	autocoscienza *f.* アウトコッシェンツァ	self-consiousness セルフカンシャスネス
シースルー	trasparente トラスパレンテ	see-through スィースルー
シーズン	stagione *f.* スタジョーネ	season スィーズン
～オフ	stagione morta *f.* スタジョーネ モルタ	the off-season ジ オーフスィーズン
シーソー	altalena *f.* アルタレーナ	see saw スィーソー
シーツ	lenzuolo *m.* レンツオーロ	(bed) sheet (ベド) シート
CD	CD *m.* チッディ	CD スィーディー
～ロム	CD-ROM *m.* チッディロム	CD-ROM スィーディーラム
シートベルト	cintura di sicurezza *f.* チントゥーラ ディ スィクレッツァ	seatbelt スィートベルト
ジープ	jeep *f.* ジプ	jeep チープ
シーフード	frutti di mare *m.pl.* フルッティ ディ マーレ	seafood スィーフード

日	伊	英
シール	etichetta (adesiva) f. エティケッタ アデズィーヴァ	seal スィール
仕入れ	acquisto m. アックィスト	stocking スタキング
～先	fornitore(-trice) m.(f.) フォルニトーレ(トリーチェ)	supplier サプライア
子音	consonante f. コンソナンテ	consonant カンソナント
死因	causa del dicesso f. カウザ デル ディチェッソ	cause of one's death コーズ オヴ デス
寺院	tempio m., templi m.pl. テンピオ, テンプリ	temple テンプル
ジーンズ	jeans m. ジンス(ジンツ)	jeans ヂーンズ
自衛	autodifesa f. アウトディフェーザ	self-defense セルフディフェンス
～隊	Forze d'Autodifesa f.pl. フォルツェ ダウトディフェーザ	the Self-Defense Force ザ セルフディフェンス フォース
市営の	comunale コムナーレ	municipal ミューニスィパル
シェーバー	rasoio elettrico m. ラゾイオ エレットリコ	shaver シェイヴァ
シェービングクリーム	crema da barba f. クレーマ ダ バルバ	shaving cream シェイヴィング クリーム
ジェスチャー	gesto m. ジェスト	gesture ヂェスチャ
ジェット機	jet m. ジェト	jet plane ヂェト プレイン
シェフ	chef m., capocuoco m. シェフ, カポクオーコ	chef シェフ
シェルター	rifugio m. リフージョ	shelter シェルタ
支援する	appoggiare, sostenere アッポッジャーレ, ソステネーレ	back up, support バク アプ, サポート
塩	sale m. サーレ	salt ソールト
～辛い	salato サラート	salty ソールティ
～漬けの	in salamoia イン サラモイア	salted ソールティド

日	伊	英
しおかぜ 潮風	brezza marina *f.* ブレッザ(ツァ)マリーナ	sea breeze スィー ブリーズ
しおどき 潮時	momento favorevole *m.* モメント ファヴォレーヴォレ	time タイム
しお 萎れる	appassire アッパッスィーレ	droop, wither ドループ, ウィザ
しか 歯科	odontoiatria *f.* オドントイアトリーア	dentistry デンティストリ
～医	dentista *m.f.* デンティスタ	dentist デンティスト
～医院	studio dentistico *m.* ストゥーディオ デンティスティコ	dental clinic デンタル クリニック
～衛生士	igienista dentale *m.f.* イジェニスタ デンターレ	dental hygienist デンタル ハイヂーニスト
しか 鹿	cervo(-a) *m.(f.)*, daino(-a) *m.(f.)* チェルヴォ(ヴァ), ダイノ(ナ)	deer ディア
じが 自我	ego *m.* エーゴ	self, ego セルフ, イーゴウ
しかい 司会 (会議の)	presidente *m.(f.)* プレスィデンテ	chairperson チェアパースン
(座談会の)	moderat*ore*(*-trice*) *m.(f.)* モデラトーレ(トリーチェ)	chairperson チェアパースン
(番組などの)	presentat*ore*(*-trice*) *m.(f.)* プレゼンタトーレ(トリーチェ)	emcee エムスィー
～する	presiedere, presentare プレスィエーデレ, プレゼンターレ	preside, emcee プリザイド, エムスィー
しかい 視界	visibilità *f.*, visuale *f.* ヴィズィビリタ, ヴィズアーレ	sight サイト
しがい 市街 (地)	centro *m.* チェントロ	downtown ダウンタウン
しがいせん 紫外線	ultravioletto *m.*, UV ウルトラヴィオレット, ウッヴ	ultraviolet rays アルトラヴァイオレト レイズ
しがいつうわ 市外通話	interurbana *f.* インテルルバーナ	long-distance call ロングディスタンス コール
しかえ 仕返し	ritorsione *f.* リトルスィオーネ	revenge リヴェンヂ
～する	farla pagare *a* ファルラ パガーレ	get even *with* ゲト イーヴン
しかく 視覚	vista *f.* ヴィスタ	sight サイト

日	伊	英
資格(しかく)	titolo *m.*, qualifica *f.* ティートロ, クァリーフィカ	qualification クワリフィケイション
死角(しかく)	angolo morto *m.* アンゴロ モルト	blind spot ブラインド スパト
自覚(じかく)	coscienza *f.* コッシェンツァ	consciousness カンシャスネス
〜する	essere cosciente *di* エッセレ コッシェンテ	be conscious *of* ビ カンシャス
四角い(しかくい)	quadrato クァドラート	square スクウェア
仕掛け(しかけ)	congegno *m.* コンジェーニョ	device, mechanism ディヴァイス, メカニズム
しかし	ma, però マ, ペロ	but, however バト, ハウエヴァ
自家製の(じかせいの)	casalingo, alla casalinga カザリンゴ, アッラ カザリンガ	homemade ホウムメイド
自画像(じがぞう)	autoritratto *m.* アウトリトラット	self-portrait セルフポートレト
仕方(しかた)	modo *m.*, maniera *f.* モード, マニエーラ	method, way メソド, ウェイ
〜がない	niente da fare, pazienza ニエンテ ダ ファーレ, パツィエンツァ	cannot help キャナト ヘルプ
自家中毒(じかちゅうどく)	autointossicazione *f.* アウトイントッスィカツィオーネ	autointoxication オートインタクスィケイション
四月(しがつ)	aprile *m.* アプリーレ	April エイプリル
自活する(じかつする)	mantenersi da solo(-a) マンテネルスィ ダッソーロ(ラ)	support *oneself* サポート
直に(じかに)	direttamente ディレッタメンテ	directly ディレクトリ
(自ら)	di persona, personalmente ディ ペルソーナ, ペルソナルメンテ	personally パーソナリ
しがみつく	aggrapparsi アッグラッパルスィ	cling *to* クリング
しかも	inoltre, per di più イノルトレ, ペルディピウ	moreover, besides モーロウヴァ, ビサイヅ
叱る(しかる)	rimproverare, sgridare リンプロヴェラーレ, ズグリダーレ	scold, reprove スコウルド, リプルーヴ

日	伊	英
時間 (じかん)	tempo *m.*, ora *f.* テンポ, オーラ	time, hour タイム, アウア
～給	paga oraria *f.* パーガ オラーリア	hourly pay [wage] アウアリ ペイ(ウェイヂ)
～割	orario *m.* オラーリオ	schedule スケデュール
志願者 (しがんしゃ)	aspirante *m.f.*, candidato(-a) *m.f.* アスピランテ, カンディダート(タ)	applicant, candidate アプリカント, キャンディデイト
指揮 (しき)	comando *m.*, direzione *f.* コマンド, ディレツィオーネ	command, direction カマンド, ディレクション
～する	comandare, dirigere コマンダーレ, ディリージェレ	command, direct カマンド, ディレクト
～者	direttore d'orchestra *m.* ディレットーレ ドルケストラ	conductor カンダクタ
式 (しき)	cerimonia *f.* チェリモーニア	ceremony セリモニ
時期 (じき)	periodo *m.*, stagione *f.* ペリーオド, スタジョーネ	time, season タイム, スィーズン
磁気 (じき)	magnetismo *m.* マニェティズモ	magnetism マグネティズム
～テープ	nastro magnetico *m.* ナストロ マニェーティコ	magnetic tape マグネティク テイプ
敷石 (しきいし)	lastrico *m.* ラストリコ	pavement ペイヴメント
敷金 (しききん)	deposito *m.*, cauzione *f.* デポーズィト, カウツィオーネ	deposit ディパズィト
色彩 (しきさい)	colore *m.* コローレ	color, tint カラ, ティント
式場 (しきじょう)	sala per cerimonie *f.* サーラ ペル チェリモーニエ	the hall of ceremony ザ ホール オヴ セレモウニ
色素 (しきそ)	pigmento *m.* ピグメント	pigment ピグメント
仕来たり (しきたり)	usanza *f.*, convenzioni *f.pl.* ウザンツァ, コンヴェンツィオーニ	customs, convention カスタムズ, コンヴェンション
色調 (しきちょう)	tono *m.*, tonalità *f.* トーノ, トナリタ	tone トウン
式典 (しきてん)	cerimonia *f.* チェリモーニア	ceremony セレモウニ

日	伊	英
じきひつ 直筆(の)	autografo アウトーグラフォ	autograph オートグラフ
しきべつ 識別する	distinguere *da* ディスティングェレ	distinguish *from* ディスティングウィシュ
しきゅう 子宮	utero *m.* ウーテロ	the uterus ジ ユーテラス
～筋腫	fibroma dell'utero *m.* フィブローマ デッルーテロ	fibroid ファイブロイド
しきゅう 至急(に)	d'urgenza, urgentemente ドゥルジェンツァ, ウルジェンテメンテ	at once, right away アト ワンス, ライト アウェイ
～の	urgente ウルジェンテ	urgent アージェント
じきゅう 時給	paga oraria *f.* パーガ オラーリア	hourly pay アウアリ ペイ
じきゅうじそく 自給自足	autosufficienza *f.* アウトスッフィチェンツァ	self-sufficiency セルフサフィセンスィ
しきょう 司教	vescovo *m.* ヴェスコヴォ	bishop ビショプ
しきょう 市況	mercato *m.* メルカート	the market ザ マーケト
じきょう 自供	confessione *f.* コンフェッスィオーネ	voluntary confession ヴァランテリ カンフェション
じぎょう 事業	affari *m.pl.*, impresa *f.* アッファーリ, インプレーザ	enterprise, undertaking エンタプライズ, アンダテイキング
しぎょうしき 始業式	cerimonia di apertura *f.* チェリモーニア ディ アペルトゥーラ	opening ceremony オウプニング セレモウニ
しきり 仕切り	tramezzo *m.* トラメッツォ	partition パーティション
しき 頻りに(頻繁)	molte volte, spessissimo モルテ ヴォルテ, スペッスィッスィモ	very often ヴェリ オーフン
(絶え間なく)	ininterrottamente イニンテッロッタメンテ	incessantly インセサントリ
(熱心に)	intensamente インテンサメンテ	eagerly, strongly イーガリ, ストロングリ
しき 仕切る	dividere ディヴィーデレ	divide ディヴァイド
しきん 資金	fondo *m.*, capitale *m.* フォンド, カピターレ	capital, funds キャピタル, ファンヅ

日	伊	英
敷く	stendere / ステンデレ	lay, spread / レイ, スプレド
軸	asse *m.*, stelo *m.*, perno *m.* / アッセ, ステーロ, ペルノ	axis, shaft / アクスィス, シャフト
仕草	gesto *m.*, cenno *m.* / ジェスト, チェンノ	behavior, gesture / ビヘイヴァ, チェスチャ
ジグザグの[に]	a zigzag / アッズィグザグ	zigzag / ズィグザグ
仕組み	maccanismo *m.* / メッカニズモ	mechanism / メカニズム
時化	burrasca *f.*, fortunale *m.* / ブッラスカ, フォルトゥナーレ	stormy weather / ストーミ ウェザ
死刑	pena di morte *f.*, pena capitale *f.* / ペーナ ディ モルテ, ペーナ カピターレ	capital punishment / キャピタル パニシュメント
刺激する	stimolare, eccitare / スティモラーレ, エッチターレ	stimulate, excite / スティミュレイト, イクサイト
茂み	cespuglio *m.* / チェスプッリオ	bushes / ブシュズ
湿気る	prendere umidità, diventare umido / プレンデレ ウミディタ, ディヴェンターレ ウーミド	get dump, get soggy / ゲト ダンプ, ゲト サギ
試験	esame *m.*, prova *f.* / エザーメ, プローヴァ	examination, test / イグザミネイション, テスト
～を受ける	dare l'esame / ダーレ レザーメ	take the examination / テイク ジ イグザミネイション
資源	risorse *f.pl.* / リソルセ	resources / リソースィズ
事件	caso *m.*, avvenimento *m.* / カーゾ, アッヴェニメント	event, incident, case / イヴェント, インスィデント, ケイス
時限	(ora di) lezione *f.* / オーラ ディ レツィオーネ	period, class / ピアリアド, クラス
～爆弾	bomba a orologeria *f.* / ボンバ ア オロロジェリーア	time bomb / タイム バム
次元	dimensione *f.* / ディメンスィオーネ	dimension / ディメンション
四～	la quarta dimensione *f.* / ラ クアルタ ディメンスィオーネ	the forth dimension / ザ フォース ディメンション
私語	mormorio *m.* / モルモリーオ	whisper / ホウィスパ

日	伊	英
自己	sé *m.f.*, se stesso(-a) *m.(f.)* セ, セステッソ(サ)	self, ego セルフ, エゴウ
～暗示	autosuggestione *f.* アウトスッジェスティオーネ	autosuggestion オートサグチェスチョン
～主張	auto-affermazione *f.* アウトアッフェルマツィオーネ	self-assertion セルフアサーション
～紹介	autopresentazione *f.* アウトプレゼンタツィオーネ	self-introduction セルフイントロダクション
～満足	autocompiacimento *m.* アウトコンピアチメント	self-satisfaction セルフサティスファクション
事故	incidente *m.* インチデンテ	accident アクスィデント
時効	prescrizione *f.* プレスクリツィオーネ	prescription プリスクリプション
時刻	ora *f.*, tempo *m.* オーラ, テンポ	hour, time アウア, タイム
～表	orario *m.* オラーリオ	timetable, schedule タイムテイブル, スケヂュル
地獄	inferno *m.* インフェルノ	hell, the inferno ヒール, ザ インファーノウ
仕事	lavoro *m.*, opera *f.* ラヴォーロ, オーペラ	work, task ワーク, タスク
示唆する	suggerire スッジェリーレ	suggest サグチェスト
時差	differenza di ore *f.* ディッフェレンツァ ディ オーレ	difference in time ディフレンス イン タイム
～ぼけ	jetlag *m.* ジェトレグ	jet lag チェト ラグ
司祭	prete *m.*, sacerdote *m.* プレーテ, サチェルドーテ	priest プリースト
視察する	ispezionare イスペツィオナーレ	inspect, visit インスペクト, ヴィズィト
自殺する	suicidarsi, uccidersi スイチダルスィ, ウッチデルスィ	commit suicide カミト スーイサイド
持参する	portare (con sé) ポルターレ	bring, take ブリング, テイク
指示	indicazione *f.* インディカツィオーネ	indication インディケイション

日	伊	英
～する	indicare インディカーレ	indicate インディケイト
支持	appoggio *m.* アッポッジョ	support, backing サポート, バキング
～する	appoggiare アッポッジャーレ	support, back up サポート, バク アプ
～者	sosteni*tore*(*-trice*) *m.*(*f.*) ソステニトーレ(トリーチェ)	supporter, baker サポータ, ベイカ
時事	attualità *f.* アットゥアリタ	current events カーレント イヴェンツ
獅子座	Leone *m.* レオーネ	the Lion, Leo ザ ライオン, レオ
事実	fatto *m.*, realtà *f.*, verità *f.* ファット, レアルタ, ヴェリタ	fact, the truth ファクト, ザ トルース
支社	filiale *f.*, succursale *f.* フィリアーレ, スックルサーレ	branch ブランチ
死者	morto(*-a*) *m.*(*f.*) モルト(タ)	dead person, the dead デド パースン, ザ デド
試写(会)	anteprima *f.* アンテプリーマ	preview プリーヴュー
磁石	magnete *m.* マニェーテ	magnet マグネト
(コンパス)	bussola *f.* ブッソラ	compass カンパス
四捨五入する	arrotondare *a* アッロトンダーレ	round up[off] ラウンド アプ (オーフ)
刺繍	ricamo *m.* リカーモ	embroidery インブロイダリ
自首する	consegnarsi alla polizia コンセニャルスィ アッラ ポリツィーア	deliver *oneself* to the police ディリヴァ トゥ ザ ポリース
支出	spese *f.pl.*, uscite *f.pl.* スペーセ, ウッシーテ	expenses, expenditure イクスペンスィズ, イクスペンディチャ
自主的な	indipendente インディペンデンテ	independent インディペンデント
(自発的)	volontario ヴォロンターリオ	voluntary ヴァランテリ
思春期	adolescenza *f.*, pubertà *f.* アドレッシェンツァ, プベルタ	adolescence, puberty アドレセンス, ピューベティ

日	伊	英
司書	bibliotecario(-a) m.(f.) ビブリオテカーリオ(ア)	librarian ライブレアリアン
辞書	dizionario m. ディツィオナーリオ	dictionary ディクショネリ
～を引く	consultare un dizionario コンスルターレ ウン ディツィオナーリオ	consult a dictionary コンサルト ア ディクショネリ
支障	contrattempo m., impedimento m. コントラッテンポ, インペディメント	hindrance, troubles ヒンドランス, トラブルズ
市場	mercato m. メルカート	market マーケット
～調査	sondaggio del mercato m. ソンダッジョ デル メルカート	market research マーケット リサーチ
事情	circostanze f.pl. チルコスタンツェ	circumstances サーカムスタンスィズ
（理由）	causa f., ragione f. カウザ, ラジョーネ	reasons リーズンズ
試食	assaggio m., degustazione f. アッサッジョ, デグスタツィオーネ	sampling, tasting サンプリング, テイスティング
辞職する	dimettersi ディメッテルスィ	resign リザイン
自叙伝	autobiografia f. アウトビオグラフィーア	autobiography オートバイアグラフィ
詩人	poeta(-essa) m.(f.) ポエータ(テッサ)	poet, poetess ポウイト, ポウイテス
自信	fiducia f., sicurezza f. フィドゥーチャ, スィクレッツァ	confidence カンフィデンス
～がある	essere sicuro エッセレ スィクーロ	be confident ビ カンフィデント
自身	me[te, se] stesso(-a) m.(f.) メ ステッソ(サ)	-self, oneself セルフ, ワンセルフ
地震	terremoto m. テッレモート	earthquake アースクウェイク
自炊する	prepararsi da mangiare プレパラルスィ ダ マンジャーレ	cook for *oneself* クク フォー
指数	indice m. インディチェ	index number インデクス ナンバ
静かな	silenzioso, quieto, calmo スィレンツィオーゾ, クィエート, カルモ	silent, quiet, calm サイレント, クワイエト, カーム

日	伊	英
滴(しずく)	goccia *f.* ゴッチャ	drop ドラプ
システム	sistema *m.* スィステーマ	system スィスティム
地滑り(じすべり)	frana *f.* フラーナ	landslip ランドスリプ
沈む(しずむ)	affondare, andare a fondo アッフォンダーレ, アンダーレ アッフォンド	sink, go down スィンク, ゴウ ダウン
(太陽などが)	tramontare, calare トラモンターレ, カラーレ	set セト
姿勢(しせい)	posizione *f.*, posa *f.* ポズィツィオーネ, ポーザ	posture, pose パスチャ, ポウズ
私生活(しせいかつ)	vita privata *f.* ヴィータ プリヴァータ	private life プライヴェト ライフ
時制(じせい)	tempo *m.* テンポ	tense テンス
歯石(しせき)	tartaro *m.* タルタロ	tartar タータ
施設(しせつ)	istituto *m.*, attrezzatura *f.* イスティトゥート, アットレッツァトゥーラ	institution, facilities インスティテューション, ファスィリティズ
視線(しせん)	sguardo *m.* ズグアルド	eyes, glance アイズ, グランス
自然(しぜん)	natura *f.* ナトゥーラ	nature ネイチャ
～の	naturale ナトゥラーレ	natural ナチュラル
～科学	scienze naturali *f.pl.* シェンツェ ナトゥラーリ	natural science ナチュラル サイエンス
慈善事業(じぜんじぎょう)	attività di beneficenza *f.pl.* アッティヴィタ ディ ベネフィチェンツァ	charitable activities チャリタブル アクティヴィティズ
思想(しそう)	pensiero *m.*, idea *f.* ペンスィエーロ, イデーア	thought, idea ソート, アイディア
～的な	ideologico イデオロージコ	ideological アイディアラヂカル
時速(じそく)	velocità oraria *f.* ヴェロチタ オラーリア	speed per hour スピード パー アウア
持続する(じぞくする)	durare, continuare ドゥラーレ, コンティヌアーレ	last, continue ラスト, コンティニュー

日	伊	英
しそん 子孫	discendente *m.f.*, posterità *f.* ディッシェンデンテ, ポステリタ	descendant, posterity ディセンダント, パステリティ
じそんしん 自尊心	rispetto di sé *m.*, amor proprio *m.* リスペット ディ セ, アモール プロープリオ	self-respect, pride セルフリスペクト, プライド
した 舌	lingua *f.* リングァ	the tongue ザ タング
した 下 (へ)	giù ジュ	down, downstairs ダウン, ダウンステアズ
～に[で]	sotto, giù ソット, ジュ	under, below アンダ, ビロウ
～から	dal basso ダル バッソ	from the bottom フラム ザ バトム
したい 死体	cadavere *m.* カダーヴェレ	dead body, corpse デド バディ, コープス
じたい 事態	situazione *f.* スィトゥアツィオーネ	the situation ザ スィチュエイション
じだい 時代	era *f.*, tempi *m.pl.*, epoca *f.* エーラ, テンピ, エーポカ	time, period, era タイム, ピアリオド, イアラ
～遅れの	superato, antiquato スーペラート, アンティクアート	out of date アウト オヴ デイト
じたいする 辞退する	rinunciare, rifiutare リヌンチャーレ, リフュターレ	decline, refuse ディクライン, レフュース
しだいに 次第に	man mano, a poco a poco マンマーノ, アッポーコアッポーコ	gradually グラデュアリ
した 慕う	voler molto bene *a* ヴォレル モルト ベーネ	yearn *after*, long *for* ヤーン, ロング
したう 下請け	subappalto *m.* スバッパルト	subcontract サブカントラクト
したが 従う	ubbidire *a* ウッビディーレ	obey, follow オベイ, フォロウ
したが 従える	essere seguito *da* エッセレ セグイート	be accompanied *by* ビ アカンパニド
したが 下書き	brutta copia *f.*, abbozzo *m.* ブルッタ コピア, アッボッツォ	draft ドラフト
したが 従って	perciò, quindi ペルチョ, クインディ	therefore ゼアフォー
(～に応じて)	secondo セコンド	according to アコーディング トゥ

日	伊	英
下着(したぎ)	biancheria intima *f.* ビアンケリーア インティマ	underwear アンダウェア
支度する(したくする)	preparare, prepararsi プレパラーレ, プレパラルスィ	prepare *for* プリペア
自宅で(じたくで)	a casa アッカーザ	at home アト ホウム
親しい(したしい)	intimo, caro, familiare インティモ, カーロ, ファミリアーレ	close, familiar クロウス, ファミリア
滴る(したたる)	cadere a gocce, gocciolare カデーレ アッゴッチェ, ゴッチョラーレ	drop, drip ドラプ, ドリプ
仕立てる(したてる)	confezionare コンフェツィオナーレ	make メイク
舌平目(したびらめ)	sogliola *f.* ソッリョラ	sole ソウル
下見(したみ)	ispezione preliminare *f.* イスペツィオーネ プレリミナーレ	preliminary inspection プリリミネリ インスペクション
示談(じだん)	compromesso *m.* コンプロメッソ	private settlement プライヴェト セトルメント
自治(じち)	autonomia *f.* アウトノミーア	autonomy オータノミ
七月(しちがつ)	luglio *m.* ルッリョ	July ヂュライ
七面鳥(しちめんちょう)	tacchino *m.* タッキーノ	turkey ターキ
質屋(しちや)	monte di pietà *m.* モンテ ディ ピエタ	pawnshop ポーンシャプ
試着(しちゃく)	prova *f.* プローヴァ	try-on トライオン
〜する	provare プロヴァーレ	try on トライ オン
〜室	cabina di prova *f.* カビーナ ディ プローヴァ	fitting room フィティング ルーム
シチュー	stufato *m.*, umido *m.* ストゥファート, ウーミド	stew ステュー
支柱(しちゅう)	sostegno *m.* ソステーニョ	prop プラプ
市長(しちょう)	sindaco *m.* スィンダコ	mayor メイア

日	伊	英
視聴者 しちょうしゃ	telespettatore(-trice) m.(f.) テレスペッタトーレ(トリーチェ)	the TV audience ザ ティーヴィー オーディエンス
視聴率 しちょうりつ	indice di ascolto m., audience f. インディチェ ディ アスコルト, オディエンス	audience rating オーディエンス レイティング
質 しつ	qualità f. クァリタ	quality クワリティ
失格する しっかくする	essere squalificato エッセレ スクァリフィカート	be disqualified ビー ディスクワリファイド
実感する じっかんする	rendersi conto di レンデルスィ コント	realize リーアライズ
質疑応答 しつぎおうとう	domanda e risposta f. ドマンダ エ リスポスタ	questions and answers クウェスチョンズ アンド アンサズ
失業 しつぎょう	disoccupazione f. ディゾックパツィオーネ	unemployment アニンプロイメント
～する	perdere il lavoro ペルデレ イル ラヴォーロ	lose one's job ルーズ チャブ
～者	disoccupato(-a) m.f. ディゾックパート(タ)	the unemployed ジ アニンプロイド
実況 (中継) じっきょう	diretta f. ディレッタ	live broadcast ライヴ ブロードキャスト
～の[で]	in diretta イン ディレッタ	live ライヴ
実業家 じつぎょうか	uomo d'affari m. ウオーモ ダッファーリ	businessman ビズニスマン
シックな	chic シク	chic シーク
じっくり	con calma, senza fretta コン カルマ, センツァ フレッタ	slowly and carefully スロウリ アンド ケアフリ
湿気 しっけ	umidità f. ウミディタ	moisture モイスチャ
躾[仕付け] しつけ	educazione f. エドゥカツィオーネ	training, discipline トレイニング, ディスィプリン
(裁縫の)	imbastitura f. インバスティトゥーラ	tacking, basting タキング, ベイスティング
躾ける しつける	educare エドゥカーレ	train, discipline トレイン, ディスィプリン
実現 じつげん	realizzazione f. レアリッヅィオーネ	realization リーアリゼイション
～する	realizzare, realizzarsi レアリッザーレ, レアリッザルスィ	realize, come true リアライズ, カム トルー

日	伊	英
実験する	sperimentare スペリメンターレ	experiment イクスペリメント
しつこい	insistente, importuno インスィステンテ, インポルトゥーノ	persistent, obstinate パスィステント, アブスティネト
(味が)	pesante ペザンテ	heavy ヘヴィ
実行する	mettere in pratica, eseguire メッテレ イン プラーティカ, エゼグイーレ	carry out, practice キャリ アウト, プラクティス
実際(に)	infatti, veramente インファッティ, ヴェラメンテ	actually, really アクチュアリ, リーアリ
実施する	mettere in atto, attuare メッテレ インナット, アットゥアーレ	put into effect プト イントゥ イフェクト
実習	pratica f., tirocinio m. プラーティカ, ティロチーニオ	practice, training プラクティス, トレイニング
〜生	tirocinante m.f. ティロチナンテ	trainee トレイニー
実情	situazione reale f. スィトゥアツィオーネ レアーレ	the actual condition ジ アクチュアル カンディション
実証する	provare, dimostrare プロヴァーレ, ディモストラーレ	prove, demonstrate プルーヴ, デモンストレイト
失神する	svenire ズヴェニーレ	faint, swoon フェイント, スウーン
実績	risultati m.pl., meriti m.pl. リスルターティ, メーリティ	results, achievements リザルツ, アチーヴメンツ
実践する	praticare プラティカーレ	practice プラクティス
失踪する	scomparire スコンパリーレ	disappear ディサピア
質素な	modesto, semplice モデスト, センプリチェ	plain, simple プレイン, スィンプル
実体	sostanza f. ソスタンツァ	substance サブスタンス
〜のない	privo di sostanza, incorporeo プリーヴォ ディ ソスタンツァ, インコルポーレオ	unsubstantial アンサブスタンシャル
知ったかぶり	saccente m.f. サッチェンテ	know-it-all ノウ イット オール
〜をする	fare il(la) saccente ファーレ イル(ラ) サッチェンテ	pretend to know everything プリテンド トゥ ノウ エヴリスィング

日	伊	英
じっちょく 実直な	onesto, retto オネスト, レット	honest アネスト
しつど 湿度	umidità *m.* ウミディタ	humidity ヒューミディティ
しっと 嫉妬する	ingelosirsi, invidiare インジェロズィルスィ, インヴィディアーレ	be jealous *of*, envy ビ チェラス, エンヴィ
しつないがく 室内楽	musica da camera *f.* ムーズィカ ダ カーメラ	chamber music チェインバ ミューズィク
しつない 室内に[で]	all'interno アッリンテルノ	indoors インドーズ
じつ 実に	proprio, veramente プロープリオ, ヴェラメンテ	really リーアリ
じつ 実は	in verità, a dire il vero イン ヴェリタ, アッディーレイルヴェーロ	to tell the truth トゥ テル ザ トルース
ジッパー	chiusura lampo *f.*, zip *m.* キウズーラ ランポ, ズィプ	zipper ズィパ
しっぱい 失敗	fallimento *m.*, insuccesso *m.* ファッリメント, インスッチェッソ	failure フェイリュア
〜する	fallire, non avere successo ファッリーレ, ノン アヴェーレ スッチェッソ	fail *in* フェイル
しっぷ 湿布	compressa *f.* コンプレッサ	compress カンプレス
しっぽ 尻尾	coda *f.* コーダ	tail テイル
しつぼう 失望	delusione *f.* デルズィオーネ	disappointment ディサポイントメント
〜する	essere deluso *di* エッセレ デルーゾ	be disappointed ビ ディサポインテド
しつもん 質問	domanda *f.* ドマンダ	question クウェスチョン
〜する	fare una domanda ファーレ ウナ ドマンダ	ask a question アスク ア クウェスチョン
じつようてき 実用的な	pratico, a uso pratico プラーティコ, アウーゾ プラーティコ	practical, useful プラクティカル, ユースフル
じつりょく 実力	capacità *f.*, competenza *f.* カパチタ, コンペテンツァ	ability アビリティ
〜のある	competente コンペテンテ	competent カンピテント

日	伊	英
しつれい 失礼な	scortese, indiscreto スコルテーゼ, インディスクレート	rude, impolite ルード, インポライト
じつれい 実例	esempio *m.* エゼンピオ	example イグザンプル
しつれん 失恋	amore infelice *m.* アモーレ インフェリーチェ	unrequited love アンリクワイテド ラヴ
～する	essere piantato *da*, perdere l'amore エッセレ ピアンタート, ペルデレ ラモーレ	be disappointed in love ビ ディサポインティド イン ラヴ
じつわ 実話	storia vera *f.* ストーリア ヴェーラ	true story トルー ストーリ
してい 指定する	fissare, designare フィッサーレ, デズィニャーレ	appoint, designate アポイント, デズィグネイト
していせき 指定席	posto prenotato [riservato] *m.* ポスト プレノタート リセルヴァート	reserved seat リザーヴド スィート
してき 指摘する	indicare, fare notare インディカーレ, ファーレ ノターレ	point out, indicate ポイント アウト, インディケイト
してき 私的な	privato, personale プリヴァート, ペルソナーレ	private, personal プライヴェト, パーソナル
してつ 私鉄	ferrovia privata *f.* フェッロヴィーア プリヴァータ	private railroad プライヴェト レイルロウド
してん 支店	succursale *f.*, filiale *f.* スックルサーレ, フィリアーレ	branch ブランチ
してん 視点	punto di vista *m.* プント ディ ヴィスタ	point of view ポイント オヴ ヴュー
じてん 辞典	dizionario *m.*, vocabolario *m.* ディツィオナーリオ, ヴォカボラーリオ	dictionary ディクショネリ
じてんしゃ 自転車	bicicletta *f.*, bici *f.* ビチクレッタ, ビーチ	bicycle バイスィクル
じどう 児童	infanzia *f.* インファンツィア	child チャイルド
じどう 自動(式の)	automatico アウトマーティコ	automatic オートマティク
～ドア	porta automatica *f.* ポルタ アウトマーティカ	automatic door オートマティク ドー
～販売機	distributore automatico *m.* ディストリブトーレ アウトマーティコ	vending machine ヴェンディング マシーン
じどうし 自動詞	verbo intransitivo *m.* ヴェルボ イントランスィティーヴォ	intransitive verb イントランスィティヴ ヴァーブ

日	伊	英
じどうしゃ 自動車	macchina *f.*, automobile *f.* マッキナ, アウトモービレ	car, automobile カー, オートモービル
しどう 指導する	guidare グィダーレ	guide, lead, coach ガイド, リード, コウチ
しない 市内に	in città, in centro イン チッタ, イン チェントロ	in the city イン ザ スィティ
しなぎ 品切れ (の)	esaurito エザウリート	sold out ソウルド アウト
しな 萎びる	appassire, sfiorire アッパッスィーレ, スフィオリーレ	wither ウィザ
しなもの 品物	articolo *m.*, oggetto *m.* アルティーコロ, オッジェット	article, goods アーティクル, グツ
シナモン	cannella *f.* カンネッラ	cinnamon スィナモン
シナリオ	sceneggiatura *f.* シェネッジャトゥーラ	scenario, screenplay スィネアリオウ, スクリーンプレイ
～ライター	sceneggia*tore*(-*trice*) *m.*(*f.*) シェネッジャトーレ(トリーチェ)	scenario writer スィネアリオウ ライタ
じにん 辞任する	dimettersi ディメッテルスィ	resign リザイン
し 死ぬ	morire モリーレ	die ダイ
じぬし 地主	proprietario(-*a*) terriero(-*a*) *m.*(*f.*) プロプリエターリオ(ア)テッリエーロ(ラ)	landowner ランドウナ
しはい 支配	dominio *m.*, dominazione *f.* ドミーニオ, ドミナツィオーネ	rule, control ルール, カントロウル
～する	dominare ドミナーレ	rule, control ルール, カントロウル
～人	gerente *m.f.* ジェレンテ	manager マニヂャ
しばい 芝居	teatro *m.* テアートロ	play, drama プレイ, ドラーマ
じばさんぎょう 地場産業	industria locale *f.* インドゥストリア ロカーレ	local industry ロウカル インダストリ
しばしば	spesso スペッソ	often オーフン
しはつ 始発 (電車)	il primo treno イル プリーモ トレーノ	the first train ザ ファースト トレイン
～駅	capolinea *m.* カポリーネア	terminal ターミナル

日	伊	英
じはつてき 自発的な	volontario, spontaneo ヴォロンターリオ, スポンターネオ	voluntary, spontaneous ヴァランテリ, スパンテイニアス
しばふ 芝生	erba f., prato m. エルバ, プラート	lawn ローン
しはら 支払い	pagamento m. パガメント	payment ペイメント
しはら 支払う	pagare パガーレ	pay ペイ
しばら 暫く	un po', un momento ウン ポ, ウン モメント	a while ア ホワイル
（久しく）	da tanto, da un pezzo ダ タント, ダ ウンペッツォ	for a long time フォー ア ロング タイム
しば 縛る	legare レガーレ	bind バインド
じばん 地盤	terreno m., terra f. テッレーノ, テッラ	the ground ザ グラウンド
（土台）	fondamento m., base f. フォンダメント, バーゼ	foundation, base ファウンデイション, ベイス
（選挙の）	terreno elettorale m. テッレーノ エレットラーレ	constituency カンスティチュエンスィ
しはんの 市販の	in vendita イン ヴェンディタ	on the market オン ザ マーケト
じひ 慈悲	misericordia f., pietà f. ミゼリコルディア, ピエタ	mercy, pity マースィ, ピティ
じびいんこうか 耳鼻咽喉科	otorinolaringoiatria f. オトリノラリンゴイアトリーア	otolaryngology オウトラリンゴロヂ
～医	otorino(-laringoiatra) m.f. オトリーノ(ラリンゴイアートラ)	ENT doctor イーエンティー ダクタ
しひ 私費で	a proprie spese f.pl. ア スペーゼ	at one's own expense アト オウン イクスペンス
じひょう 辞表	lettera di dimissioni f. レッテラ ディ ディミッスィオーニ	resignation レズィグネイション
じびょう 持病	malattia cronica f. マラッティーア クローニカ	chronic disease クラニク ディズィーズ
しび 痺れる（麻痺）	essere paralizzato エッセレ パラリッザート	become numb ビカム ナム
（正座などで）	avere un formicolio a アヴェーレ ウン フォルミコリーオ	go to sleep ゴウ トゥ スリープ

日	伊	英
支部 (しぶ)	sezione *f.* セツィオーネ	branch ブランチ
自負 (じふ)	dignità *f.*, orgoglio *m.* ディニタ, オルゴッリョ	pride プライド
渋い (しぶい)	aspro アスプロ	bitter ビタ
飛沫 (しぶき)	spruzzo *m.* スプルッツォ	spray, splash スプレイ, スプラシュ
私服 (しふく)	abito civile *m.* アービト チヴィーレ	plain clothes プレイン クロウズ
しぶとい	tenace, accanito テナーチェ, アッカニート	tenacious, dogged テネイシャス, ドギド
自分 (じぶん)	sé, sé stesso(-a) *m.(f.)* セ, セ ステッソ(サ)	self セルフ
～で	da solo(-a) ダソーロ(ラ)	by oneself バイ ワンセルフ
紙幣 (しへい)	biglietto (di banca) *f.* ビリエット	bill ビル
自閉症 (じへいしょう)	autismo *m.* アウティズモ	autism オーティズム
死亡 (しぼう)	morte *f.* モルテ	death デス
～率	tasso di mortalità *m.* タッソ ディ モルタリタ	death rate デス レイト
脂肪 (しぼう)	grasso *m.* グラッソ	fat, grease ファト, グリース
司法権 (しほうけん)	potere giudiziario *m.* ポテーレ ジュディツィアーリオ	jurisdiction ヂュアリスディクション
萎む (しぼむ)	appassire, sgonfiarsi アッパッスィーレ, ズゴンフィアルスィ	wither, fade ウィザ, フェイド
絞[搾]る (しぼる)	strizzare, spremere ストリッツァーレ, スプレーメレ	squeeze, wring, press リング, スクウィーズ, プレス
（範囲を）	limitare リミターレ	limit リミト
知恵を～	spremersi il cervello スプレーメルスィ イル チェルヴェッロ	rack *one's* brains ラク ブレイン
資本(金) (しほん)	capitale *m.* カピターレ	capital キャピタル

日	伊	英
~家	capitalista *m.f.* カピタリスタ	capitalist キャピトリスト
~主義	capitalismo *m.* カピタリズモ	capitalism キャピタリズム
縞	righe *f.pl.*, strisce *f.pl.* リーゲ, ストリッシェ	stripes ストライプス
~の	a righe アッリーゲ	striped ストライプト
島	isola *f.* イーソラ	island アイランド
姉妹	sorelle *f.pl.* ソレッレ	sisters スィスタズ
仕舞う	mettere *in* メッテレ	put away プト アウェイ
(閉める)	chiudere, cessare キウーデレ, チェッサーレ	close *down* クロウズ
字幕	sottotitoli *m.pl.* ソットティートリ	subtitles サブタイトルズ
閉まる	chiudere キウーデレ	shut, be closed シャト, ビ クロウズド
自慢	orgoglio *m.* オルゴッリォ	boast, vanity ボウスト, ヴァニティ
~する	vantarsi di ヴァンタルスィ	boast *of*, be proud *of* ボウスト, ビ プラウド
~話	vanteria *f.* ヴァンテリーア	boasting ボウスティング
染み	macchia *f.* マッキア	stain, smudge ステイン, スマヂ
~抜き	smacchiatura *f.* ズマッキアトゥーラ	stain removal ステイン リムーヴァル
(薬品)	smacchiatore *m.* ズマッキアトーレ	stain remover ステイン リムーヴァ
地味な	modesto, sobrio モデスト, ソーブリオ	plain, quiet プレイン, クワイエト
シミュレーション	simulazione *f.* スィムラツィオーネ	simulation スィミュレイション
市民	cittadino(-a) *m.(f.)* チッタディーノ(ナ)	citizen スィティズン
~権	cittadinanza *f.* チッタディナンツァ	citizenship スィティズンシプ

日	伊	英
～税	imposta municipale *f.* インポスタ ムニチパーレ	municipal tax ミューニスィパル タクス
事務	lavoro d'ufficio *m.* ラヴォーロ ドゥッフィーチョ	business, affairs ビズネス, アフェアズ
～員	impiegato(-a) *m.(f.)* インピエガート(タ)	clerk, office worker クラーク, オフィス ワーカ
～所	ufficio *m.* ウッフィーチョ	office オフィス
使命	missione *f.* ミッスィオーネ	mission ミション
氏名	nome e cognome *m.* ノーメ エ コニョーメ	name ネイム
指名する	designare, nominare デズィニャーレ, ノミナーレ	designate, nominate デズィグネイト, ナミネイト
締切り(期日)	data di scadenza *f.* ダータ ディ スカデンツァ	the deadline ザ デドライン
示す	mostrare, indicare モストラーレ, インディカーレ	show, indicate ショウ, インディケイト
自滅する	darsi la zappa sui piedi ダルスィ ラザッパ スイ ピエーディ	ruin *oneself* ルーイン
湿った	umido, bagnato ウーミド, バニャート	damp, moist ダンプ, モイスト
湿る	bagnarsi, prendere umidità バニャルスィ, プレンデレ ウミディタ	dampen ダンプン
占める	occupare オックパーレ	occupy アキュパイ
閉める	chiudere キウーデレ	shut, close シャト, クロウズ
締める	stringere ストリンジェレ	tie, tighten タイ, タイトン
地面	terra *f.* テッラ	the earth, the ground ジ アース, ザ グラウンド
霜	gelo *m.*, brina *f.* ジェーロ, ブリーナ	frost フロスト
地元の	locale, compaesano ロカーレ, コンパエザーノ	local ロウカル
指紋	impronte digitali *f.pl.* インプロンテ ディジターリ	fingerprint フィンガプリント

日	伊	英
視野 _{しや}	campo visivo *m.* カンポ ヴィズィーヴォ	the range of vision ザ レインヂ オヴ ヴィジョン
ジャーナリスト	giornalista *m.f.* ジョルナリスタ	journalist ヂャーナリスト
ジャーナリズム	giornalismo *m.* ジョルナリズモ	journalism ヂャーナリズム
シャープ(#)	diesis *m.* ディエーズィス	sharp シャープ
シャープな	acuto アクート	sharp シャープ
シャープペンシル	portamine(-a) *m.* ポルタミーネ(ナ)	mechanical pencil メキャニカル ペンスル
シャーベット	sorbetto *m.* ソルベット	sherbet シャーベット
社員 _{しゃいん}	dipendente *m.f.*, personale *m.* ディペンデンテ, ペルソナーレ	employee, the staff インプロイイー, ザ スタフ
釈迦 _{しゃか}	Budda *m.* ブッダ	Buddha ブダ
社会 _{しゃかい}	società *f.* ソチェタ	society ソサイエティ
〜の	sociale ソチャーレ	social ソウシャル
〜主義	socialismo *m.* ソチャリズモ	socialism ソウシャリズム
〜福祉	assistenza sociale *f.* アッスィステンツァ ソチャーレ	social welfare ソウシャル ウェルフェア
〜保険	previdenza sociale *f.* プレヴィデンツァ ソチャーレ	social insurance ソウシャル インシュアランス
じゃが芋 _{いも}	patata *f.* パタータ	potato ポテイトウ
しゃがむ	accovacciarsi, accosciarsi アッコヴァッチャルスィ, アッコッシャルスィ	squat down スクワト ダウン
杓子 _{しゃくし}	mestolo *m.* メストロ	ladle レイドル
市役所 _{しやくしょ}	municipio *m.* ムニチーピオ	city hall スィティ ホール
蛇口 _{じゃぐち}	rubinetto *m.* ルビネット	tap, faucet タプ, フォーセト
弱点 _{じゃくてん}	(punto) debole *m.* (プント) デーボレ	weak point ウィーク ポイント

日	伊	英
しゃくど 尺度	misura *f.* ミズーラ	measure, scale メジャ, スケイル
しゃくほう 釈放する	rilasciare, scarcerare リラッシャーレ, スカルチェラーレ	set free セト フリー
しゃくめい 釈明する	giustificare, scusarsi ジュスティフィカーレ, スクザルスィ	vindicate ヴィンディケイト
しゃくや 借家	casa in affitto *f.* カーザ インナッフィット	rented house レンテド ハウス
しゃくようしょ 借用書	ricevuta *f.* リチェヴータ	IOU アイオウユー
しゃげき 射撃	tiro *m.*, sparo *m.* ティーロ, スパーロ	shooting, firing シューティング, ファイアリング
ジャケット	giacca *f.* ジャッカ	jacket ヂャケト
（CDや本の）	copertina *f.* コペルティーナ	jacket ヂャケト
しゃこ 車庫	garage *m.*, autorimessa *f.* ガラージェ, アウトリメッサ	garage ガラージ
しゃこうかい 社交界	alta società *f.*, il bel mondo *m.* アルタ ソチェタ, イルベルモンド	fashionable society ファショナブル ソサイアティ
しゃこうてき 社交的な	socievole ソチエーヴォレ	sociable ソウシャブル
しゃざい 謝罪	scuse *f.pl.* スクーゼ	apology アパロヂィ
～する	fare le scuse *a* ファーレ レ スクーゼ	apologize アパロヂャイズ
しゃじつしゅぎ 写実主義	realismo *m.* レアリーズモ	realism リーアリズム
しゃじつてき 写実的な	realistico レアリスティコ	realistic リーアリスティク
しゃしょう 車掌	controllore(-a) *m.f.* コントロッローレ(ラ)	conductor, guard カンダクタ, ガード
しゃしん 写真	fotografia *f.*, foto *f.* フォトグラフィーア, フォート	photograph, photo フォウトグラフ, フォウトウ
ジャズ	jazz *m.* ジェズ	jazz ヂャズ
ジャスミン	gelsomino *m.* ジェルソミーノ	jasmine ヂャズミン

日	伊	英
写生	disegno *m.* ディセーニョ	sketch スケチ
〜する	disegnare ディセニャーレ	sketch スケチ
車線	corsia *f.* コルスィーア	lane レイン
遮断する	tagliare, bloccare タッリアーレ, ブロッカーレ	cut off カト オーフ
社長	presidente *m.f.* プレスィデンテ	the president ザ プレズィデント
シャツ	camicia *f.* カミーチャ	shirt シャート
（肌着）	maglietta *f.* マッリエッタ	undershirt アンダシャート
ジャッキ	cricco *m.* クリッコ	jack チャク
借金	debito *m.* デービト	debt, loan デト, ロウン
しゃっくり	singhiozzo *m.* スィンギオッツォ	hiccup ヒカプ
シャッター（扉）	serranda *f.*, saracinesca *f.* セッランダ, サラチネスカ	shutter シャタ
（カメラの）	otturatore *m.* オットゥラトーレ	shutter シャタ
車道	carreggiata *f.* カッレッジャータ	roadway ロウドウェイ
シャトルバス	autobus navetta *m.* アウトブス ナヴェッタ	shuttle bus シャトル バス
煮沸する	bollire ボッリーレ	boil ボイル
しゃぶる	succhiare スッキアーレ	suck, suckle サク, サクル
シャベル	pala *f.*, badile *m.* パーラ, バディーレ	shovel シャヴル
シャボン玉	bolla di sapone *f.* ボッラ ディ サポーネ	soap bubbles ソウプ バブルズ
邪魔する	disturbare, interrompere ディストゥルバーレ, インテッロンペレ	disturb, interrupt ディスターブ, インタラプト
ジャム	marmellata *f.* マルメッラータ	jam チャム

日	伊	英
斜面(しゃめん)	pendio *m.* ペンディーオ	slope スロウプ
砂利(じゃり)	ghiaia *f.* ギアイア	gravel グラヴェル
車両(しゃりょう)	vagone *m.*, carrozza *f.* ヴァゴーネ, カッロッツァ	vehicles, cars ヴィーイクルズ, カーズ
車輪(しゃりん)	ruota *f.* ルオータ	wheel ホウィール
洒落(しゃれ)	gioco di parole *m.* ジョーコ ディ パローレ	joke, witticism ヂョウク, ウィティスィズム
謝礼(しゃれい)	ricompenso *m.* リコンペンソ	remuneration リミューナレイション
洒落た(しゃれた)	chic, elegante シク, エレガンテ	smart スマート
シャワー	doccia *f.* ドッチャ	shower シャウア
～キャップ	cuffia da bagno *f.* クッフィア ダ バーニョ	shower cap シャウア キャプ
シャンデリア	lampadario *m.* ランパダーリオ	chandelier シャンディリア
ジャンパー	giubbotto *m.* ジュボット	windbreaker ウィンドブレイカ
シャンパン	champagne *m.*, spumante *m.* シャンパーニュ, スプマンテ	champagne シャンペイン
ジャンプ	salto *m.* サルト	jump ヂャンプ
シャンプー	shampoo *m.* シャンポ	shampoo シャンプー
～する	farsi uno shampoo ファルスィ ウーノ シャンポ	shampoo シャンプー
ジャンボジェット	jumbo *m.* ジュンボ	jumbo jet ヂャンボウ ヂェト
ジャンル	genere *m.* ジェーネレ	genre ジャーンル
首位(しゅい)	il primato *m.* イル プリマート	the leading position ザ リーディング ポズィション
州(しゅう)	regione *f.*, cantone *m.*, stato *m.* レジョーネ, カントーネ, スタート	state, province, country ステイト, プラヴィンス, カントリ
週(しゅう)	settimana *f.* セッティマーナ	week ウィーク

日	伊	英
私有 (財産)	proprietà privata *f.* プロプリエタ プリヴァータ	private property プライヴェト プラパティ
銃	fucile *m.* フチーレ	gun ガン
自由	libertà *f.* リベルタ	freedom, liberty フリードム, リバティ
～な	libero リーベロ	free, liberal フリー, リベラル
～化	liberalizzazione *f.* リベラリッツァツィオーネ	liberalization リベラライゼイション
～形	stile libero *m.* スティーレ リーベロ	free-style swimming フリースタイル スウィミング
～席	posto non prenotato *m.* ポスト ノン プレノタート	non-reserved seat ナンリザーヴド スィート
周囲 (外周)	circonferenza *f.* チルコンフェレンツァ	circumference サカムファレンス
(図形の辺の)	perimetro *m.* ペリーメトロ	periphery ペリフェリ
(環境)	ambiente *m.* アンビエンテ	surroundings, environment サラウンディングズ, インヴァイロンメント
(近所)	vicinato *m.*, vicini *m.pl.* ヴィチナート, ヴィチーニ	neighbo(u)rhood ネイバフド
(事情)	circostanze *f.pl.* チルコスタンツェ	circumstances サーカムスタンセス
獣医	veterinario(-a) *m.(f.)* ヴェテリナーリオ(ア)	veterinarian ヴェテリネアリアン
十一月	novembre *m.* ノヴェンブレ	November ノウヴェンバ
収益	guadagno *m.*, utile *m.*, profitti *m.pl.* グァダーニョ, ウーティレ, プロフィッティ	profits, gains プラフィツ, ゲインズ
集会	riunione *f.*, raduno *m.* リウニオーネ, ラドゥーノ	meeting, gathering ミーティング, ギャザリング
収穫	raccolta *f.* ラッコルタ	ccrop, harves クラプ, ハーヴィスト
～する	raccogliere ラッコッリエレ	harvest, reap ハーヴィスト, リープ
修学旅行	gita scolastica *f.* ジータ スコラスティカ	school trip スクール トリプ
十月	ottobre *m.* オットーブレ	October アクトウバ

日	伊	英
しゅうかん 習慣	abitudine f., costume m. アビトゥーディネ, コストゥーメ	habit, custom ハビト, カスタム
しゅうかんし 週刊誌	settimanale m. セッティマナーレ	weekly ウィークリ
しゅうき 周期	ciclo m., periodo m. チークロ, ペリーオド	cycle, period サイクル, ピアリアド
しゅうぎいん 衆議院	Camera dei Rappresentanti f. カーメラ デイ ラップレゼンタンティ	the House of Representatives ザ ハウス オヴ レプリゼンタティヴズ
しゅうきゅう 週休	vacanza settimanale f. ヴァカンツァ セッティマナーレ	weekly holiday ウィークリ ハリデイ
〜二日制	settimana corta f. セッティマーナ コルタ	five-day week ファイヴデイ ウィーク
しゅうきゅう 週給	paga settimanale f. パーガ セッティマナーレ	weekly pay ウィークリ ペイ
じゅうきょ 住居	abitazione f., domicilio m. アビタツィオーネ, ドミチーリオ	dwelling, residence ドウェリング, レズィデンス
しゅうきょう 宗教	religione f. レリジョーネ	religion リリヂョン
じゅうぎょういん 従業員	personale m., dipendente m.f. ペルソナーレ, ディペンデンテ	employee, worker インプロイイー, ワーカ
しゅうぎょうしき 終業式	cerimonia di chiusura f. チェリモーニア ディ キゥズーラ	closing ceremony クロウズィング セレモウニ
しゅうきん 集金	riscossione f. リスコッスィオーネ	collection of money コレクション オヴ マニ
じゅうきんぞく 重金属	metallo pesante m. メタッロ ペザンテ	heavy metal ヘヴィ メタル
シュークリーム	bignè m. ビニェ	cream puff クリーム パフ
しゅうけい 集計する	sommare ソンマーレ	total トウタル
しゅうげき 襲撃する	assalire, aggredire アッサリーレ, アッグレディーレ	assault, raid アソールト, レイド
しゅうごう 集合	raduno m. ラドゥーノ	gathering ギャザリング
(数学)	insieme m. インスィエーメ	set セト
〜する	radunarsi, riunirsi ラドゥナルスィ, リウニルスィ	gather ギャザ

日	伊	英
じゅうこうぎょう 重工業	industria pesante *f.* インドゥストリア ペザンテ	heavy industries ヘヴィ インダストリズ
ジューサー	spremifrutta *m.* スプレーミフルッタ	juicer ヂューサ
しゅうさい 秀才	persona d'ingegno *f.* ペルソーナ ディンジェーニョ	talented person タレンティド パースン
しゅうさく 習作	studio *m.* ストゥーディオ	study, étude スタディ, エテュード
しゅうし 修士	master *m.* マステル	master マスタ
～課程	corso di master *m.* コルソ ディ マステル	master's course マスタズ コース
～号	titolo di master *m.* ティートロ ディ マステル	master's degree マスタズ ディグリー
じゅうじ 十字(架)	croce *f.* クローチェ	cross クロス
～路	incrocio *m.*, crocevia *m.* インクローチョ, クロチェヴィーア	crossroads クロスロウヅ
しゅうじがく 修辞学	retorica *f.* レトーリカ	rhetorics レトリクス
じゅうしする 重視する	dare importanza a ダーレ インポルタンツァ	attach importance *to* アタチ インポータンス
しゅうじつ 終日	tutta la giornata トゥッタ ラ ジョルナータ	all day オール デイ
じゅうじつさせる 充実させる	arricchire アッリッキーレ	enrich インリチ
しゅうしふ 終止符	punto (fermo) *m.* プント (フェルモ)	period ピアリオド
～を打つ	porre fine a ポッレ フィーネ	put a period *to* プト ア ピアリオド
しゅうしゅう 収集	collezione *f.* コッレツィオーネ	collection カレクション
～する	collezionare, fare collezione di コッレツィオナーレ, ファーレ コッレツィオーネ	collect コレクト
～家	collezionista *m.f.* コッレツィオニスタ	collector カレクタ
じゅうじゅんな 従順な	ubbidiente, docile ウッビディエンテ, ドーチレ	obedient オビーディエント
じゅうしょ 住所	indirizzo *m.* インディリッツォ	address アドレス

日	伊	英
じゅうしょう 重傷	ferita grave *f.* フェリータ グラーヴェ	serious wound スィリアス ウーンド
しゅうしょく 就職する	trovare il posto トロヴァーレ イル ポスト	get a job ゲト ア ヂャブ
しゅうじん 囚人	prigionier*o(-a)* *m.(f.)* プリジョニエーロ(ラ)	prisoner プリズナ
じゅうしん 重心	centro di gravità *m.* チェントロ ディ グラヴィタ	the center of gravity ザ センタ オヴ グラヴィティ
しゅうしんけい 終身刑	ergastolo *m.* エルガストロ	life imprisonment ライフ インプリズンメント
ジュース	succo *m.*, spremuta *f.* スッコ, スプレムータ	juice ヂュース
しゅうせい 習性	abitudine *f.* アビトゥーディネ	habit ハビト
しゅうせい 修正する	correggere, modificare コッレッジェレ, モディフィカーレ	amend, revise アメンド, リヴァイズ
(写真を)	ritoccare リトッカーレ	touch up, retouch タチ アプ, リータチ
しゅうせん 終戦	fine della guerra *f.* フィーネ デッラ ゲッラ	the end of the war ジ エンド オヴ ザ ウォー
じゅうたい 渋滞	ingorgo *m.* インゴルゴ	jam ヂャム
じゅうたい 重体である	essere gravemente ammalato エッセレ グラヴェメンテ アンマラート	be seriously ill ビ スィアリアスリ イル
じゅうだい 重大な	grave, serio グラーヴェ, セーリオ	grave, serious グレイヴ, スィリアス
じゅうたく 住宅	casa *f.*, residenza *f.* カーザ, レズィデンツァ	house, housing ハウス, ハウズィング
～街	abitato *m.* アビタート	built-up area ビルトアプ エアリア
～手当	indennità di residenza *f.* インデンニタ ディ レズィデンツァ	housing allowance ハウズィング アラウアンス
しゅうだん 集団	gruppo *m.* グルッポ	group, body グループ, バディ
じゅうたん 絨毯	tappeto *m.* タッペート	carpet, rug カーペト, ラグ
じゅうだん 銃弾	pallottola *f.*, proiettile *m.* パッロットラ, プロイエッティレ	bullet ブレト

日	伊	英
縦断する（じゅうだん）	attraversare アットラヴェルサーレ	traverse トラヴァース
羞恥心（しゅうちしん）	pudore *m.*, vergogna *f.* プドーレ, ヴェルゴーニャ	sense of shame センス オヴ シェイム
周知の（しゅうちの）	ben noto ベン ノート	well-known ウェルノウン
執着する（しゅうちゃく）	persistere *in* ペルスィステレ	stick *to* スティク
集中（しゅうちゅう）	concentrazione *f.* コンチェントラツィオーネ	concentration カンセントレイション
〜する	concentrarsi *su* コンチェントラルスィ	concentrate カンセントレイト
〜治療室	unità di terapia intensiva *f.* ウニタ ディ テラピーア インテンスィーヴァ	intensive care unit, ICU インテンスィヴ ケア ユーニト, アイスィーユー
終点（しゅうてん）	capolinea *m.*, termine *m.* カポリーネア, テルミネ	terminus, terminal ターミナス, ターミナル
終電（車）（しゅうでん）	l'ultimo treno *m.* ルルティモ トレーノ	the last train ザ ラスト トレイン
充電（じゅうでん）	ricarica *f.* リカーリカ	charge チャーヂ
〜する	ricaricare リカリカーレ	charge チャーヂ
〜式の	ricaricabile リカリカービレ	rechargeable リーチャーヂャブル
シュート	tiro *m.* ティーロ	shot シャト
〜する	tirare ティラーレ	shoot シュート
舅（しゅうと）	suocero *m.* スオーチェロ	father-in-law ファーザインロー
柔道（じゅうどう）	judo *m.* ジュード, ジュド	*judo* ヂュードウ
修道院（しゅうどういん）	monastero *m.*, convento *m.* モナステーロ, コンヴェント	monastery, convent マナステリ, カンヴェント
修道士（しゅうどうし）	frate *m.*, monaco *m.* フラーテ, モーナコ	monk マンク
修道女（しゅうどうじょ）	suora *f.*, monaca *f.* スオーラ, モーナカ	nun, sister ナン, スィスタ

日	伊	英
しゅうとく 習得する	apprendere, imparare アップレンデレ, インパラーレ	learn, acquire ラーン, アクワイア
しゅうとめ 姑	suocera *f.* スオーチェラ	mother-in-law マザインロー
じゅうなん 柔軟な	flessibile フレスィービレ	flexible, supple フレクスィブル, サプル
じゅうにがつ 十二月	dicembre *m.* ディチェンブレ	December ディセンバ
じゅうにしちょう 十二指腸	duodeno *m.* ドゥオデーノ	duodenum デューアディーナム
しゅうにゅう 収入	entrate *f.pl.* エントラーテ	income インカム
しゅうにん 就任する	insediarsi in carica インセディアルスィ イン カーリカ	take office テイク オーフィス
しゅうねんぶか 執念深い	vendiativo ヴェンディカティーヴォ	vindictive ヴィンディクティヴ
しゅうは 宗派	setta *f.* セッタ	sect セクト
しゅうはすう 周波数	frequenza *f.* フレクエンツァ	frequency フリークウェンスィ
じゅうびょう 重病	grave malattia *f.* グラーヴェ マラッティーア	serious illness スィリアス イルネス
しゅうふく 修復する	restaurare レスタウラーレ	restore リストー
しゅうぶん ひ 秋分の日	Equinozio d'autunno *m.* エクィノーツィオ ダウトゥンノ	the Autumnal Equinox Day ザ オータムナル イークウィナクス デイ
じゅうぶん 十分な	sufficiente, abbastanza スッフィチェンテ, アッバスタンツァ	sufficient, enough サフィシェント, イナフ
しゅうへん 周辺	periferia *f.* ペリフェリーア	circumference サーカムフェレンス
しゅうまつ 週末	fine settimana *m.* フィーネ セッティマーナ	weekend ウィーケンド
じゅうみん 住民	abitante *m. f.* アビタンテ	inhabitants, residents インハビタンツ, レズィデンツ
じゅうやく 重役	amministra*tore*(*-trice*) esecutivo(*-a*) *m.*(*f.*) アンミニストラトーレ(トリーチェ) エゼクティーヴォ(ヴァ)	director ディレクタ

日	伊	英
重油 (じゅうゆ)	olio pesante *m.* オーリオ ペザンテ	heavy oil ヘヴィ オイル
重要な (じゅうような)	importante インポルタンテ	important, principal インポータント, プリンスィパル
収容する (しゅうようする)	ricoverare, raccogliere リコヴェラーレ, ラッコッリェレ	accommodate アカモデイト
修理する (しゅうりする)	riparare, accomodare リパラーレ, アッコモダーレ	repair, mend リペア, メンド
重量 (じゅうりょう)	peso *m.* ペーゾ	weight ウェイト
～挙げ	sollevamento pesi *m.* ソッレヴァメント ペーズィ	weight lifting ウェイト リフティング
～制限	limite di carico *m.* リーミテ ディ カーリコ	weight limit ウェイト リミト
修了する (しゅうりょうする)	completare コンプレターレ	complete ンプリート
重力 (じゅうりょく)	gravità *f.* グラヴィタ	gravity, gravitation グラヴィティ, グラヴィテイション
収賄する (しゅうわいする)	accettare una bustarella アッチェッターレ ウナ ブスタレッラ	take a bribe テイク ア ブライブ
守衛 (しゅえい)	guardia *f.*, custode *m.f.* グアルディア, クストーデ	guard ガード
主演 (しゅえん)	la parte di protagonista *f.* ラ パルテ ディ プロタゴニスタ	the leading part ザ リーディング パート
～する	fare la protagonista ファーレ ラ プロタゴニスタ	play the leading part プレイ ザ リーディング パート
～俳優	primo(-a) att*ore*(-*trice*) *m.(f.)* プリーモ アットーレ(トリーチェ)	leading actor [actress] リーディング アクタ (アクトレス)
主観 (しゅかん)	soggettività *f.* ソッジェッティヴィタ	subjectivity サブヂェクティヴィティ
～的な	soggettivo ソッジェッティーヴォ	subjective サブヂェクティヴ
主義 (しゅぎ)	principio *m.*, dottrina *f.* プリンチーピオ, ドットリーナ	principle, doctrine プリンスィプル, ダクトリン
修行 (しゅぎょう)	ascetismo *m.* アッシェティズモ	austerities オステリティズ
(訓練)	allenamento *m.* アッレナメント	training トレイニング

日	伊	英
じゅきょう 儒教	confucianesimo *m.* コンフチャネーズィモ	Confucianism カンフューシャニズム
じゅぎょう 授業	lezione *f.* レツィオーネ	teaching, lesson ティーチング, レスン
〜料	tasse scolastiche [universitarie] *f.pl.* タッセ スコラスティケ (ウニヴェルスィターリエ)	school [college] fees スクール (カリヂ) フィーズ
じゅく 塾	scuola privata *f.* スクオーラ プリヴァータ	private school プライヴェト スクール
しゅくがかい 祝賀会	festa *f.*, festeggiamenti *m.pl.* フェスタ, フェステッジャメンティ	celebration セレブレイション
しゅくじ 祝辞	congratulazioni *f.pl.* コングラトゥラツィオーニ	congratulations コングラチュレイションズ
〜を述べる	fare le *proprie* congratulazioni ファーレ レ コングラトゥラツィオーニ	congratulate コングラチュレイト
しゅくじつ 祝日	festa *f.*, giorno festivo *m.* フェスタ, ジョルノ フェスティーヴォ	holiday, festival ハリデイ, フェスティヴァル
しゅくしょう 縮小する	ridurre リドゥッレ	reduce リデュース
じゅく 熟した	maturo マトゥーロ	ripe, mature ライプ, マテュア
じゅく 熟す	maturare マトゥラーレ	ripen, mature ライプン, マテュア
しゅくだい 宿題	compito per casa *m.* コンピト ペルカーザ	homework ホウムワーク
しゅくはく 宿泊	alloggio *m.* アッロッジョ	lodging ラヂング
〜する	alloggiare, albergare アッロッジャーレ, アルベルガーレ	lodge, stay ラヂ, ステイ
〜料	pernottamento *m.* ペルノッタメント	lodging charges ラヂング チャーヂズ
しゅくふく 祝福する	benedire, felicitarsi ベネディーレ, フェリチタルスィ	bless ブレス
しゅくめい 宿命	fato *m.*, sorte *f.* ファート, ソルテ	fate, destiny フェイト, デスティニ
〜的な	fatale ファターレ	fateful フェイトフル
じゅくれん 熟練した	esperto エスペルト	skilled, expert スキルド, エクスパート

日	伊	英
しゅげい 手芸	lavori femminili *m.pl.* ラヴォーリ フェンミニーリ	handicraft ハンディクラフト
しゅけん 主権	sovranità *f.* ソヴラニタ	sovereignty サヴレンティ
じゅけん 受験する	dare [sostenere] un esame ダーレ(ソステネーレ) ウン エザーメ	take an examination テイク アン ネグザミネイション
しゅご 主語	soggetto *m.* ソッジェット	the subject ザ サブヂクト
しゅこうぎょう 手工業	industria artigianale *f.* インドゥストリア アルティジャナーレ	manual industry マニュアル インダストリ
じゅこう 受講する	seguire un corso セグイーレ ウン コルソ	attend a course アテンド ア コース
しゅさい 主催する	organizzare オルガニッザーレ	sponsor スパンサ
じゅし 樹脂	resina *f.* レズィーナ	resin レズィン
合成〜	resina sintetica *f.* レズィーナ スィンテーティカ	synthetic resin スィンセティク レズィン
しゅじい 主治医	medico curante *m.* メーディコ クランテ	physician in charge *of* フィズィシャン イン チャーヂ
しゅじゅつ 手術	operazione *f.*, intervento *m.* オペラツィオーネ, インテルヴェント	operation アペレイション
〜する	operare オペラーレ	operate アパレイト
〜を受ける	subire un'operazione *a* スビーレ ウノペラツィオーネ	have an operation *for* ハヴ アン アパレイション
〜室	sala operatoria *f.* サーラ オペラトーリア	operating room アパレイティング ルーム
しゅしょう 首相	primo ministro *m.* プリモ ミニストロ	the prime minister ザ プライム ミニスタ
じゅしょうしき 授賞式	premiazione *f.* プレミアツィオーネ	award ceremony アウォード セレモウニ
じゅしょうしゃ 受賞者	premiato(-a) *m.(f.)* プレミアート(タ)	prize winner プライズ ウィナ
じゅしょう 受賞する	vincere un premio ヴィンチェレ ウン プレーミオ	win a prize ウィン ア プライズ
しゅしょく 主食	alimento principale *m.* アリメント プリンチパーレ	the staple food ザ ステイプル フード

日	伊	英
主人	padrone(-a) m.f. パドローネ(ナ)	*one's* master マスタ
(店の)	proprietario(-a) m.(f.) プロプリエターリオ(ア)	the owner ジ オウナ
(夫)	mio marito m. ミオ マリート	my husband マイ ハズバンド
～公	eroe m., eroina f. エローエ, エロイーナ	hero, heroine ヒアロウ, ヘロウイン
受信	ricezione f. リチェツィオーネ	reception リセプション
～する	ricevere リチェーヴェレ	receive リスィーヴ
～機	ricevitore m. リチェヴィトーレ	receiver リスィーヴァ
～料	canone m. カーノネ	TV license fees ティーヴィー ライセンス フィーズ
手段	mezzo m. メッソ	means, way ミーンズ, ウェイ
主張する	pretendere, insistere プレテンデレ, インスィステレ	insist, assert インスィスト, アサート
出演する	apparire sulle scene アッパリーレ スッレ シェーネ	appear on the stage アピア オン ザ ステイヂ
出荷する	spedire スペディーレ	ship シプ
出勤する	andare in ufficio アンダーレ インヌッフィーチョ	go to work ゴウ トゥワーク
出血	emorragia f., perdite di sangue f.pl. エモッラジーア, ペルディテ ディ サングェ	hemorrhage, bleeding ヘモリヂ, ブリーディング
～する	perdere sangue, sanguinare ペルデレ サングェ, サングィナーレ	bleed ブリード
出現する	apparire アッパリーレ	appear アピア
出産	parto m. パルト	birth, delivery バース, ディリヴァリ
～する	partorire, dare al mondo パルトリーレ, ダーレ アル モンド	give birth *to* ギヴ バース
出資	finanziamento m. フィナンツィアメント	investment インヴェストメント
～する	finanziare フィナンツィアーレ	finance フィナンス

日	伊	英
～者	finanzia*tore*(*-trice*) *m.*(*f.*) フィナンツィアトーレ(トリーチェ)	investor インヴェスタ
出場する	partecipare *a* パルテチパーレ	participate *in* パーティスィペイト
出身である	essere di... エッセレ ディ	be from... ビ フラム
出世する	fare carriera ファーレ カッリエーラ	succeed in life サクスィード イン ライフ
出生率	tasso di natalità *m.* タッソ ディ ナタリタ	birthrate バースレイト
出席	presenza *f.* プレゼンツァ	attendance, presence アテンダンス, プレズンス
～する	assistere *a*, essere presente アッスィステレ, エッセレ プレゼンテ	attend, be present *at* アテンド, ビ プレズント
～者	presenti *m.pl.* プレゼンティ	attendance アテンダンス
出張	viaggio d'affari *m.* ヴィアッジョ ダッファーリ	business trip ビズネス トリップ
（公務の）	missione ufficiale *f.* ミッスィオーネ ウッフィチャーレ	official trip オフィシャル トリップ
～する	fare un viaggio d'affari ファーレ ウン ヴィアッジョ ダッファーリ	go on business ゴウ オン ビズネス
（公務で）	andare in missione アンダーレ イン ミッスィオーネ	make a official trip メイク ア オフィシャル トリップ
出発	partenza *f.* パルテンツァ	departure ディパーチャ
～する	partire パルティーレ	start, depart スタート ディパート
～時刻	l'ora di partenza *f.* ローラ ディ パルテンツァ	departure time ディパーチャ タイム
出版する	pubblicare プッブリカーレ	publish, issue パブリシュ, イシュー
出費	spesa *f.* スペーザ	expenses イクスペンスィズ
首都	capitale *f.* カピターレ	capital, metropolis キャピタル, メトロポリス
主導権	iniziativa *f.* イニツィアティーヴァ	initiative イニシャティヴ
手動の	manuale マヌアーレ	hand-operated, manual ハンドオパレイテド, マニュアル

日	伊	英
しゅとく 取得する	ottenere オッテネーレ	acquire, obtain アクワイア, オブテイン
しゅにん 主任	capo m. カーポ	chief, head チーフ, ヘド
しゅび 守備	difesa f. ディフェーザ	defense ディフェンス
しゅひん 主賓	ospite d'onore m.f. オスピテ ドノーレ	the guest of honor ザ ゲスト オヴ アナ
しゅふ 主婦	casalinga f. カサリンガ	housewife ハウスワイフ
しゅみ 趣味	hobby m., gusto m. オッビ, グスト	taste, hobby テイスト, ハビ
じゅみょう 寿命	vita f., durata f. ヴィータ, ドゥラータ	life, life span ライフ, ライフ スパン
平均〜	durata media della vita f. ドゥラータ メーディア デッラ ヴィータ	average life expectancy アヴェリヂ ライフ イクスペクタンスィ
しゅもく 種目	categoria f. カテゴリーア	item アイテム
(競技の)	specialità f. スペチャリタ	event イヴェント
じゅもく 樹木	albero m. アルベロ	tree トリー
しゅやく 主役	protagonista m.f., magna pars m.f. プロタゴニスタ, マーニャ パルス	the leading part ザ リーディング パート
じゅよ 授与する	conferire, insignire コンフェリーレ, インスィンニーレ	confer, award コンファー, アウォード
しゅよう 腫瘍	tumore m. トゥモーレ	tumor テューマ
じゅよう 需要	domanda f., richiesta f. ドマンダ, リキエスタ	demand ディマンド
しゅよう 主要な	principale プリンチパーレ	principal, main プリンスィパル, メイン
シュラフ	sacco a pelo m. サッコ アペーロ	sleeping bag スリーピング バグ
しゅりゅうだん 手榴弾	bomba a mano f. ボンバ アマーノ	hand grenade ハンド グリネイド
しゅりょう 狩猟	caccia f. カッチャ	hunting ハンティング

日	伊	英
じゅりょうしょう 受領証	ricevuta *f.* リチェヴータ	receipt リスィート
しゅるい 種類	specie *f.*, genere *m.* スペーチェ, ジェーネレ	kind, sort カインド, ソート
シュレッダー	trinciatrice *f.* トリンチャトリーチェ	shredder シュレダ
しゅわ 手話	mimica *f.*, dattilologia *f.* ミーミカ, ダッティロロジーア	sign language サイン ラングウィチ
じゅわき 受話器	cornetta *f.*, ricevitore *m.* コルネッタ, リチェビトーレ	receiver リスィーヴァ
じゅん 順	ordine *m.*, turno *m.* オルディネ, トゥルノ	order, turn オーダ, ターン
～に	a turno アットゥルノ	by turns, in turn バイ ターンズ, イン ターン
ＡＢＣ～	in ordine alfabetico インノルディネ アルファベティコ	in alphabetical order イン アルファベチカル オーダ
到着～	in ordine d'arrivo インノルディネ ダッリーヴォ	in order of arrival イン オーダ オヴ アライヴァル
年代～	in ordine cronologico インノルディネ クロノロージコ	in chronological order イン クラノラヂカル オーダ
年齢～	in ordine di età インノルディネ ディ エタ	in order of age イン オーダ オヴ エイヂ
番号～	in ordine numerico インノルディネ ヌメーリコ	in numerical order イン ニューメリカル オーダ
じゅんい 順位	classifica *f.* クラッスィーフィカ	grade, ranking グレイド, ランキング
しゅんかん 瞬間	attimo *m.*, momento *m.* アッティモ, モメント	moment モウメント
じゅんかん 循環する	circolare チルコラーレ	circulate, rotate サーキュレイト, ロウテイト
じゅんきょうしゃ 殉教者	martire *m.f.* マルティレ	martyr マータ
じゅんきん 純金	oro zecchino *m.* オーロ ゼッキーノ	pure gold ピュア ゴウルド
じゅんけっしょう 準決勝	semifinale *f.* セミフィナーレ	the semifinals ザ セミファイナルズ
じゅんじゅんけっしょう 準々決勝	quarti di finale *m.pl.* クァルティ ディ フィナーレ	the quarterfinals ザ クウォータファイナルズ
じゅんじょう 純情	animo candido *m.* アーニモ カンディド	pure heart ピュア ハート

日	伊	英
純真な	ingenuo, innocente インジェヌオ, インノチェンテ	naive, innocent ナーイーヴ, イノセント
純粋な	puro, genuino, schietto プーロ, ジェヌイーノ, スキエット	pure, genuine ピュア, チェニュイン
順応する	abituarsi *a*, adattarsi *a* アビトゥアルスィ, アダッタルスィ	adapt *oneself* アダプト
準備	preparazione *f.* プレパラツィオーネ	preparation プレパレイション
～する	preparare プレパラーレ	prepare プリペア
春分の日	Equinozio di primavera *m.* エクィノーツィオ ディ プリマヴェーラ	the Vernal Equinox Day ザ ヴァーナル イークウィナクス デイ
巡礼	pellegrinaggio *m.* ペッレグリナッジョ	pilgrimage ピルグリミヂ
(人)	pellegrino(-a) *m.(f.)* ペッレグリーノ(ナ)	pilgrim ピルグリム
順路	itinerario *m.* イティネラーリオ	the route ザ ルート
省	ministero *m.* ミニステーロ	ministry ミニストリ
章	capitolo *m.* カピートロ	chapter チャプタ
賞	premio *m.* プレーミオ	prize, reward プライズ, リウォード
使用	uso *m.* ウーソ	use ユース
～する	usare, adoperare ウザーレ, アドペラーレ	use ユーズ
～料	noleggio *m.* ノレッジョ	fee フィー
私用	uso personale *m.* ウーソ ペルソナーレ	private use プライヴェト ユース
(用事)	affare privato *m.* アッファーレ プリヴァート	private business プライヴェト ビズネス
情	sentimento *m.*, affetto *m.* センティメント, アッフェト	feeling, affection フィーリング, アフェクション
錠(前)	serratura *f.* セッラトゥーラ	lock ラク

日	伊	英
〜をかける	serrare セッラーレ	lock ラク
焼夷弾 (しょういだん)	bomba incendiaria f. ボンバ インチェンディアーリア	incendiary bomb インセンディエリ バム
上院 (じょういん)	Senato m. セナート	the Upper House, the Senate ザ アパ ハウス, ザ セネト
上映する (じょうえいする)	rappresentare, proiettare ラップレゼンターレ, プロイエッターレ	put on, show プト オン, ショウ
省エネ (しょうエネ)	risparmio di energia m. リスパルミオ ディ エネルジーア	saving energy セイヴィング エナヂ
上演する (じょうえんする)	rappresentare ラップレゼンターレ	present プリゼント
消化 (しょうか)	digestione f. ディジェスティオーネ	digestion ディヂェスチョン
〜する	digerire ディジェリーレ	digest ディヂェスト
〜器	apparato digerente m. アッパラート ディジェレンテ	digestive organs ディヂェスティヴ オーガンズ
〜剤	digestivo m. ディジェスティーヴォ	digestive ディヂェスティヴ
〜不良	indigestione f., dispepsia f. インディジェスティオーネ, ディスペプスィーア	indigestion, dyspepsia インディヂェスチョン, ディスペプスィア
生姜 (しょうが)	zenzero m. ゼンゼロ	ginger ヂンヂャ
障害 (しょうがい)	ostacolo m., invalidità f. オスターコロ, インヴァリディタ	obstacle アブスタクル
（身体の）	invalidità f. インヴァリディタ	handicap ハンディキャプ
〜者	handicappato(-a) m.(f.) アンディカッパート(タ)	handicapped ハンディキャプト
生涯 (しょうがい)	vita f. ヴィータ	lifetime ライフタイム
〜の	che dura tutta la vita ケドゥーラ トゥッタ ラ ヴィータ	lifelong ライフローング
紹介する (しょうかいする)	presentare プレゼンターレ	introduce イントロデュース
消火器 (しょうかき)	estintore m. エスティントーレ	extinguisher イクスティングウィシャ
奨学金 (しょうがくきん)	borsa di studio f. ボルサ ディ ストゥーディオ	scholarship スカラシプ

日	伊	英
しょうがくせい 小学生	scolaro(-a) delle elementari m.(f.) スコラーロ(ラ)デッレ エレメンターリ	schoolchild スクールチャイルド
しょうがくせい 奨学生	borsista m.f. ボルスィスタ	scholar スカラ
しょうかせん 消火栓	idrante m. イドランテ	fire hydrant ファイア ハイドラント
しょうがつ 正月	capodanno m. カポダンノ	the New Year ザ ニュー イア
しょうがっこう 小学校	scuola elementare f., elementari f.pl. スクオーラ エレメンターレ, エレメンターリ	elementary school エレメンタリ スクール
しょうぎ 将棋	shogi m., scacchi giapponesi m.pl. ショーギ, スカッキ ジャッポネーズィ	Japanese chess ヂャパニーズ チェス
じょうき 蒸気	vapore m. ヴァポーレ	vapor, steam ヴェイパ, スティーム
〜機関車	locomotiva a vapore f. ロコモティーヴァ アッヴァポーレ	steam locomotive スティーム ロウコモウティヴ
じょうぎ 定規	riga f. リーガ	ruler ルーラ
しょうきの 正気の	sano di mente, assennato サーノ ディ メンテ, アッセンナート	sane セイン
じょうきゃく 乗客	passeggero(-a) m.(f.) パッセッジェーロ(ラ)	passenger パセンヂャ
じょうきゅう 上級	grado superiore f. グラード スペリオーレ	high rank ハイ ランク
〜の	superiore スペリオーレ	higher, upper ハイヤ, アパ
しょうぎょう 商業	commercio m. コンメルチョ	commerce カマス
〜の	commerciale コンメルチャーレ	commercial コマーシャル
じょうきょう 情[状]況	situazione f., circostanze f.pl. スィトゥアツィオーネ, チルコスタンツェ	circumstances, situation サーカムスタンスィズ, スィチュエイション
しょうきょくてき 消極的な	negativo, passivo ネガティーヴォ, パッスィーヴォ	negative, passive ネガティヴ, パスィヴ
しょうげき 衝撃	shock m., scossa f. ショク, スコッサ	shock, impact シャク, インパクト
〜的な	impressionante インプレッスィオナンテ	shocking シャキング

日	伊	英
じょうげ 上下に	su e giù スエッジュ	up and down アプ アンド ダウン
しょうけん 証券	titolo *m.*, polizza *f.* ティートロ, ポーリッツァ	bill, bond ビル, バンド
～市場	borsa *f.* ボルサ	trading market トレイディング マーケト
じょうけん 条件	condizione *f.* コンディツィオーネ	condition, terms カンディション, タームズ
～反射	riflesso condizionato *m.* リフレッソ コンディツィオナート	conditioned reflex カンディションド リーフレクス
しょうげん 証言する	testimoniare テスティモニアーレ	testify テスティファイ
しょうこ 証拠	prova *f.* プローヴァ	proof, evidence プルーフ, エヴィデンス
しょうご 正午	mezzogiorno *m.* メッゾジョルノ	noon ヌーン
じょうご 漏斗	imbuto *m.* インブート	funnel ファヌル
しょうこう 将校	ufficiale *m.* ウッフィチャーレ	officer オフィサ
しょうごう 称号	titolo *m.* ティートロ	title タイトル
じょうこう 条項	articolo *m.* アルティーコロ	articles, clauses アーティクルズ, クローズィズ
しょうこうかいぎしょ 商工会議所	camera di commercio *f.* カーメラ ディ コンメルチョ	chamber of commerce チェインバ オヴ カマース
しょうこうぐん 症候群	sindrome *f.* スィンドロメ	syndrome スィンドロウム
しょうごう 照合する	confrontare, collazionare コンフロンターレ, コッラツィオナーレ	collate, check カレイト, チェク
しょうこうねつ 猩紅熱	scarlattina *f.* スカルラッティーナ	scarlet fever スカーレト フィーヴァ
じょうこく 上告	appello *m.*, ricorso *m.* アッペッロ, リコルソ	appeal アピール
しょうさい 詳細	dettaglio *m.*, particolare *m.* デッタッリォ, パルティコラーレ	details ディーテイルズ
～な	dettagliato デッタッリアート	detailed ディテイルド

日	伊	英
じょうざい 錠剤	compressa *f.* コンプレッサ	tablet タブレト
（丸薬）	pillola *f.* ピッロラ	pill ピル
じょうし 上司	boss *m.*, capo *m.*, superiore *m.* ボス, カーポ, スーペリオーレ	superior, boss スピアリア, ボース
じょうしき 常識	senso comune *m.* センソ コムーネ	common sense カモン センス
しょうじき 正直な	onesto オネスト	honest アニスト
じょうしつ 上質の	di qualità ディ クァリタ	of fine quality オヴ ファイン クヮリティ
しょうしゃ 商社	ditta *f.*, società commerciale *f.* ディッタ, ソチエタ コンメルチャーレ	trading company トレイディング カンパニ
しょうしゃ 勝者	vinci*tore*(-*trice*) *m.*(*f.*) ヴィンチトーレ(トリーチェ)	victor, winner ヴィクタ, ウィナ
じょうしゃけん 乗車券	biglietto *m.* ビリエット	ticket ティケト
割引〜	ridotto *m.* リドット	discount ticket ディスカウント ティケト
じょうしゃする 乗車する	salire *su*, prendere サリーレ, プレンデレ	take, get in テイク, ゲト イン
しょうしゅうする 召集する	convocare, radunare コンヴォカーレ, ラドゥナーレ	convene, call カンヴィーン, コール
じょうじゅん 上旬	la prima decade del mese *f.* ラ プリマ デーカデ デル メーゼ	the first ten days of a month ザ ファースト テン デイズ オヴ ア マンス
しょうしょ 証書	atto *m.*, attestato *m.* アット, アッテスタート	bond, deed バンド, ディード
しょうじょ 少女	ragazza *f.*, fanciulla *f.* ラガッツァ, ファンチュッラ	girl ガール
〜時代	fanciullezza *f.* ファンチュッレッツァ	girlhood ガールフド
〜趣味の	fanciullesco ファンチュッレスコ	girlish ガーリシュ
しょうしょう 少々	un po' ウンポ	a little, a few ア リトル, ア フュー
しょうじょう 症状	sintomo *m.* スィントモ	symptom スィンプトム

日	伊	英
しょうじょう 賞状	attestato di benemerenza *m.* アッテスタート ディ ベネメレンツァ	certificate of merit サティフィケト オヴ メリト
じょうしょう 上昇する	salire, ascendere, andare su サリーレ, アッシェンデレ, アンダーレ ス	rise, go up ライズ, ゴウ アプ
しょう 生じる	accadere, succedere アッカデーレ, スッチェーデレ	happen, take place ハプン, テイク プレイス
しょうしんしょうめい 正真正銘の	vero, autentico ヴェーロ, アウテンティコ	true, authentic トルー, オーセンティク
しょうしん 昇進する	essere promosso エッセレ プロモッソ	be promoted ビ プロモウテド
しょうすう 小数	decimale *m.* デチマーレ	decimal デスィマル
～点	virgola (dei decimali) *f.* ヴィルゴラ (デイ デチマーリ)	decimal point デスィマル ポイント
しょうすうは 少数派	minoranza *f.* ミノランツァ	minority マイノリティ
じょうず 上手な	bravo ブラーヴォ	skillful スキルフル
じょうせい 情勢	situazione *f.* スィトゥアツィオーネ	situation スィチュエイション
しょうせつ 小説	romanzo *m.*, racconto *m.* ロマンゾ, ラッコント	novel ナヴェル
(短編)	racconto *m.*, novella *f.* ラッコント, ノヴェッラ	short story ショート ストーリ
歴史～	romanzo storico *m.* ロマンゾ ストーリコ	historical novel ヒストーリカル ナヴェル
恋愛～	romanzo rosa *m.* ロマンゾ ローザ	love story ラヴ ストーリ
～家	romanziere(-a) *m.(f.)* ロマンズィエーレ(ラ)	novelist ナヴェリスト
じょうせつ 常設の	permanente ペルマネンテ	standing, permanent スタンディング, パーマネント
じょうせん 乗船	imbarco *m.* インバルコ	embarkation インバーケイション
～する	imbarcarsi インバルカルスィ	embark インバーク
しょうぞう 肖像(画)	ritratto *m.* リトラット	portrait ポートレイト

日	伊	英
醸造(じょうぞう)	fermentazione *f.* フェルメンタツィオーネ	brewing ブルーイング
～する	produrre プロドゥッレ	brew ブルー
消息(しょうそく)	notizie *f.pl.* ノティーツィエ	news ニューズ
招待(しょうたい)	invito *m.* インヴィート	invitation インヴィテイション
～する	invitare インヴィターレ	invite インヴァイト
～状	invito *m.* インヴィート	invitation インヴィテイション
～券	biglietto di favore *m.* ビリエット ディ ファヴォーレ	complimentary ticket カンプリメンタリ ティケト
状態(じょうたい)	stato *m.*, condizioni *f.pl.* スタート, コンディツィオーニ	state, situation ステイト, スィチュエイション
承諾する(しょうだくする)	consentire, accettare コンセンティーレ, アッチェッターレ	consent, accept カンセント, アクセプト
上達(じょうたつ)	progresso *m.* プログレッソ	progress プラグレス
～する	fare progressi ファーレ プログレッスィ	make progress メイク プラグレス
商談(しょうだん)	contrattazione *f.* コントラッタツィオーネ	business talk ビズネス トーク
～する	contrattare, negoziare コントラッターレ, ネゴツィアーレ	talk business トーク ビズネス
冗談(じょうだん)	scherzo *m.* スケルツォ	joke, jest ヂョウク, ヂェスト
～で	per scherzo ペル スケルツォ	for a joke フォ ア ヂョウク
～を言う	scherzare スケルツァーレ	joke, tell a joke ヂョウク, テル ア ヂョウク
情緒(じょうちょ)	atmosfera *f.* アトモスフェーラ	atmosphere アトモスフィア
(感情)	emozione *f.* エモツィオーネ	emotion イモウション
象徴(しょうちょう)	simbolo *m.* スィンボロ	symbol スィンボル
商店(しょうてん)	negozio *m.* ネゴーツィオ	store, shop ストー, シャプ

日	伊	英
〜街	galleria urbana *f.* ガッレリーア ウルバーナ	shopping mall シャピング モール
焦点（しょうてん）	fuoco *m.* フオーコ	focus フォウカス
譲渡する（じょうとする）	cedere, alienare チェーデレ, アリエナーレ	transfer トランスファー
衝動（しょうどう）	impulso *m.*, stimolo *m.* インプルソ, スティーモロ	impulse インパルス
〜的な	implusivo インプルスィーヴォ	impulsive インパルスィヴ
〜買い	acquisto implusivo *m.* アックイスト インプルスィーヴォ	impulsive buying インパルスィヴ バイイング
上等の（じょうとうの）	di qualità, ottimo ディ クアリタ, オッティモ	good, superior グド, スピアリア
消毒（しょうどく）	disinfezione *f.* ディズィンフェツィオーネ	disinfection ディスインフェクション
〜する	disinfettare ディズィンフェッターレ	disinfect ディスインフェクト
〜薬	disinfettante *m.* ディズィンフェッタンテ	disinfectant ディスインフェクタント
衝突（しょうとつ）	scontro *m.*, collisione *f.* スコントロ, コッリズィオーネ	collision, clash カリジョン, クラシュ
〜する	scontrarsi, urtarsi スコントラルスィ, ウルタルスィ	collide *with*, clash *with* カライド, クラシュ
小児科（しょうにか）	pediatria *f.* ペディアトリーア	pediatrics ピーディアトリクス
鐘乳石（しょうにゅうせき）	stalattite *f.* スタラッティーテ	stalactite スタラクタイト
商人（しょうにん）	commerciante *m.f.* コンメルチャンテ	merchant マーチャント
証人（しょうにん）	testimone *m.f.* テスティモーネ	witness ウィトネス
承認する（しょうにんする）	riconoscere, approvare リコノッシェレ, アップロヴァーレ	approve, recognize アプルーヴ, レコグナイズ
情熱（じょうねつ）	passione *f.*, ardore *m.* パッスィオーネ, アルドーレ	passion, ardor パション, アーダ
〜的な	appassionato, ardente アッパッスィオナート, アルデンテ	passionate, ardent パショネト, アーデント
少年（しょうねん）	ragazzo *m.*, fanciullo *m.* ラガッツォ, ファンチュッロ	boy ボイ

日	伊	英
～時代	fanciullezza *f.* ファンチュッレッツァ	boyhood ボイフド
じょうば 乗馬	equitazione *f.* エクィタツィオーネ	riding ライディング
しょうばい 商売	commercio *m.*, affare *m.* コンメルチョ, アッファーレ	trade, business トレイド, ビズネス
じょうはつ 蒸発する	evaporare エヴァポラーレ	evaporate イヴァポレイト
（人が）	scomparire, volatilizzarsi スコンパリーレ, ヴォラティリッザルスィ	disappear ディサピア
じょうはんしん 上半身の	a mezzo busto ア メッソ ブスト	the upper half of the body ジ アパ ハフ オヴ ザ バディ
しょうひ 消費	consumo *m.* コンスーモ	consumption カンサンプション
～する	consumare, spendere コンスマーレ, スペンデレ	consume, spend カンシューム, スペンド
～者	consuma*tore*(*-trice*) *m.(f.)* コンスマトーレ(トリーチェ)	consumer カンシューマ
～税	imposta sui consumi *f.* インポスタ スイ コンスーミ	consumption tax カンサンプション タクス
しょうひょう 商標	marca *f.*, marchio *m.* マルカ, マルキオ	trademark, brand トレイドマーク, ブランド
しょうひん 賞品	premio *m.* プレーミオ	prize プライズ
しょうひん 商品	merce *f.*, articolo *m.* メルチェ, アルティーコロ	commodity, goods コマディティ, グヅ
じょうひん 上品な	elegante, raffinato, garbato エレガンテ, ラッフィナート, ガルバート	elegant, refined エリガント, リファインド
しょうぶ 勝負	gara *f.*, partita *f.* ガーラ, パルティータ	game, match ゲイム, マチ
じょうぶ 丈夫な	robusto, forte ロブースト, フォルテ	strong, robust ストロング, ロウバスト
しょうべん 小便	urina *f.*, pipì *f.*, piscia *f.* ウリーナ, ピピ, ピッシャ	urine, pee ユアリン, ピー
しょうほう 商法	diritto commerciale *m.* ディリット コンメルチャーレ	the commercial code ザ カマーシャル コウド
しょうぼう 消防	servizio antincendio *m.* セルヴィーツィオ アンティンチェンディオ	fire fighting ファイア ファイティング

日	伊	英
～士	vigile del fuoco *m.f.*, pompiere(-a) *m.(f.)* ヴィージレ デル フオーコ, ポンピエーレ(ラ)	fire fighter ファイア ファイタ
～車	autopompa *f.* アウトポンパ	fire engine ファイア エンヂン
～署	caserma dei pompieri *f.* カゼルマ デイ ポンピエーリ	firehouse ファイアハウス
情報 ^{じょうほう}	informazione *f.* インフォルマツィオーネ	information インフォメイション
～産業	industria informatica *f.* インドゥストリア インフォルマーティカ	information industry インフォメイション インダストリ
譲歩する ^{じょうほ}	cedere, concedere チェーデレ, コンチェーデレ	concede カンスィード
賞味期限 ^{しょうみきげん}	da consumarsi preferibilmente entro... ダ コンスマルスィ プレフェリビルメンテ エントロ	best if used by... ベスト イフ ユーズド バイ
正味の ^{しょうみ}	netto ネット	net ネト
静脈 ^{じょうみゃく}	vena *f.* ヴェーナ	vein ヴェイン
乗務員 ^{じょうむいん}	personale viaggiante *m.f.* ペルソナーレ ヴィアッジャンテ	crew member クルー メンバ
(船・飛行機の)	equipaggio *m.* エクィパッジョ	the crew ザ クルー
照明 ^{しょうめい}	illuminazione *f.* イッルミナツィオーネ	illumination イルーミネイション
証明 ^{しょうめい}	prova *f.*, dimostrazione *f.* プローヴァ, ディモストラツィオーネ	proof, evidence プルーフ, エヴィデンス
～する	provare, dimostrare プロヴァーレ, ディモストラーレ	prove, verify プルーヴ, ヴェリファイ
～書	certificato *m.*, attestato *m.* チェルティフィカート, アッテスタート	certificate サティフィケト
正面 ^{しょうめん}	fronte *f.*, facciata *f.* フロンテ, ファッチャータ	the front ザ フラント
消耗する ^{しょうもう}	consumare, esaurire コンスマーレ, エザウリーレ	consume, exhaust コンスーム, イグゾースト
条約 ^{じょうやく}	trattato *m.*, patto *m.* トラッタート, パット	treaty, pact トリーティ, パクト
醤油 ^{しょうゆ}	salsa di soia *f.* サルサ ディ ソイア	soy sauce ソイ ソース

日	伊	英
しょうよう 商用	affare *m.* アッファーレ	business ビズネス
～で	per affari ペル アッファーリ	on business オン ビズネス
じょうよう 常用する	usare abitualmente ウザーレ アビトゥアルメンテ	use habitually ユーズ ハビチュアリ
しょうらい 将来 (は)	in futuro イン フトゥーロ	in the future イン ザ フューチャ
～性のある	promettente プロメッテンテ	promising プラミスィング
しょうり 勝利	vittoria *f.*, trionfo *m.* ヴィットーリア, トリオンフォ	victory ヴィクトリ
じょうりく 上陸	sbarco *m.* ズバルコ	landing ランディング
しょうりゃく 省略する	omettere, abbreviare オメッテレ, アッブレヴィアーレ	omit, abbreviate オウミト, アブリーヴィエイト
じょうりゅう 上流	tratto a monte *m.* トラット アッモンテ	the upper reaches ザ アパ リーチズ
じょうりゅう 蒸留	distillazione *f.* ディスティッラツィオーネ	distillation ディスティレイション
～する	distillare ディスティッラーレ	distill ディスティル
～酒	distillato *m.* ディスティッラート	distilled liquor ディスティルド リカ
じょうりゅうかいきゅう 上流階級	alta società *f.* アルタ ソチエタ	the upper classes ザ アパ クラスィズ
しょうりょう 少量の	un po' di ウン ポ ディ	a little ア リトル
じょうれい 条例	ordinanza *f.*, regolamento *m.* オルディナンツァ, レゴラメント	regulations, ordinance レギュレイションズ, オーディナンス
しょうれい 奨励する	incoraggiare インコラッジャーレ	encourage インカーリヂ
じょうれん 常連	frequent*atore*(-*trice*) abituale *m.*(*f.*) フレクエンタトーレ(トリーチェ)アビトゥアーレ	frequenter フリークウェンタ
じょうろ 如雨露	annaffiatoio *m.* アンナッフィアトイオ	watering can ウォータリング カン
ショー	show *m.*, varietà *f.* ショ, ヴァリエタ	show ショウ

日	伊	英
女王 じょおう	regina f. レジーナ	queen クウィーン
ショーウインドウ	vetrina f. ヴェトリーナ	show window ショウ ウィンドウ
ジョーカー	jolly m., matta f. ジョッリ, マッタ	joker ヂョウカ
ショーツ	mutandine f.pl., slip m.pl. ムタンディーネ, ズリプ	shorts ショーツ
ショート（短絡）	cortocircuito m. コルトチルクーイト	short circuit ショート サーキト
ショートパンツ	calzoncini m.pl. カルツォンチーニ	short pants ショート パンツ
ショール	scialle m. シャッレ	shawl ショール
初夏 しょか	inizio dell'estate m. イニーツィオ デッレスターテ	early summer アーリ サマ
除外する じょがい	escludere エスクルーデレ	exclude, except イクスクルード, イクセプト
初期 しょき	inizio m., la prima fase f. イニーツィオ, ラ プリーマ ファーゼ	the first stage ザ ファースト ステイヂ
書記 しょき	segretario(-a) m.(f.) セグレターリオ(ア)	clerk, secretary クラーク, セクレタリ
初級 しょきゅう	corso elementare m. コルソ エレメンターレ	the beginners' class ザ ビギナズ クラス
助教授 じょきょうじゅ	professore(-essa) associato(-a) m.(f.) プロフェッソーレ(レッサ) アッソチャート(タ)	assistant professor アスィスタント プロフェサ
除去する じょきょ	eliminare エリミナーレ	remove, eliminate リムーヴ, イリミネイト
ジョギング	jogging m. ジョッギング	jogging ヂャギング
～する	fare il jogging ファーレ イル ジョッギング	jog ヂャグ
職 しょく	lavoro m., impiego m. ラヴォーロ, インピエーゴ	job, work, position ヂャブ, ワーク, ポズィション
職員 しょくいん	personale m., dipendente m.f. ペルソナーレ, ディペンデンテ	the staff ザ スタフ
職業 しょくぎょう	mestiere m., professione f. メスティエーレ, プロフェッスィオーネ	occupation, profession オキュペイション, プロフェション
～病	malattia professionale f. マラッティーア プロフェッスィオナーレ	occupational disease アキュペイショナル ディズィーズ

日	伊	英
食後(しょくご)	dopo il pasto ドーポ イル パスト	after a meal アフタ ア ミール
～酒	digestivo *m.* ディジェスティーヴォ	digestif ディジェスティーフ
食事(しょくじ)	pasto *m.* パスト	meal ミール
植樹(しょくじゅ)	piantata *f.* ピアンタータ	planting プランティング
食前(しょくぜん)	prima del pasto プリーマ デル パスト	before a meal ビフォー ア ミール
～酒	aperitivo *m.* アペリティーヴォ	apéritif アーパラティーフ
食卓(しょくたく)	tavola *f.* ターヴォラ	dining table ダイニング テイブル
～に着く	mettersi a tavola メッテルスィ アッターヴォラ	sit down at the table スィト ダウン アト ザ テイブル
食中毒(しょくちゅうどく)	intossicazione alimentare *f.* イントッスィカツィオーネ アリメンターレ	food poisoning フード ポイズニング
食通(しょくつう)	buongustaio(-a) *m.(f.)*, gourmet *m.* ブォングスタイオ(ア), グルメ	gourmet グアメイ
食堂(しょくどう)	sala da pranzo *f.* サーラ ダ プランゾ	dining room ダイニング ルーム
(飲食店)	trattoria *f.* トラットリーア	eating house イーティング ハウス
～車	vagone ristorante *m.* ヴァゴーネ リストランテ	dining car ダイニング カー
食道(しょくどう)	esofago *m.* エゾーファゴ	esophagus イサファガス
職人(しょくにん)	artigiano(-a) *m.(f.)* アルティジャーノ(ナ)	workman, artisan ワークマン, アーティザン
職場(しょくば)	ufficio *m.*, posto di lavoro *m.* ウッフィーチョ, ポスト ディ ラヴォーロ	place of work プレイス オヴ ワーク
食(しょく)パン	pane a cassetta *m.* パーネ アカッセッタ	bread ブレド
食費(しょくひ)	spese per il vitto *f.pl.* スペーゼ ペル イル ヴィット	food expenses フード イクスペンスィズ
食品(しょくひん)	cibo *m.* チーボ	food フード

日	伊	英
〜添加物	additivo alimentare *m.* アッディティーヴォ アリメンターレ	alimentary additives アリメンタリ アディティヴズ
植物	pianta *f.*, vegetale *m.* ピアンタ, ヴェジェターレ	plant, vegetation プラント, ヴェヂテイション
〜園	orto botanico *m.* オルト ボターニコ	botanical garden バタニカル ガーデン
食物	cibo *m.* チーボ	food フード
食用の	commestibile コンメスティービレ	for food, edible フォ フード, エディブル
食欲	appetito *m.* アッペッティート	appetite アペタイト
食糧	viveri *m.pl.* ヴィーヴェリ	provisions プロヴィジョンズ
食料品	alimentari *m.pl.* アリメンターリ	food, foodstuffs フード, フードスタフ
〜店	negozio di alimentari *m.* ネゴーツィオ ディ アリメンターリ	grocery グロウサリ
〜売場	reparto alimentari *m.* レパルト アリメンターリ	the food corner ザ フード コーナ
職歴	carriera professionale *f.* カッリエーラ プロフェッスィオナーレ	professional career プロフェショナル カリア
助言する	consigliare コンスィッリアーレ	advise, counsel アドヴァイズ, カウンセル
徐行する	rallentare ラッレンターレ	go slow ゴウ スロウ
書斎	studio *m.* ストゥーディオ	study スタディ
所在地	sede *f.* セーデ	location ロウケイション
女子	ragazza *f.*, donna *f.* ラガッツァ, ドンナ	girl, woman ガール, ウマン
〜学生	studentessa *f.* ストゥデンテッサ	woman student ウマン ステューデント
〜校	scuola femminile *f.* スクオーラ フェンミニーレ	girls' school ガールズ スクール
〜大学	università femminile *f.* ウニヴェルスィタ フェンミニーレ	women's college ウィメンズ カリヂ
書式	forma *f.*, modulo *m.* フォルマ, モードゥロ	form, format フォーム, フォーマト

日	伊	英
じょしゅ 助手	assistente *m.f.* スッスィステンテ	assistant アスィスタント
しょじょ 処女	vergine *f.* ヴェルジネ	virgin, maiden ヴァーヂン, メイドン
じょじょうし 叙情詩	lirica *f.* リーリカ	lyric リリク
じょじょ 徐々に	a poco a poco, gradualmente アッポーコ アッポーコ, グラドゥアルメンテ	gradually, slowly グラヂュアリ, スロウリ
しょしんしゃ 初心者	principiante *m.f.* プリンチピアンテ	beginner ビギナ
じょすう 序数	numero ordinale *m.* ヌーメロ オルディナーレ	ordinal オーディナル
じょせい 女性	donna *f.*, femmina *f.* ドンナ, フェンミナ	woman ウマン
～の	femminile フェンミニーレ	female フィーメイル
じょせいきん 助成金	sovvenzione *f.*, sussidio *m.* ソッヴェンツィオーネ, スッスィーディオ	subsidy サブスィディ
じょそう 助走	rincorsa *f.* リンコルサ	approach run アプロウチ ラン
しょぞく 所属する	appartenere *a* アッパルテネーレ	belong *to* ビローング
しょたいめん 初対面	primo incontro *m.* プリーモ インコントロ	the first meeting ザ ファースト ミーティング
しょち 処置	provvedimento *m.*, misura *f.* プロッヴェディメント, ミズーラ	disposal, measures ディスポウザル, メジャズ
（治療）	cura *f.* クーラ	treatment トリートメント
～する	provvedere, curare プロッヴェデーレ, クラーレ	dispose *of*, treat ディスポウズ, トリート
しょちょう 所長	diret*tore*(*-trice*) *m.*(*f.*) ディレットーレ(トリーチェ)	head, director ヘド, ディレクタ
しょっかく 触覚	tatto *m.* タット	the sense of touch ザ センス オヴ タチ
しょっき 食器	servizio da tavola *m.* セルヴィーツィオ ダ ターヴォラ	tableware テイブルウェア
～洗い機	lavastoviglie *f.* ラヴァストヴィッリェ	dishwasher ディシュワシャ

日	伊	英
〜棚	credenza *f.*, vetrina *f.* クレデンツァ, ヴェトリーナ	cupboard カバド
ジョッキ	boccale *m.* ボッカーレ	jug, mug ヂャグ, マグ
ショッキングな	scioccante ショッカンテ	shocking シャキング
ショック	shock *m.*, choc *m.* ショク, ショク	shock シャク
〜死	morte per collasso *f.* モルテ ペル コッラッソ	death from shock デス フラム ショク
〜療法	shockterapia *f.* ショクテラピーア	shock therapy ショク セラピ
ショッピング	spesa *f.* スペーザ	shopping シャピング
〜センター	shopping center *m.* ショッピング センテル	shopping center シャピング センタ
書店	libreria *f.* リブレリーア	bookstore ブクストー
助動詞	verbo ausiliare *m.* ヴェルボ アウズィリアーレ	auxiliary verb オーグズィリャリ ヴァーブ
所得	reddito *m.* レッディト	income インカム
〜税	imposta sul reddito *f.* インポスタ スル レッディト	income tax インカム タクス
処罰する	punire プニーレ	punish パニシュ
書評	recensione *f.* レチェンスィオーネ	book review ブク リヴュー
処分する(廃棄)	gettare via, scartare ジェッターレ ヴィーア, スカルターレ	dispose *of* ディスポウズ
(売却)	vendere ヴェンデレ	sell セル
(在庫の)	svendere, liquidare ズヴェンデレ, リクィダーレ	clear, sell out クリア, セル アウト
(処罰)	punire プニーレ	punish パニシュ
序文	prefazione *f.* プレファツィオーネ	preface プレフィス
処方箋	ricetta *f.* リチェッタ	prescription プリスクリプション

日	伊	英
庶民的な	popolare ポポラーレ	popular パピュラ
署名	firma *f.* フィルマ	signature スィグナチャ
～する	firmare フィルマーレ	sign サイン
除名する	espellere エスペッレレ	strike... off a list ストライク オーフ ア リスト
所有	possesso *m.* ポッセッソ	possession ポゼション
～する	possedere ポッセデーレ	own, possess オウン, ポゼス
～権	(diritto di) proprietà (*m.*)*f.* (ディリット ディ)プロプリエタ	ownership, title オウナシプ, タイトル
～者	proprietario(-a) *m.*(*f.*) プロプリエターリオ(ア)	owner, proprietor オウナ, プラプライアタ
女優	attrice *f.* アットリーチェ	actress アクトレス
処理する	sistemare スィステマーレ	dispose *of* ディスポウズ
(化学的に)	trattare トラッターレ	treat トリート
書類	documento *m.* ドクメント	documents, papers ダキュメンツ, ペイパズ
ショルダーバッグ	tracolla *f.* トラコッラ	shoulder bag ショウルダ バグ
地雷	mina *f.* ミーナ	mine マイン
白髪	capelli bianchi *m.pl.* カペッリ ビアンキ	gray hair グレイ ヘア
知らせ	notizia *f.*, informazione *f.* ノティーツィア, インフォルマツィオーネ	notice, news ノウティス, ニューズ
(前兆)	presagio *m.*, presentimento *m.* プレザージョ, プレセンティメント	hunch, presentiment ハンチ, プリゼンティメント
知らせる	far sapere, informare ファル サペーレ, インフォルマーレ	inform, tell, report インフォーム, テル, リポート
しらばくれる	fare *lo*(*la*) gnorri ファーレ ロ(ラ)ニョッリ	feign ignorance フェイン イグノランス
素面	sobrietà *f.* ソブリエタ	soberness ソウバネス

日	伊	英
〜の	sobrio ソーブリオ	sober ソウバ
調べる	esaminare, consultare エザミナーレ, コンスルターレ	examine, look into, check up イグザミン, ルク イントゥ, チェク アプ
虱	pidocchio *m.* ピドッキオ	louse ラウス
尻	sedere *m.*, didietro *m.* セデーレ, ディディエートロ	the hips, the buttocks ザ ヒプス, ザ バトクス
知り合い	conoscente *m.f.*, conoscenza *f.* コノッシェンテ, コノッシェンツァ	acquaintance アクウェインタンス
知り合う	fare conoscenza *con* ファーレ コノッシェンツァ	get to know ゲト トゥ ノウ
シリーズ	serie *f.* セーリエ	series スィリーズ
シリコン	silicone *m.* スィリコーネ	silicon スィリコウン
退く	retrocedere, ritirarsi レトロチェーデレ, リティラルスィ	retreat, go back リトリート, ゴウ バク
退ける	respingere レスピンジェレ	drive back ドライヴ バク
（要求を）	respingere, rifiutare レスピンジェレ, リフィウターレ	reject, refuse リチェクト, レフュース
私立 (の)	privato プリヴァート	private プライヴェト
市立 (の)	comunale, municipale コムナーレ, ムニチパーレ	municipal ミューニスィパル
自立	indipendenza *f.* インディペンデンツァ	independence インディペンデンス
〜する	diventare [rendersi] indipendente ディヴェンターレ (レンデルスィ) インディペンデンテ	become independent ビカム インディペンデント
自律神経	nervi autonomi *m.pl.* ネルヴィ アウトーノミ	autonomous nerves オータノマス ナーヴズ
支流	affluente *m.* アッフルエンテ	tributary, branch トリビュテリ, ブランチ
資料	documento *m.*, dati *m.pl.* ドクメント, ダーティ	materials, data マティアリアルズ, デイタ
飼料	mangime *m.* マンジーメ	feed フィード

日	伊	英
視力	vista *f.*	sight, vision
シリンダー	cilindro *m.*	cylinder
汁	succo *m.*	juice
（スープなど）	zuppa *f.*, minestra *f.*	soup
知る	sapere, conoscere	know
（気づく）	accorgersi *di*	be aware *of*
シルエット	silhouette *f.*	silhouette
シルク	seta *f.*	silk
〜ハット	cappello a cilindro *m.*	silk hat
印	segno *m.*	mark, sign
司令	comando *m.*	command
〜官	comandante *m.*	commander
辞令	decreto di nomina *m.*	written appointment
試練	dura prova *f.*	trial, ordeal
ジレンマ	dilemma *m.*	dilemma
城	castello *m.*	castle
白(い)	bianco *m.*	white
素人	dilettante *m.*, profano(-a) *m.(f.)*	amateur
シロップ	sciroppo *m.*, giulebbe *m.*	syrup
皺	ruga *f.*	wrinkles

日	伊	英
(物の)	piega *f.* ピエーガ	creases クリースィズ
仕業(しわざ)	atto *m.*, opera *f.* アット, オーペラ	act, deed アクト, ディード
芯(しん)(野菜や果物の)	torsolo *m.* トルソロ	core コー
(蝋燭の)	stoppino *m.* ストッピーノ	wick ウィク
(鉛筆の)	mina *f.* ミーナ	lead レド
ジン	gin *m.* ジン	gin ヂン
〜トニック	gin tonic *m.* ジン トーニク	gin tonic ヂン タニク
真意(しんい)	vera intenzione *f.* ヴェーラ インテンツィオーネ	real intention リーアル インテンション
人為的(じんいてき)な	artificiale アルティフィチャーレ	artificial アーティフィシャル
シンガー	cantante *m.f.* カンタンテ	singer スィンガ
〜ソングライター	cantau*tore*(-*trice*) *m.*(*f.*) カンタウトーレ(トリーチェ)	singer-songwriter スィンガソーングライタ
侵害(しんがい)する	invadere, violare インヴァーデレ, ヴィオラーレ	infringe インフリンヂ
進学(しんがく)する	entrare *in*, iscriversi *a* エントラーレ, イスクリーヴェルスィ	go on *to* ゴウ オン
人格(じんかく)	personalità *f.*, carattere *m.* ペルソナリタ, カラッテレ	character, personality キャラクタ, パーソナリティ
二重〜	doppia personalità *f.* ドッピア ペルソナリタ	dual personality デュール パーソナリティ
進化(しんか)する	evolversi エヴォルヴェルスィ	evolve イヴァルヴ
新型(しんがた)	nuovo modello *m.* ヌオーヴォ モデッロ	new model ニュー マドル
新学期(しんがっき)	nuovo periodo scolastico *m.* ヌオーヴォ ペリーオド スコラスティコ	new school term ニュー スクール ターム
新刊(しんかん)	nuova pubblicazione *f.* ヌオーヴァ プブリカツィオーネ	new publication ニュー パブリケイション
新機軸(しんきじく)	innovazione *f.* インノヴァツィオーネ	innovation イノヴェイション

日	伊	英
しんきゅう 進級	promozione f. プロモツィオーネ	promotion プロモウション
～する	essere promosso エッセレ プロモッソ	be promoted to ビ プロモウテド
しんきょう 心境	stato d'animo m. スタート ダーニモ	frame of mind フレイム オヴ マインド
しんきろう 蜃気楼	miraggio m. ミラッジョ	mirage ミラージ
しんきんかん 親近感	simpatia f., affinità f. スィンパティーア, アッフィニタ	affinity アフィニティ
しんぐ 寝具	biancheria da letto f. ビアンケリーア ダ レット	bedding ベディング
しんくう 真空	vuoto m. ヴオート	vacuum ヴァキュアム
～パックの	confezionato sotto vuoto コンフェツィオナート ソット ヴオート	vacuum-packed ヴァキュアムパクト
ジンクス	cattivo presagio m. カッティーヴォ プレザージョ	jinx ヂンクス
シングル	camera singola f. カーメラ スィンゴラ	single bed スィングル ベド
シンクロナイズド スイミング	nuoto sincronizzato m. ヌオート スィンクロニッザート	synchronized swimming スィンクラナイズド スウィミング
しんけい 神経	nervo m. ネルヴォ	nerve ナーヴ
～痛	nevralgia f. ネヴラルジーア	neuralgia ニュアラルヂャ
しんげん 震源(地)	ipocentro m. イポチェントロ	the seismic center ザ サイズミク センタ
じんけん 人権	diritti dell'uomo m.pl. ディリッティ デッルオーモ	human rights ヒューマン ライツ
しんけんな 真剣な	serio セーリオ	serious, earnest スィリアス, アーニスト
じんけんひ 人件費	costo del lavoro m. コスト デル ラヴォーロ	personnel expenses パーソネル イクスペンスィズ
しんこう 信仰	fede f., religione f. フェーデ, レリジョーネ	faith, belief フェイス, ビリーフ
しんこう 進行	procedimento m., avanzamento m. プロチェディメント, アヴァンツァメント	progress プラグレス
～する	procedere, avanzare プロチェーデレ, アヴァンツァーレ	progress, advance プログレス, アドヴァンス

日	伊	英
しんごう 信号	semaforo *m.* セマーフォロ	traffic lights トラフィク ライツ
（合図）	segnale *m.* セニャーレ	signal スィグナル
じんこう 人口	popolazione *f.* ポポラツィオーネ	population パピュレイション
～密度	densità di popolazione *f.* デンスィタ ディ ポポラツィオーネ	population density パピュレイション デンスィティ
じんこう 人工		
～的な	artificiale アルティフィチャーレ	artificial アーティフィシャル
～的に	artificialmente アルティフィチャルメンテ	artificially アーティフィシャリ
～衛星	satellite artificiale *m.* サテッリテ アルティフィチャーレ	artificial satellite アーティフィシャル サテライト
～甘味料	dolcificante artificiale *m.* ドルチフィカンテ アルティフィチャーレ	artificial sweetener アーティフィシャル スウィートナ
～呼吸	respirazione artificiale *f.* レスピラツィオーネ アルティフィチャーレ	artificial respiration アーティフィシャル レスピレイション
～授精	inseminazione artificiale *f.* インセミナツィオーネ アルティフィチャーレ	artificial insemination アーティフィシャル インセミネイション
しんこきゅう 深呼吸	respirazione profonda *f.* レスピラツィオーネ プロフォンダ	deep breathing ディープ ブリーズィング
しんこく 申告する	dichiarare ディキアラーレ	report, declare リポート, ディクレア
しんこく 深刻な	grave, serio グラーヴェ, セーリオ	serious, grave スィリアス, グレイヴ
しんこん 新婚	sposini *m.pl.*, sposi novelli *m.pl.* スポズィーニ, スポーズィ ノヴェッリ	the newlyweds ザ ニューリウェッズ
～旅行	viaggio di nozze *m.* ヴィアッジョ ディ ノッツェ	honeymoon ハニムーン
しんさ 審査	esame *m.* エザーメ	examination イグザミネイション
～員	giuria *f.* ジュリーア	judge ヂャヂ
しんさい 震災	calamità sismica *f.* カラミタ スィズミカ	earthquake disaster アースクウェイク ディザスタ
じんざい 人材	talento *m.* タレント	talented person タレンテド パーソン

日	伊	英
しんさつ 診察	visita medica *f.* ヴィーズィタ メーディカ	medical examination メディカル イグザミネイション
～する	fare una visita ファーレ ウナ ヴィーズィタ	examine イグザミン
しんし 紳士	gentiluomo *m.* ジェンティルオーモ	gentleman チェントルマン
～服	abito da uomo *m.* アービト ダ ウオーモ	menswear メンズウェア
じんじ 人事	amministrazione del personale *f.* アンミニストラツィオーネ デル ペルソナーレ	personnel matters パーソネル マタズ
シンジケート	sindacato *m.* スィンダカート	syndicate スィンディケト
しんしつ 寝室	camera da letto *f.* カーメラ ダ レット	bedroom ベドルム
しんじつ 真実	verità *f.* ヴェリタ	truth トルース
しんじゃ 信者	credente *m.f.*, fedele *m.f.* クレデンテ, フェデーレ	believer ビリーヴァ
じんじゃ 神社	tempio scintoista *m.* テンピオ シントイスタ	Shinto shrine シントウ シュライン
しんじゅ 真珠	perla *f.* ペルラ	pearl パール
じんしゅ 人種	razza *f.* ラッツァ	race レイス
～の	razziale ラッツィアーレ	racial レイシャル
～差別	discriminazione razziale *f.* ディスクリミナツィオーネ ラッツィアーレ	racial discrimination レイシャル ディスクリミネイション
しんしゅく 伸縮	elasticità *f.* エラスティチタ	elasticity イラスティスィティ
～自在の	elastico エラスティコ	elastic イラスティク
しん 信じる	credere クレーデレ	believe ビリーヴ
(信頼)	fidarsi *di* フィダルスィ	trust トラスト
しんじん 新人	debuttante *m.f.* デブッタンテ	new face ニュー フェイス
しんすい 浸水する	allagarsi アッラガルスィ	be flooded ビ フラデド

日	伊	英
人生 (じんせい)	vita *f.* ヴィータ	life ライフ
新生児 (しんせいじ)	neonato(-a) *m.(f.)* ネオナート(タ)	newborn baby ニューボーン ベイビ
申請する (しんせいする)	richiedere リキエーデレ	apply *for* アプライ
神聖な (しんせいな)	sacro サークロ	holy, sacred ホウリ, セイクレド
神聖ローマ帝国 (しんせいローマていこく)	Sacro Romano Impero *m.* サークロ ロマーノ インペーロ	the Holy Roman Empire ザ ホウリ ロウマン エンパイア
親戚 (しんせき)	parente *m.f.* パレンテ	relative レラティヴ
シンセサイザー	sintetizzatore *m.* スィンテティッザトーレ	synthesizer スィンセサイザ
親切な (しんせつな)	gentile, cortese ジェンティーレ, コルテーゼ	kind カインド
親善 (しんぜん)	amicizia *f.* アミチーツィア	friendship フレンシプ
～試合	incontro [partita] amichevole *m.(f.)* インコントロ [パルティータ] アミケーヴォレ	friendship match フレンシプ マチ
新鮮な (しんせんな)	fresco フレスコ	fresh, new フレシュ, ニュー
真相 (しんそう)	verità *f.* ヴェリタ	truth トルース
心臓 (しんぞう)	cuore *m.* クオーレ	the heart ザ ハート
～移植	trapianto cardiaco *m.* トラピアント カルディーアコ	cardiac transplant カーディアク トランスプラント
～病	malattia del cuore *f.* マラッティーア デル クオーレ	heart disease ハート ディズィーズ
～発作	attacco cardiaco *m.* アッタッコ カルディーアコ	heart attack ハート アタク
腎臓 (じんぞう)	rene *m.* レーネ	the kidney ザ キドニ
人造の (じんぞうの)	artificiale アルティフィチャーレ	artificial アーティフィシャル
迅速な (じんそくな)	svelto, rapido ズヴェルト, ラーピド	rapid, prompt ラピド, プランプト

日	伊	英
しんだい 寝台	letto *m.* レット	bed ベド
(船・列車の)	cuccetta *f.* クッチェッタ	berth バース
～車	vagone letto *m.* ヴァゴーネ レット	sleeping car スリーピング カー
じんたい 人体	corpo umano *m.* コルポ ウマーノ	the human body ザ ヒューマン バディ
しんたいそう 新体操	ginnastica ritmica *f.* ジンナスティカ リトミカ	rhythmic gymnastics リズミク ヂムナスティクス
しんだん 診断	diagnosi *f.* ディアーニョズィ	diagnosis ダイアグノウスィス
～書	certificato medico *m.* チェルティフィカート メーディコ	medical certificate メディカル サティフィケト
じんち 陣地	posizione *f.*, campo *m.* ポズィツィオーネ, カンポ	position ポズィション
しんちょう 身長	statura *f.* スタトゥーラ	stature スタチャ
しんちょう 慎重な	prudente, cauto プルデンテ, カウト	prudent, cautious プルーデント, コーシャス
しんちんたいしゃ 新陳代謝	metabolismo *m.* メタボリズモ	metabolism メタボリズム
じんつう 陣痛	doglie *f.pl.* ドッリェ	labor レイバ
しんでん 神殿	tempio *m.*, santuario *m.* テンピオ, サントゥアーリオ	shrine シュライン
しんでんず 心電図	elettrocardiogramma *m.* エレットロカルディオグランマ	electrocardiogram イレクトロウカーディオグラム
しんてん 進展する	svilupparsi, progredire ズヴィルッパルスィ, プログレディーレ	develop, progress ディヴェロプ, プログレス
しんど 震度	grado sismico *m.* グラード スィズミコ	seismic intensity サイズミク インテンスィティ
しんとう 神道	scintoismo *m.* シントイズモ	Shinto シントウ
しんどう 振動	vibrazione *f.* ヴィブラツィオーネ	vibration ヴァイブレイション
(振り子の)	oscillazione *f.* オッシッラツィオーネ	oscillation アスィレイション

日	伊	英
～する	vibrare, oscillare ヴィブラーレ, オッシッラーレ	vibrate, oscillate ヴァイブレイト, アスィレイト
人道 じんどう	umanità *f.* ウマニタ	humanity ヒューマニティ
～主義	umanitarismo *m.* ウマニタリズモ	humanitarianism ヒューマニテアリアニズム
～的な	umanitario ウマニターリオ	humane ヒューメイン
浸透する しんとう	penetrare ペネトラーレ	penetrate ペネトレイト
シンドローム	sindrome *f.* スィンドロメ	syndrome スィンドロウム
シンナー	diluente *m.* ディルエンテ	thinner スィナ
侵入 しんにゅう	invasione *f.* インヴァズィオーネ	invasion インヴェイジョン
～する	invadere インヴァーデレ	invade インヴェイド
～者	invasore(-ditrice) *m.(f.)*, intruso(-a) *m.(f.)* インヴァゾーレ(ディトリーチェ), イントルーゾ(ザ)	invader, intruder インヴェイダ, イントルーダ
新入生(大学) しんにゅうせい	matricola *f.* マトリーコラ	freshman フレシュマン
新入の しんにゅう	nuovo ヌオーヴォ	new ニュー
信任 しんにん	fiducia *f.* フィドゥーチャ	confidence カンフィデンス
～状	credenziali *f.pl.* クレデンツィアーリ	credentials クリデンシャルズ
～投票	voto di fiducia *m.* ヴォート ディ フィドゥーチャ	vote of confidence ヴォウト オヴ カンフィデンス
新年 しんねん	nuovo anno *m.* ヌオーヴォ アンノ	new year ニュー イア
信念 しんねん	convinzione *f.* コンヴィンツィオーネ	conviction コンヴィクション
心配 しんぱい	preoccupazione *f.*, ansia *f.* プレオックパツィオーネ, アンスィア	anxiety, worry アングザィエティ, ワーリ
～する	preoccuparsi *di* プレオックパルスィ	be anxious *about* ビ アンクシャス
シンバル	piatti *m.pl.* ピアッティ	cymbals スィンバルズ

日	伊	英
しんぱん 審判	giudizio *m.* ジュディーツィオ	judgment ヂャヂメント
（人）	giudice *m.f.*, arbitro *m.* ジューディチェ, アルビトロ	umpire, referee アンパイア, レフェリー
しんぴてき 神秘的な	misterioso ミステリオーゾ	mysterious ミスティアリアス
しんぴょうせい 信憑性	attendibilità *f.*, credibilità *f.* アッテンディビリタ, クレディビリタ	reliability, credibility リライアビリティ, クレディビリティ
～のある	attendibile, credibile アッテンディービレ, クレディービレ	reliable, credible リライアブル, クレディブル
しんぷ 新婦	sposa *f.* スポーザ	bride ブライド
しんぷ 神父	prete *m.*, padre *m.* プレーテ, パードレ	father ファーザ
シンフォニー	sinfonia *f.* スィンフォニーア	symphony スィンフォニ
じんぶつ 人物	persona *f.*, personaggio *m.* ペルソーナ, ペルソナッジョ	person, man パースン, マン
シンプルな	semplice センプリチェ	simple スィンプル
しんぶん 新聞	giornale *m.*, quotidiano *m.* ジョルナーレ, クォティディアーノ	newspaper, the press ニューズペイパ, ザ プレス
～記者	giornalista *m.f.* ジョルナリスタ	pressman, reporter プレスマン, リポータ
～社	giornale *m.* ジョルナーレ	newspapre publishing company ニュースペイパ パブリシング カンパニ
じんぶんかがく 人文科学	scienze umane *f.pl.* シェンツェ ウマーネ	the humanities ザ ヒューマニティズ
しんぽ 進歩	progresso *m.* プログレッソ	progress, advance プラグレス, アドヴァンス
～する	progredire プログレディーレ	make progress, advance メイク プラグレス, アドヴァンス
～的な	progressista, avanzato プログレッスィスタ, アヴァンツァート	advanced, progressive アドヴァンスト, プログレスィヴ
じんぼう 人望	fiducia *f.*, stima *f.* フィドゥーチャ, スティーマ	popularity パピュラリティ
しんぽうしゃ 信奉者	seguace *m.f.* セグアーチェ	believer, follower ビリーヴァ, ファロウア
しんぼうする 辛抱する	avere pazienza, sopportare アヴェーレ パツィエンツァ, ソッポルターレ	endure, bear インデュア, ベア

日	伊	英
しんぼく 親睦	amicizia *f.* アミチーツィア	friendship フレンドシプ
～会	riunione d'amicizia *f.* リウニオーネ ダミチーツィア	mixer, get-together ミクサ, ゲトゲザ
シンポジウム	simposio *m.* スィンポーズィオ	symposium スィンポウズィアム
シンボル	simbolo *m.* スィンボロ	symbol スィンボル
しんまい 新米	nuovo riso *m.* ヌオーヴォ リーゾ	new rice ニュー ライス
（初心者）	novellino(-a) *m.(f.)* ノヴェッリーノ(ナ)	novice, newcomer ナヴィス, ニューカマ
じんましん 蕁麻疹	orticaria *f.*, allergia *f.* オルティカーリア, アッレルジーア	nettle rash, hives ネトル ラシュ, ハイヴズ
しんみつ 親密な	intimo インティモ	close クロウス
じんみゃく 人脈	agganci *m.pl.* アッガンチ	connections コネクションズ
じんめいじてん 人名辞典	dizionario biografico *m.* ディツィオナーリオ ビオグラーフィコ	biographical dictionary バイオグラフィカル ディクショネリ
シンメトリー	simmetria *f.* スィンメトリーア	symmetry スィメトリ
じんもん 尋問する	interrogare インテッロガーレ	question, interrogate クウェスチョン, インテロゲイト
しんや 深夜	notte fonda *f.*, mezzanotte *f.* ノッテ フォンダ, メッザノッテ	midnight ミドナイト
しんやくせいしょ 新約聖書	Nuovo Testamento *m.* ヌオーヴォ テスタメント	the New Testament ザ ニュー テスタメント
しんゆう 親友	amico(-a) intimo(-a) *m.(f.)* アミーコ(カ) インティモ(マ)	close friend クロウス フレンド
しんよう 信用	fiducia *f.*, fede *f.* フィドゥーチャ, フェーデ	confidence, trust カンフィデンス, トラスト
（評判）	reputazione *f.*, credito *m.* レプタツィオーネ, クレーディト	reputation, credit レピュテイション, クレディト
～する	credere *a*, fidarsi *di* クレーデレ, フィダルスィ	trust, rely トラスト, リライ
しんようじゅ 針葉樹	conifera *f.* コニーフェラ	conifer カニファ
しんらい 信頼する	avere fiducia *in* アヴェーレ フィドゥーチャ	trust, rely トラスト, リライ

日	伊	英
辛辣な (しんらつな)	mordace, pungente モルダーチェ, プンジェンテ	biting バイティング
心理 (しんり)	psicologia f. プスィコロジーア	mental state メンタル ステイト
～学	psicologia f. プスィコロジーア	psychology サイカロヂィ
～学者	psicologo(-a) m.(f.) プスィコーロゴ(ガ)	psychologist サイカロヂスト
群集～	psicologia della massa f. プスィコロジーア デッラ マッサ	mass psychology マス サイカロヂ
真理 (しんり)	verità f. ヴェリタ	truth トルース
侵略する (しんりゃくする)	invadere, aggredire インヴァーデレ, アッグレディーレ	invade, raid インヴェイド, レイド
診療所 (しんりょうじょ)	clinica f. クリーニカ	clinic クリニク
人類 (じんるい)	umanità f., esseri umani m.pl. ウマニタ, エッセリ ウマーニ	the human race, mankind ザ ヒューマン レイス, マンカインド
～学	antropologia f. アントロポロジーア	anthropology アンスロパロヂィ
新暦 (しんれき)	calendario solare m. カレンダーリオ ソラーレ	the solar calendar ザ ソウラ キャリンダ
針路 (しんろ)	rotta f., direzione f. ロッタ, ディレツィオーネ	course コース
進路 (しんろ)	corso m., strada f. コルソ, ストラーダ	course, way コース, ウェイ
新郎 (しんろう)	sposo m. スポーゾ	bridegroom ブライドグルーム
神話 (しんわ)	mito m., mitologia f. ミート, ミトロジーア	myth, mythology ミス, ミサロヂィ

す, ス

日	伊	英
巣(鳥・昆虫の) (す)	nido m. ニード	nest ネスト
(蜂の)	favo m., vespaio m. ファーヴォ, ヴェスパイオ	comb コウム
(クモの)	ragnatela f. ラニャテーラ	cobweb カブウェブ
(獣の)	covo m., tana f. コーヴォ, ターナ	lair, den レア, デン

日	伊	英
～箱(鳥の)	nido artificiale *m.* ニード アルティフィチャーレ	birdhouse バードハウス
(蜜蜂の)	alveare *m.* アルヴェアーレ	beehive ビーハイヴ
酢	aceto *m.* アチェート	vinegar ヴィニガ
図	figura *f.*, grafico *m.*, diagramma *m.* フィグーラ, グラーフィコ, ディアグランマ	picture, figure ピクチャ, フィギャ
図案	disegno *m.* ディゼーニョ	design ディザイン
スイートピー	pisello odoroso *m.* ピゼッロ オドローゾ	sweet pea スウィート ピー
水泳	nuoto *m.* ヌオート	swimming スウィミング
～選手	nuota*tore*(-*trice*) *m.*(*f.*) ヌオタトーレ(トリーチェ)	swimmer スウィマ
西瓜	cocomero *m.*, anguria *f.* ココーメロ, アングーリア	watermelon ウォタメロン
水害	danni dell'alluvione *m.pl.* ダンニ デッラッルヴィオーネ	flood disaster フラド ディザスタ
吸い殻	mozzicone *m.*, cicca *f.* モッツィコーネ, チッカ	cigarette end スィガレト エンド
水球	pallanuoto *f.* パッラヌオート	water polo ウォタ ポウロウ
水牛	bufalo(-*a*) *m.*(*f.*) ブーファロ(ラ)	water buffalo ウォタ バファロウ
水銀	mercurio *m.* メルクーリオ	mercury マーキュリ
推敲する	limare, elaborare リマーレ, エラボラーレ	polish パリシュ
遂行する	eseguire エゼグイーレ	execute エクセキュート
吸い込む	inspirare, aspirare インスピラーレ, アスピラーレ	breathe *in*, inhale ブリーズ, インヘイル
水彩(画)	acquerello *m.* アックァレッロ	watercolor ウォータカラ
水産業	industria ittica *f.* インドゥストリア イッティカ	fisheries フィシャリズ

日	伊	英
炊事（すいじ）	cucina f. クチーナ	cooking クキング
〜する	cucinare, fare la cucina クチナーレ, ファーレ ラ クチーナ	cook クク
水死する（すいしする）	annegarsi, affogarsi アンネガルスィ, アッフォガルスィ	drown, be drowned ドラウン, ビ ドラウンド
水車（すいしゃ）	mulino m. ムリーノ	water mill ウォタ ミル
衰弱する（すいじゃくする）	indebolirsi, deperire インデボリルスィ, デペリーレ	grow weak グロウ ウィーク
水準（すいじゅん）	livello m., standard m. リヴェッロ, スタンダルド	level, standard レヴル, スタンダド
水晶（すいしょう）	cristallo m. クリスタッロ	crystal クリスタル
水蒸気（すいじょうき）	vapore m. ヴァポーレ	steam, vapor スティーム, ヴェイパ
水上スキー（すいじょうスキー）	sci nautico m. シーナウティコ	water-skiing ウォータスキーイング
推奨する（すいしょうする）	raccomandare ラッコマンダーレ	recommend レコメンド
推進（力）（すいしん（りょく））	propulsione f. プロプルスィオーネ	propulsion プロパルション
〜する	spingere, dare propulsione a スピンジェレ, ダーレ プロプルスィオーネ	drive forward ドライヴ フォーワド
スイス	Svizzera f. ズヴィッツェラ	Switzerland スウィツァランド
〜の	svizzero ズヴィッツェロ	Swiss スウィス
水星（すいせい）	Mercurio m. メルクーリオ	Mercury マーキュリ
彗星（すいせい）	cometa f. コメータ	comet カメト
推薦（すいせん）	raccomandazione f. ラッコマンダツィオーネ	recommendation レコモンデイション
〜する	raccomandare ラッコマンダーレ	recommend レコメンド
〜状	lettera di raccomandazione f. レッテラ ディ ラッコマンダツィオーネ	recommendation レコメンデイション

日	伊	英
水素	idrogeno *m.* イドロージェノ	hydrogen ハイドロチェン
～爆弾	bomba H *f.* ボンバ アッカ	H-bomb エイチバム
水槽	vasca *f.*, cisterna *f.* ヴァスカ, チステルナ	water tank, cistern ウォタ タンク, スィスタン
(熱帯魚などの)	acquario *m.* アックアーリオ	aquarium アクウェアリアム
推測	supposizione *f.* スッポズィツィオーネ	guess, conjecture ゲス, カンチェクチャ
～する	supporre, indovinare スッポッレ, インドヴィナーレ	guess, conjecture ゲス, カンチェクチャ
水族館	acquario *m.* アックアーリオ	aquarium アクウェアリアム
衰退する	declinare, decadere デクリナーレ, デカデーレ	decline ディクライン
垂直	perpendicolarità *f.* ペルペンディコラリタ	perpendicular パーペンディキュラ
～の	verticale ヴェルティカーレ	vertical ヴァーティカル
～に	verticalmente ヴェルティカルメンテ	vertically ヴァーティカリ
スイッチ	interruttore *m.*, pulsante *m.* インテッルットーレ, プルサンテ	switch スウィチ
～を入れる	accendere アッチェンデレ	switch [turn] on スウィチ (ターン) アン
～を切る	spegnere スペーニェレ	switch [turn] off スウィチ (ターン) オーフ
水筒	borraccia *f.* ボッラッチャ	water bottle, canteen ウォタ バトル, キャンティーン
水道	acquedotto *m.* アックェドット	water supply ウォータ サプライ
～水	acqua del rubinetto アックア デル ルビネット	tap water タプ ウォータ
吸い取る	assorbire アッソルビーレ	soak up, absorb ソウク アプ, アブソープ
随筆	saggio *m.* サッジョ	essay エセイ
水分	acqua *f.*, umidità *f.* アックァ, ウミディタ	water, moisture ウォタ, モイスチャ

日	伊	英
随分(ずいぶん)	molto, assai モルト, アッサイ	fairly, extremely フェアリ, イクストリームリ
水兵(すいへい)	marinaio *m.* マリナイオ	sailor, seaman セイラ, スィーマン
水平(すいへい)	piano *m.* ピアーノ	level レヴル
〜な	piano, orizzontale ピアーノ, オリッゾンターレ	level, horizontal レヴル, ホーリザントル
〜線	orizzonte *m.* オリッゾンテ	the horizon ザ ホライズン
水没(すいぼつ)した	sommerso ソンメルソ	submerged サブマーヂド
睡眠(すいみん)	sonno *m.*, dormita *f.* ソンノ, ドルミータ	sleep スリープ
〜薬	sonnifero *m.* ソンニーフェロ	sleeping drug スリーピング ドラグ
水面(すいめん)	superficie dell'acqua *f.pl.* スペルフィーチェ デッラックァ	the surface of the water ザ サーフィス オヴ ザ ウォタ
水門(すいもん)	paratoia *f.*, chiusa *f.* パラトイア, キューザ	water gate, lock ウォタ ゲイト, ラク
水曜日(すいようび)	mercoledì *m.* メルコレディ	Wednesday ウェンズディ
水力発電(すいりょくはつでん)	carbone bianco *m.* カルボーネ ビアンコ	hydroelectricity ハイドロウイレクトリスィティ
睡蓮(すいれん)	ninfea *f.* ニンフェーア	water lily ウォタ リリ
水路(すいろ)	corso d'acqua *m.*, canale *m.* コルソ ダックァ, カナーレ	waterway, channel ウォタウェイ, チャネル
推論(すいろん)	deduzione *f.* デドゥツィオーネ	reasoning リーズニング
スイング	swing *m.* スウィング	swing スウィング
吸(す)う (空気)	inspirare, aspirare インスピラーレ, アスピラーレ	breathe ブリーズ
(液体)	succhiare スッキアーレ	sip, suck スィプ, サク
(タバコ)	fumare フマーレ	smoke スモウク
スウェーデン	Svezia *f.* ズヴェーツィア	Sweden スウィードン

日	伊	英
～の	svedese ズヴェデーゼ	Swedish スウィーディシュ
枢機卿(すうききょう)	cardinale m. カルディナーレ	cardinal カーディナル
数学(すうがく)	matematica f. マテマーティカ	mathematics マセマティクス
崇高な(すうこうな)	sublime スブリーメ	sublime サブライム
数字(すうじ)	numero m., cifra f. ヌーメロ, チーフラ	number, figure ナンバ, フィギャ
数日(すうじつ)	qualche giorno m. クアルケ ジョルノ	several days セヴラル デイズ
図々しい(ずうずうしい)	sfacciato, impudente スファッチャート, インプデンテ	impudent, shameless インピュデント, シェイムレス
スーツ	completo m. コンプレート	suit シュート
スーツケース	valigia f. ヴァリージャ	suitcase シュートケイス
数年(すうねん)	qualche anno m. クアルケ アンノ	several years セヴラル イアズ
スーパー(マーケット)	supermercato m. スーペルメルカート	supermarket シューパマーケト
崇拝する(すうはいする)	venerare, adorare ヴェネラーレ, アドラーレ	worship, adore ワーシプ, アドー
スープ	zuppa f., minestra f. ズッパ, ミネストラ	soup スープ
スエード (の)	scamosciato m. スカモッシャート	suede スウェイド
末っ子(すえっこ)	l'ultimogenito(-a) m.(f.) ルルティモジェーニト(タ)	the youngest child ザ ヤンゲスト チャイルド
スカート	gonna f. ゴンナ	skirt スカート
ミニ～	minigonna f. ミニゴンナ	miniskirt ミニスカート
スカーフ	foulard m., foularino m. フラール, フラリーノ	scarf, neckerchief スカーフ, ネカチフ
頭蓋骨(ずがいこつ)	cranio m., teschio m. クラーニオ, テスキオ	the skull ザ スカル
スカイダイビング	paracadutismo sportivo m. パラカドゥティズモ スポルティーヴォ	skydiving スカイダイヴィング

日	伊	英
スカウト	scouting *m.f.* スカウティング	scout スカウト
素顔で	al naturale, senza trucco アル ナトゥラーレ, センツァ トルッコ	without makeup ウィザウト メイカプ
清々しい	fresco, rinfrescante フレスコ, リンフレスカンテ	refreshing, fresh リフレシング, フレシュ
姿	figura *f.*, aspetto *m.* フィグーラ, アスペット	figure, shape フィギャ, シェイプ
図鑑	libro illustrata *m.* リーブロ イッルストラート	illustrated book イラストレイテド ブク
好き	piacere *a*, amare ピアチェーレ, アマーレ	like, love ライク, ラヴ
杉	cedro giapponese *m.* チェードロ ジャッポネーゼ	Japan cedar ヂャパン スィーダ
スキー	sci *m.* シー	skiing, ski スキーイング, スキー
〜する	sciare シャーレ	ski スキー
〜ウエア	abbigliamento da sci *m.* アッビッリァメント ダ シー	skiwear スキーウェア
〜場	campo da sci *m.* カンポ ダ シー	skiing ground スキーイング グラウンド
好き嫌い	gusto *m.*, preferenza *f.* グスト, プレフェレンツァ	likes and dislikes ライクス アンド ディスライクス
透き通った	trasparente, limpido トラスパレンテ, リンピド	transparent, clear トランスペアレント, クリア
好きな	preferito, favorito プレフェリート, ファヴォリート	favorite フェイヴァリト
隙間	fessura *f.*, apertura *f.* フェッスーラ, アペルトゥーラ	opening, gap オウプニング, ギャプ
スキムミルク	latte scremato *m.* ラッテ スクレマート	skim milk スキム ミルク
スキャンダル	scandalo *m.* スカンダロ	scandal スキャンダル
過ぎる (経過)	passare パッサーレ	pass パス
(程度が)	troppo トロッポ	too トゥ
空く (腹が)	avere fame アヴェーレ ファーメ	be hungry ビ ハングリ

日	伊	英
直ぐ(に)	subito, immediatamente スービト, インメディアタメンテ	at once, immediately アト ワンス, イミーディエトリ
(容易に)	facilmente ファチルメンテ	easily, readily イーズィリ, レディリ
(間もなく)	fra poco フラ ポーコ	soon スーン
掬う	prendere, togliere プレンデレ, トッリエレ	scoop, ladle スクープ, レイドル
救う	aiutare, salvare アユターレ, サルヴァーレ	help, relieve ヘルプ, リリーヴ
スクーター	motorino *m.*, scooter *m.* モトリーノ, スクーテル	scooter スクータ
スクープ	scoop *m.* スクプ	scoop スクープ
スクールバス	pulmino della scuola *m.* プルミーノ デッラ スクオーラ	school bus スクール バス
少ない	poco ポーコ	few, little フュー, リトル
少なくとも	almeno アルメーノ	at least アト リースト
スクラップ	rottame *m.* ロッターメ	scrap スクラプ
(切り抜き)	ritaglio *m.* リタッリオ	clipping, cutting クリピング, カティング
スクランブル(エッグ)	uovo strapazzato *m.* ウオーヴォ ストラパッツァート	scrambled eggs スクランブルド エグズ
スクリーン	schermo *m.* スケルモ	screen スクリーン
優れた	eccellente, eminente エッチェッレンテ, エミネンテ	excellent, eminent エクセレント, エミネント
優れる	eccellere, essere superiore a エッチェッレレ, エッセレ スーペリオーレ	excel, be superior *to* イクセル, ビ スピアリア
図形	figura *f.* フィグーラ	figure, diagram フィギャ, ダイアグラム
スケート	pattinaggio *m.* パッティナッジョ	skating スケイティング
～をする	pattinare パッティナーレ	skate スケイト
アイス～	pattinaggio su ghiaccio *m.* パッティナッジョ スッギアッチョ	ice skating アイス スケイティング

日	伊	英
フィギュア〜	pattinaggio artistico *m.* パッティナッジョ アルティスティコ	figure skating フィギャ スケイティング
〜靴	pattini *m.pl.* パッティーニ	skates スケイツ
〜ボード	skateboard *m.* スケイトボルド	skateboard スケイトボード
〜リンク	pista da pattinaggio *f.* ピスタ ダ パッティナッジョ	skating rink スケイティング リンク
スケール	scala *f.* スカーラ	scale スケイル
スケジュール	programma *m.*, orario *m.* プログランマ, オラーリオ	schedule スケデュル
スケッチ	schizzo *m.*, abbozzo *m.* スキッツォ, アッボッツォ	sketch スケチ
〜ブック	album di schizzi *m.* アルブム ディ スキッツィ	sketchbook スケチブク
スコア	punteggio *m.* プンテッジョ	score スコー
（楽譜）	partitura *f.*, spartito *m.* パルティトゥーラ, スパルティート	score スコー
〜ボード	segnapunti *m.* セニャプンティ	scoreboard スコーボード
凄い（感嘆）	stupendo, meraviglioso ストゥペンド, メラヴィッリオーゾ	wonderful, great ワンダフル, グレイト
（恐ろしい）	terribile, tremendo テッリービレ, トレメンド	terrible, horrible テリーブル, ホリブル
少し	un po', un poco ウン ポ, ウン ポーコ	a few, a little ア フュー, ア リトル
過ごす	passare, trascorrere パッサーレ, トラスコッレレ	pass, spend パス, スペンド
スコットランド	Scozia *f.* スコーツィア	Scotland スカトランド
〜の	scozzese スコッツェーゼ	Scottish スカティシュ
スコップ	pala *f.*, badile *m.* パーラ, バディーレ	scoop, shovel スクープ, シャヴル
杜撰な	trascurato, sciatto トラスクラート, シャット	careless, slipshod ケアレス, スリプシャド
鮨	sushi *m.* スッシ	sushi スーシー
筋（線）	linea *f.*, striscia *f.* リーネア, ストリッシャ	line, stripe ライン, ストライプ

日		伊	英
	(話の)	trama *f.* トラーマ	plot プロト
	(道理)	ragione *f.*, logica *f.* ラジョーネ, ロージカ	reason, logic リーズン, ラヂク
	(腱)	tendine *m.* テンディネ	tendon テンドン
すず 鈴		sonaglio *m.* ソナッリョ	bell ベル
すず 錫		stagno *m.* スターニョ	tin ティン
すずき 鱸		spigola *f.*, branzino *m.* スピーゴラ, ブランズィーノ	perch パーチ
すす 濯ぐ		sciacquare シャックアーレ	rinse リンス
すず 涼しい		fresco フレスコ	cool クール
すす 進む	(前進)	andare avanti, procedere, avanzare アンダーレ アヴァンティ, プロチェーデレ, アヴァンツァーレ	go forward, advance ゴウ フォワード, アドヴァンス
	(進歩)	progredire プログレディーレ	progress プログレス
すず 涼む		godersi il fresco ゴデルスィ イル フレスコ	enjoy the cool air インヂョイ ザ クール エア
すずめ 雀		passero *m.* パッセロ	sparrow スパロウ
すずめばち 雀蜂		vespa *f.* ヴェスパ	wasp, hornet ワスプ, ホーネト
すす 勧める		consigliare コンスィッリアーレ	advise アドヴァイズ
すす 薦める		raccomandare ラッコマンダーレ	recommend レコメンド
すずらん 鈴蘭		mughetto *m.* ムゲット	lily of the valley リリ オヴ ザ ヴァリ
すす な 啜り泣く		singhiozzare スィンギオッツァーレ	sob サブ
すそ 裾		orlo *m.* オルロ	the skirt, the train ザ スカート, ザ トレイン
	(山の)	piede *m.* ピエーデ	the foot ザ フト

日	伊	英
スター	stella *f.*, divo(-a) *m.(f.)* ステッラ, ディーヴォ(ヴァ)	star スター
スタート	partenza *f.* パルテンツァ	start スタート
～ライン	linea di partenza *f.* リーネア ディ パルテンツァ	starting line スターティング ライン
スタイリスト	stilista *m.f.* スティリスタ	stylist スタイリスト
スタイル	stile *m.* スティーレ	style スタイル
(容姿)	figura *f.*, linea *f.* フィグーラ, リーネア	figure フィギャ
スタジアム	stadio *m.* スターディオ	stadium ステイディアム
スタジオ	studio *m.* ストゥーディオ	studio ステューディオウ
スタッフ	staff *m.*, personale *m.* スタッフ, ペルソナーレ	the staff ザ スタフ
スタミナ	stamina *f.*, vigore *m.* スターミナ, ヴィゴーレ	stamina スタミナ
スタンド	stand *m.*, gradinata *f.* ステンド, グラディナータ	the stands, bleachers ザ スタンズ, ブリーチャズ
(売店)	edicola *f.* エディーコラ	stand スタンド
(電灯)	lampada da tavolo *f.* ランパダ ダ ターヴォロ	desk lamp デスク ランプ
スタンプ	timbro *m.* ティンブロ	stamp, postmark スタンプ, ポウストマーク
スチュワーデス	hostess *f.*, assistente di volo *f.* オステス, アッシステンテ ディ ヴォーロ	stewardess ステュアデス
頭痛	mal di testa *m.* マル ディ テスタ	headache ヘデイク
すっかり	tutto, completamente トゥット, コンプレタメンテ	all, entirely オール, インタイアリ
酢漬け	sottaceti *m.pl.* ソッタチェーティ	pickling ピクリング
酸っぱい	acido, aspro アーチド, アスプロ	sour, acid サウア, アスィド
ステーキ	bistecca *f.* ビステッカ	steak スティク
ステージ	palcoscenico *m.*, palco *m.* パルコシェーニコ, パルコ	the stage ザ ステイヂ

日	伊	英
素敵な	bello, meraviglioso ベッロ, メラヴィッリオーゾ	nice, wonderful ナイス, ワンダフル
ステッカー	adesivo *m.* アデズィーヴォ	sticker スティカ
ステッキ	bastone *m.* バストーネ	cane ケイン
捨てる	buttare via, gettare ブッターレ ヴィーア, ジェッターレ	throw away, dump スロウ アウェイ, ダンプ
（放棄）	abbandonare, lasciare アッバンドナーレ, ラッシャーレ	abandon アバンドン
既に	già ジャ	already オールレディ
ステレオ	stereo *m.* ステーレオ	stereo スティアリオウ
～タイプ	stereotipo *m.* ステレオーティポ	stereotype ステリオタイプ
ステンドグラス	vetro colorato *m.* ヴェートロ コロラート	stained glass ステインド グラス
（教会の）	vetrata *f.* ヴェトラータ	stained glass window ステインド グラス ウィンドウ
ステンレス	acciaio inossidabile *m.* アッチャイオ イノッスィダービレ	stainless steel ステインレス スティール
スト（ライキ）	sciopero *m.* ショーペロ	strike ストライク
ストーカー	maniaco(-a) *m.(f.)* マニーアコ(カ)	stalker ストーカ
ストーブ	stufa *f.* ストゥーファ	heater, stove ヒータ, ストウヴ
ガス～	stufa a gas *f.* ストゥーファ ア アッガス	gas heater ギャス ヒータ
石油～	stufa a cherosene *f.* ストゥーファ ア ケロゼーネ	kerosene stove ケロスィーン ストウヴ
電気～	stufa elettrica *f.* ストゥーファ エレットリカ	electric heater イレクトリク ヒータ
ストッキング	calze *f.pl.* カルツェ	hose, stockings ホウズ, スタキングズ
パンティー～	collant *m.* コッラン	panty hose パンティ ホウズ
ストップウォッチ	cronometro *m.* クロノーメトロ	stopwatch スタプワッチ
ストライプ	striscia *f.* ストリッシャ	stripes ストライプス

日	伊	英
ストリップ	spogliarello *m.* スポッリァレッロ	strip show, striptease ストリプ ショウ, ストリプティーズ
ストレス	stress *m.* ストレス	stress ストレス
〜がたまる	stressarsi ストレッサルスィ	feel the tress フィール ザ ストレス
〜の多い	stressante ストレッサンテ	stressful ストレスフル
ストロー	cannuccia *f.* カンヌッチャ	straw ストロー
ストロボ	flash *m.* フレッシュ	strobe ストロウブ
砂 (すな)	sabbia *f.* サッビア	sand サンド
〜時計	clessidra *f.* クレッスィードラ	sandglass サンドグラース
〜風呂	bagno a sabbia *m.* バーニョ ア サッビア	sand bath サンド バス
素直な (すなおな)	docile, ubbidiente ドーチレ, ウッビディエンテ	docile, obedient ダスィル, オビーディエント
即ち (すなわち)	cioè, ossia チョエ, オッスィーア	namely, that is ネイムリ, ザト イズ
スニーカー	sneaker *m.pl.* ズニーケル	sneakers スニーカズ
脛 (すね)	stinco *m.* スティンコ	the leg, the shin ザ レグ, ザ シン
拗ねる (すねる)	mettere il broncio, imbronciarsi メッテレ イル ブロンチョ, インブロンチャルスィ	be sulky, be cynical ビ サルキ, ビ スィニカル
頭脳 (ずのう)	cervello *m.* チェルヴェッロ	brains, head ブレインズ, ヘド
スノーボード	snowboard *m.* ズノボルド	snowboard スノウボード
スパイ	spia *f.* スピーア	spy, secret agent スパイ, スィークレト エイヂェント
スパイク (靴)	scarpe chiodate *f.pl.* スカルペ キオダーテ	spikes スパイクス
(バレーボール)	shiacciata *f.* スキアッチャータ	spike スパイク
スパイス	spezie *f.pl.* スペーツィエ	spice スパイス
スパゲッティ	spaghetti *m.pl.* スパゲッティ	spaghetti スパゲティ

日	伊	英
スパナ	chiave *f.* キアーヴェ	wrench, spanner レンチ, スパナ
素早い	rapido, svelto ラーピド, ズヴェルト	nimble, quick ニンブル, クウィク
素晴らしい	magnifico, meraviglioso, stupendo マンニーフィコ, メラヴィッリオーゾ, ストゥペンド	wonderful, splendid ワンダフル, スプレンディド
図版	illustrazione *f.*, tavola *f.* イッルストラツィオーネ, ターヴォラ	illustration イラストレイション
スピーカー	altoparlante *m.* アルトパルランテ	speaker スピーカ
スピーチ	discorso *m.* ディスコルソ	speech スピーチ
スピード	velocità *f.* ヴェロチタ	speed スピード
〜違反	eccesso di velocità *m.* エッチェッソ ディ ヴェロチタ	speeding スピーディング
図表	grafico *m.*, diagramma *m.* グラーフィコ, ディアグランマ	chart, diagram チャート, ダイアグラム
スプーン	cucchiaio *m.* クッキアイオ	spoon スプーン
ずぶ濡れの	bagnato fradicio バニャート フラーディチョ	soaked to the skin ソウクト トゥ ザ スキン
スプリンクラー	sprinkler *m.* スプリンクレル	sprinkler スプリンクラ
スプレー	spray *m.* スプライ	spray スプレイ
スペア	ricambio *m.* リカンビオ	spare, refill スペア, リーフィル
スペイン	Spagna *f.* スパーニャ	Spain スペイン
〜の	spagnolo スパニョーロ	Spanish スパニシュ
スペース	spazio *m.* スパーツィオ	space スペイス
スペード	picche *f.pl.* ピッケ	spade スペイド
スペクタクル	spettacolo *m.* スペッターコロ	spectacle スペクタクル
全て	tutto *m.* トゥット	everything, all, whole エヴリスィング, オール, ホウル
〜の	tutto(*-a, -i, -e*) トゥット	all, every, whole オール, エヴリ, ホウル

日	伊	英
すべ 滑る	scivolare, slittare シヴォラーレ, ズリッターレ	slip, slide, glide スリプ, スライド, グライド
（床が）	essere scivoloso エッセレ シヴォローゾ	be slippery ビ スリパリ
スペル	ortografia f. オルトグラフィーア	spelling スペリング
スポークスマン	portavoce m.f. ポルタヴォーチェ	spokesman スポウクスマン
スポーツ	sport m. スポルト	sports スポーツ
〜ウエア	sportswear m. スポルツウェル	sportswear スポーツウェア
〜カー	auto sportiva f. アウト スポルティーヴァ	sports car スポーツ カー
〜マン	sportivo(-a) m.(f.) スポルティーヴォ（ヴァ）	sportsman, athlete スポーツマン, アスリート
スポットライト	spot m. スポト	spotlight スパトライト
ズボン	pantaloni m.pl., calzoni m.pl. パンタローニ, カルツォーニ	trousers トラウザズ
スポンサー	sponsor m. スポンソル	sponsor スパンサ
スポンジ	spugna f. スプーニャ	sponge スパンヂ
スマートな	snello, slanciato ズネッロ, ズランチャート	slender, slim スレンダ, スリム
スマッシュ	schiacciata f., smash m. スキアッチャータ, ズメシュ	smashing, smash スマシング, スマシュ
すみ 隅	angolo m. アンゴロ	nook, corner ヌク, コーナ
すみ 墨	inchiostro di china m. インキオストロ ディ キーナ	China ink チャイナ インク
すみ 炭	carbone m. カルボーネ	charcoal チャーコウル
すみれ 菫	viola f., violetta f. ヴィオーラ, ヴィオレッタ	violet ヴァイオレト
す 済む	finire フィニーレ	be finished ビ フィニシュト
す 住む	abitare, vivere アビターレ, ヴィーヴェレ	live リヴ

日	伊	英
スモッグ	smog *m.* ズモグ	smog スマグ
光化学〜	smog fotochimico *m.* ズモグ フォトキーミコ	photochemical smog フォウトウケミカル スマグ
李(すもも)	prugna *f.*, susina *f.* プルーニャ, ススィーナ	plum, damson プラム, ダムゾン
ずらす	spostare スポスターレ	shift, stagger シフト, スタガ
掏摸(すり)	borsaiolo(-a) *m.(f.)* ボルサイオーロ(ラ)	pickpocket ピクパケト
擦り傷(すりきず)	scorticatura *f.*, graffio *m.* スコルティカトゥーラ, グラッフィオ	abrasion, scratch アブレイジョン, スクラチ
スリッパ	pantofole *f.pl.*, ciabatte *f.pl.* パントーフォレ, チャバッテ	slippers スリパズ
スリップ	sottoveste *f.* ソットヴェステ	slip スリプ
（車の）	slittamento *m.* ズリッタメント	slip スリプ
〜する	slittare, scivolare ズリッターレ, シヴォラーレ	slip, skid スリプ, スキド
スリラー	thriller *m.* トリッレル	thriller スリラ
スリル	brivido *m.*, thrill *m.* ブリーヴィド, トリル	thrill スリル
為(す)る	fare, provare, giocare ファーレ, プロヴァーレ, ジョカーレ	do, try, play ドゥ, トライ, プレイ
刷(す)る	stampare スタンパーレ	print プリント
擦(す)る	fregare フレガーレ	rub, chafe ラブ, チェイフ
狡(ずる)い	furbo フルボ	sly スライ
鋭(するど)い	acuto アクート	sharp, pointed シャープ, ポインテド
狡休(ずるやす)みする	marinare la scuola マリナーレ ラ スクオーラ	play truant [hooky] プレイ トルーアント [フキ]
擦れ違(すちが)う	incrociarsi インクロチャルスィ	pass each other パス イーチ アザ
スローガン	slogan *m.*, motto *m.* ズロガン, モット	slogan, motto スロウガン, マトウ

日	伊	英
スローモーション	rallentamento *m.* ラッレンタメント	slow motion スロウ モウション
スロットマシン	slot-machine *f.*, mangiasoldi *f.* ズロトマッシン, マンジャソルディ	slot machine スラト マシーン
^{すわ}座る	sedersi, mettersi セデルスィ, メッテルスィ	sit down, take a seat スィト ダウン, テイク ア スィート
^{すんぽう}寸法	misura *f.*, grandezza *f.* ミズーラ, グランデッツァ	measure, size メジャ, サイズ

せ, セ

日	伊	英
背	schiena *f.* スキエーナ	the back ザ バク
（身長）	statura *f.* スタトゥーラ	height ハイト
^{せい}所為	colpa *f.* コルパ	fault フォールト
～で	a causa di... アッカウザ ディ	because of... ビコーズ オヴ
^{せい}姓	cognome *m.* コニョーメ	family name, surname ファミリ ネイム, サーネイム
^{せい}性	sesso *m.* セッソ	sex セクス
^{せい}生	vita *f.* ヴィータ	life, living ライフ, リヴィング
^{せいい}誠意	sincerità *f.* スィンチェリタ	sincerity スィンセリティ
^{せいえん}声援する	incitare con grida インチターレ コン グリーダ	cheer チア
^{せいおう}西欧	Europa (occidentale) *f.* エウローパ(オッチデンターレ)	West Europe ウェスト ユアロプ
^{せいか}成果	frutto *m.*, risultato *m.* フルット, リスルタート	result, the fruits リザルト, ザ フルーツ
^{せいかい}政界	mondo politico *m.* モンド ポリーティコ	the political world ザ ポリティカル ワールド
^{せいかい}正解	risposta esatta *f.* リスポスタ エザッタ	correct answer カレクト アンサ
^{せいかく}性格	carattere *m.*, personalità *f.* カラッテレ, ペルソナリタ	character, personality キャラクタ, パーソナリティ

日	伊	英
声楽(せいがく)	canto *m.* カント	vocal music ヴォウカル ミューズィク
正確(せいかく)な	esatto, preciso エザット, プレチーゾ	exact, correct イグザクト, カレクト
生活(せいかつ)	vita *f.* ヴィータ	life, livelihood ライフ, ライヴリフド
～する	vivere ヴィーヴェレ	live リヴ
～水準	standard di vita *m.* スタンダルド ディ ヴィータ	the standard of living ザ スタンダド オヴ リヴィング
～費	la vita *f.*, costo della vita *m.* ラ ヴィータ, コスト デッラ ヴィータ	living expenses リヴィング イクスペンスィズ
税関(せいかん)	dogana *f.* ドガーナ	the customs, customhouse ザ カスタムズ, カスタムハウス
世紀(せいき)	secolo *m.* セーコロ	century センチュリ
21～	il ventunesimo secolo *m.* イル ヴェントゥネーズィモ セーコロ	the twenty-first century ザ トウェンティファースト センチュリ
正義(せいぎ)	giustizia *f.* ジュスティーツィア	justice チャスティス
請求(せいきゅう)	domanda *f.*, richiesta *f.* ドマンダ, リキエスタ	demand, claim ディマンド, クレイム
～する	chiedere, richiedere キエーデレ, リキエーデレ	charge, claim チャーヂ, クレイム
～書	fattura *f.* ファットゥーラ	bill ビル
生協(せいきょう)	coop *f.* コーオプ	co-op コウアプ
税金(せいきん)	tassa *f.*, imposta *f.* タッサ, インポスタ	tax タクス
生計(せいけい)	vita *f.* ヴィータ	living リヴィング
～を立てる	guadagnarsi la vita グァダニャルスィ ラ ヴィータ	make a living メイク ア リヴィング
整形外科(せいけいげか)	ortopedia *f.* オルトペディーア	orthopedics オーソピーディクス
（形成外科）	chirurgia plastica *f.* キルルジーア プラスティカ	plastic surgery プラスティク サーヂャリ
（美容整形）	chirurgia estetica *f.* キルルジーア エステーティカ	cosmetic surgery カズメティク サーヂャリ

日	伊	英
せいけつ 清潔な	pulito プリート	clean, neat クリーン, ニート
せいけん 政見	il *proprio* programma politico *m.* イル プログランマ ポリーティコ	*one's* political views ポリティカル ヴューズ
せいけん 政権	potere politico *m.* ポテーレ ポリーティコ	political power ポリティカル パウア
（政府）	governo *m.* ゴヴェルノ	government ガヴァンメント
せいげん 制限	limite *m.*, limitazione *f.* リーミテ, リミタツィオーネ	limit, restriction リミト, リストリクション
〜する	limitare リミターレ	limit, restrict リミト, リストリクト
年齢〜	limite di età *m.* リーミテ ディ エタ	age limit エイヂ リミト
〜速度	limite di velocità *m.* リーミテ ディ ヴェロチタ	speed limit スピード リミト
せいこう 成功する	avere successo in, riuscire in アヴェーレ スッチェッソ, リウッシーレ	succeed *in* サクスィード
せいざ 星座	costellazione *f.* コステッラツィオーネ	constellation カンステレイション
（星占いの）	segno *m.* セーニョ	sign サイン
せいさい 制裁	punizione *f.*, sanzione *f.* プニツィオーネ, サンツィオーネ	punishment, sanction パニシュメント, サンクション
せいさく 制作 （製作）	produzione *f.* プロドゥツィオーネ	production プロダクション
〜する	produrre プロドゥッレ	produce プロデュース
〜者	produt*tore*(*-trice*) *m.*(*f.*) プロドゥットーレ(トリーチェ)	producer プロデューサ
（製造）	fabbricazione *f.* ファッブリカツィオーネ	manufacture マニュファクチャ
〜する	fabbricare ファッブリカーレ	make, manufacture メイク, マニュファクチャ
〜者	fabbricante *m.f.* ファッブリカンテ	maker メイカ
せいさく 政策	politica *f.* ポリーティカ	policy パリスィ
せいさん 生産	produzione *f.* プロドゥツィオーネ	production プロダクション

日	伊	英
～する	produrre プロドゥッレ	produce プロデュース
大量～	produzione in serie *f.* プロドゥツィオーネ イン セーリエ	mass production マス プロダクション
～過剰	sovrapproduzione *f.* ソヴラップロドゥツィオーネ	overproduction オウヴァプロダクション
～者	produt*tore*(-*trice*) *m.*(*f.*) プロドゥットーレ(トリーチェ)	producer プロデューサ
～高	produzione (totale) *f.* プロドゥツィオーネ (トターレ)	output アウトプット
せいさん 青酸カリ	cianuro (di potassio) *m.* チャヌーロ (ディ ポタッスィオ)	(potassium) cyanide (ポタスィアム) サイアナイド
せいさん 精算する	regolare il conto レゴラーレ イル コント	adjust the fare アヂャスト ア フェア
せいじ 政治	politica *f.* ポリーティカ	politics パリティクス
～家	politico *m.* ポリーティコ	statesman, politician ステイツマン, パリティシャン
せいしき 正式な	formale, ufficiale フォルマーレ, ウッフィチャーレ	formal, official フォーマル, オフィシャル
せいしつ 性質	natura *f.*, carattere *m.* ナトゥーラ, カラッテレ	nature, disposition ネイチャ, ディスポズィション
せいじつ 誠実な	sincero, onesto スィンチェーロ, オネスト	sincere, honest スィンスィア, アニスト
せいじゃく 静寂	silenzio *m.*, calma *f.* スィレンツィオ, カルマ	stillness, silence スティルネス, サイレンス
せいじゅく 成熟する	maturare マトゥラーレ	ripen, mature ライプン, マテュア
せいしゅん 青春(時代)	gioventù *f.*, giovinezza *f.* ジョヴェントゥ, ジョヴィネッツァ	youth ユース
せいじゅん 清純な	puro e innocente プーロ エ インノチェンテ	pure and innocent ピュア アンド イノセント
せいしょ 聖書	Bibbia *f.* ビッビア	the Bible ザ バイブル
せいじょう 正常な	normale ノルマーレ	normal ノーマル
せいしょうねん 青少年	adolescenti *m.pl.* アドレッシェンティ	the younger generation ザ ヤンガ ヂェナレイション
～犯罪	delinquenza minorile *f.* デリンクエンツァ ミノリーレ	juvenile delinquency ヂューヴェナイル ディリンクウェンスィ

日	伊	英
せいしょくしゃ 聖職者	saerdote *m.*, ecclesiastico *m.* サチェルドーテ, エックレズィアスティコ	clergyman クラーヂマン
せいしん 精神	mente *f.*, spirito *m.* メンテ, スピーリト	mind, spirit マインド, スピリト
～的な	mentale, spirituale メンターレ, スピリトゥアーレ	mental, spiritual メンタル, スピリチュアル
～科医	psichiatra *m.f.* プスィキアートラ	psychiatrist サイカイアトリシト
せいじん 成人	adulto(-a) *m.(f.)*, maggiorenne *m.f.* アドゥルト(タ), マッジョレンネ	adult, grown-up アダルト, グロウナプ
～の日	Festa degli adulti *f.* フェスタ デッリ アドゥルティ	Coming-of-Age Day カミング オヴ エイヂ デイ
せいじん 聖人	santo(-a) *m.(f.)* サント(タ)	saint セイント
せいず 製図	disegno *m.* ディゼーニョ	drafting, drawing ドラフティング, ドローイング
せいすう 整数	numero intero *m.* ヌーメロ インテーロ	integer インティヂャ
せいぜい	al massimo, tutt'al più アル マッスィモ, トゥッタル ピウ	at most アト モウスト
せいせき (評価) 成績	voto *m.*, votazione *f.* ヴォート, ヴォタツィオーネ	grade, mark グレイド, マーク
(結果)	risultato *m.* リスルタート	result, record リザルト, リコード
～表	scheda di valutazione *f.* スケーダ ディ ヴァルタツィオーネ	report card リポート カード
せいせんしょくひん 生鮮食品	alimenti deperibili *m.pl.* アリメンティ デペリービリ	perishables ペリシャブルズ
せいぜん 整然と	in ordine, ordinatamente イン ノルディネ, オルディナタメンテ	in good order, regularly イン グド オーダ, レギュラリ
せいそう 清掃	pulizia *f.* プリツィーア	cleaning クリーニング
～する	pulire, fare le pulizie プリーレ, ファーレ レ プリツィーエ	clean クリーン
せいぞう 製造	fabbriazione *f.*, produzione *f.* ファッブリカツィオーネ, プロドゥツィオーネ	manufacture, production マニュファクチャ, プロダクション
～する	fabbricare, produrre ファッブリカーレ, プロドゥッレ	manufacture, produce マニュファクチャ, プロデュース
～業	industria manifatturiera *f.* インドゥストリア マニファットゥリエーラ	manufacturing industry マニュファクチャリング インダストリ

日	伊	英
せいぞん 生存 エズィステンツァ	esistenza f.	existence, life イグズィステンス, ライフ
～する	esistere, sopravvivere エズィステレ, ソプラッヴィーヴェレ	exist, survive イグズィスト, サヴァイヴ
～競争	lotta per l'esistenza f. ロッタ ペル レズィステンツァ	struggle for existence ストラグル フォ イグズィステンス
～者	sopravvissuto(-a) m.(f.) ソプラッヴィッスート(タ)	survivor サヴァイヴァ
せいたいがく 生態学	ecologia f. エコロジーア	ecology イーカロヂィ
せいたいけい 生態系	ecosistema m. エコスィステーマ	ecosystem イーコウスィステム
せいだい 盛大な	magnifico, fastoso マンニーフィコ, ファストーゾ	grand, magnificent グランド, マグニフィセント
ぜいたく 贅沢	lusso m. ルッソ	luxury, extravagance ラクシュリ, イクストラヴァガンス
～な	lussuoso, sontuoso ルッスオーゾ, ソントゥオーゾ	luxurious, extravagant ラグジュアリアス, イクストラヴァガント
せいち 聖地	luogo santo m. ルオーゴ サント	sacred ground セイクリド グラウンド
せいちょう 成[生]長	crescita f. クレッシタ	growth グロウス
～する	crescere クレッシェレ	grow グロウ
せいつう 精通する	avere familiarità con アヴェーレ ファミリアリタ	be familiar with ビ ファミリア
せいてき 性的な	sessuale セッスアーレ	sexual セクシュアル
せいてつぎょう 製鉄業	industria siderurgica f. インドゥストリア スィデルルジカ	iron [steel] industry アイアン (スティール) インダストリ
せいでんき 静電気	elettricità statica f. エレットリチタ スターティカ	static electricity スタティク イレクトリスィティ
せいと 生徒	allievo(-a) m.(f.), studente(-essa) m.(f.) アッリエーヴォ(ヴァ), ストゥデンテ(テッサ)	pupil, student ピューピル, ステューデント
せいど 制度	sistema m., istituzione f. スィステーマ, イスティトゥツィオーネ	system, institution スィスティム, インスティテューション
せいとう 政党	partito m. パルティート	political party ポリティカル パーティ

日	伊	英
せいどう 青銅	bronzo *m.* ブロンゾ	bronze ブランズ
せいとう 正当 (な)	giusto, legittimo ジュスト, レジッティモ	just, legitimate チャスト, リヂティメント
〜化する	giustificare ジュスティフィカーレ	justify チャスティファイ
せいとうぼうえい 正当防衛	legittima difesa *f.* レジッティマ ディフェーザ	self-defense セルフディフェンス
せいとん 整頓する	mettere in ordine メッテレ イン ノルディネ	put in order プト イン オーダ
せいねん 青年	giovanotto *m.*, giovane *m.f.* ジョヴァノット, ジョーヴァネ	young man, youth ヤング マン, ユース
せいねんがっぴ 生年月日	data di nascita *f.* ダータ ディ ナッシタ	the date of birth ザ デイト オヴ バース
せいのう 性能	prestazione *f.* プレスタツィオーネ	performance パフォーマンス
(効率)	efficienza *f.*, rendimento *m.* エッフィチェンツァ, レンディメント	efficiency イフィシェンスィ
せいびょう 性病	malattia venerea *f.* マラッティーア ヴェネーレア	venereal disease ヴィニアリアル ディズィーズ
せいひん 製品	prodotto *m.* プロドット	product プラダクト
せいふ 政府	governo *m.* ゴヴェルノ	the government ザ ガヴァンメント
せいぶ 西部	ovest *m.* オーヴェスト	the west ザ ウェスト
せいふく 制服	divisa *f.* ディヴィーザ	uniform ユーニフォーム
せいふく 征服する	conquistare コンクィスターレ	conquer カンカ
せいぶつ 生物	essere vivente *m.*, vita *f.* エッセレ ヴィヴェンテ, ヴィータ	living thing, life リヴィング スィング, ライフ
〜学	biologia *f.* ビオロジーア	biology バイアロヂィ
〜兵器	arma biologica *f.* アルマ ビオロージカ	biological weapons バイオラヂカル ウェポンズ
せいぶつが 静物画	natura morta *f.* ナトゥーラ モルタ	still life スティル ライフ

日	伊	英
せいぶん 成分	elemento *m.*, componente *m.* エレメント, コンポネンテ	ingredient, component イングリーディエント, カンポウネント
せいほうけい 正方形	quadrato *m.* クァドラート	square スクウェア
せいみつ 精密	precisione *f.* プレチズィオーネ	precision プリスィジョン
～な	preciso, accurato プレチーゾ, アックラート	precise, minute プリサイス, マイニュート
～検査	esame accurato *m.* エザーメ アックラート	close examination クロウズ イグザミネイション
ぜいむしょ 税務署	ufficio delle imposte *m.* ウッフィーチョ デッレ インポステ	tax office タクス オフィス
せいめい 姓名	nome e cognome *m.* ノーメ エ コニョーメ	(full) name (フル) ネイム
せいめい 生命	vita *f.* ヴィータ	life ライフ
～保険	assicurazione sulla vita *f.* アッスィクラツィオーネ スッラ ヴィータ	life insurance ライフ インシュアランス
せいめい 声明	dichiarazione *f.* ディキアラツィオーネ	declaration, statement デクラレイション, ステイトメント
せいもん 正門	portone *m.*, ingresso principale *m.* ポルトーネ, イングレッソ プリンチパーレ	front gate フラント ゲイト
せいやく 制約	restrizione *f.* レストリツィオーネ	restriction, limitation リストリクション, リミテイション
せいやく 誓約	giuramento *m.* ジュラメント	oath, pledge オウス, プレヂ
せいやくぎょう 製薬業	industria farmaceutica *f.* インドゥストリア ファルマチェウティカ	drug industry ドラグ インダストリ
せいよう 西洋	Occidente *m.*, Europa *f.* オッチデンテ, エウローパ	the West ザ ウェスト
～の	occidentale オッチデンターレ	Western, Occidental ウェスタン, アクスィデンタル
せいり 生理 (月経)	mestruazione *f.*, regole *f.pl.* メストルアツィオーネ, レーゴレ	menstruation, period メンストルエイション, ピアリオド
～用品	assorbente igienico *m.* アッソルベンテ イジェーニコ	sanitary napkin サニテリ ナプキン
ぜいりし 税理士	tributarista *m.f.* トリブタリスタ	licensed tax accountant ライセンスト タクス アカウンタント

日	伊	英
せいり 整理する	mettere in ordine, sistemare メッテレ インノルディネ, スィステマーレ	put in order, arrange プト イン オーダ, アレインジュ
ぜいりつ 税率	tasso d'imposta *m.* タッソ ディンポスタ	tax rates タクス レイツ
せいりょういんりょう 清涼飲料	bibite gassate *f.pl.* ビービテ ガッサーテ	soft drinks ソフト ドリンクス
せいりょく 勢力	potere *m.*, influenza *f.* ポテーレ, インフルエンツァ	power, influence パウア, インフルエンス
せいりょく 精力	energia *f.*, vigore *m.* エネルジーア, ヴィゴーレ	energy, vitality エナヂ, ヴァイタリティ
～的な	energico, vigoroso エネルジコ, ヴィゴローソ	energetic, vigorous エナチェティク, ヴィゴラス
せいれき 西暦	era cristiana *f.*, d.C. エーラ クリスティアーナ, ドーポ クリスト	the Christian Era, A.D. ザ クリスチャン イアラ, エイディー
せいれつ 整列する	mettersi in fila メッテルスィ イン フィーラ	stand in a row スタンド イン ア ラウ
セーター	maglia *f.*, maglione *m.* マッリア, マッリオーネ	sweater, pullover スウェタ, プロウヴァ
セール	svendita *f.*, saldi *m.pl.* ズヴェンディタ, サルディ	sale セイル
セールスマン	piazzista *m.f.* ピアッツィスタ	salesman セイルズマン
せお 背負う	portare sulle spalle ポルターレ スッレ スパッレ	carry on *one's* back キャリ オン バク
（借金などを）	caricarsi *di* カリカルスィ	shoulder ショウルダ
せおよ 背泳ぎ	nuoto sul dorso *m.* ヌオート スル ドルソ	the backstroke ザ バクストロウク
せかい 世界	mondo *m.* モンド	the world ザ ワールド
～的な	mondiale モンディアーレ	worldwide ワールドワイド
～遺産	patrimonio mondiale パトリモーニオ モンディアーレ	the World Heritage ザ ワールド ヘリティヂ
～史	storia universale *f.* ストーリア ウニヴェルサーレ	world history ワールド ヒストリ
～選手権	campionato mondiale *m.* カンピオナート モンディアーレ	world championship ワールド チャンピオンシプ
～大戦	guerra mondiale *f.* グエッラ モンディアーレ	world war ワールド ウォー

日	伊	英
急かす	sollecitare ソッレチターレ	expedite, hurry エクスペダイト, ハーリ
咳	tosse *f.* トッセ	cough コフ
〜をする	tossire トッスィーレ	cough コフ
〜止め	medicina per la tosse *f.* メディチーナ ペル ラ トッセ	cough medicine コフ メディスィン
席	posto *m.*, sedile *m.* ポスト, セディーレ	seat スィート
赤外線	raggi infrarossi *m.pl.* ラッジ インフラロッスィ	infrared rays インフラレド レイズ
赤十字	croce rossa *f.* クローチェ ロッサ	red cross レド クロス
脊髄	midollo spinale *m.* ミドッロ スピナーレ	spinal cord スパイナル コード
石炭	carbone (fossile) *m.* カルボーネ (フォッスィレ)	coal コウル
赤道	equatore *m.* エクァトーレ	the equator ジ イクウェイタ
責任	responsabilità *f.* レスポンサビリタ	responsibility リスパンスィビリティ
〜のある	responsabile レスポンサービレ	responsible リスパンスィブル
〜者	responsabile *m.f.* レスポンサービレ	person in charge パーソン イン チャーヂ
咳払いする	raschiarsi la gola ラスキアルスィ ラ ゴーラ	clear *one's* throat クリア スロウト
石油	petrolio *m.* ペトローリオ	petroleum, oil ピトロウリアム, オイル
〜化学	petrochimica *f.* ペトロキーミカ	petrochemistry ペトロケミストリ
赤痢	dissenteria *f.* ディッセンテリーア	dysentery ディセンテアリ
セクシーな	sexy セクスィ	sexy セクスィ
セクハラ	molestia sessuale *f.* モレスティア セッスアーレ	sexual harassment セクシュアル ハラスメント
世間	mondo *m.* モンド	the world ザ ワールド

日	伊	英
（人々）	gente *f.* ジェンテ	people ピープル
～体	apparenze *f.pl.* アッパレンツェ	appearances アピアランスィズ
背筋(せすじ)	schiena *f.* スキエーナ	back バク
是正(ぜせい)する	correggere, modificare コッレッジェレ, モディフィカーレ	correct コレクト
世俗的(せぞくてき)な	mondano, profano モンダーノ, プロファーノ	worldly ワールドリ
世代(せだい)	generazione *f.* ジェネラツィオーネ	generation ヂェナレイション
セダン	berlina *f.* ベルリーナ	sedan スィダン
節(せつ)　（文法）	proposizione *f.* プロポズィツィオーネ	clause クローズ
説(せつ)　（学説）	teoria *f.* テオリーア	theory スィオリ
石灰(せっかい)	calce *f.* カルチェ	lime ライム
説教(せっきょう)	sermone *m.*, predica *f.* セルモーネ, プレーディカ	sermon, preaching サーモン, プリーチング
～する	predicare プレディカーレ	preach プリーチ
積極的(せっきょくてき)な	positivo, attivo ポズィティーヴォ, アッティーヴォ	positive, active パズィティヴ, アクティヴ
接近(せっきん)する	avvicinarsi *a* アッヴィチナルスィ	approach, draw near アプロウチ, ドロー ニア
セックス	sesso *m.* セッソ	sex セクス
～する	fare l'amore *con* ファーレ ラモーレ	have sex *with* ハヴ セクス
設計(せっけい)	progetto *m.*, piano *m.* プロジェット, ピアーノ	plan, design プラン, ディザイン
～する	progettare, pianificare プロジェッターレ, ピアニフィカーレ	plan, design プラン, ディザイン
～者	progettista *m.f.* プロジェッティスタ	designer ディザイナ
～図	progetto *m.*, piano *m.* プロジェット, ピアーノ	plan, blueprint プラン, ブループリント

日	伊	英
せっけん 石鹸	sapone *m.* サポーネ	soap ソウプ
ゼッケン	pettorale *m.*, numero *m.* ペットラーレ, ヌーメロ	player's number プレイアズ ナンバ
せっこう 石膏	gesso *m.* ジェッソ	gypsum, plaster ヂプサム, プラスタ
ぜっこう 絶交する	rompere *con* ロンペレ	cut contact *with* カト カンタクト
ぜっこう 絶好の	ottimo, ideale オッティモ, イデアーレ	best, ideal ベスト, アイディアル
ぜっさん 絶賛する	elogiare エロジャーレ	extol イクストウル
せっしょく 接触する	toccare, contattare トッカーレ, コンタッターレ	touch, make contact *with* タチ, メイク カンタクト
ぜっしょく 絶食する	digiunare ディジュナーレ	fast ファスト
せっ 接する	contattare コンタッターレ	make contact *with* メイク カンタクト
（隣接）	confinare *con* コンフィナーレ	adjoin アヂョイン
せっせい 節制する	modedarsi モデラルスィ	be modarate *in* ビ マダレト
せつぞくし 接続詞	congiunzione *f.* コンジュンツィオーネ	conjunction カンヂャンクション
せつぞく 接続する	collegare コッレガーレ	join, connect ヂョイン, カネクト
（連絡）	essere in coincidenza *con* エッセレ イン コインチデンツァ	connect *to* カネクト
せったい 接待	accoglienza *f.* アッコッリエンツァ	reception, welcome リセプション, ウェルカム
～する	accogliere アッコッリエレ	receive リスィーヴ
ぜったい 絶対(に)	assolutamente アッソルタメンテ	absolutely アブソルートリ
～的な	assoluto アッソルート	absolute アブソリュート
せっちゃくざい 接着剤	adesivo *m.*, collante *m.* アデズィーヴォ, コッランテ	adhesive アドヒースィヴ

日	伊	英
せってん 接点	punto di contatto m. プント ディ コンタット	point of contact ポイント オヴ カンタクト
セット	completo m. コンプレート	set セト
せっとう 窃盗	furto m. フルト	theft セフト
せっとく 説得する	persuadere ペルスアデーレ	persuade パスウェイド
ぜっぱん 絶版	fuori stampa フオーリ スタンパ	out of print アウト オヴ プリント
せつび 設備	attrezzatura f., impianto m. アットレッツァトゥーラ, インピアント	equipment, facilities イクウィプメント, ファスィリティズ
～投資	investimenti in pianti e attrezzature m.pl. インヴェスティメンティ イン ピアンティ エ アットレッツァトゥーレ	plant and equipment investment プラント アンド イクウィプメント インヴェストメント
ぜつぼう 絶望	disperazione f. ディスペラツィオーネ	despair ディスペア
～的な	disperato ディスペラート	desperate, hopeless デスパレト, ホウプレス
～する	disperare di ディスペラーレ	despair of ディスペア
せつめい 説明	spiegazione f. スピエガツィオーネ	explanation エクスプロネイション
～する	spiegare スピエガーレ	explain イクスプレイン
～書	manuale m. マヌアーレ	manual マニュアル
ぜつめつ 絶滅する	estinguersi エスティングェルスィ	become extinct ビカム イクスティンクト
せつやく 節約する	risparmiare, economizzare リスパルミアーレ, エコノミッザーレ	economize in, save イカノマイズ, セイヴ
せつりつ 設立	fondazione f. フォンダツィオーネ	establishment, foundation イスタブリシュメント, ファウンデイション
～する	fondare フォンダーレ	establish, found イスタブリシュ, ファウンド
～者	fondatore(-trice) m.(f.) フォンダトーレ(トリーチェ)	founder ファウンダ
せともの 瀬戸物	porcellana f., ceramica f. ポルチェッラーナ, チェラーミカ	porcelain, china ポーセリン, チャイナ

日	伊	英
背中(せなか)	schiena *f.* スキエーナ	the back ザ バク
セネガル	Senegal *m.* セーネガル	Senegal セニゴール
ゼネスト	sciopero generale *m.* ショーペロ ジェネラーレ	general strike ヂェナラル ストライク
背伸びする(せのびする)	alzarsi sulla punta dei piedi アルツァルスィ スッラ プンタ デイ ピエーディ	stand on tiptoe スタンド オン ティプトウ
是非(とも)(ぜひ)	ad ogni costo アッドンニ コスト	by all means バイ オール ミーンズ
セピア色(いろ)	seppia *f.* セッピア	sepia スィーピア
背広(せびろ)	completo *m.* コンプレート	business suit ビズネス シュート
背骨(せぼね)	spina dorsale *f.* スピーナ ドルサーレ	the backbone ザ バクボウン
狭い(せまい) (幅が)	stretto ストレット	narrow ナロウ
(面積が)	piccolo ピッコロ	small スモール
セミコロン	punto e virgola *m.* プント エ ヴィルゴラ	semicolon セミコウロン
セミナー	seminario *m.* セミナーリオ	seminar セミナー
せめて	almeno アルメーノ	at least, at most アト リースト, アト モウスト
攻める(せめる)	attaccare, assaltare アッタカーレ, アッサルターレ	attack, assault アタク, アソルト
責める(せめる)	biasimare, rimproverare ビアズィマーレ, リンプロヴェラーレ	blame, reproach ブレイム, リプロウチ
セメント	cemento *m.* チェメント	cement スィメント
ゼラチン	gelatina *f.* ジェラティーナ	gelatin ヂェラティン
ゼラニウム	geranio *m.* ジェラーニオ	geranium ヂレイニアム
セラピスト	terapista *m. f.* テラピスタ	therapist セラピスト
セラミック	ceramica *f.* チェラーミカ	ceramics スィラミクス

日	伊	英
ゼリー	gelatina *f.* ジェラティーナ	jelly チェリ
台詞(せりふ)	battuta *f.*, dialogo *m.* バットゥータ, ディアーロゴ	speech, dialogue スピーチ, ダイアローグ
セルビア	Serbia *f.* セルビア	Serbia セービア
セルフサービス	self-service *m.* セルフセルヴィス	self-service セルフサーヴィス
セルフタイマー	autoscatto *m.* アウトスカット	self-timer セルフタイマ
セレナーデ	serenata *f.* セレナータ	serenade セレネイド
セレモニー	cerimonia *f.* チェリモーニア	ceremony セリモニ
ゼロ	zero *m.* ゼーロ	zero ズィアロウ
セロテープ	scotch *m.* スコチ	Scotch tape スカチ テイプ
セロリ	sedano *m.* セーダノ	celery セラリ
世論(せろん)	opinione pubblica *f.* オピニオーネ プブリカ	public opinion パブリク オピニオン
世話(せわ)	cura *f.*, assistenza *f.* クーラ, アッスィステンツァ	care, aid ケア, エイド
～する	curare, assistere クラーレ, アッスィステレ	take care テイク ケア
千(せん)	mille *m.* (mila *pl.*) ミッレ	thousand サウザンド
栓(せん)	tappo *m.* タッポ	stopper, plug スタパ, プラグ
線(せん)	linea *f.* リーネア	line ライン
（ホームの）	binario *m.* ビナーリオ	truck トラク
善(ぜん)	bene *m.* ベーネ	good, goodness グド, グドネス
～悪	bene e male ベーネ エ マーレ	right and wrong ライト アンド ロング
禅(ぜん)	zen *m.* ゼン	*Zen* ゼン

日	伊	英
せんい 繊維	fibra *f.* フィーブラ	fiber ファイバ
ぜんい 善意	buona fede *f.* ブオーナ フェーデ	goodwill グドウィル
せんいん 船員	marinaio *m.* マリナイオ	crew, seaman クルー, スィーマン
ぜんいん 全員	tutti *m.pl.* トゥッティ	all members オール メンバズ
ぜんえい 前衛	avanguardia *f.* アヴァングァルディア	advanced guard アドヴァンスト ガード
（スポーツ）	attaccante *m.f.*, avanti *m.f.* アッタッカンテ, アヴァンティ	forward フォーワド
せんかん 戦艦	corazzata *f.* コラッツァータ	battleship バトルシプ
ぜんき 前期	primo periodo *m.* プリーモ ペリーオド	first term ファースト ターム
（学校の）	primo semestre *m.* プリーモ セメストレ	the first semester ザ ファースト スィメスタ
ぜんき 前記の	soprammenzionato ソプラムメンツィオナート	above-mentioned アバヴメンションド
せんきょ 選挙	elezione *f.* エレツィオーネ	election イレクション
～する	eleggere エレッジェレ	elect イレクト
～権	diritto di voto *m.* ディリット ディ ヴォート	the right to vote ザ ライト トゥ ヴォウト
せんきょうし 宣教師	missionario(-a) *m.(f.)* ミッスィオナーリオ(ア)	missionary ミショネリ
せんくしゃ 先駆者	pioniere(-a) *m.(f.)* ピオニエーレ(ラ)	pioneer パイオニア
せんげつ 先月	il mese scorso *m.* イル メーゼ スコルソ	last month ラスト マンス
せんげん 宣言	dichiarazione *f.* ディキアラツィオーネ	declaration, proclamation デクレイション, プロクラメイション
～する	dichiarare, proclamare ディキアラーレ, プロクラマーレ	declare, proclaim ディクレア, プロクレイム
せんご 戦後	dopoguerra *m.* ドポグエッラ	after the war アフタ ザ ウォー

日	伊	英
ぜんご 前後 (に)	davanti e dietro ダヴァンティ エ ディエートロ	front and rear フラント アンド リア
（時間的な）	prima e dopo プリーマ エ ドーポ	before and after ビフォー アンド アフタ
（およそ）	circa, più o meno, verso チルカ, ピウ オ メーノ, ヴェルソ	about, or so アバウト, オー ソウ
～関係	contesto m. コンテスト	context カンテクスト
せんこう 選考	selezione f. セレツィオーネ	selection セレクション
～する	selezionare セレツィオナーレ	select セレクト
せんこう 線香	bastoncino d'incenso m. バストンチーノ ディンチェンソ	stick of incense スティク オヴ インセンス
せんこう 専攻する	specializzarsi in スペチャリッザルスィ	major in メイヂャ
せんこう 先行する	precedere, precorrere プレチェーデレ, プレコッレレ	precede プリスィード
（形容詞で）	precedente プレチェデンテ	preceding プリスィーディング
ぜんこく 全国	tutto il paese m. トゥット イル パエーゼ	the whole country ザ ホウル カントリ
～的な	nazionale ナツィオナーレ	national ナショナル
センサー	sensore m. センソーレ	sensor センサ
せんさい 戦災	disastro della guerra m. ディザストロ デッラ グエッラ	war damage ウォー ダミヂ
せんざい 洗剤	detersivo m., detergente m. デテルスィーヴォ, デテルジェンテ	detergent, cleanser ディターヂェント, クレンザ
ぜんさい 前菜	antipasto m. アンティパスト	hors d'oeuvre オー ダーヴル
せんさい 繊細な	delicato, fine デリカート, フィーネ	delicate デリケト
せんし 戦死	morte in guerra f. モルテ イン グエッラ	death in battle デス イン バトル
～する	morire in guerra モリーレ イン グエッラ	fall in battle フォール イン バトル
～者	caduto(-a) m.(f.) カドゥート(タ)	the war dead ザ ウォー デド

日	伊	英
せんしつ 船室	cabina *f.* カビーナ	cabin キャビン
せんじつ 先日	l'altro giorno *m.* ラルトロ ジョルノ	the other day ジ アザ デイ
ぜんじつ 前日	il giorno prima *m.* イル ジョルノ プリーマ	the day before ザ デイ ビフォー
せんしゃ 戦車	carro armato *m.* カッロ アルマート	tank タンク
ぜんしゃ 前者	quello(-a) *m.(f.)* クエッロ(ラ)	former フォーマ
せんしゅ 選手	atleta *m.f.*, giocatore(-trice) *m.(f.)* アトレータ, ジョカトーレ(トリーチェ)	athlete, player アスリート, プレイア
～権	campionato *m.* カンピオナート	championship チャンピオンシプ
せんしゅう 先週	la settimana scorsa *f.* ラ セッティマーナ スコルサ	last week ラスト ウィーク
ぜんしゅう 全集	opera completa *f.*, collezione *f.* オーペラ コンプレータ, コッレツィオーネ	the complete works ザ カンプリート ワークス
せんじゅうみん 先住民	aborigeni *m.pl.* アボリージェニ	aborigines アボリヂニーズ
せんしゅつ 選出する	eleggere エレッジェレ	elect イレクト
せんじゅつ 戦術	tattica *f.*, strategia *f.* タッティカ, ストラテジーア	tactics タクティクス
ぜんじゅつ 前述の	suddetto, sopraddetto スッデット, ソプラッデット	above-mentioned アバヴメンションド
せんじょう 戦場	campo di battaglia *m.* カンポ ディ バッタッリァ	battlefield バトルフィールド
せんしょく 染色	tintura *f.* ティントゥーラ	dyeing ダイイング
せんしょくたい 染色体	cromosoma *m.* クロモゾーマ	chromosome クロウモソウム
ぜんしん 全身	tutto il corpo トゥット イル コルポ	the whole body ザ ホウル バディ
せんしんこく 先進国	paese sviluppato *m.* パエーゼ ズヴィルッパート	industrialized countries インダストリアライズド カントリズ
ぜんしん 前進する	andare avanti, avanzare アンダーレ アヴァンティ, アヴァンツァーレ	advance アドヴァンス

日	伊	英
せんすい 潜水	immersione *f.* インメルスィオーネ	diving ダイヴィング
～する	immergersi インメルジェルスィ	dive ダイヴ
～艦	sommergibile *m.*, sottomarino *m.* ソンメルジービレ, ソットマリーノ	submarine サブマリーン
せんせい 先生	maestro(-a) *m.(f.)*, professore(-essa) *m.(f.)* マエストロ(ラ), プロフェッソーレ(レッサ)	teacher, instructor ティーチャ, インストラクタ
せんせいじゅつ 占星術	astrologia *f.* アストロロジーア	astrology アストラロディ
せんせい 宣誓する	giurare ジュラーレ	take an oath, swear テイク アン オウス, スウェア
センセーショナルな	sensazionale センサツィオナーレ	sensational センセイショナル
せんせん 戦線	fronte *m.* フロンテ	the front ザ フラント
せんぜん 戦前	anteguerra *m.* アンテグェッラ	prewar プリーウォー
ぜんせん 前線	fronte *m.* フロンテ	the front ザ フラント
温暖～	fronte caldo *m.* フロンテ カルド	warm front ウォーム フラント
寒冷～	fronte freddo *m.* フロンテ フレッド	cold front コウルド フラント
ぜんぜん 全然	*non...* affatto アッファット	*not...* at all アト オール
（単独で）	niente affatto ニエンテ アッファット	not at all ナト アト オール
せんぞ 先祖	antenato(-a) *m.(f.)* アンテナート(タ)	ancestor アンセスタ
せんそう 戦争	guerra *f.* グェッラ	war, warfare ウォー, ウォーフェア
ぜんそう 前奏（曲）	preludio *m.* プレルーディオ	overture, prelude オウヴァチャ, プレリュード
ぜんそく 喘息	asma *m.f.* アズマ	asthma アズマ
センター	centro *m.* チェントロ	center センタ

日	伊	英
ぜんたい 全体	tutto *m.*, intero *m.* トゥット, インテーロ	the whole ザ ホウル
〜の	tutto, intero トゥット, インテーロ	whole, general ホウル, チェナラル
せんたく 洗濯	bucato *m.*, lavaggio *m.* ブカート, ラヴァッジョ	washing, laundry ワシング, ローンドリ
〜する	fare il bucato, lavare ファーレ イル ブカート, ラヴァーレ	wash ウォーシュ
〜機	lavatrice *f.* ラヴァトリーチェ	washing machine ワシング マシーン
〜物	bucato *m.* ブカート	washing, laundry ワシング, ローンドリ
〜屋	lavanderia *f.* ラヴァンデリーア	laundry ローンドリ
せんたく 選択	scelta *f.* シェルタ	selection, choice スィレクション, チョイス
〜する	scegliere シェッリェレ	select, choose スィレクト, チューズ
〜科目	materia facoltativa *f.* マテーリア ファコルタティーヴァ	elective (subject) イレクティヴ (サブヂクト)
せんたん 先端	punta *f.*, estremità *f.* プンタ, エストレミタ	the point, the tip ザ ポイント, ザ ティプ
〜技術	tecnologia avanzata *f.* テクノロジーア アヴァンツァータ	high technology ハイ テクナロヂ
ぜんちし 前置詞	preposizione *f.* プレポズィツィオーネ	preposition プレポズィション
センチメートル	centimetro *m.* チェンティーメトロ	centimeter センティミータ
センチメンタルな	sentimentale センティメンターレ	sentimental センティメンタル
せんちょう 船長	capitano *m.* カピターノ	captain キャプティン
ぜんちょう 前兆	presagio *m.* プレザージョ	omen, sign, symptom オウメン, サイン, スィンプトム
ぜんてい 前提	premessa *f.* プレメッサ	premise プレミス
〜条件	precondizione *f.* プレコンディツィオーネ	precondition プリコンディション
せんでん 宣伝する	fare pubblicità *di* ファーレ プッブリチタ	give publicity *to*, advertise ギヴ パブリスィティ, アドヴァタイズ

日	伊	英
せんとう 先頭	testa *f.* テスタ	the head ザ ヘド
せんとう 戦闘	battaglia *f.*, combattimento *m.* バッタッリア, コンバッティメント	battle, combat バトル, カンバト
～機	caccia *f.* カッチャ	fighter ファイタ
せんどう 先導する	guidare, condurre グィダーレ, コンドゥッレ	lead, guide リード, ガイド
せんどう 扇動する	istigare, agitare イスティガーレ, アジターレ	stir up, agitate スター アプ, アヂテイト
セントラル ヒーティング	riscaldamento centrale *m.* リスカルダメント チェントラーレ	central heating セントラル ヒーティング
せんにゅうかん 先入観	preconcetto *m.*, pregiudizio *m.* プレコンチェット, プレジュディーツィオ	preconception, prejudice プリーコンセプション, プレヂュディス
ぜんにんしゃ 前任者	predecessore(-a) *m.(f.)* プレデチェッソーレ(ラ)	predecessor プレディセサ
せんぬき 栓抜き	apribottiglie *m.* アプリボッティッリエ	bottle opener バトル オウプナ
（コルクの）	cavatappi *m.* カヴァタッピ	corkscrew コークスクルー
ぜんねん 前年	anno precedente *m.* アンノ プレチェデンテ	the previous year ザ プリーヴィアス イア
せんねん 専念する	darsi *a*, occuparsi *di* ダルスィ, オックパルスィ	devote *oneself to* ディヴォウト
せんのう 洗脳	lavaggio del cervello *m.* ラヴァッジョ デル チェルヴェッロ	brainwashing ブレインウォーシング
～する	fare il lavaggio del cervello ファーレ イル ラヴァッジョ デル チェルヴェッロ	brainwash ブレインウォーシュ
せんばい 専売	monopolio *m.* モノポーリオ	monopoly モナポリ
～特許	brevetto *m.* ブレヴェット	patent パテント
せんぱい 先輩	anziano(-a) *m.(f.)* アンツィアーノ(ナ)	senior, elder スィーニア, エルダ
せんばつ 選抜する	selezionare セレツィオナーレ	select, pick out スィレクト, ピク アウト
せんばん 旋盤	tornio *m.* トルニオ	lathe レイズ

日	伊	英
前半（ぜんはん）	prima metà *f.* プリマ メタ	the first half ザ ファースト ハフ
（試合などの）	primo tempo *m.* プリモ テンポ	the first half ザ ファースト ハフ
全部（ぜんぶ）	tutto *m.* トゥット	all, the whole オール, ザ ホウル
〜で	in tutto イン トゥット	in all イン オール
扇風機（せんぷうき）	ventilatore *m.* ヴェンティラトーレ	electric fan イレクトレク ファン
潜伏（せんぷく）	nascondimento *m.* ナスコンディメント	concealment カンスィールメント
（病気の）	latenza *f.* ラテンツァ	latency レイテンスィ
〜する	nascondersi ナスコンデルスィ	lie hidden ライ ヒドン
〜期（間）	incubazione *f.* インクバツィオーネ	incubation period インキュベイション ピアリアド
羨望（せんぼう）	invidia *f.*, gelosia *f.* インヴィーディア, ジェロズィーア	envy エンヴィ
前方に（ぜんぽうに）	avanti, davanti, di fronte アヴァンティ, ダヴァンティ, ディ フロンテ	ahead, forward アヘド, フォーワド
発条（ぜんまい）	molla *f.* モッラ	spring スプリング
専務（せんむ）（取締役）	diret*tore*(-*trice*) generale *m.*(*f.*) ディレットーレ(トリーチェ) ジェネラーレ	managing director マニチング ディレクタ
鮮明な（せんめいな）	nitido, chiaro ニーティド, キアーロ	clear クリア
全滅する（ぜんめつする）	essere completamente distrutto エッセレ コンプレタメンテ ディストルット	be annihilated ビ アナイイレイテド
洗面器（せんめんき）	catinella *f.* カティネッラ	washbowl ウォーシュボウル
洗面所（せんめんじょ）	bagno *m.* バーニョ	lavatory, toilet ラヴァトーリ, トイレト
洗面台（せんめんだい）	lavabo *m.*, lavandino *m.* ラヴァーボ, ラヴァンディーノ	washbasin ワシュベイスン
全面的な（ぜんめんてきな）	totale, completo トターレ, コンプレート	all-out, overall オールアウト, オウヴァロール

日	伊	英
せんもん 専門	specialità f. スペチャリタ	specialty スペシャルティ
～的な	speciale, professionale スペチャーレ, プロフェッスィオナーレ	special, professional スペシャル, プロフェショナル
～家	specialista m.f. スペチャリスタ	specialist スペシャリスト
～学校	corso di formazione professionale m. コルソ ディ フォルマツィオーネ プロフェッスィオナーレ	vocational school ヴォウケイショナル スクール
ぜんや 前夜	la notte prima f. ラ ノッテ プリーマ	the previous night ザ プリーヴィアス ナイト
(祭りの)	vigilia f. ヴィジーリア	the eve ジ イーヴ
せんよう 専用の	apposito, rivervato a... アッポーズィト, リセルヴァート	exclusive イクスクルースィヴ
せんりつ 旋律	melodia f. メロディーア	melody メロディ
ぜんりつせん 前立腺	prostata f. プロスタタ	prostate プラステイト
せんりゃく 戦略	strategia f. ストラテジーア	strategy ストラテディ
せんりょう 占領する	occupare オックパーレ	occupy, capture アキュパイ, キャプチャ
ぜんりょう 善良な	buono, onesto ブオーノ, オネスト	good, virtuous グド, ヴァーチュアス
せんれい 洗礼	battesimo m. バッテーズィモ	baptism バプティズム
～名	nome di battesimo m. ノーメ ディ バッテーズィモ	Christian name クリスチャン ネイム
ぜんれい 前例	precedente m. プレチェデンテ	precedent プレスィデント
せんれん 洗練された	raffinato ラッフィナート	refined リファインド
せんろ 線路	binario m. ビナーリオ	track トラク

そ, ソ

日	伊	英
そあく 粗悪な	cattivo, scadente, grossolano カッティーヴォ, スカデンテ, グロッソラーノ	of poor quality オヴ プア クワリティ
ぞ 沿いに	lungo... ルンゴ	along..., on... アロング, オン

日	伊	英
そう 層	strato *m.* ストラート	stratum, layer ストレイタム, レイア
（階層）	classe *f.*, ceto *m.* クラッセ, チェート	class クラス
そう 僧	bonzo *m.*, monaco *m.* ボンゾ, モーナコ	priest, bonze プリースト, バンズ
そう 象	elefante *m.* エレファンテ	elephant エレファント
そう 像	statua *f.*, immagine *f.* スタートゥア, インマージネ	statue, image スタチュー, イミヂ
そううつの 躁鬱の	maniaco-depressivo マニーアコ デプレッスィーヴォ	manic-depressive マニクディプレシブ
ぞうお 憎悪	odio *m.* オーディオ	hatred ヘイトリド
そうおん 騒音	rumore *m.* ルモーレ	noise ノイズ
～公害	inquinamento acustico *m.* インクイナメント アクスティコ	noise pollution ノイズ ポルーション
ぞうか 造花	fiore artificiale *m.* フィオーレ アルティフィチャーレ	artificial flower アーティフィシャル フラウア
そうかい 総会	assemblea generale *f.* アッセンブレーア ジェネラーレ	general meeting ヂェナラル ミーティング
そうがく 総額	somma *f.*, totale *m.* ソンマ, トターレ	the total (amount) ザ トウタル (アマウント)
ぞうかする 増加する	aumentare アウメンターレ	increase, augment インクリース, オーグメント
そうがんきょう 双眼鏡	binocolo *m.* ビノーコロ	binoculars バイナキュラズ
そうき 早期	fase [stadio] iniziale *f.(m.)* ファーゼ (スターディオ) イニツィアーレ	early stage アーリ ステイヂ
そうぎ 葬儀	funerale *m.*, esequie *f.pl.* フネラーレ, エゼークィエ	funeral フューネラル
ぞうき 臓器	organi interni *m.pl.* オルガニ インテルニ	internal organs インターナル オーガンズ
～移植	trapianto di organo *m.* トラピアント ディ オルガノ	organ transplant オーガン トランスプラント
そうきん 送金	rimessa *f.* リメッサ	remittance リミタンス

日	伊	英
～する	fare una rimessa ファーレ ウナ リメッサ	send money センド マニ
雑巾	straccio *m.* ストラッチョ	dustcloth ダストクロース
象牙	avorio *m.* アヴォーリオ	ivory アイヴォリ
造形美術	arti plastiche *f.pl.* アルティ プラスティケ	plastic arts プラスティク アーツ
草原	prateria *f.*, prato *m.* プラテリーア, プラート	plain, prairie プレイン, プレアリ
倉庫	magazzino *m.* マガッズィーノ	warehouse ウェアハウス
走行距離	chilometraggio *m.* キロメトラッジョ	mileage マイリヂ
相互の	reciproco レチープロコ	mutual ミューチュアル
捜査	investigazione *f.* インヴェスティガツィオーネ	investigation, search インヴェスティゲイション, サーチ
～する	investigare インヴェスティガーレ	investigate インヴェスティゲイト
操作	manovra *f.*, operazione *f.* マノーヴラ, オペラツィオーネ	operation, handling アペレイション, ハンドリング
～する	manovrare マノヴラーレ	operate, run アペレイト, ラン
創作	creazione *f.*, invenzione *f.* クレアツィオーネ, インヴェンツィオーネ	creation クリエイション
～する	creare, inventare クレアーレ, インヴェンターレ	create, compose クリエイト, カンポウズ
捜索する	ricercare リチェルカーレ	search *for* サーチ フォー
掃除	pulizia *f.* プリツィーア	cleaning クリーニング
～する	pulire, fare le pulizie プリーレ, ファーレ レ プリツィーエ	clean, sweep クリーン, スウィープ
～機	aspirapolvere *m.* アスピラポルヴェレ	cleaner クリーナ
葬式	funerale *m.* フネラーレ	funeral フューネラル

日	伊	英
そうじゅう 操縦	guida *f.* グィーダ	handling ハンドリング
～する	guidare グィダーレ	handle, operate ハンドル, アペレイト
（飛行機を）	pilotare ピロターレ	pilot, fly パイロト, フライ
～士	pilota *m.f.* ピロータ	pilot パイロト
そうじゅく 早熟な	precoce プレコーチェ	precocious プリコウシャス
ぞうしょ 蔵書	biblioteca *f.* ビブリオテーカ	library ライブラリ
そうしょく 装飾	decorazione *f.*, ornamento *m.* デコラツィオーネ, オルナメント	decoration, ornament デコレイション, オーナメント
～する	decorare, ornare デコラーレ, オルナーレ	adorn, ornament アドーン, オーナメント
そうしん 送信	trasmissione *f.* トラズミッスィオーネ	transmission トランスミション
～する	trasmettere トラズメッテレ	transmit トランスミト
ぞうぜい 増税	aumento delle tasse *m.* アウメント デッレ タッセ	tax increase タクス インクリース
ぞうせんじょ 造船所	cantiere (navale) *m.* カンティエーレ(ナヴァーレ)	shipyard シプヤード
ぞうぞう 創造	creazione *f.* クレアツィオーネ	creation クリエイション
～的な	creativo クレアティーヴォ	creative, original クリエイティヴ, オリヂナル
～する	creare クレアーレ	create クリエイト
そうぞう 想像	immaginazione *f.* インマジナツィオーネ	imagination, fancy イマヂネイション, ファンスィ
～上の	immaginario インマジナーリオ	imaginary イマヂネリ
～する	immaginare, figurarsi インマジナーレ, フィグラルスィ	imagine, fancy イマヂン, ファンスィ
そうぞう 騒々しい	rumoroso, chiassoso ルモローゾ, キアッソーゾ	noisy, loud ノイズィ, ラウド
そうぞく 相続	eredità *f.*, successione *f.* エレディタ, スッチェッスィオーネ	inheritance, succession インヘリタンス, サクセション

日	伊	英
～する	ereditare エレディターレ	inherit, succeed インヘリト, サクスィード
～税	imposta di successione f. インポスタ ディ スッチェッスィオーネ	inheritance tax インヘリタンス タクス
～人	erede m.f. エレーデ	heir, heiress エア, エアレス
曾祖父（そうふ）	bisnonno m. ビズノンノ	great-grandfather グレイトグランファーザ
曾祖母（そうぼ）	bisnonna f. ビズノンナ	great-grandmother グレイトグランマザ
相対的な（そうたいてき）	relativo レラティーヴォ	relative レラティヴ
壮大な（そうだい）	grandioso, magnifico グランディオーゾ, マンニーフィコ	magnificent, grand マグニフィセント, グランド
相談（そうだん）	consultazione f. コンスルタツィオーネ	consultation カンスルテイション
～する	consultare, parlare con コンスルターレ, パルラーレ	consult with カンサルト
装置（そうち）	dispositivo m., apparecchio m. ディスポズィティーヴォ, アッパレッキオ	device, equipment ディヴァイス, イクウィプメント
総長（そうちょう）	rettore(-trice) m.(f.) レットーレ(トリーチェ)	president プレズィデント
早朝に（そうちょう）	di buonora, al mattino presto ディ ブオノーラ, アル マッティーノ プレスト	early in the morning アーリ イン ザ モーニング
贈呈（そうてい）	dono m., omaggio m. ドーノ, オマッジョ	presentation プリーゼンテイション
～式	cerimonia della consegna f. チェリモーニア デッラ コンセーニャ	presentation ceremony プリーゼンテイション セレモウニ
相当（に）（そうとう）	abbastanza, assai アッバスタンツァ, アッサイ	fairly, quite フェアリ, クワイト
遭難（そうなん）	disastro m., sinistro m. ディザストロ, スィニストロ	accident, disaster アクスィデント, ディザスタ
（船の）	naufragio m. ナウフラージョ	shipwreck シプレク
～者	vittima f., naufrago(-a) m.(f.) ヴィッティマ, ナウフラゴ(ガ)	victim, sufferer ヴィクティム, サファラ
挿入する（そうにゅう）	inserire インセリーレ	insert インサート
送付（そうふ）	invio m. インヴィーオ	sending センディング

日	伊	英
〜する	inviare インヴィアーレ	send センド
〜先	destinatario(-a) m.(f.) デスティナターリオ(ア)	the addressee ジ アドレスィー
送別会	festa d'addio f. フェスタ ダッディーオ	farewell party フェアウェル パーティ
臓物	frattaglie f.pl., interiora f.pl. フラッタッリェ, インテリオーラ	pluck, chitterlings プラク, チタリングス
(鳥の)	rigaglie f.pl. リガッリェ	giblets ヂブレッツ
贈与	dono m. ドーノ	donation ドウネイション
〜する	donare ドナーレ	donate ドウネイト
〜税	imposta sulle donazioni f. インポスタ スッレ ドナツィオーニ	gift tax ギフト タクス
創立	fondazione f. フォンダツィオーネ	foundation, establishment ファウンデイション, イスタブリシュメント
〜する	fondare, istituire フォンダーレ, イスティトゥイーレ	found, establish ファウンド, イスタブリシュ
〜者	fondatore(-trice) m.f. フォンダトーレ(トリーチェ)	founder ファウンダ
僧侶	bonzo m., monaco m. ボンゾ, モーナコ	priest, bonze プリースト, バンズ
送料	spese di spedizione f.pl. スペーゼ ディ スペディツィオーネ	postage, carriage ポウスティヂ, キャリヂ
総領事	console generale m. コンソレ ジェネラーレ	consul general カンスル ヂェナラル
贈賄	bustarella f. ブスタレッラ	bribery ブライバリ
添える	corredare, aggiungere コッレダーレ, アッジュンジェレ	affix, attach, add to アフィクス, アタチ, アド トゥ
ソース	salsa f., sugo m. サルサ, スーゴ	sauce ソース
ソーセージ	salsiccia f. サルスィッチャ	sausage ソスィヂ
ソーダ	soda f. ソーダ	soda ソウダ
ゾーン	zona f. ゾーナ	zone ゾウン

日	伊	英
俗語 ぞくご	slang *m.* ズラング	slang スラング
即座に そくざに	immediatamente インメディアタメンテ	immediately イミーディエトリ
即死する そくしする	morire sul colpo モリーレ スル コルポ	be killed on the spot ビ キルド オン ザ スパト
促進する そくしんする	promuovere プロムオーヴェレ	promote プロモウト
属する ぞくする	appartenere *a* アッパルテネーレ	belong *to* ビローング
即席の そくせきの	istantaneo, improvissato イスタンターネオ, インプロヴィッサート	improvised, instant インプロヴァイズド, インスタント
速達 そくたつ	espresso *m.* エスプレッソ	special delivery スペシャル ディリヴァリ
測定する そくていする	misurare ミズラーレ	measure メジャ
速度 そくど	velocità *f.* ヴェロチタ	speed, velocity スピード, ヴィラスィティ
即売 そくばい	vendita sul posto *f.* ヴェンディタ スル ポスト	spot sale スパト セイル
束縛する そくばくする	legare, vincolare レガーレ, ヴィンコラーレ	restrain, restrict リストレイン, リストリクト
速報 そくほう	annuncio immediato *m.* アンヌンチョ インメディアート	prompt report プランプト リポート
測量 そくりょう	misurazione *f.* ミズラツィオーネ	measurement, survey メジャメント, サーヴェイ
〜する	misurare ミズラーレ	survey サーヴェイ
〜技師	geometra *m.f.* ジェオーメトラ	surveyor サヴェイア
ソケット	portalampada *m.* ポルタランパダ	socket サケト
底 そこ	fondo *m.* フォンド	the bottom ザ バトム
(靴の)	suola *f.* スオーラ	the sole ザ ソウル
祖国 そこく	patria *f.* パートリア	motherland, fatherland マザランド, ファーザランド

日	伊	英
損なう	rovinare, danneggiare ロヴィナーレ, ダンネッジャーレ	hurt, harm ハート, ハーム
素材	materia *f.* マテーリア	material マティアリアル
阻止する	bloccare, impedire, ostacolare ブロッカーレ, インペディーレ, オスタコラーレ	hinder, obstruct ヒンダ, オブストラクト
組織	organizzazione *f.* オルガニッザツィオーネ	organization オーガニゼイション
〜する	organizzare オルガニッザーレ	organize, form オーガナイズ, フォーム
素質	disposizione *f.*, stoffa *f.* ディスポズィツィオーネ, ストッファ	makings, gift メイキングス, ギフト
〜がある	avere la stoffa *di* アヴェーレ ラ ストッファ	have the makings *of* ハヴ ザ メイキングス
そして	e, poi エ, ポーイ	and, then アンド, ゼン
訴訟	causa *f.* カウザ	suit, action シュート, アクション
〜を起こす	fare causa *a* ファーレ カウザ	bring a suit *against* ブリング ア シュート
謗る	parlare male *di*, sparlare *di* パルラーレ マーレ, スパルラーレ	speak ill *of* スピーク イル
祖先	antenato(-*a*) *m.*(*f.*) アンテナート(ア)	ancestor アンセスタ
注ぐ（液体を）	versare ヴェルサーレ	pour ポー
（川が）	sboccare *in* ズボッカーレ	flow *into* フロウ
（集中する）	concentrare コンチェントラーレ	concentrate *on* カンセントレイト
そそっかしい	sventato, sbadato ズヴェンタート, ズバダート	careless ケアレス
唆す	sedurre, indurre セドゥッレ, インドゥッレ	tempt, seduce テンプト, スィデュース
育つ	crescere クレッシェレ	grow グロウ
育てる	allevare, crescere アッレヴァーレ, クレッシェレ	bring up ブリング アプ
（栽培）	coltivare コルティヴァーレ	cultivate カルティヴェイト

日	伊	英
措置 (そち)	provvedimento *m.*, misura *f.* プロッヴェディメント, ミズーラ	measure, step メジャ, ステプ
即興 (そっきょう)	improvvisazione *f.* インプロッヴィザツィオーネ	improvisation インプロヴィゼイション
卒業 (そつぎょう)	laurea *f.*, diploma *m.* ラウレア, ディプローマ	graduation グラヂュエイション
〜する	laurearsi, diplomarsi ラウレアルスィ, ディプロマルスィ	graduate *from* グラヂュエイト
〜証書	diploma *m.*(di laurea, di maturità) ディプローマ	diploma ディプロウマ
〜生	laureato(-a) *m.(f.)*, diplomato(-a) *m.(f.)* ラウレアート(タ), ディプロマート(タ)	graduate グラヂュエト
〜論文	tesi di laurea *f.* テーズィ ディ ラウレア	graduation thesis グラヂュエイション スィースィス
そっくり(酷似)	tale e quale ターレ エ クアーレ	just like ヂャスト ライク
(全部)	tutto, interamente トゥット, インテラメンテ	all, entirely オール, インタイアリ
率直な (そっちょく)	franco, schietto フランコ, スキエット	frank, outspoken フランク, アウツスポウクン
そっと	in silenzio, con cura イン スィレンツィオ, コン クーラ	quietly, softly クワイエトリ, ソフトリ
(ひそかに)	di nascosto ディ ナスコスト	stealthily ステルスィリ
ぞっとする	sentire brividi, rabbrividire センティーレ ブリーヴィディ, ラッブリヴィディーレ	shudder, shiver シャダ, シヴァ
袖 (そで)	manica *f.* マーニカ	sleeve スリーヴ
外 (そと)	esterno *m.* エステルノ	the outside ザ アウトサイド
〜で[に]	fuori フオーリ	out, outside アウト, アウトサイド
備える(準備) (そな)	prepararsi *a, per* プレパラルスィ	prepare *for* プリペア
(装備)	provvedere, attrezzare プロッヴェデーレ, アットレッツァーレ	provide, furnish プロヴァイド, ファーニシュ
その	quello, il(la...) クエッロ, イル(ラ)	that, the, its ザト, ザ, イツ
その上 (うえ)	inoltre, per di più イノルトレ, ペルディピウ	besides ビサイヅ

日	伊	英
その内（うち）	fra poco フラ ポーコ	soon スーン
（いつか）	un giorno ウン ジョルノ	someday サムデイ
その代わり	invece, in cambio インヴェーチェ, イン カンビオ	instead, in exchange インステド, イン イクスチェンヂ
その後（ご）	poi, dopo, da allora ポーイ, ドーポ, ダアッローラ	after that アフタ ザト
その頃（ころ）	allora, a quei tempi アッローラ, アクェイテンピ	in those days イン ゾウズ デイズ
その他（た）	eccetera, ed altri エッチェーテラ, エダルトリ	and so on アンド ソウ オン
その時（とき）	in quel momento, allora インクェル モメント, アッローラ	then, at that time ゼン, アト ザト タイム
傍（そば）に	accanto *a*, a fianco *di* アッカント, アッフィアンコ	by, beside バイ, ビサイド
聳（そび）える	torreggiare, innalzarsi トッレッジャーレ, インナルツァルスィ	tower, rise タウア, ライズ
祖父（そふ）	nonno *m.* ノンノ	grandfather グランファーザ
ソファー	divano *m.* ディヴァーノ	sofa ソウファ
ソフトウェア	software *m.* ソフトウェル	software ソフトウェア
ソフトクリーム	semifreddo *m.* セミフレッド	soft ice cream ソフト アイス クリーム
祖父母（そふぼ）	nonni *m.pl.* ノンニ	grandparents グランペアレンツ
ソプラノ	soprano *m.f.* ソプラーノ	soprano ソプラーノウ
素振（そぶ）り	gesto *m.*, atteggiamento *m.* ジェスト, アッテッジャメント	air, behavior エア, ビヘイヴャ
祖母（そぼ）	nonna *f.* ノンナ	grandmother グランマザ
素朴（そぼく）な	semplice, naturale センプリチェ, ナトゥラーレ	simple, artless スィンプル, アートレス
粗末（そまつ）な	povero, umile ポーヴェロ, ウーミレ	coarse, humble コース, ハンブル

日	伊	英
背(そむ)く	disubbidire, tradire ディズッビディーレ, トラディーレ	disobey, betray ディスオベイ, ビトレイ
背(そむ)ける	distogliere ディストッリェレ	avert アヴァート
ソムリエ	sommelier m.f. ソンメリエ	sommelier サマリエイ
染(そ)める	tingere ティンジェレ	dye, color ダイ, カラ
微風(そよかぜ)	venticello m. ヴェンティチェッロ	breeze ブリーズ
空(そら)	cielo m. チェーロ	the sky ザ スカイ
～色(の)	celeste チェレステ	sky blue スカイ ブルー
空豆(そらまめ)	fava f. ファーヴァ	broad bean ブロード ビーン
剃(そ)る	radere, rasare ラーデレ, ラザーレ	shave シェイヴ
それ	quello m. クェッロ	it, that イト, ザト
それから	poi, da allora ポーイ, ダ アッローラ	and, since then アンド, スィンス ゼン
それぞれ	rispettivamente リスペッティヴァメンテ	respectively リスペクティヴリ
～の	ogni, ciascuno オンニ, チャスクーノ	respective, each リスペクティヴ, イーチ
それでも	ma, tuttavia マ, トゥッタヴィーア	but, nevertheless バト, ネヴァザレス
それどころか	anzi アンツィ	on the contrary オン ジ カントレリ
それとも	o, oppure オ, オップーレ	or オー
それなら	allora, in tal caso アッローラ, イン タル カーゾ	if so, in that case イフ ソウ, イン ザト ケイス
それはそうと	a proposito アプロポーズィト	meanwhile ミーンホワイル
それまで	fino a quel momento フィーノ ア クェル モメント	till then ティル ゼン
逸(そ)れる	deviare, sviarsi デヴィアーレ, ズヴィアルスィ	turn away ターン アウェイ

日	伊	英
(弾丸などが)	mancare マンカーレ	miss ミス
ソロ	solo *m.* ソーロ	solo ソウロウ
揃える	raccogliere, preparare ラッコッリエレ, プレパラーレ	complete, collect カンプリート, カレクト
(整頓)	mettere in ordine メッテレ インノルディネ	arrange (in order) アレインヂ(イン オーダ)
(程度を)	rendere uguale レンデレ ウグアーレ	make even メイク イーヴン
算盤	abaco *m.* アーバコ	abacus アバカス
損	perdita *f.*, svantaggio *m.* ペルディタ, ズヴァンタッジョ	loss, disadvantage ロス, ディサドヴァンティヂ
～する	perdere, rimetterci ペルデレ, リメッテルチ	lose ルーズ
損害	danno *m.* ダンノ	damage, loss ダミヂ, ロス
尊敬する	stimare, rispettare スティマーレ, リスペッターレ	respect, esteem リスペクト, イスティーム
存在	esistenza *f.* エズィステンツァ	existence イグズィステンス
～する	esistere, esserci エズィステレ, エッセルチ	exist, be existent イグズィスト, ビ イグズィステント
損失	perdita *f.* ペルディタ	loss, disadvantage ロス, ディサドヴァンティヂ
尊重する	rispettare リスペッターレ	respect リスペクト
そんな	tale, simile ターレ, スィーミレ	such サチ
そんなに	così コズィ	so ソウ

日	伊	英

た, タ

田	campo di riso *m.*, risaia *f.* カンポ ディ リーゾ, リザイア	rice field ライス フィールド
ダース	dozzina *f.* ドッズィーナ	dozen ダズン
ダーツ	darts *m.pl.*, gioco delle freccette *m.* ダルツ, ジョーコ デッレ フレッチェッテ	darts ダーツ
タートルネック	collo alto *m.* コッロ アルト	turtleneck タートルネク
ダービー	derby *m.* デルビ	the Derby ザ ダービー
ターミナル	terminal *m.* テルミナル	terminal ターミナル
鯛	dentice *m.*, orata *f.* デンティチェ, オラータ	sea bream スィー ブリーム
題	titolo *m.* ティートロ	title タイトル
台	appoggio *m.* アッポッジョ	stand, pedestal スタンド, ペデスタル
体育	educazione fisica *f.* エドゥカツィオーネ フィーズィカ	physical education フィズィカル エデュケイション
～館	palestra *f.* パレストラ	gymnasium ヂムネイズィアム
第一の	primo プリーモ	first, primary ファースト, プライメリ
ダイエット	dieta *f.* ディエータ	diet ダイエト
～する	mettersi a dieta メッテルスィ ア ディエータ	go on a diet ゴウ オン ア ダイエト
対応する	corrispondere *a* コッリスポンデレ	correspond *to* コーレスパンド
ダイオキシン	diossina *f.* ディオッスィーナ	dioxin ダイアクスィン
体温	temperatura *f.* テンペラトゥーラ	temperature テンパラチャ
～計	termometro clinico *m.* テルモーメトロ クリーニコ	thermometer セマメタ

日	伊	英
たいかい 大会	congresso *m.*, assemblea generale *f.* コングレッソ, アッセンブレーア ジェネラーレ	general meeting ヂェナラル ミーティング
たいかく 体格	corporatura *f.*, fisico *m.* コルポラトゥーラ, フィズィコ	physique, build フィズィーク, ビルド
だいがく 大学	università *f.* ウニヴェルスィタ	university, college ユーニヴァースィティ, カリヂ
〜院	corso di perfezionamento *m.* コルソ ディ ペルフェツィオナメント	graduate school グラヂュエイト スクール
〜の	universitario ウニヴェルスィターリオ	university ユーニヴァースィティ
たいがく 退学する	lasciare la scuola ラッシャーレ ラ スクオーラ	leave school リーヴ スクール
たいき 大気	aria *f.*, atmosfera *f.* アーリア, アトモスフェーラ	the air, the atmosphere ジ エア, ジ アトモスフィア
〜汚染	inquinamento atmosferico *m.* インクィナメント アトモスフェーリコ	air pollution エア ポリューシン
だいぎし 代議士	deputato(-*a*) *m.*(*f.*) デプタート(タ)	Diet member ダイエト メンバ
だいきぼな 大規模な	su larga scala ス ラルガ スカーラ	large-scale ラーヂスケイル
だいく 大工	carpentiere(-*a*) *m.*(*f.*) カルペンティエーレ(ラ)	carpenter カーペンタ
たいぐう 待遇	trattamento *m.* トラッタメント	treatment トリートメント
たいくつ 退屈	noia *f.* ノイア	boredom ボーダム
〜な	noioso ノイオーソ	boring, tedious ボーリング, ティーディアス
〜する	annoiarsi *di* アンノイアルスィ	get bored *of* ゲト ボード
たいけい 体系	sistema *m.* スィステーマ	system スィスティム
たいけつする 対決する	affrontare アッフロンターレ	confront コンフラント
たいけんする 体験する	fare esperienza *di* ファーレ エスペリエンツァ	experience, go through イクスピアリエンス, ゴウ スルー
たいこ 太鼓	tamburo *m.* タンブーロ	drum ドラム

日	伊	英
たいこう **対抗する**	opporre, competere *con* オッポッレ, コンペーテレ	oppose, compete *with* オポウズ, コンピート
たいざい **滞在**	soggiorno *m.* ソッジョルノ	stay ステイ
～する	soggiornare ソッジョルナーレ	stay ステイ
～許可	permesso di soggiorno *m.* ペルメッソ ディ ソッジョルノ	residence permit レズィデンス パミト
たいさく **対策**	provvedimento *m.*, misura *f.* プロッヴェディメント, ミズーラ	measures メジャズ
～を講じる	prendere provvedimenti プレンデレ プロッヴェディメンティ	take measures テイク メジャズ
だいさん **第三(の)**	terzo テルツォ	third サード
～者	terzo *m.*, terzi *m.pl.* テルツォ, テルツィ	third party, outsider サード パーティ, アウトサイダ
たいし **大使**	ambasciatore *m.* アンバッシャトーレ	ambassador アンバサダ
～館	ambasciata *f.* アンバッシャータ	embassy エンバスィ
ダイジェスト	digest *m.* ダイジェスト	digest ダイヂェスト
～版	edizione ridotta *f.* エディツィオーネ リドッタ	abridged version アブリヂド ヴァージョン
たいしつ **体質**	costituzione *f.* コスティトゥツィオーネ	constitution カンスティテューション
だいじ **大事な**	importante インポルタンテ	important, precious インポータント, プレシャス
たいじゅう **体重**	peso *m.* ペーゾ	weight ウェイト
～計	pesapersone *m.f.* ペーザペルソーネ	the scales ザ スケイルズ
たいしょう **対称**	simmetria *f.* スィンメトリーア	symmetry スィメトリ
たいしょう **対照**	contrasto *m.* コントラスト	contrast カントラスト
(比較)	confronto *m.* コンフロント	comparison カンパリスン

日	伊	英
〜する	confrontare, paragonare コンフロンターレ, パラゴナーレ	contrast, compare カントラスト カンペア
〜的に	in contrasto *con* イン コントラスト	by contrast *with* バイ カントラスト
対象	oggetto *m.* オッジェット	object アブヂクト
退場（処分）	espulsione *f.* エスプルスィオーネ	expulsion イクスパルション
〜させる	espellere エスペッレレ	throw out スロウ アウト
代償	compenso *m.* コンペンソ	compensation カンペンセイション
退職する	lasciare il lavoro ラッシャーレ イル ラヴォーロ	retire, leave リタイア, リーヴ
大臣	ministro *m.* ミニストロ	minister ミニスタ
大豆	soia *f.* ソイア	soybean ソイビーン
体制	sistema *m.*, struttura *f.* スィステーマ, ストルットゥーラ	organization オーガニゼイション
大西洋	Atlantico *m.* アトランティコ	the Atlantic ジ アトランティク
体積	volume *m.* ヴォルーメ	volume ヴァリュム
大切な	importante, caro インポルタンテ, カーロ	important, precious インポータント, プレシャス
対戦する	giocare *contro* ジョカーレ	play *against* プレイ
体操	ginnastica *f.* ジンナスティカ	gymnastics ヂムナスティクス
大々的に	su larga scala ス ッラルガ スカーラ	on a large scale オン ア ラーヂ スケイル
大多数	maggioranza *f.* マッジョランツァ	the majority ザ マヂョリティ
対談する	avere un colloquio *con* アヴェーレ ウン コッロークィオ	have a talk *with* ハヴァ トーク
大胆な	audace, temerario アウダーチェ, テメラーリオ	bold, daring ボウルド, デアリング

日	伊	英
だいち 大地	terra *f.* テッラ	the earth ジ アース
たいちょう 体調	condizioni fisiche *f.pl.* コンディツィオーニ フィーズィケ	physical condition フィズィカル カンディション
～が良い	essere in forma エッセレ イン フォルマ	be in good shape ビ イン グド シェイプ
だいちょう 大腸	intestino crasso *m.* インテスティーノ クラッソ	the large intestine ザ ラーチ インテスティン
タイツ	calzamaglia *f.* カルツァマッリァ	tights タイツ
たいてい 大抵	di solito, quasi sempre ディソーリト, クアーズィ センプレ	usually, generally ユージュアリ, チェナラリ
たいど 態度	comportamento *m.*, atteggiamento *m.* コンポルタメント, アッテッジャメント	attitude, manner アティテュード, マナ
だいどうみゃく 大動脈	aorta *f.* アオルタ	aorta エイオータ
だいとうりょう 大統領	presidente *m.* プレズィデンテ	president プレズィデント
だいどころ 台所	cucina *f.* クチーナ	kitchen キチン
タイトル	titolo *m.* ティートロ	title タイトル
だいなしにする 台無しにする	rovinare ロヴィナーレ	ruin, spoil ルーイン, スポイル
ダイナミックな	dinamico ディナーミコ	dynamic ダイナミク
だいのう 大脳	cervello *m.* チェルヴェッロ	the cerebrum ザ セリーブラム
ダイバー	sommozza*tore*(*-trice*) *m.*(*f.*) ソンモッツァトーレ(トリーチェ)	diver ダイヴァ
だいひょう 代表	rappresentante *m.f.* ラップレゼンタンテ	representative レプリゼンタティヴ
～的な	rappresentativo ラップレゼンタティーヴォ	representative レプリゼンタティヴ
～する	rappresentare ラップレゼンターレ	represent レプリゼント
～取締役	amministra*tore*(*-trice*) delegato(*-a*) *m.*(*f.*) アンミニストラトーレ(トリーチェ) デレガート(タ)	representative director レプリゼンタティヴ ディレクタ

日	伊	英
ダイビング	diving *m.*, tuffo *m.* ダイヴィング, トゥッフォ	diving ダイヴィング
台風(たいふう)	tifone *m.* ティフォーネ	typhoon タイフーン
大部分(だいぶぶん)	la maggior parte *f.* ラ マッジョール パルテ	the greater part ザ グレイタ パート
太平洋(たいへいよう)	Pacifico *m.* パチーフィコ	the Pacific ザ パスィフィク
大変(たいへん)(とても)	molto, tanto モルト, タント	very, much ヴェリ, マチ
大便(だいべん)	feci *f.pl.* フェーチ	feces フィースィーズ
逮捕(たいほ)	arresto *m.*, cattura *f.* アッレスト, カットゥーラ	arrest, capture アレスト, キャプチャ
〜する	arrestare, catturare アッレスターレ, カットゥラーレ	arrest, capture アレスト, キャプチャ
大砲(たいほう)	cannone *m.* カンノーネ	gun, cannon ガン, キャノン
台本(だいほん)	copione *m.* コピオーネ	script スクリプト
(脚本)	sceneggiatura *f.* シェネッジャトゥーラ	scenario スィネアリオウ
(歌劇の)	libretto *m.* リブレット	libretto リブレトウ
大麻(たいま)	canapa *f.* カーナパ	hemp ヘンプ
タイマー	timer *m.*, contaminuti *m.* タイメル, コンタミヌーティ	timer タイマ
怠慢(たいまん)な	negligente ネグリジェンテ	negligent ネグリヂェント
タイミング	tempismo *m.* テンピズモ	timing タイミング
タイム (記録)	tempo *m.* テンポ	time タイム
(中断)	time out *m.* タイム アウト	time-out タイマウト
題名(だいめい)	titolo *m.* ティートロ	title タイトル

日	伊	英
だいめいし 代名詞	pronome *m.* プロノーメ	pronoun プロナウン
タイヤ	pneumatico *m.*, gomma *f.* プネウマーティコ, ゴンマ	tire タイア
ダイヤ	diamante *m.* ディアマンテ	diamond ダイアモンド
（列車の）	orario *m.* オラーリオ	timetable タイムテイブル
ダイヤル	disco combinatore *m.* ディスコ コンビナトーレ	dial ダイアル
たいよう 太陽	sole *m.* ソーレ	the sun ザ サン
〜の	solare ソラーレ	solar ソウラ
〜エネルギー	energia solare *f.* エネルジーア ソラーレ	solar energy ソウラ エナヂ
〜系	sistema solare *m.* スィステーマ ソラーレ	solar system ソウラ スィステム
〜電池	batteria solare *f.* バッテリーア ソラーレ	solar battery ソウラ バテリ
だいよう 代用する	sostituire ソスティトゥイーレ	substitute *for* サブスティテュート
たい 平らな	piano, piatto ピアーノ, ピアット	flat, level フラト, レヴル
だいり 代理	sostituto(-a) *m.(f.)* ソスティトゥート(タ)	representative, proxy レプリゼンタティヴ, プラクスィ
〜店	agenzia *f.* アジェンツィーア	agency エイヂェンスィ
たいりく 大陸	continente *m.* コンティネンテ	continent カンティネント
だいりせき 大理石	marmo *m.* マルモ	marble マーブル
たいりつ 対立する	opporsi, essere opposto オッポルスィ, エッセレ オッポスト	be opposed *to* ビ オポウズド
たいりょう 大量	grande quantità *f.* グランデ クァンティタ	large quantity ラーヂ クワンテイティ
〜生産	produzione in serie *f.* プロドゥツィオーネ イン セーリエ	mass production マス プロダクション
たいりょく 体力	forza fisica *f.* フォルツァ フィーズィカ	physical strength フィズィカル ストレンクス

日	伊	英
だいろっかん 第六感	sesto senso *m.* セスト センソ	the sixth sense ザ スィクスス センス
たいわ 対話する	avere un dialogo *con* アヴェーレ ウン ディアーロゴ	have a dialogue ハヴ ア ダイアローグ
ダウンロードする	scaricare スカリカーレ	download ダウンロウド
た 絶えず	sempre, costantemente センプレ, コスタンテメンテ	always, all the time オールウェイズ, オール ザ タイム
た 耐[堪]える	sopportare, resistere *a* ソッポルターレ, レズィステレ	bear, stand ベア, スタンド
た 絶える（絶滅）	estinguersi エスティングェルスィ	die out ダイ アウト
だえん 楕円	ellisse *f.* エッリッセ	ellipse イリプス
～形の	ovale オヴァーレ	oval オウヴァル
たお 倒す	abbattere, rovesciare アッバッテレ, ロヴェッシャーレ	knock down, upset ナク ダウン, アプセト
タオル	asciugamano *m.* アッシュガマーノ	towel タウエル
たお 倒れる	cadere, crollare カデーレ, クロッラーレ	fall, break down フォール, ブレイク ダウン
たか 鷹	falco *m.* ファルコ	hawk ホーク
たか 高い	alto アルト	high, tall ハイ, トール
（値段が）	caro, costoso カーロ, コストーゾ	expensive イクスペンスィヴ
たが 互いに	reciprocamente レチプロカメンテ	mutually ミューチュアリ
たか 高さ	altezza *f.*, altitudine *f.* アルテッツァ, アルティトゥーディネ	height, altitude ハイト, アルティテュード
だがっき 打楽器	percussioni *f.pl.* ペルクッスィオーニ	percussion instrument パーカション インストルメント
たがや 耕す	coltivare, lavorare コルティヴァーレ, ラヴォラーレ	cultivate, plow カルティヴェイト, プラウ
たから 宝	tesoro *m.* テゾーロ	treasure トレジャ

日	伊	英
〜籤	lotteria f. ロッテリーア	public lottery パブリク ラタリ
滝(たき)	cascata f. カスカータ	waterfall, falls ウォタフォール, フォールズ
タキシード	smoking m. ズモキング	tuxedo タクスィードウ
焚(た)き火(び)	falò m. ファロ	bonfire バンファイア
妥協(だきょう)する	fare un compromesso ファーレ ウン コンプロメッソ	compromise *with* カンプロマイズ
炊(た)く	cuocere クオーチェレ	cook, boil クク, ボイル
抱(だ)く	abbracciare アッブラッチャーレ	embrace インブレイス
(かかえる)	tenere in braccio テネーレ イン ブラッチョ	hold in *one's* arms ホウルド イン アームズ
沢山(たくさん)の	molto, tanto, abbastanza モルト, タント, アッバスタンツァ	many, much メニ, マチ
タクシー	tassì m. タッスィ	taxi タクスィ
宅配(たくはい)	consegna a domicilio f. コンセーニャ ア ドミチーリオ	door-to-door delivery ドータドー ディリヴァリ
逞(たくま)しい	robusto ロブスト	sturdy, stout スターディ, スタウト
巧(たくみ)な	abile, ingegnoso アービレ, インジェニョーゾ	skillful スキルフル
蓄[貯](たくわ)え	riserva f., provvista f. リセルヴァ, プロッヴィスタ	store, reserve ストー, リザーヴ
(貯金)	risparmio m. リスパルミオ	savings セイヴィングズ
蓄[貯](たくわ)える	conservare, risparmiare コンセルヴァーレ, リスパルミアーレ	store, save ストー, セイヴ
竹(たけ)	bambù m. バンブ	bamboo バンブー
〜の子	germoglio di bambù m. ジェルモッリォ ディ バンブ	bamboo shoot バンブー シュート
打撃(だげき)	colpo m., choc m. コルポ, ショク	blow, shock ブロウ, シャク

日	伊	英
凧 (たこ)	aquilone *m.* アクィローネ	kite カイト
蛸 (たこ)	polpo *m.* ポルポ	octopus アクトパス
蛇行する (だこうする)	serpeggiare セルペッジャーレ	meander ミアンダ
多国籍の (たこくせきの)	multinazionale ムルティナツィオナーレ	multinational マルティナショナル
多彩な (たさいな)	vario ヴァーリオ	colorful カラフル
打算的な (ださんてきな)	interessato, calcolato インテレッサート, カルコラート	calculating キャルキュレイティング
確かな (たしかな)	certo, sicuro チェルト, スィクーロ	sure, certain シュア, サートン
確かめる (たしかめる)	assicurarsi, controllare アッスィクラルスィ, コントロッラーレ	make sure, check メイク シュア, チェク
足し算 (たしざん)	addizione *f.* アッディツィオーネ	addition アディション
打者 (だしゃ)	batttore(-trice) *m.(f.)* バッティトーレ(トリーチェ)	batter, hitter バタ, ヒタ
駄洒落 (だじゃれ)	bisticcio semplice *m.* ビスティッチョ センプリチェ	cheap joke チープ ヂョウク
多少 (たしょう)	un po' ウン ポ	a little, some ア リトル, サム
足す (たす)	aggiungere アッジュンジェレ	add アド
(+)	più ピウ	plus プラス
出す (だす)	tirare fuori ティラーレ フオーリ	take out テイク アウト
(提出)	presentare プレゼンターレ	hand in ハンド イン
(発行)	pubblicare プッブリカーレ	publish パブリシュ
(送付)	inviare, spedire インヴィアーレ, スペディーレ	send センド
多数決 (たすうけつ)	decisione a maggioranza *f.* デチズィオーネ ア マッジョランツァ	decision by majority ディスィジョン バイ マヂョリティ

日	伊	英
多数の	numeroso, molto ヌメローゾ, モルト	numerous, many ニューメラス, メニ
助かる	salvarsi, sopravvivere サルヴァルスィ, ソプラッヴィーヴェレ	be rescued ビ レスキュード
助け	aiuto *m.* アユート	help ヘルプ
助ける	aiutare アユターレ	help ヘルプ
（救助）	salvare サルヴァーレ	save セイヴ
助け合う	aiutarsi アユタルスィ	help each other ヘルプ イーチ アザ
尋ねる	chiedere, domandare キエーデレ, ドマンダーレ	ask アスク
訪ねる	visitare ヴィズィターレ	visit ヴィズィト
惰性	inerzia *f.* イネルツィア	inertia イナーシャ
（習慣）	forza dell'abitudine *f.* フォルツァ デッラビトゥーディネ	force of habit フォース オヴ ハビト
黄昏	crepuscolo *m.* クレプスコロ	dusk, twilight ダスク, トワイライト
只 （無料）	gratis グラーティス	free フリー
唯 （単に）	solo, soltanto ソーロ, ソルタント	only, just オウンリ, チャスト
称える	lodare, elogiare ロダーレ, エロジャーレ	praise プレイズ
戦[闘]い	lotta *f.* ロッタ	fight ファイト
（戦闘）	battaglia *f.* バッタッリァ	battle バトル
戦[闘]う	lottare, combattere ロッターレ, コンバッテレ	fight ファイト
叩く	battere, bussare バッテレ, ブッサーレ	strike, beat, knock ストライク,
正しい	corretto, esatto, giusto コッレット, エザット, ジュスト	right, correct ライト, カレクト

た

日	伊	英
(言うとおり)	avere ragione アヴェーレ ラジョーネ	be right ビ ライト
畳む	piegare ピエガーレ	fold フォウルド
漂う	galleggiare, fluttuare ガッレッジャーレ, フルットゥアーレ	drift, float ドリフト, フロウト
爛れる	infiammarsi インフィアンマルスィ	be inflamed ビ インフレイムド
立ち上がる	alzarsi アルツァルスィ	stand up スタンド アプ
立ち聞きする	origliare オリッリアーレ	overhear オウヴァヒア
立ち去る	andare via, andarsene アンダーレ ヴィーア, アンダルセネ	leave リーヴ
立ち止まる	fermarsi フェルマルスィ	stop, halt スタプ, ホールト
立ち直る	riprendersi *da* リプレンデルスィ	get over, recover ゲト オウヴァ, リカヴァ
立場	posizione *f.*, situazione *f.* ポズィツィオーネ, スィトゥアツィオーネ	standpoint スタンドポイント
忽ち	in un attimo イヌンナッティモ	in an instant イン アン インスタント
駝鳥	struzzo *m.* ストルッツォ	ostrich オストリチ
立ち寄る	passare *da* パッサーレ	drop by ドラプ バイ
経つ	passare パッサーレ	pass, go by パス, ゴウ バイ
建つ	essere costruito, sorgere エッセレ コストルイート, ソルジェレ	be built ビ ビルト
発つ	partire パルティーレ	start, leave スタート, リーヴ
立つ	alzarsi アルツァルスィ	stand up, get up スタンド アプ, ゲト アプ
(立っている)	stare in piedi スターレ イン ピエーディ	stand スタンド
卓球	ping-pong *m.* ピングポング	table tennis テイブル テニス

日	伊	英
脱臼	slogatura *f.*, lussazione *f.* ズロガトゥーラ, ルッサツィオーネ	dislocation ディスロケイション
～する	slogarsi, lussarsi ズロガルスィ, ルッサルスィ	have dislocated ハヴ ディスロケイテド
タックルする	placcare プラッカーレ	tackle タクル
脱穀する	trebbiare トレッビアーレ	thresh スレシュ
抱っこする	portare in collo ポルターレ イン コッロ	carry in *one's* arms キャリ イン アームズ
脱脂綿	ovatta *f.*, cotone idrofilo *m.* オヴァッタ, コトーネ イドロ-フィロ	absorbent cotton アブソーベント カトン
ダッシュする	fare uno sprint ファーレ ウノ スプリント	dash ダシュ
脱出する	fuggire, evadere フッジーレ, エヴァーデレ	escape *from* イスケイプ
達人	esperto(-a) *m.(f.)* エスペルト(タ)	expert, master エクスパート, マスタ
達する	arrivare, raggiungere アッリヴァーレ, ラッジュンジェレ	reach, arrive *at* リーチ, アライヴ
達成する	compiere, realizzare コンピエレ, レアリッザーレ	accomplish, achieve アカンプリシュ, アチーヴ
脱税	evasione (fiscale) *f.* エヴァズィオーネ(フィスカーレ)	tax evasion タクス イヴェイジョン
～する	evadere (le tasse) エヴァーデレ(レ タッセ)	evade a tax イヴェイド ア タクス
脱線する	deragliare, deviare デラッリアーレ, デヴィアーレ	be derailed ビ ディレイルド
（話が）	sconfinare, divagare スコンフィナーレ, ディヴァガーレ	digress *from* ダイグレス
タッチ	tocco *m.* トッコ	touch タチ
脱皮	muta *f.* ムータ	ecdysis エクディスィス
竜巻	tromba d'aria *f.* トロンバ ダーリア	tornado トーネイドウ
脱毛	depilazione *f.* デピラツィオーネ	depilation デピレイション

日	伊	英
縦	lunghezza *f.* ルンゲッツァ	length レンクス
(高さ)	altezza *f.* アルテッツァ	height ハイト
〜の	verticale ヴェルティカーレ	vertical ヴァーティカル
盾	scudo *m.* スクード	shield シールド
建前	principio *m.* プリンチーピオ	professed intention プロフェスト インテンション
建物	edificio *m.* エディフィーチョ	building ビルディング
建てる	costruire コストルイーレ	build, construct ビルド, カンストラクト
立てる	alzare, mettere in piedi アルツァーレ, メッテレ イン ピエーディ	stand, put up スタンド, プト アプ
(音や計画を)	fare ファーレ	make メイク
妥当な	adeguato, ragionevole アデグアート, ラジョネーヴォレ	appropriate, reasonable アプロウプリエト, リーズナブル
打倒する	abbattere アッバッテレ	overthrow オウヴァスロウ
たとえ	anche se アンケ セ	even if イーヴン イフ
例えば	per esempio ペレゼンピオ	for example フォー イグザンプル
喩える	paragonare *a* パラゴナーレ	compare *to* カンペア
棚	scaffale *m.*, mensola *f.* スカッファーレ, メンソラ	shelf, rack シェルフ, ラク
谷	valle *f.* ヴァッレ	valley ヴァリ
ダニ	zecca *f.* ゼッカ	tick ティク
他人	altri *m.pl.* アルトリ	others アザズ
(見知らぬ人)	estraneo(-a) *m.(f.)* エストラーネオ(ア)	stranger ストレインヂャ

日	伊	英
たね 種	seme *m.* セーメ	seed スィード
たの 楽しい	divertente, piacevole ディヴェルテンテ, ピアチェーヴォレ	happy, cheerful ハピ, チアフル
たの 楽しみ	piacere *m.*, divertimento *m.* ピアチェーレ, ディヴェルティメント	pleasure, joy プレジャ, チョイ
たの 楽しむ	divertirsi, godere ディヴェルティルスィ, ゴデーレ	enjoy インチョイ
たの 頼む	chiedere, pregare キエーデレ, プレガーレ	ask, request アスク, リクウェスト
たば 束	mazzo *m.*, fascio *m.* マッツォ, ファッショ	bundle, bunch バンドル, バンチ
たばこ 煙草	sigaretta *f.* スィガレッタ	cigarette スィガレト
〜を吸う	fumare フマーレ	smoke スモウク
たび 旅	viaggio *m.* ヴィアッジョ	travel, journey トラヴル, チャーニ
〜立つ	mettersi in viaggio メッテルスィ イン ヴィアッジョ	start on a journey スタート オン ア チャーニ
たびたび 度々	spesso, molte volte スペッソ, モルテ ヴォルテ	often オフン
ダビングする	doppiare ドッピアーレ	dub ダブ
タフな	robusto, instancabile ロブスト, インスタンカービレ	tough, hardy タフ, ハーディ
タブー	tabù *m.* タブ	taboo タブー
ダブる	sovrapporsi ソヴラッポルスィ	overlap オウヴァラプ
ダブル(の)	doppio *m.* ドッピオ	double ダブル
〜ベッド	letto a due piazze *m.* レット ア ドゥエ ピアッツェ	double bed ダブル ベド
ダブルス	doppio *m.* ドッピオ	doubles ダブルズ
たぶん 多分	forse, può darsi フォルセ, プオダルスィ	perhaps, maybe パハプス, メイビ

日	伊	英
食べ物 (たべもの)	cibo *m.*, alimento *m.* チーボ, アリメント	food, provisions フード, プロヴィジョンズ
食べる (たべる)	mangiare, prendere マンジャーレ, プレンデレ	eat イート
他方 (たほう)	d'altra parte ダルトラ パルテ	on the other hand オン ジ アザ ヘンド
多忙な (たぼうな)	impegnato, affaccendato インペニャート, アッファッチェンダート	busy ビズィ
打撲 (だぼく)	contusione *f.* コントゥズィオーネ	bruise ブルーズ
球 (たま) (ボール)	palla *f.*, pallone *m.* パッラ, パッローネ	ball ボール
(電球の)	bulbo *m.* ブルボ	bulb バルブ
玉 (たま)	perlina *f.*, grano *m.* ペルリーナ, グラーノ	bead ビード
弾 (たま)	proiettile *m.* プロイエッティレ	ball, shell ボール, シェル
卵 (たまご)	uovo *m.* (le uova *pl.*) ウオーヴォ	egg エグ
～形の	ovale オヴァーレ	oval オウヴァル
魂 (たましい)	anima *f.*, spirito *m.* アーニマ, スピーリト	soul, spirit ソウル, スピリト
騙す (だます)	ingannare インガンナーレ	deceive, cheat ディスィーヴ, チート
たまたま	per caso ペル カーゾ	by chance バイ チャンス
たまに	ogni tanto, a volte オンニ タント, ア ヴォルテ	occasionally オケイジョナリ
玉葱 (たまねぎ)	cipolla *f.* チポッラ	onion アニオン
堪らない (たまらない)	non poterne più, non farcela più ノン ポテルネ ピウ, ノン ファルチェラ ピウ	cannot help *doing* キャナト ヘルプ
黙る (だまる)	tacere, fare silenzio タチェーレ, ファーレ スィレンツィオ	become silent ビカム サイレント
ダミー	prestanome *m.f.*, uomo di paglia *m.* プレスタノーメ, ウオーモ ディ パッリャ	dummy ダミ

日	伊	英
ダム	diga *f.* ディーガ	dam ダム
溜め息	sospiro *m.* ソスピーロ	sigh サイ
～をつく	fare un sospiro, sospirare ファーレ ウン ソスピーロ, ソスピラーレ	sigh サイ
ダメージ	danno *m.* ダンノ	damage ダミヂ
試す	provare プロヴァーレ	try, test トライ, テスト
駄目な	inutile, incapace イヌーティレ, インカパーチェ	useless, no use ユースレス, ノウ ユース
躊躇う	esitare, tentennare エズィターレ, テンテンナーレ	hesitate ヘズィテイト
貯める	conservare コンセルヴァーレ	store ストー
（お金を）	risparmiare リスパルミアーレ	save セイヴ
保つ	tenere テネーレ	keep キープ
（維持する）	conservare, mantenere コンセルヴァーレ, マンテネーレ	preserve, maintain プリザーヴ, メインテイン
便り	notizia *f.* ノティーツィア	news ニューズ
（手紙）	lettera *f.* レッテラ	letter レタ
頼りになる	fidato, degno di fiducia フィダート, デーニョ ディ フィドゥーチャ	reliable, trustworthy リライアブル, トラストワーズィ
頼る	contare *su*, confidare コンターレ, コンフィダーレ	rely on, depend on リライ オン, ディペンド オン
鱈	merluzzo *m.* メルルッツォ	cod カド
堕落	corruzione *f.* コッルツィオーネ	corruption コラプション
～した	corrotto コッロット	corrupt コラプト
だらしない	disordinato, sciatto ディゾルディナート, シャット	untidy, loose アンタイディ, ルース

日	伊	英
足りない	mancare, non bastare マンカーレ, ノン バスターレ	be short of ビ ショート
足りる	bastare, essere sufficiente バスターレ, エッセレ スッフィチェンテ	be enough ビ イナフ
樽	botte *f.*, barile *m.* ボッテ, バリーレ	barrel, cask バレル, キャスク
だるい	sentirsi fiacco センティルスィ フィアッコ	feel heavy, be dull フィール ヘヴィ, ビ ダル
弛む	allentarsi アッレンタルスィ	be loose, slacken ビ ルース, スラクン
誰	chi キ	who フ
～か	qualcuno(-a) *m.(f.)* クァルクーノ(ナ)	somebody, anybody サムバディ, エニバディ
～の	di chi ディ キ	whose フーズ
～でも	ognuno(-a) *m.(f.)* オニューノ(ナ)	anyone, everybody エニワン, エヴリバディ
垂れる	pendere, ciondolare ペンデレ, チョンドラーレ	hang, drop ハング, ドラプ
タレント	trattenit*ore*(*-trice*) *m.(f.)* トラッテニトーレ(トリーチェ)	personality パーソナリティ
痰	catarro *m.*, sputo *m.* カタッロ, スプート	phlegm, sputum フレム, スピュータム
段	scalino *m.*, gradino *m.* スカリーノ, グラディーノ	step, stair ステプ, ステア
弾圧する	soffocare, reprimere ソッフォカーレ, レプリーメレ	suppress サプレス
単位	unità *f.* ウニタ	unit ユーニト
担架	barella *f.* バレッラ	stretcher ストレチャ
タンカー	petroliera *f.* ペトロリエーラ	tanker タンカ
段階	grado *m.*, stadio *m.*, fase *f.* グラード, スターディオ, ファーゼ	step, stage ステプ, ステイヂ
断崖	precipizio *m.* プレチピーツィオ	cliff クリフ

日	伊	英
だんがん 弾丸	proiettile *m.* プロイエッティレ	bullet, shell ブレト, シェル
たんきな 短気な	impaziente, permaloso インパツィエンテ, ペルマローゾ	quick-tempered クウィクテンパド
たんきの 短期の	a breve termine ア ブレーヴェ テルミネ	short term ショート ターム
たんきゅうする 探究する	ricercare リチェルカーレ	study, investigate スタディ, インヴェスティゲイト
タンク	serbatoio *m.*, cisterna *f.* セルバトイオ, チステルナ	tank タンク
だんけつする 団結する	unirsi, solidarizzare *con* ウニルスィ, ソリダリッザーレ	unite ユーナイト
たんけんする 探検する	esplorare エスプロラーレ	explore イクスプロー
だんげんする 断言する	affermare アッフェルマーレ	assert, affirm アサート, アファーム
たんご 単語	parola *f.*, vocabolo *m.* パローラ, ヴォカーボロ	word ワード
たんこう 炭鉱	miniera di carbone *f.* ミニエーラ ディ カルボーネ	coal mine コウル マイン
だんごうする 談合する	colludere コッルーデレ	rig a bid リグ ア ビド
ダンサー	danza*tore*(*-trice*) *m.*(*f.*) ダンツァトーレ(トリーチェ)	dancer ダンサ
たんさん 炭酸	acido carbonico *m.* アーチド カルボーニコ	carbonic acid カーバニク アスィド
〜ガス	anidride carbonica *f.* アニドリーデ カルボーニカ	carbonic acid gas カーバニク アスィド ギャス
〜水	acqua gassata *f.* アックァ ガッサータ	soda water ソウダ ウォタ
だんし 男子	ragazzo *m.*, uomo *m.* ラガッツォ, ウオーモ	boy, man ボイ, マン
たんしゅくする 短縮する	accorciare, ridurre アッコルチャーレ, リドゥッレ	shorten, reduce ショートン, リデュース
たんじゅんな 単純な	semplice センプリチェ	plain, simple プレイン, スィンプル
たんしょ 短所	difetto *m.*, debole *m.* ディフェット, デーボレ	shortcoming ショートカミング

日	伊	英
男女 (だんじょ)	uomo e donna ウオーモ エ ドンナ	man and woman マン アンド ウマン
～共学	coeducazione f. コエドゥカツィオーネ	coeducation コウエデュケイション
誕生 (たんじょう)	nascita f. ナッシタ	birth バース
～する	nascere ナッシェレ	be born ビ ボーン
～石	pietra portafortuna f. ピエトラ ポルタフォルトゥーナ	birthstone バースストウン
～日	compleanno m. コンプレアンノ	birthday バースデイ
箪笥 (たんす)	armadio m. アルマーディオ	chest of drawers チェスト オヴ ドローアズ
ダンス	ballo m., danza f. バッロ, ダンツァ	dancing, dance ダンスィング, ダンス
淡水 (たんすい)	acqua dolce f. アックァ ドルチェ	fresh water フレシュ ウォタ
単数 (たんすう)	singolare m. スィンゴラーレ	singular スィンギュラ
男性 (だんせい)	uomo m., maschio m. ウオーモ, マスキオ	the male ザ メイル
～的な	maschio, maschile マスキオ, マスキーレ	manly マンリ
胆石 (たんせき)	calcolo biliare m. カルコロ ビリアーレ	bilestone バイルストウン
炭素 (たんそ)	carbonio m. カルボーニオ	carbon カーボン
短大 (たんだい)	università biennale f. ウニヴェルスィタ ビエンナーレ	two-year college トゥーイア カリヂ
団体 (だんたい)	gruppo m. グルッポ	party, organization パーティ, オーガニゼイション
～旅行	viaggio organizzato di gruppo m. ヴィアッジョ オルガニッザート ディ グルッポ	group tour グループ トゥア
段々 (だんだん)	a poco a poco, mano a mano ア ポーコ ア ポーコ, マーノ ア マーノ	gradually, step by step グラヂュアリ, ステプ バイ ステプ
団地 (だんち)	casamento m. カザメント	housing development ハウズィング ディヴェロプメント

日	伊	英
短調(たんちょう)	scala minore *f.* スカーラ ミノーレ	minor マイナ
単調な(たんちょうな)	monotono モノートノ	monotonous, dull モナトナス, ダル
探偵(たんてい)	investiga*tore*(-*trice*) *m.(f.)* インヴェスティガトーレ(トリーチェ)	detective ディテクティヴ
担当する(たんとうする)	essere incaricato *di* エッセレ インカリカート ディ	take charge *of* テイク チャーヂ
単独で(たんどくで)	da solo ダソーロ	alone アロウン
単なる(たんなる)	semplice センプリチェ	mere, simple ミア, スィンプル
単に(たんに)	solo, soltanto ソーロ, ソルタント	only, merely オウンリ, ミアリ
丹念な(たんねんな)	accurato, elaborato アックラート, エラボラート	careful, elaborate ケアフル, イラボレト
断念する(だんねんする)	rinunciare *a*, abbandonare リヌンチャーレ, アッバンドナーレ	give up, abandon ギヴ アプ, アバンドン
胆嚢(たんのう)	cistifellea *f.* チスティフェッレア	the gall ザ ゴール
短波(たんぱ)	onda corta *f.* オンダ コルタ	shortwave ショートウェイヴ
蛋白質(たんぱくしつ)	proteina *f.* プロテイーナ	protein プロウティーイン
ダンプカー	dumper *m.*, ribaltabile *m.* ダンペル, リバルタービレ	dump truck ダンプ トラク
短編(たんぺん) (小説)	novella, racconto ノヴェッラ, ラッコント	short story ショート ストーリ
断片(だんぺん)	frammento *m.* フランメント	fragment フラグメント
担保(たんぽ)	garanzia *f.*, pegno *m.* ガランツィーア, ペーニョ	security, mortgage スィキュアリティ, モーギヂ
暖房(だんぼう)	riscaldamento *m.* リスカルダメント	heating ヒーティング
段ボール(だんボール)	cartone ondulato *m.* カルトーネ オンドゥラート	corrugated paper コラゲイティド ペイパ

日	伊	英
たんぽぽ 蒲公英	dente di leone *m.*, soffione *m.* デンテ ディ レオーネ, ソッフィオーネ	dandelion ダンディライオン
だんめん 断面	sezione *f.* セツィオーネ	section, phase セクション, フェイズ
だんやく 弾薬	munizioni *f.pl.* ムニツィオーニ	ammunition アミュニション
だんゆう 男優	attore *m.* アットーレ	actor アクタ
だんらく 段落	paragrafo *m.* パラーグラフォ	paragraph パラグラフ
だんりゅう 暖流	corrente calda *f.* コッレンテ カルダ	warm current ウォーム カーレント
だんりょく 弾力のある	elastico エラスティコ	elastic イラスティク
だんろ 暖炉	camino *m.*, caminetto *m.* カミーノ, カミネット	fireplace ファイアプレイス
だんわ 談話	conversazione *f.* コンヴェルサツィオーネ	talk, conversation トーク, カンヴァセイション

ち, チ

日	伊	英
ち 血	sangue *m.* サングエ	blood ブラド
ちあん 治安	ordine pubblico *m.* オルディネ プブリコ	public peace パブリク ピース
ちい 地位	posizione *f.*, posto *m.* ポズィツィオーネ, ポスト	position ポズィション
（階級）	classe sociale *f.* クラッセ ソチャーレ	rank ランク
ちいき 地域	area *f.*, regione *f.*, zona *f.* アーレア, レジョーネ, ゾーナ	area, region, zone エアリア, リーヂョン, ゾウン
ちい 小さい	piccolo ピッコロ	small, little スモール, リトル
チーズ	formaggio *m.* フォルマッジョ	cheese チーズ
～ケーキ	torta di ricotta *f.* トルタ ディ リコッタ	cheesecake チーズケイク
チーム	squadra *f.* スクアードラ	team ティーム

日	伊	英
～ワーク	lavoro di gruppo *m.* ラヴォーロ ディ グルッポ	teamwork ティームワーク
知恵	intelligenza *f.*, sapienza *f.* インテリジェンツァ, サピエンツァ	wisdom, intelligence ウィズドム, インテリジェンス
チェーン	catena *f.* カテーナ	chain チェイン
～ストア	catena di negozi *f.* カテーナ ディ ネゴーツィ	chain store チェイン ストー
チェコ	(Repubblica) Ceca *f.* (レプッブリカ)チェーカ	Czech (Republic) チェク（リパブリク）
～の	ceco チェーコ	Czech チェク
チェス	scacchi *m.pl.* スカッキ	chess チェス
チェック	controllo *m.* コントロッロ	check チェク
（格子縞）	quadretti *m.pl.* クァドレッティ	check, checker チェク, チェカ
～する	controllare コントロッラーレ	check チェク
～インする	firmare il registro フィルマーレ イル レジストロ	check in チェク イン
（空港の）	fare il check-in ファーレ イル チェクイン	check in チェク イン
～アウトする	lasciare la camera ラッシャーレ ラ カーメラ	check out チェク アウト
チェロ	violoncello *m.* ヴィオロンチェッロ	cello チェロウ
チェンバロ	cembalo *m.* チェンバロ	cembalo チェンバロウ
地価	prezzo del terreno *m.* プレッツォ デル テッレーノ	land prices ランド プライス
地下(の)	sotterraneo ソッテッラーネオ	underground アンダグラウンド
～室	scantinato *m.* スカンティナート	basement ベイスメント
（貯蔵室）	cantina *f.* カンティーナ	cellar セラ
～道	sottopassaggio *m.* ソットパッサッジョ	underpass, subway アンダパス, サブウェイ

日	伊	英
近い	vicino ヴィチーノ	near, close to ニア, クロウス
違い	differenza f. ディッフェレンツァ	difference ディフレンス
違いない	dover essere ドヴェル エッセレ	must be マスト ビー
誓う	giurare ジュラーレ	vow, swear ヴァウ, スウェア
違う	essere diverso [differente] da エッセレ ディヴェルソ(ディッフェレンテ)	differ from ディファ
（間違っている）	essere sbagliato エッセレ ズバッリアート	be wrong ビ ローング
地学	geologia f. ジェオロジーア	physical geography フィズィカル ヂアグラフィ
近頃	in questi giorni, di recente イン クェスティ ジョルニ, ディ レチェンテ	recently, these days リーセントリ, ズィーズ デイズ
近付く	avvicinarsi アッヴィチナルスィ	approach アプロウチ
地下鉄	metropolitana f., metro f. メトロポリターナ, メートロ	subway サブウェイ
近道	scorciatoia f. スコルチャトイア	short cut ショート カト
力	forza f., potenza f. フォルツァ, ポテンツァ	power, energy パウア, エナヂ
（能力）	abilità f., capacità f. アビリタ, カパチタ	ability, power アビリティ, パウア
地球	terra f. テッラ	the earth ジ アース
～儀	mappamondo m. マッパモンド	globe グロウブ
千切る	staccare, strappare スタッカーレ, ストラッパーレ	tear off テア オフ
地区	quartiere m., zona f. クァルティエーレ, ゾーナ	district, area ディストリクト, エアリア
畜産	pastorizia f. パストリーツィア	stockbreeding スタクブリーディング
乳首	capezzolo m. カペッツォロ	nipple, teat ニプル, ティート

日	伊	英
チケット	biglietto m. ビッリエット	ticket ティケト
遅刻する	arrivare in ritardo アッリヴァーレ イン リタルド	be late for ビ レイト
知事	prefetto m. プレフェット	governor ガヴァナ
知識	conoscenza f., sapere m. コノッシェンツァ, サペーレ	knowledge ナリヂ
地上	terra f. テッラ	the ground ザ グラウンド
知人	conoscente m.f., conoscenza f. コノッシェンテ, コノッシェンツァ	acquaintance アクウェインタンス
地図	pianta f., mappa f. ピアンタ, マッパ	map マプ
知性	intelligenza f. インテッリジェンツァ	intellect, intelligence インテレクト, インテリヂェンス
地帯	zona f., area f. ゾーナ, アーレア	zone, region ゾウン, リーヂョン
チタン	titanio m. ティターニオ	titanium タイテイニアム
乳	latte m. ラッテ	mother's milk マザズ ミルク
父 (親)	padre m. パードレ	father ファーザ
縮む	accorciarsi, restringersi アッコルチャルスィ, レストリンジェルスィ	shrink シュリンク
縮める	accorciare, restringere アッコルチャーレ, レストリンジェレ	shorten ショートン
地中海	Mediterraneo m. メディテッラーネオ	the Mediterranean ザ メディタレイニアン
縮れる	arricciarsi アッリッチャルスィ	be curled ビ カールド
腟	vagina f. ヴァジーナ	the vagina ザ ヴァチャイナ
秩序	ordine m. オルディネ	order オーダ
窒素	azoto m. アゾート	nitrogen ナイトロヂェン

日	伊	英
窒息する (ちっそく)	essere soffocato エッセレ ソッフォカート	be suffocated ビ サフォケイテド
チップ	mancia *f.* マンチャ	tip ティプ
知的な (ちてき)	intelligente インテッリジェンテ	intellectual インテレクチュアル
知能 (ちのう)	intelligenza *f.* インテッリジェンツァ	intellect, intelligence インテレクト, インテリジェンス
乳房 (ちぶさ)	seno *m.* セーノ	the breasts ザ ブレスツ
チフス	tifo *m.* ティーフォ	typhoid, typhus タイフォイド, タイファス
地平線 (ちへいせん)	orizzonte *m.* オリッゾンテ	the horizon ザ ホライズン
地方 (ちほう)	regione *f.* レジョーネ	locality, the country ロウキャリティ, ザ カントリ
〜の	locale, regionale ロカーレ, レジョナーレ	local, regional ロウカル, リーヂョナル
〜自治	autonomia locale *f.* アウトノミーア ロカーレ	local autonomy ロウカル オータノミ
痴呆 (ちほう)	demenza *f.* デメンツァ	dementia ディメンシャ
血豆 (ちまめ)	ematoma *m.* エマトーマ	blood blister ブラド ブリスタ
緻密な (ちみつ)	minuzioso, fine ミヌツィオーゾ, フィーネ	minute, fine ミヌト, ファイン
致命的な (ちめいてき)	fatale, mortale ファターレ, モルターレ	fatal, mortal フェイトル, モータル
茶 (ちゃ)	tè *m.* テ	tea ティー
チャーター	charter *m.* チャルテル	charter チャータ
〜する	charterizzare チャルテリッザーレ	charter チャータ
〜便	volo charter *m.* ヴォーロ チャルテル	chartered flight チャータド フライト
チャーミングな	affascinante アッファッシナンテ	charming チャーミング

日	伊	英
ちゃいろ 茶色 (の)	marrone *m.*, castano *m.* マッローネ, カスターノ	light brown ライト ブラウン
ちゃくじつ 着実な	sicuro, costante スィクーロ, コスタンテ	steady ステデ
ちゃくしょく 着色する	colorare コロラーレ	color, paint カラ, ペイント
ちゃくそう 着想	idea *f.* イデーア	idea アイディア
ちゃくばら 着払い	pagamento alla consegna *m.* パガメント アッラ コンセーニャ	collect on delivery カレクト オン ディリヴァリ
ちゃくよう 着用する	mettersi, indossare メッテルスィ, インドッサーレ	wear ウェア
ちゃくりく 着陸する	atterrare アッテッラーレ	land ランド
チャック	zip *m.f.*, chiusura lampo *f.* ズィプ, キウズーラ ランポ	zipper ズィパ
チャリティー	beneficenza *f.* ベネフィチェンツァ	charity チャリティ
チャレンジする	provare *a*, affrontare プロヴァーレ, アッフロンターレ	try *to*, face トライ, フェイス
ちゃわん 茶碗	ciotola *f.* チョートラ	rice-bowl ライスボウル
チャンス	occasione *f.* オッカズィオーネ	chance, opportunity チャンス, アポテューニティ
チャンネル	canale *m.* カナーレ	channel チャネル
チャンピオン	campione(-*essa*) *m.(f.)* カンピオーネ(ネッサ)	champion チャンピオン
ちゅう 注	nota *f.*, nota bene *m.* ノータ, ノータ ベーネ	notes ノウツ
ちゅうい 注意	attenzione *f.* アッテンツィオーネ	attention, care アテンション, ケア
〜する	fare attenzione, stare attento ファーレ アッテンツィオーネ, スターレ アッテント	pay attention *to*, take care *of* ペイ アテンション, テイク ケア
(忠告・警告)	consigliare, avvisare, avvertire コンスィッリアーレ, アッヴィザーレ, アッヴェルティーレ	advise, warn アドヴァイズ, ウォーン
〜深い	attento, cauto アッテント, カウト	careful ケアフル

日	伊	英
ちゅうおう 中央	centro *m.* チェントロ	the center ザ センタ
～の	centrale チェントラーレ	central セントラル
ちゅうかい 仲介	tramite *m.*, mediazione *f.* トラーミテ, メディアツィオーネ	intermediation ミーディエイション
～者	intermediario(-a) *m.(f.)* インテルメディアーリオ(ア)	intermediary インタミーディエリ
～する	fare da intermediario(-a) tra ファーレ ダ インテルメディアーリオ(ア)	intermediate *between* インタミーディエト
ちゅうがえり 宙返り	salto mortale *m.* サルト モルターレ	somersault サマソールト
（飛行機の）	gran volta *f.*, looping *m.* グラン ヴォルタ, ルピング	loop ループ
ちゅうがっこう 中学校	scuola media *f.* スクオーラ メーディア	junior high school チューニア ハイ スクール
ちゅうかん 中間	metà *f.*, mezzo *m.* メタ, メッゾ	the middle ミドル
ちゅうきゅうの 中級の	medio, intermedio メーディオ, インテルメーディオ	intermediate インタミーディエト
ちゅうきんとう 中近東	Medio e Vicino Oriente *m.* メーディオ エ ヴィチーノ オリエンテ	the Near and Middle East ザ ニア アンド ミドル イースト
ちゅうこ 中古(の)	usato, di seconda mano ウザート, ディ セコンダ マーノ	used, secondhand ユースト, セコンドハンド
～車	macchina usata *f.* マッキナ ウザータ	used car ユースト カー
ちゅうこく 忠告する	consigliare コンスィッリアーレ	advise アドヴァイズ
ちゅうごく 中国	Cina *f.* チーナ	China チャイナ
～の	cinese チネーゼ	Chinese チャイニーズ
ちゅうさい 仲裁する	arbitrare アルビトラーレ	arbitrate アービトレイト
ちゅうし 中止する	sospendere ソスペンデレ	cancel, call off キャンセル, コール オーフ
ちゅうじえん 中耳炎	otite media *f.* オティーテ メーディア	tympanitis ティンパナイティス

日	伊	英
ちゅうじつ 忠実な	fedele フェデーレ	faithful フェイスフル
ちゅうしゃ 注射	iniezione *f.* イニエツィオーネ	injection, shot インヂェクション, シャト
～する	iniettare イニエッターレ	inject インヂェクト
ちゅうしゃ 駐車	parcheggio *f.* パルケッジョ	parking パーキング
～する	parcheggiare パルケッジャーレ	park パーク
～禁止	Divieto di sosta *m.* ディヴィエート ディ ソスタ	No Parking ノウ パーキング
～場	parcheggio *m.* パルケッジョ	parking lot パーキング ラト
ちゅうしゃく 注釈	nota *f.*, commento *m.* ノータ, コンメント	notes, annotation ノウツ, アノテイション
ちゅうじゅん 中旬	la metà *di* ラ メタ	the middle *of* ザ ミドル
ちゅうしょう 中傷する	parlare male *di* パルラーレ マーレ	speak ill *of* スピーク イル
ちゅうしょう 抽象	astrazione *f.* アストラツィオーネ	abstraction アブストラクション
～的な	astratto アストラット	abstract アブストラクト
ちゅうしょうきぎょう 中小企業	piccole e medie imprese *f.pl.* ピッコレ エ メーディエ インプレーゼ	smaller enterprises スモーラ エンタプライズィズ
ちゅうしょく 昼食	pranzo *m.* プランゾ	lunch ランチ
ちゅうしん 中心	centro *m.* チェントロ	the center, the core ザ センタ, ザ コー
ちゅうせい 中世	medioevo *m.* メディオエーヴォ	the Middle Ages ザ ミドル エイヂズ
～の	medievale メディエヴァーレ	medieval メディイーヴァル
ちゅうせい 中性	neutralità *f.* ネウトラリタ	neutrality ニュートラリティ
～の	neutro ネウトロ	neutral ニュートラル
～子	neutrone *m.* ネウトローネ	neutron ニュートラン

日	伊	英
ちゅうぜつ 中絶 （妊娠）	aborto *m.* アボルト	abortion アボーション
ちゅうせん 抽選する	tirare a sorte ティラーレ ア ソルテ	draw lots *for* ドロー ラツ
ちゅうだん 中断する	interrompere インテッロンペレ	interrupt インタラプト
ちゅうちょ 躊躇する	esitare エズィターレ	hesitate ヘズィテイト
ちゅうとう 中東	Medio Oriente *m.* メーディオ オリエンテ	the Middle East ザ ミドル イースト
ちゅうどく 中毒	intossicazione *f.* イントッスィカツィオーネ	poisoning ポイズニング
〜する	intossicarsi *con* イントッスィカルスィ	be poisoned *by* ビ ポイズンド
チューナー	sintonizzatore *m.* スィントニッザトーレ	tuner テューナ
ちゅうねん 中年の	di mezza età ディ メッザ エタ	middle-aged ミドルエイヂェド
チューブ	tubo *m.* トゥーボ	tube テューブ
ちゅうぼう 厨房	cucina *f.* クチーナ	kitchen キチン
ちゅうもく 注目	attenzione *f.* アッテンツィオーネ	attention, notice アテンション, ノウティス
〜する	prestare attenzione *a* プレスターレ アッテンツィオーネ	take notice *of* テイク ノウティス
〜すべき	notevole, da notare ノテーヴォレ, ダ ノターレ	remarkable リマーカブル
ちゅうもん 注文	ordine *m.* オルディネ	order オーダ
〜する	ordinare オルディナーレ	order オーダ
ちゅうりつ 中立	neutralità *f.* ネウトラリタ	neutrality ニュートラリティ
〜の	neutrale ネウトラーレ	neutral ニュートラル
チューリップ	tulipano *m.* トゥリパーノ	tulip テューリプ
ちゅうりゅうかいきゅう 中流階級	classe media *f.* クラッセ メーディア	the middle classes ザ ミドル クラスィズ

日	伊	英
ちょう 兆	trilione *m.* トリリオーネ	trillion トリリョン
ちょう 腸	intestino *m.* インテスティーノ	the intestines ジ インテスティンズ
ちょう 蝶	farfalla *f.* ファルファッラ	butterfly バタフライ
ちょういん 調印する	firmare フィルマーレ	sign サイン
ちょうえき 懲役	reclusione *f.* レクルズィオーネ	imprisonment インプリズンメント
ちょうおんぱ 超音波	ultrasuono *m.* ウルトラスオーノ	ultrasound アルトラサウンド
ちょうかい（処分） 懲戒	sanzione disciplinare *f.* サンツィオーネ ディッシプリナーレ	disciplinary action ディスィプリネリ アクション
ちょうかく 聴覚	udito *m.* ウディート	hearing ヒアリング
ちょうか 超過する	eccedere エッチェーデレ	exceed イクスィード
ちょうかん 朝刊	edizione del mattino *f.* エディツィオーネ デル マッティーノ	morning paper モーニング ペイパ
ちょうき 長期の	a lungo termine ア ルンゴ テルミネ	long term ロング ターム
ちょうきょう 調教する	ammaestrare アンマエストラーレ	train *in* トレイン
ちょうきょり 長距離	lunga distanza *f.* ルンガ ディスタンツァ	long distance ロング ディスタンス
～競走	gara di fondo *f.* ガーラ ディ フォンド	long-distance race ロングディスタンス レイス
～電話	interurbana *f.* インテルルバーナ	long-distance call ロングディスタンス コール
ちょうこう 聴講	frequenza *f.* フレクエンツァ	auditing オーディティング
～する	seguire un corso セグイーレ ウン コルソ	audit オーディト
～生	ud*itore*(-*trice*) *m.*(*f.*) ウディトーレ(トリーチェ)	auditor オーディタ
ちょうこうそう 超高層ビル	grattacielo *m.* グラッタチェーロ	skyscraper スカイスクレイパ

日	伊	英
彫刻（ちょうこく）	scultura f. スクルトゥーラ	sculpture スカルプチャ
〜する	scolpire スコルピーレ	sculpture, carve スカルプチャ, カーヴ
〜家	scult*ore*(*-trice*) m.(f.) スクルトーレ(トリーチェ)	sculptor, carver スカルプタ, カーヴァ
調査する（ちょうさする）	fare un'inchiesta ファーレ ウニキエスタ	investigate インヴェスティゲイト
調子（ちょうし）（体の）	condizione f. コンディツィオーネ	condition, forma カンディション
〜が良い	essere in forma エッセレ イン フォルマ	be in good condition ビ イン グド コンディション
聴衆（ちょうしゅう）	pubblico m., uditorio m. プッブリコ, ウディトーリオ	audience オーディエンス
長所（ちょうしょ）	merito m., pregio m. メーリト, プレージョ	strong point, merit ストロング ポイント, メリト
長女（ちょうじょ）	figlia maggiore f. フィッリア マッジョーレ	oldest daughter オルディスト ドータ
頂上（ちょうじょう）	cima f., vetta f. チーマ, ヴェッタ	the top, the summit ザ タプ, ザ サミト
朝食（ちょうしょく）	(prima) colazione f. (プリーマ)コラツィオーネ	breakfast ブレクファスト
聴診器（ちょうしんき）	stetoscopio m. ステトスコーピオ	stethoscope ステサスコウプ
調節する（ちょうせつする）	regolare レゴラーレ	regulate, control レギュレイト, カントロウル
挑戦（ちょうせん）	sfida f. スフィーダ	challenge チャリンヂ
〜する	sfidare スフィダーレ	challenge チャリンヂ
〜者	sfidante m.f. スフィダンテ	challenger チャレンヂャ
彫像（ちょうぞう）	statua f. スタートゥア	statue スタチュー
町長（ちょうちょう）	sindac*o*(*-a*) m.(f.) スィンダコ(カ)	mayor メイア
長調（ちょうちょう）	scala maggiore f. スカーラ マッジョーレ	major メイヂャ

412

日	伊	英
ちょうてい 調停する	mediare *tra* メディアーレ	mediate *between* ミーディエイト
ちょうてん 頂点	culmine *m.*, vertice *m.* クルミネ, ヴェルティチェ	the peak ザ ピーク
ちょうど 丁度	giusto, in punto ジュスト, イン プント	just, exactly ヂャスト, イグザクトリ
ちょうなん 長男	primogenito *m.* プリモジェーニト	oldest son オルディスト サン
ちょう 蝶ネクタイ	cravatta a farfalla *f.* クラヴァッタ ア ファルファッラ	bow tie バウ タイ
ちょうのうりょく 超能力	percezione extrasensoriale *f.* ペルチェツィオーネ エクストラセンソリアーレ	extrasensory perception エクストラセンソリ パセプション
ちょうふく 重複する	ripetersi リペーテルスィ	be repeated ビ リピーテド
ちょうへい 徴兵	coscrizione *f.*, leva *f.* コスクリツィオーネ, レーヴァ	conscription, draft カンスクリプション, ドラフト
ちょうぼ 帳簿	libro contabile *m.*, registro *m.* リーブロ コンターピレ, レジストロ	account book アカウント ブク
ちょうぼう 眺望	vista *f.*, panorama *m.* ヴィスタ, パノラーマ	view ヴュー
ちょうほうけい 長方形	rettangolo *m.* レッタンゴロ	rectangle レクタングル
ちょうほう 重宝な	comodo, conveniente コーモド, コンヴェニエンテ	handy, convenient ハンディ, コンヴィーニェント
ちょうみりょう 調味料	condimento *m.* コンディメント	seasoning スィーズニング
ちょうやく 跳躍する	saltare, balzare サルターレ, バルツァーレ	jump ヂャンプ
ちょうり 調理	cucina *f.* クチーナ	cooking クキング
～する	cucinare クチナーレ	cook クク
～器具	batteria da cucina *f.* バッテリーア ダ クチーナ	cookwear ククウェア
ちょうりつ 調律する	accordare アッコルダーレ	tune テューン
ちょうりゅう 潮流	corrente di marea *f.* コッレンテ ディ マレーア	current, tide カーレント, タイド

日	伊	英
ちょうりょく 聴力	udito *m.* ウディート	hearing ヒアリング
ちょうわ 調和する	armonizzarsi *con* アルモニッザルスィ	be in harmony *with* ビ イン ハーモニ
ちょきん 貯金	risparmio *m.*, deposito *m.* リスパルミオ, デポーズィト	savings, deposit セイヴィングズ, ディパズィト
～する	risparmiare リスパルミアーレ	save セイヴ
～箱	salvadanaio *m.* サルヴァダナイオ	piggy bank ピギ バンク
ちょくせつ 直接(に)	direttamente ディレッタメンテ	directly ディレクトリ
～の	diretto ディレット	direct ディレクト
～税	imposta diretta *f.* インポスタ ディレッタ	direct tax ディレクト タクス
ちょくせん 直線	linea diretta *f.* リーネア ディレッタ	straight line ストレイト ライン
～距離で	in linea d'aria イン リーネア ダーリア	in a straight line イン ア ストレイト ライン
ちょくちょう 直腸	intestino retto *m.* インテスティーノ レット	rectum レクタム
ちょくつう 直通の	diretto ディレット	direct, nonstop ディレクト, ナンスタプ
ちょくめん 直面する	affrontare アッフロンターレ	face, confront フェイス, コンフラント
ちょくやく 直訳	traduzione letterale *f.* トラドゥツィオーネ レッテラーレ	literal translation リタラル トランスレイション
チョコレート	cioccolatino *m.* チョッコラティーノ	chocolate チャコレト
ちょさくけん 著作権	diritto d'autore *m.*, copyright *m.* ディリット ダウトーレ, コピライト	copyright カピライト
ちょしゃ 著者	*autore*(*-trice*) *m.*(*f.*) アウトーレ(トリーチェ)	author, writer オーサ, ライタ
ちょすいち 貯水池	serbatoio *m.*, bacino artificiale *m.* セラバトイオ, バチーノ アルティフィチャーレ	reservoir レザヴワー
ちょぞう 貯蔵する	conservare, serbare コンセルヴァーレ, セルバーレ	store, keep スト-, キープ

日	伊	英
ちょちく 貯蓄する	risparmiare リスパルミアーレ	save セイヴ
ちょっかく 直角	angolo retto *m.* アンゴロ レット	right angle ライト アングル
ちょっかん 直感	intuizione *f.*, intuito *m.* イントゥイツィオーネ, イントゥーイト	intuition インテュイション
～的に	per intuito ペル イントゥーイト	intuitively インテューイティヴリ
ちょっけい 直径	diametro *m.* ディアーメトロ	diameter ダイアメタ
ちょっこうびん 直行便	volo diretto *m.* ヴォーロ ディレット	direct flight ディレクト フライト
ち 散らかす	mettere in disordine メッテレ イン ディゾルディネ	scatter, litter スキャタ, リタ
ち 散らし	volantino *m.* ヴォランティーノ	leaflet, handbill リーフレト, ハンドビル
ちり 塵	polvere *f.* ポルヴェレ	dust, dirt ダスト, ダート
～取り	paletta per la spazzatura *f.* パレッタ ペル ラ スパッツァトゥーラ	dustpan ダストパン
ちり 地理	geografia *f.* ジェオグラフィーア	geography ヂアグラフィ
ちりょう 治療する	curare クラーレ	treat, cure トリート, キュア
ち 散る (花が)	cadere カデーレ	fall フォール
(気が)	distrarsi ディストラルスィ	distract ディストラクト
ちんか 沈下する	sprofondare スプロフォンダーレ	sink スィンク
ちんぎん 賃金	paga *f.*, salario *m.* パーガ, サラーリオ	wages, pay ウェイヂズ, ペイ
ちんじょう 陳情する	fare una petizione ファーレ ウナ ペティツィオーネ	make a petition メイク ア ピティション
ちんせいざい 鎮静剤	sedativo *m.*, calmante *m.* セダティーヴォ, カルマンテ	sedative セダティヴ
ちんたい 沈滞	ristagno *m.* リスターニョ	inactivity イナクティヴィティ

日	伊	英
ちんたい 賃貸	affitto *m.* アッフィット	rent レント
ちんつうざい 鎮痛剤	analgesico *m.* アナルジェーズィコ	analgesic アナルチーズィク
ちんでん 沈殿する	sedimentare, depositarsi セディメンターレ, デポズィタルスィ	settle, be deposited セトル, ビ ディパズィティド
チンパンジー	scimpanzé *m.* シンパンツェ	chimpanzee チンパンズィー
ちんぼつ 沈没する	affondare アッフォンダーレ	sink スィンク
ちんみ 珍味	cibo prelibato *m.*, ambrosia *f.* チーボ プレリバート, アンブローズィア	delicacy デリカスィ
ちんもく 沈黙する	fare silenzio, tacere ファーレ スィレンツィオ, タチェーレ	be silent ビ サイレント
ちんれつ 陳列	esposizione *f.* エスポズィツィオーネ	exhibition エクスィビション
～する	esporre エスポッレ	exhibit, display イグズィビト, ディスプレイ
～ケース	vetrina *f.* ヴェトリーナ	showcase ショウケイス

つ, ツ

日	伊	英
ツアー	viaggio organizzato *m.* ヴィアッジョ オルガニッザート	tour トゥア
～コンダクター	accompagnatore(-*rice*) turistico(-*a*) アッコンパニャトーレ(トリーチェ) トゥリスティコ(カ)	tour conductor トゥア カンダクタ
つい 対	paio *m.*, coppia *f.* パイオ, コッピア	pair, couple ペア, カプル
ツイード	tweed *m.* トゥイド	tweed トゥイード
ついか 追加する	aggiungere アッジュンジェレ	addition, add *to* アディション, アド
ついかりょうきん 追加料金	supplemento *m.*, extra *m.* スップレメント, エクストラ	additional charge アディショナル チャーヂ
ついきゅう 追究する	ricercare, indagare リチェルカーレ, インダガーレ	investigate インヴェスティゲイト
ついきゅう 追求する	perseguire ペルセグイーレ	pursue, seek after パシュー, スィーク アフタ

日	伊	英
ついきゅう 追及する	indagare, incalzare インダガーレ, インカルツァーレ	cross-examine クロースイグザミン
ついし 追試	esame supplementare *m.* エザーメ スップレメンターレ	makeup メイカプ
ついしん 追伸	post scriptum *m.*, poscritto *m.* ポスト スクリプトゥム, ポスクリット	postscript, P.S. ポウストスクリプト
ついせき 追跡	inseguimento *m.* インセグイメント	pursuit, chase パシュート, チェイス
〜する	inseguire インセグイーレ	pursue, chase パシュー, チェイス
ついたち 一日	il primo giorno イル プリーモ ジョールノ	the first day ザ ファースト デイ
つ 付いて行く	seguire セグイーレ	follow ファロウ
(一緒に)	andare [venire] con アンダーレ [ヴェニーレ]	go [come] *with* ゴウ [カム]
(遅れずに)	tenere il passo テネーレ イル パッソ	keep up with キープ アプ ウィズ
ついている(運が)	essere fortunato エッセレ フォルトゥナート	be lucky ビ ラキ
ついとう 追悼	cordoglio *m.* コルドッリオ	mourning モーニング
〜する	partecipare al cordoglio *di* パルテチパーレ アル コルドッリオ	mourn モーン
〜式	commemorazione *f.* コンメモラツィオーネ	memorial service メモーリアル サーヴィス
ついとつ 追突する	tamponare タンポナーレ	crash into the rear *of* クラシュ イントゥ ザ リア
つい 遂に	finalmente, alla fine フィナルメンテ, アッラ フィーネ	at last アト ラスト
ついほう 追放	esilio *m.*, bando *m.* エズィーリオ, バンド	banishment バニシュメント
〜する	esiliare, espellere エズィリアーレ, エスペッレレ	banish, expel バニシュ, イクスペル
つい 費やす	spendere, impiegare スペンデレ, インピエガーレ	spend スペンド
ついらく 墜落	caduta *f.* カドゥータ	fall フォール

日	伊	英
(飛行機の)	abbattimento *m.* アッバッティメント	crash クラシュ
〜する	cadere, abbattersi カデーレ, アッバッテルスィ	fall, crash フォール, クラシュ
ツイン(部屋)	camera a due letti *f.* カーメラ ア ドゥーエ レッティ	twin(room) トゥイン(ルーム)
通貨	moneta *f.* モネータ	currency カーレンスィ
通過する	passare パッサーレ	pass by パス バイ
通学する	frequentare la scuola フレクェンターレ ラ スクオーラ	go to school ゴウ トゥ スクール
通関	sdoganamento *m.* ズドガナメント	customs clearance カスタムズ クリアランス
通勤	viaggio pendolare *m.* ヴィアッジョ ペンドラーレ	commmuting コミューティング
〜する	fare *il(la)* pendolare ファーレ イル(ラ)ペンドラーレ	commute コミュート
〜電車	treno di pendolari *m.* トレーノ ディ ペンドラーリ	commuter train コミュータ トレイン
通行	traffico *m.* トラッフィコ	traffic トラフィク
〜人	passante *m.f.* パッサンテ	passer-by パサバイ
〜料	pedaggio *m.* ペダッジョ	toll トゥル
通じる (道が)	portare *a*, condurre *a* ポルターレ, コンドゥッレ	go *to*, lead *to* ゴウ, リード
(電話が)	trovare la linea libera トロヴァーレ ラ リーネア リーベラ	get through *to* ゲト スルー
(話が)	capire, comprendere カピーレ, コンプレンデレ	understand アンダスタンド
通信	comunicazione *f.* コムニカツィオーネ	communication カミューニケイション
〜する	comunicare *con* コムニカーレ	communicate *with* カミューニケイト
〜社	agenzia di stampa *f.* アジェンツィーア ディ スタンパ	news agency ニューズ エイヂェンスィ
通知	annuncio *m.*, avviso *m.* アンヌンチョ, アッヴィーゾ	notice ノウティス

日	伊	英
～する	annunciare, avvisare アンヌンチャーレ, アッヴィザーレ	inorm, notify インフォーム, ノウティファイ
～表	pagella *f.* パジェッラ	report card リポート カード
通帳(つうちょう)	libretto *m.* リブレット	passbook パスブク
痛風(つうふう)	gotta *f.* ゴッタ	gout ガウト
通訳(つうやく)	interprete *m.f.* インテルプレテ	interpreter インタープリタ
～する	fare l'interprete ファーレ リンテルプレテ	interpret インタープリト
ツーリスト	turista *m.f.* トゥリスタ	tourist トゥアリスト
痛烈(つうれつ)な	severo, aspro セヴェーロ, アスプロ	severe, bitter スィヴィア, ビタ
通路(つうろ)	passaggio *m.* パッサッジョ	passage パスィヂ
（座席間の）	corridoio *m.* コッリドイオ	aisle アイル
通話(つうわ)	telefonata *f.* テレフォナータ	call コール
杖(つえ)	bastone *m.* バストーネ	stick, cane スティク, ケイン
使(つか)い	commissione *f.* コンミッスィオーネ	errand エランド
（人）	messagger*o(-a)* *m.(f.)* メッサッジェーロ(ラ)	messenger メスィンヂャ
使(つか)い捨(す)ての	usa e getta ウーザ エ ジェッタ	disposable ディスポウザブル
使(つか)う	usare, adoperare ウザーレ, アドペラーレ	use ユース
（費やす）	spendere スペンデレ	spend スペンド
仕(つか)える	servire セルヴィーレ	serve サーヴ
束(つか)の間(ま)の	di breve durata ディ ブレーヴェ ドゥラータ	short-lived ショートライヴド

日	伊	英
捕まえる	afferrare アッフェッラーレ	catch キャチ
（逮捕する）	arrestare アッレスターレ	arrest アレスト
（捕獲する）	catturare カットゥラーレ	capture キャプチャ
掴む	afferrare, prendere アッフェッラーレ, プレンデレ	seize, catch スィーズ, キャチ
浸かる	immergersi *in* インメルジェルスィ	be soaked ビ ソウクト
疲れ	fatica *f.*, stanchezza *f.* ファティーカ, スタンケッツァ	fatigue ファティーグ
疲れた	stancato, consumato スタンカート, コンスマート	tired タイアド
疲れる	stancarsi スタンカルスィ	be tired ビ タイアド
月	luna *f.* ルーナ	the moon ザ ムーン
（暦の）	mese *m.* メーゼ	month マンス
次（の）	prossimo, seguente プロッスィモ, セグエンテ	next, following ネクスト, ファロウイング
付き合い	compagnia *f.* コンパンニーア	company カンパニ
～の良い	socievole ソチェーヴォレ	sociable ソウシャブル
付き合う	tenere compagnia *a* テネーレ コンパニーア	keep company *with* キープ カンパニ
（男女が）	avere una relazione *con* アヴェーレ ウナ レラツィオーネ	go out *with* ゴウ アウト
突き当たり	fondo *m.* フォンド	the end ジ エンド
～に	in fondo *a* イン フォンド	at the end *of* アト ジ エンド
突き当たる	urtare ウルターレ	run against ラン アゲインスト
突き刺す	trafiggere トラフィッジェレ	thrust, pierce スラスト, ピアス

日	伊	英
付き添い(人)	accompagna*tore*(-*trice*) *m.*(*f.*) アッコンパニャトーレ(トリーチェ)	attendant, escort アテンダント, エスコート
付き添う	accompagnare アッコンパニャーレ	accompany アカンパニ
(病人に)	assistere アッスィステレ	attend アテンド
突き出す	sporgere スポルジェレ	thrust out スラスト アウト
(警察に)	consegnare コンセニャーレ	hand over ハンド オウヴァ
継ぎ足す	aggiungere アッジュンジェレ	add *to* アド
月々	ogni mese, il mese オンニ メーゼ, イル メーゼ	every month エヴリ マンス
次々(に)	uno dopo l'altro ウーノ ドーポ ラルトロ	one after another ワン アフタ アナザ
突き付ける	puntare プンターレ	point, thrust ポイント, スラスト
突き止める	scoprire スコプリーレ	find out, trace ファインド アウト, トレイス
月日	tempo *m.*, giorni *m.pl.* テンポ, ジョルニ	time, days タイム, デイズ
付き纏う	seguire sempre, scocciare セグィーレ センプレ, スコッチャーレ	follow... about ファロウ アバウト
継ぎ目	giuntura *f.* ジュントゥーラ	joint, juncture ヂョイント, ヂャンクチャ
月夜	notte di luna *f.* ノッテ ディ ルーナ	moonlight night ムーンライト ナイト
尽きる	esaurirsi, sfinirsi エザウリルスィ, スフィニルスィ	be exhausted ビ イグゾーステド
就く (職に)	essere assunto エッセレ アッスント	get a job ゲト ア ヂャブ
床に~	andare a letto アンダーレ ア レット	go to bed ゴウ トゥ ベド
着く	arrivare, giungere アッリヴァーレ, ジュンジェレ	arrive *at, in* アライヴ
(席に)	prendere pos*to*, sedersi プレンデレ ポスト, セデルスィ	take *one's* seat テイク スィート

日	伊	英
突く (先で)	pungere, pungersi プンジェレ, プンジェルスィ	prick プリク
(刃物で)	pugnalare プニャラーレ	stab スタブ
(押す)	spingere スピンジェレ	push プシュ
付く(くっつく)	attaccarsi, appiccicarsi アッタッカルスィ, アッピッチカルスィ	stick *to* スティク
継ぐ (後を)	succedere *a* スッチェーデレ	succeed, inherit サクスィード, インヘリト
注ぐ	versare ヴェルサーレ	pour ポー
机	scrivania *f.* スクリヴァニーア	desk, bureau デスク, ビュアロウ
尽くす (尽力)	dedicarsi *a* デディカルスィ	devote *oneself* ディヴォウト
ベストを〜	fare del *proprio* meglio ファーレ デル メッリォ	do *one's* best ドゥ ベスト
償う	riparare, risarcire リパラーレ, リサルチーレ	compensate *for* カンペンセイト
鶫	merlo *m.* メルロ	thrush スラシュ
作り方(料理の)	ricetta *f.* リチェッタ	recipe レスィピ
作り話	storia inventata *f.* ストーリア インヴェンタータ	made-up story メイダプ ストーリ
作り笑い	riso [sorriso] forzato *m.* リーゾ(ソッリーゾ)フォルツァート	forced laugh [smile] フォースト ラフ [スマイル]
作る	fare ファーレ	make メイク
(製造・産出)	fabbricare, produrre ファッブリカーレ, プロドゥッレ	manufacture, produce マニュファクチャ, プロデュース
繕う	rammendare ランメンダーレ	repair, mend リペア, メンド
付け加える	aggiungere アッジュンジェレ	add アド
付け込む	abusare *di* アブザーレ	take advantage *of* テイク アドヴァンティヂ

日	伊	英
漬物 (つけもの)	sottaceto *m.* ソッタチェート	pickles ピクルズ
付ける (つける)	attaccare, applicare アッタッカーレ, アップリカーレ	put, attach プト, アタチ
（点火・点灯）	accendere アッチェンデレ	light, set fire ライト, セト ファイア
都合 (つごう)	convenienza *f.* コンヴェニエンツァ	convenience カンヴィーニェンス
～のよい	conveniente, comodo コンヴェニエンテ, コーモド	convenient コンヴィーニェント
蔦 (つた)	edera *f.* エーデラ	ivy アイヴィ
伝える (つたえる)	comunicare, informare コムニカーレ, インフォルマーレ	tell, report テル, リポート
土 (つち)	terra *f.* テッラ	earth, soil アース, ソイル
筒 (つつ)	tubo *m.*, canna *f.* トゥーボ, カンナ	pipe, tube パイプ, テューブ
続き (つづき)	seguito *m.* セーグイト	sequel スィークウェル
突付く (つつく)	stuzzicare, pungere ストゥッツィカーレ, プンジェレ	poke *at* ポウク
続く (つづく)	continuare, durare コンティヌアーレ, ドゥラーレ	continue, last カンティニュー, ラスト
（後に）	seguire セグイーレ	follow, succeed *to* ファロウ, サクスィード
続ける (つづける)	continuare, proseguire コンティヌアーレ, プロセグイーレ	continue カンティニュー
突っ込む (つっこむ)	ficcare フィッカーレ	thrust... into スラスト イントゥ
躑躅 (つつじ)	azalea *f.* アザレーア	azalea アゼイリァ
慎み (つつしみ)	prudenza *f.*, ritegno *m.* プルデンツァ, リテーニョ	prudence, modesty プルーデンス, マデスティ
～深い	prudente, riservato プルデンテ, リセルヴァート	prudent, modest プルーデント, マデスト
慎む (つつしむ)	essere prudente [discreto] エッセレ プルデンテ（ディスクレート）	be careful [discreet] ビ ケアフル（ディスクリート）

日	伊	英
(控える)	astenersi *da* アステネルスィ	refrain *from* リフレイン
慎(つつ)ましい	modesto, umile モデスト, ウーミレ	modest, humble マディスト, ハンブル
包(つつ)み	pacco *m.* パッコ	package, parcel パキヂ, パースル
〜紙	carta da pacchi *f.* カルタ ダ パッキ	wrapping paper ラピング ペイパ
包(つつ)む	incartare, avvolgere インカルターレ, アッヴォルジェレ	wrap, envelop *in* ラプ, インヴェロプ
綴(つづ)り	ortografia *f.* オルトグラフィーア	spelling スペリング
綴(つづ)る	scrivere スクリーヴェレ	spell スペル
勤(つと)め	lavoro *m.*, impiego *m.* ラヴォーロ, インピエーゴ	business, work ビズネス, ワーク
務(つと)め	dovere *m.* ドヴェーレ	duty デューティ
勤(つと)める	lavorare ラヴォラーレ	work ワーク
務(つと)める (役を)	fare *da* ファーレ	act *as* アクト
努(つと)める	cercare *di* チェルカーレ	try *to* トライ
綱(つな)	corda *f.*, fune *f.* コルダ, フーネ	rope ロウプ
繋(つな)がり	connessione *f.* コンネッスィオーネ	connection コネクション
繋(つな)がる	collegarsi, raccordarsi コッレガルスィ, ラッコルダルスィ	be connected *with* ビ カネクテド
繋(つな)ぐ	legare, collegare レガーレ, コッレガーレ	tie, connect タイ, カネクト
津波(つなみ)	maremoto *m.* マレモート	*tsunami*, tidal wave ツナーミ, タイドル ウェイヴ
常(つね)に	sempre センプレ	always オールワズ
抓(つね)る	pizzicare, pizzicottare ピッツィカーレ, ピッツィコッターレ	pinch, nip ピンチ, ニプ

日	伊	英
つの 角	corno *m.* コルノ	horn ホーン
つば 唾	sputo *m.* スプト	spittle スピトル
（唾液）	saliva *f.* サリーヴァ	saliva サライヴァ
～を吐く	sputare スプターレ	spit スピト
つばき 椿	camelia *f.* カメーリア	camellia カミーリア
つばさ 翼	ala *f.* アーラ	wing ウィング
つばめ 燕	rondine *f.* ロンディネ	swallow スワロウ
つぶ 粒	granello *m.*, chicco *m.* グラネッロ, キッコ	grain, drop グレイン, ドラプ
つぶ 潰す	rompere ロンペレ	break ブレイク
（押して）	schiacciare スキアッチャーレ	crush クラシュ
（暇・時間を）	ammazzare アンマッツァーレ	waste, kill ウェイスト, キル
つぶや 呟く	mormorare モルモラーレ	murmur マーマ
つぶ 潰れる	rompersi ロンペルスィ	break, be crushed ブレイク, ビ クラシュド
（破産）	essere fallito エッセレ ファッリート	go bankrupt ゴウ バンクラプト
つぼ 壷	vaso *m.* ヴァーゾ	jar, pot ヂャー, パト
つぼみ 蕾	bocciolo *m.* ボッチョーロ	bud バド
つま 妻	moglie *f.* モッリェ	wife ワイフ
つまさき 爪先	punta del piede *f.* プンタ デル ピエーデ	tiptoe ティプトウ
つまず 躓く	inciampare インチャンパーレ	stumble スタンブル

日	伊	英
摘(つ)まみ	pomello *m.* ポメッロ	knob ナブ
（一つまみ）	una presa *f.*, un pizzico *m.* ウナ プレーザ, ウン ピッツィコ	a pinch ア ピンチ
（酒の）	snack *m.*, spuntino *m.* ズネック, スプンティーノ	relish レリシュ
摘(つ)まむ	prendere(fra le dita) プレンデレ(フラ レ ディータ)	pick, pinch ピク, ピンチ
爪楊枝(つまようじ)	stuzzicadenti *m.* ストゥッツィカデンティ	toothpick トゥースピク
つまらない	da poco, noioso, assurdo ダ ポーコ, ノイオーゾ, アッスルド	worthless, trivial ワースレス, トリヴィアル
つまり	cioè, insomma チョエ, インソンマ	after all, in short アフタ オール, イン ショート
詰(つ)まる	otturarsi, intasarsi オットゥラルスィ, インタサルスィ	be stuffed ビ スタフト
（充満）	essere pieno エッセレ ピエーノ	be packed ビ パクト
罪(つみ)	peccato *m.*, colpa *f.* ペッカート, コルパ	sin スィン
（犯罪）	crimine *m.*, delitto *m.* クリーミネ, デリット	crime, offense クライム, オフェンス
〜を犯す	compiere un delitto コンピエレ ウン デリット	commit a crime カミト ア クライム
積(つ)み重(かさ)ねる	accumulare, sovrapporre アックムラーレ, ソヴラッポッレ	pile up パイル アプ
積(つ)み木(き)	cubi di legno *m.pl.* クービ ディ レーニョ	blocks, bricks ブラクス, ブリクス
積(つ)み立(た)てる	depositare デポズィターレ	deposit ディパズィト
積(つ)み荷(に)	carico *m.* カーリコ	load, freight, cargo ロウド, フレイト, カーゴウ
積(つ)む	accumulare アックムラーレ	pile, lay パイル, レイ
（積載）	caricare カリカーレ	load ロウド
摘(つ)む	cogliere コッリェレ	pick, pluck ピク, プラク

日	伊	英
紡ぐ	filare フィラーレ	spin スピン
爪	unghia f. ウンギア	nail ネイル
(鳥獣の)	artiglio m. アルティッリォ	claw クロー
～切り	tagliaunghie m. タッリァウンギエ	nail clipper ネイル クリパ
詰め合わせ	assortimento m. アッソルティメント	assortment アソートメント
詰め込む	riempire, imbottire リエンピーレ, インボッティーレ	pack with パク
冷たい	freddo フレッド	cold, chilly コウルド, チリ
詰める	riempire, imbottire リエンピーレ, インボッティーレ	stuff, fill スタフ, フィル
(席を)	stringersi ストリンジェルスィ	make room メイク ルーム
つもり	intenzione f. インテンツィオーネ	intention インテンション
～である	aver intenzione di, intendere アヴェル インテンツィオーネ, インテンデレ	mean to, intend to ミーン, インテンド
積もる	accumularsi アックムラルスィ	accumulate アキューミュレイト
艶	lucido m., lucentezza f. ルーチド, ルチェンテッツァ	gloss, luster グロス, ラスタ
通夜	veglia funebre f. ヴェッリァ フーネブレ	wake ウェイク
梅雨	stagione piovosa f. スタジョーネ ピオヴォーザ	the rainy season ザ レイニ スィーズン
露	rugiada f. ルジャーダ	dew, dewdrop デュー, デュードラプ
強い	forte フォルテ	strong, powerful ストロング, パウアフル
(強烈な)	intenso インテンソ	intense インテンス
強さ	forza f., potenza f. フォルツァ, ポテンツァ	strength ストレンクス

日	伊	英
強火 (つよび)	fuoco vivo フオーコ ヴィーヴォ	high flame ハイ フレイム
辛い (つらい)	duro, penoso ドゥーロ, ペノーゾ	hard, painful ハード, ペインフル
氷柱 (つらら)	ghiacciolo *m.* ギアッチョーロ	icicle アイスィクル
釣り(銭) (つり)	resto *m.* レスト	change チェインヂ
釣り (つり)	pesca *f.* ペスカ	fishing フィシング
〜道具	attrezzi da pesca *m.pl.* アットレッツィ ダ ペスカ	fishing tackle フィシング タクル
〜糸	lenza *f.* レンツァ	line ライン
〜竿	canna da pesca *f.* カンナ ダ ペスカ	fishing rod フィシング ラド
〜針	amo *m.* アーモ	fishhook フィシュフク
釣り合い (つりあい)	equilibrio *m.*, bilancia *f.* エクィリーブリオ, ビランチャ	balance バランス
釣り合う (つりあう)	equilibrarsi, bilanciarsi エクィリブラルスィ, ビランチャルスィ	balance バランス
(マッチ)	adattarsi, armonizzarsi アダッタルスィ, アルモニッザルスィ	match マチ
釣り鐘 (つりがね)	campana *f.* カンパーナ	temple bell テンプル ベル
吊り皮 (つりかわ)	maniglia *f.* マニッリァ	strap ストラプ
吊り橋 (つりばし)	ponte sospeso *m.* ポンテ ソスペーゾ	suspension bridge サスペンション ブリヂ
吊る (つる)	appendere, sospendere アッペンデレ, ソスペンデレ	hang, suspend ハング, サスペンド
釣る (つる)	pescare ペスカーレ	fish フィシュ
鶴 (つる)	gru *f.* グルー	crane クレイン
連れ (つれ)	compagno(-*a*) *m.(f.)* コンパーニョ(ニャ)	companion カンパニオン

日	伊	英
連れ出す	portare fuori ポルターレ フオーリ	take out テイク アウト
連れて行く	portare ポルターレ	take テイク
悪阻	nausea gravidica *f.* ナウゼア グラヴィーディカ	morning sickness モーニング スィックネス

て, テ

日	伊	英
手	mano *f.*(le mani *pl.*) マーノ	hand ハンド
(腕)	braccio *m.*(le braccia *pl.*) ブラッチョ	arm アーム
(動物の前足)	zampa *f.* ザンパ	paw ポー
(手段)	mezzo *m.* メッソ	a means ア ミーンズ
～の甲	dorso della mano *m.* ドルソ デッラ マーノ	the back of the hand ザ バク オヴ ザ ハンド
～の平[掌]	palma *f.* パルマ	the palm of the hand ザ パーム オヴ ザ ハンド
出会う	incontrare インコントラーレ	meet, come across ミート, カム アクロス
手当たり次第に	a casaccio アッカザッチョ	at random アト ランダム
手当て	cura medica *f.* クーラ メーディカ	medical treatment メディカル トリートメント
(本俸外の)	indennità *f.* インデンニタ	allowance アラウアンス
～する	curare, medicare クラーレ, メディカーレ	treat トリート
手洗い	bagno *m.*, toilette *f.* バーニョ, トワレト	washroom, lavatory ワシュルム, ラヴァトーリ
提案	proposta *f.* プロポースタ	proposal プロポウザル
～する	proporre プロポッレ	propose, suggest プロポウズ, サグチェスト
ティー	tè *m.* テ	tea ティー
～カップ	tazza da tè *f.* タッツァ ダ テ	teacup ティーカプ

日	伊	英
〜バッグ	bustina di tè f. ブスティーナ ディ テ	teabag ティーバグ
〜ポット	teiera f. テイエーラ	teapot ティーパト
ティーシャツ	T-shirt m. ティッシェルト	T-shirt ティーシャート
定員(収容力)	capacità f. カパチタ	capacity カパスィティ
(決められた数)	numero stabilito m. ヌーメロ スタビリート	fixed number フィクスト ナンバ
庭園	giardino m. ジャルディーノ	garden ガードン
帝王	imperatore m. インペラトーレ	emperor エンペラ
〜切開	taglio cesareo m. タッリオ チェザーレオ	Caesarean operation スィゼアリアン アペレイション
定価	prezzo fisso m. プレッツォ フィッソ	fixed price フィクスト プライス
停学	sospensione f. ソスペンスィオーネ	suspension from school サスペンション フラム スクール
低下する	abbassarsi アッバッサルスィ	fall, drop フォール, ドラプ
定期	determinata scadenza f. デテルミナータ スカデンツァ	fixed term フィクスト ターム
〜的な	regolare, periodico レゴラーレ, ペリオーディコ	regular, periodic レギュラ, ピアリアディク
〜刊行物	periodico m. ペリオーディコ	periodical ピアリアディカル
〜券	tessera d'abbonamento f. テッセラ ダッボナメント	commutation ticket カミュテイション ティケト
〜預金	deposito vincolato m. デポーズィト ヴィンコラート	time deposit タイム ディパズィト
定義	definizione f. デフィニツィオーネ	definition デフィニション
低気圧	bassa pressione f. バッサ プレッスィオーネ	low pressure, depression ロウ プレシャ, ディプレション
定休日	giorno di chiusura m. ジョルノ ディ キウズーラ	regular holiday レギュラ ハリデイ

日	伊	英
ていきょう 提供する	offrire, fornire オッフリーレ, フォルニーレ	offer, supply オファ, サプライ
テイクアウトの	da portar via ダ ポルタール ヴィーア	takeout テイカウト
ていけい 提携する	cooperare, collaborare *con* コオペラーレ, コッラボラーレ	cooperate *with* コウアペレイト
ていけつあつ 低血圧	ipotensione *f.* イポテンスィオーネ	low blood pressure ロウ ブラド プレシャ
ていこう 抵抗する	resistere レズィステレ	resist, oppose リズィスト, オポウズ
ていこく 帝国	impero *m.* インペーロ	empire エンパイア
ていさい 体裁	apparenza *f.* アッパレンツァ	appearance アピアランス
～を繕う	salvare le apparenze サルヴァーレ レ アッパレンツェ	keep up appearances キープ アプ アピアランスィズ
ていさつ 偵察する	perlustrare ペルルストラーレ	reconnoiter リーコノイタ
ていし 停止する	arrestarsi, sospendere アッレスタルスィ, ソスペンデレ	stop, suspend スタプ, サスペンド
ていしゃ 停車する	fermarsi フェルマルスィ	stop スタプ
ていじゅう 定住する	stabilirsi, fissarsi スタビリルスィ, フィッサルスィ	settle セトル
ていしゅつ 提出する	presentare プレゼンターレ	present, submit プレゼント, サブミト
ていしょう 提唱する	proporre プロポッレ	advocate, propose アドヴォケイト, プロポウズ
ていしょく 定食	menu a prezzo fisso *m.* メヌー アプレッツォ フィッソ	table d'hote テイブル ドウト
ていしょく 定職	lavoro fisso *m.* ラヴォーロ フィッソ	fixed job フィクスト チャブ
ていしょく 停職	sospensione dall'impiego *f.* ソスペンスィオーネ ダッリンピエーゴ	suspension from duty サスペンション フラム デューティ
ていすう 定数	numero prestabilito *m.* ヌーメロ プレスタビリート	fixed number フィクスト ナンバ
(定足数)	numero legale *m.*, quorum *m.* ヌーメロ レガーレ, クオルム	quorum クウォーラム

日	伊	英
(数学)	costante *f.* コスタンテ	constant カンスタント
ディスカウント	discount *m.* ディスカウント	discount ディスカウント
〜ショップ	negozio discount *m.* ネゴーツィオ ディスカウント	discount store ディスカウント ストー
ディスク	dischetto *m.* ディスケット	disk ディスク
ディスコ	discoteca *f.* ディスコテーカ	disco, discotheque ディスコウ, ディスコテク
ディスプレイ	mostra *f.* モストラ	display ディスプレイ
(モニター)	display *m.*, schermo *m.* ディスプレイ, スケルモ	monitor マニタ
ていせい 訂正する	correggere コッレッジェレ	correct, revise カレクト, リヴァイズ
ていせん 停戦	tregua *f.* トレーグァ	truce, cease-fire トルース, スィースファイア
ていそ 提訴する	intentare una causa インテンターレ ウナ カウザ	file a suit ファイル ア スート
ていぞく 低俗な	volgare ヴォルガーレ	vulgar, lowbrow ヴァルガ, ロウブラウ
ていちゃく 定着する	attecchire アッテッキーレ	take [strike] root テイク (ストライク) ルート
ていちょう 丁重な	gentile, cortese ジェンティーレ, コルテーゼ	polite, courteous ポライト, カーティアス
ティッシュ	fazzoletto di carta *m.* ファッツォレット ディ カルタ	tissue ティシュー
ていでん 停電	black out *m.* ブレカウト	power failure パウア フェイリュア
ていど 程度	grado *m.*, livello *m.* グラード, リヴェッロ	degree, grade ディグリー, グレイド
ていとう 抵当	ipoteca *f.* イポテーカ	mortgage モーギヂ
ディナー	pranzo *m.* プランゾ	dinner ディナ
ていねい 丁寧な	cortese, gentile コルテーゼ, ジェンティーレ	polite, courteous ポライト, カーティアス

日	伊	英
ていねん 定[停]年	limite di età *m.* リーミテ ディ エタ	the age limit ジ エイヂ リミト
(退職)	età di pensionamento *f.* エタ ディ ペンスィオナメント	the retirement age ザ リタイアメント エイヂ
ていはく 停泊する	essere all'ancora エッセレ アッランコラ	be at anchor ビ アト アンカ
ディフェンス	difesa *f.* ディフェーザ	defense ディフェンス
ていぼう 堤防	diga *f.*, argine *m.* ディーガ, アルジネ	bank, embankment バンク, インバンクメント
ていり 定理	teorema *m.* テオレーマ	theorem スィオレム
でいり 出入り	entrata e uscita エントラータ エ ウッシータ	coming and going カミング アンド ゴウイング
ていりゅうじょ 停留所	fermata *f.* フェルマータ	stop スタプ
てい 手入れ	manutenzione *f.* マヌテンツィオーネ	maintenance メインテナンス
(警察の)	perquisizione *f.* ペルクィズィツィオーネ	police raid ポリース レイド
～する	curare la manutenzione *di* クラーレ ラ マヌテンツィオーネ	take care *of* テイク ケア
ディレクター	regista *m. f.* レジスタ	director ディレクタ
ティンパニー	timpano *m.* ティンパノ	timpani ティンパニ
データ	dati *m.pl.* ダーティ	data デイタ
デート	appuntamento *m.* アップンタメント	date デイト
テープ	nastro *m.* ナストロ	tape テイプ
～レコーダー	registratore *m.* レジストラトーレ	tape recorder テイプ リコーダ
テーブル	tavola *f.* ターヴォラ	table テイブル
～クロス	tovaglia *f.* トヴァッリア	tablecloth テイブルクロス
テーマ	tema *m.* テーマ	theme, subject スィーム, サブヂクト

日	伊	英
テールランプ	fanale di coda *m.* ファナーレ ディ コーダ	taillight テイルライト
て おく 手遅れである	essere troppo tardi エッセレ トロッポ タルディ	be too late ビ トゥー レイト
て がか 手掛かり	indizio *m.*, chiave *f.* インディーツィオ, キアーヴェ	clue, key クルー, キー
て が 手書き	manoscritto *m.* マノスクリット	handwriting ハンドライティング
で か 出掛ける	uscire ウッシーレ	go out ゴウ アウト
てがた 手形	cambiale *f.* カンビアーレ	note, bill ノウト, ビル
(手の形)	impronta della mano *f.* インプロンタ デッラ マーノ	handprint ハンドプリント
てがみ 手紙	lettera *f.* レッテラ	letter レタ
てがら 手柄	gesta *f.pl.* ジェスタ	exploit, credit イクスプロイト
てき 敵	nemico(-a) *m.(f.)*, avversario(-a) *m.(f.)* ネミーコ(カ), アッヴェルサーリオ(ア)	enemy, opponent エネミ, オポウネント
てきい 敵意	ostilità *f.* オスティリタ	hostility ハスティリティ
～のある	ostile オスティーレ	hostile ハストル
てきおう 適応する	adattarsi アダッタルスィ	adjust *oneself to* アヂャスト
てきかく 的確な	preciso, giusto プレチーゾ, ジュースト	precise, exact プリサイス, イグザクト
できごと 出来事	evento *m.*, avvenimento *m.* エヴェント, アッヴェニメント	event, incident イヴェント, インスィデント
てきしゅつ 摘出する	estrarre エストラッレ	remove, extract リムーヴ, イクストラクト
テキスト	libro di testo *m.* リーブロ ディ テスト	text(book) テクスト(ブク)
てき 適する	essere adatto *a* エッセレ アダット	fit, suit フィト, スート
てきせつ 適切な	giusto, appropriato ジュースト, アップロプリアート	proper, adequate プラパ, アディクウェト

日	伊	英
適当な てきとう	conveniente, adeguato, adatto コンヴェニエンテ, アデグアート, アダット	fit *for*, suitable *to, for* フィト, シュータブル
適度な てきど	moderato モデラート	moderate, temperate マダレト, テンパレト
出来物 できもの	bolla *f*., pustola *f*. ボッラ, プストラ	boil ボイル
適用する てきよう	applicare アップリカーレ	apply アプライ
出来る（状態） でき	potere ポテーレ	can キャン
（能力）	sapere, essere capace *di* サペーレ, エッセレ カパーチェ	can, be able *to* キャン, ビ エイブル
（成功）	riuscire *a* リウッシーレ	succeed サクスィード
出口 でぐち	uscita *f*. ウッシータ	exit, way out エクスィト, ウェイ アウト
テクニック	tecnica *f*. テクニカ	the technique ザ テクニーク
テクノロジー	tecnologia *f*. テクノロジーア	technology テクナロヂ
手首 てくび	polso *m*. ポルソ	wrist リスト
梃子 てこ	leva *f*. レーヴァ	lever レヴァ
凸凹な でこぼこ	irregolare, disuguale イッレゴラーレ, ディズグアーレ	uneven, bumpy アニーヴン, バンピ
デコレーション	decorazione *f*. デコラツィオーネ	decoration デコレイション
手頃な てごろ	ragionevole, adeguato ラジョネーヴォレ, アデグアート	handy, reasonable ハンディ, リーズナブル
デザート	dessert *m*. デッセール	dessert ディザート
デザイナー	designer *m.f*. デザイネル	designer ディザイナ
デザイン	design *m*., disegno *m*. デザイン, ディゼーニョ	design ディザイン
～する	disegnare ディゼニャーレ	design ディザイン

日	伊	英
手探りで	a tastoni ア タストーニ	feel フィール
手触り	tatto *m.* タット	touch, feel タチ, フィール
弟子	allievo(-a) *m.(f.)* アッリエーヴォ(ヴァ)	pupil, disciple ピューピル, ディサイプル
手仕事	lavoro manuale *m.* ラヴォーロ マヌアーレ	manual work マニュアル ワーク
デジタルの	digitale ディジターレ	digital ディヂタル
手品	gioco di prestigio *m.* ジョーコ ディ プレスティージョ	magic tricks マヂク トリクス
出しゃばる	ficcare il naso *in* フィッカーレ イル ナーゾ	thrust *one's* nose *into* スラスト ノウズ
手順	ordine *m.*, processo *m.* オルディネ, プロチェッソ	order, process オーダ, プラセス
手錠	manette *f.pl.* マネッテ	handcuffs ハンドカフズ
手数	fatica *f.*, disturbo *m.* ファティーカ, ディストゥルボ	trouble トラブル
～料	commissione *f.* コンミッスィオーネ	commission カミション
デスクトップ	desktop *m.* デスクトプ	desk-top デスクタプ
テスト	esame *m.*, prova *f.* エザーメ, プローヴァ	test テスト
手摺	ringhiera *f.* リンギエーラ	handrail ハンドレイル
手相	linee della mano *f.pl.* リーネエ デッラ マーノ	the lines of the palm ザ ラインズ オヴ ザ パーム
手帳	agenda *f.* アジェンダ	notebook ノウトブク
鉄	ferro *m.* フェッロ	iron アイアン
哲学	filosofia *f.* フィロゾフィーア	philosophy フィラソフィ
～者	filosofo *m.* フィローゾフォ	philosopher フィラソファ

日	伊	英
デッキ	ponte *m.* ポンテ	the deck ザ デク
(列車の)	piattaforma *f.* ピアッタフォルマ	the platform ザ プラトフォーム
鉄橋	ponte di ferro *m.* ポンテ ディ フェッロ	iron bridge アイアン ブリヂ
(鉄道の)	ponte ferroviario *m.* ポンテ フェッロヴィアーリオ	railroad bridge レイルロウド ブリヂ
鉄筋コンクリート	cemento armato *m.* チェメント アルマート	ferroconcrete フェロウカンクリート
手作りの	fatto a mano ファット ア マーノ	handmade ハンドメイド
鉄鋼業	industria siderurugica *f.* インドゥストリア スィデルルジカ	steel industry スティール インダストリ
鉄骨	armatura in ferro *f.* アルマトゥーラ イン フェッロ	iron frame アイアン フレイム
デッサン	abbozzo *m.*, schizzo *m.* アッボッツォ, スキッツォ	sketch スケチ
手伝い	aiuto *m.* アユート	help ヘルプ
(人)	aiutante *m.f.* アユタンテ	help, assistant ヘルプ, アスィスタント
撤退する	ritirarsi *da* リティラルスィ	withdraw, pull out ウィズドロー, プル アウト
手伝う	aiutare アユターレ	help, assist ヘルプ, アスィスト
手続き	procedura *f.* プロチェドゥーラ	the procedure ザ プロスィーヂャ
徹底的な	completo コンプレート	thorough, complete サロ, コンプリート
鉄塔	torre di ferro *f.* トッレ ディ フェッロ	steel tower スティール タウア
(高圧線の)	pilone *m.*, traliccio *m.* ピローネ, トラリッチョ	pylon パイロン
鉄道	ferrovia *f.* フェッロヴィーア	railroad レイルロウド
鉄板	piastra di ferro *f.* ピアストラ ディ フェッロ	iron plate アイアン プレイト

日	伊	英
てつぼう 鉄棒	sbarra f. ズバッラ	horizontal bar ホリザンタル バー
てつや 徹夜する	passare la notte in bianco パッサーレ ラ ノッテ イン ビアンコ	stay up all night ステイ アプ オール ナイト
テナント	inquilino(-a) m.(f.) インクィリーノ(ナ)	tenant テナント
テニス	tennis m. テンニス	tennis テニス
てにもつ 手荷物	bagaglio a mano m. バガッリォ アッマーノ	baggage バギヂ
～預かり所	deposito bagagli m. デポーズィト バガッリ	baggage room バギヂ ルーム
てぬぐ 手拭い	asciugamano m. アッシュガマーノ	hand towel ハンド タウエル
テノール	tenore m. テノーレ	tenor テナ
デパート	grande magazzino m. グランデ マガッズィーノ	department store ディパートメント ストー
てはい 手配	preparativi m.pl. プレパラティーヴィ	arrangement アレインヂメント
～する	fare i preparativi per ファーレ イ プレパラティーヴィ	arrange アレインジ
てび 手引き （書）	manuale m., vademecum m. マヌアーレ, ヴァデメークム	guide, manual ガイド, マニュアル
デビューする	debuttare デブッターレ	make one's debut メイク デビュー
てぶくろ 手袋	guanti m.pl. グァンティ	gloves グラヴズ
デフレ	deflazione f. デフラツィオーネ	deflation ディフレイション
てほん 手本	esempio m., modello m. エゼンピオ, モデッロ	example, model イグザンプル, マドル
てま 手間	tempo m., fatica f. テンポ, ファティーカ	time, labor タイム, レイバ
デマ	notizia infondata f. ノティーツィア インフォンダータ	false rumor フォルス ルーマ
でまえ 出前	servizio a domicilio m. セルヴィーツィオ アッドミチーリオ	catering service ケイタリング サーヴィス

日	伊	英
出店 (でみせ)	bancarella *f.* バンカレッラ	branch ブランチ
出迎える (でむかえる)	ricevere リチェーヴェレ	meet, receive ミート, リスィーヴ
デメリット	svantaggio *m.* ズヴァンタッジョ	demerit ディーメリト
デモ	manifestazione *f.* マニフェスタツィオーネ	demonstration デモンストレイション
手許[元]に (てもとに)	a portata di mano アッポルタータ ディ マーノ	at hand アト ハンド
デュエット	duetto *m.* ドゥエット	duet デュエト
寺 (てら)	tempio(buddista) *m.* テンピオ(ブッディスタ)	(Buddhist)temple (ブディスト)テンプル
テラス	terrazza *f.* テッラッツァ	terrace テラス
照らす (てらす)	illuminare イッルミナーレ	light, illuminate ライト, イリューミネイト
デラックスな	di lusso, lussuoso ディ ルッソ, ルッスオーゾ	deluxe デルクス
デリカシー	delicatezza *f.* デリカテッツァ	delicacy デリカスィ
デリケートな	sensibile センスィービレ	sensitive センスィティヴ
(微妙な)	delicato デリカート	delicate デリケト
テリトリー	territorio *m.* テッリトーリオ	territory テリトーリ
照る (てる)	splendere スプレンデレ	shine シャイン
出る (でる)	uscire ウッシーレ	go out ゴウ アウト
(出発)	partire パルティーレ	leave, start リーヴ, スタート
(出席・参加)	assistere *a*, partecipare *a* アッスィステレ, パルテチパーレ	attend, join アテンド, ヂョイン
テレックス	telex *m.* テーレクス	telex テレクス

日	伊	英
テレパシー	telepatia *f.* テレパティーア	telepathy テレパスィ
テレビ	televisione *f.*, TV *f.* テレヴィズィオーネ, ティッヴ	television テレヴィジョン
（受像機）	televisore *m.* テレヴィゾーレ	television (set) テレヴィジョン(セト)
～を見る	guardare la televisione グァルダーレ ラ テレヴィズィオーネ	watch television ワチ テレヴィジョン
～局	stazione televisiva *f.* スタツィオーネ テレヴィズィーヴァ	TV station ティーヴィー ステイション
～番組	programma televisivo *m.* プログランマ テレヴィズィーヴォ	TV program ティーヴィー プログラム
～電話	videotelefono *m.* ヴィデオテレーフォノ	videophone ヴィディオウフォウン
照れる	fare il vergognoso ファーレ イル ヴェルゴニョーゾ	feel shy フィール シャイ
テロ	terrorismo *m.* テッロリズモ	terrorism テラリズム
～リスト	terrorista *m.f.* テッロリスタ	terrorist テラリスト
手渡す	consegnare コンセニャーレ	hand ハンド
天	cielo *m.* チェーロ	the sky, the heavens ザ スカイ, ザ ヘヴンズ
点	punto *m.* プント	dot, point ダト, ポイント
電圧	voltaggio *m.* ヴォルタッジョ	voltage ヴォウルティヂ
転移する	metastatizzare メタスタティッザーレ	metastasize メタスタサイズ
店員	commesso(-*a*) *m.(f.)* コンメッソ(サ)	clerk クラーク
田園	campagna *f.* カンパーニャ	the country ザ カントリ
展開する	sviluppare ズヴィルッパーレ	develop ディヴェロプ
添加物	additivo *m.* アッディティーヴォ	additive アディティヴ
天気	tempo *m.* テンポ	weather ウェザ

日	伊	英
(晴天)	bel tempo *m.* ベル テンポ	fine weather ファイン ウェザ
～図	carta meteorologica *f.* カルタ メテオロロージカ	weather map ウェザ マプ
～予報	previsione del tempo *f.* プレヴィズィオーネ デル テンポ	the weather forecast ザ ウェザ フォーキャスト
でんき 伝記	biografia *f.* ビオグラフィーア	biography バイアグラフィ
でんき 電気	elettricità *f.* エレットリチタ	electricity イレクトリスィティ
(電灯)	luce *f.* ルーチェ	light ライト
～の	elettrico エレットリコ	electric イレクトリク
～器具	elettrodomestici *m.pl.* エレットロドメスティチ	electric appliances イレクトリク アプライアンスィス
でんきゅう 電球	lampadina *f.* ランパディーナ	electric bulb イレクトレク バルブ
てんきょ 転居する	trasferirsi トラスフェリルスィ	move ムーヴ
てんきん 転勤する	essere trasferito *in* エッセレ トラスフェリート	be transferred *to* ビ トランスファード
てんけいてき 典型的な	tipico ティーピコ	typical ティピカル
てんけん 点検する	ispezionare イスペツィオナーレ	inspect, check インスペクト, チェク
でんげん 電源	alimentazione *f.* アリメンタツィオーネ	power supply パウア サプライ
(コンセント)	presa *f.* プレーザ	outlet, socket アウトレト, サケト
てんこう 天候	tempo *m.* テンポ	weather ウェザ
てんこう 転校する	cambiare scuola カンビアーレ スクオーラ	change *one's* school チェインヂ スクール
てんごく 天国	paradiso *m.* パラディーゾ	Heaven, Paradise ヘヴン, パラダイス
でんごん 伝言	messaggio *m.* メッサッジョ	message メスィヂ
てんさい 天才	genio *m.* ジェーニオ	genius ヂーニアス

日	伊	英
天災 てんさい	calamità *f.* カラミタ	calamity, disaster カラミティ, ディザスタ
添削する てんさく	correggere コッレッジェレ	correct カレクト
天使 てんし	angelo *m.* アンジェロ	angel エインジェル
展示 てんじ	esposizione *f.* エスポズィツィオーネ	exhibition エクスィビション
～会	mostra *f.* モストラ	exhibition, show エクスィビション, ショウ
～する	esporre エスポッレ	exhibit イグズィビト
点字 てんじ	braille *m. f.* ブライル	braille ブレイル
電子 でんし	elettrone *m.* エレットローネ	electron イレクトラン
～の	elettronico エレットローニコ	electronic イレクトラニク
～メール	E-mail *f.*, posta elettronica *f.* イメイル, ポスタ エレットローニカ	E-mail イーメイル
～レンジ	forno a microonde *m.* フォルノ アミクロオンデ	microwave (oven) マイクロウウェイヴ(アヴン)
～工学	elettronica *f.* エレットローニカ	electronics イレクトラニクス
電磁波 でんじは	onda elettromagnetica *f.* オンダ エレットロマニェーティカ	electromagnetic wave イレクトロマグネティク ウェイヴ
電車 でんしゃ	treno *m.* トレーノ	train トレイン
天井 てんじょう	soffitto *m.* ソッフィット	the ceiling ザ スィーリング
～桟敷	loggione *m.* ロッジョーネ	gallery ギャラリ
添乗員 てんじょういん	accompagna*tore*(*-rice*) turistico(*-a*) アッコンパニャトーレ(トリーチェ) トゥリスティコ(カ)	tour conductor トゥア カンダクタ
天職 てんしょく	vocazione *f.* ヴォカツィオーネ	vocation ヴォウケイション
転職する てんしょく	cambiare lavoro カンビアーレ ラヴォーロ	change *one's* job チェインヂ チャブ

日	伊	英
<ruby>点数<rt>てんすう</rt></ruby>	punto *m.*, punteggio *m.* プント, プンテッジョ	marks, score マークス, スコー
<ruby>伝説<rt>でんせつ</rt></ruby>	leggenda *f.* レッジェンダ	legend レヂェンド
～的[上の]	leggendario レッジェンダーリオ	legendary レヂェンデリ
<ruby>点線<rt>てんせん</rt></ruby>	linea punteggiata *f.* リーネア プンテッジャータ	dotted line ダテド ライン
<ruby>伝染<rt>でんせん</rt></ruby>（接触）	contagio *m.*, infezione *f.* コンタージョ, インフェツィオーネ	contagion, infection カンテイヂョン, インフェクション
～病	epidemia *f.* エピデミーア	epidemic エピデミク
<ruby>電線<rt>でんせん</rt></ruby>	filo elettrico *m.* フィーロ エレットリコ	electric wire イレクトレク ワイア
<ruby>転送する<rt>てんそう</rt></ruby>	rispedire リスペディーレ	forward フォーワド
<ruby>天体<rt>てんたい</rt></ruby>	corpo celeste *m.*, astro *m.* コルポ チェレステ, アストロ	heavenly body ヘヴンリ バディ
<ruby>電卓<rt>でんたく</rt></ruby>	calcolatrice *f.* カルコラトリーチェ	calculator キャルキュレイタ
<ruby>伝達する<rt>でんたつ</rt></ruby>	comunicare コムニカーレ	communicate コミューニケイト
<ruby>天地<rt>てんち</rt></ruby>	cielo e terra チェーロ エ テッラ	heaven and earth ヘヴン アンド アース
～創造	la Creazione *f.* ラ クレアツィオーネ	the Creation ザ クリエイション
<ruby>電池<rt>でんち</rt></ruby>	pila *f.*, batteria *f.* ピーラ, バッテリーア	electric cell イレクトレク セル
<ruby>電柱<rt>でんちゅう</rt></ruby>	palo (telegrafico) *m.* パーロ (テレグラーフィコ)	telegraph pole テレグラフ ポウル
<ruby>店長<rt>てんちょう</rt></ruby>	gerente *m.f.* ジェレンテ	manager マニヂャ
<ruby>天敵<rt>てんてき</rt></ruby>	nemico naturale *m.* ネミーコ ナトゥラーレ	natural enemy ナチュラル エネミ
<ruby>点滴<rt>てんてき</rt></ruby>	fleboclisi a goccia *f.* フレボクリーズィ アゴッチャ	intravenous drip injection イントラヴィーナス ドリプ インヂェクション
テント	tenda *f.* テンダ	tent テント

日	伊	英
でんとう 伝統	tradizione f. トラディツィオーネ	tradition トラディション
～的な	tradizionale トラディツィオナーレ	traditional トラディショナル
でんねつき 電熱器	stufa elettrica f. ストゥーファ エレットリカ	electric heater イレクトレク ヒータ
てんねん 天然	natura f. ナトゥーラ	nature ネイチャ
～の	naturale ナトゥラーレ	natural ナチュラル
～ガス	gas naturale m. ガス ナトゥラーレ	natural gas ナチュラル ギャス
～資源	risorse naturali f.pl. リソルセ ナトゥラーリ	natural resources ナチュラル リーソースィズ
てんねんとう 天然痘	vaiolo m. ヴァイオーロ	smallpox スモールパクス
てんのう 天皇	imperatore m. インペラトーレ	emperor エンペラ
てんのうせい 天王星	Urano m. ウラーノ	Uranus ユアラナス
でんぱ 電波	radioonda f. ラディオオンダ	radio wave レイディオウ ウェイヴ
でんぴょう 伝票	nota f., distinta f. ノータ, ディスティンタ	slip スリプ
てんびんざ 天秤座	Bilancia f. ビランチャ	the Balance ザ バランス
てんぷ 添付する	allegare アッレガーレ	attach アタチ
てんぷく 転覆する	rovesciarsi ロヴェッシャルスィ	turn over ターン オウヴァ
でんぷん 澱粉	amido m. アーミド	starch スターチ
～質の	amilaceo アミラーチェオ	starcy スターチィ
テンポ	tempo m. テンポ	tempo テンポウ
（歩調）	passo m. パッソ	pace, step ペイス, ステプ

日	伊	英
てんぼう 展望	vista *f.* ヴィスタ	view ヴュー
～台	belvedere *m.* ベルヴェデーレ	observation tower アブザヴェイション タウア
デンマーク	Danimarca *f.* ダニマルカ	Denmark デンマーク
～の	danese ダネーゼ	Danish デイニシュ
てんまど 天窓	lucernario *m.* ルチェルナーリオ	skylight スカイライト
てんめつ 点滅する	lampeggiare ランペッジャーレ	blink ブリンク
てんもんがく 天文学	astronomia *f.* アストロノミーア	astronomy アストラノミ
てんもんだい 天文台	osservatorio astronomico *m.* オッセルヴァトーリオ アストロノーミコ	astronomical observatory アストロナミカル オブザーヴァトリ
てんやく 点訳する	trascrivere in braille トラスクリーヴェレ イン ブライル	put into braille プト イントゥ ブレイル
てんらんかい 展覧会	mostra *f.*, esposizione *f.* モストラ, エスポズィツィオーネ	exhibition エクスィビション
でんりゅう 電流	corrente elettrica *f.* コッレンテ エレットリカ	electric current イレクトレク カーレント
でんりょく 電力	energia elettrica *f.* エネルジーア エレットリカ	electric power イレクトレク パウア
でんわ 電話	telefono *m.* テレーフォノ	telephone テレフォウン
（通話）	telefonata *f.* テレフォナータ	call コール
～する	telefonare *a*, chiamare テレフォナーレ, キアマーレ	call, ring コール, リング
～を切る	riattaccare リアッタッカーレ	hang up ハング アプ
公衆～	telefono pubblico *m.* テレーフォノ プブリコ	public telephone パブリク テレフォウン
～番号	numero di telefono *m.* ヌーメロ ディ テレーフォノ	telephone number テレフォウン ナンバ
～ボックス	cabina telefonica *f.* カビーナ テレフォーニカ	telephone booth テレフォウン ブース

日	伊	英
と, ト		
戸	porta *f.* ポルタ	door ドー
度 (回数)	volta *f.* ヴォルタ	time タイム
(角度・温度)	grado *m.* グラード	degree ディグリー
ドア	porta *f.* ポルタ	door ドー
問い	domanda *f.* ドマンダ	question クウェスチョン
問い合わせる	informarsi インフォルマルスィ	inquire インクワイア
砥石	cote *f.* コーテ	whetstone ホウェツトウン
ドイツ	Germania *f.* ジェルマーニア	Germany チャーマニ
〜の	tedesco *m.* テデスコ	German チャーマン
トイレットペーパー	carta igienica *f.* カルタ イジェーニカ	toilet paper トイレト ペイパ
党	partito *m.* パルティート	party パーティ
塔	torre *f.* トッレ	tower タウア
胴	tronco *m.* トロンコ	the trunk ザ トランク
(ウエスト)	vita *f.* ヴィータ	waist ウェイスト
銅	rame *m.* ラーメ	copper カパ
答案	risposte *f.pl.* リスポステ	answers アンサズ
〜用紙	questionario *m.* クェスティオナーリオ	answer sheet アンサ シート
同意する	consentire con コンセンティーレ	agree *with*, consent アグリー, カンセント

日	伊	英
とういつ 統一する	unificare, unire ウニフィカーレ, ウニーレ	unite, unify ユーナイト, ユーニファイ
どういん 動員する	mobilitare モビリターレ	mobilize モウビライズ
とうおう 東欧	Europa orientale f. エウローパ オリエンターレ	East Europe イースト ユアロプ
どうか 同化する	assimilare アッスィミラーレ	assimilate アスィミレイト
どうかせん 導火線	miccia f. ミッチャ	fuse フューズ
とうがらし 唐辛子	peperoncino m. ペペロンチーノ	red pepper レド ペパ
とうかん 投函する	imbucare, impostare インブカーレ, インポスターレ	mail, post メイル, ポスト
とうき 冬季[期]	inverno m. インヴェルノ	winter ウィンタ
～の	invernale インヴェルナーレ	winter ウィンタ
とうき 投機	speculazione f. スペクラツィオーネ	speculation スペキュレイション
とうき 陶器	ceramica f. チェラーミカ	earthenware アースンウェア
どうき 動機	motivo m. モティーヴォ	the motive ザ モウティヴ
どうぎご 同義語	sinonimo m. スィノーニモ	synonym スィノニム
とうぎ 討議する	discutere ディスクーテレ	discuss ディスカス
とうきゅう 等級	categoria f., classe f. カテゴリーア, クラッセ	class, rank クラス, ランク
とうぎゅう 闘牛	corrida f. コッリーダ	bullfight ブルファイト
(牛)	toro da combattimento トーロ ダ コンバッティメント	fighting bull ファイティング ブル
～士	torero m. トレーロ	bullfighter, matador ブルファイタ, マタドー
～場	arena f. アレーナ	bullring ブルリング

日	伊	英
同級生 (どうきゅうせい)	compagno(-a) di classe *m.(f.)* コンパーニョ(ニャ) ディ クラッセ	classmate クラスメイト
同居する (どうきょする)	coabitare *con* コアビターレ	live with... ライヴ ウィズ
同郷 (どうきょう) (人)	compaesano(-a) コンパエザーノ(ナ)	person from *one's* home town パーソン フラム ホウム タウン
当局 (とうきょく)	le autorità *f.pl.* レ アウトリタ	the authorities ジ オサリティズ
道具 (どうぐ)	arnese *m.*, attrezzo *m.* アルネーゼ, アットレッツォ	tool トゥール
洞窟 (どうくつ)	caverna *f.*, grotta *f.* カヴェルナ, グロッタ	cave ケイヴ
峠 (とうげ)	passo *m.*, valico *m.* パッソ, ヴァーリコ	pass パス
統計 (とうけい) (学)	statistica *f.* スタティスティカ	statistics スタティスティクス
〜的に	statisticamente スタティスティカメンテ	statistically スタティスティカリ
陶芸 (とうげい)	ceramica *f.* チェラーミカ	ceramics スィラミクス
凍結する (とうけつする)	congelarsi コンジェラルスィ	freeze フリーズ
(賃金・物価を)	congelare コンジェラーレ	freeze フリーズ
登校 (とうこう)		
〜する	andare a scuola アンダーレ ア スクオーラ	go to school ゴウ トゥ スクール
〜拒否症	fobia della scuola *f.* フォビーア デッラ スクオーラ	school phobia スクール フォウビア
統合する (とうごうする)	unificare ウニフィカーレ	unite, unify ユーナイト, ユーニファイ
動向 (どうこう)	trend *m.*, andamento *m.* トレンド, アンダメント	trend, tendency トレンド, テンデンスィ
動作 (どうさ)	mossa *f.*, movimento *m.* モッサ, モヴィメント	motion, movement モウション, ムーヴメント
東西 (とうざい)	est e ovest エスト エ オーヴェスト	east and west イースト アンド ウェスト
洞察力 (どうさつりょく)	perspicacia *f.* ペルスピカーチャ	insight インサイト

日	伊	英
とうさん 倒産する	fare bancarotta, fallire	go bankrupt
どうさん 動産	patrimonio mobiliare *m.*	movables
とうし 投資	investimento *m.*	investment
～する	investire	invest
～家	investi*tore*(*-trice*) *m.(f.)*	investor
とうし 闘志	grinta *f.*, mordente *m.*	fighting spirit
とうじ 冬至	solstizio d'inverno *m.*	the winter solstice
とうじ 当時	allora, a quei tempi	at that time
どうし 動詞	verbo *m.*	verb
どうし 同志	compagn*o*(*-a*)	comrades
どうじ 同時	simultaneità *f.*	simultaneity
～の	simultaneo	simultaneous
～に	nello stesso tempo	at the same time
～通訳	traduzione simultanea *f.*	simultaneous interpretation
（人）	tradut*tore*(*-trice*) *simultaneo*(*-a*) *m.(f.)*	simultaneous interpreter
とうじき 陶磁器	ceramiche e polcellane	pottery, ceramics
どうじだい 同時代	la stessa epoca	same age
～の	contemporaneo	contemporary
どうしつ 同質	omogeneità *f.*	homogeneity

日	伊	英
〜の	omogeneo オモジェーネオ	homogeneous ホウモヂーニアス
どうして	perché, come mai ペルケ, コメマーイ	why ホワイ
(どのように)	come コーメ	how ハウ
どうしても	ad ogni costo アドンニ コスト	by all means バイ オール ミーンズ
とうしょ 投書する	mandare una lettera マンダーレ ウナ レッテラ	contribute *to* カントリビュト
とうしょう 凍傷	gelone *m.* ジェローネ	frostbite フロストバイト
とうじょう 登場	entrata *f.*, apparizione *f.* エントラータ, アッパリツィオーネ	entering エンタリング
〜する	apparire, comparire アッパリーレ, コンパリーレ	enter, appear エンタ, アピア
〜人物	personaggio *m.* ペルソナッジョ	the characters ザ キャラクタズ
とうじょう 搭乗	imbarco *m.* インバルコ	boarding ボーディング
〜する	imbarcarsi *su* インバルカルスィ	board ボード
〜ゲート	uscita *f.* ウッシータ	boarding gate ボーディング ゲイト
〜券	carta d'imbarco *f.* カルタ ディンバルコ	boarding pass ボーディング パス
どうじょう 同情する	provare compassione *per* プロヴァーレ コンパッスィオーネ	sympathize *with* スィンパサイズ
とうしんだい 等身大の	di grandezza naturale ディ グランデッツァ ナトゥラーレ	life-size ライフサイズ
とうすい 陶酔する	provare l'ebbrezza *di* プロヴァーレ レッブレッツァ	be intoxicated *with* ビ インタクスィケイテド
どうせ	in ogni modo, comunque イノンニ モード, コムンクェ	anyway エニウェイ
(結局)	dopotutto ドーポトゥット	after all アフタ オール
とうせい 統制する	controllare, regolare コントロッラーレ, レゴラーレ	control, regulate カントロウル, レギュレイト
どうせい 同性	lo stesso sesso *m.* ロ ステッソ セッソ	the same sex ザ セイム セクス

日	伊	英
〜愛	omosessualità *f.* オモセッスアリタ	homosexuality ホウモセクシュアリティ
どうせい 同棲する	convivere *con* コンヴィーヴェレ	cohabit *with* コウハビト
とうせん 当選(する)	essere eletto エッセレ エレット	be elected ビ イレクテド
とうせん 当籤		
〜する	vincere (un premio) ヴィンチェレ (ウン プレーミオ)	win (a prize) ウィン (ア プライズ)
〜者	vinci*tore*(*-trice*) m.(*f.*) ヴィンチトーレ(トリーチェ)	prizewinner プライズウィナ
〜番号	numero vincente *m.* ヌーメロ ヴィンチェンテ	winning number ウィニング ナンバ
とうぜん 当然	naturalmente, evidentemente ナトゥラルメンテ, エヴィデンテメンテ	naturally ナチュラリ
〜の	naturale ナトゥラーレ	natural, right ナチュラル, ライト
とうそう 闘争	lotta *f.* ロッタ	fight, struggle ファイト, ストラグル
どうぞう 銅像	statua di bronzo *f.* スタートゥア ディ ブロンゾ	bronze statue ブランズ スタチュー
どうそうかい 同窓会	associazione di ex studenti *f.* アッソチアツィオーネ ディ エクス ストゥデンティ	alumni association アラムナイ アソウシエイション
とうぞく 盗賊	ladro *m.* ラードロ	thief, robber スィーフ, ラバ
とうだい 灯台	faro *m.* ファーロ	lighthouse ライトハウス
どうたい 胴体	tronco *m.* トロンコ	the trunk ザ トランク
(機体)	fusoliera *f.* フゾリエーラ	the fuselage ザ フューズラージュ
〜着陸	atterraggio sul ventre *m.* アッテッラッジョ スル ヴェントレ	belly landing ベリ ランディング
とうち 統治する	governare ゴヴェルナーレ	govern ガヴァン
とうち 倒置する	invertire インヴェルティーレ	invert インヴァート
とうちゃく 到着する	arrivare アッリヴァーレ	arrive *at* アライヴ

日	伊	英
とうちょう 盗聴する	intercettare インテルチェッターレ	tap タブ
どうてん 同点	pareggio *m.* パレッジョ	tie タイ
とうと 尊い	nobile ノービレ	noble ノウブル
（貴重な）	prezioso プレツィオーゾ	precious プレシャス
どうとう 同等	uguaglianza ウグァッリアンツァ	equality イクワリティ
〜の	uguale ウグァーレ	equal イークワル
どうどう 堂々と	con aria solenne コン ナーリア ソレンネ	with great dignity ウィズ グレイト ディグニティ
〜した	maestoso, imponente, solenne マエストーゾ, インポネンテ, ソレンネ	stately, magnificent ステイトリ, マグニフィセント
どうとく 道徳	moralità *f.* モラリタ	morality モラリティ
〜的な	morale モラーレ	moral モラルズ
とうと 尊ぶ	rispettare, riverire リスペッターレ, リヴェリーレ	respect, revere リスペクト, レヴェレンス
とうなん 盗難	furto *m.* フルト	robbery ラバリ
〜保険	assicurazione contro il furto *f.* アッスィクラツィオーネ コントロ イル フルト	burglary insurance バーグラリ インシュアランス
どうにゅうする 導入する	introdurre イントロドゥッレ	introduce イントロデュース
とうにょうびょう 糖尿病	diabete *m.* ディアベーテ	diabetes ダイアビーティーズ
どうねんぱいの 同年輩の	coetaneo, della stessa età コエターネオ, デッラ ステッサ エタ	of the same age オヴ ザ セイム エイヂ
とうばん 当番	turno *m.* トゥルノ	turn ターン
どうはんする 同伴する	accompagnare アッコンパニャーレ	bring ブリング
どうはんが 銅版画	opera calcografica *f.* オーペラ カルコグラーフィカ	drypoint ドライポイント

日	伊	英
(エッチング)	acquaforte f. アックアフォルテ	etching エチング
<ruby>逃避<rt>とうひ</rt></ruby>する	fuggire, evadere da フッジーレ, エヴァーデレ	escape from イスケイプ
<ruby>投票<rt>とうひょう</rt></ruby>	votazione f. ヴォタツィオーネ	voting ヴォウティング
〜する	votare ヴォターレ	vote for ヴォウト
〜箱	urna f. ウルナ	ballot box バロト バクス
〜用紙	scheda (elettorale) f. スケーダ(エレットラーレ)	voting paper ヴォウティング ペイパ
<ruby>豆腐<rt>とうふ</rt></ruby>	tofu m. トフ	*tofu*, bean curd トウフー, ビーン カード
<ruby>東部<rt>とうぶ</rt></ruby>	parte orientale f. パルテ オリエンターレ	the eastern part ザ イースタン パート
<ruby>同封<rt>どうふう</rt></ruby>する	accludere, allegare アックルーデレ, アッレガーレ	enclose インクロウズ
<ruby>動物<rt>どうぶつ</rt></ruby>	animale m. アニマーレ	animal アニマル
〜園	giardino zoologico m., zoo m. ジャルディーノ ゾロージコ, ゾー	zoo ズー
<ruby>当分<rt>とうぶん</rt></ruby>(の間)	per un certo tempo ペル ウン チェルト テンポ	for the time being フォー ザ タイム ビーイング
<ruby>糖分<rt>とうぶん</rt></ruby>	zucchero m. ヅッケロ	sugar シュガ
<ruby>逃亡<rt>とうぼう</rt></ruby>	fuga f., evasione f. フーガ, エヴァズィオーネ	escape イスケイプ
〜する	fuggire, evadere da フッジーレ, エヴァーデレ	escape from イスケイプ
〜者	fuggiasco(-a) m.(f.) フッジャスコ(カ)	fugitive フューヂティヴ
<ruby>同胞<rt>どうほう</rt></ruby>	compatriota m.f. コンパトリオータ	compatriot ブレズレン
<ruby>東北<rt>とうほく</rt></ruby>	nord-est m. ノルデスト	the northeast ザ ノースイースト
<ruby>動脈<rt>どうみゃく</rt></ruby>	arteria f. アルテーリア	artery アータリ

日	伊	英
～硬化	arteriosclerosi *f.* アルテリオスクレローズィ	arteriosclerosis アーティアリオウスクレロウスィス
とうみん 冬眠する	andare in letargo, ibernare アンダーレ イン レタルゴ, イベルナーレ	hibernate ハイバネイト
とうめい 透明な	trasparente トラスパレンテ	transparent トランスペアレント
どうめい 同盟する	allearsi アッレアルスィ	form an alliance *with* フォーム アン ナライアンス
とうめん 当面の	del momento デル モメント	for the present フォー ザ プレズント
どうもう 獰猛な	feroce フェローチェ	fierce フィアス
とうもろこし 玉蜀黍	granturco *m.*, mais *m.* グラントゥルコ, マイス	corn, maize コーン, メイズ
とうゆ 灯油	cherosene *m.* ケロゼーネ	kerosene ケロスィーン
とうよう 東洋	Oriente *m.* オリエンテ	the East, the Orient ジ イースト, ジ オリエント
～の	orientale オリエンターレ	Oriental オーリエンタル
どうよう 動揺する	essere turbato エッセレ トゥルバート	be agitated ビ アヂテイテド
どうよう 同様		
～の	simile スィーミレ	similar, like スィミラ, ライク
～に	allo stesso modo, similmente アッロ ステッソ モード, スィミルメンテ	in the same way イン ザ セイム ウェイ
どうらく 道楽	hobby *m.*, passatempo *m.* オッビ, パッサテンポ	hobby, pastime ハビ, パスタイム
(放蕩)	dissolutezza *f.* ディッソルテッツァ	dissipation ディスィペイション
どうり 道理	ragione *f.* ラジョーネ	reason リーズン
どうりょう 同僚	collega *m.f.* コッレーガ	colleague カリーグ
どうりょく 動力	potenza *f.* ポテンツァ	power パウァ
どうろ 道路	strada *f.* ストラーダ	road ロウド

日	伊	英
〜交通法	codice stradale *m.* コーディチェ ストラダーレ	the Road Traffic Law ザ ロウド トラフィク ロー
〜地図	carta stradale *f.* カルタ ストラダーレ	road map ロウド マプ
登録する	registrare, iscrivere レジストラーレ, イスクリーヴェレ	register, enter *in* レヂスタ, エンタ
討論	discussione *f.*, dibattito *m.* ディスクッスィオーネ, ディバッティト	discussion ディスカション
〜する	discutere, dibattere ディスクーテレ, ディバッテレ	discuss ディスカス
〜会	dibattito *m.* ディバッティト	debate ディベイト
童話	fiaba *f.*, favola *f.* フィアーバ, ファーヴォラ	fairy tale フェアリ テイル
当惑する	essere imbarazzato エッセレ インバラッツァート	be embarrassed ビ インバラスト
遠い	lontano ロンターノ	far, distant ファー, ディスタント
遠くに	lontano ロンターノ	far away ファー アウェイ
遠ざかる	allontanarsi アッロンタナルスィ	go away ゴウ アウェイ
遠ざける	allontanare アッロンタナーレ	keep away キープ アウェイ
通す	far passare ファル パッサーレ	pass through パス スルー
トースター	tostapane *m.* トスタパーネ	toaster トウスタ
トースト	pane tostato *m.* パーネ トスタート	toast トウスト
ドーナツ	ciambella *f.* チャンベッラ	doughnut ドウナト
トーナメント	torneo *m.* トルネーオ	tournament トゥアナメント
ドーピング	doping *m.* ドピング	doping ドウピイング
遠回しに	indirettamente インディレッタメンテ	indirectly インディレクトリ

日	伊	英
とおまわ 遠回りする	fare una deviazione ファーレ ウナ デヴィアツィオーネ	make a detour メイク ア ディートゥア
ドーム	cupola *f.* クーポラ	dome ドウム
とお 通り	via *f.*, strada *f.* ヴィーア, ストラーダ	road, street ロウド, ストリート
とお あめ 通り雨	acquazzone *m.* アックァッツォーネ	shower シャウア
とお す 通り過ぎる	passare, andare oltre パッサーレ, アンダーレ オルトレ	pass by パス バイ
とお ぬ 通り抜ける	attraversare アットラヴェルサーレ	pass through パス スルー
とお みち 通り道	passaggio *m.* パッサッジョ	the way *to* ザ ウェイ
とお 通る	passare パッサーレ	pass パス
トーン	tono *m.* トーノ	tone トウン
とかい 都会	città *f.* チッタ	city, town スィティ, タウン
とかげ 蜥蜴	lucertola *f.* ルチェルトラ	lizard リザド
と 解かす	fondere, sciogliere フォンデレ, ショッリェレ	melt, dissolve メルト, ディザルヴ
とが 咎める	biasimare, rimproverare ビアズィマーレ, リンプロヴェラーレ	blame ブレイム
とき 時	tempo *m.*, ora *f.* テンポ, オーラ	time, hour タイム, アウア
…する〜	quando クァンド	when (ホ)ウェン
どき 土器	vasellame di terracotta *m.* ヴァゼッラーメ ディ テッラコッタ	earthen vessel ア〜スン ヴェセル
どきっとする	scuotersi スクオーテルスィ	be shocked ビ シャクド
ときどき 時々	qualche volta, ogni tanto クァルケ ヴォルタ, オンニ タント	sometimes サムタイムズ
どきどきする	palpitare, battere forte パルピターレ, バッテレ フォルテ	beat, throb ビート, スラブ

日	伊	英
ドキュメンタリー	documentario *m.* ドクメンターリオ	documentary ダキュメンタリ
ドキュメント	documento *m.* ドクメント	document ダキュメント
度胸(どきょう)	coraggio *m.*, fegato *m.* コラッジョ, フェーガト	courage, bravery カーリヂ, ブレイヴァリ
途切れる(とぎれる)	interrompersi インテッロンペルスィ	break, stop ブレイク, スタプ
解く(とく) (解答)	risolvere リソルヴェレ	solve, answer サルヴ, アンサ
(ほどく)	sciogliere ショッリェレ	untie, undo アンタイ, アンドゥー
(解除)	togliere トッリェレ	cancel, release キャンセル, リリース
溶く(とく)	sciogliere ショッリェレ	dissolve ディザルヴ
梳く(とく) (髪を)	pettinarsi ペッティナルスィ	comb (*one's* hair) コウム (ヘア)
説く(とく)	spiegare スピエガーレ	explain イクスプレイン
(説教)	predicare プレディカーレ	preach プリーチ
得(とく)	profitto *m.*, guadagno *m.* プロフィット, グァダーニョ	profit, gains プラフィット, ゲインズ
(有利)	vantaggio *m.* ヴァンタッジョ	advantage, benefit アドヴァンティヂ, ベニフィト
研ぐ(とぐ)	affilare アッフィラーレ	grind, whet グラインド, ホウェト
退く(どく)	tirarsi da parte, spostarsi ティラルスィ ダ パルテ, スポスタルスィ	get out of the way ゲト アウト オヴ ザ ウェイ
毒(どく)	veleno *m.* ヴェレーノ	poison ポイズン
〜のある	velenoso ヴェレノーゾ	poisonous ポイズナス
〜ガス	gas tossico *m.* ガス トッスィコ	poison gas ポイズン ギャス
特異(性)(とくい)	singolarità *f.* スィンゴラリタ	peculiarity ピキューリアリティ
〜な	singolare, particolare スィンゴラーレ, パルティコラーレ	peculiar ピキューリア

日	伊	英
〜体質	idiosincrasia *f.* イディオスィンクラズィーア	idiosyncrasy イディオスィンクラスィ
得意 ^{とくい}	il *proprio* forte *m.* イル フォルテ	one's forte フォート
〜である	essere forte [bravo] *in* エッセレ フォルテ(ブラーヴォ)	be good *at* ビ グド
独学する ^{どくがく}	imparare da autodidatta インパラーレ ダ アウトディダッタ	teach *oneself* ティーチ
特技 ^{とくぎ}	specialità *f.* スペチャリタ	specialty スペシャルティ
独裁 ^{どくさい}	dittatura *f.* ディッタトゥーラ	dictatorship ディクテイタシプ
〜者	ditta*tore*(*-trice*) *m.*(*f.*) ディッタトーレ(トリーチェ)	dictator ディクテイタ
特撮 ^{とくさつ}	ripresa a trucco *f.* リプレーザ アットルッコ	special effects スペシャル イフェクツ
特産品 ^{とくさんひん}	specialità *f.* スペチャリタ	special product スペシャル プラダクト
独自の ^{どくじ}	originale オリジナーレ	original, unique オリヂナル, ユーニーク
読者 ^{どくしゃ}	let*tore*(*-trice*) *m.*(*f.*) レットーレ(トリーチェ)	reader リーダ
特集 ^{とくしゅう}	programma speciale *m.* プログランマ スペチャーレ	feature articles フィーチャ アーティクルズ
特殊な ^{とくしゅ}	particolare, speciale パルティコラーレ, スペチャーレ	special, unique スペシャル, ユーニーク
読書 ^{どくしょ}	lettura *f.* レットゥーラ	reading リーディング
〜する	leggere レッジェレ	read リード
独唱 ^{どくしょう}	assolo *m.* アッソーロ	vocal solo ヴォウカル ソウロウ
特色 ^{とくしょく}	carattere *m.* カラッテレ	characteristic キャラクタリスティク
独身(の) ^{どくしん}	celibe, scapolo (*m.*), nubile (*f.*) チェーリベ, スカーポロ, ヌービレ	unmarried, single アンマリド, スィングル
毒舌 ^{どくぜつ}	lingua tagliente *f.* リングァ タッリエンテ	spiteful tongue スパイトフル タング

日	伊	英
独占する	monopolizzare モノポリッザーレ	monopolize モナポライズ
独創(性)	originalità *f.* オリジナリタ	originality オリヂナリティ
～的な	originale オリジナーレ	original オリヂナル
督促する	sollecitare ソッレチターレ	press, urge プレス, アーヂ
独断で	arbitrariamente アルビトラリアメンテ	on *one's* own judgment オン オウン ヂャヂメント
特徴	caratteristica *f.* カラッテリスティカ	characteristic キャラクタリスティク
～のある	caratteristico カラッテリスティコ	characteristic キャラクタリスティク
特定の	determinato, specifico デテルミナート, スペチーフィコ	specific, specified スピスィフィク, スペスィファイド
得点	punto *m.*, punteggio *m.* プント, プンテッジョ	score, runs スコー, ランズ
～する	segnare セニャーレ	score スコー
独特の	particolare, speciale パルティコラーレ, スペチャーレ	unique, peculiar ユーニーク, ピキューリア
特に	specialmente, soprattutto スペチャルメンテ, ソプラットゥット	especially イスペシャリ
特売	svendita *f.*, saldi *m.pl.* ズヴェンディタ, サルディ	sale セイル
特派員	inviato(-a) speciale *m.(f.)* インヴィアート(タ) スペチャーレ	correspondent コレスパンデント
特別な	speciale, particolare スペチャーレ, パルティコラーレ	special, exceptional スペシャル, イクセプショナル
匿名の	anonimo アノーニモ	anonymous アナニマス
特有の	particolare, proprio パルティコラーレ, プロープリオ	peculiar *to* ピキューリア
独立	indipendenza *f.* インディペンデンツァ	independence インディペンデンス
～の	indipendente インディペンデンテ	independent インディペンデント

日	伊	英
〜する	rendersi indipendente レンデルスィ インディペンデンテ	become independent *of* ビカム インディペンデント
独力で	da solo ダ ソーロ	by *oneself* バイ
刺・棘	spina *f.* スピーナ	thorn, prickle ソーン, プリクル
時計	orologio *m.* オロロージョ	watch, clock ワチ, クラク
〜店	orologeria *f.* オロロジェリーア	watch store ワチ ストー
溶ける	fondere, sciogliersi フォンデレ, ショッリェルスィ	melt, dissolve メルト, ディザルヴ
退ける	togliere, rimuovere トッリェレ, リムオーヴェレ	remove リムーヴ
床	letto *m.* レット	bed ベド
どこ	dove ドーヴェ	where ホウェア
どこかに［で］	da qualche parte ダ クアルケ パルテ	somewhere サムホウェア
床屋	barbiere(-a) *m.(f.)* バルビエーレ(ラ)	barbershop バーバシャプ
所 (場所)	posto *m.*, luogo *m.* ポスト, ルオーゴ	place, spot プレイス, スパト
(箇所)	punto *m.* プント	point ポイント
ところが	tuttavia, ma トゥッタヴィーア, マ	but, however バト, ハウエヴァ
ところで	a proposito ア プロポーズィト	by the way バイ ザ ウェイ
所々	qua e là クァ エ ラ	here and there ヒア アンド ゼア
登山	alpinismo *m.* アルピニズモ	mountain climbing マウンティン クライミング
〜する	fare dell'alpinismo ファーレ デッラルピニズモ	climb クライム
〜家	alpinista *m.f.* アルピニスタ	mountaineer マウティニア

日	伊	英
～電車	funicolare *f.* フニコラーレ	mountain train マウンティン トレイン
都<ruby>市<rt>とし</rt></ruby>	città *f.* チッタ	city スィティ
～の	urbano ウルバーノ	city, urban スィティ, アーバン
～化	urbanizzazione *f.* ウルバニッザツィオーネ	urbanization アーバニゼイシャン
<ruby>年<rt>とし</rt></ruby>	anno *m.* アンノ	year イア
（年齢）	età *f.*, anni *m.pl.* エタ, アンニ	age, years エイヂ, イアズ
～を取る	invecchiare インヴェッキアーレ	grow old グロウ オウルド
どじ	gaffe *f.* ガフ	goof, blunder グーフ, ブランダ
<ruby>年上<rt>としうえ</rt></ruby>の	maggiore, più vecchio マッジョーレ, ピウ ヴェッキオ	older オウルダ
<ruby>閉<rt>と</rt></ruby>じ<ruby>込<rt>こ</rt></ruby>める	rinchiudere, imprigionare リンキューデレ, インプリジョナーレ	shut, imprison シャト, インプリズン
<ruby>年頃<rt>としごろ</rt></ruby>の	in età da marito, maritabile インネタ ダ マリート, マリターピレ	marriageable マリヂャブル
<ruby>年下<rt>としした</rt></ruby>の	minore, più giovane ミノーレ, ピウ ジョーヴァネ	younger ヤンガ
<ruby>年月<rt>としつき</rt></ruby>	tempo *m.*, anni *m.pl.* テンポ, アンニ	years イアズ
<ruby>戸締<rt>とじ</rt></ruby>まりする	serrare l'abitazione セッラーレ ラビタツィオーネ	lock the doors ラク ザ ドーズ
<ruby>土砂<rt>どしゃ</rt></ruby>	terra e sabbia *f.* テッラ エ サッビア	earth and sand アース アンド サンド
～崩れ	frana *f.* フラーナ	landslide ランドスライド
<ruby>図書<rt>としょ</rt></ruby>	libro *m.* リーブロ	books ブクス
～館	biblioteca *f.* ビブリオテーカ	library ライブラリ
<ruby>土壌<rt>どじょう</rt></ruby>	terra *f.*, suolo *m.* テッラ, スオーロ	soil ソイル
<ruby>年寄<rt>としよ</rt></ruby>り	anziano(-a) *m.(f.)* アンツィアーノ(ナ)	the aged ジ エイヂド

日	伊	英
と 綴じる	legare レガーレ	bind, file バインド, ファイル
と 閉じる	chiudere キウーデレ	shut, close シャト, クロウズ
としん 都心	centro della città *m.* チェントロ デッラ チッタ	the center of a city ザ センタ オヴ ア スィティ
どせい 土星	Saturno *m.* サトゥルノ	Saturn サタン
とそう 塗装する	verniciare ヴェルニチャーレ	paint, coat ペイント, コウト
どそう 土葬する	seppellire, inumare セッペリーレ, イヌマーレ	bury ベリ
どそく 土足で	senza togliersi le scarpe センツァ トッリェルスィ レ スカルペ	with *one's* shoes on ウィズ シューズ オン
どだい 土台	fondamenta *f.pl.*, base *f.* フォンダメンタ, バーゼ	the foundation, the base ザ ファウンデイション, ザ ベイス
とだ 途絶える	interrompersi, cessare インテッロンペルスィ, チェッサーレ	stop, cease スタプ, スィース
とだな 戸棚	credenza *f.* クレデンツァ	cupboard カバド
どたんば 土壇場で	all'ultimo momento アッルルティモ モメント	at the last moment アト ザ ラスト モウメント
とち 土地	terreno *m.* テッレーノ	land ランド
とちゅう 途中 (で)	strada facendo ストラーダ ファチェンド	on the way オン ザ ウェ
(中間で)	a mezza strada ア メッザ ストラーダ	halfway ハフウェイ
(事の半ばで)	a metà ア メタ	halfway ハフウェイ
〜下車	fare una sosta intermedia *a* ファーレ ウナ ソスタ インテルメーディア	stop over *at* スタプ オウヴァ
どちら	quale クアーレ	which ホウィチ
(場所)	dove ドーヴェ	where ホウェア
(だれ)	chi キ	who フー

日	伊	英
どちらか	l'uno(-a) o l'altro(-a) ルーノ(ナ) オ ラルトロ(ラ)	either イーザ
どちらも	tutt'e due, entrambi(-e) トゥッテドゥーエ, エントランビ(ベ)	both ボウス
とちる	fare una papera ファーレ ウナ パーペラ	bungle, muff バングル, マフ
特価	prezzo speciale m. プレッツォ スペチャーレ	special price スペシャル プライス
読解力	capacità di lettura f. カパチタ ディ レットゥーラ	reading ability リーディング アビリティ
特急	rapido m. ラーピド	special express スペシャル イクスプレス
特許	brevetto m. ブレヴェット	patent パテント
特訓	allenamento speciale m. アッレナメント スペチャーレ	special training スペシャル トレイニング
特権	privilegio m. プリヴィレージョ	privilege プリヴィリヂ
凸状の	convesso コンヴェッソ	convex カンヴェクス
突進する	lanciarsi, slanciarsi ランチャルスィ, ズランチャルスィ	rush at, dash at ラシュ, ダシュ
突然	all'improvviso, d'un tratto アッリンプロッヴィーソ, ドゥントラット	suddenly サドンリ
取っ手	maniglia f., manico m. マニッリャ, マーニコ	handle, knob ハンドル, ナブ
取って来る	andare a prendere アンダーレ ア プレンデレ	bring, fetch ブリング, フェチ
突入する	irrompere イッロンペレ	rush into ラシュ イントゥ
突破する	sfondare スフォンダーレ	break through ブレイク スルー
トップ	primo(-a) m.(f.), primato m. プリーモ(マ), プリマート	the top ザ タプ
土手	argine m. アルジネ	bank, embankment バンク, インバンクメント
とても	molto, tanto モルト, タント	very, much ヴェリ, マチ

日	伊	英
届く	arrivare アッリヴァーレ	reach リーチ
届ける	mandare, consegnare マンダーレ, コンセニャーレ	send, deliver センド, ディリヴァ
整う	essere pronto エッセレ プロント	be ready ビ レディ
整える	mettere in ordine メッテレ イノルディネ	put in order プト イン オーダ
(準備)	preparare プレパラーレ	prepare プリペア
止[留]まる	restare, fermarsi レスターレ, フェルマルスィ	stay, remain ステイ, リメイン
ドナー	donat*ore*(-*trice*) *m.*(*f.*) ドナトーレ(トリーチェ)	donor ドウナ
隣の	accanto, attiguo アッカント, アッティーグオ	next, next-door ネクスト, ネクスト ドー
怒鳴る	gridare, urlare グリダーレ, ウルラーレ	shout, yell シャウト, イェル
兎に角	comunque, in ogni modo コムンクェ, イノンニモード	anyway エニウェイ
どの	quale クアーレ	which ホウィチ
トパーズ	topazio *m.* トパーツィオ	topaz トウパズ
飛ばす	far volare ファル ヴォラーレ	fly フライ
(車を)	lanciare ランチャーレ	speed up スピード アプ
(抜く)	saltare サルターレ	skip スキプ
跳び上がる	saltare, balzare サルターレ, バルツァーレ	jump up, leap チャンプ アプ, リープ
飛び降りる	saltare giù, buttarsi giù サルターレ ジュ, ブッタルスィ ジュ	jump down チャンプ ダウン
跳び越える	saltare, passare sopra サルターレ, パッサーレ ソープラ	jump over チャンプ オウヴァ
飛び込み	tuffo *m.* トゥッフォ	diving, plunge ダイヴィング, プランチ

日	伊	英
飛び込む	lanciarsi, tuffarsi ランチャルスィ, トゥッファルスィ	jump *into*, dive *into* ヂャンプ, ダイヴ
飛び出す	lanciarsi fuori, sbucare ランチャルスィ フオーリ, ズブカーレ	fly out, jump out *of* フライ アウト, ヂャンプ アウト
飛び立つ	volare via ヴォラーレ ヴィーア	fly away フライ アウェイ
(飛行機が)	decollare デコッラーレ	take off テイク オフ
飛び散る	spargersi, sprizzare, schizzare スパルジェルスィ, スプリッツァーレ, スキッツァーレ	scatter スキャタ
飛び付く	gettarsi, lanciarsi ジェッタルスィ, ランチャルスィ	jump *at*, fly *at* ヂャンプ, フライ
トピック	argomento *m.* アルゴメント	topic タピク
飛び乗る	saltare *su*, prendere al volo サルターレ, プレンデレ アル ヴォーロ	jump *into*, hop ヂャンプ, ハプ
飛び跳ねる	fare un salto, saltellare ファーレ ウン サルト, サルテッラーレ	hop, jump ハプ, ヂャンプ
土俵	arena di combattimento *f.* アレーナ ディ コンバッティメント	the *sumo* ring ザ スーモウ リング
扉	porta *f.* ポルタ	door ドー
跳ぶ	saltare, balzare サルターレ, バルツァーレ	jump, leap ヂャンプ, リープ
飛ぶ	volare ヴォラーレ	fly, soar フライ, ソー
溝	fogna *f.* フォーニャ	ditch ディチ
徒歩	cammino *m.* カンミーノ	walk ウォーク
〜で	a piedi ア ピエーディ	on foot オン フト
土木 (工事)	lavori pubblici *m.pl.* ラヴォーリ プップリチ	public works パブリク ワークス
惚[恍]ける	fare *il*(*la*) tonto(*-a*) ファーレ イル(ラ) トント(タ)	pretend not to know プリテンド ナト トゥ ノウ
乏しい	poco, scarso ポーコ, スカルソ	scarce, scanty スケアス, スキャンティ

と

日	伊	英
トマト	pomodoro *m.* ポモドーロ	tomato トマートウ
とまど 戸惑う	disorientarsi, impacciarsi ディゾリエンタルスィ, インパッチャルスィ	be at a loss ビ アト ア ロス
と 止まる	fermarsi, arrestarsi フェルマルスィ, アッレスタルスィ	stop, halt スタプ, ホールト
と 泊まる	alloggiare, pernottare アッロッジャーレ, ペルノッターレ	stay *at* ステイ
とみ 富	ricchezza *f.* リッケッツァ	wealth ウェルス
と 富む	essere ricco *di* エッセレ リッコ	be rich ビ リチ
と がね 留め金	fermaglio *m.*, gancio *m.* フェルマッリォ, ガンチョ	clasp, hook クラスプ, フク
と 止める	fermare フェルマーレ	stop スタプ
(中断)	sospendere ソスペンデレ	stop スタプ
(切る)	spegnere スペーニェレ	turn off ターン オフ
息を〜	trattenere il respiro トラッテネーレ イル レスピーロ	hold *one's* breath ホウルド ブレス
と 留める	fissare, fermare フィッサーレ, フェルマーレ	fasten, fix ファスン, フィクス
と 泊める	dare alloggio *a*, ospitare ダーレ アッロッジョ, オスピターレ	give... lodging ギヴ... ラヂング
とも 灯[点]す	accendere アッチェンデレ	burn, light バーン, ライト
ともだち 友達	amico(-*a*) *m.*(*f.*) アミーコ(カ)	friend フレンド
ともな 伴う	richiedere, comportare リキエーデレ, コンポルターレ	involve インヴァルヴ
(同伴)	accompagnare アッコンパニャーレ	accompany アカンパニ
どようび 土曜日	sabato *m.* サーバト	Saturday サタディ
とら 虎	tigre *f.* ティグレ	tiger タイガ

日	伊	英
トライアングル	triangolo *m.* トリアンゴロ	triangle トライアングル
ドライクリーニング	lavaggio a secco *m.* ラヴァッジョ ア セッコ	dry cleaning ドライ クリーニング
ドライバー	autista *m. f.* アウティスタ	driver ドライヴァ
（ねじ回し）	cacciavite *m.* カッチャヴィーテ	screwdriver スクルードライヴァ
ドライブ	gita in macchina *f.* ジータ イン マッキナ	drive ドライヴ
～イン	autogrill *m.* アウトグリル	drive-in ドライヴイン
ドライヤー	asciugacapelli *m.* アッシュガカペッリ	drier ドライア
捕える	afferrare, catturare アッフェッラーレ, カットゥラーレ	catch, capture キャチ, キャプチャ
トラクター	trattore *m.* トラットーレ	tractor トラクタ
トラック	autocarro *m.*, camion *m.* アウトカッロ, カミオン	truck トラク
（競走路）	pista *f.* ピスタ	track トラク
トラブル	guaio *m.*, pasticcio *m.* グアイオ, パスティッチョ	trouble トラブル
トラベラーズチェック	assegno turistico *m.* アッセーニョ トゥリスティコ	traveler's check トラヴラズ チェク
ドラマ	dramma *m.*, commedia *f.* ドランマ, コンメーディア	drama ドラーマ
～ティックな	drammatico ドランマーティコ	dramatic ドラマティク
ドラマー	batterista *m.f.* バッテリスタ	drummer ドラマ
ドラム	batteria *f.* バッテリーア	drums ドラムズ
～缶	fusto *m.* フスト	drum ドラム
トランク	baule *m.* バウーレ	trunk トランク

日	伊	英
トランジット	transito *m.* トランスィト	transit トランスィト
トランプ	carte *f.pl.* カルテ	cards カーヅ
トランペット	tromba *f.* トロンバ	trumpet トランペト
〜を吹く	suonare la tromba スオナーレ ラ トロンバ	blow a trumpet ブロウ ア トランペト
〜奏者	trombettista *m.f.* トロンベッティスタ	trumpeter トランペタ
鳥	uccello *m.* ウッチェッロ	bird バード
取り敢えず	prima di tutto プリーマ ディ トゥット	first of all ファースト アヴ オール
（当分）	per il momento ペル イル モメント	for the time being フォー ザ タイム ビーイング
取り上げる	pigliare ピッリアーレ	take up テイク アプ
（奪う）	togliere トッリエレ	take away テイク アウェイ
（採用）	adottare アドッターレ	adopt アダプト
取り扱い	uso *m.*, trattamento *m.* ウーゾ, トラッタメント	handling ハンドリング
〜説明書	manuale di istruzioni *m.* マヌアーレ ディ イストルツィオーニ	instruction manual インストラクション マニュアル
取り扱う	trattare トラッターレ	handle, treat ハンドル, トリート
取り入れる	raccogliere ラッコッリエレ	harvest ハーヴィスト
（採用）	adottare アドッターレ	adopt アダプト
取り柄	merito *m.*, forte *m.* メーリト, フォルテ	merit メリト
トリオ	trio *m.* トリーオ	trio トリーオウ
執り行う	celebrare チェレブラーレ	celebrate セレブレイト

日	伊	英
取り返す とりかえす	riprendere, recuperare リプレンデレ, レクペラーレ	take back, recover テイク バク, リカヴァ
取り替える とりかえる	cambiare, sostituire カンビアーレ, ソスティトゥイーレ	exchange, replace イクスチェインヂ, リプレイス
取り囲む とりかこむ	circondare, accerchiare チルコンダーレ, アッチェルキアーレ	surround サラウンド
取り交わす とりかわす	scambiarsi スカンビアルスィ	exchange イクスチェインヂ
取り組む とりくむ	affrontare, lottare アッフロンターレ, ロッターレ	tackle タクル
取り消す とりけす	cancellare, annullare カンチェッラーレ, アンヌッラーレ	cancel キャンセル
取締役 とりしまりやく	amministra*tore*(*-trice*) *m.(f.)* アンミニストラトーレ(トリーチェ)	director ディレクタ
取り締まる とりしまる	controllare, vigilare コントロッラーレ, ヴィジラーレ	control, regulate カントロウル, レギュレイト
取り調べ とりしらべ	interrogatorio *m.* インテッロガトーリオ	examination イグザミネイション
取り調べる とりしらべる	interrogare インテッロガーレ	investigate, inquire インヴェスティゲイト, インクワイア
取り出す とりだす	tirare fuori ティラーレ フオーリ	take out テイク アウト
取り立てる とりたてる	sollecitare ソッレチターレ	collect カレクト
取り違える とりちがえる	prendere *per*, scambiare *per* プレンデレ, スカンビアーレ	take for テイク フォー
トリック	trucco *m.* トルッコ	trick トリク
取り付ける とりつける	attaccare, installare アッタッカーレ, インスタッラーレ	install インストール
取り留めのない とりとめのない	incoerente, sconnesso インコエレンテ, スコンネッソ	incoherent インコウヒアレント
鶏肉 とりにく	pollo *m.* ポッロ	chicken チキン
取り除く とりのぞく	rimuovere, eliminare リムオーヴェレ, エリミナーレ	remove リムーヴ
取引 とりひき	affare *m.*, commercio *m.* アッファーレ, コンメルチョ	transactions トランサクションズ

日	伊	英
〜する	commerciare, negoziare コンメルチャーレ, ネゴツィアーレ	do business *with* ドゥ ビズネス
トリプルの	triplo トリープロ	triple トリプル
ドリブル	dribbling *m.* ドリッブリング	dribble ドリブル
取り分	parte *f.*, quota *f.* パルテ, クオータ	share シェア
取り巻く	circondare, cingere チルコンダーレ, チンジェレ	surround サラウンド
取り乱す	perdere la calma [testa] ペルデレ ラ カルマ(テスタ)	be confused ビ カンフューズド
トリミング	inquadratura *f.* インクァドラトゥーラ	trimming トリミング
取り戻す	riprendere, ricuperare リプレンデレ, リクペラーレ	take back, recover テイク バク, リカヴァ
トリュフ	tartufo *m.* タルトゥーフォ	truffle トラフル
塗料	vernice *f.* ヴェルニーチェ	paint ペイント
努力	sforzo *m.*, fatica *f.* スフォルツォ, ファティーカ	effort エファト
〜する	fare uno sforzo *per*, cercare *di* ファーレ ウノ スフォルツォ, チェルカーレ	make an effort メイク アン ネファト
取り寄せる	fare un'ordinazione ファーレ ウンノルディナツィオーネ	order オーダ
ドリル	trapano *m.* トラーパノ	drill ドリル
(練習問題)	esercizio *m.* エゼルツィーツィオ	drill ドリル
取る	prendere プレンデレ	take, hold テイク, ホウルド
(獲得)	ottenere オッテネーレ	get, obtain ゲト, オブテイン
(脱ぐ)	togliere, togliersi トッリエレ, トッリエルスィ	take off テイク オフ
(盗む)	rubare, derubare ルバーレ, デルバーレ	steal, rob スティール, ラブ

日	伊	英
と 採る (採用)	adottare, assumere アドッターレ, アッスーメレ	adopt, take アダプト, テイク
(採集)	raccogliere ラッコッリェレ	gather, pick ギャザ, ピク
と 捕[獲]る	catturare カットゥラーレ	catch, capture キャチ, キャプチャ
と 撮る (写真)	fare (una foto), fotografare ファーレ, フォトグラファーレ	take (a picture) テイク (ア ピクチャ)
(映画)	filmare, girare フィルマーレ, ジラーレ	make (a film) メイク (ア フィルム)
ドル	dollaro m. ドッラロ	dollar ダラ
トルコ	Turchia f. トゥルキーア	Turkey ターキ
〜の	turco トゥルコ	Turkish ターキシュ
どれ	quale クァーレ	which ホウィチ
トレード	trading m., contrattazione f. トレイディング, コントラッタツィオーネ	trading トレイディング
〜マーク	marchio di fabbrica m., trade mark m. マルキオ ディ ファッブリカ, トレイドマルク	trademark トレイドマーク
トレーナー	allenatore(-trice) m.(f.) アッレナトーレ(トリーチェ)	trainer トレイナ
(シャツ)	tuta da ginnastica f. トゥータ ダ ジンナスティカ	sweat shirt スウェット シャート
トレーニング	allenamento m. アッレナメント	training トレイニング
トレーラー	rimorchio m. リモルキオ	trailer トレイラ
どれくらい	quanto クァント	how many [much] ハウ メニ [マチ]
ドレス	abito m. アービト	dress ドレス
ドレッサー	specchiera f. スペッキエーラ	dresser ドレサ
ドレッシング	condimento m. コンディメント	dressing ドレスィング
と 取れる(はずれる)	venire via ヴェニーレ ヴィーア	come off カム オフ

日	伊	英
トレンチコート	trench *m.* トレンチ	trench coat トレンチ コウト
泥 (どろ)	fango *m.* ファンゴ	mud, dirt マド, ダート
徒労 (とろう)	sforzo vano *m.* スフォルツォ ヴァーノ	vain effort ヴェイン エフォト
トローチ	pastiglia *f.* パスティッリア	troche トロウキ
ドロップ	caramella *f.*, drop *m.* カラメッラ, ドロプ	drop ドラプ
トロピカルな	tropicale トロピカーレ	tropical トラピカル
トロフィー	trofeo *m.* トロフェーオ	trophy トロウフィ
泥棒 (どろぼう)	ladro *m.* ラードロ	thief スィーフ
(行為)	furto *m.* フルト	thief スィーフ
トロンボーン	trombone *m.* トロンボーネ	trombone トランボウン
度忘れする (どわすれする)	avere sulla punta della lingua アヴェーレ スッラ プンタ デッラ リングァ	slip from *one's* memory スリプ フラム メモリ
トン	tonnellata *f.* トンネッラータ	ton タン
鈍感な (どんかんな)	ottuso, poco sensibile オットゥーゾ, ポーコ センスィービレ	stupid, dull ステューピド, ダル
鈍行 (どんこう)	(treno) locale *m.* (トレーノ) ロカーレ	local train ロウカル トレイン
どんちゃん騒ぎ (どんちゃんさわぎ)	baldoria *f.*, orgia *f.* バルドーリア, オルジャ	jinks, spree ヂンクス, スプリー
鈍痛 (どんつう)	dolore sordo *m.* ドローレ ソルド	dull pain ダル ペイン
どんな	che, quale ケ, クアーレ	what ホワト
トンネル	tunnel *m.*, galleria *f.* トゥンネル, ガッレリーア	tunnel タネル
蜻蛉 (とんぼ)	libellula *f.* リベッルラ	dragonfly ドラゴンフライ

日	伊	英
〜返り	salto mortale *m.* サルト モルターレ	somersault サマソールト
問屋 (業者)	grossista *m.f.* グロッスィスタ	wholesaler ホウルセイラ
貪欲な	avido アーヴィド	greed グリード
どんよりした	grigio, fosco グリージョ, フォスコ	dull, gloomy ダル, グルーミ

日	伊	英

な, ナ

菜	verdura *f.* ヴェルドゥーラ	greens グリーンズ
～の花	fiore di colza *m.* フィオーレ ディ コルツァ	rape blossoms レイプ ブラソムズ
無い (非存在)	non esserci, non esistere ノン エッセルチ, ノン エズィステレ	there be no... ゼア ビ ノウ
(欠乏)	mancare マンカーレ	lack, be lacking ラク, ビ ラキング
(非所有)	non avere ノン アヴェーレ	have no... ハヴ ノウ
内科	medicina interna *f.* メディチーナ インテルナ	internal medicine インターナル メディスィン
～医	internista *m.f.* インテルニスタ	physician フィズィシャン
内閣	governo *m.*, gabinetto *m.* ゴヴェルノ, ガビネット	Cabinet, Ministry キャビネト, ミニストリ
内向的な	introverso イントロヴェルソ	introverted イントロヴァーテド
内需	domanda interna *f.* ドマンダ インテルナ	domestic demand ドメスティク ディマンド
内出血	emorragia interna *f.* エモッラージャ インテルナ	internal bleeding インターナル ブリーディング
内緒で	in segreto イン セグレート	in secret イン スィークレト
内職	lavoro extra *m.* ラヴォーロ エクストラ	side job サイド ヂャブ
内心 (では)	al *proprio* intimo アル インティモ	deep down, inwardly ディープ ダウン, インワドリ
内線	linea interna *f.* リーネア インテルナ	extension イクステンション
～番号	numero interno *m.* ヌーメロ インテルノ	extension number イクステンション ナンバ
内戦	guerra civile *f.* グエッラ チヴィーレ	civil war スィヴィル ウォー
内臓	visceri *m.pl.*, organi interni *m.pl.* ヴィッシェリ, オルガニ インテルニ	internal organs インターナル オーガンズ

日	伊	英
（動物の）	interiora *f.pl.* インテリオーラ	the insides ジ インサイヅ
ナイター	notturna *f.* ノットゥルナ	night game ナイト ゲイム
内定	designazione ufficiosa *f.* デスィニャツィオーネ ウッフィチョーザ	unofficial decision アナフィシャル ディスィジョン
内的な	interno インテルノ	inner, internal イナ, インターナル
ナイトガウン	vestaglia *f.* ヴェスタッリャ	dressing gown ドレスィング ガウン
ナイトクラブ	night *m.*, night club *m.* ナイト, ナイトクラブ	nightclub ナイトクラブ
ナイフ	coltello *m.* コルテッロ	knife ナイフ
内部	interno *m.* インテルノ	the inside ジ インサイド
内紛	lotta intestina *f.* ロッタ インテスティーナ	internal trouble インターナル トラブル
内面	interno *m.*, interiore *m.* インテルノ, インテリオーレ	inside インサイド
〜の	interno, interiore インテルノ, インテリオーレ	inner イナ
内容	contenuto *m.*, sostanza *f.* コンテヌート, ソスタンツァ	contents, substance カンテンツ, サブスタンス
内乱	guerra civile *f.* グエッラ チヴィーレ	civil war スィヴィル ウォー
ナイロン	nylon *m.* ナイロン	nylon ナイラン
苗	piantina *f.* ピアンティーナ	seedling スィードリング
なおさら	tanto più タント ピウ	still more スティル モー
等閑にする	trascurare トラスクラーレ	neglect ニグレクト
直す	riparare リパラーレ	mend, repair メンド, リペア
（訂正）	correggere コッレッジェレ	correct カレクト

日	伊	英
治す	curare クラーレ	cure キュア
直る	essere riparato エッセレ リパラート	be repaired ビ リペアド
治る	guarire グァリーレ	get well ゲト ウェル
中	interno *m.* インテルノ	the inside ジ インサイド
～に	in, dentro イン, デントロ	in, within イン, ウィズィン
仲	rapporto *m.* ラッポルト	relations リレイションズ
長い	lungo ルンゴ	long ロング
～間	a lungo アッルンゴ	for a long time フォ ア ロング タイム
長生きする	vivere a lungo ヴィーヴェレ ア ルンゴ	live long リヴ ロング
仲買人	media*tore*(*-trice*) *m.*(*f.*) メディアトーレ(トリーチェ)	broker ブロウカ
長靴	stivali *m.pl.* スティヴァーリ	boots ブーツ
長さ	lunghezza *f.* ルンゲッツァ	length レンクス
流し	lavello *m.*, acquaio *m.* ラヴェッロ, アックアイオ	sink スィンク
流す	versare ヴェルサーレ	pour ポー
(血や涙を)	versare ヴェルサーレ	shed シェド
(流布)	diffondere ディッフォンデレ	spread スプレド
トイレの水を～	tirare lo sciacquone ティラーレ ロ シャックオーネ	flush the toilet フラシュ ザ トイレト
長袖	maniche lunghe *f.pl.* マニケ ルンゲ	long sleeves ロング スリーヴズ
仲直り	riconciliazione *f.* リコンチリアツィオーネ	reconciliation レコンスィリエイション

日	伊	英
〜する	riconciliarsi, riavvicinarsi リコンチリアルスィ, リアッヴィチナルスィ	get reconciled *with* ゲト レコンサイルド
なかなか	abbastanza, assai アッバスタンツァ, アッサイ	pretty, quite プリティ, クワイト
中庭	cortile *m.* コルティーレ	courtyard コートヤード
長年	per molti anni ペル モルティ アンニ	for years フォー イアズ
半ば	mezzo メッゾ	half ハフ
(真ん中)	mezzo *m.*, metà *f.* メッゾ, メタ	the middle ザ ミドル
長引く	prolungarsi, durare a lungo プロルンガルスィ, ドゥラーレ アッルンゴ	be prolonged ビ プロロングド
仲間	compagno(-a) *m.(f.)*, amico(-a) *m.(f.)* コンパーニョ(ニャ), アミーコ(カ)	fellow, friend フェロウ, フレンド
中身	contenuto *m.* コンテヌート	contents, substance カンテンツ, サブスタンス
眺め	veduta *f.*, panorama *m.* ヴェドゥータ, パノラマ	view ヴュー
眺める	guardare グァルダーレ	look at ルク アト
長持ち	durata *f.* ドゥラータ	durability デュアラビリティ
〜する	durare, resistere ドゥラーレ, レズィステレ	be durable ビ デュアラブル
中指	medio *m.* メディオ	the middle finger ザ ミドル フィンガ
仲良し	amico(-a) intimo(-a) *m.(f.)* アミーコ(カ) インティモ(マ)	close friend, chum クロウス フレンド, チャム
流れ	corrente *f.*, flusso *m.* コッレンテ, フルッソ	stream, current ストリーム, カーレント
〜星	stella cadente *f.* ステッラ カデンテ	shooting star シューティング スター
流れる	scorrere スコッレレ	flow, run フロウ, ラン
(時が)	passare パッサーレ	pass パス

日	伊	英
(中止になる)	essere annullato エッセレ アンヌッラート	be canceled ビ キャンセルド
泣き声	pianto *m.* ピアント	cry クライ
鳴き声	canto *m.*, verso *m.* カント, ヴェルソ	twitter トウィタ
泣き虫	piagnone(-a) *m.(f.)* ピアニョーネ(ナ)	crybaby クライベイビ
泣く	piangere ピアンジェレ	cry クライ
(めそめそ)	piagnucolare ピアニュコラーレ	whimper ウィンパ
(すすり)	singhiozzare スィンギオッツァーレ	sob サブ
鳴く (小鳥が)	cantare カンターレ	sing スィング
(犬が)	abbaiare アッバイアーレ	bark バーク
(猫が)	miagolare ミアゴラーレ	mew ミュー
慰め	consolazione *f.*, conforto *m.* コンソラツィオーネ, コンフォルト	comfort カムファト
慰める	consolare, confortare コンソラーレ, コンフォルターレ	console, comfort カンソウル, カムファト
亡[無]くす	perdere, smarrire ペルデレ, ズマッリーレ	lose ルーズ
亡くなる	morire モリーレ	die ダイ
無くなる(消滅)	scomparire, sparire スコンパリーレ, スパリーレ	disappear ディサピア
(尽きる)	finire, esaurire フィニーレ, エザウリーレ	run out ラン アウト
殴り合い	zuffa *f.*, rissa *f.* ズッファ, リッサ	fight ファイト
殴る	colpire コルピーレ	strike, beat ストライク, ビート
嘆かわしい	deplorevole デプロレーヴォレ	deplorable ディプローラブル

日	伊	英
嘆き	pianto *m.*, lamento *m.* ピアント, ラメント	sorrow, grief サロウ, グリーフ
嘆く	piangere, lamentarsi *di* ピアンジェレ, ラメンタルスィ	lament, grieve ラメント, グリーヴ
投げる	tirare, gettare ティラーレ, ジェッターレ	throw, cast スロウ, キャスト
（放棄）	abbandonare アッバンドナーレ	give up ギヴ アプ
仲人	sensale di matrimoni *m.* センサーレ ディ マトリモーニ	matchmaker マチメイカ
和やかな	placido, amichevole プラーチド, アミケーヴォレ	peaceful, friendly ピースフル, フレンドリ
情け無い	miserabile ミゼラービレ	miserable, lamentable ミザラブル, ラメンタブル
情け深い	pietoso, compassionevole ピエトーゾ, コンパッスィオネーヴォレ	merciful, compassionate マースィフル, コンパショネト
梨	pera *f.* ペーラ	pear ペア
成し遂げる	compiere コンピエレ	accomplish アカンプリシュ
ナショナリズム	nazionalismo *m.* ナツィオナリズモ	nationalism ナショナリズム
茄子	melanzana *f.* メランザーナ	eggplant, aubergine エグプラント, オウバジーン
何故	perché ペルケ	why ホワイ
何故なら	perché ペルケ	because, for ビコズ, フォー
謎	mistero *m.*, enigma *m.* ミステーロ, エニーグマ	riddle, mystery リドル, ミスタリ
〜めいた	misterioso, enigmatico ミステリオーゾ, エニグマーティコ	mysterious, enigmatic ミスティアリアス, エニグマティク
謎々	indovinello *m.* インドヴィネッロ	riddle リドル
鉈	accetta *f.* アッチェッタ	hatchet ハチト
名高い	famoso, conosciuto ファモーゾ, コノッシュート	famous, well-known フェイマス, ウェルノウン

日	伊	英
菜種 (なたね)	semi di colza *m.pl.* セーミ ディ コルツァ	rapeseed ライプシード
宥める (なだめる)	calmare, placare カルマーレ, プラカーレ	calm, soothe カーム, スーズ
なだらかな	dolce, non ripido ドルチェ, ノン リーピド	gentle, fluent チェントル, フルエント
雪崩 (なだれ)	valanga *f.* ヴァランガ	avalanche アヴァランチ
夏 (なつ)	estate *f.* エスターテ	summer サマ
～時間	ora legale *f.* オーラ レガーレ	summer time サマ タイム
～休み	vacanze estive *f.pl.* ヴァカンツェ エスティーヴェ	summer vacation サマ ヴェイケイション
捺印する (なついんする)	timbrare ティンブラーレ	seal スィール
懐かしい (なつかしい)	caro, nostalgico カーロ, ノスタルジコ	sweet スウィート
懐かしむ (なつかしむ)	ricordare con nostalgia リコルダーレ コン ノスタルジーア	long for ロング フォー
名付け親 (なづけおや)	padrino *m.*, madrina *f.* パドリーノ, マドリーナ	godfather, godmother ガドファーザ, ガドマザ
名付ける (なづける)	nominare, dare il nome ノミナーレ, ダーレ イル ノーメ	name, call ネイム, コール
ナッツ	nocciola *f.* ノッチョーラ	nut ナト
納得 (なっとく)	convinzione *f.*, consenso *m.* コンヴィンツィオーネ, コンセンソ	consent カンセント
～する	convincersi コンヴィンチェルスィ	consent to カンセント
棗 (なつめ)	giuggiola *f.* ジュッジョラ	jujube ヂューヂュブ
ナツメグ	noce moscata *f.* ノーチェ モスカータ	nutmeg ナトメグ
撫子 (なでしこ)	garofanino *m.* ガロファニーノ	pink ピンク
撫でる (なでる)	accarezzare アッカレッツァーレ	caress カレス

日	伊	英
等々 (などなど)	e così via, eccetera	and so on
ナトリウム	sodio *m.*	sodium
斜めの (ななめ)	obliquo, inclinato	slant, oblique
何 (なに)	che cosa, cosa	what
何か (なに)	qualcosa *m.*	something
何も (なに)	niente *m.*, nulla *m.*	nothing, no
名乗る (なの)	presentarsi	introduce *oneself* as
靡く (なび)	sventolare	flutter
(屈する)	obbedire *a*	yield *to*
ナビゲーター	naviga*tore*(-*trice*) *m.*(*f.*)	navigator
ナプキン	tovagliolo *m.*	napkin
名札 (なふだ)	etichetta d'identità *f.*	name tag
ナフタリン	naftalina *f.*	naphthalene
鍋 (なべ)	pentola *f.*	pan
生暖かい (なまあたた)	tiepido	uncomfortably warm
生意気な (なまいき)	insolente, arrogante	insolent, saucy
名前 (なまえ)	nome *m.*	name
怠け者 (なま もの)	pigro*ne*(-*a*) *m.*(*f.*)	lazy person
怠ける (なま)	oziare, poltrire	be idle

日	伊	英
<ruby>鯰<rt>なまず</rt></ruby>	pesce gatto m. ペッシェ ガット	catfish キャトフィッシュ
<ruby>生々しい<rt>なまなま</rt></ruby>	fresco, vivo フレスコ, ヴィーヴォ	fresh, vivid フレシュ, ヴィヴィド
<ruby>生温い<rt>なまぬる</rt></ruby>	tiepido ティエーピド	lukewarm ルークウォーム
<ruby>生の<rt>なま</rt></ruby>	crudo クルード	raw ロー
<ruby>生ビール<rt>なま</rt></ruby>	birra alla spina f. ビッラ アッラ スピーナ	draft beer ドラフト ビア
<ruby>生放送<rt>なまほうそう</rt></ruby>	trasmissione in diretta f. トラズミッスィオーネ イン ディレッタ	live broadcast ライヴ ブロードキャスト
<ruby>生物<rt>なまもの</rt></ruby>	alimenti crudi m.pl. アリメンティ クルーディ	uncooked food アンクックト フード
<ruby>鉛<rt>なまり</rt></ruby>	piombo m. ピオンボ	lead レド
<ruby>波<rt>なみ</rt></ruby>	onda f. オンダ	wave ウェイヴ
<ruby>並木<rt>なみき</rt></ruby>	alberata f. アルベラータ	roadside trees ロウドサイド トリーズ
<ruby>涙<rt>なみだ</rt></ruby>	lacrima f. ラークリマ	tears ティアズ
～を流す	versare lacrime ヴェルサーレ ラークリメ	shed tears シェド ティアズ
なみなみと	fino all'orlo フィーノ アッロルロ	to the brim トゥ ザ ブリム
<ruby>並の<rt>なみの</rt></ruby>	comune, medio コムーネ, メーディオ	ordinary, common オーディネリ, カモン
<ruby>並外れた<rt>なみはず</rt></ruby>	straordinario ストラオルディナーリオ	extraordinary イクストローディネリ
<ruby>蛞蝓<rt>なめくじ</rt></ruby>	lumaca f. ルマーカ	slug スラグ
<ruby>鞣し革<rt>なめ がわ</rt></ruby>	cuoio m. クオーイオ	leather レザ
<ruby>鞣す<rt>なめ</rt></ruby>	conciare コンチャーレ	tan タン
<ruby>滑らかな<rt>なめ</rt></ruby>	liscio, scorrevole リッショ, スコッレーヴォレ	smooth スムーズ

日	伊	英
舐める	leccare／レッカーレ	lick, lap／リク, ラプ
(見くびる)	sottovalutare／ソットヴァルターレ	underrate／アンダレイト
納屋	capanna f.／カパンナ	barn, shed／バーン, シード
悩ます	tormentare／トルメンターレ	torment, worry／トーメント, ワーリ
悩み	preoccupazione f., angoscia f.／プレオックパツィオーネ, アンゴッシャ	anxiety, worry／アングザイエティ, ワーリ
悩む	soffrire per, preoccuparsi di／ソッフリーレ, プレオックパルスィ	suffer from／サファ
習う	imparare／インパラーレ	learn／ラーン
慣らす	abituare／アビトゥアーレ	accustom／アカスタム
鳴らす	suonare, fischiare／スオナーレ, フィスキアーレ	sound, ring／サウンド, リング
並ぶ	mettersi in fila／メッテルスィ イン フィーラ	line up／ライン アプ
並べる	disporre／ディスポッレ	arrange／アレインジュ
(列挙)	enumerare／エヌメラーレ	enumerate／イニューマレイト
習わし	costume m.／コストゥーメ	custom／カスタム
成り金	arricchito(-a) m.(f.)／アッリッキート(タ)	upstart／アプスタート
成る	diventare／ディヴェンターレ	become／ビカム
(変わる)	trasformarsi in／トラスフォルマルスィ	turn into／ターン
鳴る	suonare, squillare／スオナーレ, スクィッラーレ	sound, ring／サウンド, リング
ナルシスト	narcisista m. f.／ナルチスィスタ	narcissist／ナースィスィスト
成る可く	il più possibile／イル ピュ ポッスィービレ	if possible／イフ パスィブル

日	伊	英
ナレーション	narrazione *f.* ナッラツィオーネ	narration ナレイション
ナレーター	narra*tore*(-*trice*) *m.(f.)* ナッラトーレ(トリーチェ)	narrator ナレイタ
馴れ馴れしい	troppo familiare トロッポ ファミリアーレ	familiar ファミリア
慣れる	abituarsi *a* アビトゥアルスィ	get used *to* ゲト ユースト
縄	corda *f.* コルダ	rope ロウプ
～跳び	salto alla corda *m.* サルト アッラ コルダ	jump rope ヂャンプ ロウプ
縄張り	zona d'influenza *f.*, territorio *m.* ゾーナ ディンフルエンツァ, テッリトーリオ	territory テリトーリ
南緯	latitudine sud *f.* ラティトゥーディネ スッド	south latitude サウス ラティテュード
南欧	Europa meridionale *f.* エウローパ メリディオナーレ	Southern Europe サザン ユアロプ
難解な	molto difficile モルト ディッフィーチレ	very difficult ヴェリ ディフィカルト
南極	Polo Sud *m.* ポーロ スッド	the South Pole ザ サウス ポウル
～圏	Circolo polare antartico *m.* チルコロ ポラーレ アンタルティコ	the Antarctic Circle ジ アンタークティク サークル
軟膏	unguento *m.*, pomata *f.* ウングエント, ポマータ	ointment オイントメント
何時	che ora ケ オーラ	what time ホワト タイム
南西	sud-ovest *m.* スドーヴェスト	southwest サウスウェスト
ナンセンス	nonsenso *m.* ノンセンソ	nonsense ナンセンス
難聴	duro(-*a*) d'orecchi *m.(f.)* ドゥーロ(ラ) ドレッキ	difficulty in hearing ディフィカルティ イン ヒアリング
南東	sud-est *m.* スッデスト	southeast サウスイースタ
難破	naufragio *m.* ナウフラージョ	wreck レク

日	伊	英
〜する	naufragare ナウフラガーレ	be wrecked ビ レクド
ナンバー	numero *m.* ヌーメロ	number ナンバ
〜プレート	targa *f.* タルガ	license plate ライセンス プレイト
難病	malattia incurabile *f.* マラッティーア インクラービレ	incurable disease インキュアラブル ディズィーズ
南氷洋	Oceano glaciale antartico *m.* オチェーアノ グラチャーレ アンタルティコ	the Antarctic Ocean ジ アンタークティク オウシャン
南部	meridione *m.* メリディオーネ	the southern part ザ サザン パート
難民	profughi *m.pl.* プロフギ	refugees レフュヂーズ

に, ニ

日	伊	英
荷	carico *m.* カーリコ	load ロウド
似合う	stare bene *a* スターレ ベーネ	become, suit ビカム, シュート
荷揚げする	scaricare スカリカーレ	unload アンロウド
ニアミス	mancata collisione(aerea) *f.* マンカータ コッリズィオーネ(アエーレア)	near miss ニア ミス
ニーズ	necessità *f.* ネチェッスィタ	necessity, need ニセスィティ, ニード
匂い	odore *m.*, puzzo *m.* オドーレ, プッツォ	smell, odor スメル, オウダ
臭う	puzzare プッツァーレ	stink スティンク
匂う	odorare オドラーレ	smell スメル
二階	primo piano *m.* プリモ ピアーノ	the second floor ザ セコンド フロー
苦い	amaro アマーロ	bitter ビタ

日	伊	英
逃(にが)す	lasciare libero ラッシャーレ リーベロ	let go, set free レト ゴウ, セト フリー
(取り逃がす)	lasciarsi fuggire ラッシャルスィ フッジーレ	let... escape, miss レト イスケイプ, ミス
二月(にがつ)	febbraio *m.* フェッブライオ	February フェブルエリ
苦手(にがて)である	essere devole *in* エッセレ デーヴォレ	be weak *in* ビ ウィーク
ニカラグア	Nicaragua *m.* ニカラーグァ	Nicaragua ニカラーグワ
～の	nicaraguense ニカラグエンセ	Nicaraguan ニカラーグワン
膠(にかわ)	colla forte *f.* コッラ フォルテ	glue グルー
苦笑(にがわら)い	sorriso amaro *m.* ソッリーゾ アマーロ	bitter smile ビタ スマイル
～する	sorridere amaramente ソッリーデレ アマラメンテ	smile bitterly スマイル ビタリ
面皰(にきび)	brufolo *m.* ブルーフォロ	pimple ピンプル
賑(にぎ)やかな	frequentato フレクェンタート	crowded クラウディド
(活気のある)	animato, movimentato アニマート, モヴィメンタート	lively ライヴリ
賑わう	essere movimentato エッセレ モヴィメンタート	be crowded ビ クラウディド
握(にぎ)る	afferrare, impugnare アッフェッラーレ, インプニャーレ	grasp グラスプ
肉(にく)	carne *f.* カルネ	flesh, meat フレシュ, ミート
～屋	macellaio(-a) *m.(f.)* マチェッライオ(ア)	butcher ブチャ
(店)	macelleria *f.* マチェッレリーア	meat shop ミート シャプ
憎(にく)い	odioso オディオーゾ	hateful, detestable ヘイトフル, ディテスタブル
肉眼(にくがん)	occhio nudo オッキオ ヌード	naked eye ネイキド アイ

日	伊	英
憎(にく)しみ	odio *m.* オーディオ	hatred ヘイトリド
肉親(にくしん)	parente stretto(-a) *m.(f.)* パレンテ ストレット(タ)	near relatives ニア レラティヴズ
肉体(にくたい)	corpo *m.* コルポ	the body, the flesh ザ バディ, ザ フレシュ
～労働	lavoro manuale *m.* ラヴォーロ マヌアーレ	physical labor フィズィカル レイバ
肉離(にくばな)れ	stiramento muscolare *m.* スティラメント ムスコラーレ	torn muscle トーン マスル
憎(にく)む	odiare オディアーレ	hate ヘイト
逃(に)げる	fuggire, scappare フッジーレ, スカッパーレ	run away, escape ラン アウェイ, イスケイプ
濁(にご)す	intorbidare イントルビダーレ	make... muddy メイク マディ
返事を～	essere evasivo nel rispondere エッセレ エヴァズィーヴォ ネル リスポンデレ	give an evasive answer ギヴ アン イヴェイスィヴ アンサ
ニコチン	nicotina *f.* ニコティーナ	nicotine ニコティーン
濁(にご)る	diventare impuro ディヴェンターレ インプーロ	become muddy ビカム マディ
二酸化炭素(にさんかたんそ)	diossido di carbonio *m.* ディオッスィド ディ カルボーニオ	carbon dioxide カーボン ダイアクサイド
西(にし)	ovest *m.*, ponente *m.* オーヴェスト, ポネンテ	the west ジ ウェスト
～風	ponente *m.* ポネンテ	west wind ウェスト ウィンド
虹(にじ)	arcobaleno *m.*, iride *f.* アルコバレーノ, イーリデ	rainbow レインボウ
～鱒	trota iridea [arcobaleno] *f.* トロータ イリーデア(アルコバレーノ)	rainbow trout レインボウ トラウト
滲(にじ)む	sbavare, trasudare ズバヴァーレ, トラスダーレ	blot ブラト
二重(にじゅう)の	doppio, duplice ドッピオ, ドゥープリチェ	double, dual ダブル, デュアル
鰊(にしん)	aringa *f.* アリンガ	herring ヘリング

日	伊	英
ニス	vernice f. ヴェルニーチェ	varnish ヴァーニシュ
にせい 二世	seconda generazione f. セコンダ ジェネラツィオーネ	the second generation ザ セコンド ヂェナレイション
にせ 偽の	falso, finto ファルソ, フィント	false フォールス
にそう 尼僧	monaca f., sorella f. モーナカ, ソレッラ	nun, sister ナン, スィスタ
にちじ 日時	il giorno e l'ora イル ジョルノ エ ローラ	the date and time ザ デイト アンド タイム
にちじょう 日常の	quotidiano, giornaliero クォティディアーノ, ジョルナリエーロ	daily デイリ
にちぼつ 日没	tramonto m. トラモント	sunset サンセト
にちや 日夜	giorno e notte ジョルノ エ ノッテ	night and day ナイト アンド デイ
にちようだいく 日曜大工	faidate m. ファイダテ	do-it-yourself ドゥーイトユアセルフ
にちようび 日曜日	domenica f. ドメーニカ	Sunday サンディ
にちようひん 日用品	articoli di uso quotidiano m.pl. アルティーコリ ディ ウーゾ クォティディアーノ	daily necessaries デイリ ネセセリズ
にっか 日課	lavoro quotidiano m. ラヴォーロ クォティディアーノ	daily work デイリ ワーク
にっかん 日刊の	quotidiano クォティディアーノ	daily デイリ
にっき 日記	diario m. ディアーリオ	diary ダイアリ
にっきゅう 日給	paga giornaliera f. パーガ ジョルナリエーラ	day's wage デイズ ウェイヂ
ニックネーム	soprannome m. ソプランノーメ	nickname ニクネイム
にづくり 荷造り	imballaggio m. インバッラッジョ	packing パキング
〜する	imballare インバッラーレ	pack パク
ニッケル	nichel m. ニケル	nickel ニクル

日	伊	英
にっこう 日光	luce del sole *m.* ルーチェ デル ソーレ	sunlight, sunshine サンライト, サンシャイン
にっし 日誌	diario *m.*, giornale *m.* ディアーリオ, ジョルナーレ	diary, journal ダイアリ, ヂャーナル
にっしゃびょう 日射病	colpo di sole *m.*, insolazione *f.* コルポ ディ ソーレ, インソラツィオーネ	sunstroke サンストロウク
にっしょく 日食	eclissi solare *f.* エクリッスィ ソラーレ	solar eclipse ソウラ イクリプス
にっすう 日数	giorni *m.pl.* ジョルニ	the number of days ザ ナンバ オヴ デイズ
にっちゅう 日中	durante il giorno ドゥランテ イル ジョルノ	in the daytime イン ザ デイタイム
にってい 日程	programma del giorno *m.* プログランマ デル ジョルノ	day's program デイズ プログラム
(旅行の)	itinerario *m.* イティネラーリオ	itinerary アイティナレリ
ニット	maglia *f.* マッリァ	knit ニト
～ウエア	maglieria *f.* マッリェリーア	knitwear ニトウェア
にっとう 日当	giornata *f.* ジョルナータ	daily allowance デイリ アラウアンス
にとう 二等 (普通席)	seconda classe *f.* セコンダ クラッセ	the second class ザ セコンド クラス
ニトログリセリン	nitroglicerina *f.* ニトログリチェリーナ	nitroglycerine ナイトログリセリン
にばい 二倍	doppio *m.* ドッピオ	double ダブル
ニヒルな	nichilistico ニキリスティコ	nihilistic ナイイリスティク
にぶい 鈍い	tardo, lento タルド, レント	dull, blunt ダル, ブラント
(刃物が)	ottuso オットゥーゾ	blunt ブラント
にふだ 荷札	etichetta *f.* エティケッタ	tag タグ
にほん 日本	Giappone *m.* ジャッポーネ	Japan ヂャパン

日	伊	英
〜の	giapponese ジャッポネーゼ	Japanese チャパニーズ
〜海	Mare del Giappone *m.* マーレ デル ジャッポーネ	the Sea of Japan ザ スィー オヴ チャパン
〜料理	cucina giapponese *f.* クチーナ ジャッポネーゼ	Japanese food チャパニーズ フード
荷物（にもつ）	bagaglio *m.* バガッリォ	baggage バギヂ
〜預かり所	deposito bagagli *m.* デポーズィト バガッリ	baggage room バギヂ ルーム
ニュアンス	sfumatura *f.* スフマトゥーラ	nuance ニュアーンス
入院（にゅういん）	ricovero in ospedale *m.* リコーヴェロ イノスペダーレ	hospitalization ハスピタライゼイション
〜する	essere ricoverato in ospedale エッセレ リコヴェラート イノスペダーレ	enter hospital エンタ ハスピタル
入会（にゅうかい）	ammissione *f.*, iscrizione *f.* アンミッスィオーネ, イスクリツィオーネ	admission アドミション
〜する	entrare *in* エントラーレ	join チョイン
入学（にゅうがく）	ammissione a scuola *f.* アンミッスィオーネ ア スクオーラ	entrance エントランス
〜する	entrare *in* エントラーレ	enter a school エンタ ア スクール
〜金	tassa d'iscrizione *f.* タッサ ディスクリツィオーネ	entrance fee エントランス フィー
乳癌（にゅうがん）	cancro alla mammella *m.* カンクロ アッラ マンメッラ	breast cancer ブレスト キャンサ
入金（にゅうきん）	riscossione *f.*, incasso *m.* リスコッスィオーネ, インカッソ	money received マニ リスィーヴド
入国管理（にゅうこくかんり）（事務所（じむしょ））	Ufficio Immigrazione *m.* ウッフィーチョ インミグラツィオーネ	the Immigration Office ジ イミグレイション オーフィス
入札（にゅうさつ）	licitazione *f.* リチタツィオーネ	bid, tender ビド, テンダ
〜する	partecipare a una licitazione パルテチパーレ ア ウナ リチタツィオーネ	bid, tender ビド, テンダ
乳酸菌（にゅうさんきん）	lattobacillo *m.* ラットバチッロ	lactic acid bacteria ラクティク アスィド バクティアリア
入試（にゅうし）	esami d'ammissione *m.pl.* エザーミ ダンミッスィオーネ	entrance examination エントランス イグザミネイション

日	伊	英
ニュージーランド	Nuova Zelanda f. ヌオーヴァ ゼランダ	New Zealand ニュー ズィーランド
にゅうしゃ 入社	assunzione in una società f. アッスンツィオーネ インヌナ ソチエタ	joining a company ヂョイニング ア カンパニ
～する	essere assunto da una società エッセレ アッスント ダ ウナ ソチエタ	join a company ヂョイン ア カンパニ
にゅうしゅ 入手	acquisizione f. アックィズィツィオーネ	acquisition アクウィズィション
～する	ottenere, procurarsi オッテネーレ, プロクラルスィ	get, acquire ゲト, アクワイア
にゅうじょう 入場	entrata f., ingresso m. エントラータ, イングレッソ	entrance エントランス
～する	entrare in エントラーレ	enter, get in エンタ, ゲト イン
～券	biglietto d'ingresso m. ビッリエット ディングレッソ	admission ticket アドミション ティケト
～料	entrata f., ingresso m. エントラータ, イングレッソ	admission fee アドミション フィー
～無料	entrata libera f. エントラータ リーベラ	Admission Free アドミション フリー
ニュース	notizia f. ノティーツィア	news ニューズ
～キャスター	commentatore(-trice) m.(f.) コンメンタトーレ(トリーチェ)	newscaster ニューズキャスタ
～速報	notizia flash f. ノティーツィア フレシュ	news flash ニューズ フラシュ
にゅうせいひん 乳製品	latticini m.pl. ラッティチーニ	dairy products デアリ プラダクツ
にゅうよく 入浴	bagno m. バーニョ	bath, bathing バス, ベイズィング
～する	fare il bagno ファーレ イル バーニョ	take a bath テイク ア バス
にゅうりょく 入力する	inputare インプターレ	input インプト
にょう 尿	urina f. ウリーナ	urine ユアリン
～毒症	uremia f. ウレミーア	uremia ユアリーミア
にら 韮	erba cipollina f. エルバ チポッリーナ	leek リーク

日	伊	英
睨む	guardare fisso / グァルダーレ フィッソ	glare at / グレア
二流の	di second'ordine / ディ セコンドルディネ	second-rate / セコンドレイト
似る	assomigliare a / アッソミッリアーレ	resemble / リゼンブル
煮る	bollire, cuocere / ボッリーレ, クオーチェレ	boil, cook / ボイル, クク
楡	olmo m. / オルモ	elm / エルム
庭	giardino m. / ジャルディーノ	garden, yard / ガードン, ヤード
俄か雨	pioggia repentina f. / ピオッジャ レペンティーナ	shower / シャウア
鶏	pollo m. / ポッロ	fowl, chicken / ファウル, チキン
〜小屋	pollaio m. / ポッライオ	coop, henhouse / クープ, ヘンハウス
認可	autorizzazione f. / アウトリッザツィオーネ	authorization / オーサライゼイション
〜する	autorizzare / アウトリッザーレ	authorize / オーソライズ
人気	popolarità f. / ポポラリタ	popularity / パピュラリティ
〜のある	popolare / ポポラーレ	popular / パピュラ
人魚	sirena f. / スィレーナ	mermaid / マーメイド
人形	bambola f., pupazzo m. / バンボラ, プパッツォ	doll / ダル
〜劇	teatrino delle marionette m. / テアトリーノ デッレ マリオネッテ	puppet show / パペト ショウ
人間	uomo m., essere umano m. / ウオーモ, エッセレ ウマーノ	human being / ヒューマン ビーイング
認識	cognizione f. / コンニツィオーネ	recognition / レコグニション
〜する	riconoscere / リコノッシェレ	recognize / レコグナイズ

日	伊	英
にんしょう 人称	persona *f.* ペルソーナ	person パースン
～代名詞	pronome personale *m.* プロノーメ ペルソナーレ	personal pronoun パーソナル プロウナウン
にんじょう 人情	umanità *f.*, pietà *f.* ウマニタ, ピエタ	human nature ヒューマン ネイチャ
にんしん 妊娠	concepimento, gravidanza *f.* コンチェピメント, グラヴィダンツァ	conception カンセプション
～する	essere incinta エッセレ インチンタ	conceive カンスィーヴ
にんじん 人参	carota *f.* カロータ	carrot キャロト
にんずう 人数	numero di persone *m.* ヌーメロ ディ ペルソーネ	the number ザ ナンバ
にんそう 人相	fisionomia *f.* フィズィオノミーア	physiognomy フィズィアグノミ
にんたい 忍耐	pazienza *f.* パツィエンツァ	patience ペイシェンス
～強い	paziente パツィエンテ	patient ペイシェント
にんてい 認定	riconoscimento *m.* リコノッシメント	authorization オーサライゼイション
～する	riconoscere リコノッシェレ	authorize, recognize オーソライズ, レコグナイズ
～証	certificato *m.*, attestato *m.* チェルティフィカート, アッテスタート	certificate サティフィケト
にんにく 大蒜	aglio *m.* アッリョ	garlic ガーリク
にんぷ 妊婦	donna incinta *f.* ドンナ インチンタ	pregnant woman プレグナント ウマン
にんむ 任務	compito *m.* コンピト	duty, office デューティ, オフィス
にんめい 任命	nomina *f.* ノーミナ	appointment アポイントメント
～する	nominare ノミナーレ	appoint アポイント

に

日	伊	英

ぬ, ヌ

縫いぐるみ	peluche *m.f.* ペルシュ	stuffed toy スタフト トイ
縫い目	cucitura *f.* クチトゥーラ	seam スィーム
縫う	cucire クチーレ	sew, stitch ソウ, スティチ
ヌード	nudo *m.* ヌード	nude ニュード
抜かす	omettere, saltare オメッテレ, サルターレ	omit, skip オウミト, スキプ
泥濘	fango *m.* ファンゴ	mud マド
抜く	togliere, estrarre トッリエレ, エストラッレ	pull out プル アウト
(追い抜く)	sorpassare ソルパッサーレ	outrun アウトラン
脱ぐ	togliersi トッリエルスィ	take off テイ コーフ
拭う	asciugarsi アッシュガルスィ	wipe ワイプ
脱け殻	spoglia *f.*, scoglia *f.* スポッリャ, スコッリャ	cast-off skin キャストーフ スキン
抜ける	venir via, cadere ヴェニル ヴィーア, カデーレ	come off カム オフ
(通り抜ける)	passare, attraversare パッサーレ, アットラヴェルサーレ	pass through パス スルー
(欠落)	mancare マンカーレ	be missing ビ ミスィング
(脱退)	lasciare, abbandonare ラッシャーレ, アッバンドナーレ	leave, withdraw リーヴ, ウィズドロー
盗み	furto *m.* フルト	theft セフト
盗む	rubare, derubare ルバーレ, デルバーレ	steal, rob スティール, ラブ
布	stoffa *f.*, tessuto *m.* ストッファ, テッスート	cloth クロス

日	伊	英
沼	palude f. パルーデ	marsh, bog マーシュ, バグ
濡らす	bagnare バニャーレ	wet, moisten ウェト, モイスン
塗る (色を)	colorare, dipingere コロラーレ, ディピンジェレ	paint ペイント
(薬などを)	applicare アップリカーレ	apply アプライ
(クリームなどを)	spalmare スパルマーレ	spread スプレド
温い	tiepido ティエーピド	tepid, lukewarm テピド, ルークウォーム
濡れた	bagnato バニャート	wet ウェト
濡れる	bagnarsi バニャルスィ	get wet ゲト ウェト

ね, ネ

日	伊	英
根	radice f. ラディーチェ	root ルート
～も葉もない	infondato インフォンダート	groundless グラウンドレス
値	prezzo m. プレッツォ	price プライス
～上げする	aumentare il prezzo アウメンターレ イル プレッツォ	raise the price レイズ ザ プライス
～下げする	abbassare il prezzo アッバッサーレ イル プレッツォ	cut down the price カト ダウン ザ プライス
寝入る	addormentarsi アッドルメンタルスィ	fall asleep フォール アスリープ
値打ち	valore m. ヴァローレ	value, merit ヴァリュ, メリト
ネーム	nome m. ノーメ	name ネイム
～バリュー	celebrità f. チェレブリタ	celebrity スィレブリティ
ネオン	neon m. ネオン	neon ニーアン

日	伊	英
ネガ	negativo m. ネガティーヴォ	negative ネガティヴ
願い	desiderio m. デスィデーリオ	wish, desire ウィシュ, ディザイア
願う	sperare, augurarsi スペラーレ, アウグラルスィ	wish ウィシュ
寝かす	far addormentare ファル アッドルメンターレ	put to bed プト トゥ ベド
（横にする）	sdraiare ズドライアーレ	lay down レイ ダウン
（熟成・発酵）	stagionare スタジョナーレ	mature, age マチュア, エイヂ
ネガティブな	negativo ネガティーヴォ	negative ネガティヴ
葱	porro m. ポッロ	leek リーク
値切る	chiedere uno sconto キエーデレ ウノ スコント	bargain バーギン
ネクタイ	cravatta f. クラヴァッタ	necktie, tie ネクタイ, タイ
ネグリジェ	camicia da notte f. カミーチャ ダ ノッテ	night gown ナイト ガウン
猫	gatto m. ガット	cat キャト
寝言を言う	parlare nel sonno パルラーレ ネル ソンノ	talk in *one's* sleep トーク イン スリープ
寝込む	addormentarsi アッドルメンタルスィ	fall asleep フォール アスリープ
（病気で）	rimanere a letto リマネーレ ア レット	be ill in bed ビ イル イン ベド
寝転ぶ	sdraiarsi ズドライアルスィ	lie down ライ ダウン
値下がり	ribasso del prezzo m. リバッソ デル プレッツォ	fall in price フォール イン プライス
螺子	vite f. ヴィーテ	screw スクルー
〜回し	cacciavite m. カッチャヴィーテ	screwdriver スクルードライヴァ

日	伊	英
捻る	torcere トルチェレ	twist, turn トゥイスト, ターン
寝過ごす	dormire oltre (l'ora prevista) ドルミーレ オルトレ (ローラ プレヴィスタ)	oversleep オウヴァスリープ
鼠	topo *m.* トーポ	rat, mouse ラト, マウス
妬む	invidiare, essere invidioso *di* インヴィディアーレ, エッセレ インヴィディオーゾ	be jealous *of*, envy ビ チェラス, エンヴィ
ねだる	persuadere con moine ペルスアデーレ コン モイーネ	coax コウクス
値段	prezzo *m.* プレッツォ	price プライス
熱	calore *m.*, caldo *m.* カローレ, カルド	heat ヒート
(病気の)	febbre *f.* フェッブレ	fever フィーヴァ
～がある	avere la febbre アヴェーレ ラ フェッブレ	have a fever ハヴ ア フィーヴァ
熱意	zelo *m.*, entusiasmo *m.* ゼーロ, エントゥズィアズモ	zeal, eagerness ズィール, イーガネス
ネッカチーフ	foularino *m.* フラリーノ	neckerchief ネカチフ
熱気球	mongolfiera *f.* モンゴルフィエーラ	hot-air balloon ホッテア バルーン
熱狂	entusiasmo *m.* エントゥズィアーズモ	enthusiasm インシューズィアズム
～する	entusiasmarsi, esaltarsi エントゥズィアズマルスィ, エザルタルスィ	get excited ゲト イクサイテド
～的な	entusiastico, frenetico エントゥズィアスティコ, フレネーティコ	enthusiastic インシューズィアスティク
寝付く	addormentarsi アッドルメンタルスィ	fall asleep フォール アスリープ
根付く	attecchire, mettere radici アッテッキーレ, メッテレ ラディーチ	take root テイク ルート
ネックレス	collana *f.* コッラーナ	necklace ネクリス
熱心な	diligente, zelante ディリジェンテ, ゼランテ	eager, ardent イーガ, アーデント

日	伊	英
熱する	riscaldare リスカルダーレ	heat ヒート
熱帯	zona tropicale *f.*, tropici *m.pl.* ゾーナ トロピカーレ, トロ−ピチ	the tropical zone ザ トラピカル ゾウン
～の	tropicale トロピカーレ	tropical トラピカル
～魚	pesce tropicale *m.* ペッシェ トロピカーレ	tropical fish トラピカル フィシュ
熱中する	appassionarsi *a* アッパッスィオナルスィ	be absorbed *in* ビ アブソーブド
ネット	rete *f.* レーテ	net ネト
～サーフィン	surfing *m.* セルフィング	net-surfing ネトサーフィング
～ワーク	rete *f.*, network *m.* レーテ, ネトウォルク	network ネトワーク
熱湯	acqua bollente [calda] *f.* アックァ ボッレンテ (カルダ)	boiling water ボイリング ウォタ
熱病	le febbri *f.pl.* レ フェッブリ	fever フィーヴァ
根強い	tenace, radicato テナーチェ, ラディカート	deep-rooted ディープルーテド
熱烈な	appassionato, ardente アッパッスィオナート, アルデンテ	passionate, ardent パシォネト, アーデント
寝床	letto *m.* レット	bed ベド
ネパール	Nepal *m.* ネパル	Nepal ニポール
ねばねばした	vischioso, appiccicoso ヴィスキオーゾ, アッピッチコーゾ	sticky スティキ
粘り	vischiosità *f.*, appiccicosità *f.* ヴィスキオズィタ, アッピッチコズィタ	stickiness スティキネス
～強い	tenace, perseverante テナーチェ, ペルセルヴェランテ	tenacious, persistent ティネイシャス, パスィステント
粘る(べとつく)	essere vischioso エッセレ ヴィスキオーゾ	be sticky ビ スティキ
(根気よく)	perseverare *in* ペルセヴェラーレ	persevere パースィヴィア

日	伊	英
ねび 値引き	sconto *m.* スコント	discount ディスカウント
〜する	fare uno sconto ファーレ ウノ スコント	discount ディスカウント
ねぶくろ 寝袋	sacco a pelo *m.* サッコ ア ペーロ	sleeping-bag スリーピングバグ
ねぶそく 寝不足	mancanza di sonno *f.* マンカンツァ ディ ソンノ	want of sleep ワント オヴ スリープ
ねふだ 値札	segnaprezzo *m.* セーニャプレッツォ	price tag プライス タグ
ねぼう 寝坊	dormiglion*e(-a)* *m.(f.)* ドルミッリオーネ(ナ)	late riser レイト ライザ
〜する	alzarsi tardi, dormire fino a tardi アルツァルスィ タルディ, 　　ドルミーレ フィーノ アタルディ	get up late ゲト アプ レイト
ねぼ 寝惚ける	essere mezzo addormentato*(-a)* エッセレ メッツォ アッドルメンタート(タ)	be half asleep ビ ハフ アスリープ
ねまき 寝巻	pigiama *m.* ピジャーマ	pajamas パチャーマズ
ねまわ 根回しする	preparare il terreno プレパラーレ イル テッレーノ	lay the groundwork レイ ザ グラウンドワーク
ねむ 眠い	avere sonno アヴェーレ ソンノ	be sleepy ビ スリーピ
ねむけ 眠気	sonno *m.* ソンノ	drowsiness ドラウズィネス
ねむ 眠る	dormire ドルミーレ	sleep スリープ
ねら 狙い	mira *f.*, scopo *m.* ミーラ, スコーポ	aim エイム
ねら 狙う	mirare *a* ミラーレ	aim *at* エイム
ね は みが 練り歯磨き	dentifricio in pasta *m.* デンティフリーチョ イン パスタ	toothpaste トゥースペイスト
ね 寝る	dormire ドルミーレ	sleep スリープ
(就寝)	andare a letto アンダーレ アッレット	go to bed ゴウ トゥベド

日	伊	英
(横になる)	sdraiarsi ズドライアルスィ	lie down ライ ダウン
ね 練る	impastare インパスターレ	knead ニード
(文章などを)	limare, elaborare リマーレ, エラボラーレ	polish パリシュ
ねん 年	anno *m.* アンノ	year イア
ねんいり 念入りな	prudente, accurato プルデンテ, アックラート	careful, deliberate ケアフル, ディリバレイト
ねんがじょう 年賀状	cartolina di auguri per l'anno nuovo *f.* カルトリーナ ディ アウグーリ ペル ランノ ヌオーヴォ	New Year's card ニュー イアズ カード
ねんがっぴ 年月日	data *f.* ダータ	date デイト
ねんかん 年鑑	annuario *m.* アンヌアーリオ	almanac オールマナク
ねんかん 年間の	annuale, annuo アンヌアーレ, アンヌオ	annual, yearly アニュアル, イアリ
ねんきん 年金	pensione *f.* ペンスィオーネ	pension, annuity パーンスィアン, アニュイティ
ねんげつ 年月	tempo *m.*, anni *m.pl.* テンポ, アンニ	time, years タイム, イアズ
ねんこうじょれつ 年功序列	ordine di anzianità *m.* オルディネ ディ アンツィアニタ	seniority スィーニオリティ
ねんざ 捻挫	distorsione *f.* ディストルスィオーネ	sprain スプレイン
～する	storcersi ストルチェルスィ	sprain スプレイン
ねんしゅう 年収	reddito annuo *m.* レッディト アンヌオ	annual income アニュアル インカム
ねんじゅう 年中	tutto l'anno, sempre トゥット ランノ, センプレ	all the year オール ジ イア
ねんしゅつする 捻出する	procurarsi プロクラルスィ	manage to rise マニチ トゥ ライズ
ねんしょう 年商	fatturato annuo *m.* ファットゥラート アンヌオ	yearly turnover イアリ ターノウヴァ

日	伊	英
ねんすう 年数	anni *m.pl.* アンニ	years イアズ
ねんだい 年代	età *f.*, era *f.* エタ, エーラ	age, era エイヂ, イアラ
ねんちゃく 粘着テープ	adesivo *m.* アデズィーヴォ	adhesive tape アドヒースィヴ テイプ
ねんちゅうぎょうじ 年中行事	manifestazione annuale *f.* マニフェスタツィオーネ アンヌアーレ	annual event アニュアル イヴェント
ねんど 粘土	creta *f.* クレータ	clay クレイ
ねんぱい 年配の	anziano アンツィアーノ	elderly, middle-aged エルダリ, ミドルエイヂド
ねんぴょう 年表	tavola cronologica *f.* ターヴォラ クロノロージカ	chronological table クラノラヂカル テイブル
ねんぽう 年俸	stipendio annuo *m.* スティペンディオ アンヌオ	annual salary アニュアル サラリ
ねんまつ 年末	la fine dell'anno *f.* ラフィーネ デッランノ	the end of the year ジ エンド オヴ ザ イア
ねんりょう 燃料	combustibile *m.* コンブスティービレ	fuel フュエル
ねんりん 年輪	anello *m.* アネッロ	annual ring アニュアル リング
ねんれい 年齢	età *f.*, anni *m.pl.* エタ, アンニ	age エイヂ
～制限	limite di età *m.* リーミテ ディ エタ	age limit エイヂ リミト
～層	fascia d'età *f.* ファッシャ デタ	age bracket エイヂ ブラケト

の, ノ

日	伊	英
ノイズ	rumore *m.* ルモーレ	noise ノイズ
ノイローゼ	nervosi *f.* ネヴローズィ	neurosis ニュアロウスィス
のう 能	no *m.* ノ	*No*(*-h*) play ノウ プレイ
のう 脳	cervello *m.* チェルヴェッロ	the brain ザ ブレイン

日	伊	英
〜の	cerebrale チェレブラーレ	cerebral セレブラル
〜外科	chirurgia del cervello *f.* キルルジーア デル チェルヴェッロ	brain surgery ブレイン サーヂャリ
〜溢血	emorragia cerebrale *f.* エモラッジーア チェレブラーレ	cerebral hemorrhage セリーブラル ヘモリヂ
〜梗塞	infarto cerebrale *m.* インファルト チェレブラーレ	cerebral infarction セレブラル インファークション
〜死	morte cerebrale *f.* モルテ チェレブラーレ	brain death ブレイン デス
〜震盪	commozione cerebrale *f.* コンモツィオーネ チェレブラーレ	concussion of the brain カンカション オヴ ザ ブレイン
〜波	onda cerebrale *f.* オンダ チェレブラーレ	brain waves ブレイン ウェイヴズ
のうか 農家	casa colonica *f.* カーザ コローニカ	farmhouse ファームハウス
(家族)	famiglia contadina *f.* ファミッリア コンタディーナ	farming family ファーミング ファミリ
のうき 納期	termine di consegna *m.* テルミネ ディ コンセーニャ	the delivery date ザ ディリヴァリ デイト
(金の)	termine di pagamento *m.* テルミネ ディ パガメント	the date of payment ザ デイト オヴ ペイメント
のうぎょう 農業	agricoltura *f.* アグリコルトゥーラ	agriculture アグリカルチャ
のうこう 濃厚な	denso, intenso デンソ, インテンソ	thick, rich スィク, リチ
のうさんぶつ 農産物	prodotto agricolo *m.* プロドット アグリーコロ	farm produce ファーム プロデュース
のうしゅくされた 濃縮された	concentrato, arricchito コンチェントラート, アッリッキート	concentrated, enriched カンセントレイテド, インリチド
のうじょう 農場	fattoria *f.* ファットリーア	farm ファーム
のうぜい 納税	pagameno delle imposte *m.* パガメント デッレ インポステ	payment of taxes ペイメント オヴ タクスィズ
のうそん 農村	villaggio agricolo *m.* ヴィッラッジョ アグリーコロ	farm village ファーム ヴィリヂ
のうたん 濃淡	sfumatura *f.* スフマトゥーラ	shading, shade シェイディング, シェイド
(明暗)	chiaroscuro *m.* キアロスクーロ	light and shade ライト アンド シェイド

日	伊	英
のうち 農地	terreno agricolo *m.* テッレーノ アグリーコロ	agricultural land アグリカルチュラル ランド
のうど 濃度	densità *f.* デンスィタ	density デンスィティ
のうどう 能動	attività *f.* アッティヴィタ	activity アクティヴィティ
～的な	attivo アッティーヴォ	active アクティヴ
～態	forma attiva *f.* フォルマ アッティーヴァ	the active voice ジ アクティヴ ヴォイス
のうにゅう 納入する	fornire フォルニーレ	deliver ディリヴァ
ノウハウ	know-how *m.* ノウアウ	know-how ノウハウ
のうひん 納品	fornitura di merci *f.* フォルニトゥーラ ディ メルチ	delivery of goods ディリヴァリ オヴ グヅ
～する	fornire フォルニーレ	deliver ディリヴァ
のうみん 農民	agricol*tore*(*-trice*) *m.*(*f.*) アグリコルトーレ(トリーチェ)	peasant, farmer ペザント, ファーマ
のうむ 濃霧	fitta nebbia *f.* フィッタ ネッビア	dense fog デンス フォグ
のうやく 農薬	pesticida *m.* ペスティチーダ	agricultural chemicals アグリカルチュラル ケミカルズ
のうりつ 能率	efficienza *f.* エッフィチェンツァ	efficiency イフィシェンスィ
～的な	efficiente エッフィチェンテ	efficient イフィシェント
のうりょく 能力	abilità *f.* アビリタ	ability, capacity アビリティ, カパスィティ
ノーコメント	no comment (*m.*) ノコンメント	No comment. ノウ カメント
ノースリーブの	senza maniche センツァ マーニケ	sleeveless スリーヴレス
ノート	quaderno *m.* クァデルノ	notebook ノウトブク
ノーマルな	normale ノルマーレ	normal ノーマル

日	伊	英
逃れる	fuggire, scappare フッジーレ, スカッパーレ	escape, get off イスケイプ, ゲト オフ
（避ける）	evitare エヴィターレ	avoid アヴォイド
軒	gronda f., tettoia f. グロンダ, テットイア	eaves イーヴズ
鋸	sega f. セーガ	saw ソー
残す （置き）	lasciare ラッシャーレ	leave behind リーヴ ビハインド
（保存）	conservare コンセルヴァーレ	save セイヴ
（後世に）	trasmettere a トラズメッテレ	bequeath to ビクウィーズ
残り	resto m., avanzo m. レスト, アヴァンツォ	the rest ザ レスト
残る	rimanere, restare リマネーレ, レスターレ	stay, remain ステイ, リメイン
ノスタルジー	nostalgia f. ノスタルジーア	nostalgia ナスタルヂャ
ノズル	ugello m. ウジェッロ	nozzle ナズル
乗せる （置く）	mettere メッテレ	put, set プト, セト
（積む）	caricare カリカーレ	load on ロウド
除く	eliminare エリミナーレ	remove リムーヴ
（除外）	escludere エスクルーデレ	exclude, omit イクスクルード, オウミト
覗く	guardare dentro グァルダーレ デントロ	peep ピープ
（窺う）	spiare スピアーレ	peep ピープ
（店などを）	dare un'occhiata a ダーレ ウノッキアータ	look in at ルク イン
望み	desiderio m., speranza f. デスィデーリオ, スペランツァ	wish, desire ウィシュ, ディザイア

日	伊	英
望む	volere, desiderare ヴォレーレ, デスィデラーレ	want, wish ワント, ウィシュ
(期待)	sperare スペラーレ	hope, expect ホウプ, イクスペクト
後(に)	dopo ドーポ	afterward, later アフタワド, レイタ
～ほど	più tardi ピウ タルディ	later レイタ
ノック	bussata f. ブッサータ	knock ナク
～する	bussare ブッサーレ	knock ナク
ノックアウト	knock-out m. ノカウト	knockout ナクカウト
乗っ取る	impadronirsi di インパドロニルスィ	take over テイク オウヴァ
(飛行機を)	dirottare ディロッターレ	hijack ハイヂャク
喉	gola f. ゴーラ	the throat ザ スロウト
長閑な	calmo, sereno カルモ, セレーノ	peaceful, quiet ピースフル, クワイエト
罵る	insultare, bestemmiare インスルターレ, ベステンミアーレ	abuse アビューズ
延ばす (延長)	allungare, prolungare アッルンガーレ, プロルンガーレ	lengthen, extend レンクスン, イクステンド
(延期)	rimandare リマンダーレ	put off, delay プト オフ, ディレイ
伸ばす (伸長)	allungare アッルンガーレ	lengthen, stretch レンクスン, ストレチ
(まっすぐに)	stendere ステンデレ	straighten ストレイトン
(才能を)	sviluppare ズヴィルッパーレ	develop ディヴェロプ
野原	campi m.pl. カンピ	fields フィールヅ
延びる	essere posposto エッセレ ポスポスト	be put off ビ プト オフ
(距離が)	essere prolungato エッセレ プロルンガート	be prolonged ビ プロロングド

日	伊	英
の伸びる	estendere エステンデレ	extend, stretch イクステンド, ストレチ
（発展・成長）	svilupparsi, crescere ズヴィルッパルスィ, クレッシェレ	develop, grow ディヴェロプ, グロウ
ノブ	pomello *m.* ポメッロ	knob ナブ
の述べる	dire, parlare ディーレ, パルラーレ	tell, state テル, ステイト
のぼせる	avere un capogiro アヴェーレ ウン カポジーロ	be flushed ビ フラシュド
（夢中）	impazzire *per* インパッツィーレ	be crazy *about* ビ クレイズィ
のぼ上り （坂）	salita *f.* サリータ	uphill slope アプヒル スロウプ
（列車の）	corsa discendente *f.* コルサ ディッシェンデンテ	up train アプ トレイン
のぼ上る	salire サリーレ	go up ゴウ アプ
（ある数量に）	ammontare, arrivare アンモンターレ, アッリヴァーレ	amount *to*, reach アマウント, リーチ
のぼ昇る	sorgere, levarsi ソルジェレ, レヴァルスィ	rise ライズ
のぼ登る	salire, montare サリーレ, モンターレ	climb クライム
のみ蚤	pulce *f.* プルチェ	flea フリー
のみ鑿	scalpello *m.*, cesello *m.* スカルペッロ, チェゼッロ	chisel チズル
のぐすり飲み薬	medicina da prendere per via orale *f.* メディチーナ ダ プレンデレ ペル ヴィーア オラーレ	internal medicine インターナル メディスィン
の こ飲み込む	inghiottire インギオッティーレ	swallow スワロウ
（理解）	capire カピーレ	understand アンダスタンド
の ほ飲み干す	vuotare ヴオターレ	gulp down ガルプ ダウン

日	伊	英
飲み物	bevanda *f.* ベヴァンダ	drink, beverage ドリンク, ベヴァリヂ
飲む	bere, prendere ベーレ, プレンデレ	drink, take ドリンク, テイク
(受諾)	accettare アッチェターレ	accept アクセプト
海苔	alga marina *f.* アルガ マリーナ	laver レイヴァ
糊	colla *f.* コッラ	paste, starch ペイスト, スターチ
乗り遅れる	perdere ペルデレ	miss ミス
乗り換える	cambiare カンビアーレ	change チェインヂ
乗組員	equipaggio *m.* エクィパッジョ	crew クルー
乗り場 (バス)	fermata *f.* フェルマータ	bus stop バス スタプ
(ホーム)	binario *m.* ビナーリオ	platform プラトフォーム
(船)	banchina *f.* バンキーナ	jetty, pier ヂェティ, ピア
乗り物	veicolo *m.* ヴェイーコロ	vehicle ヴィーイクル
乗る (バス・電車)	prendere, salire プレンデレ, サリーレ	take, get into テイク, ゲト イントゥ
(何かの上に)	salire, montare サリーレ, モンターレ	get on ゲト オン
ノルウェー	Norvegia *f.* ノルヴェージャ	Norway ノーウェイ
〜の	norvegese ノルヴェジェーゼ	Norwegian ノーウィーヂャン
ノルマ	norma *f.* ノルマ	assignment アサインメント
呪い	maledizione *f.* マレディツィオーネ	curse カース
呪う	maledire マレディーレ	curse カース

日	伊	英
のろのろと	lentamente レンタメンテ	slowly, idly スロウリ, アイドリ
鈍間な (のろま)	tardo, tonto タルド, トント	stupid, dull ステューピド, ダル
暢気な (のんき)	comodo, spensierato コーモド, スペンスィエラート	easy, carefree イーズィ, ケアフリー
ノンストップの[で]	non-stop ノンストプ	non-stop ナンスタプ
のんびり (と)	a *proprio* agio ア アージョ	free from care フリー フラム ケア
ノンフィクション	opera d'interesse documentario *f.* オーペラ ディンテレッセ ドクメンターリオ	nonfiction ナンフィクション

日	伊	英

は, ハ

葉	foglia *f.* フォッリァ	leaf, blade リーフ, ブレイド
刃	taglio *m.*, lama *f.* タッリォ, ラーマ	edge, blade エヂ, ブレイド
歯	dente *m.* デンテ	tooth トゥース
～が痛い	avere mal di denti アヴェーレ マル ディ デンティ	have a toothache ハヴ ア トゥーセイク
～磨き粉	dentifricio *m.* デンティフリーチォ	toothpaste トゥースペイスト
～ブラシ	spazzolino da denti *m.* スパッツォリーノ ダ デンティ	toothbrush トゥースブラシュ
場合	caso *m.*, occasione *f.* カーゾ, オッカズィオーネ	case, occasion ケイス, オケイジョン
バーゲン	saldi *m.pl.*, svendita *f.* サルディ, ズヴェンディタ	bargain sale バーギン セイル
バーコード	codice a barre *m.* コーディチェ ア バッレ	bar code バー コウド
バージョン	versione *f.* ヴェルスィオーネ	version ヴァージョン
パーセント	percento *m.* ペルチェント	percent パセント
パーソナリティ	personalità *f.* ペルソナリタ	personality パーソナリティ
バーター(取引)	baratto *m.* バラット	barter バータ
バーチャル(な)	virtuale ヴィルトゥアーレ	virtual ヴァーチュアル
～リアリティー	realtà virtuale *f.* レアルタ ヴィルトゥアーレ	virtual reality ヴァーチュアル リーアリティ
パーティー	festa *f.* フェスタ	party パーティ
バーテン	barman *m.*, barista *m.f.* バルマン, バリスタ	bartender, barman バーテンダ, バーマン
ハート	cuore *m.* クオーレ	the heart ザ ハート

日	伊	英
パート(タイム)	part time *m.* パルタイム	part-time パートタイム
(人)	part time *m.* パルタイム	part-timer パートタイマ
ハードウェア	hardware *m.* アルドウェル	hardware ハードウェア
バードウオッチング	bird watching *m.* ベルドウォッチング	bird watching バード ワチング
パートナー	partner *m.f.* パルトネル	partner パートナ
ハードル	ostacolo *m.* オスターコロ	hurdle ハードル
～競走	corsa a ostacoli *f.* コルサ ア オスターコリ	hurdle race ハードル レイス
バーナー	becco *m.* ベッコ	burner バーナ
ハーブ	erba aromatica *f.* エルバ アロマーティカ	herb ハーブ
ハープ	arpa *f.* アルパ	harp ハープ
バーベキュー	barbecue *m.* バルベキュ	barbecue バービキュー
バーボン	bourbon *m.* ブルボン	bourbon ブアボン
パーマ	permanente *f.* ペルマネンテ	permanent パーマネント
～をかける	farsi fare la permanente ファルスィ ファーレ ラ ペルマネンテ	have *one's* hair permed ハヴ ヘア パームド
ハーモニー	armonia *f.* アルモニーア	harmony ハーモニ
ハーモニカ	armonica (a bocca) *f.* アルモーニカ(アッボッカ)	harmonica ハーマニカ
灰	cenere *f.* チェーネレ	ash アシュ
肺	polmone *m.* ポルモーネ	the lungs ザ ラングズ
～炎	polmonite *f.* ポルモニーテ	pneumonia ニュモウニア
～活量	capacità respiratoria *f.* カパチタ レスピラトーリア	the breathing capacity ザ ブリーズィング カパスィティ
～癌	cancro polmonare *m.* カンクロ ポルモナーレ	lung cancer ラング キャンサ

日	伊	英
<ruby>倍<rt>ばい</rt></ruby>	doppio *m.* ドッピオ	twice, double トワイス, ダブル
パイ	crostata *f.*, torta *f.* クロスタータ, トルタ	pie, tart パイ, タート
<ruby>灰色<rt>はいいろ</rt></ruby>(の)	grigio *m.* グリージョ	gray グレイ
ハイウェイ	autostrada *f.* アウトストラーダ	expressway イクスプレスウェイ
<ruby>背泳<rt>はいえい</rt></ruby>	(nuoto sul) dorso *m.* (ヌオート スル) ドルソ	the backstroke ザ バクストロウク
バイオ	bio- ビオ	bio- バイオウ
〜テクノロジー	biotecnologia *f.* ビオテクノロジーア	biotechnology バイオウテクナロヂィ
パイオニア	pioniere(-a) *m.(f.)* ピオニエーレ(ラ)	pioneer パイオニア
バイオリン	violino *m.* ヴィオリーノ	violin ヴァイオリン
〜奏者	violinista *m.f.* ヴィオリニスタ	violonist ヴァイオリニスト
<ruby>配管<rt>はいかん</rt></ruby>	installazione di tubi *f.* インスタッラツィオーネ ディ トゥービ	piping パイピング
<ruby>排気<rt>はいき</rt></ruby>ガス	gas di scarico *m.* ガス ディ スカーリコ	exhaust gas イグゾースト ギャス
<ruby>廃棄物<rt>はいきぶつ</rt></ruby>	rifiuti *m.pl.*, cascami *m.pl.* リフューティ, カスカーミ	waste ウェイスト
<ruby>廃虚<rt>はいきょ</rt></ruby>	ruderi *m.pl.*, rovine *f.pl.* ルーデリ, ロヴィーネ	ruins ルーインズ
<ruby>黴菌<rt>ばいきん</rt></ruby>	batterio *m.*, bacillo *m.* バッテーリオ, バチッロ	bacteria, germ バクティアリア, チャーム
ハイキング	escursione *f.* エスクルスィオーネ	hiking ハイキング
バイキング料理	buffet *m.* ブッフェ	smorgasbord スモールガスボード
バイク	motocicletta *f.*, moto *f.* モトチクレッタ, モート	motorbike モウタバイク
<ruby>配偶者<rt>はいぐうしゃ</rt></ruby>	coniuge *m.f.* コーニュジェ	spouse スパウズ

日	伊	英
はいけい 背景	sfondo *m.* スフォンド	background バクグラウンド
（舞台の）	fondale *m.* フォンダーレ	setting セティング
はいけつしょう 敗血症	setticemia *f.* セッティチェミーア	septicemia セプティスィーミア
はいざら 灰皿	portacenere *m.* ポルタチェーネレ	ashtray アシュトレイ
はいし 廃止する	abolire アボリーレ	abolish アバリシュ
はいしゃ 歯医者	dentista *m.f.* デンティスタ	dentist デンティスト
ハイジャック	dirottamento *m.* ディロッタメント	hijack ハイヂャク
ばいしゅう 買収	acquisto *m.* アックィスト	purchase パーチェス
（賄賂）	corruzione *f.* コッルツィオーネ	bribery ブライバリ
～する	acquistare アックィスターレ	purchase パーチェス
（賄賂）	corrompere コッロンペレ	bribe ブライブ
ばいしゅん 売春	prostituzione *f.* プロスティトゥツィオーネ	prostitution プラスティテューション
ばいしょう 賠償する	risarcire リサルチーレ	compensate カンペンセイト
はいしょく 配色	combinazione di colori *f.* コンビナツィオーネ ディ コローリ	color scheme カラ スキーム
はいすい 排水	scarico delle acque *m.* スカリコ デッレ アックェ	drainage ドレイニヂ
はいせつぶつ 排泄物	escrementi *m.pl.* エスクレメンティ	excrement エクスクレメント
はいせん 敗戦	sconfitta *f.*, disfatta *f.* スコンフィッタ, ディスファッタ	defeat ディフィート
はいせん 配線	posa di fili elettrici *f.* ポーザ ディ フィーリ エレットリチ	wiring ワイアリング
ハイソックス	gambaletti *m.pl.* ガンバレッティ	knee socks ニー サクス

日	伊	英
配達する	consegnare コンセニャーレ	deliver ディリヴァ
バイタリティー	vitalità f. ヴィタリタ	vitality ヴァイタリティ
ハイテク	tecnologia avanzata f. テクノロジーア アヴァンツァータ	high tech ハイ テク
売店	chiosco m., edicola f. キオスコ, エディーコラ	stall, stand ストール, スタンド
バイト	lavoro part-time m. ラヴォーロ パルタイム	part-time job パートタイム チャブ
(情報量の単位)	byte m. バイト	byte バイト
配当(金)	dividendo m. ディヴィデンド	dividend ディヴィデンド
パイナップル	ananas m. アーナナス	pineapple パイナブル
バイパス	tangenziale f. タンジェンツィアーレ	bypass バイパス
ハイヒール	scarpe con tacchi alti f.pl. スカルペ コン タッキ アルティ	high-heeled shoes ハイヒールド シューズ
パイプ (管)	tubo m. トゥーボ	pipe, tube パイプ, テューブ
(タバコの)	pipa f. ピーパ	pipe パイプ
～オルガン	organo a canne m. オルガノ ア カンネ	pipe organ パイプ オーガン
配布する	distribuire ディストリブイーレ	distribute ディストリビュート
パイプライン	oleodotto m. オレオドット	pipeline パイプライン
バイブル	Bibbia f. ビッビア	the Bible ザ バイブル
ハイフン	trattino m. トラッティーノ	hyphen ハイフン
敗北	sconfitta f. スコンフィッタ	defeat ディフィート
～する	essere sconfitto エッセレ スコンフィット	be defeated ビ ディフィーテド

日	伊	英
配役 _{はいやく}	cast *m.* カスト	the cast ザ キャスト
（割り振り）	casting *m.* カスティング	casting キャスティング
俳優 _{はいゆう}	at*tore*(*-trice*) *m.(f.)* アットーレ(トリーチェ)	actor, actress アクタ, アクトレス
配慮する _{はいりょ}	darsi puremura *di* ダルスィ プレムーラ	take into consideration テイク イントゥ カンスィダレイション
バイリンガル（の）	bilingue *m.f.* ビリングェ	bilingual バイリングワル
入る _{はい}	entrare エントラーレ	enter, go in エンタ, ゴウ イン
（加入）	entrare エントラーレ	join ヂョイン
（収容できる）	starci, contenere スタルチ, コンテネーレ	accommodate アカモデイト
パイロット	pilota *m.f.* ピロータ	pilot パイロト
這う _は	strisciare ストリッシャーレ	crawl, creep クロール, クリープ
パウダー	polvere *f.* ポルヴェレ	powder パウダ
バウンドする	rimbalzare リンバルツァーレ	bound バウンド
蠅 _{はえ}	mosca *f.* モスカ	fly フライ
生える（成長） _は	crescere クレッシェレ	grow グロウ
墓 _{はか}	tomba トンバ	grave, tomb グレイヴ, トゥーム
馬鹿 _{ばか}	sciocco(*-a*) *m.(f.)*, scemo(*-a*) *m.(f.)* ショッコ(カ), シェーモ(マ)	fool フール
～な	stupido ストゥーピド	foolish フーリシュ
～にする	beffare, burlare ベッファーレ, ブルラーレ	laugh at ラフ アト
破壊する _{はかい}	distruggere ディストルッジェレ	destroy ディストロイ

日	伊	英
<ruby>葉書<rt>はがき</rt></ruby>	cartolina *f.* カルトリーナ	postal card ポウスタル カード
<ruby>博士<rt>はかせ</rt></ruby>(号)	dottorato di ricerca *m.* ドットラート ディ リチェルカ	doctorate ダクタレト
(人)	dottore(-*essa*) di ricerca *m.f.* ドットーレ(レッサ) ディ リチェルカ	doctor ダクタ
〜課程	corso di dottorato di ricerca *m.* コルソ ディ ドットラート ディ リチェルカ	doctor's course ダクタズ コース
<ruby>捗る<rt>はかどる</rt></ruby>	procedere, progredire プロチェーデレ, プログレディーレ	make progress メイク プラグレス
<ruby>儚い<rt>はかない</rt></ruby>	fugace, effimero フガーチェ, エッフィーメロ	transient, vain トランシェント, ヴェイン
<ruby>秤<rt>はかり</rt></ruby>	bilancia *f.* ビランチャ	balance, scales バランス, スケイルズ
<ruby>計る<rt>はか</rt></ruby>(長さ)	misurare ミズラーレ	measure メジャ
(重さ)	pesare ペザーレ	weigh ウェイ
バカンス	vacanze *f.pl.* ヴァカンツェ	vacation ヴェイケイション
<ruby>吐き気<rt>はけ</rt></ruby>	nausea *f.* ナウゼア	nausea ノーズィア
<ruby>履く<rt>は</rt></ruby>	mettersi メッテルスィ	put on, wear プト オン, ウェア
<ruby>掃く<rt>は</rt></ruby>	spazzare, pulire スパッツァーレ, プリーレ	sweep, clean スウィープ, クリーン
<ruby>吐く<rt>は</rt></ruby>(唾を)	sputare スプターレ	spit スピト
(へどを)	vomitare ヴォミターレ	vomit ヴァミト
<ruby>剥ぐ<rt>は</rt></ruby>	staccare, togliere スタッカーレ, トッリェレ	tear, peel *off* テア, ピール
バグ	bug *m.* バグ	bug バグ
<ruby>麦芽<rt>ばくが</rt></ruby>	malto *m.* マルト	malt モルト
<ruby>迫害<rt>はくがい</rt></ruby>する	perseguitare ペルセグイターレ	persecute パースィキュート

日	伊	英
博学な	dotto, erudito ドット, エルディート	learned ラーネド
歯茎	gengiva *f.* ジェンジーヴァ	gums ガムズ
爆撃する	bombardare ボンバルダーレ	bomb バム
白菜	cavolo cinese *m.* カーヴォロ チネーゼ	Chinese cabbage チャイニーズ キャビヂ
伯爵	conte *m.* コンテ	count カウント
〜夫人	contessa *f.* コンテッサ	countess カウンテス
拍手	applauso *m.*, battimano *m.* アップラウゾ, バッティマーノ	applause, clapping アプローズ, クラピング
〜する	battere le mani, applaudire バッテレ レ マーニ, アップラウディーレ	clap(*one's* hands) クラプ(ハンヅ)
白状	confessione *f.* コンフェッスィオーネ	confession カンフェション
〜する	confessare コンフェッサーレ	confess カンフェス
白人	bianco(-a) *m.(f.)*, bianchi *m.pl.* ビアンコ(カ), ビアンキ	white ホワイト
漠然		
〜とした	vago, ambiguo ヴァーゴ, アンビーグォ	vague, obscure ヴァーグ, オブスキュア
莫大な	enorme, immenso エノルメ, インメンソ	vast, immense ヴァスト, イメンス
爆弾	bomba *f.* ボンバ	bomb バム
白鳥	cigno *m.* チーニョ	swan スワン
バクテリア	batterio *m.* バッテーリオ	bacterium バクティアリアム
爆破する	far saltare ファル サルターレ	blast ブラスト
爆発する	esplodere エスプローデレ	explode イクスプロウド
博物館	museo *m.* ムゼーオ	museum ミューズィアム

日	伊	英
<ruby>博覧会<rt>はくらんかい</rt></ruby>	esposizione *f.* エスポズィツィオーネ	exposition エクスポズィション
<ruby>歯車<rt>はぐるま</rt></ruby>	ingranaggio *m.* イングラナッジョ	cogwheel, gear カグホウィール, ギア
<ruby>暴露<rt>ばくろ</rt></ruby>する	svelare, rivelare ズヴェラーレ, リヴェラーレ	expose, reveal イクスポウズ, リヴィール
<ruby>刷毛<rt>はけ</rt></ruby>	pennello *m.* ペンネッロ	brush ブラシュ
<ruby>激しい<rt>はげ</rt></ruby>	violento, intenso ヴィオレント, インテンソ	violent, intense ヴァイオレント, インテンス
バケツ	secchio *m.* セッキオ	pail, bucket ペイル, バケト
<ruby>励ます<rt>はげ</rt></ruby>	incoraggiare インコラッジャーレ	encourage インカーリヂ
<ruby>化け物<rt>ばもの</rt></ruby>	mostro *m.* モストロ	bogy, monster ボウギ, マンスタ
<ruby>禿げる<rt>は</rt></ruby>	diventare calvo ディヴェンターレ カルヴォ	become bald ビカム ボールド
<ruby>剥げる<rt>は</rt></ruby>	staccarsi, sfaldarsi スタッカルスィ, スファルダルスィ	come off カム オフ
<ruby>派遣<rt>はけん</rt></ruby>する	inviare, spedire インヴィアーレ, スペディーレ	send, dispatch センド, ディスパチ
<ruby>箱<rt>はこ</rt></ruby>	scatola *f.* スカートラ	box, case バクス, ケイス
<ruby>運ぶ<rt>はこ</rt></ruby>	portare ポルターレ	carry キャリ
（輸送）	trasportare トラスポルターレ	transport トランスポート
バザー	bazar *m.* ヴァッザル	bazaar バザー
<ruby>挟まる<rt>はさ</rt></ruby>	rimanere preso *in* リマネーレ プレーゾ	get in *between* ゲト イン
はさみ	forbici *f.pl.* フォルビチ	scissors スィザズ
<ruby>挟む<rt>はさ</rt></ruby>	mettere, inserire メッテレ, インセリーレ	put プト
（つまむ）	prendere, pigliare プレンデレ, ピッリアーレ	pick up ピク アプ

日	伊	英
(口を)	impicciarsi, interrompere インピッチャルスィ, インテッロンペレ	interrupt インタラプト
破産する	fare fallimento ファーレ ファッリメント	go bankrupt ゴウ バンクラプト
橋	ponte *m.* ポンテ	bridge ブリヂ
端 (先端)	capo *m.*, punta *f.* カーポ, プンタ	end, tip エンド, ティプ
(縁)	bordo *m.*, orlo *m.* ボルド, オルロ	the edge ジ エヂ
(すみ)	angolo *m.* アンゴロ	corner コーナ
箸	bastoncini *m.pl.* バストンチーニ	chopsticks チャプスティクス
恥	vergogna *f.* ヴェルゴーニャ	shame, humiliation シェイム, ヒューミリエイション
～をかく	fare una brutta figura ファーレ ウナ ブルッタ フィグーラ	be put to shame ビ プト トゥ シェイム
麻疹	morbillo *m.* モルビッロ	the measles ザ ミーズルズ
梯子	scala (a pioli) *f.* スカーラ (ア ピオーリ)	ladder ラダ
～車	autoscala *f.* アウトスカーラ	ladder truck ラダ トラク
始まり	inizio *m.* イニーツィオ	the beginning ザ ビギーニング
(起源)	origine *f.* オリージネ	the origin ザ オリヂン
始まる	cominciare, iniziare コミンチャーレ, イニツィアーレ	begin, start ビギン, スタート
初め	inizio *m.*, principio *m.* イニーツィオ, プリンチーピオ	the beginning, the start ザ ビギーニング, ザ スタート
～は	dapprima, in principio ダップリーマ, イン プリンチーピオ	at first アト ファースト
初めて	per la prima volta ペル ラ プリーマ ヴォルタ	for the first time フォー ザ ファースト タイム
始める	cominciare, iniziare コミンチャーレ, イニツィアーレ	begin, start, open ビギン, スタート, オウプン
馬車	carrozza *f.* カッロッツァ	carriage キャリヂ

日	伊	英
パジャマ	pigiama *m.* ピジャーマ	pajamas パヂャーマズ
馬術（ばじゅつ）	equitazione *f.* エクィタツィオーネ	horsemanship ホースマンシプ
場所（ばしょ）	posto *m.*, luogo *m.* ポスト, ルオーゴ	place, site プレイス, サイト
（余地）	spazio *m.* スパーツィオ	room, space ルーム, スペイス
柱（はしら）	pilastro *m.*, palo *m.* ピラストロ, パーロ	pillar, post ピラ, ポウスト
〜時計	orologio da muro *m.* オロロージョ ダ ムーロ	(wall) clock (ウォール) クラク
走り（はしり）	corsa *f.* コルサ	run ラン
〜高跳び	salto in alto *m.* サルト イナルト	high jump ハイ ヂャンプ
〜幅跳び	salto in iungo *m.* サルト イン ルンゴ	long jump ロング ヂャンプ
走る（はしる）	correre コッレレ	run ラン
恥じる（はじる）	vergognarsi *di* ヴェルゴニャルスィ	be ashamed ビ アシェイムド
バジル	basilico *m.* バズィーリコ	basil バズィル
バス	autobus *m.* アウトブス	bus バス
（浴室）	(stanza da)bagno *m.* (スタンツァ ダ)バーニョ	bathroom バスルム
（声楽の）	basso *m.* バッソ	bass バス
〜ターミナル	terminal dell'autobus *m.* テルミナル デッラウトブス	bus terminal バス ターミナル
〜停	fermata dell'autobus *f.* フェルマータ デッラウトブス	bus stop バス スタプ
端数（はすう）	frazione *f.* フラツィオーネ	fraction フラクション
恥ずかしい（はずかしい）	vergognarsi ヴェルゴニャルスィ	be ashamed ビ アシェイムド
（気まずい）	sentirsi in imbarazzo センティルスィ イニンバラッツォ	be embarrassed ビ インバラスト

は

日	伊	英
ハスキー(な)	rauco ラウコ	husky ハスキ
〜ボイス	voce rauca f. ヴォーチェ ラウカ	husky voice ハスキ ヴォイス
バスケット	cesta f., paniere m. チェスタ, パニエーレ	basket バスケト
〜ボール	pallacanestro f. パッラカネストロ	basketball バスケトボール
外(はず)す	togliersi トッリェルスィ	take off, remove テイク オフ, リムーヴ
(的を)	fallire ファッリーレ	miss ミス
(ボタンを)	sbottonare ズボットナーレ	unbutton アンバトン
(席を)	lasciare, allontanarsi ラッシャーレ, アッロンタナルスィ	leave リーヴ
パスする	passare パッサーレ	pass パス
パスタ	pasta f. パスタ	pasta パースタ
バスタオル	asciugamano da bagno m. アッシュガマーノ ダ バーニョ	bath towel バス タウエル
バスト	petto m. ペット	bust バスト
(胸まわり)	torace m. トラーチェ	bust バスト
パスポート	passaporto m. パッサポルト	passport パスポート
弾(はず)む	rimbalzare リンバルツァーレ	bounce, bound バウンス, バウンド
(話などが)	animarsi アニマルスィ	become lively ビカム ライヴリ
パズル	indovinello m. インドヴィネッロ	puzzle パズル
外(はず)れ	biglietto non vincente m. ビッリエット ノン ヴィンチェンテ	blank ブランク
(町の)	periferia f. ペリフェリーア	the suburbs ザ サバーブズ
外(はず)れる	staccarsi スタッカルスィ	come off カム オフ

日	伊	英
(当たらない)	essere sbagliato エッセレ ズバッリアート	miss, fail ミス, フェイル
パスワード	parola d'ordine *f.* パローラ ドルディネ	password パスワード
派生する	derivare *da* デリヴァーレ	derive *from* ディライヴ
パセリ	prezzemolo *m.* プレッツェーモロ	parsley パースリ
パソコン	personal computer *m.* ペルソナル コンピューテル	personal computer パーソナル カンピュータ
旗	bandiera *f.* バンディエーラ	flag, banner フラグ, バナ
肌	pelle *f.* ペッレ	the skin ザ スキン
バター	burro *m.* ブッロ	butter バタ
裸の	nudo ヌード	naked ネイキド
畑	campo *m.* カンポ	field, farm フィールド, ファーム
肌寒い	freddino フレッディーノ	chilly チリ
裸足で	scalzo スカルツォ	barefoot ベアフト
果たす	compiere, realizzare コンピエレ, レアリッザーレ	realize, carry out リアライズ, キャリ アウト
(目的を)	raggiungere ラッジュンジェレ	achieve アチーヴ
バタフライ	nuoto a farfalla *m.* ヌオート ア ファルファッラ	the butterfly stroke ザ バタフライ ストロウク
働き	lavoro *m.* ラヴォーロ	work, labor ワーク, レイバ
(機能)	funzione *f.* フンツィオーネ	function ファンクション
働く (労働)	lavorare ラヴォラーレ	work ワーク
(活動・機能)	funzionare フンツィオナーレ	work, function ワーク, ファンクション

日	伊	英
鉢(はち)	ciotola f. チョートラ	bowl ボウル
（植木鉢）	vaso m. ヴァーゾ	pot ポト
蜂(はち)	vespa f. ヴェスパ	wasp ワスプ
（蜜蜂）	ape f. アーペ	bee ビー
～蜜	miele m. ミエーレ	honey ハニー
八月(はちがつ)	agosto m. アゴースト	August オーガスト
バチカン（市国）	(Città del)Vaticano m. (チッタ デル) ヴァティカーノ	the Vatican ザ ヴァティカン
爬虫類(はちゅうるい)	rettili m.pl. レッティリ	the reptiles ザ レプタイルズ
波長(はちょう)	lunghezza d'onda f. ルンゲッツァ ドンダ	wavelength ウェイヴレンクス
罰(ばつ)	punizione f., pena f. プニツィオーネ, ペーナ	punishment, penalty パニシュメント, ペナルティ
発育(はついく)	crescita f. クレッシタ	growth グロウス
～する	crescere クレッシェレ	grow グロウ
発音(はつおん)	pronuncia f. プロヌンチャ	pronunciation プロナンスィエイション
～する	pronunciare プロヌンチャーレ	pronounce プロナウンス
薄荷(はっか)	menta f. メンタ	peppermint ペパミント
発揮(はっき)	dimostrare, dare prova di ディモストラーレ, ダーレ プローヴァ	display, show ディスプレイ, ショウ
はっきり(と)	chiaro キアーロ	clearly クリアリ
～する	diventare chiaro ディヴェンターレ キアーロ	become clear ビカム クリア
罰金(ばっきん)	multa f. ムルタ	fine ファイン
バック　（背景）	sfondo m. スフォンド	background バクグラウンド

日	伊	英
(後援)	sostegno *m.* ソステーニョ	support サポート
～する	indietreggiare インディエトレッジャーレ	move [step] back ムーヴ [ステプ] バク
～アップ	appoggio *m.* アッポッジョ	backing バキング
～ナンバー (雑誌の)	numero arretrato *m.* ヌーメロ アッレトラート	back number バク ナンバ
～ミラー	retrovisore *m.* レトロヴィゾーレ	rearview mirror リアヴュー ミラ
バッグ	borsa *f.* ボルサ	bag バグ
パック(牛乳の)	tetrapak *m.* テートラパク	carton カートン
はっくつ 発掘する	scavare スカヴァーレ	excavate エクスカヴェイト
ばつぐん 抜群の	eccellente, eccezionale エッチェッレンテ, エッチェツィオナーレ	outstanding アウトスタンディング
はっけっきゅう 白血球	globulo bianco *m.* グローブロ ビアンコ	white blood cell ホワイト ブラド セル
はっけつびょう 白血病	leucemia *f.* レウチェーミア	leukemia ルーキーミア
はっけん 発見	scoperta *f.* スコペルタ	discovery ディスカヴァリ
～する	scoprire スコプリーレ	discover, find out ディスカヴァ, ファインド アウト
はつげん 発言する	parlare, intervenire パルラーレ, インテルヴェニーレ	speak スピーク
はつこい 初恋	primo amore *m.* プリーモ アモーレ	first love ファースト ラヴ
はっこう 発行する	pubblicare プッブリカーレ	publish, issue パブリシュ, イシュー
バッジ	distintivo *m.* ディスティンティーヴォ	badge バヂ
はっしゃ 発車する	partire パルティーレ	leave, start リーヴ, スタート
はっしゃ 発射する	lanciare ランチャーレ	launch ローンチ
ばっすい 抜粋	estratto *m.* エストラット	extract エクストラクト

日	伊	英
罰する(ばっする)	punire プニーレ	punish パニシュ
発生する(はっせいする)	accadere, succedere アッカデーレ, スッチェーデレ	occur オカー
発送する(はっそうする)	inviare, spedire インヴィアーレ, スペディーレ	send out センド アウト
飛蝗(ばった)	cavalletta f. カヴァッレッタ	grasshopper グラスハパ
発達する(はったつする)	svilupparsi, progredire ズヴィルッパルスィ, プログレディーレ	develop, advance ディヴェロプ, アドヴァンス
パッチワーク(の)	patchwork m. ペチウォルク	patchwork パチワーク
バッテリー	batteria f. バッテリーア	battery バタリ
発展(はってん)	sviluppo m., espansione f. ズヴィルッポ, エスパンスィオーネ	development, expansion ディヴェロプメント, イクスパンション
～する	svilupparsi, espandersi ズヴィルッパルスィ, エスパンデルスィ	develop, expand ディヴェロプ, イクスパンド
～途上国	paese in via di sviluppo m. パエーゼ イン ヴィーア ディ ズヴィルッポ	developing country ディヴェロピング カントリ
発電所(はつでんしょ)	centrale elettrica f. チェントラーレ エレットリカ	power plant パウア プラント
ハットトリック	tripletta f. トリプレッタ	hat trick ハト トリク
発売する(はつばいする)	mettere in vendita メッテレ イン ヴェンディタ	put on sale プト オン セイル
ハッピーエンド	lieto fine m. リエート フィーネ	happy ending ハピ エンディング
発表する(はっぴょうする)	annunciare アンヌンチャーレ	announce アナウンス
(公表)	pubblicare プッブリカーレ	publish パブリシュ
発砲する(はっぽうする)	sparare スパラーレ	fire, shoot ファイア, シュート
発泡酒(ワイン)(はっぽうしゅ)	spumante m. スプマンテ	sparkling wine スパークリング ワイン
発泡スチロール(はっぽうスチロール)	polistirolo espanso m. ポリスティローロ エスパンソ	styrofoam スタイラフォーム

日	伊	英
はつめい 発明	invenzione *f.* インヴェンツィオーネ	invention インヴェンション
～する	inventare インヴェンターレ	invent, devise インヴェント, ディヴァイズ
パテ（固定剤）	mastice *m.* マスティチェ	putty パティ
は 果てしない	senza fine, infinito センツァ フィーネ, インフィニート	endless エンドレス
はで 派手な	chiassoso, vistoso キアッソーゾ, ヴィストーゾ	gay, showy ゲイ, ショウイ
はと 鳩	piccione(-a) *m.(f.)*, colombo(-a) *m.(f.)* ピッチョーネ(ナ), コロンボ(バ)	pigeon, dove ピヂョン, ダヴ
パトカー	volante *f.* ヴォランテ	squad [police] car スクワド(ポリース)カー
はとば 波止場	molo *m.*, banchina *f.* モーロ, バンキーナ	wharf, pier ホウォーフ, ピア
バドミントン	badminton *m.* ベドミントン	badminton バドミントン
パトロールする	pattugliare パットゥッリアーレ	patrol パトロウル
バトン	bastoncino *m.* バストンチーノ	baton バトン
（リレーの）	testimone *m.* テスティモーネ	baton バトン
はな 花	fiore *m.* フィオーレ	flower フラウア
～屋	fioraio(-a) *m.(f.)* フィオライオ(ア)	flower shop フラウア シャプ
はな 鼻	naso *m.* ナーゾ	nose ノウズ
はなし 話	conversazione *f.*, discorso *m.* コンヴェルサツィオーネ, ディスコルソ	talk, conversation トーク, カンヴァセイション
（物語）	storia *f.*, racconto *m.* ストーリア, ラッコント	story, tale ストーリ, テイル
はな あ 話し合う	parlare *con*, parlarsi パルラーレ, パルラルスィ	talk *with*, discuss *with* トーク, ディスカス
はな 話す	parlare, dire パルラーレ, ディーレ	speak, talk スピーク, トーク

日	伊	英
放す	lasciare, liberare ラッシャーレ, リベラーレ	free, release フリー, リリース
離す	separare, distaccare セパラーレ, ディスタッカーレ	separate, detach セパレイト, ディタチ
（遠ざける）	allontanare アッロンタナーレ	move away ムーヴ アウェイ
花束	mazzo di fiori m. マッツォ ディ フィオーリ	bunch of flowers バンチ オヴ フラウアズ
鼻血	sangue dal naso m. サングェ ダル ナーゾ	nosebleed ノウズブリード
バナナ	banana f. バナーナ	banana バナナ
花火	fuoco artificiale m. フオーコ アルティフィチャーレ	fireworks ファイアワークス
花びら	petalo m. ペータロ	petal ペタル
花婿	sposo m. スポーゾ	bridegroom ブライドグルーム
花模様	disegno a fiori ディセーニョ ア フィオーリ	floral pattern フローラル パタン
華やかな	splendido, pomposo スプレンディド, ポンポーゾ	gorgeous, bright ゴーヂャス, ブライト
花嫁	sposa f. スポーザ	bride ブライド
離れる	lasciare, allontanarsi ラッシャーレ, アッロンタナルスィ	leave, go away from リーヴ, ゴウ アウェイ
花輪	ghirlanda f., corona di fiori f. ギルランダ, コローナ ディ フィオーリ	wreath, garland リース, ガーランド
（葬儀用の）	corona(funebre) f. コローナ（フーネブレ）	funeral wreath フューネラル リース
はにかむ	intimidirsi インティミディルスィ	be shy ビ シャイ
パニック	panico m. パーニコ	panic パニク
バニラ	vaniglia f. ヴァニッリャ	vanilla ヴァニラ
羽	piuma f. ピウーマ	feather, plume フェザ, プルーム

日	伊	英
（翼）	ala *f.* アーラ	wing ウィング
ばね	molla *f.* モッラ	spring スプリング
ハネムーン	viaggio di nozze *m.* ヴィアッジョ ディ ノッツェ	honeymoon ハニムーン
跳ねる	saltare, balzare サルターレ, バルツァーレ	leap, jump リープ, ヂャンプ
（泥・水が）	schizzare スキッツァーレ	splash スプラシュ
撥ねる （車が人を）	investire インヴェスティーレ	hit ヒト
パネル	pannello *m.* パンネッロ	panel パネル
パノラマ	panorama *m.* パノラーマ	panorama パノラマ
母	madre *f.* マードレ	mother マザ
〜方の	materno マテルノ	on *one's* mother's side マザズ サイド
〜の日	Festa della mamma *f.* フェスタ デッラ マンマ	Mother's Day マザズ デイ
幅・巾	larghezza *f.* ラルゲッツァ	width, breadth ウィドス, ブレドス
パパ	papà *m.*, babbo *m.* パパー, バッボ	dad, papa, pa ダド, パーパ, パー
パパイヤ	papaia *f.* パパイア	papaya パパイア
羽ばたく	battere le ali バッテレ レ アーリ	flutter, flap フラタ, フラプ
派閥	fazione *f.* ファツィオーネ	faction ファクション
阻む	impedire, bloccare インペディーレ, ブロッカーレ	prevent *from*, block プリヴェント, ブラク
ババロア	bavarese *f.* バヴァレーゼ	Bavarian cream バベリアン クリーム
パビリオン	padiglione *m.* パディッリオーネ	pavilion パヴィリオン

は

日	伊	英
パフェ	parfait *m.* パルフェ	parfait パーフェイ
パフォーマンス	performance *f.* ペルフォルマンス	performance パフォーマンス
省く (除外)	omettere, eliminare オメッテレ, エリミナーレ	omit オウミット
(削減)	ridurre リドゥッレ	reduce リデュース
ハプニング	accidente *m.*, imprevisto *m.* アッチデンテ, インプレヴィスト	happening ハプニング
パプリカ	paprica *f.* パープリカ	paprika パプリカ
バブル	schiuma *f.*, spuma *f.* スキューマ, スプーマ	bubble バブル
葉巻	sigaro *m.* スィーガロ	cigar スィガー
蛤	tartufo di mare *m.* タルトゥーフォ ディ マーレ	clam クラム
浜辺	spiaggia *f.* スピアッジャ	beach, seashore ビーチ, スィーショー
嵌まる	entrare *in*, incastrarsi *in* エントラーレ, インカストラルスィ	fit *into* フィト
(落ちる)	cadere *in* カデーレ	fall *into* フォール
(夢中になる)	darsi *a*, impazzire *per* ダルスィ, インパッツィーレ	be hooked *on* ビ フクド
ハミング	canto a bocca chiusa *m.* カント アッボッカ キウーザ	humming ハミング
ハム	prosciutto *m.* プロッシュット	ham ハム
破滅する	rovinarsi, andare in rovina ロヴィナルスィ, アンダーレ イン ロヴィーナ	be ruined ビ ルーインド
嵌める	mettere, incassare メッテレ, インカッサーレ	put in, set プト イン, セト
(騙す)	ingannare インガンナーレ	entrap, cheat イントラプ, チート
場面	scena *f.* シェーナ	scene スィーン

日	伊	英
刃物（はもの）	coltelleria f. コルテッレリーア	edged tool エヂド トゥール
破門する（はもんする）	scomunicare スコムニカーレ	expel イクスペル
早い（はやい）	presto プレスト	early アーリ
速い（はやい）	veloce ヴェローチェ	fast ファスト
（動作が）	svelto ズヴェルト	quick クウィク
早く（はやく）	presto プレスト	early, soon アーリ, スーン
速く（はやく）	velocemente, alla svelta ヴェロチェメンテ, アッラ ズヴェルタ	fast, quickly ファスト, クウィクリ
速さ（はやさ）	velocità f. ヴェロチタ	speed スピード
林（はやし）	bosco m., boscaglia f. ボスコ, ボスカッリァ	wood ウド
流行り（はやり）	moda f., voga f. モーダ, ヴォーガ	fashion, mode ファション, モウド
流行る（はやる）	essere in voga エッセレ イン ヴォーガ	be in fashion, be popular ビ イン ファション, ビ パピュラ
（繁盛）	essere molto frequentato エッセレ モルト フレクェンタート	have a lot of customers ハヴ ア ラト オヴ カスタマーズ
（病気などが）	diffondersi ディッフォンデルスィ	be prevalent ビ プレヴァレント
腹（はら）	pancia f., stomaco m. パンチャ, ストーマコ	the stomach ザ スタマク
〜が痛い	avere mal di stomaco アヴェーレ マル ディ ストーマコ	have a stomachache ハヴ ア スタマクエイク
〜が減る	avere fame アヴェーレ ファーメ	be hungry ビ ハングリ
薔薇（ばら）	rosa f. ローザ	rose ロウズ
バラード	ballata f. バッラータ	ballade バラード
払い戻し（はらいもどし）	rimborso m. リンボルソ	repayment, refund リペイメント, リファンド

は

日	伊	英
払い戻す	rimborsare / リンボルサーレ	refund, repay / リファンド, リペイ
払う	pagare / パガーレ	pay / ペイ
(埃を)	spolverare / スポルヴェラーレ	dust / ダスト
バラエティ	varietà *f.* / ヴァリエタ	variety / ヴァライエティ
腹黒い	malvagio / マルヴァージョ	wicked, malicious / ウィキド, マリシャス
パラシュート	paracadute *m.* / パラカドゥーテ	parachute / パラシュート
パラダイス	paradiso *m.* / パラディーゾ	paradise / パラダイス
原っぱ	spiazzo *m.* / スピアッツォ	field / フィールド
パラドックス	paradosso *m.* / パラドッソ	paradox / パラダクス
はらはらする	rimanere col fiato sospeso / リマネーレ コル フィアート ソスペーゾ	feel nervous / フィール ナーヴァス
ばら撒く	spargere / スパルジェレ	scatter / スキャタ
パラリンピック	paraolimpiadi *f.pl.* / パラオリンピーアディ	the Paralympics / ザ パラリンピクス
バランス	equilibrio *m.* / エクィリーブリオ	balance / バランス
針	ago *m.* / アーゴ	needle / ニードル
(釣り針)	amo *m.* / アーモ	hook / フク
(時計の)	lancetta *f.* / ランチェッタ	hand / ハンド
パリ	Parigi *f.* / パリージ	Paris / パリス
〜の	parigino / パリジーノ	Parisian / パリジャン
バリウム	bario *m.* / バーリオ	barium / ベアリアム
バリエーション	varietà *f.* / ヴァリエタ	variation / ヴェアリエイション

は

日	伊	英
針金(はりがね)	filo metallico *m.* フィーロ メタッリコ	wire ワイア
張り紙(はりがみ)	cartello *m.*, manifesto *m.* カルテッロ, マニフェスト	bill, poster ビル, ポウスタ
バリカン	tosatrice *f.* トザトリーチェ	hair clippers ヘア クリパズ
馬力(ばりき)	cavallo vapore *m.* カヴァッロ ヴァポーレ	horsepower ホースパウア
バリケード	barricata *f.* バッリカータ	barricade バリケイド
バリトン	baritono *m.* バリートノ	baritone バリトウン
春(はる)	primavera *f.* プリマヴェーラ	spring スプリング
〜の	primaverile プリマヴェリーレ	spring スプリング
張る(はる)	tendere, stendere テンデレ, ステンデレ	stretch, extend ストレチ, イクステンド
貼る(はる)	attaccare アッタッカーレ	stick, put on スティク, プト オン
遥かに(はるかに)	molto, assai モルト, アッサイ	much, by far マチ, バイ ファー
(遠くに)	in lontananza イン ロンタナンツァ	far away ファーラウェイ
バルコニー	balcone *m.* バルコーネ	balcony バルコニ
バルブ	valvola *f.* ヴァルヴォラ	valve ヴァルヴ
パルプ	pasta di legno *f.* パスタ ディ レーニョ	pulp パルプ
晴れ(はれ)	bel tempo *m.* ベル テンポ	fine weather ファイン ウェザ
バレエ	balletto *m.* バッレット	ballet バレイ
パレード	sfilata *f.* スフィラータ	parade パレイド
バレーボール	pallavolo *m.* パッラヴォーロ	volleyball ヴァリボール

は

日	伊	英
破裂する はれつ	scoppiare スコッピアーレ	explode, burst イクスプロウド, バースト
パレット	tavolozza *f.* タヴォロッツァ	palette パレト
バレリーナ	ballerina *f.* バッレリーナ	ballerina バレリーナ
腫れる は	gonfiarsi ゴンフィアルスィ	become swollen ビカム スウォウルン
晴れる は	tornare il sereno トルナーレ イル セレーノ	clear up クリア アプ
（容疑が）	dissiparsi ディッスィパルスィ	be cleared ビ クリアド
ばれる	svelarsi, venire fuori ズヴェラルスィ, ヴェニーレ フォーリ	come out, be exposed カム アウト, ビ イクスポウズド
バレンタインデー	giorno di San Valentino *m.* ジョルノ ディ サン ヴァレンティーノ	Valentine's Day ヴァレンタインズ デイ
破廉恥な はれんち	svergognato, impudente ズヴェルゴニャート, インプデンテ	infamous, shameless インフェマス, シェイムレス
バロック（の）	barocco *m.* バロッコ	Baroque バロウク
パロディー	parodia *f.* パロディーア	parody パロディ
バロメーター	barometro *m.* バローメトロ	barometer バラミタ
パワー	potenza *f.*, forza *f.* ポテンツァ, フォルツァ	power パウア
半 （時間の） はん	mezzo *m.* メッゾ	half ハフ
班 はん	squadra *f.*, gruppo *m.* スクアードラ, グルッポ	group グループ
晩 ばん	sera *f.*, notte *f.* セーラ, ノッテ	evening, night イーヴニング, ナイト
パン	pane *m.* パーネ	bread ブレド
〜屋	panetteria *f.* パネッテリーア	bakery ベイカリ
範囲 はんい	ambito *m.*, limite *m.* アンビト, リーミテ	limit, sphere リミト, スフィア

日	伊	英
はんいご 反意語	antonimo *m.*, contrario *m.* アントーニモ, コントラーリオ	antonym アントニム
はんえい 反映	reflesso *m.* リフレッソ	reflection リフレクション
〜する	riflettere, riflettersi *su* リフレッテレ, リフレッテルスィ	reflect リフレクト
はんえい 繁栄	prosperità *f.* プロスペリタ	prosperity プラスペリティ
〜する	prosperare プロスペラーレ	be prosperous ビ プラスペラス
はんえん 半円	semicerchio *m.* セミチェルキオ	semicircle セミサークル
はんおん 半音	semitono *m.* セミトーノ	half step ハフ ステプ
はんが 版画	stampa *f.*, incisione *f.* スタンパ, インチズィオーネ	print, woodcut プリント, ウドカト
ハンガー	gruccia *f.* グルッチャ	hanger ハンガ
はんかがい 繁華街	centro *m.* チェントロ	downtown, busy street ダウンタウン, ビズィ ストリート
はんがく 半額で	a metà prezzo ア メタ プレッツォ	at half price アト ハフ プライス
ハンカチ	fazzoletto *m.* ファッツォレット	handkerchief ハンカチフ
ハンガリー	Ungheria *f.* ウンゲリーア	Hungary ハンガリ
〜の	ungherese ウンゲレーゼ	Hungarian ハンゲアリアン
バンガロー	bungalow *m.* ブンガロヴ	bungalow バンガロウ
はんかん 反感	antipatia *f.* アンティパティーア	antipathy アンティパスィ
はんきょう 反響	eco *m.*, risonanza *f.* エーコ, リソナンツァ	echo エコウ
〜する	risuonare リスオナーレ	echo, resound エコウ, リザウンド
パンク	bucatura *f.*, foratura *f.* ブカトゥーラ, フォラトゥーラ	flat tire [tyre] フラト タイア

は

日	伊	英
番組(ばんぐみ)	programma *m.* プログランマ	program プログラム
半径(はんけい)	raggio *m.* ラッジョ	radius レイディアス
反撃する(はんげきする)	contrattacare コントラッタッカーレ	strike back ストライク バク
判決(はんけつ)	giudizio *m.*, sentenza *f.* ジュディーツィオ, センテンツァ	judgment チャヂメント
版権(はんけん)	diritto d'autore *m.* ディリット ダウトーレ	copyright カピライト
番犬(ばんけん)	cane da guardia *m.* カーネ ダ グアルディア	watchdog ワチドグ
判子(はんこ)	sigillo *m.*, timbro *m.* スィジッロ, ティンブロ	seal, stamp スィール, スタンプ
番号(ばんごう)	numero *m.* ヌーメロ	number ナンバ
反抗する(はんこうする)	resistere, opporsi レズィステレ, オッポルスィ	resist, oppose リズィスト, オポウズ
犯罪(はんざい)	delitto *m.*, crimine *m.* デリット, クリーミネ	crime クライム
～者	criminale *m.f.*, delinquente *m.f.* クリミナーレ, デリンクエンテ	criminal クリミナル
万歳(ばんざい)	evviva, viva エッヴィーヴァ, ヴィーヴァ	Hurray, cheers フレイ, チアズ
ハンサムな	bello ベッロ	handsome ハンサム
反作用(はんさよう)	reazione *f.* レアツィオーネ	reaction リアクション
晩餐(ばんさん)	pranzo *m.* プランゾ	dinner ディナ
判事(はんじ)	giudice *m.f.* ジューディチェ	judge チャヂ
パンジー	viola del pensiero *f.* ヴィオーラ デル ペンスィエーロ	pansy パンズィ
反射(はんしゃ)	riflesso *m.* リフレッソ	reflection, reflex リフレクション, リーフレクス
～する	riflettere リフレッテレ	reflect リフレクト

日	伊	英
繁盛(はんじょう)	prosperità f. プロスペリタ	prosperity プラスペリティ
～する	prosperare プロスペラーレ	be prospero ビ プラスペラス
繁殖(はんしょく)する	proliferare, moltiplicarsi プロリフェラーレ, モルティプリカルスィ	breed, propagate ブリード, プラパゲイト
ハンスト	sciopero della fame m. ショーペロ デッラ ファーメ	hunger strike ハンガ ストライク
半(はん)ズボン	calzoncini m.pl. カルツォンチーニ	shorts, knee pants ショーツ, ニー パンツ
反省(はんせい)する	riflettere su リフレッテレ	reflect on リフレクト オン
反戦(はんせん)	movimento pacifista f. モヴィメント パチフィスタ	antiwar movement アンティウォー ムーヴメント
帆船(はんせん)	veliero m. ヴェリエーロ	sailer セイラ
ハンセン病	morbo di Hansen m. モルボ ディ アンセン	Hansen's disease ハンセンズ ディズィーズ
伴奏(ばんそう)	accompagnamento m. アッコンパニャメント	accompaniment アカンパニメント
～する	accompagnare アッコンパニャーレ	accompany アカンパニ
絆創膏(ばんそうこう)	cerotto m. チェロット	plaster プラスタ
反則(はんそく)	fallo m. ファッロ	foul ファウル
半袖(はんそで)	mezze maniche f.pl. メッゼ マーニケ	short sleeves ショート スリーヴズ
パンダ	panda m. パンダ	panda パンダ
反対(はんたい)	opposto m., contrario m. オッポスト, コントラーリオ	the opposite, the contrary ジ アポズィト, ザ カントレリ
(抵抗・異議)	opposizione f., obiezione f. オッポズィツィオーネ, オビエツィオーネ	opposition, objection アポズィション, オブチェクション
～の	opposto, contrario オッポスト, コントラーリオ	opposite, contrary アポズィト, カントレリ
～する	opporsi a オッポルスィ	oppose, object to オポウズ, アブチクト

日	伊	英
パンタロン	pantaloni *m.pl.* パンタローニ	pantaloons パンタルーンズ
判断	giudizio *m.* ジュディーツィオ	judgment ヂャヂメント
〜する	giudicare ジュディカーレ	judge ヂャヂ
番地	numero civico *m.* ヌーメロ チーヴィコ	street number ストリート ナンバ
パンチ	pugno *m.* プーニョ	punch パンチ
パンツ	mutande *f.pl.* ムタンデ	briefs, shorts ブリーフス, ショーツ
ハンデ	handicap *m.* アンディカプ	handicap ハンディキャプ
判定	giudizio *m.* ジュディーツィオ	judgment ヂャヂメント
〜する	giudicare ジュディカーレ	judge ヂャヂ
パンティー	mutandine *f.pl.* ムタンディーネ	panties パンティズ
〜ストッキング	collant *m.* コッラン	pantihose パンティホウズ
斑点	macchia *f.* マッキア	spot, speck スパト, スペク
バンド (帯)	cinghia *f.*, cintura *f.* チンギア, チントゥーラ	strap, belt ストラプ, ベルト
(楽隊)	banda *f.* バンダ	band バンド
半島	penisola *f.* ペニーゾラ	peninsula ペニンシュラ
半導体	semiconduttore *m.* セミコンドゥットーレ	semiconductor セミコンダクタ
ハンドバッグ	borsetta *f.* ボルセッタ	handbag, purse ハンドバグ, パース
ハンドブック	manuale *m.*, guida *f.* マヌアーレ, グイーダ	handbook ハンドブク
パントマイム	pantomima *f.* パントミーマ	pantomime パントマイム

日	伊	英
ハンドル(車の)	volante *m.* ヴォランテ	(steering) wheel (スティアリング) ホウィール
(自転車の)	manubrio *m.* マヌーブリオ	handlebars ハンドルバーズ
半日	mezza giornata *f.* メッザ ジョルナータ	half a day ハフ ア デイ
犯人	autore(*-trice*) del delitto *m.(f.)* アウトーレ(トリーチェ)デル デリット	offender, criminal オフェンダ, クリミナル
晩年	gli ultimi anni *m.pl.* リ ウルティミ アンニ	last years ラスト イアズ
反応	reazione *f.* レアツィオーネ	reaction, response リアクション, リスパンス
〜する	reagire レアジーレ	react *to*, respond *to* リアクト, リスパンド
バンパー	paraurti *m.* パラウルティ	bumper バンパ
ハンバーガー	hamburger *m.* アンブルゲル	hamburger ハンバーガ
販売する	vendere ヴェンデレ	sell, deal *in* セル, ディール
万博	expo *f.*, esposizione internazionale *f.* エクスポ, エスポズィツィオーネ インテルナツィオナーレ	Expo エクスポウ
反復する	ripetere リペーテレ	repeat リピート
パンプス	scarpe scollate *f.pl.* スカルペ スコッラーテ	pumps パンプス
パンフレット	opuscolo *m.*, dépliant *m.* オプスコロ, デプリアン	pamphlet, brochure パンフレト, ブロウシュア
半分	metà *f.*, mezzo *m.* メタ, メッゾ	half ハフ
ハンマー	martello *m.* マルテッロ	hammer ハマ
〜投げ	lancio del martello *m.* ランチョ デル マルテッロ	hammer throw ハマ スロウ
ハンモック	amaca *f.* アマーカ	hammock ハモク
反乱	rivolta *f.*, ribellione *f.* リヴォルタ, リベッリオーネ	revolt リヴォウルト

日	伊	英
氾濫する（はんらん）	straripare ストラリパーレ	flood, overflow フラド, オウヴァフロウ
反論する（はんろん）	ribattere, controbattere リバッテレ, コントロバッテレ	argue *against* アーギュー

ひ, ヒ

日	伊	英
日（ひ）	sole *m.* ソーレ	the sun, sunlight ザ サン, サンライト
（暦の）	giorno *m.* ジョルノ	day デイ
（日時）	data *f.* ダータ	date デイト
火（ひ）	fuoco *m.* フオーコ	fire ファイア
美（び）	bellezza *f.* ベッレッツァ	beauty ビューティ
～意識	senso estetico *m.* センソ エステーティコ	sense of beauty センス オヴ ビューティ
ピアス	orecchini *m.pl.* オレッキーニ	pierced earrings ピアスド イアリングズ
日当たりのよい（ひあ）	soleggiato ソレッジャート	sunny サニ
ピアニスト	pianista *m.f.* ピアニスタ	pianist ピアニスト
ピアノ	pianoforte *m.* ピアノフォルテ	piano ピアーノウ
ヒアリング	comprensione nell'ascoltare *f.* コンプレンスィオーネ ネッラスコルターレ	listening comprehension リスニング カンプリヘンション
（公聴会）	indagine conoscitiva *f.* インダージネ コノッシティーヴァ	hearing ヒアリング
ピーアールする	fare pubblicità ファーレ プッブリチタ	do publicity ドゥー パブリスィティ
贔屓する（ひいき）	favorire, fare delle preferenze *per* ファヴォリーレ, ファーレ デッレ プレフェレンツェ	favor フェイヴァ
ピーク	la punta massima [piu alta] *di f.* ラ プンタ マッスィマ (ピウ アルタ)	peak ピーク
ビーズ	perline *f.pl.* ペルリーネ	beads ビーヅ

日	伊	英
ヒーター	stufa elettrica *f.* ストゥーファ エレットリカ	heater ヒータ
秀(ひい)でる	eccellere エッチェッレレ	excel イクセル
ビーナス	Venere *f.* ヴェーネレ	Venus ヴィーナス
ピーナッツ	nocciolina *f.* ノッチョリーナ	peanut ピーナト
ビーフ	manzo *m.* マンゾ	beef ビーフ
～シチュー	stufato di manzo *m.* ストゥファート ディ マンヅォ	beef stew ビーフ ステュー
～ステーキ	bistecca *f.* ビステッカ	beefsteak ビーフステイク
ピーマン	peperone *m.* ペペローネ	green pepper グリーン ペパ
ビール	birra *f.* ビッラ	beer ビア
ヒーロー	eroe *m.* エローエ	hero ヒアロウ
冷(ひ)え込(こ)む	fare molto freddo ファーレ モルト フレッド	get very cold ゲト ヴェリ コウルド
冷(ひ)えた	freddo, fresco フレッド, フレスコ	cold コウルド
冷(ひ)える (寒い)	fare freddo ファーレ フレッド	be cold [chilly] ビ コウルド (チリ)
ピエロ	pierrot *m.* ピエッロ	pierrot ピエロウ
鼻炎(びえん)	rinite *f.* リニーテ	nasal inflammation ネイザル インフラメイシォン
ビエンナーレ	biennale *f.* ビエンナーレ	biennial exhibition バイエニアル エクスィビション
ビオラ	viola *f.* ヴィオーラ	viola ヴァイオラ
被害(ひがい)	danno *m.* ダンノ	damage ダミチ
～者	vittima *f.* ヴィッティマ	sufferer, victim サファラ, ヴィクティム

日	伊	英
控え (写し)	copia *f.*, duplicato *m.* コーピア, ドゥプリカート	copy, duplicate カピ, デュープリケト
(予備)	riserva *f.* リセルヴァ	reserve リザーヴ
控え目な	modesto, riservato モデスト, リセルヴァート	modest, reserved マデスト, リザーヴド
控える (自制)	astenersi *da* アステネルスィ	refrain *from* リフレイン
(メモを取る)	prendere nota プレンデレ ノータ	write down ライト ダウン
比較	confronto *m.*, paragone *m.* コンフロント, パラゴーネ	comparison カンパリスン
〜する	confrotare, paragonare コンフロンターレ, パラゴナーレ	compare カンペア
〜的(に)	relativamente レラティヴァメンテ	comparatively コンパラティヴリ
美学	estetica *f.* エステーティカ	aesthetics エスセティクス
日陰	ombra *f.* オンブラ	the shade ザ シェイド
日傘	ombrellino *m.*, parasole *m.* オンブレッリーノ, パラソーレ	sunshade, parasol サンシェイド, パラソル
東	est *m.*, oriente *m.* エスト, オリエンテ	the east ジ イースト
〜の	orientale オリエンターレ	east, eastern イースト, イースタン
光	luce *f.* ルーチェ	light, ray ライト, レイ
〜ファイバー	fibra ottica *f.* フィーブラ オッティカ	optical fiber アプティカル ファイバ
光る	splendere, brillare スプレンデレ, ブリッラーレ	shine, flash シャイン, フラシュ
(星が)	scintillare シンティッラーレ	twinkle トウィンクル
悲観する	essere pessimista エッセレ ペッスィミスタ	be pessimistic *about* ビ ペスィミスティク
引き上げる	tirare su ティラーレ ス	pull up プル アプ
(値段を)	aumentare アウメンターレ	raise レイズ

日	伊	英
（戻る）	tornare トルナーレ	return リターン
率いる	guidare, condurre グィダーレ, コンドゥッレ	lead, conduct リード, カンダクト
引き受ける	incaricarsi *di* インカリカルスィ	undertake アンダテイク
（受託）	accettare アッチェッターレ	accept アクセプト
（身元を）	farsi garante *di* ファルスィ ガランテ	guarantee, vouch *for* ギャランティー, ヴァウチ
引き起こす	causare, provocare カウザーレ, プロヴォカーレ	cause コーズ
引き返す	tornare indietro トルナーレ インディエートロ	return リターン
引き換えに	in cambio イン カンビオ	in exchange イクスチェインヂ
引き金	grilletto *m.* グリッレット	trigger トリガ
引き裂く	stracciare, lacerare ストラッチャーレ, ラチェラーレ	tear up テア アプ
（人の仲を）	strappare *da* ストラッパーレ	tear away ティア アウェイ
引き算	sottrazione *f.* ソットラツィオーネ	subtraction サブトラクション
〜する	fare una sottrazione *f.* ファーレ ウナ ソットラツィオーネ	subtract *from* サブトラクト
引き潮	riflusso *m.* リフルッソ	the ebb tide ジ エブ タイド
引き摺る	trascinare トラッシナーレ	trail, drag トレイル, ドラグ
引き出し	cassetto *m.* カッセット	drawer ドローア
（預金の）	prelievo *m.* プレリエーヴォ	withdrawal ウィズドローアル
引き出す	tirare fuori ティラーレ フオーリ	draw out ドロー アウト
（預金を）	ritirare, prelevare リティラーレ, プレレヴァーレ	withdraw ウィズドロー
引き継ぐ	subentrare *in* スベントラーレ	take over テイク オウヴァ

日	伊	英
（継承）	succedere *a* スッチェーデレ	succeed *to* サクスィード
（人に）	consegnare コンセニャーレ	hand over ハンド オウヴァ
引き付ける	attrarre, attirare アットラッレ, アッティラーレ	attract アトラクト
引き留[止]める	trattenere トラッテネーレ	keep, stop キープ, スタプ
引き取る	ritirare リティラーレ	take back テイク バク
（世話をする）	prendersi cura *di* プレンデレスィ クーラ	take charge *of* テイク チャーヂ
ビキニ	bikini *m.* ビキーニ	bikini ビキーニ
挽き肉	carne tritata *f.*, macinato *m.* カルネ トリタータ, マチナート	minced meat ミンスド ミート
轢き逃げ(犯人)	pirata della strada *f.* ピラータ デッラ ストラーダ	hit-and-run driver ヒタンラン ドライヴァ
引き伸ばす	stendere ステンデレ	stretch ストレチ
（写真を）	ingrandire イングランディーレ	enlarge インラーヂ
引き延ばす		
（延期）	rinviare, rimandare リンヴィアーレ, リマンダーレ	put off, postpone プト オーフ, ポウストポウン
（延長）	prolungare プロルンガーレ	prolong プロローング
卑怯な	vigliacco, vile ヴィリアッコ, ヴィーレ	cowardly, mean カウアドリ, ミーン
引き分け	pareggio *m.* パレッジョ	draw, drawn game ドロー, ドローン ゲイム
引き渡す	consegnare コンセニャーレ	hand over ハンド オウヴァ
引く　（牽引）	tirare ティラーレ	pull, draw プル, ドロー
（辞書などを）	consultare コンスルターレ	consult カンサルト
（差し引く）	sottrarre, dedurre ソットラッレ, デドゥッレ	subtract, deduct サブトラクト, ディダクト

日	伊	英
(電話などを)	installare インスタッラーレ	install インストール
弾く (楽器を)	suonare スオナーレ	play プレイ
轢く (人を)	investire インヴェスティーレ	run over, hit ラン オウヴァ, ヒト
挽く	macinare マチナーレ	grind グラインド
低い	basso バッソ	low ロウ
(背が)	piccolo, basso ピッコロ, バッソ	short ショート
ピクニック	picnic *m.* ピクニク	picnic ピクニク
ピクルス	sottaceti *m.pl.* ソッタチェーティ	pickles ピクルス
日暮れ	tramonto *m.* トラモント	evening, dusk イーヴニング, ダスク
髭 (顎・頰の)	barba *f.* バルバ	beard, whiskers ビアド, (ホ)ウィスカズ
(口髭)	baffi *m.pl.* バッフィ	mustache マスタシュ
〜を剃る	farsi la barba ファルスィ ラ バルバ	shave シェイヴ
悲劇	tragedia *f.* トラジェーディア	tragedy トラヂェディ
卑下する	umiliarsi ウミリアルスィ	humble *oneself* ハンブル
秘訣	segreto *m.* セグレート	secret スィークレト
否決する	respingere レスピンジェレ	reject リヂェクト
飛行	volo *m.* ヴォーロ	flight フライト
〜機	aeroplano *m.*, aereo *m.* アエロプラーノ, アエーレオ	airplane, plane エアプレイン, プレイン
〜場	aeroporto *m.* アエロポルト	airport, airfield エアポト, エアフィールド
非行	delinquenza *f.* デリンクエンツァ	delinquency ディリンクウェンスィ

日	伊	英
非公式の ひこうしき	non ufficiale, informale ノン ウッフィチャーレ, インフォルマーレ	unofficial, informal アナフィシャル, インフォーマル
尾行する びこう	pedinare ペディナーレ	shadow, tail シャドウ, テイル
非合法な ひごうほう	illegale, clandestino イッレガーレ, クランデスティーノ	illegal イリーガル
被告 ひこく	imputato(-a) m.(f.), accusato(-a) m.(f.) インプタート(タ), アックザート(タ)	defendant, the accused ディフェンダント, ジ アキューズド
膝 ひざ	ginocchio m.(le ginocchia f.pl.) ジノッキオ(レジノッキア)	knee, lap ニー, ラプ
ビザ	visto m. ヴィスト	visa ヴィーザ
ピザ	pizza f. ピッツァ	pizza ピーツァ
被災者 ひさいしゃ	vittima f., sinistrato(-a) m.(f.) ヴィッティマ, スィニストラート(タ)	sufferer サファラ
庇 ひさし	tettoia f. テットイア	eaves イーヴズ
（帽子の）	visiera f. ヴィズィエーラ	visor ヴァイザ
日差し ひざし	luce del sole f. ルーチェ デル ソーレ	the sunlight ザ サンライト
久し振りに ひさ ぶ	dopo lungo tempo ドーポ ルンゴ テンポ	after a long time アフタ ア ロング タイム
跪く ひざまず	inginocchiarsi インジノッキアルスィ	kneel down ニール ダウン
悲惨な ひさん	miserabile ミゼラービレ	miserable, wretched ミザラブル, レチド
肘 ひじ	gomito m. ゴーミト	elbow エルボウ
肘掛け椅子 ひじか いす	poltrona f. ポルトローナ	armchair アームチェア
菱形 ひしがた	rombo m., losanga f. ロンボ, ロザンガ	rhombus, lozenge ランバス, ラズィンヂ
ビジネス	affare m., lavoro m. アッファーレ, ラヴォーロ	business ビズネス
〜マン	uomo d'affari m. ウオーモ ダッファーリ	businessman ビズニスマン

日	伊	英
美術 びじゅつ	arte *f.*, belle arti *f.pl.* アルテ, ベッレ アルティ	art, the fine arts アート, ザ ファイン アーツ
～館	museo d'arte *m.* ムゼーオ ダルテ	art museum アート ミューズィアム
秘書 ひしょ	segretario(-a) *m.(f.)* セグレターリオ(ア)	secretary セクレタリ
非常 ひじょう	emergenza *f.* エメルジェンツァ	emergency イマーヂェンスィ
～階段	scala antincendio *f.* スカーラ アンティンチェンディオ	emergency staircase イマーヂェンスィ ステアケイス
～口	uscita di sicurezza *f.* ウッシータ ディ スィクレッツァ	emergency exit イマーヂェンスィ エクスィト
～ベル	campanello d'allarme *m.* カンパネッロ ダッラルメ	fire alarm ファイア アラーム
非常勤の ひじょうきん	precario プレカーリオ	part-time パートタイム
非常識な ひじょうしき	insensato, assurdo インセンサート, アッスルド	absurd, unreasonable アブサード, アンリーズナブル
非常に ひじょう	molto, assai モルト, アッサイ	very, very much ヴェリ, ヴェリ マチ
避暑地 ひしょち	villeggiatura(estiva) *f.* ヴィッレッジャトゥーラ(エスティーヴァ)	summer resort サマ リゾート
びしょ濡れの ぬ	bagnato fradicio バニャート フラーディチョ	wet through ウェト スルー
美人 びじん	bella *f.*, bellezza *f.* ベッラ, ベッレッツァ	beauty ビューティ
翡翠 ひすい	giada *f.* ジャーダ	jade ヂェイド
ビスケット	biscotto *m.* ビスコット	biscuit ビスキト
ヒステリックな	isterico イステーリコ	hysterical ヒステリカル
ピストル	pistola *f.* ピストーラ	pistol ピストル
ピストン	pistone *m.* ピストーネ	piston ピストン
微生物 びせいぶつ	microrganismo *m.* ミクロルガニズモ	microorganism マイクロウオーガニズム
砒素 ひそ	arsenico *m.* アルセーニコ	arsenic アースニク

ひ

日	伊	英
ひぞう 脾臓	milza *f.* ミルツァ	spleen スプリーン
ひそ 密かに	in segreto イン セグレート	in secret イン スィークレト
ひだ 襞	piega *f.* ピエーガ	fold フォウルド
ひたい 額	fronte *f.* フロンテ	the forehead ザ フォヘド
ひた 浸す	mettere *in*, bagnare *in* メッテレ, バニャーレ	soak *in*, dip *in* ソウク, ディプ
ビタミン	vitamina *f.* ヴィタミーナ	vitamin ヴァイタミン
ひだり 左	sinistra *f.* スィニストラ	the left ザ レフト
〜利きの	mancino マンチーノ	left-handed レフト ハンデド
ひつう 悲痛な	doloroso, patetico ドロローゾ, パテーティコ	grievous, sorrowful グリーヴァス, サロウフル
ひ か 引っ掛かる	rimanere preso *in* リマネーレ プレーゾ	get caught *in, on* ゲト コート
ひっき 筆記	scritto *m.* スクリット	note, record ノウト, リコード
〜する	prendere nota *di* プレンデレ ノータ	write down ライト ダウン
〜試験	esame scritto *m.* エザーメ スクリット	written examination リトン イグザミネイション
ひつぎ 棺	bara *f.* バーラ	coffin コフィン
ひ く かえ 引っ繰り返す	rovesciare ロヴェッシャーレ	overturn オウヴァターン
（表裏を）	rivoltare リヴォルターレ	turn over ターン オウヴァ
びっくりする	sorprendersi, stupirsi *di* ソルプレンデルスィ, ストゥピルスィ	be surprised ビ サプライズド
ひづけ 日付	data *f.* ダータ	date デイト
ピッケル	piccozza *f.* ピッコッツァ	ice-ax アイスアクス
ひ こ 引っ越し	trasloco *m.* トラズローコ	moving ムーヴィング

日	伊	英
引っ越す	trasferirsi, traslocare	move, remove
羊	pecora f.	sheep
必死の	disperato	desperate
必修の	obbligatorio	compulsory
必需品	necessario m.	necessaries
必須の	indispensabile	indispensable
筆跡	scrittura f.	handwriting
ひったくり	scippo m.	purse-snatching
(犯人)	scippatore(-trice) m.(f.)	purse-snatcher
ひったくる	scippare a	snatch
ヒッチハイク	autostop m.	hitchhiking
ピッチャー	lanciatore(-trice) m.(f.)	pitcher
(水差し)	caraffa f.	pitcher
匹敵する	essere pari a	be equal to
ヒット	hit m.	hit
(成功)	successo m.	hit, success
ビット	bit m.	bit
引っ張る	tirare	stretch
ヒップ	fianchi m.pl.	the hip

日	伊	英
必要 ひつよう	necessità f. ネチェッスィタ	necessity, need ニセスィティ, ニード
～な	necessario ネチェッサーリオ	necessary ネセセリ
ビデ	bidè m. ビデ	bidet ビーデイ
否定 ひてい	negazione f. ネガツィオーネ	negation ニゲイション
～する	negare, smentire ネガーレ, ズメンティーレ	deny ディナイ
～的な	negativo ネガティーヴォ	negative ネガティヴ
ビデオ	video m. ヴィーデオ	video ヴィディオウ
～テープ	videocassetta f. ヴィデオカッセッタ	videotape ヴィディオウテイプ
日照り ひで	siccità f. スィッチタ	drought ドラウト
人 ひと	persona f. ペルソーナ	person パーソン
（人間）	uomo m.(gli uomini) ウオーモ(リ ウオーミニ)	man マン
（他人）	gli altri m.pl. リ アルトリ	others アザズ
（男・女）	uomo m., donna f. ウオーモ, ドンナ	man, woman マン, ウマン
酷い ひど	brutto, terribile ブルット, テッリービレ	bad, terrible バド, テリーブル
一息 ひといき	un respiro m. ウン レスピーロ	a breath ア ブレス
（休憩）	pausa f., riposo m. パウザ, リポーゾ	pause, rest ポーズ, レスト
～で	in un fiato イヌンフィアート	in one gulp イン ワン ガルプ
人柄 ひとがら	carattere m. カラッテレ	character キャラクタ
一切れ ひとき	una fetta f. ウナ フェッタ	a slice of ア スライス
美徳 びとく	virtù f. ヴィルトゥ	virtue ヴァーチュー

日	伊	英
ひとくち 一口	un boccone *m.* ウン ボッコーネ	a mouthful ア マウスフル
(飲み物)	un sorso *m.* ウン ソルソ	a gulp ア ガルプ
(寄付など)	una quota ウナ クオータ	a share ア シェア
ひどけい 日時計	meridiana *f.* メリディアーナ	sundial サンダイアル
ひとごみ 人込み	folla *f.* フォッラ	crowd クラウド
ひとさ ゆび 人差し指	indice *m.* インディチェ	forefinger フォーフィンガ
ひと 等しい	uguale, pari ウグアーレ, パーリ	equal イークワル
ひとじち 人質	ostaggio *m.* オスタッジョ	hostage ハスティヂ
ひとそろ 一揃い	un set *m.*, un completo *m.* ウン セト, ウン コンプレート	a set ア セト
ひと 人だかり	folla *f.*, ressa *f.* フォッラ, レッサ	crowd クラウド
ひと 一つ	uno *m.*, una *f.* ウーノ, ウーナ	one ワン
ひとで 人手 (働き手)	manodopera *f.* マノドーペラ	hand ハンド
(手助け)	aiuto *m.* アユート	help ヘルプ
ひとどお おお 人通りの多い	movimentato モヴィメンタート	busy ビズィ
ひとな 人並みの	medio, comune メーディオ, コムーネ	ordinary, average オーディネリ, アヴァリヂ
ひとびと 人々	gente *f.* ジェンテ	people, men ピープル, メン
ひとまえ 人前で	in pubblico イン プッブリコ	in public イン パブリク
ひとみ 瞳	pupilla *f.* プピッラ	the pupil ザ ピューピル
ひとめ 一目	un'occhiata *f.* ウノッキアータ	a glance ア グランス

日	伊	英
～で	a colpo d'occhio アコルポ ドッキオ	at a glance アト ア グランス
～惚れ	colpo di fulmine *m.* コルポ ディ フルミネ	love at first sight ラヴ アト ファースト サイト
一休みする	fare una pausa ファーレ ウナ パウザ	take a rest テイク ア レスト
一人・独り	uno *m.*, una *f.* ウーノ, ウーナ	one ワン
（一人だけ）	solo(-a) *m.(f.)* ソーロ(ラ)	alone アロウン
～で	da solo ダ ソーロ	by *oneself*, alone バイ ワンセルフ, アロウン
独り言を言う	parlare da solo パルラーレ ダ ソーロ	talk to *oneself* トーク トゥ ワンセルフ
一人っ子	figlio(-a) unico(-a) *m.(f.)* フィッリョ(リァ) ウーニコ(カ)	only child オウンリ チャイルド
独り善がり	autocompiacimento *m.* アウトコンピアチメント	self-satisfaction セルフサティスファクション
雛	pulcino *m.* プルチーノ	chick チク
日向で	al sole アル ソーレ	in the sun イン ザ サン
鄙びた	rustico ルスティコ	rural ルアラル
避難する	rifugiarsi リフジャルスィ	take refuge *in, from* テイク レフューヂ
非難する	accusare, biasimare アックザーレ, ビアズィマーレ	criticize, blame クリティサイズ, ブレイム
ビニール	vinile *m.* ヴィニーレ	vinyl ヴァイニル
～ハウス	serra di vinile *f.* セッラ ディ ヴィニーレ	vinyl house ヴァイニル ハウス
皮肉	ironia *f.* イロニーア	irony アイアロニ
（辛辣な）	sarcasmo *m.* サルカズモ	sarcasm サーキャズム
泌尿器	apparato urinario *m.* アッパラート ウリナーリオ	the urinary organs ザ ユアリネリ オーガンズ
～科	reparto urologico *m.* レパルト ウロロージコ	urology department ユアラロヂ ディパートメント

日	伊	英
避妊	contraccezione *f.* コントラッチェツィオーネ	contraception カントラセプション
微熱	febbre leggera *f.* フェッブレ レッジェーラ	slight fever スライト フィーヴァ
捻る	torcere トルチェレ	twist, twirl トウィスト, トワール
(回す)	girare ジラーレ	turn ターン
日の入り	tramonto *m.* トラモント	sunset サンセト
日の出	levata del sole *f.* レヴァータ デル ソーレ	sunrise サンライズ
火花	scintilla *f.* シンティッラ	spark スパーク
雲雀	allodola *f.* アッロードラ	lark ラーク
批判	critica *f.* クリーティカ	criticism クリティスィズム
〜する	criticare クリティカーレ	criticize クリティサイズ
非番(の)	fuori servizio フオリ セルヴィーツィオ	off duty オフ デューティ
罅・皹	screpolatura *f.* スクレポラトゥーラ	crack, chap クラク, チャプ
響き	suono *m.* スオーノ	sound サウンド
響く	suonare, risuonare スオナーレ, リスオナーレ	sound, resound サウンド, リザウンド
(損なう)	colpire コルピーレ	affect アフェクト
批評	critica *f.*, commento *m.* クリーティカ, コンメント	criticism, comment クリティスィズム, カメント
〜する	criticare, commentare クリティカーレ, コンメンターレ	criticize, comment クリティサイズ, カメント
皮膚	pelle *f.* ペッレ	the skin ザ スキン
〜科	dermatologia *f.* デルマトロジーア	dermatology デーマタロヂィ

日	伊	英
びぼう 美貌	bellezza *f.* ベッレッツァ	beauty ビューティ
ひぼうする 誹謗する	calunniare, diffamare カルンニアーレ, ディッファマーレ	slander スランダ
ひぼんな 非凡な	eccezionale エッチェツィオナーレ	exceptional イクセプショナル
ひま　（時間） 暇	tempo *m.* テンポ	time タイム
〜な	libero リーベロ	free フリー
ひまご 曾孫	pronipote *m.f.* プロニポーテ	great-grandchild グレイト グランチャイルド
ひまわり 向日葵	girasole *m.* ジラソーレ	sunflower サンフラウア
ひまん(しょう) 肥満(症)	obesità *f.* オベスィタ	obesity オウビースィティ
ひみつ(の) 秘密(の)	segreto *m.* セグレート	secret スィークレット
〜にする	tenere... segreto テネーレ セグレート	keep... secret キープ スィークレット
びみょうな 微妙な	delicato, sottile デリカート, ソッティーレ	subtle, delicate サトル, デリケト
ひめ 姫	principessa *f.* プリンチペッサ	princess プリンセス
ひめい 悲鳴	urlo *m.*(le urla *f.pl.*) ウルロ（レウルラ）	scream スクリーム
〜を上げる	urlare ウルラーレ	scream スクリーム
ひも 紐	spago *m.*, laccio *m.* スパーゴ, ラッチョ	string ストリング
（太目の）	cordone *m.* コルドーネ	cord コード
ひ 冷やかす	prendere in giro プレンデレ イン ジーロ	banter, tease バンタ, ティーズ
ひゃく 百	cento *m.* チェント	hundred ハンドリド
ひゃくまん 百万	un milione *m.* ウン ミリオーネ	million ミリオン

日	伊	英
<ruby>白夜<rt>びゃくや</rt></ruby>	notte bianca *f.* ノッテ ビアンカ	the midnight sun ザ ミドナイト サン
<ruby>日焼け<rt>ひやけ</rt></ruby>	abbronzatura *f.* アッブロンザトゥーラ	sunburn, suntan サンバーン, サンタン
～する	abbronzarsi アッブロンザルスィ	get sunburnt ゲト サンバーント
～止め	antiabbronzante *m.* アンティアッブロンザンテ	sunscreen サンスクリーン
ヒヤシンス	giacinto *m.* ジャチント	hyacinth ハイアスィンス
<ruby>冷やす<rt>ひやす</rt></ruby>	raffreddare ラッフレッダーレ	cool, ice クール, アイス
<ruby>百科事典<rt>ひゃっかじてん</rt></ruby>	enciclopedia *f.* エンチクロペディーア	encyclopedia エンサイクロウピーディア
<ruby>百貨店<rt>ひゃっかてん</rt></ruby>	grande magazzino *m.* グランデ マガッズィーノ	department store ディパートメント ストー
<ruby>日雇い<rt>ひやとい</rt></ruby> （人）	operaio(-a) a giornata *m.(f.)* オペライオ(ア) ア ジョルナータ	day laborer デイ レイバラ
<ruby>比喩<rt>ひゆ</rt></ruby>	tropo *m.*, figura retorica *f.* トローポ, フィグーラ レトーリカ	figure of speech フィギャ オヴ スピーチ
（隠喩）	metafora *f.* メターフォラ	metaphor メタファ
～的な	figurato, metaforico フィグラート, メタフォーリコ	figurative フィギュラティヴ
ヒューズ	fusibile *m.* フズィービレ	fuse フューズ
ヒューマニズム	umanitarismo *m.* ウマニタリズモ	humanism ヒューマニズム
ピューレ	purè *m.* プレ	puree ピュレイ
ビュッフェ	buffet *m.* ブフェ	buffet バフェト
<ruby>票<rt>ひょう</rt></ruby>	voto *m.* ヴォート	vote ヴォウト
<ruby>表<rt>ひょう</rt></ruby>	tabella *f.*, tavola *f.* タベッラ, ターヴォラ	table, diagram テイブル, ダイアグラム
<ruby>豹<rt>ひょう</rt></ruby>	leopardo *m.*, pantera *f.* レオパルド, パンテーラ	leopard, panther レパド, パンサ
<ruby>雹<rt>ひょう</rt></ruby>	grandine *f.* グランディネ	hail ヘイル

日	伊	英
ひよう 費用	spese *f.pl.*, costo *m.* スペーゼ, コスト	expense, cost イクスペンス, コスト
びょう 秒	secondo *m.* セコンド	second セコンド
びよう 美容	cura di bellezza *f.* クーラ ディ ベッレッツァ	beauty treatment ビューティ トリートメント
～院	parrucchiere *m.* パッルッキエーレ	beauty salon ビューティ サラン
～師	parrucchier*e*(*-a*) *m.*(*f.*) パッルッキエーレ(ラ)	beautician ビューティシャン
びょういん 病院	ospedale *m.* オスペダーレ	hospital ハスピタル
ひょうか 評価	valutazione *f.*, stima *f.* ヴァルタツィオーネ, スティーマ	estimation エスティメイション
～する	valutare, stimare ヴァルターレ, スティマーレ	estimate, evaluate エスティメイト, イヴァリュエイト
ひょうが 氷河	ghiacciaio *m.* ギアッチャイオ	glacier グレイシャ
びょうき 病気	malattia *f.* マラッティーア	sickness, disease スィクネス, ディズィーズ
～になる	ammalarsi アンマラルスィ	get ill ゲト イル
ひょうぎかい 評議会	consiglio *m.* コンスィッリオ	council カウンスィル
ひょうけいな 剽軽な	faceto, comico ファチェート, コーミコ	facetious, funny ファスィーシャス, ファニ
ひょうげん 表現	espressione *f.* エスプレッスィオーネ	expression イクスプレション
～する	esprimere エスプリーメレ	express イクスプレス
びょうげんきん 病原菌	germe patogeno *m.* ジェルメ パトージェノ	disease germ ディズィーズ チャーム
ひょうご 標語	slogan *m.* ズローガン	slogan スロウガン
ひょうさつ 表札	targa *f.*, targhetta *f.* タルガ, タルゲッタ	doorplate ドープレイト
ひょうざん 氷山	iceberg *m.* アイスベルグ	iceberg アイスバーグ

日	伊	英
表紙 (ひょうし)	copertina *f.* コペルティーナ	cover カヴァ
表示 (ひょうじ)	indicazione *f.* インディカツィオーネ	indication インディケイション
〜する	indicare インディカーレ	indicate インディケイト
標識 (ひょうしき)	segnale *m.* セニャーレ	sign, mark サイン, マーク
病室 (びょうしつ)	camera *f.* カーメラ	sickroom スィクルーム
（大部屋）	corsia *f.* コルスィーア	ward ウォード
描写 (びょうしゃ)	descrizione *f.* デスクリツィオーネ	description ディスクリプション
〜する	descrivere デスクリーヴェレ	describe ディスクライブ
病弱な (びょうじゃく)	malaticcio, cagionevole マラティッチョ, カジョネーヴォレ	sickly スィクリ
標準 (ひょうじゅん)	standard *m.* スタンダルド	standard スタンダド
〜的な	standard, tipico スタンダルド, ティーピコ	standard, normal スタンダド, ノーマル
表彰する (ひょうしょう)	premiare, lodare プレミアーレ, ロダーレ	commend, honor カメンド, アナ
表情 (ひょうじょう)	espressione *f.* エスプレッスィオーネ	expression イクスプレション
病状 (びょうじょう)	condizioni *f.pl.* コンディツィオーニ	condition カンディション
秒針 (びょうしん)	lancetta dei secondi *f.* ランチェッタ デイ セコンディ	the second hand ザ セコンド ハンド
剽窃 (ひょうせつ)	plagio *m.* プラージョ	plagiarism プレイヂアリズム
標題 (ひょうだい)	titolo *m.* ティートロ	title, heading タイトル, ヘディング
標的 (ひょうてき)	bersaglio *m.* ベルサッリォ	target ターゲト
平等 (びょうどう)	uguaglianza *f.* ウグァッリアンツァ	equality イクワリティ

日	伊	英
～な	uguale ウグアーレ	equal イークワル
びょうにん 病人	malato(-a) m., infermo(-a) m.(f.) マラート(タ), インフェルモ(マ)	sick person スィク パースン
ひょうはく 漂白	candeggio m. カンデッジョ	bleaching ブリーチング
～剤	candeggiante m. カンデッジャンテ	bleach ブリーチ
～する	candeggiare カンデッジャーレ	bleach ブリーチ
ひょうばん 評判	reputazione f. レプタツィオーネ	reputation レピュテイション
ひょうほん 標本	campione m. カンピオーネ	specimen, sample スペスィメン, サンプル
ひょうめん 表面	superficie f. スーペルフィーチェ	the surface ザ サーフェス
～の	superficiale スーペルフィチャーレ	surface サーフェス
～化する	venire a galla ヴェニーレ アガッラ	come to the surface カム トゥ ザ サーフェス
～張力	tensione superficiale f. テンスィオーネ スーペルフィチャーレ	surface tension サーフィス テンション
びょうりがく 病理学	patologia f. パトロジーア	pathology パサロヂィ
ひょうりゅうする 漂流する	vagare sulle onde ヴァガーレ スッレ オンデ	drift ドリフト
ひょうろん 評論	critica f. クリーティカ	criticism, review クリティスィズム, リヴュー
～家	critico(-a) m.(f.) クリーティコ(カ)	critic, reviewer クリティク, リヴューア
ひよく 肥沃な	fertile, produttivo フェルティレ, プロドゥッティーヴォ	fertile ファーティル
ひよこ 雛	pulcino m. プルチーノ	chick チク
ひらおよぎ 平泳ぎ	nuoto a rana m. ヌオート ア ラーナ	the breast stroke ザ ブレスト ストロウク
ひら 開く	aprire アプリーレ	open オウプン
(会などを)	tenere, organizzare テネーレ, オルガニッザーレ	give, hold ギヴ, ホウルド

日	伊	英
(花が)	sbocciare, fiorire ズボッチャーレ, フィオリーレ	bloom ブルーム
ピラミッド	piramide *f.* ピラーミデ	pyramid ピラミド
平目(ひらめ)	rombo *m.* ロンボ	flatfish フラトフィシュ
(舌平目)	sogliola *f.* ソッリオラ	sole ソウル
閃き(ひらめ)	lampo *m.*, baleno *m.* ランポ, バレーノ	flash フラシュ
閃く(ひらめ)	lampeggiare, balenare ランペッジャーレ, バレナーレ	flash, gleam フラシュ, グリーム
(頭に浮かぶ)	balenare *a* バレナーレ	flash into *one's* mind フラシュ イントゥ マインド
ピリオド	punto *m.* プント	period ピアリオド
比率(ひりつ)	rapporto *m.*, proporzione *f.* ラッポルト, プロポルツィオーネ	ratio レイシオウ
ビリヤード	biliardo *m.* ビリアルド	billiards ビリアヅ
肥料(ひりょう)	concime *m.* コンチーメ	fertilizer, manure ファーティライザ, マニュア
昼(ひる) (正午)	mezzogiorno *m.* メッゾヂョルノ	noon ヌーン
(昼間)	giorno *m.*, giornata *f.* ヂョルノ, ヂョルナータ	day, daytime デイ, デイタイム
ビル	edificio *m.*, palazzo *m.* エディフィーチョ, パラッツォ	building ビルディング
ピル	pillola *f.* ピッロラ	the pill ザ ピル
昼御飯(ひるごはん)	lunch *m.*, pranzo *m.* ランチ, プランゾ	lunch ランチ
昼寝(ひるね)	sonnellino *m.*, pisolino *m.* ソンネッリーノ, ピゾリーノ	afternoon nap アフタヌーン ナプ
～する	fare un sonnellino ファーレ ウン ソンネッリーノ	have a nap ハヴ ア ナプ
昼休み(ひるやす)	intervallo(di mezzogiorno) *m.* インテルヴァッロ(ディ メッゾヂョルノ)	noon recess ヌーン リセス
鰭(ひれ)	pinna *f.* ピンナ	fin フィン

日	伊	英
ヒレ (肉)	filetto *m.* フィレット	fillet フィレト
比例	proporzionalità *f.* プロポルツィオナリタ	proportion プロポーション
～の	proporzionale プロポルツィオナーレ	proportional プロポーショナル
卑劣な	vile, perfido ヴィーレ, ペルフィド	mean, dirty ミーン, ダーティ
広い (幅が)	largo ラルゴ	wide, broad ワイド, ブロード
(面積が)	ampio, spazioso アンピオ, スパツィオーゾ	large, spacious ラーチ, スペイシャス
ヒロイン	eroina *f.* エロイーナ	heroine ヘロウイン
拾う	raccogliere ラッコッリエレ	pick up ピク アプ
(見つけて)	trovare トロヴァーレ	find ファインド
疲労	stanchezza *f.*, fatica *f.* スタンケッツァ, ファティーカ	fatigue ファティーグ
ビロード	velluto *m.* ヴェッルート	velvet ヴェルヴェト
広がる	stendersi, estendersi ステンデルスィ, エステンデルスィ	extend, spread イクステンド, スプレド
広げる	stendere, estendere ステンデレ, エステンデレ	extend, spread イクステンド, スプレド
広さ	ampiezza *f.* アンピエッツァ	width ウィドス
広場	piazza *f.* ピアッツァ	open space オウプン スペイス
広間	salone *m.* サローネ	hall, saloon ホール, サルーン
広まる	diffondersi, propagarsi ディッフォンデルスィ, プロパガルスィ	spread スプレド
広める	diffondere, propagare ディッフォンデレ, プロパガーレ	spread スプレド
枇杷	nespola del Giappone *f.* ネスポラ デル ジャッポーネ	loquat ロウクワト

日	伊	英
卑猥な	osceno, impudico オッシェーノ, インプディーコ	obscene, dirty オブスィーン, ダーティ
瓶	bottiglia *f.* ボッティッリア	bottle バトル
便（飛行機の）	volo *m.* ヴォーロ	flight フライト
ピン	spillo *m.*, spilla *f.* スピッロ, スピッラ	pin ピン
品位	dignità *f.* ディンニタ	dignity ディグニティ
敏感な	sensibile センスィービレ	sensitive *to* センスィティヴ
ピンク（の）	rosa *m.* ローザ	pink ピンク
貧血	anemia *f.* アネミーア	anemia アニーミア
品詞	parte del discorso *f.* パルテ デル ディスコルソ	part of speech パート オヴ スピーチ
瀕死の	morente, moribondo モレンテ, モリボンド	dying ダイイング
品質	qualità *f.* クァリタ	quality クワリティ
貧弱な	povero, meschino ポーヴェロ, メスキーノ	poor, meager プア, ミーガ
品種	specie *f.*, genere *m.* スペーチェ, ジェーネレ	kind, variety カインド, ヴァライエティ
敏捷な	agile, svelto アージレ, ズヴェルト	agile アヂル
ピンセット	pinzette *f.pl.* ピンツェッテ	tweezers トウィーザズ
便箋	carta da lettera *f.* カルタ ダ レッテラ	letter paper レタ ペイパ
ピンチ	situazione critica *f.* スィトゥアツィオーネ クリーティカ	pinch ピンチ
ヒント	accenno *m.*, chiave *f.* アッチェンノ, キアーヴェ	hint ヒント
頻度	frequenza *f.* フレクェンツァ	frequency フリークウェンスィ

日	伊	英
ピント	fuoco *m.* フオーコ	focus フォウカス
〜がぼけた	sfocato スフォカート	out of focus アウト オヴ フォウカス
ピン撥ね	provvigione illegale *f.* プロッヴィジョーネ イッレガーレ	kickback, rake-off キクバク, レイコフ
頻繁に	frequentemente フレクェンテメンテ	frequently フリークウェントリ
貧乏	povertà *f.*, miseria *f.* ポヴェルタ, ミゼーリア	poverty パヴァティ
〜な	povero, misero ポーヴェロ, ミーゼロ	poor プア

フ, フ

日	伊	英
部 (部署)	sezione *f.* セツィオーネ	section セクション
(クラブ)	circolo *m.*, club *m.* チルコロ, クラブ	club クラブ
(印刷の部数)	copia *f.* コーピア	copy カピ
ファーストクラス	prima classe *f.* プリマ クラッセ	first-class ファースト クラス
ファーストフード	fast food *m.* ファストフド	fast food ファスト フード
無愛想な	scortese, antipatico スコルテーゼ, アンティパーティコ	unfriendly アンフレンドリ
ファイル(書類)	archivio *m.* アルキーヴィオ	file ファイル
ファインダー	mirino *m.* ミリーノ	viewfinder ヴューファインダ
ファインプレー	bel gioco *m.* ベルジョーコ	fine play ファイン プレイ
ファウル(反則)	fallo *m.* ファッロ	foul ファウル
ファシスト	fascista *m.f.* ファッシスタ	fascist ファシスト
ファシズム	fascismo *m.* ファッシズモ	fascism ファシズム
ファスナー	chiusura lampo *f.*, zip *f.* キウズーラ ランポ, ズィップ	fastener ファスナ

日	伊	英
ぶあつい 分厚い	spesso スペッソ	thick スィク
ファックス	fax *m.* ファクス	fax ファクス
ファッション	moda *f.* モーダ	fashion ファション
～ショー	sfilata di moda *f.* スフィラータ ディ モーダ	fashion show ファション ショウ
～モデル	indoss*atrice*(*-tore*) *f.*(*m.*) インドッサトリーチェ(トーレ)	fashion model ファション マドル
ファン	appassionat*o*(*-a*) *m.*(*f.*) アッパッスィオナート(タ)	fan ファン
ふあん 不安	ansia *f.* アンスィア	uneasiness アニーズィネス
～な	ansioso, inquieto アンスィオーゾ, インクィエート	anxious, uneasy アンクシャス, アニーズィ
ファンタジー	fantasia *f.* ファンタズィーア	fantasy ファンタスィ
ふあんていな 不安定な	instabile, mutabile インスタービレ, ムタービレ	unstable アンステイブル
ファンデーション	fondotinta *m.* フォンドティンタ	foundation ファウンデイション
ファンファーレ	fanfara *f.* ファンファーラ	fanfare ファンフェア
ブイ	boa *f.* ボーア	buoy ブーイ
フィアンセ	fidanzat*o*(*-a*) *m.*(*f.*) フィダンツァート(タ)	fiancé(e) フィアーンセイ
フィート	piede *m.* ピエーデ	feet フィート
フィーリング	sentimento *m.* センティメント	feeling フィーリング
フィールド	campo *m.* カンポ	field フィールド
フィクション (小説)	narrativa *f.* ナッラティーヴァ	fiction フィクション
(作り話)	invenzione *f.* インヴェンツィオーネ	fiction フィクション

日	伊	英
ふいっち 不一致	disaccordo *m.* ディザッコルド	disagreement ディサグリーメント
ふい 不意に	all'improvviso アッリンプロッヴィーゾ	abruptly, suddenly アブラプトリ, サドンリ
フィルター	filtro *m.* フィルトロ	filter フィルタ
フィルム	pellicola *f.* ペッリーコラ	film フィルム
ぶいん 部員	membro *m.* メンブロ	member メンバ
フィンランド	Finlandia *f.* フィンランディア	Finland フィンランド
〜の	finlandese フィンランデーゼ	Finnish フィニシュ
ふうがわ 風変わりな	strano, bizzarro ストラーノ, ビッザッロ	strange, odd ストレインヂ, アド
ふうき 風紀	disciplina *f.* ディッシプリーナ	discipline ディスィプリン
ふうぎり 封切り	prima visione *f.* プリーマ ヴィズィオーネ	release リリース
ブーケ	bouquet *m.* ブケ	bouquet ブーケイ
ふうけい 風景	paesaggio *m.*, panorama *m.* パエザッジョ, パノラーマ	scenery スィーナリ
ふうさ 封鎖	blocco ブロッコ	blockade ブラケイド
ふうし 風刺	satira *f.* サーティラ	satire サタイア
ふうしゃ 風車	mulino a vento *m.* ムリーノ ア ヴェント	windmill ウィンドミル
ふうしゅう 風習	usanza *f.*, costumi *m.pl.* ウザンツァ, コストゥーミ	customs カスタムズ
ふうしん 風疹	rosolia *f.* ロゾリーア	rubella ルーベラ
ふうせん 風船	palloncino *m.* パッロンチーノ	balloon バルーン
ふうぞくしゅうかん 風俗習慣	usi e costumi *m.pl.* ウーズィ エ コストゥーミ	manners and customs マナズ アンド カスタムズ

日	伊	英
ふうちょう 風潮	tendenza *f.*, trend *m.* テンデンツァ, トレンド	the stream ザ ストリーム
ブーツ	stivali *m.pl.* スティヴァーリ	boots ブーツ
ふうど 風土	clima *m.* クリーマ	climate クライメト
ふうとう 封筒	busta *f.* ブスタ	envelope エンヴェロウプ
ふうふ 夫婦	coniugi *m.pl.*, sposi *m.pl.* コーニュジ, スポーズィ	couple カプル
ふうみ 風味	sapore *m.*, gusto *m.* サポーレ, グスト	flavor, taste フレイヴァ, テイスト
ブーム	boom *m.* ブム	boom ブーム
(一過性の)	moda passeggera *f.* モーダ パッセッジェーラ	fad ファド
プール	piscina *f.* ピッシーナ	swimming pool スウィミング プール
ふうん 不運	sfortuna *f.* スフォルトゥーナ	bad luck バド ラク
～な	sfortunato スフォルトゥナート	unlucky アンラキ
ふえ 笛	fischietto *m.* フィスキエット	whistle ホウィスル
フェアな	leale レアーレ	fair フェア
フェイント	finta *f.* フィンタ	feint フェイント
ふえて 不得手な	debole デーボレ	weak ウィーク
フェミニスト	uomo galante *m.* ウオーモ ガランテ	chivalrous man シヴァルラス マン
(男女同権主義者)	femminista *m. f.* フェンミニスタ	feminist フェミニスト
フェミニズム	femminismo *m.* フェンミニズモ	feminism フェミニズム
フェリー	traghetto *m.* トラゲット	ferry フェリ
ふ 増える	aumentare アウメンターレ	increase *in* インクリース

日	伊	英
フェンス	recinto *m.* レチント	fence フェンス
フォーク	forchetta *f.* フォルケッタ	fork フォーク
フォーマット	formato *m.* フォルマート	format フォーマット
フォワード	attaccante *m. f.* アッタッカンテ	forward フォーワド
不穏な	inquietante インクィエタンテ	threatening スレトニング
部下	subordinato(-a) *m.(f.)* スボルディナート(タ)	subordinate サブオーディネト
深い	profondo プロフォンド	deep, profound ディープ, プロファウンド
不快な	spiacevole スピアチェーヴォレ	unpleasant アンプレザント
不可解な	incomprensibile インコンプレンスィービレ	incomprehensible インカンプリヘンスィブル
不可欠な	indispensabile インディスペンサービレ	indispensable インディスペンサブル
深さ	profondità *f.* プロフォンディタ	depth デプス
不可能な	impossibile インポッスィービレ	impossible インパスィブル
不完全な	imperfetto インペルフェット	imperfect インパーフィクト
武器	arma *f.*(le armi *pl.*) アルマ(レ アルミ)	arms, weapon アームズ, ウェポン
吹き替え	doppiaggio *m.* ドッピアッジョ	stand-in スタンディン
不機嫌な	di cattivo umore ディ カッティーヴォ ウモーレ	bad-tempered バドテンパド
不規則な	irregolare イッレゴラーレ	irregular イレギュラ
吹き出す	scaturire, sgorgare スカトゥリーレ, ズゴルガーレ	spout スパウト
(笑う)	scoppiare in una risata スコッピアーレ インヌナ リザータ	burst out laughing バースト アウト ラフィング

日	伊	英
不吉な	sinistro, infausto スィニストロ, インファウスト	ominous アミナス
吹き出物	bollicina *f.* ボッリチーナ	pimple ピンプル
不気味な	tetro, lugubre テートロ, ルーグブレ	weird, uncanny ウィアド, アンキャニ
普及する	diffondersi ディッフォンデルスィ	spread, diffuse スプレド, ディフューズ
不朽の	immortale インモルターレ	immortal イモータル
不況	depressione *f.* デプレッスィオーネ	depression ディプレション
不器用な	maldestro マルデストロ	clumsy, awkward クラムズィ, オークワド
付近	vicinanze *f.pl.* ヴィチナンツェ	the neighborhood ザ ネイバフド
拭く	pulire, asciugare プリーレ, アッシュガーレ	wipe, dry ワイプ, ドライ
吹く	soffiare ソッフィアーレ	blow ブロウ
（楽器を）	suonare スオナーレ	play, blow プレイ, ブロウ
副	vice ヴィーチェ	vice ヴァイス
～大統領	vicepresidente *m.f.* ヴィーチェプレスィデンテ	vice president ヴァイス プレズィデント
服	vestito *m.* ヴェスティート	clothes クロウズズ
復元する	ricostruire リコストルイーレ	restore リストー
複雑な	complicato, complesso コンプリカート, コンプレッソ	complicated カンプリケイテド
副作用	effetto collaterale エッフェット コッラテラーレ	side effect サイド イフェクト
副産物	sottoprodotto *m.* ソットプロドット	by-product バイプロダクト
副詞	avverbio *m.* アッヴェルビオ	adverb アドヴァーブ

日	伊	英
ふくし 福祉	benessere *m.* ベネッセレ	welfare ウェルフェア
ふくじ 服地	tessuto *m.*, stoffa *f.* テッスート, ストッファ	cloth クロス
ふくしゅう 復習	ripasso *m.* リパッソ	review リヴュー
～する	ripassare, ripetere リパッサーレ, リペーテレ	review リヴュー
ふくしゅう 復讐する	vendicarsi *su* ヴェンディカルスィ	revenge *on* リヴェンヂ
ふくじゅう 服従する	ubbidire *a* ウッビディーレ	obey, submit *to* オベイ, サブミト
ふくすう 複数	plurale *m.* プルラーレ	the plural ザ プルララル
ふくせい 複製	riproduzione *f.* リプロドゥツィオーネ	reproduction リープロダクション
ふくそう 服装	abbigliamento *m.* アッビッリャメント	dress, clothes ドレス, クロウズズ
ふくだい 副題	sottotitolo *m.* ソットティートロ	sub-title サブタイトル
ふくつう 腹痛	mal di pancia *m.* マル ディ パンチャ	stomachache スタマケイク
ふくまく 腹膜	peritoneo *m.* ペリトネーオ	peritoneum ペリトニーアム
～炎	peritonite *f.* ペリトニーテ	peritonitis ペリトナイティス
ふく 含む	contenere, comprendere コンテネーレ, コンプレンデレ	contain, include カンテイン, インクルード
ふくめん 覆面	maschera *f.* マスケラ	mask マスク
ふく はぎ 脹ら脛	polpaccio *m.* ポルパッチョ	the calf ザ キャフ
ふく 脹[膨]らます	gonfiare ゴンフィアーレ	swell スウェル
ふく 脹[膨]らむ	gonfiarsi ゴンフィアルスィ	swell スウェル
ふく 膨れる	gonfiarsi ゴンフィアルスィ	swell スウェル

日	伊	英
ふくろ 袋	sacco *m.* サッコ	bag, sac バグ, サク
ふくろう 梟	civetta *f.* チヴェッタ	owl アウル
ふくわじゅつ 腹話術	ventriloquio *m.* ヴェントリロークィオ	ventriloquism ヴェントリロクウィズム
ふけ 雲脂・頭垢	forfora *f.* フォルフォラ	dandruff ダンドラフ
ふけいき 不景気	depressione *f.*, recessione *f.* デプレッスィオーネ, レチェッスィオーネ	depression, recession ディプレション, リセッション
ふけいざい 不経済な	poco economico ポーコ エコノーミコ	uneconomical アンイーコナミカル
ふけつ 不潔な	sporco スポルコ	unclean, dirty アンクリーン, ダーティ
ふ 老ける	invecchiare インヴェッキアーレ	grow old グロウ オウルド
ふこう 不幸な	infelice インフェリーチェ	unhappy アンハピ
ふごう 富豪	milionario(-a) *m.*(*f.*) ミリオナーリオ(ア)	millionaire ミリオネア
ふごうかく 不合格	bocciatura *f.* ボッチャトゥーラ	failure フェイリュア
ふこうへい 不公平な	ingiusto, parziale インジュースト, パルツィアーレ	unfair, partial アンフェア, パーシャル
ふごうり 不合理	irrazionalità *f.* イッラツィオナリタ	unreasonableness アンリーズナブルネス
～な	irrazionale イッラツィオナーレ	unreasonable アンリーズナブル
ふさ 房 （髪の）	ciocca *f.*, ciuffo *m.* チョッカ, チュッフォ	tuft タフト
（装飾の）	nappa *f.*, frangia *f.* ナッパ, フランジャ	tassel タセ
（ブドウの）	grappolo *m.* グラッポロ	bunch バンチ
（バナナの）	casco *m.* カスコ	bunch バンチ
ブザー	campanello *m.* カンパネッロ	buzzer バザ

日	伊	英
ふさい 夫妻	i signori イ スィニョーリ	Mr. and Mrs. ミスタ アンド ミスィズ
ふざい 不在	assenza *f.* アッセンツァ	absence アブセンス
塞がる（物で）	essere ingombrato エッセレ インゴンブラート	be closed ビ クロウズド
（使用中）	essere occupato エッセレ オックパート	be occupied ビ アキュパイド
ふさく 不作	cattivo raccolto *m.* カッティーヴォ ラッコルト	bad harvest バド ハーヴィスト
ふさ 塞ぐ（閉じる）	chiudere キューデレ	close クロウズ
（遮る）	bloccare ブロッカーレ	block ブラク
ふざける	scherzare スケルツァーレ	joke, jest ヂョウク, ヂェスト
（おどける）	fare delle buffonate ファーレ デッレ ブッフォナーテ	fool around フール アラウンド
ぶさほう 無作法な	sgarbato, maleducato ズガルバート, マレドゥカート	rude, impolite ルード, インポライト
ふさわ 相応しい	adatto, adeguato アダット, アデグアート	suitable, becoming シュータブル, ビカミング
ふし 節 （関節）	articolazione *f.* アルティコラツィオーネ	joint, knuckle ヂョイント, ナクル
（木・板の）	nodo *m.* ノード	knot, gnarl ナト, ナール
（歌の）	melodia *f.* メロディーア	tune, melody テューン, メロディ
ふじ 藤	glicine *m.* グリーチネ	wistaria ウィステアリア
ぶし 武士	*samurai* *m.* サムーライ	*samurai*, warrior サムライ, ウォリア
ぶじ 無事に	sano e salvo サーノ エ サルヴォ	safely セイフリ
ふしぎ 不思議な	misterioso, strano ミステリオーゾ, ストラーノ	mysterious, strange ミスティアリアス, ストレインヂ
ふしぜん 不自然な	innaturale インナトゥラーレ	unnatural アンナチャラル

日	伊	英
不死身の ふじみ	immortale インモルターレ	immortal イモータル
不十分な ふじゅうぶん	insufficiente インスッフィチェンテ	insufficient インサフィシェント
負傷 ふしょう	ferita *f.* フェリータ	wound ウーンド
〜する	ferirsi フェリルスィ	be injured ビ インヂャド
〜者	ferito(-*a*) *m.(f.)* フェリート(タ)	injured person インヂャド パースン
不[無]精な ぶしょう	pigro ピーグロ	lazy レイズィ
侮辱 ぶじょく	insultare インスルターレ	insult インサルト
不信 ふしん	sfiducia *f.* スフィドゥーチャ	distrust ディストラスト
夫人 ふじん	moglie *f.*, signora *f.* モッリェ, スィニョーラ	wife ワイフ
婦人 ふじん	donna *f.*, signora *f.* ドンナ, スィニョーラ	woman, lady ウマン, レイディ
不親切な ふしんせつ	scortese スコルテーゼ	unkind アンカインド
不審な ふしん	dubbioso, sospettoso ドゥッビオーゾ, ソスペットーゾ	doubtful, suspicious ダウトフル, サスピシャス
不正 ふせい	ingiustizia *f.* インジュスティーツィア	injustice インヂャスティス
〜な	ingiusto インジュースト	unjust アンヂャスト
不正確な ふせいかく	inesatto イネザット	inaccurate イナキュレト
防ぐ ふせ	proteggere, difendere プロテッジェレ, ディフェンデレ	defend, protect ディフェンド, プロテクト
（防止）	prevenire プレヴェニーレ	prevent プリヴェント
武装 ぶそう	armamento *m.* アルマメント	armaments アーマメンツ
〜する	armarsi アルマルスィ	arm アーム

日	伊	英
～解除	disarmo *m.* ディザルモ	disarmament ディサーメント
ふそく 不足	mancanza *f.* マンカンツァ	want, lack ワント, ラク
～する	mancare マンカーレ	be short *of*, lack ビ ショート, ラク
ふそく 不測の	imprevisto インプレヴィスト	unforeseen アンフォースィーン
ふぞく 付属の	annesso アンネッソ	attached アタチト
ふぞくひん 付属品	accessorio *m.* アッチェッソーリオ	attachment, accessories アタチメント, アクセサリズ
ふた 蓋	coperchio *m.* コペルキオ	lid, cover リド, カヴァ
ふだ 札	etichetta *f.* エティケッタ	tag タグ
ぶた 豚	maiale *m.*, porco(-a) *m.(f.)* マイアーレ, ポルコ(カ)	pig ピグ
～肉	carne di maiale *f.* カルネ ディ マイアーレ	pork ポーク
ぶたい 舞台	palcoscenico *m.*, palco *m.* パルコッシェーニコ, パルコ	the stage ザ ステイヂ
ふたご 双子	gemell*i*(*-e*) *m.(f.) pl.* ジェメッリ(レ)	twins トウィンズ
ふたしか 不確かな	incerto インチェルト	uncertain アンサートン
ふたた 再び	ancora, di nuovo アンコーラ, ディ ヌオーヴォ	again, once more アゲイン, ワンス モー
ふたり 二人	due persone *f.pl.* ドゥーエ ペルソーネ	two persons トゥー パースンズ
～部屋	camera doppia *f.* カーメラ ドッピア	twin room トウィン ルーム
ふたん 負担	carico *m.* カーリコ	burden バードン
ふだん 普段(は)	di solito ディ ソーリト	usually ユージュアリ
～の	solito ソーリト	usual ユージュアル

日	伊	英
～着	casual *m.* ケズワル	casual wear キャジュアル ウェア
ふち 縁	bordo *m.*, orlo *m.* ボルド, オルロ	edge, brink エヂ, ブリンク
ふちゅうい 不注意	disattenzione *f.* ディザッテンツィオーネ	carelessness ケアレスネス
～な	disattento ディザッテント	careless ケアレス
ぶちょう 部長	diret*tore*(*-trice*) *m.*(*f.*) ディレットーレ(トリーチェ)	director ディレクタ
ふつう 普通		
～の	solito ソーリト	usual, general ユージュアル, ヂェネラル
～は	di solito ディ ソーリト	usually ユージュアリ
～預金	deposito a risparmio *m.* デポーズィト ア リスパルミオ	ordinary deposit オーディネリ ディパズィト
ぶっか 物価	prezzi *m.pl.* プレッツィ	prices プライスィズ
～指数	indice dei prezzi *m.* インディチェ デイ プレッツィ	price index プライス インデクス
ふっかつ 復活	rinascita *f.* リナッシタ	revival リヴァイヴァル
～する	rinascere リナッシェレ	revive リヴァイヴ
～祭	Pasqua *f.* パスクァ	Easter イースタ
ぶつかる	scontrarsi スコントラルスィ	hit, strike ヒト, ストライク
ふっきゅう 復旧	ripristino *m.* リプリースティノ	restoration レストレイション
ぶっきょう 仏教	buddismo *m.* ブッディズモ	Buddhism ブディズム
～徒	buddista *m.f.* ブッディスタ	Buddhist ブディスト
ふっこう 復興する	ricostruire リコストルイーレ	reconstruct リーコンストラクト
ふつごう 不都合	inconveniente *m.* インコンヴェニエンテ	inconvenience インコンヴィーニェンス

日	伊	英
ふっこくばん 復刻版	ristampa *f.* リスタンパ	reprinted edition リープリンティド イディション
ぶっしつ 物質	materia *f.*, sostanza *f.* マテーリア, ソスタンツァ	matter, substance マタ, サブスタンス
〜的な	materiale マテリアーレ	material マティアリアル
プッシュホン	telefono a tastiera *m.* テレーフォノ ア タスティエーラ	push-button telephone プシュバトン テレフォウン
ふっそ 弗素	fluoro *m.* フルオーロ	fluorine フルオリーン
ぶったい 物体	oggetto *m.* オッジェット	object, thing アブヂクト, スィング
ふっとう 沸騰する	bollire ボッリーレ	boil ボイル
フットワーク	gioco di gambe *m.* ジョーコ ディ ガンベ	footwork フトワーク
ぶつり 物理	fisica *f.* フィーズィカ	physics フィズィクス
〜学者	fisico(-a) *m.(f.)* フィーズィコ(カ)	physicist フィズィスィスト
ふで 筆	pennello *m.* ペンネッロ	writing brush ライティング ブラシュ
ブティック	boutique *f.* ブティク	boutique ブーティーク
ふてい 不定の	indeciso, instabile インデチーゾ, インスターピレ	indefinite インデフィニト
プディング	crème caramel *f.* クレムカラメル	pudding プディング
ふてきとう 不適当な	inadatto, inadeguato イナダット, イナデグアート	unsuitable アンスュータブル
ふと 太い	grosso グロッソ	big, thick ビグ, スィク
(太った)	grasso グラッソ	fat ファト
ぶどう 葡萄	uva *f.* ウーヴァ	grapes グレイプス
ふどうさん 不動産	immobili *m.pl.* インモービリ	immovables イムーヴァブルズ
ふとう 不当な	ingiusto インジュスト	unjust アンヂャスト

日	伊	英
ふとくい 不得意な	cattivo, debole カッティーヴォ, デーボレ	bad, weak バド, ウィーク
ふと 太さ	grossezza *f.* グロッセッツァ	thickness スィックネス
ふとじ 太字	neretto *m.*, grassetto *m.* ネレット, グラッセット	bold type ボウルド タイプ
ふともも 太股	coscia *f.* コッシャ	thigh サイ
ふと 太[肥]る	ingrassarsi イングラッサルスィ	grow fat グロウ ファト
ふと 肥った	grasso グラッソ	fat ファト
ふなびん 船便で	via mare ヴィア マーレ	by surface mail バイ サーフィス メイル
ふなよ 船酔い	mal di mare *m.* マル ディ マーレ	seasickness スィースィックネス
ふにんしょう 不妊症	sterilità *f.* ステリリタ	sterility ステリリティ
ふね 船・舟	barca *f.*, nave *f.* バルカ, ナーヴェ	boat, ship ボウト, シプ
ふねんせい 不燃性の	ininfiammabile イニンフィアンマービレ	nonflammable ナンフラマブル
ふはい 腐敗	putrefazione *f.* プトレファツィオーネ	putrefaction ピュートレファクション
〜する	marcire マルチーレ	rot ラト
ぶひん 部品	pezzo *m.* ペッツォ	parts パーツ
ふぶき 吹雪	bufera di neve *f.* ブフェーラ ディ ネーヴェ	snowstorm スノウストーム
ぶぶん 部分	parte *f.* パルテ	part パーツ
ふへい 不平	lagnanza *f.* ラニャンツァ	complaint カンプレイント
〜を言う	lagnarsi *di*, brontolare ラニャルスィ, ブロントラーレ	complain *of*, grumble カンプレイン, グランブル
ふへん 普遍	universalità *f.* ウニヴェルサリタ	universality ユーニヴァーサリティ

日	伊	英
〜的な	universale ウニヴェルサーレ	universal ユーニヴァーサル
不便な	scomodo スコーモド	inconvenient インコンヴィーニェント
不変の	invariabile, immutabile インヴァリアービレ, インムタービレ	invariable, immutable インヴェアリアブル, イミュータブル
不法な	illegale, illecito イッレガーレ, イッレーチト	unlawful アンローフル
不満	malcontento m., scontento m. マルコンテント, スコンテント	discontent ディスコンテント
〜な	scontento スコンテント	discontented ディスコンテンテド
踏切	passaggio a livello m. パッサッジョ ア リヴェッロ	crossing クロスィング
不眠症	insonnia f. インソンニア	insomnia インサムニア
踏む	calpestare カルペスターレ	step, tread ステプ, トレド
不明な	sconosciuto スコノッシュット	unknown アンノウン
不明瞭な	poco chiaro, vago ポーコ キアーロ, ヴァーゴ	not clear ナト クリア
麓	piede m. ピエーデ	the foot ザ フト
部門	sezione f. セツィオーネ	section セクション
増やす	aumentare アウメンターレ	increase インクリース
冬	inverno m. インヴェルノ	winter ウィンタ
〜の	invernale インヴェルナーレ	winter ウィンタ
不愉快な	sgradevole, spiacevole ズグラデーヴォレ, スピアチェーヴォレ	disagreeable ディサグリーアブル
扶養家族	familiare a carico m.f. ファミリアーレ ア カーリコ	dependent ディペンデント
不用な	non necessario, inutile ノン ネチェッサーリオ, イヌーティレ	disused, unnecessary ディスユーズド, アンネセセリ

日	伊	英
フライ(揚げ物)	fritto *m.* フリット	fried food フライド フード
プライド	orgoglio *m.* オルゴッリォ	pride プライド
プライバシー	privacy *f.* プリヴァスィ	privacy プライヴァスィ
フライパン	padella *f.* パデッラ	frying pan フライイング パン
プライベートな	privato プリヴァート	private プライヴェト
フライング	falsa partenza *f.* ファルサ パルテンツァ	false start フォールス スタート
ブラインド	veneziana *f.* ヴェネツィアーナ	blind ブラインド
ブラウス	camicetta *f.* カミチェッタ	blouse ブラウズ
プラカード	cartello *m.* カルテッロ	placard プラカード
プラグ	spina *f.* スピーナ	plug プラグ
ぶら下がる	pendere ペンデレ	hang, dangle ハング, ダングル
ぶら下げる	sospendere, appendere ソスペンデレ, アッペンデレ	hang, suspend ハング, サスペンド
ブラシ	spazzola *f.* スパッツォラ	brush ブラシュ
ブラジャー	reggiseno *m.* レッジセーノ	brassiere, bra ブラスィア, ブラー
ブラジル	Brasile *m.* ブラズィーレ	Brazil ブラズィル
～の	brasiliano ブラズィリアーノ	Brazilian ブラズィリャン
プラス	più *m.* ピウ	plus プラス
プラスチック	plastica *f.* プラスティカ	plastic プラスティク
ブラスバンド	banda *f.* バンダ	brass band ブラス バンド
プラズマ	plasma *m.* プラズマ	plasma プラズマ
プラチナ	platino *m.* プラーティノ	platinum プラティナム

日	伊	英
ブラックリスト	lista nera *f.* リスタ ネーラ	blacklist ブラクリスト
フラッシュ	flash *m.* フレシュ	flashlight フラシュライト
プラネタリウム	planetario *m.* プラネターリオ	planetarium プラネテアリアム
プラム	prugna *f.* プルーニャ	plum プラム
フラメンコ	flamenco *m.* フラメンコ	flamenco フラメンコウ
プラモデル	modellino in plastica *m.* モデッリーノ イン プラスティカ	plastic toy-model kit プラスティク トイマドル キト
プラン	piano *m.* ピアーノ	plan プラン
ブランク(空欄)	spazio in bianco *m.* スパーツィオ イン ビアンコ	blank ブランク
プランクトン	plancton *m.* プランクトン	plankton プランクトン
ぶらんこ	altalena *f.* アルタレーナ	swing, trapeze スウィング, トラピーズ
フランス	Francia *f.* フランチャ	France フランス
～の	francese フランチェーゼ	French フレンチ
フランチャイズ	franchising *m.* フランチャイズィング	franchise フランチャイズ
ブランデー	brandy *m.* ブレンディ	brandy ブランディ
ブランド(商標)	marca *f.*, marchio *m.* マルカ, マルキオ	brand ブランド
プラント	impianto *m.* インピアント	plant プラント
フリー(の)	libero リーベロ	free フリー
～キック	calcio di punizione *m.* カルチョ ディ プニツィオーネ	free kick フリー キク
～ダイヤル	numero verde *m.* ヌーメロ ヴェルデ	toll-free telephone service トウル フリー テレフォウン サーヴィス
フリーザー	freezer *m.* フリーゼル	freezer フリーザ
プリーツ(の)	plissé *m.* プリッセ	pleats プリーツ

日	伊	英
ブリーフ	slip da uomo *m.pl.* ズリプ ダ ウオーモ	briefs ブリーフス
振り返る	voltarsi ヴォルタルスィ	look back *at, upon* ルク バク
ブリキ	latta *f.* ラッタ	tinplate ティンプレイト
振り込む	versare ヴェルサーレ	transfer *to* トランスファー
プリズム	prisma *m.* プリズマ	prism プリズム
不利な	svantaggioso ズヴァンタッジョーゾ	disadvantageous ディサドヴァンテイチャス
プリペイドカード	carta prepagata カルタ プレパガータ	prepaid card プリーペイド カード
プリマドンナ	prima donna *f.* プリマドンナ	prima donna プリーマ ダナ
振り向く	voltarsi ヴォルタルスィ	turn *to*, look back ターン, ルク バク
不良(少年・少女)	teppistello(-a) *m.(f.)* テッピステッロ(ラ)	juvenile delinquent チューヴィナイル ディリンクウェント
～債権	credito irrecuperabile *m.* クレーディト イッレクペラービレ	irrecoverable debt イリカヴァラブル デト
武力	forza militare *f.* フォルツァ ミリターレ	military power ミリテリ パウア
フリル	balza *f.* バルツァ	frill フリル
不倫	rapporti extraconiugali *m.pl.* ラッポルティ エクストラコニュガーリ	extramarital affairs エクストラマリタル アフェアズ
プリンス	principe *m.* プリンチペ	prince プリンス
プリンセス	principessa *f.* プリンチペッサ	princess プリンセス
プリンター	stampante *f.* スタンパンテ	printer プリンタ
プリント	stampa *f.* スタンパ	copy, print カピ, プリント
～アウトする	stampare スタンパーレ	printout プリンタウト

日	伊	英
降る	cadere カデーレ	fall フォール
雨が〜	piovere ピオーヴェレ	rain レイン
雪が〜	nevicare ネヴィカーレ	snow スノウ
振る	agitare, scrollare アジターレ, スクロッラーレ	shake, wave シェイク, ウェイヴ
古い	vecchio, antico ヴェッキオ, アンティーコ	old, ancient オウルド, エインシェント
ふるう	setacciare セタッチャーレ	sift スィフト
ブルース	blues m. ブルズ	the blues ザ ブルーズ
フルート	flauto m. フラウト	flute フルート
ブルーベリー	mirtillo m. ミルティッロ	blueberry ブルーベリ
震える	tremare トレマーレ	tremble, shiver トレンブル, シヴァ
ブルガリア	Bulgaria f. ブルガリーア	Bulgaria バルゲアリア
〜の	bulgaro ブルガロ	Bulgarian バルゲアリアン
古臭い	antiquato アンティクアート	old-fashioned オウルドファション̈ド
フルコース	pranzo di cinque portate m. プランゾ ディ チンクェ ポルターテ	six-course dinner スィクスコース ディナ
故郷	paese nativo m. パエーゼ ナティーヴォ	home, home town ホウム, ホウム タウン
ブルドーザー	bulldozer m. ブルドーゼル	bulldozer ブルドウザ
プルトニウム	plutonio m. プルトーニオ	plutonium プルートウニアム
古本	libro usato m. リーブロ ウザート	used book ユースト ブク
振る舞う	comportarsi コンポルタルスィ	behave ビヘイヴ
無礼な	scortese スコルテーゼ	impolite, rude インポライト, ルード

日	伊	英
プレー	gioco *m.* ジョーコ	play プレイ
～オフ	play-off *m.* プレイオフ	play-off プレイオフ
ブレーカー	interruttore *m.* インテルットーレ	breaker ブレイカ
ブレーキ	freno *m.* フレーノ	the brake ザ ブレイク
～をかける	frenare フレナーレ	put on the brake プト オン ザ ブレイク
プレーヤー	gioca*tore*(*-trice*) ジョカトーレ(トリーチェ)	player プレイア
ブレザー	giacca sportiva *f.* ジャッカ スポルティーヴァ	blazer ブレイザ
フレスコ画	affresco *m.* アッフレスコ	fresco フレスコウ
ブレスレット	braccialetto *m.* ブラッチャレット	bracelet ブレイスレト
プレゼント	regalo *m.* レガーロ	present プレズント
～する	regalare レガラーレ	present プリゼント
フレックスタイム	orario flessibile *m.* オラーリオ フレッスィービレ	flextime フレクスタイム
プレッシャー	pressione *f.* プレッスィオーネ	pressure プレシャ
プレハブ(の)	prefabbricato プレファッブリカート	prefabricated プリーファブリケイテド
～住宅	casa prefabbricata *f.* カーザ プレファッブリカータ	prefabricated house プリーファブリケイテド ハウス
プレミアム	premio *m.* プレーミオ	premium プリーミアム
触れる	toccare トッカーレ	touch タチ
(言及)	riferire *a* リフェリーレ	mention メンション
ブレンド	miscela *f.* ミッシェーラ	blending ブレンディング
風呂	bagno *m.* バーニョ	bath バス

日	伊	英
〜に入る	fare il bagno ファーレ イル バーニョ	take a bath テイク ア バス
プロ	professionista *m.f.* プロフェッスィオニスタ	pro プロウ
〜の	professionale プロフェッスィオナーレ	pro プロウ
ブローカー	commissionario(-a) *m.(f.)* コンミッスィオナーリオ(ア)	broker ブロウカ
ブローチ	spilla *f.* スピッラ	brooch ブロウチ
付録 (巻末)	appendice *f.* アッペンディーチェ	appendix アペンディクス
(補足・別冊)	supplemento *m.* スップレメント	supplement サプリメント
プログラマー	programma*tore*(*-trice*) *m.f.* プログランマトーレ(トリーチェ)	programmer プロウグラマ
プログラミング	programmazione *f.* プログランマツィオーネ	programming プロウグラミング
プログラム	programma *m.* プログランマ	program プロウグラム
プロジェクト	progetto *m.* プロジェット	project プロヂェクト
プロジェクター	proiettore *m.* プロイエットーレ	projector プロヂェクタ
プロセス	processo プロチェッソ	process プラセス
プロダクション	produzione *f.* プロドゥツィオーネ	production プロダクション
ブロッコリー	broccolo *m.* ブロッコロ	broccoli ブラコリ
フロッピー	dischetto *m.* ディスケット	floppy フラピ
プロテスタント	protestante *m.f.* プロテスタンテ	Protestant プラティスタント
(教義)	protestantesimo *m.* プロテスタンテーズィモ	Protestantism プラティスタンティズム
プロデューサー	produt*tore*(*-trice*) *m.(f.)* プロドゥットーレ(トリーチェ)	producer プロデューサ
プロバイダー	fornitore di accesso *m.* フォルニトーレ ディ アッチェッソ	provider プロヴァイダ
プロパン(ガス)	gas propano *m.* ガス プロパーノ	propane プロウペイン

日	伊	英
プロフィール	profilo m. プロフィーロ	profile プロウファイル
プロペラ	elica f. エーリカ	propeller プロペラ
プロポーション	proporzione f. プロポルツィオーネ	proportion プロポーション
プロポーズする	fare una proposta di matrimonio ファーレ ウナ プロポスタ ディ マトリモーニオ	propose marriage to プロポウズ マリヂ
プロモーション	promozione f. プロモツィオーネ	promotion プロモウション
プロモーター	promoter m. プロモーテル	promoter プロモウタ
フロン（ガス）	freon m. フレオン	Freon フリーオン
ブロンズ	bronzo m. ブロンゾ	bronze ブランズ
フロント(受付)	reception f. レセプション	front desk フラント デスク
～ガラス	parabrezza f. パラブレッツァ	windshield ウィンシールド
ブロンドの	biondo ビオンド	blonde ブランド
不渡り	mancato pagamento m. マンカート パガメント	dishonor ディスアナ
分	minuto m. ミヌート	minute ミヌト
文	frase f. フラーゼ	sentence センテンス
雰囲気	atmosfera f. アトモスフェーラ	atmosphere アトモスフィア
噴火する	eruttare エルッターレ	erupt イラプト
文化	cultura f. クルトゥーラ	culture カルチャ
～的な	culturale クルトゥラーレ	cultural カルチャラル
～交流	scambio culturale m. スカンビオ クルトゥラーレ	cultural exchange カルチャラル イクスチェインジ
～の日	Festa della cultura f. フェスタ デッラ クルトゥーラ	Cultural Day カルチャラル デイ

日	伊	英
憤慨する（ふんがい）	indignarsi インディニャルスィ	be indignant *at* ビ インディグナント
分解する（ぶんかい）	decomporre デコンポッレ	resolve, decompose リザルヴ, ディーコンポウズ
（機械を）	smontare ズモンターレ	take apart テイク アパート
文学（ぶんがく）	letteratura *f.* レッテラトゥーラ	literature リテラチャ
分割（ぶんかつ）	divisione *f.* ディヴィズィオーネ	division ディヴィジョン
〜する	dividere ディヴィーデレ	divide ディヴァイド
〜払い	pagamento a rate *m.* パガメント ア ラーテ	installment plan インストールメント プラン
分業（ぶんぎょう）	divisione del lavoro *f.* ディヴィズィオーネ デル ラヴォーロ	division of labor ディヴィジョン オヴ レイバ
文芸（ぶんげい）	belle lettere *f.pl.* ベッレ レッテレ	arts and literature アーツ アンド リテラチャ
文献（ぶんけん）	letteratura *f.*, documento *m.* レッテラトゥーラ, ドクメント	literature, documents リテラチャ, ダキュメンツ
（目録）	bibliografia *f.* ビブリオグラフィーア	bibliography ビブリアグラフィ
文庫本（ぶんこぼん）	tascabile *m.* タスカービレ	paperback ペイパバク
分子（化学の）（ぶんし）	molecola *f.* モレーコラ	molecule マレキュール
（分数の）	numeratore *m.* ヌメラトーレ	numerator ニューマレイタ
紛失（ふんしつ）	perdita *f.* ペルディタ	loss ロス
〜する	perdere ペルデレ	lose ルーズ
〜物	oggetto smarrito *m.* オッジェット ズマッリート	lost article ロスト アーティクル
噴出する（ふんしゅつ）	sgorgare, zampillare ズゴルガーレ, ザンピッラーレ	gush, spout ガシュ, スパウト
文書（ぶんしょ）	documento *m.* ドクメント	document ダキュメント
文章（ぶんしょう）	frase *f.* フラーゼ	sentence センテンス

日	伊	英
(書いた物)	scritto m. スクリット	writing ライティング
ふんすい 噴水	fontana f. フォンターナ	fountain ファウンティン
ぶんすう 分数	frazione f. フラツィオーネ	fraction フラクション
ぶんせき 分析する	analizzare アナリッザーレ	analyze アナライズ
ふんそう 紛争	conflitto m. コンフリット	conflict カンフリクト
ぶんたい 文体	stile m. スティーレ	style スタイル
ぶんたん 分担する	dividere ディヴィーデレ	share シェア
ぶんつう 文通する	corrispondere con コッリスポンデレ	correspond with コレスパンド
ぶんぱい 分配する	distribuire ディストリブイーレ	distribute ディストリビュート
ぶんぴつ 分泌(物)	secrezione f. セクレツィオーネ	secretion スィクリーション
～する	secernere セチェルネレ	secrete スィクリート
ぶんべん 分娩する	partorire パルトリーレ	be delivered of ビ ディリヴァド
ぶんぼ 分母	denominatore m. デノミナトーレ	denominator ディナミネイタ
ぶんぽう 文法	grammatica f. グランマーティカ	grammar グラマ
ぶんぼうぐ 文房具	cancelleria f. カンチェッレリーア	stationery ステイショネリ
ふんまつ 粉末	polvere f. ポルヴェレ	powder パウダ
ぶんみゃく 文脈	contesto m. コンテスト	context カンテクスト
ぶんめい 文明	civiltà f. チヴィルタ	civilization スィヴィリゼイション
ぶんや 分野	campo m. カンポ	field, line フィールド, ライン

日	伊	英
ぶんるい 分類	classificazione *f.* クラッスィフィカツィオーネ	classification クラスィフィケイション
～する	classificare クラッスィフィカーレ	classify *into* クラスィファイ
ぶんれつ 分裂する	dividersi ディヴィーデルスィ	split *into* スプリト

へ, へ

日	伊	英
へ 屁	peto *m.*, scoreggia *f.* ペート, スコレッジャ	wind ウィンド
ペア	paio *m.*(paia *f.pl.*), coppia *f.* パイオ(パイア), コッピア	pair ペア
ヘアスタイル	acconciatura *f.* アッコンチャトゥーラ	hairstyle ヘアスタイル
ヘアピン	forcina *f.* フォルチーナ	hairpin ヘアピン
へい 塀	muro *m.*, cinta *f.* ムーロ, チンタ	wall, fence ウォール, フェンス
へいえき 兵役	servizio militare *m.* セルヴィーツィオ ミリターレ	military service ミリテリ サーヴィス
へいかい 閉会	chiusura *f.* キウズーラ	closing クロウズィング
～する	chiudere キューデレ	close クロウズ
へいき 兵器	arma *f.*(le armi *f.pl.*) アルマ(レアルミ)	weapon, arms ウェポン, アームズ
へいき(である) 平気(である)	fregarsene, non importare *a* フレガルセネ, ノン インポルターレ	do not mind [care] ドゥ ナト マインド(ケア)
へいきん 平均	media *f.* メーディア	average アヴァリヂ
～する	fare la media *di* ファーレ ラ メーディア	average アヴァリヂ
へいこう 平行(の)	parallelo *a* パラッレーロ	parallel *to* パラレル
～線	linee parallele *f.pl.* リーネエ パラッレーレ	parallel lines パラレル ラインズ
へいごう 併合する	incorporare インコルポラーレ	absorb アブソーブ
へいさ 閉鎖	chiusura *f.* キウズーラ	closing クロウズィング

日	伊	英
～する	chiudere キューデレ	close クロウズ
へいし 兵士	soldato(-*essa*) *m.(f.)* ソルダート(テッサ)	soldier ソウルヂャ
へいじつ 平日	giorno feriale *m.* ジョルノ フェリアーレ	weekday ウィークデイ
へいじょう 平常(の)	normale, solito ノルマーレ, ソーリト	normal, usual ノーマル, ユージュアル
～どおり	come al solito コメ アル ソーリト	as usual アズ ユージュアル
へいち 平地	terreno piano *m.* テッレーノ ピアーノ	flat ground フラト グラウンド
へいてん 閉店	chiusura *f.* キウズーラ	closing クロウズィング
～する	chiudere キューデレ	close クロウズ
へいほう 平方	quadrato *m.* クァドラート	square スクウェア
～メートル	metro quadrato *m.* メトロ クァドラート	square meter スクウェア ミータ
～根	radice quadrata *f.* ラディーチェ クァドラータ	square root スクウェア ルート
へいぼん 平凡な	comune, banale, mediocre コムーネ, バナーレ, メディオークレ	common, ordinary カモン, オーディネリ
へいめん 平面	piano *m.* ピアーノ	plane プレイン
へいや 平野	pianura *f.* ピアヌーラ	plain プレイン
へいわ 平和	pace *f.* パーチェ	peace ピース
～な	pacifico パチーフィコ	peaceful ピースフル
ベーコン	pancetta *f.* パンチェッタ	bacon ベイコン
ページ	pagina *f.* パージナ	page ペイヂ
ベージュ(の)	beige *m.* ベージュ	beige ベイジュ
ベース	base *f.* バーゼ	base ベイス

日	伊	英
(コントラバス)	contrabbasso *m.* コントラッバッソ	double bass ダブル ベイス
ペース	passo *m.* パッソ	pace ペイス
～メーカー	pacemaker *m.* ペイスメイケル	pacemaker ペイスメイカ
ペーパーバック	tascabile *m.* タスカービレ	paperback ペイパバク
ベール	velo *m.* ヴェーロ	veil ヴェイル
壁画	murale *m.* ムラーレ	mural ミュアラル
僻地	paesino sperduto *m.* パエズィーノ スペルドゥート	remote place リモウト プレイス
ヘクタール	ettaro *m.* エッタロ	hectare ヘクテア
ベクトル	vettore *m.* ヴェットーレ	vector ヴェクタ
凹んだ	ammaccato アンマッカート	dented デンテド
ベスト	il meglio イル メッリオ	best ベスト
(チョッキ)	gilè *m.*, panciotto *m.* ジレ, パンチョット	vest ヴェスト
～を尽くす	fare del *proprio* meglio ファーレ デル メッリオ	do *one's* best ドゥ ベスト
ベストセラー	best seller *m.* ベスト セッレル	best seller ベスト セラ
臍	ombelico *m.* オンベリーコ	the navel ザ ネイヴェル
下手な	cattivo, inesperto カッティーヴォ, イネスペルト	poor, unskillful プア, アンスキルフル
隔たり (距離)	distanza *f.* ディスタンツァ	distance ディスタンス
(違い)	differenza *f.* ディフェレンツァ	difference ディフレンス
ペダル	pedale *m.* ペダーレ	pedal ペドル
別館	edificio annesso *m.* エディフィーチョ アンネッソ	annex アネクス

日	伊	英
べっきょ 別居する	vivere separati ヴィーヴェレ セパラーティ	live separately ライヴ セパレトリ
べっそう 別荘	villetta f., villa f. ヴィッレッタ, ヴィッラ	villa ヴィラ
ヘッド	testa f. テスタ	head ヘド
～ホン	cuffia f. クッフィア	headphone ヘドフォウン
～ライト	proiettore m. プロイエットーレ	headlight ヘドライト
ベッド	letto m. レット	bed ベド
～カバー	copriletto m. コプリレット	bedspread ベドスプレド
ペット	animale prediletto m. アニマーレ プレディレット	pet ペト
ペットボトル	bottiglia di PET f. ボッティッリァ ディ ペト	PET bottle ペト バトル
べつ 別の	altro アルトロ	another, other アナザ, アザ
（違う）	diverso ディヴェルソ	different ディフレント
べつべつ 別々の	separato セパラート	separate セパレイト
（各自の）	ciascuno チャスクーノ	respective リスペクティヴ
ヘディング	colpo di testa m. コルポ ディ テスタ	heading ヘディング
ベテラン	veterano(-a) m.(f.), 　　esperto(-a) m.(f.) ヴェテラーノ(ナ), エスペルト(タ)	veteran, expert ヴェテラン, エクスパート
べとつく	essere appiccicoso エッセレ アッピッチコーゾ	be sticky ビ スティキ
へとへとの	stanco morto スタンコ モルト	exhausted イグゾーステド
ペナルティー	punizione f. プニツィオーネ	penalty ペナルティ
～エリア	area di rigore アーレア ディ リゴーレ	penalty area ペナルティ エアリア
～キック	calcio di rigore m. カルチョ ディ リゴーレ	penalty kick ペナルティ キク

日	伊	英
ベニス	Venezia *f.* ヴェネーツィア	Venice ヴェニス
〜の	veneziano ヴェネツィアーノ	Venetian ヴァニシャン
ペニス	pene *m.* ペーネ	the penis ザ ピーニス
ベニヤ板	legno compensato *m.* レーニョ コンペンサート	plywood プリウド
ペパーミント	menta peperina *f.* メンタ ペペリーナ	peppermint ペパミント
蛇	serpente *m.* セルペンテ	snake, serpent スネイク, サーペント
へま	cantonata *f.*, papera *f.* カントナータ, パーペラ	blunder, goof ブランダ, グーフ
部屋	camera *f.*, stanza *f.* カーメラ, スタンツァ	room ルーム
減らす	diminuire ディミヌイーレ	decrease, reduce ディークリース, リデュース
ベランダ	balcone *m.* バルコーネ	veranda ヴェランダ
ヘリウム	elio *m.* エーリオ	helium ヒーリアム
謙[遜]る	umiliarsi ウミリアルスィ	be humble ビ ハンブル
ヘリコプター	elicottero *m.* エリコッテロ	helicopter ヘリカプタ
ヘリポート	eliporto *m.* エリポルト	heliport ヘリポート
減る	diminuire ディミヌイーレ	decrease, diminish ディークリース, ディミニシュ
ベル	campanello *m.* カンパネッロ	bell ベル
ベルギー	Belgio *m.* ベルジョ	Belgium ベルヂアム
〜の	belga (belgi *m.pl.*) ベルガ (ベルジ)	Belgian ベルヂャン
ヘルツ	hertz *m.* エルツ	hertz ハーツ
ベルト	cintura *f.* チントゥーラ	belt ベルト

日	伊	英
～コンベアー	nastro trasportatore *m.* ナストロ トラスポルタトーレ	belt conveyor ベルト カンヴェイア
ヘルニア	ernia *f.* エルニア	hernia ハーニア
ヘルメット	casco *m.*, elmetto *m.* カスコ, エルメット	helmet ヘルメト
ベレー(帽)	basco *m.* バスコ	beret ベレイ
ヘロイン	eroina *f.* エロイーナ	heroin ヘロウイン
辺 (図形)	lato *m.* ラート	side サイド
(付近)	dintorni *m.pl.* vicinanze *f.pl.* デントルニ, ヴィチナンツェ	neighborhood ネイバフド
ペン	penna *f.* ペンナ	pen ペン
変化	cambiamento *m.* カンビアメント	change チェインヂ
～する	cambiare カンビアーレ	change チェインヂ
弁解する	scusarsi, giustificarsi スクザルスィ, ジュスティフィカルスィ	explain, excuse *oneself* イクスプレイン, イクスキューズ
返還する	restituire レスティトゥイーレ	return リターン
便宜	convenienza *f.* コンヴェニエンツァ	convenience カンヴィーニエンス
ペンキ	vernice *f.* ヴェルニーチェ	paint ペイント
返却	restituire レスティトゥイーレ	return リターン
勉強	studio *m.*, lavoro *m.* ストゥーディオ, ラヴォーロ	study, work スタディ, ワーク
～する	studiare, lavorare ストゥディアーレ, ラヴォラーレ	study, work スタディ, ワーク
編曲	arrangiamento *m.* アッランジャメント	arrangement アレインジュメント
ペンギン	pinguino *m.* ピングイーノ	penguin ペングウィン
偏見	pregiudizio *m.* プレジュディーツィオ	prejudice, bias プレヂュディス, バイアス

日	伊	英
弁護 べんご	difesa *f.* ディフェーザ	defense ディフェンス
〜する	difendere ディフェンデレ	plead, defend プリード, ディフェンド
〜士	avvocato(-*essa*) *m.(f.)* アッヴォカート(テッサ)	lawyer, barrister ローヤ, バリスタ
変更する へんこう	cambiare カンビアーレ	change, alter チェインヂ, オルタ
編纂する へんさん	compilare, redigere コンピラーレ, レディージェレ	edit, compile エディト, コンパイル
返事 へんじ	risposta *f.* リスポスタ	answer, reply アンサ, リプライ
〜をする	rispondere *a* リスポンデレ	answer, reply アンサ, リプライ
偏執狂 へんしつきょう	monomania *f.* モノマニーア	monomania マノメイニア
(人)	monomaniaco(-*a*) *m.(f.)* モノマニーアコ(カ)	monomaniac マノメイニアク
編集 へんしゅう	redazione *f.* レダツィオーネ	editing エディティング
〜する	redigere レディージェレ	edit エディト
〜者	redatt*ore*(-*trice*) *m.(f.)* レダットーレ(トリーチェ)	editor エディタ
便所 べんじょ	gabinetto *m.*, bagno *m.* ガビネット, バーニョ	lavatory, toilet ラヴァトーリ, トイレト
弁償する べんしょう	ripagare リパガーレ	pay for ペイ フォー
ペンション	pensione *f.* ペンスィオーネ	pension パーンスィアン
返信 へんしん	risposta *f.* リスポスタ	answer, reply アンサ, リプライ
変人 へんじん	eccentrico(-*a*) *m.(f.)* エッチェントリコ(カ)	eccentric person イクセントリク パースン
編成する へんせい	formare, organizzare フォルマーレ, オルガニッザーレ	form, organize フォーム, オーガナイズ
変装する へんそう	travestirsi トラヴェスティルスィ	disguise *oneself as* ディスガイズ
ペンダント	pendente *m.*, ciondolo *m.* ペンデンテ, チョンドロ	pendant ペンダント

日	伊	英
ベンチ	panchina *f.* パンキーナ	bench ベンチ
ペンチ	pinze *f.pl.* ピンツェ	pincers ピンサズ
変動	cambiamento *m.* カンビアメント	change チェインヂ
（物価などの）	fluttuazione *f.* フルットゥアツィオーネ	fluctuations フラクチュエイションズ
弁当	cestino *m.* チェスティーノ	lunch ランチ
扁桃腺	tonsilla *f.* トンスィッラ	the tonsils ザ タンスィルズ
～炎	tonsillite *f.* トンスィッリーテ	tonsillitis タンスィライティス
変な	strano, curioso ストラーノ, クリオーゾ	strange, peculiar ストレインヂ, ピキューリア
ペンネーム	nome d'arte *m.* ノーメ ダルテ	pen name ペン ネイム
辺鄙な	remoto, sperduto レモート, スペルドゥート	remote リモウト
便秘	stipsi *f.*, stitichezza *f.* スティプスィ, スティティケッツァ	constipation カンスティペイション
返品する	rimandare リマンダーレ	return リターン
ペンフレンド	amico(-a) di penna *m.(f.)* アミーコ(カ) ディ ペンナ	pen pal ペン パル
変貌	trasfigurazione *f.* トラスフィグラツィオーネ	transfiguration トランスフィギュレイション
～する	trasformarsi トラスフォルマルスィ	undergo a complete change アンダゴウ ア コンプリート チェインヂ
便利な	comodo, conveniente コーモド, コンヴェニエンテ	convenient カンヴィーニェント
弁論（討論）	dibattito *m.* ディバッティト	debate ディベイト

日	伊	英

ほ, ホ

帆	vela *f.* ヴェーラ	sail セイル
穂	spiga *f.* スピーガ	ear イア
ボイコットする	boicottare ボイコッターレ	boycott ボイカト
保育所[園]	asilo infantile *m.* アズィーロ インファンティーレ	day nursery ディ ナーサリ
ボイスレコーダー	registratore di volo *m.* レジストラトーレ ディ ヴォーロ	voice recorder ヴォイス リコーダ
ホイッスル	fischio *m.* フィスキオ	whistle ホウィスル
ボイラー	caldaia *f.* カルダイア	boiler ボイラ
母音	vocale *f.* ヴォカーレ	vowel ヴァウエル
拇印	impronta del pollice *f.* インプロンタ デル ポッリチェ	thumb impression サム インプレション
ポイント	punto *m.* プント	point ポイント
法	legge *f.* レッジェ	law, rule ロー, ルール
（方法）	metodo *m.* メトド	method, way メソド, ウェイ
棒	bastone *m.* バストーネ	stick, rod スティク, ラド
～高跳び	salto con l'asta *m.* サルト コン ラスタ	pole vault ポウル ヴォールト
法案	disegno di legge *m.* ディゼーニョ ディ レッジェ	bill ビル
法医学	medicina legale *f.* メディチーナ レガーレ	legal medicine リーガル メディスィン
放映する	trasmettere in televisione トラズメッテレ イン テレヴィズィオーネ	televise テレヴァイズ
防衛する	difendere ディフェンデレ	defend ディフェンド

日	伊	英
ぼうえき 貿易	commercio estero *m.* コンメルチョ エステロ	trade, commerce トレイド, カマス
～する	commerciare *con* コンメルチャーレ	trade *with* トレイド
ぼうえんきょう 望遠鏡	telescopio *m.* テレスコーピオ	telescope テレスコウプ
ぼうえん 望遠レンズ	teleobiettivo *m.* テレオビエッティーヴォ	telephoto lens テレフォウトウ レンズ
ほうおう 法王	papa *m.* パーパ	the Pope ザ ポウプ
ぼうおん 防音の	insonorizzato インソノリッザート	soundproof サウンドプルーフ
ほうか 放火	incendio doloso *m.* インチェンディオ ドローソ	arson アースン
ぼうか 防火	prevenzione degli incendi *f.* プレヴェンツィオーネ デッリ インチェンディ	fire prevention ファイア プリヴェンション
ほうかい 崩壊する	crollare クロッラーレ	collapse カラプス
ぼうがい 妨害する	disturbare, impedire ディストゥルバーレ, インペディーレ	disturb, hinder ディスターブ, ハインダ
ほうがい 法外な	esorbitante, eccessivo エゾルビタンテ, エッチェッスィーヴォ	exorbitant, excessive イグゾビタント, イクセスィヴ
ほうがく 方角	direzione *f.* ディレツィオーネ	direction ディレクション
ほうかご 放課後	dopo le ore di lezione ドーポ レ オーレ ディ レツィオーネ	after school アフタ スクール
ぼうかん 傍観		
～者	spetta*tore*(*-trice*) *m.*(*f.*) スペッタトーレ(トリーチェ)	onlooker アンルカ
～する	stare a vedere スターレ ア ヴェデーレ	look on ルク オン
ほうがんなげ 砲丸投げ	lancio del peso *m.* ランチョ デル ペーソ	the shot put ザ シャト プト
ほうき 箒	scopa *f.*, granata *f.* スコーパ, グラナータ	broom ブルム
ぼうぎょ 防御する	difendere ディフェンデレ	defend ディフェンド

日	伊	英
方言(ほうげん)	dialetto *m.* ディアレット	dialect ダイアレクト
冒険(ぼうけん)	avventura *f.* アッヴェントゥーラ	adventure アドヴェンチャ
〜する	avventurarsi *in* アッヴェントゥラルスィ	run the risk ラン ザ リスク
〜家	avventuriero(-a) *m.(f.)* アッヴェントゥリエーロ(ラ)	adventurer アドヴェンチャラ
封建的な(ほうけんてき)	feudale フェウダーレ	feudal フューダル
方向(ほうこう)	direzione *f.* ディレツィオーネ	direction ディレクション
暴行(ぼうこう)	violenza *f.* ヴィオレンツァ	violence, outrage ヴァイオレンス, アウトレイヂ
膀胱(ぼうこう)	vescica(urinaria) *f.* ヴェッシーカ(ウリナーリア)	the bladder ザ ブラダ
報告(ほうこく)	rapporto *m.*, relazione *f.* ラッポルト, レラツィオーネ	report リポート
〜する	fare un rapporto *su* ファーレ ウン ラッポルト	report, inform リポート, インフォーム
防災(ぼうさい)	prevenzione delle calamità *f.* プレヴェンツィオーネ デッレ カラミタ	prevention of disasters プリヴェンション オヴ ディザスタズ
豊作(ほうさく)	buon raccolto *m.* ブオン ラッコルト	good harvest グド ハーヴィスト
帽子(ぼうし)	cappello *m.* カッペッロ	hat ハト
防止する(ぼうし)	prevenire, impedire プレヴェニーレ, インペディーレ	prevent プリヴェント
奉仕する(ほうし)	servire セルヴィーレ	serve サーヴ
放射(ほうしゃ)	radiazione *f.* ラディアツィオーネ	radiation レイディエイション
〜する	irradiare イッラディアーレ	radiate レイディエイト
〜線	radiazione *f.* ラディアツィオーネ	radiant rays レイディアント レイズ
〜能	radioattività *f.* ラディオアッティヴィタ	radioactivity レイディオウアクティヴィティ

日	伊	英
ほうしゅう 報酬	ricompensa f., pagamento m. リコンペンサ, パガメント	reward, pay リウォード, ペイ
ほうしん 方針 （政策）	politica f. ポリーティカ	policy パリスィ
（基本理念）	principio m. プリンチーピオ	principle プリンスィプル
ほうじん 法人	persona giuridica f. ペルソーナ ジュリーディカ	juridical person ヂュアリディカル パースン
ぼうすい 防水の	impermeabile インペルメアービレ	waterproof ウォタプルーフ
ほうせき 宝石(装身具の)	gioiello m. ジョイエッロ	jewel ヂューエル
～店	gioielleria f. ジョイエッレリーア	jeweler's shop ヂューエラズ シャプ
ほうそう 放送する	trasmettere トラズメッテレ	broadcast ブロードキャスト
ほうそう 包装する	incartare, impacchettare インカルターレ, インパッケッターレ	wrap ラプ
ほうそく 法則	legge f. レッジェ	law, rule ロー, ルール
ほうたい 包帯	benda f., fascia f. ベンダ, ファッシャ	bandage バンディヂ
ぼうだい 膨大な	enorme エノルメ	enormous, huge イノーマス, ヒューヂ
ほうち 放置する	lasciare, abbandonare ラッシャーレ, アッバンドナーレ	leave alone, neglect リーヴ アロウン, ニグレクト
ぼうちゅうざい 防虫剤	antitarmico m. アンティタルミコ	mothballs モースボールス
ほうちょう 包丁	coltello da cucina m. コルテッロ ダ クチーナ	kitchen knife キチン ナイフ
ぼうちょう 膨張[脹]	dilatazione f., espansione f. ディラタツィオーネ, エスパンスィオーネ	expansion イクスパンション
～する	dilatarsi, espandersi ディラタルスィ, エスパンデルスィ	expand, swell イクスパンド, スウェル
ほう 放って置く	lasciare stare ラッシャーレ スターレ	neglect, leave... alone ニグレクト, リーヴ アロウン
ほうてい 法廷	corte f. コルテ	court コート

日	伊	英
ほうていしき 方程式	equazione *f.* エクァツィオーネ	equation イクウェイション
ほうてきな 法的な	legale レガーレ	legal リーガル
ぼうどう 暴動	sommossa *f.* ソンモッサ	riot ライオト
ほうどうする 報道する	riportare, informare リポルターレ, インフォルマーレ	report, inform リポート, インフォーム
ぼうはてい 防波堤	frangiflutti *m.* フランジフルッティ	breakwater ブレイクウォータ
ぼうはん 防犯ベル	antifurto *m.* アンティフルト	burglar alarm バーグラ アラーム
ほうび 褒美	premio *m.*, ricompensa *f.* プレーミオ, リコンペンサ	prize, reward プライズ, リウォード
ほうふ 抱負	piano *m.*, speranza *f.* ピアーノ, スペランツァ	plan, hope プラン, ホウプ
ぼうふうう 暴風雨	temporale violento *m.* テンポラーレ ヴィオレント	rainstorm レインストーム
ぼうふうりん 防風林	frangivento vivo *m.* フランジヴェント ヴィーヴォ	windbreak ウィンドブレイク
ほうふくする 報復する	compiere una rappresaglia コンピエレ ウナ ラップレサッリァ	retaliate リタリエイト
ぼうふざい 防腐剤	conservante *m.* コンセルヴァンテ	preservative プリザーヴァティヴ
ほうふな 豊富な	ricco *di*, abbondante リッコ, アッボンダンテ	rich *in*, abundant *in* リチ, アバンダント
ほうべん 方便	espediente *m.* エスペディエンテ	expedient イクスピーディエント
ほうほう 方法	metodo *m.* メートド	way, method ウェイ, メソド
ほうまんな 豊満な	formoso フォルモーゾ	plump プランプ
ほうむだいじん 法務大臣	Ministro della Giustizia *m.* ミニストロ デッラ ジュスティーツィア	the Minister of Justice ザ ミニスタ オヴ チャスティス
ほうむる 葬る	seppellire セッペッリーレ	bury ベリ
ぼうめいする 亡命する	esiliarsi エズィリアルスィ	seek refuge *in* スィーク レフューヂ

日	伊	英
ほうもん 訪問する	fare una visita a ファーレ ウナ ヴィズィタ	visit ヴィズィト
ぼうらく 暴落	crollo m. クロッロ	heavy fall ヘヴィ フォール
～する	crollare クロッラーレ	fall heavily フォール ヘヴィリ
ほう だ 放り出す	buttare fuori ブッターレ フオーリ	throw out スロウ アウト
（放棄）	abbandonare アッバンドナーレ	abandon アバンドン
ほうりつ 法律	legge f. レッジェ	law ロー
ぼうりょく 暴力	violenza f. ヴィオレンツァ	violence ヴァイオレンス
～団	banda di malviventi f. バンダ ディ マルヴィヴェンティ	gang ギャング
ボウリング	bowling m. ブリング	bowling ボウリング
ほう 放る	tirare, lanciare ティラーレ, ランチャーレ	throw, toss スロウ, トス
ぼうれい 亡霊	spettro m., spirito m. スペットロ, スピーリト	ghost ゴウスト
ほうれんそう 菠薐草	spinaci m.pl. スピナーチ	spinach スピニチ
ほうろう 放浪する	vagabondare ヴァガボンダーレ	wander ワンダ
ほうろう 琺瑯	smalto m. ズマルト	enamel イナメル
ほ 吠える	abbaiare アッバイアーレ	bark バーク
ほお 頬	guancia f. グヮンチャ	cheek チーク
ボーイ	cameriere m. カメリエーレ	waiter, bellboy ウェイタ, ベルボイ
～フレンド	fidanzato m. フィダンツァート	boyfriend ボイフレンド
ポーカー	poker m. ポーケル	poker ポウカ
ホース	tubo m. トゥーボ	hose ホウズ

日	伊	英
ポーズ(写真の)	posa f. ポーザ	pose ポウズ
～をとる	posare ポザーレ	pose ポウズ
ボーダーライン	linea delimitativa f. リーネア デリミタティーヴァ	borderline ボーダライン
ポーター	facchino m. ファッキーノ	porter ポータ
ポータブル	portatile ポルターティレ	portable ポータブル
ボート	barca(a remi) f. バルカ(アレーミ)	boat, rowboat ボウト, ロウボウト
ボーナス	gratifica f. グラティーフィカ	bonus ボウナス
頬紅(ほおべに)	rossetto m. ロッセット	rouge ルージュ
頬骨(ほおぼね)	zigomo m. ズィーゴモ	cheekbones チークボウンズ
ホーム	casa f. カーザ	home ホウム
(駅の)	banchina m. バンキーナ	platform プラトフォーム
ホームシック	nostalgia f. ノスタルジーア	homesickness ホウムスィックネス
ホームページ	home page f. オムペイジ	home-page ホウムペイヂ
ホームレス	senza tetto m.f. センツァテット	homeless ホウムレス
ポーランド	Polonia f. ポローニア	Poland ポウランド
～の	polacco ポラッコ	Polish ポウリシュ
ボーリング(掘削)	perforazione f. ペルフォラツィオーネ	boring ボーリング
ホール (広間)	sala f., salone m. サーラ, サローネ	hall ホール
ボール	palla f., pallone m. パッラ, パッローネ	ball ボール
(容器)	scodella f. スコデッラ	bowl ボウル

日	伊	英
ボール紙(がみ)	cartone *m.* カルトーネ	cardboard カードボード
ボールペン	biro *f.*, penna a sfera *f.* ビーロ、ペンナ ア スフェーラ	ball-point ボールポイント
外(ほか)の	altro アルトロ	another, other アナザ、アザ
朗(ほが)らかな	allegro アッレーグロ	cheerful チアフル
保管(ほかん)する	custodire クストディーレ	keep, store キープ、ストー
簿記(ぼき)	contabilità *f.* コンタビリタ	bookkeeping ブクキーピング
補給(ほきゅう)する	rifornire di リフォルニーレ	supply, replenish サプライ、リプレニシュ
募金(ぼきん)	colletta *f.* コッレッタ	fund raising ファンド レイズィング
北欧(ほくおう)	Europa settentrionale *f.* エウローパ セッテントリオナーレ	Northern Europe ノーザン ユアロプ
牧師(ぼくし)	pastore(-a) *m.(f.)* パストーレ(ラ)	pastor, parson パスタ、パースン
牧場(ぼくじょう)	fattoria *f.* ファットリーア	pasture, ranch パスチャ、ランチ
ボクシング	pugilato *m.* プジラート	boxing バクスィング
北西(ほくせい)	nord-ovest *m.* ノルドーヴェスト	northwest ノースウェスト
牧草(ぼくそう)	pastura *f.*, pascolo *m.* パストゥーラ、パスコロ	grass グラス
～地	pastura *f.*, pascolo *m.* パストゥーラ、パスコロ	pasture, meadow パスチャ、メドウ
牧畜(ぼくちく)	allevamento del bestiame *m.* アッレヴァメント デル ベスティアーメ	stock farming スタク ファーミング
北東(ほくとう)	nord-est *m.* ノルデスト	northeast ノースイースト
北部(ほくぶ)	settentrione *m.* セッテントリオーネ	the northern part ザ ノーザン パート
撲滅(ぼくめつ)する	estirpare エスティルパーレ	exterminate イクスターミネイト

日	伊	英
黒子(ほくろ)	neo *m.* ネーオ	mole モウル
補欠(ほけつ)	riserva *f.* リセルヴァ	substitute サブスティテュート
ポケット	tasca *f.* タスカ	pocket パケト
惚ける(ほける)	rimbambirsi, rincretinirsi リンバンビルスィ, リンクレティニルスィ	grow senile グロウ スィーナイル
保健(ほけん)	sanità *f.* サニタ	health, hygiene ヘルス, ハイヂーン
保険(ほけん)	assicurazione *f.* アッスィクラツィオーネ	insurance インシュアランス
～を掛ける	assicurare アッスィクラーレ	insure インシュア
～会社	società d'assicurazione *f.* ソチェタ ダッスィクラツィオーネ	insurance company インシュアランス カンパニ
～金	indennità *f.* インデンニタ	insurance money インシュアランス マニ
歩行(ほこう)	cammino *m.* カンミーノ	walk ウォーク
～者	pedon*e(-a)* *m.(f.)* ペドーネ (ナ)	walker, pedestrian ウォーカ, ペデストリアン
母校(ぼこう)	la *propria* scuola *f.* ラ スクオーラ	alma mater アルマ メイタ
母国(ぼこく)	madrepatria *f.* マドレパトリア	mother country マザ カントリ
保護する(ほごする)	proteggiare プロテッジャーレ	protect プロテクト
埃(ほこり)	polvere *f.* ポルヴェレ	dust ダスト
誇り(ほこり)	orgoglio *m.* オルゴッリオ	pride プライド
誇る(ほこる)	vantare, vantarsi *di* ヴァンターレ, ヴァンタルスィ	be proud *of* ビ プラウド
綻びる(ほころびる)	scucirsi スクチルスィ	come unsewn カム アンソウン
星(ほし)	stella *f.* ステッラ	star スター

日	伊	英
～占い	oroscopo *m.* オロスコポ	horoscope ホロスコウプ
欲しい	volere, desiderare ヴォレーレ, デスィデラーレ	want, wish *for* ワント, ウィシュ
干し草	fieno *m.* フィエーノ	hay ヘイ
ポジション	posizione *f.* ポズィツィオーネ	position ポズィション
干し葡萄	uvetta *f.* ウヴェッタ	raisins レイズンズ
保釈	rilascio dietro cauzione *m.* リラッショ ディエトロ カウツィオーネ	bail ベイル
～金	cauzione *f.* カウツィオーネ	bail ベイル
補習	lezione supplementare *f.* レツィオーネ スップレメンターレ	extra lessons エクストラ レスンズ
募集	reclutamento *m.* レクルタメント	invitation インヴィテイション
（寄付などの）	colletta *f.* コッレッタ	collection カレクション
～する	reclutare レクルターレ	invite インヴァイト
（寄付などを）	fare un acolletta *per* ファーレ ウナ コッレッタ	collect カレクト
補充する	supplire *a* スップリーレ	supplement サプリメント
保守的な	conserva*tore*(-*trice*) コンセルヴァトーレ(トリーチェ)	conservative コンサーヴァティヴ
補助	assistenza *f.* アッスィステンツァ	assistance アスィスタンス
～する	assistere アッスィステレ	assist アスィスト
保証	garanzia *f.* ガランツィーア	guarantee ギャランティー
～書	certificato di garanzia *m.* チェルティフィカート ディ ガランツィーア	written guarantee リトン ギャランティー
～する	garantire ガランティーレ	guarantee, assure ギャランティー, アシュア
～人	garante *m.f.* ガランテ	guarantor, surety ギャラントー, シュアティ

日	伊	英
乾[干]す	asciugare アッシュガーレ	dry, air ドライ, エア
(飲み干す)	vuotare ヴオターレ	empty エンプティ
ボス	capo *m.*, boss *m.* カーポ, ボス	boss ボス
ポスター	manifesto *m.*, poster *m.* マニフェスト, ポステル	poster ポウスタ
ポスト	cassetta postale *f.* カッセッタ ポスターレ	mailbox メイルバクス
母性	maternità *f.* マテルニタ	motherhood マザフド
細い	sottile ソッティーレ	thin スィン
舗装	pavimentazione *f.* パヴィメンタツィオーネ	pavement ペイヴメント
～する	pavimentare パヴィメンターレ	pave ペイヴ
補足	supplemento *m.* スップレメント	supplement サプリメント
～する	aggiungere アッジュンジェレ	supplement サプリメント
保存する	conservare コンセルヴァーレ	preserve, keep プリザーヴ, キープ
菩提樹	tiglio *m.* ティッリオ	linden リンデン
帆立貝	capasanta *f.* カパサンタ	scallop スカロプ
蛍	lucciola *f.* ルッチョラ	firefly ファイアフライ
ボタン	bottone *m.* ボットーネ	button バトン
墓地	cimitero *m.* チミテーロ	graveyard グレイヴヤード
歩調	passo *m.* パッソ	pace, step ペイス, ステプ
発起人	promo*tore*(*-trice*) *m.*(*f.*) プロモトーレ(トリーチェ)	promoter プロモウタ

日	伊	英
ほっきょく 北極	polo nord *m.* ポーロ ノルド	the North Pole ザ ノース ポウル
〜圏	circolo polare artico *m.* チルコロ ポラーレ アルティコ	the Arctic Circle ジ アークティク サークル
〜星	stella polare *f.* ステッラ ポラーレ	the polestar ザ ポウルスター
ホック	gancio *m.* ガンチョ	hook フク
ほっさ 発作	attacco *m.* アッタッコ	fit, attack フィト, アタク
〜的な	convulsivo コンヴルスィーヴォ	fitful フィトフル
ぼっしゅう 没収する	confiscare, sequestrare コンフィスカーレ, セクェストラーレ	confiscate カンフィスケイト
ほっそりした	snello ズネッロ	slender スレンダ
ホッチキス	pinzatrice *f.*, cucitrice *f.* ピンツァトリーチェ, クチトリーチェ	stapler ステイプラ
ポット	bricco *m.* ブリッコ	pot パト
（魔法瓶）	thermos *m.* テルモス	thermos サーモス
ぼっとう 没頭する	immergersi *in* インメルジェルスィ	be absorbed *in* ビ アブソーブド
ほっとする	provare sollievo プロヴァーレ ソッリエーヴォ	feel relieved フィール リリーヴド
ポップス	musica pop *f.* ムーズィカ ポプ	pop music パプ ミューズィク
ボディー	corpo *m.* コルポ	body バディ
〜ガード	guardia del corpo *f.* グァルディア デル コルポ	bodyguard バディガード
〜チェック	perquisizione personale *f.* ペルクィズィツィオーネ ペルソナーレ	body search バディ サーチ
〜ビル	culturismo *m.* クルトゥリズモ	body building バディ ビルディング
ポテト	patata *f.* パタータ	potato ポテイトウ
〜チップ	chips *f.pl.* チプス	potato chips ポテイトウ チプス

日	伊	英
～フライ	patatine fritte *f.pl.* パタティーネ フリッテ	French fries フレンチ フライズ
ホテル	albergo *m.*, hotel *m.* アルベルゴ, オテル	hotel ホウテル
火照る	sentirsi caldo センティルスィ カルド	feel hot フィール ハト
歩道	marciapiede *m.* マルチャピエーデ	sidewalk サイドウォーク
～橋	cavalcavia pedonale *f.* カヴァルカヴィーア ペドナーレ	footbridge フトブリヂ
解く	sciogliere ショッリェレ	untie, unfasten アンタイ, アンファスン
仏	Budda *m.* ブッダ	Buddha ブダ
殆ど	quasi, mezzo クアーズィ, メッゾ	almost, nearly オールモウスト, ニアリ
（否定）	non...quasi ノン クアーズィ	hardly ハードリ
ポニーテール	coda di cavallo *f.* コーダ ディ カヴァッロ	ponytail ポウニテイル
母乳	latte materno *m.* ラッテ マテルノ	mother's milk マザズ ミルク
哺乳動物	mammifero *m.* マンミーフェロ	mammal ママル
骨	osso *m.* オッソ	bone ボウン
骨組み	ossatura *f.* オッサトゥーラ	frame, structure フレイム, ストラクチャ
炎・焔	fiamma *f.* フィアンマ	flame フレイム
仄めかす	alludere, accennare アッルーデレ, アッチェンナーレ	hint, suggest ヒント, サグチェスト
ポピュラーな	popolare ポポラーレ	popular パピュラ
ポプラ	pioppo *m.* ピオッポ	poplar パプラ
保母	maestra d'asilo *f.* マエストラ ダズィーロ	nurse ナース

日	伊	英
微笑み	sorriso *m.* ソッリーゾ	smile スマイル
微笑む	sorridere ソッリーデレ	smile *at* スマイル
ポマード	brillantina *f.* ブリッランティーナ	pomade ポウメイド
褒める	lodare, ammirare ロダーレ, アンミラーレ	praise プレイズ
ぼやく	brontolare, lamentarsi ブロントラーレ, ラメンタルスィ	complain カンプレイン
保養	riposo *m.* リポーゾ	rest レスト
～地	stazione climatica *f.* スタツィオーネ クリマーティカ	health resort ヘルス ゾート
法螺		
～を吹く	millantare ミッランターレ	talk big トーク ビグ
～吹き	millantatore(-*trice*) *m.(f.)* ミッランタトーレ(トリーチェ)	brag, boaster ブラグ, ボウスタ
洞穴	caverna *f.*, grotta *f.* カヴェルナ, グロッタ	cave ケイヴ
ボランティア	volontario(-*a*) *m.(f.)* ヴォロンターリオ(ア)	volunteer ヴァランティア
～活動	attività volontaria *f.* アッティヴィタ ヴォロンターリア	volunteer activity ヴァランティア アクティヴィティ
～グループ	gruppo di volontari *m.* グルッポ ディ ヴォロンターリ	volanteer group ヴァランティア グループ
堀	fossato *m.*, fosso *m.* フォッサート, フォッソ	moat, ditch モウト, ディチ
ポリープ	polipo *m.* ポーリポ	polyp パリプ
ポリエステル	poliestere *m.* ポリエステレ	polyester パリエスタ
ポリエチレン	polietilene *m.* ポリエティレーネ	polyethylene パリエスィリーン
ポリシー	politica *f.* ポリーティカ	policy パリスィ
ポリ袋	sacchetto di plastica *m.* サッケット ディ プラスティカ	plastic bag プラスティク バグ

日	伊	英
ボリューム	volume *m.* ヴォルーメ	volume ヴァリュム
捕虜(ほりょ)	prigionier*o(-a)* *m.(f.)* プリジョニエーロ(ラ)	prisoner プリズナ
掘(ほ)る	scavare スカヴァーレ	dig, excavate ディグ, エクスカヴェイト
彫(ほ)る	scolpire, intagliare スコルピーレ, インタッリアーレ	carve, engrave カーヴ, イングレイヴ
ぼる (金を)	scorticare スコルティカーレ	charge high チャーヂ ハイ
ボルト (ねじ)	bullone *m.* ブッローネ	bolt ボウルド
(電圧)	voltaggio *m.* ヴォルタッジョ	volt ヴォウルト
ポルトガル	Portogallo *m.* ポルトガッロ	Portugal ポーチュガル
〜の	portoghese ポルトゲーゼ	Portuguese ポーチュギーズ
ポルノ	pornografia *f.* ポルノグラフィーア	pornography ポーナグラフィ
ホルモン	ormone *m.* オルモーネ	hormone ホーモウン
ホルン	corno *m.* コルノ	horn ホーン
惚(ほ)れる	innamorarsi *di* インナモラルスィ	fall in love *with* フォール イン ラヴ
襤褸(ぼろ)	cencio *m.*, straccio *m.* チェンチョ, ストラッチョ	rags ラグズ
ポロシャツ	polo *f.* ポーロ	polo shirt ポウロウ シャート
ほろ苦(にが)い	amarognolo アマローニョロ	slightly bitter スライトリ ビタ
亡[滅](ほろ)ぼす	rovinare, distruggere ロヴィナーレ, ディストルッジェレ	ruin, destroy ルーイン, ディストロイ
本(ほん)	libro *m.* リーブロ	book ブク
盆(ぼん)	vassoio *m.* ヴァッソイオ	tray トレイ
本館(ほんかん)	edificio principale *m.* エディフィーチョ プリンチパーレ	main building メイン ビルディング

日	伊	英
ほんき 本気		
〜の	serio セーリオ	serious スィリアス
〜で	sul serio スル セーリオ	seriously スィリアスリ
ぼんさい 盆栽	*bonsai* m. ボンサイ	dwarf tree ドウォーフ トリー
ほんしつ 本質	essenza f. エッセンツァ	essence エセンス
〜的な	essenziale エッセンツィアーレ	essential イセンシャル
ほんしゃ 本社	sede legale f. セーデ レガーレ	the head office ザ ヘド オフィス
ほんせき 本籍	domicilio legale m. ドミチーリオ レガーレ	registered domicile レヂスタド ダミサイル
ほんだな 本棚	scaffale m. スカッファーレ	bookshelf ブクシェルフ
ぼんち 盆地	bacino m., conca f. バチーノ, コンカ	basin ベイスン
ほんてん 本店	sede centrale f. セーデ チェントラーレ	the head office ザ ヘド オフィス
ほんど 本土	terraferma f. テッラフェルマ	the mainland ザ メインランド
ポンド(通貨)	sterlina f. ステルリーナ	pound パウンド
(重量単位)	libbra f. リッブラ	pound パウンド
ほんとう 本当	verità f. ヴェリタ	truth トルース
〜の	vero, autentico ヴェーロ, アウテンティコ	true, real トルー, リーアル
〜に	veramente ヴェラメンテ	truly, really トルーリ, リーアリ
ほんね 本音	vera intenzione f. ヴェーラ インテンツィオーネ	true mind トルー マインド
ほんのう 本能	istinto m. イスティント	instinct インスティンクト
〜的な	istintivo イスティンティーヴォ	instinctive インスティンクティヴ

日	伊	英
本部(ほんぶ)	sede principale *f.* セーデ プリンチパーレ	the head office ザ ヘド オフィス
ポンプ	pompa *f.* ポンパ	pump パンプ
ボンベ	bombola *f.* ボンボラ	cylinder スィリンダ
本命(ほんめい)	favorito(-*a*) *m.(f.)* ファヴォリート(タ)	favorite フェイヴァリト
本物の(ほんものの)	autentico, genuino アウテンティコ, ジェヌイーノ	genuine チェニュイン
本屋(ほんや)	libreria *f.* リブレリーア	bookstore ブクストー
翻訳(ほんやく)	traduzione *f.* トラドゥツィオーネ	translation トランスレイション
～する	tradurre トラドゥッレ	translate *into* トランスレイト
～家	tradut*tore*(-*trice*) *m.(f.)* トラドゥットーレ(トリーチェ)	translator トランスレイタ
ぼんやりした	vago, indistinto ヴァーゴ, インディスティント	dim, vague ディム, ヴァーグ
（呆然とした）	distratto ディストラット	absent-minded アブセントマインデド

ま, マ

日本語	伊	英
間 (時間)	tempo *m.* テンポ	time タイム
(休止・中断)	pausa *f.*, intervallo *m.* パウザ, インテルヴァッロ	pause, interval ポーズ, インタヴァル
(空間)	spazio *m.* スパーツィオ	space スペイス
(部屋)	stanza *f.*, camera *f.* スタンツァ, カーメラ	room ルーム
マーガリン	margarina *f.* マルガリーナ	margarine マーヂャリン
マーク	segno *m.* セーニョ	mark マーク
～する	segnare, marcare セニャーレ, マルカーレ	mark マーク
(監視)	tenere d'occhio テネーレ ドッキオ	mark マーク
マーケット	mercato *m.* メルカート	market マーケト
マーマレード	marmellata *f.* マルメッラータ	marmalade マーマレイド
毎…	ogni オンニ	every エヴリ
～日	ogni giorno *m.* オンニ ジョルノ	everyday エヴリデイ
マイク	microfono *m.* ミクローフォノ	microphone マイクロフォウン
マイクロバス	microbus *m.* ミクロブス	minibus ミニバス
迷子	bambino(-a) smarrito(-a) *m.(f.)* バンビーノ(ナ) ズマッリート(タ)	stray child ストレイ チャイルド
～になる	smarrirsi, perdersi ズマッリルスィ, ペルデルスィ	get lost ゲト ロースト
マイコン(装置)	microprocessore *m.* ミクロプロチェッソーレ	microprocessor マイクロプラセサ
(コンピュータ)	microcomputer *m.* ミクロコンピューテル	microcomputer マイクロウコンピュータ
埋葬する	seppellire セッペッリーレ	bury ベリ

日	伊	英
マイナス	meno メーノ	minus マイナス
マイペースで	a *proprio* agio ア アージョ	at *one's* own pace アト オウン ペイス
参る	visitare ヴィズィターレ	visit ヴィズィト
（我慢の限界）	non poterne più ノン ポテルネ ピウ	can't stand キャント スタンド
マイル	miglio *m.*(miglia *f.pl.*) ミッリオ(ミッリァ)	mile マイル
真上に	proprio su di sopra プロープリオ スディソープラ	right above ライト アバヴ
マウス	mouse *m.* マウス	mouse マウス
マウンド	monte del lanciatore *m.* モンテ デル ランチャトーレ	the mound ザ マウンド
前	parte anteriore *f.*, davanti *m.* パルテ アンテリオーレ, ダヴァンティ	the front ザ フラント
～に（以前）	prima プリーマ	before, ago ビフォー, アゴウ
～の	davanti, anteriore ダヴァンティ, アンテリオーレ	front フラント
（以前の）	ex, di prima エクス, ディ プリーマ	former フォーマ
前書き	prefazione *f.* プレファツィオーネ	preface プレフィス
前払いする	pagare in anticipo パガーレ インナンティーチポ	pay in advance ペイ イン アドヴァンス
前触れ	preannuncio *m.*, segno *m.* プレアンヌンチョ, セーニョ	herald, sign ヘラルド, サイン
（予告）	preavviso *m.* プレアッヴィーゾ	notice, warning ノウティス, ウォーニング
前以て	in anticipo インナンティーチポ	beforehand ビフォーハンド
負かす	battere, sconfiggere バッテレ, スコンフィッジェレ	beat, defeat ビート, ディフィート
任せる	affidare アッフィダーレ	leave, entrust リーヴ, イントラスト
曲がった	curvo, storto クルヴォ, ストルト	bent ベント

ま

610

日	伊	英
曲がり角	angolo *m.* アンゴロ	corner コーナ
曲がる	curvarsi, piegarsi クルヴァルスィ, ピエガルスィ	bend, curve ベンド, カーヴ
（道を）	girare, voltare ジラーレ, ヴォルターレ	turn *to* ターン
マカロニ	maccheroni *m.pl.* マッケローニ	macaroni マカロウニ
薪	ceppo *m.* チェッポ	firewood ファイアウド
巻き尺	metro a nastro *m.* メートロ アナストロ	tape measure テイプ メジャ
巻き戻す	riavvolgere リアッヴォルジェレ	rewind リーワインド
巻く	arrotolare, avvolgere アッロトラーレ, アッヴォルジェレ	roll ロウル
撒く	spargere, annaffiare スパルジェレ, アンナッフィアーレ	sprinkle, scatter スプリンクル, スキャタ
蒔く	seminare セミナーレ	sow ソウ
幕	sipario *m.* スィパーリオ	curtain カートン
（演劇の）	atto *m.* アット	act アクト
幕間	intervallo *m.* インテルヴァッロ	intermission インタミション
マグニチュード	magnitudo *f.* マンニトゥード	magnitude マグニテュード
マグネシウム	magnesio *m.* マニェーズィオ	magnesium マグニーズィアム
枕	guanciale *m.* グァンチャーレ	pillow ピロウ
～カバー	federa *f.* フェーデラ	pillowcase ピロウケイス
鮪	tonno *m.* トンノ	tuna テューナ
負け	sconfitta *f.* スコンフィッタ	defeat ディフィート

日	伊	英
〜惜しみ	l'uva acerba *f.* ルーヴァ アチェルヴァ	sour grapes サウア グレイプス
負ける	essere sconfitto, perdere エッセレ スコンフィット, ペルデレ	be defeated, lose ビ ディフィーテド, ルーズ
（値段を）	fare uno sconto ファーレ ウノ スコント	reduce リデュース
曲げる	piegare ピエガーレ	bend ベンド
孫	nipote *m.f.* ニポーテ	grandchild グランチャイルド
真心	sincerità *f.* スィンチェリタ	sincerity スィンセリティ
まごつく	imbarazzarsi インバラッツァルスィ	be embarrassed ビ インバラスト
誠・真	verità *f.* ヴェリタ	truth トルース
（真心）	sincerità *f.* スィンチェリタ	sincerity スィンセリティ
摩擦	frizione *f.* フリツィオーネ	friction フリクション
〜する	frizionare, sfregare フリツィオナーレ, スフレガーレ	rub *against* ラブ
正に	proprio プロープリオ	just, exactly ヂャスト, イグザクトリ
勝[優]る	essere superiore *a* エッセレ スペリオーレ	be superior *to* ビ シュピアリア
マジック(手品)	gioco di prestigio *m.* ジョーコ ディ プレスティージョ	magic マヂク
（ペン）	pennarello *m.* ペンナレッロ	marker マーカ
真面目な	serio, sincero セーリオ, スィンチェーロ	serious スィリアス
魔女	strega *f.* ストレーガ	witch ウィチ
鱒	trota *f.* トロータ	trout トラウト
増す	aumentare アウメンターレ	increase インクリース

日	伊	英
麻酔(ますい)	anestesia *f.* アネステズィーア	anesthesia アニススィージャ
不味(まず)い	insipido, poco saporito インスィーピド, ポーコ サポリート	not good ナト グド
(拙い)	cattivo, brutto カッティーヴォ, ブルット	poor プア
(得策でない)	sfavorevole, non conveniente スファヴォレーヴォレ, ノン コンヴェニエンテ	unwise アンワイズ
マスカラ	mascara *m.* マスカーラ	mascara マスキャラ
マスク	maschera *f.* マスケラ	mask マスク
マスコット	mascotte *f.* マスコット	mascot マスコト
マスコミ	comunicazione di massa *f.* コムニカツィオーネ ディ マッサ	mass communications マス コミューニケイションズ
(マスメディア)	mass media *m.pl.* マスメーディア	mass media マス ミーディア
貧(まず)しい	povero ポーヴェロ	poor プア
マスター	padron*e(-a)* *m.f.* パドローネ(ナ)	master マスタ
〜キー	comunella *f.* コムネッラ	master key マスタ キー
マスタード	mostarda *f.* モスタルダ	mustard マスタド
マスト	albero *m.* アルベロ	mast マスト
益々(ますます)	sempre più センプレ ピウ	more and more モー アンド モー
マスメディア	mass media *m.pl.* マスメーディア	mass media マス ミーディア
ませた	precoce プレコーチェ	precocious プリコウシャス
混(ま)[交]ぜる	mescolare, mischiare メスコラーレ, ミスキアーレ	mix, blend ミクス, ブレンド
(掻き混ぜる)	sbattere, agitare ズバッテレ, アジターレ	beat, stir ビート, スター
マゾ	masochismo *m.* マゾキズモ	masochism マゾキズム

日	伊	英
(人)	masochista *m.f.* マゾキスタ	masochist マゾキスト
又_{また}	ancora, di nuovo アンコーラ, ディ ヌオーヴォ	again アゲイン
未_まだ	ancora アンコーラ	yet, still イェト, スティル
(否定)	non... ancora ノン アンコーラ	not... yet ナト... イェト
跨_{またが}る	cavalcare, montare カヴァルカーレ, モンターレ	mount マウント
股下_{またした}(ズボンの)	cavallo *m.* カヴァッロ	inside leg インサイド レグ
待_またせる	far aspettare ファル アスペッターレ	keep waiting キープ ウェイティング
マタニティー(の)	gestante ジェスタンテ	maternity マターニティ
又_{また}は	o, oppure オ, オップーレ	or オー
町_{まち}・街	città *f.* チッタ	town, city タウン, スィティ
待合室_{まちあいしつ}	sala d'aspetto *f.* サーラ ダスペット	waiting room ウェイティング ルーム
待_まち合_あわせる	incontrarsi インコントラルスィ	meet ウェイト
間違_{まちが}い	sbaglio *m.*, errore *m.* ズバッリォ, エッローレ	mistake, error ミステイク, エラ
間違_{まちが}える	sbagliare, fare un errore ズバッリアーレ, ファーレ ウネッローレ	make a mistake メイク ア ミステイク
(取り違える)	prendere *per* プレンデレ	take *for* テイク
間違_{まちが}った	sbagliato ズバッリアート	wrong ローング
待_まち遠_{どお}しい	non vedere l'ora *di* ノン ヴェデーレ ローラ	be looking forward *to* ビ ルキング フォーワド
松_{まつ}	pino *m.* ピーノ	pine パイン
〜の実	pinolo *m.* ピノーロ	pine nut パイン ナト

日	伊	英
待つ	aspettare アスペッターレ	wait ウェイト
真っ赤な	rosso vivo ロッソ ヴィーヴォ	bright red ブライト レド
真っ暗な	buio pesto ブイオ ペスト	pitch-dark ピチダーク
真っ黒な	tutto nero トゥット ネーロ	deep-black ディープブラク
（日焼け）	tutto abbronzato トゥット アッブロンザート	thoroughly tanned サーロウリ タンド
睫毛	ciglio m. (le ciglia f.pl.) チッリオ（レチッリァ）	the eyelashes ジ アイラシズ
マッサージ	massaggio m. マッサッジョ	massage マサージュ
〜する	massaggiare, curare con massaggi マッサッジャーレ, クラーレ コン マッサッジ	massage マサージュ
真っ青な	blu oltremare ブル オルトレマーレ	deep blue ディープ ブルー
（顔色が）	pallido パッリド	pale ペイル
真っ先に	prima di tutto プリーマ ディ トゥット	first of all ファーストオール
マッシュルーム	champignon m. シャンピニョン	mushroom マシュルム
真っ白な	tutto bianco トゥット ビアンコ	snow-white スノウホワイト
真っ直ぐ（に）	diritto, direttamente ディリット, ディレッタメンテ	straight ストレイト
〜な	diritto ディリット	straight ストレイト
全く	completamente コンプレタメンテ	quite, entirely クワイト, インタイアリ
（本当に）	veramente ヴェラメンテ	really, truly リーアリ, トルーリ
（否定で）	non... affatto ノン アッファット	not... at all ナト アト オール
マッチ	fiammifero m. フィアンミーフェロ	match マチ
（試合）	partita f., match m. パルティータ, メチ	match マチ

日	伊	英
マット	tappeto m. タッペート	mat マト
〜レス	materasso m. マテラッソ	mattress マトレス
マッハ	mach m. マク	Mach number マーク ナンバ
松葉杖（まつばづえ）	stampella f. スタンペッラ	crutches クラチズ
祭り（まつり）	festa f. フェスタ	festival フェスティヴァル
まで	fino a フィーノ	as far as, until アズ ファー アズ, アンティル
（までに）	per ペル	by バイ
的（まと）	bersaglio m. ベルサッリオ	mark, target マーク, ターゲト
窓（まど）	finestra f. フィネストラ	window ウィンドウ
（乗物の）	finestrino m. フィネストリーノ	window ウィンドウ
〜側の席	posto al finestrino m. ポスト アル フィネストリーノ	window seat ウィンドウ スィート
窓口（まどぐち）	sportello m. スポルテッロ	window ウィンドウ
まとめ	riassunto m., sommario m. リアッスント, ソンマーリオ	summary サマリ
まとめる(要約)	riassumere, sintetizzare リアッスーメレ, スィンテティッザーレ	summarize サマライズ
（集める）	mettere insieme メッテレ インスィエーメ	collect, get together カレクト, ゲト トゲザ
（解決する）	risolvere, completare リソルヴェレ, コンプレターレ	settle セトル
まともな	rispettabile, ragionevole リスペッターピレ, ラジョネーヴォレ	respectable, decent リスペクタブル, ディーセント
間取り（まどり）	disposizione delle stanze f. ディスポズィツィオーネ デッレ スタンツェ	the layout of a house ザ レイアウト アヴ ア ハウス
マナー	maniere f.pl. マニエーレ	manners マナズ
俎（まないた）	tagliere m. タッリエーレ	cutting board カティング ボード

日	伊	英
まなざ 眼差し	sguardo *m.* ズグアルド	look ルク
まなつ 真夏	mezza estate *f.* メッザ エスターテ	midsummer ミドサマ
まな 学ぶ	imparare, studiare インパラーレ, ストゥディアーレ	learn, study ラーン, スタディ
マニア	maniaco(-*a*) *m.(f.)* マニーアコ(カ)	maniac メイニアク
ま あ 間に合う	essere in tempo エッセレ イン テンポ	be in time *for* ビ イン タイム
（満たす）	bastare, essere sufficiente バスターレ, エッセレ スッフィチェンテ	answer, be enough アンサ, ビ イナフ
マニキュア	manicure *f.* マニクーレ	manicure マニキュア
マニュアル	manuale *m.* マヌアーレ	manual マニュアル
まぬが 免れる	sfuggire スフッジーレ	escape イスケイプ
（回避）	evitare エヴィターレ	avoid, evade アヴォイド, イヴェイド
まぬ 間抜けな	stupido, scemo, tonto ストゥービド, シェーモ, トント	stupid, silly ステューピド, スィリ
まね 真似をする	imitare, scimmiottare イミターレ, シンミオッターレ	imitate, mimic イミテイト, ミミク
マネージャー	manager *m. f.* メーナジェル	manager マニヂャ
まね 招く	invitare インヴィターレ	invite インヴァイト
（引き起こす）	provocare, causare プロヴォカーレ, カウザーレ	cause コーズ
まばた 瞬き	batter d'occhio *m.* バッテル ドッキオ	blink ブリンク
（ウインク）	strizzata d'occhio *f.* ストリッツァータ ドッキオ	wink ウィンク
～する	battere le ciglia バッテレ レ チッリァ	blink ブリンク
（ウインク）	strizzare l'occhio ストリッツァーレ ロッキオ	wink ウィンク

日	伊	英
まばらな 疎らな	scarso スカルソ	scattered スキャタド
まひ 麻痺	paralisi *f.* パラーリズィ	paralysis パラリスィス
～する	essere paralizzato エッセレ パラリッザート	be paralysed ビ パラライズド
まひる 真昼	mezzogiorno *m.* メッゾジョルノ	midday, noon ミドデイ, ヌーン
マフィア	mafia *f.*, Cosa Nostra *f.* マーフィア, コーザ ノストラ	the Mafia ザ マーフィア
まぶしい 眩しい	abbagliante, accecante アッバリィアンテ, アッチェカンテ	glaring, dazzling グレアリング, ダズリング
まぶた 瞼	palpebra *f.* パルペブラ	eyelid アイリド
まふゆ 真冬	mezzo inverno *m.* メッゾ インヴェルノ	midwinter ミドウィンタ
マフラー	sciarpa *f.* シャルパ	muffler マフラ
(車の消音装置)	marmitta *f.*, silenziatore *m.* マルミッタ, スィレンツィアトーレ	muffler マフラ
まほう 魔法	magia *f.* マジーア	magic マヂク
～使い	stregone *m.*, strega *f.* ストレゴーネ, ストレーガ	wizard, witch ウィザド, ウィチ
～瓶	thermos *m.* テルモス	thermos サーモス
マホガニー	mogano *m.* モーガノ	mahogany マハガニ
まぼろし 幻	visione *f.*, apparizione *f.* ヴィズィオーネ, アッパリツィオーネ	phantom ファントム
まめ 豆	legumi *m.pl.* レグーミ	bean ビーン
ま 間も無く	fra poco フラ ポーコ	soon スーン
まも 守り	difesa *f.*, protezione *f.* ディフェーザ, プロテツィオーネ	defense ディフェンス
まも 守る	difendere, proteggere ディフェンデレ, プロテッジェレ	defend, protect ディフェンド, プロテクト

日	伊	英
まやく 麻薬	droga f. ドローガ	narcotic, drug ナーカティク, ドラグ
まゆ 繭	bozzolo m. ボッツォロ	cocoon コクーン
まゆ 眉	sopracciglio m.(sopracciglia f.pl.) ソプラッチッリオ (ソプラッチッリア)	eyebrow アイブラウ
～墨	matita sopracciglia f. マティータ ソプラッチッリア	eyebrow pencil アイブラウ ペンスル
まよ 迷う	esitare, essere indeciso エズィターレ, エッセレ インデチーゾ	hesitate ヘズィテイト
（道に）	smarrirsi, perdersi ズマッリルスィ, ペルデルスィ	lose *one's* way ルーズ ウェイ
まよなか 真夜中	piena notte f. ピエーナ ノッテ	midnight ミドナイト
マヨネーズ	maionese f. マイオネーゼ	mayonnaise メイオネイズ
マラソン	maratona f. マラトーナ	marathon マラソン
マラリア	malaria f. マラーリア	malaria マレアリア
マリオネット	marionetta f. マリオネッタ	marionette マリオネト
マリネ	marinata f. マリナータ	marinade マリネイド
マリファナ	marijuana f. マリワーナ	marihuana マリホワーナ
まる 丸	cerchio m. チェルキオ	circle, ring サークル, リング
まる 円［丸］い	rotondo, circolare ロトンド, チルコラーレ	round, circular ラウンド, サーキュラ
まるくび 丸首の	girocollo ジーロコッロ	round-neck ラウンドネク
まるた 丸太	tronco m. トロンコ	log ログ
まるで	come se, quasi コメセ, クアーズィ	as if アズ イフ
まるてんじょう 丸天井	cupola f. クーポラ	vault, dome ヴォールト, ドウム

日	伊	英
マレーシア	Malesia *f.* マレーズィア	Malaysia マレイシャ
〜の	malese マレーゼ	Malaysian マレイジャン
稀(まれ)な	raro ラーロ	rare レア
〜に	di rado, raramente ディ ラード, ラランメンテ	rarely, seldom レアリ, セルドム
回(まわ)す	girare, far girare ジラーレ, ファル ジラーレ	turn, spin ターン, スピン
(順に渡す)	passare パッサーレ	pass パス
(差し向ける)	mandare, inviare マンダーレ, インヴィアーレ	forward フォーワド
回(まわ)[周]り	circonferenza *f.* チルコンフェレンツァ	circumference サカムファレンス
(付近)	vicinanze *f.pl.*, dintorni *m.pl.* ヴィチナンツェ, ディントルニ	the neighborhood ザ ネイバフド
回(まわ)り道(みち)	deviazione *f.* デヴィアツィオーネ	detour ディートゥア
回(まわ)る	girare ジラーレ	turn round, spin ターン ラウンド, スピン
(循環)	circolare チルコラーレ	circulate サーキュレイト
万(まん)	diecimila ディエチミーラ	ten thousand テン サウザンド
万一(まんいち)	per caso ペル カーゾ	by any chance バイ エニ チャンス
満員(まんいん)の	pieno, completo ピエーノ, コンプレート	full フル
蔓延(まんえん)する	diffondersi ディッフォンデルスィ	spread スプレド
漫画(まんが)	fumetto *m.*, vignetta *f.* フメット, ヴィニエッタ	cartoon, the comics カートゥーン, ザ カミクス
(アニメ)	cartone animato *m.* カルトーネ アニマート	animated cartoon アニメイテド カートゥーン
満開(まんかい)である	essere in piena fioritura エッセレ イン ピエーナ フィオリトゥーラ	be in full bloom ビ イン フル ブルーム
マンガン	manganese *m.* マンガネーゼ	manganese マンガニーズ

日	伊	英
まんき 満期	scadenza f. スカデンツァ	expiration エクスピレイション
〜になる	scadere スカデーレ	expire イクスパイア
まんきつ 満喫する	godere pienamente ゴデーレ ピエナメンテ	enjoy fully インヂョイ フリ
まんげきょう 万華鏡	caleidoscopio m. カレイドスコーピオ	kaleidoscope カライドスコウプ
まんげつ 満月	luna piena f. ルーナ ピエーナ	full moon フル ムーン
マンゴー	mango m. マンゴ	mango マンゴウ
まんじょういっち 満場一致で	all'unanimità アッルナニミタ	unanimously ユーナニマスリ
マンション	appartamento m. アッパルタメント	apartment, flat アパートメント, フラト
（分譲式の）	condominio m. コンドミーニオ	condominium カンドミニアム
まんせい 慢性の	cronico クローニコ	chronic クラニク
まんぞく 満足	soddisfazione f. ソッディスファツィオーネ	satisfaction サティスファクション
〜する	accontentarsi, soddisfarsi アッコンテンタルスィ, ソッディスファルスィ	be satisfied with ビ サティスファイド
〜な	soddisfacente ソッディスファチェンテ	satisfactory サティスファクトリ
まんちょう 満潮	alta marea f. アルタ マレーア	high tide ハイ タイド
まんてん 満点	pieni voti m.pl. ピエニ ヴォーティ	perfect mark パーフィクト マーク
マント	mantello m. マンテッロ	mantle, cloak マントル, クロウク
マンドリン	mandolino m. マンドリーノ	mandolin マンドリン
ま なか 真ん中	centro m., mezzo m. チェントロ, メッゾ	the center of ザ センタ
マンネリ	routine f., tran tran m. ルティン, トラントラン	mannerism マナリズム

日	伊	英
万年筆 まんねんひつ	stilo *f.*, stilografica *f.* スティーロ, スティログラーフィカ	fountain pen ファウンティン ペン
万引き (人) まんび	taccheggia*tore*(-*trice*) *m.*(*f.*) タッケッジャトーレ(トリーチェ)	shoplifter シャプリフタ
～する	taccheggiare タッケッジャーレ	shoplift シャプリフト
満腹する まんぷく	saziarsi, mangiare a sazietà サツィアルスィ, マンジャーレ アッサツィエタ	have eaten enough ハヴ イートン イナフ
マンホール	pozzetto *m.* ポッツェット	manhole マンホウル

み, ミ

日	伊	英
実 み	frutto *m.* フルット	fruit フルート
(小さな実)	bacca *f.* バッカ	berry ベリ
(木の実)	noce *f.* ノーチェ	nut ナト
見上げる みあ	guardare su [in alto] グァルダーレ ス(インナルト)	look up *at, to* ルク アプ
ミーティング	riunione *f.* リウニオーネ	meeting ミーティング
見失う みうしな	perdere di vista ペルデレ ディ ヴィスタ	miss ミス
身内 みうち	parente *m.f.* パレンテ	relatives レラティヴズ
見栄 みえ	vanità *f.* ヴァニタ	show, vanity ショウ, ヴァニティ
～を張る	esibirsi, mettersi in mostra エズィビルスィ, メッテルスィ イン モストラ	show off ショウ オーフ
見える み	vedere ヴェデーレ	see, be seen スィー, ビ スィーン
(…のように)	sembrare, parere センブラーレ, パレーレ	look, seem ルク, スィーム
見送る みおく	andare a salutare, 　　accompagnare アンダーレ ア サルターレ, アッコンパニャーレ	see off, see スィー オフ
見落とす みお	fare una svista ファーレ ウナ ズヴィスタ	overlook, miss オウヴァルク, ミス

日	伊	英
見下ろす	guardare giù min basso	look down
味覚	gusto *m.*	taste, palate
磨く	lucidare	polish, brush
(技能を)	sviluppare, migliorare	improve, train
見掛け	apparenza *f.*, aspetto *m.*	appearance
味方	amico(-a) *m.(f.)*	friend, ally
～する	stare dalla parte *di*	take sides *with*
見方	punto di vista *m.*	view point
三日月	luna crescente *f.*	crescent
～形の	a forma di falce	crescent-shaped
身勝手な	egoista, egoistico	selfish
蜜柑	mandarino *m.*	mandarin
未完成の	incompiuto	unfinished, incomplete
幹	tronco *m.*	trunk
右	destra *f.*	the right
～の	destro	right
ミキサー	frullatore *m.*	mixer
見下す	guardare dall'alto in basso	look down *on*
見苦しい	vergognoso, indecente	unsightly, indecent

日	伊	英
見事な	bello, bravo, splendido ベッロ，ブラーヴォ，スプレンディド	beautiful, fine ビューティフル，ファイン
見込み	previsione *f.* プレヴィズィオーネ	prospect プラスペクト
（有望）	prospettiva *f.* プロスペッティーヴァ	promise, hope プラミス，ホウプ
（可能性）	possibilità *f.* ポッスィビリタ	possibility パスィビリティ
未婚の	non sposato ノン スポザート	unmarried, single アンマリド，スィングル
ミサ	messa *f.* メッサ	mass マス
ミサイル	missile *m.* ミッスィレ	missile ミスィル
岬	capo *m.*, promontorio *m.* カーポ，プロモントーリオ	cape ケイプ
短い	corto, breve コルト，ブレーヴェ	short, brief ショート，ブリーフ
惨めな	misero, miserabile ミーゼロ，ミゼラービレ	miserable ミザラブル
未熟な	immaturo, inesperto インマトゥーロ，イネスペルト	immature イマテュア
～児	neonato(-a) prematuro(-a) *m.(f.)* ネオナート(タ) プレマトゥーロ(ラ)	premature baby プリーマチュア ベイビ
見知らぬ	sconosciuto スコノッシュート	strange, unfamiliar ストレインヂ，アンファミリア
ミシン	macchina per [da] cucire *f.* マッキナ ペル(ダ) クチーレ	sewing machine ソウイング マシーン
ミス	errore *m.*, sbaglio *m.* エッローレ，ズバッリョ	mistake ミステイク
（未婚の女性）	Signorina *f.* スィニョリーナ	Miss ミス
水	acqua *f.* アックア	water ウォタ
～色（の）	azzurro, celeste アッズッロ，チェレステ	light blue ライト ブルー
未遂の	tentato テンタート	attempted アテンプティド
湖	lago *m.* ラーゴ	lake レイク

日	伊	英
水瓶座 (みずがめざ)	Acquario *m.* アックアーリオ	Aquarius アクウェアリアス
自ら (みずか)	in persona, personalmente イン ペルソーナ, ペルソナルメンテ	personally, in person パーソナリ, イン パーソン
水着 (みずぎ)	costume da bagno *m.* コストゥーメ ダ バーニョ	swimming suit スウィミング シュート
水差し (みずさ)	caraffa *f.* カラッファ	pitcher ピチャ
ミスター	Signor *m.* スィニョル	Mr. ミスタ
水玉（模様の) (みずたま)	a pallini, a pois アパッリーニ, アプワ	polka dots ポウルカ ダッツ
水溜まり (みずた)	pozzanghera *f.* ポッツァンゲラ	pool, puddle プール, パドル
水っぽい (みず)	acquoso, annacquato アックオーゾ, アンナックアート	watery, diluted ウォタリ, ダイリューテド
ミステリー	mistero *m.* ミステーロ	mystery ミスタリ
（小説）	giallo *m.*, poliziesco *m.* ジャッロ, ポリツィエスコ	mystery story ミスタリ ストーリ
見捨てる (みす)	abbandonare アッバンドナーレ	abandon アバンドン
水鳥 (みずとり)	uccello acquatico *m.* ウッチェッロ アックアーティコ	waterfowl ウォタファウル
水脹れ (みずぶく)	vescica *f.* ヴェッシーカ	blister ブリスタ
ミスプリント	errore di stampa *m.* エッローレ ディ スタンパ	misprint ミスプリント
水疱瘡 (みずぼうそう)	varicella *f.* ヴァリチェッラ	chicken pox チキン パクス
見窄らしい (みすぼ)	misero ミーゼロ	shabby シャビ
瑞々しい (みずみず)	fresco フレスコ	fresh フレシュ
水虫 (みずむし)	piede d'atleta *m.* ピエーデ ダトレータ	water eczema ウォタ エクスィマ
店 (みせ)	negozio *m.*, bottega *f.* ネゴーツィオ, ボッテガ	store, shop ストー, シャプ

日	伊	英
未成年(者)	minorenne *m.f.* ミノレンネ	minor マイナ
見せ掛ける	fingere フィンジェレ	pretend, feign プリテンド, フェイン
ミセス	Signora *f.* スィニョーラ	Mrs. ミスィズ
見せびらかす	esibire エズィビーレ	show off ショウ オフ
見せる	far vedere, mostrare ファル ヴェデーレ, モストラーレ	show, display ショウ, ディスプレイ
味噌	miso *m.*, pasta di soia fermentata *f.* ミーソ, パスタ ディ ソイア フェルメンターダ	soy-bean paste ソイビーン ペイスト
～汁	zuppa di miso *f.* ズッパ ディ ミーソ	miso soup ミーソ スープ
溝	scolo *m.*, fossato *m.* スコーロ, フォッサート	ditch, gutter ディチ, ガタ
(隔たり)	gap *m.* ゲプ	gap ギャプ
霙	nevischio *m.* ネヴィスキオ	sleet スリート
見出し	indice *m.* インディチェ	index インデクス
(標題)	titolo *m.* ティートロ	title タイトル
(新聞の)	titolo *m.* ティートロ	heading ヘディング
満たす(容器を)	riempire リエンピーレ	fill フィル
(要求を)	soddisfare ソッディスファーレ	satisfy サティスファイ
乱す	mettere in disordine メッテレ イン ディゾルディネ	throw into disorder スロウ イントゥ ディソーダ
(妨害する)	disturbare ディストゥルバーレ	disturb ディスターブ
道	strada *f.*, via *f.* ストラーダ, ヴィーア	way, road ウェイ, ロウド
未知(の)	sconosciuto, ignoto スコノッシュート, イニョート	unknown アンノウン

日	伊	英
〜数	incognita f. インコンニタ	unknown quantity アンノウン クワンティティ
道順	itinerario m., percorso m. イティネラーリオ, ペルコルソ	route, course ルート, コース
道標	segnale stradale m. セニャーレ ストラダーレ	guide, signpost ガイド, サインポウスト
導く	condurre, guidare コンドゥッレ, グィダーレ	lead, guide リード, ガイド
蜜	miele m. ミエーレ	honey ハニ
三つ編み	trecce f.pl. トレッチェ	braids ブレイヅ
密会	incontro segreto m. インコントロ セグレート	secret meeting スィークレト ミーティング
見つかる	essere trovato エッセレ トロヴァート	be found ビ ファウンド
ミックスした	misto ミスト	mixed ミクスト
見つける	trovare, scoprire トロヴァーレ, スコプリーレ	find, discover ファインド, ディスカヴァ
密航者	clandestino(-a) m.(f.) クランデスティーノ(ナ)	stowaway ストウアウェイ
密告	denuncia segreta f. デヌンチャ セグレータ	tip-off, tip ティポーフ, ティプ
密室	stanza segreta [serrata] f. スタンツァ セグレータ(セッラータ)	secret room スィークレト ルーム
密接な	stretto, intimo ストレット, インティモ	close, intimate クロウス, インティメイト
密度	densità f. デンスィタ	density デンスィティ
みっともない	vergognoso, indecente ヴェルゴニョーゾ, インデチェンテ	disgraceful ディスグレイスフル
密入国者	immigrato(-a) clandestino(-a) m.(f.) インミグラート(タ) クランデスティーノ(ナ)	illegal entrant イリーガル エントラント
密売	spaccio m. スパッチョ	illicit sale イリスィト セイル
蜜蜂	ape f. アーペ	bee ビー

日	伊	英
密閉する	serrare セッラーレ	close up クロウズ アプ
見詰める	guardare fisso グァルダーレ フィッソ	gaze at ゲイズ
見積もり	preventivo *m.*, stima *f.* プレヴェンティーヴォ, スティーマ	estimate エスティメイト
見積もる	preventivare, stimare プレヴェンティヴァーレ, スティマーレ	estimate エスティメイト
密約	accordo segreto *m.* アッコルド セグレート	secret understanding スィークレト アンダスタンディング
密輸	contrabbando *m.* コントラッバンド	smuggling スマグリング
～する	fare il contrabbando ファーレ イル コントラッバンド	smuggle スマグル
密猟	caccia di frodo *f.* カッチャ ディ フロード	poaching ポウチング
～する	cacciare di frodo カッチャーレ ディ フロード	poach ポウチ
密漁	pesca di frodo *f.* ペスカ ディ フロード	poaching ポウチング
～する	pescare di frodo ペスカーレ ディ フロード	poach ポウチ
未定の	non fissato [deciso] ノン フィッサート(デチーゾ)	undecided アンディサイデド
見通し	previsione *f.*, prospettiva *f.* プレヴィズィオーネ, プロスペッティーヴァ	prospect プラスペクト
認める	riconoscere リコノッシェレ	recognize レコグナイズ
（承認）	accettare アッチェッターレ	accept, acknowledge アクセプト, アクナリヂ
（許可）	permettere ペルメッテレ	admit アドミト
緑(の)	verde *m.* ヴェルデ	green グリーン
見取り図	schizzo *m.* スキッツォ	sketch スケチ
見とれる	essere incantato *da* エッセレ インカンタート	look admiringly *at* ルク アドマイアリングリ

日	伊	英
皆 (物)	tutto *m.* トゥット	all オール
(人)	tutti *m.pl.* トゥッティ	all オール
見直す	riguardare, rileggere リグァルダーレ, リレッジェレ	look at... again ルク アト アゲイン
(再検討)	riesaminare リエザミナーレ	reexamine リーイグザミン
見なす	considerare コンスィデラーレ	think of... as スィンク オヴ
港	porto *m.* ポルト	harbor, port ハーバ, ポート
南	sud *m.*, meridione *m.* スッド, メリディオーネ	the south ザ サウス
〜の	meridionale メリディオナーレ	south, southern サウス, サザン
〜の風	austro *m.* アウストロ	south wind サウス ウィンド
〜イタリア	il Mezzogiorno *m.* イル メッゾジョルノ	the South of Italy ザ サウス オヴ イタリ
〜十字星	la Croce del Sud *f.* ラ クローチェ デル スッド	the Southern Cross ザ サザン クロス
〜半球	emisfero australe *m.* エミスフェーロ アウストラーレ	the Southern Hemisphere ザ サザン ヘミスフィア
源 (水源)	sorgente *f.* ソルジェンテ	the source ザ ソース
(起源)	origine *f.* オリージネ	the origin ジ オリヂン
見習い (従弟の)	apprendista *m. f.* アップレンディスタ	apprentice アプレンティス
(実習・研修の)	tirocinante *m.f.* ティロチナンテ	probationer プロウベイショナ
〜看護師	infermiera tirocinante *f.* インフェルミエーラ ティロチナンテ	probationary nurse プロウベイショネリ ナース
〜期間	tirocinio *m.* ティロチーニオ	probation プロウベイション
見習う	seguire, imitare セグィーレ, イミターレ	learn, imitate ラーン, イミテイト
身形	abbigliamento *m.* アッビリィアメント	dress, appearance ドレス, アピアランス

日	伊	英
見慣れた	familiare ファミリアーレ	familiar ファミリア
ミニ	mini- ミニ	mini- ミニ
〜スカート	minigonna *f.* ミニゴンナ	miniskirt ミニスカート
〜ディスク	minidisco *m.* ミニディスコ	MD エムディー
見難い	difficile da vedere ディッフィーチレ ダ ヴェデーレ	hard to see ハード トゥ スィー
醜い	brutto ブルット	ugly アグリ
ミニチュア	miniatura *f.* ミニアトゥーラ	miniature ミニアチャ
見抜く	capire, indovinare カピーレ, インドヴィナーレ	see through スィー スルー
峰	vetta *f.*, picco *m.* ヴェッタ, ピッコ	peak, top ピーク, タプ
（刃の）	dorso *m.* ドルソ	the back ザ バク
ミネラル	minerali *m.pl.* ミネラーリ	mineral ミナラル
〜ウォーター	acqua minerale *f.* アックア ミネラーレ	mineral water ミナラル ウォタ
未納の	non pagato ノン パガート	unpaid アンペイド
見逃す	perdere, lasciarsi fuggire ペルデレ, ラッシャルスィ フッジーレ	overlook オウヴァルク
（黙認）	chiudere un occhio キューデレ ウノッキオ	connive at カナイヴ
身代金	riscatto *m.* リスカット	ransom ランサム
身の回り品	oggetti personali *m.pl.* オッジェッティ ペルソナーリ	belongings ビローンギングズ
実る	dare buoni frutti ダーレ ブオーニ フルッティ	bear fruit ベア フルート
見晴らし	veduta *f.* ヴェドゥータ	view ヴュー
〜台	belvedere *m.* ベルヴェデーレ	lookout ルカウト

日	伊	英
見張り	guardia *f.* グアルディア	watch, lookout ワチ, ルカウト
見張る	fare la guardia *a* ファーレ ラ グアルディア	watch ワチ
身振り	gesto *m.* ジェスト	gesture チェスチャ
身分	posizione sociale *f.* ポズィツィオーネ ソチャーレ	social status ソウシャル ステイタス
～証明書	carta d'identità *f.*, documento *m.* カルタ ディデンティタ, ドクメント	identity card アイデンティティ カード
未亡人	vedova *f.* ヴェードヴァ	widow ウィドウ
見本	campione *m.* カンピオーネ	sample サンプル
～市	fiera *f.* フィエーラ	trade fair トレイド フェア
見舞い	visita *f.* ヴィーズィタ	inquiry インクワイアリ
見舞う	visitare, andare a trovare ヴィズィターレ, アンダーレ ア トロヴァーレ	visit, inquire after ヴィズィット, インクワイア アフタ
見守る	guardare con attenzione グアルダーレ コン アッテンツィオーネ	keep *one's* eyes *on* キープ アイズ
見回す	guardarsi attorno グアルダルスィ アットルノ	look about ルク アバウト
未満	meno di メーノ ディ	under, less than アンダ, レス ザン
耳	orecchio *m.* オレッキオ	ear イア
～が遠い	essere duro d'orecchio エッセレ ドゥーロ ドレッキオ	be hard of hearing ビ ハードヴ ヒアリング
蚯蚓	lombrico *m.* ロンブリーコ	earthworm アースワーム
未明に	prima dell'alba プリーマ デッラルバ	before daybreak ビフォー デイブレイク
身元	identità *f.* イデンティタ	identity アイデンティティ
脈	polso *m.* ポルソ	pulse パルス

日	伊	英
(脈動)	pulsazione f. プルサツィオーネ	pulsation パルセイション
(希望)	speranza f. スペランツァ	promise, hope プラミス, ホウプ
脈拍(みゃくはく)	polso m. ポルソ	pulse パルス
土産(みやげ)	souvenir m. スヴェニル	souvenir スーヴニア
都(みやこ) (首都)	capitale f. カピターレ	capital キャピタル
(都市)	città f. チッタ	city, town スィティ, タウン
ミュージカル	musical m. ミュズィコル	musical ミューズィカル
ミュージシャン	musicista m. f. ムズィチスタ	musician ミューズィシャン
ミュンヘン	Monaco (di Baviera) f. モーナコ (ディ バヴィエーラ)	Munich ミューニク
苗[名]字(みょうじ)	cognome m. コニョーメ	family name, surname ファミリ ネイム, サーネイム
妙(みょう)な	strano ストラーノ	strange ストレインヂ
未来(みらい)	futuro m. フトゥーロ	future フューチャ
ミラノ	Milano f. ミラーノ	Milan ミラン
ミリグラム	milligrammo m. ミッリグランモ	milligram ミリグラム
ミリメートル	millimetro m. ミッリーメトロ	millimeter ミリーメタ
魅了(みりょう)する	affascinare アッファッシナーレ	fascinate ファスィネイト
魅力(みりょく)	fascino m. ファッシノ	charm チャーム
〜的な	affascinante アッファッシナンテ	charming チャーミング
見(み)る	vedere, guardare ヴェデーレ, グァルダーレ	see, look at スィー, ルク
(世話)	prendersi cura di プレンデルスィ クーラ	look after ルク アフタ

日	伊	英
ミルク	latte *m.* ラッテ	milk ミルク
粉〜	latte in polvere *m.* ラッテ イン ポルヴェレ	dried milk ドライド ミルク
〜コーヒー	caffellatte *m.* カッフェッラッテ	coffee and milk コーフィ アンド ミルク
〜セーキ	latte frappè con uova *m.* ラッテ フラッペ コン ウオーヴァ	milk shake ミルク シェイク
ミレニアム	millennio *m.* ミッレンニオ	millennium ミレニアム
未練	attaccamento *m.*, rimpianto *m.* アッタッカメント, リンピアント	attachment, regret アタチメント, リグレト
見分ける	distinguere *da* ディスティングェレ	distinguish *from* ディスティングゥィシュ
見渡す	guardarsi intorno グァルダルスィ イントルノ	look out *over* ルク アウト
〜限り	a perdita d'occhio アペルディタ ドッキオ	as far as *one* can see アズ ファー アズ カン スィー
民営化	privatizzazione *f.* プリヴァティッザツィオーネ	privatization プライヴァタイゼイシャン
〜する	privatizzare プリヴァティッザーレ	privatize プライヴァタイズ
民間(の)	privato, civile プリヴァート, チヴィーレ	private, civil プライヴェト, スィヴィル
〜伝承	folclore *m.* フォルクローレ	folklore フォウクロー
ミンク	visone *m.* ヴィゾーネ	mink ミンク
民芸品	artigianato folclorico *m.* アルティジャナート フォルクローリコ	folk-art article フォウクアート アーティクル
民事訴訟	causa civile *f.* カウザ チヴィーレ	civil action スィヴィル アクション
民衆	popolo *m.* ポーポロ	the people ザ ピープル
民主化	democratizzazione *f.* デモクラティッザツィオーネ	democratization ディマクラティゼイション
民宿	pensione *f.* ペンスィオーネ	tourist home トゥアリスト ホウム
民主主義	democrazia *f.* デモクラツィーア	democracy ディマクラスィ

日	伊	英
民俗(みんぞく)	costumi folcloristici *m.pl.* コストゥーミ フォルクロリスティチ	folk customs フォウク カスタムズ
〜音楽	musica folcloristica *f.* ムーズィカ フォルクロリスティカ	folk music フォウク ミューズィク
民族(みんぞく)	etnia *f.*, popolo *m.* エトニーア, ポーポロ	race, nation レイス, ネイション
〜音楽	musica etnica *f.* ムーズィカ エトニカ	ethnic music エスニク ミューズィク
ミント	menta *f.* メンタ	mint ミント
民法(みんぽう)	diritto civile *m.* ディリット チヴィーレ	the civil law ザ スィヴィル ロー
民謡(みんよう)	canzone folcloristica *f.* カンツォーネ フォルクロリスティカ	folk song フォウク ソング
民話(みんわ)	leggenda folcloristica *f.* レッジェンダ フォルクロリスティカ	folk tale フォウク テイル

む, ム

日	伊	英
無(む)	nulla *m.*, niente *m.* ヌッラ, ニエンテ	nothing ナスィング
無意識(むいしき)	incoscienza *f.* インコッシェンツァ	unconsciousness アンカンシャスネス
〜の	incosciente, inconsapevole インコッシェンテ, インコンサペーヴォレ	unconscious アンカンシャス
〜に	incoscientemente インコッシェンテメンテ	unconsciously アンカンシャスリ
無意味な(むいみな)	insignificante インスィンニフィカンテ	meaningless ミーニングレス
ムード	atmosfera *f.* アトモスフェーラ	mood ムード
ムール貝(がい)	cozza *f.* コッツァ	blue mussel ブルー マサル
無鉛ガソリン(むえん)	benzina verde *f.* ベンズィーナ ヴェルデ	unleaded gasoline アンリーディド ギャソリーン
無害な(むがいな)	innocuo, inoffensivo インノークオ, イノッフェンスィーヴォ	harmless ハームレス
向かいの(むかいの)	opposto, di fronte オッポスト, ディ フロンテ	opposite オポスィト
向かう(むかう)	stare di fronte *a* スターレ ディ フロンテ	face, look *on* フェイス, ルク

日	伊	英
(進む)	partire *per*, dirigersi *verso*	go *to*, leave *for*
むか 迎える	accogliere, aspettare	meet, welcome
むかし 昔	passato *m.*	the past
(かつて)	una volta	long ago
むかつく	stomacarsi, provare nausea	feel sick
(腹が立つ)	provare rabbia	get disgusted
むかで 百足	scolopendra *f.*	centipede
むかんけい(である) 無関係(である)	non avere nulla a che fare *con*	have nothing to do with
むかんしん 無関心な	indifferente	indifferent
む 向き	direzione *f.*	direction
むぎ 麦	grano *m.*	wheat
(大麦)	orzo *m.*	barley
むきちょうえき 無期懲役	ergastolo *m.*	life imprisonment
むき 無機の	inorganico	inorganic
むぎわら 麦藁	paglia *f.*	straw
～帽子	cappello di paglia *m.*	straw hat
むきん 無菌の	asettico	germ-free
む 向く	voltarsi, volgersi	turn *to*
(適する)	essere adatto *a*	suit
む 剥く	sbucciare, pelare	peel, pare

日	伊	英
報いる	ricompensare リコンペンサーレ	reward *for* リウォード
無口な	taciturno タチトゥルノ	taciturn, silent タスィターン, サイレント
むくむ	gonfiarsi ゴンフィアルスィ	swell スウェル
向ける	dirigere, volgere ディリージェレ, ヴォルジェレ	turn *to*, direct *to* ターン, ディレクト
無限の	infinito, inesauribile インフィニート, イネザウリービレ	infinite インフィニット
婿 (娘の)	genero *m.* ジェーネロ	son-in-law サニンロー
(新郎)	sposo *m.* スポーゾ	bridegroom ブライドグルーム
向こう脛	stinco *m.* スティンコ	shin シン
向こうに	là , laggiù ラ, ラッジュ	over there オウヴァ ゼア
(…の〜)	al di là di アルディラディ	beyond ビヤンド
無効の	invalido インヴァーリド	invalid インヴァリド
向こう見ずな	temerario, avventato テメラーリオ, アッヴェンタート	reckless レクレス
無言	silenzio *m.* スィレンツィオ	silence サイレンス
無罪	innocenza *f.* インノチェンツァ	innocence イノセンス
〜の	innocente インノチェンテ	innocent イノセント
虫 (昆虫)	insetto *m.* インセット	insect インセクト
(ミミズなど)	verme *m.* ヴェルメ	worm ワーム
蒸し暑い	caldo soffocante カルド ソッフォカンテ	sultry サルトリ
無視する	ignorare イニョラーレ	ignore イグノー

日	伊	英
無実 (むじつ)	innocenza *f.* インノチェンツァ	innocence イノセンス
～の	innocente インノチェンテ	innocent イノセント
無地の (むじの)	a tinta unita ア ティンタ ウニータ	plain プレイン
虫歯 (むしば)	dente cariato *m.* デンテ カリアート	decayed tooth ディケイド トゥース
虫眼鏡 (むしめがね)	lente d'ingrandimento *f.* レンテ ディングランディメント	magnifying glass マグニファイイング グラス
無邪気な (むじゃきな)	innocente, ingenuo インノチェンテ, インジェーヌオ	innocent, artless イノセント, アートレス
矛盾 (むじゅん)	contraddizione *f.* コントラッディツィオーネ	contradiction カントラディクション
～する	contraddire コントラッディーレ	contradict カントラディクト
無色の (むしょくの)	incolore インコローレ	colorless カラレス
虫除け (むしよけ)	insetticida *m.* インセッティチーダ	insecticide インセクティサイド
むしろ	piuttosto, anziché ピュットースト, アンツィケ	rather *than* ラザ
無神経な (むしんけいな)	insensibile インセンスィービレ	insensible インセンスィブル
無人島 (むじんとう)	isola disabitata *f.* イーゾラ ディザビタータ	desert island デザト アイランド
蒸す (むす)	cuocere a vapore クオーチェレ ア ヴァポーレ	steam スティーム
無数の (むすうの)	innumerabile, incalcolabile インヌメラービレ, インカルコラービレ	innumerable イニューマラブル
難しい (むずかしい)	difficile ディッフィーチレ	difficult, hard ディフィカルト, ハード
息子 (むすこ)	figlio *m.* フィッリョ	son サン
結び目 (むすびめ)	nodo *m.* ノード	knot ナト
結ぶ (むすぶ)	legare レガーレ	tie, bind タイ, バインド

日	伊	英
（繋ぐ）	unire ウニーレ	link *with* リンク
（契約を）	firmare フィルマーレ	make, conclude メイク, カンクルード
娘(むすめ)	figlia *f.* フィッリア	daughter ドータ
（若い女性）	fanciulla *f.* ファンチュッラ	young woman ヤング ウマン
無制限(むせいげん)の	illimitato イッリミタート	free, unrestricted フリー, アンリストリクティド
無責任(むせきにん)な	irresponsabile イッレスポンサービレ	irresponsible イリスパンスィブル
噎(む)せる	soffocarsi ソッフォカルスィ	be choked *by, with* ビ チョウクド
無線(むせん)	radioelettricità *f.* ラディオエレットリチタ	wireless ワイアレス
無駄(むだ)な	inutile イヌーティレ	useless, futile ユースレス, フューティル
無断(むだん)で	senza permesso センツァ ペルメッソ	without notice ウィザウト ノウティス
鞭(むち)	frusta *f.*, sferza *f.* フルスタ, スフェルツァ	whip, lash ウィプ, ラシュ
～打ち症	colpo di frusta *m.* コルポ ディ フルスタ	whiplash ウィプラシュ
無知(むち)	ignoranza *f.* イニョランツァ	ignorance イグノランス
～な	ignorante イニョランテ	ignorant イグノラト
無茶(むちゃ)な	irragionevole イッラジョネーヴォレ	unreasonable アンリーズナブル
夢中(むちゅう)になる	impazzire, appassionarsi インパッツィーレ, アッパッスィオナルスィ	be absorbed *in* ビ アブソーブド
無賃乗車(むちんじょうしゃ)する	fare il(la) portoghese ファーレ イル(ラ) ポルトゲーゼ	steal a ride スティール ア ライド
無添加(むてんか)の	senza additivi センツァ アッディティーヴィ	additive-free アディティヴフリー
無頓着(むとんじゃく)な	incurante, spensierato インクランテ, スペンスィエラート	indifferent インディファレント

日	伊	英
<ruby>虚[空]<rt>むな</rt></ruby>しい	vano, vuoto ヴァーノ, ヴオート	empty, vain エンプティ, ヴェイン
<ruby>胸<rt>むね</rt></ruby>	petto *m.*, seno *m.* ペット, セーノ	chest, breast チェスト, ブレスト
～焼け	bruciore di stomaco *m.* ブルチョーレ ディ ストーマコ	heartburn ハートバーン
<ruby>無能<rt>むのう</rt></ruby>な	incapace, incompetente インカパーチェ, インコンペテンテ	incompetent インカンピテント
<ruby>無謀<rt>むぼう</rt></ruby>な	avventato, temerario アッヴェンタート, テメラーリオ	reckless レクレス
<ruby>謀叛<rt>むほん</rt></ruby>	ribellione *f.* リベッリオーネ	rebellion リベリオン
<ruby>無名<rt>むめい</rt></ruby>の	anonimo, sconosciuto アノーニモ, スコノッシュート	nameless, unknown ネイムレス, アンノウン
<ruby>夢遊病者<rt>むゆうびょうしゃ</rt></ruby>	sonnambulo(-a) *m.(f.)* ソンナンブロ(ラ)	sleepwalker スリープウォーカ
<ruby>村<rt>むら</rt></ruby>	villaggio *m.* ヴィッラッジョ	village ヴィリヂ
<ruby>群<rt>むら</rt></ruby>がる	affollarsi, brulicare アッフォッラルスィ, ブルリカーレ	crowd, flock クラウド, フラク
<ruby>紫<rt>むらさき</rt></ruby>(の)	viola *m.*, violetto *m.* ヴィオーラ, ヴィオレット	purple, violet パープル, ヴァイオレット
<ruby>無理<rt>むり</rt></ruby>な	impossibile インポッスィービレ	impossible インパスィブル
(不合理な)	irragionevole イッラジョネーヴォレ	unreasonable アンリーズナブル
<ruby>無料<rt>むりょう</rt></ruby>の	gratuito, libero グラトゥーイト, リーベロ	free フリー
<ruby>無力<rt>むりょく</rt></ruby>	impotenza *f.* インポテンツァ	powerlessness パウアレスネス
～な	impotente インポテンテ	powerless パウアレス
<ruby>群<rt>むれ</rt></ruby>	gruppo *m.*, folla *f.* グルッポ, フォッラ	group, crowd グループ, クラウド
(鳥の)	stormo *m.* ストルモ	flock フラク
(動物の)	branco *m.* ブランコ	herd ハード

む

日	伊	英
め, メ		
芽	germoglio *m.* ジェルモッリオ	bud バド
〜を出す	germogliare ジェルモッリアーレ	bud バド
目	occhio オッキオ	eye アイ
（視力）	vista *f.* ヴィスタ	eyesight アイサイト
姪	nipote *f.* ニポーテ	niece ニース
名案	buon'idea *f.* ブオンニデーア	good idea グド アイディア
冥王星	Plutone *m.* プルトーネ	Pluto プルートウ
明確な	chiaro キアーロ	clear, accurate クリア, アキュレト
名義	intestazione *f.* インテスタツィオーネ	name ネイム
迷宮	labirinto *m.* ラビリント	labyrinth ラビリンス
明細	dettagli *m.pl.* デッタッリ	details ディーテイルズ
名作	capolavoro *m.* カポラヴォーロ	masterpiece マスタピース
名産	specialità *f.* スペチャリタ	specialty スペシァリティ
名刺	biglietto da visita *m.* ビッリェット ダ ヴィーズィタ	visiting card ヴィズィティング カード
名詞	nome *m.*, sostantivo *m.* ノーメ, ソスタンティーヴォ	noun ナウン
名所	luogo famoso *m.* ルオーゴ ファモーゾ	noted place ノウティド プレイス
迷信	superstizione *f.* スーペルスティツィオーネ	superstition シューパスティション
名人	maestr**o**(-**a**) *m.*(*f.*) マエストロ(ラ)	master, expert マスタ, エクスパート

日	伊	英
めいせい 名声	fama *f.* ファーマ	fame フェイム
めいそう 瞑想	meditazione *f.* メディタツィオーネ	meditation メディテイション
めいちゅう 命中する	colpire, centrare コルピーレ, チェントラーレ	hit ヒト
めいはく 明白な	chiaro, ovvio キアーロ, オッヴィオ	clear, evident クリア, エヴィデント
めいぶつ 名物	specialità *f.* スペチャリタ	special product スペシャル プラダクト
(評判のもの)	attrazione *f.* アットラツィオーネ	attraction アトラクション
めいぼ 名簿	lista *f.*, elenco *m.* リスタ, エレンコ	list リスト
めいめい 銘々	ognuno(-a) *m.(f.)*, ciascuno(-a) *m.(f.)* オニューノ(ナ), チャスクーノ(ナ)	each, everyone イーチ, エヴリワン
めいよ 名誉	onore *m.* オノーレ	honor アナ
～毀損	diffamazione *f.* ディッファマツィオーネ	libel, slander ライベル, スランダ
めいりょう 明瞭な	chiaro, distinto キアーロ, ディスティント	clear, plain クリア, プレイン
めい 滅入る	essere depresso エッセレ デプレッソ	feel depressed フィール ディプレスト
めいれい 命令	ordine *m.*, comando *m.* オルディネ, コマンド	order, command オーダ, カマンド
～する	ordinare, comandare オルディナーレ, コマンダーレ	order オーダ
めいろ 迷路	labirinto *m.* ラビリント	maze メイズ
めいわく 迷惑	fastidio *m.*, disturbo *m.* ファスティーディオ, ディストゥルボ	trouble, nuisance トラブル, ア ニュースンス
～な	fastidioso ファスティディオーゾ	annoying, troublesome アノイイング, トラブルサム
～をかける	disturbare, infastidire ディストゥルバーレ, インファスティディーレ	trouble, bother トラブル, バザ
めうえ 目上	superiore *m.f.* スーペリオーレ	superiors シュピアリアズ

日	伊	英
メーカー	fabbricante *m.*, produttore *m.* ファッブリカンテ, プロドゥットーレ	maker メイカ
メーター	contatore *m.* コンタトーレ	meter ミータ
（タクシーの）	tassametro *m.* タッサーメトロ	taximeter タクシミータ
メーデー	il primo maggio *m.* イル プリーモ マッジョ	May Day メイ デイ
メートル	metro *m.* メートロ	meter ミータ
メール	posta *f.*, E-mail *f.* ポスタ, イメイル	mail, E-mail メイル, イーメイル
メーンストリート	strada principale *f.* ストラーダ プリンチパーレ	main street メイン ストリート
目方 (めかた)	peso *m.* ペーゾ	weight ウェイト
メカニズム	meccanismo *m.* メッカニズモ	mechanism メカニズム
眼鏡 (めがね)	occhiali *m.pl.* オッキアーリ	glasses グラスィズ
～屋	ottico(-a) *m.(f.)* オッティコ(カ)	optician アプティシャン
メガホン	megafono *m.* メガーフォノ	megaphone メガフォウン
女神 (めがみ)	dea *f.* デーア	goddess ガデス
メキシコ	Messico *m.* メッスィコ	Mexico メクスィコウ
～の	messicano メッスィカーノ	Mexican メクスィカン
めきめき	notevolmente ノテヴォルメンテ	remarkably リマーカブリ
芽 (め) キャベツ	cavolini di Bruxelles *m.pl.* カーヴォリーニ ディ ブルクセル	Brussels sprouts ブラスルズ スプラウツ
目薬 (めぐすり)	collirio *m.* コッリーリオ	eye lotion アイ ロウション
目配 (めくば) せする	strizzare l'occhio ストリッツァーレ ロッキオ	wink ウィンク

日	伊	英
めぐみ 恵み (恩寵)	dono *m.* ドーノ	grace グレイス
(賜物)	dono *m.* ドーノ	gift ギフト
天の〜	dono dal Cielo *m.* ドーノ ダル チェーロ	gift from the gods ギフト フラム ザ ガド
めく 捲る	voltare, sfogliare ヴォルターレ, スフォッリアーレ	turn over ターン オウヴァ
めざ 目指す	mirare ミラーレ	aim *at* エイム
めざ 目覚ましい	notevole, meraviglioso ノテーヴォレ, メラヴィリオーゾ	remarkable リマーカブル
めざ どけい 目覚まし時計	sveglia *f.* ズヴェッリア	alarm clock アラーム クラク
めざ 目覚める	svegliarsi ズヴェッリアルスィ	awake アウェイク
めした 目下	inferiore *m.f.* インフェリオーレ	inferiors インフィアリアズ
めしべ 雌蕊	pistillo *m.* ピスティッロ	pistil ピスティル
めじるし 目印	segno *m.* セーニョ	sign, mark サイン, マーク
めす 雌	femmina *f.* フェンミナ	female フィーメイル
めずら 珍しい	raro, insolito ラーロ, インソーリト	rare, novel レア, ナヴェル
めずら 珍しがる	incuriosirsi *per* インクリオズィルスィ	be curious *about* ビ キュアリアス
めだ 目立つ	farsi notare, essere vistoso ファルスィ ノターレ, エッセレ ヴィストーソ	be conspicuous ビ カンスピキュアス
めだま 目玉	bulbo oculare *m.* ブルボ オクラーレ	eyeball アイボール
〜商品	articolo civetta *m.* アルティーコロ チヴェッタ	loss leader ロス リーダ
〜焼き	uovo all'occhio di bue *m.* ウオーヴォ アッロッキオ ディ ブーエ	sunny-side up サニサイド アプ
メタル	metallo *m.* メタッロ	metal メタル

め

日	伊	英
メダル	medaglia *f.* メダッリア	medal メドル
メタン	metano *m.* メターノ	methane メセイン
滅茶苦茶な	tremendo, assurdo トレメンド, アッスルド	absurd アブサード
メッカ	Mecca *f.* メッカ	Mecca メカ
鍍金	placcatura *f.* プラッカトゥーラ	plating プレイティング
～する	placcare プラッカーレ	plate, gild プレイト, ギルド
目付き	sguardo *m.* ズグアルド	eyes, look アイズ, ルク
メッセージ	messaggio *m.* メッサッジョ	message メスィヂ
滅多に (ない)	non... quasi mai ノン クアーズィ マーイ	seldom, rarely セルドム, レアリ
メディア	media *m.pl.* メーディア	media ミーディア
目出度い	felice フェリーチェ	good, happy グド, ハピ
目処	prospettiva *f.* プロスペッティーヴァ	prospect プラスペクト
メドレー	medley *m.* メドレイ	medley メドリ
メトロノーム	metronomo *m.* メトローノモ	metronome メトロノウム
メニュー	menu *m.* メヌー	menu メニュー
芽生える	spuntare スプンターレ	sprout スプラウト
目眩い	vertigini *f.pl.* ヴェルティージニ	dizziness ディズィネス
～がする	avere le vertigini アヴェーレ レ ヴェルティージニ	feel dizzy フィール ディズィ
目紛しい	vertiginoso, rapido ヴェルティジノーソ, ラーピド	bewildering, rapid ビウィルダリング, ラピド

日	伊	英
メモ	appunto m. アップント	memo メモウ
目盛り	graduazione f., scala f. グラドゥアツィオーネ, スカーラ	graduation グラデュエイション
メモリー	memoria f. メモーリア	memory メモリ
目安	standard m. スタンダルド	standard, aim スタンダド, エイム
目脂	cispa f. チスパ	eye mucus アイ ミューカス
メリーゴーラウンド	carosello m. カロゼッロ	merry-go-round メリゴウラウンド
メリケン粉	farina f. ファリーナ	flour フラウア
メリット	vantaggio m., merito m. ヴァンタッジョ, メーリト	advantage アドヴァンティヂ
メリヤス	maglia f. マッリア	knitted goods ニッテド グヅ
メルヘン	favola f., fiaba f. ファーヴォラ, フィアーバ	fairy tale フェアリ テイル
メレンゲ	meringa f. メリンガ	meringue メラング
メロディー	melodia f. メロディーア	melody メロディ
メロン	melone m. メローネ	melon メロン
綿	cotone m. コトーネ	cotton カトン
面	maschera f. マスケラ	mask マスク
（表面）	superficie f. スペルフィーチェ	the face ザ フェイス
（側面）	lato m., fianco m. ラート, フィアンコ	aspect, side アスペクト, サイド
免疫	immunità f. インムニタ	immunity イミューニティ
面会	visita f. ヴィーズィタ	interview インタヴュー

日	伊	英
〜する	visitare ヴィズィターレ	meet, see ミート, スィー
免許	permesso *m.*, licenza *f.* ペルメッソ, リチェンツァ	license ライセンス
〜証	patente(di guida)*f.* パテンテ(ディ グイーダ)	license ライセンス
面識	conoscenza *f.* コノッシェンツァ	acquaintance アクウェインタンス
免除	esenzione *f.* エゼンツィオーネ	exemption イグゼンプション
〜する	esentare エゼンターレ	exempt イグゼンプト
免状	diploma *m.*, certificato *m.* ディプローマ, チェルティフィカート	diploma, license ディプロウマ, ライセンス
免職する	destituire デスティトゥイーレ	dismiss ディスミス
面する	dare *su*, affacciarsi ダーレ, アッファッチャルスィ	face, look フェイス, ルク
免税	esenzione dalle tasse *f.* エゼンツィオーネ ダッレ タッセ	tax exemption タクス イグゼンプション
〜店	duty-free *m.* デューティフリ	duty-free shop デューティフリー シャプ
〜品	articolo duty-free *m.* アルティーコロ デューティフリ	tax-free articles タクスフリー アーティクルズ
面積	superficie *f.* スーペルフィーチェ	area エアリア
面接	colloquio *m.* コッロークィオ	interview インタヴュー
〜試験	esame orale *m.* エザーメ オラーレ	personal interview パーソナル インタヴュー
メンテナンス	manutenzione *f.* マヌテンツィオーネ	maintenance メインテナンス
面倒な	fastidioso ファスティディオーゾ	troublesome, difficult トラブルサム, ディフィカルト
雌鳥	gallina *f.* ガッリーナ	hen ヘン
メンバー	membro *m.* メンブロ	member メンバ
綿棒	cotton fioc *m.* コットン フィオック	swab スワブ

日	伊	英
綿密(めんみつ)な	minuzioso, dettagliato ミヌツィオーゾ, デッタッリアート	close, minute クロウス, マイニュート
麺類(めんるい)	pasta *f.* パスタ	noodles ヌードルズ

も, モ

日	伊	英
喪(も)	lutto *m.* ルット	mourning モーニング
～服	abito da lutto *m.* アビト ダ ルット	mourning dress モーニング ドレス
もう (既に)	già ジャ	already オールレディ
(もうすぐ)	fra poco フラ ポーコ	soon スーン
～一度	ancora una volta アンコーラ ウナ ヴォルタ	again, once more アゲン, ワンス モー
儲(もう)かる	redditizio レッディティーツィオ	profitable プラフィタブル
儲(もう)け	guadagno *m.* グァダーニョ	profit, gains プラフィト, ゲインズ
儲(もう)ける	guadagnare グァダニャーレ	make a profit, gain メイク ア プラフィト, ゲイン
申(もう)し込み	domanda *f.* ドマンダ	application *for* アプリケイション
(定期講読などの)	abbonamento *m.* アッボナメント	subscription サブスクリプション
申(もう)し込む	chiedere キエーデレ	apply *for, to* アプライ
(定期講読などを)	fare l'abbonamento ファーレ ラッボナメント	subscribe サブスクライブ
申(もう)し立てる	dichiarare ディキアラーレ	state, allege ステイト, アレヂ
申(もう)し出る	offrire, proporre オッフリーレ, プロポッレ	offer, propose オファ, プロポウズ
申(もう)し分ない	perfetto, ideale ペルフェット, イデアーレ	perfect, ideal パーフィクト, アイディアル
猛獣(もうじゅう)	animale feroce *m.* アニマーレ フェローチェ	fierce animal フィアス アニマル
もうすぐ	fra poco フラ ポーコ	soon スーン

日	伊	英
もう少(すこ)し	un po' di più ウンポディ ピウ	some more サム モー
盲腸炎(もうちょうえん)	appendicite f. アッペンディチーテ	appendicitis アペンディサイティス
盲導犬(もうどうけん)	cane guida m. カーネ グイーダ	seeing-eye dog スィーイングアイ ドグ
猛毒(もうどく)	veleno mortale m. ヴェレーノ モルターレ	deadly poison デドリ ポイズン
毛布(もうふ)	coperta f. コペルタ	blanket ブランケト
網膜(もうまく)	retina f. レーティナ	retina レティナ
盲目(もうもく)の	cieco チェーコ	blind ブラインド
猛烈(もうれつ)な	violento, tremendo ヴィオレント, トレメンド	violent, furious ヴァイオレント, フュアリアス
燃(も)える	bruciare ブルチャーレ	burn, blaze バーン, ブレイズ
モーター	motore m. モトーレ	motor モウタ
～ボート	barca a motore f., motoscafo m. バルカ アモトーレ, モトスカーフォ	motorboat モウタボウト
モーテル	motel m. モテル	motel モウテル
もがく	dibattersi, contorcersi ディバッテルスィ, コントルチェルスィ	struggle, writhe ストラグル, ライズ
目撃(もくげき)		
～者	testimone(oculare) m. f. テスティモーネ(オクラーレ)	eyewitness アイウィトネス
～する	vedere, essere presente a ヴェデーレ, エッセレ プレゼンテ	see, witness スィー, ウィトネス
木材(もくざい)	legname m. レニャーメ	wood, lumber ウド, ランバ
目次(もくじ)	indice m. インディチェ	contents カンテンツ
木星(もくせい)	Giove m. ジョーヴェ	Jupiter チュピタ
木造(もくぞう)の	di legno ディ レーニョ	wooden ウドン

日	伊	英
もくちょう 木彫	scultura in legno *f.* スクルトゥーラ イン レーニョ	wood carving ウド カーヴィング
もくてき 目的	scopo *m.*, meta *f.* スコーポ, メータ	purpose パーパス
〜語	oggetto *m.* オッジェット	object アブヂクト
〜地	destinazione *f.*, meta *f.* デスティナツィオーネ, メータ	destination デスティネイション
もくにんする 黙認する	approvare tacitamente アップロヴァーレ タチタメンテ	give a tacit consent ギヴ ア タスィト カンセント
もくば 木馬	cavallo di legno *m.* カヴァッロ ディ レーニョ	wooden horse ウドン ホース
もくはんが 木版画	xilografia *f.* クスィログラフィーア	woodcut ウドカト
もくひけん 黙秘権	diritto di non rispondere *m.* ディリット ディ ノン リスポンデレ	the right of silence ザ ライト オヴ サイレンス
もくひょう 目標	fine *m.*, obiettivo *m.* フィーネ, オビエッティーヴォ	mark, target マーク, ターゲト
もくもくと 黙々と	in silenzio, tacitamente イン スィレンツィオ, タチタメンテ	silently サイレントリ
もくようび 木曜日	giovedì *m.* ジョヴェディ	Thursday サーズディ
もぐる 潜る	immergersi インメルジェルスィ	dive *into* ダイヴ
（布団などに）	infilarsi *in* インフィラルスィ	slip into スリプ イントゥ
もくろく 目録	lista *f.*, catalogo *m.* リスタ, カターロゴ	list, catalog リスト, キャタローグ
もけい 模型	modello *m.*, modellino *m.* モデッロ, モデッリーノ	model マドル
モザイク	mosaico *m.* モザイコ	mosaic モウゼイイク
もし（仮に）	se セ	if イフ
もじ 文字	lettera *f.* レッテラ	letter レタ
（漢字などの）	carattere *m.* カラッテレ	character キャラクタ

日	伊	英
模造 (もぞう)	imitazione *f.* イミタツィオーネ	imitation イミテイション
齎す (もたらす)	portare, provocare ポルターレ, プロヴォカーレ	bring ブリング
凭れる (もたれる)	appoggiarsi アッポッジャルスィ	lean *on* [*against*], rest リーン, レスト
モダンな	moderno モデルノ	modern マダン
持ち上げる (もちあげる)	sollevare ソッレヴァーレ	lift, raise リフト, レイズ
用いる (もちいる)	usare, adoperare ウザーレ, アドペラーレ	use ユーズ
持ち帰る (もちかえる)	portare a casa ポルターレ アッカーザ	bring... home ブリング ホウム
(店から)	portare via ポルターレ ヴィーア	take out テイ カウト
持ち堪える (もちこたえる)	resistere, sopportare レズィステレ, ソッポルターレ	hold on, endure ホウルド オン, インデュア
持ち去る (もちさる)	portare via ポルターレ ヴィーア	take away テイ カウェイ
持ち主 (もちぬし)	proprietario(-a) *m.(f.)* プロプリエターリオ(ア)	owner オウナ
持ち運ぶ (もちはこぶ)	portare ポルターレ	carry キャリ
持ち物 (もちもの)	oggetti personali *m.pl.* オッジェッティ ペルソナーリ	belongings ビローンギングズ
(所有物)	proprietà *f.* プロプリエタ	property プラパティ
勿論 (もちろん)	senz'altro, certo センツァルトロ, チェルト	of course アヴ コース
持つ (もつ)	tenere in mano テネーレ イン マーノ	hold ホウルド
(携帯)	averci アヴェルチ	have ハヴ
(所有)	avere, possedere アヴェーレ, ポッセデーレ	have, possess ハヴ, ポゼス
(長持ち)	durare, resistere ドゥラーレ, レズィステレ	last ラスト

日	伊	英
木管楽器(もっかんがっき)	legni *m.pl.* レンニ	the woodwind ザ ウドウインド
木琴(もっきん)	xilofono *m.* クスィローフォノ	xylophone ザイロフォウン
勿体ぶる(もったいぶる)	darsi delle arie ダルスィ デッレ アーリエ	give *oneself* airs ギヴ エアズ
持って来る(もってくる)	portare ポルターレ	bring, fetch ブリング, フェチ
持って行く(もっていく)	portare ポルターレ	take, carry テイク, キャリ
もっと	di più ディ ピウ	more モー
モットー	motto *m.* モット	motto マトウ
最も(もっとも)	il(*la, i, le*) più イル(ラ, イ, レ) ピウ	the most ザ モウスト
持てなす(もてなす)	accogliere, ospitare アッコッリエレ, オスピターレ	entertain エンタテイン
モデル	modello *m.* モデッロ	model マドル
(ファッション)	indoss*atore*(-*trice*) *m.*(*f.*) インドッサトーレ(トリーチェ)	fashion model ファション マドル
～チェンジ	cambio del modello *m.* カンビオ デル モデッロ	model changeover マドル チェインヂオウヴァ
元(もと) (原因)	causa *f.* カウザ	the cause ザ コーズ
(かつて)	prima, una volta プリーマ, ウナ ヴォルタ	once, before ワンス, ビフォー
(かつての)	ex, di prima エクス, ディ プリーマ	former フォーマ
戻す(もどす)	restituire, rimettere レスティトゥイーレ, リメッテレ	return リターン
(吐く)	vomitare ヴォミターレ	throw up, vomit スロウ アプ, ヴァミト
元栓(もとせん)	rubinetto principale *m.* ルビネット プリンチパーレ	main cock メイン カク
基づく(もとづく)	venire, derivare *da* ヴェニーレ, デリヴァーレ	come *from* カム
(根拠)	basarsi [fondarsi] *su* バザルスィ(フォンダルスィ)	be based *on* ビ ベイスド

日	伊	英
求める (要求)	chiedere, domandare キエーデレ, ドマンダーレ	ask, demand アスク, ディマンド
(欲する)	volere, desiderare ヴォレーレ, デスィデラーレ	want ワント
(捜す)	cercare, ricercare チェルカーレ, リチェルカーレ	look *for* ルク
元々 (元来)	in origine インノリージネ	originally オリヂナリ
(最初から)	dall'inizio, dal principio ダッリニーツィオ, ダルプリンチーピオ	from the beginning フラム ザ ビギニング
(生来)	per natura ペル ナトゥーラ	by nature バイ ネイチャ
戻る	tornare, ritornare トルナーレ, リトルナーレ	come back, return カム バク, リターン
(引き返す)	tornare indietro リトルナーレ	turn back ターン バク
モニター	monitor *m.* モニトル	monitor マニタ
物	cosa *f.*, oggetto *m.* コーザ, オッジェット	thing, object スィング, アブヂクト
物置	ripostiglio *m.* リポスティッリオ	storeroom ストールーム
物音	rumore *m.* ルモーレ	noise, sound ノイズ, サウンド
物語	storia *f.*, racconto *m.* ストーリア, ラッコント	story ストーリ
物事	cosa *f.*, fatto *m.* コーザ, ファット	things スィングズ
物差し	riga *f.*, metro *m.* リーガ, メートロ	rule, measure ルール, メジャ
物好きな	curioso クリオーゾ	curious キュアリアス
物干し	stenditoio *m.* ステンディトイオ	clothesline クロウズズライン
物真似	imitazione *f.* イミタツィオーネ	mimicry ミミクリ
〜をする	imitare, scimmiottare イミターレ, シンミオッターレ	take off テイク オーフ

日	伊	英
モノレール	monorotaia *f.* モノロタイア	monorail マノレイル
モバイルの	portatile ポルターティレ	mobile モウビル
模範	esempio *m.*, modello *m.* エゼンピオ, モデッロ	example, model イグザンプル, マドル
～的な	esemplare エゼンプラーレ	model マドル
樅	abete *m.* アベーテ	fir ファー
揉む	massaggiare マッサッジャーレ	rub, massage ラブ, マサージュ
木綿	cotone *m.* コトーネ	cotton カトン
桃	pesca *f.* ペスカ	peach ピーチ
靄	foschia *f.* フォスキーア	haze, mist ヘイズ, ミスト
燃やす	bruciare ブルチャーレ	burn バーン
模様	disegno *m.* ディゼーニョ	pattern, design パタン, ディザイン
催す （開催）	tenere テネーレ	hold, give ホウルド, ギヴ
（感じる）	provare, sentire プロヴァーレ, センティーレ	feel フィール
最寄りの	più vicino ピウ ヴィチーノ	nearby ニアバイ
貰う	ricevere リチェーヴェレ	get, receive ゲト, リスィーヴ
…して～	farsi *fare* ファルスィ	have *a person do* ハヴ
洩[漏]らす	sfogare, rivelare スフォガーレ, リヴェラーレ	let out, leak レト アウト, リーク
モラル	morale *f.* モラーレ	morals モラルズ
森	bosco *m.*, foresta *f.* ボスコ, フォレスタ	woods, forest ウッヅ, フォリスト

日	伊	英
盛る	ammucchiare アンムッキアーレ	pile up パイル アプ
(食べ物を)	riempire リエンピーレ	dish up ディシュ アプ
モルト	malto *m.* マルト	malt モルト
モルヒネ	morfina *f.* モルフィーナ	morphine モーフィーン
洩[漏]れる	perdere ペルデレ	leak, come through リーク, カム スルー
(秘密が)	trapelare トラペラーレ	leak out リーク アウト
脆い	fragile フラージレ	fragile フラヂル
モロッコ	Marocco *m.* マロッコ	Morocco モラコウ
門	porta *f.*, portone *m.* ポルタ, ポルトーネ	gate ゲイト
文句	parola *f.*, frase *f.* パローラ, フラーゼ	expression, phrase イクスプレション, フレイズ
(不平)	malcontento *m.*, lamentela *f.* マルコンテント, ラメンテーラ	complaint カンプレイント
〜を言う	lagnarsi, lamentarsi ラニャルスィ, ラメンタルスィ	complain コンプレイン
門限	ora di rientro *f.* オーラ ディ リエントロ	curfew カーフュー
モンゴル	Mongolia *f.* モンゴーリア	Mongolia マンゴウリア
〜の	mongolo モンゴロ	Mongolian マンゴウリアン
問題	questione *f.*, problema *m.* クェスティオーネ, プロブレーマ	question, problem クウェスチョン, プラブレム

日	伊	英

や, ヤ

矢	freccia *f.* フレッチャ	arrow アロウ
八百長	truccatura *f.* トルッカトゥーラ	fix フィクス
～をする	truccare トゥルッカーレ	fix フィクス
八百屋	fruttivendolo(-a) *m.(f.)* フルッティヴェンドロ(ラ)	vegetable store ヴェヂタブル ストー
野外 (で)	all'aperto アッラペルト	outdoors アウトドーズ
～コンサート	concerto all'aperto *m.* コンチェルト アッラペルト	open-air concert オウプン-エア カンサト
夜学	corso serale *m.* コルソ セラーレ	evening school イーヴニング スクール
やがて	fra poco, presto フラ ポーコ, プレスト	soon スーン
(そのうち)	in breve tempo イン ブレーヴェ テンポ	before long ビフォー ローング
喧しい	rumoroso, chiassoso ルモローゾ, キアッソーゾ	noisy, clamorous ノイズィ, クラモラス
(厳しい)	severo セヴェーロ	strict ストリクト
(好みが)	esigente エズィジェンテ	particular パティキュラ
薬缶	bollitore *m.* ボッリトーレ	kettle ケトル
夜間 (の)	notturno ノットゥルノ	night ナイト
～金庫	cassa continua *f.* カッサ コンティーヌア	night safe ナイト セイフ
山羊	capra *f.* カープラ	goat ゴウト
～座	Capricorno *m.* カプリコルノ	Capricorn キャプリコーン
焼き栗	castagna arrosto *f.* カスターニャ アッロスト	roast chestnut ロウスト チェスナト
焼き魚	pesce ai ferri *m.* ペッシェ アイ フェッリ	grilled fish グリルド フィシュ

日	伊	英
焼き鳥	spiedino di pollo *m.* スピエディーノ ディ ポッロ	*yakitori* ヤキトリ
焼き肉	arrosto *m.* アッロスト	roast meat ロウスト ミート
焼き増し	copia *f.* コーピア	extra print エクストラ プリント
焼き餅を焼く	essere geloso *di* エッセレ ジェローソ	be jealous *of* ビ チェラス
野球	baseball *m.* ベイズボル	baseball ベイスボール
～をする	giocare a baseball ジョカーレ ア ベイズボル	play baseball プレイ ベイスボール
夜勤	servizio notturno *m.* セルヴィツィオ ノットゥルノ	night duty ナイト デューティ
焼く	bruciare ブルチャーレ	burn バーン
（料理で）	arrostire, cuocere アッロスティーレ, クオーチェレ	broil, bake ブロイル, ベイク
役 （地位）	posto *m.* ポスト	post, position ポウスト, ポズィション
（任務）	incarico *m.*, funzione *f.* インカーリコ, フンツィオーネ	duty, function デューティ, ファンクション
（芝居の）	parte *f.*, ruolo *m.* パルテ, ルオーロ	the part, the role ザ パート, ザ ロウル
～に立つ	essere utile *a*, servire *a* エッセレ ウーティレ, セルヴィーレ	be useful ビ ユースフル
約	circa チルカ	about アバウト
訳	traduzione *f.* トラドゥツィオーネ	translation トランスレイション
役員 （団体の）	commissario(*-a*) *m.(f.)* コンミッサーリオ(ア)	officer, official オフィサ, オフィシャル
（企業の）	amministra*tore*(*-trice*) *m.(f.)* アンミニストラトーレ(トリーチェ)	executive イグゼキュティヴ
薬学	farmacia *f.* ファルマチーア	pharmacy ファーマスィ
薬剤	farmaco *m.* ファルマコ	medicine メディスィン

日	伊	英
〜師	farmacista *m.f.* ファルマチスタ	pharmacist, druggist ファーマスィスト, ドラギスト
役所	ufficio pubblico *m.* ウッフィーチョ プブリコ	public office パブリク オフィス
訳す	tradurre トラドゥッレ	translate *into* トランスレイト
薬草	erba medicinale *f.* エルバ メディチナーレ	medicinal herb メディスィナル ハーブ
約束	promessa *f.* プロメッサ	promise プラミス
(会う)	appuntamento *m.* アップンタメント	appointment アポイントメント
〜する	promettere プロメッテレ	promise プラミス
(会う)	fissare un appuntamento フィッサーレ ウン アップンタメント	make an appointment メイク アン アポイントメント
役人	ufficiale *m.* ウッフィチャーレ	government official ガヴァンメント オフィシャル
役場	municipio *m.* ムニチーピオ	town office タウン オフィス
薬品	medicina *f.* メディチーナ	medicines メディスィンズ
役目	incarico *m.*, dovere *m.* インカーリコ, ドヴェーレ	duty デューティ
役割	ruolo *m.*, incarico *m.* ルオーロ, インカーリコ	part, role パート, ロウル
自棄	disperazione *f.* ディスペラツィオーネ	desperation デスパレイション
〜になる	disperarsi *per* ディスペラルスィ	become desperate *at* ビカム デスパレト
夜景	panorama notturno *m.* パノラーマ ノットゥルノ	night view ナイト ヴュー
火傷	bruciatura *f.* ブルチャトゥーラ	burn バーン
〜する	bruciarsi, scottarsi ブルチャルスィ, スコッタルスィ	burn, get burnt バーン, ゲト バーント
焼ける	essere bruciato エッセレ ブルチャート	be burnt ビ バーント

日	伊	英
(肉・魚などが)	essere cotto エッセレ コット	be roasted, be broiled ビ ロウステド, ビ ブロイルド
(日に)	essere abbronzato エッセレ アッブロンザート	be tanned ビ タンド
夜行(列車)	treno notturno *m.* トレーノ ノットゥルノ	night train ナイト トレイン
野菜	verdura *f.* ヴェルドゥーラ	vegetables ヴェヂタブルズ
易しい	facile ファーチレ	easy, plain イーズィ, プレイン
優しい	gentile, generoso ジェンティーレ, ジェネローゾ	gentle, kind ヂェントル, カインド
野次	fischio *m.* フィスキオ	catcall キャトコール
～を飛ばす	fischiare フィスキアーレ	hoot, catcall フート, キャトコール
野次馬	curiosi *m.pl.* クリオーズィ	curious onlookers キュアリアス アンルカーズ
屋敷	palazzo *m.*, villa *f.* パラッツォ, ヴィッラ	mansion マンション
養う (扶養)	mantenere マンテネーレ	support, keep サポート, キープ
(養育)	allevare アッレヴァーレ	bring up ブリング アプ
(培う)	coltivare, sviluppare コルティヴァーレ, ズヴィルッパーレ	cultivate カルティヴェイト
矢印	freccia *f.* フレッチャ	arrow アロウ
野心	ambizione *f.* アンビツィオーネ	ambition アンビション
～的な	ambizioso アンビツィオーゾ	ambitious アンビシャス
安い	a buon mercato, economico アブォンメルカート, エコノーミコ	cheap, inexpensive チープ, イニクスペンスィヴ
安売り	saldi *m.pl.*, svendita *f.* サルディ, ズヴェンディタ	bargain sale バーギン セイル
休み (休息)	riposo *m.* リポーゾ	rest レスト

日	伊	英
(休暇)	vacanza f., ferie f.pl. ヴァカンツァ, フェーリエ	holiday, vacation ハリデイ, ヴェイケイション
(欠席)	assenza f. アッセンツァ	absence アブセンス
やすむ	riposarsi リポザルスィ	rest レスト
(欠席)	essere assente エッセレ アッセンテ	be absent *from* ビ アブセント
(寝る)	andare a letto アンダーレ ア レット	go to bed ゴウ トゥー ベド
やすらかな	tranquillo, quieto トランクィッロ, クィエート	peaceful, quiet ピースフル, クワイエト
やすり鑢	lima f. リーマ	file ファイル
やせいの野生の	selvatico セルヴァーティコ	wild ワイルド
やせた痩せた	magro マーグロ	thin, slim スィン, スリム
(土地が)	arido, sterile アーリド, ステーリレ	poor, barren プア, バレン
やせる痩せる	dimagrire ディマグリーレ	become thin ビカム スィン
(体重が減る)	perdere chili ペルデレ キーリ	lose weight ルーズ ウェイト
やたい屋台	bancarella f. バンカレッラ	stall, stand ストール, スタンド
やちょう野鳥	uccello selvatico m. ウッチェッロ セルヴァーティコ	wild bird ワイルド バード
やちん家賃	affitto m. アッフィット	rent レント
やっかいな厄介な	fastidioso, noioso ファスティディオーゾ, ノイオーゾ	troublesome, annoying トラブルサム, アノイイング
やっきょく薬局	farmacia f. ファルマチーア	drugstore ドラグストー
やっと	finalmente フィナルメンテ	at last アト ラスト
(かろうじて)	a stento, a malapena ア ステント, アマラペーナ	barely ベアリ
やっぱり矢っ張り(結局)	dopotutto ドポトゥット	after all アフタ オール

日	伊	英
雇う やとう	assumere, impiegare アッスーメレ, インピエガーレ	employ インプロイ
野党 やとう	partito d'opposizione *m.* パルティート ドッポズィツィオーネ	opposition party アポズィション パーティ
柳 やなぎ	salice *m.* サーリチェ	willow ウィロウ
脂（タバコの） やに	nicotina *f.* ニコティーナ	nicotine ニコティーン
（目の）	cispa *f.* チスパ	eye mucus アイ ミューカス
（樹木の）	resina *f.* レーズィナ	resin レズィン
家主 やぬし	padrone(-a) *m.(f.)* パドローネ(ナ)	landlord, landlady ランドロード, ランドレイディ
屋根 やね	tetto *m.* テット	roof ルーフ
～裏（部屋）	soffitta *f.*, sottotetto *m.* ソッフィッタ, ソットテット	garret, attic ギャレト, アティク
矢張り（もまた） やはり	anche, neanche アンケ, ネアンケ	too, also トゥー, オールソウ
（それでも）	lo stesso ロ ステッソ	all the same オール ザ セイム
（依然）	ancora, come prima アンコーラ, コメ プリーマ	still, all the same スティル, オール ザ セイム
（案の定）	come previsto コメ プレヴィスト	as *one* expected アズ ワン イクスペクティド
（結局）	dopotutto ドポトゥット	after all アフタ オール
野蛮な やばん	barbaro, selvaggio バルバロ, セルヴァッジョ	barbarous, savage バーバラス, サヴィヂ
藪 やぶ	cespuglio *m.* チェスプッリオ	bush ブシュ
破る（引き裂く） やぶ	strappare, lacerare ストラッパーレ, ラチェラーレ	tear テア
（壊す）	rompere ロンペレ	break ブレイク
（負かす）	battere, vincere バッテレ, ヴィンチェレ	beat, defeat ビート, ディフィート
破れる やぶ	strapparsi ストラッパルスィ	be torn ビ トーン

日	伊	英
(壊れる)	rompersi ロンペルスィ	be broken ビ ブロウクン
敗れる	perdere, essere sconfitto ペルデレ, エッセレ スコンフィット	be beaten ビ ビートン
山	monte *m.*, montagna *f.* モンテ, モンターニャ	mountain マウンティン
(積み上げた)	pila *f.*, cumulo *m.* ピーラ, クーモロ	heap, pile ヒープ, パイル
～小屋	rifugio(alpino) *m.* リフージョ(アルピーノ)	hut, cottage ハト, カティヂ
闇	buio *m.* ブーイオ	darkness ダークネス
止む	smettere, cessare ズメッテレ, チェッサーレ	stop, be over スタプ, ビ オウヴァ
やむを得ない	inevitabile イネヴィターピレ	inevitable イネヴィタブル
止める	finire, smettere フィニーレ, ズメッテレ	stop, end スタプ, エンド
辞める	lasciare ラッシャーレ	leave, quit リーヴ, クウィト
(辞職・辞任)	dimettersi ディメッテルスィ	resign リザイン
(引退)	ritirarsi リティラルスィ	retire リタイア
守宮	geco *m.* ジェーコ	gecko ゲコウ
ややこしい	complicato, complesso コンプリカート, コンプレッソ	complicated カンプリケイテド
槍	lancia *f.* ランチャ	spear, lance スピア, ランス
～投げ	giavellotto *m.* ジャヴェッロット	the javelin throw ザ チャヴェリン スロウ
遣り甲斐のある	valere la pena ヴァレーレ ラ ペーナ	be worthwhile ビ ワースホワイル
遣り方	modo di fare *m.*, come fare モード ディ ファーレ, コメ ファーレ	way, method ウェイ, メソド
遣り遂げる	compiere コンピエレ	accomplish アカンプリシュ

や

日	伊	英
やり直す	rifare / リファーレ	try again / トライ アゲイン
やる（与える）	dare / ダーレ	give / ギヴ
（送る）	mandare / マンダーレ	send / センド
（する）	fare / ファーレ	do / ドゥ
やる気	volontà f., voglia f. / ヴォロンタ, ヴォッリア	will, drive / ウィル, ドライヴ
柔[軟]らかい	tenero, morbido / テーネロ, モルビド	soft, tender / ソフト, テンダ
和らげる	attenuare, mitigare / アッテヌアーレ, ミティガーレ	soften, ease / ソフン, イーズ
やんちゃな	birichino / ビリキーノ	naughty / ノーティ

ゆ, ユ

日	伊	英
湯	acqua calda f. / アックァ カルダ	hot water / ハト ウォタ
唯一の	solo, unico / ソーロ, ウーニコ	only, unique / オウンリ, ユーニーク
遺言	testamento m. / テスタメント	will / ウィル
優位	vantaggio m., prevalenza f. / ヴァンタッジョ, プレヴァレンツァ	advantage / アドヴァンティチ
有意義な	significativo, utile / スィンニフィカティーヴォ, ウーティレ	significant / スィグニフィカント
憂鬱な	malinconico / マリンコーニコ	melancholy, gloomy / メランカリ, グルーミ
有益な	utile, istruttivo / ウーティレ, イストルッティーヴォ	useful, beneficial / ユースフル, ベニフィシャル
優越感	sentimento di superiorità / センティメント ディ スペリオリタ	sense of superiority / センス オヴ シュピアリオリティ
（劣等感に対し）	complesso di superiorità m. / コンプレッソ ディ スペリオリタ	superiority complex / スピアリオーリティ コンプレクス
遊園地	luna park m. / ルナパルク	amusement park / アミューズメント パーク

日	伊	英
ゆうかい 誘拐	sequestro *m.*, rapimento *m.* セクェストロ, ラピメント	kidnapping キドナピング
～する	sequestrare, rapire セクェストラーレ, ラピーレ	kidnap, abduct キドナプ, アブダクト
ゆうがい 有害な	dannoso, nocivo ダンノーゾ, ノチーヴォ	bad, harmful バド, ハームフル
ゆうがた 夕方	sera *f.* セーラ	evening イーヴニング
ゆうが 優雅な	elegante エレガンテ	graceful, elegant グレイスフル, エリガント
ゆうかん 夕刊	edizione serale *f.* エディツィオーネ セラーレ	evening edition イーヴニング イディション
ゆうかん 勇敢な	valoroso, coraggioso ヴァロローゾ, コラッジョーゾ	brave, courageous ブレイヴ, カレイヂャス
ゆうき 勇気	coraggio *m.* コラッジョ	courage カーリヂ
～のある	coraggioso コラッジョーゾ	courageous カレイヂャス
～づける	incoraggiare インコラッジャーレ	encourage インカーリヂ
ゆうき 有機(の)	organico オルガーニコ	organic オーギャニク
～食品	alimenti organici *m.pl.* アリメンティ オルガーニチ	organic food オーギャニク フード
ゆうきゅうきゅうか 有給休暇	ferie(retribuite)*f.pl.* フェーリエ(レトリブイーテ)	paid holiday ペイド ハリデイ
ゆうぐう 優遇する	trattare molto bene トラッターレ モルト ベーネ	treat warmly トリート ウォームリ
ゆうぐ 夕暮れ	crepuscolo *m.* クレプスコロ	dusk ダスク
ゆうけんしゃ 有権者	elettore(-*trice*) *m.(f.)* エレットーレ(トリーチェ)	the electorate ジ イレクトレト
ゆうこう 有効	validità *f.* ヴァリディタ	validity ヴァリディティ
～な	valido, efficace ヴァーリド, エッフィカーチェ	valid, effective ヴァリド, イフェクティヴ
ゆうごう 融合する	fondersi フォンデルスィ	fuse フューズ

日	伊	英
ユーザー	utente *m.f.* ウテンテ	user ユーザ
友好的な	amichevole アミケーヴォレ	friendly フレンドリ
有罪	colpevolezza *f.* コルペヴォレッツァ	guilt ギルト
〜の	colpevole コルペーヴォレ	guilty ギルティ
有志（志願者）	volontario(-a) *m.(f.)* ヴォロンターリオ(ア)	volunteer ヴァランティア
（関心のある人）	interessato(-a) *m.(f.)* インテレッサート(タ)	interested person インタレステド パースン
融資	finanziamento *m.* フィナツィアメント	financing フィナンスィング
〜する	finanziare フィナンツィアーレ	finance フィナンス
優秀な	eccellente エッチェッレンテ	excellent エクセレント
優勝	vittoria *f.* ヴィットーリア	victory ヴィクトリ
〜する	vincere(un campionato) ヴィンチェレ(ウン カンピオナート)	win(a championship) ウィン(ア チャンピオンシプ)
友情	amicizia *f.* アミチーツィア	friendship フレンシプ
夕食	cena *f.* チェーナ	supper, dinner サパ, ディナ
友人	amico(-a) *m.(f.)* アミーコ(カ)	friend フレンド
ユースホステル	ostello della gioventù *m.* オステッロ デッラ ジョヴェントゥ	youth hostel ユース ハステル
優勢な	superiore, vantaggioso スペリオーレ, ヴァンタッジョーゾ	superior, predominant シュピアリア, プリダミナント
優先	priorità *f.*, precedenza *f.* プリオリタ, プレチェデンツァ	priority プライアリティ
〜する	precedere プレチェーデレ	have priority ハヴ プライオーリティ
悠然と	con calma, tranquillamente コン カルマ, トランクィッラメンテ	composedly カンポウズィドリ

日	伊	英
ゆうせんほうそう 有線放送	filodiffusione f. フィロディッフズィオーネ	wired radio system ワイアド レイディオウ スィスティム
ゆうそう 郵送する	spedire per posta スペディーレ ペル ポスタ	send by mail センド バイ メイル
ゆうそうりょう 郵送料	tariffa postale f. タリッファ ポスターレ	postage ポウステイヂ
ユーターン	inversione a U f. インヴェルスィオーネ アッウ	U-turn ユーターン
～する	fare un'inversione a U ファーレ ウンニンヴェルスィオーネ アッウ	take a U-turn テイク ア ユーターン
ゆうたいけん 優待券	biglietto di favore m. ビッリエット ディ ファヴォーレ	complimentary ticket カンプリメンタリ ティケット
ゆうだい 雄大な	grandioso, maestoso グランディオーゾ, マエストーゾ	grand, magnificent グランド, マグニフィセント
ゆうだち 夕立	piovasco m., acquazzone m. ピオヴァスコ, アックァッツォーネ	shower シャウア
ゆうどう 誘導する	guidare, condurre グィダーレ, コンドゥッレ	lead リード
ゆうどく 有毒な	velenoso, tossico ヴェレノーゾ, トッスィコ	poisonous ポイズナス
ユートピア	utopia f. ウトピーア	Utopia ユートウピア
ゆうのう 有能な	abile, capace アービレ, カパーチェ	able, capable エイブル, ケイパブル
ゆうはつ 誘発する	causare, provocare カウザーレ, プロヴォカーレ	cause コーズ
ゆうひ 夕日	sole del tramonto m. ソーレ デル トラモント	the setting sun ザ セティング サン
ゆうびん 郵便	posta f. ポスタ	mail, post メイル, ポウスト
～受け	cassetta delle lettere f. カッセッタ デッレ レッテレ	letter box レタ バクス
～為替	vaglia postale m. ヴァッリャ ポスターレ	money order マニ オーダ
～局	ufficio postale m. ウッフィーチョ ポスターレ	post office ポウスト オフィス
～番号	codice postale m. コーディチェ ポスターレ	zip code ズィプ コウド

日	伊	英
〜ポスト	cassetta postale *f.* カッセッタ ポスターレ	mailbox メイルバクス
ユーフォー	ufo *m.* ウーフォ	UFO ユーエフォウ
裕福な	ricco, benestante リッコ, ベネスタンテ	rich, wealthy リチ, ウェルスィ
昨夜	stanotte *f.* スタノッテ	last night ラスト ナイト
雄弁	eloquenza *f.* エロクェンツァ	eloquence エロクウェンス
〜な	eloquente エロクェンテ	eloquent エロクウェント
有望な	promettente プロメッテンテ	promising, hopeful プラミスィング, ホウプフル
遊牧民	nomade *m. f.* ノーマデ	nomad ノウマド
遊歩道	passeggiata *f.* パッセッジャータ	promenade プラメネイド
有名な	famoso, noto ファモーゾ, ノート	famous, well-known フェイマス, ウェルノウ
ユーモア	umorismo *m.* ウモリズモ	humor ヒューマ
ユーモラスな	umoristico ウモリスティコ	humorous ヒューマラス
夕焼け	tramonto *m.* トラモント	evening glow イーヴニング グロウ
猶予	proroga *f.* プロローガ	delay, grace ディレイ, グレイス
〜する	prorogare プロロガーレ	delay ディレイ
有利な	vantaggioso ヴァンタッジョーソ	advantageous アドヴァンテイチャス
有料の	a pagamento ア パガメント	pay ペイ
有力な	potente, influente ポテンテ, インフルエンテ	strong, powerful ストロング, パウアフル
幽霊	fantasma *m.* ファンタズマ	ghost ゴウスト

日	伊	英
ユーロ	euro *m.* エウロ	Euro ユアロ
ゆうわく 誘惑	tentazione *f.*, seduzione *f.* テンタツィオーネ, セドゥツィオーネ	temptation テンプテイション
〜する	tentare, sedurre テンターレ, セドゥッレ	tempt, seduce テンプト, スィデュース
ゆか 床	pavimento *m.* パヴィメント	floor フロー
ゆかいな 愉快な	divertente, allegro ディヴェルテンテ, アッレーグロ	pleasant, cheerful プレザント, チアフル
ゆが 歪む	storcersi, deformarsi ストルチェルスィ, デフォルマルスィ	be distorted ビ ディストーテド
ゆが 歪める	storcere, deformare ストルチェレ, デフォルマーレ	distort, bend ディストート, ベンド
ゆき 雪	neve *f.* ネーヴェ	snow スノウ
〜が降る	nevicare ネヴィカーレ	snow スノウ
ゆ き ど 行き止まり	vicolo cieco *m.* ヴィーコロ チェーコ	dead end デド エンド
ゆくえふめい 行方不明の	disperso, scomparso ディスペルソ, スコンパルソ	missing ミスィング
ゆ さき 行く先	destinazione *f.* デスティナツィオーネ	destination デスティネイション
ゆげ 湯気	vapore *m.* ヴァポーレ	steam, vapor スティーム, ヴェイパ
ゆけつ 輸血	trasfusione *f.* トラスフズィオーネ	blood transfusion ブラド トランスフュージョン
〜する	fare una trasfusione ファーレ ウナ トラスフズィオーネ	transfuse blood トランスフューズ ブラド
ゆ 揺さぶる	scuotere スクオーテレ	shake, move シェイク, ムーヴ
ゆしゅつ 輸出	esportazione *f.* エスポルタツィオーネ	export エクスポート
〜する	esportare エスポルターレ	export エクスポート
ゆす 濯ぐ	sciacquare シャックァーレ	rinse リンス

ゆ

日	伊	英
強請る	ricattare, estorcere リカッターレ, エストルチェレ	blackmail, extort ブラクメイル, イクストート
譲る	cedere, concedere チェーデレ, コンチェーデレ	hand over, give ハンド オウヴァ, ギヴ
(売る)	vendere ヴェンデレ	sell セル
(譲歩)	cedere *a* チェーデレ	concede *to* カンスィード
油性の	oleoso オレオーゾ	oily オイリ
輸送	trasporto *m.* トラスポルト	transport トランスポート
～する	trasportare トラスポルターレ	transport トランスポート
豊かな	ricco, abbondante リッコ, アッボンダンテ	rich, abundant アバンダント, リチ
委ねる	affidare アッフィダーレ	entrust *with* イントラスト
油断	disattenzione *f.* ディザッテンツィオーネ	carelessness ケアレスネス
～する	essere disattento *a* エッセレ ディザッテント	be off *one's* guard ビ オフ ガード
ゆっくり	lentamente, piano レンタメンテ, ピアーノ	slowly スロウリ
茹で卵	uovo sodo *m.* ウオーヴォ ソード	boiled egg ボイルド エグ
茹でる	lessare, far bollire レッサーレ, ファル ボッリーレ	boil ボイル
油田	campo petrolifero *m.* カンポ ペトロリーフェロ	oil field オイル フィールド
ユニークな	originale, eccezionale オリジナーレ, エッチェツィオナーレ	unique ユーニーク
ユニセフ	UNICEF *m.* ウーニチェフ	UNICEF ユーニセフ
ユニット	unità *f.* ウニタ	unit ユーニト
ユニフォーム	divisa *f.* ディヴィーザ	uniform ユーニフォーム

日	伊	英
輸入	importazione *f.* インポルタツィオーネ	import インポート
～する	importare インポルターレ	import インポート
ユネスコ	UNESCO *f.* ウネスコ	UNESCO ユネスコウ
指	dito *m.* (le dita *f.pl.*) ディート(レディータ)	finger フィンガ
(足の)	dito del piede *m.* ディート デル ピエーデ	toe トウ
指輪	anello *m.* アネッロ	ring リング
湯船	vasca da bagno *f.* ヴァスカ ダ バーニョ	bathtub バスタブ
弓	arco *m.* アルコ	bow バウ
夢	sogno *m.* ソーニョ	dream ドリーム
由来	origine *f.* オリージネ	the origin ジ オリヂン
～する	derivare, provenire *da* デリヴァーレ, プロヴェニーレ	originate *in* オリヂネイト
百合	giglio *m.* ジッリオ	lily リリ
揺り籠	culla *f.* クッラ	cradle クレイドル
百合鴎	gabbiano *m.* ガッビアーノ	laughing gull ラフィング ガル
緩い (結びが)	lento レント	loose ルース
(寸法的に)	largo ラルゴ	loose ルース
(傾斜が)	dolce ドルチェ	gentle ヂェントル
(規制が)	poco severo ポーコ セヴェーロ	lenient リーニエント
許し (許可)	permesso *m.* ペルメッソ	permission パミション

ゆ

日	伊	英
(勘弁)	scusa f. スクーザ	forgiveness フォギヴネス
(罪の)	perdono m. ペルドーノ	pardon パードン
許(ゆる)す	permettere a ペルメッテレ	allow, permit アラウ, パミト
(勘弁)	scusare, perdonare スクザーレ, ペルドナーレ	forgive, excuse フォギヴ, イクスキューズ
緩(ゆる)む	allentarsi アッレンタルスィ	loosen ルースン
(緊張が)	rilassarsi リラッサルスィ	relax リラクス
気が〜	distrarsi ディストラルスィ	be off one's guard ビ オフ ガード
緩(ゆる)める	allentare アッレンターレ	loosen, unfasten ルースン, アンファスン
(速度を)	rallentare ラッレンターレ	slow down スロウ ダウン
揺(ゆ)れ	scossa f. スコッサ	shaking シェイキング
(振動)	oscillazione f. オシッラツィオーネ	swing スウィング
揺(ゆ)れる	scuotere スクオーテレ	shake, sway シェイク, スウェイ
(振り子などが)	oscillare, dondolare オシッラーレ, ドンドラーレ	swing スウィング
湯沸(ゆわか)し器(き)	scaldabagno m. スカルダバーニョ	water heater ウォータ ヒータ

よ, ヨ

日	伊	英
世(よ)	mondo m. モンド	the world, life ザ ワールド, ライフ
夜(よ)	notte f. ノッテ	night ナイト
〜が明ける	farsi(giorno) ファルスィ (ジョルノ)	(the day)break, dawn (ザ デイ)ブレイク, ドーン
夜明(よあ)け	alba f. アルバ	dawn, daybreak ドーン, ディブレイク
良(よ)い	buono ブオーノ	good グド

日	伊	英
(天気が)	bello ベッロ	fine ファイン
余韻 (よいん)	risonanza f. リソナンツァ	reverberations リヴァーバレイションズ
酔う (よう)	ubriacarsi ウブリアカルスィ	get drunk ゲト ドランク
車に〜	avere il mal d'auto アヴェーレ イル マル ダウト	get carsick ゲト カースィク
飛行機に〜	avere il mal d'aria アヴェーレ イル マル ダーリア	get airsick ゲト エアスィク
船に〜	avere il mal di mare アヴェーレ イル マル ディ マーレ	get seasick ゲト スィースィク
用意 (ようい)	preparazione f., preparativi m.pl. プレパラツィオーネ, プレパラティーヴィ	preparations プレパレイションズ
〜する	preparare プレパラーレ	prepare プリペア
容易な (ようい)	facile ファーチレ	easy, simple イーズィ, スィンプル
要因 (よういん)	fattore m. ファットーレ	factor ファクタ
溶岩 (ようがん)	lava f. ラーヴァ	lava ラーヴァ
容器 (ようき)	recipiente m., contenitore m. レチピエンテ, コンテニトーレ	receptacle リセプタクル
容疑 (ようぎ)	sospetto m. ソスペット	suspicion サスピション
〜者	sospettato(-a) m.(f.) ソスペッタート(タ)	suspect サスペクト
陽気な (ようき)	allegro, gaio アッレーグロ, ガイオ	cheerful, merry チアフル, メリ
要求 (ようきゅう)	richiesta f., domanda f. リキエスタ, ドマンダ	demand, request ディマンド, リクウェスト
〜する	chiedere, domandare キエーデレ, ドマンダーレ	demand, require ディマンド, リクワイア
用具 (ようぐ)	attrezzo m., utensile m. アットレッツォ, ウテンスィーレ	tools トゥールズ
用件 (ようけん)	affare m. アッファーレ	business ビズネス
洋裁 (ようさい)	taglio e cucito m. タッリォ エ クチート	dressmaking ドレスメイキング

日	伊	英
ようさい 要塞	fortezza *f.* フォルテッツァ	fortress フォートレス
ようし 用紙	modulo *m.* モードゥロ	form フォーム
ようし 養子	figlio(-a) adottivo(-a) *m.(f.)* フィッリォ(リァ) アドッティーヴォ(ヴァ)	adopted child アダプテド チャイルド
ようし 容姿	figura *f.*, apparenza *f.* フィグーラ, アッパレンツァ	figure フィギャ
ようじ 幼児	bambino(-a) *m.(f.)* バンビーノ(ナ)	baby, child ベイビ, チャイルド
ようじ 楊枝	stuzzicadenti *m.* ストゥッツィカデンティ	toothpick トゥースピク
ようじ 用事	affare *m.*, daffare *m.* アッファーレ, ダッファーレ	business ビズネス
ようしき 様式	stile *m.*, modo *m.* スティーレ, モード	mode, style モウド, スタイル
ようしきの 洋式の	all'occidentale アッロッチデンターレ	Western-style ウェスタン-スタイル
ようしゃ 容赦する	perdonare ペルドナーレ	pardon, forgive パードン, フォギヴ
ようじょ 養女	figlia adottiva *f.* フィッリァ アドッティーヴァ	adopted daughter アダプティド ドータ
ようしょく 養殖	allevamento *m.* アッレヴァメント	cultivation カルティヴェイション
～する	allevare アッレヴァーレ	cultivate, raise カルティヴェイト, レイズ
ようじん 要人	persona importante *f.*, vip *m.f.* ペルソーナ インポルタンテ, ヴィプ	important person インポータント パースン
ようじん 用心	attenzione *f.* アッテンツィオーネ	attention アテンション
～する	fare attenzione ファーレ アッテンツィオーネ	be careful *of* [*about*] ビ ケアフル
ようす 様子　(状態)	stato *m.*, situazione *f.* スタート, スィトゥアツィオーネ	the state of affairs ザ ステイト オヴ アフェアズ
（体の具合）	condizione *f.* コンディツィオーネ	condition コンディション
（外見）	aria *f.*, aspetto *m.* アーリア, アスペット	look ルク

日	伊	英
(気配)	aria *f.*, segno *m.* アーリア, セーニョ	sign サイン
よう 要する	richiedere リキエーデレ	require, need リクワイア, ニード
よう 要するに	insomma, in breve インソンマ, イン ブレーヴェ	in short イン ショート
ようせつ 溶接する	saldare サルダーレ	weld ウェルド
ようそ 要素	elemento *m.*, fattore *m.* エレメント, ファットーレ	element, factor エレメント, ファクタ
ようそう 様相	aspetto *m.* アスペット	aspect, phase アスペクト, フェイズ
ようだい 容体	condizione *f.* コンディツィオーネ	condition カンディション
ようちえん 幼稚園	scuola materna *f.* スクオーラ マテルナ	kindergarten キンダガートン
ようち 幼稚な	puerile, bambinesco プエリーレ, バンビネスコ	childish チャイルディシュ
ようちゅう 幼虫	larva *f.* ラルヴァ	larva ラーヴァ
ようつう 腰痛	lombaggine *f.* ロンバッジネ	lumbago ランベイゴウ
ようてん 要点	punto chiave *m.*, essenza *f.* プント キアーヴェ, エッセンツァ	the point, the gist ザ ポイント, ザ ヂスト
ようとん 養豚	suinicoltura *f.* スイニコルトゥーラ	pig-farming ピグファーミング
ようにん 容認する	ammettere, approvare アンメッテレ, アップロヴァーレ	admit, approve *of* アドミト, アプルーヴ
ようねん 幼年	infanzia *f.* インファンツィア	early childhood アーリ チャイルドフド
ようび 曜日	giorno *m.* ジョルノ	day デイ
ようふ 養父	padre adottivo *m.* パードレ アドッティーヴォ	foster father フォスタ ファーザ
ようふく 洋服	vestito *m.* ヴェスティート	clothes, dress クロウズズ, ドレス
ようぶん 養分	nutrimento *m.* ヌトリメント	nourishment ナーリシュメント

日	伊	英
養母 (ようぼ)	madre adottiva *f.* マードレ アドッティーヴァ	foster mother フォスタ マザ
養蜂 (ようほう)	apicoltura *f.* アピコルトゥーラ	apiculture エイピカルチャ
容貌 (ようぼう)	viso *m.*, sembianze *f.pl.* ヴィーゾ, センビアンツェ	looks ルクス
羊毛 (ようもう)	lana *f.* ラーナ	wool ウル
要約 (ようやく)	sommario *m.*, riassunto *m.* ソンマーリオ, リアッスント	summary サマリ
～する	riassumere, sintetizzare リアッスーメレ, スィンテティッザーレ	summarize サマライズ
漸く (ようやく)	finalmente フィナルメンテ	at last アト ラスト
容量 (ようりょう)	capacità *f.* カパチタ	capacity カパスィティ
要領のいい (ようりょうのいい)	svelto, sveglio ズヴェルト, ズヴェッリォ	clever クレヴァ
葉緑素 (ようりょくそ)	clorofilla *f.* クロロフィッラ	chlorophyll クローラフィル
用例 (ようれい)	esempio *m.* エゼンピオ	example イグザンプル
ヨーグルト	yogurt *m.* ヨーグルト	yoghurt ヨウガト
ヨーロッパ	Europa *f.* エウローパ	Europe ユアロプ
余暇 (よか)	tempo libero *m.* テンポ リーベロ	leisure リージャ
ヨガ	yoga *m.* ヨーガ	yoga ヨウガ
予感 (よかん)	presentimento *m.* プレセンティメント	presentiment プリゼンティメント
～する	presentire プレセンティーレ	have a hunch ハヴ ア ハンチ
予期 (よき)	aspettativa *f.*, attesa *f.* アスペッタティーヴァ, アッテーザ	anticipation アンティスィペイション
～する	aspettarsi アスペッタルスィ	anticipate アンティスィペイト

日	伊	英
預金(よきん)	deposito *m.* デポーズィト	savings, deposit セイヴィングズ, ディパズィト
〜する	depositare denaro *in* デポズィターレ デナーロ	deposit money *in* ディパズィト マニ
欲(よく)	desiderio *m.* デスィデーリオ	desire ディザイア
よく	bene ベーネ	well ウェル
(十分に)	bene, molto ベーネ, モルト	fully, well フリ, ウェル
(しばしば)	spesso スペッソ	often, frequently オフン, フリークウェントリ
浴室(よくしつ)	bagno *m.* バーニョ	bathroom バスルム
抑制(よくせい)	freno *m.* フレーノ	control カントロウル
〜する	frenare フレナーレ	control カントロウル
浴槽(よくそう)	vasca da bagno *f.* ヴァスカ ダ バーニョ	bathtub バスタブ
良(よ)くなる	migliorare ミッリォラーレ	get better, improve ゲト ベタ, インプルーヴ
欲張(よくば)りな	avido, ghiotto アーヴィド, ギオット	greedy グリーディ
欲望(よくぼう)	desiderio *m.* デスィデーリオ	desire, ambition ディザイア, アンビション
抑揚(よくよう)	intonazione *f.* イントナツィオーネ	intonation イントウネイション
抑留(よくりゅう)	internamento *m.* インテルナメント	detention ディテンション
余計(よけい)な	eccessivo エッチェッスィーヴォ	excessive, surplus イクセスィヴ, サープラス
(不必要な)	inutile イヌーティレ	unnecessary アンネッセセリ
避[除](よ)ける	evitare エヴィターレ	avoid アヴォイド
予言(よげん)	predizione *f.* プレディツィオーネ	prediction プリディクション

日	伊	英
〜する	predire プレディーレ	predict, foretell プリディクト, フォーテル
預言	profezia f. プロフェツィーア	prophecy プラフェスィ
〜者	profeta(-essa) m.(f.) プロフェータ(テッサ)	prophet プラフェト
予見する	prevedere プレヴェデーレ	foresee フォースィー
横	lato m. ラート	the side ザ サイド
（幅）	larghezza f. ラルゲッツァ	the width ザ ウィドス
横顔	profilo m. プロフィーロ	profile プロウファイル
横切る	attraversare アットラヴェルサーレ	cross クロス
予告	preavviso m., preannuncio m. プレアッヴィーゾ, プレアンヌンチョ	previous notice プリーヴィアス ノウティス
〜する	preavvisare, informare in anticipo プレアッヴィザーレ, インフォルマーレ インナンティーチポ	announce beforehand アナウンス ビフォーハンド
汚す	sporcare スポルカーレ	soil, stain ソイル, ステイン
横たえる	mettere メッテレ	lay down レイ ダウン
（身を）	sdraiare ズドライアーレ	lie down ライ ダウン
横たわる	distendersi, sdraiarsi ディステンデルスィ, ズドライアルスィ	lie down ライ ダウン
横目で見る	guardare con la coda dell'occhio グアルダーレ コン ラ コーダ デッロッキオ	cast a glance キャスト ア グランス
汚れ	sporcizia f., macchia f. スポルチーツィア, マッキア	dirt, stain ダート, ステイン
汚れる	sporcarsi, macchiarsi スポルカルスィ, マッキアルスィ	become dirty ビカム ダーティ
予算	bilancio preventivo m., budget m. ビランチョ プレヴェンティーヴォ, バッジェット	budget バヂェト
〜を立てる	preventivare, budgetare プレヴェンティヴァーレ, バッジェターレ	make a budget メイク ア バヂェト

日	伊	英
よしゅう 予習する	prepararsi alle lezioni プレパラルスィ アッレ レツィオーニ	prepare *one's* lessons プリペア レスンズ
よじ 捩る	torcere トルチェレ	twist トゥィスト
よしん 余震	scossa di assestamento *f.* スコッサ ディ アッセスタメント	aftershock アフタショック
よせん 予選	eliminatoria *f.* エリミナトーリア	preliminary contest プリリミネリ カンテスト
よそ 余所(に，で)	altrove アルトローヴェ	somewhere else サムホウェア エルス
よそう 予想	previsione *f.*, pronostico *m.* プレヴィズィオーネ, プロノスティコ	expectation エクスペクテイション
～する	prevedere, pronosticare プレヴェデーレ, プロノスティカーレ	expect, anticipate イクスペクト, アンティスィペイト
よそお 装う	indossare, mettersi インドッサーレ, メッテルスィ	wear ウェア
(ふりをする)	fare finta *di* ファーレ フィンタ	pretend プリテンド
よそく 予測	previsione *f.* プレヴィズィオーネ	prediction プリディクション
～する	prevedere プレヴェデーレ	forecast フォーキャスト
よそ み よそ見する	distogliere gli occhi *da* ディストッリェレ リオッキ	look away ルク アウェイ
よだれ 涎	bava *f.*, acquolina *f.* バーヴァ, アックォリーナ	slobber, drool スラバ, ドルール
よち 余地	spazio *m.* スパーツィオ	room, space ルーム, スペイス
よ かど 四つ角	incrocio *m.* インクローチョ	crossing クロスィング
よっきゅう 欲求	desiderio *m.* デズィデーリオ	desire ディザイア
ヨット	yacht *m.*, panfilo *m.* ヨット, パンフィロ	yacht ヤト
よ ぱら 酔っ払い	ubriaco(-a) *m.(f.)* ウブリアーコ(カ)	drunk ドランク
よ ぱら 酔っ払う	ubriacarsi ウブリアカルスィ	get drunk ゲト ドランク

日	伊	英
予定 (よてい)	programma *m.* プログランマ	plan, program プラン, プログラム
与党 (よとう)	partito di governo *m.* パルティート ディ ゴヴェルノ	the Government party ザ ガヴァンメント パーティ
夜通し (よどおし)	tutta la notte トゥッタ ラ ノッテ	all night オール ナイト
夜中に (よなかに)	nel cuore della notte ネル クオーレ デッラ ノッテ	at midnight アト ミドナイト
世の中 (よのなか)	mondo *m.* モンド	the world, life ザ ワールド, ライフ
余白 (よはく)	spazio in bianco *m.*, margine *m.* スパーツィオ イン ビアンコ, マルジネ	blank, space ブランク, スペイス
予備 (よび)	riserva *f.* リセルヴァ	reserve, spare リザーヴ, スペア
～の	di riserva, di ricambio ディ リセルヴァ, ディ リカンビオ	reserve, spare リザーヴ, スペア
(準備・予行の)	preliminare プレリミナーレ	preliminary プリリミネリ
呼び掛ける (よびかける)	fare appello *a* ファーレ アッペッロ	appeal アピール
呼ぶ (よぶ)	chiamare キアマーレ	call コール
(招く)	invitare インヴィターレ	invite *to* インヴァイト
(称する)	chiamare, chiamarsi キアマーレ, キアマルスィ	call, name コール, ネイム
夜更しする (よふかしする)	fare le ore piccole ファーレ レ オーレ ピッコレ	stay up late ステイ アプ レイト
余分な (よぶんな)	eccessivo, superfluo エッチェッスィーヴォ, スーペルフルオ	extra, surplus エクストラ, サープラス
予報 (よほう)	previsione *f.* プレヴィズィオーネ	forecast フォーキャスト
予防 (よぼう)	prevenzione *f.* プレヴェンツィオーネ	prevention プリヴェンション
～する	prevenire プレヴェニーレ	prevent *from* プリヴェント
～接種	vaccinazione *f.* ヴァッチナツィオーネ	vaccination ヴァクスィネイション

日	伊	英
蘇る(よみがえ)	rinascere, risorgere リナッシェレ, リソルジェレ	revive リヴァイヴ
読み物(よみもの)	lettura *f.* レットゥーラ	reading リーディング
読む(よ)	leggere レッジェレ	read リード
嫁(よめ)(息子の)	nuora *f.* ヌオーラ	daughter-in-law ドータインロー
(新婦)	sposa *f.* スポーザ	bride ブライド
(自分の妻)	*propria* moglie *f.* モッリエ	*one's* wife ワイフ
予約(よやく)	prenotazione *f.* プレノタツィオーネ	reservation レザヴェイション
～する	prenotare プレノターレ	reserve, book リザーヴ, ブク
余裕(よゆう)(余地)	spazio *m.* スパーツィオ	room ルーム
(時間)	tempo libero *m.* テンポ リーベロ	time to spare タイム トゥ スペア
(金銭)	disponibilità *f.pl.* ディスポニビリタ	money to spare マニ トゥ スペア
寄り掛かる(よ か)	appoggiarsi *a* アッポッジャルスィ	lean *against* リーン
寄り添う(よ そ)	mettersi al fiaco *di* メッテルスィ アル フィアンコ	draw close ドロー クロウス
寄り道する(よ みち)	passare *da* パッサーレ	stop on *one's* way スタプ オン ウェイ
より良い(よ)	migliore ミッリオーレ	better ベタ
依る(よ)	essere in base *a*, dipendere *da* エッセレ イン バーゼ, ディペンデレ	be based *on* ビ ベイスト
因る(よ)	essere dovuto *a* エッセレ ドゥート	be due *to* ビ デュー
寄る(よ)(接近)	avvicinarsi *a* アッヴィチナルスィ	approach アプロウチ
(脇へ)	farsi da parte ファルスィ ダ パルテ	step aside ステプ アサイド
(立ち寄る)	passare *da* パッサーレ	call *at, on* コール

日	伊	英
夜(よる)	sera *f.*, notte *f.* セーラ, ノッテ	night ナイト
ヨルダン	Giordania *f.* ジョルダーニア	Jordan チョードン
〜の	giordano ジョルダーノ	Jordanian チョーダニアン
鎧(よろい)	armatura *f.* アルマトゥーラ	armor アーマ
鎧戸(よろいど)	saracinesca *f.* サラチネスカ	shutter シャタ
喜(よろこ)ばす	rallegrare, soddisfare ラッレグラーレ, ソッディスファーレ	please, delight プリーズ, ディライト
喜(よろこ)び	piacere *m.*, gioia *f.* ピアチェーレ, ジョイア	joy, delight チョイ, ディライト
喜(よろこ)ぶ	essere contento [felice] *di* エッセレ コンテント(フェリーチェ)	be glad, be pleased ビ グラド, ビ プリーズド
喜(よろこ)んで	volentieri, con piacere ヴォレンティエーリ, コン ピアチェーレ	with pleasure ウィズ プレジャ
よろめく	barcollare バルコッラーレ	stagger スタガ
世論(よろん)	opinione pubblica *f.* オピニオーネ プッブリカ	public opinion パブリック オピニオン
弱(よわ)い	debole デーボレ	weak ウィーク
(気が)	timido ティーミド	timid ティミド
(程度が)	leggero レッジェーロ	faint, slight フェイント, スライト
弱(よわ)さ	debolezza *f.*, fragilità *f.* デボレッツァ, フラジリタ	weakness ウィークネス
弱(よわ)み	debole *m.*, difetto *m.* デーボレ, ディフェット	weak point ウィーク ポイント
弱虫(よわむし)	vigliacco(-a) *m.(f.)*, codardo(-a) *m.(f.)* ヴィリアッコ(カ), コダルド(ダ)	coward カウアド
弱(よわ)る	indebolirsi インデボリルスィ	grow weak グロウ ウィーク
(困る)	essere imbarazzato エッセレ インバラッツァート	be worried ビ ワーリド

日	伊	英

ら, ラ

ラード	lardo *m.* ラルド	lard ラード
らいう 雷雨	temporale *m.* テンポラーレ	thunderstorm サンダストーム
ライオン	leone(*-essa*) *m.(f.)* レオーネ(ネッサ)	lion ライオン
らいきゃく 来客	ospite *m.f.* オスピテ	visitor ヴィズィタ
らいげつ 来月	il mese prossimo (*m.*) イル メーゼ プロッスィモ	next month ネクスト マンス
らいしゅう 来週	la settimana prossima (*f.*) ラ セッティマーナ プロッスィマ	next week ネクスト ウィーク
らいせ 来世	aldilà *m.*, l'altra vita *f.* アルディラ, ラルトラ ヴィータ	the next world ザ ネクスト ワールド
ライセンス	licenza *f.* リチェンツァ	license ライセンス
ライター	accendino *m.* アッチェンディーノ	lighter ライタ
らいちょう 雷鳥	pernice bianca *f.* ペルニーチェ ビアンカ	ptarmigan ターミガン
ライト	luce *f.* ルーチェ	light ライト
(野球の)	esterno(*-a*) destro(*-a*) *m.(f.)* エステルノ(ナ)デストロ(ラ)	right field [fielder] ライト フィールド[フィールダ]
ライトバン	giardinetta *f.* ジャルディネッタ	van, station wagon ヴァン, ステイション ワゴン
らいねん 来年	l'anno prossimo (*m.*) ランノ プロッスィモ	next year ネクスト イア
ライバル	rivale *m.f.* リヴァーレ	rival ライヴァル
らいひん 来賓	ospite *m.f.* オスピテ	guest ゲスト
ライフ	vita *f.* ヴィータ	life ライフ
〜ジャケット	giubotto salvagente *m.* ジュボット サルヴァジェンテ	life jacket ライフ ヂャケト

日	伊	英
～スタイル	stile di vita *m.* スティーレ ディ ヴィータ	lifestyle ライフスタイル
～ワーク	opera di tutta una vita *f.* オーペラ ディ トゥッタ ウナ ヴィータ	lifework ライフワーク
ライブ(の)	dal vivo ダル ヴィーヴォ	live ライヴ
～コンサート	concerto dal vivo *m.* コンチェルト ダル ヴィーヴォ	live concert ライヴ カンサト
ライブラリー	biblioteca *f.* ビブリオテーカ	library ライブラリ
ライフル	carabina *f.* カラビーナ	rifle ライフル
ライム	cedro *m.* チェードロ	lime ライム
～ジュース	cedrata *f.* チェドラータ	limeade ライメイド
ライ麦	segale *f.* セーガレ	rye ライ
雷鳴	tuono *m.* トゥオーノ	roll of thunder ロウル オヴ サンダ
ライラック	lillà *m.* リッラ	lilac ライラク
楽園	paradiso *m.* パラディーゾ	paradise パラダイス
落書き	scarabocchio *m.* スカラボッキオ	scribble, graffiti スクリブル, グラフィーティ
～する	scarabocchiare スカラボッキアーレ	scribble スクリブル
落差	dislivello *m.* ディズリヴェッロ	gap ギャプ
落札する	essere aggiudicato *a* エッセレ アッジュディカート	make a successful bid メイク ア サクセスフル ビド
落選する	essere sconfitto *a* エッセレ スコンフィット	be defeated *in* ビ ディフィーテド
駱駝	cammello *m.* カンメッロ	camel キャメル
落第する	essere bocciato エッセレ ボッチャート	fail *in* フェイル

日	伊	英
<ruby>落胆<rt>らくたん</rt></ruby>する	scoraggiarsi スコラッジャルスィ	be discouraged ビ ディスカリヂド
<ruby>落着<rt>らくちゃく</rt></ruby>する	risolversi リソルヴェルスィ	be settled ビ セトルド
<ruby>楽天的<rt>らくてんてき</rt></ruby>な	ottimista, ottimistico オッティミスタ, オッティミスティコ	optimistic アプティミスティク
<ruby>楽<rt>らく</rt></ruby>な	facile ファーチレ	easy イーズィ
（安楽な）	comodo コーモド	comfortable カンフォタブル
<ruby>酪農<rt>らくのう</rt></ruby>	industria casearia *f.* インドゥストリア カゼアーリア	dairy デアリ
～家	produt*tore*(-*trice*) di latticini *m.(f.)* プロドゥットーレ(トリーチェ) ディ ラッティチーニ	dairy farmer デアリ ファーマ
ラグビー	rugby *m.* ラグビ	rugby ラグビ
<ruby>落葉樹<rt>らくようじゅ</rt></ruby>	albero a foglie caduche アルベロ ア フォッリェ カドゥーケ	deciduous tree ディスィデュアス トリー
ラケット	racchetta *f.* ラッケッタ	racket ラケト
ラザニア	lasagne *f.pl.* ラザーニェ	lasagna ラザーニア
ラジウム	radio *m.* ラーディオ	radium レイディアム
ラジエーター	radiatore *m.* ラディアトーレ	radiator レイディエイタ
ラジオ	radio *f.* ラーディオ	radio レイディオウ
～を聞く	ascoltare la radio アスコルターレ ラ ラーディオ	listen to the radio リスン トゥ ザ レイディオウ
ラジカセ	radioregistratore *m.* ラディオレジストーレ	boom box ブーム バクス
ラジコン	radiocomando *m.* ラディオコマンド	radio control レイディオウ カントロウル
ラスト（の）	ultimo ウルティモ	the last ザ ラスト
～スパート	spunto finale *m.* スプント フィナーレ	last spurt ラスト スパート

日	伊	英
ラズベリー	lampone *m.* ランポーネ	raspberry ラズベリ
螺旋(らせん)	spirale *f.* スピラーレ	spiral スパイラル
～階段	scala a chiocciola *f.* スカーラ ア キオッチョラ	spiral staircase スパイラル ステアケイス
拉致(らち)する	rapire ラピーレ	take away テイク アウェイ
ラッカー	lacca *f.* ラッカ	lacquer ラカ
楽観(らっかん)	ottimismo *m.* オッティミズモ	optimism アプティミズム
～的な	ottimista, ottimistico オッティミスタ, オッティミスティコ	optimistic アプティミスティク
ラッキーな	fortunato フォルトゥナート	lucky ラキ
ラッコ	lontra marina *f.* ロントラ マリーナ	sea otter スィー アタ
ラッシュアワー	ora di punta *f.* オーラ ディ プンタ	the rush hour ザ ラシュ アウア
喇叭(らっぱ)	tromba *f.* トロンバ	trumpet, a bugle トランペト, ア ビューグル
～水仙	trombone *m.* トロンボーネ	daffodil ダフォディル
ラップ（音楽）	musica rap *f.* ムーズィカ レプ	rap music ラプ ミューズィク
（食品用の）	pellicola *f.* ペッリーコラ	wrap ラプ
（ラップタイム）	intertempo *m.* インテルテンポ	lap time ラプ タイム
ラテン語(ご)	latino *m.* ラティーノ	Latin ラティン
ラトビア	Lettonia *f.* レットーニア	Latvia ラトヴィア
～の	lettone レットーネ	Latvian ラトヴィアン
騾馬(らば)	mulo(-a) *m.(f.)* ムーロ (ラ)	mule ミュール
ラブレター	lettera d'amore *f.* レッテラ ダモーレ	love letter ラヴ レタ

日	伊	英
ラベル	etichetta *f.* エティケッタ	label レイベル
ラベンダー	lavanda *f.* ラヴァンダ	lavender ラヴィンダ
駱馬(らま)	lama *m.* ラーマ	llama ラーマ
ラマ教(きょう)	lamaismo *m.* ラマイズモ	Lamaism ラーマイズム
ラム (子羊)	agnello *m.* アニェッロ	lamb ラム
(ラム酒)	rum *m.* ルム	rum ラム
ラメ	lamé *m.* ラメ	lamé レイム
ラリー (車の)	rally *m.* レッリ	car rally カー ラリ
(卓球・テニスの)	scambio di colpi *m.* スカンビオ ディ コルピ	rally ラリ
欄(らん) (コラム)	rubrica *f.* ルブリーカ(ルーブリカ)	column カラム
蘭(らん)	orchidea *f.* オルキデーア	orchid オーキド
卵黄(らんおう)	tuorlo *m.* トゥオルロ	the yolk ザ ヨウク
欄外(らんがい)	margine *m.* マルジネ	the margin ザ マーヂン
ランキング	classifica *f.* クラッスィーフィカ	ranking ランキング
ランク	grado *m.* グラード	rank ランク
乱雑(らんざつ)な	disordinato, confuso ディゾルディナート, コンフーゾ	disorderly ディスオーダリ
乱視(らんし)	astigmatismo *m.* アスティグマティズモ	astigmatism アスティグマティズム
ランジェリー	lingerie *f.* リンジェリ	lingerie ランジェリー
卵巣(らんそう)	ovaia *f.* オヴァイア	ovary オウヴァリ

日	伊	英
ランチ (昼定食)	piatto del giorno *m.* ピアット デル ジョルノ	lunch special ランチ スペシャル
乱闘 (らんとう)	zuffa *f.* ズッファ	scuffle スカフル
ランドセル	cartella di scolaro(-a) *f.* カルテッラ ディ スコラーロ(ラ)	satchel サチェル
ランドリー	lavanderia *f.* ラヴァンデリーア	laundry ローンドリ
ランナー	corri*dore*(-*trice*) *m.*(*f.*) コッリドーレ(トリーチェ)	runner ラナ
ランニング	running *m.* ランニング	running ラニング
卵白 (らんぱく)	albume *m.* アルブーメ	albumen アルビューメン
ランプ	lampada *f.* ランパダ	lamp ランプ
乱暴 (らんぼう)	violenza *f.* ヴィオレンツァ	violence ヴァイオレンス
〜な	violento ヴィオレント	violent ヴァイオレント
(無作法な)	maleducato, sgarbato マレドゥカート, ズガルバート	rough ラフ
濫[乱]用 (らんよう)	abuso *m.* アブーゾ	abuse アビュース
〜する	abusare *di* アブザーレ	abuse アビューズ

り, リ

日	伊	英
リアリズム	realismo *m.* レアリズモ	realism リーアリズム
リアルな	reale レアーレ	real リーアル
リーグ	serie *f.* セーリエ	league リーグ
〜戦	campionato *m.* カンピオナート	the league series ザ リーグ スィアリーズ
リーダー	leader *m. f.* リーデル	leader リーダ
〜シップ	leadership *f.* リーデルシプ	leadership リーダシプ

日	伊	英
リードする	condurre コンドゥッレ	lead リード
（距離で）	avere un vantaggio *di* アヴェレーレ ウン ヴァンタッジョ	have a lead *of* ハヴ ア リード
リール(釣竿の)	mulinello *m.* ムリネッロ	reel リール
(テープなどの)	bobina *f.* ボビーナ	reel リール
利益	guadagno *m.* グァダーニョ	profit, return プラフィト, リターン
理科	scienze *f.pl.* シェンツェ	science サイエンス
理解	comprensione *f.* コンプレンスィオーネ	comprehension カンプリヘンション
～する	conprendere, capire コンプレンデレ, カピーレ	understand アンダスタンド
利害	interesse *m.* インテレッセ	intersts インタレスツ
力学	dinamica *f.* ディナーミカ	dynamics ダイナミクス
リキュール	liquore *m.* リクォーレ	liqueur リカー
陸	terra *f.* テッラ	land ランド
リクエスト	richiesta *f.* リキエスタ	request リクウェスト
～番組	programma a richiesta *m.* プログランマ アリキエスタ	request program リクウェスト プロウグラム
陸軍	esercito *m.* エゼルチト	the army ジ アーミ
陸上競技	atletica leggera *f.* アトレーティカ レッジェーラ	athletic sports アスレティク スポーツ
理屈	ragione *f.*, logica *f.* ラジョーネ, ロージカ	reason, logic リーズン, ラヂク
リクライニングシート	sedile reclinabile *m.* セディーレ レクリナービレ	reclining seat リクライニング スィート
利口な	intelligente, svelto インテッリジェンテ, ズヴェルト	clever, bright クレヴァ, ブライト

日	伊	英
りこてき 利己的な	egoista エゴイスタ	egoistic イーゴウイスティク
りこん 離婚	divorzio m. ディヴォルツィオ	divorce ディヴォース
〜する	divorziare da ディヴォルツィアーレ	divorce ディヴォース
リサイクル	riciclaggio m. リチクラッジョ	recycling リーサイクリング
〜する	riclare リチクラーレ	recycle リーサイクル
リサイタル	recital m. レチタル	recital リサイタル
りし 利子	interesse m. インテレッセ	interest インタレスト
りじ 理事	amministratore(-trice) m.(f.) アンミニストラトーレ(トリーチェ)	director, manager ディレクタ, マニヂャ
りじゅん 利潤	profitto m. プロフィット	profit, gain プラフィット, ゲイン
りす 栗鼠	scoiattolo m. スコイアットロ	squirrel スクワーレル
リスク	rischio m. リスキオ	risk リスク
リスト	lista f., elenco m. リスタ, エレンコ	list リスト
リストラ	ristrutturazione f. リストルットゥラツィオーネ	restructuring リーストラクチャリング
リズミカルな	ritmico リトミコ	rhythmical リズミカル
リズム	ritmo m. リトモ	rhythm リズム
りせい 理性	ragione f. ラジョーネ	reason リーズン
〜的な	razionale ラツィオナーレ	rational ラショナル
りそう 理想	ideale m. イデアーレ	ideal アイディアル
〜的な	ideale イデアーレ	ideal アイディアル

日	伊	英
リゾート	villeggiatura *f.* ヴィッレッジャトゥーラ	resort リゾート
りそく 利息	interesse *m.* インテレッセ	interest インタレスト
リチウム	litio *m.* リーティオ	lithium リスィアム
りつ 率	tasso *m.* タッソ	rate レイト
（百分率）	percentuale *f.* ペルチェントゥアーレ	percentage パセンティヂ
りっきょう 陸橋	cavalcavia *f.* カヴァルカヴィーア	overpass オウヴァパス
りっこうほ 立候補	candidatura *f.* カンディダトゥーラ	candidacy キャンディダスィ
～者	candidato(-a) *m.(f.)* カンディダート(タ)	candidate キャンディデイト
～する	candidarsi *come* カンディダルスィ	run for ラン フォー
りったい 立体	solido *m.* ソーリド	solid サリド
～的な	solido ソーリド	solid サリド
～交差	incrocio a cavalcavia *m.* インクローチョ ア カヴァルカヴィーア	grade separation グレイド セパレイション
リットル	litro *m.* リートロ	liter リータ
りっぱ 立派な	eccellente, magnifico エッチェッレンテ, マンニーフィコ	excellent, splendid エクセレント, スプレンディド
りっぽう 立方(体)	cubo *m.* クーボ	cube キューブ
～メートル	metro cubo *m.* メートロ クーボ	cubic meter キュービク ミータ
りてん 利点	vantaggio *m.* ヴァンタッジョ	advantage アドヴァンティヂ
リトアニア	Lituania *f.* リトゥアーニア	Lithuania リテュエイニア
	lituano リトゥアーノ	Lithuanian リテュエイニアン
りとう 離島	isola solitaria *f.* イーゾラ ソリターリア	isolated island アイソレイティド アイランド

日	伊	英
リトマス試験紙	cartina al tornasole f. カルティーナ アル トルナソーレ	litmus paper リトマス ペイパ
リニアモーターカー	treno a levitazione magnetica m. トレーノ ア レヴィタツィオーネ マニェーティカ	linear motorcar リニア モウタカー
離乳	svezzamento m. ズヴェッツァメント	weaning ウィーニング
～させる	svezzare ズヴェッツァーレ	wean ウィーン
理念	idea f. イデーア	idea アイディア
リハーサル	prova f. プローヴァ	rehearsal リハーサル
～をする	provare プロヴァーレ	rehearse リハーズ
理髪	taglio di capelli m. タッリォ ディ カペッリ	haircut ヘアカト
～師	barbiere m. バルビエーレ	barber バーバ
～店	barbiere m. バルビエーレ	barbershop バーバシャプ
リハビリ	riabilitazione f. リアビリタツィオーネ	rehabilitation リハビリテイション
リヒテンシュタイン	Liechtenstein m. リクテンステイン	Liechtenstein リクティンスタイン
～の	liechtensteiniano リクテンステイニアーノ	Liechtensteiner リクティンスタイナ
リビングルーム	soggiorno m. ソッジョルノ	living room リヴィング ルーム
リフォームする	rammodernare ランモデルナーレ	remodel リーマドル
リフト(スキー)	seggiovia f., skilift m. セッジョヴィーア, スキリフト	chair lift チェア リフト
(荷物用の)	elevatore m. エレヴァトーレ	elevator エレヴェイタ
(フォークリフト)	sollevatore m. ソッレヴァトーレ	forklift フォークリフト
リプリント	ristampa f. リスタンパ	reprint リープリント
リベート(歩合)	commissione f. コンミッスィオーネ	commission カミション

日	伊	英
(袖の下)	bustarella f. ブスタレッラ	bribe ブライブ
(割戻し)	rimborso m. リンボルソ	rebate リーベイト
リボン	nastro m. ナストロ	ribbon リボン
リムジン	limousine f. リムズィン	limousine リムズィーン
リモコン	telecomando m. テレコマンド	remote control リモウト カントロウル
リヤカー	rimorchio da bicicletta m. リモルキオ ダ ビチクレッタ	trailer, cart トレイラ, カート
りゃくご 略語	abbreviazione f. アッブレヴィアツィオーネ	abbreviation アブリヴィエイション
りゃく 略す	abbreviare アッブレヴィアーレ	abridge, abbreviate アブリヂ, アブリーヴィエイト
(省く)	omettere オメッテレ	omit オウミト
りゃくれき 略歴	breve curriculum vitae m. ブレーヴェ クッリクルム ヴィタエ	brief sketch of one's career ブリーフ スケチ オヴ カリア
りゆう 理由	ragione f., motivo m. ラジョーネ, モティーヴォ	reason, cause リーズン, コーズ
りゅういき 流域	bacino m., valle f. バチーノ, ヴァッレ	basin, valley ベイスン, ヴァリ
りゅうがく 留学	studio all'estero m. ストゥーディオ アッレステロ	studying abroad スタディング アブロード
～する	studiare all'estero ストゥディアーレ アッレステロ	study abroad スタディ アブロード
～生	studente(-essa) straniero(-a) m.(f.) ストゥデンテ(テッサ) ストラニエーロ(ラ)	foreign student フォリン ステューデント
(給費留学生)	borsista straniero(-a) m.(f.) ボルスィスタ ストラニエーロ(ラ)	foreign scholar フォーリン スカラ
りゅうこう 流行	moda f., voga f. モーダ, ヴォーガ	fashion, vogue ファション, ヴォウグ
(病気の)	diffusione f. ディッフズィオーネ	prevalence プレヴァレンス
～する	essere in voga, andare di moda エッセレ イン ヴォーガ, アンダーレ ディ モーダ	be in fashion ビ イン ファション
(病気が)	diffondersi ディッフォンデルスィ	be prevalent in ビ プレヴァレント

日	伊	英
硫酸(りゅうさん)	acido solforico *m.* アーチド ソルフォーリコ	sulfuric acid サルフュアリク アスィッド
流産(りゅうざん)	aborto *m.* アボルト	abortion アボーション
〜する	abortire アボルティーレ	have a miscarriage ハヴ ア ミスキャリヂ
流暢(りゅうちょう)に	fluentemente フルエンテメンテ	fluently フルエントリ
留年(りゅうねん)する	ripetere リペーテレ	remain in the same class リメイン イン ザ セイム クラス
流派(りゅうは)	scuola *f.* スクオーラ	school スクール
リューマチ	reumatismo *m.* レウマティズモ	rheumatism ルーマティズム
リュックサック	zaino *m.* ザイノ	rucksack ラクサク
漁(りょう)	pesca *f.* ペスカ	fishing フィシング
〜師	pesca*tore*(*-trice*) *m.*(*f.*) ペスカトーレ(トリーチェ)	fisherman フィシャマン
猟(りょう)	caccia *f.* カッチャ	hunting, shooting ハンティング, シューティング
〜師	caccia*tore*(*-trice*) *m.*(*f.*) カッチャトーレ(トリーチェ)	hunter ハンタ
寮(りょう)	dormitorio *m.* ドルミトーリオ	dormitory ドーミトーリ
（学生寮）	casa dello(-a) studente(-essa) *f.* カーザ デッロ(ラ)ストゥデンテ(テッサ)	dormitory ドーミトーリ
量(りょう)	quantità *f.* クァンティタ	quantity クワンティティ
利用(りよう)	uso *m.* ウーゾ	usage ユースィヂ
〜する	usare, utilizzare ウザーレ, ウティリッザーレ	use, utilize ユーズ, ユーティライズ
（悪用）	abusare アブザーレ	exploit エクスプロイト
〜者	utente *m.f.* ウテンテ	user ユーザ
領域(りょういき)	territorio *m.*, campo *m.* テッリトーリオ, カンポ	territory, domain テリトーリ, ドウメイン

日	伊	英
了解する(承諾)	consentire, mettersi d'accordo コンセンティーレ, メッテルスィ ダッコルド	consent, agree コンセント, アグリー
(理解)	capire, comprendere カピーレ, コンプレンデレ	understand, comprehend アンダスタンド, カンプリヘンド
両替	cambio *m.* カンビオ	exchange イクスチェインヂ
～する	cambiare カンビアーレ	change, exchange *into* チェインヂ, イクスチェインヂ
～機	cambiavalute automatico *m.* カンビアヴァルーテ アウトマーティコ	money changer マニ チェインヂャ
両側	tutti e due i lati *m.pl.* トゥッティ エ ドゥーエ イ ラーティ	both sides ボウス サイヅ
料金	prezzo *m.* プレッツォ	price, charge プライス, チャーヂ
(乗物の)	tariffa *f.* タリッファ	fare フェア
(入場)	entrata *f.*, ingresso *m.* エントラータ, イングレッソ	fee フィー
(通行料)	pedaggio *m.* ペダッジョ	toll トウル
～所	casello *m.* カゼッロ	tollgate トウルゲイト
領事	console *m.* コンソレ	consul カンスル
総～	console generale *m.* コンソレ ジェネラーレ	consul general カンスル チェネラル
～館	consolato *m.* コンソラート	consulate カンスレト
良識	buon senso *m.* ブオン センソ	good sense グド センス
猟銃	fucile da caccia *m.* フチーレ ダ カッチャ	hunting gun ハンティング ガン
領収書	ricevuta *f.* リチェヴータ	receipt リスィート
了承	consenso *m.* コンセンソ	consent カンセント
～する	consentire コンセンティーレ	consent コンセント
両親	genitori *m.pl.* ジェニトーリ	parents ペアレンツ

日	伊	英
りょうしん 良心	coscienza *f.* コッシェンツァ	conscience カンシェンス
〜的な	coscienzioso コッシェンツィオーゾ	conscientious カンシエンシャス
りょうせいの 良性の	benigno ベニーニョ	benign ビナイン
りょうせいるい 両生類	anfibi *m.pl.* アンフィービ	the amphibia ジ アンフィビア
りょうど 領土	territorio *m.* テッリトーリオ	territory テリトーリ
りょうほう 両方	tutt*i(-e)* e due *m.(f.)pl.* トゥッティ(テ) エ ドゥーエ	both ボウス
りょうよう 療養	cura *f.* クーラ	medical treatment メディカル トリートメント
〜する	curarsi クラルスィ	recuperate リキューパレイト
りょうり 料理	cucina *f.* クチーナ	cooking クキング
〜する	cucinare クチナーレ	cook クク
〜人	cuoco*(-a)* *m.(f.)* クオーコ(カ)	cook クク
〜長	capocuoco*(-a)* *m.(f.)* カポクオーコ(カ)	chef シェフ
りょかん 旅館	albergo *m.*, locanda *f.* アルベルゴ, ロカンダ	hotel, inn ホウテル, イン
りょくちゃ 緑茶	tè verde *m.* テ ヴェルデ	green tea グリーン ティー
りょけん 旅券	passaporto *m.* パッサポルト	passport パスポート
りょこう 旅行	viaggio *m.* ヴィアッジョ	travel, trip トラヴル, トリプ
〜する	viaggiare ヴィアッジャーレ	travel トラヴル
〜会社	agenzia di viaggo *f.* アジェンツィーア ディ ヴィアッジョ	travel agency トラヴル エイヂェンスィ
りょひ 旅費	spese di viaggio *f.pl.* スペーゼ ディ ヴィアッジョ	traveling expenses トラヴリング イクスペンスィズ
リラックス	rilassamento *m.* リラッサメント	relaxation リーラクセイション

日	伊	英
〜する	rilassarsi リラッサルスィ	relax リラクス
離陸	decollo m. デコッロ	takeoff テイコーフ
〜する	decollare デコッラーレ	take off テイク オフ
リレー	staffetta f. スタッフェッタ	relay リーレイ
履歴	carriera f. カッリエーラ	career カリア
〜書	curriculum vitae m. クッリクルム ヴィタエ	curriculum vitae カリキュラム ヴァイティー
理論	teoria f. テオリーア	theory スィオリ
〜的な	teorico テオーリコ	theoretical スィオレティカル
輪郭	profilo m., contorno m. プロフィーロ, コントルノ	outline アウトライン
林業	silvicoltura f. スィルヴィコルトゥーラ	forestry フォリストリ
リング	quadrato m. クァドラート	the ring ザ リング
(指輪)	anello m. アネッロ	ring リング
林檎	mela f. メーラ	apple アプル
臨時の	temporaneo, provvisorio テンポラーネオ, プロッヴィゾーリオ	temporary テンポレリ
(特別の)	straordinario ストラオルディナーリオ	special スペシャル
臨床の	clinico クリーニコ	clinical クリニカル
隣人	vicino(-a) m.(f.) ヴィチーノ(ナ)	neighbor ネイバ
リンス	dopo-shampoo m. ドーポシャンポ	rinse リンス
〜する	sciacquarsi シャックアルスィ	rinse リンス
隣接の	adiacente, contiguo アディアチェンテ, コンティーグオ	neighboring, adjacent ネイバリング, アチェイセント

日	伊	英
輪廻(りんね)	metempsicosi *f.* メテンプスィコーズィ	metempsychosis メテンプスィコウスィス
リンネル	lino *m.* リーノ	linen リネン
リンパ腺(せん)	linfonodo *m.* リンフォノード	lymph gland リンフ グランド
倫理(りんり)	etica *f.* エーティカ	ethics エスィクス
～的な	etico エーティコ	ethical エスィカル

る, ル

日	伊	英
類(るい)	genere *m.* ジェーネレ	kind, sort カインド, ソート
塁(るい)	base *f.* バーゼ	base ベイス
類似(るいじ)	somiglianza *f.* ソミッリアンツァ	resemblance リゼンブランス
～の	simile スィーミレ	similar スィミラ
類推(るいすい)	analogia *f.* アナロジーア	analogy アナロディ
ルーズな	trascurato, negligente トラスクラート, ネグリジェンテ	loose ルース
ルーズリーフ	quaderno intercambiabile *m.* クァデルノ インテルカンビアービレ	loose-leaf notebook ルースリーフ ノウトブク
ルーツ	origine *f.* オリージネ	roots ルーツ
ルート	via *f.*, rotta *f.* ヴィーア, ロッタ	route ルート
（経路）	canale *m.* カナーレ	channel チャネル
（平方根）	radice quadrata *f.* ラディーチェ クァドラータ	root ルート
ルーマニア	Romania *f.* ロマニーア	Romania ロウメイニア
～の	rumeno ルメーノ	Romanian ロウメイニアン
ルール	regola *f.* レーゴラ	rule ルール

日	伊	英
ルーレット	roulette *m.* ルレト	roulette ルーレト
ルクセンブルク	Lussemburgo *m.* ルッセンブルゴ	Luxembourg ラクサンバーグ
～の	lussemburghese ルッセンブルゲーゼ	Luxembourgian ラクサンバーヂャン
るす 留守	assenza *f.* アッセンツァ	absence アブセンス
～にする	stare fuori スターレ フオーリ	be out ビ アウト
～番電話	segreteria telefonica セグレテリーア テレフォーニカ	answerphone アンサフォウン
ルネッサンス	Rinascimento *m.* リナッシメント	the Renaissance ザ レネーサンス
ルビー	rubino *m.* ルビーノ	ruby ルービ
ルポルタージュ	reportage *m.* レポルタジュ	reportage リポーティヂ
ルンバ	rumba *f.* ルンバ	rumba ランバ

れ, レ

日	伊	英
れい 例	esempio *m.* エゼンピオ	example イグザンプル
れい 礼　（お辞儀）	inchino *m.* インキーノ	bow バウ
（謝辞）	ringraziamento *m.* リングラツィアメント	thanks サンクス
（謝礼）	ricompensa *f.*, onorario *m.* リコンペンサ, オノラーリオ	reward リウォード
れい 零	zero *m.* ゼーロ	zero ズィアロウ
～下	sotto zero ソット ゼーロ	below zero ビロウ ズィアロウ
れい 霊	spirito *m.*, anima *f.* スピーリト, アーニマ	the spirit, the soul ザ スピリト, ザ ソウル
レイアウト	layout *m.* レイアウト	the layout ザ レイアウト
れいがい 例外	eccezione *f.* エッツェッツィオーネ	exception イクセプション

日	伊	英
れいがい 冷害	danno causato dal freddo *m.* ダンノ カウザート ダル フレッド	damage from cold weather ダミヂ フラム コウルド ウェザ
れいかん 霊感	ispirazione *f.* イスピラツィオーネ	inspiration インスピレイション
れいき 冷気	freddo *m.* フレッド	chill, cold チル, コウルド
れいぎ 礼儀	etichetta *f.*, maniere *f.pl.* エティケッタ, マニエーレ	etiquette, manners エティケト, マナズ
〜正しい	cortese, garbato コルテーゼ, ガルバート	polite ポライト
れいきゅうしゃ 霊柩車	carro funebre *m.* カッロ フーネブレ	hearse ハース
れいこく 冷酷な	crudele クルデーレ	cruel クルエル
れいじょう 礼状	lettera di ringraziamento *f.* レッテラ ディ リングラツィアメント	letter of thanks レタ オヴ サンクス
れいせい 冷静な	calmo, sereno カルモ, セレーノ	cool, calm クール, カーム
れいせん 冷戦	guerra fredda *f.* グェッラ フレッダ	cold war コウルド ウォー
れいぞうこ 冷蔵庫	frigorifero *m.* フリゴリーフェロ	refrigerator リフリヂャレイタ
れいたん 冷淡な	freddo, indifferente フレッド, インディッフェレンテ	cold, indifferent コウルド, インディファレント
れいとう 冷凍	congelamento *m.* コンジェラメント	freezing フリーズィング
〜する	surgelare スルジェラーレ	freeze フリーズ
〜庫	freezer *m.* フリーゼル	freezer フリーザ
〜食品	surgelato *m.* スルジェラート	frozen foods フロウズン フーヅ
れいはい 礼拝	preghiera *f.* プレギエーラ	worship, service ワーシプ, サーヴィス
〜堂	cappella *f.* カッペッラ	chapel チャペル
れいふく 礼服	abito da cerimonia *m.* アービト ダ チェリモーニア	full dress フル ドレス

日	伊	英
冷房（れいぼう）	climatizzazione f. クリマティッツァツィオーネ	air conditioning エア カンディショニング
（装置）	climatizzatore m. クリマティッツァトーレ	air conditioner エア コンディショナ
レインコート	impermeabile m. インペルメアービレ	raincoat レインコウト
レーサー	corridore(-trice) m.(f.) コッリドーレ(トリーチェ)	racer レイサ
レーザー	laser m. ラーゼル	laser レイザ
レース（編物）	merletto m. メルレット	lace レイス
（競走）	gara f. ガーラ	race レイス
レーズン	uva passa f. ウーヴァ パッサ	raisin レイズン
レーダー	radar m. ラーダル	radar レイダー
レール	rotaia f. ロタイア	rail レイル
レオタード	calzamaglia f. カルツァマッリァ	leotard リーオタード
歴史（れきし）	storia f. ストーリア	history ヒストリ
～の	storico ストーリコ	historic, historical ヒストーリク, ヒストーリカル
レギュラーの	regolare レゴラーレ	regular レギュラ
レクリエーション	ricreazione f. リクレアツィオーネ	recreation レクリエイション
レコーディング	registrazione f. レジストラツィオーネ	recording リコーディング
レコード（盤）	disco m. ディスコ	record, disk レコド, ディスク
（記録）	record m. レコルド	record レコド
レジ	cassa f. カッサ	cash register キャシュ レヂスタ
レシート	scontrino m., ricevuta f. スコントリーノ, リチェヴータ	receipt リスィート
レシーバー	cornetta f. コルネッタ	receiver リスィーヴァ

699

れ

日	伊	英
（テニスなど）	ribatti*tore*(-*trice*) *m.*(*f.*) リバッティトーレ(トリーチェ)	receiver リスィーヴァ
レジスタンス	resistenza *f.* レズィステンツァ	resistance レズィスターンス
レシピ	ricetta *f.* リチェッタ	recipe レスィピ
レジャー	ricreazione *f.* リクレアツィオーネ	leisure リージャ
レジュメ	riassunto *m.* リアッスント	résumé レズュメイ
レストラン	ristorante *m.* リストランテ	restaurant レストラント
レスラー	lotta*tore*(-*trice*) *m.*(*f.*) ロッタトーレ(トリーチェ)	wrestler レスラ
レスリング	lotta libera *f.* ロッタ リーベラ	wrestling レスリング
レタス	lattuga(a palla) *f.* ラットゥーガ(アッパッラ)	lettuce レティス
列	fila *f.*, coda *f.* フィーラ, コーダ	line, row, queue ライン, ラウ, キュー
～を作る	fare la fila ファーレ ラ フィーラ	form a line フォーム ア ライン
レッカー車	autogrù *f.* アウトグル	wrecker レカ
列挙する	elencare エレンカーレ	enumerate イニューメレイト
列車	treno *m.* トレーノ	train トレイン
レッスン	lezione *f.* レツィオーネ	lesson レスン
レッテル	etichetta *f.* エティケッタ	label レイベル
劣等感	complesso di inferiorità *m.* コンプレッソ ディ インフェリオリタ	inferiority complex インフィアリオーリティ コンプレクス
レディーメイドの	preconfezionato プレコンフェツィオナート	ready-made レディメイド
レトリック	retorica *f.* レトーリカ	rhetoric レトリク
レトロな	retrospettivo レトロスペッティーヴォ	retrospective レトロスペクティヴ
レバー	fegato *m.* フェーガト	liver リヴァ

日本語	イタリア語	英語
（取っ手）	leva *f.* レーヴァ	lever レヴァ
レパートリー	repertorio *m.* レペルトーリオ	repertory レパトーリ
レバノン	Libano *m.* リーバノ	Lebanon レバノン
～の	libanese リバネーゼ	Lebanese レバニーズ
レフェリー	arbitro(-a) *m.(f.)* アルビトロ(ラ)	referee レファリー
レフト	sinistra *f.* スィニストラ	the left ザ レフト
（野球の）	esterno(-a) sinistro(-a) *m.(f.)* エステルノ(ナ) スィニストロ(ラ)	left field[fielder] レフト フィールド(フィールダ)
レベル	livello *m.* リヴェッロ	level レヴル
レポーター	reporter *m. f.* レポルテル	reporter リポータ
レポート	rapporto *m.*, relazione *f.* ラッポルト, レラツィオーネ	report リポート
レモネード	limonata *f.* リモナータ	lemonade レモネイド
レモン	limone *m.* リモーネ	lemon レモン
～ティー	tè col limone *m.* テ コル リモーネ	tea with lemon ティー ウィズ レモン
～スカッシュ	spremuta di limone *f.* スプレムータ ディ リモーネ	lemon soda レモン ソウダ
レリーフ	rilievo *m.* リリエーヴォ	relief リリーフ
恋愛	amore *m.* アモーレ	love ラヴ
～する	innamorarsi *di* インナモラルスィ	fall in love *with* フォール イン ラヴ
～結婚	matrimonio d'amore *m.* マトリモーニオ ダモーレ	love match ラヴ マチ
～小説	romanzo rosa *m.* ロマンゾ ローザ	love story ラヴ ストーリ
煉瓦	mattone *m.* マットーネ	brick ブリク

日	伊	英
れんきゅう 連休	giorni di vacanza consecutivi *m.pl.* ジョルニ ディ ヴァカンツァ コンセクティーヴィ	consecutive holidays カンセキュティヴ ハリデイズ
れんけい 連携	collaborazione *f.* コッラボラツィオーネ	cooperation, tie-up コウアパレイション, タイアプ
れんごう 連合	unione *f.* ウニオーネ	union ユーニョン
～する	unirsi ウニルスィ	be united ビユーナイティド
～軍	gli Alleati *m.pl.* リ アッレアーティ	the Allied Forces ザ アライド フォースィズ
れんごく 煉獄	purgatorio *m.* プルガトーリオ	purgatory パーガトーリ
れんこん 蓮根	radice di loto *f.* ラディーチェ ディ ロート	lotus root ロウタス ルート
れんさい 連載(の)	a puntate ア プンターテ	serial スィリアル
～小説	romanzo a puntate *m.* ロマンゾ ア プンターテ	serial novel スィアリアル ナヴェル
れんさはんのう 連鎖反応	reazione a catena *f.* レアツィオーネ ア カテーナ	chain reaction チェイン リアクション
レンジ	cucina *f.* クチーナ	range レインヂ
(ガスレンジ)	cucina a gas *f.* クチーナ アッガス	gas range ギャス レインヂ
(電子レンジ)	forno a microonde *m.* フォルノ ア ミクロンデ	microwave oven マイクロウェイヴ アヴン
れんしゅう 練習	esercizio *m.*, allenamento *m.* エゼルチーツィオ, アッレナメント	practice, exercise プラクティス, エクササイズ
～する	esercitarsi, allenarsi エゼルチタルスィ, アッレナルスィ	practice, train プラクティス, トレイン
～問題	esercizio *m.* エゼルチーツィオ	exercise エクササイズ
レンズ	lente *f.* レンテ	lens レンズ
れんそう 連想	associazione *f.* アッソチャツィオーネ	association アソウスィエイション
～する	associare アッソチャーレ	associate *with* アソウシエイト
れんぞく 連続	continuazione *f.* コンティヌアツィオーネ	continuation カンティニュエイション

日	伊	英
〜する	continuare コンティヌアーレ	continue カンティニュー
連帯（れんたい）	solidarietà f. ソリダリエタ	solidarity サリダリティ
〜保証人	garante corresponsabile m.(f.) ガランテ コッレスポンサービレ	joint surety ヂョイント シュアティ
レンタカー	macchina a noleggio f. マッキナ ア ノレッジョ	rent-a-car レンタカー
レンタル	noleggio m. ノレッジョ	rental レンタル
レントゲン	raggi X m.pl. ラッジ イクス	X rays エクス レイズ
連邦（れんぽう）	federazione f. フェデラツィオーネ	federation フェデレイション
連絡（れんらく）	contatto m. コンタット	contact カンタクト
（乗物の接続）	coincidenza f. コインチデンツァ	connection カネクション
〜する	contattare コンタッターレ	contact カンタクト
（接続）	essere in coincidenza con エッセレ イン コインチデンツァ	connect with カネクト
連立（れんりつ）	coalizione f. コアリツィオーネ	coalition コウアリション
〜政権	governo di coalizione m. ゴヴェルノ ディ コアリツィオーネ	coalition government コウアリション ガヴァンメント

ろ, 口

日	伊	英
ロイヤリティー	royalty f. ロイアルティ	royalty ロイアルティ
蝋（ろう）	cera f. チェーラ	wax ワクス
牢（ろう）	carcere m., prigione f. カルチェレ, プリジョーネ	prison, jail プリズン, ヂェイル
廊下（ろうか）	corridoio m. コッリドイオ	corridor コリダ
老化（ろうか）	invecchiamento m. インヴェッキアメント	senility スィニリティ
〜する	invecchiare インヴェッキアーレ	age エイヂ

日	伊	英
ろうがん **老眼**(の)	presbite プレズビテ	presbyopic プレズビオピク
ろうご **老後**	terza età *f.*, vecchiaia *f.* テルツァ エタ, ヴェッキアイア	old age オウルド エイヂ
ろうじん **老人**	anzian*o*(*-a*) *m.(f.)* アンツィアーノ(ナ)	old man オウルド マン
〜ホーム	ospizio per anziani *m.* オスピーツィオ ペル アンツィアーニ	nursing home ナースィング ホウム
ろうすい **老衰**	decrepitezza *f.* デクレピテッツァ	senility スィニリティ
ろうそく **蝋燭**	candela *f.* カンデーラ	candle キャンドル
ろうどう **労働**	lavoro *m.* ラヴォーロ	labor, work レイバ, ワーク
〜する	lavorare ラヴォラーレ	labor, work レイバ, ワーク
〜組合	sindacato *m.* スィンダカート	labor union レイバ ユーニオン
〜時間	ore lavorative *f.pl.* オーレ ラヴォラティーヴェ	working hours ワーキング アウアズ
〜者	lavora*tore*(*-trice*) *m.(f.)* ラヴォラトーレ(トリーチェ)	laborer, worker レイバラ, ワーカ
〜力	manodopera *f.* マノドーペラ	manpower, labor マンパウア, レイバ
ろうどく **朗読**	lettura (a voce alta) *f.* レットゥーラ (ア ヴォーチェ アルタ)	reading リーディング
〜する	leggere (ad alta voce) レッジェレ (アッダルタ ヴォーチェ)	read, recite リード, リサイト
ろうにん **浪人**	ronin *m.* ロニン	ronin ローニン
ろうひ **浪費**	spreco *m.* スプレーコ	waste ウェイスト
〜する	sprecare スプレカーレ	waste ウェイスト
ローカル(の)	locale ロカーレ	local ロウカル
〜色	colore locale *m.* コローレ ロカーレ	local color ロウカル カラ
ローション	lozione *f.* ロツィオーネ	lotion ロウション

日	伊	英
ロース	controfiletto *m.* コントロフィレット	sirloin サーロイン
ローストビーフ	rosbif *m.* ロズビフ	roast beef ロウスト ビーフ
ロータリー	isola rotazionale *f.*, rotonda *f.* イーゾラ ロタツィオナーレ, ロトンダ	rotary, roundabout ロウタリ, ラウンダバウト
〜エンジン	motore rotativo *m.* モトーレ ロタティーヴォ	rotary engine ロウタリ エンヂン
ローテーション	turno *m.* トゥルノ	rotation ロウテイション
ロードショー	prima visione *f.* プリマ ヴィズィオーネ	road show ロウド ショウ
ロープ	corda *f.* コルダ	rope ロウプ
〜ウエイ	funivia *f.* フニヴィーア	ropeway ロウプウェイ
ローマ	Roma *f.* ローマ	Rome ロウム
〜の	romano ロマーノ	Roman ロウマン
〜字	carattere latino *m.* カラッテレ ラティーノ	Roman letters ロウマン レターズ
〜数字	numero romano *m.* ヌーメロ ロマーノ	Roman numerals ロウマン ニューメラルズ
〜帝国	Impero Romano *m.* インペーロ ロマーノ	the Roman Empire ザ ロウマン エンパイア
〜法王	Papa *m.* パーパ	the Pope ザ ポウプ
ローラースケート	pattinaggio a rotelle *m.* パッティナッジョ ア ロテッレ	roller skating ロウラ スケイティング
ローン	prestito *m.* プレスティト	loan ロウン
ろか 濾過する	filtrare フィルトラーレ	filter フィルタ
ろくおん 録音	registrazione *f.* レジストラツィオーネ	recording リコーディング
〜する	registrare レジストラーレ	record, tape リコード, テイプ
ろくが 録画	videoregistrazione *f.* ヴィデオレジストラツィオーネ	videotape recording ヴィディオウテイプ リコーディング
〜する	registrare レジストラーレ	record *on* リコード

ろ

日	伊	英
ろくがつ 六月	giugno *m.* ジューニョ	June チューン
ろくろ 轆轤	tornio da vasaio *m.* トルニオ ダ ヴァザイオ	potter's wheel パタズ ホウィール
ロケ (ーション)	esterni *m.pl.* エステルニ	location ロウケイション
ロケット	razzo *m.* ラッツォ	rocket ラケト
ろこつな 露骨な	crudo, brutale クルード, ブルターレ	plain, blunt プレイン, ブラント
ろじ 路地	viuzza *f.*, vicolo *m.* ヴィウッツァ, ヴィーコロ	alley, lane アリ, レイン
ロシア	Russia *f.* ルッスィア	Russia ラシャ
〜の	russo ルッソ	Russian ラシャン
ろしゅつ 露出	esposizione *f.* エスポズィツィオーネ	exposure イクスポウジャ
〜する	esporre エスポッレ	expose イクスポウズ
ロス	perdita *f.* ペルディタ	loss ロス
〜タイム	tempo di recupero *m.* テンポ ディ レクーペロ	loss of time ロス オヴ タイム
ろせん 路線	linea *f.* リーネア	route, line ルート, ライン
ロッカー	armadietto *m.* アルマディエット	locker ラカ
〜ルーム	spogliatoio *m.* スポッリァトイオ	locker room ラカ ルーム
ロック	rock *m.* ロク	rock music ラク ミューズィク
〜クライミング	scalata *f.* スカラータ	rock-climbing ラククライミング
ろっこつ 肋骨	costola *f.* コストラ	rib リブ
ロッジ	baita *f.* バイタ	lodge ラヂ
ろてん 露店	bancarella *f.* バンカレッラ	stall, booth ストール, ブース

日	伊	英
露天風呂（ろてんぶろ）	bagno all'aria aperta *m.* バーニョ アッラーリア アペルタ	open-air bath オウプン-エア バス
驢馬（ろば）	asino *m.* アーズィノ	ass, donkey アス, ダンキ
ロビー	atrio *m.*, hall *m.* アートリオ, オール	lobby ラビ
ロブスター	astice *m.*, aragosta *f.* アスティチェ, アラゴスタ	lobster ラブスタ
ロボット	robot *m.* ロボ	robot ロウボト
ロマン主義（しゅぎ）	romanticismo *m.* ロマンティチズモ	romanticism ロウマンティスィズム
ロマンス	storia d'amore *f.* ストーリア ダモーレ	romance ロウマンス
ロマンチスト	romantico(-a) *m.(f.)* ロマンティコ(カ)	romanticist ロウマンティスィスト
ロマンチックな	romantico ロマンティコ	romantic ロマンティク
路面電車（ろめんでんしゃ）	tram *m.* トラム	streetcar ストリートカー
論（ろん）じる	discutere *su* ディスクーテレ	discuss, argue ディスカス, アーギュー
論争（ろんそう）	disputa *f.*, polemica *f.* ディスプタ, ポレーミカ	dispute ディスピュート
～する	polemizzare *su* ポレミッザーレ	argue, dispute アーギュー, ディスピュート
論点（ろんてん）	argomento principale *m.* アルゴメント プリンチパーレ	the point at issue ザ ポイント アト イシュー
ロンドン	Londra *f.* ロンドラ	London ランドン
論文（ろんぶん）	saggio *m.* サッジョ	essay エセイ
（学術）	tesi *f.* テーズィ	thesis スィースィス
（論説）	articolo *m.* アルティーコロ	article アーティクル
論理（ろんり）	logica *f.* ロージカ	logic ラヂク
～的な	logico ロージコ	logical ラヂカル

ろ

| 日 | 伊 | 英 |

わ, ワ

日本語	イタリア語	英語
輪	cerchio *m.*, anello *m.* チェルキオ, アネッロ	circle, ring サークル, リング
和 (調和)	armonia *f.* アルモニーア	harmony ハーモニ
(総和)	somma *f.* ソンマ	the sum ザ サム
ワープロ	word processor *m.* ウォルド プロチェッソル	word processor ワード プラセサ
ワールドカップ	Coppa del Mondo *f.* コッパ デル モンド	the World Cup ザ ワールド カプ
ワイシャツ	camicia *f.* カミーチャ	shirt シャート
猥褻な	osceno, indecente オッシェーノ, インデチェンテ	obscene, indecent オブスィーン, インディーセント
ワイパー	tergicristallo *m.* テルジクリスタッロ	wiper ワイパ
ワイヤー	cavo *m.* カーヴォ	wire ワイア
賄賂	bustarella *f.* ブスタレッラ	bribery, bribe ブライバリ, ブライブ
ワイン	vino *m.* ヴィーノ	wine ワイン
和音	accordo *m.* アッコルド	chord ハーモニ
若い	giovane ジョーヴァネ	young ヤング
和解する	riconciliarsi *con* リコンチリアルスィ	be reconciled *with* ビ レコンサイルド
若返る	ringiovanire リンジョヴァニーレ	grow younger グロウ ヤンガ
若さ	giovinezza *f.* ジョヴィネッツァ	youth ユース
沸かす	far bollire ファル ボッリーレ	boil ボイル
若葉	foglie giovani *f.pl.* フォッリェ ジョーヴァニ	young leaves ヤング リーヴズ

日	伊	英
我が儘な	egoista / エゴイスタ	selfish, willful / セルフィシュ, ウィルフル
若者	giovane m. f. / ジョーヴァネ	young man / ヤング マン
分からず屋	testardo(-a) m.(f.), testa dura f. / テスタルド(ダ), テスタ ドゥーラ	blockhead / ブラクヘド
分かる	capire, comprendere / カピーレ, コンプレンデレ	understand, realize / アンダスタンド, リアライズ
別れ	separazione f., addio m. / セパラツィオーネ, アッディーオ	parting, farewell / パーティング, フェアウェル
別れる	separarsi / セパラルスィ	part *from* / パート
分かれる	dividersi / ディヴィーデルスィ	divide, branch off / ディヴァイド, ブランチ オーフ
若々しい	giovanile / ジョヴァニーレ	young and fresh / ヤング アンド フレシュ
脇	fianco m. / フィアンコ	the side / ザ サイド
(脇の下)	ascella f. / アッシェッラ	the armpit / ジ アームピト
...の〜に	al fianco di / アル フィアンコ ディ	beside, by / ビサイド, バイ
脇腹	fianco m. / フィアンコ	side / サイド
脇道	traversa f. / トラヴェルサ	bypath / バイパス
脇役	ruolo secondario m. / ルオーロ セコンダーリオ	secondary / セカンデリ
沸く	bollire / ボッリーレ	boil / ボイル
湧く	sorgere / ソルジェレ	gush, spring / ガシュ, スプリング
枠	telaio m. / テライオ	frame, rim / フレイム, リム
(範囲)	limite m. / リーミテ	framework, limit / フレイムワーク, リミト
惑星	pianeta m. / ピアネータ	planet / プラネト

日	伊	英
ワクチン	vaccino ヴァッチーノ	vaccine ヴァクスィン
訳	ragione f. ラジョーネ	reason リーズン
(意味)	significato m. シンニフィカート	sense センス
分け前	parte f. パルテ	share シェア
分ける	dividere ディヴィーデレ	divide, part ディヴァイド, パート
(分離)	separare セパラーレ	separate, part セパレイト, パート
(分類)	classificare クラッスィフィカーレ	classify クラスィファイ
輪ゴム	elastico m. エラスティコ	rubber band ラバ バンド
ワゴン(手押し)	carrello m. カッレッロ	wagon ワゴン
(自動車)	station wagon f. ステション ヴェゴン	station wagon ステイション ワゴン
技	arte f., tecnica f. アルテ, テクニカ	skill, technique スキル, テクニーク
わざと	apposta アッポスタ	on purpose オン パーパス
山葵	barbaforte giapponese m. バルバフォルテ ジャッポネーゼ	horseradish ホースラディシュ
災い	disgrazia f. ディズグラーツィア	disaster ディザスタ
(不幸)	sfortuna f. スフォルトゥーナ	misfortune ミスフォーチョン
わざわざ	apposta アッポスタ	deliberately ディリバレトリ
鷲	aquila f. アークィラ	eagle イーグル
話術	arte di parlare f. アルテ ディ パルラーレ	art of talking アート オヴ トーキング
和食	cucina giapponese f. クチーナ ジャッポネーゼ	Japanese food ヂァパニーズ フード

日	伊	英
わず 僅かな	poco ポーコ	a few, a little ア フュー, ア リトル
わずら 煩わしい	fastidioso, seccante ファスティディオーゾ, セッカンテ	troublesome トラブルサム
わずら 煩わす	disturbare ディストゥルバーレ	trouble トラブル
わす 忘れっぽい	avere poca memoria アヴェーレ ポーカ メモーリア	have a poor memory ハヴ ア プア メモリ
わす ぐさ 忘れな草	non ti scordar di me *m.* ノンティスコルダルディメ	forget-me-not フォゲト-ミ-ナト
わす もの 忘れ物(遺失物)	oggetto smarrito *m.* オッジェット ズマッリート	lost article ロースト アーティクル
～をする	dimenticare, lasciare ディメンティカーレ, ラッシャーレ	forget, leave フォゲト, リーヴ
～取扱所	ufficio oggetti smarriti *m.* ウッフィーチョ オッジェッティ ズマッリーティ	lost-and-found ロースト-アンド-**ファ**ウンド
わす 忘れる	dimenticare, dimenticarsi *di* ディメンティカーレ, ディメンティカルスィ	forget フォゲト
(置き忘れ)	lasciare ラッシャーレ	leave リーヴ
ワセリン	vaselina *f.* ヴァゼリーナ	vaseline **ヴァ**セリーン
わた 綿	cotone *m.* コトーネ	cotton カトン
わだい 話題	argomento *m.* アルゴメント	topic タピク
わたし 私	io イーオ	I アイ
わたしたち 私達	noi ノーイ	we ウィー
わた 渡す	dare ダーレ	hand ハンド
(引き渡す)	consegnare コンセニャーレ	hand over, surrender ハンド オウヴァ, サレンダ
わた どり 渡り鳥	uccello migratore *m.* ウッチェッロ ミグラトーレ	migratory bird マイグラトーリ バード
わた 渡る	passare, attraversare パッサーレ, アットラヴェルサーレ	cross, go over クロス, ゴウ オウヴァ

日	伊	英
ワックス	cera *f.* チェーラ	wax ワクス
ワット	watt *m.* ヴァト	watt ワト
ワッペン	distintivo *m.* ディスティンティーヴォ	emblem エンブレム
罠(わな)	trappola *f.* トラッポラ	trap トラプ
〜を掛ける	preparare una trappola プレパラーレ ウナ トラッポラ	set a trap セト ア トラプ
鰐(わに)	coccodrillo *m.* コッコドリッロ	crocodile クラカダイル
(アリゲーター)	alligatore *m.* アッリガトーレ	alligator アリゲイタ
詫(わ)び	scusa *f.*, perdono *m.* スクーザ、ペルドーノ	apology アパロヂィ
侘(わび)しい	triste, solitario トリステ、ソリターリオ	lonely ロウンリ
(みすぼらしい)	povero, misero ポーヴェロ、ミーゼロ	poor, miserable プア、ミザラブル
詫(わ)びる	scusarsi *per* スクザルスィ	apologize *to* アパロヂャイズ
和服(わふく)	chimono *m.* キモーノ	Japanese clothes ヂャパニーズ クロウズ
和平交渉(わへいこうしょう)	negoziati di pace *m.pl.* ネゴツィアーティ ディ パーチェ	peace negotiation ピース ニゴウシエイション
喚(わめ)く	gridare グリダーレ	give a cry ギヴ ア クライ
和訳(わやく)	traduzione giapponese *f.* トラドゥツィオーネ ジャッポネーゼ	Japanese translation ヂャパニーズ トランスレイション
〜する	tradurre in giapponese トラドゥッレ イン ジャッポネーゼ	translate into Japanese トランスレイト イントゥ ヂャパニーズ
藁(わら)	paglia *f.* パッリャ	straw ストロー
笑(わら)い	riso *m.*, risata *f.* リーゾ、リサータ	laugh, laughter ラフ、ラフタ
〜話	barzelletta *f.* バルゼッレッタ	funny story ファニ ストーリ
笑(わら)う	ridere リーデレ	laugh ラフ

日	伊	英
(微笑)	sorridere ソッリーデレ	smile スマイル
笑わせる	far ridere ファル リーデレ	make laugh メイク ラフ
(滑稽な)	ridicolo リディーコロ	ridiculous, absurd リディキュラス, アブサード
童歌	filastrocca f. フィラストロッカ	nursery song ナーサリ ソーング
割合	proporzione f., rapporto m. プロポルツィオーネ, ラッポルト	rate, ratio レイト, レイシオウ
割り当て	assegnazione f. アッセニャツィオーネ	assignment アサインメント
割り当てる	assegnare アッセニャーレ	assign アサイン
割り勘にする	pagare alla romana パガーレ アッラ ロマーナ	go Dutch for ゴウ ダチ
割り込む	intromettersi イントロメッテルスィ	cut in カト イン
(列に)	passare davanti agli altri パッサーレ ダヴァンティ アッリ アルトリ	jump a queue ヂャンプ ア キュー
割り算	divisione f. ディヴィズィオーネ	division ディヴィジョン
割引	sconto m. スコント	discount ディスカウント
～する	fare uno sconto ファーレ ウノ スコント	make a discount メイク ア ディスカウント
～切符	ridotto m. リドット	reduced fare ticket リデュースト フェア ティケト
割り引く	fare uno sconto ファーレ ウノ スコント	discount, reduce ディスカウント, リデュース
割増(料金)	supplemento m., extra m. スップレメント, エクストラ	extra charge エクストラ チャーヂ
割る	rompere ロンペレ	break, crack ブレイク, クラク
(分割)	dividere ディヴィーデレ	divide *into* ディヴァイド
悪い	cattivo カッティーヴォ	bad, wrong バド, ロング

わ

日	伊	英
悪賢い	astuto, furbesco アストゥート, フルベスコ	cunning, sly カニング, スライ
悪口	maldicenza f. マルディチェンツァ	abuse アビューズ
〜を言う	parlare male di パルラーレ マーレ	speak ill of スピーク イル
ワルツ	valzer m. ヴァルツェル	waltz ウォールツ
悪ふざけ	brutto scherzo m. ブルット スケルツォ	nasty trick ナスティ トリク
悪酔いする	prendere una brutta sbornia プレンデレ ウナ ブルッタ ズボルニア	get sick from drink ゲト スィク フラム ドリンク
割れ目	fessura f., crepa f. フェッスーラ, クレーパ	crack, split クラク, スプリト
ワレモノ(表示)	Fragile フラージレ	Fragile フラヂル
割れる	rompersi ロンペルスィ	break ブレイク
椀	ciotola f. チョートラ	bowl ボウル
湾	baia f., golfo m. バイア, ゴルフォ	bay, gulf ベイ, ガルフ
腕章	bracciale m. ブラッチャーレ	arm band アーム バンド
腕白な	birichino, monellesco ビリキーノ, モネッレスコ	naughty ノーティ
ワンピース	abito intero m. アービト インテーロ	dress, one-piece ドレス, ワンピース
ワンマンな	autoritario, dittatoriale アウトリターリオ, ディッタトリアーレ	autocratic, dictatorial オートクラティク, ディクタトーリアル
腕力	forza delle braccia f. フォルツァ デッレ ブラッチャ	physical strength フィズィカル ストレンクス
ワンルームマンション	monolocale m. モノロカーレ	one-room apartment ワン-ルーム アパートメント

日常会話表現

あいさつ(出会い).. 715	電話............... 727
あいさつ(別れ).... 716	道を尋ねる........ 728
お礼を言う....... 717	交通機関の利用..... 729
謝る............. 717	宿泊............... 731
肯定・同意....... 718	食事............... 734
否定・拒否....... 719	バールで軽食....... 736
問い返し......... 719	買い物............. 737
感嘆・落胆・激励... 720	トラブル........... 739
便利な疑問詞..... 722	病院・薬局......... 740
便利な表現....... 723	時刻・日にち・曜日・月・季節
尋ねる........... 724	 742
許可・依頼....... 726	

■あいさつ(出会い)■

●おはようございます
Good morning.
Buongiorno.
ブォンジョルノ

●こんにちは
Good afternoon.
Buongiorno.
ブォンジョルノ

●こんばんは
Good evening.
Buonasera.
ブォナセーラ

●おやすみなさい
Good night.
Buonanotte.
ブォナノッテ

●(親しい人に) やあ
Hello./ Hi!
Ciao./ Salve.
チャーオ / サルヴェ

●はじめまして
Nice to meet you.
Piacere./ Molto lieto(-a)
ピアチェーレ / モルト リエート(タ)

●お元気ですか
How are you?
Come sta?
コメ スタ

●元気?
How are you?
Come stai?
コメ スターイ

●調子はどう?
How are you doing?
Come va?
コメ ヴァ

日常会話

● 元気です，ありがとう．あなた[君]は？
Fine, thanks. And you?
Bene, grazie. E Lei[tu]?
ベーネ グラーツィエ エ レーイ(エ トゥ)？

● まあまあです．
So-so.
Così così.
コズィ コズィ

● お久しぶりです．
I haven't seen you for a long time.
È da tanto che non ci vediamo.
エ ダ タント ケ ノン チ ヴェディアーモ

■あいさつ(別れ)■

● さようなら．
Good-bye./ See you.
Arrivederci./ Buongiorno[Buonasera].
アリヴェデルチ，ブォンジョルノ(ブォナセーラ)

● ではこれで失礼します．
I must be going now.
Ora me ne vado.
オーラ メ ネ ヴァード

● バイバイ．
Bye(-bye).
Ciao!
チャーオ

● また明日．
See you tomorrow.
A domani.
アッドマーニ

● また来週．
See you next week.
Alla prossima settimana.
アッラ プロッスィマ セッティマーナ

● また近いうちに．
See you soon.
A presto.
ア プレスト

● ではまたあとで．
See you later.
A più tardi.
ア ピウッタルディ

● よい週末を．
Have a nice weekend!
Buon fine settimana.
ブォン フィーネ セッティマーナ

● どうぞ，楽しい旅を．
Have a nice trip!
Buon viaggio.
ブォンヴィアッジョ

● お疲れさま．
Good night.
Buon riposo.
ブォンリポーゾ

● 良いお食事を．
Have a good meal!
Buon appetito.
ブォンナッペティート

● あなたも／ 君もね．
You too!/ The same to you!
Anche a Lei. / Anche a te.
アンケ ア レーイ ／ アンケ ア テ

■お礼を言う■

●ありがとう
Thank you./ Thanks.
Grazie.
グラーツィエ

●どうもありがとう
Thanks a lot.
Grazie mille.
グラーツィエ ミッレ

●ご親切にどうも
Thank you very much.
Grazie, molto gentile.
グラーツィエ モルト ジェンティーレ

●先日はどうもありがとう
Thanks for the other day.
Grazie dell'altro giorno.
グラーツィエ デッラルトロ ジョルノ

●いろいろお世話になりました
Thank you for everything.
Grazie di tutto.
グラーツィエ ディトゥット

●お招きいただいてありがとう
Thank you for inviting me.
Grazie per avermi invitato.
グラーツィエ ペル アヴェルミ インヴィタート

●お礼の申しようもございません
I can't thank you enough.
Non so come ringraziarLa.
ノンソ コメ リングラツィアルラ

●どういたしまして
You're welcome.
Prego.
プレーゴ

●とんでもありません
Not at all./ Don't mention it.
Di niente. Si figuri!
ディニエンテ スィ フィグーリ

■謝る■

●どうもすみません
I'm very sorry./ I beg your pardon.
Mi scusi./ Le chiedo scusa.
ミ スクーズィ / レ キエード スクーザ

●ごめんね
I'm sorry.
Scusa./ Scusami.
スクーザ / スクーザミ

●いいんですよ
Never mind.
Prego.
プレーゴ

●遅れてすみません(ごめんね)
I'm sorry I'm late.
Scusi[Scusa] il ritardo.
スクーズィ(スクーザ) イル リタルド

日常会話

- ●だいじょうぶですか
  Are you all right?
  Si è fatto(-a) male?
  スィ エ ファット(タ) マーレ

- ●わざとしたのではありません
  I didn't do it on purpose.
  Non l'ho fatto apposta.
  ノン ロ ファット アッポスタ

- ●だいじょうぶです
  Never mind./ That's all right.
  Niente di male./ Non fa niente.
  ニエンテ ディ マーレ / ノンファ ニエンテ

- ●ご心配なく
  Don't worry about it.
  Non si preoccupi.
  ノン スィ プレオックピ

- ●失礼します(前を通るとき)
  Excuse me.
  Permesso.
  ペルメッソ

- ●失礼します(部屋に入るとき)
  May I come in?
  Permesso, scusi?
  ペルメッソ スクーズィ

■肯定・同意■

- ●はい(そうです)
  Yes.
  Sì.
  スィ

- ●そうだと思います
  I think so.
  Penso di sì.
  ペンソ ディ スィ

- ●そのとおりです
  That's right./ Exactly!
  Proprio così./ Appunto.
  プロープリオ コズィ / アップント

- ●なるほど,そうですね
  Well, I see.
  È vero. Lei ha ragione.
  エヴェーロ / レイ ア ラジョーネ

- ●いいですよ(承知しました)
  OK!/ All right.
  D'accordo./ Va bene.
  ダッコルド / ヴァッベーネ

- ●もちろん(ですとも)
  Sure./ Of course.
  Certo./ Senz'altro.
  チェルト / センツァルトロ

- ●喜んで
  I'd love to./ I'll be glad to.
  Volentieri./ Con piacere.
  ヴォレンティエーリ / コンピアチェーレ

■否定・拒否■

● いいえ(違います)
No.
No.
ノー

● 違うと思います
I don't think so.
Penso di no.
ペンソ ディ ノー

● いいえ，結構です
No, thank you.
No, grazie.
ノー グラーツィエ

● 結構です．私にかまわないでください
Go away! I don't want it!
Se ne vada! Non lo voglio!
セネヴァーダ ノンロ ヴォッリオ

● 絶対にだめです
Absolutely not!
No, no, assolutamente!
ノーノー アッソルータメンテ

● やめろ / やめて！
Stop it!
Smettila!
ズメッティラ

● もう十分です
That's enough.
Basta così.
バスタ コズィ

● 残念ながら，知りません
I'm sorry, I don't know.
Mi dispiace, non lo so.
ミディスピアーチェ ノンロソ

● 今は忙しいので
I'm busy now.
Adesso sono occupato(-a).
アデッソ ソーノ オックパート(タ)

● 急いでいます
I'm in a hurry.
Ho fretta.
オフレッタ

■問い返し■

● 何でしょうか？
Pardon?
Prego?
プレーゴ

● えっ？
What?
Come?
コーメ

● 何とおっしゃいました？
What did you say?
Cosa ha detto, scusi?
コーザ アデット スクーズィ

● もう一度おっしゃってください
Could you say that again, please?
Me lo ripeta, per favore.
メロリペータ ペルファヴォーレ

- ●残念ながら，わかりません（相手の言っていることが）
  I'm sorry, I don't understand.
  Mi dispiace, non capisco.
  ミディスピアーチェ ノンカピスコ

- ●もう少しゆっくり話していただけますか
  Please speak more slowly.
  La prego, parli più lentamente.
  ラプレーゴ パルリ ピウ レンタメンテ

- ●ちょっと待ってください
  Wait a moment, please.
  Aspetti un momento, per favore.
  アスペッティ ウンモメント ペルファヴォーレ

- ●本当ですか？
  Really?
  È vero?/ Davvero?
  エヴェーロ ダッヴェーロ

- ●本気ですか？
  Are you serious?
  Sul serio?
  スルセーリオ

- ●たぶん（おそらく）
  Perhaps./ Maybe.
  Forse./ Può darsi.
  フォルセ プオダルスィ

- ●時と場合によります
  That depends.
  Dipende.
  ディペンデ

■ 感嘆・落胆・激励 ■

- ●いい天気だ
  It's a fine day.
  Fa bel tempo.
  ファベルテンポ

- ●ひどい天気だなあ
  What terrible weather!
  Che tempaccio!
  ケテンパッチョ

- ●おお，寒い［暑い］
  How cold[hot] it is!
  Che freddo[caldo]!
  ケフレッド（カルド）

- ●わあ，おいしい
  How delicious!
  Com'è buono!
  コメブオーノ

- ●すごいスピードですね
  How fast!
  Quanto è veloce!
  クアントエヴェローチェ

- ●わあ，素敵なお庭ですね
  What a lovely garden!
  Che bel giardino!
  ケベルジャルディーノ

- ●この荷物はなんて重いんだろう
  How heavy this luggage is!
  Com'è pesante questa valigia!
  コメエペザンテ クエスタ ヴァリージャ

- **すごい (能力や腕前)**
Terrific!/ Cool!
Bravo(-a)!/ Bravissimo(-a)!
ブラーヴォ(ヴァ)/ ブラヴィッスィモ(マ)

- **すばらしい**
Wonderful!/ Fantastic!
Meraviglioso!/ Fantastico!
メラヴィッリオーゾ／ ファンタスティコ

- **わあ，おもしろい**
What fun!
Com'è divertente!
コメエ ディヴェルテンテ

- **すごく楽しかったです**
I had a great time.
Mi sono divertito(-a) un mondo.
ミソノディヴェルティート(タ) ウンモンド

- **とても嬉しいです**
I'm very happy.
Sono molto felice.
ソノモルト フェリーチェ

- **信じられません**
I can't believe it!
È incredibile!
エインクレディービレ

- **驚きました**
What a surprise!
Che sorpresa!
ケソルプレーザ

- **どうしましょうか**
What shall we do?
Come facciamo?
コメファッチャーモ

- **変な話だなあ**
What a strange story!
Che strano!
ケストラーノ

- **一人で寂しいです**
I'm lonely.
Mi sento solo(-a).
ミ セント ソーロ(ラ)

- **悲しいです**
I feel sad.
Sono triste.
ソノトリステ

- **犬が怖いです**
I'm afraid of dogs.
Ho paura del cane.
オパウーラ デルカーネ

- **とても心配です**
I'm very worried.
Sono molto preoccupato(-a).
ソノモルト プレオックパート(タ)

- **安心してください**
Don't worry!/ Relax!
Non si preoccupi!/ Stia tranquillo(-a)!
ノンスィプレオックピ／ スティア トランクィッロ(ラ)

日常会話

- 私が何とかします
I'll see to it.
Ci penso io!
チペンソ イーオ

- 仕方ない
Never mind!
Pazienza!
パツィエンツァ

- 気に入りました（好きです）
I like it.
Mi piace.
ミピアーチェ

- 興味がありません
I'm not interested.
Non mi interessa.
ノンミインテレッサ

- 頑張れ
Stick with it!/ Hang in there!
Forza!/ Coraggio!
フォルツァ / コラッジョ

- 頑張ってね（試験や試合の前に）
Good luck!
Buona fortuna!
ブオナフォルトゥーナ

- 元気出して
Cheer up!
Su, andiamo!/ In gamba!
スー アンディアーモ / インガンバ

- 残念だなあ
That's too bad.
Che peccato!
ケペッカート

- それで結構です
That's fine.
Benissimo!/ Perfetto!
ベニッスィモ / ペルフェット

- 気に入りません（嫌いです）
I don't like it.
Non mi piace.
ノンミピアーチェ

- 危ない［気をつけて］
Watch out!
Attenzione!
アッテンツィオーネ

■ 便利な疑問詞 ■

- いつ？
When?
Quando?
クアンド

- どこで［に］？
Where?
Dove?
ドーヴェ

- 何を？
What?
Che cosa?/ Cosa?
ケコーザ / コーザ

- 何時に？
What time?
A che ora?
アケオーラ

- 誰が［を］？
Who?
Chi?
キ

- どれ［どちら］？
Which?
Quale?
クアーレ

- なぜ[どうして]？
Why?
Perché?
ペルケ

- どのように？
How?
Come?
コーメ

- いくら [どれだけ]？
How much?/ How many?
Quanto?
クアント

■便利な表現■

- ちょっとすみません (呼びかけ)
Excuse me.
Scusi!/ Senta!
スクーズィ / センタ

- ちょっとよろしいですか
Could you help me, please?
Può aiutarmi, per favore?
プオ　アユタルミ　ペルファヴォーレ

- 何かご用ですか
What can I do for you?
Mi dica!
ミディーカ

- 何かお困りですか
Can I help you?
Posso aiutarLa?
ポッソ　アユタルラ

- ～はありますか
Do you have...?
Avete...?
アヴェーテ

- ～をお願いします
..., please.
..., per favore.
ペルファヴォーレ

- ～をいただけますか
I'd like...
Vorrei...
ヴォッレイ

- ～をください
Give me..., please.
Mi dia..., per favore.
ミディーア，　ペルファヴォーレ

- ～を持ってきてください
Bring me..., please.
Mi porti..., per favore.
ミポルティ，　ペルファヴォーレ

- ～してもよろしいですか
May I...?/ Can I...?
Posso...?/ Si può...?
ポッソ / スィプオ

- ～したいのですが
I'd like...
Vorrei...
ヴォッレイ

- ～を盗まれました
Someone has stolen...
Mi hanno rubato...
ミアンノ　ルバート

日常会話

- ●〜をなくしました
I've lost...
Ho perso...
オペルソ

- ●高すぎます
It's too much.
È troppo.
エトロッポ

- ●少し安くしていただけますか
Could you give me a discount?
Mi farebbe uno sconto?
ミファレッベ ウーノ スコント

- ●もう少し多く[少なく]
A little more [less].
Un po' di più [meno].
ウンポディピウ(メーノ)

■尋ねる■

- ●これは何ですか
What's this?
Che cos'è questo?
ケコゼエ クエスト

- ●イタリア語で何と言いますか
What do you call this in Italian?
Come si dice in italiano?
コメスィディーチェ インニタリアーノ

- ●この単語はどういう意味ですか
What does this word mean?
Cosa vuol dire questa parola?
コーザ ヴォルディーレ クエスタパローラ

- ●どう発音すればいいのですか
How do you pronounce it?
Come si pronuncia?
コメスィプロヌンチャ

- ●ここに書いてください
Could you write that down?
Me lo scriva qui, per favore.
メロスクリーヴァ クィ ペルファヴォーレ

- ●ちょっとお尋ねしたいのですが
May I ask you a question?
Volevo chiedere una cosa.
ヴォレーヴォ キエーデレ ウナコーザ

- ●おいくらですか
How much?
Quanto costa?
クアント コスタ

- ●ちょっとお願いがあるのですが
  May I ask a favor of you?
  Mi fa un piacere?
  ミファ　ウンピアチェーレ

- ●時間はどれくらいかかりますか
  How long does it take?
  Quanto tempo ci vuole?
  クアントテンポ　チヴオーレ

- ●待ち時間はどれくらいでしょうか
  How long do we have to wait?
  Quanto ci sarà da aspettare?
  クアント　チサラ　ダアスペッターレ

- ●お手洗いはどこですか
  Where is the rest room?
  Dove si trova la toilette?
  ドヴェ　スィ　トローヴァ　ラ　トアレット

- ●お名前は何とおっしゃいますか
  May I have your name?
  Come si chiama?
  コメスィキアーマ

- ●ご住所はどちらですか
  May I have your address?
  Qual è il Suo indirizzo?
  クアーレエ　イルスオインディリッツォ

- ●あなたの電話番号は？
  May I have your telephone number?
  Qual è il Suo numero di telefono?
  クアーレエ　イルスオヌーメロ　ディテレーフォノ

- ●私を覚えていらっしゃいますか
  Do you remember me?
  Si ricorda di me?
  スィリコルダディメッ

- ●どこでお会いしましたでしょうか
  Where did we meet?
  Dove ci siamo incontrati(-e)?
  ドヴェチスィアーモ　インコントラーティ(テ)

- ●どこからいらしたのですか
  Where are you from?
  Di dov'è Lei?
  ディ　ドヴェエ　レーイ

日常会話

- ●お仕事は何をなさっていますか
  What do you do?
  Che lavoro fa Lei?
  ケラヴォーロファ　レーイ

- ●何時まであいていますか
  Until what time is it open?
  Fino a che ora è aperto?
  フィーノ　ア　ケ　オーラ　エ　アペルト

- ●それはどこにあるのですか
  Where is it?
  Dove si trova?
  ドヴェスィトゥローヴァ

- ●この席はあいていますか
  Is this seat taken?
  È libero questo posto?
  エリーベロ　クェストポスト

- ●ここが列の最後ですか
  Is this the end of the line?
  È questa la fine della coda?
  エクェスタ　ラフィーネ　デッラコーダ

- ●あなたのスーツケースは何色ですか
  What color is your suitcase?
  Di che colore è la Sua valigia?
  ディケコローレエ　ラスアヴァリージャ

■許可・依頼■

- ●たばこを吸ってもいいですか
  Do you mind if I smoke?
  Posso fumare?
  ポッソ　フマーレ

- ●これをもらってもいいですか
  May I have this?
  Posso prendere questo?
  ポッソ　プレンデレ　クェスト

- ●ここで写真を撮ってもいいですか
  Is it all right to take pictures here?
  Qui si possono fare delle foto?
  クィスィポッソノ　ファーレ　デッレフォート

- ●中に入ってもいいですか
  May I go inside?
  Posso entrare?
  ポッソ　エントラーレ

- 写真を撮っていただけませんか
  Would you take our[my] picture?
  Per favore, può far*ci*(*-mi*) una foto?
  ペルファヴォーレ プオファルチ(ミ)ウナフォート

- ホテルへ電話をください
  Call me at the hotel, please.
  Mi chiami all'albergo, per favore.
  ミ キアーミ アッラルベルゴ ペルファヴォーレ

- これを日本にファックスしていただけますか
  Could you please fax this to Japan?
  Può mandare questo in Giappone per fax?
  プオマンダーレ クエスト インジャッポーネ ペルファックス

- メールで連絡してもらえますか
  Could you send me a message by e-mail?
  Può mandarmi un messaggio per e-mail?
  プオマンダルミ ウンメッサッジョ ペルイメイル

- 待ち合わせはどこにしましょうか
  Where shall we meet?
  Dove ci incontriamo?
  ドヴェチインコントリアーモ

■電話■

- もしもし，ロッシさんはいらっしゃいますか
  Hello. Is Mr. Rossi there, please?
  Pronto. C'è il signor Rossi, per favore?
  プロント チェイルスィニョールロッスィ ペルファヴォーレ

- もしもし，ヴェルディさんをお願いします
  Hello, may I speak to Mr. Verdi, please?
  Pronto, vorrei parlare col signor Verdi.
  プロント ヴォッレイ パルラーレ コルスィニョール ヴェルディ

- どちらさまですか
  Who's calling, please?
  Con chi parlo?
  コンキ パルロ

- 田中と申します
  This is Tanaka./ My name is Tanaka.
  Parla Tanaka./ Mi chiamo Tanaka.
  パルラ タナカ / ミキアーモ タナカ

- しばらくお待ちください
  Hold on a minute, please.
  Attenda un attimo, per favore.
  アッテンダ ウンナッティモ ペルファヴォーレ

●ただ今ほかの電話に出ております
He is on another line right now.
Adesso è all'altro telefono.
アデッソ エアッラルトロ テレーフォノ

●あいにく出かけております
I'm sorry, he's out right now.
Mi dispiace, adesso è fuori.
ミディスピアーチェ アデッソ エフオーリ

●いつごろお戻りでしょうか
Do you know when he'll be back?
Quando sarà di ritorno?
クアンド サラ ディ リトルノ

●伝言をお願いできますか
May I leave a message?
Posso lasciare un messaggio?
ポッソ ラッシャーレ ウンメッサッジョ

●ホテルにお電話をくださるようにお伝えください
Could you ask him[her] to call me at the hotel, please?
Potrebbe chieder*gli*[-*le*] di chiamarmi all'albergo, per favore?
ポトレッベ キエーデルリ(レ) ディ キアマルミ アッラルベルゴ ペルファヴォーレ

●あとでこちらからかけなおします
I'll call back later.
Richiamerò più tardi.
リキアメロ ピウッタルディ

■道を尋ねる■

●市内地図をいただけますか
May I have a city map, please?
Mi può dare una piantina della città?
ミプオダーレ ウナピアンティーナ デッラ チッタ

●ホテルの場所を印してもらえますか
Could you please mark where the hotel is?
Mi potrebbe segnare dove si trova l'albergo?
ミポトレッペ セニャーレ ドヴェスィトローヴァ ラルベルゴ

●ここはどこでしょうか. 道に迷いました
Where are we now? I'm lost.
Dove siamo? Ho perso la strada.
ドヴェスィアーモ オペルソ ラストラーダ

- ●ここは何という通りでしょうか
 What's the name of this street?
 Come si chiama questa via?
 コメスィキアーマ クェスタヴィーア

- ●この地図に今いる場所を印してもらえますか
 Could you mark where we are now on this map?
 Mi potrebbe segnare dove siamo su questa pianta?
 ミポトレッベ セニャーレ ドヴェスィアーモ スックェスタピアンタ

- ●遠いですか
 Is it far from here?
 È lontano?
 エロンターノ

- ●歩いて行けますか
 Can I walk there?
 Ci posso andare a piedi?
 チポッソ アンダーレ アピエディ

- ●すぐそこです
 It's only a short distance.
 È a due passi da qui.
 エアドゥエパッスィダクィ

- ●ここからだとかなりあります
 It's quite a distance from here.
 È abbastanza lontano da qui.
 エアッバスタンツァ ロンターノ ダクィ

- ●歩くとどれくらいかかりますか
 How long does it take on foot?
 Quanto tempo ci vuole a piedi?
 クアントテンポ チヴオーレ アピエディ

- ●約15分[30分]
 About a quarter of an hour[half an hour].
 Circa un quarto d'ora[mezz'ora].
 チルカ ウンクァルトドーラ(メッゾーラ)

■交通機関の利用■

[バス]

- ●バス停はどこですか
 Where is the bus stop?
 Dov'è la fermata dell'autobus?
 ドヴェエラフェルマータ デッラウトブス

- ●切符売り場はどこですか
 Where is the ticket office?
 Dove si trova la biglietteria?
 ドヴェスィトローヴァ ラビッリェッテーリア

- ●このバスはポンテヴェッキオで停まりますか
  Does this bus stop at Ponte Vecchio?
  Questo autobus si ferma a Ponte Vecchio?
  クェスト アウトブス スィフェルマ ア ポンテヴェッキオ

- ●すみません，ここで降ります
  Excuse me, I'm getting off here.
  Permesso, scendo qui.
  ペルメッソ シェンド クィ

［列車］

- ●ローマまで2枚ください
  Two tickets to Rome, please.
  Due biglietti per Roma, per favore.
  ドゥーエ ビッリエッティ ペルローマ ペルファヴォーレ

- ●片道です / 往復です
  One way, please./ Round-trip, please.
  Solo andata./ Andata e ritorno.
  ソーロ アンダータ / アンダータ エリトルノ

- ●フィレンツェ行きの列車は何番のホームから発車しますか
  Which platform does the train for Florence leave from?
  Da che binario parte il treno per Firenze?
  ダケビナーリオ パルテ イルトレーノ ペルフィレンツェ

- ●これがヴェネツィア行きの列車ですか
  Is this the right train to go to Venice?
  È questo il treno per Venezia?
  エクェスト イルトレーノ ペルヴェネーツィア

- ●列車を間違えました
  I'm on the wrong train.
  Ho sbagliato il treno.
  オズバッリアート イルトレーノ

- ●どこで降りたらいいですか
  Where should I get off?
  Dove devo scendere?
  ドヴェデーヴォ シェンデレ

- ●アッシジへはどこで乗り換えるのですか
  Where do I transfer for Assisi?
  Dove si cambiano per Assisi?
  ドヴェスィカンビアノ ペルアッスィーズィ

［タクシー］

- ●タクシー乗り場はどこですか
  Where can I get a taxi?
  Dove posso trovare un tassì?
  ドヴェ ポッソ トロヴァーレ ウンタッスィ

- **ホテル・カルロッタまでお願いします**
  To the Hotel Carlotta, please.
  All'albergo Carlotta, per favore.
  アッラルベルゴ カルロッタ ペルファヴォーレ

- **空港までタクシーで行くといくらかかりますか**
  How much does it cost to the airport by taxi?
  Quanto costa fino all'aeroporto con un tassi?
  クアントコスタ フィーノアッラエロポルト コンヌンタッスィ

- **メーターを使ってください**
  Could you please use the meter?
  Vuol usare il tassametro, per favore?
  ヴォルウザーレ イルタッサーメトロ ペルファヴォーレ

- **ここで停めてください**
  Stop here, please.
  Si fermi qui, per favore.
  スィフェルミ クィ ペルファヴォーレ

- **おつりは取っておいてください**
  Keep the change.
  Tenga il resto.
  テンガ イルレスト

■宿泊■

- **ここでホテルの予約はできますか**
  Can I make a hotel reservation here?
  Qui si può prenotare una camera all'albergo?
  クィ スィプオプレノターレ ウナカーメラ アッラルベルゴ

- **1泊80ユーロ以下のホテルを探しています**
  I'm looking for a single room under 80 euro.
  Cerco una camera singola che costi meno di 80 euro.
  チェルコ ウナカーメラ スィンゴラ ケコスティ メーノ ディ オッタンタ エウロ

- **部屋はありますか**
  Do you have a room for the night?
  Avete una camera libera per questa notte?
  アヴェーテ ウナカーメラ リーベラ ペル クェスタノッテ

- **ツインをお願いします**
  A twin room, please.
  Una camera a due letti, per favore.
  ウナカーメラ アドゥエ レッティ ペル ファヴォーレ

- **バス[シャワー]付きの部屋をお願いします**
  I'd like a room with a bath [shower].
  Vorrei una camera con bagno [doccia].
  ヴォッレイ ウナカーメラ コン バーニョ[ドッチャ]

日常会話

●眺めのいい部屋をお願いします
I'd like a room with a nice view.
Vorrei una camera con vista panoramica.
ヴォッレイ ウナカーメラ コンヴィスタ パノラーミカ

●1泊です． / 2［3］泊です
One night./ Two [Three] nights.
Una notte./ Due [tre] notti.
ウナ ノッテ / ドゥエ［トレ］ノッティ

●木村です．日本から予約しました
My name is Kimura. I made a reservation in Japan.
Mi chiamo Kimura. Ho prenotato dal Giappone.
ミ キアーモ キムラ オプレノタート ダル ジャッポーネ

●部屋を見せてください
Please show me the room.
Mi faccia vedere la camera, per favore.
ミファッチャ ヴェデーレ ラカーメラ ペルファヴォーレ

●この部屋は狭すぎます
This room is too small.
Questa camera è troppo piccola.
クェスタカーメラ エトロッポ ピッコラ

●この部屋はうるさすぎます
This room is too noisy.
Questa camera è troppo rumorosa.
クェスタカーメラ エトロッポ ルモローザ

●もっと静かな部屋はありませんか
Do you have any quieter rooms?
Non avete una camera più tranquilla?
ノナヴェーテ ウナカーメラ ピウ トランクィッラ

●この部屋にします
I'll take this room.
Prendo questa camera.
プレンド クェスタカーメラ

●朝食は付いていますか
Is breakfast included?
È inclusa la colazione?
エ インクルーザ ラコラツィオーネ

●1泊2食付きでいくらになりますか
How much is half board?
Quanto viene la mezza pensione?
クアントヴィエーネ ラメッザ ペンスィオーネ

- 1泊3食付きではいくらですか
  How much is full board?
  Quanto viene la pensione completa?
  クアントヴィエーネ ラペンスィオーネ コンプレータ

- カードで払えますか
  Do you accept credit cards?
  Prendete la carta?
  プレンデーテ ラカルタ

- 朝食は何時ですか
  What time is breakfast?
  A che ora è la colazione?
  アケオラエ ラコラツィオーネ

- チェックアウトは何時ですか
  What time is check-out?
  A che ora devo lasciare la camera?
  アケオーラ デーヴォ ラッシャーレ ラカーメラ

- この荷物を2時まで預かっていただけますか
  Could you keep my baggage until 2 o'clock?
  Posso lasciare qui le valigie fino alle due?
  ポッソ ラッシャーレ クィ レヴァリージェ フィーノアッレドゥーエ

[苦情]

- 部屋に鍵を忘れました
  I'm locked out of my room.
  Ho dimenticato la chiave in camera.
  オディメンティカート ラキアーヴェ インカーメラ

- 浴室にタオルがありません
  There is no towel in the bathroom.
  Non ci sono asciugamani nel bagno.
  ノンチソーノ アッシュガマーニ ネルバーニョ

- お湯がでません
  There is no hot water.
  Non c'è acqua calda.
  ノンチェ アックァ カルダ

- 明かり[テレビ]がつきません
  The light [TV] doesn't work.
  Non si accende la luce [televisione].
  ノンスィアッチェンデ ラルーチェ(テレヴィズィオーネ)

- エアコンが利きません
  The air conditioner doesn't work.
  Non funziona il condizionatore.
  ノンフンツィオーナ イルコンディツィオナトーレ

●部屋を換えてもらえますか
Could I please change rooms?
Vorrei cambiare la camera.
ヴォッレイ カンビアーレ ラカーメラ

■食事■

●この近くにいいレストランはありますか
Are there any nice restaurants around here?
C'è qualche buon ristorante qui vicino?
チェクァルケブォンリストランテ クィヴィチーノ

●魚介類を食べたいのですが
I would like to have some seafood.
Vorrei mangiare dei frutti di mare.
ヴォッレイ マンジャーレ デイフルッティディマーレ

●あまり高くないところがいいのですが
I would prefer a reasonably-priced restaurant.
Preferirei un ristorante non troppo caro.
プレフェリレイ ウンリストランテ ノントロッポカーロ

●予約が必要ですか
Do we need a reservation?
Bisogna prenotare?
ビゾーニャ プレノターレ

●夕食はふだんは何時ごろですか
When do you usually eat dinner?
A che ora cenate di solito?
ア ケ オーラ チェナーテ ディ ソーリト

●今晩8時に3名で予約をお願いします
I'd like a reservation for three at 8 o'clock tonight.
Vorrei prenotare un tavolo per tre, stasera alle otto.
ヴォッレイ プレノターレ ウンターヴォロ ペルトレ スタセーラ アッレオット

●8時で予約をしました齊藤です
I have a reservation for 8 o'clock. My name is Saito.
Ho prenotato per le otto. Saito.
オプレノタート ペルレオット サイトー

●海が見える席にしていただけますか
I'd like a table with an ocean view, please?
Preferirei un tavolo con vista sul mare, per favore?
プレフェリレイ ウンターヴォロ コンヴィスタスルマーレ ペルファヴォーレ

●外で食べてもいいですか
Could we eat outside?
Possimao mangiare fuori?
ポッスィアーモ マンジャーレ フオーリ

● 急いでいます．長く待たないとだめですか
We are in a hurry. Do we have to wait long?
Abbiamo fretta. C'è molto da aspettare?
アッビアーモ　フレッタ　チェモルト　ダアスペッターレ

● メニューを見せてください
A menu, please?
Il menu, per favore?
イルメヌー　ペルファヴォーレ

● 今日のお勧めは何ですか
What's today's special?
Qual è il piatto del giorno?
クアレエ　イルピアット　デルジョルノ

● お店の自慢料理は何ですか
What's your specialty?
Qual è la vostra specialità?
クアレエ　ラヴォストラ　スペチャリタ

● ステーキをミディアム［ウェルダン，レア］でお願いします
I'd like my steak medium[well-done, rare].
Vorrei una bistecca non troppo cotta[ben cotta, al sangue], per favore.
ヴォッレイ　ウナビステッカ　ノントロッポコッタ(ベンコッタ，アルサングェ)　ペルファヴォーレ

● ミックスサラダを添えてください
A mixed salad too, please.
Con contorno di insalata mista, per favore.
コンコントルノ　ディ　インサラータミスタ　ペルファヴォーレ

● この料理に合うようなワインはありますか
Could you recommend a good wine for this dish?
C'è qualche buon vino che si sposi con questo piatto?
チェクアルケ　ブォンヴィーノ　ケシスポーズィ　コンクェストピアット

● すみませんが，パンをもう少しお願いします
Excuse me, some more bread, please.
Senta, ancora un po' di pane, per favore.
センタ　アンコーラ　ウンポ　ディ　パーネ　ペルファヴォーレ

● デザートには何がありますか
What do you have for dessert?
Cosa avete per dessert?/ Che dolci avete?
コーザ　アヴェーテ　ペル　デッセール／ケ　ドルチ　アヴェーテ

● 汚してしまったので，染み抜きがあったら持ってきてください
I've got some spots on me. Could you bring me something to take them away?
Mi sono macchiato(-a). Può portarmi uno smacchiatore?
ミソーノ　マッキアート(タ)　プオポルタルミ　ウーノズマッキアトーレ

- ●とてもおいしかったです，ありがとう
  We really enjoyed the meal. Thank you.
  Abbiamo fatto una bella mangiata, grazie.
  アッビアーモ　ファット　ウナベッラ　マンジャータ　グラーツィエ

- ●お勘定をお願いします
  Check, please.
  Il conto, per favore.
  イルコント　ペルファヴォーレ

- ●クレジットカードでお願いします
  By credit card, please.
  Con la carta, per favore.
  コンラカルタ，ペルファヴォーレ

［苦情］

- ●頼んだ料理がまだきません
  Our order hasn't arrived yet.
  Non è ancora arrivato il mio[nostro] piatto.
  ノネ　アンコーラ　アッリヴァート　イルミオ(ノストロ)ピアット

- ●計算が間違っています
  This calculation is wrong.
  C'è uno sbaglio nel conto.
  チェウーノ　ズバッリォ　ネルコント

- ●おつりが間違っています
  This is not the correct change.
  È sbagliato il resto.
  エズバッリアート　イルレスト

- ●これは注文していません
  I didn't order this.
  Questo, non l'ho ordinato.
  クエスト　ノンロ　オルディナート

■バールで軽食■

- ●カプチーノとブリオッシュをお願いします
  A white coffee with brioche, please.
  Un cappuccino con brioche, per favore.
  ウンカップッチーノ　コンブリオッシュ　ペルファヴォーレ

- ●サンドイッチとオレンジジュースをください
  A sandwich and an orange juice, please.
  Un tramezzino e una spremuta d'arancia, per favore.
  ウントラメッズィーノ　エ　ウナスプレムータ　ダランチャ　ペル　ファヴォーレ

- 氷を少し入れてもらえますか
  Could you put a little ice in it?
  Può mettere un po' di ghiaccio?
  プオメッテレ ウンポディギアッチョ

- 生ビールの中とおつまみを少しお願いします
  A medium draft beer and some crackers, please.
  Una birra alla spina media con un po' di salatini, per favore.
  ウナビッラアッラスピーナメーディア コンヌンポディ サラティーニ ペルファヴォーレ

- 生ハム[チーズ，サラミ，ハム]のパニーノを1つお願いします
  A prosciutto [cheese, salami, ham] sandwich, please.
  Un panino al prosciutto crudo[formaggio, salame, prosciutto cotto], per favore.
  ウンパニーノ アルプロシュット クルード(フォルマッジョ，サラーメ，プロシュットコット)ペルファヴォーレ

- ここで食べます
  I'll eat it here.
  Mangio qui.
  マンジョクィ

- 持ち帰ります
  I'd like this to go, please.
  Lo porto via.
  ロポルト ヴィーア

■買い物■

- いらっしゃいませ
  May I help you?
  Buongiorno. Desidera?
  ブォンジョルノ デスィーデラ

- はい，お願いします
  Yes, please.
  Sì, per favore.
  スィ ペルファヴォーレ

- ちょっと見ているだけです
  No, thank you. I'm just looking
  No, grazie. Sto solo guardando.
  ノーグラーツィエ ストソーロ グァルダンド

- すみません．ちょっといいですか
  Excuse me, could you help me?
  Senta, mi può aiutare un po', per favore?
  センタ ミプオ アユターレ ウンポ ペルファヴォーレ

- あれを見せてくださいますか
  Could you show me that one, please?
  Mi faccia vedere quello, per favore.
  ミファッチャ ヴェデーレ クェッロ ペル ファヴォーレ

日常会話

- ●ほかのを見せてくださいますか
 Could you show me another one, please?
 Mi fa vedere qualcos'altro, per favore?
 ミファ ヴェデーレ クァルコーザルトロ ペルファヴォーレ

- ●素材は何ですか
 What is this made from?
 Di che cosa è fatto?
 ディケコーザ エファット

- ●ほかに色違いのものはありませんか
 Do you have any other colors?
 Non ne avete degli altri colori?
 ノネアヴェーテ デッリアルトリ コローリ

- ●もっと安いのはありませんか
 Have you something less expensive?
 Avete qualcosa di meno caro?
 アヴェーテ クァルコーザ ディ メノカーロ

- ●試着してもいいですか
 May I try this on?
 Posso provare?
 ポッソ プロヴァーレ

- ●試着室はどこですか
 Where is the fitting room?
 Dove si trova la cabina di prova?
 ドヴェスィトローヴァ ラカビーナ ディプローヴァ

- ●ぴったりです
 It fits me perfectly!
 Mi sta a pennello.
 ミスタ アペンネッロ

- ●ちょっときつい[ゆるい]です
 It's a bit tight [loose].
 È un po' stretto [largo].
 エウンポ ストレット(ラルゴ)

- ●気に入りましたが値段がちょっと高すぎます
 I like it but the price is a bit too high.
 Mi piace, ma è un po' troppo caro.
 ミピアーチェ マ エウンポ トロッポ カーロ

- ●安くしてもらえますか
 Can you give me a discount?
 Mi fa uno sconto?
 ミファ ウーノ スコント

- ●ちょっと考えてみます
  I'll think about it.
  Ci penserò un po'.
  チペンセロ　ウンポ

- ●これをください
  I'll take this.
  Prendo questo.
  プレンド　クェスト

- ●プレゼント用に包んでください
  Could you gift-wrap this, please?
  Può fare una confezione regalo, per favore?
  プオファーレ　ウナ　コンフェツィオーネ　レガーロ　ペルファヴォーレ

- ●ビニール袋をいただけますか
  May I have a plastic bag, please?
  Mi dia un sacchetto di plastica, per favore.
  ミディーア　ウンサッケット　ディプラスティカ　ペルファヴォーレ

■トラブル■

- ●助けて！
  Help!
  Aiuto!
  アユート

- ●火事だ！
  Fire!
  Al fuoco!
  アルフオーコ

- ●どろぼう！
  Thief!
  Al ladro!
  アルラードロ

- ●おまわりさん！
  Police!
  Polizia!
  ポリツィーア

- ●お医者さんを呼んで！
  Call a doctor!
  Chiamate un medico!
  キアマーテ　ウンメーディコ

- ●救急車を！
  Get an ambulance!
  Chiamate un'ambulanza!
  キアマーテ　ウナンブランツァ

日常会話

- ●交通事故です！
  There's been an accident!
  C'è stato un incidente.
  チェスタート ウンニンチデンテ

- ●困っています
  I have a problem.
  Ho un problema.
  オ ウン プロブレーマ

- ●パスポートをなくしました
  I lost my passport.
  Ho perso il passaporto.
  オペルソ イル パッサポルト

- ●バッグ[財布]を盗まれました
  Someone has stolen my bag [wallet].
  Mi hanno rubato la borsa [il portafoglio].
  ミアンノ ルバート ラボルサ [イル ポルタフォッリオ]

- ●最寄の警察署はどこですか
  Where is the nearest police station?
  Dov'è la questura più vicina?
  ドヴェエ ラクエストゥーラ ピゥヴィチーナ

■病院・薬局■

- ●この近くに病院[薬局]はありますか
  Is there a hospital [drugstore] near here?
  C'è un ospedale [una farmacia] qui vicino?
  チェ ウノスペダーレ（ウナ ファルマチーア）クィヴィチーノ

- ●病院に連れて行ってください
  Please take me to a hospital.
  Mi porti all'ospedale, per cortesia.
  ミ ポルティ アッロスペダーレ ペルコルテズィーア

- ●英語の話せるお医者さんはいますか
  Is there a English-speaking doctor?
  C'è un dottore che parli inglese?
  チェ ウン ドットーレ ケ パルリ イングレーゼ

- ●気分が悪いのですが
  I don't feel well.
  Non mi sento bene./ Sto male.
  ノンミセントベーネ / ストマーレ

- ●下痢をしています
  I have diarrhea.
  Ho la diarrea.
  オラ ディアッレーア

- 胃が痛みます
  My stomach hurts.
  Mi fa male lo stomaco.
  ミ ファマーレ ロストーマコ

- 頭[喉]が痛いです
  I have a headache [a sore throat].
  Ho mal di testa [gola].
  オ マル ディ テスタ(ゴーラ)

- ここがとても痛いんです
  It hurts a lot here.
  Mi fa molto male qui.
  ミファ モルト マーレ クィ

- 熱があります
  I have a fever.
  Ho la febbre.
  オラ フェッブレ

- 咳がひどいんです
  I'm coughing a lot.
  Ho molta tosse.
  オモルタ トッセ

- けがをしました
  I've injured myself.
  Mi sono ferito(-a).
  ミソーノ フェリート(タ)

- 目に何か入りました
  I have something in my eye.
  Mi è entrato qualcosa nell'occhio.
  ミエ エントラート クァルコーザ ネッロッキオ

- やけどをしました
  I've burned myself.
  Mi sono bruciato(-a).
  ミソーノ ブルチャート(タ)

- 足首を捻挫しました
  I sprained my ankle.
  Ho preso una storta alla caviglia.
  オプレーゾ ウナストルタ アッラカヴィッリャ

- 風邪薬をください
  I'd like some medicine for a cold, please.
  Mi dia qualcosa per il raffreddore.
  ミディーア クァルコーザ ペルイル ラッフレッドーレ

●頭痛薬はありますか
Do you have medicine for a headache?
Avete una medicina per il mal di testa?
アヴェーテ ウナ メディチーナ ペル イル マル ディ テスタ

●便秘の薬をください
I'd like a laxative, please.
Vorrei un lassativo.
ヴォッレイ ウン ラッサティーヴォ

●私はアレルギー体質です
I have allergies.
Sono allergico(-a).
ソーノ アッレルジコ(カ)

■時刻・日にち・曜日・月・季節■

●(今)何時ですか
What time is it (now)?
Che ora è?/ Che ore sono?
ケ オラ エ / ケ オレ ソーノ

●2時です
It's two o'clock.
Sono le 2.
ソーノ レ ドゥーエ

●3時を回ったところです
It's just after three (o'clock).
Sono le tre passate.
ソーノ レ トレ パッサーテ

●4時15分です
Quater past four./ Four fifteen.
Sono le quattro e un quarto.
ソーノ レ クァットロ エ ウン クァルト

●5時半です
Half past five.
Sono le cinque e mezzo.
ソーノ レ チンクェ エ メッソ

●6時10分前です
Ten to six.
Sono le sei meno dieci.
ソーノ レ セーイ メーノ ディエチ

●午前[午後]7時
Seven a.m.[p.m.]
Le sette del mattino[del pomeriggio].
レ セッテ デル マッティーノ (デル ポメリッジョ)

- 2時に社長さんと会う約束があります
I have an appointment with the president at two.
Ho un appuntamneto col presidente alle due.
オウンナップンタメント コルプレスィデンテ アッレドゥーエ

- えっ，もう10時ですか
What! It's already 10 o'clock?
Come! Sono già le dieci?
コーメ ソーノジャレディエーチ

- まだ早いです
It's still early.
È ancora presto.
エアンコーラ プレスト

- もう遅いです
It's already late.
È già tardi.
エジャタルディ

- 今日は何曜日ですか
What day (of the week) is it today?
Che giorno è oggi?
ケジョルノ エオッジ

- 火曜です
It's Tuesday.
È martedì.
エ マルテディ

- 今日は木曜ですよね
It's Thursday today, isn't it?
Oggi è giovedì, non è vero?
オッジ エ ジョヴェディ ノネヴェーロ

- 何曜日がいいですか
What day will suit you?
Che giorno Le va bene?
ケジョルノ レヴァベーネ

- 金曜日はいかがですか
How about Friday?
Cosa ne dice di venerdì?
コーザネディーチェ ディヴェネルディ

- 今日は何日ですか
What's the date (today)?
Quanti ne abbiamo oggi?
クアンティネ アッピアーモ オッジ

日常会話

- ●今日は7月14日，月曜日です
  Today is Monday, July 14th.
  Oggi è lunedì, quattordici luglio.
  オッジ エルネディ クァットルディチ ルッリォ

- ●こちらへは3月2日に来ました
  I got here on March 2nd.
  Sono venuto(-a) qui, il 2 di marzo.
  ソーノ ヴェヌート(タ) クィ イル ドゥーエ ディ マルツォ

- ●5月の上旬にミラノへ発ちます
  I'll leave for Milan at the beginning of May.
  Parto per Milano ai primi di maggio.
  パルト ペル ミラーノ アイプリーミ ディ マッジョ

- ●どの季節が一番お好きですか
  Which season do you like best?
  Qual è la Sua stagione più preferita?
  クアレエ ラスアスタジョーネ ピウプレフェリータ

- ●冬にはスキーに行きます
  I go skiing in [during] winter.
  D'inverno vado a sciare.
  ディンヴェルノ ヴァードアシャーレ

伊日英
辞典

ITALIANO-GIAPPONESE-INGLESE

A, a

a /ア/ 囡(男) 1番目の字母:《符T》 A come Ancona アンコーナのA

a /ア/(英 at, in, to) 前(母音, 特にaの前ではadに)[巻末11] に, へ, で, まで ¶ andare *a* Londra ロンドンへ行く / vivere *a* Parigi パリで暮す / dalle nove *alle* cinque 9時から5時まで

abate /アバーテ/(英 abbot) 男 修道院長(→ abbazia)

abbagliante /アッバッリアンテ/(英 high beam) 男 ハイビーム(ヘッドライトの上向き)

abbaiare /アッバイアーレ/(英 bark) 自 (犬が)吠える, わめく Can che abbaia non morde. 吠える犬は噛みつかない(見掛け倒し/虚勢を張る)

abbaino /アッバイーノ/(英 garret) 男 屋根裏(の天窓)

abbandonare /アッバンドナーレ/(英 abandon) 他 捨てる, 見捨てる, 放置する ¶ — la patria 国を出る ◆-**arsi** (a) 身を任す ¶ — alla gioia 喜び[感激]に浸る **abbandono** 男 放棄, 遺棄

abbassare /アッバッサーレ/(英 lower) 他 下げる, (音声を)小さくする ◆-**arsi** 下がる, 低くなる; 卑屈になる; 成り下げる ¶ — l'acqua del lago 湖の水位が下がる(→ basso)

abbastanza /アッバスタンツァ/(英 enough) 副 十分に, けっこう ¶ averne — 事足りる

abbattere /アッバッテレ/(英 knock down) 他 倒す, 解体する ¶ — il muro 壁を取り壊す ◆-**ersi** (飛行機が)墜落する; (台風などが)直撃する; 落胆する **abbattimento** 男 取り壊し; 意気消沈 ¶ — delle barriere architettoniche バリアフリー(構造上の障害を取り除くこと)

abbazia /アッバツィーア/(英 abbey) 囡 修道院(→ abate)

abbigliamento /アッビッリアメント/(英 clothes) 男 衣服

abboffarsi → abbuffarsi

abbonare /アッボナーレ/(英 subscribe) 他 (新聞・雑誌・TV・乗物・座席などの)定期契約をする ¶ -arsi a un giornale [una rivista] 新聞[雑誌]をとる **abbonamento** 男 定期契約; 契約料 ¶ fare l'— 定期購読[定期券]にする **abbonato** 男[1] 定期購読者, 定期利用客

abbondante /アッボンダンテ/(英 abundant) 形 豊富な **abbondanza** 囡 大量; 裕福 ¶ vivere nell'— 裕福に暮す

abbottonare /アッボットナーレ/(英 button up) 他 ボタンをかける ¶ -arsi la giacca 自分の上着にボタンをかける(→ bottone)

abbracciare /アッブラッチャーレ/(英 embrace) 他 抱きしめる, (無条件で)受け入れる **abbraccio** /アッブラッチョ/ 男 抱擁(→ braccio)

abbreviare /アッブレヴィアーレ/(英 shorten) 他 短くする; 略す ¶ — le vacanze 休暇を切り上げる **abbreviazione** 囡 短縮; 略語, 略称(→ breve)

abbronzarsi /アッブロンザルスィ/(英 get tanned) 再 日に焼ける **abbronzato** 形 日焼けした **abbronzatura** 囡 日焼け **abbronzante** 男 (肌を美しく焼くための)オイルやクリーム(→ bronzo)

abbuffarsi /アッブッファルスィ/(英 stuff oneself) 再 もりもり[がつがつ]食べる

abete /アベーテ/(英 fir) 男 樅(モミ)の木

abile /アービレ/(英 able) 形 有

能な，　腕の良い；　巧妙な **abilità** [女] 能力，腕前 ¶ avere — nel gioco degli scacchi チェスが強い

abisso/アビッソ/([英] abyss) [男] 深淵，奈落 **essere sull'orlo dell'abisso** 破産[破滅]しかけている

abitacolo/アビターコロ/([英] cockpit) [男] 操縦室

abitare/アビターレ/([英] inhabit) [自] 住む **abitante** [男] [女] 住民 ¶ città di centomila abitanti 人口10万の町 **abitato** [男] 住宅街 ¶ vivere lontano dall'— 人里から離れて暮す **abitazione** [女] 住居

abito/アービト/([英] suit, dress) [男] 服，ドレス ¶ — da festa 晴れ着 **L'abito non fa il monaco.** 人は見かけによらぬもの

abituare 《a》/アビトゥアーレ/([英] accustom) [他] 慣らす ◆**-arsi** 《a》 慣れる ¶ — ai rumori 騒音に慣れる

abitudine/アビトゥーディネ/([英] habit) [女] 習慣 ¶ avere l'— di 《不定詞》 いつも決まって～する / prendere l'— di 《不定詞》 ～する習慣を身につける

abolire [6]/アボリーレ/([英] abolish) [他] 廃止する

aborigeno/アボリージェノ/([英] aborigine) [男][1] 先住民

abortire [6]/アボルティーレ/([英] abort) [自] 流産する，(妊娠)中絶する **aborto** [男] 流産，妊娠中絶；失敗(作)

abruzzese/アブルッツェーゼ/ [形] [男] [女] アブルッツォの(人) **Abruzzo** [男] アブルッツォ州(州都:L'Aquila)

abusare 《di》/アブザーレ/([英] abuse) [自] 乱用する，悪用する ¶ — della bontà di *qc* 〈人〉の善意につけ込む **abuso** [男] 乱用，悪用 ¶ — di autorità 職権乱用(→ uso)

acca/アッカ/ [女]([男]) Hの読み **non capire un'acca** チンプンカンプン(理解不能)

accadere/アッカデーレ/([英] happen) [自][es] 起こる，生じる

accamparsi/アッカンパルスィ/([英] camp) [再] キャンプする，野営する **accampamento** [男] キャンプ，野営

accanirsi/アッカニルスィ/([英] rage, persist) [再] 激怒する；執拗に挑む ¶ — contro il nemico 敵を猛撃する / — nello studio 猛勉強する **accanito** [形] 猛烈な；粘り強い ¶ una discussione *accanita* 激論 / un — fumatore ヘビースモーカー **accanimento** [男] 猛烈さ ¶ lavorare [studiare] con — 猛烈に働く[勉強する](→ cane)

accanto/アッカント/([英] nearby) [副] 隣に，脇に ¶ stare sempre — a me 私のそばから離れない — [形][0] 隣の ¶ abitare nella casa — 隣の家に住んでいる

accappatoio/アッカッパトイオ/([英] bathrobe) [男] バスローブ

accarezzare/アッカレッツァーレ/([英] caress) [他] なでる，愛撫する；そっと触れる(→ carezza)

accattone/アッカットーネ/([英] beggar) [男][1] こじき

accavallare/アッカヴァッラーレ/([英] cross) [他] 交差させる ¶ — le gambe 足を組む

accelerare/アッチェレラーレ/([英] quicken) [他] 加速する，スピードアップする **acceleratore** [男] アクセル，加速装置

accendere/アッチェンデレ/([英] light) [他][-ceso] スイッチ

accennare ▶

を入れる，点火する；(感情を)湧かせる ¶ — la luce 電気をつける / — il motore エンジンをかける / — l'odio 憎しみを抱かせる ◆-ersi (火や灯が)つく；(感情に火が)つく ¶ — di rabbia 怒りに燃える

accendino 男 ライター

accennare / アッチェンナーレ / (英 hint) 自 (合図で)示す；ほのめかす；気配がする **accenno** 男 合図；暗示；気配

accento / アッチェント / (英 accent) 男 アクセント ¶ — grave [acuto] 右下がり[左下がり]のアクセント記号

accerchiare / アッチェルキアーレ / (英 encircle) 他 取り囲む，包囲する；経済封鎖する (→ cerchio)

accesso / アッチェッソ / (英 access) 男 接近，アクセス **divieto d'accesso** 立入禁止，進入禁止

accessorio / アッチェッソーリオ / (英 accessory) 男 付属品；アクセサリー

accetta / アッチェッタ / (英 hatchet) 女 斧(おの)

accettare / アッチェッターレ / (英 accept) 他 受け入れる，承諾する ¶ — un invito 招きに応じる **accettazione** 女 受諾，受理；受付

acciacco / アッチャッコ / (英 ailment) 男[-chi] 衰弱；持病

acciaio / アッチャイオ / (英 steel) 男 鋼鉄；冷酷さ ¶ sguardo [cuore] d'— 冷淡な視線[心]

accidente / アッチデンテ / (英 accident) 男 不慮の事故；(突発性の)発作 **accidenti!** 間 ちくしょう，しまった，こりゃ大変

acciuga / アッチューガ / (英 anchovy) 女 アンチョビ；痩せすぎず，痩せっぽち

acclamare / アックラマーレ / (英 acclaim) 他 拍手喝采する ¶ essere acclamato dal pubblico 観衆に拍手喝采される

accogliere ⑩ / アッコッリエレ / 他 [-colto] (英 welcome) 迎え入れる；受け入れる

accogliente 形 居心地の良い；座り心地の良い

accoglienza 女 もてなし，歓待 (→ cogliere)

accoltellare / アッコルテッラーレ / (英 stab) 他 刃物で刺す，刺殺する (→ coltello)

accomodare / アッコモダーレ / (英 repair) 他 元通りにする ¶ — l'orologio 時計を修理する / — i capelli 髪を整える ◆-arsi くつろぐ，気楽にする ¶ si accomodi (alla cassa) お入りください，お掛けください，(レジへ)お回りください

accomodamento 男 合意，妥協，和解 (→ comodo)

accompagnare / アッコンパニャーレ / (英 accompany) 他 一緒について行く，付き添う；伴奏する ¶ — qc fino a ... 〈人〉を〜まで送る

accompagnamento 男 行列；伴奏 ¶ cantare con — di chitarra ギターの伴奏で歌う (→ compagno)

acconciatura / アッコンチャトゥーラ / (英 hairdressing) 女 髪型，ヘアスタイル

accontentare / アッコンテンターレ / (英 satisfy) 他 満足させる ◆-arsi (di) 満足する (→ contento)

acconto / アッコント / (英 advance) 男 内金，手付金

accoppiare / アッコッピアーレ / (英 combine) 他 二つ[二人]を一組にする ¶ — i concorrenti 対戦相手を決める (→ coppia)

accorciare / アッコルチャーレ / (英 shorten) 他 短くする；切り詰める ¶ — le maniche 袖を短くする / — il viaggio 旅行

accordare /アッコルダーレ/(英 grant)他 和解させる；譲与する；調律する；一致させる ¶ — i litiganti 喧嘩を仲裁する / — la grazia 恩赦を与える / — il piano ピアノの調律をする ◆-arsi 合意する；折り合う ¶ — sul prezzo 金額で折り合う

accordo 男 合意，同意 ¶ essere d'— 考え(見解，意見)が同じである **D'accordo!** 了解(OK) **andare d'accordo con qc** 〈人〉と気[馬]が合う(→ corda, cuore)

accorgersi (di) /アッコルジェルスィ/(英 notice)再[accorto] 気づく ¶ — dell'errore ミスに気づく

accorrere /アッコッレレ/(英 run)自[es, accorso] 駆けつける (→ correre)

accostare /アッコスターレ/(英 approach)他 近づける ¶ — un mobile alla parete 家具を壁際に寄せる ◆-arsi 近づく (→ costa)

accrescere /アックレッシェレ/(英 increase)他[-sciuto] 増やす ―自[es] 増える，増す ◆-ersi 増える，増す(→ crescere)

accucciarsi /アックッチャルスィ/(英 curl up)再(犬が)丸まって寝る；(人が)しゃがみこむ(→ cuccia)

accumulare /アックムラーレ/(英 accumulate)他 積み重ねる，蓄積する ¶ — le foglie secche 枯葉を積み上げる ◆-arsi 積み重なる ¶ — nere nuvole 暗雲が垂れこめる

accumulatore 男 蓄熱装置，蓄電池

accusare /アックザーレ/(英 accuse)他 非難する，責める；訴える ¶ — qc di leggerezza 〈人〉の軽率さをとがめる

accusa 女 非難；告訴，起訴 ¶ respingere un'— 訴えを退ける **accusatore** 男[2] 告発者

acerbo /アチェルボ/(英 unripe)形 未熟な；厳しい，辛辣な

acero /アーチェロ/(英 maple)男 楓(カエデ)，紅葉(モミジ)

aceto /アチェート/(英 vinegar)男 酢

acido /アーチド/(英 sour)形 酸っぱい；辛辣な ―男 酸

acne /アクネ/(英 acne)女 にきび

acqua /アックァ/(英 water)女 水，雨；(宝石などの)純度 ¶ — di Colonia オーデコロン(ケルンの香水) / via d'— 水路 **Acqua in bocca** 他言無用(オフレコ) **lavorare sott'acqua** 水面下で動く **fare un po' d'acqua** 用を足す(小便する) **che fa acqua da tutte le parti** 救い難い(沈没寸前の最悪の状態) **acquerello** 男 水彩画(法) **acquario** /アックアーリォ/ 男 (金魚や熱帯魚を飼う)水槽；水族館；(A-) 水瓶座

acquasanta 女 聖水
acquedotto 男 水道(管)
aquolina 女 唾液，よだれ

acquistare /アックイスターレ/(英 buy)他 購入する；獲得する ¶ — terreno 地歩を固める(市民権を得る) ―自 良くなる ¶ — in salute [sapienza] 健康が回復する[知識が向上する]

acquisto 男 購入(品)；獲得

acrobazia /アクロバツィーア/(英 acrobatics)女 アクロバット，綱渡り；離れ業 ¶ acrobazie aeree アクロバット飛行 / fare acrobazie 離れ業を演じる **acrobata** /アクローバタ/ 男 女[3] 曲芸師

acuto /アクート/(英 acute)形 とがった；鋭い

adagiare /アダジャーレ/(英 lay)他 そっと置く ◆-arsi 横

A

になる，くつろぐ；眈る
adagio/アダージョ/[副] ゆっくり；慎重に
adatto/アダット/(㊇ suited) [形] 適した，向いた **adattare** [他] 合わせる ¶ — la cornice al quadro 絵に額を合わせる ◆**-arsi** (a) 慣れる，順応する；甘んじる
addestrare/アッデストラーレ/(㊇ train) [他] （人や動物を）訓練する ◆**-arsi** （自分の体を）鍛える **addestramento** [男] 訓練；研修 ¶ periodo di — 訓練［研修］期間（→ destro）
addetto (a) /アッデット/(㊇ assigned) [形] 担当する，専従の — [男][1] 担当（者），係（員）
addio /アッディーオ/ (㊇ farewell) [間] お達者で；これでおしまい，もうこれっきり ¶ *Addio alle armi*「武器よさらば」 — [男] 別れ（→ dio）
addirittura/アッディリットゥーラ/(㊇ directly) [副] まっすぐ；ただちに；完全に；～でも（→ diritto）
addirizzare/アッディリッツァーレ/(㊇ straighten) [他] 真っすぐにする；矯正する
addizione/アッディツィオーネ/(㊇ addition) [女] 足し算；付加
addolcire ⑥ /アッドルチーレ/(㊇ sweeten) [他] 甘くする；和らげる ◆**-irsi** 甘くなる；和らぐ（→ dolce）
addolorare/アッドロラーレ/(㊇ sadden) [他] 苦しめる ◆**-arsi** 苦しむ（→ dolore）
addomesticare/アッドメスティカーレ/(㊇ tame) [他] （野生の動物を）飼い馴らす；手なずける（→ domestico）
addormentare/アッドルメンターレ/(㊇ put to sleep) [他] 眠らせる；麻痺させる ¶ — *qc* con *qs* 〈物〉を使って〈人〉を眠らせる / fare — il bambino 子供を寝つかせる ◆**-arsi** 寝つく，寝入る
addosso/アッドッソ/(㊇ on) [副] 背中［身体，体内］に ¶ portare — *qc/qs* 〈人・物〉を背負う［担ぐ］/ mettersi — *qs* 服などを身に着ける［まとう］/ dare — a *qc* 〈人〉を襲う［〈人〉と敵対する，〈人〉を誹謗中傷する］
addrizzare → addirizzare
adeguato/アデグアート/(㊇ adequate) [形] 適切な，ふさわしい ¶ stipendio — alla capacità 能力給 **adeguarsi** (a) [再] 適応する，順応する
adempiere ⑥ /アデンピエレ/(㊇ fulfill) [他] （義務や約束などを）果たす；（願いや夢を）かなえる ◆**-ersi** 実現される（＝adempire）
aderire (a) /アデリーレ/(㊇ adhere) [自] ぴったり付く；受け入れる；（組織に）入会する **adesione** [女] 接着［接合］力；同意，支持 **adesivo** [形] 接着力のある ¶ nastro — ガムテープ
adesso/アデッソ/(㊇ now) [副] 今（は），今しがた（→ ora）
adolescente/アドレッシェンテ/(㊇ adolescent) [男][女] （二十歳未満の）若者 **adolescenza** [女] 青春（十代後半から二十歳まで）
adoperare/アドペラーレ/(㊇ use) [他] 使用する，利用する ◆**-arsi** 打ち込む，全力を尽くす
adorare /アドラーレ/ (㊇ adore) [他] 熱愛する，崇拝する
adottare /アドッターレ/(㊇ adopt) [他] 養子にする；（新しいものを）採用する；（対策などを）講じる
adriatico/アドリアーティコ/(㊇ Adriatic) [形] アドリア海の ¶ Mare *Adriatico* アドリア海
adulto/アドゥルト/(㊇ adult) [形] 成人した；成熟した —

男[1] 成人，大人

aereo /アエーレオ/(英 aerial) 形 空気の；空中の；飛行[航空]の — 男 飛行機 **aeroplano** 男 飛行機 **aeroporto** 男 空港

afa /アーファ/(英 sultriness) 女 猛暑

affacciarsi /アッファッチャルスィ/(英 appear) 再 顔を出す，姿を見せる ¶ — alla finestra 窓から顔を出す (→faccia)

affamare /アッファマーレ/(英 starve) 他 飢えさせる **affamato** 形 飢えた (→fame)

affannare /アッファンナーレ/(英 trouble) 他 苦しめる；悩ます ◆-arsi 疲れ果てる；奮闘努力する；心を痛める **affanno** 男 息切れ，呼吸困難；心痛 **affannoso** 形 (息切れするほど) 辛い，大変な

affare /アッファーレ/(英 business; affair) 男 用事，仕事；事業；商売；裁判事件 ¶ uomo d'*affari* ビジネスマン / viaggio d'*affari* (商用の)出張 / ministero [ministro] degli *Affari* Esteri 外務省[大臣]

affascinare /アッファッシナーレ/(英 bewitch) 他 魅了する；幻惑する **affascinante** 形 魅力的な，チャーミングな (→fascino)

affaticare /アッファティカーレ/(英 tire) 他 疲れさせる；悩ます ◆-arsi 疲れる；骨を折る (→fatica)

affatto /アッファット/(英 completely) 副 まったく；すっかり **niente affatto** ぜんぜん，ちっとも (強い否定) **non... affatto** まったく〜でない

affermare /アッフェルマーレ/(英 affirm) 他 断言する，主張する，肯定する ◆-arsi 成功する；(力や能力を) 示す **affermazione** 女 断言；主張；成功 (→fermo)

afferrare /アッフェッラーレ/(英 seize) 他 (握り締めて) つかむ；捕える；把握する ◆-arsi (a) しがみつく，すがりつく (→ferro)

affettare /アッフェッターレ/(英 slice) 他 薄く切る，スライスする **affettato** 形 薄切りの — 男 薄切りのハムやソーセージ **affettatrice** 女 スライサー (→fetta)

affetto /アッフェット/ (英 affection) 男 親愛の情，いとおしさ；愛着 (心)

affettuoso 形 愛情のこもった，心優しい

affezionarsi (a) /アッフェツィオナルスィ/(英 become fond of) 再 好きになる；いとおしむ **affezionato** (a) 形 大切に思う，思いを寄せる

affiancare /アッフィアンカーレ/(英 put beside) 他 並べて置く；支持する，支援する ◆-arsi 横に並ぶ (→fianco)

affiatare /アッフィアターレ/(英 harmonize) 他 意思の疎通を図る；うまくまとめる ◆-arsi 仲が良い，息が合う (→fiato)

affidare /アッフィダーレ/(英 entrust) 他 託す，預ける ◆-arsi (a) 頼りにする，信頼する **affidamento** 男 信頼 ¶ non dare — 頼り[当て]にならない / fare — su *qc* 〈人〉を頼り[当て]にする (→fede)

affinché /アッフィンケ/(英 so that) 接 [接続法と] 〜するように，〜するために (→perché)

affittare /アッフィッターレ/(英 rent) 他 貸す，借りる **AFFITTASI** 貸家(空室) **affitto** 男 賃貸(料)，家賃 ¶ dare [prendere] in — 賃貸で貸す[借りる]

affliggere /アッフリッジェレ/ (英 trouble) 他 [afflitto] 苦しめる，悩ます

A

affogare/アッフォガーレ/([英] be drowned) [自][es] 溺れ死ぬ；息苦しい

affollare/アッフォッラーレ/([英] crowd) [他] 埋め尽くす；詰めかける **affollato** [形] 混んだ，満員の (→ folla)

affondare/アッフォンダーレ/([英] sink) [他] (底まで)沈める；(奥まで)入れる — [自][es] (船が)沈む，沈没する (→ fondo)

affresco/アッフレスコ/([英] fresco) [男] フレスコ画 ¶ gli *affreschi* di Giotto ジョットの壁画 (→ fresco)

affrettare/アッフレッターレ/([英] speed up) [他] 速める；早める ◆**-arsi** (a) 急ぐ，取り急ぐ ¶ — a rispondere a *qc* 取り急ぎ〈人〉に返事する (→ fretta)

affrontare/アッフロンターレ/([英] face) [他] 直面する，立ち向かう；取り組む (→ fronte)

affumicato/アッフミカート/([英] smoked) [形] 燻製にした (→ fumo)

africano/アフリカーノ/([英] African) [形] [男][1] アフリカの(人) **Africa**/アーフリカ/ [女] アフリカ

agave/アーガヴェ/([英] agave) [女] 竜舌蘭(リュウゼツラン)

agenda/アジェンダ/([英] diary) [女] 手帳；(会議などの)議事日程

agente/アジェンテ/([英] agent) [男][女] 代理人，エージェント；番人；情報員；刑事 **agenzia**/アジェンツィーア/ [女] 代理店；サービス業者

agganciare/アッガンチャーレ/([英] hook) [他] 連結する；繋ぎとめる (→ gancio)

aggettivo/アッジェッティーヴォ/([英] adjective) [男] 形容詞

aggiornare/アッジョルナーレ/([英] bring up to date) [他] 更新する；今風に改める；延期する ◆**-arsi** 時代に即応する **aggiornato** [形] 時代に即応した (→ giorno)

aggirare/アッジラーレ/([英] go round) [他] 取り巻く；避ける；だます ◆**-arsi** ぶらつく；(数値が)約幾ら (→ giro)

aggiudicarsi/アッジュディカルスィ/([英] win) (勝利や賞を)獲得する ¶ — la vittoria [il primo premio] 優勝する

aggiungere/アッジュンジェレ/([英] add) [他][-giunto] 足す，増す ¶ — un posto a tavola 食事の席を一つ増やす ◆**-ersi** 加わる **aggiunta** [女] 追加；追記，結び

aggiustare/アッジュスターレ/([英] repair) [他] 正常にする，正確に合わせる；修理する (→ giusto)

aggrapparsi (a) /アッグラッパルスィ/([英] catch hold of) [再] しがみつく，すがる

aggravare/アッグラヴァーレ/([英] increase) [他] 重くする；悪化させる；圧迫する ◆**-arsi** 重くなる；悪化する (→ grave)

aggredire [6]/アッグレディーレ/([英] attack) [他] 襲う；(誹謗中傷で)攻撃する ¶ — con insulti 悪口雑言を浴びせる **aggressione** [女] 襲撃；侵攻

agguato/アッグアート/([英] ambush) [男] 待ち伏せ；罠(わな)

agguerrito/アッグエッリート/([英] well-trained) [形] 戦闘態勢が万全な；不屈の；優秀な (→ guerra)

agile/アージレ/([英] agile) [形] 敏捷な；軽快な；機敏な

agio/アージョ/ [男] くつろいだ気分；(時間的・精神的)ゆとり ¶ a *proprio* — のんびりと，マイペースで **agiato** [形] 余裕のある；裕福な

agire/アジーレ/([英] act) [自] 行動する；振舞う；影響する

agitare/アジターレ/(愛 shake) 他 振る；揺り動かす ◆-arsi 揺れる；動揺する **agitato** 形（波風が）荒い；苛立った
agitazione/アジタツィオーネ/(愛 動揺；苛立ち；(ストやデモによる)示威運動
aglio/アッリォ/(愛 garlic) 男 ニンニク
agnello/アニェッロ/(愛 lamb) 男（生後一年以内の）子羊
ago/アーゴ/(愛 needle) 男 針；針葉
agonia/アゴニーア/(愛 death throes) 女 最期，臨終；苦悶
agonismo/アゴニズモ/(愛 fighting spirit) 男 競争心，闘魂
agosto/アゴスト/(愛 August) 男 8月
agricolo/アグリーコロ/(愛 agricultural) 形 農業の **agricoltore** 男[2] 農業経営者；農家の人 **agricoltura** 女 農業，農芸
agrodolce/アグロドルチェ/(愛 sweet and sour) 形 甘酸っぱい，甘酢の
agrume/アグルーメ/(愛 citrus fruit) 男 柑橘類
aguzzo/アグッツォ/(愛 sharp) 形 尖った，鋭い **aguzzare** 他 先を尖らせる；（五感を）集中する
airone/アイローネ/(愛 heron) 男 青鷺(サギ)
aiuola/アイウォーラ/(愛 flowerbed) 女 花壇 (＝aiola)
aiutare/アユターレ/(愛 help) 他 助ける，手伝う ◆-arsi 努力する；（相互的に）助け合う
aiutante 男 女 助手；補助
aiuto 男 援助；救助；（叫び声）助けて ¶ andare [venire] in — 助けに行く[来る]
ala/アーラ/(愛 wing) 女[le ali] 翼，羽；翼棟（ウイング）¶ — destra [sinistra] 右翼[左翼]，≪スポ≫ライト[レフト]ウイング
avere le ali ai piedi 俊足[韋

駄天]である
alba/アルバ/(愛 dawn) 女 夜明け ¶ prima dell'— 夜明け前に
albanese/アルバネーゼ/ 形 男(愛 Albanian) 女 アルバニアの(人) **Albania**/アルバニーア/ 女 アルバニア
albergo/アルベルゴ/(愛 hotel) 男 ホテル，旅館
albero/アルベロ/(愛 tree) 男 木；(船の)マスト；(車などの)回転軸，シャフト
albicocca/アルビコッカ/(愛 apricot) 女 杏(アンズ)，アプリコット
album/アルブム/(愛 album) 男 アルバム (＝albo)
alcol/alcool/アルコル/(愛 alcohol) 男 アルコール(飲料)
alcolico/アルコーリコ/ 形 アルコールを含む — 男 アルコール飲料
alcuno/アルクーノ/(愛 some) 形 代 幾つかの；幾人かの(人) ¶ Conosco alcune città italiane. イタリアの町を幾つか知っている / Mancano alcuni studenti. 学生が数名欠席している / Alcuni arrivano sempre tardi. 何人かはいつも遅刻する / Alcuni cantano, altri ballano, altri mangiano. 歌っている人もいれば，踊っている人や食べている人もいる
alfabeto/アルファベート/(愛 alphabet) 男 アルファベット
alga/アルガ/(愛 alga) 女 藻；海藻，海苔
algerino/アルジェリーノ/(愛 Algerian) 形 男[1] アルジェリアの(人) **Algeria**/アルジェリーア/ 女 アルジェリア
alibi/アーリビ/(愛 alibi) 男[0] アリバイ ¶ avere un — アリバイがある
alimentare[1]/アリメンターレ/ (愛 feed) 他 食物[栄養]を与える；(燃料などを)補給する

♦-arsi (di) 摂取する；糧とする **alimentazione** 囡 栄養(補給)；食物；供給

alimentare² /アリメンターレ/ (英 alimentary) 形 栄養の；食品の ― 男 〔複で〕食料品

alimento 男 栄養物；食物；糧

alito /アーリト/ (英 breath) 男 息；(風が)吹くこと ¶ un ― di vento そよ風

allacciare /アッラッチャーレ/ (英 tie) 他 結ぶ；締める ¶ ― le scarpe 靴の紐を結ぶ / ― la cintura シートベルトをする (→ laccio)

allagare /アッラガーレ/ (英 flood) 他 水浸しにする，溢れさせる (→ lago)

allargare /アッラルガーレ/ (英 widen) 他 広げる ♦**-arsi** 広がる (→ largo)

allarmare /アッラルマーレ/ (英 alarm) 他 不安にさせる ♦**-arsi** 動揺する **allarme** 男 警報；非常呼集 ¶ dare l'― 緊急事態を知らせる (→ arme)

allattare /アッラッターレ/ (英 nurse) 他 乳を与える，授乳する (→ latte)

allearsi /アッレアルスィ/ (英 ally) 同盟する，協定を結ぶ **alleato** 形 同盟[協定]を結んだ ¶ esercito ― 連合軍 ― 男 同盟国，連合国 **alleanza** 囡 同盟，協定

alleggerire ⑥ /アッレッジェリーレ/ (英 lighten) 他 軽くする ¶ ― qc di qs 〈人〉から〈物〉を奪う ♦**-irsi** 身軽になる，薄着する (→ leggero)

allegro /アッレーグロ/ (英 cheerful) 形 陽気な，愉快な，気楽な **allegria** /アッレグリーア/ 囡 喜び；お祭り気分

allenare /アッレナーレ/ (英 train) 他 訓練する ♦**-arsi** (自分を)鍛える，練習する **allenamento** 男 練習，トレーニング **allenatore** 男 [2] トレーナー，監督，コーチ

allentare /アッレンターレ/ (英 loosen) 他 緩める ♦**-arsi** 緩む

allergia /アッレルジーア/ (英 allergy) 囡 アレルギー ¶ ― da qs 〈物〉によるアレルギー症状 **allergico** /アッレルジコ/ 形 アレルギー体質の ¶ essere ― a qs 〈物〉に弱い体質

allevare /アッレヴァーレ/ (英 raise) 他 (動植物を)育てる **allevamento** 男 養育(場)

allievo /アッリエーヴォ/ (英 pupil) 男 [1] 生徒；弟子

allineare /アッリネアーレ/ (英 range) 他 一列に並べる；(格差などを)補正する ♦**-arsi** 整列する；(他に)合わせる，倣う (→ linea)

allodola /アッロードラ/ (英 lark) 囡 ヒバリ **specchietto per le allodole** 詐欺，ペテン

alloggiare /アッロッジャーレ/ (英 accommodate) 他 (客として)泊める ― 自 寝泊りする **Chi tardi arriva male alloggia.** 早い者勝ち

alloggio /アッロッジョ/ 男 宿泊；宿(泊所)

allontanare (da) /アッロンタナーレ/ (英 move away) 他 遠ざける，離す 追い払う ♦**-arsi** (da) 遠ざかる；近寄らない，離れる

allora /アッローラ/ (英 then) 副 そのとき，あの頃，当時 **da allora in poi** あれ以来，それからは **fin d'allora** あれからずっと ― 接 それでは，だったら，それで(?)

alloro /アッローロ/ (英 laurel) 男 月桂樹；栄冠 **dormire sugli allori** 最初の成功に甘んじて努力を怠る

alluce /アッルチェ/ (英 hallux) 男 (足の)親指

alluminio /アッルミーニォ/ (英 aluminium) 男 アルミニウム

allungare /アッルンガーレ/ (英 lengthen) 他 長くする，伸ばす，延長する **allungare le mani** 盗む；殴る ◆-**arsi** 長くなる；(体を伸ばして)横たわる

alluvione /アッルヴィオーネ/ (英 flood) 女 洪水，氾濫

almanacco /アルマナッコ/ (英 almanac) 男 暦，年鑑

almeno /アルメーノ/ (英 at least) 副 少なくとも，最低；〔接続法半過去や大過去と〕せめて ¶ *Almeno facesse bel tempo!* せめて天気がよかったら

alpino /アルピーノ/ (英 Alpine) 形 アルプスの；山岳の ― 男 山岳兵 **le Alpi** 女 英 アルプス山脈 **alpinismo** 男 登山 **alpinista** 男 女 [3] 登山家

alt /アルト/ (英 stop) 間 止まれ

altalena /アルタレーナ/ (英 swing, seesaw) 女 ぶらんこ；シーソー

altare /アルターレ/ (英 altar) 男 祭壇 **andare all'altare** 結婚する

alterare /アルテラーレ/ (英 alter) 他 (悪い状態に)変える；損なう；偽造する ◆-**arsi** 変質する；まずくなる；怒る ¶ ― **in viso** 顔色を変える

alterazione 女 悪化；偽造；動揺

alternare /アルテルナーレ/ (英 alternate) 他 交互にする ◆-**arsi** 交替する，代[替]わる **alterno** 形 交互の；互い違いの -**mente** 副 交互に，代わり番こに **alternanza** 女 交替，移り変わり

alto /アルト/ (英 high) 形 高い；深い；北部の；前期の ― 男 空高く；大声で ― 男 上；てっぺん **guardare** *qc* **dall'alto in basso** 〈人〉を見下す **altezza** 女 高さ；海抜；深さ；気高さ；(称号)陛下，殿下 **altopiano** 男 台地，高原 **altitudine** /アルティトゥーディネ/ 女 海抜，標高

altoparlante 男 スピーカー，拡声器

alto-atesino /アルトアテズィーノ/ 形 男 アルト・アーディジェの(人) **Alto Adige** 男 アルト・アーディジェ自治州(州都: Bolzano/ボルツァーノ)

altrettanto /アルトレッタント/ (英 as much) 形 同数量の ― 代 同数；(お返しの言葉)あなたも ― 副 同程度に

altrimenti /アルトリメンティ/ (英 otherwise) 副 そうでないと；別のやりようで ¶ *non potere fare* ― そう[こう]するしかない

altro /アルトロ/ (英 other, another) 形 別の，他の ― 代 ほかの人[物]；〔男・複で〕他人，ほかの人たち **altro che!** もちろん；それどころじゃない **Ci vuole (ben) altro!** なんとかしないと **fra l'altro** さらに **l'un l'altro** 互いに **non fare altro che...** ～以外に何もしない **nessun altro** 他には誰も **nient'altro** 他には何も **per altro** 他方，それに，でも **senz'altro** もちろん，必ず **tutt'altro** とんでもない **un giorno o l'altro** いずれそのうちに **altruismo** 男 利他主義[精神] **altruista** 男 女 [3] 利他主義者

altrove /アルトローヴェ/ (英 elsewhere) 副 よそへ[で]

alunno /アルンノ/ (英 pupil) 男 [1] 生徒

alveare /アルヴェアーレ/ (英 beehive) 男 ミツバチの巣；巣箱

alzare /アルツァーレ/ (英 lift) 他 上げる；高くする **non alzare un dito** 何もしない ◆-**arsi** 起きる，立ち上がる；昇る

amaca /アマーカ/ (英 hammock) 女 ハンモック

amare /アマーレ/ (英 love, like)

amaro ▶

他 愛する, いとおしむ
amante 形 好む ¶ essere — dello sport スポーツを愛好する — 男女 愛人
amabile /アマービレ/ 形 愛想がいい, 好感の持てる ¶ vino — ほんのり甘味のある口当りの良いワイン
amaro /アマーロ/ (英 bitter) 形 苦い — 男 苦味のある薬草酒 **amarezza** 女 苦しさ, 辛さ; 辛苦 **amaretto** 男 アーモンド・ビスケット; アマレット (アーモンド風味のリキュール)
ambasciata /アンバッシャータ/ (英 embassy) 女 大使館; 伝言 **ambasciatore** 男 大使; 使節, 使者
ambedue /アンベドゥーエ/ (英 both) 形 [0] 両方[者]の — 代 両方[者]とも
ambiente /アンビエンテ/ (英 environment) 男 環境; 部屋 (= stanza) **ambientarsi** 再 慣れる, 順応する
ambiguo /アンビーグォ/ (英 ambiguous) 形 あいまいな, 不明瞭な
ambizione /アンビツィオーネ/ (英 ambition) 女 野望, 野心; 高望み **ambizioso** 形 野心家の; 高慢な
ambulanza /アンブランツァ/ (英 ambulance) 女 救急車
ambulatorio /アンブラトーリォ/ (英 surgery) 男 診察室
ambulante 形 移動する; 巡業の, 行商の ¶ enciclopedia — 生き字引
amen /アーメン/ (英 amen) 間 アーメン; ご無理ごもっとも
americano /アメリカーノ/ (英 American) 形 男 [1] アメリカの(人) **America** /アメーリカ/ 女 アメリカ(合衆国 = gli Stati Uniti d'America)
amico /アミーコ/ (英 friend) 男 友だち; ボーイフレンド; 味方 — 形 親しい; 友好的な; 味方の **amica** 女 女友だち; ガールフレンド **amicizia** /アミチーツィア/ 女 友情; 親睦; 親友 Patti chiari, amicizia lunga. 親しき仲にも礼儀あり
amichevole /アミケーヴォレ/ 形 好意的な, 親しげな incontro [partita] — 親善試合
ammaccare /アンマッカーレ/ (英 bruise) 他 損傷[打撲傷]を与える; へこませる; つぶす
◆ **-arsi** へこむ; つぶれる
ammaestrare /アンマエストラーレ/ (英 teach; train) 他 教える; 教化する; 訓練する (→ maestro)
ammalarsi (di) /アンマラルスィ/ (英 fall ill) 再 病気になる[かかる], 体を壊す
ammalato 形 男 [1] 病気の; 病人
ammanettare /アンマネッターレ/ (英 handcuff) 他 手錠をかける, 逮捕する (→ manette)
ammassare /アンマッサーレ/ (英 amass) 他 積み重ねる; 蓄える ◆ **-arsi** 積み重なる; 殺到する **ammasso** (di) 男 〜の山, 大量の〜 (→ massa)
ammazzare /アンマッツァーレ/ (英 kill) 他 殺害する; 〔原因を主語に〕参る ¶ La fatica *ammazza*. 疲労困憊 **ammazza il tempo** 時間[暇]をつぶす ◆ **-arsi** 自殺する; 殺される ¶ — di lavoro 仕事に忙殺される
ammettere /アンメッテレ/ (英 admit) 他 [ammesso] (場所や組織へ入ることを) 許可する; 認める **ammesso che** (接続法) 仮に〜だとして(も), 仮に〜するような場合は
ammissione 女 入学[加入]の許可
ammiccare /アンミッカーレ/ (英 wink) 自 目配せする; ウ

インクする
amministrare/アンミニストラーレ/(英 run) 他 行政を執行する；管理する；経営する；切り盛りする
amministrativo 形 行政の；管理の **amministratore** 男[2] 取締役；管理者,責任者；行政官 **amministrazione** 女 管理；経営,マネージメント；行政(機関)
ammirare/アンミラーレ/(英 admire) 他 感嘆する,見とれる；感心する,敬服する
ammirazione 女 感嘆,賛美 **ammirevole**/アンミレーヴォレ/形 見事な,すばらしい
ammobiliare/アンモビリアーレ/(英 furnish) 他 家具を備えつける **ammobiliato** 形 家具つきの
ammonire ⑥/アンモニーレ/(英 admonish) 他 警告する
ammonizione 女 警告；訓戒,戒告
ammucchiare/アンムッキアーレ/(英 pile up) 他 積み上げる,山積みする (→mucchio)
ammuffire ⑥/アンムッフィーレ/(英 grow mouldy) 自[es] かびが生える；(部屋などに)引きこもる；老いる (→muffa)
amnesia/アムネズィーア/(英 amnesia) 女 記憶喪失,健忘症
amnistia/アムニスティーア/(英 amnesty) 女 大赦,特赦
amo/アーモ/(英 fish hook) 男 釣り針 **abboccare all'amo** 罠にかかる,一杯食わされる
amore/アモーレ/(英 love) 男 愛；愛着；情熱；かけがえのない人(物) **amor proprio** 自尊心 **fare l'amore con qc** 〈人〉とセックスする **amoroso** 形 恋愛の；愛情あふれる；恋をしている
ampio/アンピオ/(英 wide) 形 広い；ゆったりした；豊かな

ampiezza 女 (規模の)大きさ,広大さ；幅
amplificatore/アンプリフィカトーレ/(英 amplifier) 男 アンプ,増幅器
analcolico/アナルコーリコ/(英 nonalcoholic) 形 男 ノンアルコールの(飲み物)
analfabeta/アナルファベータ/(英 illiterate) 形 男 女[3] 読み書きができない(人)
analisi/アナーリズィ/(英 analysis) 女[0] 分析
analizzare 他 分析する
analista 男 女[3] 分析家；アナリスト；精神分析医
ananas/アーナナス/(英 pineapple) 男 パイナップル (= ananasso)
anarchico/アナルキコ/(英 anarchic) 形 無秩序な；無政府主義の — 男[1] 無政府主義者
anatra/アーナトラ/(英 duck) 女 アヒル；カモ (= anitra)
anca/アンカ/(英 hip) 女 腰；ヒップ
anche/アンケ/(英 also) 接 副 〜も(また)
ancora[1]/アンコラ/(英 anchor) 女 錨(いかり)
ancora[2]/アンコーラ/(英 still; again) 副 まだ,今でも；再び；さらに；あと
anconitano/アンコニターノ/形 男[1] アンコーナの(人)
Ancona 女 アンコーナ (Marche/マルケ/州の州都)
andare ⑦/アンダーレ/(英 go) 自[es] ❶ 行く：*Vado* in Italia. イタリアへ行く ❷ 進行する：Tutto *va* bene. すべて順調です ❸ (道などが)通じる：Questa strada *va* al mare. この道を行けば海に出ます ❹ 機能する：I treni *vanno* in orario. 列車は時刻表どおりに動いています ❺ 気に入る,合う：Ti *va*? どう？ / Non mi *va*. だめ ❻ [+

《過去分詞》で受動態》(特に能書きや掲示で) ～される必要がある：Questo vino *va* servito un po' fresco. このワインは少し冷やしてお飲みください ❼ [+《Gerundio》] ～しつづける：Il malato *va* migliorando. 病人の(容体)が回復に向かう．**Dimmi con chi vai e ti dirò chi sei.** 類は友を呼ぶ(友だちを見れば人柄がわかる) ◆**-arsene** 立ち去る；消える；亡くなる

andamento 男 傾向；動向
andirivieni 男 往来
andicappato → handicappato
anello /アネッロ/ (英 ring) 男 指輪；リング
anfiteatro /アンフィテアートロ/ (英 amphitheatre) 男 円形劇場［闘技場］
angelo /アンジェロ/ (英 angel) 男 天使(のような人)
angolo /アンゴロ/ (英 angle) 男 角(かど)；隅(すみ)；角度 ¶ calcio d'— コーナーキック
angoscia /アンゴッシャ/ (英 distress) 女 不安；苦悶
angoscioso 形 とても不安[心配]な
anguilla /アングィッラ/ (英 eel) 女 鰻(ウナギ)
anima /アーニマ/ (英 soul) 女 魂；心；人間；核；真髄 ¶ Non c'era *anima* viva. 人っ子ひとりいなかった
animale /アニマーレ/ (英 animal) 男 動物；畜生
animare /アニマーレ/ (英 animate) 他 活気を与える ◆**-arsi** 活気づく；賑(にぎわ)う **animato** 形 生き生きした；活気のある；活発な ¶ cartoni *animati* 動画，アニメ
animo /アーニモ/ (英 mind) 男 精神；度量；度胸；気質 **farsi animo** 勇気を出す
annacquare /アンナックァーレ/ (英 water down) 他 水で薄める；和らげる (→ acqua)

annaffiare /アンナッフィアーレ/ (英 water) 他 水をやる；潤いを与える **annaffiatoio** /アンナッフィアトイオ/ 男 如雨露(じょうろ)
annata /アンナータ/ (英 year) 女 1年間；年度；年間総額
annebbiare /アンネッビアーレ/ (英 cloud) 他 霧で包む；曇らせる；(判断力を)鈍らせる ◆**-arsi** 霧がかかる；鈍くなる；かすむ (→ nebbia)
annegare /アンネガーレ/ (英 drown) 他 溺れさせる 自[es] 溺れる ◆**-arsi** 溺れる；自分を見失う **annegarsi in un bicchier d'acqua** 何でもないことでまごつく(コップの水のなかで溺れる) **annegato** 男 [1] 溺死[水死]者
anniversario /アンニヴェルサーリオ/ (英 anniversary) 形 男 記念日；命日 ¶ — del matrimonio 結婚記念日
anno /アンノ/ (英 year) 男 年；年齢；時代 ¶ gli *anni* settanta 1970年代 **annuale** 形 一年間の；例年の
annodare /アンノダーレ/ (英 knot) 他 結ぶ ¶ -arsi la cravatta ネクタイを締める
annoiare /アンノイアーレ/ (英 annoy) 他 退屈させる；うんざりさせる；困らせる ◆**-arsi** 退屈する；嫌気がさす (→ noia)
annotare /アンノターレ/ (英 write down) 他 メモをとる；注をつける
annullare /アンヌッラーレ/ (英 cancel) 他 取り消す；中止する；無効にする
annullamento 男 取り消し，キャンセル；解消，破棄
annunciare /アンヌンチャーレ/ (英 announce) 他 知らせる，告げる；予告する；発表する (=annunziare) **annuncio** /アンヌンチョ/ 男 告知；短信；広告；予告 (=annunzio)

annunciatore 男[2] アナウンサー

annusare /アンヌザーレ/ (英 smell) 他 嗅ぐ

anonimo /アノーニモ/ (英 anonymous) 形 名前が不詳の；匿名の ― 男 無名の作者

ansia /アンスィア/ (英 anxiety) 女 不安，心配，懸念

ansioso 形 心配そうな，不安げな；切望した ¶ essere ― di 《不定詞》 ～したくてたまらない

ansimare /アンスィマーレ/ (英 pant) 自 喘ぐ；息を切らす

antartico /アンタルティコ/ (英 Antarctic) 形 南極の ― 男 南極 (= il Polo Sud)

ante- /アンテ/ 接頭 「前」「以前に」の意 **antenato** 男 祖先

anteguerra [0] 男 戦前

antefatto 男 先例；前歴；それまでの経緯

anteriore /アンテリオーレ/ (英 fore) 形 (より)前の，先の

anti- /アンティ/ 接頭 「反対」「対抗」「前」の意 **antiaereo** /アンティアエーレオ/ 形 対空[防空]の **antibiotico** /アンティビオーティコ/ 男 形 抗生物質(の)

anticamera /アンティカーメラ/ 女 玄関，控え室 **fare anticamera** 待たされる

anticarro 形 男[0] 対戦車用の(武器) **antifurto** 形 男[0] 盗難防止用の(装置)

antipasto 男 前菜

anticipare /アンティチパーレ/ (英 bring forward) 他 (予定や期限より)先にする，早める

in anticipo 早めに；事前に

antico /アンティーコ/ (英 ancient) 形 [-chi] 昔の；古代の **all'antica** 古風な；旧式の **gli antichi** 昔の人，古人

antichità 女 古さ；古代；《複で》古代遺跡；古美術(品)

antipatico /アンティパーティコ/ (英 disagreeable) 形 反感を抱かせる；感じの悪い，いけ好かない **antipatia** /アンティパティーア/ 女 反感，嫌悪感

antiquato /アンティクアート/ (英 antiquated) 形 古めかしい；流行遅れの

anulare /アヌラーレ/ (英 annular) 男 薬指

anzi /アンツィ/ (英 on the contrary) 接 それどころか；いやむしろ

anziché /アンツィケ/ (英 instead of) 接 ¶ A anziché B 〈B〉よりもむしろ〈A〉

anziano /アンツィアーノ/ (英 elderly) 形 年をとった，老齢の ― 男 お年寄り；高齢者；老人

aostano /アオスターノ/ 形 男[1] アオスタの(人) **Aosta** 女 アオスタ (Valle d'Aosta /ヴァッレダオスタ/ 州の州都)

ape /アーペ/ (英 bee) 女 蜜蜂

aperitivo /アペリティーヴォ/ (英 aperitif) 男 食前酒

aperto /アペルト/ (英 open) 形 開いている；広い；誠実な；利口な；公開された **all'aperto** 野外で，屋外で **apertura** 女 (何かを)開くこと；開始すること；オープニング

apostolo /アポストロ/ (英 apostle) 男 (聖書の)使徒；伝道者；唱導者

apostrofo /アポストロフォ/ (英 apostrophe) 男 アポストロフィ (') **apostrofare** 他 省略記号を付す；(突然どなるような口調で)言う；叱る

appalto /アッパルト/ (英 contract) 男 入札；請負(契約)

appannare /アッパンナーレ/ (英 mist) 他 曇らせる；ぼやかす ◆-arsi 曇る；ぼやける (→ panno)

apparecchiare /アッパレッキアーレ/ (英 prepare) 他 (特に食卓に食器や食事を)用意する

apparecchio /アッパレッキオ/

A

([英] apparatus) [男] 機器；電話；飛行機
apparecchiatura [女] 装備品，器具一式
apparenza/アッパレンツァ/([英] appearance) [女] 外見；外観
in apparenza うわべは，見かけは
apparire ⑧/アッパリーレ/([英] appear) [自][es, apparso] 現われる；思われる **apparizione** [女] 出現；幽霊；心霊などの超常現象
appartamento/アッパルタメント/([英] apartment) [男] (集合住宅内の) 住居；マンション
appartarsi [再] (外界と自分を) 遮断する；隠遁する(→parte)
appartenere 《a》 ㉚/アッパルテネーレ/([英] belong) [自] ～の所有物である；～に所属する
appartenenza [女] 所属；〔複で〕付属品(→tenere)
appassionare/アッパッスィオナーレ/([英] exite with passion) [他] 夢中にさせる ◆**-arsi** 《a》 熱中する；はまる **appassionato** 《di》 [形] 熱狂的な；熱中した ― [男][1] 熱狂者；マニア
appassito/アッパッスィート/([英] withered) [形] 萎(しお)れた；色あせた
appello/アッペッロ/([英] appeal) [男] 点呼；訴え ¶ fare l'appello 点呼をとる **fare appello a *qc/qs*** 〈人・物〉に訴える
appena/アッペーナ/([英] hardly; scarcely) [副] かろうじて，やっと；～したばかり ― [接] (Non appena で) ～するや否や
appendere/アッペンデレ/([英] hang) [他][appeso] 掛ける；吊るす ¶ ― un quadro alla parete 壁に絵をかける(→pendere)
appendice/アッペンディーチェ/([英] appendix) [女] 付録；追記；盲腸[虫垂]
appendicite [女] 盲腸[虫垂炎](→pendere)
appesantire ⑥/アッペザンティーレ/([英] make heavy) [他] 重くする ◆**-irsi** 重くなる；太る(→pesante)
appetito/アッペティート/([英] appetite) [男] 食欲 ¶ (non) avere ― 食欲がある[ない]
appiccicare/アッピッチカーレ/([英] stick) [他] 貼る；糊付する ― [自] (物を主語に) つく；べとつく **appiccicoso** [形] 粘着力のある；(人が) しつこい
appiglio/アッピッリォ/([英] hold) [男] 手懸かり；口実；根拠
applaudire ⑥/アップラウディーレ/([英] applaud) [他][自] 拍手で称賛する[ほめたたえる]
applauso/アップラウゾ/[男] 拍手；称賛；賛同
applicare/アップリカーレ/([英] apply) [他] 適用する；準用する；張り付ける ◆**-arsi** 《a》 専念する **applicazione** [女] 適用；応用；専念；アプリケーション
appoggiare/アッポッジャーレ/([英] lean) [他] もたせかける；支える；支持する ◆**-arsi** 寄りかかる，もたれかける
appoggio/アッポッジョ/[男] 支え；支持 ¶ dare il *proprio* ― a *qc* 〈人〉を支援する / in ― di *qs* 〈物〉を根拠[証拠]として / senza appoggi 後ろ盾なしで；孤立無援の
apposito/アッポーズィト/([英] special) [形] 専用の；所定の
apposta/アッポスタ/([英] on purpose) [副] わざわざ；わざと ― [形] (主に fatto と) 特別あつらえの
apprendere/アップレンデレ/([英] learn) [他][-preso] 習得する，聞き知る **apprendista** [男][女][3] 見習い；初心者

appresso/アップレッソ/(英 near) 副 そばに; 後に続いて

apprezzare/アップレッツァーレ/(英 appreciate) 他 (高く)評価する; (真価を)認める; (価値を)測る(→prezzo)

approfittare (di) /アップロフィッターレ/(英 take advantage of) 自 活用する; 利用する; 悪用する ◆ **-arsi** (di) 悪用する; つけこむ(→profitto)

approfondire ⑥ /アップロフォンディーレ/(英 deepen) 他 深くする; 掘り下げる

appropriarsi (di) /アップロプリアルシ/(英 take possession of) 再 自分のものにする; 横領する(→proprio)

approvare/アップロヴァーレ/(英 approve) 他 同意する; 承認する; 認可する

approvazione 女 同意; 承認; 認可

appuntamento/アップンタメント/(英 appointment) 男 (会う)約束; アポ; デート ¶ darsi un — 会う約束を交わす / avere un — con qc 〈人〉と会う約束がある / arrivare in tempo all'— 約束の時間に間に合う(→punto)

appunto¹/アップント/(英 note) 男 メモ; 非難 ¶ prendere appunti メモをとる / fare un — a qc 〈人〉を叱る

appunto²/アップント/(英 exactly) 副 まさしく; ちょうど; そのとおり

aprile/アプリーレ/(英 April) 男 4月 **Aprile, dolce dormire.** 春眠暁を覚えず

aprire/アプリーレ/(英 open) 他 [aperto] 開ける; 開(ひら)く; 広げる ◆ 自 (店などが)開(あ)く ◆ **-irsi** ひらく; あく; 広がる; 始まる

apribottiglie/アプリボッティッリェ/男[0] 栓抜

apriscatole/アプリスカートレ/男[0] 缶切

aquila/アークィラ/(英 eagle) 女 鷲(ワシ) **aquilone** 男 凧(たこ); ハングライダー

aquilano/アクィラーノ/形 男 ラークィラの(人) **L'Aquila** ラークィラ(Abruzzo州の州都)

arabo/アーラボ/(英 Arabian) 形 男[1] アラブの(人) **Arabia**/アラービア/女 アラビア

arachide/アラーキデ/(英 peanuts) 女 落花生, ピーナッツ

aragosta/アラゴスタ/(英 lobster) 女[0] イセエビ ¶ color — 赤紫色

arancia/アランチャ/(英 orange) 女 オレンジ

aranciata 女 オレンジジュース **arancino** 男 ライス・コロッケ **arancione** 男 形[0] オレンジ色(の)

arare/アラーレ/(英 plough) 他 耕す **aratro** 男 犂(すき)

arbitro/アルビトロ/(英 arbitrator; referee) 男[1] 仲裁人; 審判; レフェリー

archeologia/アルケオロジーア/(英 archa(e)ology) 女 考古学 **archeologo**/アルケオーロゴ/男[1][-gi] 考古学者

architetto/アルキテット/(英 architect) 男[1] 建築家; 考案者 **architettonico**/アルキテットーニコ/形 建造物の **architettura** 女 建築(物); 建築学

arcipelago/アルチペーラゴ/(英 archipelago) 男 群島; 列島

arco/アルコ/(英 bow) 男[-chi] 弓; (楽器の)弓; アーチ **ad arco** 弓形の(に) : strumenti *ad arco* 弦楽器 **arcobaleno** 男 虹

ardere/アルデレ/(英 burn) 他 [arso] 燃やす; 焼く **ardente**(英 ardent) 形 燃えるような; 熱烈な **ardore** 男 極熱; 激情; 熱情

A

ardire ⑥ ([英] dare) / アルディーレ / [自] 思い切ってする **ardito** [形] 大胆な; 決死の

area / アーレア / ([英] area) [女] 地域; エリア; 面積

arena / アレーナ / ([英] arena) [女] 円形劇場; 闘牛場; 闘技場; アリーナ

argentino / アルジェンティーノ / ([英] Argentinian) [形] [男][1] アルゼンチンの(人) **Argentina** [女] アルゼンチン

argento / アルジェント / ([英] silver) [男] 銀; 銀色 ¶ — vivo 水銀(mercurio)の古称 **avere l'argento vivo addosso** とても活発で少しもじっとしていない **argentato** [形] 銀箔を張った; 銀メッキをした; 銀色の

argilla / アルジッラ / ([英] clay) [女] 粘土

argine / アルジネ / ([英] bank) [男] 土手; 堤防

argomento / アルゴメント / ([英] subject) [男] 主題; 話題; 論拠

aria / アーリア / ([英] air) [女] 空気; 風; 気候; 気配; 見た感じ; (音楽)アリア **all'aria** 野外で, 屋外で **castelli in aria** 空中楼閣, 蜃気楼(空理空論) **darsi delle arie** もったいぶる

arido / アーリド / ([英] dry) [形] 乾燥した; 不毛の

ariete / アリエーテ / ([英] ram) [男] 雄羊; (A-) 牡羊座

aristocratico / アリストクラーティコ / ([英] aristocratic) [形] 貴族の; 洗練された; 優雅な **aristocrazia** / アリストクラツィーア / [女] 貴族階級; 特権階級の人

aritmetica / アリトメーティカ / ([英] arithmetic) [女] 算数; 計算法

arma / アルマ / ([英] arm) [女] [le armi] 武器, 兵器; 部隊; 商売道具 **essere alle prime armi** 駆けだしの新米 **armaiolo** [男] [1] 武器製造者; 武器商人

armadio / アルマーディオ / ([英] wardrobe) [男] 箪笥(タンス)

armare / アルマーレ / ([英] arm) [他] 武器を与える; 装備する ¶ — una nave 艤装(ぎそう)する ◆**-arsi** 武装する; 武器を手にする **armato** [形] 武装した; 装甲した ¶ a mano *armata* 武器を持って **armamento** [男] 武装; 軍備; 装備 **armatura** [女] 甲冑(かっちゅう); 鎧兜(よろいかぶと)

armonia / アルモニーア / ([英] harmony) [女] 調和; ハーモニー; 平穏 **armonica** / アルモーニカ / [女] ハーモニカ

arnese / アルネーゼ / ([英] tool) [男] 道具; 工具; 何とかいうもの[やつ]

aroma / アローマ / ([英] aroma) [男] [3] 香料; 芳香

arpa / アルパ / ([英] harp) [女] ハープ; 竪琴

arrabbiarsi / アッラッビアルスィ / ([英] get angry) 怒る ¶ — con *qc* 〈人〉に腹を立てる / fare arrabbiare *qc* 〈人〉を怒らせる(→ rabbia)

arrampicarsi (su) ([英] climb) / アッランピカルスィ / [再] よじ登る; 這い上がる

arrangiare / アッランジャーレ / ([英] arrange) [他] うまく対処する; アレンジする ◆**-arsi** 何とかする; 適当に処理する; 善処する

arredare / アッレダーレ / ([英] furnish) [他] 家具[調度品]を備えつける **arredamento** [男] 室内装飾(品)

arrendersi (a) / アッレンデルスィ / ([英] surrender) 降伏する; 降参する; 折れる

arrestare / アッレスターレ / ([英] stop, arrest) [他] 止める; 阻止する; 逮捕する ◆**-arsi** 止まる **arresto** [男] 停止; 中断; 逮捕(→ restare)

arretrato/アッレトラート/(英 rear)形 遅れた；時代遅れの(→ retro)

arricchire/アッリッキーレ/(英 make rich)他 豊かにする ◆ **-irsi** 豊かになる(→ ricco)

arricciato/アッリッチャート/(英 curly)形 巻き毛の；縮れた

arrivare/アッリヴァーレ/(英 arrive)自[es] 着く；達する；やって来る **arrivo** 男 到着 ¶ primo(-a) all'arrivo トップでゴールイン(→ riva)

arrivederci/アッリヴェデルチ/(英 good-bye)間 さようなら(→ a+rivedere+ci)

arrossire/アッロッスィーレ/(英 redden)自[es] 顔が赤くなる；赤面する(→ rosso)

arrostire⑥/アッロスティーレ/(英 roast)他 焼く；ローストする **arrosto** 形[0] 男 ローストした(料理)

arrotolare/アッロトラーレ/(英 roll up)他 (筒状に)巻く ¶ -arsi in qs 〈物〉に包(くる)まる(→ rotolo)

arrotondare/アッロトンダーレ/(英 round)他 (形を)丸くする；四捨五入する；(給料などを)上乗せする ¶ — lo stipendio 副収入で給料を補う

arruffato/アッルッファート/(英 ruffled)形 乱れた；乱雑な；混乱した

arrugginire⑥/アッルッジニーレ/(英 rust)他 錆びつかせる；衰えさせる — 自[es] 錆びる；衰える

arruolare/アッルオラーレ/(英 recruit)他 徴兵する ◆ **-arsi** (志願して)入隊する(→ ruolo)

arsenale/アルセナーレ/(英 arsenal)男 (特に軍艦の)造船所；(兵器の)倉庫

arte/アルテ/(英 art)女 芸術(美術，音楽，文学等)；技(わざ)

arteria/アルテーリア/(英 artery)女 動脈；幹線；道路網

artico/アルティコ/(英 arctic)男形 北極(圏)の — 男 北極(= il Polo Nord)

articolare/アルティコラーレ/(英 articulate)他 関節を曲げる；(単語や音節を区切って)はっきり言う；(論述を)章立てにする **articolazione** 女 関節；分節

articolo/アルティーコロ/(英 article)男 冠詞；記事；論説；論文；項目；品目；条項

artificiale/アルティフィチャーレ/(英 artificial)形 人工の；人造の ¶ fiori [fuochi] artificiali 造花[花火]

artigiano/アルティジャーノ/(英 artisan)男[1] 職人 **artigianale** 形 職人の；手仕事の

artiglieria/アルティッリエリーア/(英 artillery)女 砲撃用の兵器；砲兵隊

artiglio/アルティッリオ/(英 claw)男 (猛獣・猛禽の)爪；魔の手

artista/アルティスタ/(英 artist)男女[3] 芸術家；アーチスト；芸人 **artistico**/アルティスティコ/形 芸術の；芸術的な

ascella/アッシェッラ/(英 armpit)女 (人体)脇

ascendere/アッシェンデレ/(英 ascend)自[es, asceso] 上昇する；上(のぼ)る

ascendente 形 上昇の；上向きの；昇順の；(都心から郊外に向かう)下りの **ascesa** 女 上昇； 向上； 昇進(→ discendere)

ascensore/アッシェンソーレ/(英 elevator)男 エレベーター

ascesso/アッシェッソ/(英 abscess)男 おでき

ascia/アッシャ/(英 axe)女 斧(おの)，鉞(まさかり)

asciugare/アッシュガーレ/(英 dry)他 乾かす；干す；拭く ¶ — qs (il sudore, le lacrime, le

asciutto ▶

mani, i capelli) a qc 〈人〉の〈物〉(汗, 涙, 手, 髪)を拭く / -arsi qs 自分の物を拭く ◆-arsi 乾燥する；乾く

asciugamano 男 タオル, 手拭 **asciugacapelli** 男 ヘアドライヤー

asciutto /アッシュット/(英 dry) 形 乾いた；乾燥した ¶ camminare all'— (水溜りや泥を避けて)乾いたところを歩く / a bocca asciutta 何の収穫もなく / pasta asciutta (スープではなくソースを使った麺類)

ascoltare /アスコルターレ/(英 listen to) 他 聞く；聴く **ascolto** 男 (ラジオや電話を)聴くこと ¶ stare in — 耳を傾ける / dare — a qc 〈人〉の話に耳を貸す

asfaltare /アスファルターレ/(英 asphalt) 他 舗装する

asfalto 男 アスファルト

asiatico /アズィアーティコ/(英 Asian) 形 男 [-1] アジアの(人) **Asia** /アーズィア/ 女 アジア

asilo /アズィーロ/(英 shelter) 男 避難所；保育園(3 - 5歳)

asino /アーズィノ/(英 donkey) 男 ロバ；馬鹿

asma /アズマ/(英 asthma) 女 男 喘息(ぜんそく)

asparago /アスパーラゴ/(英 asparagus) 男 [-gi] アスパラガス

aspettare /アスペッターレ/(英 wait for) 他 待つ；待機する **aspetto** 男 待つこと ¶ sala d'— 待合室

aspetto /アスペット/(英 appearance) 男 外観；顔つき；局面

aspirare /アスピラーレ/(英 inhale) 他 吸い込む — 自 (a) 切望する；憧れる

aspirapolvere /アスピラポルヴェレ/ 男 [0] 掃除機

aspirazione 女 吸入；熱望；憧れの的

aspro /アスプロ/(英 sour) 形 酸っぱい；不快な；過酷な

assaggiare /アッサッジャーレ/(英 taste) 他 少しだけ飲む[食べる]；味見する **assaggio** /アッサッジョ/ 男 味見；試飲[食]

assai /アッサイ/(英 very (much)) 副 とても；たいへん；十分に —形 多くの(→molto)

assalire /アッサリーレ/(英 attack) 他 攻める

assaltare /アッサルターレ/(英 assault) 他 襲撃する；攻撃する **assalto** 男 襲撃；攻撃

assaporare /アッサポラーレ/(英 savour) 他 味わう(→sapore)

assassinare /アッサッスィナーレ/(英 murder) 他 暗殺する；殺害する **assassinio** /アッサッスィーニオ/ 男 暗殺；殺人 **assassino** 男 [1] 暗殺者；殺人犯

asse¹ /アッセ/(英 board) 女 板；台 — da stiro アイロン台 — di equilibrio (体操の)平均台

asse² /アッセ/(英 axis) 男 (中心の)軸

assecondare /アッセコンダーレ/(英 second) 他 助ける；応援する；応える

assediare /アッセディアーレ/(英 besiege) 他 包囲する **assedio** /アッセーディオ/ 男 包囲；封鎖

assegnare /アッセニャーレ/(英 assign) 他 割り当てる；充当する

assegno /アッセーニョ/(英 cheque) 男 小切手

assemblea /アッセンブレーア/(英 assembly) 女 集会；会議；議会

assente /アッセンテ/(英 absent) 形 不在の；欠席の；散漫な —男女 不在者, 欠席者 **assenza** 女 不在；欠席；欠如

assessore/アッセッソーレ/(英 councillor)男[1] (諮問機関の)専門委員

assetato/アッセタート/(英 thirsty)形 喉が渇いた；渇望した

assicurare/アッスィクラーレ/(英 assure)他 保証する；確言する；保険をかける ― l'auto contro il furto 車に盗難保険をかける ◆-arsi 確認する；保険に入る ¶ ― contro gli infortuni 災害保険に入る **assicurazione**女 保証；確約；保険

assiduo/アッスィードゥオ/(英 assiduous)形 勤勉な；熱心な；根気強い **assiduità**女 熱意；勤勉；精励

assieme/アッスィエーメ/(英 together)副 いっしょに (→ insieme)

assistere/アッスィステレ/(英 help)他[-tito] 助ける；援助する ― 自(a …) 〜に参加する **assistente**男女 協力者；アシスタント **assistenza**女 救済；看護；アフターサービス

asso/アッソ/(英 ace)男 エース；名人；第一人者 ― di quadri [cuori, picche, fiori] ダイヤ[ハート，スペード，クローバ]のエース **piantare** [lasciare] qc/qs in asso 突然，〈人〉を見捨てる，途中で〈物〉を投げ出す

associare/アッソチャーレ/(英 associate)他 参加させる；結びつける；統合する；連想する ◆-arsi (a) 加わる；提携する **associazione**女 会；協会；提携；連想

assoluto/アッソルート/(英 absolute)形 絶対の；絶対的；専制的 **-mente**副 絶対に；まったく

assolvere/アッソルヴェレ/(英 release)他 無罪の判決を下す；放免する； 罪を許す

assoluzione女 無罪宣告；無罪放免；免罪

assomigliare (a) /アッソミッリアーレ/(英 be like)自 似ている ◆-arsi (互いに)似ている

assorbire/アッソルビーレ/(英 absorb)他 吸収する；吸い取る **assorbente**男 生理用品

assordare/アッソルダーレ/(英 deafen)他 (音や人を主語に耳が聞こえなくなるほど)煩(うるさ)い

assumere/アッスーメレ/(英 assume)他[assunto] とる ¶ ― un tono severo 厳しい口調になる / ― una segretaria 女性秘書を雇う / -ersi tutta la responsabilità 自分で全責任をとる **assunzione**女 就任；採用;(A-) 被昇天(聖母マリア)

assurdo/アッスルド/(英 absurd)形 ばかげた，非常識な **assurdità**女 ナンセンス；不条理，不合理，非常識

asta/アスタ/(英 pole)女 棒，竿(さお)；ポール；競売 ¶ all' ― 競売で

astemio/アステーミオ/(英 teetotaller)男[1] 絶対禁酒(主義)者

astenersi (da) /アステネルスィ/(英 abstain) 控える；断つ

astratto/アストラット/(英 abstract)形 抽象的な

astro/アストロ/(英 star)男 天体；星；スター

astro-接頭 「宇宙」「天体」「星」の意 **astrologia**/アストロロジーア/女 占星術 **astrologo**/アストローロゴ/男[1] 占星術師 **astronauta**/アストロナウタ/男女[3] 宇宙飛行士 **astronave**女 宇宙船 **astronomia**/アストロノミーア/女 天文学 **astronomico**/アストロノーミコ/形 天文学的；宇宙規模の **astronomo**/アストローノモ/男[1] 天文学者

astuccio /アストゥッチョ/ (英 case; holder) 男 ケース，入れ物，箱

astuto /アストゥート/ (英 astute) 形 悪賢い; 狡猾な; 巧妙な **astuzia** /アストゥーツィア/ 女 狡猾さ; 巧妙さ

ateniese /アテニエーゼ/ (英 Athenian) 形 男 女 アテネの(人) **Atene** /アテーネ/ 女 アテネ

atleta /アトレータ/ (英 athlete) 男 女 [3] 運動選手; スポーツマン

atmosfera /アトモスフェーラ/ (英 atmosphere) 女 大気(圏); 雰囲気; 環境; 気圧

atomo /アートモ/ (英 atom) 男 原子 **atomico** /アトーミコ/ 形 原子(力)の ¶ bomba — 原子爆弾

atrio /アートリオ/ (英 entrance hall) 男 ロビー; 中庭

atroce /アトローチェ/ (英 atrocious) 形 残虐な; むごい

attaccare /アッタッカーレ/ (英 attach; attack) 他 付ける; 繋ぐ; 掛ける; 点ける; 感染させる; 襲う; 始める ¶ — briga 喧嘩を始める —自 接着力がある; 効果がある; 始まる ¶ Attacca! 始め！ Non attacca! 無駄！ ◆-arsi (a) しがみつく; べとつく; 執拗にする; 執着する; 喧嘩する; 伝染する

attaccato (a) 形 〜に結ばれた; 〜に愛着がある; 〜に執着した **attaccato a un filo** 極めて危ない状態にある

attacco 男[-chi] 攻撃; 結合

attaccante 男 女 前衛; フォワード; アタッカー

attaccapanni 男 (コートなどを掛ける)支柱; ハンガー

atteggiamento /アッテッジャメント/ (英 attitude) 男 態度; 立場 **atteggiare** (a) /アッテッジャーレ/ 他 表情をする ◆-arsi (a) 装って気取る

attendere /アッテンデレ/ (英 wait for) 他[atteso] 待つ(→ attesa)

attentare /アッテンターレ/ 自 危害を加えようとする; 陰謀を企てる

attentato 男 凶悪な犯行; テロ行為

attento /アッテント/ (英 attentive) 形 注意深い; 気をつけた ¶ stare — 気をつける, 注意する **attenzione** 女 注意; [複で] 配慮, 気配り fare — 気をつける, 注意する

attenuare /アッテヌアーレ/ (英 lessen) 他 和らげる; 軽減する ◆-arsi 和らぐ; 弱まる

atterrare /アッテッラーレ/ (英 knock down) 他 倒す; 壊す —自 着陸する

atterraggio /アッテッラッジョ/ 男 着陸 (→ terra)

atterrire /アッテッリーレ/ (英 terrify) 他 恐れさせる ◆-irsi 恐れる **atterrito** 形 おびえた

attesa /アッテーザ/ (英 wait) 女 待機; 待ち時間; 期待 ¶ sala d'— 待合室 (→ attendere)

attimo /アッティモ/ (英 moment) 男 瞬間; しばし **in un attimo** 一瞬にして

attirare /アッティラーレ/ (英 attract) 他 引きつける

attivo /アッティーヴォ/ (英 active) 形 活動的な; 積極的な; 能動態の **attività** 女 活動; 仕事; 活発; 活気

atto /アット/ (英 act) 男 行為; 証書; 記録; (演劇)幕; 時点, 際 **all'atto della firma** 署名した時点で **pagare all'atto della consegna** 現品着払いにする

attitudine /アッティトゥーディネ/ (英 aptitude) 女 適性; 素質; 能力

attore /アットーレ/ (英 actor) 男 俳優; 役者; 当事者 **attrice** 女 女優

attorno /アットルノ/ (英 around) 副 周辺に; あたりに

attrarre ㉛ /アットラッレ/ (英

attract) [他] 引きつける；魅了する **attraente** [形] 魅力的な **attrazione** [女] 魅力；アトラクション；引力

attraversare/アットラヴェルサーレ/([英] cross) [他] 横断する；渡る；越える **attraverso** [前] ～を通って；～越しに；～を遮って；斜めに

attrezzare/アットレッツァーレ/([英] fit out) [他] 設備[備品]を整える **attrezzo** [男] 道具，用具 **attrezzatura** [女] 設備；備品；用具一式 **attrezzistica**/アットレッツィスティカ/ [女] 器械体操

attribuire 《a》 ⑥/アットリブイーレ/([英] attribute) [他] 与える；(原因や特性などが)あると認める；(作品の原作者と)考える；(責任などを他に)転嫁する[せいにする]

attuale/アットゥアーレ/([英] present) [形] 現代の，今の，新しい **-mente** [副] 今は，現在は，目下 **attualità** [女] 現実性，現代性；現状，現況；〔複で〕出来事[ニュース]

audace/アウダーチェ/([英] bold) [形] 大胆[不敵]な；挑発的な；露骨な

audiovisivo/アウディオヴィズィーヴォ/([英] audiovisual) [形] 視聴覚の

augurare/アウグラーレ/([英] wish) [他] 願う，祈る ◆**-arsi** (di《不定詞》は自分のことを，che《接続法》は他人のことを) 願う，祈る **augurio**/アウグーリオ/ [男] 願い，願望；複数で 祝福[激励]の言葉 **(Tanti) Auguri!** おめでとう；頑張って；お大事に

aula/アウラ/([英] room) [女] 教室，講義室 ¶ — **magna** 講堂；大教室

aumentare/アウメンターレ/([英] increase) [他] 増す；上げる — [自] 増える；上がる **aumento** [男] 増加；上昇(→diminuire)

aurora/アウローラ/([英] dawn; aurora) [女] 夜明け，暁，曙(あけぼの)；オーロラ

austriaco/アウストリーアコ/([英] Austrian) [形] [男][1] オーストリアの(人) **Austria**/アウストリア/ [女] オーストリア

autentico/アウテンティコ/([英] authentic) [形] 本物の；正真正銘の；典拠のある

autista/アウティスタ/([英] driver) [男] [女][3] 運転手

auto- [接頭] 「自動車」の意
auto/アウト/ [女][0] 車，自動車
autoblindo [女] 装甲車
autobotte [女] タンクローリー
autobus/アウトブス/ [男] バス
autocarro [男] トラック
autocisterna [女] タンクローリー
autogrù [女] レッカー[クレーン]車
automezzo [男] 運搬車
automobile/アウトモービレ/ [女] 自動車
automobilista [男] [女][3] 運転手；レーサー
autorimessa [女] 車庫
autoscuola [女] 自動車教習所
autostop [男] ヒッチハイク
autostrada [女] 高速道路
autotreno [男] トレーラー

autogol/autogoal/アウトゴル/([英] own goal) [男] オウンゴール(自殺点)

autografo/アウトーグラフォ/([英] autograph) [形] 自筆の；手書きの — [男] (自筆の)サイン **chiedere un —** サインを求める

automa/アウトーマ/([英] robot) [男][3] ロボット

automatico/アウトマーティコ/([英] automatic) [形] 自動(式)の；機械的な — [男] ジーンズ・ボタン(パチンと合わす金属製ボタン) **-mente** [副] 自動的

autonomia/アウトノミーア/(英 autonomy) 女 自治(権), 自立, 自主独立 **autonomo**/アウトーノモ/ 形 自治の, 自主的な

autore/アウトーレ/(英 author) 男[2] 著者, 作者; 張本人; 犯人 **autore-attore** 自作自演

autorevole/アウトレーヴォレ/ 形 権威のある; 信用できる

autorità/アウトリタ/(英 authority) 女 権威; 権力(機関); 職権; [複で] 官庁, 当局

autorizzare 他 許可する; 認可する **autorizzazione** 女 許可, 認可, 承認; 許可証[状]

autopsia/アウトプスィーア/(英 autopsy) 女 検死(解剖)

australiano/アウストラリアーノ/(英 Australian) 形 男[1] オーストラリアの(人)

Australia/アウストラーリア/ 女 オーストラリア

autunno/アウトゥンノ/(英 autumn) 男 秋

autunnale 形 秋の

avanti /アヴァンティ/(英 forward) 副 前(方)に ― 間 進め, 前進; (入室許可)どうぞ

a.C.(=avanti Cristo) 紀元前

avanguardia/アヴァングァルディア/ 女 前衛; 前衛派, アバンギャルド

avanzare/アヴァンツァーレ/(英 advance) 自[es] 前進する; 進展する; 余る, 残る

avanzata 女 前進

avanzo 男 残り(物); 余り

avaro/アヴァーロ/(英 stingy) 形 けちな, 金銭に汚い, 強欲な ― 男[1] けち, 守銭奴, 金の亡者 **avarizia**/アヴァリーツィア/ 女 吝嗇(りんしょく);貪欲

avena/アヴェーナ/(英 oats) 女 オート麦, 燕麦

avere ②/アヴェーレ/(英 have) 他 (物を)所有[所持]している; (家族や友人が)いる; (ペットを)飼っている; (特徴・年齢・尺度などを)有している; (心身の状態が〜で)ある, 等の表現で, 名詞を伴って多くの熟語を作る **averci** 他 所有[所持]している (日常のくだけた会話で, 直接目的格の代名詞 [lo, la, li, le] と共に [ce l'ho, ce l'hai...] の形でよく使われる) **avercela con qc** (人)に対して腹を立てる **aversela** 気分を害している, 怒っている ― 助 すべての他動詞と一部の自動詞の助動詞として[avere + 過去分詞]で複合時制を作る

aviatore/アヴィアトーレ/(英 pilot) 男[2] 飛行士

aviazione 女 航空(学), 飛行(術); 航空機(産業)

avido (di)/アーヴィド/(英 avid) 形 渇望した, 飢えた

avidità 女 渇望; 貪欲

avorio/アヴォーリオ/(英 ivory) 男 形 象牙(の); 象牙色(の), アイボリー

avvantaggiare/アッヴァンタッジャーレ/(英 advantage) 優遇する;促進する ◆ **-arsi** (di) 利用する; つけいる, 乗じる; リードする, 差をつける

avvelenare/アッヴェレナーレ/(英 poison) 他 毒を入れる; 毒殺する; 中毒にする; 中毒死させる ◆ **-arsi** 中毒になる; 中毒死する; 服毒自殺する

avvelenamento 男 中毒

avvelenatore 男[2] 毒殺者

avvenire[1] ㉟/アッヴェニーレ/(英 happen) 自[es, avvenuto] 起こる, 生じる; 偶発する

avvenimento 男 出来事, 事件; 一大事

avvenire[2]/アッヴェニーレ/(英 future) 男 未来, 将来

avventura/アッヴェントゥーラ/(英 adventure) 女 冒険; (結果が予測できない)初(はつ)体験; 情事 ¶ **per —** 偶然, た

またま / romanzo [film] d'— 冒険小説[映画]

avventuroso 形 波乱万丈の; リスクの多い; 冒険好きの

avverarsi /アッヴェラルスィ/ (英 come true) 再 実現する; 本当に起こる (→vero)

avverso /アッヴェルソ/ (英 adverse) 形 反対の; 敵意のある **avversario** /アッヴェルサーリオ/ (英 opposing) 形男 敵[対戦相手](の) **avversione** 女 反感, 敵意 **avversità** 女 逆境; 不運

avvertire /アッヴェルティーレ/ (英 warn) 他 (危険などを)知らせる; 警告する; 感知する, 察知する **avvertenza** 女〔複で〕(製品に関する)使用上の注意 **avvertibile** /アッヴェルティービレ/ 形 感知できる

avviare /アッヴィアーレ/ (英 start) 他 (ある方向に向けて)進める; 開始する; 始動させる ◆-arsi 《a》 向かう; 動き出す **avviamento** 男 開始; 始動; 入門; のれん(信用)

avvio /アッヴィーオ/ 男 出だし, スタート; 始動 (→via) dare l'— 始動させる, 始める prendere l'— 始動する, 始まる

avvicinare /アッヴィチナーレ/ (英 approach) 他 近づける ◆-arsi 近づく (→vicino)

avvilire ⑥ /アッヴィリーレ/ (英 depress) 他 (値打ちを)下げる; (品位を)落とさせる; 落胆させる ◆-irsi がっかりする (→vile)

avvisare /アッヴィザーレ/ (英 let know) 他 知らせる, 通知する; 注意する **avviso** 男 通知; 告示; 掲示

avvitare /アッヴィターレ/ (英 screw) 他 (ネジで)留める; (ネジで)締める ◆-arsi (ネジが)締まる; 体をひねる (→vite)

avvocato /アッヴォカート/ (英 lawyer) 男 弁護士, 弁護人

avvolgere /アッヴォルジェレ/ (英 wind) 他[avvolto] 巻き付ける; 包(くる)む ◆-ersi 《in》包まる

azienda /アズィエンダ/ (英 firm) 女 企業, 会社; 公団, 公社; 事業所

azione¹ /アッツィオーネ/ (英 action) 女 行動, 動き; 作用, 効力, 影響力; 作戦, 戦闘; 筋書; 訴訟

azione² /アッツィオーネ/ (英 share) 女 株, 株式

azionario /アッツィオナーリオ/ 形 株式の

azoto /アゾート/ (英 nitrogen) 男 窒素

azzardare /アッザルダーレ/ (英 risk) 他 賭ける; 敢行する; 恐る恐るする ◆-arsi 《a》敢えてする **azzardo** 男 危険な賭け gioco d'— 賭け事

azzurro /アッズッロ/ 形男[1] (英 azure) 青(い); イタリア代表の(選手) principe azzurro 理想の男性

B, b

b /ビ/ 女 男 2番目の字母;《符丁》 B come Bologna ボローニャのB

babbo /バッボ/ (英 daddy) 男 父, 親父(おやじ) (→padre, papà) Babbo Natale サンタクロース **babbino** 男 お父さん; パパ

babbeo /バッベーオ/ (英 numskull; simpleton) 男[1] 間抜け; お人よし

babbuino /バッブイーノ/ (英 baboon) 男[1]《動物》狒狒(ヒヒ)

bacca /バッカ/ (英 berry) 女 小さな丸い実, ベリー

baccalà /バッカラ/ (英 dried salted cod) 男《魚》塩漬けの干鱈(ひだら); 棒鱈(ぼうだら); やせたのっぽの人; どじな人

baccano /バッカーノ/ (英

clamour)男 大騒ぎ；喧騒

bacchetta／バッケッタ／(英 wand)女 細い杖[棒]；指揮棒；タクト ¶ — magica 魔法の杖 **comandare a bacchetta** 横柄に人を顎で使う

baciare／バチャーレ／(英 kiss)他 接吻[キス]する **bacio**／バーチョ／男 接吻，キス

bacino(=bacetto)男 軽い接吻 **bacione**男 厚い口付け

bacinella／バチネッラ／(英 basin)女 洗面器；トレー

bacino／バチーノ／(英 basin)男 (川の)流域；人工湖，鉱床；骨盤 ¶ — petrolifero 油田

baco／バーコ／(英 worm)男 (蝶や蛾の)幼虫；《コン》バグ ¶ — da seta 蚕(かいこ)

badare (a)／バダーレ／(英 take care)自 注意する；用心する

badile／バディーレ／(英 shovel)男 シャベル

baffo／バッフォ／(英 moustache) 【主に複で】口ひげ；(動物の)ヒゲ ¶ qs da leccarsi i baffi (舌鼓を打つほど)とてもおいしい物 **ridere sotto i baffi** ほくそ笑む；こっそり笑う

bagaglio／バガッリォ／(英 baggage)男 荷物 ¶ — a mano 手荷物／deposito bagagli 手荷物預り所 **fare i bagagli** 荷物をまとめる；退散する **abbandonare armi e bagagli** 着の身着のまま逃げ出す **bagagliaio**／バガッリアイオ／男 荷物入れ[置場]；トランク；貨車

bagnare／バニャーレ／(英 wet)他 濡らす；湿らす ¶ — il pane nel latte パンを牛乳に浸す／La Senna bagna Parigi. セーヌ川はパリを流れる ◆-arsi 濡れる；水浴する

bagno／バーニョ／(英 bath)男 入浴，風呂；浴室；洗面所；トイレ；水浴[海水浴] ¶ fare il — 風呂に入る／costume da — 水着

bagnino男[1] （海水浴場，プール，温泉などの)世話係；監視員；ライフガード

baia／バイァ／(英 bay)女 入り江

baionetta／バイオネッタ／(英 bayonet)女 銃剣 ¶ assalto alla — 接近戦，肉弾戦

baita／バイタ／(英 Alpine hut)女 山小屋；ヒュッテ

balbettare／バルベッターレ／(英 stammer)自 口ごもる；たどたどしく話す

balcone／バルコーネ／(英 balcony)男 バルコニー

balena／バレーナ／(英 whale)女 鯨(クジラ)

balenare／バレナーレ／(英 strike)自[es] ひらめく；急に思いつく ¶ Mi è balenata una buon'idea. 私に妙案が浮かんだ **in men che non balena** 電光石火 **baleno**男 稲妻，電光 ¶ in un — 一瞬にして

balia[1]／バーリア／(英 wet nurse)女 乳母；里親

balia[2]／バリーア／(英 supremacy)女 (中世都市国家の)最高議決機関

balla／バッラ／(英 bale)女 大包み，大束；梱包；嘘

ballare／バッラーレ／(英 dance)自 踊る；ぐらぐらする — 他 踊る ¶ — il flamenco フラメンコを踊る **ballo**男 踊り；ダンスパーティー **balletto**男 バレエ(曲) **ballerino**男[1] 舞踏家，ダンサー；バレリーナ，踊り子

balocco／バロッコ／(英 toy)男 [-chi] おもちゃ；遊技

balzare／バルツァーレ／(英 leap)自[es] 跳ぶ；跳ねる；目立つ **balzo**男 跳躍；飛躍 **cogliere la palla al balzo** チャンスを活かす(跳ねているボールをつかむ)

bambino／バンビーノ／(英

baby)**男**[1] （8歳ぐらいまでの）子供 **bambinaia**/バンビナイア/**女** 保母；子守

bambola/バンボラ/（英 doll）**女** 人形；かわい子ちゃん；（美しいだけで愛嬌のない）女性

bambù/バンブ/（英 bamboo）**男** 竹

banale/バナーレ/（英 banal）**形** 平凡な；月並みな

banana/バナーナ/（英 banana）**女** バナナ

banca/バンカ/（英 bank）**女** 銀行 **bancario**/バンカーリオ/**形** 銀行の，金融の ─**男**[1] 銀行員 **bancarotta**/バンカロッタ/**女** 倒産，破産 **banconota 女** 紙幣，札 **bancomat 男** 現金自動支払機，ATM

bancarella/バンカレッラ/（英 stall）**女** （露店商の）屋台；陳列台

banco/バンコ/（英 bench）**男** （教室や教会などの腰掛付き）机；（議会や裁判所の）席

bancone 男 カウンター

banchetto 男 宴会，祝宴

banchina 女 （駅の）ホーム

banda/バンダ/（英 band, gang）**女** 群，隊，組，団；楽団，バンド

bandiera/バンディエーラ/（英 flag）**女** 旗，旗印

bandito/バンディート/（英 bandit）**男** 強盗，山賊；悪党，ギャング

bando/バンド/（英 proclamation）**男** 布告；告示；令

baobab/バオバブ/（英 baobab）**男** バオバブ樹（アフリカ産の巨木）

bar/バール/（英 bar）**男** 喫茶店；スナックバー

barista 男 女[3] カウンター係；バーテンダー

bara/バーラ/（英 coffin）**女** 棺（ひつぎ），棺桶

baracca/バラッカ/（英 hut）**女** バラック，小屋；がらくた

baracca e burattini 一切合財

baratto/バラット/（英 barter）**男** 物々交換，バーター ¶ fare ─ *qs* con *qs* 〈物〉と〈物〉を交換する

barattolo/バラットロ/（英 jar）**男** （保存用の）瓶（ビン）

barba/バルバ/（英 beard）**女** （頬と顎の）ひげ；退屈（=noia） **barbiere 男**[1] 散髪屋；理容師

barbabietola/バルバビエートラ/（英 beetroot）**女** 大根；ビート

barbaro/バルバロ/（英 barbaric）**形** 未開の；野蛮な；粗野な；残酷な **barbarie**/バルバーリエ/**女**[0] 野蛮[残酷]な行為

barbone/バルボーネ/（英 poodle）**男** プードル犬；浮浪者 **barboncino 男** 小形のプードル犬

barca/バルカ/（英 boat）**女** 小船 ¶ ─ a motore モーターボート ¶ ─ a vela 小型の帆船 **barchetta 女** （手漕ぎの小さな）ボート **barcamenarsi 再** 臨機応変に対処[対応]する ¶ ─ tra il lavoro e la famiglia 仕事と家庭を両立させる

barcollare/バルコッラーレ/（英 stagger）**自** よろめく；千鳥足で歩く

barella/バレッラ/（英 stretcher）**女** 担架

barese/バレーゼ/**形 男 女** バーリの(人) **Bari**/バーリ/**女** バーリ（Puglia/プッリア/州の州都）

barile/バリーレ/（英 barrel）**男** 樽；バレル（石油の容量単位）

barometro/バロメトロ/（英 barometer）**男** 気圧計；バロメーター

barone/バローネ/（英 baron）**男** 男爵；（各界の）勢力家，大立者

barra/バッラ/（英 bar）**女** （金属や木の）棒；斜線（／）

barricata / バッリカータ / (英 barricade) 女 バリケード; 妨害物

barriera / バッリエーラ / (英 barrier) 女 柵; 障害物; バリア (→ abbattimento)

barzelletta / バルゼッレッタ / (英 joke) 女 笑い話; 冗談; 小話

base / バーゼ / (英 base) 女 土台, 基礎; 基本; 基地 **basare** (su) 他 基礎[基盤]を置く ◆ **-arsi** (su) 基づく

basetta / バゼッタ / (英 sidewhisker) 女 もみあげ

basilica / バズィーリカ / (英 basilica) 女 バジリカ聖堂 (由緒ある教会に与えられた称号)

basilico / バズィーリコ / (英 basil) 男 バジル

basso / バッソ / (英 low) 形 低い; 浅い; 下の; 下品な; 後期の, 末期の ─ 男 低い位置[場所]; 下; 低音(部), バス **da basso** (=dabbasso) 下で ─ 副 小声で; 低空を **bassotto** 男 ダックスフント犬; ずんぐりむっくり (背の低い肥った人)

bastardo / バスタルド / (英 bastard) 男 形 [1] 私生児(の); 雑種(の)

bastare / バスターレ / (英 be enough [sufficient]) 自[es] 足りる, 十分である ¶ Basta chiedere il numero di telefono 電話番号を聞くだけでいい **basta** 間 もうたくさん; いい加減にしなさい

bastimento / バスティメント / (英 ship) 男 貨物船

bastione / バスティオーネ / (英 bastion) 男 砦, 要塞; 城壁

bastonare / バストナーレ / (英 beat) 他 (棒で)打つ, 叩く

bastone 男 棒; 杖; (野球) バット; (ゴルフ) クラブ; (ホッケー) スティック **mettere il bastone fra le ruote** 邪魔をする (車輪に棒を突っ込む) **bastoncino** 男 (箸のような)棒; スティック状のもの

battaglia / バッタッリァ / (英 battle) 女 戦い, 戦闘; 争い

battello / バッテッロ / (英 boat) 男 小型の汽船; ポンポン蒸気

battere / バッテレ / (英 beat) 他 打つ; 打ち負かす; ぶつける ─ 自 打つ; 鳴る ¶ ─ **a macchina** (ワープロやタイプで)書く **battere in ritirata** 退散する **in un batter d'occhio** 瞬く間に

batteria / バッテリーア / (英 battery) 女 電池, バッテリー; (道具など)一式, 一揃い; (音楽)打楽器; ドラム; (試合)予選 **batterista** 男 女 [3] ドラマー, ドラム奏者

battesimo / バッテーズィモ / (英 baptism) 男 洗礼(式) ¶ **ricevere il ─ di** qs 〈何か〉の洗礼を受ける / **nome di ─** 洗礼名[クリスチャンネーム] / ─ **dell'aria** 生まれて初めて飛行機に乗ること **battezzare** 他 洗礼を施す; 名前をつける

batticuore / バッティクオーレ / (英 palpitations) 男 (心臓の)鼓動, 動悸; 胸騒ぎ

battipanni / バッティパンニ / (英 carpet beater) 男 叩(はた)き

battito / バッティト / (英 beat) 男 (鼓動や脈拍のような)連続音

battona / バットーナ / (英 streetwalker) 女 売春婦

battuta / バットゥータ / (英 beat) 女 (洒落の利いた)表現; 台詞 (せりふ); (球技の)サーブ

batuffolo / バトゥッフォロ / (英 flock) 男 毛玉

baule / バウーレ / (英 trunk) 男 トランク

bava / バーヴァ / (英 slaver) 女 よだれ; 粘液 **bavaglio** / バヴァッリォ / 男 さるぐつわ; 口を封じる物 **bavaglino** 男 よだれかけ

bavarese / バヴァレーゼ / (英

Bavarian)形男女 バイエルン地方の(人);(菓子)ババロア
Baviera/バビエーラ/女 (ドイツ南東部の)バイエルン地方
bavero/バーヴェロ/(英 collar)男 (洋服やコートの)襟(えり)
beato/ベアート/(英 blessed)形 幸福な，至福の;幸運な Beato(-*a*) te[lei]! 君[彼女]がうらやましいよ，よかったね
beccare/ベッカーレ/(英 peck)他 (嘴で)つつく，ついばむ;稼ぐ;捕らえる **becco**男 嘴(くちばし) Non avere il becco di un quattrino 一文無し
befana/ベファーナ/女 (1月6日の公現祭の前夜にプレゼントを運んでくるという)老婆;(B-)公現祭(→ Epifania)
beffa/ベッファ/(英 joke; mockery)女 冷やかし;悪ふざけ
bega/ベーガ/(英 dispute)女 小競り合い;面倒;厄介
belare/ベラーレ/(英 bleat)自 (羊や山羊が)鳴く;めそめそする ━他 (詩歌を)哀切に朗唱する
belga/ベルガ/(英 Belgian)形男[-gi]女 ベルギーの(人)
Belgio/ベルジョ/男 ベルギー
bello/ベッロ/(英 beautiful)形 [巻末 I] 美しい;素敵な;素晴らしい un *bel* po' けっこう，相当 **bellezza**女 美しさ，美
belva/ベルヴァ/(英 wild beast)女 野獣;冷血漢
belvedere/ベルヴェデーレ/(英 lookout)男[0] 見晴台,展望台
benché/ベンケ/(英 although)接 [接続法と] 〜だけれど[にもかかわらず]
benda/ベンダ/(英 bandage)女 包帯;目隠し
bene[1]/ベーネ/(英 well)副 よく，うまく;上手に;しっかり Gli sta bene. 自業自得,身から出た錆(彼にはあれがお似合い) ━間 よし;了解

benissimo(=molto bene)
bene[2]/ベーネ/(英 good)男 よいこと;善;利益;財産;愛情 volere bene a *qc* 〈人〉を愛する,〈人〉が好きである fare bene 役に立つ;有益である
benedire⑭/ベネディーレ/(英 bless)他[-detto] 祝福する;心から感謝する **benedizione**女 天の恵み;祝福
beneficare/ベネフィカーレ/(英 benefit)他 恩恵を与える;援助する **beneficenza**女 慈善;援助 **beneficio**/ベネフィーチョ/男 恩恵;利益
benefico/ベネーフィコ/形 有益な;慈善の **benefattore**男[2] 恩人;慈善家
benessere/ベネッセレ/(英 wellbeing)男[0] 健康;裕福さ
benestante形 豊かな;裕福な
benevolo/ベネーヴォロ/(英 benevolent)形 情け深い;好意的な **benevolenza**女 厚意,恩情
bengodi/ベンゴーディ/(英 Cockaigne)男 桃源郷;極楽
beniamino/ベニアミーノ/(英 favorite)男[1] 秘蔵っ子;アイドル
benigno/ベニーニョ/(英 benign)形 温厚な;慈悲深い
beninteso/ベニンテーソ/(英 of course)副 もちろん;当然
bensì/ベンスィ/(英 but (rather))接 〜ではなく[むしろ]
benvenuto/ベンヴェヌート/(英 welcome)形間 ようこそ,いらっしゃいませ
bentornato形間 お帰りなさい
benzina/ベンズィーナ/(英 gasoline)女 ガソリン;ワイン[酒] **benzinaio**/ベンズィナイオ/男 ガソリンスタンドの従業員[経営者]
bere⑨/ベーレ/(英 drink)他

飲む;(素直に)信じる **darla a bere** 信じ込ませる,騙す
bevanda 囡 飲料 **bevitore** 男[1] 酒飲み **bevuta** 囡 飲むこと;飲み会
bergamasco /ベルガマスコ/ 形 男[1][-chi] ベルガモの(人) **Bergamo** /ベルガモ/ 囡 ベルガモ(ロンバルディア州の都市)
berlinese /ベルリネーゼ/ (英 Berliner) 形 男 囡 ベルリンの(人) **Berlino** 囡 ベルリン(ドイツの首都)
bernoccolo /ベルノッコロ/ (英 lump; bent) 男 瘤(こぶ);才能;適性
berretto /ベッレット/ (英 cap) 男 (ひさしの付いた)帽子 ¶ — basco ベレー帽 **berretta** 囡 (頭巾のような)帽子
bersaglio /ベルサッリョ/ (英 target) 男 標的,的(まと)
bersagliere /ベルサッリェーレ/ 男 (羽根の付いた帽子をかぶった)狙撃兵
bestemmiare /ベステンミアーレ/ (英 blaspheme) 自 冒涜(ぼうとく)する;罵(ののし)る
bestemmia /ベステンミア/ 囡 冒涜的な[不敬な]言葉
bestia /ベスティア/ (英 beast) 囡 動物,獣(けだもの);酷い奴 [状態] **bestiale** 形 獣のような,非人間的な **bestiame** 男 家畜
bettola /ベットラ/ (英 tavern) 囡 場末の安食堂[酒場] **da bettola** 下品な;低俗な
biada /ビアーダ/ (英 fodder) 囡 (家畜の)餌,飼葉
bianco /ビアンコ/ (英 white) 形 白い —— 男 (白黒の)白;白人;白ワイン;白い部分 **in bianco** 調味料を加えていない [空白の;一睡もしない]状態で **in bianco e nero** 白黒の **biancheria** /ビアンケリーア/ 囡 (シャツや靴下などの)下着類;(シーツやタオルなどの)リネン類 ¶ — intima 肌着
bianchetto 男 白くするもの (おしろい,艶出しの乳液,漂白剤,修正液)
bibbia /ビッビア/ (英 Bible) 囡 聖典;バイブル;(→ testamento)(B-) 聖書
biblico /ビブリコ/ 形 聖書の,聖書に登場する
bibita /ビービタ/ (英 soft drink) 囡 清涼飲料水
biblioteca /ビブリオテーカ/ (英 library) 囡 図書館(室);蔵書
bicchiere /ビッキェーレ/ (英 glass) 男 グラス,コップ
bicicletta /ビチクレッタ/ (英 bicycle) 囡 自転車(→ciclo)
bidè /ビデ/ (英 bidet) 男 ビデ
bidello /ビデッロ/ (caretaker) 男 (学校の)用務員;門衛,守衛
bidone /ビドーネ/ (英 tank) 男 ドラム缶;タンク;詐欺
biglietto /ビッリェット/ (英 ticket) 男 切符;チケット
biglietteria /ビッリェッテリーア/ 囡 切符[チケット]売り場
bilancia /ビランチャ/ (英 balance) 囡 秤(はかり),天秤;(B-) 天秤座 **bilancio** 男 貸借対照表;収支決算
biliardo /ビリアルド/ (英 billiards) 男 玉突き,ビリヤード(= bigliardo)
bimbo /ビンボ/ (英 child) 男[1] 赤ん坊;幼児
binario /ビナーリオ/ (英 track) 男 線路;(駅のホームの)番線
binocolo /ビノーコロ/ (英 binoculars) 男 双眼鏡;オペラグラス
biologia /ビオロジーア/ (英 biology) 囡 生物学
biologico /ビオロージコ/ 形 生物学の ¶ arma *biologica* 細菌兵器
biondo /ビオンド/ (英 blond) 男[1] 形 金髪(の),ブロンド(の);黄金色(の)

birichino/ビリキーノ/(英 naughty)形男[1] 腕白な(子); お転婆な(子); 悪賢い(人)

birillo/ビリッロ/(英 skittle)男 (ボーリングやビリヤードの)ピン; (道路の)コーン

biro/ビーロ/(英 ballpoint)女[0] ボールペン

birra/ビッラ/(英 beer)女 ビール **a tutta birra** 全速力で

birreria/ビッレリーア/女 ビヤホール

bis/ビス/(英 encore)男 アンコール — 形 臨時[増便]の ¶ **fare il —** お代わりする; 繰り返す

bisbigliare/ビズビッリアーレ/(英 whisper)自 囁(ささや)く; 噂する **bisbiglio**/ビズビッリォ/男 囁き; 陰口

biscia/ビッシャ/(英 grass snake)女 (無毒の)蛇; 信用できない人

biscotto/ビスコット/(英 biscuit)男 ビスケット, クッキー

bisestile/ビゼスティーレ/(英 bissextile)形 閏(うるう)の

bisognare/ビゾニャーレ/(英 be necessary) (非人称) [es] 〔主に不定詞と〕〜する必要がある; 〔否定文で〕〜してはいけない **bisogno** 男 必要; 切迫; 欠乏 ¶ **avere [esserci] — di** *qc / qs* [不定詞] 人/物が必要である, [〜する]必要がある ¶ **in caso di —** 困ったときは / **trovarsi nel —** 困窮している **bisognoso** 形 必要な; 貧困な

bistecca/ビステッカ/(英 (beef) steak)女 ステーキ ¶ **— alla fiorentina** Tボーンステーキ **bistecchina** 女 小さ目のステーキ

bisticciare/ビスティッチャーレ/(英 quarrel)自 言い争う

bivio/ビーヴィオ/(英 fork)男 分岐点; 別れ道; 岐路

bizzarro/ビッザッロ/(英 bizarre)形 奇妙な; 風変わりな

bloccare/ブロッカーレ/(英 block)他 動きを止める; (入口などを)塞ぐ; ブロックする ◆**-arsi** 立ち往生する

blocco¹ 男 遮断; 封鎖 ¶ **posto di —** 検問

blocco²/ブロッコ/(英 block; bulk)男 (岩石の)塊; 大量; 紙を重ねて綴ったもの ¶ **comprare in —** まとめ買いする

blocchetto 男 (回数券などの)つづり; クーポン

blu/ブル/(英 blue)男形[0] 青(い), 紺色(の)

bocca/ボッカ/(英 mouth)女 口; 開口部; 河口

boccale 男 水差し, ジョッキ **boccone** 男 一口分 **mangiarsi in un boccone** 簡単にクリアする **(a) bocconi** うつ伏せに **bocconcino** 男 一口サイズの食べ物; 珍味; 魅力的な人

bocchino/ボッキーノ/(英 mouthpiece)男 (楽器の)吹き口, マウスピース

boccia/ボッチャ/(英 bottle; bowl)女 ガラス瓶; (ボウリングなどの)ボール

bocciare/ボッチャーレ/(英 reject)他 (相手の玉を)跳ね除ける; 拒否する; 落第させる ¶ *essere bocciato* all'esame 試験に落ちる **bocciatura** 女 却下; 落第

bocciolo/ボッチョーロ/(英 bud)男 蕾(つぼみ)

boia/ボィア(英 ruthless)形[0] 酷い; 無茶苦茶な — 男[0] 死刑執行人; 悪党; ならず者

bolla/ボッラ/(英 bubble)女 泡, 水疱 ¶ **— di sapone** シャボン玉 / **finire in una — di sapone** 水泡に帰す

bolletta/ボッレッタ/(英 bill)女 受取書, 領収書; 明細書 **essere in bolletta** 一文無し

bollettino 男 概況; 報告書; 公報

bollire /ボッリーレ/ (英 boil) 自 沸騰する; 煮える; うだる — 他 茹(ゆ)でる; 沸かす

bollente 形 熱い

bollo /ボッロ/ (英 stamp) 男 検印; 消印; 印紙 ¶ — a data 日付印

bolognese /ボロニェーゼ/ 形 男女 ボローニャの(人) ¶ alla — ミートソースをかけた(ボローニャ風の料理) **Bologna** 女 ボローニャ(Emilia-Romagna/エミーリア・ロマーニャ/州の州都)

bolzanino /ボルツァニーノ/ 形 男 [1] ボルツァーノの(人) **Bolzano** 女 ボルツァーノ(→ Alto-Adige)

bomba /ボンバ/ (英 bomb) 女 爆弾; 爆弾声明; 衝撃 **a prova di bomba** とても丈夫な(→ atomico) **bombardare** 他 爆撃する; 衝撃を与える **bombardamento** 男 爆撃

bombola /ボンボラ/ (英 bottle) 女 (酸素やガスを詰める)ボンベ **bomboletta** 女 家庭用の小型ボンベ ¶ — spray スプレー缶

bontà /ボンタ/ (英 goodness) 女 善良さ; 厚情; (品質の)良さ

bordo /ボルド/ (英 edge) 男 縁(ふち); 端(はし) ¶ i bordi della strada 道端 / a bordo 機内[船内]に

borgata /ボルガータ/ (英 village) 女 ニュータウン; ベッドタウン

borghese /ボルゲーゼ/ (英 bourgeois) 形 男女 中産階級の(人); 私服の(警官) ¶ piccolo — 小市民, プチブル

borghesia /ボルゲズィーア/ 女 中産階級

borgo /ボルゴ/ (英 village) 男 村; 村落

borotalco /ボロタルコ/ (英 talcum powder) 男 [-chi] 天花粉, タルカムパウダー

borraccia /ボッラッチャ/ (英 flask) 女 水筒

borsa[1] /ボルサ/ (英 bag) 女 かばん, バッグ; 財布; 袋; お金 ¶ — della spesa ショッピングバッグ / — del ghiaccio 氷枕 / — di studio 奨学金 **allargare [stringere] la borsa** 財布の紐を緩める[締める] **borsetta** 女 ハンドバッグ **borsista** 男女 [3] 給費生, 奨学生

borsa[2] /ボルサ/ (英 Stock Exchange) 女 証券[商品]取引所; 株式市場 **borsistico** /ボルスィスティコ/ 形 証券取引[株式市場]の

bosco /ボスコ/ (英 wood) 男 [-chi] 森; 林

bossolo /ボッソロ/ (英 cartridge case) 男 薬莢(やっきょう)

botanica /ボターニカ/ (英 botany) 女 植物学

botta /ボッタ/ (英 blow) 女 殴打; 打撲; 痛手 **a botta calda** その直後に, すぐさま

botte /ボッテ/ (英 barrel) 女 樽(たる)

bottega /ボッテーガ/ (英 shop) 女 商店, ブティック; 仕事場, 工房 **bottegaio** /ボッテガイオ/ 男 [1] 商店主; 商人

bottiglia /ボッティッリァ/ (英 bottle) 女 ビン, ボトル

bottone /ボットーネ/ (英 button) 男 ボタン; 押しボタン ¶ attaccare — a qc (人)を無駄話[長話]で引き止める / stanza dei bottoni 司令部; 中枢部

bovino /ボヴィーノ/ (英 bovine) 形 雄牛

boxe /ボクス/ (英 boxing) 女 [0] ボクシング(→ pugilato)

braccio /ブラッチョ/ (英 arm) 男 [5] 腕; 腕に似たもの

¶ a *braccia* aperte 大歓迎 / in — 抱きかかえて / sotto — con qc 〈人〉と腕を組んで / sotto — 小脇に抱えて / — di ferro 腕相撲 / gettare le *braccia* al collo 抱きしめる / incrociare le *braccia* 腕組みをする **bracciale** 男 腕輪，ブレスレット (=braccialetto)

bracciante 男 女 日雇い労働者

bracco /ブラッコ/ (英 hound) 男[-chi] 猟犬(ポインター，セッター)

brace /ブラーチェ/ (英 embers) 女 炭火；熾(おき) **cadere dalla padella nella brace** 泣き面に蜂(状況が悪化する喩え)

braciola /ブラチョーラ/ (英 chop) 女 (網焼き用の)骨付き肉

branchia /ブランキア/ (英 gill) 女 (魚の)えら

branco /ブランコ/ (英 flock; gang) 男[-chi] 群れ；一団；一味

brandello /ブランデッロ/ (英 shred) 男 切れ端；ぼろ切れ

brano /ブラーノ/ (英 passage) 男 (作品の)断片；一部；一節

brasiliano /ブラズィリアーノ/ (英 Brazilian) 形 男[1] ブラジルの(人) **Brasile** /ブラズィーレ/ 男 ブラジル

bravo /ブラーヴォ/ (英 good) 形 優れた，優秀な；腕の良い

bravissimo (=molto bravo)

bravura 女 器用さ，熟練；うまさ

bretella /ブレテッラ/ (英 suspenders) 女 サスペンダー

breve /ブレーヴェ/ (英 short) 形 (短時間，短文，短距離の意味で)短い **in breve** 簡単に，手短に **tra breve** 間もなく，もうすぐ

brevetto /ブレヴェット/ (英 patent) 男 特許(権)；許可証

brezza /ブレッツァ/ (英 breeze) 女 微風，涼風

briciola /ブリーチョラ/ (英 crumb) 女 パンくず；かけら (=briciolo)

brigadiere /ブリガディエーレ/ 男 (国防省[財務省]警察の)巡査長

brigante /ブリガンテ/ (英 brigand) 男 強盗；追いはぎ

brigantaggio /ブリガンタッジョ/ 男 強盗[強奪]行為

brillare /ブリッラーレ/ (英 brighten) 自 光り輝く

brillante 形 光り輝く；素晴らしい — 男 (ブリリアントカットの)ダイヤモンド

brillantina (頭髪の艶を出す)化粧品；ポマード

brina /ブリーナ/ (英 frost) 女 霜

brindisi /ブリンディズィ/ (英 toast) 男 乾杯;(B-) ブリンディズィ(プッリア州の港町)

britannico /ブリタンニコ/ (英 Britannic) 形 男[1] 大ブリテン島[英国]の(人) **Britannia** /ブリタンニア/ 女 大ブリテン島[英国]

brivido /ブリーヴィド/ (英 shiver) 男 身震い；スリル

brocca /ブロッカ/ (英 pitcher) 女 水差し

brodo /ブロード/ (英 broth) 男 澄んだスープ，コンソメ；出し汁，ブイヨン

bronchite /ブロンキーテ/ (英 bronchitis) 女 気管支炎

broncio /ブロンチョ/ (英 sulking) 男 脹れっつ面，仏頂面 ¶ fare[tenere] il — むくれる

brontolare /ブロントラーレ/ (英 grumble) 自 不平不満を言う；愚痴る

bronzo /ブロンゾ/ (英 bronze) 男 青銅；ブロンズ像 **faccia di bronzo** 厚顔無恥

bruciare /ブルチャーレ/ (英 burn) 他 燃やす；焦がす；消費[消耗]する；枯らす；台無しにする — 自[es] 燃える；焦げる；焼けつくように熱い；(胸を)焦がす；(焼けるように)痛む

bruno

◆ -arsi 火傷する；燃え尽きる；焦げる **bruciatura** 囡 燃焼；火傷 **bruciore** 男（焼けるような）痛み **bruciapelo** 男 **a bruciapelo** 至近距離から；藪から棒に

bruno/ブルーノ/(愛 brown)形 男[1] 茶褐色(の)；茶褐色の髪(の)

brusco/ブルスコ/(愛 brusque)形 不意の，急な；ぶしつけな；酸味の強い

brutale/ブルターレ/(愛 brutal)形 野獣の；乱暴な；残酷な

brutto/ブルット/(愛 ugly)形 嫌な；醜い；悪い；厄介な

bucare/ブカーレ/(愛 hole)他 穴を開ける；（TVで）話題を集める **buca** 囡 穴 ¶ — delle lettere ポスト；郵便受け

bucato/ブカート/(愛 wash)男 洗濯(物) ¶ fare il — 洗濯する / di — 洗いたての

buccia/ブッチャ/(愛 peel)囡 （野菜や果物の）皮

buco/ブーコ/(愛 hole)男[-chi] 穴；洞穴；あばら家 **fare un buco nell'acqua** 骨折り損のくたびれ儲け

budapestiano/ブダペスティアーノ/形男[1] ブダペストの(人) **Budapest** 囡 ブダペスト(→ Ungheria)

buddista/ブッディスタ/(愛 Buddhist)男囡[3]仏教徒，仏教の信者 **buddismo** 男 仏教 **Budda** 男 仏陀

budello/ブデッロ/(愛 intestine)男[5] 腸；はらわた；（腸に似た）細長い管；狭い道

budino/ブディーノ/(愛 custard)男 カスタード(プリン)

bue/ブーエ/(愛 ox)男[i buoi] 牛

bufalo/ブーファロ/(愛 buffalo)男 水牛

bufera/ブフェーラ/(愛 storm)囡 嵐；暴風雨；吹雪

buffo/ブッフォ/(愛 funny)形 おかしい，滑稽な；変な，奇妙な **buffone** 男[1] ふざけるのが好きな人；道化

bugia/ブジーア/(愛 lie)囡 嘘 ¶ dire *bugie* 嘘をつく **Le bugie hanno le gambe corte.** 嘘はすぐばれる **bugiardo** 形 嘘つきの

bulgaro/ブルガロ/(愛 Bulgarian)形男[1] ブルガリアの(人) **Bulgaria**/ブルガリーア/囡 ブルガリア

buio/ブィオ/(愛 dark)形 暗い — 男 闇，暗闇 **buio pesto** 真っ暗

bulbo/ブルボ/(愛 bulb)男 球根；（目玉や電球などの）玉，球

buonafede/ブォナフェーデ/(愛 good faith)囡 信頼；誠意

buongusto/ブォングスト/(愛 good taste)男 趣味のよさ，美的センス **buongustaio** 男[1] 食通，グルメ；玄人，通

buono/ブォーノ/(愛 good)形 （性格や品質が）良い；おいしい；豊かな；優しい **alla buona** 簡単な[に] — 男 善人；見どころ **buono a nulla** 役立たず；どじ **buonora** 囡 早朝 **di — 朝早く；早く **buonsenso** 男 良識 **buontempo** 男 気楽な暮らし **buonumore** 男 上機嫌 / essere di — 機嫌がいい

buonuomo 男 善人；お人よし；見知らぬ人への呼びかけ

buonuscita 囡 退職金；慰労金

burattino/ブラッティーノ/(愛 puppet)男 操り人形；でくの坊；〔複で〕人形芝居(→ baracca)

burocratico/ブーロクラーティコ/(愛 bureaucratic)形 官僚的な **burocrazia**/ブーロクラツィーア/囡 官僚[機構]；お役所仕事

burrasca/ブッラスカ/(愛 storm)囡 時化(しけ)；険悪なムード

burro/ブッロ/(英 butter)男 バター

burrone/ブッローネ/(英 ravine)男 崖(がけ); 絶壁

bussare/ブッサーレ/(英 knock)自 (扉などを)叩く, ノックする ¶ Chi *bussa*? 誰ですか

bussola/ブッソラ/(英 compass)女 磁石(盤); 羅針盤 **perdere la bussola** 自制心を失う; 戸惑う

busta/ブスタ/(英 envelope)女 封筒; ケース **bustarella** 女 賄賂; リベート

busto/ブスト/(英 bust)男 バスト; 胸像; コルセット ¶ a mezzo — 上半身の

buttare/ブッターレ/(英 throw)他 投げる, 投げ捨てる ¶ — all'aria 散らかす; 駄目にする ◆-arsi 身を投げ出す

C, c

C/チ/女(男) 3番目の字母 :《符丁》C come Como コーモのC

cabina/カビーナ/(英 cabin)女 小部屋; 船室(キャビン); 操縦[運転]席; 脱衣所, 更衣室 ¶ — telefonica 電話ボックス / — di prova 試着室

cabotaggio/カボタッジョ/(英 cabotage)男 内海交易 ¶ di piccolo — 取るに足らない;目立たない

cacao/カカーオ/(英 cocoa)男 カカオ; ココア

cacca/カッカ/(英 poo-poo)女 うんこ, うんち

caccia/カッチャ/(英 hunting)女 狩り, 狩猟; 追跡, 捜査; 探索 ¶ — alla lepre 兎狩り / — al tesoro 宝探し / — di soldi[un lavoro, notizie] 金策[職探し, 取材] / dare la — a *qc/qs* 〈人・物〉を追い[探し]求める **cacciare** 他 狩る; 追い出す[払う]; 押し込む, 突っ込む; 引っ張り出す ◆-arsi 入り込む; 巻き込まれる

cacciatore 男[2] 猟師; ハンター ¶ alla *cacciatora* トマトベースの肉の煮込み料理

cacciabalene 女[0] 捕鯨船
cacciachiodi 男[0] 釘抜き
cacciaspine 男[0] とげ抜き
cacciavite 男[0] ねじ回し, ドライバー

cachet/カッシェ/(英 wafer)男 薬包; 錠剤; 毛染め液; ギャラ

caco/カーコ/(英 khaki)男[-chi] 柿; カーキ色(=cachi)

cadavere/カダーヴェレ/(英 body)男 死体, 遺体 ¶ — ambulante ゾンビ(のような人)

cadere/カデーレ/(英 fall)自[es] 落ちる; はまる; 倒れる, ころぶ; (髪や歯が)抜ける; (雨や雪が)降る; 戦死する; (日が)沈む; (値が)下落する; (記念日が)当たる ¶ Il Natale di questo anno cade di domenica. 今年のクリスマスは日曜日です **caduta** 女 落下; 下落, 陥落; 没落 **caduto** 男 戦没者

caffè/カッフェ/(英 coffee)男 コーヒー; 喫茶店; コーヒー色
caffellatte 男[0] カフェオレ, ミルクコーヒー; ベージュ色

cafone/カフォーネ/(英 ill-bred)形[1] 教養のない; がさつな

cagliaritano/カッリァリターノ/形男[1] カリアリの(人)
Cagliari/カッリァリ/女 Sardegna/サルデーニャ/州の州都

cagna/カーニャ/(英 bitch)女 雌犬

calabrese/カラブレーゼ/形男女 カラブリアの(人)
Calabria/カラーブリア/女 イタリア最南端の州(州都: Catanzaro/カタンザーロ/)

calabrone/カラブローネ/(英 hornet)男 スズメバチ

calamaio/カラマイオ/(英 ink

calamaro /カラマーロ/ (㊥ squid) 男 ヤリイカ

calamita /カラミータ/ (㊥ magnet) 女 磁石, マグネット

calamità /カラミタ/ (㊥ calamity) 女 天災, 災難

calare /カラーレ/ (㊥ lower) 他 おろす, 下げる ── 自[es] 下がる; 降りる; 沈む

calcagno /カルカーニョ/ (㊥ calcaneus) 男 かかと **stare alle calcagna** そばについて離れない, あとをつける

calcare /カルカーレ/ (㊥ tread) 他 踏む, 踏みつける **calcare la mano** 誇張する

calce /カルチェ/ (㊥ lime) 女 石灰 **calcinaccio** 男 白壁の破片

calcio /カルチョ/ (㊥ kick) 男 蹴り; サッカー **calciare** 他 蹴る **calciatore** 男[2] サッカー選手 **calcistico** /カルチスティコ/ 形 サッカーの

calcolo /カルコロ/ (㊥ calculation) 男 計算; 打算 **calcolare** 他 計算する; 考慮に入れる **calcolatrice** 女 計算機, 電卓

caldo /カルド/ (㊥ hot) 形 熱い; 暑い; 出来立ての; 心の温かい ── 男 熱さ; 暑さ ¶ fare ── 暑い / avere ── 体が熱い **testa calda** 血の気の多い人; 向こう見ず **caldaia** /カルダイア/ 女 釜; ボイラー

caleidoscopio /カレイドスコーピオ/ (㊥ kaleidoscope) 男 万華鏡

calendario /カレンダーリオ/ (㊥ calendar) 男 カレンダー, 暦; 行事予定 / ── lunare 旧暦

calibro /カーリブロ/ (㊥ gauge) 男 (銃砲の) 口径, ゲージ; 実力の程度

calligrafia /カッリグラフィーア/ (㊥ calligraphy) 女 書道; 筆跡

callo /カッロ/ (㊥ callus) 男 (皮膚の) たこ, まめ **fare il callo a qs** 〈物事〉に慣れる[平気になる] **pestare i calli a qc** 〈人〉に余計なお世話をする

calmare /カルマーレ/ (㊥ calm down) 他 静める; なだめる; 和らげる ◆-**arsi** 静まる; 安心する; なごむ **calma** 女 冷静さ; 静けさ; 凪(なぎ) **calmo** 形 静かな, 穏やかな; 冷静な

calmante 男 鎮痛[鎮静]剤

calmiere /カルミエーレ/ (㊥ ceiling price) 男 公定価格[料金] **calmierare** 他 公定価格[料金]を定める

calo /カーロ/ (㊥ loss) 男 低下, 下落

calore /カローレ/ (㊥ heat) 男 暑さ; 熱; 熱情 **caloroso** 形 熱烈な; 心の温かい **caloria** /カロリーア/ 女 カロリー, 熱量

calpestare /カルペスターレ/ (㊥ trample) 他 踏みつける; 踏みにじる

calunnia /カルンニア/ (㊥ slander) 女 中傷, 誹謗(ひぼう); 誣告(ぶこく)罪

calvario /カルヴァーリオ/ (㊥ calvary) 男 キリストの受難図[像]; 苦難の道; (C-) カルヴァリオ[ゴルゴタ]の丘

calvo /カルヴォ/ (㊥ bald) 形 禿(はげ)た

calza /カルツァ/ (㊥ stocking) 女 靴下 **calzare** 他 履く, 身に着ける **calzino** 男 ソックス **calzone** 男 [複で] ズボン; カルツォーネ(詰め物をしたピッツァ) **calzamaglia** /カルツァマッリャ/ 女 タイツ

calzatura 女 履物

calzolaio /カルツォライオ/ 男 [1] 靴屋 **calzoleria** /カルツォレリーア/ 男 靴店

cambiare /カンビアーレ/ (㊥ change) 他 変える; 取り替える; 交換する ── 自[es] 変わる ◆-**arsi** 着替える

cambiamento 男 変更, 変

化 **cambio**/カンビオ/男 両替[所]，為替[相場]；交替；変速機(チェンジ) **cambiale** 女 (為替)手形

camera/カーメラ/(英 room) 女 (個人やホテルの)部屋；寝室 ¶ —oscura 暗室 / musica [orchestra] da — 室内楽[楽団]；(C-) 議会 ¶ le Camere 両院

camerata/カメラータ/(英 dormitory) 女男[3] (兵舎や寮の)大部屋；同室の者；文化同好会；(ファシスト党の)同志

cameriera/カメリエーラ/(英 waitress; maid) 女 ウェートレス；メイド **cameriere** 男 ウエーター；ボーイ

camice/カーミチェ/(英 white coat) 男 白衣

camicia/カミーチャ/(英 shirt) 女 シャツ，ワイシャツ nato con la camicia (幸運に)恵まれた **camicetta** 女 ブラウス

camino/カミーノ/(英 fireplace) 男 暖炉；煙突 **caminetto** 男 暖炉；囲炉裏

camion/カミオン/(英 truck) 男 トラック **camionista** 男女[3] トラック運転手

cammello/カンメッロ/(英 camel) 男 駱駝(ラクダ)；ラクダ色

camminare/カンミナーレ/(英 walk) 自 歩く **cammino** 男 歩行；道のり ¶ C'è ancora molto — da fare. まだ先が長い / mezz'ora di — 徒歩半時間(の距離)

camomilla/カモミッラ/(英 camomile) 女 カモミール

camorra/カモッラ/(英 racket) 女 暴力団；ナポリの秘密結社

camoscio/カモッショ/(英 chamois) 男 カモシカ(の革)

campagna/カンパーニャ/(英 country) 女 田園地帯；田舎；田畑；運動(キャンペーン)

campagnolo 男[1] 田舎の人

campana/カンパーナ/(英 bell) 女 鐘 sentire tutte e due le campane 両者の言い分を聞く sotto una campana di vetro 大事に[されて]

campanello 男 鈴；ブザー；チャイム ¶ —d'allarme 警報

campanile 男 鐘楼

campano/カンパーノ/形 男[1] カンパーニァの(人) **Campania**/カンパーニア/女 イタリア南部の州（州都：Napoli/ナーポリ/）

campare/カンパーレ/(英 live) 自[es] 生きる；長生きする；自活する

campeggio/カンペッジョ/(英 camping) 男 キャンプ(場) **campeggiatore** 男[2] キャンパー

campione/カンピオーネ/(英 champion; sample) 男 チャンピオン；一流選手；見本，サンプル **campionato** 男 選手権(試合) **campionessa** 女 女性のチャンピオン

campo/カンポ/(英 field) 男 畑；野原；(運動場や戦場などの)～場；分野；フィールド

camposanto 男 (共同)墓地

canadese/カナデーゼ/(英 Canadian) 形 男女 カナダの(人) **Canada**/カーナダ(カナダ)/男 カナダ

canaglia/カナッリァ/(英 scoundrel) 女 ごろつき，やくざ

canale/カナーレ/(英 canal; channel) 男 運河；海峡；チャンネル

canapa/カーナパ/(英 hemp) 女 麻，大麻

canarino/カナリーノ/(英 canary) 男 カナリヤ(色)

cancellare/カンチェッラーレ/(英 erase; cancel) 他 消す；取り消す；削除する

cancellatura 女 抹消；削除

cancello /カンチェッロ/ (英 gate) 男 (建物の入口の)柵 **cancellata** 女 (建物を取り巻く)柵

cancro /カンクロ/ (英 cancer) 男 癌;(C-) 蟹座

candela /カンデーラ/ (英 candle) 女 蝋燭(ロウソク);プラグ

candidato /カンディダート/ (英 candidate) 男 [1] 候補者; 受験者, 出願者

candido /カンディド/ (英 white) 形 純白の純真な; 無邪気な **candore** 男 純白;純真, 無垢(むく)

cane /カーネ/ (英 dog) 男 犬; 下手くそ(歌手, 画家, 役者) **da cani** ひどい;雑な **canino** 男 犬歯 **canile** 男 犬小屋

canestro /カネストロ/ (英 basket) 男 かご; バスケット

canfora /カンフォラ/ (英 camphor) 女 樟脳(しょうのう)

canguro /カングーロ/ (英 kangaroo) 男 カンガルー

canna /カンナ/ (英 reed) 女 葦(あし); 細い管(状の物) ¶ — di fucile 銃身 / — da pesca 釣竿 / — da zucchero 砂糖キビ / — d'India 籐(とう)

cannuccia /カンヌッチャ/ 女 ストロー

cannibale /カンニーバレ/ (英 cannibal) 男女 人肉を食う人

cannocchiale /カンノッキアーレ/ (英 telescope) 男 望遠鏡

cannone /カンノーネ/ (英 gun) 男 大砲; 秀才

canocchia /カノッキァ/ (英 squilla) 女 蝦蛄(シャコ)

canottiera /カノッティエーラ/ (英 singlet) 女 ランニングシャツ

cantare /カンターレ/ (英 sing) 他自 歌う; (鳥が)鳴く **canticchiare** 他自 鼻歌まじりに歌う; 鼻歌を歌う

canto[1] 男 歌; 声楽; 歌声[鳴き声]; 詩 **cantante** 男女 歌手 **cantautore** 男 [2] シンガーソングライター

canto[2] /カント/ (英 corner) 男 片隅(すみ) **d'altro canto** 他方

cantiere /カンティエーレ/ (英 yard) 男 造船所

cantilena /カンティレーナ/ (英 simple song) 女 単調で長い曲; 退屈な長話

cantina /カンティーナ/ (英 cellar) 女 (地下の)貯蔵室; 酒蔵; ワインセラー

canzone /カンツォーネ/ (英 song) 女 歌; 決まり文句

caos /カオス/ (英 chaos) 男 無秩序; 大混乱

capace /カパーチェ/ (英 able) 形 能力がある ¶ essere — di (不定詞) 〜できる **capacità** 女 広さ; 能力

capanna /カパンナ/ (英 cabin) 女 (藁や枝で作った)小屋

capanno /カパンノ/ (英 bathing-hut) 男 (海水浴場の)脱衣場; 猟師小屋 **capannone** 男 倉庫; 格納庫; ガレージ

caparra /カパッラ/ (英 earnest) 女 保証金; 手付け金

capello /カペッロ/ (英 hair) 男 髪の毛 **capellone** 男 [1] 長髪の人

capire ⑥ /カピーレ/ (英 understand) 他 わかる, 理解する

capitale /カピターレ/ (英 capital) 形 最重要の; 重大な[命にかかわる]; 最大の; 大文字の — 女 首都; 中心地 — 男 資本[金], 元金

capitano /カピターノ/ (英 captain) 男 隊長; キャプテン

capitare /カピターレ/ (英 happen) 自[es] (偶然, たまたま)通りかかる; (良くないことが)起こる, 生じる ¶ Se capiti a Milano, telefonami. ミ

ラノに来るようなことがあった電話ちょうだいね

capitolo /カピートロ/(英 chapter)男 章；条項 **avere voce in capitolo** 発言力を持つ

capo /カーポ/(英 head)男 頭；長；先端；始め **fra capo e collo** 不意に **in capo al mondo** 遥か遠くに **senza né capo né coda** とりとめのない；支離滅裂な **capodanno**男 元旦 **capogiro**男 めまい ¶ da — 素晴らしい；巨大な **capolavoro**男[6]代表作；傑作 **capolinea** /カポリーネア/男[0] 始発駅、終点 **capolino**男 (菊などの)花弁 ¶ fare — 顔を覗かせる **capoluogo**男[6] 州都；県庁所在地

caporale男 伍長；現場監督

caposquadra男女[6] チームリーダー **capostazione**男女[6] 駅長 **capotavola** /カポターヴォラ/男女[6] 主賓(席)

capoufficio /カポウッフィーチョ/男女[6] 事務長；所長

capovolgere /カポヴォルジェレ/(英 turn upside down)他[-volto] ひっくり返す；根本的に変える ◆ -ersi ひっくり返る；一変する

cappa /カッパ/(英 hood)女 (厨房や暖炉の)フード

cappuccio /カップッチョ/男 頭巾(ずきん)；キャップ

cappuccino /カップッチーノ/男 カプチーノ

cappella /カッペッラ/(英 chapel)女 礼拝堂；チャペル / a cappella 無伴奏で

cappello /カッペッロ/(英 cap)男 帽子

cappero /カッペロ/(英 caper)男 ケイパー

cappotto /カッポット/(英 coat)男 コート；外套 ¶ dare[fare] — 完封勝利する

capra /カープラ/(英 goat)女 山羊(ヤギ) **salvare capra e cavoli** 進退両難を免れる；一挙両得 **capricorno**男(C-) 山羊座

capriccio /カプリッチョ/(英 whim)男 気まぐれ；むら気；奇想[曲] **fare i capricci** だだをこねる **capriccioso**形 勝手気ままな；不安定な；風変わりな

capriola /カプリオーラ/(英 caper)女 軽快に[元気に]飛び跳ねること；前転

capsula /カプスラ/(英 capsule)女 カプセル

carabiniere /カラビニエーレ/男 国防省警官；憲兵

caramella /カラメッラ/(英 sweet)女 キャラメル、飴玉

carattere /カラッテレ/(英 character)男 文字；性格[質] ¶ — cinese 漢字

caratteristica /カラッテリスティカ/女 特徴；特性

caratteristico形 独特の；特色のある **caratterizzare** /カラッテリッザーレ/他 特徴づける

carbone /カルボーネ/(英 coal)男 炭, 石炭 ¶ — bianco (水力発電による)電力

carbonaio /カルボナイオ/男[1]炭屋, 燃料店 (＝carbonaro)

carburante /カルブランテ/(英 fuel)男 動力用燃料

carcassa /カルカッサ/(英 carcass)女 (動物の)死骸；生ける屍

carcere /カルチェレ/(英 prison)男 刑務所, 監獄 **carcerato**男[1] 囚人

carciofo /カルチョーフォ/(英 artichoke)男 アーティチョーク

cardellino /カルデッリーノ/(英 goldfinch)男 《鳥》ゴシキヒワ

cardinale /カルディナーレ/(英 cardinal)形 基本の ¶ numero — 基数 / punti cardinali 東西南北 — 男 枢機卿

cardo /カルド/(英 cardoon) 男 チョウセンアザミ

carestia /カレスティーア/(英 famine) 女 食糧難；飢饉

carezza /カレッツァ/(英 caress) 女 愛撫 (→ accarezzare)

carica /カーリカ/(英 position; charge) 女 地位［職］；力；感性；ぜんまい仕掛け；攻撃 ¶ — vitale 生命力

caricare /カリカーレ/(英 load) 他 (荷物をいっぱい)積む，のせる；詰め込む；(必要なものを)入れる；強調する；攻撃する **carico** /カーリコ/ (di) 形 [-chi] 満載した，詰め込んだ；(色調が)濃い

carico /カーリコ/(英 loading) 男 [-chi] 積み込み；積荷；重さ

carino /カリーノ/(英 pretty) 形 可愛らしい

carità /カリタ/(英 charity) 女 慈愛；施し ¶ per — お願いだから，後生だから

carne /カルネ/(英 flesh) 女 肉，食肉 ¶ — bianca (子牛，豚，鶏，兎など)白身の肉 / — rossa (牛，馬，羊など)赤身の肉 in carne e ossa 本人自ら non essere né carne né pesce 個性［特徴］がない

carnagione 女 肌色；血色

carnevale 男 カーニバル；謝肉祭 **carnivoro** /カルニーヴォロ/ 形 肉食の(動物)

caro /カーロ/(英 dear) 形 愛する；大切な；貴重な；高価な — 男【複で】両親；親族；親友

carogna /カローニャ/(英 carrion) 女 (動物の)腐った死骸；下種(げす)

carota /カロータ/(英 carrot) 女 人参(ニンジン)

carovana /カロヴァーナ/(英 caravan) 女 隊商，キャラバン；劇団

carosello /カロゼッロ/(英 carousel) 男 回転木馬；馬上試合；一連のCM

carrello /カッレッロ/(英 trolley) 男 台車，カート；(料理を運ぶ)ワゴン **carretto** 男 手押し車[屋台] **carriola** 女 手押しの一輪車

carriera /カッリエーラ/(英 career) 女 職業；キャリア ¶ fare — 出世する / di gran — 大急ぎで

carro /カッロ/(英 wagon) 男 荷車，貨車；(C-) 大[小]熊座

carrozza /カッロッツァ/(英 coach) 女 馬車；車両

carrozzeria /カッロッツェリーア/ 女 車体；自動車修理工場

carrozzina 女 乳母車

carta /カルタ/(英 paper) 女 紙，証明書；紙幣；地図(— geografica)；憲法(— costituzionale) ¶ giocare a *carte* トランプをする **dare carta bianca** 全権を与える **cambiare le carte in tavola** 二枚舌を使う **mettere le carte in tavola** 本音で話す

cartaccia /カルタッチャ/ 紙くず **cartone** 男 厚紙 ¶ *cartoni* animati 動画，アニメ

cartolina 女 (絵)葉書

cartoleria /カルトレリーア/ 女 文房具店

cartella /カルテッラ/(英 folder) 女 書類入れ，かばん；厚めの紙；台紙

cartello /カルテッロ/(英 notice) 男 張り紙；ポスター **cartellino** 男 ラベル；カード

cartuccia /カルトゥッチャ/(英 cartridge) 女 カートリッジ；弾薬

casa /カーザ/(英 house) 女 家；家庭；会社 ¶ — editrice 出版社 / — madre 親会社［総本部］ **a casa** 家に[で]，自宅に[で] **fatto in casa** 自家製の **mettere su casa** 結婚する **cambiare casa** 引っ越す

casalingo 形 自家製の；家庭的な ¶ cucina *casalinga* 手料理，お袋の味 ―男〔複で〕家庭用品 **casalinga** 女 主婦

cascare /カスカーレ/(英 fall) 自[es] (ドシンと)落ちる，(バタンと)倒れる **cascata** 女 滝

cascina /カッシーナ/(英 farmhouse) 女 農家

casco /カスコ/(英 helmet) 男 ヘルメット；ヘアドライヤー(頭にかぶる大型の)

casella /カゼッラ/(英 pigeonhole) 女 分類棚；仕切り

caserma /カゼルマ/(英 barracks) 女 兵舎

caso /カーソ/(英 chance; case) 男 偶然；場合；事件；機会 **per caso** 偶然に；もしかして **in caso contrario** だめなら **Non è il caso.** その必要はない，それには及ばない **casaccio** 男 **a casaccio** でたらめに；アトランダムに

cassa /カッサ/(英 case; safe) 女 木箱；レジ；銀行，金融公庫 **cassaforte**[casseforti] 女 金庫[室]；貸し金庫

cassetta 女 小箱；カセットテープ

cassapanca /カッサパンカ/(英 chest) 女 収納付き長椅子

cassata /カッサータ/ 女 (粒状の果物入り)アイスクリーム

casseruola /カッセルオーラ/(英 saucepan) 女 手鍋，キャセロール

cassetto /カッセット/(英 drawer) 男 引き出し

cassettone 男 タンス

cassiere /カッスィエーレ/(英 cashier) 男[1]収納係；レジ係

castagna /カスターニャ/(英 chestnut) 女 栗の実 ¶ ― arrostita [lessa] 焼き[ゆで]栗 **cogliere [prendere] in castagna** 悪事[過ち]の現場を押さえる **castagno** 男 栗の木

castano 形 栗色の

castello /カステッロ/(英 castle) 男 城，城塞 ¶ **letto a ―** 二段(以上の)ベッド

castigo /カスティーゴ/(英 punishment) 男 罰；お仕置き

casuale /カズアーレ/(英 accidental) 形 偶然の；思いがけない

castoro /カストーロ/(英 beaver) 男 ビーバー

catalogo /カターロゴ/(英 catalogue) 男 目録，カタログ

catanzarese /カタンザレーゼ/ 形男女 カタンザーロの(人) **Catanzaro** 女 カラブリアの州都(→ Calabria)

catarro /カタッロ/(英 catarrh) 男 カタル

catasta /カタスタ/(英 pile) 女 (物の)山 **a cataste** 山ほど

catastrofe /カタストロフェ/(英 catastrophe) 女 大惨事［災難］，破局

categoria /カテゴリーア/(英 category) 女 等級；ランク；カテゴリー

catena /カテーナ/(英 chain) 女 鎖；絆；連鎖；チェーン(店) **a catena** ひっきりなしに，続々と **catenaccio** 男 かんぬき；守備を固める作戦

catino /カティーノ/(英 basin) 男 たらい **catinella** 女 洗面器 ¶ piovere a ― 土砂降りの雨が降る

catrame /カトラーメ/(英 tar) 男 タール **catramato** 形 タールで防水加工した

cattedra /カッテドラ/(英 desk) 女 教壇；講座；教皇［司教］座 **cattedrale** 女 大聖堂

cattivo /カッティーヴォ/(英 bad) 形 (性格や質が)悪い；無能な；下品な；嫌な **con le cattive** 乱暴に，荒々しく **essere in cattive acque** 困っている

cattolico /カットーリコ/(英

catturare /カットゥラーレ/ (英 capture) 他 捕らえる; 捕獲する **cattura** 女 逮捕; 捕獲; 拿捕(だほ)

causa /カウザ/ (英 cause; lawsuit) 女 原因; 理由; 訴訟 ¶ a causa di... ~が原因で

causare 他 原因となる; 引き起こす

cava /カーヴァ/ (英 quarry) 女 採掘場 ¶ — di ghiaia 採石場

cavalcare /カヴァルカーレ/ (英 ride) 自 馬に乗る, 乗馬する **a cavalcioni** 股いで, 跨(また)がって **cavalcavia** /カヴァルカヴィーア/ 男 [0] 陸橋

cavalletta /カヴァッレッタ/ (英 grasshopper) 女 バッタ; イナゴ

cavalletto /カヴァッレット/ (英 trestle) 男 (脚のついた)台 ¶ — da pittore イーゼル

cavallo /カヴァッロ/ (英 horse) 男 馬; 馬力 **cavaliere** 男 騎士; 騎手

cavare /カヴァーレ/ (英 dig out) 他 掘り出す; 抜き取る ◆ -arsela 何とか切り抜ける

cavatappi 男 (コルクの)栓抜き

caverna /カヴェルナ/ (英 cave) 女 洞窟, 穴蔵

cavia /カーヴィア/ (英 cavy) 女 モルモット; 実験材料 ¶ fare [servire] da — モルモット[実験台]になる

caviale /カヴィアーレ/ (英 caviar) 男 キャビア

caviglia /カヴィッリャ/ (英 ankle) 女 踝(くるぶし); 足首

cavo[1] /カーヴォ/ (英 hollow) 形 空洞の; くぼんだ — 男 くぼみ ¶ il — della mano 手のひら

cavo[2] /カーヴォ/ (英 cable) 男 太い綱[線]; ケーブル[線] ¶ — telefonico 電話線

cavolo /カーヴォロ/ (英 cabbage) 男 キャベツ (→ capra)

cazzuola /カッツォーラ/ (英 trowel) 女 (左官・石工の)こて

ce → ci

cece /チェーチェ/ (英 chickpea) 男 ヒヨコマメ

ceco /チェーコ/ (英 Czech) 形 男 [1] チェコの(人) **Ceca** 女 チェコ(首都プラハ: Praga /プラーガ/)

cedere /チェーデレ/ (英 yield) 自 屈する; 折れる; 諦める — 他 譲る

cedro /チェードロ/ (英 citron) 男 シトロン[大きなレモンのような実]; ヒマラヤ杉

cedrata 女 シトロン・ジュース

celebrare /チェレブラーレ/ (英 celebrate) 他 (儀式などを)挙げる; (式典を)挙行する

celebre /チェーレブレ/ 形 有名な, 著名な **celebrazione** 女 挙行[式]; 祝賀; 記念

celeste /チェレステ/ (英 celestial) 形 天の; 天上の; 空色の — 男 空色

celibe /チェーリベ/ (英 unmarried) 形 (男性が)未婚の, 独身の (→ nubile)

cella /チェッラ/ (英 cell) 女 (独居用の)小室; 独房; 蜜房

cellula /チェッルラ/ 女 細胞 **cellulare** 男 携帯電話

cemento /チェメント/ (英 cement) 男 セメント ¶ — armato 鉄筋コンクリート

cena /チェーナ/ (英 supper) 女 夕食, 晩御飯 **cenare** 自 夕食をとる

cencio /チェンチョ/ (英 rag) 男 ぼろ切れ; 雑巾

cenere /チェーネレ/ (英 ash) 女 灰 ¶ — color — 灰色の

cenno /チェンノ/ (英 sign) 男 合図 ¶ fare — con la mano 手

で合図する

centimetro /チェンティーメトロ/ (英 centimeter) 男 センチメートル

cento /チェント/ (英 hundred) 男形 [0] 百(の) **centenario** 形 [1] 百歳の(人); 百年の(記念日, 記念祭) **centinaio** 男 [4] (約)百

centro /チェントロ/ (英 center) 男 中央; 中心[街, 地]; (文化会館や研究所など)センター; (政治)中道派 **centrale** 形 中央の; 主要な ——女 本部; 本局 ¶ — telefonica [elettrica] 電話局[発電所]

centralino /チェントラリーノ/ (英 telephone exchange) 男 電話交換台 **centralinista** 男女 [3] 電話交換手

centramericano /チェントラメリカーノ/ (英 Central American) 形 中央アメリカの

cera /チェーラ/ (英 wax) 女 蝋(ろう); ワックス; 顔色

ceramica /チェラーミカ/ (英 ceramics) 女 陶器, 瀬戸物

cercare /チェルカーレ/ (英 look for; try) 他 探す; 要求す; (di+《不定詞》で)〜しようと努める[努力する]

cerchio /チェルキオ/ (英 circle) 男 円, 輪, 丸 **dare un colpo al cerchio e un colpo alla botte** 和を重んじる

cereale /チェレアーレ/ (英 cereals) 男 穀物, 穀類

cerimonia /チェリモーニア/ (英 ceremony) 女 儀式, 式典; 儀礼; 堅苦しさ

cerniera /チェルニエーラ/ (英 hinge) 女 蝶つがい ¶ — lampo ファスナー

cero /チェーロ/ (英 candle) 男 (奉納用の)大きな蝋燭 **cerino** 男 蝋マッチ

cerotto /チェロット/ (英 plaster) 男 救急絆[創膏]

certificato /チェルティフィカート/ (英 certificate) 男 証明書

certo /チェルト/ (英 certain; sure) 形 確実な, 確かな; (名詞に前置して)ある, いくらかの ——男 《複で》一部の人 ——副 もちろん; 確かに

certezza 女 確かさ, 確実性; 確信

cervello /チェルヴェッロ/ (英 brain) 男 脳; 頭脳; 知恵袋

cervo /チェルヴォ/ (英 deer) 男 鹿 ¶ —volante クワガタムシ

cespuglio /チェスプッリォ/ (英 bush) 男 茂み, 藪(やぶ)

cessare /チェッサーレ/ (英 cease) 自 [es] 終わる; 止む ——他 中止する; (+ di 《不定詞》)〜するのを止める

cessione /チェッスィオーネ/ (英 assignment) 女 譲渡

cesta /チェスタ/ (英 basket) 女 (主に籐の)かご **cesto** 男 ひとかご分の量; (バスケットボールの)バスケット **cestino** 男 屑かご; 小さな袋 ¶ — da viaggio 駅弁 **cestinare** 他 (原稿などを)ボツにする

cetriolo /チェトリオーロ/ (英 cucumber) 男 胡瓜(キュウリ)

che /ケ/ (英 that; what) ❶ 関係代名詞: il film che ho visto ieri きのう見た映画 / il gatto che miagola 鳴いている猫 ❷ 強調構文: È con lui che devi parlare. 君が話さないとだめなのは彼です / È da molto che non ci vediamo. 久し振りですね ❸ 疑問代名詞(=che cosa): Che è successo? 何があったの? / Che c'è di bello? 何かいいことある? ❹ 疑問形容詞: Che libro leggi? 何の本を読んでるの? / Di che colore è? 何色ですか ❺ 感嘆文: Che noia! うんざり! / Che caldo[freddo]! 暑い[寒い]! / Che bel panorama! 景色が素晴らしい! ——接 〜ということ: Ho sentito che hai cambiato lavoro. 仕事を変えたそうだね / Immagino *che* tu conosca la verità. 君は本当のことを知ってるんじゃないの /(二つの要素の比較に) Preferisco restare a casa *che* uscire con gli amici. 友達と外出するよりは家にいるほうがいい / È più gentile con te *che* con me. 僕よりも君に優しいよ

C

chi / キ /([英] who) ❶ (疑問詞) 誰：*Chi* è quel signore? あの人は誰ですか / Con *chi* sei andato al cinema? 誰と映画に行ったの？ / Di *chi* è questa moto? このバイクは誰の？ ❷ (関係詞) ～ところの人：*Chi* vuole, vada pure. 行きたい人はどうぞ行ってください / Sai *chi* mi ha telefonato? 誰が僕に電話をかけてきたか君知ってる？ / *Chi* cerca, trova. やればできる / C'era *chi* parlava, *chi* dormiva, *chi* giocava. 話をしている者もいれば眠っている者や遊んでいる者もいた

chiacchiera / キアッキェラ /([英] chat) [女] 〔主に複で〕 おしゃべり；うわさ話；口達者 ¶ fare due [quattro] *chiacchiere* おしゃべり[立ち話]をする **chiacchierare** [自] おしゃべりをする；世間話をする

chiamare / キアマーレ /([英] call) [他] 呼ぶ；電話する；来てもらう ◆**-arsi** 名前は～です **chiamata** [女] 電話の呼び出し ¶ C'è una — per Lei. お電話が入っています

chiaro / キアーロ /([英] bright; clear) [形] 明るい；明らかな；澄んだ — [男] 明かり；光；明確さ ¶ il — dell'uovo 卵の白身[卵白] [副] はっきりと；明確に **chiarezza** [女] 明るさ；明快さ **chiarore** [男] 明るさ；微光 **chiarire** ⑥ [他] すっきりさせる ◆**-irsi** すっきりする

chiasso / キアッソ /([英] noise) [男] 騒音，騒ぎ；物議；大反響 **chiassoso** [形] 騒々しい；騒がしい

chiave / キアーヴェ /([英] key) [女] 鍵，キー；解く鍵；要所；スパナ[レンチ] **chiavetta** [女] 小さな鍵；ネジ式の栓

chic / シック /([英] chic) [形] シックな；粋な；しゃれた — [男] おしゃれ

chicco / キッコ /([英] grain) [男][-chi] (穀物や果実の) 粒 ¶ i *chicchi* di caffè [d'uva] コーヒー豆[ブドウの粒]

chiedere / キエーデレ /([英] ask) [他][chiesto] 求める，頼む，依頼する；尋ねる，問う ¶ chiedere a qc di 《不定詞》〈人〉に～してくれるよう頼む

chiesa / キエーザ /([英] church) [女] 教会；教団

chilo / キーロ /([英] kilo) [男] キログラム ¶ un *chilo* di patate e due *chili* di cipolle ジャガイモを1キロとタマネギを2キロ / perdere [prendere] *chili* 痩せる[肥る] **chilogrammo** [男] キログラム **chilometro** / キローメトロ / [男] キロメートル

chimica / キーミカ /([英] chemistry) [女] 化学 **chimico** [形] 化学の；化学的 — [男][1] 化学者

chinare / キナーレ /([英] bend) [他] 下に曲げる；下げる ◆**-arsi** 体[腰]をかがめる；お辞儀する **china** [女] 斜面 ¶ brutta — 人生の道を誤ること / risalire la — (最悪の状態から) 好転する

chiocciola / キオッチョラ /([英] snail) [女] 蝸牛(カタツムリ)；アットマーク(@)

chiodo / キオード /([英] nail) [男] 釘 ¶ piantare un — 釘を打つ **roba da chiodi** 馬鹿げた事；物凄い事

chirurgo / キルルゴ /([英] surgeon) [男] 外科医 **chirurgico** / キルルジコ / [形] 外

chissà /キッサ/(英 who knows)副 さあね、どうかな；いったい、まったく

chitarra /キタッラ/(英 guitar)女 ギター

chiudere /キューデレ/(英 close)他[chiuso] 閉める；閉じる；終える **non chiudere occhio** 一睡もできない ━ 自 (店が)閉まる ◆-ersi 閉まる；閉じこもる **chiuso**形 閉まった；閉じた；閉鎖的な ¶ **a numero** — 定員制で **a occhi chiusi** 何も疑わずに[考えずに] **chiusura**女 閉めること；終了 ¶ ━ **lampo** ファスナー、チャック

chiunque /キウンクェ/(英 whoever)代[0] 誰でも

ci /チ/(英 us; there)代 (lo, la, li, le, ne の前では ce) 私たちを[に]；私たち自身を[に]；(a の前置詞句の代用) そのこと ━ 副 そこに[で]

ciabattina /チャバッティーナ/ (英 slipper)女 ゴム草履(ぞうり)

ciac /チャック/(英 squash)間 チャップ；グシャッ ━ 男 (映画撮影の)カチンコ；カット

ciambella /チャンベッラ/(英 doughnut)女 ドーナツ；おしゃぶり；浮輪 ¶ **Non tutte le ciambelle riescono col buco.** いつもうまくいくとは限らない

ciao /チャオ/(英 hello; byebye)間 (親しい人に)やあ、それじゃあ；バイバイ

ciascuno /チャスクーノ/(英 every; each)代形[巻末Ⅰ] それぞれ(の)、各々(の)

cibo /チーボ/(英 food)男 食べ物、栄養物；食事

cicala /チカーラ/(英 cicada)女 蝉(セミ) ¶ ━ **di mare** 蝦蛄 (シャコ) (→ canocchia)

cicatrice /チカトリーチェ/(英 cicatrix)女 傷跡；傷痕

cicca /チッカ/(英 cigaretteend)女 吸殻；チューインガム

cicerone /チチェローネ/(英 guide)男 案内人；ガイド；(C-) キケロ

ciclamino /チクラミーノ/(英 cyclamen)男 シクラメン

ciclista /チクリスタ/(英 cyclist)男女[3] 自転車に乗っている人；自転車競技の選手

ciclismo /チクリズモ/ サイクリング；自転車競技

ciclo /チークロ/(英 cycle)男 周期、サイクル；自転車

ciclone 男 サイクロン；暴風雨；竜巻

cicogna /チコーニャ/(英 stork)女 コウノトリ；釣瓶(つるべ)

cicoria /チコーリア/(英 chicory)女 (野菜)チコリ

cieco /チエーコ/(英 blind)形 目が見えない；無分別な；出口のない ¶ **vicolo** — 袋小路 **alla cieca** 見境なく ━ 男[1] 盲人

cielo /チエーロ/(英 sky)男 空；天 **toccare il cielo con un dito** 有頂天になる

cifra /チーフラ/(英 figure)女 数字；合計額；暗号

ciglio /チッリョ/(英 eyelashes)男[5] 目の縁；睫毛(まつげ)；縁、端

cigno /チーニョ/(英 swan)男 白鳥

ciliegia /チリエージャ/(英 cherry)女 サクランボ、チェリー **ciliegio** 男 桜の木

cilindro /チリンドロ/(英 cylinder)男 円筒；シリンダー

cima /チーマ/(英 top)女 頂(いただき)、頂上、てっぺん；頂点[に立つ人]、トップ ¶ **in cima a qs** 〈何か〉の上に[で] **da cima in fondo** すっかり、徹底的に

cimice /チーミチェ/(英 bug)女

南京虫

ciminiera/チミニエーラ/(英 chimney)女 煙突

cimitero/チミテーロ/(英 cemetery)男 墓地；墓場

cin-cin/チンチン/(英 cheers)間 乾杯！

cinema/チーネマ/(英 cinema)男[0] (総称的に)映画；映画館

cinematografico/チネマトグラーフィコ/形 映画の；映画に関する **cinematografo**/チネマトーグラフォ/男 映画館

cinese/チネーゼ/(英 Chinese)形 男 女 中国の(人) ー 男 中国語 **Cina**/チーナ/女 中国

cinghia/チンギア/(英 strap)女 (特に革の)ひも；革帯；ストラップ **cinghiale** 男 猪(イノシシ)

cinico/チーニコ/(英 cynical)形 皮肉な；冷笑的な；(哲学)キニク学派の ー 男[1] 皮肉屋；冷笑家 **cinismo** 男 皮肉；冷笑

cinque/チンクェ/(英 five)男 形 [0] 5(の) **cinquanta** 男 形 [0] 50(の)

cinta/チンタ/(英 city walls)女 城壁；囲い

cintura/チントゥーラ/(英 belt)女 帯；ベルト ¶ ー nera 黒帯 / ー di sicurezza 安全ベルト[シートベルト]

ciò/チョ/(英 that)代 その[この]こと

ciocca/チョッカ/(英 lock)女 (特に前髪の)房(ふさ)；花の房

cioccolata/チョッコラータ/(英 chocolate)女 ココア ¶ color ー チョコレート色の **cioccolato** 男 チョコレート **cioccolatino** 男 (一口大の)粒チョコ

cioè/チョエ/(英 that is)副 つまり，すなわち

cipolla/チポッラ/(英 onion)女 玉葱

cipresso/チプレッソ/(英 cypress)男 糸杉

cipria/チープリア/(英 powder)女 おしろい

circa/チルカ/(英 about)副 (数量が)約，～ほど

circo/チルコ/(英 circus)男 (古代の)円形競技場；サーカス；(主に)スポーツの世界 ¶ ー bianco スキー界

circolare¹/チルコラーレ/(英 move on)自[av/es] (循環的に)動く；流れる；広まる **circolazione** 女 (車や血の)流れ；流通，流布

circolare²/チルコラーレ/(英 circular)形 円形の；循環[回]する ー 女 通達，回状；環状線，循環路線

circolo/チルコロ/(英 circle)男 円；同好会(サークル)

circondare/チルコンダーレ/(英 surround)他 取り巻く[囲む] ◆-arsi (di) 取り巻かれる；はべらせる

circostanza/チルコスタンツァ/(英 circumstance)女 状況；事情

circuito/チルクーイト/(英 circuit)男 周囲；サーキット；回路 ¶ corto ー ショート；短絡

cisterna/チステルナ/(英 reservoir)女 水槽，タンク

citare/チターレ/(英 cite)他 引用する；引合いに出す

citofono/チトーフォノ/(英 entryphone)男 内線；インターフォン

città/チッタ/(英 city)女 町，市，都市 **cittadino** 男[1] 市民 ー 形 町の；市の **cittadinanza** 女 市民権；市民(であること)

ciuffo/チュッフォ/(英 tuft of hair)男 (髪，羽，毛の)長い房；茂み

civetta/チヴェッタ/(英 owl)女 梟(フクロウ)；色気で騙す女性；(新聞雑誌の誇張した)大見出し

civile/チヴィーレ/(英 civil)形

市民の；民事の；礼儀正しい；文明のある ¶ guerra — 内戦 / stato — 社会的身分 —男 (軍人に対して)民間人 **civiltà** 女 文明；文化

clacson /クラクソン/ (英 horn) 男 クラクション

clan /クラン/ (英 clan) 男 一族；氏族；(共通の利害で結束した)集団，党派，派閥；一家

clandestino /クランデスティーノ/ (英 clandestine) 形 非合法の；秘密の —男[1] 密航者；不法入国者

classe /クラッセ/ (英 class) 女 クラス，学級，教室；等級，階級 ¶ la — dei mammiferi 哺乳類

classico /クラッスィコ/ (英 classical) 形 古典(主義)的な；クラシックな；ギリシャ・ラテンの —男 古典主義時代の作家[作品]

classifica /クラッスィーフィカ/ (英 classification) 女 成績結果；順位表(ランキング)

classificare 他 分類する；格付けする ◆ **-arsi** ランクに入る

clero /クレーロ/ (英 clergy) 男 聖職者；司祭

cliente /クリエンテ/ (英 client) 男女 客；常連；得意先

clima /クリーマ/ (英 climate) 男 気候，環境；雰囲気

clinica /クリーニカ/ (英 clinic) 女 医院；病院

clistere /クリステーレ/ (英 enema) 男 浣腸(剤)

coccinella /コッチネッラ/ (英 ladybird) 女 天道虫(テントウムシ)

coccio /コッチョ/ (英 earthenware) 男 (食器の)破片；素焼きの食器類

cocciuto /コッチュート/ (英 stubborn) 形 頑固な，強情な

cocco /コッコ/ (英 coconut) 男[-chi] ココナツ(の実)

coccodrillo /コッコドリッロ/ (英 crocodile) 男 ワニ(革) ¶ lacrime di — 鰐の涙[空涙]；後の祭り

cocomero /ココーメロ/ (英 watermelon) 男 西瓜(スイカ)

coda /コーダ/ (英 tail) 女 尾，しっぽ；列；後尾[最後部] ¶ fare la — 列の最後に並ぶ / in coda 一番ろに **guardare con la — dell'occhio** 横目で窺う，盗み見する (→capo)

codice /コーディチェ/ (英 code) 男 コード；暗号；法典；写本 ¶ numero di — 暗証番号 / — postale [a barre] 郵便番号[バーコード]

coefficiente /コエッフィチェンテ/ (英 coefficient) 男 率；係数；(調整のための)比率

cofano /コーファノ/ (英 bonnet) 男 ボンネット；トランク

cogliere ⑩ /コッリェレ/ (英 pick) 他[colto] 摘む；とらえる；命中する **cogliere alla sprovvista** 不意をつく(→balzo)

cognato /コニャート/ (英 brother-in-law) 男 義理の兄弟 **cognata** 女 義理の姉妹

cognome /コニョーメ/ (英 surname) 男 姓，苗字；家名 ¶ nome e — 姓名

coincidere (con) /コインチーデレ/ (英 coincide) 自[-ciso] 同時に起こる；一致[合致]する

coincidenza 女 一致；(電車バスの)接続，連絡

coinvolgere (in) /コインヴォルジェレ/ (英 involve) 他 [-volto] 巻き込む

colare /コラーレ/ (英 strain) 他 濾す，濾過する；(金属を)溶かす —自[es] 滴る，垂れる ¶ — a picco 沈む[沈没する]

colazione /コラツィオーネ/ (英 breakfast) 女 朝食；軽い昼食 ¶ fare — 朝食をとる

colf /コルフ/ (英 domestic help) 女 家事手伝い (= collaboratrice familiare)

colica /コーリカ/ (英 colic) 女 発作性の腹痛

colla /コッラ/ (英 glue) 女 糊 (のり); 接着剤

collaborare /コッラボラーレ/ (英 collaborate) 自 協力する; 共同でする; 寄稿する

collaborazione 女 協力; 共同; 寄稿 **collaboratore** 男[2] 協力者; 共著者

collana /コッラーナ/ (英 necklace) 女 首飾り, ネックレス; 叢書

collant /コッラン/ (英 tights) 男 (パンティ)ストッキング

collare /コッラーレ/ (英 collar) 男 (動物の)首輪

collasso /コッラッソ/ (英 collapse) 男 虚脱; 気を失うこと

colle /コッレ/ (英 hill) 男 丘; 丘陵

collega /コッレーガ/ (英 colleague) 男 女 [3] 同僚; 仕事仲間

collegare /コッレガーレ/ (英 connect) 他 接続する; 結びつける

collegio /コッレージョ/ (英 boarding school) 男 寄宿学校; 塾; (同業者の)会

collera /コッレーラ/ (英 anger) 女 怒り ¶ essere in — con qc 〈人〉に腹を立てる / andare in — 怒る

colletta /コッレッタ/ (英 collection) 女 募金, カンパ; 回収

collettivo /コッレッティーヴォ/ (英 collective) 形 (個人ではなく)集団の; 全体の; 共通の

colletto /コッレット/ (英 collar) 男 襟 (えり), カラー

collezione /コッレツィオーネ/ (英 collection) 女 収集(物); コレクション

collina /コッリーナ/ (英 hill) 女 丘; 小山

collo /コッロ/ (英 neck) 男 首 **a rotta di collo** 一目散に (→ capo)

collocare /コッロカーレ/ (英 place) 他 置く, 据える, 就職させる; 嫁がせる; 投資する

colloquio /コッロークィオ/ (英 talk) 男 会談, 面談; 面接; 口頭試問

colmare /コルマーレ/ (英 fill) 他 満たす; 埋める **colmo** 形 溢れるほどの, いっぱいの — 男 頂点; 絶頂

colomba /コロンバ/ (英 dove) 女 鳩 (平和と純真さの象徴); (政治)ハト派 ¶ innocente come una — 純真無垢 / una — della pace 平和の使者

colombo 男 雄鳩

colonia /コローニア/ (英 colony) 女 植民地; 居留地; 避暑を兼ねた学校 : — alpina [marina] 林間 [臨海] 学校 ;(C-) ケルン(ドイツ中西部の町) (→ acqua)

colonna /コロンナ/ (英 column) 女 円柱; 大黒柱, 列; (新聞雑誌の)欄, コラム ¶ — sonora サウンドトラック

colonnello /コロンネッロ/ (英 colonel) 男 大佐, 連隊長

colore /コローレ/ (英 color) 男 色, カラー; 絵の具 **diventare di tutti i colori** 恐縮する **colorare** 他 着色する, 色をつける ◆-arsi (di) 色づく; 染まる

coloro /コローロ/ (英 they) 代 (coloro che...) 〜である人々

colosso /コロッソ/ (英 colossus) 男 巨像; 巨人; 巨匠

colpa /コルパ/ (英 fault) 女 罪; 過ち; 所為 (せい) ¶ Di chi è la colpa? 誰のせい? / Non è colpa mia. 僕のせいじゃない (悪いのは僕じゃない)

colpevole /コルペーヴォレ/ 形

有罪の；責任がある

colpire ⑥/コルピーレ/([英] strike) [他] 打つ，殴打する；(弾丸などが)当たる；(病気や災難が)襲う；心を打つ(感動や感銘を与える)；驚かす

colpo/コルポ/([英] shot) [男] 一撃；衝撃；発砲；災難 ¶ dare a *qc* un — di telefono〈人〉に電話を入れる　**a colpo d'occhio** 一目で(見た瞬間に)　**colpo di Stato** クーデター

coltello/コルテッロ/([英] knife) [男] ナイフ，包丁 **coltellata** [女] ナイフで切ること

coltivare/コルティヴァーレ/([英] cultivate) [他] 耕す，育てる；育む **coltura** [女] 耕作；作物；栽培；養殖；培養

colui/コルイ/([英] he) [代](colui che...) 〜である人[男性]

comandare/コマンダーレ/([英] command) [他] 指揮する；命令する **comando** [男] 指揮(権)，命令(権) 司令部 **comandante** [男][女] 指揮[司令]官；艦長

combaciare/コンバチャーレ/([英] fit) [自] 合う；結びつく

combattere/コンバッテレ/([英] fight) [自] 戦う；闘う **combattimento** [男] 戦闘 **combattente** [男][女] 戦闘員

combinare/コンビナーレ/([英] combine) [他] 組み合わせる；企てる　— [自](con...) 〜と合う **combinazione** [女] 組み合わせ；偶然の一致

come/コーメ/([英] like; how) [副] (同等比較)〜のように；(役割名目)〜として；(疑問)どのように，いかに；(感嘆)なんと ¶ giallo *come* un limone レモンのように黄色い / *come* previsto 予定どおり / Ti parlo *come* amico [medico]. 友人[医者]として君に話している / *Come* stai? 元気？ / *Come* ti chiami? 君の名前は？ / *Come* sei cresciuto! 大きくなったね　— [接](come se) まるで〜のように / Fai *come* (se) fossi a casa tua. 自分の家だと思って遠慮しないでね

cometa/コメータ/([英] comet) [女] 彗星(すいせい)

comico/コーミコ/([英] funny) [形] 滑稽な，おかしな；喜劇の　— [男] 喜劇俳優，コメディアン **comica** [女] 喜劇映画；笑劇

cominciare/コミンチャーレ/([英] begin) [他] 始める；開始する　— [自][es] 始まる

comitiva/コミティーヴァ/([英] party) [女] 団体，グループ

comizio/コミーツィオ/([英] meeting) [男] (主に野外での政治的な)集会

commedia/コンメーディア/([英] comedy) [女] 喜劇；芝居；茶番劇

commentare/コンメンターレ/([英] annotate) [他] 解説する；注釈をつける；批評する **commento** [男] コメント；注釈；論評

commercio/コンメルチョ/([英] commerce) [男] 商業，商売，取引き，貿易 **commerciale** [形] 商業の，貿易の **commerciante** [男][女] 商人

commesso/コンメッソ/([英] shop-assistant) [男][1] 店員

commettere/コンメッテレ/([英] commit) [他][commesso] (犯罪や過失を)犯す

commissario/コンミッサーリオ/([英] commissioner) [男][1] 警察署長，警視；(公的機関の)委員，役員 **commissariato** [男] 警察署

commissione/コンミッスィオーネ/([英] commission) [女] 委員会；委託[手数料]；〔複で〕用事；買物

commuovere ⑲/コンムオーヴェレ/([英]move) [他][commosso]

C

感動させる; 涙を誘う ◆**-ersi** 感動する; ほろりとする **commozione** [女] 感動; 興奮; 動揺

comodo /コーモド/ (英 comfortable) [形] 便利な, 都合のよい; 快適な **comodità** [女] 便利さ; 快適さ; 生活の便宜 **comodino** [男] (ベッドの横の)テーブル

C

compagnia /コンパンニーア/ (英 company) [女] 同伴; 会社; 劇団; 教団

compagno /コンパーニョ/ (英 companion) [男][1] 仲間; 連れ; 相棒

comparire ⑧ /コンパリーレ/ (英 appear) [自][es] 現れる; 姿を現わす

compatire ⑥ /コンパティーレ/ (英 pity) [他] 同情する; 哀れむ; 大目に見る **compassione** [女] 同情; 哀れみ

compasso /コンパッソ/ (英 compass) [男] コンパス

compatriota /コンパトリオータ/ (英 fellow citizen) [男][女][3] 同国[同郷]の人; 同胞

compatto /コンパット/ (英 solid) [形] ぎっしり詰まった; 一体になった; コンパクトな

compenso /コンペンソ/ (英 remuneration) [男] 報酬; 報い **compensare** [他] (金銭で)報いる; 償う; 補う **compensato** [男] 合板, ベニヤ板

comperare → comprare

competente /コンペテンテ/ (英 competent) [形] 有能な; 専門の

competizione /コンペティツィオーネ/ (英 competition) [女] 競争; 競技

compiacere ㉑ /コンピアチェーレ/ (英 please) [自] (a *qc*) 〈人〉を喜ばせる, 〈人〉に気に入られる — [他] (要求などを)叶える ◆**-ersi** (di) 満足する, 喜ぶ **compiacenza** [女] 満足, 喜び; 厚意, 厚情

compiangere /コンピアンジェレ/ (英 pity) [他][compianto] 同情する; 哀れむ

compiere /コンピエレ/ (英 finish) [他] 達成する; 果たす ◆**-ersi** 終了する; 実現する **compimento** [男] 遂行; 終了; 実現

compito /コンピト/ (英 task) [男] 課題; 宿題; 任務

compleanno /コンプレアンノ/ (英 birthday) [男] 誕生日

complesso /コンプレッソ/ (英 complex) [形] 複雑な — [男] (英 whole) 全体; 総合(施設), コンビナート; コンプレックス; (音楽) バンド, グループ **complessivo** [形] 全体の, 総合的な **-mente** [副] 全体として, 総体的に

completare /コンプレターレ/ (英 complete) [他] (不足を補って)完成させる; そろえる; 仕上げる **completo** [形] 完全な; 完璧な; 満室[満席]の **al completo** 満杯の;全員そろって — [男] スーツ, 背広(上下)

complicare /コンプリカーレ/ (英 complicate) [他] 複雑にする; 紛糾させる **complicato** [形] 複雑な; 厄介な; 気難しい **complicazione** [女] 厄介な問題; 障害; 合併症

complice /コンプリチェ/ (英 accomplice) [男][女] 共犯者, 加担者 **complicità** [女] 共犯; 加担

complimento /コンプリメント/ (英 compliment) [男] 祝辞(おめでとう); 遠慮[気兼ね] ¶ senza *complimenti* 遠慮[気兼ね]なく / fare *complimenti* 遠慮[気兼ね]する, かしこまる

complotto /コンプロット/ (英 plot) [男] 陰謀, 秘密の企み

comporre ㉒ /コンポッレ/ (英 compose) [他][composto] 組み

立てる，構成する；作曲する ¶ —un numero (di telefono) ダイヤルする ◆-orsi (di) 〜で構成される［成り立つ］
composizione 囡 構成；合成；創作；作品；作文
comportamento/コンポルタメント/(⊛ behavior)男 態度；行動
comportare/コンポルターレ/(⊛ involve)他 (結果として) 伴う，含む ◆-arsi 振る舞う
comprare/コンプラーレ/(⊛ buy)他 買う，買収する
comprendere/コンプレンデレ/(⊛ include; understand) 他[compreso] 含む；理解する **tutto compreso** オール込みで
comprensione 囡 理解(力)；抱擁力 **comprensivo** 形 理解のある，寛大な
comprimere/コンプリーメレ/(⊛ press)他[-presso] 圧迫する；圧縮する
compromettere/コンプロメッテレ/(⊛ compromise)他[-messo] 危険に巻き込む，危うくする **compromesso** 男 妥協；示談
comunale/コムナーレ/(⊛ municipal)形 市[町，村]の；公立の
comune[1]/コムーネ/(⊛ common)形 共通の，共有の，一般の，公共の；普通の，平凡な ¶ senso — 常識 / in — 共同で[の] / fuori del — 並外れた，異常な
comune[2]/コムーネ/(⊛ municipality)男 市町村(最小の行政単位)；(中世の)都市国家
comunicare/コムニカーレ/(⊛ communicate)他 伝える，知らせる —自 連絡をとる；(部屋などが) 通じている
comunicazione 囡 コミュニケーション；通知；連絡；交渉 ¶ essere in — con qc 〈人〉と交渉を持つ[連絡をとる]
comunione/コムニオーネ/(⊛ communion) 囡 聖体拝領(の儀式)
comunista/コムニスタ/(⊛ communist)男囡[3] 共産主義者 —形 共産主義の
comunismo 男 共産主義
comunità /コムニタ/(⊛ community) 囡 共同体；コミュニティー
comunque/コムンクェ/(⊛ anyway)副 とにかく；いずれにしろ —接 [接続法と] たとえ〜であれ
con/コン/(⊛ with)前 [巻末11] 〜と共に[一緒に]；〜の付いた；〜を持って；〜を使って；〜の状態で ¶ Vieni con me? 僕と一緒に来る？ / comprare una casa con giardino 庭付きの家を買う / un vecchio con la barba bianca 白いひげを生やした老人 / scrivere con la penna rossa 赤ペンで書く / partire con l'aereo 飛行機で発つ / col treno delle sette 7時(発・着)の列車で / Non si può lavorare con questo caldo [freddo] こう暑い[寒い]と仕事にならない / Non si va più avanti con questo stipendio この給料ではもうやっていけない
conca/コンカ/(⊛ basin) 囡 盆地；洗面器，たらい
concavo/コンカヴォ/形 凹状の，くぼんだ
concedere/コンチェーデレ/(⊛ grant)他[concesso] 譲渡[譲与]する；譲歩する，認める
concessione 囡 譲渡；認可
concentrare/コンチェントラーレ/(⊛ assemble)他 一か所に集める；濃縮[濃厚に]する ◆-arsi 集中する；専念する **concentrato** 形 濃縮した，集中した —男 濃縮物；エキス **concentramento** 男 集中；結集 ¶ campo di — 強制収容所

concepire ⑥ /コンチェピーレ/ (英 conceive) 他 思いつく；心に抱く；(子供を)宿す

concerto /コンチェルト/ (英 concert) 男 音楽会，コンサート；協奏曲(コンチェルト)

concetto /コンチェット/ (英 concept) 男 考え方，概念；着想，構想

conchiglia /コンキッリァ/ (英 shell) 女 貝殻；貝殻型の物

conciare /コンチャーレ/ (英 tan) 他 (皮を)なめす；(植物を)乾燥させる；台無しにする；痛めつける **conciato** 形 見るも無残な；やつれ果てた

conciliare /コンチリアーレ/ (英 reconcile) 他 和解させる；なだめる；両立させる；増進する ¶ — lo studio e il divertimento 勉強と遊びを両立させる / — il lavoro con la famiglia 仕事と家庭を両立させる / Il moto *concilia* l'appetito. 動くと食が進む

concime /コンチーメ/ (英 fertilizer) 男 肥料，こやし

conclave /コンクラーヴェ/ (英 conclave) 男 法王選出会議；お偉方の秘密の会合

concludere /コンクルーデレ/ (英 conclude) 他 [concluso] やり終える；(最終的に)まとめる，結論づける；(契約などを)結ぶ **conclusione** 女 結論；締結 **in conclusione** 結論として，要するに

concorrere /コンコッレレ/ (英 compete) 自 [concorso] 競争する；協力する，貢献する

concorrente 男女 競争相手；商売敵 **concorrenza** 女 競争；競合 **concorso** 男 選抜試験；コンクール，コンテスト ¶ — pubblico 公募

concreto /コンクレート/ (英 concrete) 形 具体[具象]的な；現実的な

condannare /コンダンナーレ/ (英 condemn) 他 刑を宣告する；有罪の判決を下す；非難する **condannato** 形 有罪を宣告された；助かる見込みのない ¶ — a morte 死刑囚

condanna 女 有罪判決；刑罰；非難

condensare /コンデンサーレ/ (英 condense) 他 凝縮[濃縮]する；要約する，まとめる

condire ⑥ /コンディーレ/ (英 season) 他 味付けをする **condimento** 男 味付け；調味料，薬味

condividere /コンディヴィーデレ/ (英 share) 他 共有する；分かつ

condizione /コンディツィオーネ/ (英 condition) 女 条件；状態 **a condizione di** 《不定詞》[**che** 《接続法》] 〜の場合に限り **condizionare** 他 条件づける；左右する；調節[調整]する **condizionatore** 男 空調装置，エアコン

condoglianza /コンドッリァンツァ/ (英 condolence) 女 〔複で〕悔み，弔辞 ¶ **fare le** *condoglianze* お悔やみを言う

condominio /コンドミーニオ/ (英 co-ownership) 男 (マンションなどの)共同所有；管理組合

condotta /コンドッタ/ (英 behavior) 女 態度，行儀，品行

condurre ⑪ /コンドゥッレ/ (英 conduct) 他 [condotto] 連れて行く，導く；運転する；運営[経営]する；指導する — 自 (道などが)通じる **conducente** 男女 (市バスや市電の)運転手

conduttura /コンドゥットゥーラ/ (英 conduit) 女 (ガスや水道の)導管，配管；配線

conferenza /コンフェレンツァ/ (英 conference) 女 講演；会議 ¶ — stampa 記者会見

confermare /コンフェルマーレ/ (英 confirm) 他 確認する，

確かめる ◆-arsi 確信する；（地位などを）固める
conferma 囡 確認，確証
confessare/コンフェッサーレ/（英 confess）他 白状する；（罪を）認める；告白する，懺悔する **confessione** 囡 懺悔；告白，白状 **confessore** 男 聴罪司祭
confetto/コンフェット/（英 sugar-coated almond）男 （結婚や洗礼の祝いに配られるアーモンドやリキュールを糖衣でくるんだ）砂糖菓子，ボンボン，ドラジェ **mangiare i confetti di qc** 〈人〉の結婚を祝う
confezionare/コンフェツィオナーレ/（英 make）他 （服を）仕立てる；（菓子や料理を）作る；包装する **confezione** 囡 既製服；包装 ¶ — regalo [famiglia] 贈答用の[簡易]包装
conficcare/コンフィッカーレ/（英 drive）他 打ち込む；差し込む；（頭に）たたきこむ
confidare/コンフィダーレ/（英 confide in）自 打ち明ける；信用[信頼]する **confidenza** 囡 信頼，信用；告白
confine/コンフィーネ/（英 boundary）男 境界（線）；国境；境目 **confinare** 自 隣り合わせにある；国境を接する — 他 追放する；閉じ込める
conflitto/コンフリット/（英 conflict）男 紛争，戦争；衝突，対立
confondere/コンフォンデレ/（英 confuse）他 [confuso] 混同する，取り違える；混乱させる；混ぜる **confuso** 形 混乱した，雑然とした；曖昧な；困惑した **confusione** 囡 混乱；大騒ぎ；困惑
conformista/コンフォルミスタ/男囡[3] （体制や因習に追従する）順応主義者；英国国教徒
confortare/コンフォルターレ/（英 comfort）他 励ます；勇気を与える；立証する **conforto** 男 慰め；（心の）支え，よりどころ；根拠 **confortevole**/コンフォルテーヴォレ/形 快適な；心地よい
confrontare/コンフロンターレ/（英 compare）他 比較する；調べる；参照する **confronto** 男 比較；討論；競走 **in confronto a [di]** ～と較べて **nei confronti di qc** 〈人〉に関しては
congedo/コンジェード/（英 leave）男 立ち去る許可，いとまごい；別れの挨拶；除隊
congedare 他 （別れの挨拶をして人を）帰らせる；送り出す；除隊させる ◆-arsi 辞去する，いとまを告げる
congegno/コンジェーニョ/（英 device）男 装置，仕掛け；からくり
congelare/コンジェラーレ/（英 freeze）他 凍らせる；冷凍[保存]する；凍結する ◆-arsi 凍る，凍える
congestione/コンジェスティオーネ/（英 congestion）囡 混雑，渋滞，密集；充血
congiuntivo/コンジュンティーヴォ/（英 conjunctive）男形 接続法（の） **congiunzione** 囡 接続詞
congiura/コンジューラ/（英 conspiracy）囡 陰謀；共謀
congratularsi/コングラトゥラルスィ/（英 congratulate）再 祝う，祝す；祝辞を述べる ¶ Ho saputo che ti sposi e *me* ne *congratulo*. 結婚されるとのこと，おめでとうございます
congratulazione 囡 祝辞，おめでとう
congresso/コングレッソ/（英 congress）男 会議；大会
coniglio/コニッリオ/（英 rabbit）男 兎（ウサギ）；小心な人
coniugato/コニュガート/（英

married) 形 既婚の；結合[接合]された ― 男[1] 既婚者

coniugazione /コニュガツィオーネ/(英 conjugation) 女 (動詞の語尾)変化, 活用

coniuge /コーニュジェ/(英 spouse) 男 女 配偶者

connazionale /コンナツィオナーレ/(英 fellow national) 形 同国の，同国籍の

cono /コーノ/(英 cone) 男 円錐(形)；(アイスクリームを入れる)コーン **conico** /コーニコ/ 形 円錐形の

conoscere /コノッシェレ/(英 know) 他 [-sciuto] 知っている ¶ ― di vista [nome] 顔[名前]は知っている **conoscenza** 女 見聞；面識；知人 ¶ fare la ― di qc 〈人〉とお近づきになる **conoscente** 男 女 知人

conquista /コンクィスタ/(英 conquest) 女 征服；獲得；発見[発明] **conquistare** 他 征服する；獲得する

consacrare /コンサクラーレ/(英 consecrate) 他 捧げる；(正当性を)認める ◆ -arsi (a) 献身する

consapevole (di) /コンサペーヴォレ/(英 aware (of)) 形 自覚[意識]した

consapevolezza 女 自覚, 意識

consegnare /コンセニャーレ/(英 deliver) 他 手渡す；配達する；預ける，託す

consegna 女 引渡し；配達 ¶ ― a domicilio 宅配

conseguenza /コンセゲエンツァ/(英 consequence) 女 結果；影響 ¶ di (per) ― その結果，従って / in ― di... 〜のために[原因で] **conseguire** ― 自 達成する；獲得する ― 自 (その結果)〜となる

consenso /コンセンソ/(英 consent) 男 同意, 合意；承諾

consentire 他 同意する；応じる

conservare /コンセルヴァーレ/(英 preserve) 他 保存する, 貯蔵する；保持する ◆ -arsi 保つ；保たれる **conserva** 女 缶詰［瓶詰]の食品；ジャム類

conservatore 形 男[2] 保守的な(人)；伝統を重んじる(人)

considerare /コンスィデラーレ/(英 consider) 他 よく考える, 熟考する；見なす，判断する **considerazione** 女 考慮[配慮](すべきこと), 考察

considerevole /コンスィデレーヴォレ/ 形 相当な；重要[重大]な

consigliare /コンスィッリアーレ/(英 advise) 他 勧める；助言[忠告]する ◆ -arsi (con) 相談して助言を求める

consiglio /コンスィッリオ/ 助言，忠告；会議，評議会 **consigliere** 男[1] 助言者；アドバイザー；相談役；議員

consistere /コンスィステレ/(英 consist in) 自 [es, -stito] (〜から)成る；(問題や要点が)〜にある

consolare /コンソラーレ/(英 console) 他 慰める；励ます ◆ -arsi 安心する 喜ぶ **consolazione** 女 慰め, 慰安

consolato /コンソラート/(英 consulate) 男 領事館

console /コンソレ/ 男 女 領事

consonante /コンソナンテ/ consonant) 女 子音 ― 形 共鳴する；協和音の

consorte /コンソルテ/(英 spouse) 男 女 配偶者(→coniuge)

constatare /コンスタターレ/(英 ascertain) 他 確認する；実証する

consultare /コンスルターレ/(英 consult) 他 相談する；調べる：― un avvocato 弁護士

に相談する; — il dizionario 辞書を引く ◆-arsi 〚con〛 相談する

consumare[1]／コンスマーレ／(英 consume) 他 消費する; (使って)減らす ¶ Questa macchina *consuma* molta benzina. この車はガソリンをよく食う ◆-arsi 消耗する; 衰弱する **consumato** 形 すりきれた; やつれた **consumo** 男 消費[量]; 消耗

consumazione 女 飲食費

consumare[2]／コンスマーレ／(英) 他 完遂する; 成し遂げる ¶ — un delitto 犯罪を犯す

contadino／コンタディーノ／(英 farmer) 男[1] 農業経営者; 耕作[栽培]者; 農夫[婦]

contagiare／コンタジャーレ／(英 infect) 他 感染[伝染]させる, (病気を)うつす

contagio／コンタージョ／男 伝染[感染]; 伝播; 感化

contagioso 形 感染[伝染]性の; 悪影響を及ぼす

contagocce／コンタゴッチェ／(英 dropper) 男[0] 点滴器; スポイト ¶ col — 少しずつ

contaminazione／コンタミナツィオーネ／(英contamination) 女 汚染; 堕落; 混交[混合]

contare／コンターレ／(英 count) 他 数える; 勘定に入れる — 自 心積もりでいる; 重要[大切]である ¶ un pensiero che *conta* 気は心

contante 男 形 〚主に複で〛現金(の) ¶ in contanti 現金[キャッシュ]で **contatore** 男 (電気やガスの) メーター

contachilometri／コンタキロメトリ／男[0] 走行距離計

contaminuti 男[0] タイマー

contatto／コンタット／(英 contact) 男 接触; 連絡; 交渉

conte／コンテ／(英 count) 男 伯爵 **contessa** 女 伯爵夫人

contemplare／コンテンプラーレ／(英 contemplate) 他 凝視[熟視]する; 見とれる; 瞑想する; 熟考する

contemporaneo／コンテンポラーネオ／(英 contemporary) 形 同時代の; 当時の; 現代の **-mente** 副 同時に; 兼ねて

contendere／コンテンデレ／(英 contend) 他[conteso] (何かを得るために)競う ¶ — il posto a qc 〈人〉とポストを競う 自 競争する; 対立する

contenere ⑩／コンテネーレ／(英 contain) 他 含む; 入っている; 収容する; 食い止める ◆-ersi 自制する, 耐える

contenitore 男 容器; コンテナ

contento／コンテント／(英 glad) 形 満足な; 嬉しい ¶ — come una pasqua 大満足, 大喜び **contentare** 他 満足させる; 喜ばす ◆-arsi 満足する; 喜ぶ

contenuto／コンテヌート／(英 contents) 男 中身; 内容

contestare／コンテスターレ／(英 notify) 他 異議を唱える; 抗議する **contestazione** 女 異議; 抗議 **contestatore** 男[2] 異議を申し立てる人; 抗議する人

contesto／コンテスト／(英 context) 男 文脈, 前後関係; 状況

continente／コンティネンテ／(英 continent) 男 大陸; 本土 **continentale** 形 大陸の; 本土の

continuare／コンティヌアーレ／(英 continue) 他 続ける — 自 続く **continuazione** 女 連続; 続行 **continuo**／コンティーヌオ／形 連続した ¶ di — 続けて; 絶え間なく(＝continuamente)

conto／コント／(英 calculation) 男 計算; 勘定[書]; 口座 ¶ in fin dei *conti* 結局／tenere da — 大切[大事]にする／rendersi

— di *qs* 〈物事〉を悟る[納得する]

contorno / コントルノ /([英] contour; side dish) [男] 輪郭; (料理の)添え物

contrabbando / コントラッバンド /([英] smuggling) [男] 密輸 **contrabbandiere** [男][1] 密輸業者 **contrabbandare** [他] 密輸する

contraccambiare / コントラッカンビアーレ /([英] return) [他] 報いる; お返しをする

contraddire ⑭ / コントラッディーレ /([英] contradict) [他] [-detto] 反対[反論]する ◆**-irsi** 矛盾したことを言う; 言行が一致しない **contraddizione** [女] 矛盾; 反対[反論] / spirito di — あまのじゃく, つむじ曲がり

contrapporre ㉒ / コントラポッレ /([英] oppose) [他][-posto] 対抗[対立]させる; 対比[対照]させる ◆**-orsi** 対抗[対立]する; 対照的である

contrario / コントラーリオ /([英] contrary) [形] 反対の; 逆の; 不利な ¶ al — 反対に;逆に;それどころか / al — di *qs* 〈物事〉に反して[とは逆に]

contrastare / コントラスターレ /([英] impede) [他] 逆らう, 妨げる — [自] 一致しない; 矛盾する **contrasto** [男] 不一致; 対立 ¶ — di caratteri [interessi] 性格の不一致[利害の対立]

contratto / コントラット /([英] contract) [男] 契約 ¶ fare un — 契約する

contribuire 《a》 ⑥ / コントリブイーレ /([英] contribute) [自] 貢献する **contributo** [男] 貢献, 協力; (年金などの)分担金[掛け金]

contro / コントロ /([英] against) [前] 〖人称代名詞には di を添えて: contro di me [te]〗 ～に対して[反して]; ～に向かって(ぴったりと); ～と引替えで ¶ L'Italia gioca — la Francia. イタリアはフランスと対戦する / mettere il televisore — il muro テレビを壁にぴったりつけて置く / — pagamento [ricevuta] 支払い[領収証]と引替えで **votare contro** 反対票を投じる **il pro e il contro** 長所と短所(賛否, 是非, 功罪など)

controfigura [女] 代役, スタントマン **contromano** [副] 逆方向に **contropiede** [男] 反撃 / prendere in — 不意[意表]をつく **controprova** [女] 再検査[点検] **controsenso** [男] 矛盾; 非常識

controvento [副] 風[流れ]に逆らって **controvoglia** / コントロヴォッリァ / [副] しぶしぶ, いやいや

controbilanciare / コントロビランチャーレ /([英] counterbalance) [他] 釣り合う; 匹敵する; 相殺する

controllare / コントロッラーレ /([英] control) [他] 点検[検査]する; 監視する; 制御する ◆**-arsi** 自制する **controllo** [男] 点検, 検査; 監視; 制御; 支配 **controllore** [男] 点検係; 検札係; 航空管制官 (= — di volo)

contusione / コントゥズィオーネ /([英] contusion) [女] 打撲傷, 打ち身

convalescente / コンヴァレッシェンテ /([英] convalescent) [形] 回復期にある, 治りかけの **convalescenza** [女] 回復[期]; 快方

convegno / コンヴェーニョ /([英] meeting) [男] 集会, 会議, 会合

convenire 《a》 ㉟ / コンヴェニーレ /([英] suit) [自][es, -nuto] 都合がよい; ためになる; ふさわしい **conveniente** [形] 適切[妥当]な; 有利な, 得な

convento/コンヴェント/(英 convent)男 修道院；尼僧院
conversazione/コンヴェルサツィオーネ/(英 conversation)女 会話，おしゃべり；会談
convertire/コンヴェルティーレ/(英 change)他 変える；改宗させる ◆**-irsi** 改宗する，転向する；変わる
conversione 女 改宗，回心；転向；変換；転換
convincere/コンヴィンチェレ/(英 convince)他 [-vinto] 説得する，納得させる ◆**-ersi** 《di》確信 [納得] する
convinzione 女 確信，自信；信念
convivenza/コンヴィヴェンツァ/(英 living together)女 同居；同棲 **convivere**/コンヴィーヴェレ/ 自 [es/av, convissuto] 同居[同棲]する
convocare/コンヴォカーレ/(英 send for)他 召集する；出頭させる
convulsione/コンヴルスィオーネ/(英 convulsion)女 痙攣（けいれん），引きつけ
cooperativa/コオペラティーヴァ/(英 cooperative)女 協同組合
coperto/コペルト/(英 covered)形 覆われた；覆いのついた；隠された ¶ cielo — 曇り空 ② 席料
coperchio/コペルキオ/男 蓋（ふた）；覆い **coperta** 女 毛布；掛け布団；甲板
copertina 女 (本の) 表紙；カバー **copertone** 男 (車をカバーする) シート；タイヤ
copia/コーピア/(英 copy)女 写し，コピー；複製；(部数の)部
copiare 他 写す；真似る
copione 男 脚本，シナリオ
coppa/コッパ/(英 cup)女 (脚のついた) グラス；優勝杯；ソーセージ
coppia/コッピア/(英 couple)女 一組の男女[雌雄]；カップル

➤ **cornice**

coprire/コプリーレ/(英 cover)他 [coperto] 覆う；蓋をする；(包み) 隠す；埋める；(距離を) 進む ◆**-irsi** 身を守る，避ける；着こむ；曇る **copertura** 女 覆い；口実，隠れみの；担保，保証金；ガード；報道，放映
coraggio/コラッジョ/(英 courage)男 勇気，元気 ― 間 元気だして，頑張れ
coraggioso 形 勇敢な，元気な
corallo/コラッロ/(英 coral)男 珊瑚；珊瑚色
corazza/コラッツァ/(英 cuirass)女 胴鎧（よろい），胸当；装甲，甲羅 **corazzata** 女 戦艦
corazziere/コラッツィエーレ/(英 cuirassier)男 (イタリア大統領を護衛する) 騎馬憲兵
corda/コルダ/(英 rope)女 綱，縄，ロープ；(楽器の) 弦 **tagliare la corda** 逃げる **mettere alle corde** 窮地に立つ **essere giù di corda** 元気がない，調子が悪い
cordicella 女 細ひも
cordone 男 (電気や電話の) コード；(カーテンや幕の) ひも；(防御のための) 隊列 ¶ — ombelicale へその緒
cordiale/コルディアーレ/(英 cordial)形 真心のこもった，心優しい **cordialità** 女 真心，誠意
coriandolo/コリアンドロ/(英 confetti)男 (主に謝肉祭に投げ合う) 色紙のつぶて，紙玉
coricarsi/コリカルスィ/(英 lie down)再 横になる；寝る
cornacchia/コルナッキア/(英 crow)男 カラス
cornamusa/コルナムーザ/(英 bagpipes)女 バグパイプ
cornice/コルニーチェ/(英 cornice)男 額，額縁；枠（わ

corno/コルノ/(英 horn) 男 角 (つの) ¶ dire peste e corno di *qc* 〈人〉の悪口を言う
cornetta 女 コルネット(小型のトランペット); 受話器
cornetto 男 クロワッサン
cornuto 形 角の生えた; 妻[夫]に浮気された
coro/コーロ/(英 chorus) 男 合唱, コーラス; 合唱団[隊]; 斉唱 / in coro 一斉に
corona/コローナ/(英 crown) 女 冠(かんむり); 冠状のもの; (歯茎から出ている)歯の部分
corpo/コルポ/(英 body) 男 からだ; 体(たい); 集団, 団体; 物体 ¶ — celeste 天体 / — del reato 凶器 / guardia del — ボディーガード a corpo morto 全身全霊 **corposo** 形 量感のある; 内容の濃い; 濃厚な **corporatura** 女 体格, 体形
corredo/コッレード/(英 outfit) 男 必需品[衣類, 家具調度, 設備, 備品]一式
correggere/コッレッジェレ/(英 correct) 他 [corretto] (誤りを)直す, 訂正する; 手を加える **correzione** 女 訂正; 校正; 添削 **corretto** 形 正確な; 礼儀正しい; 強い酒を加えた
corrente/コッレンテ/(英 current) 形 流れている; 現行の; 通常の ¶ il mese — 今月 / prezzo — 時価 — 女 (英 current) (水や空気の)流れ; 電流
correre/コッレレ/(英 run) 自 [av, corso] 走る, 駆ける; [es] 流れる; 駆けつける, 急行する; (二つの間に差や距離が)ある
corrida/コッリーダ/(英 bullfight) 女 闘牛
corridoio/コッリドイオ/(英 corridor) 男 廊下; (乗物の)通路 ¶ — aereo 航空路
corridore/コッリドーレ/男 走者, ランナー; レーサー
corriera/コッリエーラ/(英 corriera) 女 路線バス (= autobus)
corrispondere (a) /コッリスポンデレ/(英 correspond) 自 一致する; 相当する, ふさわしい; 通じる;(con …) 〜と文通する **corrispondenza** 女 一致, 対応; 郵便物 ¶ corso [scuola] per — 通信講座[教育]
corrispondente 男 女 特派員
corrompere/コッロンペレ/(英 contaminate) 他 [corrotto] 堕落させる; 買収する
corruzione 女 堕落; 腐敗; 買収, 贈賄 **corrotto** 形 腐敗した; 汚染された; 買収された
corsa/コルサ/(英 run) 女 走り, かけっこ; 競走, レース; (バスなどの)便 di corsa 急いで, 走って **corsia**/コルスィーア/ 女 (座席間や寝台間の)通路; 車線; コース; (病院の)大部屋
corsaro/コルサーロ/(英 corsair) 男 海賊[船の船長] — 形 海賊の
corso/コルソ/(英 course) 男 講義, 講座, コース; 流れ; 流通; 相場; 大通り
corte/コルテ/(英 court) 女 中庭, 校庭; 宮廷, 王宮; 裁判所 fare la corte a *qc* 〈人〉の機嫌をとる, 口説く
corteccia/コルテッチャ/(英 bark) 女 樹皮; 表皮; 外見
corteggiare/コルテッジャーレ/(英 court) 他 機嫌をとる; 口説く
corteo/コルテーオ/(英 procession) 男 行列 ¶ — di protesta 抗議デモ
cortese/コルテーゼ/(英 polite) 形 丁重な, 礼儀正しい,

殷勤な **cortesia**/コルテズィーア/女 丁重さ,礼儀正しさ ¶ per — 何とぞ,どうか

cortile/コルティーレ/(英 courtyard)男 中庭 ¶ animali da — (鶏や兎のような)農家の庭で飼っている家禽類

corto/コルト/(英 short)形 短い;(能力などが)弱い ¶ settimana *corta* 週休二日制

corvo/コルヴォ/(英 crow)男 カラス

cosa/コーザ/(英 thing)女 物;物事;事態 ¶ a cose fatte 事後に;〔疑問詞〕何が[を](= che cosa)

coscia/コッシャ/(英 thigh)女 腿(もも);腿肉

coscienza/コッシェンツァ/(英 conscience)女 意識,自覚;良心 ¶ perdere [riprendere] — 意識を失う[取り戻す]

cosciente 形 意識[自覚]している

così/コズィ/(英 thus, so)副 この[その,あの]ように;これで[それで]

cosiddetto/コズィッデット/(英 so-called)形 いわゆる

cosmetico/コズメーティコ/(英 cosmetic)男 化粧品

coso/コーソ/(英 thing)男 あれ(名前を知らないか思い出せないか口にしたくない物や人を指して)

cospargere/コスパルジェレ/(英 strew)他[cosparso] 撒き散らす;覆う

cospirazione/コスピラツィオーネ/(英 conspiracy)女 陰謀;共謀 **cospiratore**男[2] 陰謀家;共謀者

costa/コスタ/(英 coast)女 海岸;(山や丘の)斜面

costante/コスタンテ/(英 constant)形 不変の,一定の,絶えざる 女 不変的な特徴;(数学)定数 **costanza** 女 粘り強さ;頑固一徹

costare/コスターレ/自[es](英 cost)費用がかかる,値段は~である;必要とする

costellazione/コステッラツィオーネ/(英 constellation)女 星座

costituire ⑥/コスティトゥイーレ/(英 constitute)他 設立[創立]する;構成する ◆ -irsi 自首する **costituzione**女 憲法;体格,体質

costo/コスト/(英 cost)男 費用;コスト;リスク **a ogni costo/a tutti i costi** なんとしても,是が非でも **costoso** 形 費用のかかる;リスクの多い

costola/コストラ/(英 rib)女 肋骨(ろっこつ);あばら **mettersi alle costole di** *qc* 〈人〉のそばから離れない,人を独りにさせない **costoletta**女 骨付きの背肉

costringere/コストリンジェレ/他[costretto](英 compel)(— *qc a qs*) 〈人〉に無理やり〈物事〉をさせる[強いる]

costruire ⑥/コストルイーレ/(英 build)他 建築[建造]する;組み立てる,作る

costruzione 女 建築;建造物;構造

costui/コストゥイ/(英 he; him)代 こいつ,この男

costume/コストゥーメ/(英 custom)男 慣習,風習;衣装 ¶ — da bagno 水着

cotoletta/コトレッタ/(英 cutlet)女 カツレツ

cotone/コトーネ/(英 cotton)男 綿,コットン;脱脂綿

cotto/コット/(英 cooked)形 調理した,煮た,焼いた ¶ bistecca ben *cotta* ウエルダンのステーキ **essere cotto di qc** 〈人〉に恋焦がれている **cottura** 女 調理(煮たり焼いたりすること) ¶ di mezza — ミディアムの;半熟の (→ cuocere)

covare /コヴァーレ/(英 brood) 他 (卵を)抱く；秘める；企む **Gatta ci cova!** どうも怪しい，何か臭う

covo /コーヴォ/(英 den) 男 (動物のすむ)穴；(盗賊などの)隠れ家，根城；巣窟

cozza /コッツァ/(英 mussel) 女 ムール貝

cranio /クラーニョ/(英 skull) 男 頭蓋骨；頭

cratere /クラテーレ/(英 crater) 男 火口；(爆発などで地面に開いた)穴

cravatta /クラヴァッタ/(英 tie) 女 ネクタイ

creare /クレアーレ/(英 create) 他 創造する；創作する；指名[任命]する **creatore** 男 創造主，神 ― 男[2] 創始[創立]者；発明者，創作者 **creatura** 女 被造物；子供；子分，取巻き **creazione** 女 創造；創作[品]，創設

credenza /クレデンツァ/(英 sideboard) 女 食器棚，サイドボード

credere /クレーデレ/(英 believe) 自 信じる；信用[信頼]する ― 他 ～と思う ◆**-ersi** 自分を～と思う

credito /クレーディト/(英 credit) 男 信用(貸し)，貸付，クレジット **creditore** 男[2] 債権者，貸方

credo /クレード/(英 creed) 男 信条，主義

crema /クレーマ/(英 cream) 女 クリーム；(菓子の)生クリーム

crepare /クレパーレ/(英 crack) 自[es] 裂ける；ひび割れする；我慢できない；死ぬ ¶ ― **di salute** すこぶる元気である **crepa** 女 亀裂(きれつ)；ひび割れ **crepaccio** 男 クレバス

crepuscolo /クレプスコロ/(英 twilight) 男 黄昏(たそがれ)；薄明

crescere /クレッシェレ/(英 grow) 自[es] 成長する；増える ¶ **Come sei cresciuto(-a)!** 大きくなったね **crescita** /クレッシタ/ 女 成長；発達；増加

cresta /クレスタ/(英 comb) 女 鶏冠(とさか)；尾根；波頭 **essere sulla cresta dell'onda** 幸せの絶頂にいる

creta /クレータ/(英 clay) 女 粘土

cretino /クレティーノ/(英 stupid) 男[1] ばか，あほう

crimine /クリーミネ/(英 crime) 男 犯罪；殺人 **criminale** 形 犯罪の ― 男女 犯人，殺人犯 **criminalità** 女 (集合的に)犯罪

criniera /クリニエーラ/(英 mane) 女 (馬やライオンの)たてがみ；(兜の)房飾り

crisalide /クリザーリデ/(英 chrysalis) 女 蛹(さなぎ)

crisantemo /クリザンテーモ/(英 chrysanthemum) 男 菊

crisi /クリーズィ/(英 crisis) 女[0] 危機；発作；不足，～難 ¶ ― **di mano d'opera** 人手不足 ¶ **essere in** ― ピンチに立たされる

cristallo /クリスタッロ/(英 crystal) 男 (透明度の高い)ガラス；クリスタル

cristiano /クリスティアーノ/(英 Christian) 形 キリスト教[教徒]の ― 男[1] キリスト教徒 **cristianesimo** 男 キリスト教 **Cristo** 男 キリスト

critica /クリーティカ/(英 criticism) 女 批評[論評]；批判[非難] **criticare** 他 批評[論評]する；批判[非難]する

critico /クリーティコ/(英 critical) 形 批判的な；難儀な ¶ **età critica** 更年期 ― 男 評論家，批評家

croccante /クロッカンテ/(英 crisp) 形 (噛むと)カリカリ[パリパリ]音のする ― 男 カラメル[アーモンド]菓子

crocchetta /クロッケッタ/ (英 croquette) 女 コロッケ

croce /クローチェ/ (英 cross) 女 十字架；十字[×]の印；苦難 ¶ — uncinata [gammata] 卍；かぎ十字（ハーケンクロイツ） **a occhio e croce** ざっと，おおよそ **mettere in croce** 苦しめる **crociata** 女 十字軍；（禁酒禁煙などの）キャンペーン；撲滅運動 **crocerossina** 女 赤十字社の看護婦

crociera /クロチェーラ/ (英 cruise) 女 （豪華客船の）船旅，クルージング

crocifiggere /クロチフィッジェレ/ (英 crucify) 他 [-fisso] 十字架にかける，磔刑(たっけい)に処す；苦しめる **crocifisso** キリストの十字架像

crollare /クロッラーレ/ (英 collapse) 自 [es] 崩れる；倒壊する — 他 揺り動かす；振る 動揺する **crollo** 男 崩壊；暴落

cronaca /クローナカ/ (英 news) 女 （今日の出来事としての）ニュース[新聞記事]；年代記 ¶ — nera 三面[社会面の]記事

cronista 男 女 [3] 記者；年代記作家

cronometro /クロノーメトロ/ (英 chronometer) 男 ストップウォッチ

crosta /クロスタ/ (英 crust) 女 （パンやパイの）皮；外殻；かさぶた **crostata** 女 パイ **crostino** 男 カナッペ；クルトン

cruciverba /クルチヴェルバ/ (英 cross-word puzzle) 男 [0] クロスワード

crudele /クルデーレ/ (英 cruel) 形 残酷な；酷い；辛辣な **crudeltà** 女 残酷さ；残忍さ；残虐行為

crudo /クルード/ (英 raw) 形 生の；露骨な；どぎつい **di cotte e di crude** ありとあらゆる（変なこと，悪いこと） **né cotto né crudo** 煮え切らない，優柔不断な（→cotto）

crusca /クルスカ/ (英 bran) 女 糠(ぬか)，麩(ふすま)，ブラン **La Crusca** クルスカ学会（=Accademia della Crusca）

cruscotto /クルスコット/ (英 dashboard) 男 （車の）ダッシュボード；計器盤

cubo /クーボ/ (英 cube) 男 立方[体] ¶ metro *cubo* 1立方メートル

cuccagna /クッカーニャ/ (英 abundance) 女 豊饒(ほうじょう)；贅沢三昧；宝の山

cuccetta /クッチェッタ/ (英 couchette) 女 （列車や船の）寝台

cucchiaio /クッキアイオ/ (英 spoon) 男 スプーン，さじ

cucchiaino 男 小さじ，ティースプーン

cuccia /クッチャ/ (英 doghouse) 女 犬小屋；（動物の）寝床 **cucciolo** /クッチョロ/ 男 子犬；（動物の）子

cucina /クチーナ/ (英 kitchen) 女 台所，厨房；調理用のレンジ；（総称として）料理 ¶ — italiana [cinese] イタリア[中華]料理 — a gas ガスレンジ

cucinare /クチナーレ/ (英 cook) 他 料理[調理]する

cucire /クチーレ/ (英 sew) 他 縫う / macchina per cucire ミシン **cucito** 形 縫った / —a mano 手縫いの — 男 裁縫；縫い物 **cucitura** 女 縫製；縫い目；綴じ目

cuculo /ククーロ/ (英 gowk) 男 郭公(カッコウ)

cuffia /クッフィア/ (英 bonnet) 女 頭巾；ヘッドフォン ¶ — da bagno 水泳帽；シャワーキャップ

cugino /クジーノ/ (英 cousin) 男 [1] いとこ[従兄弟；従姉妹]

cui /クーイ/ (英 which; whom;

culla ▶

whose) 代 (前置詞+cui)〜の人[物]; (定冠詞+cui+名詞)その人[物]の〜 ¶ il film di *cui* parlavo 僕が話していた映画 / gli amici con *cui* studio l'italiano 私が一緒にイタリア語を勉強している友達 / la ragazza da *cui* ho ricevuto una lettera 僕が手紙をもらった女の子 / un autore le *cui* opere sono poco conosciute 作品がほとんど知られていない作家

culla /クッラ/ (英 cradle) 女 揺りかご; 発祥地 **cullare** 他 (赤ん坊を)あやす

culo /クーロ/ (英 bum) 男 尻; 肛門; (容器の)底

culto /クルト/ (英 cult) 男 崇拝; カルト

cultura /クルトゥーラ/ (英 culture) 女 文化; 教養

culturale 形 文化の

cumulo /クームロ/ (英 heap) 男 集積(物); 多量

cuocere ⑫ /クオーチェレ/ (英 cook) 他 [cotto] 料理する(煮る, 焼く) ◆ **-ersi** 煮える; 焼ける **cuoco** 男[-chi] 料理人, コック **cuoca** 女 女性の料理人[コック]

cuoio /クオイオ/ (英 leather) 男 革(かわ); 皮革

cuore /クオーレ/ (英 heart) 男 心臓; 心; 中心; ハート(型のもの)

cupo /クーポ/ (英 dark) 形 闇の; 濃い; 陰気な; 陰にこもった

cupola /クーポラ/ (英 dome) 女 丸屋根; ドーム

cura /クーラ/ (英 care) 女 注意; 思いやり; 治療 **curare** 他 気をつける; 治療する

curiosità /クリオスィタ/ (英 curiosity) 女 好奇心; 物珍しさ **curioso** 形 好奇心の強い; 何でも知りたがる; 奇妙な, 珍奇な

curva /クルヴァ/ (英 curve) 女 カーブ; 曲線 **curvo** 形 曲がった, カーブした

cuscinetto /クシネット/ (英 bearing) 男 ベアリング

cuscino /クッシーノ/ (英 cushion) 男 枕; クッション

custodire ⑥ /クストディーレ/ (英 keep) 他 大切に保管する; 見守る; 世話をする **custode** 男 女 守衛; 番人 ¶ angelo — 守護天使

D, d

D /ディ/ 女 (男) 4番目の字母; 《符T》 *D* come Domodossola ドモドッソラのD; (ローマ数字の)500

da /ダ/ (英 from; by) 前 [巻末11] 〜から; (人の)ところへ[で]; 〜によって; 〜用の; 〜に値する[ふさわしい]; (特徴)〜の; (時代)〜のころ; (役割)〜として ¶ *da* uno a cento 一から百まで / andare *dal* medico 医者のところへ行く / abitare *dagli* zii 伯父夫婦のところで暮す / essere distrutto *da* una bomba 爆弾で破壊される / camera *da* letto 寝室 / sala *da* pranzo ダイニング / occhiali *da* sole サングラス / cane *da* guardia 番犬 / film *da* non perdere 見逃せない映画 / *da* consumarsi preferibilmente entro 賞味期限 / ragazza *dai* capelli rossi 赤毛の少女 / *da* giovane facevo molto sport 若い頃はよく運動をしました / fare *da* interprete[guida] 通訳[案内役]をする

dado /ダード/ (英 die; dice) 男 サイコロ; サイコロ状のもの (固形スープ; ナット) ¶ tagliare a *dadi* 賽の目に切る

daffare /ダッファーレ/ (英 task) 男 用事 (=da fare)

dai /ダーイ/ 間 さあ(元気出し

て!), いいから(早く!); もういいよ(またかよ) **dàgli** さあさあ; またまた

daino/ダイノ/(英 buck)男[1] 鹿; バックスキン

dama/ダーマ/(英 lady)女 貴婦人; チェッカー(チェス盤を使ったゲーム)

damigiana/ダミジャーナ/(英 demijohn)女 (こもかぶりの)ガラス瓶

dannare/ダンナーレ/(英 damn)他 地獄に落とす **dannato** 形 呪われた; 過酷な **dannazione** 女 (地獄のような)苦しみ —間 なんてひどい(こと, やつ)

danneggiare/ダンネジャーレ/(英 damage)他 台無しにする; 被害[損害]を与える

danno/ダンノ/(英 damage)男 損害, 損失, 被害 **dannoso** 形 有害な

danza/ダンツァ/(英 dance)女 踊り, ダンス **danzare** 他 自 踊る (→ ballare)

dappertutto/ダッペルトゥット/(英 everywhere)副 いたるところに[で]

dapprima/ダップリーマ/(英 at first)副 まず, 初めに

dare⑬/ダーレ/(英 give)他 与える, あげる; くれる; (試験などを)受ける —自(su …) ~に面している(見渡せる); ~の色を帯びている ◆**-arsi** 専念する; 降伏する **darsela a gambe** (一目散に)逃げる **può darsi** かもしれない

data/ダータ/(英 date)女 日付 ¶ — di nascita 生年月日

dato/ダート/(英 data)男 データ, 資料 —形 ~であるので

datore/ダトーレ/(英 giver)男[2] 提供者 ¶ — di lavoro 雇用主, 経営者

dattero/ダッテロ/(英 date)男 ナツメヤシ(の実) ¶ — di mare イシマテ貝

dattilografo/ダッティローグラフォ/(英 typist)男[1] タイピスト **dattilografare** 他 タイプする

davanti/ダヴァンティ/(英 in front)副 前に, 前方に —前 〔a と共に〕~の前に[で], ~の正面に —形[0] 前の ¶ capelli[denti] — 前髪[前歯]

davanzale/ダヴァンツァーレ/(英 windowsill)男 (張出した)窓の台[敷居]

davvero/ダッヴェーロ/(英 really)副 本当に, まさしく

dazio/ダーツィオ/(英 duty)男 関税; 税関

dea/デーア/(英 goddess)女 女神

debito/デービト/(英 debt)男 借金, 負債 **debitore** 男[2] 債務者, 借り方 (→ creditore)

debole/デーボレ/(英 weak)形 弱い 男 弱点, 欠点 ¶ avere un debole per… ~に弱い[目がない] —男 弱者 **debolezza** 女 弱さ; 欠点

decadere/デカデーレ/(英 decline)自[es] 衰える; 退廃する

decente/デチェンテ/(英 decent)形 品のある; 適切な

decidere/デチーデレ/(英 decide)他[deciso] 決める; 解決する ◆**-ersi** 決心[決意]する **decisione** 女 決定; 決心[決意] **decisivo** 形 決定的な; 最終的な **deciso** 形 決然とした; 確固たる **-mente** 副 確かに, やっぱり

decimo/デーチモ/(英 tenth)形 10番目の —男 10分の1 **decimale** 形 十進法の —男 小数

decina/デチーナ/(英 about ten)女 (約)10 ¶ una *decina* di piatti 皿を10枚ほど

decollare/デコッラーレ/(英 take off)自 離陸[離水]する

decollo [男] 離陸，離水
decomporre ㉒ / デコンポッレ / ([英] decompose) [他][-posto] 分解する ◆**-orsi** 分解される；腐敗する
decorare / デコラーレ / ([英] decorate) [他] 飾る；勲章を授ける **decorazione** [女] 装飾；勲章
decoroso / デコローソ / ([英] decorous) [形] 品位のある；結構な
decreto / デクレート / ([英] decree) [男] 法令；通達
dedicare / デディカーレ / ([英] dedicate) [他] 献じる，献呈する；捧げる ◆**-arsi** (a) 身を捧げる；打ち込む **dedica** / デーディカ / [女] 献辞
deficiente / デフィチェンテ / ([英] deficient) [形] 不十分な，不足の；欠陥のある ―― [男][女] 能無し，低脳
deficit / デーフィチト / ([英] deficit) [男][0] 赤字；不足
definire ⑥ / デフィニーレ / ([英] define) [他] 定義する；明確にする **definizione** [女] 定義(付け)；明確化 **definitivo** [形] 決定的な，最終的な **-mente** [副] 決定的[最終的]に
deflettore / デフレットーレ / ([英] deflector) [男] (車の)三角窓
deformare / デフォルマーレ / ([英] deform) [他] 変形させる；ゆがめる **deforme** [形] 変形[変異]した，奇形の；不格好な
defunto / デフント / ([英] dead) [形] 亡き[故]～ ―― [男][1] 故人，死者
degno / デーニョ / ([英] worthy) [形] 値する，ふさわしい；立派な **degnare** (di) [他] 値すると判断する ¶ non degnare *qc* di un saluto[una risposta, uno sguardo] 〈人〉に挨拶[返事，顔を見ようと]もしない
delegare / デレガーレ / ([英] delegate) [他] (代表や代理として)人を送る；委任[委託]する
delegazione [女] 代表団；代表[代理]
delfino / デルフィーノ / ([英] dolphin) [男] 海豚(イルカ)
delicato / デリカート / ([英] delicate) [形] 繊細な；柔らかい；過敏な，弱い；デリケートな
delicatezza [女] 繊細さ；細心さ；もろさ
delinquente / デリンクエンテ / ([英] criminal) [男][女] 犯罪者；違反者 ¶ giovane ― 非行少年
delirare / デリラーレ / ([英] be delirious) [自] うわごと[たわごと]を言う，精神が錯乱する
delirio / デリーリオ / [男] 精神錯乱；熱狂，狂喜
delitto / デリット / ([英] crime) [男] 犯罪；違反；重大なミス
delizia / デリーツィア / ([英] delight) [女] 無上の喜び；悦楽
delizioso [形] とても感じのよい；おいしい
deludere / デルーデレ / ([英] disappoint) [他][-luso] 裏切る，失望させる **delusione** [女] 失望；幻滅
demagogia / デマゴジーア / ([英] demagogy) [女] 迎合政策；民衆扇動，デマゴギー；衆愚政治
democratico / デモクラーティコ / ([英] democratic) [形] 民主主義の，民主的な
democrazia / デモクラツィーア / [女] デモクラシー，民主政治，民主主義
democristiano [形] キリスト教民主党の
demonio / デモーニオ / ([英] devil) [男] 悪魔；悪人；腕白坊主
demografia / デモグラフィーア / ([英] demography) [女] 人口統計学 **demografico** / デモグラーフィコ / [形] 人口統計学の
demoralizzare / デモラリッザーレ / ([英] demoralize) [他] がっかりさせる；気を損なう

denaro/デナーロ/(英 money) 男 お金；貨幣

denso/デンソ/(英 dense) 形 濃い；密な；密度の高い

densità 女 密度；濃さ ¶ — di popolazione 人口密度

dente/デンテ/(英 tooth) 男 歯 ¶ — del giudizio 親知らず／— di leone タンポポ

dentatura 女 歯並び

dentista 男女[3] 歯科医

dentiera 女 入れ歯

dentifricio/デンティフリーチョ/ 男 歯磨き(粉)

dentice/デンティチェ/(英 seabream) 男 鯛(タイ)；高級魚

dentro/デントロ/(英 inside) 副 前〔人称代名詞には di を添えて：dentro di me〕中に，内[側]に ¶ guardare — 中を見る

denunciare/デヌンチャーレ/ (英 declare) 他 申告する；告発する；破棄する ¶ — il proprio reddito 自分の所得を申告する／— qc per furto 窃盗罪で〈人〉を告発する／— un patto 条約の破棄を通告する

denuncia/デヌンチャ/ 女 申告；告発

deporre㉒/デポッレ/(英 put down) 他[deposto] 下に置く；(卵を)産み落とす；解任する，解く；放棄する — 自 証言する；立証する

deposito/デポーズィト/(英 deposit) 男 預金；倉庫，保管所；(バスや電車の)車庫；沈殿物 **depositare** 他 預ける；沈殿させる

deprimere/デプリーメレ/(英 depress) 他[-resso] 意気消沈させる；挫けさせる

depressione 女 意気消沈；鬱の状態；不景気；低気圧

depresso 形 意気消沈した，落ち込んだ；不景気な，不況の

deputato/デプタート/ (英 deputy) 男 代議士；国会議員

derivare (da) /デリヴァーレ/(英 divert) 自[es.] 由来する；派生する；生じる **derivato** 男 派生語；副産物

derubare/デルバーレ/(英 rob) 他 奪う ¶ — qc di qs〈人〉から〈物〉を盗む

descrivere/デスクリーヴェレ/ (英 describe) 他[-scritto] 描写する；叙述する；描く

descrizione 女 描写；明細[書]

deserto/デゼルト/(英 desert) 形 無人の；人けのない — 男 砂漠，荒野；無人の場所

desiderare/デスィデラーレ/ (英 desire) 他 欲する；〔+〈不定詞〉〕～したいと思う

desiderio/デスィデーリオ/ 男 願望；欲望

desolare/デゾラーレ/(英 lay waste) 他 悲しませる；困らせる **desolato** 形 悲嘆に暮れた；荒れ果てた；とても残念な **desolazione** 女 悲嘆；荒廃，荒涼

despota/デスポタ/(英 despot) 男 専制君主；暴君；横暴な人間

destare/デスターレ/(英 wake (up)) 他 目を覚まさせる；呼び起こす ◆ **-arsi** 目覚める；蘇る

destino/デスティーノ/ (英 destiny) 男 運命，宿命

destinare 他 割り当てる；充てる；宛てる **destinato** 形 割り当てられた；定められた

destra/デストラ/(英 right) 女 右手；右側；右派[保守派]

destro/デストロ/(英 right) 形 右の；器用な

detective/デテクティヴ/ [英] 男女[0] 私立探偵；刑事

detenuto/デテヌート/(英 detained) 形 拘留された；留置された

determinare/デテルミナーレ/ (英 determine) 他 決定する，確定する ◆ **-arsi** 決心する；決

detersivo/デテルスィーヴォ/(英 detersive) 男 洗剤, 洗浄剤

detestare/デテスターレ/(英 detest) 他 嫌悪する; ひどく嫌う

detrito/デトリート/(英 detritus) 男 破片; 屑(くず)

dettaglio/デッタッリォ/(英 detail) 男 詳細; 細部; グローズアップ ¶ al — 小売りで

dettagliato 形 詳細な; 綿密な

dettare/デッターレ/(英 dictate) 他 書取らせる, 口述する; 示唆する **dettato** 男 書取り(テスト); 口述

deviare/デヴィアーレ/(英 divert) 自 (道や軌道から)脱線する, 外れる; 方向転換する; 逸脱する **deviazione** 女 迂回; 方向転換; 進路変更

devoto/デヴォート/(英 devout) 形 信心深い; 献身的な; 忠実な 男 [1] 信者; 信心家

devozione 女 信仰心; 誠意; 愛着

di/ディ/(英 of) 前 [巻末11] ～の; ～から; ～に関して; ～製の ¶ la casa *di* mio zio 私の伯父の家 / uscire *di* casa 家を出る / *di* città in città 町から町へ / un libro *di* grammatica 文法書 / una camicetta *di* seta 絹のブラウス; [比較で] guadagnare più *di* me 僕より多く稼ぐ / Stasera c'è più gente *di* ieri sera. 今日は昨晩より人が多い / la torre più alta *del* mondo 世界一高い塔; [部分冠詞] いくらかの数[量]の / comprare *delle* mele リンゴを数個買う / C'erano *dei* bambini che piangevano. 泣いている子が何人かいた

dialetto/ディアレット/(英 dialect) 男 方言

diagnosi/ディアーニョズィ/(英 diagnosis) 女 [0] 診断; (状況などの)説明, 見解

dialogo/ディアーロゴ/(英 dialogue) 男 対話; (小説や劇の)会話の部分, 台詞(せりふ)

dialogare 自 対話する; 意見を交わす

diamante/ディアマンテ/(英 diamond) 男 ダイヤモンド

diario/ディアーリオ/(英 diary) 男 日記, 日誌

diametro/ディアーメトロ/(英 diameter) 男 直径

diapositiva/ディアポズィティーヴァ/(英 slide) 女 スライド

diavolo/ディアーヴォロ/(英 devil) 男 悪魔; 悪党; 腕白坊主 ¶ avere un — per capello 憤慨[激怒]している / fare il — a quattro 馬鹿騒ぎをする

dibattito/ディバッティト/(英 debate) 男 討論; 論争

dicembre/ディチェンブレ/(英 December) 男 12月

diceria/ディチェリーア/(英 rumor) 女 (根拠のない)噂話; 陰口

dichiarare/ディキアラーレ/(英 declare) 他 表明[明言]する; 宣言する; 申告する, 届け出る ◆-arsi 自分の意志[意見]を表明する ¶ — innocente 無実を主張する **dichiarazione** 女 表明; 声明; 宣告; 申告

didascalia/ディダスカリーア/(英 caption) 女 (絵や写真の)短い説明, キャプション; (映画の)字幕, スーパー

dieci/ディエーチ/(英 ten) 男 形 10(の)

diciassette/ディチャッセッテ/男 形 17(の)

diciotto/ディチョット/男 形 18(の)

diciannove/ディチャンノーヴェ/男 形 19(の)

dieta/ディエータ/(英 diet) 女 ダイエット, 減食[節食] ¶ essere a dieta per dimagrire 痩せるためにダイエットしている

dietro /ディエートロ/ ([英] behind) [副] [前] 〔人称代名詞にはdiを添えて: dietro di me〕 後ろに[から]; 裏手に
difatti /ディファッティ/ ([英] indeed) [接] 実際, 確かに
difendere /ディフェンデレ/ ([英] defend) [他] [difeso] 守る, 防御する; 弁護する ◆ **-ersi** 《da》 身を守る, 自己弁護する **difesa** [女] 防御, 防衛; 弁護; 守備, ディフェンス **difensore** [男] 弁護人; 守備陣, ディフェンダー **difenditrice** [女] 女性の〜
difetto /ディフェット/ ([英] defect) [男] 欠点; 欠陥; きず **difettoso** [形] 欠陥[欠点, きず]のある
differente /ディッフェレンテ/ ([英] different) [形] 違う, 異なる; 多様な **differenza** [女] 違い, 相違(点); 差, 差額 ¶ Che — c'è di prezzo? 値段はいくら違いますか
differire ⑥ /ディッフェリーレ/ ([英] postpone) [他] 延期する, 延ばす
difficile /ディッフィーチレ/ ([英] difficult) [形] 難しい, 困難な; (実現が)きびしい **difficoltà** [女] 困難(なこと); 厄介; 障害
diffidare 《di》 /ディッフィダーレ/ ([英] mistrust) [自] 信用[信頼]しない; 警戒する **diffidente** [形] 信用[信頼]しない, 疑り深い **diffidenza** [女] 不信感, 警戒心
diffondere /ディッフォンデレ/ ([英] diffuse) [他] [diffuso] 広める, 伝える; 放つ, 散らす ◆ **-ersi** 広まる, 広がる **diffusione** [女] 普及, 流布; 蔓延 **diffuso** [形] 普及した; 蔓延した
diga /ディーガ/ ([英] dam) [女] ダム; 防御
digerire ⑥ /ディジェリーレ/ ([英] digest) [他] 消化する; 習得する; 我慢する **digestione** [女] 消化 **digestivo** [形] 消化の(ための); 消化を促進する — [男] 食後酒
digitale /ディジターレ/ ([英] digital) [形] 指の; デジタル(数字で表示する方式)の ¶ impronte *digitali* 指紋
digiuno /ディジューノ/ ([英] fast) [男] 絶食, 断食 ¶ essere a — 何も食べていない[腹ペコ] [形] 絶食[断食]状態の **digiunare** [自] 絶食[断食]する
dignità /ディンニタ/ ([英] dignity) [女] 尊厳, 尊さ; 威厳, 品格 **dignitoso** [形] 威厳のある; 堂々とした
dilagare /ディラガーレ/ ([英] flood) [自] 氾濫する; 溢れる
dilatare /ディラターレ/ ([英] widen) [他] 膨張させる; 広げる **dilatazione** [女] 膨張, 拡張 ¶ — gastrica 胃拡張
dileguarsi /ディレグアルスィ/ ([英] vanish) 消える; 消え去る
dilettante /ディレッタンテ/ ([英] amateur) [男] [女] アマチュア, 愛好家
diligente /ディリジェンテ/ ([英] diligent) [形] 生真面目な; 注意深い **diligenza** [女] 厳密さ; 細心の注意
diluvio /ディルーヴィオ/ ([英] deluge) [男] 豪雨; 洪水; 雨霰(あられ)
dimagrire ⑥ /ディマグリーレ/ ([英] lose weight) [自] [es] 痩せる, スリムになる
dimensione /ディメンスィオーネ/ ([英] dimension) [女] 大きさ, サイズ; 規模; 次元
dimenticare /ディメンティカーレ/ ([英] forget) [他] 忘れる; (物を)置き忘れる ◆ **-arsi** 忘れる, 覚えていない
dimettersi [dimesso] /ディメッテルスィ/ ([英] resign) 辞任[辞職]する **dimesso** [形] 控えめな; 貧弱な, みすぼらしい

D

dimezzare/ディメッザーレ/([英] halve) [他] 二つに分ける；半分に減らす(→ mezzo)

diminuire ⑥/ディミヌイーレ/([英] diminish) [他] 減らす；弱める；下げる [自][es] 減る **diminuzione** [女] 減少，縮小 **diminutivo** [男] 縮小辞(-ino, -etto などの接尾辞)

dimora/ディモーラ/([英] abode) [女] 住まい，住居；住所

dimostrare/ディモストラーレ/([英] show) [他] 明らかにする；証明する — [自] デモをする[に参加する] ◆**-arsi** (態度で)示す；顔を出す **dimostrazione** [女] 証(あかし)；表明；証明；論証 デモ[抗議集会]

dinamico/ディナーミコ/([英] dynamic) [形] 力強い，活動的な，ダイナミックな；動的な **dinamismo** [男] 活力，バイタリティー；活動力；迫力

dinamite/ディナミーテ/([英] dynamite) [女] ダイナマイト，爆薬

dinanzi/ディナンツィ/([英] in front) [副] 前に[で] ¶ — a *qc*/*qs* ～の前に — [形] 向かい[側]の

dinastia/ディナスティーア/([英] dynasty) [女] 王朝；王家

dinosauro/ディノザウロ/([英] dinosaur) [男] 恐竜

dio/ディーオ/([英] God) [男][gli dei] 神 ¶ credere in un *dio* 神(の存在)を信じる / gli *dei* dell'Olimpo (ギリシャ神話)オリンポスの神々；(キリスト教の)神，創造主 ¶ grazie a *Dio* さいわい，運良く，おかげさまで / come *Dio* vuole[comanda] 見事に，完璧に / come *Dio* volle ついに，やっと [間] まあ大変，おいおい，なんてこった，勘弁してくれよ

dipendere 《da》/ディペンデレ/([英] depend) [自][es, dipeso] (原因や由来)～による；～次第である[左右される] ～に依存[従属]する ¶ *Dipende* da te. 君次第だ / *Dipende*. なんとも言えない[時と場合による，事と次第によっては] **dipendente** 《da》 [形] ～が頼りの；～の傘下にある；～依存症の — [男][女] 従業員，職員；部下 **dipendenza** [女] 従属，傘下；依存(症)

dipingere/ディピンジェレ/([英] paint) [他][dipinto] (絵具で)描く；(ペンキなどを)塗る

diploma/ディプローマ/([英] diploma) [男][3] 免状；卒業[修了]証書

diplomatico/ディプロマーティコ/([英] diplomatic) [形] 外交(上)の；駆引きがうまい ¶ linguaggio — 外交辞令 — [男][1] 外交官；駆引きのうまい人 **diplomazia**/ディプロマツィーア/ [女] 外交；外交的手腕；駆引き

dire ⑭/ディーレ/([英] say) [他][detto] 言う ¶ dire a *qc* di 《不定詞》 〈人〉に～するように言う / Che ne *dici*? 君はどう思う？ / Cosa vuol *dire* questa parola? この単語の意味は？ / Come si *dice* in italiano? イタリア語ではなんと言いますか **trovare da *dire*** 言いがかりをつける

diretta/ディレッタ/([英] live broadcast) [女] 生放送，生中継 ¶ in — 生中継で

diretto/ディレット/([英] direct; addressed) [形] 直接の；直行の；向けられた ¶ volo — (飛行機の)直行便 — [男] (鉄道)準急行；ストレート(パンチ)

direzione/ディレツィオーネ/([英] direction) [女] 方向，方角；管理運営，経営；局[部]長室

dirigere/ディリージェレ/([英] direct) [他][diretto] 経営[管理運営]する；指導[指揮]する 向け

る ◆-ersi ～に向かう[向けて進む] **direttore**男[2] (各種部局の)長; ディレクター ¶ ― d'orchestra 指揮者 **dirigente**形 経営[管理運営]する; 指導[指揮]する ―男女 指導者; (管理運営や経営の最高)責任者

dirigibile/ディリジービレ/(英 dirigible)男 飛行船, エアシップ

diritto[1]/ディリット/ (英 straight)形 まっすぐな, 直線の; 直立した ―副 まっすぐに ¶ rigare[filare] diritto 品行方正である **dirittura**女 直線(道路) ¶ ― d'arrivo ホームストレッチ

diritto[2]/ディリット/(英 right; law)男 権利; 法, 法学

dirottare/ディロッターレ/(英 hijack)他 (飛行機などを)乗っとる; ハイジャックする

dirottamento男 乗っとり; ハイジャック **dirottatore**男[2]乗っとり犯, ハイジャッカー

dirotto/ディロット/(英 copious)形 すさまじい; 猛烈な a dirotto 激しく;とめどなく

disagio/ディザージョ/(英 discomfort)男 不便; 窮屈; 面倒 **disagiato**形 不便な; 落ち着かない; 貧困な

disapprovare/ディザップロヴァーレ/(英 disapprove)他 承認[賛成]しない; 非難[批判]する **disapprovazione**女 不賛成; 非難

disarmare/ディザルマーレ/(英 disarm)他 武装を解除する; (反抗心や敵意を)なくさせる **disarmo**男 軍備撤廃; 軍備縮小

disastro/ディザストロ/(英 disaster)男 大惨事[事故]; 大災害; 災難, 悲惨 **disastroso**形 壊滅的な; 悲惨な, 惨憺たる; 最悪の

disattento/ディザッテント/(英 inattentive)形 不注意な; うかつな **disattenzione**女 不注意; 怠慢

discendere/ディッシェンデレ/(英 descend)自[es, disceso] 降りる, 下る; (血筋)出である **discendente**形 下降の; 降順の (郊外から都心に向かう)上りの ―男女 子孫, 末裔

discesa女 下降; 下り(道); 侵入, 侵略; (スキーの)滑降

discepolo/ディッシェーポロ/(英 disciple)男[1] 門人[門下生]; 信奉者, 使徒

disciplina/ディッシプリーナ/(英 discipline)女 規律, 規則; 学科, 科目 **disciplinato**形 柔順な; 育ちのよい

disco/ディスコ/(英 disk)男[-chi] 円盤; レコード, CD ¶ ― volante 空飛ぶ円盤 **dischetto**男 フロッピー(ディスク) **discoteca**女 ディスコ; レコードライブラリー

discordia/ディスコルディア/(英 discord)女対立;不和; 敵意, 仲たがい

discorso/ディスコルソ/(英 speech)男 話; 演説, 講演, スピーチ

discreto/ディスクレート/(英 discreet)形 控えめな, 穏当な; (成果が)まずまずの, 合格点の **discrezione**女 思慮分別; 自由意志 ¶ anni[età] della ― 物心がつく年齢 **a discrezione** 独自の判断で; 好きなだけ

discutere/ディスクーテレ/(英 discuss)自[discusso] 討議する, 話し合う; 口論する **discussione**女 論議, 討議, 話し合い; 口論

disegno/ディゼーニョ/(英 drawing)男 素描, デッサン; デザイン; 製図, 設計図 **disegnare**他 描く, デッサンする;デザインする,企画する

disfare⑰/ディスファーレ/(英

disgrazia ▶

undo 他[-fatto] 壊す；解体する；（荷物などを）解く 衰弱させる ◆-asi （雪などが）溶ける；（不用な物を）処分する

disgrazia /ディズグラーツィア/ (英 misfortune) 囡 不幸；不運；事故 **disgraziato** 形 不運な，不幸な；惨めな，哀れな ── 男[1] 野郎，ろくでなし

disgustare /ディズグスターレ/ (英 disgust) 他 不快[不愉快]にさせる；むかつかせる うんざりさせる ◆-arsi 嫌気がさす，うんざりする **disgusto** 男 嫌悪；不快感，嫌気

disgustoso 形 嫌らしい；見たくもない；むかつくような

disinfettare /ディズィンフェッターレ/ (英 disinfect) 他 消毒[殺菌]する **disinfettante** 男 消毒薬[剤]，殺菌剤

disinfezione 囡 消毒，殺菌

disintegrare /ディズィンテグラーレ/ (英 disintegrate) 他 崩壊させる；粉砕する ◆-arsi 崩壊する；粉々になる；跡形もなく消える

disinteressato /ディズィンテレッサート/ (英 disinterested) 形 私利私欲のない；愛他的な

disinteresse 男 無欲，無私；無関心

disinvolto /ディズィンヴォルト/ (英 natural) 形 自然な；屈託のない；はきはきした

disinvoltura 囡 はきはきした言動；屈託のなさ

disoccupato /ディゾックパート/ (英 unemployed) 形 失業した，無職の ── 男[1] 失業者；無職の人

disoccupazione 囡 失業；無職

disonesto /ディゾネスト/ (英 dishonest) 形 不誠実な；不当な；たちの悪い

disonorare /ディゾノラーレ/ (英 dishonour) 他 名誉を汚す [傷つける] **disonore** 男 不名誉；恥，面汚し

disordine /ディゾルディネ/ (英 disorder) 男 乱れ，乱雑，無秩序；混乱 **disordinato** 形 乱れた，乱雑な；混乱した

disorientare /ディゾリエンターレ/ (英 disorientate) 他 方向を見失わせる；途方に暮れさせる **disorientamento** 男 道に迷うこと；当惑，狼狽

dispari /ディスパリ/ (英 odd) 男 形 [0] 奇数(の)

dispensa /ディスペンサ/ (英 sideboard) 囡 食器棚；食料貯蔵室

disperare (di) /ディスペラーレ/ (英 despair) 自 絶望する；観念する ◆-arsi 絶望する；落胆する **disperato** 形 望みを絶たれた；絶望的な；死に物狂いの **disperazione** 囡 絶望，落胆；苦労[悩み]の種

disperdere /ディスペルデレ/ (英 disperse) 他[-perso] 追い払う[散らす]；浪費する；投棄する

dispetto /ディスペット/ (英 spite) 男 意地悪；嫌がらせ ¶ a dispetto di qc/qs 〈人〉の意に[〈物〉にも]かかわらず

dispettoso 形 意地悪な；不愉快な

dispiacere ㉑ /ディスピアチェーレ/ (英 regret) 自[-ciuto](a qc) 〈人〉が残念に思う ¶ mi dispiace 残念だけど；申し訳ありませんが（相手の意に添えない） / Ti dispiace passarmi il sale? 悪いけど塩をとってもらえないかな？ ── 男 心残り；胸の痛み；遺憾

disponibile /ディスポニービレ/ (英 available) 形 自由に使える；用意できる；融通がきく **disponibilità** 囡 融通；余裕

disporre ㉒ /ディスポッレ/ (英 arrange) 他[-posto] 並べる；

整理する；用意する — [自]《di》自由に使える ◆**-orsi**《a》覚悟する；備える

disposizione [女] 配置［列］；素質；規定 意志 ¶ avere a — 自由にできる / essere a — di *qc* 人の意のままになる ： Sono a Sua[tua] —. 何なりとおっしゃってください［何でも言ってね］

disprezzare / ディスプレッツァーレ /（[英] despise）[他] 軽蔑する；無視する；あなどる

disprezzo [男] 軽蔑；無視；嘲笑

disseminare / ディッセミナーレ /（[英] disseminate）[他] 撒き散らす；ちりばめる；広める

dissenso / ディッセンソ /（[英] dissent）[男]（意見や利害の）対立；不同意；（少数派の）批判

dissipare / ディッスィパーレ /（[英] dissipate）[他] 散らす；晴らす；浪費する

dissolvere / ディッソルヴェレ /（[英] dissolve）[他][-lto] 溶かす ◆**-ersi** 溶ける；消える

distaccare / ディスタッカーレ /（[英] detach）[他] 剥(は)がす；引き離す；差をつける

distacco [男][-chi] 別離；差（リード，ビハインド）；無関心

distanza / ディスタンツァ /（[英] distance）[女] 距離；間隔 ¶ a *distanza* 遠くに［離れて］ 遠隔で， / tenere[mantenere] le distanze da *qc*〈人〉に気を許さない **distante** [形] 離れた；遠い

distendere / ディステンデレ /（[英] spread）[他][disteso] 伸ばす，広げる；ほぐす ◆**-ersi** 横たわる；くつろぐ **distesa** [女] 広がり；面積 連なり ¶ a distesa（大きな声や音を）長く伸ばして

distinguere / ディスティングェレ /（[英] distinguish）[他][distinto]（違いをはっきりと）見分ける［聞き分ける］；（目印などをつけて）区別する ◆**-ersi** 違う；目立つ；秀でる

distinto [形] 明確な；区別できる；丁寧な；上品な

distintivo [男]（識別するための）記章，ワッペン

distinzione [女] 違い，差異；区別，差別

distorsione / ディストルスィオーネ /（[英] distortion）[女] 捻挫(ねんざ)；脱臼(だっきゅう)

distrarre ㉛ / ディストラッレ /（[英] distract）[他][-tratto]（注意や視線を）そらす；気を散らす；楽しませる ◆**-arsi** 気が散る；気を紛らす；楽しむ

distrazione [女] 不注意；気晴らし，娯楽

distribuire ⑥ / ディストリブイーレ /（[英] distribute）[他] 分配する，配布する，配給する

distributore [男][2] 配布係；配給［卸売］業者；販売機；給油機，ガソリンスタンド(= — di benzina) **distribuzione** [女] 分配，配布，配給

distruggere / ディストルッジェレ /（[英] destroy）[他][distrutto] 破壊する；滅ぼす；絶滅［全滅］させる， **distruzione** [女] 破壊；殲滅(せんめつ)；大量殺人；破滅（の原因）

disturbare / ディストゥルバーレ /（[英] disturb）[他] 迷惑をかける；妨げる，かき乱す，邪魔をする ◆**-arsi** 気遣う，骨を折る ¶ Non si *disturbi*! お気遣いなく［お構いなく］

disturbo [男] 迷惑；邪魔；（体調や具合の）悪いこと，疾患

disubbidire《a》⑥ / ディズッビディーレ /（[英] disobey）[自] 逆らう，背く，反抗する

disubbidienza [女] 不服従，反抗；違反

dito / ディート /（[英] finger, toe）[男][5] 指；指状の物；（尺度）指の幅 ¶ due *dita* di whisky ウィ

スキーのダブル **contare sulla punta delle dita** (指で数えられるほど) 極めて少ない **leccarsi le dita** (指をなめるほど) 味を堪能する **non alzare[muovere] un dito** 指一本動かそうとしない(何の手助けもしない)

ditta /ディッタ/(英 firm)女 (商号や社名)～商事; 会社; 劇団

dittatore /ディッタトーレ/(英 dictator)男[2] 独裁者; 重鎮, 大御所 ¶ ― in famiglia 亭主関白

diva /ディーヴァ/(英 star)女 (トップクラスの)女優, 歌手, スター ¶ ― dello schermo 銀幕の女王

divano /ディヴァーノ/(英 divan)男 ソファー ¶ ―letto ソファーベッド

divario /ディヴァーリオ/(英 discrepancy)男 相違; ギャップ

divenire ㉟/ディヴェニーレ/(英 become)自[es, divenuto] (名詞や形容詞と)～になる

diventare /ディヴェンターレ/(英 become)自[es] (名詞や形容詞と)～になる ¶ ― matto 平常心を失う; 躍起になる; 周りが見えなくなる

diverso /ディヴェルソ/(英 diverse)形 違う, 異なる; 様々な, 多くの

divertire /ディヴェルティーレ/(英 amuse)他 楽しませる ◆-irsi 楽しむ

divertimento 男 娯楽, 遊び, 気晴らし **divertente** 形 楽しい, 愉快な

dividere /ディヴィーデレ/(英 divide)他[diviso] 分ける; 分かつ; (数学÷)割る; (仲などを)裂く **divisione** 女 分配; 分割, 分離; 割算; (軍隊)師団; «スポ»リーグ

divieto /ディヴィエート/(英 prohibition)男 禁止 ¶ ― di sosta 駐車禁止

divino /ディヴィーノ/(英 divine)形 神の; 実に素晴らしい **divinità** 女 神, 神性

divisa /ディヴィーザ/(英 uniform)女 制服, ユニフォーム

divo /ディーヴォ/(英 star)男 (芸能・スポーツ界の)スター

divorare /ディヴォラーレ/(英 devour)他 むさぼるように食べる; むさぼり読む; (財産を)食い尽くす; (火事が)焼き尽くす ◆-arsi 憔悴する; さいなまれる

divorziare 《da》/ディヴォルツィアーレ/(英 divorce)自 離婚する; 手を切る ◆-arsi 《da》離婚する **divorzio** /ディヴォルツィオ/男 離婚, 離縁

divulgare /ディヴルガーレ/(英 spread)他 広める; 流す

dizionario /ディツィオナーリオ/(英 dictionary)男 辞書

doccia /ドッチャ/(英 shower)女 シャワー(室); (屋根の)樋(とい) ¶ fare la ― シャワーを浴びる **doccia fredda** 興ざめ(するような知らせや出来事)

docile /ドーチレ/(英 docile)形 素直な, 従順な; すぐに馴染む; 細工しやすい; (頭の回転が)速い

documento /ドクメント/(英 document)男 書類; 資料; 証明書 **documentario** /ドクメンターリオ/男 記録映画, ドキュメンタリー

dodici /ドーディチ/(英 twelve)男 形 12(の)

dogana /ドガーナ/(英 customs)女 税関 **doganiere** 男[1] 税関の職員

dolce /ドルチェ/(英 sweet)形 (風味が)甘い, 口当りの良い; (性質が)柔和な; (素材が)柔かい; (傾斜などが)緩やかな ¶ un *dolce* ricordo 懐かしい想い出 / *dolce* vita 甘い生活(何の

dolce / ドルチェ / 心配もない勝手気ままで優雅な生活 / il *dolce* far niente 無精；安閑 —男 甘い物(ケーキ菓子類) **dolcezza** 女 喜び；美味；優しさ；愛しい人 **dolciastro** 形 (甘さや甘えが)しつこい，くどい **dolciume** 男 (甘い)菓子類
dolere ⑮ / ドレーレ / (英 ache) 自[es] 痛む ¶ Mi duole la testa. 頭が痛い ◆**-ersi** 残念[気の毒]に思う
dollaro / ドッラロ / (英 dollar) 男 (通貨)ドル ¶ — americano 米ドル
dolore / ドローレ / (英 pain) 男 痛み，苦しみ **doloroso** 形 痛い；辛い，悲しい
domanda / ドマンダ / (英 question) 女 質問；要求，申請 **domandare** 他 (質問として)聞く；(許可などを)求める ◆**-arsi** (なぜなんだろう，大丈夫だろうか)と自問する
domani / ドマーニ / (英 tomorrow) 副男 あした，明日；将来 ¶ pensare al — 先のことを考える **domani l'altro[l'altro domani]** 明後日(あさって) **oggi o domani** いずれ，遅かれ早かれ
domattina 副 明朝，あすの朝(= domani mattina)
domare / ドマーレ / (英 tame) 他 飼い馴らす；調教[訓練]する；鎮める(鎮圧，鎮火，鎮静など)
domenica / ドメーニカ / (英 Sunday) 女 日曜日 **domenicale** 形 日曜の；お休み(気分)の
domestico / ドメスティコ / (英 domestic) 形 家の，家庭の；私的な；飼い馴らされた；国内の —男[1] 使用人
domicilio / ドミチーリオ / (英 domicile) 男 住所；住居 ¶ consegna[servizio] a — 宅配
dominare / ドミナーレ / (英 dominate) 他 (眺望)見下ろす，見晴らす；(感情を)抑える —自 (su) 支配する；優位に立つ；圧倒する ◆**-arsi** 自制する；堪える **dominio** / ドミーニオ / 男 支配[力]，統治[権]；抑制 —**di sé** 自制心

don / ドン / (英 Father) 男 (聖職者への敬称)〜神父[師]；(主にスペイン人への敬称)〜殿[様]

donare / ドナーレ / (英 give) 他 贈る，贈呈する；(臓器や血液を)提供する —自 (服などが)よく似合う **donatore** 男[2] (臓器の)提供者，ドナー
dondolare / ドンドラーレ / (英 swing) 他 揺り動かす；揺する ◆**-arsi** 揺れる；ぐずぐずする，ぶらつく
donna / ドンナ / (英 woman) 女 女性，婦人；妻；恋人；家政婦，お手伝い
dono / ドーノ / (英 gift) 男 贈物，プレゼント；賜物，恵み；才能，素質 ¶ dare[ricevere] in dono プレゼントする[してもらう]
dopo / ドーポ / (英 after) 副 前 【人称代名詞にはdiを添えて: dopo di me】 後で[に] **dopoché** 接 〜したあとで，〜してから
dopodomani 副 明後日(あさって) **dopoguerra** 男[0] 戦後 **dopotutto** 副 結局，つまり
doppio / ドッピオ / (英 double) 形 倍の；二重の 両方の 男 倍(の数量)；(スポーツ)ダブルス **vederci doppio** 二重に(ぼけて)見える； 酒に酔っている
doppione 男 重複[ダブった]品；副本；複製；一人二役 **doppiaggio** 男 (映画の)吹き替え **doppiatore** 男[2] 声優
dorato / ドラート / (英 gilt) 形 金めっきの；金箔をはった；金色の

dormire /ドルミーレ/(英 sleep) 自 眠る；（やることが）遅い **dormire tra due guanciali** 安心する，心配することは何もない（高枕で寝る）**dormire in piedi** とても眠い（立ったまま眠る）

dormiglione 男[1] 寝坊助（ねぼすけ）；怠け者，無精者

dorso /ドルソ/(英 back) 男 背中；背面；背泳ぎ ¶ — della mano 手の甲 **dorsale** 形 背[中]の ― 男（ベッドや椅子の）背，背もたれ

dose /ドーゼ/(英 dose) 女 （一定の）分量；服用量 ¶ overdose 薬の飲みすぎ

dosso /ドッソ/(英 brow of a hill) 男 坂の頂上

dotare (di) /ドターレ/(英 equip) 他 (~ qc/qs di qs)〈人・場所〉に〈物〉を備える[供給する；授ける] ¶ — la città di spazi verdi 町に緑の空間を作る

dote /ドーテ/(英 marriage settlement) 女 （花嫁の）持参金，花嫁道具；素質，天分

dottore /ドットーレ/(英 doctor) 男 学士（大学を卒業した称号）；医者 **dotto** 形 学識のある，博学な

dove /ドーヴェ/(英 where) 副 〔疑問詞〕どこに[で]；〔関係詞〕~であるところの（場所） ¶ Di dove sei? - Sono di Genova. 君の出身は？ージェノヴァです / Da dove viene Lei? - Vengo da Tokyo. どちらからお越しになられましたかー東京から参りました / la città dove sono nato/a わたしが生まれた町 / Ecco dove ci siamo incontrati! ほら，ここが私たちの出会った場所よ ― 男 場所 ¶ Non so né il — né il quando. 場所も時間もわからない **dovunque** /ドヴンクェ/ 副 どこにでも ― 接 どこへ～しても

dovere ⑯ /ドヴェーレ/(英 must) 他 〔不定詞と〕～しないといけない[だめ]；～にちがいない[のはず]；（否定で）～してはいけない ¶ Devo assolutamente arrivare in tempo. 絶対に遅れちゃだめなんだ / Devo dormire otto ore al giorno. 日に8時間は寝ないとね / Devo partire subito. これから出かけるところでね / Non lo devi dire a nessuno. （このことは）誰にも言っちゃだめだよ 〔単独で〕（金や恩で）借りがある；（原因が）～による / Quanto le devo? いくらお支払いすればよろしいですか / Ti devo diecimila. 君に1万借りている / Devo a lui se sono ancora vivo. 僕がこうして生きていられるのも彼のおかげです / Il danno è dovuto al maltempo. 被害は悪天候によるものです ― 男 義務；務め

dozzina /ドッズィーナ/(英 dozen) 女 ダース；約12 ¶ una — di uova 卵12個 / una — di volte 十数回

drago /ドラーゴ/(英 dragon) 男 龍 **draga** 女 浚渫（しゅんせつ）機

dramma /ドランマ/(英 drama) 男[3] 劇，戯曲；演劇，芝居；悲しい出来事

drammatico /ドランマーティコ/ 形 劇的な；ドラマチックな；悲惨な

drastico /ドラスティコ/(英 drastic) 形 断固たる，徹底的な，思い切った **-mente** 副 断固として，徹底的に，思い切って

drizzare /ドリッツァーレ/(英 straighten) 他 まっすぐにする；立てる ¶ — le orecchie 聞き耳を立てる

dritto → diritto

droga /ドローガ/(英 spice) 女 香辛料，スパイス；麻薬 **drogare** 他 麻薬を飲ませる

[打つ] **drogato** 形 麻薬中毒の ― 男[1] 麻薬中毒患者
dubbio/ドゥッビオ/(英 doubt) 男 不確かさ；疑い；疑問[点] **senza dubbio** 間違いなく，確かに **dubitare** 自 疑う；怪しむ；心配する
due/ドゥーエ/(英 two) 男 形 2（の）
duello/ドゥエッロ/(英 duel) 男 決闘，闘争，対戦
duna/ドゥーナ/(英 dune) 女 砂丘
dunque/ドゥンクェ/(英 so) 接 では；さて；それで
duomo/ドゥオーモ/(英 cathedral) 男 大聖堂；(町の中心の)教会
durante/ドゥランテ/(英 during) 前 ～の間，～中
durare/ドゥラーレ/(英 last) 自[es/av] (継続)続く；(耐久)持つ **durata** 女 継続[持続]時間，期間；耐久性，持ち
duro/ドゥーロ/(英 hard) 形 硬[堅，固]い；頑固な；過酷な，厳格な ¶ pietre *dure* 宝石 / osso *duro* 手ごわい相手；難物 / *duro* d'orecchi 耳が遠い；(都合の悪いことは)聞こえないふりをする **durezza** 女 硬さ，硬度；過酷，厳格

E, e

e¹/エ/女(男) 5番目の字母：《符丁》*E* come Empoli エンポリの E
e²/エ/(英 and) 接 〔母音，特に e の前では ed〕そして，～と；～だが
ebbene/エッベーネ/(英 well) 接 (相手の意向を了解したうえで)それでは；ところで
ebbrezza/エッブレッツァ/(英 intoxication) 女 酔い，陶酔
ebollizione/エボリッツィオーネ/(英 boiling) 女 沸騰；興奮
ebreo/エブレーオ/(英 Jewish) 形 男[1] ユダヤ[ヘブライ]の（人） **l'Ebreo errante** さまよえるユダヤ人 **ebraico**/エブライコ/形 ヘブライの；ヘブライ的な ― 男 ヘブライ語
ecce homo/エッチェオーモ/（英 ecce homo) 男 イバラの冠をかぶせられたキリストの図像（ラテン語で「この人を見よ(神の子ではない)」）
eccellente/エッチェッレンテ/（英 excellent) 形 卓越した；極上の；すばらしい
eccellenza 女 優秀，卓越；閣下，猊下
eccentrico/エッチェントリコ/（英 eccentric) 形 エキセントリックな，(性格や行動が)風変わりな；偏心の(軌道や二つの円の中心が一つではない)
eccesso/エッチェッソ/（英 excess) 男 過度，過剰；(制限を)超過，オーバー **all'eccesso** 極度[極端]に
eccessivo 形 行き過ぎた，度を越した；極端な
eccetera/エッチェーテラ/（英 et cetera) 副 など，等々
eccezione/エッチェツィオーネ/（英 exception) 女 例外；異例，特例 **eccezionale** 形 例外的な；異例の，特殊な
eccitare/エッチターレ/（英 excite) 他 (感情を)かきたてる；刺激する ◆**-arsi** 興奮する **eccitante** 形 刺激的な；興奮させる ― 男 刺激物，興奮剤；覚醒剤
ecclesiastico/エックレズィアスティコ/（英 ecclesiastic(al)) 形 教会の；聖職者の ― 男 聖職者，神父
ecco/エッコ/（英 here) 副 代用の小詞(mi, ci, lo, la...)は語尾に結合 ほら(～だよ)；そうそう，そうだ ¶ *Ecco* il resto. はい，おつりです / *Ecco* il mare. ほら，海だ[が見えるよ] / *Eccoci* a Roma! さあ，ローマだ[に着

いたよ] / Dove sei? - *Eccomi qua*. どこ？ーここだよ[ここにいるよ]

eccome /エッコーメ/ (英 yes, indeed) 副 はい, もちろん；嘘じゃないよ

eclissi /エクリッスィ/ (英 eclipse) 女[0] (太陽や月の)食 ¶ — solare(lunare) 日[月]食 (= eclisse)

eco /エーコ/ (英 echo) 女[gli echi] こだま；エコー；反響

ecologia /エコロジーア/ (英 ecology) 女 生態学, エコロジー；自然環境保護

ecologico /エコロージコ/ 形 自然環境の；環境保護の, 環境にやさしい

economia /エコノミーア/ (英 economy) 女 経済；節約, 倹約 ¶ — della famiglia 家計(のやりくり) / fare — 節約[始末]する **economico** /エコノーミコ/ 形 経済の；経済的な, 安上がりの **economista** 男女[3] 経済学者, エコノミスト **economizzare** 他 節約[倹約]する — 自 節約する ¶ — sulle spese per *qs* ⟨物⟩への出費をセーブする

edera /エーデラ/ (英 ivy) 女 蔦(ツタ)

edicola /エディーコラ/ (英 kiosk) 女 (街頭や駅の)売店；キオスク

edicolante (= edicolista) 男女 店員, 店主

edificio /エディフィーチョ/ (英 building) 男 建物, ビル

edile /エディーレ/ (英 building) 形 建築に関する ¶ assistente — 現場監督 — 男女 建設[土木]作業員 **edilizia** /エディリーツィア/ 女 建築[土木]；建築[土木]技術

edizione /エディツィオーネ/ (英 edition) 女 (印刷物の)版；出版；(定期的な催し物の)開催；(映画や翻訳の)〜版(バージョン) ¶ — tascabile 文庫版；*la trentesima* — *della Mostra del Cinema di Venezia* 第30回ヴェネツィア映画祭；*l'*— *inglese[giapponese]* 英語[日本語]版 **editore** 男[2] 出版社；発行人 ¶ casa *editrice* 出版社

educare /エドゥカーレ/ (英 educate) 他 教育する；育てる, しつける **educazione** 女 教育；しつけ

effetto /エッフェット/ (英 effect) 男 結果；効果, 効き目；印象, 衝撃 in effetti 現に, そのとおり **effettivo** 形 実際の, 現実の **effettuare** 他 実行[実施]する, 実現する ◆-arsi 実行[実現]される, 行われる

efficace /エッフィカーチェ/ (英 effective) 形 効果的な；確実な **efficacia** /エッフィカーチャ/ 女 効果, 効力

efficienza /エッフィチェンツァ/ (英 efficiency) 女 能率, 効率 in piena — (能力や性能を)最大限[フル]に発揮して

efficiente 形 能率的な；有能な

egiziano /エジツィアーノ/ (英 egiziano) 形 エジプトの — 男[1] エジプト人 **Egitto** 男 エジプト(首都：il Cairo)

egli /エッリ/ (英 he) 代 彼 (口語 → lui)

egoismo /エゴイズモ/ (英 egoism) 男 利己主義；身勝手 **egoista** 男女[3] エゴイスト；自分勝手な人

eguale → uguale

elastico /エラスティコ/ (英 elastic) 形 柔軟な, 弾力性のある；融通のきく 男 ゴム, ゴムひも **elasticità** 女 弾力[伸縮]性；柔軟性, 融通性

elefante /エレファンテ/ (英 elephant) 男 象(ゾウ) ¶ — marino 海豹(アザラシ)

elegante /エレガンテ/ (英

elegant) 形 趣味のいい，上品な；しゃれた **eleganza** 女 趣味のよさ，上品，優雅

eleggere /エレッジェレ/(英 elect) 他[eletto] 選挙[選出]する (→ elezione)

elemento /エレメント/(英 element) 男 要素，成分；人物 **elementare** 形 基礎の，初歩的な ¶ scuola — 小学校

elemosina /エレモーズィナ/(英 alms) 女 施し(物) ¶ fare l'— a qc 〈人〉に施す

elenco /エレンコ/(英 list) 男 一覧表，リスト，名簿 ¶ — telefonico 電話帳 **elencare** 他 リストアップする

elettore /エレットーレ/(英 elector) 男 [2] 選挙人，有権者

elettorale 形 選挙[人]の

eletto 形 選ばれた，選出された (→ eleggere)

elettrico /エレットリコ/(英 electric) 形 電気の；電動式の ¶ stufa *elettrica* 電気ストーブ / centrale *elettrica* 発電所

elettricità 女 電気；ピリピリした[険悪な]ムード

elettricista 男女 電気技師，配線工

elettro- /エレットロ/ 接頭 電気の
-calamita 女 電磁石
-cardiogramma 男 [3] 心電図
-domestico /ドメスティコ/ 男 家電
-shock 男 電気ショック
-tecnica /テクニカ/ 女 電気工学

elettronico /エレットローニコ/(英 electronic) 形 電子の

elettronica 女 電子工学

elettrone 男 電子

elevare /エレヴァーレ/(英 raise) 他 高くする；(持ち)上げる **elevatore** 男 小型の昇降機[リフト]

elezione /エレツィオーネ/(英 election) 女 選挙；選出 ¶ — del sindaco 市長選 (→eleggere)

elica /エーリカ/(英 helix) 女 スクリュー；プロペラ

elicottero /エリコッテロ/ 男 ヘリコプター

eliminare /エリミナーレ/(英 eliminate) 他 除去[削除]する；一掃する；抹殺する

eliminazione 女 除去，排除，一掃；(予選で)敗退

eliminatoria /エリミナトーリア/ 女 予選 ¶ superare le *eliminatorie* 予選を勝ち抜く

elmo /エルモ/(英 helmet) 男 兜(かぶと) **elmetto** 男 ヘルメット

elogio /エロージョ/(英 praise) 男 賛сот ¶ — funebre 追悼の辞[弔辞]

eloquente /エロクエンテ/(英 eloquent) 形 雄弁な；説得力のある；表情豊かな

eloquenza 女 雄弁；表現[説得]力

eludere /エルーデレ/(英 elude) 他 [eluso] (巧妙に)逃れる[避ける]；ごまかす **elusivo** 形 言い逃れの，いいかげんな

emanare /エマナーレ/(英 exhale) 自 [es] 発散する；流れ出る；端を発する，由来する — 他 発する，放つ；発布する

emancipazione /エマンチパツィオーネ/(英 emancipation) 女 解放 ¶ — della donna 女性解放

emarginato /エマルジナート/ (英 marginalized) 形 疎外された，除け者にされた

emblema /エンブレーマ/(英 emblem) 男 [3] 紋章(ラテン語の銘などをあしらった図柄)；象徴，シンボル

embrione /エンブリオーネ/(英 embryo) 男 (妊娠初期の)胎児；胚；芽生え，萌芽(ほうが)

emergenza /エメルジェンツァ/ (英 emergency) 女 緊急[非常]事態 ¶ uscita d'— 非常口 / in caso di — 非常時(まさかのとき)には

emergere /エメルジェレ/(英

emettere ▶

surface) 自[es, emerso] (水面に)現れる; 頭角を現わす, 抜きんでる

emettere /エメッテレ/ (英 emit) 他[emesso] (光・熱・音などを)出す, 放つ, 発する

emigrare /エミグラーレ/ (英 emigrate) 自[es/av] (故国や故郷から)移住する; (大装袋に)引っ越す **emigrazione** 女 移住; (集合的に)移民 ¶ — stagionale (季節労働者の)出稼ぎ **emigrante** 男女 移民; 亡命者 (→immigrare)

emiliano /エミリアーノ/ 形 男 [1] エミーリア地方の(人) **Emilia** 女 エミーリア地方 (Emilia-Romagna州の一部)

emisfero /エミスフェーロ/ (英 hemisphere) 男 半球 ¶ — boreale[australe] 北[南]半球

emorragia /エモラジーア/ (英 hemorrhage) 女 出血

emozionare /エモツィオナーレ/ (英 excite) 他 胸をどきどき[はらはら]させる; 感動[興奮]させる ◆-arsi あがる[冷静さを失う] **emozionante** 形 感動的な; エキサイティングな **emozione** 女 気持の高ぶり, 感動, 興奮 **emotivo** 形 感じやすい; 興奮しやすい

enciclopedia /エンチクロペディーア/ (英 encyclopedia) 女 百科事典[全書]

endovenoso /エンドヴェノーソ/ (英 intravenous) 形 静脈内の ¶ iniezione endovenosa 静脈注射 (= endovena)

energia /エネルジーア/ (英 energy) 女 力, エネルギー; 体力, 活力; 強い意志 ¶ — elettrica[atomica] 電[原子]力 consumare tutte le proprie energie 〈自分の〉全力を尽くす **energico** /エネルジコ/ 形 精力的な, 熱意のある; 力強い, 断固たる; 強い効果がある

energetico /エネルジェーティコ/ 形 エネルギーの; (薬や食物などが)力をつける ¶ alimento — 栄養食 —男 栄養剤; 強壮剤

enigma /エニグマ/ (英 enigma) 男 [3] 謎[謎々]; 不可解なこと(人物) ¶ risolvere un — 謎をかける **enigmatico** /エニグマーティコ/ 形 謎めいた; 不可解な; 曖昧な

enigmistica /エニグミスティカ/ 女 謎をかけたり解くこつ; 謎解き

ennesimo /エンネーズィモ/ (英 nth) 形 (数学) n次[乗]の; 再三再四の ¶ Te lo ripeto per l'ennesima volta 何回言ったらわかるの[同じことを何度も言わせないで] **all'ennesima potenza** 最大限に

enorme /エノルメ/ (英 huge) 形 巨大な, ばかでかい; ものすごい, とてつもない

ente /エンテ/ (英 corporation) 男 法人; 公共団体 ¶ ente autonomo 独立法人 / ente religioso 宗教法人 / ENIT (Ente Nazionale Italiano per il Turismo) イタリア政府観光局

entrambi /エントランビ/ (英 both) 代 形 (女-e) 二つ[二人]とも, 両方(の)

entrare /エントラーレ/ (英 enter) 自[es] 入る; 入社[入学]する **entrarci** 関係がある — nel vivo 最も重要な段階に入る[最大の山場を迎える] **entrata** 女 入口, 玄関; 入場(料); 介入; 収入 ¶ — libera 入場無料 / Hai pagato l'—? 入場料は払った? (→uscire)

entro /エントロ/ (英 within) 前 ~以内に; ~中に ¶ — un mese[domani] 一ヶ月以内に[明日中に]

entusiasmare /エントゥズィアズマーレ/ (英 arouse

enthusiasm) 他 熱狂[感激]させる ◆ **-arsi** (di) 夢中になる, 熱中する **entusiasmo** 男 熱狂, 熱中, 夢中 **entusiasta** 形[3] 熱狂的な, 熱烈な ― 男女[3] (何かに)熱中している人, 〜狂

epico /エーピコ/ (英 epic) 形 (叙事詩に謳われるほど)英雄的な; 勇壮な

epidemia /エピデミーア/ (英 epidemic) 女 (病気や悪いことの)流行, 蔓延; 伝染病, 疫病

epifania /エピファニーア/ (英 Epiphany) 女(E-) 1月6日の公現祭(→ Befana)

epilogo /エピーロゴ/ (英 epilogue) 男 結末, 終章, エピローグ

episodio /エピゾーディオ/ (英 episode) 男 エピソード; (印象的な)一場面, 短い話

epoca /エーポカ/ (英 epoch) 女 時代, 時期; 当時 ¶ all'― dell'incidente 事故当時[が起きた頃]

eppure /エップーレ/ (英 and yet) 接 それでも, なんと言われても

equatore /エクァトーレ/ (英 equator) 男 赤道

equestre /エクエストレ/ (英 equestrian) 形 乗馬[騎馬]の ¶ battaglia ― 騎馬戦 / statua ― 騎馬像 / circo ― サーカス

equitazione 女 馬術, 乗馬

equilibrio /エクィリーブリオ/ (英 balance) 男 釣り合い, バランス, 均衡; 良識, 冷静さ; 調和 ¶ asse d'― 平均台

equinozio /エクィノーツィオ/ (英 equinox) 男 昼夜平分時 ¶ ― di primavera[d'autunno] 春分[秋分] → solstizio

equipaggio /エクィパッジョ/ (英 crew) 男 乗組員, クルー

equivalente /エクィヴァレンテ/ (英 equivalent) 形 等価値の, 同等の ― 男 同等の者[物]; 相当する語句[表現]

equivoco /エクィーヴォコ/ (英 equivocal) 形 あいまいな; いかがわしい ― 男 誤解; (意味の)取違え

era /エーラ/ (英 era) 女 時代; 紀元 ¶ ― cristiana 西暦紀元 / ― glaciale 氷河期

erba /エルバ/ (英 grass) 女 草; 芝生 **erbaccia** /エルバッチャ/ 女 雑草 **erbivendolo** /エルビヴェンドロ/ 男[1] 八百屋

erbivoro /エルビーヴォロ/ 形 草食(性)の **erborista** 男女[3] 薬草を採集する[売る]人

erboso 形 草が生い茂った

erede /エレーデ/ (英 heir) 男女 相続人; 継承者, 後継者

eredità 女 遺産 **ereditare** 他 (遺産として)相続する

ereditario /エレディターリオ/ 形 相続の; 遺伝性の ¶ principe ― 皇太子

eremita /エレミータ/ 男[3] 隠者 ¶ vita da ― 隠遁生活

eresia /エレズィーア/ (英 heresy) 女 異端, 非常識

eretico /エレーティコ/ 形 異端の; 非常識な ― 男[1] 異端者

ergastolano /エルガストラーノ/ (英 lifer) 男[1] 終身刑受刑者 **ergastolo** /エルガストロ/ 男 終身刑

ermellino /エルメッリーノ/ (英 ermine) 男 (動物)アーミン(の毛皮)

ermetico /エルメーティコ/ (英 hermetic) 形 密封[密閉]された; 難解な

ernia /エルニア/ (英 hernia) 女 ヘルニア

eroe /エローエ/ (英 hero) 男 英雄; 主人公; ヒーロー **eroico** /エロイコ/ 形 英雄の; 果敢な; 果断な **eroina** 女 女性の英雄; 女主人公; ヒロイン; (薬物)ヘロイン, モルヒネ

errare /エッラーレ/ (英

errore wander) 自 放浪[流浪]する, さまよう; 間違う **errante** 形 流浪の, さまよう; 落着きのない

errore/エッローレ/(英 error, mistake) 男 誤り, 間違い, ミス ¶ **per errore** 間違って; うっかり **errato** 形 間違った

eruzione/エルツィオーネ/(英 eruption) 女 (火山の)噴火, (溶岩の)噴出; (皮膚の)発疹

esagerare/エザジェラーレ/(英 exaggerate) 他 誇張する — 自 言い過ぎる; 度が過ぎる **esagerazione** 女 過度, 極端 **esagerato** 形 大げさな; オーバーな; 法外な

esagono/エザーゴノ/(英 hexagon) 男 六角形

esalare/エザラーレ/(英 exhale) 他 発散する; 吐き出す — **l'ultimo respiro** 息を引き取る — 自[es] (da) ~から出る **esalazione** 女 発散(物); 蒸気, ガス

esaltare/エザルターレ/(英 exalt) 他 ほめたたえる; 際立たせる; 興奮[熱狂]させる **esaltazione** 女 興奮, 熱狂; 賛美

esame/エザーメ/(英 examination) 男 試験, テスト; 点検, 検査 ¶ **dare[fare] l'esame di matematica** 数学の試験を受ける[する] / — **del sangue** 血液検査 / — **di conoscenza** 反省, 自省 **esaminare** 他 検討する; 検査[点検]する; 試問する

esasperare/エザスペラーレ/(英 exasperate) 他 憤慨[激怒]させる; 激化させる, かき立てる **esasperante** 形 我慢できない, しゃくにさわる **esasperazione** 女 憤慨, 激怒; 悪化

esatto/エザット/(英 exact) 形 正確な; 的確な; 几帳面な, 時間[期限]を厳守する

esattezza 女 正確さ; 厳密さ

esaurire ⑥/エザウリーレ/(英 exhaust) 他 使い果たす; 衰弱[消耗]させる; 徹底究明する **esaurito** 形 売切れ[品切れ]の; 疲れ果てた

esca/エスカ/(英 bait) 女 餌(え さ), 擬餌; 甘言

esclamare/エスクラマーレ/(英 exclaim) 自 大声を出す **esclamazione** 女 (感嘆や驚異の)声; 叫び **esclamativo** 形 感嘆の ¶ **punto —** 感嘆符(!)

escludere/エスクルーデレ/(英 exclude) 他[escluso] 除外する; 排除する; まったく受けつけない **esclusivo** 形 独占的な; 排他的な; 特権者専用の **-mente** 副 もっぱら

escoriazione/エスコリアツィオーネ/(英 excoriation) 女 すり傷, 擦過傷

escursione/エスクルスィオーネ/(英 excursion) 女 ハイキング, 山歩き; フィールドワーク

eseguire/エゼグイーレ/(英 execute) 他 実行する; 演奏する, 演じる **esecuzione** 女 実行; 演奏, 演技; 処刑

esempio/エゼンピオ/(英 example) 男 例, 実例; 模範, 手本 **dare l'esempio** 手本を示す **per[ad] esempio** 例えば **esemplare** 形 模範的な — 男 (動植物の)標本

esercitare/エゼルチターレ/(英 exercise) 他 鍛える, 訓練する; (職業に)従事する **esercitazione** 女 練習, 訓練 **esercito**/エゼルチト/男 軍隊; 大群

esercizio/エゼルチーツィオ/(英 exercise) 男 (体の)運動; 練習, 訓練; 練習問題, 問題集

esibizionismo/エズィビツィオニズモ/(英 exhibitionism) 男 露出症 **esibizionista** 男女 [3] 露出狂; 露出症患者

esigere/エズィージェレ/(英 demand) 他[esatto] 強く求める, 要求する **esigente** 形 要求[注文]の多い, ロうるさい[やかましい] **esigenza** 女 要求, 注文; 必需品

esile/エーズィレ/(英 thin) 形 きゃしゃな, やせ細った, 細身の

esilio/エズィーリオ/(英 exile) 男 国外追放; 亡命; 亡命先, 流刑地

esistere/エズィステレ/(英 exist) 自[es, esistito] 存在する, ある; 生きる, 生存する

esistenza 女 存在, 実在; 生活

esitare/エズィターレ/(英 hesitate) 自 ためらう, 躊躇(ちゅうちょ)する, 迷う ¶ senza — ためらうことなく

esitazione 女 ためらい, 躊躇 ¶ con — 躊躇しながら, ためらいがちに

esito/エーズィト/(英 result) 男 結果; 成果

esofago/エゾーファゴ/(英 esophagus) 男[-gi] 食道

esortare/エゾルターレ/ 他 勧める; 言い聞かせる

esortazione 女 奨励, 説得

esotico/エゾーティコ/ 形 異国の, エキゾチックな

esotismo 男 異国情緒[趣味]

espandere/エスパンデレ/(英 extend, spread) 他[espanso] 拡大[拡張]する; 発散する, 放つ ◆-ersi 広がる; 伸びる, 発展する; 膨張する

espansione 女 拡大; 発展; 膨張 **espansivo** 形 外向的な; 膨張性の

espediente/エスペディエンテ/ (英 expedient) 男 やりくり; 窮余[苦肉]の策 **vivere di espedienti** その日暮らしをする

espellere/エスペッレレ/(英 expel) 他 追い出す, 追放する

esperienza/エスペリエンツァ/ (英 experience) 女 経験, 体験

esperimento/エスペリメント/ (英 experiment) 男 実験, 試験

esperto/エスペルト/(英 expert) 形 専門的知識[技術]を有する, (その道に)詳しい — 男 [1]専門家, エキスパート

esplicito/エスプリーチト/(英 explicit) 形 明白な, 明瞭な

esplodere/エスプローデレ/ (英 explode) 自[es, esploso] 爆発する 他 (弾丸を)発射する **esplosione** 女 爆発 **esplosivo** 形 爆発性の; 爆発的な, 衝撃的な — 男 爆発物, 爆薬

esporre㉒/エスポッレ/(英 expose) 他 [esposto] 展示する, 掲示する; (空気や光に)さらす, 当てる; (考えなどを)明かす; 言及する, 述べる ◆-orsi 身を危うくする; (危険などを)招く **esposizione** 女 展覧[展示]会, 博覧会; (家などの)向き; 説明, 解説; (写真の)露出時間

esportare/エスポルターレ/(英 export) 他 輸出する **esportazione** 女 輸出

espresso/エスプレッソ/(英 express) 男 速達(便), 速達用切手; 急行(列車); エスプレッソ・コーヒー

esprimere/エスプリーメレ/ (英 express) 他[espresso] 表現する ◆-ersi (自分の考えや気持を)言い表わす **espressione** 女 表現; 表情; (意志や感情の)表われ

espulsione/エスプルスィオーネ/(英 expulsion) 女 (処分としての)退場, 追放, 除名; 排出

essenza/エッセンツァ/(英 essence) 女 本質, 核心; エキス, 香水 **essenziale** 形 肝心な; 必要不可欠な — 男 最重要点, 肝心要(かなめ)

essere①/エッセレ/(英 be) 自[es, stato] 存在する; ～に

いる[ある]; 生じる (di) ～[の出身, 所有, 素材]である ¶ Dio è. 神は存在する / Siamo alla stazione. 私たちは駅にいる / Che ne sarà di lui? 彼はどうしているのかな / È di Napoli. ナポリの出身です / È di mio padre. それは私の父のです / È di seta. それは絹製です ― 男 存在; 状態; 人物, やつ ¶ gli esseri viventi[umani] 生物[人類]/È un povero essere. かわいそうなやつだ **esserci[-vi]** 自 ～がある

esso/エッソ/(英 it; he) 代 それ; 彼 **essa** 代 それ; 彼女

est/エスト/(英 east) 男形 東(の)

estate/エスターテ/(英 summer) 女 夏 **estivo** 形 夏(用)の; 夏期(季)の

estendere/エステンデレ/(英 extend) 他[esteso] 広げる, 拡張[拡大]する ◆-ersi 広がる, 広まる; 伸びる

estensione 女 拡張, 拡大; 広がり **esteso** 形 広い

estenuare/エステヌアーレ/(英 wear out) 他 くたびれさせる ◆-arsi くたびれる

esterno/エステルノ/(英 external) 形 外の, 外側の, 外部の ― 男 外側; 外部; 外観 **esteriore** 形 外側の, 外面の, 表面上の

estero/エステロ/(英 foreign) 形 外国の ― 男 外国 all'estero 外国に[で]

estinguere/エスティングェレ/(英 extinguish) 他[estinto] 消す; 鎮める; 絶滅させる ◆-ersi 消える; 絶える **estinto** 鎮火した; 絶滅した ― 男[1] 故人 **estintore** 男 消火器

estirpare/エスティルパーレ/(英 extirpate) 他 根絶する; 根から除去する

estuario/エストゥアーリオ/(英 estuary) 男 河口; (三角形の) 入り江 ¶ l'— del Tamigi テムズ河口

estraneo (a) /エストラーネオ/(英 extraneous) 形 ～とは関係のない; 部外の, よその

estrarre ㉛/エストラッレ/(英 extract) 他[estratto] 引き抜く; 採掘する; 抜粋する (ロトくじの数字)を引く **estratto** 男 エキス; 抜粋, 抄本; (ロトくじの)当たり数字 **estrazione** 女 抜き取ること; 採掘; 抽出

estremo/エストレーモ/(英 extreme) 形 一番端の, 限界の; 極度[極端]な ― 男 端; 極み, 極端 **estremità** 女 端, 先端

esultare/エズルターレ/(英 exult) 自 大喜びする, 狂喜する **esultante** 形 大喜びの, 狂喜した

età /エタ/(英 age) 女 年齢; 時期, 期; 時代 ¶ Abbiamo la stessa età. 私たちは同い年です / età critica 思春期; 更年期 / età della pietra 石器時代

eterno/エテルノ/(英 eternal) 形 永遠の, 不朽の; 長く続く; 長持ちする **eternità** 女 永遠, 無窮; 不滅; 長時間 ¶ per l'— 永遠[永久]に

etico/エーティコ/(英 ethical) 形 倫理(学)の, 道徳の **etica** 女 倫理学

etichetta/エティケッタ/(英 label, etiquette) 女 ラベル, シール; エチケット

etilene /エティレーネ/(英 ethylene) 男 エチレン

etimologia /エティモロジーア/ (英 etymology) 女 語源学 **etimologico** /エティモロージコ/ 形 語源(学)に関する

etnico/エトニコ/(英 ethnic) 形 民族の **etnologia** /エトノロジーア/女 民族学

etrusco /エトルスコ/(英 Etruscan) 形 男[1] エトルリアの(人) ― 男 エトルリア語

Etruria/エトルーリア/囡 エトルリア.

etto/エット/(英 hectogram)男 100グラム(単位) **ettaro**男/エッタロ/ヘクタール

eufemismo/エウフェミズモ/(英 euphemism)男 (修辞)婉曲語法〔morire「死ぬ」を和らげて andarsene「逝く」と表現〕

europeo/エウロペーオ/(英 European)形 ヨーロッパの ¶ Unione *Europea* 欧州連合 ― 男[1] ヨーロッパ人

Europa/エウローパ/囡 ヨーロッパ **euro**/エウロ/男[0] (欧州連合の統一通貨)ユーロ

eucalipto/エウカリプト/(英 eucalyptus)男 ユーカリ

eurovisione/エウロヴィズィオーネ/(英 Eurovision)囡 ユーロビジョン

evadere/エヴァーデレ/(英 escape)自[es, evaso] 逃げる ¶ ― dal carcere 脱獄する / ― al fisco 脱税する 他 逃れる ¶ ― il fisco 脱税する

evasione囡 脱走, 逃亡; 逃避, 回避 ¶ ― fiscale 脱税 **evasore**男 **evaditrice**囡 脱税者 **evasivo**形 言い逃れの, あいまいな, ごまかしの

evaporare/エヴァポラーレ/(英 evaporate)自[es] 蒸発する; (匂いや味が)なくなる ― 他 気化する, 蒸発させる

evento/エヴェント/(英 event)男 出来事; 事件 **eventuale**形 (場合によっては)起こりうる; 不測の varie ed *eventuali* その他(審議事項の最後) **-mente**副 場合によっては, もしものときに

evidente/エヴィデンテ/(英 evident)形 明らかな, 明白な, 自明の **evidenza**囡 明白な事実; 自明の理 mettere in *evidenza* 強調する, 目立たせる **evidenziare**他 明らかにする

evitare/エヴィターレ/(英 avoid)他 避ける; かわす

ex/エクス/(英 ex, former)形[0] 前の, 元の, 先の ¶ l'ex presidente 元[前]大統領 / l'ex moglie 先妻

exstra-/エクストラ/接頭 「外」「超」の意

extracomunitario/エクストラコムニターリオ/形 男[1] 欧州連合に加盟していない国の(人)

extraparlamentare形 男 囡 院外の(党員)

extraterrestre形 男 囡 地球外の(生物); ET

exstraterritoriale囡形 治外法権(の)

extra/エクストラ/(英 extra)形[0]〔名詞の後に置いて〕極上の; 臨時の; 計算外の ― 男[0] 計算外の出費, 追加料金; 臨時収入; 内職; 超過勤務; (映画の)エキストラ

F, f

f/エッフェ/囡(男) 6番目の字母: ≪符丁≫ F come Firenze フィレンツェのF

fa/ファ/(英 ago)副 (今から~)前に ¶ tanto tempo *fa* ずいぶん前に (→ fare)

fabbrica/ファッブリカ/(英 factory)囡 工場, 製作所 **fabbricare**他 作[造]る **fabbricazione**囡 製造, 製作

fabbro/ファッブロ/(英 smith)男 鍛冶屋; 創造主

faccenda/ファッチェンダ/(英 affair)囡 用事, 仕事; こと, 事柄 ¶ *faccende* domestiche 家事

facchino/ファッキーノ/(英 porter)男[1] ポーター, 赤帽; 人足, 運搬人

faccia/ファッチャ/(英 face)囡 顔; 面, 側面 **facciata**囡 正面; 頁

facile/ファーチレ/(英 easy)形

簡単な，やさしい;～しやすい，～かもしれない **facilità** [女] 容易，簡単;（楽にできる）才能，流暢

facilitare /ファチリターレ/（[英] facilitate）[他] 容易にする，便宜をはかる **facilitazione** [女] 便宜

facoltà /ファコルタ/（[英] faculty）[女] 能力; 効能; 学部 ¶ consiglio di — 教授会 **facoltativo** [形] 任意の，随時の，選択可能な

F

faggio /ファッジョ/（[英] beech）[男] ブナ

fagiano /ファジャーノ/（[英] pheasant）[男] 雉(キジ)

fagiolo /ファジョーロ/（[英] kidney bean）[男] インゲン豆 **fagiolino** [男] サヤインゲン

fagotto /ファゴット/（[英] bundle）[男] 大きな包み，梱包 **fare fagotto** 立ち去る

faidate /ファイダテ/（[英] do it yourself）[男][0] 日曜大工（=fai da te）

falce /ファルチェ/（[英] sickle）[女] 鎌 **falciare** [他] 鎌で刈る; 命を奪う **falciatrice** [女] 草[芝]刈り機

falco /ファルコ/（[英] hawk）[男] [-chi] 隼(ハヤブサ) **falcone** [男] 鷹(タカ)

falegname /ファレニャーメ/（[英] carpenter）[男] 大工，家具[建具]職人

fallire ⑥ /ファッリーレ/（[英] go bankrupt）[自][es] 破産[倒産]する; 失敗する **fallimento** [男] 破産; 失敗; 幻滅 **fallo** [男] 過失; 反則，ファウル

falso /ファルソ/（[英] false）[形] 嘘の，不誠実な; 偽の，見せかけだけの **falsità** [女] 嘘，偽り; 不誠実 **falsificare** [他] 偽造[変造]する

fame /ファーメ/（[英] hunger）[女]〔単のみ〕空腹; 食糧難，飢え ¶ avere fame お腹がすいている

famiglia /ファミッリァ/（[英] family）[女] 家族;（動植物の）科 ¶ — dei felini ネコ科 **familiare** [形] 家族の，家庭的な; うちとけた; 慣れ親しんだ — [男] 家族（の構成員）

famoso /ファモーゾ/（[英] famous）[形] 有名な **fama** [女] 名声; 評判

fanale /ファナーレ/（[英] light）[男] 標識灯，ライト

fanatico /ファナーティコ/（[英] fanatic）[形] 狂信的な; 熱狂的な — [男][1] 狂信者; 熱狂的愛好者，ファン

fanciullo /ファンチュッロ/（[英] little boy）[男]（小学生ぐらいの）子供，少年 **fanciulla** [女] 少女; 若い独身女性; 恋人

fango /ファンゴ/（[英] mud）[男] 泥; 不名誉; 恥辱 ¶ cadere nel — 堕落する; 落ちぶれる; **fangoso** [形] ぬかるんだ，泥だらけの

fannullone /ファンヌッローネ/（[英] idler）[男][1] 怠け者，無精者

fantasia /ファンタズィーア/（[英] fantasy）[女] 空想力; 幻想; 色模様，柄(がら) **fantascienza** [女] ＳＦ小説[映画]

fantasma /ファンターズマ/（[英] ghost）[男][3] 幽霊 ¶ credere ai fantasmi 幽霊を信じる — [形][0] 幽霊の ¶ scrittore — ゴーストライター / vascello — 幽霊船

fantastico /ファンタスティコ/（[英] fantastic）[形] 想像上の，架空の; 夢のような，すばらしい **fantasticare** [他] 夢見る [自] 想い描く

fante /ファンテ/（[英] infantryman）[男] 歩兵;（トランプの）ジャック **fanteria** /ファンテリーア/ [女] 歩兵隊 **fantino** [男][1] 騎手(ジョッキー)

fantoccio /ファントッチョ/（[英]

puppet)男[1] (等身大の)人形；でくの坊

farabutto/ファラブット/(英 rascal)男[1] 破廉恥漢；悪(わる)，ごろつき

faraona/ファラオーナ/(英 guinea-fowl)女 ホロホロ鳥

fare⑰/ファーレ/(英 do, make)他[fatto] する；作る；(数量)～になる；(不定詞と)～させる ¶ farsi 《不定詞》 da... (人に)～してもらう Non fa niente [nulla]. なんでもない [non] avere [nulla] a che fare con... ～と関係がある[無関係である] far fuori 始末する；使い尽くす Fa bene alla salute. 健康[からだ]のために良い ― 自 役立つ，機能する；(時間が)経過する；(非人称で天候を)～である ¶ Come fare a《不定詞》? どうして～できるのか ― 男 行為；態度 ◆farsi ～になる；(話などを)始める；(自分のために)する，作る

farfalla/ファルファッラ/(英 butterfly)女 蝶，蛾(が)；移り気な人；(水泳)バタフライ

farfallino 男 蝶ネクタイ

farfallone 男[1] 浮気者；大失策，へま

farina/ファリーナ/(英 meal)女 小麦粉 farina del *proprio* sacco 自分独りでやった仕事[作品]

farmacia/ファルマチーア/(英 pharmacy)女 薬局 ¶ ― di turno 日曜祝日営業の薬局 / ― portatile 携帯用救急箱

farmacista 男女[3] 薬剤師

faro/ファーロ/(英 lighthouse)男 灯台；ヘッドライト，投光器

farsa/ファルサ/(英 farce)女 笑劇，茶番劇；お笑い種

fascia/ファッシャ/(英 band)女 帯；包帯 in fasce 誕生したばかりの **fasciare** 他 帯で巻く；包帯する

fascino/ファッシノ/(英 fascination)男 魅力

fascio/ファッショ/(英 bundle)男 束(たば) **fascina** 女 薪の束

fascismo/ファッシズモ/(英 fascism)男 ファシズム

fascista 男女[3] ファシスト；ファシズム信奉者 形 ファシスト[ファシズム]の；ファッショ的な

fase/ファーゼ/(英 phase)女 (発達や変化の)段階，局面；位相

fastidio/ファスティーディオ/(英 nuisance)男 迷惑，厄介，面倒 **fastidioso** 形 面倒な，厄介な，煩わしい

fasullo/ファズッロ/(英 bogus)形 偽の；能力[資格]のない；信用[信頼]できない

fata/ファータ/(英 fairy)女 妖精 fata Morgana 蜃気楼；才色兼備の女性

fatale/ファターレ/(英 fated)形 運命[宿命]の；避けがたい；致命的な **fatalità** 女 宿命，運命；不運

fatica/ファティーカ/(英 effort)女 苦労，骨折り；疲労

faticoso 形 骨の折れる；気疲れする **faticare** 自 (いやになるほど)努力する；働く ¶ faticare a《不定詞》 なんとか[かろうじて]～する；～し辛い[し難い]

fatto/ファット/(英 made)形 ～で作られた，～製の；～の形をした；～に適した；成熟した，熟した；なされた，完成された ¶ ― a mano[macchina] 手[機械]製の / ― su misura 別注の，オーダーメイドの / (non) è *fatto* per me. 私に向いている[向かない] / a notte *fatta* 夜更けに / a cose *fatte* 終わった時点で ― 男 行動，実行；事実，出来事，事件；(自分の)こと ¶ passare dalle parole ai *fatti* 言ったことを実行する sapere il fatto *proprio* 要領がいい，手際よくやってのける **Fatti tuoi!** (君が独りで解決すべき)君の問題だ **Fatti miei!** (人に口出しされたくない)僕の問題だ

fattore/ファットーレ/([英] factor) [男] 要因，要素

fattoria/ファットリーア/([英] farm) [女] 農場 **fattore** [男][2] 農場管理人 **fattorino** [男][1] 雑用係；配達係

F

fattura/ファットゥーラ/([英] invoice) [女] 請求書；送り状 **fatturato** [男] 総売上高

fauci/ファウチ/([英] fauces) [女][複] 口腔；口 ¶ le *fauci* del leone[vulcano] ライオンの口[火口]

fauna/ファウナ/([英] fauna) [女] (集合的に，ある地域や時代の)動物

fava/ファーヴァ/([英] broad bean) [女] ソラ豆 **prendere due piccioni con una fava** 一挙両得，一石二鳥(豆一つで二羽の鳩を捕まえる)

favo/ファーヴォ/([英] honeycomb) [男] ハチの巣

favola/ファーヴォラ/([英] fable) [女] 昔話，童話；作り話，嘘 **favoloso** [形] 嘘みたいな，無茶な；夢のような，素敵な

favore/ファヴォーレ/([英] favour) [男] 好意，親切；助け ¶ Mi fai un *favore*? お願いがあるんだけど / a *favore* di ～のために[に有利な] / per *favore* どうか[すみませんが]お願いします **favorevole**/ファヴォレーヴォレ/ [形] 好都合な，有利な；好意的な，肯定的な；その気がある **favorire**⑥ [他] (人が有利になるように，人の願いが叶うように)助ける，支援する，尽力する **favorito** [形] お気に入りの，ひいきの；優勝候補の

fazzoletto/ファッツォレット/([英] handkerchief) [男] ハンカチ ¶ — da collo[tasca] ネッカチーフ[ポケットチーフ] / — di carta ティッシュペーパー / un — di terra わずかな土地

febbraio/フェッブライオ/([英] February) [男] 2月

febbre/フェッブレ/([英] temperature) [女] 熱；夢中になること ¶ avere la febbre (a quaranta) 熱が(40度)ある

fecondo/フェコンド/([英] fertile) [形] 多産の；肥沃な，実り多い

fede/フェーデ/([英] faith) [女] 信仰；信頼，信用；忠実，忠誠；結婚指輪 ¶ avere — nella giustizia 正義を信じる / mantenere — alle promesse 約束を忠実に守る / La — si porta nell'anulare sinistro. 結婚指輪は左手の薬指にします / in buona *fede* 悪気なく / in mala *fede* 騙す気で **fedele** [形] 忠実な，誠実な；(約束や務めを)固く守る — [男][女] 信徒，信者 **fedeltà** [女] 忠実，誠実

federa/フェーデラ/([英] pillowcase) [女] 枕カバー

fegato/フェーガト/([英] liver) [男] 肝臓；肝(レバー)；肝っ玉

felce/フェルチェ/([英] fern) [女] 羊歯(シダ)

felice/フェリーチェ/([英] happy) [形] 幸せな；幸運な，うらやましい；好都合な **felicità** [女] 幸福；喜び；幸運

felino/フェリーノ/([英] feline) [形] 猫の；猫のような — [男] ネコ科

femmina/フェンミナ/([英] female) [形] 雌[女]の；女らしい [女] 女性；雌；ひ弱で臆病な男性 **femminile** [形] 女性[のため]の

femore/フェーモレ/([英] femur) [男] 大腿，ふともも；大腿骨

fenicottero/フェニコッテロ/([英] flamingo) [男] フラミンゴ

fendere/フェンデレ/([英] cleave) [他] (縦に)割る，裂く；

切るように進む ¶ — la folla[calca] 人ごみ[雑踏]をかき分けて進む ◆**-ersi** 裂ける，割れる

fenomeno/フェノーメノ/(英 phenomenon) [男] 現象；奇才；奇人 **fenomenale** [形] 驚異的な，すごい ¶ un successo [una memoria] — 空前の大成功[超人的な記憶力]

ferie/フェーリエ/(英 holidays) [女][複] (平日に休む)休暇；休業 **feriale** [形] 平日の ¶ orario — 平日ダイヤ(→festivo)

ferire ⑥/フェリーレ/(英 wound) [他] けがを負わせる；傷つける ¶ — a *qc* il cuore 〈人〉の心を傷つける ◆**-irsi** けがをする；傷つく **ferito** [形] 負傷した；傷つけられた ¶ — nell'orgoglio 自尊心を傷つけられた **ferita** [女] けが，傷

fermaglio/フェルマッリォ/(英 clip) [男] クリップ；髪留め

fermare/フェルマーレ/(英 stop) [他] (力で)止める，制止[阻止]する；呼び止める ¶ far *fermare* un tassì タクシーを止める — [自] 停車する ¶ *Ferma!* 止まれ ◆**-arsi** (自然に)止まる；滞在する；立ち止まる **fermata** [女] 停留所

fermentare/フェルメンターレ/(英 ferment) [自] 発酵する；沸き立つ **fermentazione** [女] 発酵[作用]

fermo/フェルモ/(英 still) [形] 静止した，止まった；断固とした，ゆるぎない **fermezza** [女] 決然，毅然，頑固一徹

feroce/フェローチェ/(英 wild) [形] 残忍な，凶悪な；猛烈な

ferragosto/フェッラゴスト/(英 feast of the Assumption) [男] 聖母被昇天の祝日(8月15日)

ferrarese/フェッラレーゼ/ [形][男][女] フェッラーラの(人) **Ferrara** フェッラーラ(エミリア・ロマーニャ州の町)

ferro/フェッロ/(英 iron) [男] 鉄 ¶ — da stiro アイロン/ carne[pesce] ai *ferri* 焼肉[焼魚] / i *ferri* del mestiere (専門的な)ノウハウ **a — di cavallo** 半円形[蹄鉄型]の **mettere a ferro e fuoco** (戦火で)焼き尽くす，略奪[強奪]のかぎりを尽くす **battere il ferro finché [quando] è caldo** 鉄は熱いうちに打て **ferreo**/フェッレオ/ [形] 鉄(製)の；頑強な；厳格な **ferramenta** [女] 金物；金物店 **ferrovia**/フェッロヴィーア/(英 railroad) [女] 鉄道 ¶ FS(Ferrovia dello Stato) 国鉄 **ferroviario**/フェッロヴィアーリオ/ [形] 鉄道の **ferroviere** [男] [1] 鉄道員

fertile/フェルティレ/(英 fertile) [形] 肥沃な；豊饒な，豊かな

fesso/フェッソ/(英 cracked) [形] ばかな，くだらない；割れた，裂けた ¶ fare *fesso qc* 〈人〉を騙す **fessura** [女] 割れ目，亀裂

festa/フェスタ/(英 feast) [女] 祝祭日；お祭り；パーティー **fare la festa a *qc*** 〈人〉を殺害する；〈物〉を盗む；(物を)たいらげる **festivo** [形] 祝祭日の ¶ orario — 休日ダイヤ **festoso** [形] 陽気な，上機嫌の ¶ fare un'accoglienza festosa (祝宴を設けて)大歓迎する **festività** [女] 祝祭日 **festival** [英] [男] 祭典(フェスティバル)

festeggiare/フェステッジャーレ/(英 celebrate) [他] 祝う；歓迎[歓待]する **festeggiamento** [男] お祭り

fetta/フェッタ/(英 slice) [女] スライス **fettina / fettettina** [女] 薄切り(→affettare)

fiaba/フィアーバ/(英 fairy tale) [女] おとぎ話，メルヘン

fiacca/フィアッカ/(英 tiredness) [女] 疲労；無気力 **battere la fiacca** いやいや働

F

く, やる気がない

fiala /フィアーラ/(英 phial) 女 アンプル

fiamma /フィアンマ/(英 flame) 女 炎; 情熱; 愛しい人 **fare fuoco e fiamme** 躍起になる **fiammante** 形 燃えるような, 鮮やかな **nuovo fiammante** 真新しい, まっさらの

fiammifero /フィアンミーフェロ/ 男 マッチ

fianco /フィアンコ/(英 side) 男 [-chi] 横腹, 腰; 側面 ¶ stretto[largo] di *fianchi* 腰の細い[太い] **fiancata** 女 側面, 側壁; (船の)舷側

fiasco /フィアスコ/(英 flask) 男[-chi] フィアスコ(麦わらを巻いた首の細い酒瓶) ¶ bere un — di chianti キアンティ(ワイン)を一本飲む **fare fiasco** (作品などが)不評を買う, 失敗する

fiato /フィアート/(英 breath) 男 息, 呼吸; 活力, 耐久力 ¶ trattenere il — 息を凝らす[殺す] **(tutto) d'un fiato** 一気に **in un fiato** 一息で, 一足飛びに **fiatare** 自 (不平不満を言うために)口を開く ¶ senza — 黙って, 何も言わずに

fibbia /フィッビア/(英 buckle) 女 (ベルトや靴などの)締め金, 留め金

fibra /フィーブラ/(英 fibre) 女 繊維, ファイバー

ficcare /フィッカーレ/(英 thrust) 他 打ち込む, 突っ込む; しまい込む **ficcare il naso** 鼻を突っ込む, 口出しする **ficcare gli occhi** 食い入るように見つめる **ficcanaso** 形 [0] おせっかいな, 詮索好きな

fico /フィーコ/(英 fig) 男[-chi] 無花果(イチジク) ¶ — d'India サボテンの実 **un fico(secco)** 何でもないこと (=niente, nulla): Non c'entra —. 何の関係もない / Non m'importa —. へっちゃら, 関係ないね

fidanzato /フィダンツァート/(英 fiancé) 男[1] 婚約者, フィアンセ; 恋人 ◆ **fidanzarsi** 婚約を交わす, (con qc)〈人〉と婚約する **fidanzamento** 男 婚約(期間)

fidarsi (di /フィダルスィ/(英 trust) (人を)信頼する, 頼りにする **fiducia** /フィドゥーチャ/ 女 信頼, 信用; 自信, 確信 **fiducioso** 形 自信に満ちた, 安心しきった

fieno /フィエーノ/(英 hay) 男 干し草, まぐさ

fiera /フィエーラ/(英 fair) 女 市 (いち), (国際)見本市; 大騒ぎ ¶ la — del libro ブックフェアー / la zona della — 見本市会場

fiero /フィエーロ/(英 proud) 形 自慢[誇り]に思う; 堂々とした **fierezza** 女 誇り, プライド; 度胸 ¶ con fierezza 堂々と, 胸を張って

fifa /フィーファ/(英 fright) 女 恐怖(=paura) **fifone** 男[1] 怖がり

figlio /フィッリォ/(英 son) 男 息子, 子供; 落とし子, 所産 **figlia** 女 娘 **figliolo** 男[1] 息子; 青年, 若者 **figliastro** 男 継子(ままこ) **figliare** 他 (動物が)子を産む

figura /フィグーラ/(英 figure) 女 姿, 形; 容姿, 風貌; 絵, イラスト **di figura** 格好の良い, 見栄えのする **fare una bella[brutta] figura** 好印象[悪い印象]を与える **fare bella figura** 成功する, ほめられる **fare brutta figura** 恥をかく, 笑われる

figurare 自 好印象を与える; 表記[記載]される ¶ un regalo che *figura* 素敵な[センスの良い]プレゼント / Il suo nome non *figura* nell'elenco. 彼[彼女]の名前はリストにない

◆ **-arsi** 想像する **Figurati le risate degli amici!** 友達に

笑われてもいいのか！ **Figurati[Si figuri]!** (お礼の返答に)とんでもない[お安い御用です]

fila/フィーラ/(英 line)囡 連なり；列　**di fila** 連続して，ぶっ続けで　**mettersi in fila** 並ぶ　**fare la fila** 並んで(順番を)待つ　**in fila indiana** 一列縦隊で

filare/フィラーレ/(英 spin)他 糸[糸状]にする，紡ぐ；糸を張る　――自[av] 糸をひく；[es] 疾走する；経過する；逃げる，消える；筋が通る

filastrocca/フィラストロッカ/(英 nursery rhyme)囡 童謡，わらべ歌，数え歌；くどい話，長話

film/フィルム/(英 film)男 (作品としての)映画 (→cinema)　**filmare** 他 撮影する；映画化する　**filmato** 男 短編映画；(資料としての)映像

filo/フィーロ/(英 thread)男 糸，線，コード；筋道　¶ *filo* **spinato** 有刺鉄線，鉄条網　**per filo e per segno** 綿密に，事細かに　**appeso[attaccato] a un filo** 極めて危険な状態[立場]にある　**filone** 男 鉱脈；思潮，潮流；(抜け目なく立ち回る)やり手　¶ ――**d'oro** 金脈

filosofia/フィロゾフィーア/(英 philosophy)囡 哲学；人生観，世界観；ポリシー

filtro/フィルトロ/(英 filter)男 濾過器；フィルター　**filtrare** 他 (フィルターなどで)濾(こ)す；純化する　――自[es] 染みとおる；にじみ出る

finale/フィナーレ/(英 final)形 最後の，最終的な 男 最後，終局；フィナーレ 囡 決勝戦　**finalista** 男囡[3] 決勝戦出場選手[チーム]　**finalmente** 副 ついに，とうとう

finanza/フィナンツァ/(英 finance)囡 財政，財務；金融[経済]状況　**finanziare** 他 資金援助する　**finanziario**/フィナンツィアーリオ/形 財政の，金融の　**finanziatore**[2] 男 出資[融資]者　――形 資金援助の

finché/フィンケ/(英 until)接 ～するまで，～するあいだ[かぎり]　¶ Puoi stare con noi *finché* vorrai. いつまででも一緒にいていいよ / Ti aspetterò qui *finché* non torni. 君が戻ってくるまで[戻らない間は]ここで待ってるよ

fine[1]/フィーネ/(英 end)囡 終わり；結末　¶ **a fine mese** 月末に　**alla fine** 最後に，結局；ようやく　――男 目的，意図

fine-settimana 男[0] 週末　¶ Buon fine-settimana! 良い週末を

fine[2]/フィーネ/(英 fine)形 きめの細かい，繊細な，鋭い；洗練された，上品な　**finezza** 囡 気品；明晰；上質

fingere/フィンジェレ/(英 pretend)他[finto] ふりをする，(嘘で)装う；(嘘を)信じさせる；(本当だと)思ってみる[考えてみる]　¶ ―― **di piangere** 嘘泣きをする[泣くふりをする] / ―― **sorpresa** 驚いたふりをする / ―― **un pretesto** 嘘の口実を信じさせる / **saper** *fingere* 嘘がうまい / **non saper** ―― 嘘がつけない / *Fingiamo* che oggi sia domenica. 今日が日曜だと思って / *Fingiamo* che tu vinca la lotteria, come spenderesti i soldi? もしも宝くじが当たったら賞金は何に使う？　◆**-ersi** 自分が～であるふりをする　¶ ―― **preoccupato[cieco, morto]** 心配している[目が見えない，死んだ]ふりをする / **telefonare** *fingendosi* un altro[un'altra] 別人になりすまして電話する

finestra/フィネストラ/(英 window)囡 窓；眼(心の窓)　**finestrino** 男 小窓；(乗物の)窓，車窓

finimondo/フィニモンド/([英] bedlam) [男] 大惨事；大混乱

finire⑥/フィニーレ/([英] end) [他] ❶ 終える，済ませる：— un libro 本を読み[書き]終える / (単独で) Verrò quando *avrò finito*. 終わったら行くよ / Non *hai* ancora *finito*? まだ終わらないの？ / Ho appena *finito* di mangiare. ちょうど食べ終わったところだ ❷ 止める，中止する：Bisogna *finire* questa storia. こんな話はもう止めよう / Quando *finirai* di lamentarti? いつまで文句を言ってるの？ / (非人称動詞にも) *Ha finito* di nevicare. 雪が止んだ ❸ 使い果たす；食べ[飲み]きる：— le scorte 蓄えを使い果たす ❹ 殺す：— con un colpo di pistola ピストルで止めを刺す — [自][es] ❶ 終わる；止む：L'esame è *finito* a mezzogiorno. 試験は正午に終わった / Questa pioggia *finirà* presto. この雨はすぐ止むよ / La cosa non *finisce* qui. このままでは済まない[済むと思ったら大間違い] / Tutto *è finito*. 何もかもおしまいだ / *È finita*! もうだめだ[どうしようもない] ❷ 底をつく，無くなる / *È finita*(-*o*) la benzina[il pane, il vino, il dentifricio]. ガソリン[パン，ワイン，歯磨き粉]が切れた ❸ 端が～の状態になっている：Il giardino *finisce* con una siepe. 庭の端は生垣になっている / un cappello che *finisce* a punta 先のとがった帽子 ❹ (最後に) 行き着く：— all'ospedale[in prigione, sui giornali] (無茶をして)病院に収容される[刑務所に収監される，新聞種になる] / Ho studiato tanto per — disoccupato. 頑張って勉強したのに就職できない始末だ / *È finito* a lavorare nel negozio del padre. 結局は父親の店で働いてるよ / *Finiremo* per rimanere qui. このままここにいることになるだろう ❺ 消える：Dov'è *finito* Mario? マリオのやつ何してんだ？ / Dov'è andata a — la mia chiave? 僕の鍵はどこへ行ったんだ？ ❻ (最後の結末が) ～になる：Com'è andata a — la partita? 試合はどうなったの？ / Dove siete andati a —? あれからどこへ行ったの[どうなったの]？ **a non finire** とりとめもなく，いつまでも **sul finire del giorno** 日暮れ[日没]に

finlandese/フィンランデーゼ/([英] Finnish) [男][女] フィンランド人 — [男] フィンランド語 — [形] フィンランド人[語]の (= finnico) **Finlandia**/フィンランディア/ [女] フィンランド

fino/フィーノ/([英] until) [前] ～まで；～から(ずっと) ¶ *fino* a casa 家まで / *fino* in cima 一番上まで / *fino* in fondo すっかり；徹底的に，とことん / *Fin* quando[dove]? いつまで[どこまで]？ / *fin* d'allora あれ以来 / *fin* da bambino[piccolo] 子供の[小さい]頃から(ずっと)

finocchio/フィノッキオ/([英] fennel) [男] 《植》ウイキョウ，フェンネル

finora/フィノーラ/([英] till now) [副] 今まで，これまでのところ

finta/フィンタ/([英] pretence) [女] 見せかけ，騙し；フェイント **per finta** 見せかけで，うわべで **fare finta di niente** 知らん顔する，知らん振りする，しらばっくれる **fare finta** ふりをする，(本当に起こると)考えてみる (→ fingere)

fio/フィーオ/([英] penalty) [男] 年貢 **pagare[scontare] il fio** 罪を償う，報いを受ける

fiocco/フィオッコ/([英] bow) [男][-chi] (羊毛や綿の)玉；綿雪 **coi fiocchi** 極上の，秀逸な

F

fioccare [自][es] (雪のように)舞い散る; 雪が降る; 殺到する

fionda/フィオンダ/([英] catapult) [女] ぱちんこ, 石鉄砲

fiordaliso/フィオルダリーゾ/([英] cornflower) [男] 矢車草

fiore/フィオーレ/([英] flower) [男] 花; 最良の部分; 盛り; 表面 ¶ essere in *fiore* 花盛りである **il fior di farina** 最高級品の小麦粉 **il fiore degli anni** 青春 **a fior d'acqua** 水面に, 水面すれすれに **fior di latte** 生クリーム **fioraio**/フィオライオ/ [男][1] 花屋, 花売り

fiorentino/フィオレンティーノ/([英] Florentine) [形] [男][1] フィレンツェの(人) **Firenze** [女] フィレンツェ(Toscana /トスカーナ/州の州都)

fiorire ⑥/フィオリーレ/([英] flower) [自][es] 花が咲く, 開花する; 栄える ¶ L'albero [il giardino] è *fiorito*. 木[庭]に花が咲いた **fioritura** [女] 開花, 満開; 繁栄

firma/フィルマ/([英] signature) [女] 署名, サイン **Ci farei la firma!** 文句なしにOK(願っても無い, 願ったりかなったり) **firmare** [他] ～に署名する **firmato** [形] ブランド物の, 銘柄の

fisarmonica/フィザルモーニカ/([英] accordion) [女] アコーデオン ¶ a *fisarmonica* アコーデオン式の(蛇腹で折り畳める)

fiscale/フィスカーレ/([英] fiscal) [形] 国税に関する; 厳格な, 口うるさい ¶ codice — 納税者番号 / legge[sistema] — 税法[税制]

fischio/フィスキオ/([英] whistle) [男] 口笛, 指笛; (汽笛, 警笛, 風などの)甲高い音 **prendere fischi per fiaschi** 取り違え(見間違い, 思い違い, 勘違い)をする **fischiare** [自] 口笛(指笛)を吹く; 笛を吹く [他] 口笛で抗議したり不満を表明する; 注意や警告を笛で合図する **fischietto** [男] ホイッスル

fisico/フィーズィコ/([英] physical) [形] 自然(界)の, 物理的な; 身体の, 肉体的の **fisica** [女] 物理学 **fisionomia**/フィズィオノミーア/ [女] 顔つき, 人相, 顔立ち, 表情

fissare/フィッサーレ/([英] fix) [他] 固定する, 取り付ける; (日時や価格を)決める, 定める; (予約して)取る; じっと見つめる, 凝視する ◆**-arsi** 固執する, こだわる **fisso** [形] 固定された, 変動しない, 執着した, 常に同じ ¶ menu a prezzo — 均一料金の定食メニュー / stipendio[lavoro] — 固定給[定職] / alle ore *fisse* 定刻に / idea *fissa* 固定観念(= fissazione) **tenere lo sguardo fisso[gli occhi fissi] su *qs*** 〈何かを〉食い入るように見つめる — [副] じっと **fissatore** [男] 整髪料, ヘアスプレー

fitto/フィット/([英] thick) [形] 濃い, 密な ¶ una *fitta* nebbia 濃霧 / un buio *fitto*(= pesto) 真っ暗 **a capo *fitto*** 頭から, 頭を下にして [副] 絶え間なく ¶ nevicare[piovere] —(*fitto*) 雪[雨]が降りしきる

fiume/フィウーメ/([英] river) [男] 川, 河川 ¶ un *fiume* di... 大量の～ **a fiumi** 溢れるほど, 浴びるほど — [形][0] 非常に長い ¶ un romanzo — 大河小説 / una riunione — 延々と続く退屈な会議

fiutare/フィウターレ/([英] smell) [他] 嗅ぐ; (危険などを)察知する **fiuto** [男] 嗅覚; 勘, センス

flacone/フラコーネ/([英] bottle) [男] 小さなガラス瓶

F

flagrante /フラグランテ/(英 flagrant) 形 現行犯の ¶ flagrante reato 現行犯 essere colto in flagrante 犯行の現場を押さえられる，(隠し事が)ばれる

flauto /フラウト/(英 flute) 男 笛，フルート

flessibile /フレッスィービレ/(英 flexible) 形 曲げやすい，柔軟な；融通のきく，適応性のある ¶ orario — フレックスタイム (自由出退勤制)

flirt /フレルト/ 男 [英] (若者の)恋心；(大人の)浮気 ¶ avere un — con qc 〈人〉と恋仲の関係にある

flotta /フロッタ/(英 fleet) 女 船舶；艦隊，船団 ¶ — aerea (国家や航空会社が保有する)航空機

fluido /フルイド/(英 fluid) 形 流暢な；粘着性のある；流動的な — 男 (液体や気体の)流動体；魅力，霊力 ¶ — magnetico 神通力

fluorescente /フルオレッシェンテ/(英 fluorescent) 形 蛍光性の ¶ lampada — 蛍光灯

fluorescenza 女 蛍光

flusso /フルッソ/(英 flow) 男 流出；(人や物の)流れ；満潮

foca /フォーカ/(英 seal) 女 海豹(アザラシ)

focaccia /フォカッチャ/(英 flat bread) 女 素焼きのピッツァ rendere pan per focaccia 仕返しをする(正当化できない報復行為の喩え)

fodera /フォーデラ/(英 cover) 女 (服の)裏地；(ソファーなどの)上張り **foderare** 他 裏張りする，カバーをつける

fodero /フォーデロ/(刀の)さや，(銃の)ホルダーケース

foglia /フォッリャ/(英 leaf) 女 葉；箔(はく) ¶ — d'oro[alluminio] 金箔[アルミホイル] **mangiare la foglia** 相手の真意[事態の真相]を把握する

foglio /フォッリォ/(英 sheet) 男 紙切れ；用紙；頁 ¶ — da disegno 画用紙

fogna /フォーニャ/(英 sewer) 女 下水道，排水溝

folgorare → fulminare

folla /フォッラ/(英 crowd) 女 群衆，雑踏 ¶ una folla di … もろもろの〜

folle /フォッレ/(英 mad) 形 無謀な，無茶な；狂った，狂気の；熱狂的な ¶ in folle 空回り[ニュートラル]の状態で

follia /フォッリーア/ 女 狂気，常軌を逸した行為 **alla follia** 熱狂的に，我を忘れて

folto /フォルト/(英 thick) 形 (草木が)生い茂った；(髪が)濃い；大勢の — 男 深部；真っ只中

fondamento /フォンダメント/(英 foundation) 男 [5] 基礎，土台；根拠，基本原理

fondamentale 形 基本[根本]的な，最も重要な

fondare /フォンダーレ/(英 found) 他 基礎を築く，設立する ◆ -arsi (su) 〜に基づく，〜を根拠とする

fondazione 女 創立，建設；財団，基金；基礎工事

fondere /フォンデレ/(英 melt) 他 [fuso] 溶かす；鋳造する；(色などを)混ぜる 併合する — 自 溶ける

fondo /フォンド/(英 bottom) 男 ❶ 底，最下部：il — del mare 海底 ❷ 奥，奥底：il — dell'armadio タンスの奥 / dal fondo del cuore 心の底から ❸ (向かって)一番端：in — alla strada[al corridoio] 道[廊下]の突き当たりに ❸ 飲み残した量：un — di vino[caffè] ワイン[コーヒー]の飲み残し ❹ 背景，下地：camicetta di seta a fiori blu su fondo bianco 白地に青い花柄の絹のブラウス ❺ 地所，土地(財産)：un — di alcuni

ettari 数ヘクタールの土地 / un — abbandonato 荒れ地 ❻ 資金, 基金：lavori sospesi per mancanza di *fondi* 資金不足で中断した工事 / istituire un — pro terremotati[alluvionati] 地震[水害]の被災者を救済するための基金を設立する ❼ 《スポ》500m以上の長距離(特にスキーの距離競争) ❽ 論説, 社説 (=articolo di —) 形 深い ¶ pozzo — 深い井戸 / notte *fonda* 深夜 / piatto — 深皿
fondista 男 形[3]（ノルディック種目の）距離競争の選手；長距離走者；論説委員
fontana /フォンターナ/（英 fountain）女 噴水
fontaniere 男[1] 水道の配管修理工
fonte /フォンテ/（英 source）女 水源, 泉；由来, 原因；出所, 情報源
foraggio /フォラッジョ/（英 fodder）男 (主に草の)飼料
forare /フォラーレ/（英 perforate）他 穴をあける；穴を掘る；パンクさせる, パンクする ◆-arsi 穴があく (→ foro²)
forbici /フォルビチ/（英 scissors）女複 鋏(ハサミ)
forchetta /フォルケッタ/（英 fork）女 フォーク
forchettina 女 ケーキ用のフォーク **forca** 女（干し草用の）熊手；絞首台 **forcina** 女 ヘアピン
foresta /フォレスタ/（英 forest）女 森林 ¶ — vergine 原生[原始]林 **forestale** 形 森林の ¶ la Forestale 森林監視隊 / guardia — 森林監視員
forestiero 形 外国の, 異国の
forfora /フォルフォラ/（英 dandruff）女 (頭の)ふけ
forforoso 形 ふけの多い
forma /フォルマ/（英 shape）女 形；形式；体調；型 ¶ a *forma* di... 〜の形をした **essere in [giù di] forma** 体調がすこぶるよい[すぐれない] **formare** 他 形作る；組み立てる；設立する
formazione 女 形成；結成；(攻撃や守備の)隊形 ¶ la — del Governo 組閣
formaggio /フォルマッジョ/ 男 チーズ **formoso** 形 豊満な；美麗な **Formosa** 女 台湾[美麗島]
formica /フォルミーカ/（英 ant）女 蟻(アリ) **avere le formiche alle gambe** 脚が痺れる **formicaio** /フォルミカイオ/ 男 アリの巣；群集, 人込み **formicaleone** 男 ウスバカゲロウ, アリジゴク
formichiere 男 アリクイ
formicolare 自[av] 大勢群がる, 山ほどある；[es] 痺れが切れる ¶ La piazza *formicolava* di gente. 広場は人でごった返していた / Mi *formicola* un piede. 足が痺れる / Il braccio *formicola*. 腕が痺れる **formicolio** /フォルミコリーオ/ 男 チクチクした痺れ, 蟻走感；雑踏, 混雑
formidabile /フォルミダービレ/（英 formidable）形 ものすごい, とてつもない, 抜群の
formula /フォルムラ/（英 formula）女 (呪文や誓詞のような)決まり文句, 定型文；(数学や化学の)公式；(競技の)大会規約 ¶ *Formula* uno Ｆ１（フォーミュラ・ワン）
fornace /フォルナーチェ/（英 furnace）女 窯(かま)；(蒸し風呂のような)場所
fornaio /フォルナイオ/（英 baker）男[1] パン屋；パン職人
fornire ⑥ /フォルニーレ/（英 supply）他 供給する；(備品などを)備える **fornitore** 男[2] 調達業者, 卸業者
forno /フォルノ/（英 oven）男 オーブン, (パンやピッツァを

焼く)窯(かま) **fornello** 男 コンロ，レンジ，ホットプレート **fornelletto** 男 携帯コンロ

foro¹/フォーロ/(英 forum) 男 (古代ローマの)中央広場

foro²/フォーロ/(英 hole) 男 穴 (→ forare)

forse/フォルセ/(英 perhaps) 副 おそらく，たぶん；まさか～では？

forsennato/フォルセンナート/(英 mad) 形 常軌を逸した，狂った

forte/フォルテ/(英 strong) 形 強い；激しい；きつい ― 副 力強く；激しく；大声で；フルスピードで ― 男 要塞；(科目や種目の)得意

fortuna/フォルトゥーナ/(英 luck) 女 運，幸運；(芸術作品の)評価の変遷 **per fortuna** 幸い，運よく **portare fortuna** 縁起が良い，ツキを呼ぶ

fortunato 形 幸運な，ラッキーな，ついてる **-mente** 副 幸い，運よく

forza/フォルツァ/(英 strength) 女 力；強さ；暴力；元気，勇気 ¶ ― d'animo 精神力 / ― della natura 自然の猛威 / ― d'urto 衝撃 / ― pubblica 警察の治安部隊 / forze armate 国軍 / le forze di pace dell'ONU 国連平和維持軍 **fare forza su...** 力を込めて～を開ける[押す]

farsi forza (挫けずに)頑張る；(怒らずに)我慢する **a forza di...** ～の甲斐あって，～の挙句 **per forza** 当然，否応なしに，いやいや **Forza!** 元気出して，頑張れ **per amore o per forza** 好むと好まざるにかかわらず，いやでも応でも **forzare** 他 無理やりさせる；無理やり開ける，こじ開ける **forzato** 形 無理やりの；強制された；やむを得ない ¶ lavori forzati 強制労働

fosforescente /フォス フォレッシェンテ/ (英 phosphorescent) 形 青白い光を発する

fossa/フォッサ/(英 hole) 女 溝(川)；(掘った)穴； 墓穴 **fossato** 男 (主に城などの)堀

fossile/フォッスィレ/(英 fossil) 男 形 化石(の) ¶ carbon ― 石炭

fosso/フォッソ/(英 ditch) 男 (主に排水や灌漑用の)水路

fotografia/フォトグラフィーア/ (英 photograph) 女 写真 ¶ ― in bianco e nero 白黒写真 **foto**(=fotografia) 女[0] **fotocopia**/フォトコーピア/ (複写)コピー ¶ ― a colori カラーコピー **fotocopiatrice** 女 コピー機，複写機 **fotocronista** 男[3] 報道カメラマン **fotogenico**/フォトジェーニコ/ 形 写真写りのよい **fotografico**/フォトグラーフィコ/ 形 写真の(ような) ¶ macchina fotografica カメラ **fotografo**/フォトーグラフォ/[1] カメラマン，写真家 **fotografare** 他 撮影する，カメラで撮る **fotokit** 男[0] (主に犯人の)モンタージュ写真 **fotomontaggio** 男 合成写真 **fotoromanzo** 男 フォトロマンゾ(写真を多く使った劇画風の短編小説)

fra¹/フラ/(英 between, among) 前 ～の間に[で]，～のうちで；(今から)～後に (→ tra)

fra²/フラ/(英 Brother) 男 修道士 (→ frate)

fracasso/フラカッソ/(英 din) 男 大きな音；大騒ぎ ¶ fare ― 騒ぎ立てる

fradicio/フラーディチョ/(英 wet through) 形 特に濡れた[酔った]状態を強調して ¶ bagnato ― ずぶ濡れの / ubriaco ― へべれけの[ぐでんぐでんの]

fragile/フラージレ/(英 fragile) 形 壊れやすい；虚弱な；(荷物の表記)ワレモノ

fragola/フラーゴラ/(英 strawberry) 女 苺(イチゴ) ― 男 [0] イチゴの赤色 ¶ maglia ― 赤のセーター

frammento/フランメント/(英 fragment) 男 断片，破片，かけら

fraintendere/フラインテンデレ/(英 misunderstand) 他 [frainteso] 勘違いする；誤った解釈をする ◆-ersi (互いに)誤解する，思い込む

fragrante/フラグランテ/(英 fragrant) 形 いい匂いがする，かぐわしい **fragranza** 女 芳香，かぐわしさ

frana/フラーナ/(英 landslide) 女 山崩れ，地滑り；悲惨，お手上げ

francese/フランチェーゼ/(英 French) 形 男 女 フランスの(人) ― 男 フランス語

Francia/フランチャ/ 女 フランス

franco/フランコ/(英 frank) 形 素直な，誠実な，率直な；(規制のない)自由な ¶ porto ― 自由港 / ― bordo 積み渡し値段で(F.O.B.) / ― a domicilio 配達無料で **farla franca** 無事に逃れる，罪を免れる 副 率直に，本音で 男 [-chi] (フランス，スイス，ベルギーの旧通貨)フラン **franchigia**/フランキージャ/ 特権，免除

Francoforte(sul Meno)/フランコフォルテ(スルメーノ)/ 女 フランクフルト(アムマイン)

francobollo/フランコボッロ/(英 stamp) 男 郵便切手 ¶ tre *francobolli* da ottanta yen 80円切手を3枚

frangia/フランジャ/(英 fringe) 女 房飾り(フリンジ)；(額が隠れるように)水平に切り揃えた前髪(バング)

frantume/フラントゥーメ/(英 fragment) 男 破片 ¶ andare[mandare] in frantumi 粉々になる[する]

frantumare 他 粉々にする，砕く

frasca/フラスカ/(英 leafy branch) 女 葉の茂った枝 **saltare di palo in frasca** 急に話題を変える

frase/フラーゼ/(英 phrase) 女 (一区切りの)文章；ことばづかい，表現

frate/フラーテ/(英 friar) 男 修道士(→fra²) **fraterno** 形 兄弟の；同胞[同志]の

fraternità 女 兄弟愛，同胞愛，連帯感

fratello/フラテッロ/(英 brother) 男 兄，弟；[複で]兄弟 ¶ mio *fratello* 私の兄[弟], / i miei *fratelli* 私の兄弟, / il mio *fratello* maggiore[minore] 私の兄[弟]

frattanto/フラッタント/(英 meanwhile) 副 その間に，そうこうするうち(= nel frattempo)

frattura/フラットゥーラ/(英 fracture) 女 骨折；ひび **fratturarsi** 骨折する

frazione/フラツィオーネ/(英 fraction) 女 分数；分割された部分；村落

freccia/フレッチャ/(英 arrow) 女 矢；(時計などの)針；矢印

freddo/フレッド/(英 cold) 形 寒い；冷たい，冷淡な ¶ caffè[tè] ― アイスコーヒー[ティー] / guerra *fredda* 冷戦 ― 男 寒さ，寒気 ¶ Brrr! Fa ― stasera. ああ，今夜は冷えるなあ / Che *freddo*! 寒い寒い！/ Ho ― ai piedi. 足が冷える **a freddo** 興奮せず，冷静に，平然と **non fare né caldo né freddo a qc** 〈人〉にはどうでもいい，眼中にない

freddezza 女 冷ややかな態

度，無関心

fregare /フレガーレ/ (英 rub) 他 こする，摩擦する，磨く；騙す；盗む ◆-arsi (自分の体を)こする，マッサージする ¶ *fregarsi le mani* もみ手をする (満足のジェスチャー) / *fregarsene* 聞く耳を持たない (無関心，無責任な態度で完全に無視する)：*Me ne frego!* Chi se ne frega? へっちゃら，俺の知ったことか **fregatura** 女 だまし，期待はずれ，看板倒れ

frenetico /フレネーティコ/ (英 frantic) 形 半狂乱の；熱狂的な **frenesia** /フレネズィーア/ 女 錯乱，逆上；熱狂，熱中

freno /フレーノ/ (英 brake) 男 ブレーキ；抑制，歯止め ¶ — *d'emergenza* 急ブレーキ **frenare** 他 (乗物に)ブレーキをかける，速度をゆるめる；(感情を)抑える，堪える **frenare la lingua** 口を慎む — 自 ブレーキをかける[〜がかかる]

frequentare /フレクエンターレ/ (英 go often) 他 (常連として)通う；(生徒として)通う；(人と親しく)付き合う ¶ *Frequento quel bar.* あの喫茶店の常連です / *Frequento il secondo anno d'università.* 大学の2年です / *Lo frequento da due anni.* 彼とは2年前から付き合っています **frequente** 形 度重なる，頻繁に起こる ¶ *di frequente* 何度も，頻繁に -**mente** 副 何度も，頻繁に **frequenza** 女 頻発[多発]；頻度数 (便数，脈拍数，発行回数，周波数，振動数など)；精勤[皆勤] (休まずに出席すること)；人や車の波

fresco /フレスコ/ (英 cool) 形 [-chi] 涼しい；新鮮な，新しい；鮮やかな — 男 涼しさ，涼(りょう) **freschezza** 女 涼しさ；新鮮さ；生々しさ

fretta /フレッタ/ (英 hurry) 女 急ぎ；早急 ¶ *avere [molta]* — [とても]急いでいる *in fretta* 急いで *in fretta e furia* 大急ぎで，最速で **frettoloso** 形 せっかちな；あわてた；一夜作りの

friggere /フリッジェレ/ (英 fry) 他 [fritto] (油やバターで)調理する，揚げ物にする — 自 ジュッと音を立てる **fritto** 形 フライにした；*fritto e rifritto* 飽きあきする，くどくどしい 男 揚げ物，フライ；天ぷら *fritto misto di mare* 魚介類のフライの盛り合せ **frittata** 女 オムレツ

frigorifero /フリゴリーフェロ/ (英 refrigerator) 男 冷蔵庫 **frigo** 男 [0] 冷蔵庫 **frigobar** /フリゴバール/ 男 [0] (ホテルの)ミニ冷蔵庫

fringuello /フリングエッロ/ (英 chaffinch) 男 《鳥》ズアオアトリ

friulano /フリウラーノ/ 形 男 フリウリの(人)；フリウリ方言 **Friuli** /フリウーリ/ 男 フリウリ (オーストリア，スロヴェニアと国境を接するイタリア北部の山岳地方)

frizione /フリツィオーネ/ (英 massage) 女 マッサージ；摩擦；クラッチ **frizionare** 他 マッサージする

frizzante /フリッザンテ/ (英 effervescent) 形 (舌や喉をチクチク刺すような炭酸ガスの入った)発泡性の **frizzantino** 男 発泡性の白ワイン；清涼飲料

frode /フローデ/ (英 fraud) 女 詐欺；不正行為

frodo /フロード/ (英 smuggling) 男 密輸 ¶ *cacciatore di* — 密猟者

fronte /フロンテ/ (英 forehead) 女 額(ひたい)；頭，顔 ¶ *Fronte a destra!* 右向け右 —

男 最前線 ¶ di *fronte* 正面に, 真向かいに **a fronte alta** 胸を張って堂々と, 臆することなく
frontiera 女 国境; 境界; [複で] 限界 ¶ nuova — ニューフロンティア
frugare / フルガーレ / (英 rummage) 自 隅々まで探す — 他 (場所を)探しまわる
frugolo / フルーゴロ / 男 [1] やんちゃ[利かん気]な子
frugoletto 男 [1] やんちゃ坊主, お茶目
frullare / フルッラーレ / (英 flutter) 自 [av] (鳥が)羽ばたく; (コマが)回る; [es] (考えが)浮かぶ — 他 掻き混ぜる; 攪拌する **frullato** 形 泡立てた, 攪拌した 男 (ミキサーにかけた果物の)ジュース
frullatore 男 ミキサー
frullino 男 ハンド・ミキサー
fruscio / フルッシーオ / (英 rustle) 男 物が擦れる音 (衣擦れ, 葉擦れ, 足が床を擦る音など); (レコードやテープの)雑音
frusta / フルスタ / (英 whip) 女 鞭(むち) ¶ schioccare la — 鞭をピシッと打ち鳴らす
frutta / フルッタ / (英 fruit) 女 果物, フルーツ **frutteto** 男 果樹園 **fruttiera** 女 果物皿
fruttivendolo / フルッティヴェンドロ / 男 果物屋, 八百屋
frutto / フルット / (英 fruit) 男 実, 果実; 成果; 甲斐
fruttare 自 実を結ぶ; 利潤を生む 他 (結果として)もたらす
fucile / フチーレ / (英 gun, rifle) 男 (銃身の長い)銃; ライフル
fucilare 他 銃殺する, 射殺する
fuggire / フッジーレ / (英 flee) 自 [es] 逃げる; 逃走する; (時間が)速く経つ **fuga** 女 逃亡; 逃避; 漏れ, 流出;《音楽》遁走曲 (フーガ) ¶ — dalla realtà 現実からの逃避 / una — di

acqua[gas] 水[ガス]漏れ / — di notizie [機密の漏洩] / — dei cervelli 頭脳流出 **darsi alla fuga** 逃げ出す **fugace** 形 束の間の, はかない **fuggiasco** 男 [-chi] 脱走兵, 逃亡兵
fulmine / フルミネ / (英 thunderbolt) 男 雷; 稲妻 (のように速い人や物) **colpo di fulmine** 一目惚れ **fulmine a ciel sereno** 青天の霹靂(へきれき) **fulminare** 他 雷で打つ; 感電死させる; 震え上がらせる; 電撃シュート[パンチ]を浴びせる ¶ Che il cielo mi fulmini se non è vero! 天地神明に誓って / Dio ti fulmini! 嘘ついたら承知しないぞ — 自 [es/av] 雷が落ちる, 稲妻が走る ◆**-arsi** (電球が)切れる; 感電する
fumare / フマーレ / (英 smoke) 他 (タバコを)吸う; 喫煙する ¶ Scusi, Lei *fuma*? すいません, あなたはタバコを吸われますか / Mi dispiace, nell'ufficio è vietato *fumare*. 申し訳ございませんが, 事務所の中は禁煙になっています / Non riesco a smettere di *fumare*. なかなかタバコが止められません **fumare come un turco** ヘビースモーカーである(トルコ人のように吸う) **Mi fuma la testa.** 頭がぼうっとして働かない **fumare il calumet della pace** 和解する(インディアンが和解の印に平和のパイプを吸うことから) — 自 煙を吐く; 湯気[蒸気]が立つ **fumatore** 男 [2] 喫煙者; 喫煙席 ¶ non fumatore 禁煙者[席]
fumaiolo 男 煙突
fumo / フーモ / (英 smoke) 男 煙; タバコの煙, 喫煙; 湯気, 蒸気 **fumo di Londra** ダークグレー **fumo passivo** タバコを吸わない人が煙を吸う煙害 **andare in fumo** 消える, だめ

fune

になる **mandare in fumo** 台無しにする **fumetto** 男 漫画; 吹き出し(バルーン)

fune/フーネ/(英 rope) 女 綱, ロープ ¶ tiro alla — 綱引き

funicolare 女 ケーブルカー

funivia/フニヴィーア/ 女 ロープウェー

funebre/フーネブレ/(英 funeral) 形 葬式の; 悲しい, 痛ましい ¶ cerimonia [corteo] — 葬儀[葬列]

funerale 男 葬式, 野辺の送り **funesto** 形 死をもたらす; 悲愴な, 悼むべき ¶ notizia funesta 悲報

fungo/フンゴ/(英 fungus) 男 茸(キノコ); マッシュルーム

funzionare/フンツィオナーレ/(英 work) 自 正常に動く, 作動する; 機能[作用]する

funzionamento 男 機能, 働き **funzione** 女 活動; 職務, 任務; (宗教上の)儀式

funzionario/フンツィオナーリォ/ 男 [1] 公務員; (会社の)役職者

fuoco/フオーコ/(英 fire) 男[-chi] 火; かまど; 火事; 発砲 ¶ fuochi artificiali 花火 / vigile del fuoco 消防士 **di fuoco** 真っ赤な; 情熱的な **dare fuoco** 火をつける, 燃やす **prendere fuoco** 火がつく, 燃える; かっとなる **fare fuoco** 発砲する; 砲火を浴びせる **mettere a ferro e fuoco** 焼き尽くす, 荒廃させる **tra due fuochi** 立ち往生

fuori/フオーリ/(英 out) 副 外へ[で] — 前 ～の外へ[で]

-busta 男 [0] 給与外所得[収入]

-gioco 男 [0] オフサイド ¶ tattica del — オフサイドトラップ

-legge 男女 [0] 無法者, アウトロー(outlaw)

-pagina /フオリパージナ/ 男 [0] はみだし記事(政治面に載ったスポーツ記事のような)

-programma 男 [0] 特別番組; 特別演奏[演技] — 形 [0] 副 予定外の(で)

-serie/フオリセーリエ/ 形 [0] 特別の; 格別の — 女 [0] 特別仕様の高級車 — 男女 [0] 超一流選手

-strada 男 [0] ランドクルーザー; マウンテンバイク

furbo/フルボ/(英 clever) 形 抜け目のない; 狡猾な, ずるい

furfante/フルファンテ/(英 scoundrel) 男 悪党, ならず者, ごろつき

furgone/フルゴーネ/(英 van) 男 バン(箱型の屋根付トラック) **furgoncino** 男 小型のバン

furia/フーリア/(英 fury) 女 激怒; 猛威; 火急(→ fretta)

furioso 形 怒り狂った; 荒れ狂う; 猛烈な

furto/フルト/(英 theft) 男 盗み, 窃盗[罪] **furtivo** 形 ひそかな, 内密の; 盗まれた

fusa/フーザ/(英 purr) 女複 (成句で) **fare le fusa** (猫が満足して)喉を鳴らす; 甘える, 媚を売る

fuso[1]/フーソ/(英 fused, spindle) 形 溶けた, 溶解した; 和合[一致]した **fusione** 女 溶解; 和合, 調和

fuso[2]/フーソ/(英 spindle) 男 (糸紡ぎ用の)紡錘, つむ ¶ fuso orario (経線15度で1時間の時差が生じる同一標準時の)時間帯(→ rocca[2])

fusto/フスト/(英 stalk) 男 木の幹; (燭台や櫂の)グリップ; ナイスガイ(細身で背が高いスポーツマンタイプの若者); (家具の)骨[枠]組み

futile/フーティレ/(英 futile) 形 中身のない, くだらない

futuro/フトゥーロ/(英 future) 男 形 未来(の), 将来(の) ¶ in [un prossimo] futuro [近い

将来 **futurismo** 男 未来派
futurista 男女[3] 未来派の芸術家[作家]

G, g

g/ジ/女 男) 7番目の字母:《符T》G come Genova ジェーノヴァのG
gabbia/ガッビア/(英 cage)女 鳥かご; 檻(おり), 牢獄
gabbiano/ガッビアーノ/(英 seagull)男 ユリカモメ
gabinetto/ガビネット/(英 lav)男 WC, 便所; 小さな部屋, ～室; 内閣
gagliardo/ガッリアルド/(英 strong)形 強力な; 勇敢な
gagliardetto 男 (軍艦の)長旗, 三角旗(ペナント)
gaio/ガイオ/(英 gay)形 陽気な; 華やいだ; はしゃいだ
gaiezza 女 陽気; 華美; お祭り気分
galantuomo/ガラントゥオーモ/(英 honest man)男[-uomini] 紳士; 正義漢
galassia/ガラッスィア/(英 galaxsy)女 銀河, 天の川; 星雲
galateo/ガラテーオ/(英 manners)男 礼儀作法, たしなみ
galera/ガレーラ/(英 galley)女 牢獄; 酷使される場所 avanzo di galera 常習犯; やっかい者
galeotto 男 ガレー船の奴隷[漕ぎ手]; ならず者
galla/ガッラ/(英 afloat)女 a galla 水面に stare a galla 浮く, 浮かぶ venire a galla 表面化する, 判明する
galleggiare/ガッレッジャーレ/(英 float)自 浮く, 浮かぶ; 際立つ, 勝る **galleggiante** 形 浮かんでいる ¶ ponte ― 浮き橋 男 ブイ, 浮き; (ラムネ玉のような)玉栓
galleria/ガッレリーア/(英

tunnel)女 トンネル; アーケード; 画廊; (劇場の)桟敷席
gallese/ガッレーゼ/(英 Welsh)形 (英国)ウェールズの
gallo/ガッロ/(英 cock)男 鶏(ニワトリ), 雄鶏(おんどり); バンタム級 ¶ Il ― fa chicchirichì. 雄鶏は(目を覚ますと)キッキリキーと鳴く **gallina** 女 雌の鶏, 雌鶏(めんどり) ¶ La ― fa coccodè. 雌鶏は(卵を産むとき)コッコデと鳴く
galoppare/ガロッパーレ/(英 gallop)自 (馬が)駆ける; 走り[飛び]回る **galoppo** 男 ギャロップ, 疾走 di galoppo 大急ぎで, 慌ただしく
gamba/ガンバ/(英 leg)女 足, 下肢; (家具などの)脚 darsela a gambe 逃げる, ずらかる essere in gamba 健康[有能, 優秀]である In gamba! (別れるときに)気をつけて, 頑張れよ andare a gambe all'aria ひっくり返る; (事業などで)失敗する prendere sotto gamba あなどる, 軽んじる
gambero/ガンベロ/(英 prawn)男 車海老(クルマエビ) **gamberetto** 芝海老, 小エビ andare come i gamberi 後退りする, バックする
ganascia/ガナッシャ/(英 jaw)女 顎(あご) mangiare a quattro ganasce がつがつ[大食い, 早食い]する
gancio/ガンチョ/(英 hook)男 鉤(かぎ), ホック; フック(パンチ)
ganghero/ガンゲロ/(英 hinge)男 蝶番(ちょうつがい); 堪忍袋
gara/ガーラ/(英 competition)女 競技, 競争, レース
garage/ガラージュ/[仏]男 ガレージ, 車庫
garanzia/ガランツィーア/(英 guarantee)女 保証, 保障; 証

garbo /ガルボ/(英 politeness) 男 礼儀正しさ；優しさ；上品さ **garbato** 形 礼儀正しい；人当たりの良い；上品な

garganella /ガルガネッラ/ 女 (成句で) bere a garganella がぶ飲みする

gargarismo /ガルガリズモ/(英 gargle) 男 うがい[薬] ¶ fare i gargarismi うがいする

garibaldino /ガリバルディーノ/ (英 Garibaldi's) 形 ガリバルディ[部隊]の ¶ alla *garibaldina* 勇猛果敢に ― 男 同義勇軍兵士 ¶ mille garibaldini (= i Mille) 同千人隊

garofano /ガローファノ/(英 carnation) 男 カーネーション

garza /ガルザ/(英 gauze) 女 ガーゼ；鷺(サギ)

garzone /ガルゾーネ/(英 boy) 男 (店の)小僧さん；(大工や左官の)見習

gas /ガス/(英 gas) 男 ガス(燃料) ¶ a *gas* ガスの[で] / stufa a *gas* ガスストーブ a tutto gas 全速力で dare del gas 加速する **gasolio** /ガゾーリオ/ 男 軽油，灯油 (→ benzina) **gassato** 形 炭酸ガス入りの ¶ acqua *gassata* 炭酸水 / bevande[bibite] *gassate* 炭酸飲料[清涼飲料]

gassosa → gazzosa

gastro(gastri)- 接頭 胃の，胃に関する **gastricismo** 男 胃病；消化不良 **gastrico** /ガストリコ/ 形 胃の ¶ succo ― 胃液 / ulcera gastrica 胃潰瘍 **gastrite** 女 胃炎 **gastroenterico** /ガストロエンテーリコ/ 形 胃腸の (= gastrointestinale)

gastronomia /ガストロノミーア/(英 gastronomy) 女 美食料理法；デリカ(テッセン)

gastronomo /ガストローノモ/ 男 [1] 料理の名人 (→ buongustaio)

gatto /ガット/(英 cat) 男 猫，雄猫 ¶ ― delle nevi 雪上車 (スノーキャット) / lingua di ― ラングドシャ / occhio di ― 猫目石(キャッツアイ) quattro gatti 少人数 essere come cane e gatto 犬猿の仲 **gatta** 女 雌猫 gatta da pelare 難問 gatta morta 猫かぶり；偽善者 (= gattamorta) **gattopardo** 男 山猫(タイガーキャット)

gavetta /ガヴェッタ/(英 messtin) 女 飯盒(はんごう) venire dalla gavetta 一兵卒[平, ノンキャリ]から出世する

gazebo /ガゼーボ/ [英] 男 (庭園などの)休息所；あずまや

gazza /ガッザ/(英 magpie) 女 カササギ；おしゃべりな女 **gazzetta** 女 ～新聞[新報] **gazzosa** /ガッソーザ/ 女 サイダー，ラムネ

gelare /ジェラーレ/(英 freeze) 他 凍らせる，凍えさせる；黙らせる ¶ ―il sangue 血を凍らせる，ぞっとさせる ― 自[es] 凍る；冷え込む ¶ Mi gelano le mani. 手がかじかむ ◆ -arsi 凍る，凍結[氷結]する **gelo** 男 極寒；霜 **gelido** /ジェーリド/ 形 凍てつく，肌を刺す(ほど冷たい)

gelato /ジェラート/(英 icecream) 男 アイスクリーム ― 形 凍った；とても冷たい **gelataio** /ジェラタイオ/ 男 [1] (路上の)アイスクリーム売り **gelateria** /ジェラテリーア/ 女 アイスクリーム(専門)店

gelosia /ジェロズィーア/(英 jealousy) 女 嫉妬(しっと)，やきもち；細心の注意 **geloso** (di) 形 嫉妬深い；ねたんだ；精励な，責任感の強い；出し[貸し]惜しみする

gelso/ジェルソ/(㊥ mulberry)㊚ 桑(クワ) ¶ — nero[moro] 黒イチゴ

gelsomino/ジェルソミーノ/(㊥ jasmin)㊚ ジャスミン

gemello/ジェメッロ/(㊥ twin)㊕ 双子[双生児]の ¶ città gemella di Milano ミラノの姉妹都市㊚ カフスボタン ¶ un paio di gemelli 一対のカフス / perdere un gemello カフスの片方をなくす —㊚〔複で〕双子座の生まれ；(G-) 双子座

gemellaggio/ジェメッラッジョ/㊚ 姉妹都市[校]の協定 ¶ fare il — con... ～と姉妹都市[校]になる

gemma/ジェンマ/(㊥ bud)㊛ (草木の)芽；宝石

gendarme/ジェンダルメ/㊚ 憲兵(→carabiniere)

generale/ジェネラーレ/(㊥ general)㊕ 全般[全体]的な；世間一般の；(執務を)統括する，トップの ¶ elezione[sciopero] — 総選挙[ゼネスト] / direttore[segretario] — 取締役[書記長，局長] / quartiere — GHQ(総司令部) in generale 一般的に，一般論として —㊚ 将軍 **-mente**㊑ 一般[全般]的に，たいてい，普通は

generazione/ジェネラツィオーネ/(㊥ generation)㊛ 世代，ジェネレーション；(家族の)代

genere/ジェーネレ/(㊥ kind)㊚ 種類；ジャンル；品物，商品 / generi alimentari 食料品 **del genere** その種の，そういう類(たぐい)の **in genere** 一般的に，概して

generico/ジェネーリコ/(㊥ generic)㊕ 総論的な；具体的でない，漠然とした；オールラウンドな ¶ attore generico どんな役柄もこなす俳優

genero/ジェーネロ/(㊥ son-in-law)㊚ 婿(むこ)，娘婿(→nuora)

generoso/ジェネローゾ/(㊥ generous)㊕ 寛大な，包容力のある；気前のよい

generosità㊛ 包容力；高潔さ；豊潤

gengiva/ジェンジーヴァ/(㊥ gum)㊛ 歯茎，歯肉

genio/ジェーニオ/(㊥ genius)㊚ 天才，非凡な才能；特質；好み **andare a genio a qc**〈人〉の性分に合う，気に入る

geniale㊕ 天才的な，非凡な；絶妙の

genitore/ジェニトーレ/(㊥ parent)㊚ 父，母 ¶ i genitori 両親，父母 **genitrice**㊛ 生みの母；母親

gennaio/ジェンナイオ/(㊥ January)㊚ 1月

genovese/ジェノヴェーゼ/(㊥ Genoese)㊕㊚㊛ ジェノヴァの(人) **Genova**/ジェーノヴァ/㊛ ジェノヴァ(Liguria/リグーリア/州の州都)

gente/ジェンテ/(㊥ people)㊛ (集合的に)人々；(不特定の)人，人間

gentile/ジェンティーレ/(㊥ kind)㊕ 優しい；親切な，気が利いた **gentilezza**㊛ 優しさ，親切，厚意

gentiluomo㊚[-uomini] 紳士；貴族

genuino/ジェヌイーノ/(㊥ genuine)㊕ 天然[自然]の；純粋な；純正の **genuità**㊛ 純粋さ；高純度

genziana/ジェンツィアーナ/(㊥ gentian)㊛ 《植物》竜胆(リンドウ)

geo-/ジェオ/接頭「地球の」「土地の」意味 **geografia**/ジェオグラフィーア/㊛ 地理学；地理(地勢，地形) **geografico**/ジェオグラーフィコ/㊕ 地理の，地理学(上)の ¶ carta geografica 地図 **geologia**/ジェオロジーア/

geranio ▶

女 地質学 **geologico**/ジェオロージコ/形 地質の，地質学(上)の **geometria**/ジェオメトリーア/女 幾何学；(幾何学的)配列 **geometrico**/ジェオメートリコ/形 幾何学の；幾何学的な，整然とした **geometra**/ジェオーメトラ/男女[3] 測量技師

geranio/ジェラーニオ/(英 geranium)男 《植物》ゼラニウム

gergo/ジェルゴ/(英 slang)男 隠語，スラング

geroglifico/ジェログリーフィコ/(英 hieroglyphic)男 (古代エジプトの)象形文字(ヒエログリフ)；難解な文字[代物]

germanico/ジェルマーニコ/(英 Germanic)形 ゲルマン(民族，語)の **Germania**/ジェルマーニア/女 ドイツ(→tedesco)

germe/ジェルメ/(英 germ)男 芽；胚[芽]；細菌；芽生え，萌芽 **germoglio**/ジェルモッリオ/男 新芽，若芽 ¶ — di soia[bambù] モヤシ[竹の子] **germogliare**/自[es/av] 発芽する；(最初に)発生する，起こる

gesso/ジェッソ/(英 chalk)男 チョーク，白墨；石膏；ギプス

gesta/ジェスタ/(英 achievements)女働 武勲，覇業

gesto/ジェスト/(英 gesture)男 ジェスチャー；(合図や印としての)仕草，動き；行動，行為

gettare/ジェッターレ/(英 throw)他 投げる；(投げ)捨てる；浴びせる，放つ，吹き出す ― 自 芽を吹く ◆-arsi 飛び込む；身を委ねる

gettone/ジェットーネ/(英 counter)男 (お金の代用品としての)コイン，チップ

geyser/ガイゼル/(英 geyser)男[0] 間欠泉

ghepardo/ゲパルド/(英 cheetah)男 《動物》チータ

ghiaccio/ギァッチョ/(英 ice)男 氷 ¶ palazzo del — 屋内スケート場 / pattinaggio su — アイススケート / pezzo di — クールな人 **rompere il ghiaccio** 心を開く，打ち解ける，沈黙を破る ― 形 氷のような，とても冷たい

ghiacciare/自[es] 凍る；冷える，冷める ― 他 凍らせる；ぞっとさせる

ghiacciato 形 凍りついた；冷え切った **ghiacciaia**/ギァッチャイア/女 氷室(ひむろ)；(氷で冷やす)冷蔵庫；冷凍室(のような場所) **ghiacciaio**/ギァッチャイオ/男 氷河，万年雪

ghiacciolo/ギァッチョーロ/男 氷柱(つらら)；アイスキャンデー

ghiaia/ギアイア/(英 shingle)女 砂利，バラス

ghianda/ギアンダ/(英 acorn)女 団栗(ドングリ)；樫の実

ghiandola/ギアンドラ/(英 gland)女 (分泌)腺 ¶ — lacrimale[sudoripara] 涙腺[汗腺]

ghigliottina/ギッリオッティーナ/(英 guillotine)女 断頭台，ギロチン

ghiotto/ギオット/(英 greedy)形 食いしん坊の，食べ物に目がない；食欲をそそる

ghirigoro/ギリゴーロ/(英 squiggle)男 殴り[走り]書き；汚い字，読めない字[サイン]

ghirlanda/ギルランダ/(英 wreath)女 花輪，花冠

ghiro/ギーロ/(英 dormouse)男 ヤマネ(リスに似た冬眠動物) **dormire come un ghiro** 熟睡[爆睡]する

ghisa/ギーサ/(英 cast iron)女 鋳鉄(ちゅうてつ) ¶ in ghisa 鋳物の

già/ジャ/(英 already)副 もう，すでに；以前に；(名詞の前で)前に[かつては]〜だった；

(返答で)そうそう, そうだよ, あっそう **di già** ええ！もう？ (こんなに早く, そんなに速く)

giacca/ジャッカ/(英 coat)囡 上着 ¶ **—a vento** アノラック, ウインドブレーカー

giacchetta 囡 ジャケット, ブレザー

giacché/ジャッケ/(英 as)接 〜なので, 〜である以上

giacere ㉑/ジャチェーレ/(英 lie)自[es, giaciuto] 横たわる; (死んで)眠っている; 〜にある; (感心しない)状態のままである ¶ **— al suolo** 地面に横たわる / **Qui** giace. ここに眠る(墓碑) / **Il lago** giace **nel mezzo della vallata**. 湖は谷間の中央にある / **— nell'ozio** 仕事もしないで遊び惚ける **giacimento** 男 地層; 鉱山

giacinto/ジャチント/(英 hyacinth)男 ヒヤシンス

giaggiolo/ジャッジョーロ/(英 iris)男 菖蒲(アヤメ), アイリス

giaguaro/ジャグァーロ/(英 jaguar)男 《動》ジャガー

giallo/ジャッロ/(英 yellow)形 黄色い; (顔色が)青ざめた; (刑事や探偵が登場する)事件物の, ミステリー[スリラー]の ━ 男 黄色; 推理小説, サスペンス映画 ¶ **farina** gialla トウモロコシ粉 / **pagine** gialle 職業別電話帳(タウンページ)

giapponese/ジャッポネーゼ/(英 Japanese)形男囡 日本の(人) ━ 男 日本語

Giappone/ジャッポーネ/男 日本

gianduiotto/ジャンドゥイオット/男 (トリノの)ナッツチョコレート

giara/ジャーラ/(英 jar)囡 大きな壺, 甕(かめ)

giardino/ジャルディーノ/(英 garden)男 庭, 庭園 ¶ **— zoologico** 動物園 / **— d'infanzia** 幼稚園

gigante/ジガンテ/(英 giant)形 巨大な ¶ **slalom —** (スキーの)大回転 ━ 男 (神話や伝説の)巨人; 巨漢, 大男; 大家, 巨匠 ¶ **fare passi da gigante** 大股で歩く; 一躍する, 長足の進歩を遂げる

gigantesco 形 巨人のような, ばかでかい

giglio/ジッリォ/(英 lily)男 百合(ユリ); 百合の紋章

gilè/ジレ/(仏)男 チョッキ, ベスト

ginecologo/ジネコーロゴ/(英 gyn(a)ecologist)男[1][-gi] 婦人科医

ginepro/ジネープロ/(英 juniper)男 《植物》杜松(ネズ)

ginestra/ジネストラ/(英 broom)囡 エニシダ

gingillo/ジンジッロ/(英 knick-knack)男 おもちゃ, 玩具; がらくた; やぼ用

ginnastica/ジンナスティカ/(英 gymnastics)囡 (身体の)運動, 体操; 体育 ¶ **— aerobica** エアロビクス(=aerobica) / **— artistica[ritmica]** 体操[新体操] / **— mentale** 頭の体操 / **— preparatoria** 準備体操[運動]

ginocchio/ジノッキオ/(英 knee)男[1] 膝(ひざ) **in ginocchio** ひざまずいて[た] **mettere in ginocchio** 零落させる, 危機に陥らせる **far venire la latte alle ginocchie** うんざりさせる **ginocchiera** 囡 膝当て, サポーター

giocare/ジョカーレ/(英 play)自 遊ぶ, 戯れる; いじる; プレーする, 試合をする; 賭けをする; 巧みに操る ━ 他 (試合を)する; (トランプの札を)出す, (駒を)動かす; 賭ける; 翻弄する ◆**-arsi** 賭けて失う; 棒に振る **giocarsi la camicia** ギャンブル狂である; すべてを賭ける **giocata** 囡 試合; 賭け; (ゲームの)手 **giocatore** 男

gioco ➤

[2] 選手；賭博師 **giocattolo** /ジョカットロ/ 男 おもちゃ ¶ pistola — 玩具のピストル

gioco /ジョーコ/ (英 play) 男[-chi] 遊び，ゲーム；競技；賭事 ¶ — d'azzardo 賭博，ギャンブル / — da ragazzi[bambini] 子供騙し / — dell'oca すごろく / — di gambe フットワーク **prendersi gioco di** *qc* 〈人〉をからかう **essere in gioco** (命運が)かかっている，危ぶまれる **giocoliere** 男[1] 曲芸[軽業]師，ジャグラー

giocondo /ジョコンド/ (英 joyous) 形 愉快な，陽気な；満足げな ¶ *La Gioconda* モナ・リザ(ダヴィンチの作品)

gioia /ジョイア/ (英 joy) 女 喜び，感激；充実感

gioiello /ジョイエッロ/ (英 jewel) 男 宝石；大切な物[人] ¶ un — di marito かけがえのない夫 **gioielleria** /ジョイエッレリーア/ 女 宝石店

giornale /ジョルナーレ/ (英 newspaper) 男 新聞，雑誌；新聞社 ¶ — radio ラジオのニュース **giornalino** 男 (漫画やイラストの多い)雑誌 **giornalismo** 男 ジャーナリズム **giornalista** 男女[3] (新聞)記者，ジャーナリスト **giornalistico** /ジョルナリスティコ/ 形 ジャーナリズムの[的な]；新聞雑誌の

giorno /ジョルノ/ (英 day) 男 日；〔複で〕時代 ¶ Quanti *giorni*? 何日[間]？ / Che *giorno* è oggi? 今日は何曜日？ / Quante volte il *giorno*[al *giorno*]? 日に何度[回]？ / Il *giorno* della vittoria è vicino. 勝利の日は近い **al giorno d'oggi** 今日(こんにち)に **contare i giorni** 待ちわびる **da tutti i giorni** 普段の，気を張らない **da un giorno all'altro** 突然，思いがけなく **di giorno** 昼間 [日中]は **di giorno in giorno** 日に日に，日ごとに **fare[farsi] giorno** 夜が明ける **giorno e notte** 日夜，絶え間なく **giorno per giorno** 徐々に，だんだん **qualche giorno** いつか，そのうち **prendere il giorno per la notte** 昼寝て夜起きている(昼と夜が逆さまの生活) **sul far del giorno** 夜明けに **tutti i giorni** いつも，頻繁に **un giorno o l'altro** いつか，そのうち **uomo del giorno** 時の人 **giornata** (朝から晩までの)一日；《スポ》一節 **in giornata** 今日中に，その日のうちに **vivere alla giornata** その日暮らしをする

giornaliero 形 1日[だけ]の ¶ biglietto — 1日乗車券(乗り放題) / lavoro — 日雇い労働 / paga — 日当，日給

giostra /ジョストラ/ (英 merry-go-round) 女 回転木馬(メリーゴーラウンド)；騎馬試合，馬上競技

giovane /ジョーヴァネ/ (英 young) 形 若い，若々しい；経験の浅い；生まれて日の浅い **da giovane** 若い頃は — 男女 若者 **giovanile** 形 若者の，青少年の **giovanotto** 男 タフガイ；(中年の)独身

gioventù 女 青春(時代)，若い頃；若者，青年 ¶ errori[peccati] di — 若気の至り / giochi della — (中高生の)スポーツ大会 / ostello della[per la] — ユースホステル **giovinezza** 女 青春；若さ，若々しさ

giovare (a) /ジョヴァーレ/ (英 be useful) 自[av/es] 〜に役立つ，〜に良い ◆**-arsi** (di) 活用する，役立てる

giovedì /ジョヴェディ/ (英 Thursday) 男 木曜日 **Giove** 男 全知全能の神ジュピター(ギリシャ神話のゼウス)；木星

per Giove 本当にほんと！[？]
giraffa /ジラッファ/ (英 giraffe) 女 《動物》キリン
girare /ジラーレ/ (英 turn) 他 回転させる，まわす；歴訪する，見て回る；掻き回す；（頁を）めくる，裏返す；（方向を）変える；（映画を）撮る ― 自 回転する，まわる；(a...) 〜に曲がる；(per...) 〜を歩き回る，散策する；出回る **far girare la testa a** *qc* 〈人〉の目を回させる；〈人〉の平常心を失わせる **girare al largo** 距離を置く，敬遠する **girare a vuoto** 空転[空回り]する **gira e rigira** あれこれやった末に，結局最後に
girasole 男 《植物》向日葵（ヒマワリ） **girevole** /ジレーヴォレ/ 形 回転式の ¶ **porta ―** 回転ドア
giro /ジーロ/ (英 turn) 男 回転；一周，ツアー；行程；散策；順番；期間 **andare in giro per** *q s* （場所や物）を見て回る **essere su di giri** (気分が) 乗っている， 上機嫌である **prendere in giro** からかう
girone 男 《スポ》ラウンド ¶ **― all'italiana** リーグ戦[総当り方式] / **― di andata[ritorno]** 前半[後半]戦 **girotondo** 男 かごめかごめ (のような遊戯)
girovago /ジローヴァゴ/ 形 放浪の，宿無しの；巡回する
gita /ジータ/ (英 trip) 女 遠出，ドライブ ¶ **― scolastica** (学校の) 遠足 **gitante** 男女 行楽客，ハイカー
giù /ジュ/ (英 down) 副 下へ[に，で] ¶ **Giù!** 下げて[降ろして，降りて，伏せて]！ **essere[sentirsi] giù** 調子が悪い，気が滅入っている **andare giù a** *qc* 〈人〉の気に入る **a testa in giù** 逆立ちした，倒錯した，逆さまの **buttare giù** 倒す；飲みこむ；落胆させる **giù le mani da** *qs* 〈物〉に手を出すな，〈場所〉から手を引け

giubbotto /ジュッボット/ (英 jacket) 男 ジャンパー；（特に）革ジャン ¶ **― di salvataggio** 救命胴衣（ライフジャケット）
giudicare /ジュディカーレ/ (英 judge) 他 判断する；評価する；〜と見なす **giudice** /ジューディチェ/ 男女 裁判官，判事；審判員（ジャッジ）
giudizio /ジュディーツィオ/ (英 judgment) 男 判断(力)；見識；裁判 ¶ **dente del ―** 親知らず（奥歯） / **― universale** 最後の審判 / **giorno del ―** 審判の日[人類滅亡の日]
giuggiola /ジュッジョラ/ (英 jujube) 女 ナツメの実 **andare in brodo di giuggiole** 大喜び[感激]する
giugno /ジューニョ/ (英 June) 男 6月
giungere /ジュンジェレ/ (英 arrive at) 自[es, giunto] 着く，届く，達する
giungla /ジュングラ/ (英 jungle) 女 密林，ジャングル **legge della giungla** 弱肉強食の掟，強者の論理
giunta¹ /ジュンタ/ (英 committee) 女 委員会，専門部会 ¶ **― consultiva** 諮問委員会 / **― delle elezioni** 選挙管理委員会
giunta² /ジュンタ/ (英 addition) 女 追加(物)；（おまけとしての）増量；接合(部)，継ぎ目 **per giunta** おまけに，さらに **giuntura** 女 連結，接合；関節
giurare /ジュラーレ/ (英 swear) 他 誓う；誓約する ¶ **― amore eterno[fedeltà, vendetta] a** *qc* 〈人〉対する永遠の愛[忠誠，復讐]を誓う / **― di dire la verità** 真実を述べることを誓う / **Ti giuro che non sono stato io.** 僕は絶対やってない[やったのは僕じゃない] **giurare su...** 〜にかけて誓う，

giuria ▶

～について保証する
giuramento 男 誓い，宣誓；誓約 ¶ fare un — 誓う
giuria /ジュリーア/ (英 jury) 女 (集合的に)審査員；審判団 ¶ aspettare il verdetto di — 審査結果を待つ
giuridico /ジュリーディコ/ (英 legal) 法律[上]の，司法[上]の **giurisprudenza** 女 法学，法律学；判決(文)，判例
giustificare /ジュスティフィカーレ/ (英 justify) 他 弁明する，正当性を証明する；正当化する；許す，許可する
giustificazione 女 正当化，釈明，言い訳；理由書
giustizia /ジュスティーツィア/ (英 justice) 女 正義；公正，公平；司法[権] ¶ corte [palazzo] di — 法廷[裁判所] farsi giustizia 復讐する[自らの手で裁く] **giustiziare** 他 処刑する
giusto /ジュスト/ (英 just) 形 正しい，正当な，納得できる；正確な；的確な，適切な — 副 正確[的確]に；ちょうど，まさに；ほんの少し，ちょっとだけ
gladiolo /グラディーオロ/ (英 gladiolus) 男 «植物»グラジオラス
gli[1] /リ/ (英 the) (定冠) [巻末 I-11] 男性単数 [lo, l'] の複数形
gli[2] /リ/ (英 to him[them]) 代 [巻末 III] 彼に；彼らに
glicine /グリーチネ/ (英 wistaria) 男 «植物»藤(フジ)
globo /グローボ/ (英 globe) 男 球，球体 ¶ — terrestre 地球
gloria /グローリア/ (英 glory) 女 栄光，名誉；栄華，威光 **glorioso** 形 輝かしい，立派な；著名な
gnocchi /ニョッキ/ 男 «複» (ジャガイモなどを加えた柔らかい)団子風のパスタ
gnomo /ニョーモ/ (英 gnome) 男 地の精(グノーム)，小人

goal(gol) /ゴル/ [英] 男 [0] ゴール，得点 ¶ — partita 決勝点
gobba /ゴッバ/ (英 stoop) 女 猫背；瘤(こぶ) **gobbo** 形 男 [1] 猫背の(人)，背中の曲がった(人)
goccia /ゴッチャ/ (英 drop) 女 滴(しずく)；微量 a goccia a goccia 一滴ずつ[ぽたりぽたりと]，少しずつ due gocce d'acqua 瓜二つ **gocciola** /ゴッチョラ/ 女 水滴；小さなガラス球；イヤリング
godere (di) /ゴデーレ/ (英 be glad) 自 ～を心から喜ぶ；～に恵まれる — 他 楽しむ，享受する **godimento** 男 楽しみ，喜び；快楽
goffo /ゴッフォ/ (英 awkward) 形 ぎこちない；見苦しい
gogna /ゴーニャ/ (英 pillory) 女 さらし台 mettere alla gogna 公衆の面前で笑い物にする[恥をかかせる]
gola /ゴーラ/ (英 throat) 女 喉(のど)；首；欲，食い意地；狭い通路，隘路(あいろ) fare gola 食欲[欲望]をそそる avere l'acqua alla gola ピンチに立たされる avere un groppo alla gola 喉がつかえる，涙が込み上げる
golfo /ゴルフォ/ (英 gulf) 男 湾 ¶ — mistico (劇場の)オーケストラボックス
goloso (di) /ゴローソ/ (英 greedy) 形 ～が大好物の ¶ ragazza golosa di dolci 甘い物に目がない女の子
gomito /ゴーミト/ (英 elbow) 男 肘(ひじ)；湾曲 ¶ strada tutta a gomiti 曲りくねった道
gomitolo /ゴミートロ/ (英 ball) 男 (糸や毛糸を巻いた)玉
gomma /ゴンマ/ (英 rubber) 女 ゴム；消しゴム；タイヤ；ガム (= gomma da masticare)
gommapiuma 女 フォーム

ラバー

gondola/ゴンドラ/([英] gondola)[女] ゴンドラ **gondoliere**[男] ゴンドラの船頭

gonfiare/ゴンフィアーレ/([英] blow up)[他] ふくらませる，膨張させる； 誇張する ¶ Le piogge *gonfiano* i fiumi. 雨で河川が増水する ━ [自][es] ふくらむ，膨張する **gonfio**/ゴンフィオ/[形] ふくれた；腫れた，むくんだ **a gonfie vele** すこぶる順調に(順風満帆)

gonna/ゴンナ/([英] skirt)[女] スカート ¶ — pantalone キュロット / — a portafoglio 巻きスカート(前重ねのスカート)

gorgoglio/ゴルゴッリォ/([英] gurgle)[男] (胃や腸が)ゴロゴロ[グーグー]鳴る音；(配水管の中でするような)ゴボゴボという音 **gorgoglio**/ゴルゴッリーオ/[男] ゴボゴボ，グツグツ(沸騰したり液体が流れる連続音)

gorilla/ゴリッラ/([英] gorilla)[男][0] ゴリラ；タフガイ；ボディーガード

gota/ゴータ/([英] cheek)[女] 頬(ほほ) ¶ gonfiare le *gote* 頬を膨らます

governo/ゴヴェルノ/([英] government)[男] 政府；内閣；管理，運営 **governare**[他] 治める，統治する；管理[運営]する **governante**[男] (複数で)国を動かす要人； 政府首脳 ━ [女] 家政婦

gracile/グラーチレ/([英] delicate)[形] きゃしゃな；虚弱な；繊細な

gradevole/グラデーヴォレ/([英] pleasant)[形] 心地よい；感じの良い；当たりの柔らかい

gradino/グラディーノ/([英] step)[男] (階段や梯子の)段 **gradinata**[女] (劇場の)階段席，(スタジアムの)スタンド；(玄関の)大階段

gradire⑥/グラディーレ/([英] appreciate)[他] 喜んで応じる；嬉しく感じる；好む **gradito**[形] 嬉しい；大歓迎の

grado/グラード/([英] degree)[男] 段階；(度数の)度；等級；状態 **graduale**[形] 段階的な，漸進的な **-mente**[副] 徐々に，少しずつ

graffiare/グラッフィアーレ/([英] scratch)[他] (爪で)ひっかく；傷つける **graffio**/グラッフィオ/[男] ひっかき傷；すり傷

grafico/グラーフィコ/([英] graphic)[形] 図形[図表]の，グラフィックの ━ [男][1] グラフ，図表 グラフィックデザイナー

grammatica/グランマーティカ/([英] grammar)[女] 文法；文法書

grammo/グランモ/([英] gramme)[男] グラム

grana/グラーナ/([英] grain)[女] 粒，粒子；面倒，厄介；お金 ━ [男][0] 粉チーズ

granaio/グラナイオ/([英] granary)[男] 穀物倉庫；穀倉地帯

granata/グラナータ/([英] broom)[女] 箒(ほうき)；《植物》ザクロ；手榴弾

granchio/グランキオ/([英] crab)[男] 蟹(カニ)；へま，どじ

grande/グランデ/([英] great)[形] 大きい；素晴らしい，偉大な ━ [男][女] 大人；偉人 **grandezza**[女] 大きさ；偉大さ；荘厳さ

grandine/グランディネ/([英] hail)[女] 雹(ひょう)，霰(あられ) **grandinare** 《非人称》 [es/av] ひょう[あられ]が降る ━ [自][es] 雨霰[バラバラ]と降りそそぐ

grandioso/グランディオーゾ/([英] grand)[形] 壮大な；荘厳な；壮麗な，見事な

granito/グラニート/([英]

G

granulated) 形 粒[状]の
— 男 花崗岩, 御影石
granita 女 かき氷, みぞれ
grano/グラーノ/(英 wheat)男 小麦, 穀物; 粒 **granturco** 男 トウモロコシ(=granoturco)
grappa/グラッパ/女 グラッパ (焼酎に似た食後酒)
grappolo/グラッポロ/(英 bunch)男(花や果物の)房;群れ
grasso/グラッソ/(英 fat)脂肪分の多い, 油っこい; 太った, 肥満体の; 肥沃な, 肥えた
— 男 脂肪, 脂身; グリース
gratis/グラーティス/(英 free)副 無料で, ただで
grato/グラート/(英 grateful)形 感謝している; 心地よい
gratitudine/グラティトゥーディネ/女 感謝の気持, 謝意
grattare/グラッターレ/(英 scratch)他 (爪で)掻く; 掻き削る; 盗む ◆-arsi (自分の体を爪で)掻く; 無為に過ごす
gratarsi la testa 頭を掻く(困り果てる, 難題を抱える)
grattacielo 男 超高層ビル, 摩天楼
grattugiare/グラットゥジャーレ/(英 grate)他 (チーズや大根などを)すりおろす[つぶす]
¶ formaggio *grattugiato* 粉チーズ **grattugia**/グラットゥージャ/女 おろし金[器具]
gratuito/グラトゥーイト/(英 free)形 無料の, ただの
-mente 副 無料で, ただで
grave/グラーヴェ/(英 grave)形 重い; 重大な, 深刻な; 厳粛な
gravità 女 重さ;危険性;重力
gravido/グラーヴィド/(英 pregnant)形 妊娠した, 身重の; いっぱい含んだ
gravidanza 女 妊娠 ¶ essere nel terzo mese di — 妊娠3ヶ月である
grazia/グラーツィア/(英 grace)女 気品; 情け, 厚意; 許し, 恩赦 **colpo di grazia** とどめ(の一撃), 致命傷 **grazia di Dio** 神のお恵み(豊かな食料や収穫など) **Grazia e Giustizia** 法務省 **in grazia di...** 〜の力[尽力]で **Grazie!** ありがとう **grazie a...** 〜のおかげで **essere nelle grazie di qc** (人)と親しくする
grazioso 形 愛らしい; 上品な; 好感の持てる
greco/グレーコ/(英 Greek)形 男[1] ギリシアの(人) — 男 ギリシア語 **Grecia**/グレーチャ/女 ギリシア
greggio/グレッジョ/(英 raw)形 未加工の; 荒削りの; 未完成の ¶ petrolio — 原油 / seta *greggia* 生糸(きいと)
grembiule/グレンビューレ/(英 apron)男 エプロン
grembo/グレンボ/(英 lap)男 胎内; 内部, 深部 **tenere in grembo** (座った姿勢の女性が)膝の上で抱く **portare in grembo** 妊娠している
grezzo → greggio
gridare/グリダーレ/(英 shout) 自 叫ぶ, 大声で言う, どなる
grido 男[5] 叫び, どなり声; (動物の) 鳴き声 **di grido** 人気のある, 評判の良い **l'ultimo grido** 最新の流行
grigio/グリージョ/(英 grey)形 灰色(の), グレー(の); 単調な, 憂鬱な **materia grigia** 大脳皮質, 知能 **grigiore** 男 わびしさ, 物悲しさ, 惨めさ
griglia/グリッリァ/(英 grill)女 (魚や肉を焼く)網, 鉄板; 面格子
grillo/グリッロ/(英 cricket)男 《動物》コオロギ; 奇想, 気まぐれ **avere grilli per la testa** 頭がおかしい, 正常でない **grillo parlante** 知ったかぶりのお説教屋 **grillotalpa** 男[不変] 女 《動物》ケラ
grinta/グリンタ/(英 fight)女 闘志, 根性, ガッツ
grinza/グリンツァ/(英

wrinkle) 女 (服や肌の)しわ **non fare una grinza** 非の打ち所がない，一点の曇りもない

grissino /グリッスィーノ/ (英 bread-stick) 男 (細長い棒状の)乾パン

grondaia /グロンダイア/ (英 gutter) 女 (屋根の)樋(とい)，雨樋

groppa /グロッパ/ (英 rump) 女 (馬などの)背，背中；(人間の)肩，背中 ¶ **saltare in — al cavallo** 馬の背に跨る **avere molti anni sulla groppa** 年老いている **pigliare la groppa** 重労働に耐える **restare sulla groppa** (処分できないまま)手元に残る (=groppone)

grosso /グロッソ/ (英 large) 形 大きい；太い，分厚い；強力な，大規模な **fare la voce grossa** 威張る **grosso modo** ほぼ，おおむね **parole grosse** 暴言，罵声 **pezzo grosso** 大物，ＶＩＰ **grossista** 男 女 [3]問屋，卸売り業者 **grossolano** 形 粗末な；粗野な；大雑把な

grotta /グロッタ/ (英 cave) 女 洞窟，穴蔵 **grottesco** 形 [-chi] グロテスクな，奇妙な；馬鹿げた

groviera /グロヴィエーラ/ (英 Gruyère) 男 [0] グリュイエール・チーズ ━ 女 (穴だらけの)ぼろぼろの家[守備]

gru /グル/ (英 crane) 女 鶴(ツル)；クレーン ¶ **a gru** クレーン式の

gruppo /グルッポ/ (英 group) 男 集まり，集団；仲間，グループ **in gruppo** 皆一緒に，団体で

guadagnare /グダニャーレ/ (英 earn) 他 儲ける，稼ぐ；勝ち取る ¶ **— tempo** 時間を稼ぐ **guadagnare terreno** (競争相手に)差をつける，優位に立つ **guadagno** 男 儲け，稼ぎ；有利

guadare /グダーレ/ (英 ford) 他 (川の浅瀬を)歩いて渡る，渡河する **guado** 男 浅瀬 **a guado** 浅瀬を歩いて

guaina /グァイーナ/ (英 scabbard) 女 (刀剣の)さや；容器；ガードル

guaio /グアイオ/ (英 trouble) 男 災難，厄介；[複で] 困難，苦境 **guai a** 《不定詞》 〜したらただじゃすまないぞ **guai a te se...** もしも〜なら承知しないぞ

guancia /グアンチャ/ (英 cheek) 女 頬(ほほ)；ほっぺ **guanciale** 男 枕 **dormire tra[fra] due guanciali** 安心して眠る **guancialetto** 男 (肩などに入れる)パッド，詰め物

guanto /グアント/ (英 glove) 男 手袋；コンドーム **gettare il guanto** 決闘を挑む；挑戦する **in guanti gialli** 立派な身なりの；礼を尽くして，丁重に **trattare con i guanti** 丁重にもてなす

guardare /グァルダーレ/ (英 look) 他 ❶ 見る，眺める ¶ **— la televisione[il telegiornale]** テレビ[ニュース番組]見る **— una vetrina** ショーウインドウ[ケース]を眺める **— fuori dalla finestra** 窓から外を見る / **— col binocolo** 双眼鏡で見る ❷ (じっと)見る，鑑賞する ¶ **— un quadro[il panorama]** 絵[景色]を見る ❸ (ぼんやりと)見る，読む ¶ **— un giornale[una rivista]** 新聞[雑誌]を流し読みする ❹ 調べる，確認する ¶ **— i conti[i documenti]** 計算[書類]を確かめる ❺ 関心を示す ¶ **È così antipatica che nessuno la *guarda*.** 彼女は意地悪なので誰も相手にしない 見守る，監視する ¶ **far *guardare* i bambini dai nonni** 祖父母に子供の面倒を見てもらう / **I soldati *guardano* il ponte.** 兵士が橋の

守りを固めている — [自] 見てみる，探してみる，調べてみる；注意[留意]する；(建物が)～に向いて[面して]いる ¶ Dov'è il papà? - *Gurda* nello studio. 父さんは？一書斎じゃない / — nelle cassette[sul dizionario] 引出しを[辞書で]調べてみる / *Guarda* di ricordarti! 忘れちゃだめよ[しっかり覚えておいてね] / La finestra del bagno *guarda* a nord[sul cortile]. 風呂の窓は北向きである[中庭に面している] ◆**-arsi** 自分の姿を眺める；身を守る；見つめ合う ¶ — nello[allo] specchio 鏡に姿を映して見る / *Guardati* dal cane! 犬に注意して / — l'un l'altro 互いに見つめ合う

guardalinee/グァルダリーネエ/[男] [女][0] 線審，ラインズマン；保線係，線路作業員

guardaroba [男][0] クローク；クローゼット；衣装一式

guardasala [男] [女][0] (美術館や会場の)監視員 **guardrail**/ガルドライル/[英][0] [男] ガードレイル

guardia/グァルディア/([英] guard) [女] 警備，看視；警備員，見張り；《スポ》ガード ¶ — del corpo ボディーガード / — giurata ガードマン / — notturna 夜間警備員 / cane da — 番犬 / medico di — 救急病院[診療所]の当直医 / *guardie e ladri* 探偵ごっこ **mettere in guardia** 危険を知らせる **stare in guardia** 警戒する

guardiano [男][1] 管理人；番人，修道院長 **guardingo** [形] 慎重な，用心した

guarire ⑥/グァリーレ/([英] recover) [自][es] 病気が治る — [他] (病気を)治す；(心を)癒す **guarigione** [女] (病気の)回復，治癒 ¶ essere in via di — 快方に向かっている / Ti auguro una pronta —! 早くよくなってね

guastare/グァスターレ/([英] spoil) [他] 壊す；害する，汚す；だめにする ◆**-arsi** 壊れる；故障する；腐る；悪化する

guasto [男] 故障；損害，被害；不和，不仲 [形] 壊れた；故障した；腐った

guerra/グエッラ/([英] war) [女] 戦争；争い，衝突 ¶ — civile 内戦，内乱 **guerriero** [男][1] 勇者，武者；戦士

guerriglia/グエッリッリア/ [女] ゲリラ戦 **guerrigliero** [男][1] ゲリラ(兵)

gufo/グーフォ/([英] owl) [男] 《動物》梟(フクロウ)；陰気で人付き合いの悪い人

guida/グイーダ/([英] guide) [女] 運転，操縦；指導[方針]；案内，ガイド；案内書，ガイドブック；誘導路(線) ¶ — telefonica 電話帳 / — turistica 観光ガイド / cabina[posto] di — 運転室[席] / patente di — 運転免許証 / scuola — 自動車教習所

guidare/グィダーレ/([英] guide) [他] 案内する，導く；指導する；率いる；運転[操縦]する **guidare i passi di *qc*** 〈人〉に手ほどきする **guidare la mano** 達成[完成]と導く

guidatore [男][2] 操縦者，運転手 **guidoslitta** [女] ボブスレー

guinzaglio/グィンツァッリォ/([英] lead) [男] (動物をつなぐ)ひも，鎖 ¶ tenere il cane al — 犬を鎖につなぐ / mettere il — al cane 犬に鎖をつける

guscio/グッショ/([英] shell) [男] (クルミや卵などの)殻；(甲殻類の)甲羅 **uscire dal guscio** 殻を破る

gusto/グスト/([英] taste) [男] 味覚，味；好み，嗜好；(趣味やセンスの)良さ **di gusto** 喜ん

で, 十分に; 趣味[センス]のよい **con gusto** おいしく; 上手に, 見事に **gustoso** 形 おいしい, 美味な; 愉快な, 楽しい **gustare** 他 味わう, 味見する; 楽しむ, 満喫する

gutturale /グットゥラーレ/ (英 guttural) 形 喉の, 喉から発する ¶ suono — 喉頭音

H, h

h /アッカ/ 女 (男) 8番目の字母: ≪符T≫ *H come Hotel* ホテル/オテル のH; (大文字で)ホテル(hotel)と病院(ospedale)の略号 **non capire[valere] un'acca** 理解不能[無用の長物]である

habitat /アービタト/ [ラテン] 男 [0] (動物の)生息地; (植物の)生育地, 自生地

haiku /アイク/ [日] 男 [0] 俳句, 俳諧

hall /オール/ [英] 女 [0] (ホテルなどの)ロビー

hallo /エッロ/ [英] 間 もしもし; ハロー

hamburger /アンブルゲル/ [英] 男 [0] ハンバーガー

handicap /アンディカプ/ [英] 男 [0] ハンディキャップ

handicappare 他 不利な条件[ハンデ]を負わせる

handicappato /アンディカッパート/ 形 身体に障害のある — 男 [1] 身体障害者

harakiri /アラキーリ/ [日] 男 [0] 切腹; 自滅

hard discount /アルドディスカウント/ [英] 男 [0] ディスカウントショップ

harem /アーレム/ 男 [0] ハーレム

hawaiano /アヴァ[ワ]イアーノ/ [英] 形 男 [1] ハワイの(人)

Hawaii /アワーイ/ 女 (英) ハワイ

hippy /イッピ/ [英] 男 女 形 [0] ヒッピー(風の); 反社会的な行動をとる長髪の若者

hit-parade /イトパレイド/ [英] 女 [0] ヒットパレード, ヒットチャート; ベストセラーや人気商品の順位表

hobby /オッビ/ [英] 男 [0] 趣味(ホビー), 道楽

hostess /オステス/ (英 stewardess) 女 [0] スチュワーデス

hôtel /オテル/ [仏] 男 [0] ホテル → albergo

humour /ユーモル/ [英] [0] ユーモア

I, i

i[1] /イ/ 女 (男) 9番目の字母: ≪符T≫ *I come Imola* イーモラのI; (大文字で)ローマ数字の1

i[2] /イ/ (英 the) 定冠 [巻末I-11] il の複数形

ibis /イービス/ (英 ibis) 男 ≪動物≫ 鴇 (トキ)

iceberg /アイスベルグ/ [英] 男 [0] 氷山

idea /イデーア/ (英 idea) 女
❶ 考え, 観念: un'— chiara[sbagliata] 明確な[誤った]考え ❷ 意見, 見解: le mie *idee* politiche 私の政治に対する意見 ❸ 概念, 見当: non avere — わからない, 知らない / non averne la minima — それについてはまったく知らない[見当もつかない] ❹ 可能性, 予想: L'— di incontrarla mi riempie di gioia. 彼女に会えるかもしれないと思うと胸がわくわくするよ ❺ 意図, プラン: Ho — di passare qui l'estate. 夏はここで過ごすつもりです ❻ アイデア, 着想: È una bella —, ma difficile da realizzare. 素晴らしい考えだけど実現するのは難しい / Non è una cattiva *idea*. それは悪くないね ❼ 感じ, 印象: Non dà l'*idea* di persona seria. あの人は真面目な感じがしない / Mi dà l'*idea* di essere un romanzo

divertente. この小説おもしろそうだね / Il cielo così mi dà l'*idea* che presto pioverà. すぐに雨になりそうな空模様だね
ideale 形 理想的な；想像上の — 男 理想 **ideare** 他 考え出す，考案[発案]する
identico /イデンティコ/ (英 identical) 形 まったく同じ；何もかも似ている **identità** 女 同一性，完全な一致：confermare l'— delle due foto 2枚の写真が同じものかどうかを確かめる **carta d'identità** 身分証明証 **identificare** 他 同じもの[人物]と認める ¶ — un morto 死者の身元を確認する ◆-**arsi** (con) 〜と同じである；〜と一体になる[なりきる] ¶ Per molti la felicità *si identifica* con il denaro. 幸せはお金だと考えている人が多い / — col personaggio di un film 映画の登場人物になりきる
identikit 男 [0] モンタージュ写真；理想的な人間像
idiota /イディオータ/ (英 idiotic) 男女 [3] ばか，低能
idolo /イードロ/ (英 idol) 男 偶像；人気者(アイドル)
idoneo /イドーネオ/ (英 fit) 形 適した，ふさわしい，適切な
idro- /イドロ/ (英 hydro-) 接頭 水の **idrante** 男 消火栓；消防ポンプ **idraulico** /イドラウリコ/ 形 水道の；水力[水圧]を利用した — 男 [1] 水道の配管工[修理工] **idrogeno** /イドロージェノ/ 男 水素
idrovolante 男 水上飛行機
idrovora /イドローヴォラ/ 女 汲み上げ[排水]ポンプ
ieri /イエーリ/ (英 yesterday) 副 男 昨日 **ieri l'altro[l'altro ieri]** 一昨日[おととい]
igiene /イジェーネ/ (英 hygiene) 女 衛生，清潔さ
igienico /イジェーニコ/ 形 衛生[上]の，保健[上]の **carta igienica** トイレットペーパー
ignobile /イニョービレ/ (英 ignoble) 形 卑しい，下品な (→ nobile)
ignorante /イニョランテ/ (英 ignorant) 形 (di...) 〜を知らない；未熟な，教養のない — 男女 教養のない[無作法な]人 **ignoranza** 女 無学，無知；無作法 **ignorare** 他 (di 《不定詞》) 自分が〜であることに気づかない[知らない]；無視する
ignoto /イニョート/ (英 unknown) 形 まだ知られていない，未知の；無名の (→ noto)
il /イル/ (英 the) 定冠 [巻末 I-11] その
illecito /イッレーチト/ (英 illicit) 形 不正な，禁制の (→ lecito)
illegale /イッレガーレ/ (英 illegal) 形 不法の，違法の (→ legale)
illeggibile /イッレッジービレ/ (英 illegible) 形 判読できない；読めない (→ leggere)
illegittimo /イッレジッティモ/ (英 illegitimate) 形 不法な；嫡出でない ¶ figlio — 非嫡出子 (→ legittimo)
illudere /イッルーデレ/ (英 deceive) 他 [illuso] (幻想を与えて)だます ◆-**ersi** 幻想を抱く；思い込む，勘違いする；錯覚する **illusione** 女 幻想；錯覚 ¶ le *illusioni* dell'amore 失恋
illuminare /イッルミナーレ/ (英 light) 他 照らす，明るくする ◆-**arsi** (di) 〜で照らされる，〜で明るくなる
illuminazione 女 照明(イルミネーション) (→ lume)
illustrare /イッルストラーレ/ (英 illustrate) 他 挿絵[イラスト]を入れる **illustrazione** 女 挿絵，イラスト
illustre /イッルストレ/ (英 famous) 形 著名な，名高い
im- /イン/ 接頭 ([in+(b, m, p)]):

〜の中へ；（否定）〜でない

imballare /インバッラーレ/ (英 pack) 他 梱包[荷造り]する

imballaggio /インバッラッジョ/ 男 包装, 荷造り (→balla)

imbarazzare /インバラッツァーレ/ (英 embarrass) 他 当惑させる, 困らせる ◆-arsi まごつく, どぎまぎする

imbarazzo 男 困惑, 気詰まり；消化不良

imbarcare /インバルカーレ/ (英 take aboard) 他 (船や飛行機に)乗せる, 積む ◆-arsi 搭乗する, 乗り込む；(難局や難業に)乗り出す ¶ — in un'impresa disperata 見込みのない事業に手を出す

imbarco 男 乗船, 搭乗 ¶ carta d'*imbarco* 搭乗券(ボーディングパス) (→barca)

imbecille /インベチッレ/ (英 imbecile) 男 女 あほう, ばか 形 ばかげた, くだらない

imbiancare /インビアンカーレ/ (英 whiten) 他 白くする, 白く塗る **imbianchino** 男[1] 左官 (→bianco)

imboccare /インボッカーレ/ (英 feed) 他 (口に入れて)食べさせる；(道などに)入り込む (→bocca)

imbottigliare /インボッティリアーレ/ (英 bottle) 他 びん詰めにする； 閉じ込める (→bottiglia)

imbottire /インボッティーレ/ (英 stuff) 他 詰める ¶ — di cotone un cuscino 座布団に綿を詰める (→botte)

imbranato /インブラナート/ (英 clumsy) 形 無器用な, ぎこちない

imbrogliare /インブロッリアーレ/ (英 tangle) 他 もつれさせる；混乱させる, 紛糾させる ◆-arsi もつれる, 混乱する；ややこしくなる **imbroglio** /インブロッリォ/ 男 ごまかし, 詐欺；窮地 **imbroglione** 男[1] 詐欺師, ペテン師

imbucare /インブカーレ/ (英 post) 他 投函する；ポストに入れる (→buca)

imbuto /インブート/ (英 funnel) 男 漏斗(じょうご)

imitare /イミターレ/ (英 imitate) 他 真似る；模写する, 模造する **imitazione** 女 模倣, まね；偽造, 模造[品]

immaginare /インマジナーレ/ (英 imagine) 他 想像する, 想い描く；思いつく[発明]する ◆-arsi 考えてみる, 想像する **immaginazione** 女 想像(力), 空想(したこと)

immagine /インマージネ/ (英 image) 女 姿；面影, 絵, 映像；象徴, イメージ

immaginario /インマジナーリォ/ 形 想像上の

immatricolare /インマトゥリコラーレ/ (英 matriculate) 他 (大学への)入学を許可する；(車を)登録する ◆-arsi (大学の)新入生になる

immatricolazione 女 登録；大学入学許可

immaturo /インマトゥーロ/ (英 immature) 形 未熟な；稚拙な **immaturità** 女 未熟さ (→maturo)

immediato /インメディアート/ (英 immediate) 形 即時[即座]の；直接の ¶ decisione [risposta] — 即決[即答] **-mente** 副 すぐに；直接

immenso /インメンソ/ (英 immense) 形 巨大な, 果てしなく広がる **immensità** 女 広漠さ；無限

immergere /インメルジェレ/ (英 immerse) 他[immerso] 浸す, つける, 沈める；突き刺す ◆-ersi (in) 身を沈める；潜り込む；没頭する

immerso 他 浸かった, 沈んだ；没入した

immersione 囡 浸水；潜水

immigrare /インミグラーレ/(㊛ immigrate) 圓[es] (他国から)移民する **immigrazione** 囡 移民(の入国) ¶ ufficio d'— 入国管理事務所 **immigrato** 形 移民した外国人の — 男[1] 外国人労働者

immobile /インモービレ/(㊛ immovable) 形 不動の；固定された — 男 不動産，固定資産 **immobilità** 囡 不動；固定 **immobilizzare** 他 固定する (→ mobile)

immondo /インモンド/(㊛ filthy) 形 不潔な，よごれた；汚らわしい，卑猥な

immondizia /インモンディーツィア/ 囡 ごみ；不潔，汚らわしさ

immorale /インモラーレ/(㊛ immoral) 形 不道徳な，ふしだらな (→ morale)

immortale /インモルターレ/(㊛ immortal) 形 不死の；不滅の，不朽の (→ morte)

immutato /インムタート/(㊛ unchanged) 形 変更されない；従来と同じ (→ mutare)

impacciare /インパッチャーレ/(㊛ encumber) 他 (動作を)妨げる；邪魔をする 困惑させる ◆-arsi 身動きがとれなくなる，窮する **impacciato** 形 混乱した；困惑した；不明瞭なぎこちない **impaccio** /インパッチョ/ 男 邪魔(もの)，障害(物)；困惑；窮地

impadronirsi (di) 圓/インパドロニルスィ/(㊛ appropriate) 自分の物にする，奪う；体得(会得)する (→ padrone)

impalcatura /インパルカトゥーラ/(㊛ scaffolding) 囡 (仮設の)足場；(構造の)骨組み；骨子

impallidire 圓/インパッリディーレ/(㊛ turn pale) 圓[es] 青ざめる；(色が)薄くなる，(光が)弱まる, (→ pallido)

imparare /インパラーレ/(㊛ learn) 他 習う，勉強する；覚える，習得する；初めて知る **imparare a memoria** 暗記する

imparziale /インパルツィアーレ/(㊛ impartial) 形 公平[公正]な，偏見[先入観]のない (→ parziale)

impastare /インパスターレ/(㊛ knead) 他 (粉などを)こねる，練る；混ぜ合わせる (→ pasta)

impatto /インパット/(㊛ impact) 男 衝撃，インパクト；衝突

impaurire 圓/インパウリーレ/(㊛ frighten) 他 恐れさせる ◆-irsi おびえる，怖がる (→ paura)

impaziente /インパツィエンテ/(㊛ impatient) 形 辛抱[我慢]できない；いらいらした，短気な ¶ essere — di 《不定詞》 ~したくてたまらない

impazienza 囡 いらいら；あせり (→ pazienza)

impazzire /インパッツィーレ/ 圓(㊛ go mad) 圓[es] 狂う；頭が変になる ¶ fare — qc 〈人〉を狂わせる：Questo lavoro mi fa —. じつに厄介な仕事だ(頭が変になるよ) **da impazzire** 無茶苦茶の (→ pazzo)

impedire /インペディーレ/ 圓(㊛ prevent) 他 阻止する；邪魔する ¶ — a qc di 《不定詞》〈人〉に~させない **impedimento** 男 阻止；妨げ，支障；障害 (→ piede)

impegno /インペーニョ/(㊛ engagement) 男 約束，用事 **impegnare** 他 (時間を)取らせる，(場所を)占める ◆-arsi 約束する **impegnato** 形 忙しい；拘束された

impegnativo 形 義務付けられた，拘束力をもつ

imperatore /インペラトーレ/

(㊥ emperor)【男】皇帝；天皇
imperatrice【女】女帝；皇后
impero【男】帝国
imperfetto/インペルフェット/ (㊥ imperfect)【形】完全でない，完了していない ― 【男】半過去(時制) (→ perfetto)
impermeabile/インペルメアービレ/ (㊥ impermeable)【形】防水性の，(液体や気体を)通さない ― 【男】レインコート
impermeabilizzare【他】防水加工する
impeto/インペト/ (㊥ impetus)【男】勢い，激しさ；(感情の)爆発，衝動
impetuoso【形】猛烈な；(気性が)激しい
impianto/インピアント/ (㊥ plant)【男】設備，装置，プラント
impiccare/インピッカーレ/ (㊥ hang)【他】縛り首にする ◆ **-arsi** 首を吊る **impiccagione**【女】絞首刑
impicciare/インピッチャーレ/ (㊥ encumber)【他】邪魔する，妨害する ◆ **-arsi** (di) 口出しする，かまう
impiegare/インピエガーレ/ (㊥ use)【他】(時間を)かける；使う **impiegato**【男】サラリーマン，会社員 **impiegata**【女】ＯＬ，事務員 **impiego**【男】使用，利用；職，仕事
implorare/インプロラーレ/ (㊥ implore)【他】嘆願[哀願]する
imponente/インポネンテ/ (㊥ imposing)【形】堂々とした，威厳のある；(数量が)圧倒的な
imporre ㉒ /インポッレ/ (㊥ impose)【他】[imposto] 課す，押しつける；命じる ◆ **-orsi** (能力や権威で他を)制する，圧倒する；(評価や評判を)獲得する
importante/インポルタンテ/ (㊥ important)【形】重要な，大事な，貴重な **importanza**【女】重要性 **darsi importanza** もったいぶる，気取る

importare[1]/インポルターレ/ (㊥ matter)【自】[es] (三人称のみ)重要である；必要である ¶ Mi *importa* sempre la salute dei genitori. 両親が元気にしているかどうかいつも気になる / Mi *importa* di superare questo esame. 僕にとって大切なのはこの試験にパスすることだ / Non mi *importa* più niente di lui. あいつのことなんかもうどうでもいい / Non *importa* aspettarlo. 彼を待つ必要はない / Non *importa* che venga anche tu. 君まで来る必要はない **Non importa!/Che importa?** 気にしなくていい，関係[問題]ないよ **Non mi importa !/Che mi importa?** 気にしない，へっちゃら
importare[2]/インポルターレ/ (㊥ import)【他】輸入する
importazione【女】輸入；輸入品[量] (→ porto)
impossibile/インポッスィービレ/ (㊥ impossible)【形】不可能な，ありえない；無理な
impossibilità【女】不可能 (→ possibile)
imposta/インポスタ/ (㊥ tax)【女】税，税金；(両開きの)ブラインド
impotente/インポテンテ/ (㊥ impotent)【形】無力な，無能な；(性的に)不能な (→ potente)
impreciso/インプレチーソ/ (㊥ imprecise)【形】正確でない，はっきりしない (→ preciso)
impresa/インプレーザ/ (㊥ enterprise)【女】事業，起業；企業，会社；偉業，武勲
impressione/インプレッスィオーネ/ (㊥ impression)【女】印象，感じ；動揺，ショック ¶ avere buona — di qc〈人〉に好感を抱く / fare buona [cattiva] — 好い[悪い]印象を与える / Ho l'— che sia tardi. 手遅れの感じがする / Ho l'— di

imprestare ▶

non piacergli. 彼は私が嫌いみたい / Ho la vaga — di aver sbagliato. なんとなく間違ったような気がする

impressionare 他 衝撃[ショック]を与える；印象づける；圧倒する

impressionante 形 印象深い；驚異的な；恐ろしい

impressionismo 男 《絵画》印象派

imprestare /インプレスターレ/ (英 lend) 他 貸す (→prestare)

imprevisto /インプレヴィスト/ (英 unforeseen) 形 予想しない，予想[予定]外の ━男 不都合；不測の事態 (→previsto)

imprigionare /インプリジョナーレ/ (英 imprison) 他 収監する；閉じ込める；(流れを)せき止める (→prigione)

imprimere /インプリーメレ/ (英 impress) 他[impresso] (印や跡を押して)残す；(心や記憶に)刻む ¶ — un marchio 刻印を押す ━ — un'orma sulla sabbia[neve] 砂[雪]の上に足跡を残す ━ — qs nella mente[nel cuore] 〈何か〉を胸に焼きつける ◆-ersi (想い出などが)強く残る

improbabile /インプロバービレ/ (英 improbable) 形 ありそうもない (→probabile)

impronta /インプロンタ/ (英 imprint) 女 押した印[跡]；足跡

improvvisare /インプロッヴィザーレ/ (英 improvise) 他 (準備もなく)即興でやる；即席で作る ◆-arsi 即席で代役[不慣れな役]を務める

improvviso 形 突然の，急な **all'improvviso** 突然，急に **improvvisazione** 女 即興[演奏]，即興の講演[挨拶]

imprudente /インプルデンテ/ (英 imprudent) 形 軽率な，不注意な，無謀な

imprudenza 女 軽率(な行為)，不注意 (→prudente)

impugnare /インプニャーレ/ (英 seize) 他 (手でぎゅっと)つかむ，握りしめる (→pugno)

impulso /インプルソ/ (英 impulse) 男 推進力；刺激；衝動 ¶ acquisto[acquirente] per *impulso* 衝動買い[をする人] **d'impulso** 衝動的に

impulsivo 形 衝動的な，直情的な

imputato /インプタート/ (英 accused) 形 罪を問われた，告訴された ━男[1] 被告，被疑者

in /イン/ (英 in; at) 前 [巻末I-11] ❶ 〜の中へ[で]：vivere *in* città[campagna] 町[田舎]で暮らす / tornare *in* Giappone 日本に帰る ❷ 〜の中を：passeggiare *nel* parco 公園を散歩する / viaggiare *in* Italia イタリアを旅行する / Tante idee mi passano *nella* mente 様々な考えが頭を横切る ❸ (所要時間)〜で：Roma non fu fatta *in* un giorno. ローマは一日にして成らず / Finirò il lavoro *in* un mese. 一ヶ月で仕事を終える予定です / *in* un attimo あっという間に ❹ (手段・方法)〜で：andare *in* treno 電車で行く / pagare *in* contanti 現金で払う / parlare *in* inglese 英語で話す

in- /イン/ 接頭 〜の中へ；(否定)〜でない

inaspettato /イナスペッタート/ (英 unexpected) 形 予期しない，意外な，突然の (→aspettare) **inatteso** 形 予期しない，意外な (→attendere)

inaugurare /イナウグラーレ/ (英 inaugurate) 他 (何かの始まりを)式典で祝す；(何かを)初めて使う；(新たに)開始する ¶ — le Olimpiadi オリンピックの開会式を挙行する /

un'automobile 新車を初めて運転する / — un nuovo metodo 新方式を開始する

inaugurazione 女 (始めを祝う)式典；お披露目の祝宴(→ augurio)

inavvertitamente/イナッヴェルティタメンテ/ (英 inadvertently) 副 知らずに，うっかり (→ avvertire)

incalcolabile/インカルコラービレ/(英 incalculable) 形 数えられない；計り知れない，膨大な (→ calcolare)

incalzare/インカルツァーレ/(英 chase) 他 追い立てる；せき立てる 自 差し迫る，切迫する

incamminarsi/インカンミナルスィ/(英 set out) 再 (〜に向かって)歩き出す，動き始める (→ cammino)

incancellabile/インカンチェッラービレ/(英 indelible) 形 決して消えない，永遠の (→ cancellare)

incantevole/インカンテーヴォレ/(英 charming) 形 魅力的な，素敵な **incantato** 形 魔法にかけられた；魔法の(力を持つ) **incantesimo**/インカンテーズィモ/ 男 魔法，魔術 **incantare** 他 魔法にかける；魅了する ◆ -arsi うっとりする，見とれる；(機械が)動かなくなる **d'incanto** 魔法；魅力 **per incanto** 忽然と，奇妙なことに

incapace/インカパーチェ/(英 incapable) 形 無能な ¶ essere — di 《不定詞》 〜できない **incapacità** 女 無能(力)，不能 (→ capace)

incarico/インカーリコ/(英 task) 男[-chi] 任務，役割 ¶ prendersi l'— di 《不定詞》〜する役を引き受ける **incaricare** 《di》 他 (人に)〜の任務を託す， 〜する仕事を頼む

incaricato 男[1]担当者[官]，係員[官] (→ carico)

incartare/インカルターレ/(英 wrap) 他 紙に包む (→ carta)

incasso/インカッソ/(英 proceeds) 男 収入，売上高 **incassare** 他 (金額を)受金する；(小切手などを)現金にする；(金額を)売り上げる；箱に入れる はめ込む (→ cassa)

incastrare/インカストラーレ/(英 insert) 他 はめ[はさみ]込む；つなぎ止める 逃げられなくする

incatenare/インカテナーレ/(英 chain) 他 鎖で縛る，鎖につなぐ；(表現の自由を)束縛する；閉鎖する

incendio/インチェンディオ/(英 fire) 男 火事，火災 ¶ avvisatore d'— 火災報知器 **incendiare** 他 燃やす，焼く ◆ -arsi 燃える，焼ける

incenso 男 香，香の煙 ¶ bruciare l'—[grani di incenso] 香をたく **dare l'incenso a qc** 〈人〉に媚び へつらう，ごまをする

incerto/インチェルト/(英 uncertain) 形 不確かな，疑わしい；不安定な；確信のない **incertezza** 女 不確実さ；不明瞭さ；不安定；迷い，ためらい (→ certo)

inchiesta/インキエスタ/(英 inquiry) 女 調査，アンケート；(新聞の)特集記事

inchinarsi/インキナルスィ/(英 bow) お辞儀をする；敬意を表する；従う **inchino** 男 お辞儀 ¶ fare un — 頭を下げる

inchiodare/インキオダーレ/(英 nail) 他 (物に)釘を打つ；拘束[釘づけに]する；急停車させる (→ chiodo)

inchiostro/インキオストロ/(英 ink) 男 インク，墨(スミ)

inciampare/インチャンパーレ/(英 stumble) 自[av/es] つまずく；(厄介な事や人に)出くわ

す；（うっかり）違反する；（読み書きで）つかえる ¶ — nel giardino[in un sasso] 庭で[石に]つまずく **inciampo** 男 障害(物)，邪魔物[者]

incidente /インチデンテ/ (英 incident) 男 事故 ¶ — stradale 交通事故

incidere /インチーデレ/ (英 carve) 他[inciso] (表面を)切る，切開する；刻む，彫りこむ；（音を）吹き込む，録音する **incisione** 女 切り込み，切開；版画；録音 **incisivo** 形 鋭い，痛烈な 男 門歯

incinta /インチンタ/ (英 pregnant) 形 妊娠した，身重の ¶ essere — di secondo figlio 二人目の子を身ごもっている / essere — di tre mesi 妊娠三ヶ月である

incitare /インチターレ/ (英 incite) 他 刺激する；励ます ¶ — tutti a studiare di più もっと勉強しろと全員に発破をかける / — il popolo alla rivolta 民衆を扇動して暴動を起こさせる

incivile /インチヴィーレ/ (英 uncivilized) 形 未開の；旧態依然の；粗野な，無作法な (→ civile)

inclinato /インクリナート/ (英 inclined) 形 傾いた，傾斜した **inclinazione** 女 傾斜；傾向，好み；素質

includere /インクルーデレ/ (英 include) 他[incluso] 挿入する；含める，加える **incluso** 形 挿入した；含めた ¶ lettera *inclusa* 同封の書簡 / tutti *inclusi* i miei figli. 私の子供も含めて全員 **inclusivo** (di) 形 〜を含む ¶ — della tassa[del servizio] 税[サービス料]込みの

incognito /インコンニト/ (英 unknown) 形 未知の **in incognito** 身分を隠して，お忍びで

incollare /インコッラーレ/ (英 stick) 他 糊付けする；貼り付ける (→ colla)

incominciare /インコミンチャーレ/ (英 begin) 他 始める — 自 [es] 始まる (=cominciare)

incompetente /インコンペテンテ/ (英 incompetent) 形 無能な，適任でない (→ competente)

incompleto /インコンプレート/ (英 incomplete) 形 不完全な，未完成の (→ completo)

incomprensibile /インコンプレンスィービレ/ (英 incomprehensible) 形 理解[納得]できない，不可解な (→ comprendere)

inconsapevole /インコンサペーヴォレ/ (英 unaware) 形 無意識の，自覚のない (→ consapevole)

inconsistente /インコンスィステンテ/ (英 insubstantial) 形 中身のない，根拠のない

inconsolabile /インコンソラービレ/ (英 inconsolable) 形 悲嘆に暮れる，やるせない (→ consolare)

inconsueto /インコンスエート/ (英 unusual) 形 尋常でない，ただならぬ，異様な (→ consueto)

incontentabile /インコンテンタービレ/ (英 insatiable) 形 欲張りの；難癖をつける (→ contentare)

incontrare /インコントラーレ/ (英 meet) 他 出会う；会見する；（人気や評判を）得る；対戦する ◆-arsi (互いに)出会う；知り合う **incontro** 男 集会；会談；対戦 ¶ — al vertice 首脳会談 / punto d'— 合流点；合意点 fare un brutto incontro 事件[こわい目]に遭遇する andare[venire] incontro a... 〜に向かう，応じる，近づく

inconveniente /インコンヴェ

ニエンテ/([英] drawback) [男] 不都合，不便，支障 (→ conveniente)

incoraggiare/インコラッジャーレ/([英] encourage) [他] 激励する；奨励する **incoraggiamento** [男] 激励；奨励 (→ coraggio)

incoronare/インコロナーレ/([英] crown) [他] 冠を授ける **incoronazione** [女] 戴冠，戴冠式 (→ corona)

incorreggibile/インコッレッジービレ/([英] uncorrectable) [形] 手直しできない；手におえない；救い難い (→ correggere)

incorruttibile/インコッルッティービレ/([英] incorruptible) [形] 買収されない；清廉潔白な (→ corrotto)

incosciente/インコッシェンテ/([英] unconscious) [形] 無意識の;自覚に欠ける，無責任な，無頓着な；無謀な，無鉄砲な **incoscienza** [女] 無意識；自覚のなさ，無責任；無謀，無茶 (→ coscente)

incostante/インコスタンテ/([英] inconstant) [形] 変わりやすい；移り気な (→ costante)

incredibile/インクレディービレ/([英] incredible) [形] 信じられない，嘘みたいな；ありえない；馬鹿げた **incredulo**/インクレードゥロ/ [形] 疑い深い，容易に信じない (→ credere)

incremento/インクレメント/([英] increase) [男] 増加，増大；増進，促進

incrinarsi/インクリナルスィ/([英] crack) ひび[亀裂]が入る，ひび割れる

incrocio/インクローチョ/([英] crossing) [男] 交差点，十字路 **incrociare** [他] 交差させる；(人と)すれ違う ¶ — le braccia[le gambe] 腕[脚]を組む ◆**-arsi** 交差する；すれ違う；行き違いになる [自] (船や飛行機が)行き交う，飛び交う (→ croce)

incubatrice/インクバトリーチェ/([英] incubator) [女] (未熟児用の)保育器；孵卵(ふらん)器

incubo/インクボ/([英] nightmare) [男] 悪夢；恐ろしい状態，鬼のような人 ¶ — dei debiti 借金地獄

incurabile/インクラービレ/([英] incurable) [形] 不治の；手の施しようのない (→ curare)

incuriosire ⑥/インクリオズィーレ/([英] make curious) [他] 好奇心[興味]をそそる (→ curioso)

incursione/インクルスィオーネ/([英] incursion) [女] 侵入，侵攻;急襲 ¶ — aerea 空襲，空爆

indaco/インダコ/([英] indigo) [男][-chi] 藍，藍色 [形][0] 藍色の

indaffarato/インダッファラート/([英] busy) [形] 忙しい；慌ただしい (→ daffare)

indagare/インダガーレ/([英] investigate) [他] 研究する [自](su...) ～について捜査する **indagine**/インダージネ/ [女] 研究；(複数で)捜査

indebitarsi/インデビタルスィ/([英] get into debt) [再] 借金[負債]を負う (→ debito)

indebolire ⑥/インデボリーレ/([英] weaken) [他] 弱らせる，弱める [自][es] 弱る，衰える (→ debole)

indecente/インデチェンテ/([英] indecent) [形] はしたない；見苦しい；ぞんざいな **indecenza** [女] 慎み[品]のなさ；無礼，非礼 (→ decente)

indeciso/インデチーゾ/([英] indecisive) [形] 決心がつかない，優柔不断な；未決定[未解決]の；はっきりしない **indecisione** [女] 決断力のなさ，優柔不断，迷い (→ deciso)

indegno/インデーニョ/([英] unworthy) [形] 名が泣く，名

indelebile ▶

に恥じる; 卑劣な, ひどい (→ degno)

indelebile /インデレービレ/(英 indelible) 形 消え[消せ]ない; 忘れられない

indescrivibile /インデスクリヴィービレ/(英 indescribable) 形 言葉にならない, 筆舌に尽くしがたい (→ descrivere)

indiano /インディアーノ/(英 Indian) 形 インドの; インディアンの ― 男 [1] インド人; インディアン **fare l'indiano** 知らないふりをする, とぼける **in fila indiana** 縦一列に並んで, 一列縦隊で

indicare /インディカーレ/(英 point to) 他 指し示す, 教える, 表わす, 意味する; 示唆する, 勧める **indicazione** 女 表示, 標識; 指示, 指図

indice /インディチェ/(英 forefinger) 男 人差し指; 索引, 目次; 指数, 率; 指標, 表れ ¶ ― analitico ＡＢＣ順の索引 / ― di ascolto 視聴率 / ― di gradimento 人気度

indietro /インディエートロ/(英 back) 副 後ろに[へ, で] ¶ tornare ― 引き返す, あと戻りする / essere ― col lavoro (人を主語に)仕事で遅れている / rimanere ― negli studi 勉強が遅れている / L'orologio va ―. 時計が遅れる / mettere l'orologio ― di 5 minuti 時計を5分遅らせる **fare macchina indietro** 振り出しに戻す **fare marcia indietro** 前言を撤回する, 手を引く

indietreggiare 自 [es/av] 後退する, バックする; 退却する (→ dietro)

indifeso /インディフェーゾ/(英 undefended) 形 無防備な, 隙だらけの; 自分を守れない, 無抵抗な (→ difendere)

indifferente /インディッフェレンテ/(英 indifferent) 形 特に

違わない, 大差ない; 関心[乗り気]を示さない; 興味を起こさせない, つまらない

indifferenza 女 無関心, 無頓着, 冷淡さ (→ differente)

indigeno /インディージェノ/(英 indigenous) 形 土着の; 地元の, 地の

indigesto /インディジェスト/(英 indigestible) 形 消化に[の]悪い; 退屈な **indigestione** 女 消化不良 (→ digerire)

indignare /インディニャーレ/(英 shock) 他 憤激させる ◆-arsi (per) ～に憤慨する

indignazione 女 憤り, 憤慨

indimenticabile /インディメンティカービレ/(英 unforgettable) 形 忘れられない (→ dimenticare)

indipendente /インディペンデンテ/(英 independent) 形 独立[自立]した; (誰にもどこにも)依存しない, 束縛されない; (政治的に)偏りのない;(da...) と無関係な, 関連のない; 無党派[無所属]の

indipendenza 女 独立, 自立(心); 非関連性 (→ dipendente)

indiretto /インディレット/(英 indirect) 形 間接的な (→ diretto) **-mente** 副 間接的に

indirizzo /インディリッツォ/(英 address) 男 住所, アドレス

indirizzare 他 (人を)差し向ける; (人宛てに)差し出す, 送る

indisciplinato /インディッシプリナート/(英 undisciplined) 形 規律に従わない; 行儀の悪い, 反抗的な; 不摂生な, 乱れた **indisciplina** 女 (規律への)不服従, 反抗

indispensabile /インディスペンサービレ/(英 indispensable) 形 (絶対に)欠かせない, (必要)不可欠な; 余人をもって代えがたい ― 男 [単のみ] 必

要不可欠なもの，必需品
indisposto/インディスポスト/(英 unwell)形 体の具合が悪い;(女性が)生理中の
indivia/インディーヴィア/(英 endive)女 サラダ菜
individuo/インディヴィードゥォ/(英 individual)男 個人;(軽蔑的に)人［男，やつ］,〔複で〕連中 **individuale** 形 個人の，個々の;個別的な，独特の **individuare** 他 (他と区別して)見つける;割り出す,突き止める
indivisibile/インディヴィズィービレ/(英 indivisible)形 分割できない,不可分の **indiviso** 形 共有の，共同所有の(→ dividere)
indistinguibile/インディスティングイービレ/(英 undistinguished)形 区別できない,見分けがつかない(→ distinguere)
indizio/インディーツィオ/(英 sign)男 兆候;手がかり,ヒント;情況証拠
indolente/インドレンテ/(英 indolent)形 無精な,怠惰な,やる気のない **indolenza** 女 無精,怠惰,無気力
indomani/インドマーニ/(英 following day)副 (定冠詞と共に)翌日,次の日に
indossare/インドッサーレ/(英 wear)他 着る,身に着ける
indossatore 男[2] ファッションモデル
indovinare/インドヴィナーレ/(英 guess)他(直感で)見抜く,推察する;(謎などの答えを)言い当てる **tirare a indovinare** あてずっぽうで答える
indovinello 男 謎,なぞなぞ ¶ sciogliere un — 謎を解く **indovino** 男[1] 占い師,易者
indulgente/インドゥルジェンテ/(英 indulgent)形 寛大[寛容]な,情け深い
indumento/インドゥメント/(英 clothes)男 (総称的に)衣類,衣服
indurre 他⑪/インドゥッレ/(英 induce)他[indotto] しむける,説得する;誘発する;帰納する
industria/インドゥストリア/(英 industry)女 産業,工業;企業,工場 **industriale** 形 産業[工業]の ― 男女 企業家;工場経営者
inefficace/イネッフィカーチェ/(英 ineffectual)形 効力のない;精彩のない(→ efficace)
inerte/イネルテ/(英 inert)形 無気力な;無為無策の;動かない,不動の **inerzia**/イネルツィア/女 無気力;惰性 **per forza d'inerzia** 惰性で
inesperienza/イネスペリエンツァ/(英 inexperience)女 経験のなさ,不慣れ,未熟(→ esperienza)
inesperto/イネスペルト/(英 inexpert)形 経験のない,世間知らずの;未熟な,駆け出しの(→ esperto)
inevitabile/イネヴィターピレ/(英 inevitable)形 避けられない,免れない,必然的な(→ evitare)
infame/インファーメ/(英 infamous)形 卑劣な,あくどい;憎むべき,忌まわしい;最悪の,最低の
infanzia/インファンツィア/(英 childhood)女 (小学校を卒業するまでの)幼年期,少年時代;(集合的に)児童,少年少女
infantile 形 幼児[用]の;子供っぽい ¶ asilo — 幼稚園
infarto/インファルト/(英 infarct)男 梗塞(こうそく) ¶ — cardiaco[cerebrale] 心筋［脳］梗塞 **da infarto** ぺらぼうな,痺れる(ほど素晴らしい[素敵な])
infatti/インファッティ/(英 indeed)接 確かに,事実,そ

のとおり

infedele /インフェデーレ/ (英 unfaithful) 形 忠実でない；不貞な，不実な；（原文や事実に）忠実でない，不正確な；異教徒の (→ fedele)

infelice /インフェリーチェ/ (英 unhappy) 形 不幸[不運]な；悲しい，惨めな；ぞんざいな，まずい (→ felice)

inferiore /インフェリオーレ/ (英 lower) 形 （位置が）下の；（レベルが）低い，下位[下級]の ¶ abitare al piano — 下の階に住んでいる / gli arti *inferiori* 下肢，脚 — 男女 下の者，目下，部下 (→ superiore)

infermiera /インフェルミエーラ/ (英 nurse) 女 看護婦 **infermiere** 男 看護士 **infermo** 形 病気の，病弱の

inferno /インフェルノ/ (英 hell) 男 地獄 **infernale** 形 地獄の；極悪[酷悪]な；我慢できない

infetto /インフェット/ (英 infected) 形 腐敗した，汚染された；感染した ¶ acqua *infetta* 汚水 / dito — 化膿した指 **infettivo** 形 感染する，感染性の **infezione** 女 感染；感染症

infiammabile /インフィアンマービレ/ (英 inflammable) 形 すぐに火がつく，引火性の **infiammato** 形 紅潮した，真っ赤になった **infiammazione** 女 炎症，赤く腫れること

infilare /インフィラーレ/ (英 thread) 他 （糸に）通す；（穴に）入れる；（道に）入る 突き刺す ¶ — le perle 真珠を数珠つなぎにする / — una lettera nella buca 手紙をポストに入れる / — l'autostrada 高速に乗る ◆-**arsi**（筒状の物を）身に着ける；入り込む，もぐり込む ¶ — gli stivali ブーツを履く / — i guanti 手袋を指す / — sotto le coperte 布団に潜る / — nella macchina 車に乗り込む (→ filo)

infine /インフィーネ/ (英 in the end) 副 最後に，やっと；結局，要するに (→ fine)

infinito /インフィニート/ (英 infinite) 形 無限の，果てしない，終わりのない ¶ Grazie *infinite*. 本当にありがとう — 男 無限；（動詞の）不定詞 限りなく，延々と，何度でも **infinità** 女 おびただしい数量 ¶ un'— di bugie 嘘八百

inflazione /インフラツィオーネ/ (英 inflation) 女 インフレ；過剰な普及，激増

influenza /インフルエンツァ/ (英 influence) 女 影響(力)；インフルエンザ ¶ prendere l'— インフルエンザにかかる

influire (su) ⑥ /インフルイーレ/ (英 influence) 自 ～に影響する；～を左右する

infondato /インフォンダート/ (英 groundless) 形 根拠のない，いわれのない

informare /インフォルマーレ/ (英 inform) 他 （人に）知らせる，通知する ¶ — i presenti sul programma[dei cambiamenti] 出席者に予定[変更]を通知する **informato** 形 通知された；情報に通じた **essere ben informato di[su]...** ～にとても詳しい[精通している] **informazione** 女 情報；指示 ¶ chiedere un'— （何かを教えてもらうために）聞く，問い合わせる / ufficio[servizio] *informazioni* 案内所

infortunio /インフォルトゥーニォ/ (英 accident) 男 災害，事故 ¶ ～ sul lavoro 労災

infrangibile /インフランジービレ/ (英 infrangible) 形 壊れない，割れない；とても強固な ¶ volontà[vincolo]— 強い意志[固い絆] / vetro — 強化ガラ

ス

infuriare/インフリアーレ/([英] rage) [自] 激怒する；(天候などが)荒れ狂う ◆**-arsi** 怒り狂う，逆上する(→furia)

ingaggiare/インガッジャーレ/([英] hire) [他] 選手契約[出演契約]を結ぶ **ingaggio** [男] 契約金

ingannare/インガンナーレ/([英] deceive) [他] 騙す，欺く，裏切る **ingannare il tempo** 暇つぶしする **ingannare noia** 憂さ晴らしする **inganno** [男] ごまかし；誤解，錯覚

ingegnere/インジェニェーレ/([英] engineer) [男] 建築技師；技術者，エンジニア

ingegneria/インジェネリーア/[女] 工学(エンジニアリング)

ingegno/インジェーニョ/([英] talent) [男] 才能，知性，天分

ingegnoso [形] 創意工夫に富む，手の込んだ

ingegniosità [女] 創意工夫，巧妙さ

ingelosire/インジェロズィーレ/([英] make jealous) [他] 嫉妬させる ◆**-irsi** 嫉妬する，ねたむ(→geloso)

ingenuo/インジェーヌオ/([英] naive) [形] 純朴な，無邪気な，お人好しの **ingenuità** [女] 純朴な，無邪気，ばか正直

ingessare/インジェッサーレ/([英] put in plaster) [他] (骨折した部分を)ギプスで固定する(→gesso)

inghiottire/インギオッティーレ/([英] swallow) [他] 飲み込む；(涙や恨みを)飲む **inghiottire amaro** (非難や屈辱を)甘受する **inghiottire amaro e sputare dolce** 顔で笑って心で泣く

inginocchiarsi/インジノッキアルスィ/([英] kneel) ひざまずく；敬意を表する；屈する(→ginocchio)

ingiusto/インジュスト/([英] unjust) [形] 不当[不正]な，不法な，不公平な **ingiustizia**/インジュスティーツィア/[女] 不当，不正，不公平(→giusto)

inglese/イングレーゼ/([英] English) [形] イギリスの，英語の — [男][女] イギリス[英国]人 — [男] 英語

Inghilterra/インギルテッラ/[女] イギリス，英国；イングランド

ingoiare/インゴイアーレ/([英] swallow) [他] 飲み込む **ingoiare il rospo** (屈辱などに)黙って耐える

ingombrare/インゴンブラーレ/([英] clutter) [他] (場所を)ふさぐ；(通行などを)妨げる **ingombrante** [形] (かさばって)場所を取る，邪魔になる

ingorgo/インゴルゴ/([英] block) [男] (管などが)詰まること；渋滞 ¶ — stradale 交通渋滞

ingranaggio/イングラナッジョ/([英] gear) [男] 歯車，ギア

ingrandire ⑥/イングランディーレ/([英] enlarge) [他] 大きくする，拡大[拡張]する；誇張する — [自][es] 大きくなる；成長を遂げる(→grande)

ingrassare/イングラッサーレ/([英] fatten) [他] 太らせる，太くする；肥らせる；(油を)塗る，注ぐ — [自][es] 太る，肥える；(私腹を)肥やす(→grasso)

ingrato/イングラート/([英] ungrateful) [形] 恩知らずな；親不孝な **ingratitudine**/イングラティトゥーディネ/[女] 忘恩，恩知らず ¶ ricambiare un favore con l'— più nera 恩を仇で返す(→grato)

ingresso/イングレッソ/([英] entrance) [男] 入口，玄関；入場(料) ¶ — principale 正面玄関 / biglietto[prezzo] d'— 入場券[料] / vietato l'—(ai non addetti) (関係者以外)立入禁止 **ingresso libero** 入場無料

iniezione /イニエツィオーネ/ (㋺ injection) 囡 注射 ¶ — endovenosa [ipodermica] 静脈[皮下]注射 / Hai bisogno di un'— di coraggio [ottimismo]. 君には元気になる[くよくよしない]薬を注射しないといけないな

ininterrotto /イニンテッロット/ (㋺ uninterrupted) 形 途切れない, 連続した ¶ una serie *ininterrotta* di guai 災難の連続[踏んだり蹴ったり]

-mente 副 絶え間なく, ひっきりなしに (→ interrotto)

iniziare /イニツィアーレ/ (㋺ begin) 他 始める, 開始する — 自[es] 始まる

inizio /イニーツィオ/ (㋺ beginning) 男 始め, 始まり, 最初 **iniziale** 形 初め[最初]の, 初期の ¶ stipendio — 初任給 / condizione — 初期条件 — 囡 頭文字(イニシャル)

inizializzare 他 初期化する
inizializzazione 囡 初期化, 初期設定

iniziativa /イニツィアティーヴァ/ (㋺ initiative) 囡 発案, 発議; 主導(イニシアチブ), 率先 ¶ La — è sua. そのアイデアを出した[それを最初に考えた]のは彼[彼女]です / avere l'— 主導権を握っている / prendere [assumere] l'— 主導権を取る, 率先する *di proprio* iniziativa 自分で考えて自分で *per* iniziativa *di qc* 〈人〉の発案で

innaffiare → annaffiare

innalzare /インナルツァーレ/ (㋺ raise) 他 上げる; 立てる; 建てる; 高める, 向上させる (→ alto)

innamorarsi (di) /インナモラルスィ/ (㋺ fall in love) 再 〜に恋をする[恋心を抱く]; 〜に惚れ込む; (相互的に)愛し合う **innamorato** (di) 形 〜に恋をした; 〜に熱中した essere innamorato cotto di... 〜に焦がれている, ベタ惚れである 男[1] 恋人 (→ amore)

innanzi /インナンツィ/ (㋺ before) 副 前に, 前方に, 先に **innanzitutto** 副 まず, 最初に, 何よりもまず

inno /インノ/ (㋺ hymn) 男 賛歌; 国家 (= — nazionale); 賛美歌

innocente /インノチェンテ/ (㋺ innocent) 形 無実の, 潔白な; 純真(無垢)な, いたいけな — 男 囡 幼児(おさなご)

innocenza 囡 無実, 無罪; 純真無垢, 無邪気

innocuo /インノークオ/ (㋺ innocuous) 形 危害を加えない, 無害の; 悪意[罪]のない

innumerevole /インヌメレーヴォレ/ (㋺ innumerable) 形 数え切れない, 無数の (→ numero)

inoltre /イノルトレ/ (㋺ besides) 副 さらに, その上, おまけに ◆ **inoltrarsi** (in) 〜に分け入る; (新分野)に第一歩を踏み出す; (時刻や期限が)迫る, (季節が)深まる (→ oltre)

inondare /イノンダーレ/ (㋺ flood) 他 水浸しにする; 溢れさせる **inondazione** 囡 洪水; 氾濫 (→ onda)

inquieto /インクィエート/ (㋺ restless) 形 不安な, 落ち着かない **inquietare** 他 不安にさせる ◆ **-arsi** 腹を立てる, 苛立つ; 不安になる (→ quieto)

inquilino /インクィリーノ/ (㋺ tenant) 男[1] 借家人, 下宿人

inquinare /インクィナーレ/ (㋺ pollute) 他 汚染する, 腐敗させる **inquinato** 形 汚染された, 腐敗した

inquinamento 男 汚染, 腐敗

insalata /インサラータ/ (㋺

salad) [女] サラダ ¶ — cotta 温野菜

insanguinare/インサングィナーレ/([英] cover with blood) [他] 血まみれにする，血に染める ¶ insanguinarsi le mani 罪を犯す(自らの手を血で汚す) **insanguinato** 血まみれの，血染めの(→ sangue)

insegna/インセーニャ/([英] sign) [女] 看板，標識 ¶ — luminosa[al neon] ネオンサイン **levare[ripiegare] le insegne** 看板を掲げる[下ろす]

insegnare/インセニャーレ/([英] teach) [他] 教える **insegnante** [男][女]先生，教師

inseguire/インセグィーレ/([英] chase) [他] 追いかける；追求する **inseguimento** [男] 追跡，追求(→ seguire)

insensato/インセンサート/([英] senseless) [形] 常軌を逸した，非常識な，ばかな

insensibile/インセンスィービレ/([英] imperceptible) [形] 無感覚な，冷淡な；かすかな，わずかな(→ sensibile)

inserire [6]/インセリーレ/([英] insert) [他] 差し込む，挿入する ¶ — la retromarcia ギアをバックに入れる

inserviente/インセルヴィエンテ/([英] attendant) [男][女] (清掃などの)作業員；雑役[雑務]係

insetto/インセット/([英] insect) [男] 昆虫 **insetticida** [形][3] 殺虫性の — [男] 殺虫剤

insidia/インスィーディア/([英] trap) [女] 罠；待ち伏せ；目に見えない危険

insieme/インスィエーメ/([英] together) [副] 一緒に **insieme con[a]...** ～と一緒に — [男] 集，全体；一揃いのセット

insignificante/インスィンニフィカンテ/([英] insignificant) [形] 無意味な，くだらない

insinuare/インスィヌアーレ/([英] insinuate) [他] ほのめかす，それとなく言う ◆**-arsi** 忍び込む；染み込む

insipido/インスィーピド/([英] insipid) [形] 味のない，まずい；味気ない

insistere/インスィステレ/([英] insist) [自][insistito] 強調する，固執する；執拗に繰り返す[続ける] **insistente** [形] しつこい；長く続く ¶ pioggia — 長雨

insoddisfatto/インソッディスファット/([英] unsatisfied) [形] 不満な；満たされていない(→ soddisfatto)

insolente/インソレンテ/([英] insolent) [形] 無礼な，生意気な；傲慢な，横柄な **insolenza** [女] 傲慢さ，無礼；(複数で)侮辱的な言動 ¶ dire *insolenze a qc* 〈人〉を罵倒する / scambiarsi delle *insolenze* ののしり合う

insolito/インソーリト/([英] unusual) [形] 異様な，ただならぬ(→ solito)

insomma/インソンマ/([英] in short) [副] つまり，早い話が；(返答で)ぼちぼち，まあまあ；(苛立って)それで(結局どうするの)?；まったく[本当に](どうしようもない)(→ somma)

insonne/インソンネ/([英] sleepless) [形] 眠れない；不眠(症)の ¶ trascorrere — le notti 眠れない夜が続く **insonnia**/インソンニア/[女] 不眠(症) ¶ soffrire d'— 不眠症にかかる(→ sonno)

insopportabile/インソッポルタービレ/([英] unbearable) [形] 我慢できない，耐えがたい(→ sopportare)

insorgere/インソルジェレ/([英] revolt) [自][es][insorto] 反乱を起こす，蜂起する(→ sorgere)

insospettire/インソスペッティーレ/([英] make suspicious)

I

insuccesso ▶

他 疑惑[疑念]を抱かせる
◆ **-irsi** 疑う，怪しむ(→ sospetto)

insuccesso /インスッチェッソ/ (愛 failure) 男 不成功，失敗 (→ successo)

insufficiente /インスッフィチェンテ/ (愛 insufficient) 形 不足の，不十分な；力不足の

insufficienza 女 不足；無能さ；欠陥，欠点；(成績の)不可；機能不全 (→ sufficiente)

insulto /インスルト/ (愛 insult) 男 侮辱，侮辱的な言動

insultare 他 侮辱する，のしる

intanto /インタント/ (愛 meanwhile) 副 その間に；とにかく；(e intanto:不満を表わして)結局は，どっちみち

intasare /インタサーレ/ (愛 stop up) 他 (管などを)詰まらせる；(交通を)停滞させる ¶ I rifiuti *hanno intasato* il lavandino. ごみが流しに詰まった / Un incidente *ha intasato* il traffico. 事故で交通が渋滞した
◆ **-arsi** 詰まる ¶ *Si è intasato* il tubo di scarico. 配水管が詰まった

intascare /インタスカーレ/ (愛 pocket) 他 (特に不正な金を)受け取る；ポケットに入れる (→ tasca)

intatto /インタット/ (愛 intact) 形 手付かずの，未使用の，無傷の 元のままの ¶ nevi[cime] *intatte* 処女雪[処女峰]

integrale /インテグラーレ/ (愛 integral) 形 全部の，完全な；(数学)積分の ¶ edizione — 完全版 / film in versione — ノーカット版の映画 / casco — フルフェースの(レーサーなどが着用する首から上を完全に覆う)ヘルメット / riso — 玄米

intelletto /インテレット/ (愛 intellect) 男 知性，理解力

intellettuale 形 知的な，知能の ── 男女 知識人，インテリ

intelligente /インテリジェンテ/ (愛 intelligent) 形 頭のいい，賢い；知的な

intelligenza 女 知能，知性；才能，才覚

intendere /インテンデレ/ (愛 grasp) 他[inteso] 理解する，わかる；聞こえる；意味[意図]する；(不定詞を伴って)～するつもりでいる **intenzione** 女 意図；意向 ¶ avere — di 《不定詞》 ～するつもりでいる

intenditore 男[2] 玄人，通

intenso /インテンソ/ (愛 intense) 形 強い，激しい，深い **intensivo** 形 集中的な，徹底的な

interessare /インテレッサーレ/ (愛 interest) 他 関心を抱かせる；興味を持たせる ── 自 [es] 関心[興味]がある ◆ **-arsi** (di) 関心がある；気を配る，かまう **interessante** 形 面白い，興味深い **stato interessante** 妊娠

interesse 男 利益，利子；利害(関係)；関心，興味，重要性

interiore /インテリオーレ/ (愛 interior) 形 内部[内側]の；内面の，内面的な ── 男 内側，内部

interminabile /インテルミナービレ/ (愛 interminable) 形 いつまでも終わらない，どこまでも続く (→ terminare)

intermittente /インテルミッテンテ/ (愛 intermittent) 形 断続的な，間欠的な，点滅する ¶ luce — 点滅灯

internazionale /インテルナツィオナーレ/ (愛 international) 形 国際的な，国家間の (→ nazionale)

interno /インテルノ/ (愛 inside) 形 内の，内部の；国内の；内在する

intero /インテーロ/ (愛 entire)

[形] 全体の，全部の；完全な **a figura intera** 全身像の[で]（頭から足まで） **per intero** すっかり，完全に
interpol /インテルポール/ [女] [英] インターポール（国際刑事警察機構）
interpretare/インテルプレターレ/（[英] interpret）[他] 解釈する，説明する；代弁する；演じる，演奏する
interpretazione [女] 解釈；演技，演奏
interprete/インテルプレテ/（[英] interpreter）[男][女] 通訳；演技者，演奏家；代弁者；解釈者 ¶ fare l'— 通訳する / — simultaneo 同時通訳
interrogare/インテッロガーレ/（[英] question）[他]（人に）尋ねる，質問する；尋問する
interrogativo [形] いぶかしげな，疑問を呈する ¶ punto — 疑問符（？）
interrogatorio/インテッロガトーリオ/ [男] 尋問，取り調べ
interrogazione [女] 口頭試問；質問
interrompere/インテッロンペレ/（[英] break off）[他][-rotto] 中断する；（人の話や動きを）遮る，邪魔する **interrotto** [形] 中断された；遮断された
interruzione [女] 中断；中止；遮断 **interruttore** [男] スイッチ（→ rompere）
interurbano/インテルルバーノ/（[英] interurban）[形] 都市間の；市外の ¶ telefonate *interurbane* 市外通話（→ urbano）
intervallo/インテルヴァッロ/（[英] interval）[男] 間隔；間，合間；休憩時間；《音楽》音程 **a intervalli** 間隔を置いて，とぎれとぎれに
intervento/インテルヴェント/（[英] intervention）[男] 介入，仲裁；列席，参加；手術（= — chirurgico） **intervenire** ㉟ [自][es, -venuto] 割って入る，介入する；参加する；手術する
intervista/インテルヴィスタ/（[英] interview）[女] インタビュー；（記者）会見；面接
intervistare [他] インタビューする，（人に）取材する
intervistatore [男][2] インタビュアー，取材記者
intesa/インテーザ/（[英] agreement）[女] 了解，合意；協調；協商
intestino/インテスティーノ/（[英] intestine）[男] 腸 ¶ — tenue[crasso, cieco] 小腸[大腸，盲腸] **liberare l'intestino**（排泄を婉曲に）腸をからにする
intimidire ⑥/インティミディーレ/（[英] frighten）[他] おじけさせる；脅す，脅迫する（→ timido）
intimo/インティモ/（[英] intimate）[形] 親密な；内輪の；深層の；陰部の **biancheria intima** 下着，肌着 — [男] 深部，奥底；親友；親族
intitolare/インティトラーレ/（[英] entitle）[他] タイトル[表題，題名]をつける；（聖人や著名な人物にちなんだ）名前をつける ¶ — un film[libro] 映画[本]にタイトルをつける / — una chiesa[piazza] a XYZ 教会[広場]をＸＹＺと名付ける ◆ **-arsi** ～と題される ¶ La prima redazione dei "Promessi Sposi" s'intitolava "Fermo e Lucia".（マンゾーニの）『婚約者』の初版のタイトルは『フェルモとルチア』だった（→ titolo）
intonaco/イントーナコ/（[英] plaster）[男] 漆喰（しっくい），プラスター
intorno/イントルノ/（[英] round）[副] 周囲[周辺]を **intorno a...** ～のまわりに[を]；（概数）約～ぐらい；～に関して **guardarsi intorno** 警戒する，状況[情勢]

を見守る **ronzare intorno a qc**〈人〉にうるさくつきまとう，言い寄る

intossicare/イントッスィカーレ/(英 poison)他 中毒(症状)にする；毒する◆**-arsi** (con) 〜で中毒になる **intossicato** 形 中毒になった，毒された

intossicazione 女 中毒 ¶ — **alimentare** 食中毒

intrallazzo/イントラッラッツォ/(英 shady deal)男 闇取引，裏取引

intraprendere/イントラプレンデレ/(英 undertake)他 [-preso] 始める，着手する

intravedere/イントラヴェデーレ/(英 glimpse)他[-visto] ちらっと[かすかに，おぼろげに]見る；かいま見る

intreccio/イントレッチョ/(英 weaving)男 (作品の)筋書き，プロット **intrecciare** 他 (組んで)編む；結び合わす ◆**-arsi** (髪を)おさげにする；絡み合う，交錯する

introdurre ⑪/イントロドゥッレ/(英 introduce)他[-dotto] 差し込む；取り入れる，導入する；紹介する **introduzione** 女 導入；紹介；手引き(書)

intuire ⑥/イントゥイーレ/(英 sense)他 (直感で)見抜く，察知する；洞察する **intuizione** 女 直感，ひらめき；洞察力

inumano/イヌマーノ/(英 inhuman)形 非人間[人道]的な，非情[無情]な，冷酷な(→ umano)

inumidire ⑥/イヌミディーレ/(英 dampen)他 湿らす，軽く濡らす (→ umido)

inutile/イヌーティレ/(英 useless)形 役に立たない，無用[無駄]な (→ utile)

invadere/インヴァーデレ/(英 invade)他[invaso] 侵略する；侵入する；　　　浸水する

invasione 女 侵入，侵略；殺到 **invasore** 男 侵入[侵略]者 **invadente** 形 でしゃばりの，おせっかいな

invalido/インヴァーリド/(英 disabled)形 (身体に)障害のある，体の不自由な ― 男[1] 障害者；傷痍軍人 **invalidità** 女 (身体的な)障害

invano/インヴァーノ/(英 in vain)副 むだに，むなしく

invecchiare/インヴェッキアーレ/(英 grow old)自[es] 老いる，老ける；(食品が)古くなる；(流行が)廃る；(酒に)こくがでる

invece/インヴェーチェ/(英 instead)副 それに反して，ところが **invece di qc/qs**〈人・物〉の代わりに **invece di**〈不定詞〉〜しないで，〜する代わりに

inventare/インヴェンターレ/(英 invent)他 発明する；考え出す；でっち上げる

invenzione 女 発明(品)；創意，工夫；作り話，でっち上げ **inventore** 男[2] 発明者[家]，考案者

inventario/インヴェンターリオ/(英 inventory)男 (商品・財産・蔵書などの)目録

inverno/インヴェルノ/(英 winter)男 冬 **invernale** 形 冬の，冬場の，冬季[冬期]の

invertire/インヴェルティーレ/(英 invert)他 (方向や順序を)逆にする

investigare/インヴェスティガーレ/(英 investigate)他 追究する ― 自(su...) 〜を究明する **investigatore** 男[2] 調査者[官]；(興信所の)探偵

investire/インヴェスティーレ/(英 run down[over])他 激突する，(人を)はねる；襲う；投資する **investitore** 男[2] 運転事故を起こした人；投資家

investimento 男 投資；交通事故，人身事故

inviare /インヴィアーレ/ (英 send) 他 〈物を〉送る；〈人を〉派遣する **invio** /インヴィーオ/ 男 送付，発送[品]；派遣 **inviato** 形 発送[派遣]された ― 男 [1] 特派員

invidia /インヴィーディア/ 女 envy 女 妬(ねた)み，羨望(せんぼう) **invidioso** 形 妬んだ，妬ましい **invidiare** 他 妬む，羨(うらや)む ¶ ― *qs a qc* 〈人〉の〈物〉を羨ましく思う： T'*invidio* questo bel giardino. 私もこんな素敵な庭が欲しいわ（あなたの素敵な庭が羨ましい）

invincibile /インヴィンチーヴィレ/ (英 invincible) 形 不敗の，無敵の；克服できない (→ vincere)

invisibile /インヴィズィービレ/ (英 invisible) 形 目に見えない，不可視の

invitare /インヴィターレ/ (英 invite) 他 招く，招待する ¶ ― *qc a* 《不定詞》〈人〉を～する気にさせる；〈人〉に～するようお願いする **invito** 男 招待(状) **invitato** 男 [1] 招待客 **invitante** 形 魅惑的な；食欲をそそる

invocare /インヴォカーレ/ (英 invoke) 他 〈神などに呼びかけて〉加護を求める；懇願する **invocazione** 女 祈願[祈り] (の言葉)

involontario /インヴォロンターリオ/ (英 unvoluntary) 形 無意識な，不本意な；思いがけない (→ volontario)

inzuccherare /インズッケラーレ/ (英 sugar) 他 甘くする，～に砂糖を入れる[かける] (→ zucchero)

inzuppare /インズッパーレ/ (英 soak) 他 浸す；濡らす ◆-**arsi** 〈液体を〉吸う；ずぶ濡れになる (→ zuppa)

io /イーオ/ (英 I) 代 私は[が] ¶ Vai tu, *io* resto qui. 君が行けよ，僕はここにに残る / Ci penso *io*! 僕がなんとかするよ / che so *io* その他，等々

iodio /イオーディオ/ (英 iodine) 男 ヨウ素

iper- /イーペル/ (英 hyper-) 接頭 「超越，過剰」の意味

iperbole /イーペルボレ/ 女 誇張法[表現] **ipermercato** 男 超大型スーパー(マーケット)

ipersensibile /イーペルセンスィービレ/ 形 過敏症の

ipertensione 女 高血圧症

ipocrisia /イポクリズィーア/ (英 hypocrisy) 女 偽善；欺瞞 **ipocrita** /イポークリタ/ 形 [3] 偽善的な ― 男女 偽善者

ipotesi /イポーテズィ/ (英 hypothesis) 女 仮定，仮説；推測，想定

ippo- /イッポ/ 接頭 「馬」の意 **ippodromo** /イッポードロモ/ 男 競馬場 **ippopotamo** /イッポポータモ/ 男 河馬(カバ)

ira /イーラ/ (英 anger) 女 怒り un'ira di Dio 超厄介者；大惨劇；超高値

iride /イーリデ/ (英 iris) 女 虹(にじ)；(眼の)虹彩；菖蒲(アヤメ)

irlandese /イルランデーゼ/ (英 Irish) 形男女 アイルランドの(人) ― 男 アイルランド語 **Irlanda** /イルランダ/ 女 アイルランド

ironia /イロニーア/ (英 irony) 女 皮肉(アイロニー) **ironico** /イローニコ/ 形 皮肉な

irreale /イッレアーレ/ (英 unreal) 形 実在しない，非現実的な **irrealizzabile** /イッレアリッザービレ/ 形 実現不可能な (→ reale)

irregolare /イッレゴラーレ/ (英 irregular) 形 不規則な，不揃いの；正規ではない，不法な (→ regolare)

irreparabile /イッレパラービレ/ (英 irreparable) 形 修理[修復]不可能な，取り返しのつか

ない(→riparare)
irresponsabile/イッレスポンサービレ/([英] irresponsible) [形] 責任のない；免責の；無責任な(→responsabile)
irriconoscibile/イッリコノッシービレ/([英] unrecognizable) [形] 見違えるほどの，見分けがつかない(→riconoscere)
irrigare/イッリガーレ/([英] irrigate) [他] (土地に)水を引く，灌漑する **irrigazione** [女] 灌漑
irritare/イッリターレ/([英] irritate) [他] いらいら[じりじり]させる，怒らせる；軽い炎症を起こさせる，ひりひりさせる **irritazione** [女] 苛立ち，怒り；軽い炎症
iscrivere/イスクリーヴェレ/([英] enter) [他][iscritto] (名簿やリストに名を)登録する，記載する ◆**-ersi** (a) 登録する；入学[入会，加入]する **iscritto** [男][1] 登録者 **iscrizione** [女] 登録；入学，入会，加入 ¶ tassa d'— 登録料；入学[入会]金(→scrivere)
isola/イーゾラ/([英] island) [女] 島 ¶ — pedonale 歩行者天国 **isolare** [他] (周囲を)遮断する；隔離する；孤立させる；絶縁[断熱，防音]する；(他の要素と)切り離して考える ◆**-arsi** 閉じこもる；ひっそり暮らす；孤立する，国交を断絶する **isolato** [形] 孤立した；孤独な；絶縁[断熱，防音]された — [男] 街区(ブロック)；団地 **isolamento** [男] 孤立(化)；隔離 ¶ cella d'— 独房 / reparto di — 隔離病棟 **isolante** [形] 絶縁[断熱，防音]の
ispettore/イスペットーレ/([英] inspector) [男][2] 検査[検閲]官；視察官，視学；警部 **ispezione** [女] 検査，監査；視察
ispirare/イスピラーレ/([英] inspire) [他] (感情や考えを)抱かせる，吹き込む；霊感を与える，創作意欲を掻きたてる ◆**-arsi** 霊感[着想，創意]を得る **ispirazione** [女] インスピレーション；ひらめき
istante/イスタンテ/([英] instant) [男] 瞬間，一瞬
istantaneo/イスタンターネオ/ [形] 瞬間的な，一瞬の；即席(インスタント)の **all'[sull']istante** すぐに，即時に
isterico/イステーリコ/([英] hysteric) [形] ヒステリーの；ヒステリックな
istinto/イスティント/([英] instinct) [男] 本能；直観 ¶ — di conservazione 自己保存本能 **per[d']istinto** 本能的に，直観的に **istintivo** [形] 本能的な
istituire ⑥/イスティトゥイーレ/([英] institute) [他] 設立する，創設する；制定する **istituzione** [女] 設立；制定；制度 **istituto** [男] (教育研究や文化活動の)機関；(社会的な各種)団体施設；研究所
istmo/イストモ/([英] isthmus) [男] 地峡 ¶ l'— di Panama パナマ地峡
istrice/イストリチェ/([英] porcupine) [男] 《動物》ヤマアラシ
istruire ⑥/イストルイーレ/([英] educate) [他] 教育[教授]する，教える；訓練する **istruzione** [女] 教育，指導，訓練；(複数で)指示；使用法，説明書 **istruttore** [男][2] 教師，教官；コーチ，インストラクター
italiano/イタリアーノ/([英] Italian) [形] [男][1] イタリアの(人) — [男] イタリア語
Italia/イターリア/ [女] イタリア
itinerario/イティネラーリオ/([英] itinerary) [男] 道順(コース)；行程，旅程
iugoslavo/ユーゴズラーヴォ/([英] Yugoslav) [形] [男][1] 旧ユー

ゴの(人) **Iugoslavia**/ユーゴスラーヴィア/ 女 旧ユーゴスラビア

iunior → junior

iuta/ユータ/(英 jute) 女 黄麻(オウマ), ジュート

J, j

J/イルンガ(ジ)/ 女 男 イタリア語の21字母には数えず,「長いI」と呼ばれるようにIで代用: ≪符T≫ J come jersey /ジェルズィ/ジャージーのJ

jazz/ジェズ/ [英] 男 ジャズ

jazz-band/ジェズベンド/ 女 (男) ジャズバンド **jazzista** 男 女 [3] ジャズ演奏家[作曲家]

jeans/ジンス/ [英] 男 [0] ジーン布;（複数で)ジーンズ

jeep/ジープ/ [英] 女 [0] ジープ

jet/ジェット/ [英] 男 [0] ジェット機(=aeroreattore) **jet-lag**/ジェットレグ/ [英] 男 [0] 時差ぼけ

jodel/ヨーデル/ [独] 男 [0] ヨーデル

jolly/ジョッリ/ [英] 男 [0] (トランプの)ジョーカー; 万能選手

judo/ジュード(ジュド)/ [日] 男 [0] 柔道

juventino/ユウェンティーノ/ 形 男 [1] ユウェントゥスの(選手, ファン) **Juventus**/ユウェントゥス/ 女 トリノのサッカーチーム(略称: Juve)

junior/ユニオル/(英 junior) 形 [0] （同名の家族の名前に添える)ジュニア(年下の, 弟の, 息子)の **juniores**/ユニオーレス/ 形 男 女 [0] （スポーツで16-21才の)ジュニアクラスの(選手)

jumbo/ジュンボ(ジャンボ)/ [英] 形 [0] ジャンボな, 巨大な ― 男 [0] ジャンボジェット機

jungla → giungla

K, k

k/カッパ/ 女 男 イタリア語の21字母には数えずCで代用: ≪符T≫ K come Kursaal クルサルのK

kamikaze/カミカーゼ/ [日] 男 [0] 特攻隊員; 自爆テロ; da kamikaze自殺行為の, 自爆的な

kaputt/カプット/ [独] 形 [0] やられた, 参った, お手上げの 副 見るも無残な[惨憺たる状態]に

karaoke/カラオーケ/ [日] 男 [0] カラオケ

karate/カラーテ/ [日] 男 [0] 空手(=karatè)

killer/キッレル/ [英] 男 女 [0] 殺し屋(キラー), 刺客; 殺人犯 形 [0] 人を殺す ¶ squalo ― 人喰い鮫

k.o./カッパオー/ [英] 男 [0] ノックアウト; ケーオー負け(→ knock-out)

koala/コアーラ/ [英] 男 [0] ≪動≫ コアラ

krapfen/クラッフェン/ [独] 男 [0] クラプフェン(クリームやジャムの入ったドーナツ)

kursaal/クルサル/ [独] 男 (特に)湯治場の大広間

L, l

l/エッレ/ 女 男 10番目の字母: ≪符T≫ L come Livorno リヴォルノのL; (大文字で)ローマ数字の50; (鉄道の)普通[各停]

la/ラ/(英 the; it, her) 定冠 [巻末I-II] その ― 代 (女性名詞の単数)それを; 彼女を, あなた(Lei)を

là/ラッ/(英 there) 副 そこ[あそこ]に qua e là あちこちに

labbro/ラッブロ/(英 lip) 男 [5] 唇; (茶碗や花瓶の)口; 傷口

labirinto/ラビリント/ (英 labyrinth) 男 迷宮, 迷路;混迷

laboratorio/ラボラトーリオ/ (英 laboratory) 男 実験室; 仕事場, 工房 ¶ ― linguistico L L (視聴覚教室)

laborioso/ラボリオーソ/ (英

lacca ►

laborious) 形 骨の折れる; 勤勉な, よく働く

lacca /ラッカ/(英 lacquer) 女 ラッカー; — del Giappone 漆(うるし)

laccio /ラッチョ/(英 noose) 男 投げ縄; 細ひも; 絆(きずな) ¶ — da scarpe 靴ひも / — amoroso 愛の絆

lacerare /ラチェラーレ/(英 tear) 他 引き裂く, 切り裂く; 苛(さいな)む ◆-arsi ぼろぼろになる; (体の一部を)切る

lacrima /ラークリマ/(英 tear) 女 涙の滴; (複数で)涙; 水滴状の物; 南イタリア産のワイン

lacrimoso 形 涙ぐんだ; 涙を誘う, 涙ぐましい ¶ voce *lacrimosa* 涙声

lacrimogeno /ラクリモージェノ/ 形 催涙性の ¶ gas — 催涙ガス — 男 催涙弾

laddove /ラッドーヴェ/(英 where) 副 〜の場所に[で]

ladro /ラードロ/(英 thief) 男 [1] 泥棒; 暴利をむさぼる[私腹を肥す]やつ — 形 あこぎな, あくどい, えげつない **al ladro!** 泥棒!(叫び声) **ladro di galline[polli]** こそ泥 (=ladruncolo) **ladro in guanti gialli** 泥棒紳士 **ladrone** 男 [1] 追いはぎ, 大泥棒

lager /ラーゲル/ [独] 男 (ナチスの)強制収容所

laggiù /ラッジュ/(英 down there) 副 向こうの(下の方)に[で]; (遠い場所を暗に)あちらでは; あそこ[あっち]

lago /ラーゴ/(英 lake) 男 湖; (こぼれた大量の液体)〜の海 ¶ un — di sangue[olio] 血[油]の海 / essere in un — di sudore 汗だく[まみれ] **laghetto** 男 小さな湖, 池

laguna /ラグーナ/(英 lagoon) 女 潟(かた), 干潟; (主に大文字で)ヴェネツィア潟

laico /ライコ/(英 lay) 形 (聖職者に対して)世俗[一般人]の; 宗教色のない — 男 [1] 俗人, 一般人; (聖職者でない)一般信徒

lama /ラーマ/(英 blade) 女 刃, 刃身, 剣 **lametta** 女 安全剃刀の刃 **lamiera** 女 金属板, 鉄板 **lamina** 女 薄板, 箔(はく); (スキーの)エッジ ¶ — d'oro 金箔

lamentare /ラメンターレ/(英 lament) 他 悲しむ, 悼む; 嘆く ◆-arsi 不平[文句]を言う; (痛みで)うめく **lamento** 男 うめき声; 悲痛な叫び; 不平, 不満, 愚痴(ぐち) **lamentela** 女 〔主に複で〕苦情

lampada /ランパダ/(英 lamp) 女 あかり, 電灯; ランプ **lampadina** 女 電球 **lampadario** /ランパダーリオ/ 男 シャンデリア

lampo /ランポ/(英 lightning) 男 稲光, 稲妻; 閃光; ひらめき **in un lampo** たちまち, 一瞬に **chiusura lampo** ファスナー, チャック

lampeggiare 自[av] (空を主語に, あるいは非人称で)空が(稲光で)光る; 点滅する; キラリ[チカッ]と光る; [es] (感情が)走る, (考えが)ひらめく **lampeggiatore** 男 (車の)指示器(ウィンカー); (作業車などの)点滅ライト **lampione** 男 街灯; (乗物などの)ライト

lampone 男 《植物》木苺(きいちご), ラズベリー

lana /ラーナ/(英 wool) 女 羊毛, ウール **buona lana** ろくでなし, ならず者

lancia /ランチャ/(英 lance, spear) 女 槍 **lancetta** 女 (時計やはかりの)針

lanciare /ランチャーレ/(英 throw) 他 投げる, 発射する; (車を)飛ばす; (不満などを)ぶつける; (新商品や新人を宣伝して)売り出す **lancio** 男 投げること; 発射; 広告, 宣伝

languire ⑥ / ラングイーレ / ([英] languish) [自] 衰弱する，憔悴する，やつれる；なえる，しおれる；弱まる，活気を失う；不振になる，沈滞する

lanterna / ランテルナ / ([英] lantern) [女] 角灯(ランタン)；灯台

lapide / ラーピデ / ([英] tombstone) [女] (大理石や石の)墓碑；記念碑，銘板

lapis / ラーピス / ([英] pencil) [男] [0] 鉛筆

largo / ラルゴ / ([英] broad) [形] (横幅の)広い；(服や靴が)大きい ¶ strada *larga* 3 metri 幅3mの道 — [男] 横幅；幅 **al largo** 沖に[で] **larghezza** [女] 横幅；広さ

lasagne / ラザーニェ / [女][複] (ミートソースとベシャメルをベースにした)パスタの重ね焼き

lasciare / ラッシャーレ / ([英] leave) [他] (手を)はなす；(人や物を)置いて行く[来る]，置き忘れる；(場所を)後にする，離れる；(仕事や習慣を)やめる，捨てる；残す，放置する **lasciare *qc/qs*** 《不定詞(自動詞)》[a ***qc*** 《不定詞(他動詞)》] 〈人や物〉を〜させる，〈人〉が〜するのを許す **lasciare andare *qc/qs*** 〈人〉を引き止めない，〈物〉を我慢しない **lasciare a metà *qs*** 〈何か〉を途中で止める[中途半端な形で終わる] **lasciare fare *qc*** 〈人〉の好きにさせる，放っておく **lasciare perdere (*qs*)** 問題にしない，なかったことにする **lasciare stare *qc*[*qs*]** 〈人〉の邪魔をしない，〈物〉に手を出さない **lasciapassare** [男] [0] 通行許可証，フリーパス

lassativo / ラッサティーヴォ / ([英] laxative) [男] 便秘薬，緩下剤

lassù / ラッス / ([英] up there) [副] あの上に；北に上がったところに；天上に

lastra / ラストラ / ([英] slab) [女] (金属・ガラス・石などの)薄板；(写真の)原板，乾板 **lastrico** / ラストリコ / [男] [-chi] 石畳(の舗道) **sul lastrico** 路頭に迷った[状態に] **lastricato** [男] 石畳(の舗装)

latino / ラティーノ / ([英] Latin) [男][形] ラテン語(の)

latitudine / ラティトゥーディネ / ([英] latitude) [女] 緯度，緯線；(複数で緯度を基準にした)地方，地帯 ¶ — nord[sud] 北緯[南緯](→longitudine)

lato / ラート / ([英] side) [男] 側，側面 **laterale** [形] 横(側)の，側面の

latta / ラッタ / ([英] tinplate) [女] ブリキ(缶) **lattina** [女] (清涼飲料などの)缶

latte / ラッテ / ([英] milk) [男] 乳，牛乳；乳液 **lattante** [形] 母乳を飲んでいる — [男][女] (生後六ヶ月までの)乳児；ねんね **lattaio** / ラッタイオ / 牛乳屋 **latteria** / ラッテリーア / [女] 乳製品の店

lattuga / ラットゥーガ / ([英] lettuce) [女] サラダ菜

laurea / ラウレア / ([英] degree) [女] 大学卒業(の学位) ¶ tesi di — 卒業論文 ◆ **laurearsi** 大学を卒業する **laureato** [形][男] [1] 大卒の(者) ¶ — in lettere[medicina] 文学部[医学部]を卒業した[者] **laureando** [形][男] [1] 卒業見込みの(学生)

lava / ラーヴァ / ([英] lava) [女] 溶岩

lavagna / ラヴァーニャ / ([英] blackboard) [女] 黒板 ¶ — luminosa OHP(オーバーヘッドプロジェクター)

lavanda / ラヴァンダ / ([英] lavender) [女] 《植物》ラベンダー

lavare / ラヴァーレ / ([英] wash) [他] 洗う，洗濯する ¶ — i piedi al figlio 子供の足を洗う[洗ってやる] / lavarsi i piedi (自分の)

足を洗う ◆-arsi （自分の）体を洗う lavarsene le mani （そのことから）足を洗う，手を引く；（そのことには）かかわりたくない，何も知りたくない **lavabile**/ラヴァービレ/ 形 水洗いのできる；水に強い **lavaindossa** 形 男 [0] ノーアイロンで着用できる（生地） **lavanderia**/ラヴァンデリーア/ 女 クリーニング店 **lavandino** 男 （台所の）流し；洗面台 **lavapiatti** 女 [0] 皿洗い機（=lavastoviglie） ― 男 女 （厨房の）皿洗い；下働き **lavastoviglie**/ラヴァストヴィッリェ/ 女 [0] 皿洗い機 ― 男 女 [0] （厨房の）皿洗い，洗い場 **lavatoio**/ラヴァトイオ/ 男 洗濯場，洗濯場の水槽 **lavatrice** 女 洗濯機 **lavorare**/ラヴォラーレ/（英 work） 自 働く，仕事をする；機能［作動］する；繁盛する ― 他 加工する，細工する；耕す **lavorazione** 女 加工，作業 **lavorativo** 形 仕事の；勤務日の **lavoratore** 男 [2] 労働者；働き手 **lavoro**/ラヴォーロ/（英 work） 男 仕事，職 ¶ *lavori* forzati 強制労働 **laziale**/ラツィアーレ/ 形 ラツィオ（州）の ― 男 女 ラツィオ（州）の人 **Lazio**/ラーツィオ/ 男 ラツィオ州（州都: Roma） ― 男 ローマのサッカーチーム **le**¹/レ/（英 the）（定冠）〔巻末 I-11〕女性単数(la, l')の複数形 **le**²/レ/（英 to her, to you; them） 代 〔巻末 III〕彼女［あなた］に；（女性の複数名詞）それらを，彼女らを **leale**/レアーレ/（英 loyal） 形 誠実な，律儀な，忠実な；公明正大な，フェアな **lealtà** 女 誠実さ，忠誠，公明正大さ **lebbra**/レッブラ/（英 leprosy） 女 ハンセン病；（建物の）老朽化；（人の心や社会をむしばむ）害毒 **lebbroso** 形 男 [1] ハンセン病の（患者） **leccare**/レッカーレ/（英 lick） 他 （舌で）なめる；おべっかを使う ◆-arsi （動物が体を）なめる；おめかしする；（自分の指などを）なめる **leccarsi i baffi[i gomiti]** 大満足する **lecito**/レーチト/（英 right） 形 正当な，許された；合法的な，適法の **lega**/レーガ/（英 league） 女 同盟，連合；組合；合金 **legare**/レガーレ/（英 tie） 他 縛る，束ねる；つなぐ；結ぶ，結びつける ― 自 (con…) ～と仲良くなる；～と合う［調和する］；（理論的に）つながる **legarsela al dito** （相手から受けた不当な行為や仕打ちを）絶対に忘れない **legame** 男 縛る［結ぶ］もの（ひもやロープの類）；絆（きずな），関係 **legge**/レッジェ/（英 law） 女 法，法律；法則；掟（おきて），（勝手な）論理 **legale** 形 法律（上）の；適法の，合法的な **leggenda**/レッジェンダ/（英 legend） 女 伝説，言い伝え **leggendario**/レッジェンダーリオ/ 形 伝説上の，架空の **leggere**/レッジェレ/（英 read） 他 [letto] 読む；読んで聞かせる；読み取る **leggibile**/レッジービレ/ 形 読みやすい；読むに値する **leggero**/レッジェーロ/（英 light） 形 軽い；（強さが）弱い；軽快な；軽度の；軽薄な **leggerezza** 女 軽さ；弱さ；軽快；軽薄 **legione**/レジョーネ/（英 legion） 女 レギオン（古代ローマの軍団）；部隊；多勢 **legittimo**/レジッティモ/（英 legitimate） 形 合法的な；正統な，嫡出の；妥当な **legno**/レーニョ/（英 wood） 男 木(き)，木材，〔複で〕木管楽器

(fatto) di legno 木製の **legna** 囡 薪(まき) **legname** 男 材木
legume/レグーメ/(英 legume) 男 豆(マメ科の植物の種)
lei/レーイ/(英 she; you) 代 彼女;(敬称の)あなた(原則として Lei)
lembo/レンボ/(英 edge) 男 端, 縁(へり), 裾(すそ); 小さな部分, 一角
lente/レンテ/(英 lens) 囡 レンズ;〔複で〕メガネ; コンタクトレンズ(=*lenti* a contatto) **lenticchia**/レンティッキア/ 囡 レンズマメ **lentiggine**/レンティッジネ/ 囡 そばかす, しみ
lento/レント/(英 slow) 形 遅い, 緩い, 緩んだ a fuoco lento 弱火[とろ火]で 副 ゆっくり, 遅く **-mente** 副 ゆっくり, 遅く
lenza/レンツァ/(英 fishing line) 囡 釣り糸
lenzuolo/レンツオーロ/(英 sheet) 男 シーツ ¶ (le) *lenzuola* di lino リネンのシーツ上下一組 / due *lenzuoli* シーツ2枚
leone/レオーネ/(英 lion) 男 ライオン; (L-) 獅子座
leonessa 囡 雌のライオン
leopardo 男 豹(ヒョウ)
lepre/レープレ/(英 hare) 囡 野兎(ノウサギ)(→ coniglio)
lessare/レッサーレ/(英 boil) 他 ゆでる, ゆがく **lessata** 囡 さっと湯を通すこと **lessato** 形 ゆでた **lesso** 形 ゆでた — 男 ゆで肉(用の肉)
letargo/レタルゴ/(英 hibernating) 男 冬眠; 昏睡
letizia/レティーツィア/(英 joy) 囡 喜び, 歓喜, 満足感
lettera/レッテラ/(英 letter) 囡 手紙; 文字 ¶ —anonima 匿名[差出人不明]の手紙 **letterale** 形 文字の; 文字どおりの, 逐語的 **-mente** 副 文字どおりに, 逐

語的に
letteratura/レッテラトゥーラ/(英 literature) 囡 文学, 文芸
letterario/レッテラーリオ/ 形 文学[文芸]の; 文語の
letterato 男 [1] 文学[研究]者, 文芸家
letto[1]/レット/(英 bed) 男 ベッド, 寝床; 床 ¶ camera da — 寝室 / divano *letto* ソファベッド / — matrimoniale[alla francese] ダブルベッド[セミダブル] / — del fiume 川底 a letto (病気や休息のため)寝ている andare a letto 寝る cascare dal letto (いつもより)早起きする
letto[2] → leggere の過去分詞
lettore/レットーレ/(英 reader) 男 [2] 読者; (語学担当の)外国人講師; (CDなどのディスクを入れる)読取装置
lettura/レットゥーラ/(英 reading) 囡 読書; 講読; 読物
leva/レーヴァ/(英 lever) 囡 梃子(テコ), レバー; 原動力; 徴兵, 兵役
levare/レヴァーレ/(英 raise) 他 上げる, 持ち上げる; 取り除く[はずす] ◆**-arsi** (太陽などが)昇る; (風が)立つ; (高く)そびえる
lezione/レツィオーネ/(英 lesson) 囡 授業, レッスン; (教科書の)課; 注意, 忠告
li/リ/(英 them) 代〔巻末111〕(男性名詞の複数)それらを, 彼らを
lì/リ/(英 there) 副 そこ[そこ]に di lì そこから, そこを通って di lì a... それから〜後に
libeccio/リベッチョ/ 男 南西(から吹く湿った熱風)
libellula/リベッルラ/(英 dragon-fly) 囡 蜻蛉(トンボ)
liberale/リベラーレ/(英 liberal) 形 度量の大きい, 寛大な; 自由主義の
liberalismo 自由主義

liberare/リベラーレ/(英 free) 他 自由にする; 解放する; 解き放つ, 救う; (部屋や席を)空ける, (邪魔物を)取り除く, 免除[解除]する; **liberazione** 女 解放; 釈放; 免除, 解除

libero/リーベロ/(英 free) 形 自由な; 自分の好きにできる; (時間や場所が)空いている; 無料の; 独身[未婚]の ¶ esercizi *liberi* 《スポ》自由演技, フリー / stile — 《スポ》自由形, フリースタイル — 男 バレーボールのリベロ (自由に交替できる守備専門の選手); (バスケットボールの)フリースロー **a piede libero** 保釈中の, 拘留されていない **a ruota libera** ブレーキをかけずに; 好き放題に **entrata libera** 自由にお入りください[ご覧下さい] **essere libero di** 《不定詞》 自由に[遠慮なく]~できる

libertà/リベルタ/(英 freedom) 女 自由; 自主独立 **in tutta libertà** 遠慮なく, 安心して **prendersi delle libertà** なれなれしい **prendersi la libertà di** 《不定詞》 失礼を顧みず~する

libro/リーブロ/(英 book) 男 本, 書物 **libraio**/リブライオ/男 [1] 本屋 **libreria**/リブレリーア/女 書店; 書棚, 蔵書 **libretto** 男 小冊子, (オペラの)台本; (銀行の)通帳, 注文控帳

licenza/リチェンツァ/(英 permission) 女 許可証; 卒業証明書

licenziare/リチェンツィアーレ/(英 dismiss) 他 解雇する, 首にする ◆ **-arsi** 辞職[退職]する; (学業・課程を)修了する **licenziamento** 男 解雇

liceo/リチェーオ/(英 high school) 男 高等学校

lido/リード/(英 shore) 男 海岸; 砂州

lieto/リエート/(英 happy) 形 嬉しい, 嬉しそうな; 愉快な, 楽しい; 幸せな **Molto lieto/a.** お会いできて光栄です **lieto evento** 子供の誕生[出産] **lieto fine** ハッピーエンド

lieve/リエーヴェ/(英 light) 形 軽い, 苦にならない; 軽度の; わずかな, かすかな **-mente** 副 軽く, ほんの少し

lievito/リエーヴィト/(英 yeast) 男 酵母菌, イースト

ligure/リーグレ/(英 Ligurian) 形 男 女 リグリアの(人) **Liguria**/リグーリア/女 リグリア州 (州都: Genova/ジェーノヴァ/)

lilla/リッラ/(英 lilac) 男 [0]《植》ライラック, リラ; 薄紫色

lima/リーマ/(英 file) 女 《道具》やすり; 爪やすり (=limetta) **limare** 他 (やすりで)研磨する, 削る; (性格や癖を)矯正する, 直す; (文章を)推敲する

limite/リーミテ/(英 limit) 男 境界(線); 限界, 限度; 節度 ¶ **limite di velocità** 制限速度 **passare i limiti** 度を越す, 度が過ぎる **limitare** 他 (所有地などの)境界を示す; (数量を)制限する; (出費や損失を)抑える, セーブする ◆ **-arsi** 自制する ¶ **— nelle spese** 出費[支出]を抑える / **— a** 《不定詞》 ただ~するだけに止まる

limone/リモーネ/(英 lemon) 男 レモン(の木) ¶ **tè col[al] —** レモンティー **—** 男 形 [0] レモン色(の) **limonata** 女 レモネード, レモンスカッシュ

limpido/リンピド/(英 clear) 形 透明な, 澄んだ; 明快な, 明晰な

lince/リンチェ/(英 lynx) 女 オオヤマネコ ¶ **occhio di —** 慧眼(けいがん)(鋭い眼力[洞察力])

linea/リーネア/(英 line) 女 線, ライン; 列, 行; 輪郭, プロポーション; 路線; (電話の)回線 **lineamento** 男 [複で] 顔

だち; 概要, 概論
lingotto/リンゴット/(英 ingot) 男 インゴット(地金の塊), 延べ棒
lingua/リングァ/(英 tongue) 女 舌; 言語; 国語 **linguaggio**/リングァッジョ/男 (ある個人・集団・分野・社会に特有の)ことば, 表現の仕方; (音声や文字を使わない)ことば, 表現の仕方
lino/リーノ/(英 flax) 男 亜麻(アマ); リネン; (総称的に)麻
liquidare/リクィダーレ/(英 liquidate) 他 清算する; 見切る, 一掃する; けりをつける
liquidazione 女 清算, 在庫一掃(クリアランスセール); 決着, 始末
liquido/リークィド/(英 liquid) 形 溶かした, 液状の; (原液を)薄めた; (濃度が)薄い ¶ dieta *liquida* 流動食 / gas — 液化ガス (=liquefatto) / detersivo — 水で薄めた洗剤 / salsa[crema] *liquida* 粘りけのないソース[クリーム] — 男 液体; 複で 現金
liquefare ⑰ 他 [-fatto] 液化する; 溶解する
liquore/リクオーレ/(英 liqueur) 男 リキュール(酒)
lira/リーラ/(英 lira) 女 リラ(イタリアの旧通貨単位); (楽器の)竪琴 ¶ — sterlina 英国ポンド / — turca[egiziana] トルコ[エジプト]リラ
liscio/リッショ/(英 smooth) 形 (表面が)滑らかな, すべすべした; (海が)波静かな; (家具などが)飾りのない, シンプルな; (飲み物)ストレートの ¶ un whisky[caffè] — ウイスキーのストレート[コーヒーのブラック] — 男 《スポ》空振り, ファウルチップ, シュートミス; (ワルツのような床を滑るように踊る)社交ダンス andare liscio (物事が)順調に進む liscio come l'olio べた凪(なぎ)(油の表面のように波風のまったく立たない状態)
lista/リスタ/(英 list) 女 一覧表, リスト, 名簿; 明細書 ¶ la — degli invitati al matrimonio 結婚式の招待客名簿 / — delle bevande 飲み物のリスト[メニュー]
litigare/リティガーレ/(英 quarrel) 自 言い争う, けんかする; 仲たがいする; 訴訟を起こす(con *qc* 〈人〉と, per *qs* 〈何か〉のことで) **lite** 女 喧嘩(けんか); 係争, 訴訟 **litigio**/リティージョ/男 喧嘩(けんか) **litigioso** 形 喧嘩っ早い
litorale/リトラーレ/(英 littoral) 男 沿岸, 沿海 ¶ il — adriatico アドリア海沿岸地方
litro/リートロ/(英 litre) 男 リットル
livello/リヴェッロ/(英 level) 男 水準, 程度の高さ, レベル ¶ essere allo stesso *livello* 同レベルである passaggio a livello (線路の)踏切 **livella** 水準器(レベル) **livellare** 他 水平にする, 均等[均一]にする, 均(なら)す
lo/ロ/(英 the; him; it) 定冠 [巻末I-II] その — 代 [巻末III] 彼を; (情報内容)そのことを Lo sai che...? 実はね～なんだよ
locale[1]/ロカーレ/(英 room) 男 (建物内の)部屋; (飲食店や娯楽場の総称として) 店 ¶ appartamento di cinque *locali* 5部屋のマンション
locale[2]/ロカーレ/(英 local) 形 (ある特定の)地方[場所]の; 局地[局部]的な ¶ cucina[storia, colore] — 郷土料理[史, 色] — 男 (鉄道の)普通, 各駅停車(=treno —); 複で 地元[地域]住民 **località** 女 (観光地などの)場所, 小さな村や町
locanda/ロカンダ/(英 inn) 女 簡易ホテル, 安宿

locandina /ロカンディーナ/ (英 hand[play]-bill) 女 (宣伝広告の)びら, 散らし; (映画演劇の)ポスター

locomotiva /ロコモティーヴァ/ (英 locomotive) 女 機関車 ¶ — elettrica[a vapore] 電気[蒸気]機関車

loculo /ロークロ/ (英 burial niche) 男 死者を埋葬[埋骨]した墓穴; 納骨堂, 柩を安置した壁内墓所

locusta /ロクスタ/ (英 locust) 女 バッタ, イナゴ (→cavalletta)

locuzione /ロクツィオーネ/ (英 idiom) 女 成句, 慣用句

lodare /ロダーレ/ (英 praise) 他 ほめる, 称賛する ◆-arsi (di) 自慢する; (他人のことを)誇りに思う **lode** 女 称賛; 賛辞 ¶ 30 con *lode* 秀(成績で優の上)

logico /ロージコ/ (英 logical) 形 論理的な; 当然の **logica** 女 論理(学)

logoro /ローゴロ/ (英 worn) 形 すり切れた, やつれた

lombardo /ロンバルド/ (英 Lombard) 形 男 [1] ロンバルディアの(人) **Lombardia** /ロンバルディーア/ 女 ロンバルディア州(州都: Milano/ミラーノ/)

lombo /ロンボ/ (英 loin) 男 腰; (動物の)腰肉 **lombata** 女 ばら肉(料理)

londinese /ロンディネーゼ/ (英 Londoner) 形 男 女 ロンドンの(人) **Londra** /ロンドラ/ 女 ロンドン(英国の首都)

longitudine /ロンジトゥーディネ/ (英 longitude) 女 経度, 経線 ¶ — est[ovest] 東経[西経] (→latitudine)

lontano /ロンターノ/ (英 far) 形 遠い, 遠くの; 離れた; 遠い昔[先]の; 漠然とした ―― 副 遠くに, 離れて **lontananza** 女 (時間的・距離的に)遠く離れている[いた]こと in lontananza 遠くに[から]

lontra /ロントラ/ (英 otter) 女 《動物》カワウソ ¶ — marina ラッコ

loquace /ロクアーチェ/ (英 loquacious) 形 よくしゃべる, 話好きの; 話上手な

lordo /ロルド/ (英 filthy; gross) 形 よごれた, 汚い; 総額(経費や税を引く前)の, 総重量(容器の重さも含めた合計)の (→netto)

loro /ローロ/ (英 they, their, them; you, your, yours) 代 [巻末III] (3人称複数)彼[彼女]ら; 彼[彼女]らを; (2人称複数の敬称)あなた方; あなた方を ―― 形 [常に定冠詞を先行させて] 彼[彼女]らの; (敬称で)あなた方の ―― 代 彼[彼女]らの物; (敬称で)あなた方の物

loto /ロート/ (英 lotus) 男 蓮(ハス), ロータス(実を食べると記憶を失うという言い伝えがある)

lotta /ロッタ/ (英 wrestling; fight) 女 レスリング; 格闘(技); (雌雄を決する)勝負, 競争; 闘争, 戦い; (社会悪に対する)反対[撲滅]運動 ¶ — di classe 階級闘争 / — per l'esistenza 生存競争 **lottare** 自 闘う, 戦う ¶ — per l'indipendenza 独立のために戦う / — contro lo sfruttamento 搾取に対抗する / — col sonno 睡魔と闘う

lotteria /ロッテリーア/ (英 lottery) 女 宝くじ; くじ **lotto** 男 ロト(数字選択式宝くじ); ロット(一組, 一山, 一区画など, 同じ物を一定量まとめた単位)

lucchetto /ルッケット/ (英 padlock) 男 南京錠

luccicare /ルッチカーレ/ (英 shine) 自[es/av] (きらきら)光る, 輝く

luccio /ルッチョ/ (英 luce,

pike) 男 カワカマス（全長2mもある獰猛な淡水魚；海水魚のカマスはバラクーダ [barracuda] という）

lucciola /ルッチョラ/（英 firefly）女 蛍(ホタル)；(劇場などの)案内嬢

luce /ルーチェ/（英 light）女 光り；あかり，電気 ¶ accendere[spegnere] la — あかり[電気]をつける[消す] **dare alla luce** 産む，世に出す **fare luce** 明るくする，照らす **mettere in luce** 明らかにする，浮き彫りにする **vedere la luce** 生まれる，完成される，出版される **venire alla luce** 生まれる，発掘される，表面化する **lucente** 形 (きらきら)光る[輝く]

lucertola /ルチェルトラ/（英 lizard）女 蜥蜴(トカゲ)(の皮)；日光浴が好きな人

lucido /ルーチド/（英 polished）形 光沢のある，ぴかぴかの；明晰な 男 ワックス，つや出し **lucidare** 他 つやを出す，磨く；光らせる

luglio /ルッリォ/（英 July）男 7月

lugubre /ルーグブレ/（英 gloomy）形 陰鬱な；悲痛な

lui /ルーイ/（英 he）代 彼

lumaca /ルマーカ/（英 slug）女 ナメクジ；エスカルゴ（食用のカタツムリ）；のろまな人

lume /ルーメ/（英 lamp）男 あかり，ランプ；光り，輝き；(複数で)示唆，助言 **luminoso** 形 明るい；光り輝く；明快な，見事な (→ lavagna)

luna /ルーナ/（英 moon）女 (天体の)月 ¶ — nuova[piena] 新月[満月] **luna di miele** 蜜月(みつげつ)，新婚生活，ハネムーン **avere la luna[le lune]** 機嫌が悪い，気が立っている，まともではない **essere ancora nel mondo della luna** まだこの世に生まれていない **mostrare[far vedere] la luna nel pozzo** できもしない約束をして騙す **lunatico** /ルナーティコ/ 形 移り気な，気まぐれな，奇妙な **luna park** /ルナパルク/ 男 [0] 遊園地，ルナパーク

lunedì /ルネディ/（英 Monday）男 月曜日

lungo[1] /ルンゴ/（英 long）形 長い；遅い；(飲み物が)薄い **alla lunga[a lungo andare]** どのみち，いずれ **a lungo** 長々と，長時間 **avere la vista lunga** 遠くまで見える；目先がきく，先見の明がある **farla lunga** 話を長引かせる，問題をこじらせる **in lungo e in largo** 隅々まで，徹底的に **tirare in lungo** (会議などを)長引かせる

lunghezza 女 長さ；縦；遅さ；(競走の)着差

lungo[2] /ルンゴ/（英 along）前 〜に沿って，〜沿いに

lungomare 男 海岸通り，海岸沿いの散歩道

luogo /ルオーゴ/（英 place）男 場所；地域，地方 **avere luogo** 開催される，行なわれる；生じる，起こる **dare luogo a qc[qs]** 〈人〉に道を空ける，〈何か〉のきっかけを与える **fuori luogo** 場違いの，不適切な，的外れの **luogo comune** 自明の理，常套句

lupo /ルーポ/（英 wolf）男 狼(オオカミ) ¶ cane — シェパード **avere una fame da lupo** 腹ぺこである **gridare al lupo** 偽りの助けを求める（イソップ童話の狼少年のように本当に困ったときには助けてもらえない） **In bocca al lupo!** (狼に食われないように)しっかり頑張って！

lupa 女 雌の狼 ¶ — capitolina カピトリナの雌狼（ローマを建国した双子の兄弟ロムルス [Romolo] とレムス [Remo] を育てたという伝説からローマ市の紋章に

lusingare /ルズィンガーレ/(英 flatter) 他 取り入る；おだてる，その気にさせる；欺く
◆ **-arsi** 幻想を抱く

lussare /ルッサーレ/(英 dislocate) 他 脱臼させる
◆ **-arsi** 脱臼する

lussazione 女 脱臼

lusso /ルッソ/(英 luxury) 男 ぜいたく；豪華 **di lusso** デラックスな，とても高価[高級]な

lussuoso 形 豪華な，デラックスな **lussureggiante** 形 草木が生い茂った；豊饒の，豊かな

lustro /ルストロ/(英 lustrous) 形 光沢のある，光り輝く 男 5年間(の区切り)

lutto /ルット/(英 mourning) 男 (親族や親友の)逝去を悼むこと，喪に服すこと；哀惜，哀悼 ¶ abito[nastro] da — 喪服[章] / essere in — 喪中(服喪期間で謹んでいる状態)にある

M, m

m /エンメ/ 女(男) 11番目の字母：《符T》*M come Milano* ミラノのM；(大文字で)ローマ数字の1,000；地下鉄の表示

ma /マ/(英 but) 接 しかし，～だが，ところが **macché** 間 (否定を強調して)とんでもない；(否定したい語の前に添えて)〜なんてとんでもない

macabro /マーカブロ/(英 macabre) 形 死体の，死を彷彿させる；おぞましい，身の毛がよだつ ¶ *danza macabra* 死の舞踏(14世紀〜15世紀に描かれた絵画のテーマで，大きな鎌を持った死神が死体や骸骨を引きずっているような凄惨な地獄絵図)

maccherone /マッケローネ/(英 macaroni) 男 [複で] マカロニ；間抜け，とんま **come il cacio sui maccheroni** 絶好のタイミングで，計ったように(マカロニにかけるチーズのように；鴨がネギをしょって)

macchia¹ /マッキア/(英 stain) 女 染み，よごれ；斑点；汚名，汚点 **macchiare** 他 染みをつける，よごす；(コーヒーや紅茶に少量の)ミルクを落とす(またはその逆)；(名前や名誉を)傷つける，汚す ¶ — la tovaglia col vino テーブルクロスをワインでよごす / — tè col latte 紅茶にミルクを落とす / — il caffè [latte] コーヒー[ミルク]にミルク[コーヒー]を落とす / — l'onore [il nome] di *qc* 〈人〉の名誉[名前]を傷つける ◆-**arsi** (自分の体や身に着けているものを)よごす；面目を落とす，ひんしゅくを買う

macchiato 形 よごれた；斑点のある，ぶちの；ミルク[コーヒー]を落とした

macchia² /マッキア/(英 bush) 女 やぶ，茂み **darsi alla macchia** 隠れる，姿をくらます

macchina /マッキナ/(英 machine) 女 機械；自動車

macchinista 男 女 [3] (機関車の)運転手，(機械の)操縦士

macedonia /マチェドーニア/(英 fruit salad) 女 フルーツ・ポンチ

macellaio /マチェッラィオ/(英 butcher) 男 [1] 肉屋(の主人)

macelleria /マチェッレリーア/女 精肉店

macinare /マチナーレ/(英 grind) 他 粉にする，細かく砕く；(肉を)ミンチにする ¶ — ad acqua [a vento] 水車[風車]で挽く **macinare chilometri** 長い道のりを休まずに進む
◆ **-arsi** 身を粉にする，心身を磨り減らす **macinino** 男 粉砕器，コーヒーミル(=— da caffè)

madonna /マドンナ/(英 my

magari

lady)囡(M-) 聖母マリア；聖母マリアの名前を付けた教会や御堂；驚いたときの叫び声「あれまあ！」；（清純で聡明で美しい）憧れの女性 **il mese della Madonna** 5月(=il mese mariano) **madonnina**囡 聖母マリアの小像；可憐な少女 ¶ — **infilzata** ぶりっ子

madre/マードレ/(英 mother)囡 母，母親，お母さん ━形[0] 根本的な，大元の ¶ **causa** — 根本原因 / **casa [azienda]** — 本社[本店]

madrina囡 代母(洗礼式や堅信式に母親代わりに立ち会う女性)；名付け親；公式の儀式(特に開会式や除幕式や進水式)に主賓として列席する女性

madreperla囡 (ボタンや細工物の原料になる)真珠層，螺鈿(らでん)

madrileno/マドリレーノ/(英 Madrilenian)形男[1] マドリードの(人) **Madrid**/マドリッ/囡 マドリード(スペインの首都)

maestà / マエスタ/(英 majesty)囡 威厳，荘厳さ，気品；（王や皇帝の尊称）陛下

maestoso形 威厳のある，荘厳な，堂々とした

maestranza/マエストランツァ/(英 workers)囡【主に複で】港湾労働者；（同一企業内の）労働者

maestro / マエストロ/(英 teacher)男[1] （小学校の）先生；（作曲家や指揮者の敬称）マエストロ；（音楽や美術の学校の）先生；（伝統的な技や技術を伝授する）師匠，親方，棟梁；（その道の）名人，名手，達人 **da maestro** 完璧な，会心の ━形 器用な，敏腕の；主要な，メインの ¶ **essere — nel** (不定詞) 〜することにかけては右に出る者が無い(軽蔑や皮肉の意味にも) / **strada maestra** 幹線道路 ； **via maestra** メインストリート；安全確実な道[手段]

mafia/マーフィア/(英 Mafia)囡 マフィア；（同類の）暴力的営利集団 **mafioso**形 マフィアの；マフィアに似た ━男[1] マフィアの構成員；暴力的営利企業の社員；（軽蔑や皮肉の意味で）見るからにその筋の人；成金風を吹かせる人

magari/マガーリ/(英 if only!)間接 ❶ （願望や希望；単独あるいは接続法と）だったらいいんだけど： Vorresti partire domani? - *Magari*! あした出発したいんじゃないの？ーできたら[だといんだけど] / *Magari* vincessi alla lotteria! 宝くじが当たったらいいのになあ！ ❷ （肯定の強調）もちろんだとも： Vuoi un po' di insalata? - *Magari*! サラダはいる？ー いるとも！ ❸ （万が一の可能性）もしかしたら〜かもしれない： *Magari* fosse vero! もしかしたらそうかも！ / *Magari* potessi rivederla! ひょっとしたら彼女にまた会えるかも！ ❹ （条件節として）たとえ〜であっても： Non permetterò quest'ingiustizia, *magari* dovessi rimetterci la vita. こんな不当な仕打ちは，たとえ命を失っても許せない ━副 ❶ （予測や推量）おそらく： *Magari* non sapeva niente. (彼か彼女は)何も知らなかったのかもしれない / *Magari* non era neanche in casa. (彼か彼女は)家にも居なかったのかもね ❷ （不測の事態を想定して）必要な場合は： *Magari* chiamami prima di venire. 何かあったら来る前に電話してね ❸ （最大限の可能性を想定して）〜だってありうる[十分に考えられる]： Sarebbe capace *magari* di negare tutto. (彼か彼女は)何もかも否定することだってできるん

magazzino ▶

だから / Ti daranno magari dello scemo.（君は）皆から「ばか」呼ばわりされかねないぞ

magazzino/マガッズィーノ/(英 store) 男 倉庫；百貨店 (=grande magazzino)

maggio/マッジョ/(英 May) 男 5月　primo maggio メイデー

maggiore/マッジョーレ/(英 greater) 形 より大きい；より多数の；年上の，年長の；上位[上級]の　forza maggiore 不可抗力　la maggior parte 大部分[多数]　― 男 女 年長者；少佐　**maggioranza** 女 大多数，大部分；（多数決の）過半数　in maggioranza たいてい，おおむね　a maggioranza 多数をもって，過半数の賛成[支持]を得て　**maggiorenne** 形 男 女 (18歳以上の)成人，成年

magia/マジーア/(英 magic) 女 魔法，魔術；魅力，魅惑

magico/マージコ/ 形 魔法の；魅惑的な，素敵な　**magio**/マージョ/ 男 賢者，預言者　i re Magi 東方の三博士(キリスト生誕を祝うために東方から訪れたマギ国の賢者)

magistero/マジステーロ/(英 teaching profession) 男 教職；熟練，熟達　¶ facoltà di ― 教育学部　**magistrale** 形 初等教育の；厳格な，厳しい；見事な　**-mente** 副 見事に，手際よく，入念に

magistrato/マジストラート/(英 magistrate) 男 [1] 判事，司法官

maglia/マリャ/(英 knitting) 女 編物(の目)；ニットウェアー；（運動用の）ジャージ　¶ lavorare a ― [fare la ―] 編物をする　maglia azzurra 青のジャージ(イタリア代表選手が国際試合で着用)　maglia rosa ピンクのジャージ(イタリア一周自転車競技 "Giro d'Italia[ジーロ・ディタリア]" で総合順位トップの選手が着用)　**maglia gialla** 黄色のジャージ(フランス一周自転車競技 "Tour de France[ツールドフランス]" で総合順位トップの選手が着用する "maillot jaune"[マイヨ・ジョーヌ])

maglieria/マッリエリーア/ 女 ニット製品；ニットのブティック　**maglificio**/マッリフィーチョ/ 男 ニット工場

magnete/マニェーテ/(英 magnet) 男 磁石，マグネット

magnetico/マニェーティコ/ 形 磁石の，磁気の　¶ ago ― 磁針 / disco [nastro] ― 磁気ディスク[テープ]

magnifico/マンニーフィコ/(英 magnificent) 形 素晴らしい，豪華な；気前のいい；(身分の高い人に添える尊称)偉大なる　**magnificenza** 女 豪華，絢爛，壮麗

mago/マーゴ/(英 magician) 男 [1] 魔術師，祈祷師，占い師；(童話の)魔法使い；奇術師，手品師；達人，名人

magro/マーグロ/(英 thin) 形 やせた，細身の；脂肪の少ない；乏しい，わずかな　― 男 (肉の)赤身　cibo magro 低カロリー低脂肪の食べ物　di magro 肉を抜いた[て]；野菜とチーズをベースにした　falso magro 実際よりもやせて見える[着やせするたち]の人

mai/マーイ/(英 never, ever) 副 ❶(non...mai) 決して[一度も]～でない：Sei stato/a in Italia? - No, non ci sono mai stato/a. 君はイタリアへ行ったことがありますか－いいえ，一度も（そこへ）行ったことがない / Non ho mai sentito [visto] una cosa simile. こんな[そんな]の聞いた[見た]ことがない(生まれて初めて耳にする[目にする])　❷(non...mai più) もう二度と～しない：Non lo farò mai più. (やったことを)もう二度としないよ　❸(Mai che〈現

《在時制》) 〜したためしがない [しょっちゅう〜する] : *Mai che arrivi in tempo.* 君は間に合ったためしがない[しょっちゅう遅れてくる] / *Mai che mi ascolti!* 君は僕の話をまともに聞いたためしがない[しょっちゅう無視する] / *Mai che ti ricordi di telefonare!* 忘れずに電話をかけたためしがない[しょっちゅう忘れる] ❹ (過去の経験)今までに〜したことがある : *Lei è mai stato/a in Francia?* あなたはこれまでにフランスへ行かれたことはありますか？/ *Dimmi se l'hai mai vista?* ちょと聞くけど君は彼女に会ったことある？/ *È il vino migliore che io abbia mai bevuto.* これまで飲んだなかで最高のワインだ ❺ (疑問の強調)いったい全体？ : *Quando mai te l'ho detto?* 一体いつ僕が君にそんなこと言った？/ *Chi mai è stato?* 一体誰がやったんだ / *Come mai non sei venuto/a ieri sera?* ゆうべはなんで[どうして]来なかったの？ ❻ (Se mai《接続法》で)万一〜だったら : *Se mai tu lo incontrassi,digli che devo parlargli.* もしも彼に会うようなことがあったら, 話(話さないと気がすまないこと)があると言っておいてくれ **caso mai** (=casomai) 〜の場合に, できたら, とりあえず **Non si sa mai.** あるかも知れない(何が起こるか誰にもわからない) **più che mai** さらに, いっそう **quanto mai** いつになく(形容詞に後置して), この上なく(形容詞に前置して) : *È stato un autunno caldo quanto mai.* 今年の秋はこれまでにない暑さだった / *È un tipo quanto mai affascinante.* 実に魅力的な人です **Mai e poi mai!** 絶対ない **il giorno del mai** 絶対来ない日 **Meglio tardi che mai.** 遅くなっても何もしないよりましだ

maiale/マイアーレ/(㊥ pig) 男 豚; 不潔な人間, 下品[卑猥]な人間

maionese/マイオネーゼ/(㊥ mayonnaise) 女 マヨネーズ

maiuscola/マイウスコラ/(㊥ capital letter) 女 大文字 ¶ scrivere con la — 大文字で書く (→minuscola)

mal (mala) -/マル(マラ)/接頭 名詞と形容詞の頭に付けて「悪さ, ひどさ, まずさ」の意味を添加した反意語を造語

malanno 男 (特に長患いの)病気, 持病; 災害, 災難

malaria/マラーリア/ 女 マラリア

malaugurio/マラウグーリオ/ 男 不吉, 凶兆

malavita 女 〔単のみ〕悪の世界, 暗黒街 ¶ — organizzata 犯罪組織

malavoglia/マラヴォッリャ/ 女 不本意 ¶ di malavoglia しぶしぶ, 不承不承

malcontento 形 不満[不服]な — 男 不満, 不平

maleducato 形 行儀の悪い, 無礼な

maleducazione 女 不作法

malinteso 形 誤解された — 男 誤解

malocchio/マロッキオ/ 男 邪視(呪いをかける力があるという邪気に満ちた視線) ¶ vedere [guardare] di — 邪気に満ちた眼差しで睨むように見る

malora 女 〔0〕破滅, 失墜, 失脚

malore 男 急な[一時的な]身体の不調 ¶ essere colto da — 急に気分が悪くなる (→ dol*ore*)

maltempo 男 悪天候, 天候不順

malumore 男 物憂いさ; 憂さ, 鬱憤(うっぷん); 不和, 仲たがい; 恨み, 遺恨

malvivente 男 女 ならず者,

malato ➤

やくざ，不良

malato/マラート/(英 ill)形 病気の; 気に病む; 病める ― 男[1] 病人, 患者 **malattia**/マラッティーア/女 病気

male¹/マーレ/(英 badly) 副 (動詞の直後に置いて) 悪い [ひどい，へた な，不調な，不十分な] 状態・様子・程度を意味する ¶ vestire ― 着こなしが悪い / dormire ― 寝心地が悪い / trattare ― ひどい扱い方をする，粗末にする / mangiare ― 食事がまずい / cucinare [suonare] ― 料理 [演奏] がへたである / stare [sentirsi] ― 調子 [具合] が悪い / sentire [vedere] ― 聞こえ [見え] にくい / capire ― 誤解する **meno male** よかった, それは何より (悪い状況を想定して, そうはならなかったとき) **niente di male** 支障はない, 大事ない **portare male gli anni** 老けて見える (実際の年齢よりも)

male²/マーレ/(英 evil) 男 悪; 害，災い; 痛み, 苦痛; 病気 **mal di...** ～の痛み / **mal di denti [testa, pancia, stomaco]** 歯痛 [頭痛, 腹痛, 胃痛] / **mal di mare [montagna]** 船酔い [高山病] **andare a male** (食べ物が) 腐る, いたむ **fare male** (a) 害を与える; (肉体的・精神的) 苦痛を与える; (場所を主語に) 痛い, 痛む / Il fumo *fa male alla salute*. 喫煙 [タバコ] は体 [健康] に良くない / *L'alcol fa male al fegato*. お酒 [アルコール] は肝臓を悪くする / *Ahi, mi hai fatto male!* 痛いじゃないか！ / *Mi fa male un braccio [la ferita]*. 腕が痛い [傷が痛む] **farsi male** (a) 負傷する / *Ti sei fatto male?* 大丈夫？(「どこかけがしたかどうかを確かめる意味で) / *Mi sono fatto male* a un ginocchio. 私は膝を負傷した **maledire** ⑭/マレディーレ/(英 curse) 他[-detto] 呪う, 恨む; (神が) 罰する; 嫌悪する ¶ Il padre *maledisse* il figlio degenere. 父親は堕落した息子を勘当した / *Dio maledisse* Caino. カインに天罰が下った **maledetto** 形 呪われた, 嫌悪すべき **maledizione** 女 呪い; 悪態; (天罰のような) 災難, 災害; 嫌悪すべき人 (事態)

malgrado/マルグラード/(英 despite) 前接 (「名詞句」か「che+接続法」を伴って)～にもかかわらず ― 副 (所有形容詞を先行させて)〈人〉の意に反して,〈人〉は不本意ながら

maligno/マリーニョ/(英 malignant) 形 悪意のある, 意地悪な; 悪性の, 致命的な

malizia/マリーツィア/女 悪意, 意地悪; 悪賢さ, ずるさ

malinconia/マリンコニーア/(英 melancholy) 女 憂鬱 (うつ), わびしさ; 鬱症

malinconico/マリンコーニコ/形 憂鬱な, 物憂いな, 物悲しげな

maltrattare/マルトラッターレ/(英 maltreat) 他 虐待する, いじめる; 乱暴に扱う

maltrattamento 男 虐待, 酷使, 冷遇 (→ trattare)

malva/マルヴァ/(英 mallow) 女 葵 (アオイ) ― 男形[0] 薄紫 (モーヴ) 色 (の)

mamma/マンマ/(英 mum) 女 お母さん **figlio di mamma [mammà]** ママっ子, マザコン (母親に過保護に育てられたために意志薄弱で依頼心が強い男性を皮肉って) **Mamma mia!** あれまあ, なんてこった

mammella 女 乳房

mammifero/マンミーフェロ/形 哺乳動物の ― 男［複で］哺乳類

mancare/マンカーレ/(英 lack) 自[es] ❶ (物を主語に: ― a qc)～がない [不足してい

る］： *Mancano* i soldi. お金がない[足りない] / Mi è *mancato* il tempo [coraggio] 時間[勇気]がなかった［足りなかった］ ❷ (時間や距離が)あと〜残っている： *Mancano* cinque minuti alla partenza. 出発まであと5分です / *Manca* un mese a Pasqua. あと一週間で復活祭だ ❸ (何かが)突然消える： Gli sono *mancate* le forze. 彼は急に力尽きた / Mi è *mancata* un attimo la vista. 私は一瞬目が見えなくなった / ― la luce [l'acqua] 停電[断水]する ❹ (人が)不在である，遠く離れている： Mio padre *manca* da casa da quasi un mese. 父は1ヶ月ほど前から家をあけている / Ti aspetto domani sera, non *mancare*! あしたの晩待ってるからね，絶対来てよ ❺ (〜がいなくて)寂しい： È partita solo ieri, ma mi *manca* molto. 彼女は昨日出発したばかりなのに僕はとても寂しい / Ti *sono mancata*? わたしがいなくて寂しかった？ ❻[av] (人を主語に： ― di *qs*)〜が欠けている，〜を持っていない： ― di fascino [speranza] 魅力[夢]がない / ― di esperienza 経験が足りない sentirsi mancare 気を失う，気絶する

Ci manca [mancava] anche questa! こんなの聞いてないよ，冗談じゃないよ，勘弁してくれよ (厄介事が重なったとき)

(Non) Ci mancherebbe altro! もちろん(そんなことがあっては困る)；もちろんですとも(相手の依頼を全面的に受け入れて) **mancanza** 女 不足；不在，過失 ¶ ― di cibo 食糧不足 sentire la mancanza di…〜がいなくて寂しく思う： Sento molto la tua *mancanza*. 君がそばにいなくてとても寂しい / Sono lontano dalla famiglia e ne sento molto la *mancanza*. (ne = della famiglia) 家族から遠く離れているのでとても寂しい

mancia /マンチャ/(愛 tip) 女 チップ

mancino /マンチーノ/(愛 left-handed) 形 左利きの ― 男 [1] 左利きの人，サウスポー

manco /マンコ/(愛 not even) 副 〜もない[すらない] ¶ Non le ho parlato ― per un'minuto. 彼女とはまったく話したことがない / Non ce n'è ― uno. ひとつもない manco per sogno [idea] めっそうもない，断じて

mandare /マンダーレ/(愛 send) 他 (物を)送る，発送する；(人を)遣る，派遣する

mandare a monte [in fumo] 破綻させる，台無しにする

mandare giù 飲みこむ；我慢する

mandarino /マンダリーノ/(愛 mandarin) 男 ミカン，マンダリン

mandorla /マンドルラ/(愛 almond) 女 アーモンド ¶ occhi a mandorla 切れ長の目(モンゴロイド系の特徴)

mandria /マンドリア/(愛 herd) 女 家畜の群れ；群衆，烏合の衆(=mandra)

maneggiare /マネッジャーレ/(愛 handle) 他 (粘土などを)こねる；手で取り扱う；(道具などを)巧みに使う；管理運営する；(人や物を)操る

manette /マネッテ/(愛 handcuffs) 女複 手錠

manganello /マンガネッロ/(愛 cudgel) 男 棍棒；警棒

mangiare /マンジャーレ/(愛 eat) 他 食べる；(目的語なしに)食事をする；浪費する mangiare con gli occhi (人や物を)もの欲しそうな目でじろじろ見る mangiare la foglia 相手の真意[事態の真相]を把握する ― 男 食事，食べ物

◆**-arsi** (特に好物を大量に)食べる
mangime/マンジーメ/([英] feed)[男] (家畜の)えさ，飼料
mania/マニーア/([英] mania)[女] 妄想；偏執，偏愛；奇癖；躁病 ¶ — di persecuzione 被害妄想 **maniaco**/マニーアコ/[形] 偏執的な，凝り性の；熱狂的な；躁病の — [男][1] マニア，オタク；偏執狂；変質者
manica/マーニカ/([英] sleeve)[女] 袖(そで)，スリーブ；(La M-)イギリス海峡 **in maniche di camicia** 上着を着ずに[脱いで]
manichino/マニキーノ/([英] manikin)[男] マネキン人形；人体模型
manico/マーニコ/([英] handle)[男] (器具や容器の)取っ手，握り，柄(え) **avere il coltello dalla parte del manico** いちばん実権を握っている
manicomio/マニコーミオ/([英] mental hospital)[男] 精神病院
maniera/マニエーラ/([英] manner)[女] 仕方，やり方，方法
manifestare/マニフェスターレ/([英] manifest)[他] 明かす，表明する [自] デモに参加する **manifestazione**[女] 表明；イベント；デモ **manifesto**[男] 張り紙，掲示；宣言，表明文
maniglia/マニッリァ/([英] knob)[女] 取っ手，ノブ；吊り革
mano/マーノ/([英] hand)[女] [le mani] 手；(刷毛の)ひと塗り；(トランプの)一巡 **manodopera**/マノドーペラ/[女]〔単のみ〕労働力，人手
manovale/マノヴァーレ/([英] unskilled worker)[男][女] (大工や左官の)下働き；肉体労働者
manovra/マノーヴラ/([英] manoeuvre)[女] 操縦，操作 **manovrare**[他] (機械などを)動かす，操縦する
mansueto/マンスエート/([英] tame)[形] (動物が)飼い馴らされた；温和な，穏やかな
mantello/マンテッロ/([英] mantle)[男] マント；(動物の)毛，毛並み
mantenere ㉚/マンテネーレ/([英] maintain)[他] 維持する；扶養する；(約束などを)守る **manutenzione**[女] 維持，メンテナンス
manubrio/マヌーブリオ/([英] handle)[男] (自転車やバイクの)ハンドル
manzo/マンゾ/([英] beef)[男] 牛肉，ビーフ
mappa/マッパ/([英] map)[女] 地図 **mappamondo**[男] 地球儀；平面球形図
marca/マルカ/([英] brand,mark)[女] 商標，ブランド；印紙；(言葉の)訛り **di marca** ブランドの，銘柄品の **marcare**[他] 目印を付ける；《スポ》マークする **marchio**/マルキオ/[男] 刻印；商標，ブランド；(目立った)特徴
marchese/マルケーゼ/([英] marquess)[男] 侯爵 **marchesa**[女] 侯爵夫人；侯爵の娘 **marchigiano**/マルキジャーノ/[形][男][1] マルケの(人) **Marche**[女][複] マルケ州(州都: Ancona/アンコーナ/)
marcia/マルチャ/([英] march)[女] 行進，行進曲；(乗物の)変速ギア **marciare**[自] 行進する；(機械が)動く；(車が)走る；(物事が)はかどる **marciapiede**[男] 歩道
marcire ⑥/マルチーレ/([英] rot)[自][es] (食物が)腐る；(傷口が)化膿する；(物が)朽ちる；(体が)なまる；(気力や知力が)衰える **marcio**/マルチョ/[形] 腐った，化膿した，朽ちた，堕落した — [男] 腐った部分[臭い，味]；化膿した部分；荒廃，

退廃；いかがわしい行為 **torto marcio** 完全な間違い

mare /マーレ/ (㊒ sea) 男 海, 海洋；海辺の避暑地；大量, 膨大さ **marino** 形 海の, 海洋の **marina** 女 海辺, 海岸線；(絵画で)海辺の風景(画)；船舶保有量；海軍 **marinaio** /マリナイオ/ 男 船員；水兵

maresciallo /マレッシャッロ/ (㊒ warrant officer) 男 (フランスなどの)元帥；(イタリアでは)准士官

margherita /マルゲリータ/ (㊒ daisy) 女 マーガレット, ヒナギク

margine /マルジネ/ (㊒ margin) 男 端, 周辺(部)；利潤, マージン

marinare /マリナーレ/ (㊒ marinade) 他 (料理で)マリネにする ¶ — la scuola [le lezioni] 学校をサボる

marionetta /マリオネッタ/ (㊒ marionette) 女 操り人形

marito /マリート/ (㊒ husband) 男 夫 (→ moglie)

marmellata /マルメッラータ/ (㊒ jam) 女 ジャム

marmitta /マルミッタ/ (㊒ marmit) 女 鍋, 釜

marmo /マルモ/ (㊒ marble) 男 大理石

marmotta /マルモッタ/ (㊒ marmot) 女 ≪動物≫マーモット (アルプスやピレネーなどの高山に生息するビーバーに似た動物で, 日本人がモルモットと呼んでいるのとは異種)

marrone /マッローネ/ (㊒ brown) 男 栗(クリ), マロン；茶色 — 形 茶色の

martedì /マルテディ/ (㊒ Tuesday) 男 火曜日 **marte** 男 火星；(M-) 軍神マルス

martello /マルテッロ/ (㊒ hammer) 男 金槌, ハンマー **martellare** 金槌で打つ；連打する ¶ — qc di domande 〈人〉を質問攻めにする

martire /マルティレ/ (㊒ martyr) 男女 殉教者；(生涯を何かに)捧げた人； 犠牲者

martirio /マルティーリオ/ 男 殉教, 殉難；献身；苦痛[心痛]の種

marzo /マルツォ/ (㊒ March) 男 3月 **marziale** 形 戦争[軍事]にかかわる；勇ましい ¶ corte [legge] — 軍法会議[戒厳令] / arti *marziali* (日本の)武道, 武術 **marziano** 形 男 [1] 火星の；火星人 (→ marte)

mascalzone /マスカルツォーネ/ (㊒ scoundrel) 男 [1] 悪党, ならず者, ごろつき

mascarpone /マスカルポーネ/ 男 (北イタリア産の)クリームチーズ

mascella /マッシェッラ/ (㊒ jaw) 女 顎(あご), 顎骨

maschera /マスケラ/ (㊒ mask) 女 仮面, 被り物；(防具の)マスク；仮面劇の役者；変装, 仮装 ¶ — antigas [a ossigeno] 防毒[酸素]マスク / ballo in — 仮面舞踏会 / — di bellezza 顔をパックするクリーム **gettare la maschera** 本心を明かす **togliersi la maschera** 素性を明かす, 本性を現わす **mascherare** 他 変装[仮装]させる；(穴などを)覆う；(本心などを)隠す, 偽る ♦ -arsi 仮面をかぶる, 変装[仮装]する；(被り物で顔を)隠す；装う

maschio /マスキオ/ (㊒ male) 形 男[性]の；男らしい — 男 男, 男子；雄(おす) **maschile** 形 男[性]の；男性用の；男っぽい **maschiaccio** /マスキアッチョ/ 男 マッチョ(男臭い男性)；男っぽい女性

massa /マッサ/ (㊒ mass) 女 塊(かたまり)；大きな固まり；大衆, 群集；集団, 徒党 **una massa di...** たくさんの[山のよ

うな)〜，〜の山[群れ] **di massa** 大衆[群集，集団，団塊]の，マスプロの **in massa** 一団となって；大量に(まとまって)

massacro /マッサクロ/(英 massacre)男 虐殺，殺戮(りく)；破壊 **massacrare** 他 虐殺[殺戮]する；叩きのめす；破壊する

massaggio /マッサッジョ/(英 massage)男 マッサージ，按摩(あんま)

massaia /マッサイア/(英 housewife)女 主婦

massiccio /マッスィッチョ/(英 massive)形 一塊の(ずっしりと重い)；がっしりした，頑丈な,；(規模が)大掛かりな；¶ oro — 純金 / quercia *massiccia* 樫の一枚板 — 男(アルプスの)山塊，連山(→ massa)

massimo /マッスィモ/(英 maximum)形 最大[最高]の — 男 最大限，最高，極限 **al massimo** 最大限で，せいぜい；最悪の場合は

mass media /マスメ(ミ)ーディア/ [英]男複 マスメディア

masticare /マスティカーレ/(英 masticate)他 (食べ物を)かむ，かみ砕く；口ごもる；(知識として)少しかじる ¶ gomma da — チューインガム (= cicca)

matematica /マテマーティカ/(英 mathematics)女 数学

matematico 形 数学の，数学的な；厳密な — 男[1] 数学者

materasso /マテラッソ/(英 mattress)男 (ベッドの)敷布団，マットレス；マット状の敷物 **materassino** 男 (レジャー用)エアマット；(運動用)マット

materia /マテーリア/(英 matter)女 物質；材料，素材；科目，教科；題材 **materia grigia** 知性，知力 **materia prima** 原料 **materiale** 形 物質的な；物的な，金銭的な；物欲の強い — 男 材料；機材，器具；(研究のための)データ，資料

materno /マテルノ/(英 maternal)形 母の；慈愛に満ちた；母系の ¶ latte [allattamento] — 母乳[母乳保育] / scuola *materna* 幼稚園 / nonno [zio] materno 母方の祖父[おじ]

matita /マティータ/(英 pencil)女 鉛筆 (→ lapis)

matrimonio /マトリモーニオ/(英 marriage)男 結婚(式)

matterello /マッテレッロ/(英 roller)男 麺棒 (= mattarello)

mattina /マッティーナ/(英 morning)女 朝(日の出から正午まで) **dalla mattina alla sera** 朝から晩まで，一日中(ぶっ通しで) **fare mattina** (娯楽で)夜を明かす，徹夜する **tirare mattina** (娯楽で)夜更しする **mattino** 男 朝(の始まり)，朝方 ¶ il — tardi [presto] 朝遅く[早く] / il — dopo [seguente] 翌朝，次の日の朝 **di buon mattino** 早朝 = di buon'ora **mattinata** 女 朝(の時間帯) **in mattinata** 午前中に **mattiniero** /マッティニエーロ/ 形 早起きの

matto /マット/(英 mad)形 男 [1] 気がふれた(人)；型破りの[破天荒な](人)；(数量的に)気が遠くなるような；馬鹿げた；偽物の **da matti** 滅茶苦茶な[に] **andare matto per** *qc/qs* (人を)熱愛する，(物に)熱狂する，ご執心である **diventare matto** 必死になる，夢中になる

mattone /マットーネ/(英 brick)男 レンガ，レンガ色；(消化不良を起こすような)食べ物；うんざりする人[物]

maturo /マトゥーロ/(英 mature)形 熟した，熟れた；成熟[円熟]した **maturare**

maturare 自[es] 熟す，熟れる；熟成する；成熟する ¶ fare [lasciare] — il vino [formaggio] ワイン[チーズ]を寝かす

maturazione 女 熟すこと；熟成；成熟

mazzo /マッツォ/(英 bunch) 男 (花などの)束

me /メ/(英 me) 代 私を；私(前置詞と共に)；私に〜を [me lo (la, li, le, ne)] me stesso(-a) 私自身 (→ mi)

meccanismo /メッカニズモ/(英 mechanism) 男 機械装置；機構，仕組み，メカニズム

meccanico /メッカーニコ/ 形 機械の，機械装置で動く；機械的な，無意識な —男[1] (機械や自動車の)整備工，修理工

meccanica 女 力学；(機械の構造に関する)技術，メカ；(会社の)技術系

mecenate /メチェナーテ/(英 patron) 男女 文芸の保護[擁護]者

medaglia /メダッリャ/(英 medal) 女 メダル，勲章，賞 ¶ — d'oro [d'argento, di bronzo] 金[銀，銅]メダル；金[銀，銅]賞 / considerare l'altra faccia [rovescio] della — 問題を裏返して考える，反対の事態[状況]を考慮する

medesimo /メデーズィモ/(英 same) 形 同じ，同一の；自身[自体]の

media /メーディア/(英 average) 女 平均，並みの；平均値[点] ¶ superiore [inferiore] alla — 平均以上[以下] / avere la — dell'otto [del 60] 平均点が8点[60点]である / — oraria 平均速度[時速] in [di] media 平均して，並みの程度[水準]で(→ medio)

mediante /メディアンテ/(英 by means of) 前 〜によって[を介して]，〜を通じて

medicina /メディチーナ/(英 medicine) 女 薬，治療薬；医学[部]

medico /メーディコ/(英 doctor) 男 医者，医師 — 形 医学[医者]の；治癒力のある un certificato — 診断書 / visita medica 診察

medio /メーディオ/(英 middle) 形 中間の；中程度の，並みの；平均の ¶ scuola media 中学校 / dito — 中指 / ceto — 中産階級 / corso — 中級コース — 男 中指 **mediocre** /メディオークレ/ 平凡[凡庸]な；出来の悪い；つまらない —男女 凡人，目立たない人

medioevo 男 中世[歴史的な事件で区切れば西ローマ帝国滅亡(476)から新大陸発見(1492)までの時代]

meditare /メディターレ/(英 meditate) 他 じっくり考える，熟考する；企てる，もくろむ — 自(su...) 〜について熟考[瞑想]する

mediterraneo /メディテッラーネオ/(英 mediterranean) 形 地中海の — 男(M-) 地中海

medusa /メドゥーサ/(英 jellyfish) 女 クラゲ

megafono /メガーフォノ/(英 megaphone) 男 メガフォン

meglio /メッリォ/(英 better) 副 より[もっと]よく ¶ stare — (悪い状態が)よくなる / Lavati meglio le mani! もっときれいに手を洗いなさい per meglio dire 言い換えれば，より正確に言えば —形 よりよい essere meglio (non) 《不定詞》 〜する(しない)ほうがよい in mancanza di meglio 仕方なく，やむを得ず Meglio che nulla. ないよりはまし(これだけで我慢しよう) Tanto meglio! それはよかった，そのほうがありがたい il meglio 最善，ベスト al meglio di... 〜の限りを尽くして fare del proprio

meglio 最善を尽くす **per il meglio** 最善の方法で **avere la meglio** 優位に立つ，凌ぐ
mela/メーラ/([英] apple) [女] リンゴ **melo** [男] リンゴの木 **melone** [男] メロン；スイカ (=melone d'acqua) **melagrana** [女] ザクロ **melograno** [男] ザクロの木 (=melagrano)
melanzana/メランザーナ/([英] aubergine) [女] 茄子(ナス)
membrana/メンブラーナ/([英] membrane) [女] 膜，薄皮 ¶ — mucosa 粘膜 / — del timpano 鼓膜
membro/メンブロ/([英] member) [男] メンバー，部員 — [女][[複] [le *membra*] で] 手足，上下肢

memoria/メモーリア/([英] memory) [女] 記憶(力)，思い出；メモリー ¶ avere una buona — 記憶力がよい **a memoria** そらで，暗記して(記憶だけで何も見ずに) **in [alla] memoria di *qc*** 〈人〉を偲んで，〈人〉を忘れないために記念して **avere la memoria corta** 何でもすぐに忘れる
menare/メナーレ/([英] lead) [他] 導く；過ごす；振る **menare (le mani)** 殴る，手を出す **menare il can per l'aia** 物事を引き延ばす **menare *qc* per il naso** からかう，騙す
mendicante/メンディカンテ/([英] mendicant) [男][女] 乞食，物乞い
meno/メーノ/([英] less) [副] (程度が)より少なく；(計算の)マイナス **a meno che (non)** 《接続法》～でなければ，～の場合を除いて **fare a meno di...** ～なしでする，～しないようにする **venire meno** 不足する；怠る；気を失う **per lo meno** 少なくとも — [形][0] (数量が)より少ない
mensa/メンサ/([英] refectory) [女] 学生[社員]食堂；食卓，食事 ¶ mangiare in — 学食[社員食堂]で食べる
mensile/メンスィーレ/([英] monthly) [形] 毎月の，月刊[月間]の — [男] 月給；月刊誌
menta/メンタ/([英] mint) [女] ミント，ハッカ
mente/メンテ/([英] mind) [女] 知力，頭；精神，心；考え，思い **tenere a mente** 覚えている；心に留める **mentale** [形] 精神[心]の；知的な，頭脳の
mentire ⑥/メンティーレ/([英] lie) [自] 嘘をつく，騙す **menzogna** [女] 嘘，虚言
mento/メント/([英] chin) [男] 顎(あご)
mentre/メントレ/([英] while) [接] ～するあいだ，～しているときに
menu/メヌー/ [男][0] [仏] メニュー ¶ — turistico 定食 (=menù)
meraviglia/メラヴィッリァ/([英] wonder) [女] 感嘆，驚き，驚異 **meraviglioso** [形] 素晴らしい，驚異的な **meravigliare** [他] 驚かせる，感嘆させる ◆**-arsi** 驚く，感嘆する
mercato/メルカート/([英] market) [男] 市場，マーケット **a buon mercato** 安価な[で] **cavarsela a buon mercato** 無難に切り抜ける **Tre donne fanno un mercato.** 女三人寄れば姦(かしま)しい **mercante** [男] 商人 ¶ — d'arte 画商 / — di morte [schiavi] 死の[奴隷]商人 **fare orecchie da mercante** とぼける，聞こえないふりをする **merce** [女] 商品；[複で] 貨物 ¶ treno *merci* 貨物列車[貨車] **merceria**/メルチェリーア/ [女] 小間物屋；裁縫用品や下着類
mercoledì /メルコレディ/([英]

Wednesday) 男 水曜日
mercurio/メルクーリオ/男 水銀；水星；(M-) メルクリウス，マーキューリー
merenda/メレンダ/(英 snack) 女 間食(昼食と夕食の間の)，おやつ
meridiano/メリディアーノ/(英 meridian) 男 経線，子午線
meridiana 女 日時計
meridionale/メリディオナーレ/(英 meridional) 形 南の；南イタリアの **meridione** 男 南，南方；南部地方
merito/メーリト/(英 merit) 男 功績；長所；報酬，賞
meritare 他 〜に値する[ふさわしい]
merlo/メルロ/(英 blackbird) 男 鶫(ツグミ)；(城壁や塔の最上部に等間隔に並んだ)凸部
merluzzo/メルルッツォ/(英 cod) 男 《魚》タラ
meschino/メスキーノ/(英 mean) 形 浅ましい，さもしい；貧弱な，取るに足らない；惨めな，悲惨な
mescolare/メスコラーレ/(英 mix) 他 まぜる，まぜ合わせる
mese/メーゼ/(英 month) 男 (年月の)月 **a fine mese** 月末に **mese mariano** 5月 **un mesetto** ひと月ほど，ほぼ1ヶ月
messa[1]/メッサ/(英 Mass) 女 ミサ；ミサ曲 ¶ **andare alla [a]** — ミサに行く/ **ascoltare [sentire] la** — ミサを聴く
messa[2]/メッサ/(英 setting) 女 設置，セット ¶ **— in onda** 放送 / **— in moto** 始動 **farsi la messa in piega** 髪をセットする
messaggio/メッサッジョ/(英 message) 男 伝言，メッセージ ¶ **— pubblicitario** 宣伝文句，広告 **messaggero** 男[1] 使者；メッセンジャー
messicano/メッスィカーノ/ (英 Mexican) 形 メキシコの — 男[1] メキシコ人
Messico/メッスィコ/男 メキシコ
mestiere/メスティエーレ/(英 job) 男 仕事，職業 **di mestiere** 生業として；常套手段として **essere del mestiere** プロ(の腕前)である
mestolo/メストロ/(英 ladle) 男 玉じゃくし，大スプーン
mestruazione/メストルアツィオーネ/(英 menstruation) 女 月経，生理
meta/メータ/(英 destination) 女 目的地；目標，目的
metà/メタ/(英 half) 女 半分；なかば **a metà** 半分に；中途半端に **a metà strada** 途中で
metallo/メタッロ/(英 metal) 男 金属 **metallico**/メタッリコ/形 金属(製)の；メタリックな
meteora/メテーオラ/(英 meteor) 女 流星，隕石
meteorologia/メテオロロジーア/(英 meteorology) 女 気象学 **meteorologico**/メテオロロージコ/形 気象の，気象に関する
metodo/メートド/(英 method) 男 方法，方式；手順，順序
metro/メートロ/(英 metre) 男 メートル
metropoli/メトローポリ/(英 metropolis) 女 大都市；中心地 **metropolitana** 女 地下鉄，都市高速鉄道(=metro)
mettere/メッテレ/(英 put) 他[messo] 置く，入れる；取り付ける，貼る；(時間や費用を)かける；着る；仮定する
◆**-ersi** 座る；身につける
mettersi a 〈不定詞〉 〜し始める
mettere su qs 〈何か〉を準備[支度]する，企画[組織]する
mezzanotte/メッザノッテ/(英 midnight) 女 午前0時

mezzo¹/メッソ/(英 half)形 半分の；中間［中程度］の **a mezz'asta** 半旗に ━ 男 半分；真ん中，中央 ━ 副 ほぼ，ほとんど **mezzeria**/メッゼリーア/女 (道路の)センターライン

mezzo²/メッソ/(英 means)男 手段，方法；〔複で〕資力，財力

mezzogiorno/メッゾジョルノ/(英 midday)男 正午；南；(M-) 南イタリア

mi/ミ/(英 me)代 私を；私に；私自身を［に］(→me)

miagolare/ミアゴラーレ/(英 mew)自 (猫が)鳴く

mica/ミーカ/(英 at all)副 全然［少しも］〜でない **mica tanto** あまり，それほど

micio/ミーチョ/(英 pussycat)男［1］子猫ちゃん；ニャンコ

micro-/ミクロ/接頭 「微小」の意 **microbo**/ミークロボ/男 微生物(=microbio[ミクロービオ])

microfono/ミクロフォノ/男 マイクロフォン **microonda** 女 マイクロ波 **¶ forno a microonde** 電子レンジ

microscopio/ミクロスコーピオ/男 顕微鏡

midollo/ミドッロ/(英 marrow)男［4］髄(ずい)，骨髄

miele/ミエーレ/(英 honey)男 蜂蜜

mietere/ミエーテレ/(英 reap)他 刈り取る；(伝染病や戦争などが)命を奪う

migliaio/ミッリアイオ/(英 thousand)男［4］1000 程度 **migliaia di...** 多数［無数］の〜

miglio¹/ミッリォ/(英 mile)男［4］マイル(約1.6-1.8km)

miglio²/ミッリォ/(英 millet)男 粟(アワ)，黍(キビ)

migliore/ミッリオーレ/(英 better)形 よりよい；〔定冠詞と共に〕最高［最良］の

migliorare/他 良くする，改善［改良］する ━ 自[es] 良くなる

mignolo/ミーニョロ/(英 little finger)男 (手足の)小指

mila →mille (の複数)

milanese/ミラネーゼ/(英 Milanese)形男女 ミラノの(人) **Milano**/ミラーノ/女 ミラノ(ロンバルディア州の州都)

miliardo/ミリアルド/(英 billion)男 10億

miliardario/ミリアルダーリオ/男［1］億万長者，大富豪

milione/ミリオーネ/(英 million)男 100万

milionario/ミリオナーリオ/男［1］百万長者，大金持ち

militare/ミリターレ/(英 military)形 軍人[用]の；戦争の **¶ divisa** 軍服 ━ 男 女 兵士，軍人

mille/ミッレ/(英 thousand)男 形［英 mila］1000(の)

millennio/ミッレンニオ/(英 millennium)男 1000年(間)

millimetro/ミッリーメトロ/(英 millimetre)男 ミリメートル

mimetizzare/ミメティッザーレ/(英 camouflage)他 偽装(カムフラージュ)する ◆-arsi (自分の身を)偽装する；擬態で身を隠す；(主義などを)変節する

mimetico/ミメーティコ/形 模倣［写］の；偽装[擬態]の；カムフラージュの **mimetica** 女 迷彩服

mimosa/ミモーザ/(英 mimosa)女 《植物》ミモザ

mina/ミーナ/(英 mine)女 地雷，機雷；(鉛筆の)芯(しん)

minaccia/ミナッチャ/(英 menace)女 脅し，脅迫(罪)；脅威，恐れ **minaccioso** 形 脅すような，威嚇的な；恐ろしい，険悪な **minacciare** 他 脅す，脅迫する；危険にさらす；〜の恐れがある

minerale/ミネラーレ/(英 mineral)形 鉱物の **¶ acqua** ━ ミネラル・ウオーター ━

男 鉱物，鉱石

minestra /ミネストラ/ (英 soup) 女 具入りのスープ È sempre la stessa [solita] minestra. 毎度のこと，よくある話 **minestrone** 男 ミネストローネ (パスタ，米，豆，野菜の雑炊風スープ)

miniera /ミニエーラ/ (英 mine) 女 鉱山；源泉

minimo /ミーニモ/ (英 minimum) 形 最小[最低]の ― 男 最小，最低

ministro /ミニストロ/ (英 minister) 男 大臣，閣僚 ¶ primo ― 首相，総理大臣 **ministero** 男 省庁，内閣

minore /ミノーレ/ (英 smaller) 形 より小さい，より少数の；年下の，年少の，未成年の；下位[下級]の età minore 未成年(18歳未満) **minoranza** 女 少数派 (→ maggioranza) **minorenne** 形男女 未成年の(者) (→ maggiorenne)

minuscolo /ミヌスコロ/ (英 very small) 形 微小な **minuscola** 女 小文字 (→ maiuscola)

minuto[1] /ミヌート/ (英 minute) 形 微小な；ほっそりした；詳細な

minuto[2] /ミヌート/ (英 minute) 男 分(ふん) spaccare il minuto 時間を厳守する，一分の狂いもない **minuzioso** 形 厳密な，詳細な

mio /ミーオ/ (英 my) 形 [男 mio - miei; 女 mia - mie] 私の ― 代 (定冠詞と共に) 私のもの

miope /ミーオペ/ (英 myopic) 形 近視の，近眼の

miracolo /ミラーコロ/ (英 miracle) 男 奇跡，驚異；神業(わざ) **miracoloso** 形 奇跡的な，驚異的な **miraggio** 男 蜃気楼；幻想，はかない夢

mirare /ミラーレ/ (英 aim) 他 じっと見つめる；ねらう ― 自 (a...) ～をねらう；熱望する，欲しがる **mira** 女 ねらい；的(まと)；目標，目的 **prendere di mira** qc 〈人〉を攻撃の的にする，つけねらう **mirino** 男 (銃の)照星；(カメラの)ファインダー **essere nel mirino** 標的にされる，狙われる

mirtillo /ミルティッロ/ (英 blueberry) 男 ブルーベリー，コケモモ

miscuglio /ミスクッリォ/ (英 mixture) 男 混合(物) **mischiare** 他 混ぜる

miserabile /ミゼラービレ/ (英 miserable) 形 哀れな；貧弱な；軽蔑すべき ― 男女 貧乏人，哀れな人

misero /ミーゼロ/ (英 poor) 形 極貧の；惨めな；卑しい **miseria** /ミゼーリア/ 女 極貧；惨めさ **misericordia** /ミゼリコルディア/ 女 同情，哀れみ

missile /ミッスィレ/ (英 missile) 男 ミサイル，ロケット

missione /ミッスィオーネ/ (英 mission) 女 使命，特別任務；使節[派遣]団 **missionario** /ミッスィオナーリオ/ 男 [1] 宣教師

mistero /ミステーロ/ (英 mystery) 男 神秘，謎；秘密 **misterioso** 形 不思議な，謎めいた，不可解な

misto /ミスト/ (英 mixed) 形 混成[混合]の；男女[混合，混成，共学]の ― 男 混合物，混ぜ物；(料理)盛り合せ

misura /ミズーラ/ (英 measure) 女 寸法，大きさ；巻尺，メジャー；手段，措置；程度，限界；測定[法] **a misura d'uomo** のんびりと[した] (人間に合ったペース) **su misura** あつらえた，特注の，ぴったりの **misurare** 他 測定する，はかる；評価する；制限する **misurarsi un vestito** (仮縫いの)試着をする ― 自 (数量を副詞的に伴って) 長さ

[幅, 高さ, 重さ]が～ある ¶ ‖ pozzo *misura* dieci metri. 井戸の深さは10 mである

misurazione 囡 測量, 測定

mite /ミーテ/(英 mild) 形 温和な, 温厚な；穏やかな, 温暖な

mito /ミート/(英 myth) 男 神話, 伝説 **mitologia** /ミトロジーア/ 囡 (総称的に)神話

mitragliatrice /ミトラッリャトリーチェ/(英 machine-gun) 囡 機関銃(=mitra, mitraglia)

mittente /ミッテンテ/(英 sender) 男囡 差出人

mobile /モービレ/(英 mobile) 形 可動式の；不安定な **la mobile** (警察の)機動隊 ― 男 家具

mobilio /モビーリオ/(英 furniture) 男 (集合的に)家具(= mobilia)

moda /モーダ/(英 fashion) 囡 流行, ファッション ¶ ― parigina パリ・モード ― pronta プレタポルテ(高級既製服) ― alta ― オートクチュール(最新流行の仕立て) **essere di moda** はやっている, 人気がある **modella** 囡 (芸術作品の)モデル；ファッションモデル

modello /モデッロ/(英 model) 男 模範, 手本；原型；型, デザイン **modellino** 男 模型, プラモデル **modellare** 他 ～の模型[原型]を作る

moderato /モデラート/(英 moderate) 形 節度のある, 控え目な；適度な, ほどよい；穏健な

moderno /モデルノ/(英 modern) 形 現代の；現代[近代]的な, モダンな

modernità 囡 現代性, 今日性

modesto /モデスト/(英 modest) 形 謙虚な, 慎ましい；乏しい **modestia** /モデスティア/ 囡 謙虚, 謙遜；質素, 慎ましさ

modificare /モディフィカーレ/(英 modify) 他 改正[修正]する；変更する **modifica** /モディーフィカ/ 囡 改正, 修正；変更

modo /モード/(英 way) 男 仕方, 方法；限度, 限界 **ad [in] ogni modo** とにかく, なんとしても **a mio modo** 自分なりに, 私のやり方で **ciascuno a suo modo** 各人各様に **per modo di dire** いわば, 言ってみれば

modulo /モードゥロ/(英 form) 男 書式；(所定の)用紙, 申込書

moglie /モッリェ/(英 wife) 囡 妻(→ marito)

mole /モーレ/(英 size) 囡 大きさ, かさ

molestia /モレスティア/(英 annoyance) 囡 煩わしさ, 迷惑, 不愉快 ¶ *molestie sessuali* セクハラ **molesto** 形 迷惑な, 厄介な；執拗な, うるさい **molestare** 他 困らせる, 苦しめる

molla /モッラ/(英 spring) 囡 ばね, 発条(ゼンマイ), [複で] 火ばし, 火ばさみ **da prendere con le molle** 推奨しがたい, 難しい **molletta** 囡 洗濯ばさみ；[複で] ピンセット

molle /モッレ/(英 soft) 形 柔らかい；湿った；軟弱な

molo /モーロ/(英 mole) 男 防波堤, 突堤；桟橋, 波止場

moltiplicare /モルティプリカーレ/(英 multiply) 他 (大幅に)増やす；(計算)掛ける, 乗じる ¶ ― per tre [quattro] 三倍[四倍]する

molto /モルト/(英 much) 形 たくさんの, 多くの ― 副 とても, 非常に

momento /モメント/(英 moment) 男 瞬間, 一瞬；状況, 時期；時機, 機会 **per il momento** さしあたり, 今のと

ころは **sul momento** ただちに，即座に；すぐには

monaco /モーナコ/ (英 monk) 男[1] 修道士，僧侶；(M-) ミュンヘン (=— di Baviera)；モナコ公国 (=Principato di —) **monaca** 女 修道女，尼僧

monarchico /モナルキコ/ (英 monarchic) 形 君主制の；王政主義の **monarchia** /モナルキーア/ 女 君主制

monastero /モナステーロ/ (英 monastery) 男 修道院

mondo /モンド/ (英 world) 男 世界；この世；社会，～界 **andare all'altro mondo** 他界する **mandare qc all'altro mondo** 〈人〉を葬る；殺す **in capo al mondo** はるか遠くに **conoscere mezzo mondo** 顔が広い，顔が利く **venire al mondo** 生まれる **mondiale** 形 世界の，世界的な

moneta /モネータ/ (英 coin) 女 貨幣，通貨；硬貨，コイン **monetario** /モネターリオ/ 形 貨幣[通貨]の

monopolio /モノポーリオ/ (英 monopoly) 男 専売(権)；独占，独り占め

monotono /モノートノ/ (英 monotonous) 形 単調な，変化のない

monouso /モノウーゾ/ (英 disposable) 形[0] 使い捨ての (→ usa e getta)

montagna /モンターニャ/ (英 mountain) 女 (集合的に)山；山岳地方(での休暇) ¶ andare in — (休暇で)山へ行く **montagne russe** ジェットコースター

montare /モンターレ/ (英 mount) 自[es] (何かの上に)乗る，登る — 他 (部品などを)組み立てる；(家などに)家具調度を備える；(物事を)誇張する **montare il sangue alla testa** 自制心を失う，頭に血がのぼる **montarsi** うぬぼれる，おごり高ぶる

monte /モンテ/ (英 mountain) 男 (個々の)山；多量 ¶ il Monte Bianco モンブラン / catena di *monti* 山脈 / un — di bugie 嘘八百 **a monte** 上流に；元に戻って **mandare a monte** 破棄する，台無しにする **andare a monte** だめになる，破綻する **montanaro** 男[1] 山地の住民

montone /モントーネ/ (英 ram) 男 雄羊；マトン (→ pecora)

monumento /モヌメント/ (英 monument) 男 記念碑；記念建造物；不朽の名作

moquette /モケット/ [仏] 女 (床全体に敷きつめる)絨毯，カーペット (→ tappeto)

mora[1] /モーラ/ (英 mulberry) 女 クワの実；黒イチゴ

mora[2] /モーラ/ (英 arrears) 女 (支払いなどの)滞(とどこお)り，遅れ

morale /モラーレ/ (英 moral) 形 道徳の；道徳的な；精神の — 女 道徳律，モラル；教訓，説教；結論 — 男 気力，精神状態

morbido /モルビド/ (英 soft) 形 柔らかい，柔軟な — 男 軟らかいもの

morbillo /モルビッロ/ (英 measles) 男 (病気の)ハシカ

morboso /モルボーゾ/ (英 morbid) 形 病的な，異常な

mordere /モルデレ/ (英 bite) 他[morso] 噛(か)む，かじる；苦しめる，苛(さいな)む **mordersi le mani** 悔やむ，臍(ほぞ)をかむ

moribondo /モリボンド/ (英 moribund) 形 危篤の，瀕死の，死にかけている，臨終間際の — 男[1] 危篤の病人，瀕死の重傷者

morire ⑱ /モリーレ/ (英 die)

mormorare ▶

自[es, morto] 死ぬ;(di, da qs) 死ぬほど~である; 枯れる; 絶える, 途絶える; 廃れる

mormorare/モルモラーレ/(英 murmur) 自 (風や木の葉が)ざわめく; 呟(つぶや)く; (不平や不満を)ぶつぶつ言う; 悪口を言う, 噂する 他 囁(ささや)く, 小声で言う **mormorio**/モルモリーオ/男 (不平や愚痴を)ぶつぶつ言うこと; (陰口や悪口を)ひそひそ話すこと; せせらぎ, ざわめき

moro/モーロ/(英 dark) 形 黒ずんだ, 暗褐色の ― 男[1] ムーア人; クワの木

morsa/モルサ/(英 vise, vice) 女 (道具の)万力; (締めつけられるような)痛み

morso/モルソ/(英 bite) 男 かむこと; 虫刺され; (食べ物の)一口分; (馬の口につける)はみ; 苦しみ

mortadella/モルタデッラ/女 (豚の脂身をちりばめた)大判のソーセージ

mortaio/モルタイオ/(英 mortar) 男 (薬などを乳棒で摺る)乳鉢, すり鉢; 臼(うす); 臼砲, 迫撃砲

mortaretto/モルタレット/(英 fire-cracker) 男 爆竹, かんしゃく玉

morte/モルテ/(英 death) 女 死, 死亡 ¶ condanna a ― 死刑 / ― cerebrale 脳死 a morte 死ぬほど, 極度に, 酷く morte bianca 凍死; (特に安全対策の不備による)就労中の事故死 questione di vita o di morte 死活問題, 最重視[最優先]すべきこと **mortale** 形 死すべき; 死ぬほどの; 致命的な salto mortale (体操や曲芸の)宙返り ― 男 [複で] 人間 **mortalità** 女 死亡率(=tasso di ―)

mortificare/モルティフィカーレ/(英 mortify) 他 屈辱を与え

る, 侮辱する ◆-arsi (罪を償うために)苦行する, 禁欲する **mortificazione** 女 苦行, 禁欲; 屈辱

morto/モルト/(英 dead) 形 死んだ; 活気のない; (色が)くすんだ a corpo morto 全体重をかけて; 全精力をそそいで angolo morto 死角 binario morto 待避線; 暗礁, デッドロック fare il morto 水面に大の字になって浮かぶ far risuscitare i morti (死者を生き返らせるほど食べ物や飲み物が)すこぶるおいしい natura morta 静物画 punto morto 行き詰まり, 解決案のない状態 uccidere un uomo morto 追い討ちをかける ― 男[1] 死者, 死人

mosca/モスカ/(英 fly) 女 ハエ(蝿); (下唇の下の)ちょびひげ; (釣りの)毛ばり; (ボクシングの)フライ級 restare con un pugno di mosche 当てがはずれてがっかりする saltare[montare] la mosca al naso いら立つ, 怒る far saltare la mosca al naso a qc 怒らせる mosca bianca 珍無類な人[物] essere raro come le mosche bianche 極めて珍しい, 滅多にない

moscacieca 女 鬼ごっこ(鬼さんこちら手の鳴る方へ)

moscerino 男 (ユスリカのように群がって飛ぶ)小さな虫

moscovita/モスコヴィータ/(英 Muscovite) 形 男 女[3] モスクワの(人) **Mosca**/モスカ/女 モスクワ

mossa/モッサ/(英 movement) 女 動き, 動作; 駒の動き, 手; [複で] 開始 スタート prendere le mosse da... ~から始める, 着手する rubare la mossa 相手を出し抜く, 先駆ける

mosto/モスト/(英 must) 男

(発酵前の)ブドウの汁

mostra/モストラ/(英 show) [女] 展示会(場), 展覧会(場); ディスプレイ, ショーウインドー; 見本, サンプル ¶ ― personale 個展 **mostrare** [他] 見せる; 示す, 教示する; 表わす, 明らかにする

mostro/モストロ/(英 monster) [男] 怪物, 怪獣, モンスター; 通り魔, 殺人鬼 **mostro sacro** 巨匠, 鬼才
mostruoso [形] 恐ろしい; 残虐な, 凶悪な; 並外れた, 怪物のような

motel/モテル/ 〔英〕 [男] モーテル

motivo /モティーヴォ/(英 reason) [男] 動機, 理由; モチーフ; 曲, メロディー; (芸術作品の)主題, テーマ; 模様, 柄(がら) ¶ Per quale ― ? どういう理由で? / un ― orecchiabile 覚えやすい旋律 / un ― di successo ヒット曲 / una stoffa con *motivi* floreali 花柄の生地 **a motivo di...** ～のために **motivo conduttore** (音楽の)ライトモティーフ(特定の人物や場所や感情を想起させるテーマ的楽想); (作品の)テーマ, 中心思想 **per nessun motivo** 断じて[絶対に]～しない

moto/モート/(英 motion) [男] 動き, 運動; (感情の)衝動, 爆発; 騒動, 暴動 **essere in moto** (機械が)動いている **mettere in moto** 動かす, 始動させる **mettersi in moto** (人の利益のために)動く, 尽力する ― [女] [0] バイク (= motocicletta)

motocicletta/モトチクレッタ/(英motorcycle) [女] バイク
motociclismo [男] オートレース[競技] **motociclista** [男][女] [3] ライダー; レーサー

motore/モトーレ/(英 motor) [男] エンジン; モーター
motorino [男] 小型バイク

motoscafo/モトスカーフォ/(英 motorboat) [男] モーターボート

movente /モヴェンテ/(英 motive) [男] 動機 ¶ ― del delitto 犯行動機

movimento/モヴィメント/(英 movement) [男] 動き, 運動; (人や車の激しい)往来; (人員の)大移動 ¶ ― operaio [studentesco] 労働[学生]運動
movimentato [形] 活気のある; 交通量の多い; 苦難に満ちた

mucca/ムッカ/(英 cow) [女] 乳牛

mucchio/ムッキオ/(英 heap) [男] 積み重ねた山; 大量, 多数 ¶ un ― di sassi 石ころの山 / un ― di soldi 大金 **un mucchio** やけに, めっぽう : mangiare *un mucchio* 無茶食いする / Mi piace *un mucchio*. めっぽう好きだ **sparare nel mucchio** 乱射乱撃する; 誰彼なしに攻撃[挑発]する

muffa/ムッファ/(英 mould) [女] 黴(カビ) ¶ sapere di ― 黴臭い, 時代にそぐわない **fare la muffa** (物を主語に)黴が生える; だらける

muggire [6]/ムッジーレ/(英 moo) [自] (牛が)鳴く; (苦痛や怒りで)わめく; (海や風や雷が)怒号する **muggito** [男] 牛の鳴き声; わめき[うめき]声; 怒号

mugnaio /ムニャイオ/(英 miller) [男] 粉屋の主人; 製粉業者 **mugnaia** [女] 粉屋の妻[娘]

mugolare /ムゴラーレ/(英 whimper) [自] (犬が悲しそうに)クンクン鳴く; (犬の鳴き声のように人が口を開かずに)泣きごとを言う ― [他] (不平や愚痴を)ぶつぶつ言う

mulino/ムリーノ/(英 mill) [男] 製粉場; 粉砕機 ¶ ― ad acqua [a vento] 水車[風車]小屋 **combattere contro i mulini a vento** (ドン・キホーテが風車に戦いを挑んだように)

mulo ►

仮想の敵と戦う；無駄なことに精を出す **tirare l'acqua al** *proprio* **mulino** 私利私欲のために強引なことをする(我田引水) **parlare come un mulino a vento** 早口でよどみなく話す(立て板に水)

mulo /ムーロ/ (⊛ mule) 男 《動物》ラバ；のろまの頑固者；私生児

multa /ムルタ/ (⊛ fine) 女 罰金；処罰，罰則 ¶ — penitenziale 違約金 **multare** 他 罰金を科する

multi- /ムルティ/ 接頭 「マルチ(多い)」の意味 **multicolore** 形 多色の(ビーズや真珠のような同形のものを異なる色で組み合わせた意味で) ¶ collana di perle *multicolori* 色違いの真珠を多く使ったネックレス **multiforme** 形 多様な；多種多彩な **multilaterale** 形 多面的な；多国間の **multimediale** 形 マルチメディアの **multinazionale** 形 多国籍の — 女 多国籍企業 **multiuso** 形 [0] 多目的の；異なる用途に使える **multivideo** /ムルティヴィーデオ/ 男 形 [0] マルチ画面(の)

mummia /ムンミア/ (⊛ mummy) 女 ミイラ；顔がやせこけた人；無口で非社交的な人；昔かたぎの偏屈者

mungere /ムンジェレ/ (⊛ milk) 他 [munto] (牛や羊の)乳をしぼる；(金を)しぼり取る，巻き上げる；横領する

municipio /ムニチービオ/ (⊛ municipality) 男 市役所，町村役場；地方自治体

municipale 形 地方自治体[市町村]の

munizione /ムニツィオーネ/ (⊛ munitions) 女 〔主に複で〕弾薬

muovere ⑲ /ムオーヴェレ/ (⊛ move) 他 [mosso] 動かす；引き起こす — 自 [es, av] (動きを)開始する；向かう ◆-**ersi** 動く

mura /ムーラ/ (⊛ walls) 女 複 (町を囲む)防壁，城壁 **le mura domestiche** 我が家 **chiudersi tra quattro mura** 家に閉じこもる；ひっそりと暮らす **muraglia** /ムラッリャ/ 女 城壁，防壁 ¶ la *Muraglia* Cinese 万里の長城

muro /ムーロ/ (⊛ wall) 男 壁，塀(へい) **a muro** 壁に組み込んだ **da muro** 壁掛け用の **con le spalle al muro** 八方塞の窮地 **battere la testa nel muro** 絶望する，自暴自棄になる **parlare al muro** 馬に念仏 **sbattere la testa contro il muro** 意気消沈する，落ち込む **murare** 他 壁でふさぐ；防壁で囲って守る；(壁で囲まれた場所に)閉じ込める **muratore** 男 [2] 石工，煉瓦[ブロック]職人，左官

murena /ムレーナ/ (⊛ moray) 女 《魚》ウツボ

muschio /ムスキオ/ (⊛ moss) 男 苔(コケ) (=musco)

muscolo /ムスコロ/ (⊛ muscle) 男 筋肉；(複で知力や精神力に対する) 体力，腕力

muscoloso 形 筋肉質の；がっしりした

museo /ムゼーオ/ (⊛ museum) 男 博物館，美術館

musica /ムーズィカ/ (⊛ music) 女 音楽；曲；楽譜 **È sempre la stessa musica!** 耳にたこが出来るよ **musicale** 形 音楽の，音楽的な；音楽演奏の

musicista 男 女 [3] 音楽家，作曲家；演奏家

muso /ムーソ/ (⊛ muzzle) 男 (動物の)顔，鼻づら；(軽蔑や皮肉を込めて)顔，面(つら)；(車体や車両の)前部，(飛行機の)機首 **brutto muso** 仏頂面(の人) **fare il muso** しかめっ面[仏頂面]をする **torcere**

il muso 眉をひそめる，額にしわを寄せる **museruola** 囡 (犬や馬の口にはめる)口輪, 口かせ

musulmano/ムスルマーノ/(英 Mussulman) 形 イスラム教の，イスラム教徒の ― 男 [1] イスラム教徒

mutande/ムタンデ/(英 pants) 囡 複 (下着の)パンツ，ショーツ ¶ mettersi [togliersi] le ― パンツをはく[脱ぐ]

mutare/ムターレ/(英 change) 他 変える，変更する 自[es] 変わる **mutamento** 男 変化；移り変わり **mutevole**/ムテーヴォレ/ 形 変わりやすい，不安定な；移り気な

mutilato/ムティラート/(英 mutilated) 形 (戦争や事故などで)身体の一部を失った，体の部位に障害のある ― 男 [1] 身体障害者

muto/ムート/(英 mute) 形 口の利けない；(恐怖などで)声が出ない；言葉にならない；無声の **cinema [film] muto** (総称的に)無声映画 [(個別の)無声映画] **fare scena muta** 黙り込む，だんまりを決め込む ― 男 [1] 口の利けない人

mutuo¹/ムートゥオ/(英 mutual) 形 相互の **mutua** 囡 共済[互助]組合；健康保険 ¶ libretto della ― 健康保険証[組合員証]

mutuo²/ムートゥオ/(英 loan) 男 貸付，貸付金 ¶ ― ipotecario 抵当貸付

N, n

n/エンネ/囡(男) 12番目の字母： ≪符T≫ N come Napoli ナーポリのN

nacchera/ナッケラ/(英 castanet) 囡 複で カスタネット ¶ suonare le nacchere カスタネットを打ち鳴らす

nafta/ナフタ/(英 naphtha) 囡 ナフサ；軽油

nano/ナーノ/(英 dwarfish) 形 極小の ¶ albero ― 盆栽 男 [1] (童話に登場する)小人 ¶ Bianca Neve e i sette *nani* 白雪姫と7人の小人

napoletano/ナポレターノ/(英 Neapolitan) 形 [1] ナポリの(人) **Napoli**/ナーポリ/ 囡 ナポリ(Campania/カンパーニア/州の州都)

narciso /ナルチーゾ/ (英 narcissus) 男 水仙(スイセン)；(N-) ナルキッソス(水面に映る自分の姿に見とれて水仙になったギリシャ神話の美青年で自己陶酔型のナルシストの語源)

narice/ナリーチェ/(英 nostril) 囡 鼻の穴，鼻孔

narrare /ナッラーレ/ (英 narrate) 他 (出来事や物語を詳しく)話して聞かす；叙述する ― 自(di...) 〜について話して聞かす **narrazione** 囡 物語ること，語り，叙述 **narrativa** 囡 物語(文学作品のジャンルとして)

nascere/ナッシェレ/(英 be born) 自[es, nato] 生まれる；生える，芽生える；(da...) 〜に端を発する ¶ *Sono nato/a a Nagasaki, il 24 ottobre 1979.* 私は1979年10月24日に長崎で生まれました **nascere con la camicia** 人がうらやむほど恵まれている **vedere nascere** *qc* ⟨人⟩が生まれるのを見る：*Quel ragazzo l'ho visto nascere.* あの子のことは生まれたときからよく知っている：*Quella casa ha visto nascere Manzoni.* あれがマンゾーニの生家です

nascita/ナッシタ/囡 誕生，出生； 発端；複で 出生率(=natalità) ¶ data [luogo] di ― 生年月日[出生地]

nascondere/ナスコンデレ/(英

nascondere (hide) 他 [nascosto] 隠す **gettare il sasso e nascondere la mano** 自分のやった悪事を人がやったように装う ◆ **-ersi** 隠れる
nascondiglio /ナスコンディッリョ/ 男 (物の)隠し場所; (人の)隠れ処(が)
nascondino 男 (子供の遊びの)隠れん坊
naso /ナーソ/ (英 nose) 男 鼻; 嗅覚 ¶ **avere un naso fine** 嗅覚が鋭い; 鼻が利く, 勘が鋭い **a naso** 直感で, 勘で **ficcare il naso** 鼻を突っ込む, 口出しする **lasciare *qc* con un palmo di naso** 〈人〉をがっかりさせる, 〈人〉をあきれさせる **rimanere [restare] con un palmo di naso** がっかりする, あきれる
nasale 形 鼻の; 鼻にかかった, 鼻音の ¶ **voce nasale** 鼻声
nastro /ナストロ/ (英 ribbon) 男 リボン; テープ ¶ **― d'asfalto** (舗装)道路 / **― di lutto** 喪章 / **― inaugurale** (テープカット用の)リボンテープ / **― di partenza [arrivo]** スタート[ゴール]のテープ / **― magnetico** 磁気テープ
natale /ナターレ/ (英 of one's birth) 形 生まれた, 誕生した ¶ **città ―** 生まれた町 / **giorno ―** 誕生日(=compleanno) **dare i natali a *qc*** 〈場所を主語に〉〈人〉の出生地である **Natale** 男 クリスマス
natalizio /ナタリーツィオ/ 形 クリスマスの (=di Natale) ¶ **vacanze *natalizie*** クリスマス休暇
nato /ナート/ (英 born) 形 生まれた; 生まれつきの, 生来の **nato con la camicia** 人がうらやむほど恵まれた (→nascere)
nativo 形 生地の, 故郷の; (di…) ～生まれ[出身]の
natura /ナトゥーラ/ (英 nature) 女 自然; 性質, 性格; 種類 **natura morta** 静物画
naturale 形 自然の, 天然の; 自然な, 気取らない; 当然の, ごく普通の **al naturale** 実物大の, 等身大の **-mente** 副 当然, もちろん **naturalezza** 女 自然さ, 気取りのなさ, 素直さ
naufragio /ナウフラージョ/ (英 shipwreck) 男 (船の)遭難, 難船, 難破; 失敗, 挫折 **fare naufragio** 失敗する **fare naufragio in porto** あと一歩のところで失敗する
naufrago /ナウフラゴ/ 男 [1] 海の遭難者, 海難事故の生存者, 漂流者 ¶ **il recupero dei *naufraghi*** 海難事故の生存者の救出 **naufragare** 自 [es] (船が)遭難する, 難船する; [av] 海難事故に遭う; (事業などに)失敗する, 挫折する
nausea /ナウゼア/ (英 nausea) 女 吐き気; 嫌悪感, ひどい不快感 **nauseante** 形 吐き気を催させる; 嫌悪感を抱かせる
nave /ナーヴェ/ (英 ship) 女 船, 船舶 ¶ **― traghetto** フェリー / **― mercantile** 商船
navicella 女 小型船舶; (飛行船の下部に取り付けられた)箱型の部屋, (気球の)ゴンドラ
navetta 女 (近距離間の)シャトル便, 連絡便 ¶ **― spaziale** スペースシャトル / **autobus ―** シャトルバス **navale** 形 船の, 船舶用の ¶ **battaglia ―** 海戦 / **cantiere [ingegnere] ―** 造船所[造船技師] / **forze *navali*** 海軍
navigare /ナヴィガーレ/ (英 navigate) 自 航海[航行]する; (船で)渡る, (飛行機で)旅行する; (雲などが)漂い流れる; (事業などを)うまく切りまわす (→barcamenarsi) ¶ **― per Mediterraneo [sul Nilo]** 地中海を航海する[ナイル川を航行する] / **― su un traghetto per Sicilia** フェリーでシチリア島に渡る / **Le nuvole navigano per**

il cielo. 空を雲が流れる / — in Internet インターネットで情報を検索する **navigatore** 男 [2] 航海士，飛行士；(自動車ラリーレースの)ナビゲーター；ナビゲーションシステム(自動ルート表示装置) ¶ — per auto カーナビ

naviglio / ナヴィッリョ / (英 canal) 男 (ミラノにあるような)運河，用水路；船団

nazione / ナツィオーネ / (英 nation) 女 国，国家；国民 **(Organizzazione delle Nazioni Unite)** 国連，国際連合 (略称UN，ONU)

nazionale 形 国の；国民の；全国規模の — 女 《スポ》ナショナルチーム — 男女 ナショナルチームの選手

ne / ネ / 代 ❶ 日本語の単位(つ，個，冊，人など)の意味で : Quanti anni hai? - *Ne* ho venti. 君は何才？−二十歳です / Quante persone ci sono? - Ce *ne* sono una decina. 何人いますか？−10人ほどです / Quante sigarette fumi al giorno? - *Ne* fumo una ventina[un pacchetto]. 一日にタバコを何本吸うの？−20本ぐらい[一箱]吸うね / (キャラメルがあって) Quante *ne* vuoi? - Damm*ene* due. いくつ欲しい？−2個ちょうだい ❷ [di lui (lei,loro)]を受けて : Conosci Lisa? Tutti *ne* parlano male[bene]. リーザを知ってる？みんな悪く[よく]言ってる / Sono lontano dalla famiglia e *ne* sento molto la mancanza. 家族から遠く離れてとても寂しい (ne =di loro) ❸ [di questo (quello, ciò)]を受けて : *Ne* parleremo domani. (これについては)あす相談しましょう / Non me *ne* importa niente. (それについては)僕にはどうでもいいことだよ / Non me *ne* sono accorto. (そのことに)気づかなかった / Me *ne* pento veramente. (そのことで)本当に後悔している ❹ 慣用的に : Quanti *ne* abbiamo oggi? 今日は何日ですか？/ Che *ne* sarà di lui? 彼はどうしてるかな？/ Che *ne* dici?/Che te ne pare? (意見を求めて)どうかな？，どう思う？/ Non *ne* posso più! (限界を表明して)もうこれ以上は無理！，もう我慢できないよ — 副 ここ[そこ]から ¶ Ci arrivo alle sette e ne riparto alle otto. そこへ7時に着きますが8時には(そこから)もう出発です / Sei andata a scuola? - Sì, *ne* torno proprio adesso. 学校へは行ったの？−ええ，ちょうど今(そこから)帰るところなの / Ora me *ne* vado. それじゃあ行くよ[失礼します] *[andarsene]の[ne]にも「今いる場所から」が暗に含まれている

né / ネ / (英 nor) 接 (二つの要素の否定) AでもBでもない ¶ Né io *né* lui l'abbiamo vista. 僕も彼も彼女には会わなかった / Viene anche Luisa? Non mi ha detto *né* sì *né* no. ルイザは来るのかな？僕には来るとも来ないとも言わなかった / Non mi piace studiare né lavorare. 僕は勉強するのも働くのも嫌いだ **non dire né a né ba** うんともすんとも言わない **senza capo *né* coda** とりとめのない，くだらない

neanche / ネアンケ / (英 not even) 副 〜もない，〜さえない ¶ Non ce n'è *neanche* uno/a. 一つもない / Io non fumo, e tu? - *Neanch*'io. 僕はタバコを吸わないけど，君は？−僕も(吸わない) / Se non verrai tu, non andrò *neanch*'io. 君が来ないのなら僕も行かないよ / *Neanche* un bambino non farebbe una cosa simile. 子

nebbia

供でもそんなことはしないだろうに / Si è arrabbiata *neanche* l'avessi insultata. 彼女を侮辱してもいないのに怒ったんだよ (侮辱したのなら話は別だけど) (俺辱したのなら話は別だけど) **neanche per sogno** (全面否定で) 夢にも, まさか; ちっとも, ぜんぜん

nebbia/ネッビア/(英 mist) 女 霧 **nebbioso** 形 霧に包まれた, 霧の多い ¶ stagione *nebbiosa* 霧がよく発生する季節 / Quest'anno abbiamo avuto un inverno —. 今年の冬は霧がよく発生した **nebulosa** 女 星雲 **nebulizzatore** 男 スプレー, 霧吹き, 噴霧器

necessario/ネチェッサーリオ/ (英 necessary) 形 必要な; 欠かせない **essere necessario** 《不定詞》 [**che** 《接続法》] (非人称の表現で) 〜する必要がある — 形 必要品, 必需品

necessità 女 必要(性); 欠かせないもの, 無いと困るもの **di prima necessità** 絶対不可欠な

negare/ネガーレ/(英 deny) 他 否定[否認]する; 断る

negativo 形 否定的な, 拒否の, 反対の **nagativa** 女 (写真の)ネガ **negazione** 女 否定, 反対

negligente/ネグリジェンテ/ (英 negligent) 形 怠慢な, だらしない **negligenza** 女 怠慢, 不注意

negozio/ネゴーツィオ/(英 shop) 男 店, 商店 **negoziante** 男 女 店主, 商店主

negro/ネーグロ/(英 black) 形 黒人の — 男 [1] 黒人

nemico/ネミーコ/(英 enemy) 形 敵意のある; 敵の, 敵対する; 有害な **nemico pubblico** 社会の敵 (公開捜査中の凶悪犯) — 男 [1] 敵; 反対者 [勢力]; 敵兵, 敵国

nemmeno/ネンメーノ/(英 not even) 副 〜もない, 〜さえない ¶ Non mi ha *nemmeno* salutato. あいつ僕に挨拶もしなかった / Non ci penso *nemmeno*. そんなこと考えていないよ / *Nemmeno* io ci sono stato. 僕も(そこへは)行かなかったよ / Ho dovuto pagare la bottiglia intera *nemmeno* l'avessi bevuta tutta. 全部飲んでもいないのに一本分払わされた (全部飲んだのなら話は別だけど) (→ neanche)

neonato/ネオナート/(英 newborn) 形 生まれて間もない; 出来て間もない — 男 [1] 新生児

neppure/ネップーレ/(英 not even) 副 〜もない, 〜さえない (→ neanche, nemmeno)

nero/ネーロ/(英 black) 形 黒い, 黒っぽい; 黒人の; 暗い, 不運な; 非合法の — 男 黒(色) **di umor nero** 不機嫌な, ふさぎこんだ **vedere tutto nero** ペシミストである, 考え方が悲観的である

nervo/ネルヴォ/(英 nerve) 男 神経 ¶ — ottico 視神経 **dare sui nervi a qc** (人)の気に[しゃく]にさわる(ことをする)

nervoso 形 いらいらした; そわそわした; 神経(系)の ¶ avere il — いら立っている

nervosismo 男 いらいら; そわそわ

nespola/ネスポラ/(英 medlar) 女 《植物》カリンの実 **nespolo** 男 カリン

nessuno/ネッスーノ/(英 nobody, no one) 代 【単のみ】❶ 誰も, ひとりも (〜しない) ¶ Non parla *nessuno* (=*Nessuno* parla.) 誰も話さない / Non è venuto *nessuno* (=*Nessuno* è venuto.) 誰も来なかった / C'è *nessuno*? 誰かいませんか? ❷ 誰一人, 何一つ (も〜ない) ¶ *Nessuno* dei miei colleghi[*Nessuna* delle mie colleghe] era presente. 私の同僚[女性の同僚]はひとりも出席していなかった / C'è qualche rivista? - *Nessuna* (=Non ce n'è *nessuna*.) 何か雑誌ある?――一冊もないよ ━形 [巻末I] 数がゼロを強調 ¶ Non c'è *nessun* albero [*nessuna* macchina]. 木が一本[車が一台]もない / Non lo dirò a *nessun* altro. (このことは)他の誰にも言わないからね / Non ha *nessun* valore. それは何の価値もない / Non ho *nessuna* fretta. ちっとも[ぜんぜん]急いでない / Non ne ho *nessuna* voglia [intenzione]. その気[つもり]はまったくない / Hai *nessun* libro da prestarmi? 何か本を貸してくれないかな? **in nessun posto** どこにも **in nessun modo** 絶対に, 断じて

nettare /ネッターレ/ (英 nectar) 男 (花の)蜜; 不老不死の飲物; 美酒, 甘露

netto /ネット/ (英 clear) 形 清潔な; 鮮明な; 正味の ━男 正味重量, 純利益 (→lordo) **avere le mani nette** 清廉潔白である **di netto** 一撃のもとに, 物の見事に; 突然, 不意に **dare un taglio netto** (きっぱり)やめる, 打ち切る **netto in busta** 手取りの月給[月給] **nettezza** 女 清潔さ; 鮮明さ **nettezza urbana** 市営の清掃作業[ごみの収集, 廃品回収]

neutrale /ネウトラーレ/ (英 neutral) 形 中立(国)の, 中立の立場の **neutralità** 女 中立(の立場) **neutralizzare** 他 中立にする; (反作用や反対勢力を)抑える, 無害[無毒]にする; (競技を一時)中断させる, タイムをかける **neutrone** 男 中性子, ニュートロン

neve /ネーヴェ/ (英 snow) 女 雪 ¶ la prima ━ 初雪 / ━ farinosa [fresca] 粉雪[新雪] / ━ perenne 万年雪 / catena da ━ (車の)チェーン / fare un pupazzo di ━ 雪だるまを作る / fioccare la ━ 雪が降る **racchetta da neve** かんじき **uovo di neve** メレンゲ **montare a neve** (卵白や生クリームを)泡立てる **nevoso** 形 雪の; 雪の多い; 雪におおわれた **nevischio** /ネヴィスキオ/ 男 みぞれ **nevicare** (非人称) [av/es] 雪が降る **nevicata** 女 降雪 ¶ una grossa ━ 豪雪

newyorkese /ニューヨルケーゼ/ (英 New Yorker) 形 男 女 ニューヨークの(人) **New York(Nuova York)** 女 ニューヨーク

nibbio /ニッビオ/ (英 kite) 男 《鳥》トビ, トンビ

nicchia /ニッキア/ (英 niche) 女 ニッチ, 壁龕(へきがん); 待避所; 自分に適した仕事, くつろげる場所

nicotina /ニコティーナ/ (英 nicotine) 女 ニコチン

nido /ニード/ (英 nest) 男 巣; 生家, 故郷; マイホーム; 巣窟 ¶ asilo ━ 託児所(三歳まで)

niente /ニエンテ/ (英 nothing) 代 男 何も(〜ない) ¶ Non ho comprato *niente*. 何も買わなかった / Non ho detto *niente*. 何も言わなかった, 黙っていた / C'è qualcosa di nuovo? - No, *niente* di speciale. 何か変わったことある?―いや, 特に何も / *niente* altro それ以外は何もない[いらない] / *niente* altro? ほかに何か? ━形 量がゼロを強調 ¶ ━zucchero? 砂糖はいらない? / ━ vino ワインはいらない ━副 まったく〜でない ¶ Non c'entra *niente*. 何の関係もない / Non vale *niente*. くだらない, 無駄だ **dolce far**

niente 悠悠自適 **fare finta di niente** 知らんぷりする **di niente** いいんですよ(お礼や詫びに対して) **niente di male [grave]** たいしたことはない，大事無い，心配するほどではない **niente da fare** どうしようもない **non fa niente** (= fa niente) なんでもない，かまわない **niente affatto** まったく，ぜんぜん，ちっとも **nientedimeno** (= nientemeno) 驚いたことに，なんと(～も) **niente (di) più** ただそれだけ，他の何物でもない

ninfea /ニンフェーア/ (英 water lily) 女 《植》睡蓮(スイレン)

ninnananna /ニンナナンナ/ (英 lullaby) 女 子守唄 **ninna** 女 (幼児語の)ねんね，おねむり(= nanna)

nipote /ニポーテ/ (英 nephew) 男 甥(おい)；孫 ―女 姪(めい)；孫

no /ノ/ (英 no) 副 いいえ，そうじゃない，ちがう ¶ Penso di no. そうじゃない[ちがう]と思う ―男 [0] 否定，拒否；反対票

nobile /ノービレ/ (英 noble) 形 高貴な，気品のある；貴族の，貴族的な ―男女 貴族 **nobiltà** 女 高貴，気品；貴族(階級)

noce /ノーチェ/ (英 walnut-tree) 女 クルミの木 ―女 クルミ；ナッツ ¶ ― di cocco ココナッツ，椰子の実

nocciola 形 [0] ハシバミ色 [薄茶色]の 女 ハシバミの実，ヘーゼルナッツ **nocciolina** 女 小さなナッツ類 ¶ ― americana ピーナッツ (=arachide) **nocciolo** /ノッチョロ/ 男 (果物の)芯，種；核心，真髄

nocivo /ノチーヴォ/ (英 harmful) 形 有害な；精神をむしばむ

nodo /ノード/ (英 knot) 男 結び，結び目；(樹木の)ふし，こぶ；絆(きずな)；結合[合流]点 **avere un nodo alla gola** (悲しみや感激で)のどがつかえる，胸が一杯になる

noi /ノイ/ (英 we) 代 私たち，我々 **noialtri** 男複 (反対の立場を強調して)私たち ¶ Noialtri giovani non la pensiamo così. (私たち)若い連中の考えは違います(女性になる場合: noialtre)

noia /ノイア/ (英 boredom, bother) 女 退屈，倦怠(感)；わずらわしさ，厄介なこと[仕事] **noioso** 形 退屈な，憂鬱な；いやな，うるさい，厄介な

noleggiare /ノレッジャーレ/ (英 rent) 他 (レンタルで)借りる，貸す **noleggio** /ノレッジョ/ 男 レンタル，リース；レンタル[リース]料金；(乗物の)レンタル店 ¶ auto da ― レンタカー / sci da ― 貸しスキー

nolo 男 (空輸や海運の)輸送費；チャーター料；レンタル契約

nome /ノーメ/ (英 name) 男 名前，名称；名詞 ¶ ― di battesimo 洗礼名 / ― di famiglia 姓, 苗字 / ― d'arte 芸名 **a nome di...** ～の代わりに，～の代理で，～の紹介で **chiamare le cose col loro nome** 歯に衣を着せない **farsi un nome** 名を成す，名声を馳せる **in nome di...** ～の名において[名のもとに] **nominare** 他 名前で呼ぶ，名指す；名前を知っている；任命する，指名する

non /ノン/ (英 not) 副 ～ではない，～しない **non... (altro) che...** ～にすぎない，～でしかない **non sempre...** いつも[必ずしも]～とは限らない

nonché /ノンケ/ (英 as well as) 接 さらに，その上；～はもちろんのこと[言うまでもな

➤ **nuca**

nonno/ノンノ/(英 grandfather)男 祖父，おじいさん

nonna 女 祖母，おばあさん

nono/ノーノ/(英 ninth)形 9番目の

nonostante/ノノスタンテ/(英 even though)接 〜ではあるが，たとえ〜にしても ― 前 〜にもかかわらず

nord/ノルド/(英 north)男 [0] 北，北方；北部；(N-) 北欧 ― 形 [0] 北の ¶ lato ― 北側 / parete ― （山の）北壁

nordico/ノルディコ/形男 [0] 北欧の(人) ¶ sci ― ノルディック種目（距離，ジャンプ，複合，バイアスロン）

nordamericano/ノルダメリカーノ/(英 North American)形 北米の；合衆国の

norma/ノルマ/(英 rule)女 規範，規則；基準，規格 a norma di... 〜に従って[基づいて] di norma 普通[通常]は

normale 形 正常な，普通の；通常の，標準的な ¶ scuola ― （旧制の）師範学校 ― 女 （ガソリンの）ノーマル

norvegese/ノルヴェジェーゼ/(英 Norwegian)形男女 ノルウェーの(人) **Norvegia**/ノルヴェージャ/女 ノルウェー

nostalgia/ノスタルジーア/(英 nostalgia)女 郷愁，ノスタルジア；懐古の情，慕情

nostro/ノストロ/(英 our)形 (noi の所有形容詞) 私たちの **Cosa Nostra** マフィア（の別称） ― 代 私たちのもの

nostrano 形 （他の人が他に対して）地の，地元の ¶ uovo[pollo]― 地卵[地鶏] / alla nostrana 郷土[郷里]風に ― 男 地物

nota/ノータ/(英 note)女 メモ，注記；通知，知らせ；目録，請求書；音符 ¶ prendere ― メモを取る / degno di ― 注目すべき / ― degli invitati 招待客のリスト / ― del medico 治療費の請求書

notare/ノターレ/(英 note)他 気づく，目につく；印を付ける，メモする ¶ farsi notare 目立つ，目[注意]を引く **notaio**/ノタイオ/男[1] 公証人

notevole/ノテーヴォレ/(英 notable)形 著しい，注目すべき；（数量が）かなりの，相当な

notizia/ノティーツィア/(英 news)女 知らせ，ニュース；消息，便り

noto/ノート/(英 well-known)形 よく知られた，周知の；有名な，著名な

notte/ノッテ/(英 night)女 夜，夜間；(宿泊数の)晩；夜の闇 ¶ ― di Natale クリスマスイブ / ― di san Silvestro 大晦日の夜 **fare la notte** 夜勤する；（病院で）患者に付き添う **giorno e notte** 日夜，絶え間なく **notte bianca** 徹夜 **tirare notte** 夜更しする

notturno 形 夜の，夜間の；夜行性の；夜間営業の ― 男 夜想曲（ノクターン）；夜景画[写真]；（ラジオの）深夜放送

notturna 女 ナイター，ナイトゲーム

nove/ノーヴェ/(英 nine)男形 9(の) **novanta** 男形 90(の)

novella/ノヴェッラ/(英 tale)女 （中世の）説話；短い物語；短編小説 **buona novella** 福音書

novembre/ノヴェンブレ/(英 November)男 11月

novità/ノヴィタ/(英 novelty)女 新しさ，斬新さ；新製品；新情報[技術]

nozze/ノッツェ/(英 wedding)女複 結婚式 ¶ viaggio di ― 新婚旅行

nubile/ヌービレ/(英 unmarried)形 （女性が）独身の，未婚の (→celibe, scapolo)

nuca/ヌーカ/(英 nape)女 う

なじ, 首筋

nucleare /ヌクレアーレ/ (英 nuclear) 形 核の, 原子核の ¶ centrale — 原子力発電所 / energia — 原子力 **nucleo** /ヌークレオ/ 男 中心, 核心; 小さな集団, 一団; 原子核

nudo /ヌード/ (英 bare) 形 裸の; むき出しの, 飾りのない, ありのままの ¶ piedi *nudi* 裸足(はだし) / gambe *nude* 素足 / mezzo *nudo* 裸同然の / stanza troppo *nuda* 殺風景な部屋 a mani nude 素手で a occhi nudi 肉眼[裸眼]で nudo e crudo 正真正銘の, 赤裸々な — 男 裸体画, 裸像

nulla /ヌッラ/ (英 nothing) 代 何も(〜ない) — 副 まったく〜でない(→niente) — 男 無, 存在しない物; だめな人, つまらないもの

numero /ヌーメロ/ (英 number) 男 数, 数字; 番号, 番地; (シリーズ物の)〜号; (靴の)サイズ ¶ — arabo [romano] アラビア[ローマ]数字 / — di matricola 登録番号 / — zero [speciale] 創刊[特集]号 avere dei numeri 素質[資質]がある numero chiuso (学部や講座の)定員 numero uno ナンバーワン(の), トップ(の); 主要な, 最大の numero verde フリーダイヤル dare i numeri 口から出任せを言う, でたらめを言う **numeroso** 形 数多い; 多人数の **numerare** 他 番号を付ける[打つ, ふる] **numerazione** 女 番号づけ, ナンバリング

nuora /ヌオーラ/ (英 daughter-in-law) 女 (息子の)嫁(→genero)

nuotare /ヌオターレ/ (英 swim) 自 泳ぐ; (in...) 〜につかる ¶ — a stile libero [a rana, sul dorso] 自由形[平泳ぎ, バック]で泳ぐ **nuotare** nell'abbondanza 裕福な暮らしをする; 何もかも与えられている **nuotare nell'oro** 大金持ちである 他 泳ぐ ¶ —i 100 metri in un minuto 100メートルを1分で泳ぐ **nuoto** 男 水泳 ¶ — a rana [farfalla] 平泳ぎ[バタフライ] / — sincronizzato シンクロナイズドスイミング **a nuoto** 泳いで

nuovo /ヌオーヴォ/ (英 new) 形 新しい, 新品の; 新たな, 新生の; 初めて見る[聞く] come nuovo 新品同様の di nuovo 再び, また nuova frontiera ニューフロンティア per nuovo 購入価格で **nuova** 女 知らせ, ニュース

nutrire ⑥ /ヌトリーレ/ (英 nourish) 他 〜に食物[栄養]を与える, 授乳する, 飼育する; (目的語なしで)滋養[栄養]になる; 養う, 豊かにする, 培う; (感情などを)抱く **nutrirsi bene** 栄養をとる[つける] **nutriente** 形 滋養[栄養]のある

nuvola /ヌーヴォラ/ (英 cloud) 女 雲; (蒸気・霧・煙・埃の)雲のような固まり **cadere dalle nuvole** 仰天する, 唖然とする **nuvoloso** 形 曇りの, 曇った

nuziale /ヌツィアーレ/ (英 wedding) 形 結婚の ¶ anello — 結婚指輪 / abito [torta] — ウエディングドレス[ケーキ] / marcia — 結婚行進曲 / cerimonia — 結婚式(→nozze)

nylon /ナイロン/ 英 男 ナイロン

O, o

o¹ /オ/ 女(男) 13番目の字母:《符丁》O come Otranto オートラントのO

o² /オ/ (英 or) 接 あるいは, ま

たは；それとも
oasi/オーアズィ/(英 oasis)囡[0] オアシス；憩い，安らぎ
obbedire → ubbidire
obbiettivo → obiettivo
o b b l i g o/オッブリゴ/(英 obligation)男 義務；(契約などの)取り決め，必須条件
obbligatorio/オッブリガトーリオ/形 義務的な，必須の(→ facoltativo) **obbligare** 他 義務を課す，(責務として)させる
obiettivo/オビエッティーヴォ/(英 objective)男 目的，目標；標的；(対物)レンズ 形 客観的な，偏見のない
oblò/オブロ/(英 porthole)男 船窓；(ドラム式洗濯機の)投入口
oca/オーカ/(英 goose)囡 鵞鳥 (ガチョウ) ¶ gioco dell'— (上がり)すごろく
occasione/オッカズィオーネ/(英 occasion)囡 機会，チャンス ¶ in occasione di... ～に際して，～の折に **d'occasione** 安売り[特価]の
occasionalmente 副 偶然，思いがけず
occhiali/オッキアーリ/(英 glasses)男 眼鏡 ¶ — da miope 近視用のメガネ
occhio/オッキオ/(英 eye)男 目；視力；視線 **a occhi chiusi** 躊躇せず，即座に **con la coda dell'occhio** 横目で，窺うように **chiudere un occhio** 大目に見る，目をつぶる **non chiudere occhio** 一睡もしない **senza chiudere occhio** まんじりともせず **spalancare gli occhi** 目を丸くする **strizzare l'occhio** 目配せする，ほのめかす **tutt'occhi** 警戒心が強い，とても用心深い **un occhio della testa** 目をむくほどの高額 **uovo all'occhio di bue** 目玉焼き **occhiata** 囡 (文書などに)さっと目を通すこ

と，チェックすること
occhiello 男 (ひも通しやファイル用の)小穴，鳩目，ボタンホール **occhiaia**/オッキアーイア/囡 眼窩，目の下のくぼみ；[複で] 目の下のくま
occidente/オッチデンテ/(英 occident)男 西，西方；西洋(→ oriente) **occidentale** 形 西の；西洋の，西洋的な(→ orientale)
occorrere/オッコッレレ/(英 be needed)自[es, occorso](3人称単複のみで)〜が必要である
occultare/オックルターレ/(英 hide)他 隠す，隠蔽する
occulto 形 隠された，秘められた
occupare/オックパーレ/(英 occupy)他 占める；占領する；(時間を)費やす，割く ◆-arsi 《di》〜に専念する，〜を専業とする；職を見つける
occupato/オックパート/(英 occupied)形 (場所や時間が)塞がった；忙しい，使用中の，空きのない；(電話が)話し中の
occupazione囡 仕事；占領
oceano/オチェーアノ/(英 ocean)男 大洋，海洋 **essere una goccia d'acqua nell'oceano** 何の意味もない
oculista/オクリスタ/(英 ophthalmologist)男囡[3] 眼科医
odio/オーディオ/(英 hate)男 憎しみ，反感 **odiare** 他 憎悪する，憎む **odioso** 形 憎らしい，我慢できない
odore/オドーレ/(英 smell)男 におい **gli odori** 香草，ハーブ **in odore di...** 〜の見通しが立った，〜が間近に迫った
odorare 他 匂いをかぐ；怪しむ 自 においがする
offendere/オッフェンデレ/(英 offend)他[offeso] 侮辱する，(感情などを)害する，怒らせる

officina ▶

¶ ― qc in qs 〈人〉の〈何か〉を傷つける ◆-ersi 気分を害する，怒る **offensivo** 形 侮辱的な，腹立たしい; 攻撃的な，攻撃用の **offensiva** 女 攻撃，攻勢 **offesa** 女 侮辱; 侵害; 冒涜

officina /オッフィチーナ/ (英 workshop) 女 工場; 作業場

offrire /オッフリーレ/ (英 offer) 他 [offerto] 差し出す，提供する; (食事を)ご馳走する; 申し出る **offerta** 女 申し出; 付け値; 寄付(金) **in offerta** 奉仕品の

oggetto /オッジェット/ (英 object) 男 物; 対象，目的; 目的語 **oggettivo** 形 客観的な **oggettività** 女 客観性

oggi /オッジ/ (英 today) 副 男 きょう; 今日，現在 ¶ il giornale d'oggi 今日の新聞 **al giorno d'oggi** 今では，現代は **a tutt'oggi** きょうまでは，今までのところ **dall'oggi al domani** 予告なしに，突然 **oggi a otto** 一週間後[以内]に，来週のきょうまでに **oggigiorno** 今日，今時; 現代 **oggi o domani** いずれ，近いうちに **oggi stesso** 今日中に，まさにきょう

ogni /オンニ/ (英 every) 形 (単数の名詞に先行させて) どの～も，すべての; 毎～，～ごとに[おきに] ¶ ― giorno 毎日 / ― sei ore 6時間ごと[おき]に **ogni tanto** 時々，たまに

ognuno /オニューノ/ (英 everyone) 代 [1] 誰でも，誰もみな; それぞれ

ok /オケイ/ [英] 間 オーケー (= bene, va bene; d'accordo)

olandese /オランデーゼ/ (英 Dutch) 形 男 女 オランダの(人) ― 男 オランダ語 **Olanda** 女 オランダ

olio /オーリオ/ (英 oil) 男 油，オイル; 油絵(の作品) ¶ pittura a olio 油彩 **liscio come l'olio** (波風が立たない)穏やかな，凪いだ **oliare** 他 (機械に)油をさす; 買収する **oliera** 女 オリーブ油と酢を入れる容器のセット

oliva /オリーヴァ/ (英 olive) 女 オリーブの実 ― 形 [0] オリーブ色の **olivo** 男 オリーブの木

olmo /オルモ/ (英 elm) 男 楡(ニレ)の木

oltre /オルトレ/ (英 farther) 前 ～の向こうに; ～以上; ～以外に **oltre a...** ～のほかに，～と一緒に **oltre che...** ～ばかりか，おまけに ― 副 さらに先へ; それ[これ]以上は **andare oltre** さらに進む; 一度を越す

oltrepassare 他 越える，通り越す **oltretutto** 副 それに(加えて)，おまけに

oltretomba 男 [0] あの世，死後の世界

omaggio /オマッジョ/ (英 homage) 男 敬意; オマージュ; プレゼント; おまけ **buono omaggio** (商品の)無料引換券

ombelico /オンベリーコ/ (英 umbilicus) 男 [-chi] 臍(へそ)

ombra /オンブラ/ (英 shadow) 女 影，陰，日陰; 暗がり; 亡霊 **all'ombra del cupolone** ローマで **all'ombra della Madonnina** ミラノで **avere paura della propria ombra** 大の恐がりである(自分の影におびえる) **nell'ombra** ひっそりと，人目を避けて **ombre cinesi** 影絵(両手を組み合わせて動物の形を障子に映す)

ombrello /オンブレッロ/ (英 umbrella) 男 傘(かさ) ¶ ― atomico 核の傘 **ombrellone** 男 大きな日よけ傘; ビーチパラソル

omicida /オミチーダ/ (英 homicidal) 形 [3] 殺人の，殺人犯の ― 男 女 [3] 殺人者，殺人犯人 **omicidio** /オミチー

ディオ/男 殺人(行為); 殺人罪
omogeneo/オモジェーネオ/(英 homogeneous) 形 同種の, 同質の, 均質の

oncia/オンチャ/(英 ounce) 女 オンス(約30グラム); 微量

onda/オンダ/(英 wave) 女 波, ウエーブ ¶ **cresta dell'—** 波頭 **andare in onda** 放送[放映]が始まる **a onde** 波打って, 波型に[の] **essere in onda** 放送される **mandare in onda** 放送[放映]する, 流す **sulla cresta dell'onda** 最高潮[絶好調, 絶頂期]の[状態に]

ondata 女 波が打ち寄せること; 波のように押し寄せること; 急激な変動 **ondata di caldo [freddo]** 熱波[寒波]

ondeggiare 自 (波のように)揺れ動く; (考えなどが)揺らぐ, 迷う

onesto/オネスト/(英 honest) 形 正直な, 真面目な, 実直な

onestà 女 正直, 公正

onomastico/オノマスティコ/(英 saint's day) 男 聖人の祝日(年間を通じて毎日が誰かの聖人の祝日で, 自分の洗礼名と同じ聖人の祝日を誕生日のように祝う. 例えば, ジュゼッペは3月19日)

onore/オノーレ/(英 honour) 男 名誉, 尊敬, 敬意 **fare gli onori di casa** 客をもてなす **farsi onore** 名声を博す, 際立つ **parola d'onore** 固い約束, (表現として)絶対に, 誓って

onorare 他 尊敬する, 敬愛する; 栄誉[誉れ]を与える

op/オップ/(英 hop) 間 ほっ, おっ, さっ(動きを誘ったり拍子やリズムを取る掛け声) **op là(=oplà)** そうれっ, あらよっと, どっこいしょ

opaco/オパーコ/(英 opaque) 形 [-chi] 不透明な; くすんだ, 光沢のない

opera/オーペラ/(英 work) 女 仕事; (芸術の)作品 ¶ **— lirica** 歌劇, オペラ **per opera di...** ～のおかげで, ～のせいで

operaio/オペライオ/(英 形 男 [1] 労働者(の) ¶ **classe operaia** 労働者階級

operare/オペラーレ/(英 operate) 自 行動する, 働く; 作用する, 効く; 運算する — 他 手術をする; 生む, もたらす **operazione** 女 手術; 作戦, 行動; (投機的な)取引, 売買; 演算 **operatore** 男 [2] オペレーター; (テレビや映画の)カメラマン

opinione/オピニオーネ/(英 opinion) 女 意見, 考え

opporre ㉒/オッポッレ/(英 oppose) 他 [opposto] (～で)対抗する; 防御する; 反対する ◆-**orsi** (a) ～に抵抗する, 立向かう; 反対する **opposto** 形 反対側[向かい]側の; 正反対の, 逆の — 男 反対, 逆 **opposizione** 女 対抗, 抵抗; (政府に対する)反対勢力, 野党

opportuno/オッポルトゥーノ/(英 opportune) 形 適切な, ちょうどよい, 都合のよい **opportunità** 女 好都合, 適時性; 好機, チャンス **opportunista** 男女 [3] 日和見主義者, 便宜主義者

opprimere/オップリーメレ/(英 oppress) 他 [-resso] 抑圧する, 虐げる; 重くのしかかる, 重苦しくする **oppressione** 女 抑圧, 圧制; 圧迫感, 息苦しさ **oppressivo** 形 抑圧的な, 過酷な; 重苦しい

oppressore 形 圧制的な 男 圧制者

oppure/オップーレ/(英 or) 接 あるいは, または, それとも; さもなければ; いやそれより

ora/オーラ/(英 hour) 女 時間; 時; 時刻 ¶ **Che ora è? - Sono le due.** 今何時? — 2時 /

orale ▶

Quante ore? 何時間 / A che ora? 何時に / Fino a che ora? 何時まで / un quarto d'ora 15分 / mezz'ora 半時間 / — legale 夏時間 / — locale 現地時間 **all'ora** 毎時，1時間で **a ore** 時間給の，（使用料が）1時間単位の **a quest'ora** 今ごろ（は）；こんな時間に；この時間帯は **di ora in ora** 次第に，徐々に；今か今かと **le ore piccole** 午前零時から3時まで ¶ **fare le ore piccole** （何か楽しいことで）夜更しする **non vedere l'ora di** (不定詞) ～したくてたまらない，いますぐ～したい **ora di punta** ラッシュアワー：È ancora l'ora di punta. まだラッシュだ / Preferisco non guidare nelle ore di punta. ラッシュ時には運転をしたくない **passare un brutto quarto d'ora** ピンチに陥る［立たされる］ — 副 今，現在；今さっき；これから；さあ，ところで **d'ora in poi** 今後，これから先は **oretta** 女 小一時間，1時間ほど

orale／オラーレ／(英 oral) 形 口の；口頭［口述］の，オーラルの — 男 口頭試問

oramai → ormai

orango／オランゴ／(英 orang-outang) 男 オランウータン (= orangutan, orangutano)

orario／オラーリオ／(英 timetable) 男 時刻表，ダイヤ；時間割，日程；営業時間，勤務時間 — 形 時間当たりの，1時間ごとの；時間に関する

orata／オラータ／(英 gilthead) 女 黒鯛(クロダイ)；高級魚

oratore／オラトーレ／(英 orator) 男[2] 演説者，雄弁家；（会議などの）発言者

orbita／オルビタ／(英 orbit) 女 （天体の）軌道；眼窩(がんか)

orchestra／オルケストラ／(英 orchestra) 女 オーケストラ，管弦楽（団）

orco／オルコ／(英 ogre) 男[-chi] （伝説や童話の）人喰い鬼，人攫(さら)い；（子供をおどすときの）こわい小父さん **orca** 女 《動物》シャチ，オルカ；鬼婆

ordine／オルディネ／(英 order) 男 順序，順番；秩序，整理；等級，種類；命令，指図；（宗教の）団体，修道会 **di prim'ordine** 第一級の，最高級の **parola d'ordine** 合言葉，パスワード **ordinare** 他 整理する，片づける；命令［指図］する；注文［発注］する

ordinamento 男 配置，配列；体系，組織，制度

ordinario／オルディナーリオ／形 普通の；通常の，正規の；凡庸な，平凡な；粗末な，粗野な

orecchio／オレッキオ／(英 ear) 男[gli orecchi/le orecchie] 耳；聴力 **a orecchio** 聞き覚えで（楽譜を見ずに） **dare una tirata d'orecchi a qc** （人）を叱る **duro d'orecchi** 耳が遠い，とぼける **entrare da un orecchio e uscire dall'altro** （物事を主語に）すぐに忘れる，尻から抜ける **fare orecchie da mercante** 聞こえないふりをする，とぼける **prestare orecchio** 耳を貸す，信じる，本気にする **tirare gli orecchi a qc** 叱る，注意する

orecchino 男 イヤリング，ピアス

orefice／オレーフィチェ／(英 goldsmith) 男女 彫金師，（貴金属や宝石の）細工師；貴金属［宝石］商

orfano／オルファノ／(英 orphan) 形 片親（両親）のいない；孤児の

organizzare／オルガニッザーレ／(英 organize) 他 （催しなどを）準備する，主催する；組織［編成］する

organizzazione 女 組織；

機構，制度
ONU (Organizzazione delle Nazioni Unite) 国連，国際連合 **organizzatore** 男[2] 主催者；発起人

organo / オルガノ /(英 organ) 男 器官，臓器；機械装置；機関，機構；(楽器の)オルガン

organico / オルガーニコ / 形 有機の；器官[臓器]の；有機的な，系統だった **organismo** 男 有機体，生物；有機的組織

orgoglio / オルゴッリョ /(英 pride) 男 高慢，うぬぼれ；自尊心，誇り；自慢(の種)

orgoglioso 形 高慢な，威張った **essere orgoglioso di...** ～を誇りとしている

orientare / オリエンターレ /(英 orient) 他 (方向・方角を)定める ◆ **-arsi** (自らの)位置を確かめる **orientamento** 男 方向づけ；オリエンテーション ¶ **il senso dell'—** 方向感覚

oriente / オリエンテ /(英 orient) 男 東，東方；東洋 ¶ **Vicino [Medio, Estremo] Oriente** 近東[中東，極東(東アジア)] (→ occidente) **orientale** 形 東の；東洋の，東洋的な (→ occidentale)

origine / オリージネ /(英 origin) 女 起源，発端；出所，原因；生まれ **originale** 形 最初の，元の；独創的な，奇抜な；原文の，原画の ¶ **peccato —** 原罪 — 男 原物，原本；原典，原文；(写真や肖像画の)本人 **originale televisivo** テレビ映画 **originalità** 女 独創性，創意；本物[原本]であること；新奇さ，奇抜さ **originario** / オリジナーリオ / 形 (di...) ～原産の；～出身の；元の，本来の **originare** 自 (da...) ～に端を発す；～が発端となる

orizzonte / オリッゾンテ /(英 horizon) 男 地平線，水平線；見通し，展望 **orizzontale** 形 水平な，横の

orlo / オルロ /(英 border) 男 縁(ふち)，端；極限；(縁や裾の)飾り，折り返し ¶ **essere sull'— del precipizio** 崖っぷちに立たされる

orma / オルマ /(英 footmark) 女 足跡；痕跡，跡

ormai / オルマイ /(英 by now) 副 今となっては，もはや

ornare / オルナーレ /(英 adorn) 他 飾る，装飾する

ornamento 男 飾り，装飾(品)

oro / オーロ /(英 gold) 男 金，黄金；金色 ¶ **oro zecchino** 純金 / **Zecchino d'oro** 少年少女歌謡祭(の金賞) **a peso d'oro** 高額で **per tutto l'oro del mondo** 決して，どんなことがあっても(～しない)

orologio / オロロージョ /(英 watch) 男 時計 **orologeria** / オロロジェリーア / 女 時計店

orologiaio / オロロジャイオ / 男[1] 時計屋

orrore / オッローレ /(英 horror) 男 恐怖；嫌悪；惨劇，惨事；ホラー **orribile** / オッリービレ / 形 恐ろしい；実に不快な[まずい，ひどい] (=orrendo)

orso / オルソ /(英 bear) 男 熊(クマ)；人付き合いの悪い人；無骨者 ¶ **Orso Maggiore [Minore]** 大[小]熊座 **vendere la pelle dell'orso prima di averlo ammazzato** とらぬ狸の皮算用

ortaggio / オルタッジョ /(英 vegetable) 男 〔主に複で〕青物，野菜類

ortensia / オルテンスィア /(英 hydrangea) 女 紫陽花(アジサイ)

ortica / オルティーカ /(英 nettle) 女 刺草(イラクサ) **gettare alle ortiche** 放棄する；棒に振る

orto / オルト /(英 vegetable garden) 男 菜園，野菜畑 **ortolano** 男[1] 菜園家；青果商

ortografia / オルトグラフィーア /

orzo ▶

(英 orthography) 女 正書[正字]法

orzo /オルソ/ (英 barley) 男 大麦

osare /オザーレ/ (英 dare) 他 (不定詞を伴って)あえて[思い切って]〜する **osare il tutto per tutto** 一か八かやってみる

oscar /オスカル/ [英] 男 アカデミー賞(の小像); アカデミー賞受賞者[作品]; 金賞, 第一席

osceno /オッシェーノ/ (英 obscene) 形 卑猥(ひわい)な, 猥褻(わいせつ)な, みだらな

oscillare /オッシッラーレ/ (英 swing) 自 振動する, 揺れる; (物価が)変動する **oscillante** 形 不安定な, 変動する

oscuro /オスクーロ/ (英 dark) 形 暗い, 黒っぽい; 不明瞭な, 難解な — 男 暗がり, 暗闇 **all'oscuro** 知らずに, 知らされずに **oscurità** 女 暗がり, 暗闇; 不明瞭さ, 難解さ; 無名

ospedale /オスペダーレ/ (英 hospital) 男 (総合)病院

ospite /オスピテ/ (英 host) 男 女 (客をもてなす家の)主(あるじ); (もてなしを受ける)客

ospitalità 女 歓待, 歓迎; (客として)もてなすこと, 泊めること **ospitare** 他 客として家に迎える; ゲストとして招く; (記事などを)掲載する; (場所が人を)収容できる; (場所が品物を)収納している, 保管している

ospizio /オスピーツィオ/ (英 home) 男 養護施設, ホーム

ossa /オッサ/ (英 bones) 女 複 骨 **essere di carne e ossa** (血の通う生身の)人間である, 人間にすぎない **in carne e ossa** 本物[正真正銘]の; 本人自らが

ossatura 女 骨格; 骨組

osseo /オッセオ/ 形 骨の; (動物の)骨で作った; 骨のような

ossequio /オッセークィオ/ (英 respect) 男 深い敬意; (手紙の)敬具

osservare /オッセルヴァーレ/ (英 observe) 他 注視する; 観察[観測]する; 気づく; (規則を)守る, 従う

osservazione 女 観察, 観測; 考察, 所見; 非難, 批判

osservatorio /オッセルヴァトーリオ/ 男 天文台; 観測所; 監視所; (経済や社会現象の)研究所

ossessione /オッセッスィオーネ/ (英 obsession) 女 妄想, 強迫観念; 悪夢, 頭痛の種

ossia /オッスィーア/ (英 or) 接 つまり, すなわち, 言い換えれば

ossigeno /オッスィージェノ/ (英 oxygen) 男 酸素 ¶ **bombola di —** 酸素ボンベ / **maschera a —** 酸素マスク **essere all'ossigeno** 危篤[瀕死]の状態にある **ossigenare** 他 酸素を添加する ¶ **— i polmoni** 肺に酸素を送る / **ossigenarsi i capelli** 自分の髪を脱色(して金髪)にする **ossigenato** 形 酸素を多く含む ¶ **acqua ossigenata** オキシドール(消毒殺菌や脱色用の過酸化水素水)

osso /オッソ/ (英 bone) 男 [複] 骨, 骨格 **ossobuco** 男 [ossibuchi] 子牛のすね肉を髄入りの骨ごと煮込んだ料理(ミラノの名物)

ostacolo /オスターコロ/ (英 obstacle) 男 障害(物) ¶ **corsa agli ostacoli** ハードル競走; (馬術や競馬の)障害

ostacolare 他 妨げる, 邪魔する; 困難にする

ostaggio /オスタッジョ/ (英 hostage) 男 人質(じち)

oste /オステ/ (英 host) 男 (飲食店や宿屋の)主人, 亭主

ostessa 女 おかみ(女将)

osteria /オステリーア/ (英 tavern) 女 居酒屋, 簡易食堂

ostia /オスティア/ (英 Host) 女 聖餐式のパン; オブラート; (北イタリアで驚きを表して)なん

とまあ, すごいなあ; そんなばかな, ひどいなあ

ostile /オスティーレ/ (英 hostile) 形 敵対する, 敵意のある; 反対の **ostilità** 女 敵意;対立, 反対; [複で]敵対行為, 戦争

ostinarsi /オスティナルスィ/ (英 be obstinate) 再 固執する, 固持する; (悪い状況が)長く続く ¶ — a 《不定詞》頑として〜する: — a non parlare かたくなに口を閉ざす / Si ostina a far freddo. 寒さがいっこうに和らがない **ostinato** 形 頑固な, 強情な; 執拗な, 飽くなき, 根気強い; (予測より)長引く, 長くつづく **ostinazione** 女 頑固, 強情, 片意地

ostrica /オストリカ/ (英 oyster) 女 牡蠣(かき) ¶ — perlifera 真珠貝

otorinolaringoiatra /オトリノラリンゴイアートラ/ (英 otolaryngologist) 男 女 [3] 耳鼻咽喉科医

ottanta /オッタンタ/ (英 eighty) 男 形 80 (の)

ottavo /オッターヴォ/ (英 eighth) 形 8番目の, 第8の

ottenere ③⓪ /オッテネーレ/ (英 obtain) 他 得る, 手に入れる; 採出[抽出]する

ottica /オッティカ/ (英 optics) 女 光学 **ottico** 形 眼の, 視覚[視力]の ¶ nervi ottici 視神経 — 男 [1] メガネ屋

ottimo /オッティモ/ (英 very good) 形 とてもよい, 最高の, 極上の — 男 (成績の)優

ottimista 男 女 [3] 楽観主義者 — 形 楽観[楽天]的な

ottimismo 男 楽観[楽天]主義

otto /オット/ (英 eight) 男 形 8 (の) **ottovolante** 男 ジェットコースター

ottobre /オットーブレ/ (英 October) 男 10月

ottone /オットーネ/ (英 brass) 男 真鍮(しんちゅう); [複で] 金管楽器

otturare /オットゥラーレ/ (英 stop (up)) 他 塞ぐ, 詰める ◆**-arsi** 詰まる

ottuso /オットゥーソ/ (英 dull) 形 鈍い, 鈍感な ¶ angolo — 鈍角

ovale /オヴァーレ/ (英 oval) 形 卵形の, 楕円形の ¶ palla — ラグビー (→ uovo)

ovatta /オヴァッタ/ (英 cotton wool) 女 脱脂綿

ove /オーヴェ/ (英 where) 接 〜する場合には; 〜のところへ[で]

ovest /オーヴェスト/ (英 west) 男 西, 西方

ovile /オヴィーレ/ (英 sheepfold) 男 羊[ヤギ]小屋 **tornare all'ovile** よりを戻す, 元のさやにおさまる, 出戻る **ovino** 形 羊[ヤギ]の — 男 [複で] 羊とヤギ

ovunque /オヴンクェ/ (英 wherever) 接 (接続法を伴って) どこに〜しても — 副 いたるところに, どこででも (→ dovunque)

ovvero /オッヴェーロ/ (英 or) 接 つまり, すなわち, 言い換えれば; または, あるいは

ovvio /オッヴィオ/ (英 obvious) 形 明らかな, 当然の **-mente** 副 明らかに, 当然

ozio /オーツィオ/ (英 idleness) 男 無為, 安逸; 余暇, ゆとりの時間; [複で] 有閑 **ozioso** 形 何もしない, 怠惰な;暇な, のんびりとした;無駄な, 無用な

ozono /オゾーノ/ (英 ozone) 男 オゾン

P, p

p /ピ/ 女 (男) 14番目の字母 :《符 T》 P come Palermo パレルモの P; (大文字で)駐輪・駐車 (→ posteggio)

pacato /パカート/ (㊤ calm) 形 穏やかな，冷静な

pacchia /パッキア/ (㊤ jolly time) 女 楽しい時間；恵まれた状態[環境]；ありがたいこと (話)；ご馳走

pacco /パッコ/ (㊤ package) 男[-chi] 包み，小包 **pacchetto** 男 (タバコなどの)小箱

pace /パーチェ/ (㊤ peace) 女 平和；安らぎ，平穏 **pacifico** /パチーフィコ/ 形 穏やかな，穏健な；平和を愛する

padano /パダーノ/ 形 ポー川(流域)の **Po** ポー川

padella /パデッラ/ (㊤ frying pan) 女 フライパン **cadere dalla padella nella brace** 泣き面に蜂(状況が悪化する喩え)

padre /パードレ/ (㊤ father) 男 父(親)；神父 **padrino** 男 代父(洗礼式や堅信式に父親代わりに立ち会う男性)；名付け親(→ madrina)

padrone /パドローネ/ (㊤ master) 男 主人；雇い主；飼い主；持ち主；店主 **padrona** 女 女主人；女性の〜主

paese /パエーゼ/ (㊤ village; country) 男 村，村落；地方，地域；国，祖国 **paesaggio** /パエザッジョ/ 男 景色，風景(画，写真) **paesano** 形 田舎[地方]の；郷土[地方]色の強い

pagare /パガーレ/ (㊤ pay) 他 払う，支払う **paga** 女 賃金，給料；償い **pagamento** 男 支払い

pagella /パジェッラ/ (㊤ school report) 女 通信簿，成績通知表

pagina /パージナ/ (㊤ page) 女 頁，ページ **pagine gialle** 職業別電話帳

paglia /パッリァ/ (㊤ straw) 女 藁(わら)；麦藁 **pagliaio** /パッリアイオ/ 男 藁の山；藁小屋(藁を保存する) **pagliaccio** /パッリアッチョ/ 男 ピエロ，道化師

pagnotta /パニョッタ/ (㊤ loaf) 女 丸いパン；生活費

paio /パイオ/ (㊤ pair) 男[4] (人や物の)一対，一組

pala /パーラ/ (㊤ shovel) 女 スコップ，シャベル **paletta** 女 小型のスコップ；(料理用の)へら；アイスクリーム用のスプーン；(ケーキなどの)サーバー

palanca /パランカ/ (㊤ plank) 女 足場用の厚板，渡り板；〔複で〕金銭

palato /パラート/ (㊤ palate) 男 口蓋；味覚；食通

palazzo /パラッツォ/ (㊤ palace) 男 (公共施設の)大きなビル；大邸宅，館；宮殿，宮廷 **palazzina** 女 (庭に囲まれた)屋敷，邸宅

paladino /パラディーノ/ (㊤ paladin) 男 中世の騎士(特にシャルルマーニュ帝に仕えた12人の騎士)；擁護者

palco /パルコ/ (㊤ platform) 男 [-chi] (板張りの)壇；演壇，舞台 ¶ il — delle autorità 貴賓席 **palcoscenico** /パルコシェーニコ/ (劇場の)舞台，ステージ

palermitano /パレルミターノ/ 形 男[1] パレルモの(人) **Palermo** 女 パレルモ(シチリア州の州都)

palestra /パレストラ/ (㊤ gym) 女 体育館，スポーツジム

palio /パーリオ/ (㊤ prize) 男 (競技の)賞金；(中世の競馬の勝者に与えられた)絹の小旗；(P-)シエナのパリオ祭(7月2日と8月16日に開催) **essere in palio** (競技に)賞金がかかっている

palla /パッラ/ (㊤ ball) 女 ボール，球 **pallacanestro** 女 バスケットボール **pallanuoto** 女 水球 **pallavolo** 女 バレーボール **pallovale** 女 ラグビー

pallido /パッリド/ (㊤ pale) 形

青白い；弱い，ぼんやりした

pallino/パッリーノ/(英 small ball)男 (ビリヤードの)玉；(猟銃の)散弾；（模様の）水玉 **avere il pallino di**…～に固執している，．～に凝っている

pallone男（サッカーやバスケットの)ボール；気球

pallottola/パッロットラ/(英 bullet)女 銃弾

pallottoliere/パッロットリエーレ/(ソロバンのような）計数盤

palma/パルマ/女(英 palm) 手のひら；ヤシ，シュロ；(勝者に与えられる)賞，褒賞；《動》水かき ¶ Domenica delle Palme 復活祭の前の日曜日

palmipede/パルミーペデ/男 (水かきを持つ)水鳥 **palmo**男 掌尺（親指の先から小指の先までの長さ＝約25cm) **restare con un palmo di naso** ばかにされる，がっかりする

palo/パーロ/(英 pole)男 杭(くい)，支柱；《スポ》ゴールポスト ¶ — del telegrafo 電信柱 **fare il palo** (泥棒の)見張り役をする **saltare di palo in frasca** 話題を意味なく変える

palombaro/パロンバーロ/(英 diver)男 潜水夫

palpare/パルパーレ/(英 touch)他 手でさわる[なでる]，指先で触れる；(医者が)触診する

palpebra/パルペブラ/(英 eyelid)女 まぶた

palpitare/パルピターレ/(英 palpitate)自 痙攣(けいれん)する；動悸を打つ；(胸や心が)ときめく

paltò/パルト/(英 overcoat)男 (厚手の)オーバーコート

palude/パルーデ/(英 marsh)女 沼(地)，湿原，湿地帯

panca/パンカ/(英 bench)女 長椅子 **panchina**女 ベンチ；《スポ》控えの選手，補欠

pancia/パンチャ/(英 stomach)女 おなか，腹 **grattarsi la pancia** のらくらする **mettere su pancia** 腹が出る，太る **stare a pancia all'aria** ごろつく **panciotto**男 チョッキ，ベスト (= gilé)

pandemonio/パンデモーニオ/(英 pandemonium)男 悪の巣窟，伏魔殿；大騒ぎ，大混乱（ミルトンが地獄の首都につけた名称から）

pane/パーネ/(英 bread)男 パン；(生活の)糧 ¶ — a cassetta 食パン(= pancarré) / — al latte ミルクパン / — arabo 軟らかい丸平パン / — tostato トースト | **non vivere di solo pane** 人はパンのためにのみ生くるにあらず **Se non è zuppa è pan bagnato.** 代わり映えがしない，五十歩百歩 **un tozzo di pane** わずかな金額 **panetteria**/パネッテリーア/女 パン屋(店) **panettiere**男 [1] パン屋(人) **panettone**男 (クリスマス用の大きな)ケーキパン **panino**男 丸パンのサンド

paniere/パニエーレ/(英 basket)男 (主に籐で編んだ)かご

panna/パンナ/(英 cream)女 生クリーム；乳皮

panno/パンノ/(英 cloth)男 (羊毛の)布地；(掃除用の)布；〔複〕衣服類 **mettersi [essere] nei panni di qc** 〈人〉の立場になって考えてみる

pannolino男 おしめ，おむつ；生理用ナプキン

pannocchia/パノッキア/(英 ear of corn)女 (トウモロコシ・麦・稲の)穂；蝦蛄(シャコ) (→ canocchia)

panorama/パノラーマ/(英 panorama)男 [3] 眺望，景色；展望，概観

pantaloni/パンタローニ/(英 pants)男複 ズボン，スラックス

pantera/パンテーラ/(英

pantofola ▶

panther) 囡 豹(ヒョウ); パトカー

pantofola/パントーフォラ/(愛 slipper) 囡 スリッパ,上履き

papa/パーパ/(愛 pope) 男[3] 法王,教皇

papà/パパー/(愛 dad) 男 お父さん,パパ

papavero/パパーヴェロ/(愛 poppy) 男 ≪植物≫ケシ; 国の要人, VIP ¶ — selvatico ヒナゲシ(虞美人草)

papera/パーペラ/(愛 young goose) 囡 若いガチョウの雌; 小娘,馬鹿女; へま,ミス **Paperino** 男 ドナルド・ダック **paperone** 男 富豪,長者

papiro/パピーロ/(愛 papyrus) 男 パピルス

pappa/パッパ/(愛 pap) 囡 流動食,離乳食

pappagallo/パッパガッロ/(愛 parrot) 男 鸚鵡(オウム); (他人の)受け売り[猿真似]をする人; (路上で女性を)ナンパする男; (同じことを繰り返す)テープの声; 尿瓶(しびん) **a pappagallo** 同じことを何度も繰り返して(馬鹿の一つ覚えのように)

parabola/パラーボラ/(愛 parable; parabola) 囡 (宗教的・道徳的な)寓話,たとえ話; 放物線

para-/パラ/[接頭]「防御」「保護」の意

parabrezza 男[0] (自動車の)フロントガラス

paracadute 男[0] パラシュート

paracadutista 男囡[3] 落下傘兵; パラシュート降下者

parafango 男 泥よけ

parafulmine/パラフルミネ/男 避雷針

paralume 男 (ランプや電灯の)かさ,シェード

paraocchi 男(馬の)目隠し, ブリンカー **avere i paraocchi** (自論に凝り固まって)周りが見えない **coi paraocchi** 猪突猛進に,見境なく

parasole[0] 男 日傘,パラソル

paraurti 男[0] (車の)バンパー

paravento 男 衝立(ついたて); 屏風(びょうぶ); 隠れ蓑

paradiso/パラディーソ/(愛 heaven) 男 天国,楽園 ¶ — terrestre エデンの園(地上の楽園)

paragone/パラゴーネ/(愛 comparison) 男 比較,対照; 類似,類例 **a paragone di** …～に較べて[と比較して] **Non c'è paragone!** 比べ物にならない,匹敵するものがない **pietra di paragone** 試金石; 別のものに喩えるための言葉[表現]

paragonare 他 比較する, 対照させる;(別のものに)喩える

paralisi/パラーリズィ/(愛 paralysis) 囡[0] 麻痺(状態) ¶ essere colpito da — 体が麻痺する / la — del traffico 交通の麻痺状態 / — infantile 小児麻痺(→ poliomielite)

paralizzare 他 麻痺させる
paralizzato 形 麻痺した

parallela/パラッレーラ/(愛 parallel) 囡 平行線; [複で] 平行棒 **parallelo** 形 平行する; 並行的な; 比較対照; 並列; (スキーの)パラレル

parare/パラーレ/(愛 adorn; protect) 他 飾る; 防ぐ; 避ける,かわす **parato** 男 (布や織物の)壁飾り ¶ carta da *parati* 壁紙

parassita/パラッスィータ/(愛 parasitic) 男 囡[3] 寄生虫(他人を食い物にする人間); 寄生動物[植物]

parcheggio/パルケッジョ/ parking) 男 駐車(場)

parcheggiare 他 駐車させる; (単独で)駐車する

parco/パルコ/(英 park)男[-chi] 公園, 自然公園; 広大な敷地, 大庭園

parecchio/パレッキオ/(英 quite(a lot))形 かなりの(数量の) ― 代 かなりの数の人[もの]

pareggio/パレッジョ/(英 draw)男 同点, 引き分け ¶ raggiungere il ― 同点に追いつく / La partita è terminata con un pareggio. 試合は引き分けに終わった **pareggiare** 他 平らにする, ならす; (試合を)引き分ける ¶ L'Inter ha pareggiato la partita col Milan. インテルはミランと試合を引き分けた ― 自(con...) ~と引き分ける

parente/パレンテ/(英 relative)男女 親戚, 親族 **parentela** 女 血縁関係; (総称的に)親戚縁者; (同系統の)親近性

parentesi/パレンテズィ/(英 parenthesis)女 括弧; 括弧付の話 ¶ ― graffa { } / ― quadra [ ] / ― tonda ( ) / ― uncinata 〈 〉

parere ⑳/パレーレ/(英 seem) 自[es, parso] ~のように思われる[見える], ~ような気がする ¶ Pare buono. おいしそうだ / Non pare vero! 信じられない, 嘘みたい / Carlo pare annoiarsi[non volerci credere]. カルロは退屈している[信じたくない]ようだ / Pare ieri. (遠い昔のことを)まるで昨日のようだ / Pare un secolo. (つい最近のことを)まるで遠い昔のようだ / Pare che domani farà bel tempo. 明日はいい天気になりそうだ / Pare che nevichi. 雪になりそうだ / Mi pareva! (悪い結果に)やっぱりそうか / Ti pare?/Non ti pare? (同意を求めて)そうでしょ？/ そうじゃない？ / Che te ne pare? どう思う？ ― 男(個人的な)考え, 判断; (専門家の)意見, アドバイス

parete/パレーテ/(英 wall)女 (部屋の)壁, 壁面; (山の)岩壁, 絶壁

pari/パーリ/(英 equal)形[0] 同じ, 等しい; 同等[対等]の; 偶数の **alla pari** 同水準[レベル]で; 買値で; (家賃と食費の代償として家事を手伝う)住み込みの[で] **di pari passo** 同じ歩調で; 並行して **pari e patta** 同点による引き分け **parità** 女 同等, 平等; 《スポ》ジュース(< deuce) **a parità di...** ~が同じ場合は

parigino/パリジーノ/(英 Parisian)形男[1] パリの(人) **Parigi**/パリージ/女 パリ

parlamento/パルラメント/(英 Parliament)男 議会, 国会 **parlamentare** 形 議会[国会]の, 議会制の ― 男女 国会議員

parlare/パルラーレ/(英 speak) 自 話す, しゃべる;(con qc) 〈人〉と話をする[相談する];(a qc) 〈人〉に声をかける, 話がある;(di...) ~を話題にする, ~について話す; (in 《言語》)~語で話す ¶ Parliamo in italiano! イタリア語で話しましょう ― 他 (外国語を)話す ¶ Lei parla inglese? あなたは英語を話しますか / Lei parla molto bene il giapponese. あなたは日本語がとてもお上手ですね ◆-arsi 言葉を交わす, 話し合う

parlatorio/パルラトーリオ/(英 parlatory)男 面会所[室]

parmigiano/パルミジャーノ/(英 Parmesan)男 パルメザンチーズ **Parma** 女 パルマ(エミリア・ロマーニャ州の町) **parmense** 形男女 パルマの(人)

parola/パローラ/(英 word)女

単語；言葉，表現；約束；話す力[能力]；[複で] 歌詞 ¶ — chiave キーワード / — d'ordine 合言葉，パスワード / — d'onore 固い約束，(表現として)絶対に，誓って / *parole crociate* クロスワード(→cruciverba) **avere la parola facile** 話上手である，口達者である **parolaccia** / パロラッチャ / [女] 悪い[下品な]言葉

parrocchia / パッロッキア /([英] parish) [女] 教区，教区教会；教区の住民 **parroco** / パッロコ / [男] 教区司祭

parrucca / パッルッカ /([英] wig) [女] かつら **parrucchiere** [男] [1] 美容[理容]師；床屋

parte / パルテ /([英] part) [女] (全体の)部分，一部；分け前，取り分；(漠然と一帯を指して)あたり，へん；(こちら，あちら)側，(こちらの，あちらの)ほう；役目，役割；(俳優の)役 **a parte** 別にして，切り離して，除外して **da qualche parte** (きっと)どこかに **fare parte di...** ～に属する **farsi da parte** 脇による；譲る，差し控える **mettere da parte *qs*** 別にしておく，取っておく，保留する **prendere parte a...** ～に出席[参加]する

partecipare (a) / パルテチパーレ /([英] participate) [自] 参加する，加わる **partecipazione** [女] 参加，加入

parteggiare (per) / パルテッジャーレ /([英] side with) [自] 味方する，応援する；支持する，擁護する

partenza / パルテンツァ /([英] departure) [女] 出発；始め，開始

particolare / パルティコラーレ /([英] particular) [形] (他とは異なる)特別な，特殊な，独特の — [男] 細部，詳細；(絵画などの)部分 **in particolare** 特に，とりわけ **-mente** [副] 特に，極めて

partigiano / パルティジャーノ /([英] partisan) [男] [1] パルチザン；(党派・主義・思想の)熱烈な支持者；(祖国の解放のために戦う)遊撃兵，ゲリラ隊員；(第二次大戦中のナチスやファシズムと戦った)義勇兵 — [形] 党派的な；パルチザンの

partire / パルティーレ /([英] leave) [自] [es] 出発する，出かける；旅立つ；発車する；始まる，起点となる

partita / パルティータ /([英] match) [女] 試合，ゲーム；(商品のまとまった)数量

partito / パルティート /([英] party) [男] 政党；解決策，決断

partorire ⑥ / パルトリーレ /([英] bear) [他] 出産する，分娩する；生む，引き起こす **parto** [男] 出産，分娩；所産，結晶 ¶ essere al primo — 初産である / sala — 分娩室 / — della fantasia 作り話，嘘，デマ

parziale / パルツィアーレ /([英] partial) [形] 部分的な，一部の，局部的な；不公平な，えこひいきする

pascolo / パスコロ /([英] pasture) [男] 放牧場，牧草地；放牧 **pascolare** [他] (牧草地で家畜を)放牧する，世話する — [自] (家畜が)牧草を食べる

pasqua / パスクァ /([英] Easter) [女] (P-) 復活祭(春分後の満月の次の日曜日) ¶ — alta [bassa] 復活祭の日曜日の巡りが遅い[早い]年 **contento come una pasqua** 大満足，大喜び **uovo di Pasqua** 卵型のチョコレート(お楽しみの品が中に入っている) **pasquale** [形] 復活祭の **pasquetta** [女] 復活祭の翌日(月曜日)

passaggio / パッサッジョ /([英] passing) [男] 通過；通路；往

来；車に乗せてあげること；《スポ》パス **dare un passaggio a** *qc* 〈人〉を車に乗せてあげる **di passaggio** 短く，手短に；短期間[時間]の，通りがかりの；いつも通る[，立ち寄る] **passaggio a livello** 踏切

passare/パッサーレ/(英 pass) 自[es] 通る，通過する；(時間が)過ぎる，経つ;(da...) ～に立ち寄る;(a...) ～に合格する，進級[昇級]する;(tra...) ～の間に(違いや関係)がある；終わる，消える ― 他 (時間を)過ごす；越える，越す；通す，通過させる；(苦難などを)受ける，体験する **passarla liscia** 無難に切り抜ける **passante** 男女 通行人 **passaporto** 男 パスポート，旅券

passatempo 男 気晴らし，遊び ¶ **per** ― 趣味で[に]

passerella 女 タラップ；花道(客席に張り出した細長い通路)

passato/パッサート/(英 past) 形 過ぎ去った，過去の ― 男 過去；裏ごし，ピューレ

passeggero/パッセッジェーロ/(英 passenger) 男[1] 乗客 ¶ **treno [nave]** *passeggeri* 客車[客船] **passeggero** 形 一時的な，一過性の

passeggiare/パッセッジャーレ/(英 walk) 自 散歩する

passeggiata 女 散歩 ¶ **fare una** ― 散歩する

passeggio/パッセッジョ/ 男 散歩，散策 ¶ **andare a** ― 散歩に出る

passero/パッセロ/(英 sparrow) 男 スズメ

passione/パッスィオーネ/(英 passion) 女 情熱，熱意，熱愛；苦痛，苦悩

passivo/パッスィーヴォ/(英 passive) 形 受身の，消極的な；負債の ― 男 受動態；負債

passo/パッソ/(英 step) 歩(ほ)，歩幅；歩き方，歩調；足跡，足音；峠 **a due [pochi] passi** すぐ近くに，歩いてすぐのところに **al passo coi tempi** 時代に即して；現代的な，今風の **a passo d'uomo** (乗物が)歩くような速さで，のろのろと **di buon passo** 早足で，快調なペースで **di pari passo** 歩調を合わせて，並行して **fare due passi** (散歩がてらに)歩いて行く

pasta/パスタ/(英 pasta) 女 パスタ(麺類や小麦粉を練ったもの)；ペースト(状のもの)；小さなケーキ；(人の)性質，根 ¶ ― **fresca [secca]** 生麺[乾麺] ¶ ― **frolla** 菓子用の生地/**avere le mani in pasta** 手慣れている，深くかかわる **essere di pasta frolla** 根性がない，頼りない **essere della stessa pasta** 同じ性質である，根は同じ

pastasciutta 女 一般的なパスタ料理(「茹でて水気を切ったパスタ」の意味でスープに入れるパスタと区別する)

pastina 女 (スープに入れる)小粒のパスタ

pasticca/パスティッカ/(英 lozenge) 女 (トローチのような)錠剤，糖錠

pasticciere/パスティッチェーレ/(英 pastry cook) 男[1] ケーキ屋(人) **pasticceria**/パスティッチェリーア/ 女 ケーキ屋(店)

pasticcio/パスティッチョ/(英 pie) 男 パイ，包み焼き；ぞんざい[でたらめ]な仕事；難題，厄介；災難 **pasticcino** 男 プチケーキ，プチパイ

pastiglia/パスティッリァ/(英 tablet) 女 (トローチのような)錠剤；(喉飴のような)ドロップ；(水に溶かして使う)錠剤，タブレット

pasto/パスト/(英 meal) 男 食事 ¶ **all'ora dei** *pasti* 食事時に／**prima dei** *pasti* [**dopo i** *pasti*] 食前[食後]に **fuori**

pasto [男][0] 間食

pastore/パストーレ/([英] shepherd) [男][1] 羊飼い；牧師；牧羊犬

pastorizzato/パストリッザート/([英] pasteurized) [形] 低温殺菌された

patata/パタータ/([英] potato) [女] ジャガイモ，ポテト；不器用な人，鈍感な人 ¶ — americana サツマイモ (= batata) / spirito di — ダジャレ，オヤジギャグ

patente/パテンテ/([英] licence) [女] 免許(証)；運転免許(証)；(悪い意味の)公認，烙印

paterno/パテルノ/([英] paternal) [形] 父親の；父方の；父親のような

patetico/パテーティコ/([英] pathetic) [形] 涙を誘うような；めそめそした；お涙ちょうだいの，見苦しい

patire ⑥/パティーレ/([英] suffer) [他] (被害などを)受けて苦しむ；耐える，許容する；(否定文で)がまんする — [自] 苦しむ；心を痛める；(物が)傷む

patibolo/パティーボロ/ [男] 死刑台；死刑

patria/パートリア/([英] native land) [女] 祖国，故国；発祥地，原産地 **patriota** [男][女][3] 愛国者 **patriottico**/パトリオッティコ/ [形] 愛国(者)の，愛国的な

patrimonio/パトリモーニオ/([英] property) [男] 財産，資産；(文化的な)遺産，(個人的な)資質

patrono/パトローノ/([英] patron) [男][1] 守護聖人

pattino/パッティノ/([英] skate) [男] スケート靴(のエッジ) ¶ *pattini* a rotelle ローラースケート靴 **pattinare** [自] スケートをする **pattinaggio** [男] スケート，スケーティング

patto/パット/([英] agreement) [男] 協定，協約；合意事項[条件]，取り決め **a patto di** 《不定詞》 [**che** 《接続法》] ～するのなら **venire a patti con** ***qc*** 〈人〉に妥協する，合意する

pattuglia/パットゥッリァ/([英] patrol) [女] パトロール(隊)，偵察(隊)

pattumiera/パットゥミエーラ/([英] dustbin) [女] ごみ箱

paura/パウーラ/([英] fear) [女] 恐れ，恐怖；不安，心配 ¶ avere — 恐がる，恐れる，心配する **avere paura di** 《不定詞》 [**che** 《接続法》] (心配や不安な気持で)～するかもしれない，～ではないかと思う **per paura di** 《不定詞》 ～するのを恐れて，～しないように **pauroso** [形] 怖がりの；恐ろしい；すごい，とてつもない

pausa/パウザ/([英] pause) [女] 休止，中断；休憩(時間)；間(ま)，ポーズ；(音楽)休止符 **pausa di riflessione** 最後の詰め **pausa caffè** [女] コーヒーブレイク

pavimento/パヴィメント/([英] floor) [男] 床(ゆか)，床張り

pavone/パヴォーネ/([英] peacock) [男][1] 孔雀(クジャク)；見栄っ張り，うぬぼれ屋

pazienza/パツィエンツァ/([英] patience) [女] 忍耐(力)；我慢，辛抱；根気 ¶ avere — 我慢する，辛抱する / gioco di — パズル / perdere la — 堪忍袋の緒が切れる **Pazienza!** 仕方ない，しょうがない，諦めよう **paziente** [形] 忍耐力のある，我慢強い；入念な，丹念な — [男][女] 患者

pazzo/パッツォ/([英] mad) [形] 狂った；馬鹿げた；異常な，並外れた **pazzia**/パッツィーア/ [女] 狂気；馬鹿げたこと，常識外れ

peccato/ペッカート/([英] sin) [男] (宗教，道徳上の)罪，過ち；残念な[惜しい，もったいない]こと ¶ — originale (アダムと

P

イブの)原罪 / *peccati* di gioventù 若気の至り **(È un) Peccato che** 《接続法》〜なのは残念だ **dire il peccato e non il peccatore** 罪を話題にしても罪人の名は口にしない，デリケートな話は実名を伏せてする **peccatore** 男[2] 罪人(つみびと)

pece/ペーチェ/(英 pitch) 女 (防水用の)ピッチ，やに

pechinese/ペキネーゼ/(英 Pekinese) 形男女 北京の(人) ― 男 ペキニーズ(小型犬) **Pechino** 女 北京

pecora/ペーコラ/(英 sheep) 女 羊(ヒツジ)；臆病な人，意志薄弱な[卑屈な]人 **una pecora nera** (家族や集団の)嫌われ者，鼻つまみ

pedaggio/ペダッジョ/(英 toll) 男 (道路や橋の)通行料 ¶ ― autostradale 高速料金

pedale/ペダーレ/(英 pedal) 男 ペダル **pedalare** 自 ペダルを踏む，自転車をこぐ

pediatra/ペディアートラ/(英 p(a)editrician) 男女[3] 小児科医

pedone/ペドーネ/(英 pedestrian) 男 歩行；(チェスの)ポーン，歩兵

peggio/ペッジョ/(英 worse) 副 より[もっと]悪く ― 形[0] より悪い ― 男 最悪の事態

peggiore 形 より悪い，もっと酷い；〔定冠詞と共に〕最低[最悪]の **peggiorare** 他 悪化させる ― 自[es] 悪化する **peggioramento** 男 悪化

pelare/ペラーレ/(英 unhair) 他 毛を抜く，羽をむしる；(野菜などの)皮をむく；ぼる，ぼったくる **pelato** 形 禿げた，スキンヘッドの；木の生えていない，葉の落ちた；皮をむいた ― 男 湯むきトマト(の缶詰)

pelle/ペッレ/(英 skin) 女 皮膚，肌；皮革；命 **avere [sentirsi] i nervi a fior di pelle** とても苛立っている，神経がピリピリしている **avere la pelle dura** とてもタフである **non stare (più) nella pelle** 痺れを切らす，居ても立ってもいられない **pelle d'oca** 鳥肌 **rimetterci [lasciarsi] la pelle** 亡くなる

pellegrino/ペッレグリーノ/(英 wandering) 男[1] (聖地への)巡礼者 **pellegrinaggio**/ペッレグリナッジョ/男 巡礼；歴訪，遍歴

pellerossa/ペッレロッサ/(英 American Indian) 男女[0] インディアン(北米の先住民)

pelletteria/ペッレッテリーア/(英 hides) 女 皮革製品；皮革製品店[工場]

pelliccia/ペッリッチャ/(英 fur) 女 毛皮(のコート)

pellicola/ペッリーコラ/(英 film) 女 (写真の)フィルム；映画；薄皮，薄膜

pelo/ペーロ/(英 hair) 男 (人間の)体毛；(動物の)毛，毛皮；(液体の)表面；(副詞的に)ほんの少し，ごくわずか **al pelo** ぎりぎりで，土壇場で **cercare il pelo dell'uovo** 小さなことにこだわる，こせこせしてロうるさい **fare pelo e contropelo** こき下ろす，くそみそにけなす **non avere peli sulla lingua** 歯に衣を着せない(誠実さが時に相手を傷つけることがある喩えにも) **per un pelo** 惜しくも，タッチの差で；かろうじて，なんとか **peloso** 形 毛の多い，毛深い；(動物の)毛が長い；(生地が)肌触りの良い；(本心を隠した)下心のある

pena/ペーナ/(英 punishment) 女 罰，処罰；苦痛，心痛，心労 ¶ ―di morte 死罪 **a mala pena** かろうじて，なんとか(=a malapena) **valere la pena di** 《不定詞》[**che** 《接続法》] (非人称で)〜するだけの価値がある，〜の努力が報われる **penale** 形

pendere ▶

刑罰に関する，刑法上の ― 女 罰金，違約金

pendere /ペンデレ/(英 hang) 自 垂れ下がる，ぶら下がる；(一方に)傾く；未解決である

pendio /ペンディーオ/(英 slope) 男 傾斜，斜面

pendolo /ペンドロ/(英 pendulum) 男 振り子 ¶ orologio a ― 振り子時計

pendolare 男女 (遠方から)通勤[通学]する人

penetrare (in) /ペネトラーレ/(英 penetrate) 自[es] 入り込む[食い込む]；侵入する；浸透する；(真相や相手の真意を)見抜く，看破する

penisola /ペニーソラ/(英 peninsula) 女 半島；(P-) イタリア(半島)

penitenza /ペニテンツァ/(英 penitence) 女 (自分の犯した罪に対する)反省，後悔；(その罪を)償う行為；遊びの罰(ゲーム)；(子供に反省の念を促す)軽い罰

penna /ペンナ/(英 pen; feather) 女 ペン；羽；[複で]ペンネ(斜めに短く切った筒状のパスタ) ¶ ― a sfera ボールペン(→biro) / ― stilografica 万年筆 **pennacchio** /ペンナッキオ/ 男 帽子の羽飾り；噴出す煙，噴煙 **pennarello** 男 フェルトペン，筆ペン

pennello 男 刷毛(はけ)；絵筆 **a pennello** ぴったり，完璧に **pennino** 男 ペン先

penoso /ペノーソ/(英 painful) 形 つらい，痛ましい；骨の折れる，厄介な

pensare /ペンサーレ/(英 think) 自 考える，思う；(a qc / qs) ～を思い浮かべる，思い起こす；気づかう，配慮する；(di qc / qs) ～について判断する，意見がある ¶ Penso di sì [no]. そうだ[違う]と思います / Cosa ne pensa?/Che ne pensi? (意見を求めて)どう思いますか **pensare di** (不定詞) ～しようと思う[つもりでいる] **Ci penso io!** 任せてください，私がなんとかします **Pansaci bene!** よく[しっかり]考えなさい

pensiero /ペンスィエーロ/(英 thought) 男 考え，意見；考え方，思想；気遣い，思いやり；(心ばかりの)品物，手土産 ¶ Un pensiero che conta. 気は心 **darsi pensiero** 気にかける，心配する

pensione /ペンスィオーネ/(英 pension) 女 年金，恩給；食事付の下宿；ペンション ¶ ― completa 1泊3食付 / mezza ― 1泊2食付 **pensionato** 男[1] 年金受給者

pentagono /ペンターゴノ/(英 pentagon) 男 五角形；(P-) ペンタゴン(米国国防総省)

pentirsi (di) /ペンティルスィ/ (英 repent) 再 後悔する；惜しむ；考えを変える

pentola /ペントラ/(英 saucepan) 女 鍋 ¶ ― a pressione 圧力鍋

pepe /ペーペ/(英 pepper) 男 胡椒(コショウ) **sale e pepe** 白髪まじりの

peperone /ペペローネ/(英 pepper) 男 ピーマン **peperoncino** 男 唐辛子

pepita /ペピータ/(英 nugget) 女 天然の金塊，原石の塊

per /ペル/ 前 (英 for; through) ❶ (目的地)～に向けて，～行きの：partire *per* l'Italia イタリアに(向けて)出発する / il treno [l'autobus] *per* l'aeroporto 空港行きの列車[バス] ❷ (通過や経由)～を通って：passare *per* Firenze フィレンツェを経由する / passeggiare *per* il giardino 公園を散歩する / salire [scendere] *per* le scale 階段を上る[下りる] ❸ (時

間・期間を強調して)〜の間，〜を通して[普通は省略される場合が多い]：(Per)Quanti giorni al mese? 月に何日(間)？ / Ti ho aspettato (per) due ore. 2時間(もの間)君を待っていた / (per)tutto il giorno. 一日中(ずっと) / (per)tutta la vita (この先)一生，生涯(を通じて) ❹ (目的)〜のために，〜を求めて：macchina per scrivere [cucire] タイプライター[ミシン] / lotta per la sopravvivenza 生存競争(生き残るための闘い) / viaggio per turismo 観光旅行 / Per quando prenoti il biglietto? いつの(ための)切符を予約するの？ / C'è posta per me? 何か郵便物は届いていませんか？ / C'è una chiamata per Lei. お電話が入っております ❺ (時間の限定)〜(まで)には：Sarò di ritorno per domani. 明日には戻っていると思います / Sarà pronto per la prossima settimana. 来週にはお渡しできます / Per quando devi finire? いつまでに仕上げないといけないの？ ❻ (計算のx)〜掛ける：due per due fa quattro 2掛ける2は4

pera/ペーラ/(英 pear) 囡 洋梨(ナシ) **a pera** とりとめのない，要点を得ない **cascare come una pera cotta** 疲労困憊ですぐに寝入る(バタンキュウの状態)；一目惚れで恋焦がれる；いとも簡単に騙される **grattarsi la pera** 頭を掻く(困ったときや何かを思い出すために) **pero** 男 洋梨の木

perché/ペルケ/(英 why; because) 副 なぜ，どうして ── 接 〜なので[だから]，なぜなら (接続法と共に)〜するために，〜するように **Perché no?** (誘いなどに対して)もちろん，いいとも **Perché no.** (理由を求められたときに)だめなものはだめ **E [Ma] perché ...?** (疑問を強めて)またどうして，いったいなぜ ── 男 理由，動機；目的；疑問

perciò/ペルチョ/(英 therefore) 接 それで，その結果，従って

percorrere/ペルコッレレ/(英 walk, traverse) 他 [-corso] (道や距離を)歩く，走る，通る；(場所を)横切る，通り抜ける

percorso 男 道程，旅程；走行(区間，距離)

perdere/ペルデレ/(英 lose) 他 [perso] なくす，失う；(時間などを)むだにする，浪費する；逸する，逃す，乗り遅れる；損をする，負ける **Bisogna saper perdere.** 何事も引き際が肝心(意地を張らず[悪びれず]負けを認めて潔く身を引くことの大切さ) **perdere il filo** 話が支離滅裂になる，自分が何を話していたかわからなくなる **perdere la lingua** 何も言えなくなる，話せなくなる
◆-**ersi** (道などに)迷う；見失う；(徐々に)消える，消滅する

perdita/ペルディタ/囡 喪失，紛失，損失；(液体やガスの)漏れ；別離，死；敗北；被害，損害 **a perdita d'occhio** 見渡すかぎり **in perdita** (収支決算が)赤字の，欠損が出た

perdonare/ペルドナーレ/(英 forgive) 他 許す，勘弁する ── 自 (a qc) 〈人〉を許す ¶ non ──(a qc) 〈人〉を容赦しない，〈人〉の命を奪う

perdono 男 許し；詫(わ)び ¶ concedere il ── 許す / chiedere ── 詫びる

perfetto/ペルフェット/(英 perfect) 形 完全な，完璧な，申し分のない **perfezione** 囡 完全，完璧さ ¶ alla ── 完璧に，見事に

perfino/ペルフィーノ/(英 even) 副 〜でさえも，〜までも

perforare/ペルフォラーレ/(英 pierce) 他 穴をあける
perforatrice 女 (穴を開ける)パンチ, ドリル; 削岩機
pergola / ペルゴラ / (英 pergola) 女 (公園や庭のフジ・バラ・ツタ・ブドウなどの)つるだな, パーゴラ ¶ — di glicine 藤棚 **pergolato** 男 (大勢の人が涼める)長く大きな棚
pericolo/ ペリーコロ / (英 danger) 男 危険, 危険性; (被害をもたらす)有害物, 危険な人物 ¶ Non c'è pericolo. 絶対にない, 心配無用 / — pubblico 凶悪犯 Non c'è pericolo che (接続法) 〜するはずはない **pericoloso** 形 危険な, 危ない
periferia/ペリフェリーア/(英 suburbs)女 郊外, 周辺部
perimetro/ペリーメトロ/(英 perimeter)男 (多角形の)周囲の長さ; (建物などの)周囲, 外周
periodo / ペリーオド / (英 period) 男 時期, 期間; 時代
periodico/ペリオーディコ/形 定期[周期]的な —— 男 定期刊行物
periscopio/ペリスコービオ/(英 periscope) 男 潜望鏡
perla/ペルラ/(英 pearl)女 真珠, パール(色); 華, 宝, 鑑 ¶ — barocca バロック真珠(大きくていびつな天然の真珠) / — coltivata 養殖真珠 / la — dell'Adriatico アドリア海の真珠(=ヴェネツィア) / (gettare)le perle ai porci 豚に真珠(を投げ与える), 猫に小判
permaloso /ペルマローソ/(英 touchy) 形 怒りっぽい, 短気な; 気難しい
perlomeno → meno
perlopiù → più
permettere/ペルメッテレ/(英 allow)他[-messo] 許す, 許可する ¶ — a qc di (不定詞) 〈人〉が〜するのを許す; (物事を主語に)そのために〈人〉が〜できるようになる ◆ -ersi (di) (経済的に)〜する余裕がある; 無礼にも[非を顧みず]〜する
permesso 男 許可(証); 休暇 ¶ — di soggiorno 滞在許可証 Permesso? (入室の許可を求めて)よろしいですか; (入室時に)失礼します, お邪魔します; (車内や人ごみの中で前に進むときに)ちょっと通してください
perno/ペルノ/(英 pivot)男 軸, 心棒, ピボット; 中心的存在, 中軸, 要(かなめ)
però/ペロ/(英 however)接 しかし, だが; それでも, せめて〜だけは; (驚嘆と賞賛の間投詞として)ほう, すごい, たいしたもんだ ¶ È simpatico, però è un po' avaro. 感じはいいよ, でもちょっとがめついね / Sarà un capolavoro, però non mi piace. 傑作なんだろうけど, 僕は嫌いだ / Se anche non vai, devi però telefonargli. 行かないにしても, 電話ぐらいは入れておかないとだめだよ
perpendicolare/ペルペンディコラーレ/(英perpendicular) 形 直立した, 垂直の, 他と垂直に交わる —— 女 垂線;直角に交差する道
perpetuo/ペルペートゥオ/(英 perpetual) 形 永遠の, 永久の; 無期の, 終身の
perquisire/ペルクイズィーレ/(英 search)他 捜査する, 捜索する **perquisizione** 女 強制捜査, 家宅捜索
perseguitare/ペルセグイターレ/(英 persecute)他 迫害する; (執拗に)悩ます, 苦しめる
persecuzione 女 迫害
persecutore 男[2] 迫害者
persiana/ペルスィアーナ/(英 shutter, blind) 女 よろい戸, ブラインド

persino → perfino
persona /ペルソーナ/ (英 person) 女 人; 身体, 容姿; (文法の) 人称 **personaggio** 男 重要人物, 有名［著名］人; (作品の) 登場人物
personale /ペルソナーレ/ (英 personal) 形 個人の, 個人的な, 私的な ― 男 職員, スタッフ; 容姿, 外見 **-mente** 副 個人的に(は)
personalità 女 個性, 人格; 名士, 有力
persuadere /ペルスアデーレ/ (英 persuade) 他 納得させる, 説得する
pertanto /ペルタント/ (英 therefore) 接 それで, だから
perugino /ペルジーノ/ 形 男 [1] ペルージャの(人)
Perugia /ペルージャ/ 女 ペルージャ(ウンブリア州の州都)
peruviano /ペルヴィアーノ/ (英 Peruvian) 形 男 [1] ペルーの(人) **perù** 男 莫大な財宝［金額］; (P-) ペルー共和国
pesante /ペザンテ/ (英 heavy) 形 重い; (服が)厚手の; 辛い, 苛酷な; 退屈な, 憂鬱な; 消化の悪い **pesare** 他 (何かの)重さをはかる; (慎重に)検討する, 吟味する **pesare le parole** 言葉を選んで慎重に話す ◆**-arsi** 自分の体重をはかる ― 自[av/es] 〜の重さ［目方］がある; たいへん重い; 重要である
pesca¹ /ペスカ/ (英 peach) 女 桃 **pesco** 男[-chi] 桃の木
pesca² /ペスカ/ (英 fishing) 女 魚釣り, 漁(りょう); くじ引き
pescare 他 (魚介類を)とる, 釣る; (水から物を)すくい上げる; (くじやカードを)引く
pescatore 男[2] 漁師; 釣り人 ¶ *pescatrice* subacquea 海女(あま) / rana *pescatrice* (魚の)アンコウ / risotto [spaghetti] alla *pescatora* 漁師風リゾット[スパゲッティ](魚介類を使った料理)
pesce /ペッシェ/ (英 fish) 男 魚; (Pesci)魚座 ¶ — gatto ナマズ / — luna マンボウ / — palla フグ / — spada カジキ(マグロ) **essere un pesce fuor d'acqua** 陸(おか)へ上がった河童 **non essere né carne né pesce** 個性［特徴］がない **non sapere che pesce pigliare** 途方に暮れる **pesce d'aprile** エイプリル・フール［4月ばか］(の悪戯) **prendere** *qc* **a pesci in faccia** 〈人〉を手荒に扱う **pescecane** 男 鮫(サメ) **pesciolino** 男 小魚
peschereccio /ペスケレッチョ/ 形 漁業の ― 男 漁船
pescheria /ペスケリーア/ 女 魚屋, 魚市場; (主にミラノで)フライ用の小魚
peso /ペーソ/ (英 weight) 男 重さ, 重量; 体重, ウエート; 重圧, 負担; 金属の重り, 砲丸 ― 形 重い(=pesante) **a peso d'oro** 高価格で
pessimo /ペッシモ/ (英 very bad) 形 最悪［最低］の, とてもまずい **pessimista** 男 女 [3] 悲観主義者 ― 形 悲観的な **pessimismo** 男 悲観主義
pestare /ペスターレ/ (英 crush) 他 (粉状や粒状に)砕く, つぶす; 踏みつける; 叩く, ぶつ
peste /ペステ/ (英 plague) 女 疫病, ペスト; 害毒, 社会悪; 腕白小僧
petalo /ペータロ/ (英 petal) 男 花びら, 花弁
petardo /ペタルド/ (英 firecracker) 男 爆竹, クラッカー
petrolio /ペトローリオ/ (英 petroleum) 男 石油
petroliera 女 タンカー, 油送船
pettegolo /ペッテーゴロ/ (英 gossipy) 形 (悪意のある)世間話が好きな, おしゃべりな

pettegolezzo 男 うわさ話，陰口，ゴシップ

pettine /ペッティネ/ (英 comb) 男 櫛(くし) 手機(て/ばた)の筬(おさ) **pettinare** 他 (他人の髪を櫛で)とく；調髪[整髪]する；(動物の毛を)すく くし下ろす ◆-arsi (自分の)髪を櫛でとく；髪を整える

pettinatura 女 髪型，ヘアスタイル

petto /ペット/ (英 chest) 男 胸，胸部；(女性の)乳房；胸囲，バスト；(牛の)胸肉，(鶏肉の)ささみ **il do di petto** 最高の出来栄え，絶品，逸品；(テノール歌手の)最高音のド **pettirosso** 男 (胸の羽毛が赤い)コマドリ

pezza /ペッツァ/ (英 cloth) 女 布切れ，雑巾 **pezza da piedi** 無能な人，能無し；(兵士の)ゲートル

pezzo /ペッツォ/ (英 piece) 男 小片，切れ端；部品，パーツ；(音楽の)曲；(小説の)一節；(新聞の)記事；しばらくの間 ¶ —d'antiquariato 骨董品 / — di ricambio 交換部品，スペア / aspettare un *pezzo* しばらく(少し)待つ / È da un pezzo che non ci vediamo. しばらくです，久し振りですね **pezzo grosso** 大物，要人，ＶＩＰ

pezzuola 女 (物や傷口に巻きつける)大きな布切れ

piacere¹ (a) ㉑ /ピアチェーレ/ (英 like) 自[es, -ciuto] 好む，気に入る ¶ Mi piace il nuoto [nuotare]. 私は水泳(泳ぐの)が好きです / Ti piacciono gli spaghetti? 君はスパゲッティが好きですか / Mi è piaciuta la musica. 私はその曲が気に入った / Mi piaci tanto. 僕は君が大好きだ / Non ti piaccio? 君は僕が嫌いなの？

piacere² /ピアチェーレ/ (英 pleasure) 男 喜び，楽しみ；気晴らし，娯楽；好意，親切 **a piacere** 好きなだけ，遠慮なく **con piacere** 喜んで(応じます) **di piacere** 気晴らしの(足の向くまま気の向くままの) **per piacere** どうかお願いします ¶ (Molto) Piacere, Sandro. サンドロです(どうぞ)よろしく Molto piacere di conoscerLa. お近づきになれて光栄です Il piacere è(tutto)mio. こちらのほうこそ(どうぞ)よろしく Mi fai un piacere? お願いがあるんだけど Mi fa molto piacere stare con lui. 彼と一緒にいるととても楽しい Mi faresti il piacere di imbucare la lettera? 悪いけど手紙を投函してもらえないかな？ Fammi il piacere! お願い！(言うことを聞いて，やめて)

piacevole /ピアチェーヴォレ/ 形 気持のいい，素敵な；楽しい，愉快な；感じのいい，愛嬌のある

piaga /ピアーガ/ (英 sore) 女 切り傷，裂傷；(社会的な)問題，悪；鼻持ちならないやつ

pialla /ピアッラ/ (英 plane) 女 (大工道具の)かんな **piallare** 他 かんなで削る

piana /ピアーナ/ (英 plain) 女 平地；平野部 **pianeggiante** 形 平らな，勾配の少ない

pianeta /ピアネータ/ (英 planet) 男 [3] 惑星，遊星；(共通性が顕著な)集団，世界

piangere /ピアンジェレ/ (英 cry) 自 [pianto] 泣く，涙を流す ― 他 (涙を)流す；(人の死を)嘆き悲しむ，悼む；後悔する，惜しむ

piano¹ /ピアーノ/ (英 flat) 形 平らな；平易な；(障害のない)競走の ¶ i 200 metri piani 200 m走 ― 副 ゆっくり，急がずに；小声[低い声]で

piano² /ピアーノ/ (英 plan) 男 プラン，計画；設計図，見取図 **pianificare** 他 プランを

立てる, 計画する

piano³/ピアーノ/(英 floor) 男 (建物の) 階; ピアノ (=pianoforte);面, 平面, 平野, 平地; (映画の) ショット ¶ primo *piano* クローズアップ

pianista 男女[3] ピアニスト

pianoforte 男 ピアノ

pianterreno 男 地上階, 1階(略記T)

pianta/ピアンタ/(英 plant; map) 女 植物, 草木; 地図, 縮図; 足の裏 **di sana pianta** すっかり, 丸まる, 全部

piantare 植える, (種を)まく; 打ち込む, 固定する; 捨てる, 手を切る; 放棄する, やめる **piantagione** 女 大農園[農場], プランテーション

piantagrane/ピアンタグラーネ/(英 troublemaker) 男女[0] 口論[けんか]好きの人 小やかましい人

pianto/ピアント/(英 crying) 男 泣くこと; 涙 ¶ scoppiare in — (突然)泣き出す, 声を出して泣く / asciugare il — 涙を拭く[ぬぐう]

pianura/ピアヌーラ/(英 plain) 女 平原, 平野

piastra/ピアストラ/(英 plate) 女 (金属や石などの) 板, プレート **piastrella** 女 (床や壁に張る)タイル

piatto/ピアット/(英 plate; dish) 男 皿; (個別の) 料理, 品 **piattino** 男 取り皿, 受け皿 — 形 平らな, 平坦な; (単調で) 退屈な, 味気ない

piattaforma 女 土台; (発射や飛び込みの) 台; (バスや列車の) 昇降口, デッキ; (政党の) 綱領, 政策要綱

piazza/ピアッツァ/(英 square) 女 広場(主に四方を建物で囲まれた) **fare piazza pulita** 一掃する, すべて持ち去る

piazzale 男 (見晴らしのきく)広場, 空地; 駅前広場

piazzare/ピアッツァーレ/(英 place) 他 据えつける, 設置する; (訪問販売で)売る, 売りさばく ◆**-arsi** 腰を据える; よい仕事に就く; 《スポ》上位に入賞する **piazzista** 男女[3] セールスマン, 外交員; 行商人

piccante/ピッカンテ/(英 hot) 形 (味が)ぴりっと辛い, 辛みの

picchetto/ピッケット/(英 piquet) 男 (ストや抗議の)ピケ; ピケ隊 **picchettare** 他 (場所に)ピケを張る, 封鎖する

picchiare/ピッキアーレ/(英 beat) 他 打つ; なぐる, ぶつ, たたく

piccione/ピッチョーネ/(英 pigeon) 男[1] 鳩(ハト)

picco/ピッコ/(英 peak) 男 [-chi](尖った)山頂, 峰; (グラフの)頂点, ピーク **a picco** 垂直に, 切り立った **andare a picco** 沈没する

piccolo/ピッコロ/(英 small) 形 小さい, 小さな; わずかな, 少ない; つまらない, 取るに足りない; けちな, 卑劣な; 小規模の, ささやかな — 男[1] 子供, 子 **piccino** 形 小さい, 幼い; けちな, 卑劣な — 男 [1] 子供, 子

piccone/ピッコーネ/(英 pickaxe) 男 鶴嘴(ツルハシ)

piccozza 女 ピッケル

pidocchio/ピドッキオ/(英 louse) 男 シラミ; けちくさい人

piede/ピエーデ/(英 foot) 男 足; 脚, 支柱, 麓(ふもと) **a piedi** 徒歩で, 歩いて **darsi la zappa sui piedi** 墓穴を掘る **dormire in piedi** 眠くてたまらない; ぼけている **in piedi** 立った[起きた]状態で **su due piedi** 即座に, すぐに

piegare/ピエガーレ/(英 fold) 他 折る, 曲げる; (頭などを)下げる; 服従[屈服]させる — 自 曲がる; たわむ; 方向を変える

piega/女/ 折り目,折れ目；曲げる[曲がる]所；ひだ,しわ；傾向,癖 **fare la messa in piega** 髪をセットする

pieghevole/ピエゲーヴォレ/形 折り畳める,折畳式の

piemontese/ピエモンテーゼ/(英 Piedmontese)形男女 ピエモンテの(人) **Piemonte**男 ピエモンテ州(州都:Torino/トリーノ)

piena/ピエーナ/(英 flood)女 (警戒線を超える)増水,大水；(感情の)高まり；(人や物の)洪水,氾濫

pieno/ピエーノ/(英 full)形 (di…) ~でいっぱいの,~だらけの,~に満ち溢れる；満ちた,完全な,全面的な ―男 絶頂；真っ只中；満タン **a tempo pieno** (パートに対して)フルタイムの[で],常勤の[で] **fare il pieno** (ガソリンを)満タンにする **giorno pieno** 真昼間に **in pieno** 完全に,徹底的に **in piena notte** 真夜中に **in pieno inverno** 真冬に **pieno zeppo** 超満員の,ぎっしり詰まった

pietà/ピエタ/(英 pity)女 哀れみ,同情；敬愛の情

pietoso 形 慈悲深い,哀れみ深い；哀れな,惨めな

pietanza/ピエタンツァ/(英 dish, course)女 (特にメインの)料理,おかず

pietra/ピエートラ/(英 stone)女 石 ¶ ― **filosofale** 賢者の石

piffero/ピッフェロ/(英 pipe, fife)男 縦笛の一種；(鼓笛隊の)横笛

pigiama/ピジャーマ/(英 pajamas)男[3] パジャマ

pigione/ピジョーネ/(英 rent)女(土地や部屋の)賃貸料,家賃

pigliare/ピリィアーレ/(英 take)他 取る,つかむ；(人や物を)拾う ―自 くっつく,根づく (→ prendere)

pigna/ピーニャ/(英 cone)女 松かさ(状のもの)

pignolo/ピニョーロ/(英 fussy)形 こせこせした,口うるさい,潔癖症の ―男[1] (悪い意味での)完璧主義者

pigro/ピーグロ/(英 lazy)形 無精な,やる気のない ―男[1] 怠け者,無精者 **pigrizia**/ピグリーツィア/女 無精,無気力,やる気のなさ

pila/ピーラ/(英 pile)女 (積み重ねた物の)山,山積み；乾電池,懐中電灯 ¶ **una ― di libri** 本の山 ― **atomica** 原子炉

pilone 男 橋脚；太い支柱

pilastro/ピラストロ/(英 pillar)男 (物を支える)柱；(集団や組織を)支える人,大黒柱

pillola/ピッロラ/(英 pill)女 丸薬,カプセル；ピル

pilota/ピロータ/(英 pilot)男女[3] パイロット；レーサー ―形[0] 先駆けとなる,実験的な ¶ **scuola ―** モデル校

pineta/ピネータ/(英 pinewood)女 松林

pinguino/ピングイーノ/(英 penguin)男 ペンギン

pinna/ピンナ/(英 fin)女 (魚の)ひれ；(水泳や潜水でつける)足びれ,フィン

pino/ピーノ/(英 pine)男 松

pinolo 男 松の実

pinza/ピンツァ/(英 pliers)女 ペンチ；(甲殻類の)ハサミ

pinzetta/女 ピンセット

pio/ピーオ/(英 pious)形 敬虔な,信心深い；慈悲深い；むなしい,はかない

pioggia/ピオッジャ/(英 rain)女 雨(→ piovere)

piombo/ピオンボ/(英 lead)男 鉛；銃弾 **a piombo** 垂直に,真っ逆さまに **con i piedi di piombo** 慎重に,用心深く(石橋を叩いて) **piombare** 自 落下する；不意にやって来る；急襲する ―他 鉛で封印する；

鉛を詰めてふさぐ

pioniere /ピオニエーレ/(英 pioneer) 男[1] 先駆者, パイオニア, 開拓者

pioppo /ピオッポ/(英 poplar) 男 ポプラ

piovere /ピオーヴェレ/(英 rain) 自[av/es] (非人称)雨が降る; 雨漏りする; [es] (人や物が)殺到する, 降り注ぐ **piovoso** 形 雨の多い; 雨模様の

pipa /ピーパ/(英 pipe) 女 パイプ

pipistrello /ピピストレッロ/(英 bat) 男 蝙蝠(コウモリ)

piramide /ピラーミデ/(英 pyramid) 女 ピラミッド

pirata /ピラータ/(英 pirate) 男[3] 海賊 ¶ — dell'aria ハイジャック犯 / — della strada ひき逃げ犯; 暴走族 — 形[0] 著作権を侵害する, 海賊版の, 無認可の

piroscafo /ピロースカフォ/(英 steamship) 男 汽船, 蒸気船

piscina /ピッシーナ/(英 pool) 女 プール

pisello /ピゼッロ/(英 pea) 男 エンドウ豆

pisolino /ピゾリーノ/(英 nap) 男 昼寝, 仮眠

pista /ピスタ/(英 track) 女 通った跡, わだち; (比喩的に)跡, 手がかり; ≪スポ≫トラック, 走路, コース, スケートリンク, ゲレンデ, ジャンプ台; (飛行機の)滑走路

pistacchio /ピスタッキオ/(英 pistachio) 男 ピスタチオの木[実]

pistola /ピストーラ/(英 pistol) 女 ピストル, 拳銃

pittore /ピットーレ/(英 painter) 男[2] 画家 **pittare** 他 描く, 色を塗る **pittura** 女 絵, 絵画; 美術

pittoresco [-chi] 形 とても美しい, 目に鮮やかな, 情緒[風情]のある

più /ピウ/(英 more) 副 (程度が)より多く, もっと; (定冠詞を先行させて)もっとも, いちばん; (計算の)プラス — 形 (数量が)より多い **a più non posso** 全力で, 精一杯 **al più presto** 早くても(一番早くて) **al più tardi** 遅くても(一番遅くて) **di più** さらに, もっと; ほかに, 別に **per lo più** 大抵, 概して **più o meno** 大体, 約; それほど, あまり

piuma /ピューマ/(英 feather) 女 羽, 羽毛; フェザー級

piuttosto /ピウットスト/(英 rather) 副 それよりも; より頻繁に; なかなか, けっこう

pizza /ピッツァ/(英 pizza) 女 ピッツァ, ピザパイ

pizzeria /ピッツェリーア/ 女 ピッツァ屋

pizzicare /ピッツィカーレ/(英 pinch) 他 (親指と人差し指で)つねる, つまむ; (鳥が)つつく; (虫が)刺す; (食物が)舌を刺す; (衣服が)肌を刺す — 自 (物を主語に)ひりひり[ぴりぴり, むずむず, ちくちく]する ¶ Mi *pizzica* il naso. 鼻がむずがゆい / Con questo fumo, mi *pizzicano* gli occhi. 煙が目にしみる **pizzico** /ピッツィコ/ 男 [-chi] つねること; (虫刺されの)痛み, 痒み; (数量の)ひとつまみ, 少々 **pizzicotto** 男 (ふざけて)つねること

pizzo /ピッツォ/(英 lace) 男 レース; あごひげ; (山の)先端, 最高峰

plastica /プラスティカ/(英 plastic) 女 プラスチック ¶ sacchetto di — (スーパーやコンビニで使われる)ビニール袋

platano /プラータノ/(英 plane) 男 プラタナス, スズカケの木

platea /プラテーア/(英 pit) 女 (劇場や映画館の)1階の席; 観客

platino /プラティーノ/(英 platinum) 男 白金, プラチナ

plenilunio/プレニルーニオ/(英 plenilune)男 満月

plotone/プロトーネ/(英 platoon)男 小隊, 分隊

plurale/プルラーレ/(英 plural)形 複数の ― 男 複数(形)

pneumatico/プネウマーティコ/(英 pneumatic)男 タイヤ ¶ *pneumatici da neve* スノータイヤ ― 形 圧縮空気で動く

po'/ポ/(英 little)男 **un po'** 少し, 少々, ちょっと **un po' di…** ～を少し[少々]

poco/ポーコ/(英 little)形[poco/-chi; poca/-che] ほんの少しの, 少ししかない ― 副 ほんの少ししか, ほとんど(～でない) ― 代男 ほんの少しのもの[複で] わずかな人々, 少数の人々 **a poco a poco** 少しずつ, 徐々に **per poco** もう少しで, 危うく, 一歩間違えれば **poche volte** 滅多に **un bel po'** かなり, けっこう (満足できる程度)

podere/ポデーレ/(英 farm)男 農家, 農場

poesia/ポエズィーア/(英 poetry)女 詩 **poeta** 男[3] 詩人 **poetessa** 女 女流詩人

poetico/ポエーティコ/形 詩の, 詩的な; 詩人(肌)の

poi/ポーイ/(英 then)副 あとで, そのあとで; それから, さらに **prima o poi** いつかきっと, 遅かれ早かれ **da allora in poi** あれ以来, それからは **d'ora in poi** 今後, これから先は

poiché/ポイケ/(英 because)接 ～だから, ～なので

polacco/ポラッコ/(英 Polish)形男[-chi][1] ポーランドの(人) **Polonia**/ポローニア/女 ポーランド

polare/ポラーレ/(英 polar)形 極の, 北[南]極の; 極地の **stella ―** 北極星 / **circolo ―** 北[南]極圏(→ polo)

polemica/ポレーミカ/(英 polemic)女 論争, 論戦, ポレミック

polenta/ポレンタ/(英 maize porridge)女 ポレンタ (トウモロコシの粉をスープで練り固めた料理)

polio/ポーリオ/(英 polio)女[0] 小児麻痺, ポリオ

poliomielite 女 脊髄性小児麻痺, 急性灰白髄炎

polipo/ポーリポ/(英 polyp)男 磯巾着(イソギンチャク); ポリープ; 蛸(タコ)(= polpo)

politica/ポリーティカ/(英 politics)女 政治, 政治学; 政策, 方針 **politico** 形 政治の, 政治に関する ― 男[1] 政治家

polizia/ポリツィーア/(英 police)女 警察 ¶ **― scientifica** 科学捜査班

poliziotto 男[1] 警官, 巡査 ¶ **― privato** 私立探偵

poliziesco 形 警察の, 警察のような; 探偵[刑事]物の

polizza/ポリッツァ/(英 policy)女 (保険などの)証書, 証券

pollice/ポッリチェ/(英 thumb)男 親指; (尺度の)インチ(= 2.54cm)

pollo/ポッロ/(英 chicken)男 若鶏; 鶏肉, チキン; お人好し, 世間知らず **pollaio**/ポッライオ/男 鶏小屋, 喧騒, 混乱 **pollaiolo** 男[1] 鶏肉屋 **pollame** 男 家禽類

polmone/ポルモーネ/(英 lung)男 肺 **polmonite** 女 肺炎

polo/ポーロ/(英 pole)男 極, 極地; 極端, 正反対 ¶ *Polo Nord [Sud]* 北極[南極]

polpa/ポルパ/(英 pulp)女 精肉; (エビやカニの)身; (果物の)実, 果肉; 論旨, 要点

polpaccio/ポルパッチョ/男 脹脛(ふくらはぎ) **polpastrello** 男 指の腹(指紋のある膨らんだ部分)

polpo/ポルポ/(英 octpus)男 蛸(タコ)

polso/ポルソ/(英 wrist)男 手首；脈拍；活力，精力 ¶ orologio da — 腕時計 / uomo di — 精力家 **polsino**男(シャツの)そで口，カフス

poltrona/ポルトゥローナ/(英 armchair)女 肘掛け椅子，アームチェア；(劇場)1階正面特別席；権力の座

polvere/ポルヴェレ/(英 dust)女 埃(ほこり)；砂埃；粉，粉末，パウダー；火薬 ¶ — bianca 白い粉(麻薬) / latte in — 粉末ミルク **polveroso**形 埃をかぶった，埃っぽい；粉のような，きめの細かい

pomata/ポマータ/(英 salve)女 軟膏，ポマード

pomeriggio/ポメリッジョ/(英 afternoon)男 (日没までの)午後 **pomeridiano**形 午後の

pomodoro/ポモドーロ/(英 tomato)男 トマト **pomo**男 リンゴ；丸い握り[取っ手] **pomo della discordia** 不和の原因

pompa/ポンパ/(英 pomp)女 ポンプ；壮麗，華麗 ¶ pompe funebri 葬礼 **pompiere**男 消防士

pompelmo/ポンペルモ/(英 grapefruit)男 グレープフルーツ

ponente/ポネンテ/(英 west)男 西，西方；西風(→levante)

ponte/ポンテ/(英 bridge)男 橋，橋渡し；(船の)甲板，デッキ；飛び石連休を連休にすること ¶ — levatoio 跳ね橋 / fare un ponte di una settimana 7連休にする

pontefice/ポンテーフィチェ/(英 pontifex)男 教皇庁の高位聖職者 ¶ sommo — ローマ法王

popolare¹/ポポラーレ/(英 popular)形 一般大衆の；人気のある，ポピュラーな

popolarità 女 人気，評判

popolare²/ポポラーレ/(英 populate)他 (人々が)住みつく；植民する **popolazione**女 人口

popolo/ポーポロ/(英 people)男 国民，民衆；一般大衆，庶民 **popoloso**形 人口の多い，人口密度が高い

poppa/ポッパ/(英 stern)女 船尾，艫(とも)；(哺乳類の)乳房

porcellana/ポルチェッラーナ/(英 porcelain)女 磁器(製品)

porcheria/ポルケリーア/(英 filth)女 汚い[悪徳]行為；最低[劣悪]なもの

porco/ポルコ/(英 pig)男[1] 豚；不潔な人，汚い人 形 酷い，嫌な **porchetta**女 子豚の丸焼き

porgere/ポルジェレ/(英 hand)他[porto] 差し出す；提供する，与える；態度で示す **porgere l'altra guancia** 黙って屈辱に絶える(福音書「頬を打たれたら」の教えより)

poro/ポーロ/(英 pore)男 (皮膚の)毛穴；(葉の)気孔；**poroso**形 小さな穴が多い

porre ㉒(英 put)/ポッレ/他[posto] 置く，入れる；提示する，差し向ける

porro/ポッロ/(英 leek)男 ポロネギ(地中海原産のネギ)；疣(いぼ)

porta/ポルタ/(英 door)女 扉，ドア；門，城門；(ゴールキーパーが守る)ゴール **a porte aperte** 公開の[で] **a porte chiuse** 非公開の[で] **chiudere la porta in faccia a qc** 〈人〉の頼みを頭ごなしに拒絶する，〈人〉を門前払いにする **mettere qc alla porta** 追い払う，追い出す **porta a porta** すぐ近所に，隣り合って；訪問販売 **prendere la porta** 立ち去る，出て行く **sfondare una porta aperta** 開いた扉をぶち破る(の意で，むだなことに

portare ▶

精を出す) **portafinestra** 囡[portefinestre] フランス窓（庭やテラスに出入りできる両開きの床まであるガラス戸）

portare/ポルターレ/(英 bring) 他 ❶ （目的地まで物を）運ぶ：— un pacco alla posta 小包を郵便局へ持って行く / — uno zaino in spalla リュックを背負っている / Cosa ti *ha portato* Babbo Natale? サンタクロースさんは何を持ってきてくれたの？ / Che cosa mi *hai portato* dall'Italia? イタリアのおみやげは何かしら？ ❷ （目的地まで人を）運ぶ，同行[連行]する：— i bambini a scuola 子供を学校まで送る / Posso — mia sorella alla festa? 妹をパーティーに連れて行ってもいいですか / La polizia *ha portato* l'arrestato in questura. 警察は逮捕した男を署に連行した ❸ 着用する，携帯する：— la cravatta ネクタイをしている / — gli occhiali メガネをかけている / — la barba ヒゲを生やしている / — i capelli lunghi [corti] 髪をロング[ショート]にしている / Porto sempre un ombrello pieghevole. いつも折り畳みのカサを携帯している / Che taglia [numero di scarpe] *porti*? 君の服[靴]のサイズは？ / — il cognome da signorina （結婚前の）旧姓を使っている[名乗っている] ❹ （重量制限を示唆して）乗れる，積める ❺ （成果や被害を）もたらす ━自 （道などが）通じる ¶ Tutte le strade *portano* a Roma. すべての道はローマに通ず

portatile/ポルターティレ/ 形 携帯用の，ポータブルの

porta-/ポルタ/ （「何かを入れる[運ぶ]物」の意味で単複同形）

portabagagli 男 （自動車の）ルーフキャリア；（列車などの）荷物置場；ポーター

portacenere/ポルタチェーネレ/ 男 灰皿

portachiavi 男 キーホルダー

portacipria/ポルタチープリア/ 男 コンパクト

portaerei/ポルタエーレイ/ 囡 航空母艦

portafoglio/ポルタフォッリョ/ 男 財布，書類かばん (= portafogli)

portafortuna 男 お守り，縁起かつぎの品

portamonete 男 小銭入れ

portaombrelli 男 傘立て

portavoce 男 スポークスマン 代弁者

portata / ポルタータ/(英 course) 囡 （コース料理の）一品，一皿；（船や車の）積載量；（能力などが通用する）範囲，限界 ¶ piatto da portata 大皿，盛り皿 **alla portata di...** 〜には理解できる，〜向きの **alla portata di mano** 手を伸ばせば届くところに，手元に

portico/ポルティコ/ (英 portico) 男 （広場や道路に面した屋根付の）通路，回廊；（ホテルやビルの玄関にある屋根付の）車寄せ

portiera/ポルティエーラ/(英 door) 囡 （自動車の）ドア

portiere/ポルティエーレ/(英 doorkeeper) 男 [1] 門衛，管理人； ゴールキーパー

portineria/ポルティネリーア/ 囡 門衛所，管理人室

porto/ポルト/(英 port) 男 港；最終目標[目的地]

portoghese/ポルトゲーゼ/(英 Portuguese) 形 男 囡 ポルトガルの(人)；切符を買わずに入場[乗車]する人（ローマのポルトガル大使館主催の演劇にポルトガル人なら誰でも招待状なしで入れたことから) ¶ fare il — ただ乗り[ただ見]する，ただでもぐり込む ━男 ポルトガル語 **Portogallo**/ポルトガッ

ロ /男 ポルトガル

portone /ポルトーネ/ (英 main door) 男 正門, 表門

posare /ポザーレ/ (英 put) 他 (支える物の上に)置く; (慎重に, そっと)置く, 横たえる; (電話線や配管を)据えつける ― 自[es](su…) ～に支えられる[基づく]; [av] ポーズを取る, 気取る ◆-arsi そっと降りる, 舞い降りる **posate** 女複 レポザーテ(フォーク, スプーン, ナイフ, サーバーなど手で使う食器類)

posacenere /ポザチェーネレ/ 男[0] 灰皿

positivo /ポズィティーヴォ/ (英 positive) 形 確実な, 有効な, プラスの; 前向きの, 積極的な ― 男 (写真の)ポジ (→negativo)

posizione /ポズィツィオーネ/ (英 position) 女 位置, 場所; 姿勢, 状態; 地位, 順位; ポジション ¶ luci di ― (昼間の走行で安全確認のためにつける)ヘッドライト / ― fetale (膝を胸につけて丸まった)胎児の姿勢 / prendere ― (賛成か反対かの)立場を表明する

possedere (27) /ポッセデーレ/ (英 possess) 他 (財産などが)ある, 所有している; (能力や性質が)ある, 持っている; (知識に)精通している, 熟知している; (受動態で感情などに)とらわれる, 駆られる

possesso 男 所有, [複で]所有地, 不動産 ¶ entrare in ― 所有者になる / in ― 所有する, 所持する, コントロールできる

possibile /ポッスィービレ/ (英 possible) 形 可能な, ありうる (→impossibile) **possibilità** 女 可能性, 見込み

posta /ポスタ/ (英 post) 女 郵便(局); 郵便物 **postale** 形 郵便の, 郵便に関する ¶ codice (di avviamento) ― 郵便番号(CAP) / conto corrente ― 郵便振替口座(c. c. p.) / casella ― 私書箱 / cassetta ― ポスト / ufficio ― 郵便局 / vaglia ― 郵便為替 (V. P.)

postino 男[1] 郵便配達人

posteggio /ポステッジョ/ (英 parking) 男 駐車(場) ¶ ― vietato 駐車禁止 / ― gratuito [a pagamento] 無料[有料]駐車場 / tassa di ― 駐車料金 **posteggiare** 他 駐車[駐輪]する **posteggiatore** 男[2] 駐車場の係員

posteriore /ポステリオーレ/ (英 posterior) 形 後ろの; 後部の, 後方の

posto /ポスト/ (英 place) 男 場所, 位置; 席, 座席; 職, ポスト; 立場 ¶ ― di lavoro 定職; 職場 / ― di ristoro 休憩所 **al posto di...** ～の代わりに **essere tutto a posto** すべて整った[思いどおりの]状態にある **mettere tutto a posto** きれいに片づける[整える], 申し分のない状態にする **sul posto** 現場で, 現地で

potabile /ポターピレ/ (英 drinkable) 形 飲める ¶ acqua ― 飲料水

potare /ポターレ/ (英 prune) 他 (樹木を短く)刈り込む, 剪定する; (話などを)はしょる

potente /ポテンテ/ (英 powerful) 形 強力な; よく効く **potenza** 女 力; 勢力; 権力[有力]者; [主に複で] 列強, 大国 **potenziale** 形 潜在的な ― 男 潜在力, 可能性

potentino /ポテンティーノ/ 形 男[1] ポテンツァの(人) **Potenza** 女 ポテンツァ (Basilicata /バズィリカータ/州の州都)

potere (23) /ポテーレ/ (英 can) 自[av/es] (不定詞を伴って)～できる(状況にある); (許可)～

してもよい；（可能性）～かもしれない；（否定文で）～のはずがない、ありえない；（単独で）力［能力，影響力］がある **Non ne posso più.**（限界を表明して）もうこれ以上は無理！，もう我慢できない **non potere non**《不定詞》～せずにはいられない，～しないわけにはいかない **potere**《不定詞》*quando volere* いつでも～できる，いつ～してもよい **prima che potere** 目処がつき次第 **può darsi.** そうかもしれない、ありえる ― 男（何かができる）力，能力，権限；影響力，支配力；権力，政権

povero/ポーヴェロ/(英 poor)形 貧しい，貧乏な；みすぼらしい，貧弱な(di…) ～が不足した［乏しい］；（名詞に前置して）哀れな、かわいそうな；今は亡き **povertà** 女 貧乏，貧困；不足，欠乏；清貧

pozza/ポッツァ/(英 puddle)女 水溜り **pozzanghera**/ポッツァンゲラ/女 ぬかるみ

pozzo/ポッツォ/(英 well)男 井戸；豊富，大量

praghese/プラゲーゼ/形男女 プラハの(人) **Praga**/プラーガ/女 プラハ（チェコの首都）

pranzo/プランゾ/(英 dinner) 男 食事（その日の主要な食事で、主に昼食を指す）；（客を招待する）夕食会，晩餐会；（フルコースの）ディナー ¶ *camera [sala] da* ― ダイニングルーム / ― *d'onore* 祝賀会

pranzare 自 食事をする，昼食をとる(→colazione, cena)

pratico/プラーティコ/(英 practical)形 現実的な，堅実な；実用的な，便利な，使いやすい；経験豊富な，腕のいい；（場所や情報に）精通した、詳しい **pratica** 女 実行，実践；実際，実態；（実践的な）訓練，練習；（儀式などの）礼法，手順；（複数で必要な）書類，手続き **in pratica** 実際には；事実上，つまり **fare pratica** 練習する，訓練する **mettere in pratica** 実行に移す，実践する **praticare** 他 実行に移す，実践する；（専門職やライフワークとして仕事や運動を）やる；（人と）付き合う；（場所に）出入りする

prato/プラート/(英 meadow) 男 野原，草原；芝生，草地 **pratellina** 女 野菊(= pratolina) **prateria**/プラテリーア/女 大平原，プレーリー

preavviso/プレアッヴィーゾ/(英 notice)男 予告；（解雇や解約の）事前通告

precauzione/プレカウツィオーネ/(英 precaution)女 用心，慎重；予防措置［対策］

precedente/プレチェデンテ/(英 previous)形 前の，先にあった［起こった］ ¶ *il giorno precedente il [al] matrimonio* 結婚式の前日(に) / *la fermata [il semaforo] precedente*（少し前に通過した）一つ前の停留所［信号］ ― 男 先例，前例 ¶ *precedenti penali* 前科 **precedenza** 女 先行；優先（権） **in precedenza** 事前に，前もって **precedere**/プレチェーデレ/(英 precede) 先行［先導］する；先に起こる［生じる］；前にある［位置する］

precipitare/プレチピターレ/(英 precipitate)自[es]（高所から）落ちる，墜落する；（状況などが）悪化する ― 他（高所から）落とす，突き落とす；転落させる；急がせる，早める

precipizio/プレチピーツィオ/男 崖，断崖，絶壁

preciso/プレチーゾ/(英 precise)形 正確な，正しい；几帳面な、手を抜かない；よく似た，同タイプの **precisione** 女 正確，的確 ¶ *con* ― 正確［的確］に / *per*

la — 念のために
preda/プレーダ/([英] prey) [女] 強奪品，分捕り品；餌食(えじき)，犠牲 ¶ — di guerra 戦利品 **in preda a...** ～にとらわれた，～から逃れらない，～に為すすべもない
predica/プレーディカ/([英] sermon) [女] 説教 **predicare** [他] 説教する
predire ⑭/プレディーレ/([英] foretell) [他][-detto] 予言する
predisporre ㉒/プレディスポッレ/([英] prepare) [他][-posto] 手はずを整える，段取りを決める；心積もりをする；（病気や悪い精神状態に）なりやすくする ◆**-orsi** 《a》 ～を覚悟する
prefabbricato/プレファッブリカート/([英] prefabricated) [男][形] プレハブ(の)；形だけの，お決まりの(→fabbricare)
prefazione/プレファツィオーネ/([英] preface) [女] 序文，前書き
preferire ⑥ ([英] prefer)/プレフェリーレ/ [他] （～のほうを）より好む，（優先して）選ぶ ¶ Preferisci il vino rosso o il bianco? ワインは赤と白のどっちがいい？ / Preferisco andare a piedi. 歩いて行くほうがいい / Preferisco il mare alla montagna. 山よりも海のほうが好きだ / Gli è stata preferita la candidata più giovane. 彼よりも若い女性の候補者が選ばれた **preferito** [形] お気に入りの，ひいきの ¶ Qual è il Suo scrittore preferito? あなたのお気に入りの作家は誰ですか / Qual è la tua squadra preferita? 一番好きなチームはどこ？(どこのファンなの？) — [男][1] お気に入り(の人[品]) **preferenza** [女] 好み，優先；〔複で〕えこひいき ¶ fare delle *preferenze* per *qc* 〈人〉をひいきする
prefetto/プレフェット/([英] governor) [男] 知事；(古代ローマの)総督，長官
prefisso/プレフィッソ/([英] appointed) [形] 予定された ¶ all'ora *prefissa* 予定の時刻に — [男] 市外局番；接頭辞 ¶ — internazionale 国際電話の国番号
pregare/プレガーレ/([英] pray) [他] 願う，頼む；祈る，祈願する ¶ Ti *prego* di ascoltarmi [credermi]. 頼むから僕の話を聞いて[信じて]くれよ / La *prego* di spegnere la stufa. どうかストーブを消してください(お願いします) / Ti *prego*, mi presti quel CD? ねえお願い，あのCD貸してくれない？ / Siete *pregati* di fare silenzio. どうかお静かに願います / — Dio di esaudire *qc* 〈人〉の願いがかなうように神に祈る / — tra [per] *sé* 心の中で[自分のために]祈る **Prego.** (「どうぞ～なさってください」の気持で)さあ，どうぞ；(感謝や謝罪の返答に)どういたしまして，いいんですよ；(「どうかもう一度おっしゃってください」の気持で) 何でしょうか？ **preghiera** [女] 願い，祈り
pregio/プレージョ/([英] excellence) [男] 優秀さ，卓越；(質や価値の)高さ；長所，美点 **pregiato** [形] 極上の，逸品の
pregiudizio/プレジュディーツィオ/([英] prejudice) [男] 偏見，先入観
premere/プレーメレ/([英] press) [他] 押す；押しつぶす — [自] 大切である，気にかかる
premio/プレーミオ/([英] prize) [男] 賞，褒美，表彰；賞品，賞金；報奨金，奨励金 ¶ *Premio* Nobel [Oscar] ノーベル[アカデミー]賞 / Gran *Premio* グランプリ / concorso a *premi* 懸賞のかかったコンテスト — [形][0] 懸賞[褒美]の ¶ licenza [viaggio] — 褒美の特別休暇[懸

P

賞旅行] **premiare** 他 賞を与える；（精神的に）報いる

premura /プレムーラ/（英 care）女 配慮，思いやり，世話；急ぎ（の用） **premuroso** 形 （人を）思いやる，いたわる，気づかう

prendere /プレンデレ/（英 take）他[preso] （手で）取る，つかむ，捕まえる；（乗物を）利用する，乗る；（物を）食べる，飲む，買う；（持っていく；受ける，受け取る；捕まえる；（病気に）かかる **prenderle** 殴られる；（試合で）負ける **prendersela** （怒って，気分を害して）むくれる，ふくれる

prenotare /プレノターレ/（英 book）他 予約する

prenotazione 女 予約

preoccupare /プレオックパーレ/（英 worry）他 心配させる ◆ -arsi 心配する

preoccupazione 女 心配，不安，恐れ

preparare /プレパラーレ/（英 prepare）他 準備する，用意する；（飲物を）入れる ◆ -arsi 支度す，備える

preparazione 女 準備，用意，支度

prepotente /プレポテンテ/（英 overbearing）形 横暴な，横柄な，傲慢な；抵抗できない，ものすごい **prepotenza** 女 横暴，傲慢 **di prepotenza** 強引に，無理やり

presa /プレーザ/（英 taking）女 つかみ；（鍋の蓋などの）つかむところ；（電気の）コンセント；（消火栓などの）給水口

presbite /プレズビテ/（英 long-sighted）形 男 女 老眼の（人）

prescrivere /プレスクリーヴェレ/（英 prescribe）他[-scritto] （法律などで）規定する；（医者が薬を）処方する，指示を与える

presentare /プレゼンターレ/（英 present）他 （人を）紹介する；司会する；提示する，差し出す，示す ◆ -arsi 出頭する；（人前に）現れる；自己紹介する；（選挙に）出馬する；（印象で）〜に見える，様相を呈する；起こる，生じる **presentazione** 女 提出，提示；紹介

presentatore 男[乙]司会者，紹介者

presente /プレゼンテ/（英 present）形 出席している，居合わせる；現在の，今の **avere presente** 覚えている，（誰のことか何のことか）わかる **fare presente** （変更などを）知らせ，明確にする **tenere presente** 記憶に留める，覚えておく ─ 男 女 出席者，列席者 ─ 男 現在 **presenza** 女 出席，同席；存在（感） **alla presenza di qc** 〈人〉の面前に **bella presenza** 容姿端麗 **firma di presenza** 記帳 **in presenza di qc** 〈人〉の前で

presentimento /プレゼンティメント/（英 presentiment）男 予感，虫の知らせ，胸騒ぎ

presepio /プレゼーピオ/（英 stable）男 キリスト生誕の場面を表現したミニチュアの飾り物（本来は家畜を入れておく「囲い」の意味）

presidente /プレスィデンテ/（英 chairperson）男 女 会長，議長；(P-) 大統領 **preside** /プレースィデ/男 女 （中学・高校の）校長 ¶ ─ **di facoltà** 学部[学科]長

pressione /プレッスィオーネ/（英 pressure）女 押すこと，圧力（をかけること）；血圧，気圧

presso /プレッソ/（英 nearby）前 〜の近く[そば]に；〜のもとで；（宛名の）〜方 [気付] ─ 副（複で）近く，近辺

prestare /プレスターレ/（英 lend）他 貸す **prestito** /プレスティト/男 貸し，貸付（金）¶ **dare [prendere] in ─** 貸す[借

prestigio /プレスティージョ/(英 prestige) 男 信望, 威信 ¶ gioco di — マジック, 手品

prestigiatore 男 [2] マジシャン, 手品[奇術]師

presto /プレスト/(英 soon) 副 すぐに; 早く ¶ È ancora —. まだ早い **al più presto** なるべく早く; 早くても, 急いでも **A presto!** (早い再会を期して)またね, お近いうちに **fare presto** 急いで[早く]する **il più presto possibile** 出来るだけ早く, 最速で **più presto del solito** いつも[普段]より早く **presto o tardi** 遅かれ早かれ, どのみち

presumere /プレズーメレ/(英 presume) 他 [-sunto] 推測する; 自惚(うぬぼ)れる

presuntuoso 形 自惚れが強い, 高慢な **presunzione** 女 推定; 自惚れ

prete /プレーテ/(英 priest) 男 神父, 司祭; (暖房器具の)アンカ

pretendere /プレテンデレ/(英 claim) 他 [-teso] (不当に, 必要以上に)要求する; (断固)主張する **pretesa** 女 要求; 主張; 気取り, てらい **senza pretese** 気さくな, 気取らない

pretesto /プレテスト/(英 pretext) 男 口実, 言い訳

prevalere ㉞ /プレヴァレーレ/ (英 prevail) 自 [av/es] まさる, 上回る; 制する, 勝つ

prevalenza 女 優位, 優勢

prevedere /プレヴェデーレ/(英 foresee) 他 [-visto] 予測[予想]する; 予知[予告]する

prevedibile /プレヴェディービレ/ 形 予測可能な; すぐに見当がつく, わかりきった

previsione 女 予測, 予想 ¶ — del tempo 天気予報 **in previsione di...** 〜を見越して, 〜に備えて **previsionale** 形 先行き[見通し]に関する

preventivo /プレヴェンティーヴォ/(英 preventive) 形 予防の, 防止する

previdenza /プレヴィデンツァ/ (英 foresight) 女 先見(の明), 将来への配慮[用心]; 保障, 保険

prezioso /プレツィオーゾ/(英 precious) 形 高価な, 貴重な, 大事な ¶ metallo — 貴金属 / pietra *preziosa* 宝石 **—** 男 〔複で〕宝石

prezzemolo /プレッツェーモロ/(英 parsley) 男 パセリ

prezzo /プレッツォ/(英 price) 男 値段, 価格; 価値, 代償

prigione /プリジョーネ/(英 prison) 女 刑務所, 監獄

prigioniero 男 [1] 囚人, 捕虜; とりこ **—** 形 捕虜の; とらわれた

prima /プリーマ/(英 before) 副 (ある時点より)前に, 先に; (ある地点より)手前で[に]; (物事の後先の「先」を示唆して)まず, 最初に; 以前は, それまでは **come prima** これまで同様, 以前のように **più [meno] di prima** 今まで以上[以下]に **—** 前 (di...) 〜より前に ¶ — dell'alba 夜明け前に / — della fine del mese 月末までに / — di te 君より先に[早く] **prima di tutto** まず最初に, 真っ先[いの一番]に **quanto prima** なるべく早く **—** 接 (di《不定詞》: 同一の主語が) 〜する前に; (che《接続法》: 異なる主語が) 〜する前に, 〜しないうちに ¶ Chiudo il gas — di andare a letto 寝る前にガスの栓を閉める (「私が寝る」前に「私が閉める」) / Tornerò a casa — che faccia buio. 暗くなる前[ならないうち]に家に帰るよ **prima che posso [potrò]** 出来るだけ早く (自分の都合や目処がつき次第「すぐに」の意味で) **—** 形

primato ▶

[0] その前の ¶ il giorno — その前日[前の日] / l'anno — その前の年

primato /プリマート/ (㊑ primacy) 男 首位(の座)，第1位，≪スポ≫記録，レコード

primatista 男女 [3] 記録保持者(レコードホルダー)

primavera /プリマヴェーラ/ (㊑ spring) 女 春 **primaverile** 形 春の，春季[春期]の

primitivo /プリミティーヴォ/ (㊑ primitive) 形 元の，本来の；原始(時代)の，原始的な；未開の，粗野な — 男 [1] 原始人；野蛮人

primizia /プリミーツィア/ (㊑ first fruit[vegetable]) 女 (果物や野菜の)初物；(季節はずれの)珍しい果物[野菜]；ホットな話題[情報]；(発売前の)新作，新曲，新製品

primo /プリーモ/ (㊑ first) 形 一番目の，最初の

primogenito /プリモジェーニト/ 形 (夫婦間に)最初に生まれた，長子[長男]の

primula /プリームラ/ (㊑ primrose) 女 桜草(サクラソウ)

principale /プリンチパーレ/ (㊑ main, principal) 形 主な，メインの；主要な，最も重要[大切]な ¶ via — メインストリート / strada — 幹線道路 / lo scopo — 主目的 — 男女 (部局の)責任者，ボス；雇い主 **-mente** 副 おもに，主として

principe /プリンチペ/ (㊑ prince) 男 王子，皇太子；プリンス **principessa** 女 王女，皇太子妃；プリンセス

principiante /プリンチピアンテ/ (㊑ beginner) 男女 初心者，ビギナー；見習い

principio /プリンチーピオ/ (㊑ beginning) 男 初め，始まり；発端，原因；原理原則，基本概念

privare /プリヴァーレ/ (㊑ deprive) 他 (— *qc* di *qs*) 〈人〉から〈物〉を奪う，剥奪する；取り除く，無くす **privo** 形 (di...) 〜が無い，〜が不足した

privato /プリヴァート/ (㊑ private) 形 私有の；私立の，民間の；私的な，個人的な ¶ strada *privata* 私道 — 男 [1] 個人，私人

privilegio /プリヴィレージョ/ (㊑ privilege) 男 特権，特典；特別な名誉，光栄

probabile /プロバービレ/ (㊑ probable) 形 (十中八九)ありそうな，ありうる **-mente** 副 きっと，たぶん **probabilità** 女 見込み，公算，確率

problema /プロブレーマ/ (㊑ problem) 男 [3] 問題

procedere /プロチェーデレ/ (㊑ proceed) 自 [es] 進む，前進する；起因する，生じる；[av] 続行する；振る舞う；開始する

procedimento 男 方法，手法；(法的な)手続き

procedura 女 手続き，手順 **processione** 女 行列，行進

processo /プロチェッソ/ (㊑ process) 男 過程，プロセス；製法，工程；裁判；詮議，詰問

processare 他 起訴する，裁判にかける；(厳しく)詮議する，詰問する

proclamare /プロクラマーレ/ (㊑ proclaim) 他 宣言する，布告する

procurare /プロクラーレ/ (㊑ procure) 他 (他人のために)手に入れる，見つける；善処する，努力する；(災難などを)もたらす ◆ **-arsi** (自分のために)手に入れる；(災難などを)被(こうむ)る，招く

prodotto /プロドット/ (㊑ product) 男 生産品，製品；生産物，産物；成果，結果

produrre ⑪ /プロドゥッレ/ (㊑

produce) 他[-dotto] 生み出す, 産出する; 生産する, 作り出す, 制作する; もたらす, 引き起こす ◆ **-ursi** 被(こうむ)る; 生じる; (人前に)現れる, 登場する **produttore** 男[2] 生産者, 製造元; (映画の)プロデューサー ― 形[2] (名詞に後置させて)生産する ¶ industria *produttrice* di automobili 自動車製造業 / paesi *produttori* di tabacco [petrolio] タバコ[石油]産出国 **produzione** 女 生産, 製造; 生成; (総称的に)芸術作品; (映画・演劇・番組の)製作

professione /プロフェッスィオーネ/ (英 profession) 女 職業; (特に医師・弁護士などの)専門職 **professionista** 男女[3] 専門的職業人; «スポ»プロ選手

professore /プロフェッソーレ/ (英 professor) 男 (男性の)先生, 教授 **professoressa** 女 (女性の)先生, 教授

profeta /プロフェータ/ (英 prophet) 男[3] 予言者 **profetessa** 女 (女性の)予言者 **profezia** /プロフェツィーア/ 女 予言; 警告, 注意

profilo /プロフィーロ/ (英 profile) 男 横顔; プロフィール; 輪郭, 外形; 縁取り, 縁飾り **profilare** 他 輪郭を描く; 縁取りで飾る ◆**-arsi** 迫る, 差し迫る

profitto /プロフィット/ (英 profit) 男 利益, 得; 収益, 利潤

profondo /プロフォンド/ (英 profound) 形 深い, 奥深い ¶ pozzo ― 深い井戸 / mente *profonda* 洞察力 / notte *profonda* 深夜 / significato ― 真意[深意] / verde ― 深緑 / voce *profonda* 太い声 ― 男 底, 奥 **profondità** 女 深さ; 奥行き; 立体感; 深み, 奥底

profugo /プロ-フゴ/ (英 fugitive) 男[1] 難民, 避難民; 亡命者

profumo /プロフーモ/ (英 perfume) 男 香水; 香り, 芳香 **profumare** 他 (芳香剤や香水で)香りをつける ― 自[es] 芳香を放つ ◆ **-arsi** 香水をつける[ふる] **profumato** 形 香りをつけた, 芳香を放つ; 多額の, 多大な **profumeria** /プロフメリーア/ 女 化粧品店

progetto /プロジェット/ (英 project) 男 計画, 企画; 設計(図) **progettare** 他 計画[企画]する; 設計する **progettista** 男女[3] 設計者, 設計技師

programma /プログランマ/ (英 program) 男[3] プログラム, 番組; 計画, 予定(表); 時間割り, カリキュラム

progresso /プログレッソ/ (英 progress) 男 進歩, 上達, 向上; 発展, 進展 **progressivo** 形 累増[累減]する; 進歩[革新]的な **progressista** 男女[3] 進歩[革新]主義者 **progredire** ⑥ 自[av(生物)/es(非生物)] 前進する; 進歩[向上]する

proibire ⑥ /プロイビーレ/ (英 prohibit) 他 禁止する; 妨げる ¶ Il medico gli ha proibito di fumare. 医者は彼にタバコを禁じた / Il tempaccio ci ha proibito di uscire. 悪天候のために私たちは外出できなかった **proibito** 形 禁じられた ¶ È severamente ― 《不定詞》. ～厳禁 / frutto ― 禁断の木の実 / sogno ― 見果てぬ夢

proiettare /プロイエッターレ/ (英 project) 他 (スライドや映画を)映す, 映写する; 投射[投影]する; (影や光を帯状に)放つ, 伸ばす; 投げ出す, 噴出する ◆**-arsi** (影や光が帯状に)伸びる; 思いを馳せる; 投げ出される **proiettore** 男 映写機, プ

proiettile /プロイエッティレ/(英 bullet) 男 弾(たま), 弾丸; 発射物[体]

proletario /プロレターリオ/(英 proletarian) 形 プロレタリア[無産階級]の ― 男 [1] 無産者, 賃金労働者

proletariato 男 プロレタリアート, 無産[労働者]階級

prolungare /プロルンガーレ/(英 prolong) 他 長くする, 延ばす, 延長する ◆ -arsi 長くなる, 延びる

prolungamento 男 延長; 延長した部分 **prolunga** 女 (テレビや電話の)延長コード; (机や食卓の)長く伸ばせる部分 (→ lungo)

promessa /プロメッサ/(英 promise) 女 約束, 確約; (特にスポーツ界の)ホープ

promettere /プロメッテレ/(英 promise) 他 [-messo] 約束する, 必ず[きっと]~すると言う; (単独で)嘱望される, 有望である, 見込みがある

promesso 形 約束された; 結婚を誓った ¶ promesso/a sposo/a 婚約者, フィアンセ / terra promessa 約束の地(聖書のカナン, 現在のパレスチナ); 豊饒の地, 楽園

promontorio /プロモントーリオ/(英 promontory) 男 岬(特に海に突き出た断崖)

promuovere ⑲ /プロムオーヴェレ/(英 promote) 他 [-mosso] (及第点をつけて)通す; 進級[昇進, 昇格]させる; 促進[増進]する **promosso** 形 進級[昇進, 昇格]した **promozione** 女 進級, 昇進, 昇格; 販売促進

pronostico /プロノスティコ/(英 prognostic) 男 予想, 予報; 前兆, 前触れ

pronosticare 他 予想[予報]する; 前兆を示す

pronto /プロント/(英 ready) 形 用意[準備, 支度]ができた; (注文の品などが)出来上がった; 機敏な, 俊敏な; すばやい, 即座の auguri di pronta guarigione お大事に(一日も早い快復を祈って) essere pronto a (不定詞) ちょうど~しようとしている; すぐにでも~する気でいる essere pronto a qs すぐ[よく]~する, ~がる, ~っぽい: ― al riso よく[よく]笑う / ― al dolore 痛がる / ― all'ira 怒りっぽい Pronto, chi parla? もしもし, どちらまですか? pronto soccorso 救急病院; 救急箱 **prontezza** 女 機敏さ, 俊敏さ; 即効性

pronuncia /プロヌンチャ/(英 pronunciation) 女 発音; 話し方 **pronunciare** 他 発音する; 言う, 表明する

propaganda /プロパガンダ/(英 propaganda) 女 宣伝(活動), プロパガンダ

propagandare 他 宣伝する, 売り込む

proporre ㉒ /プロポッレ/(英 propose) 他 [-posto] 提案する, 申し出る; 勧める, 推薦する ◆ -orsi 決意する

proposizione 女 文, センテンス; 節, クローズ ¶ ― semplice [complessa] 単文[複文] / ― enunciativa [interrogativa, esclamativa, imperativa] 平叙[疑問, 感嘆, 命令]文 / ― principale [subordinata, coordinata] 主[従属, 等位]節 **proposta** 女 提案, 発議, 申し出 ¶ ― di matrimonio 求婚, プロポーズ

proporzione /プロポルツィオーネ/(英 proportion) 女 (二つの要素の)均衡, つりあい, バランス; 大きさ, 寸法; 割合, 比率; 《数学》比例, 比

in proporzione 比例して，それ相応に **in proporzione a...** ～に較べて[対比して]

proposito /プロポーズィト/(英 purpose)男 意図，目的；決意，覚悟；主題，話題 **a proposito** ところで，それはそうと；ちょうどいいときに，タイミングよく **a proposito di...** ～について[関して] **di proposito** わざと，故意に；真面目に，真剣に

proprietà /プロプリエタ/(英 property)女 特性，特質；資産，財産；所有物[権]，所有地

proprietario /プロプリエターリオ/男[1] 持ち主，オーナー

proprio /プロープリオ/(英 just)副 まさに，ちょうど；まったく，本当に **proprio adesso** たった[ちょうど]今 **Proprio così.** まったくそのとおり，おっしゃるとおりです ― 形 (特に非人称的な表現の所有形容詞として)自分の，自らの；固有の，特有の **/ Ognuno ama la propria famiglia.** 誰でも自分の家族が一番大切なものです **/ Si deve curare la propria salute.** (人は皆)自分の健康に留意しないといけない

prora /プローラ/(英 bow, stem)女 船首，舳先(へさき)

prosa /プローザ/(英 prose)女 散文

prosciugare /プロッシュガーレ/(英 dry up)他 (池などを)干す，干拓する；乾燥させる，乾かす；(体力や金銭を)消耗させる，干上がらせる

prosciutto /プロシュット/(英 ham)男 ハム ¶ ― **crudo** 生ハム(自然熟成のもの) / ― **cotto** (熱処理をした)ハム

proseguire /プロセグイーレ/(英 continue)他 (休まずに先を)続ける，続行する ― 自[av/es] (引き続いて)行なわれる，(休まずに)続けられる

proseguimento 男 続行，継続 ¶ **Buon** ―**!** (旅の途中で出会った人に)これから先もいい旅を；(仕事や食事の手を止めさせた人に)おじゃましました，どうぞ楽しんで[頑張って]お続けください

prosperoso /プロスペローゾ/(英 prosperous)形 繁栄した，繁盛した；元気な，丈夫な

prosperità 女 繁栄，裕福；安泰，順調

prospettiva /プロスペッティーヴァ/(英 prospect)女 (将来の)見通し，展望；見込み，可能性；視点，観点；見晴らし，眺望；遠近法，遠近画法

prossimo /プロッスィモ/(英 next; near)形 この次の，今度の；(場所が)すぐ近くの；(時間的に)間近な，目前に迫った **passato prossimo** 近過去([av/es]の直説法現在＋過去分詞) ― 男 (順番を待つ)次の人；(キリスト教の)隣人 **Chi è il prossimo?** 次はどなたですか？ **Ama il prossimo tuo come te stesso.** あなた自身を愛するようにあなたの隣人を愛しなさい(『聖書』の隣人愛の教え)

prostituta /プロスティトゥータ/(英 prostitute)女 売春婦，娼婦

protagonista /プロタゴニスタ/(英 protagonist)男女[3] 主人公，ヒーロー[ヒロイン]；立役者，主役

proteggere /プロテッジェレ/(英 protect)他[protetto] 守る，保護する；擁護する，助成する

protettore 男[2] 保護者，擁護者；守護者 **protezione** 女 保護，愛護 ¶ ― **dell'ambiente** 環境保護 / ― **degli animali** 動物愛護

protesta /プロテスタ/(英 protest)女 抗議(行動)；異議(の申し立て) **protestare** 自

prova ➤

(contro...) ～に対して抗議する, 異議を唱える; 抗議[批判]的発言をする **protestante** 形 プロテスタントの ― 男女 プロテスタント, 新教徒(カトリックに「物申す人」の意味)

prova/プローヴァ/(英 test) 女 試み, 試し; 試験, テスト; 証拠, 証言; リハーサル

provino 男 オーディション; (印刷や写真の)試し刷り, 試し焼き **provetta** 女 試験管

provare/プロヴァーレ/(英 try) 他 試す, 試みる; 試験する, テストする; 証明する; (感情を)感じる

provenire (da...) ㉟/プロヴェニーレ/(英 come from) 自 [es, -venuto] ～から来る, 出身である; ～から生じる, 由来する

proveniente 形(da...) ～から来る, ～に由来する

proverbio/プロヴェルビオ/(英 proverb) 男 諺(ことわざ), 格言

provincia/プロヴィンチャ/(英 province) 女 県(20の regione の下位にある95の地方行政)

provinciale 形 県の; (都会に対して)田舎の ¶ consiglio ― 県議会 / giunta ― 県政(評議会)

provocare/プロヴォカーレ/(英 provoke) 他 引き起こす, 原因となる; 挑発する, 怒らせる; そそのかす, 扇動する; 情欲をそそる **provocazione** 女 挑発, 扇動, 教唆(きょうさ)

provocante 形 挑発的な; 扇情的な

provvedere/プロッヴェデーレ/(英 provide) 自[-visto] 用意する, 準備する; 世話をする, 面倒を見る; 対処する, 対策を講じる ― 他 与える, 持たせる **provvedimento** 男 対策, 措置

provvidenza/プロッヴィデンツァ/(英 providence) 女(P-) 神の摂理; 僥倖(ぎょうこう); 奇特な人

provvisorio/プロッヴィゾーリオ/(英 provisory) 形 仮の, 一時の; 臨時の, 暫定的な

provvista/プロッヴィスタ/(英 provision) 女 蓄え, 買いだめ[置き]; (銀行口座の)引当金, 預金

prua/プルーア/(英 bow, stem) 女 船首, 舳先(へさき); (飛行機の)機首

prudente/プルデンテ/(英 prudent) 形 慎重な, 用心深い **prudenza** 女 慎重さ, 用心深さ

prudere/プルーデレ/(英 itch) 自 かゆい ¶ La pelle prude. 皮膚がかゆい / sentirsi ― 体がかゆい / Mi prude la lingua. しゃべりたくてうずうずする, 黙っていられない(私の舌がかゆい) / Mi prudono le mani. 殴りたくて手がむずむずする

prurito 男 かゆみ, むずがゆさ ¶ avere prurito alla schiena 背中がかゆい

prugna/プルーニャ/(英 plum) 女 西洋スモモ, プラム ¶ ― secca プルーン ― 形[0] プラム[濃紫]色の

pseudonimo/プセウドーニモ/(英 pseudonym) 男 ペンネーム, 筆名, 雅号

psichiatra/プスィキアートラ/(英 psychiatrist) 男女[3] 精神科医

psicologia/プスィコロジーア/(英 psychology) 女 心理学; 心理(状態) **psicologico**/プスィコロージコ/ 形 心理学の; 心理的な **psicologo**/プスィコーロゴ/男[1][-gi] 心理学者

pubblicare/プッブリカーレ/(英 publish) 他 出版する, 刊行する; 公表する, 公示する **pubblicazione** 女 出版, 刊行;出版物,刊行物;公布, 公示

pubblicità/プッブリチタ/(英 publicity) 女 宣伝, 広告; コ

マーシャル **pubblicitario**/プッブリチターリオ/[形] 宣伝[広告]の — [男][1] 広告業者
pubblico/プッブリコ/([英] public)[形] 公共の，公衆の；公の，公的な，公開の — [男] 一般の人々，公衆；観客，聴衆 **in pubblico** 人前で，公然と
pudore/プドーレ/([英] modesty)[男] 恥じらい，羞恥心；慎み，遠慮
puerile/プエリーレ/([英] puerile)[形] 子供っぽい，幼稚な；たわいもない，くだらない
pugilato/プジラート/([英] boxing)[男] ボクシング，拳闘 **pugile**/プージレ/[男][女] ボクシング選手，ボクサー
pugliese/プッリエーゼ/[形][男][女] プッリァの(人) **Puglia** [女] プッリァ(イタリア南部の州)
pugnale/プニャーレ/([英] dagger)[男] 短剣，短刀，匕首(あいくち) **pugnalare** [他] 短剣で刺す，刺し殺す
pugno/プーニョ/([英] fist)[男] 握りこぶし；拳骨パンチ；一握り(の量)；少数，少量
pulce/プルチェ/([英] flea)[女] ノミ
pulcinella/プルチネッラ/([英] Punchinello)[男] ナポリの仮面劇の役者；軽薄で考えをむやみに変える人間 **segreto di pulcinella** 公然の秘密(プルチネッラの「秘密」は誰でも知っていることから)
pulcino/プルチーノ/([英] chick) [男] ひよこ；ひよっこ；(15歳以下の) 少年サッカー選手 **bagnato come un pulcino** ずぶ濡れ **pulcino nella stoppa** 未熟者，世間知らずの甘ちゃん
puledro/プレードロ/([英] colt) [男][1] 子馬；(サラブレッドの)新馬
pulire ⑥/プリーレ/([英] clean) [他] 掃除する，汚れを落とす，きれいに手入れする **pulito** [形] きれいな，清潔な；クリーンな(汚職をしない，環境を汚さない) **pulizia**/プリツィーア/[女] 清潔さ，清らかさ；〔複で〕掃除 ¶ fare le *pulizie* 掃除する **fare pulizia** (不用な物を)一掃する
pullman/プルマン/〔英〕[男] 観光バス；(ロマンスシートの)バス
pullover/プローヴェル/〔英〕[男] (頭からかぶる)セーター
pulpito/プルピト/([英] pulpit) [男] (教会の)説教壇
pulsare/プルサーレ/([英] pulse) [自] 脈打つ，振動する **pulsazione** [女] 脈拍；パルス **pulsante** [男] 押しボタン
puma/プーマ/([英] puma) [男][0] ピューマ
pungere/プンジェレ/([英] prick) [他][punto] 刺す，突く **pungente** [形] 先の尖った；ちくちくする；鼻をつく；肌を刺すような；辛辣(しんらつ)な，痛烈な；胸を突く，痛恨の
punire ⑥/プニーレ/([英] punish) [他] 罰する，処罰する **punizione** [女] 罰，懲罰 ¶ calcio di — (球技の)フリーキック
punta/プンタ/([英] point) [女] (とがった)先，先端 **avere *qs* sulla punta della lingua** 〈何か〉を度忘れする **contare sulla punta delle dita** 数少ない **in punta di piedi** つま先立って，忍び足で **l'ora di punta** ラッシュアワー
puntare/プンターレ/([英] put; point) [他] 突き付ける，強く押し当てる；(目標に)向ける，ねらいを定める；賭ける **puntata** [女] (駆け足の)小旅行，観光；賭け，賭け金；(連続テレビ小説などの)一話
punteggio/プンテッジョ/([英] score) [男] 得点，点数，スコア
puntiglio/プンティッリオ/([英] pique) [男] 片意地，意固地

P

punto/プント/(英 point)男 点，ピリオド；得点；(特定の)場所；(特定の)時点；(裁縫や編物の)縫い目，編み目；(手術糸を縫った)針数 ¶ — di vista 視点，観点 / *punti* cardinali 東西南北 due punti コロン[:] punto e virgola セミコロン[;] puntini 点々記[…]

puntuale/プントゥアーレ/(英 punctual)形 時間を厳守する，遅刻しない，期限を守る

puntura/プントゥーラ/(英 prick)女 刺し傷；注射

pupa/プーパ/(英 doll)女 お人形；可愛い女の子，かわい子ちゃん **pupo** 男 男の子；(シチリアの)人形劇の人形

pupazzo 男 人形；操り人形 ¶ — di neve 雪だるま

pupilla/プピッラ/(英 pupil)女 瞳孔(どうこう)；[複で] 瞳，目

purché/プルケ/(英 provided) 接 (接続法を伴って)ただし〜するという条件付で

pure/プーレ/(英 also)接 〜もまた；〜だけれども；それでも **pur di** (不定詞) 〜するために，〜するためなら — 副 やはり，とにかく；(命令法と共に)どうぞ，遠慮なく

purè/プレ/(英 purée)男 ピューレ(野菜の裏ごし)

purgare/プルガーレ/(英 purge)他 浄化する，清める；下剤を与える **purga** 女 下剤；浄化；追放，パージ

purgante 男 下剤

purgatorio/プルガトーリオ/男 煉獄(れんごく)；苦悩

puro/プーロ/(英 pure)形 純粋な；澄み切った；潔白な，汚れていない；清純な，純情な；本物の，嘘偽りのない **purezza** 女 澄み切った美しさ；清らかさ，清純さ **purosangue** 男 女[0] サラブレッド

purtroppo/プルトロッポ/(英 unfortunately)副 あいにく，残念ながら

pus/プス/(英 pus)男 膿(うみ)

pustola/プストラ/女 おでき，出来物，腫れ物

putrido/プトリド/(英 putrid) 形 腐った，腐敗した

puttana/プッターナ/(英 whore)女 娼婦，売春婦；(私利私欲のために)簡単に寝返りする人間

puzzle/パーゾル/[英]男[0] ジグソーパズル；クロスワード

puzzo/プッツォ/(英 smell)男 悪臭，鼻につく匂い ¶ — di bruciato 焦げ臭いにおい **puzzare** 自 悪臭を放つ；(di...) 〜の臭いがする ¶ — di pesce 魚くさい / Questa roba puzza di furto. これはきっと盗品だよ

puzzolente 形 悪臭を放つ，くさい **puzzola**/プッツォラ/女 鼬(イタチ)

Q, q

q/クゥ/女(男) 15番目の字母；《符T》Q come Quarto クアルトのQ；100 kgの略記(→ quintale) ；平方の略記(→ quadrato)

qua/クァ/(英 here)副 こちら[こっち](へ，に，で) ¶ di *qua* こちらから / di *qua* di... 〜のこちら側に (→ qui)

quaderno/クァデルノ/(英 notebook)男 ノート，帳面

quadrato/クァドラート/(英 square)形 正方形の，四角い；平方の；真面目な，良識のある；たくましい，がっしりした ¶ cento metri *quadrati*(100 mq) 百平方メートル(100 ㎡) — 男 正方形，四角；(数学) 2乗；(格闘技の)リング ¶ ‖ — di 4 è 16. 4の2乗は16

quadri[ru]-/クァドリ，クァドル/ 接頭 「4」の意味

quadrifoglio/クァドリフォッリオ/男 四つ葉のクローバー；四

qualificare

つ葉型のインターチェンジ

quadriga 囡 (古代ローマ) 4頭立て2輪戦車

quadrilatero /クァドリラテロ/ 男形 四辺形(の)

quadrupede /クァドルーペデ/ 形 4本足の(動物)

quadruplicare 他 4倍する; 大幅に増やす

quadro /クァードロ/ (英 square, picture) 形 四角い; たくましい, がっしりした ― 男 (額縁に入った)絵, 絵画; 光景, 場面, 描写; 四角; 図表; (複でトランプの)ダイヤ

quaggiù /クァッジュ/ (英 down here) 副 この下に; (南北の南を示唆して)こちらに[では]; (あの世に対して)この世に

quaglia /クァッリァ/ (英 quail) 囡 鶉(ウズラ)

qualche /クァルケ/ (英 some) 形[0] (常に数えられる名詞の単数形に前置させて)いくらかの, 数~; 何[いつ, どこ]か~

qualcosa /クァルコーザ/ (英 something) 男 (常に単数形で) 何か ¶ ― di bello [buono, nuovo, speciale] 何かいいこと[おいしいもの, 変わったこと, 特別なもの] / ― da mangiare [bere] 何か食べる[飲む]物 / qualcos'altro ほかに何か[何かほかに]

qualcuno /クァルクーノ/ (英 somebody) 男[1] (常に単数形で)誰か; 何人か; いくつか ¶ qualcun altro 誰かほか[別]の人 / qalcun'altra 誰かほか[別]の女性 ― 男 立派な人, 偉い人 ¶ diventare ― 出世する

quale /クァーレ/ (英 which, what, as) ❶ (疑問代名詞: 人にも物にも)どちら, どれ; 何, 誰 : Qual è la tua macchina? 君の車はどれ[どちら]? / Quale preferisci, A o B? AとBのどちらがいい? / Qual è il tuo sport preferito? 君の一番好きなスポーツは何ですか / Quale delle tre è più brava? 三人の(女性)うちで一番上手[優秀]なのは誰ですか? / Qual è il tuo indirizzo [numero di telefono] 君の住所[電話番号]は? ❷ (疑問形容詞)どのような, どういう : Quali fiori pensi di regalarle? どんな花を彼女にプレゼントするつもり? / Quale genere di libri leggi? どういうジャンルの本を読むの? / Non so quale abito mettere. どんな服を着たらいいかわからない / A quali domande non hai saputo rispondere? どういう質問に答えられなかったの? / Per quale ragione [motivo]? なぜ(どういうわけ[理由])で ❸ (形容詞: come と同義)~のような, ~といった : poeti quali Leopardi e Pascoli レオパルディやパスコリのような詩人 / in una grande città, quale Parigi o Londra パリとかロンドンといった大都市では ❹ (関係代名詞: 常に定冠詞と共に先行詞の性・数に対応)~であるところの : Questo è l'ufficio nel quale(=in cui, dove) lavora mio padre. これが僕の父が働いている事務所だよ / La zia di Carlo, la quale abita a Milano, arriverà domani. カルロの叔母さん, 彼女はミラノに住んでるんだけどね, あした来るんだよ ❺ (感嘆詞: 特に喜怒哀楽の名詞と共に)なんとも言えないほどの : Quale gioia [orrore, disgrazia]! 感嘆[恐ろしい, 酷い]! tale e quale よく似た, そっくりの

qualificare /クァリフィカーレ/ (英 qualify) 他 評価する, 見なす; 評定する, 判定する

qualifica /クァリーフィカ/ 囡 (人物評価としての)呼び名; 呼ばわり, レッテル; (専門職の)資格

qualità /クァリタ/(英 quality) 女 質, 品質; 性質 **di qualità** 高品質の, 高級な

qualsiasi /クァルスィーアスィ/ (英 whichever) 形 (主に単数名詞に前置させて) どんな[いかなる]～でも; (名詞に後置させた場合) ありきたりの, ありふれた ¶ in ― momento いつでも(いつなんどきでも) / ― cosa 何でも(どんなことでも) / una marca ― どんな銘柄でも / un giorno ― いつでも(いつの日でも) / una penna ― どんなペンでも(ペンなら何でも) ― 代 (選択を求められた返事に) 何でも, 誰でも

qualunque /クァルンクェ/(英 whichever) 形 (常に単数名詞に前置させて) どんな[いかなる]～でも; (名詞に後置させた場合) ありきたりの, ありふれた ¶ ― cosa accada 何が起こっても / ― cosa tu dica [faccia] 君が何を言って[して]も / ― sia il prezzo 値段がいくらであっても / Vedrò *qualunque* film tu voglia consigliarmi. 何かいい映画あったら教えて, 何でも見るから(君が僕に薦めたいような映画なら何でも見るよ)

quando /クァンド/(英 when) 副 いつ ¶ *Quando* saranno pronte le foto? 写真はいつ出来上がりますか / Da *quando* lavori qui? いつからここで働いているの? / Di *quando* è questa chiesa? この教会はいつ頃[どの時代]のものですか / Fin *quando*(=fino a quando)pensi di restare qui? いつまでここにいる[滞在]するつもりなの? / Per *quando* devi finire? いつまでに仕上げないといけないの? / Per *quando* prenoti il biglietto? チケットはいつの分を予約するの? ― 接 ～するとき ¶ *Quando* leggo, uso gli occhiali. 読むときはメガネをかける / Da *quando* lavoro, ho meno tempo libero. 仕事についてからは自由な時間が減ったよ / Le copie saranno pronte per *quando* arriverai. 君が来るまでにコピーは用意できてるよ / *Quando* ero giovane, andavo spesso al cinema. 若い頃は映画によく行ったものです ― 男 [0] いつ(日程, 日時など) ¶ Non so il dove e il *quando*. いつどこであるのかわからない(具体的な場所と時間を知らない) **chissà quando** いつになったら(～なのか) **di quando in quando** 時々, たまに

quantità /クァンティタ/(英 quantity) 女 量, 数量

quanto /クァント/(英 how much[many]) 形 ❶ (数量の疑問形容詞)いくつの～, どれだけの～: *Quante* volte [persone]? 何度[何人]? / *Quanto* zucchero [sale]? 砂糖[塩]はどれだけ? / *Quanta* febbre hai? 熱は何度あるの? / *Quanti* amici hai invitato? 友達は何人招待したの? ❷ (数量の感嘆詞)すごい数量の～: *Quanta* gente! すごい人出 / *Quanti* sbagli! 間違いだらけ / *Quante* storie racconta! 嘘ばっかり! / *Quante* volte te l'ho detto! あれだけ何度も言って聞かせたのに(君に言ったのに)! ❸ (数量の疑問代名詞)どれだけ, いくら: *Quanto* costa? いくらですか / *Quanto* l'hai pagato? それ(男性名詞)にいくら払ったの? / In *quanti* siete?/Siamo in tre. 何人ですか/3人です(「何人連れ」の意味) / *Quanti/e* ne vuoi? (男性名詞[女性名詞]のものを)いくつ欲しい? ❹ (数量の関係詞)～だけの数量を全部: Prendi *quanto* vuoi! 欲しいだけ取って / Ho mangiato tutto quanto.

(一つも残さず)全部平らげた / C'erano tutti quanti. (誰一人欠けることなく)みんなそろっていた ❺ (tantoと対句で)〜と同じくらい: È tanto bello quanto intelligente. 彼は頭も顔もいい / Mangio tanto pane quanto riso. 私は米と同じくらいパンも食べる ❻ (感嘆の副詞)なんと: Quanto è bello il primo amore! 初恋ってなんて素敵なんでしょう! / Quanto sei ingrassato [dimagrito]! すごく太った[やせた]じゃない **per quanto riguarda...** 〜に関しては **per quanto io sappia [ne so]** 私が知る限りでは

quaranta /クァランタ/ (英 forty) 形男 [0] 40(の)

quarantotto /クァラントット/ (英 forty-eight; chaos) 男形 [0] 48(の); 騒動, 混乱 **a carte quarantotto** 台無しに, 滅茶苦茶に **quarantottore** 女 小型のスーツケース(48時間=1泊2日程度の旅行用)

quaresima /クァレーズィマ/ (Lent) 女 四旬節(復活祭前の40日間)

quarta /クァルタ/ (英 fourth form) 女 (学校の)4年, 第4学年; (ギアの)第4速, トップギア **partire in quarta** 最速で発進する;最初から全力を注ぎ込む

quartiere /クァルティエーレ/ (英 district) 男 (町の)地区, 界隈

quarto /クァルト/ (英 fourth) 形 4番目の, 第4の ── 男 4分の1; 15分 **quartetto** 男 (音楽の)カルテット; (仲間の)4人組

quasi /クァーズィ/ (英 almost) 副 ほぼ, 〜近く; もう少しで(〜するところ) ¶ L'ho pagato quasi 50 mila それに5万ほど払った / Non la vedo da quasi un anno. 1年ちかく彼女に会ってない / Quasi cadevo. 危うく転ぶ[落ちる]と

ころだった / Quasi quasi la richiamo. もう一度彼女に電話してみようかなあ **non...quasi mai** めったに ── 接 (接続法と)まるで[あたかも]〜のように ¶ Si comportava quasi fosse il padrone. 彼はまるで主人みたいに振る舞っていた

quassù /クァッス/ (英 up here) 副 この上に; (南北の北を示唆して)こちらに[では]

quatto /クァット/ (英 crouching) 形 (隠れるために)身をかがめて[低くして]

quattordici /クァットルディチ/ (英 fourteen) 男形 [0] 14(の)

quattrino /クァットリーノ/ (英 money) 男 お金, 金銭 **non avere il becco di un quattrino** 文無し[おけら, 素寒貧]の状態

quattro /クァットロ/ (英 four) 男形 [0] 4(の)

quello /クエッロ/ (英 that) 形 [巻末] (名詞の前で)あの; 例の ── 代 あれ; あの人; 前者(questo「後者」と対句的に); (関係代名詞の先行詞として)〜すること[もの, 人]

quercia /クェルチャ/ (英 oak) 女 オーク(カシ, カシワ, ナラなど); オーク材

questione /クェスティオーネ/ (英 question) 女 問題(点), 疑問(点); 論題, 論点; 論争

questo /クェスト/ (英 this) 形 この(母音の前では省略形[quest']も可能) ── 代 これ, このこと; この人; 後者(quello「前者」と対句的に)

questura /クェストゥーラ/ (英 police headquarters) 女 警察署, 本署(県警本部)

questore 男 警察署長, 県警本部長

qui /クィ/ (英 here) 副 ここ[こっち](へ, に, で) **qui vicino** この近くに[で]

quieto /クィエート/ (英 quiet)

[形] 静かな，穏やかな，のどかな；落ち着いた，おとなしい **quiete** [女] 静けさ，静寂；平穏，安らぎ

quindi/クィンディ/(英 so) [接] それで，だから(「その結果」の意味で)

quindici/クィンディチ/(英 fifteen) [男][形][0] 15(の)

quintale/クィンターレ/(英 quintal) [男] 100kg

quinto/クィント/(英 fifth) [形] 5番目の，第5の **quintessenza** [女] 真髄，精髄，醍醐味；典型，鑑，化身

qui pro quo/クィプロクォ/(英 slip) [男][0] 間違い；誤解，勘違い(= quiproquò)

quirinale/クィリナーレ/[男](Q-) イタリア大統領官邸(ローマのクィリナーレの丘に建つ宮殿)

quiz/クイツ(ズ)/[英] [男] 小試験，設問；クイズ

quota/クォータ/(英 share) [女] 分け前；分担(量，額)；標高，海抜，高度 **quotazione** [女] 相場，株価；(外貨の)レート

quotidiano/クォティディアーノ/(英 daily) [形] 日常の，日々の；毎日の **pane quotidiano** 生活の糧；本職 — [男] 日刊紙，新聞

quoziente/クォツィエンテ/(英 quotient) [男] 率，指数；(数学)商 ¶ — **d'intelligenza** 知能指数 / — **reti** 得点率(特にサッカーの総得点数÷総失点数)

R, r

r/エッレ/[女]([男]) 16番目の字母：《符T》*R* come Roma ローマのR

rabbia/ラッビア/(英 rage) [女] 怒り，激怒；恨み，嫉妬；(自然の)猛威；狂犬病 **rabbioso** [形] 怒りっぽい；猛烈な，激しい；狂犬病の

rabbrividire ⑥/ラッブリヴィディーレ/(英 shudder) [自][es] (寒さ・悪寒・戦慄で)震える，身震いする(→ brivido)

raccapriccio/ラッカプリッチョ/(英 horror) [男] 身震い；戦慄 **raccapricciante** [形] おぞましい，ぞっとするような

racchetta/ラッケッタ/(英 racket) [女] (テニスや卓球の)ラケット；(雪上を歩く)かんじき

racchiudere/ラッキウーデレ/(英 contain) [他][racchiuso] 収納[収容]する，しまう；含む，含意する；(感情などを)秘める(→ chiudere)

raccogliere ⑩/ラッコッリェレ/(英 pick up) [他][raccolto] 拾う；収穫する；集中させる；集める，まとめる；収集する **Chi semina vento raccoglie tempesta.** 自業自得，身から出た錆 **raccolto** [形] 集めた；束ねた；身を丸くした；一心不乱の；(部屋などが)落ち着ける — [男] 収穫(期)；収穫物，収穫高；(募金の)総額；(署名などの)総数 **raccolta** [女] 収穫(期)；回収；収集，コレクション(→ cogliere)

raccomandare/ラッコマンダーレ/(英 recommend) [他] 推薦[推奨]する；任す，託す；強く促す **Mi raccomando.** 頼んだよ，頼むから(言うこと聞いて，言ったとおりにして) **raccomandata** [女] 書留(便) ¶ **per** — 書留で **raccomandazione** [女] 推薦，推奨；忠告，助言 ¶ **lettera di** — 推薦状(→ comando)

raccontare/ラッコンターレ/(英 tell) [他] (物語のように)話す，語る；(物語を)話して聞かせる **raccontare per filo e per segno** 一部始終を話して聞かせる **racconto** [男] (物語のように)話すこと；短い話[物語]

racket/ラケト/[英] [男] 暴力

団; 恐喝, ゆすり

radar /ラーダル/ [英] 男 レーダー; 直感(力), 勘 ¶ avere il — 勘が鋭い

raddoppiare /ラッドッピアーレ/ (英 double) 他 倍にする, 倍増する; 増強[強化]する (→ doppio)

raddrizzare /ラッドリッツァーレ/ (英 straighten) 他 まっすぐにする; 正す, 矯正する

radere /ラーデレ/ (英 shave) 他 [raso] (カミソリで)剃る; (根こそぎ)刈り取る, 切り倒す; (地面や水面を)かすめる ◆-ersi 自分のひげを剃る radere al suolo 完全に破壊する radi e getta 使い捨てのカミソリ, 軽便カミソリ

radiatore /ラディアトーレ/ (英 radiator) 男 ラジエーター, (暖房装置の)放熱器, (エンジンの)冷却器 **radiazione** 女 (光や熱などの)放射; 放射エネルギー, 放射線

radice /ラディーチェ/ (英 root) 女 根, 根元; 根源, 起源; 平方根(ルート) **radicale** 形 根本的な, 基本的な; 過激な, 急進的な

radio /ラーディオ/ (英 radio) 女 [0] ラジオ; 無線機; ラジオ放送局 ¶ accendere [spegnere] la — ラジオをつける[消す] / ascoltare la — ラジオを聴く — 男 ラジウム

radioattività 女 放射能

radiocronaca /ラディオクローナカ/ 女 (ラジオの)実況放送; ニュース解説

radiocronista 男女[3] 実況放送者, ニュース解説者

radiografia /ラディオグラフィーア/ 女 レントゲン写真 **radiodiffusione** 女 ラジオ放送 **radioregistratore** 男 ラジカセ

rado /ラード/ (英 thin) 形 密でない, まばらな di rado めったに(~ない) non di rado よく, 頻繁に

radunare /ラドゥナーレ/ (英 assemble) 他 集める, 集合させる ◆-arsi 集まる, 集合する **raduno** 男 集まり, 集会, 大会

raffica /ラッフィカ/ (英 gust) 女 突風; 連発, 連射 ¶ una — di neve 吹雪 / una — di domande 質問攻め **a raffica** 矢継ぎ早に, 立て続けに

raffigurare /ラッフィグラーレ/ (英 represent) 他 (図像で)表現する, 描き出す; 象徴する (→ figura)

raffinato /ラッフィナート/ (英 refined) 形 洗練された, 優雅な, 上品な; 精製された ¶ petrolio [zucchero] — 製油[精糖] **raffineria** /ラッフィネリーア/ 女 精製所, 精製工場 (→ fine²)

rafforzare /ラッフォルツァーレ/ (英 strengthen) 他 強める, 強化[増強]する

rafforzamento 男 強化, 増強, 補強 (→ forza)

raffreddore /ラッフレッドーレ/ (英 cold) 男 風邪 ¶ avere un — 風邪を引いている / prendersi un — 風邪を引く **raffreddare** 他 冷たくする, 冷やす; 冷ます ◆-arsi 冷える; 冷める; 風邪を引く **raffreddato** 形 冷えた; 冷めた; 風邪を引いた (→ freddo)

raganella /ラガネッラ/ (英 tree-frog) 女 雨蛙(アマガエル); がらがら(木製の玩具)

ragazzo /ラガッツォ/ (英 boy) 男 男の子, 少年; 若者, 青年;(所有形容詞を添えて)彼氏, 恋人 **ragazza** 女 女の子, 少女; 若い娘; (所有形容詞を添えて)彼女, 恋人

raggio /ラッジョ/ (英 ray) 男 光線; (中心から放射状に広がる)線; (車輪の)スポーク Raggi

raggiungere ▶

X (ラッジ・イクス)エックス線

raggiungere/ラッジュンジェレ/(англ reach)他[-giunto] ～に追いつく; 到達する, 達成する; (標的を)射る

raggruppare/ラッグルッパーレ/(англ group)他 寄せ集める; (グループ別に)集める, まとめる ◆-arsi 集まる, 群がる (→gruppo)

ragione/ラジョーネ/(англ reason)女 理性, 判断力; 道理, 良識; 理由, わけ; 原因, 根拠 **avere ragione** 言い分が正しい, 筋がとおっている

ragionevole/ラジョネーヴォレ/形 理にかなった, 合理的な, 筋の通った; 良識のある; 妥当な, 適切な **ragionare** 自 (理路整然と)考える, 話す, 説く; 理屈[文句]を言う, 言い訳する **ragionamento** 男 論理, 推論; (自己弁護のための)理屈, 言い訳

ragioniere/ラジョニエーレ/(англ accountant)男[1] 計理士, 会計[経理]係

ragno/ラーニョ/(англ spider)男 蜘蛛(クモ) **non cavare un ragno da un buco** 何の成果[効果]もあがらない

ragnatela 女 蜘蛛の巣; わな

ragù/ラグー/(англ meat sauce)男 ミート・ソース

raid/ライド/[英] 男 空襲; 急襲, 敵地侵入; (主に自動車の)長距離耐久テスト[レース]

rallegrare/ラッレグラーレ/(англ cheer up)他 陽気にする, 明るくする ◆-arsi (di) ～を祝福する, 心から喜ぶ

rallegramenti 男複 祝福 ¶ Ti faccio mille ―. 本当におめでとう (→allegro)

rallentare/ラッレンターレ/(англ slow down)他 (速度やテンポを)遅くする, スローダウンする; 緩める, 減らす ― 自 減速する; (勢いが)弱まる

rallentatore 男 スローモーション撮影[映写]装置 **al rallentatore** 非常にゆっくり, スローモーに (→lento)

rally/レッリ/[英] 男[0] (各種キャンペーンのための)大会, 集会; (自動車の)ラリー

rame[1]/ラーメ/(англ copper)男 銅; 銅細工品

rame[2]/ラーメ/(англ twigs)女 (集合的に)小枝 ¶ ― spoglie 枯れ枝

rammendo/ランメンド/(англ darning)男 かがり, 繕い

rammendare 他 (衣服のほころびや破れを)縫って直す, かがる, 繕う

ramo/ラーモ/(англ branch)男 枝; 支流, 支線 **avere un ramo di pazzia** ちょっと頭がおかしい[変わっている]

ramoscello 男 小枝

rampicante/ランピカンテ/(англ climbing)形 (動物が)よじ登る; (植物が)はい上がる, 蔓(つる)のある

rana/ラーナ/(англ frog)女 蛙(カエル) **uomo-rana** 潜水夫, フロッグマン

rancio/ランチョ/(англ mess)男 (軍隊の)食事; 給食, 粗食

ranger/レンジェル/[英] 男[0] 森林監視員 (=guardia forestale); 特別攻撃隊員

rancore/ランコーレ/(англ grudge)男 恨み, 遺恨; (内に秘めた)悪意, 憎悪

randagio/ランダージョ/(англ wandering)形 さまよう, うろつく ¶ gatto [cane] ― 野良猫[犬]

rango/ランゴ/(англ rank)男 階層, 階級; 身分, 地位, ランク

rannicchiarsi/ランニッキアルスィ/(англ crouch)再 かがむ, しゃがむ (貝殻[nicchio]のように身を丸く縮めて)

rapa/ラーパ/(англ turnip)女 (野菜の)カブ, カブラ

rapace / ラパーチェ / ([英] rapacious) [形] 貪欲な，強欲な；猛鳥の，肉食の **—** [男] 猛禽(もうきん)，肉食の鳥

rapido / ラーピド / ([英] quick, rapid) [形] 高速の；すばやい，迅速な；瞬時の，あっという間の **-mente** [副] すみやかに，迅速に **—** [男] (列車の)特急 **rapidità** [女] 速さ；急速，迅速

rapina / ラピーナ / ([英] robbery) [女] 強盗(事件)，強奪；略奪 **rapire** [他] ⑥ 強奪する，誘拐する；魅了する，心を奪う **rapimento** [男] 誘拐；魅惑，魅了 **rapinatore** [男][2] 強盗(犯人)，略奪者，誘拐者

rapporto / ラッポルト / ([英] relation) [男] 関係，関連性；報告書，レポート；(自転車の)変速ギア

rappresentare / ラップレゼンターレ / ([英] represent) [他] 表現する，描写する；象徴する，代表する **rappresentazione** [女] (芝居やショーの)上演，公演 **rappresentante** [男] [女] 代表者；代理人[店]；セールスマン，外交員；(時代や主義や芸術運動を)象徴する人物，中心人物 **rappresentanza** [女] 代表，代理，代行

raro / ラーロ / ([英] rare) [形] 珍しい，まれな；めったにない，貴重な

rasare / ラザーレ / ([英] shave) [他] (表面を)滑らかにする，平らにならす，つらいちにする；(ひげやむだ毛を)剃る；(髪の毛を)剃る **— la testa a zero** 頭を丸める，スキンヘッドにする

raschiare / ラスキアーレ / ([英] scrape) [他] こすって磨く；(よごれなどを)こすり取る，削り取る **raschiare il fondo del barile** 残り少ない蓄えを掻き集める，なけなしの金をはたく **raschiarsi la gola** 咳払いをする(エヘン虫を削り落とす)

raso / ラーソ / ([英] shaven) [形] (きれいに)剃った；(植え込みや芝生が)きれいに手入れされた；(コップなどに液体が)なみなみと注がれた **rasoio** / ラゾイオ / [男] カミソリ ¶ **— usa e getta** 使い捨てのカミソリ (→ radere)

rassegna / ラッセーニャ / ([英] review) [女] (詳細な)検討，点検；評論，論評；展覧会，催し物；(映画の)作品集；(軍隊の)査閲，閲兵

rassegnarsi 《a》 / ラッセニャルスィ / ([英] resign oneself) [再] ～に黙って従う，～を甘んじて受ける；(単独で)諦める **rassegnazione** [女] 諦め，断念；甘受，忍従；我慢，辛抱

rasserenarsi / ラッセレナルスィ / ([英] clear up) [再] 晴れる；安心する，ほっとする (→ sereno)

rassettare / ラッセッターレ / ([英] tidy up) [他] 整理[整頓]する；修理[修繕]する；(問題などを)片づける ◆**-arsi** (衣服や髪の乱れを)整える；身支度[身繕い]をする

rassicurare / ラッスィクラーレ / ([英] reassure) [他] 安心させる；元気づける ◆**-arsi** 安心する，ほっとする (→ sicuro)

rassomigliare 《a》 / ラッソミッリアーレ / ([英] resemble) [自][av/es] 似ている◆**-arsi** (互いに)似ている (→ somigliare)

rastrello / ラストレッロ / ([英] rake) [男] くまで，レーキ，掻き集める道具 **rastrellamento** [男] (警察の)ローラー作戦；(軍隊の)掃討作戦

rata / ラータ / ([英] instalment) [女] (月賦などの) 1 回分の支払い ¶ **pagare [comprare] a *rate*** 分割払いにする[分割払いで購入する] **rateale** [形] 分割払いの ¶ **vendita —** (主に)月賦販売 **rateazione** [女] 分割払い

R

ratificare /ラティフィカーレ/ (英 ratify) 他 (条約などを)批准(ひじゅん)する **ratificazione** 女 批准

rattristare /ラットリスターレ/ (英 sadden) 他 悲しませる ◆ **-arsi** 悲しくなる, いたたまれない (→triste)

rauco /ラウコ/ (英 hoarse) 形 [-chi] (声が)かすれた, しわがれた, ハスキーな; しゃがれ声(ハスキーボイス)の

ravanello /ラヴァネッロ/ (英 radish) 男 (野菜の)ラディッシュ, 小さい赤カブ

razionale /ラツィオナーレ/ (英 rational) 形 理性的な; 合理的な; 目的に合致した

razza /ラッツァ/ (英 race) 女 人種;種族, 品種;種類, タイプ, 型; (魚の)エイ **cavallo di razza** サラブレッド; 生え抜き **fare razza a sé** 他と交わらない[異質である], 別行動をとる

razzista 形 男 女 [3] 人種差別をする(人), 人種的偏見をもつ(人) **razzismo** 男 人種差別, 人種的偏見

razzo /ラッソ/ (英 rocket) 男 打ち上げ花火; ロケット弾, 照明弾

re /レ/ (英 king) 男 [0] 王, 国王; 王様, キング; 王者, 鉄人 (→regina)

reagire (a) /レアジーレ/ (英 react) 自 ~に反抗[抵抗]する, 反発する; 反応する (→agire)

reale¹ /レアーレ/ (英 royal) 形 国王の, 王立の; 王室[王家]の; 王にふさわしい

reale² /レアーレ/ (英 real) 形 現実の; 本当の, 実際の

realista 男 女 [3] リアリスト, 現実主義者; 写実派の画家, 写実主義の作家;　　実在論者 **realismo** 男 現実主義; 写実主義(リアリズム); 実在論

realizzare /レアリッザーレ/ (英 realize) 他 実現させる, 達成する; 実行に移す; 気づく, 悟る ◆ **-arsi** 実現する; 力を発揮する, 能力を示す

realtà /レアルタ/ (英 reality) 女 現実; 現実性, 真実味; 実情, 実態 **in realtà** 実は, 実際は

reato /レアート/ (英 crime) 男 犯罪, 違法行為

reazione /レアツィオーネ/ (英 reaction) 女 反動, 反発; 反応 ¶ __ a catena 連鎖反応 (→reagire)

rebus /レブス/ (英 rebus) 男 [0] 判じ物 (文字や絵から隠された意味や文章を当てる謎解き); 不可解な事件; 謎めいた人物; 読みにくい筆跡; 意味不明な絵

recapitare /レカピターレ/ (英 deliver) 他 発送する, 配達する **recapito** /レカーピト/ 男 配達, 送付; 配達[送付]先(の住所)

recente /レチェンテ/ (英 recent) 形 最近の, 近ごろの **di recente** 最近

recinto /レチント/ (英 enclosure) 男 囲い (柵, 垣根, 塀, フェンスなど); 囲われた場所, 構内 (→cingere)

recipe /レーチペ/ [ラテン] 男 処方; 処方箋(略記:R., Rec., Rp.)

recipiente /レチピエンテ/ (英 receptacle) 男 器(うつわ), 容器

reciproco /レチープロコ/ (英 reciprocal) 形 相互の, 相互的な

recita /レーチタ/ (英 performance) 女 上演, 公演 **recitare** 他 暗唱する; 演じる **recitazione** 女 暗唱; 朗読; 演技 **recital** /レーチタル/ [英] 男 [0] 独奏会, 独演会, リサイタル

réclame /レクラム/ [仏] 女 [0] 宣伝, 広告; (宣伝用の)ビラ, ポスター, 看板

reclamo /レクラーモ/ (英 claim) 男 抗議; 苦情, クレー

ム ¶ ufficio *reclami* お客様ご相談窓口 **reclamare** 他（権利として）強く求める、主張する；（緊急に物を）必要とする ― 自 抗議する；苦情を言う、クレームをつける

recluta/レクルタ/(英 recruit) 女 新入会員[党員]；新人；新兵

record/レコルド/[英] 男 [0] 最高記録、レコード

recuperare/レクペラーレ/(英 recover) 他（元の正常な状態を）取り戻す；回復させる、復旧させる；復帰させる；救出[救助]する；再生[再利用]する；再試合を行なう **recupero** /クーペロ/ 男 回復；復旧；復帰；救出、救助；再生、再利用；再試合

redazione/レダツィオーネ/(英 editing) 女 （出版物の）編集；（文書の）作成 **redattore** 男 [2]（新聞社の）デスク、編集責任者｜（出版物の）編集者

reddito/レッディト/(英 income) 男 所得、収入 ¶ — annuo 年収 / imposta sul — 所得税

redenzione/レデンツィオーネ/(英 redemption) 女 罪の贖(あがな)い、贖罪(しょくざい)；解放、釈放 **redentore** 男 (R-) 罪の贖い主(イエス・キリスト)

redini/レーディニ/女 (英 rein) 手綱(たづな)；主導権

referendum/レフェレンドゥム/(英 referendum) 男 [0] 国民[住民]投票；世論調査

refrigerio/レフリジェーリオ/(英 cool) 男 涼(りょう)、涼しさ；慰め、慰安

regalare/レガラーレ/(英 present) 他 プレゼントする、贈る **regalo** 男 プレゼント、贈り物 **regalato** 形 特価の、ただ同然の(ただの宣伝文句で決して「ただ」ではないことに注意)

reggere/レッジェレ/(英 support) 他 [retto] 支える ― 自 耐える；（効力や状態が）保たれる、持つ **reggere il sacco a** *qc* ～の共犯者である（手を貸す、片棒を担ぐ）

reggimento 男 連隊；多勢

reggipetto/reggiseno 男 ブラジャー

regime/レジーメ/(英 régime) 男 政体、体制；制度；動向；（食事を中心とした）養生法、食餌療法

regina/レジーナ/(英 queen) 女 女王、王妃；クイーン、華(はな) ¶ ape — 女王蜂(→ re)

regia/レジーア/女(→ regista)

regione/レジョーネ/(英 region) 女 地方；地域圏(便宜的に「州」と訳したイタリアの20の行政区で数個の県[provincia]から成る)

regionale 形 地方の；地方に固有の

regista/レジスタ/(英 director) 男 [3]（映画・演劇の）監督；演出家、ディレクター；《スポ》司令塔、プレイメーカー

registrare/レジストラーレ/(英 register) 他 録音する；記録する；登録する **registrazione** 女 録音；記録；登録、登記

registratore 男 テープレコーダー、録音機 **registro** 男 記録簿；登録[登記]簿；帳簿 **cambiare registro**（まるで別人のように）態度を変える

regno/レーニョ/(英 kingdom) 男 王国；世界 **regnare** 自 君臨する；支配する

regola/レーゴラ/(英 rule) 女 規則、ルール；規準、規範；節度、節制 **regolare**¹ 形 規則正しい、一定の、定期的な；正常な、普通の；正規の、適法の；几帳面な、生真面目な **-mente** 副 規則正しく、正常に、定期的に

regolare²/レゴラーレ/(英 regulate) 他 規制する；調整

relazione ▶

[調節]する；清算する；解決する **regolamento** 男 規則，規定（具体的に明記された特定の場所において守られるべき決まり） ¶ ― scolastico 校則［学則］／ ― interno 内規 **regolatore** 男 調整装置，調節器 **regolazione** 女 調整，調節

relazione/レラツィオーネ/(英 relation) 女 関係；報告，レポート ¶ ― di causa ed effetto 因果関係／ ― uomo donna 男女関係／ ― padre figlio 親子関係 **relativo** 形(a...) ～に関する；～に応じた；まずまずの，それなりの；（文法で）関係の **relatore** 男 [2]（会議や研究会の）報告者，発表者

religione/レリジョーネ/(英 religion) 女 宗教；信仰 Non c'è più religione. ひどい世の中になったものだ（特にモラルや人情や伝統が重んじられない風潮に対する嘆き，古き良き時代に対する懐古) **religioso** 形 宗教（上）の；信心深い，敬虔（けいけん）な；修道士［女］の

remo/レーモ/(英 oar) 男（ボートや舟の）櫂（かい），櫓（ろ），オール **remare** 自（櫂で）漕（こ）ぐ；奮闘する

remoto /レモート/(英 remote) 形 遠く離れた；遠い昔の；手の届かない，ほど遠い ¶ passato ― （時制の）遠過去

rendere/レンデレ/(英 render) 他[reso]［rendere《形容詞》qc/qs］〈人・物〉を～の状態にする；［rendere qs a qc］〈人〉に〈物〉を与える［示す］；〈人〉に〈物〉を戻す，返却する；（利益や効果を）生む，もたらす **rendere pan per focaccia** 仕返しする，報復する **rendersi conto di qs** 〈何か〉に気づく，悟る，納得する **rendiconto** 男 決算報告；報告(書)

rendita/レンディタ/ 女（給与所得以外の）雑収入；不労所得

rene/レーネ/(英 kidney) 男 腎臓（じんぞう）；[le reni] 腰，背中

renna/レンナ/(英 reindeer) 女 トナカイ（鹿に似た北欧の動物）

reo/レーオ/(英 criminal) 形 [1] 罪を犯した(者) **reo confesso** 自白した犯人

reparto/レパルト/(英 department) 男（組織内の担当）部門，部局；（病院の）科；売り場，コーナー；集団，一団

repentino/レペンティーノ/(英 sudden) 形 突然の，突発的な

reportage /レポルタージュ/[仏] 男 現地報告，現地ルポ (=reportaggio) **reporter**/レポルテル/[英] 男女 記者；通信員，特派員；レポーター

reprimere/レプリーメレ/(英 repress) 他[represso]（反乱などを）鎮圧する；（感情を）抑える，抑制する **repressione** 女 鎮圧；抑制

repubblica/レプッブリカ/(英 republic) 女 共和国；共和制 **repubblicano** 形 共和国[制]の ― 男 [1] 共和主義者，共和制支持者

resa/レーザ/(英 surrender) 女 降伏；返還；見返り

residenza/レズィデンツァ/(英 residence) 女 居住(地)；所在地，本拠地；官舎，官邸

residuo/レズィードゥオ/(英 residual) 形 残った，余りの ― 男 残り，余り；残滓（ざんし），残留物

resina/レーズィナ/(英 resin) 女 樹脂，脂（やに）

resistere/レズィステレ/(英 resist) 自[-stito](a...) ～抵抗[反抗]する；～に耐える，我慢する；持続する，持つ

resistenza 女 抵抗，反抗，強度，耐久性；抵抗運動（レジスタンス）；（電熱器の）ニクロム線

resistente 形 丈夫な，頑丈な，強い

resoconto /レゾコント/ ([英] account) [男] 報告(書)；レポート
respingere /レスピンジェレ/ ([英] repel) [他] [-pinto] はね返す，撃退する；はねつける，却下する；落第させる，落とす
respiro /レスピーロ/ ([英] breathing) [男] 息，息遣い；(ほっと)一息，一服
respirare [自] 呼吸する，息をする；息をつく，一息入れる — [他] 吸い込む；肌で感じる
respiratore [男] 呼吸器，酸素吸入器；(潜水具の)シュノーケル **respirazione** [女] 呼吸，酸素吸入 ¶ — artificiale 人工呼吸
responsabile /レスポンサービレ/ ([英] responsible) [形] (事故や問題などで)責任がある，責任をとるべき[問われる] ¶ Chi è —? 誰に責任があるのか — [男] [女] 責任者；(問題を起こした)張本人，犯人
responsabilità [女] 責任 ¶ Di chi è la —? 誰の責任なのか
ressa /レッサ/ ([英] crowd) [女] 混雑，人ごみ，人だかり
restare /レスターレ/ ([英] stay) [自] [es] 残る；滞在する；(主に形容詞を伴って)～の状態になる (→ rimanere)
restituire [6] /レスティトゥイーレ/ ([英] return) [他] 返す，返却する；元の状態に戻す，復帰させる **restituzione** [女] 返却
resto /レスト/ ([英] rest) [男] 残り，余り，おつり；〔複で〕遺構，廃墟；食べ残し
restringere /レストリンジェレ/ ([英] narrow) [他] [-retto] 狭くする，縮める；減らす，抑える ◆-ersi 縮まる；狭まる；減る
resurrezione → risurrezione
resuscitare → risuscitare
rete /レーテ/ ([英] net) [女] 網，ネット；ネットワーク；チャンネル；(サッカー・ホッケー・水球などの)得点，ゴール ¶ — di vendita 販売網 / — aerea [ferroviaria, stradale] 航空[鉄道，道路]網 **retata** [女] 投網；一網打尽 **reticella** [女] 小さな網[ネット] **reticolato** [男] (フェンス用の)金網 ¶ — di filo spinato 有刺鉄線の鉄条網
retro- /レトロ/ [接頭] 「後へ」「元へ」の意
retrocedere /レトロチェーデレ/ [自] [es] 後退する，退却する；《スポ》降格する
retrocessione [女] 後退，退却；降格
retroguardia /レトログァルディア/ [女] 後衛，バック；しんがり
retrogusto [男] 後味
retromarcia [女] バック(ギア)；(テープの)巻き戻し
retroterra [男] [0] 後背地(主要な都市や港の後方地域)；バックグラウンド，背景
retrovisore [男] (車の)バックミラー ¶ specchietto — (車内の)バックミラー / — laterale サイドミラー
retta[1] /レッタ/ ([英] straight line) [女] 直線 **dare retta a *qc*** 〈人〉の言うことを聞く，言うとおりにする
retta[2] /レッタ/ ([英] terms) [女] 下宿代，寮費
rettangolo /レッタンゴロ/ ([英] right-angled) [形] 直角を有する ¶ triangolo — 直角三角形 — [男] 長方形 | (長方形の)フィールド，グラウンド，コート **rettangolare** [形] 長方形の
rettile /レッティレ/ ([英] reptile) [男] 爬(は)虫類の動物；冷血動物
rettilineo /レッティリーネオ/ ([英] rectilinear) [形] 一直線の — [男] 直線の道；《スポ》直線コース ¶ — d'arrivo ゴール前の直線，ホームストレッチ
retto /レット/ ([英] straight) [形] まっすぐな，一直線の；真正直な，高潔な ¶ angolo — 直角

R

rettore /レットーレ/(英 rector) 男 (大学の)学長, 総長

reverendo /レヴェレンド/(英 reverend) 形 様, 殿(聖職者に添える敬称で「尊師」の意味)

revisione /レヴィズィオーネ/(英 revision) 女 (広義で)見直すこと；(書物の)改訂；(機械の)点検, 整備；(裁判の)再審 ¶ — totale オーバーホール

ri- /リ/ 接頭 「再び」「反対側へ」「完全に」の意

riaccendere /リアッチェンデレ/(英 light again) 他 [-ceso] 再びつける ◆ -ersi 再燃する (→ accendere)

riacquistare /リアックイスターレ/(英 repurchase) 他 買い戻す (→ acquistare)

rialzare /リアルツァーレ/(英 raise) 他 (下げたものを)上げる；(倒れたものや落ちたものを)持ち上げる；(今までより)高くする — 自 [es] より高くなる, 上がる **rialzo** 男 上昇, 高騰 (→ alzare)

rianimare /リアニマーレ/(英 revive) 他 意識を回復させる；元気[活気]づける ◆ -arsi 意識を回復する；元気[活気]を取り戻す **rianimazione** 女 意識の回復 (→ animare)

riaprire /リアプリーレ/(英 reopen) 他 [-aperto] 開けなおす, 再開する (→ aprire)

riassumere /リアッスーメレ/(英 reassume) 他 [-assunto] 手短にまとめる, 要約する；再び負う[雇う] **riassunto** 男 要約, レジュメ (→ assumere)

riavere /リアヴェーレ/(英 have again) 他 再び持つ (→ avere)

riavvicinarsi /リアッヴィチナルスィ/(英 reapproach) 再 仲直りする, よりを戻す；再び近づく **riavvicinamento** 男 仲直り；再接近 (→ avvicinarsi)

ribalta /リバルタ/(英 trapdoor) 女 揚げ戸(床・屋根・天井の上下に開閉する戸)；舞台の最前部 venire alla ribalta 脚光を浴びる

ribasso /リバッソ/(英 reduction) 男 (価格の)下落, 値引き essere in ribasso 評価が下がっている, 信用をなくしている (→ basso)

ribellarsi /リベッラルスィ/(英 rebel) 再 反乱[謀反]を起こす；断固反対する, 反抗する **ribelle** 形 反逆する, 謀反の；反抗的な, 規則を守らない — 男女 反逆者, 反徒, 暴徒 **ribellione** 女 反乱, 謀反；反抗心, 反感

ribes /リーベス/(英 ribes) 男 スグリの実 ¶ marmellata di — スグリ・ジャム

ribollire /リボッリーレ/(英 seethe) 自 煮え立つ, 沸騰する；焼け付く；発酵する (→ bollire)

ribrezzo /リブレッツォ(ソ)/(英 disgust) 男 嫌悪感, 毛嫌い avere — dei serpenti 大の蛇嫌いである(見ただけでぞっとする)

ricadere /リカデーレ/(英 fall again) 自 [es] 再び倒れる[落ちる]；(以前の状態に)逆戻りする；(カーテンや髪などが)垂れ下がる；(上に上がったものが)落下する；(責任などが)のしかかる **ricaduta** 女 (病気の)再発；再転落；再犯 (→ cadere)

ricalcare /リカルカーレ/(英 press again) 他 模倣する, 敷き写す, 複写[転写]する；何度も踏みつける (→ calcare)

ricambio /リカンビオ/(英 exchange) 男 交換；予備, スペア **ricambiare** 他 交換する ¶ — l'invito [la visita] a qc 前に招いて[訪れてきて]もらったので今度はお返しに〈人〉を招く[訪ねて行く] (→ cambiare)

ricamo /リカーモ/(英 embroidery) 男 刺繍(ししゅう)

ricamare 他 刺繍する

ricatto /リカット/(英 blackmail)男 恐喝，ゆすり

ricattare 他 恐喝する，ゆする **ricattatore** 男[2] 恐喝者，ゆすり

ricavare /リカヴァーレ/(英 obtain)他 手に入れる，獲得する；抜き出す，取り出す，掘り出す (→ cavare)

riccio¹ /リッチョ/(英 curly)形 縮れ毛の，巻き毛の ━ 男 縮れ毛，巻き毛；渦巻き状のもの **ricciolo** /リッチョロ/ 男 巻き毛，カール

riccio² /リッチョ/(英 hedgehog)男 ハリネズミ；(栗の)いが

ricco /リッコ/(英 rich)形[-chi] 金持ちの，裕福な；豊かな **ricchezza** 女 富，豊かさ

ricerca /リチェルカ/(英 research)女 研究，調査

ricercare 他 詳しく調べる；隈なく探す (→ cercare)

ricetta /リチェッタ/(英 recipe)女 調理法，レシピ；処方箋(せん)

ricevere /リチェーヴェレ/(英 receive)他 受け取る，もらう；迎え入れる，歓迎する；体験する，味わう **ricevimento** 男 歓迎(会) **ricevitore** 男 受信機；受話器 **ricevuta** 女 領収書，レシート

ricetrasmittente 形 (電波を)送受信する ━ 女 携帯無線機，トランシーバー

richiamare /リキアマーレ/(英 call again)他 改めて呼ぶ[声をかける，電話する]；呼び戻す；(注意や関心を)呼ぶ，引く；(誤りなどを)注意する，叱る ¶ ━ alla memoria 思い起こす，回顧する **richiamo** 男 (注意を喚起する)合図，目印；召還；叱責(しっせき)，警告；誘惑 (→ chiamare)

richiedere /リキエーデレ/(英 request)他[-chiesto] 強く求める，要請する；必要とする

richiesta 女 要求，要望；願い出，申し出；申請(書)，願書 (→ chiedere)

riciclare /リチクラーレ/(英 recycle)他 再生利用する；(廃棄物を)リサイクルする (→ ciclo)

ricino /リーチノ/(英 castor-oil plant)男 《植物》トウゴマ，蓖麻(ヒマ) ¶ olio di ━ 蓖麻子油

ricognizione /リコンニツィオーネ/(英 recognition)女 偵察；探索

ricominciare /リコミンチャーレ/(英 begin again)他 再開する，やり直す ━ 自[es] 再び始まる (→ cominciare)

ricompensa /リコンペンサ/(英 recompense)女 報酬；(悪い意味で)報い **ricompensare** 他 (報酬で)報いる，お返しする；仕返しする (→ compenso)

riconciliare /リコンチリアーレ/(英 reconcile)他 和解させる，調停する ◆-arsi (con qc) 〈人〉と和解[仲直り]する，わだかまりを解く；(自分に対する同情などを)さらに獲得しようと努める (→ conciliare)

ricondurre ⑪ /リコンドゥッレ/(英 bring again)他[-dotto] また連れて行く；(元の場所へ)連れ戻す；(元の正常な状態に)戻す；(a...) 〜の原因[せい]にする (→ condurre)

riconoscenza /リコノッシェンツァ/(英 gratitude)女 感謝の気持 **riconoscente** 形 感謝している，ありがたく思っている

riconoscere /リコノッシェレ/(英 recognize)他[-sciuto] (既知の人や物と)わかる；(自分に関わることと)認める，認識する，認知する ¶ ━ qc da lontano 遠くから〈その人〉とわかる **riconoscimento** 男 認識，認知 (→ conoscere)

riconquistare /リコンクィス

ターレ/([英] reconquer) [他] (失地などを)奪回する；取り返す(→ conquistare)

riconsegnare/リコンセニャーレ/([英] reconsign) [他] 再び手渡す；返還する(→ consegnare)

ricopiare/リコピアーレ/([英] recopy) [他] すべて写し取る，写し直す；忠実に再現する(→ copiare)

ricoprire/リコプリーレ/([英] recover) [他] (表面を完全に)覆う，敷きつめる；(重責を)負う，(要職に)就く(→ coprire)

ricordare/リコルダーレ/([英] remember) [他] 覚えている；思い出させる ◆**-arsi** (di) 覚えている；覚えておく，忘れないようにする **ricordo** [男] 思い出；思い出[記念]の品，形見(→ cuore)

ricorrere/リコッレレ/([英] apply to) [自][es, -corso] (問題解決のために)相談する，頼る；(目的達成の手段として)使用する；(記念日や祝祭日が)巡ってくる **ricorrenza** [女] 記念日 ¶ *ricorrenze* festive 祝祭日(→ correre)

R

ricostruire ⑥/リコストルイーレ/([英] reconstruct) [他] 再建する；再現[構成]する；整形する **ricostituente** [男] 強壮剤(→ costruire)

ricotta/リコッタ/([英] cottage cheese) [女] コテージチーズ(脱脂乳から作った軟らかいチーズ) **di ricotta** 弱い，軟弱な(→ cotto)

ricoverare/リコヴェラーレ/([英] shelter) [他] (病院や施設に)収容する，入れる **ricovero**/リコーヴェロ/ [男] 収容，入院；避難所，救済施設

ricreazione/リクレアツィオーネ/([英] recreation) [女] レクリエーション；(学校の)休憩時間 **ricreativo** [形] (余暇を利用した)骨休めの，気分転換の

ridare/リダーレ/([英] give again) [他] もう一度与え；新たに与える；再放送する；返す，戻す **dagli e ridagli** 何度も頑張って[繰り返して](→ dare)

ridere/リーデレ/([英] laugh) [自][riso] 笑う；馬鹿にする，あざ笑う；愚弄する ¶ far *ridere* 笑わせる，おかしい / — a più non posso 大笑いする **Non mi fa [Ma fammi] ridere!** ばかばかしい，ちゃんちゃらおかしい **C'è poco [Niente] da ridere.** 馬鹿にできない，笑い事ではない **Ride bene chi ride ultimo.** 油断大敵，楽観は禁物(優勢な側の「あなどり」を戒めるだけではなく，劣勢な側を奮起させる意味にも) **ridente** [形] 嬉しそうな，幸せそうな；輝く，きらめく

ridicolo/リディーコロ/([英] ridiculous) [形] こっけいな，ばかげた；くだらない，つまらない

ridiventare/リディヴェンターレ/([英] become again) [自][es] (前の状態に)なる，戻る(→ diventare)

ridurre/リドゥッレ/([英] reduce) [他][ridotto] 縮小する；減らす，低くする；(別の状態や物に)変える ◆**-ursi** 小さくなる；減る；(悪い状態に)なる **riduzione** [女] 縮小，減少；値引き，割引；書き換え，手直し；変換，還元 **ridotto** [形] 縮小した；値引きした ¶ fotocopia *ridotta* 縮小コピー / edizione *ridotta* 縮刷版 / prezzo — 割引価格

riempire/リエンピーレ/([英] fill) [他] 満たす，詰める；(空間や空白を)埋める；(場所に)充満する；ふんだんに与える ¶ — un modulo 用紙に(必要事項を)書き込む / — un questionario 質問に答える **riempire *qc* di premure** 親身になって[至れり尽せりの]世話をする ◆**-irsi** 満

ちる，充満する；（自分の何かを）一杯にする；たらふく食べる
rientrare／リエントラーレ／([英] reenter) [自][es]（出た場所に）戻る，帰る（→entrare）
rifare ⑰／リファーレ／([英] do again) [他][-fatto] やり直す，作り直す；（何度も）繰り返す；再選する；真似る（→fare）
riferire ⑥／リフェリーレ／([英] report) [他] 報告する，伝える；（告げ口として）漏らす，ばらす；関連[関係]づける — [自]（行政機関が）文書で報告する ◆**-irsi**《a》～について述べる[言及する]；～と関係がある
rifinire ⑥／リフィニーレ／([英] finish off) [他] 仕上げる（→finire）
rifiutare／リフュターレ／([英] refuse) [他] 断る，拒否する **rifiuto** [男] 拒否；〔複で〕ごみ，廃棄物
riflettere／リフレッテレ／([英] reflect) [他][-flesso] 映す，反映する；（光を）反射する — [自][-flettuto] 熟考[熟慮]する；沈思[黙考]する ◆**-ersi** 映る；（光が）反射する；影響する **riflesso** [形] 反射した ¶ luce *riflessa* 反射光 — [男]（光の）反射；反射神経 ¶ — condizionato 条件反射 **riflessione** [女] 熟考，熟慮；反射 **riflettore** [形] 反射する ¶ telescopio — 反射望遠鏡 / schermo — レフ（映画や写真の撮影に使う反射板） — [男] 投光器，（舞台や競技場の）照明
riforma／リフォルマ／([英] reform) [女] 改革；（法の）改正 **riformare** [他] 改革する；改造する，再編する（→formare）
rifornire ⑥／リフォルニーレ／([英] supply) [他] 供給する；補給する ¶ — la città di viveri 町に食糧を供給する ◆**-irsi**《di》（自分のために）取り揃える，買い置きする **rifornimento** [男]（食糧や物資の）補給 ¶ fare — 補給する / stazione [posto] di — ガソリンスタンド，給油所 （→fornire）
rifugio／リフージョ／([英] refuge) [男] 避難所；隠れ処(が)；生きがい，より所 ¶ — alpino 山小屋 / — antiaereo 防空壕 / — antiatomico 核シェルター / — di CAI イタリア山岳協会（Club Alpino Italiano）の山荘 **rifugiarsi** 身を隠す；生きがい[よりどころ]を求める
riga／リーガ／([英] line) [女] 線，縞(しま)；（文章や表の）行；（人の）横一列；定規，ものさし；（頭髪の）分け目 **a righe** 縞模様[ストライプ]の；罫線を引いた **rigare** [他] 線を引く；（線状の）傷をつける；（液体が）筋を引いて流れる，伝う **rigare diritto [dritto]** きちん[ちゃん]としている
rigattiere／リガッティエーレ／([英] second-hand dealer) [男][1] 古物商
rigido／リージド／([英] rigid) [形] 硬質の，硬い；硬直した，曲がらない；厳しい，厳格な
rigirare／リジラーレ／([英] turn again) [他] ぐるぐる回す；隅々まで見て回る；回覧する；たらい回しにする；（話題を）そらす；自由に操る；撮りなおす — [自] 歩き回る ◆**-arsi** 振り返る，振り向く；向きを変える **gira e rigira**（ぐるぐる回って，堂々巡りの末）結局最後に（→girare）
rigore／リゴーレ／([英] rigours) [男] 厳しい寒さ；厳しさ，厳格さ；厳罰 ¶ calcio di —（サッカーの）ペナルティー・キック **di rigore** 不可欠な，厳守すべき
rigovernare／リゴヴェルナーレ／([英] wash up) [他]（食器類の）洗い物をする，（食事の）後片付けをする **rigovernatura** [女] 洗い物，後片付（→governare）

R

riguardare/リグァルダーレ/(英 regard)他 ～に関係がある；考慮[配慮]する ◆-arsi (自分の)健康に気をつける、体を大切にする；(da...) ～に注意する、用心する **per quanto rigurda...** ～に関しては **riguardo**男 注意、配慮、尊敬 **degno di riguardo** 注目に値する (→ guardare)

rilanciare/リランチャーレ/(英 throw back)他 投げ返す；再び加速する；守り立てる、盛り上げる；改めて世に出す[売り出す]；(競り値を)つり上げる；(ポーカーで)レイズする (→ lanciare)

rilasciare/リラッシャーレ/(英 leave again)他 交付する、発行する；釈放する、解放する (→ lasciare)

rilassare/リラッサーレ/(英 relax)他 (緊張などを)ほぐす、和らげる；(縛りを)ゆるめる ◆-arsi リラックスする；ゆるむ

rilegare/リレガーレ/(英 retie)他 縛りなおす、結びなおす；製本する **rilegatura**女 製本；装丁 (→ legare)

rileggere/リレッジェレ/(英 reread)他 再読する、読み直す[返す] (→ leggere)

rilevare/リレヴァーレ/(英 point out)他 目立たせる、強調する；検証する；(データや証拠を)集める；指摘する；後を継ぐ (→ levare)

rilievo/リリエーヴォ/(英 relief)男 突出部；重要性；(集合的に)山地；浮き彫り、レリーフ

rima/リーマ/(英 rhyme)女 韻(いん)；脚韻([rosa/cosa]のような語呂合わせ)；**rispondere per le rime** すかさず応酬する

rimandare/リマンダーレ/(英 send again)他 先送りする、延期する、再試[追試]を受けさせる；(人を別の場所に)行かせる、回す；(元の場所に)送り返す、送還する；(注などで)参照させる (→ mandare)

rimanere/リマネーレ/㉔(英 remain)自[es, rimasto] 残る、滞在する；(主に形容詞を伴って)～の状態になる (→ restare)

rimbalzare/リンバルツァーレ/(英 bounce)自[es/av] 跳ね返る、はずむ；(光が)反射する、(音が)反響する；(情報が)広まる (→ balzare)

rimboccare/リンボッカーレ/(英 roll up)他 折り返す(衣服の裾やシーツの端などを) (→ bocca)

rimborsare/リンボルサーレ/(英 reimburse)他 払い戻す；還付する **rimborso**男 払い戻し；還付金 (→ borsa)

rimediare/リメディアーレ/(英 remedy)自(a...) ～を償う、補償する；～を工面する ― 他 償う；繕う；(古着で)作る

rimedio/リメーディオ/男 治療(薬)；防止[改善]策

rimettere/リメッテレ/(英 put again)他[-messo] (元の位置や状態に)戻す；(a《不定詞》)～しなおす；先送りする、回す；(食べた物を)吐く、もどす **rimetterci** 失う ◆-ersi 回復する；再開する (→ mettere)

rimorchio/リモルキオ/男 trailer)男 トレーラー；牽引、曳航

rimorso/リモルソ/(英 remorse)男 良心の呵責(かしゃく)、悔悟(かいご) (→ mordere)

rimpatriare/リンパトリアーレ/(英 repatriate)他 (捕虜や難民などを)本国[故国]に送還する ― 自 帰国[帰還]する **rimpatrio**/リンパートリオ/男 本国送還、帰還

rimpiangere/リンピアンジェレ/(英 regret)他[-anto] 惜しむ、悔やむ；(過去や故人を)懐かしむ **rimpianto**男 哀悼

未練；後悔（→ piangere）

rimproverare /リンプロヴェラーレ/（英 scold）他 叱る，怒る；咎(とが)める

rimprovero /リンプローヴェロ/ 男 叱責；咎め，非難

rinascere /リナッシェレ/（英 born again）自[es, -nato] もう一度生まれる，生まれ変わる；復活する，再興する；よみがえる，元気を取り戻す；再び開花する，新たに芽生える

rinascita /リナッシタ/ 女 再生，復活，復興

Rinascimento 男 ルネサンス（→ nascere）

rincarare /リンカラーレ/（英 raise the price of）他 値上げする ― 自[es] 値上がりする，値上げになる **rincaro** 男 値上げ，値上がり（→ caro）

rincasare /リンカザーレ/（英 go home）自[es] 帰宅する

rinchiudere /リンキューデレ/（英 shut up）他[-chiuso] 閉じ込める，監禁する ◆-**ersi** 閉じこもる（→ chiudere）

rincorrere /リンコッレレ/（英 run after）他[-corso] 追いかける，追跡する **rincorsa** 女（ジャンプのための）助走，はずみ

rincrescere /リンクレッシェレ/（英 be sorry）自 (a qc)〈人〉が残念に思う；〈人〉が嫌な思いをする **rincrescimento** 男 残念な気持，遺憾 ¶ provare ― 残念に思う

rinforzo /リンフォルツォ/（英 reinforcement）男 補強，強化；補強材；当て布

rinforzare 他 補強する，強化する；元気にする ◆-**arsi** 強くなる，強まる；元気になる

rinfrescare /リンフレスカーレ/（英 refresh）他 冷やす；涼しくする；（手入れをして）きれいにする **rinfrescare la memoria** 記憶を新たにする，肝に銘じる ― 自[es] 涼しくなる ◆-**arsi** リフレッシュする；さっぱりする **rinfresco** 男 立食パーティー，ビュッフェ；軽い飲物と食事（→ fresco）

ringhiare /リンギアーレ/（英 snarl）自（犬などが）歯をむき出してうなる；（激しい怒りで）歯ぎしりする ― 他 荒々しく言う **ringhio** /リンギオ/ 男（犬の）うなり声

ringhiera /リンギエーラ/（英 railing）女 手すり，欄干 ¶ appoggiarsi alla ― 手すりに寄りかかる

ringiovanire ⑥ /リンジョヴァニーレ/（英 restore to youth）他 若く見せる，若返らせる ― 自[es] 若返る；若く見える

ringraziare /リングラツィアーレ/（英 thank）他（人を直接補語で）～に感謝する，お礼を言う **ringraziamento** 男 感謝，お礼（→ grazia）

rinnegare /リンネガーレ/（英 deny）他（自分とは無縁のものとして）否定［否認］する（→ negare）

rinnovare /リンノヴァーレ/（英 renew）他 改めてする[言う]，更新する；一新する，刷新する；（新品に）取り替える

rinnovo 男 更新，取り替え

rinoceronte /リノチェロンテ/（英 rhinoceros）男《動物》サイ

rinomato /リノマート/（英 renowned）形 名高い，名が通った

rintocco /リントッコ/（英 toll）男[-chi] 鐘の音；（時を告げるチャイムや時計の）音（→ toccare）

rintracciare /リントラッチャーレ/（英 trace）他 追跡する；探し出す，見つけ出す

rinunciare (a) /リヌンチャーレ/（英 renounce）自（権利などを）放棄する，（賞などを）辞

rinvenire㉟/リンヴェニーレ/(英 find)他[-venuto] (手がかりなどを)発見する; 解明[究明]する (→ venire)

rinviare/リンヴィアーレ/(英 send back)他 送り返す; 延期する; 参照させる **rinvio**/リンヴィーオ/男 返送; 延期; 参照; 付箋(ふせん)

rione/リオーネ/(英 district)男 地区 (→ quartiere)

riordinare/リオルディナーレ/(英 tidy up)他 整理整頓する; 建て直す, 再編する; 再注文する (→ ordinare)

ripagare/リパガーレ/(英 repay)他 返却する; 仕返しする; 弁償する; 再び払う (→ pagare)

riparare/リパラーレ/(英 repair)他 保護する, 守る; 修理する, 直す; 償う — 自[es] (安全な場所に)避難する

riparazione女 修理; 賠償, 補償

riparo/リパーロ/(英 shelter)男 (日光や雨風などを)防ぐもの; 避難所; 対策, 措置 ¶ essere al — dalla pioggia 雨宿りをする / correre ai *ripari* 対策を講じる

ripartire/リパルティーレ/(英 leave again)自[es] 再び出発する; 再始動させる (→ partire)

ripassare/リパッサーレ/(英 cross again)他 再び横切る[越える]; もう一度手渡す; 2度通過させる; 見直す, 復習する — 自[es] 再び通る, (同じ場所に)戻る; 改めて来る[立ち寄る] (→ passare)

ripensare/リペンサーレ/(英 rethink)自 再考する, 考え直す; 思いを馳せる

ripensamento男 再考, 熟考; 翻意 (→ pensare)

ripescare/リペスカーレ/(英 fish again)他 水中から引き上げる; (行方不明のものを)見つけ出す; 再考する, 再提案する (→ pescare)

ripetere/リペーテレ/(英 repeat)他 繰り返す, 反復する; やり直す; 再び達成する, 重ねる ◆-ersi 繰り返される

ripetizione女 反復; 復習; (個人授業による)補習

ripetente男女 留年生

ripido/リーピド/(英 steep)形 (傾斜が)急な

ripiegare/リピエガーレ/(英 fold again)他 折り重ねる, たたむ; 折り返す — 自 引き返す; 退却する ◆-arsi 体を折り曲げる; (枝などが)曲がる

ripiego男 便法, 方便; やりくり, 算段 **di ripiego** 苦肉の策の (→ piegare)

ripieno/リピエーノ/(英 full up)形 いっぱい入った[詰まった] — 男 (料理の)詰め物 (→ pieno)

riporre㉒/リポッレ/(英 put back)他[-posto] (元の場所へ)戻す, しまう; 改めてする; 再び提出[提案]する (→ porre)

riportare/リポルターレ/(英 bring again)他 (元の場所へ)戻す, 連れ戻す (→ portare)

riposo/リポーゾ/(英 rest)男 休憩, 休息; 休養, 休み

riposare自 休憩[休息]する; 休む, 眠る ◆-arsi 体を休める, 休憩[休息]する (→ posare)

riprendere/リプレンデレ/(英 take again)他 回復する; 再開する; 撮影する — 自 (a 《不定詞》)また~し始める; 元気を回復する; (車の)加速性能がある; [es] 再開される **ripresa**女 回復; 再開; 加速性; 撮影 **a più riprese** 何度も中断しながら (→ prendere)

ripristinare/リプリスティナー

レ/([英] restore) [他] (正常な状態に)戻す; 修復する, 復旧する; 復活させる

riproduzione/リプロドゥツィオーネ/([英] reproduction) [女] 複製, 複写; 増刷; 再生, 再現; 生殖, 繁殖 (→ produrre)

riprova/リプローヴァ/([英] new proof) [女] 新たな証拠; 確証 (→ prova)

ripulire ⑥/リプリーレ/([英] clean again) [他] 掃除をしなおす; 大掃除する; なにもかも盗む; 仕上げる, 清書する
◆**-irsi** 身ぎれいにする, 身なりを整える (→ pulire)

risaia/リサイア/([英] rice field) [女] 水田, 稲田 (→ riso)

risalire ㉕/リサリーレ/([英] go up) [自][es] 再びのぼる; (価格などが)再上昇する; 回顧する, 昔の話をする;(a...) ~に起こったことである ― [他] (同じ場所を)またのぼる, 何度も上り下りする; (流れに)沿って進む; (流れの) 上流に向かう (→ salire)

risaltare/リサルターレ/([英] stand out) [自] 目立つ, 際立つ; 突き出ている, 浮き立っている; 再び跳ぶ;[es] 再び飛び乗る ― [他] 再び飛び越える (→ saltare)

risata/リザータ/([英] laughter) [女] どっと笑うこと, 爆笑, 高笑い (→ ridere)

riscaldare/リスカルダーレ/([英] warm) [他] 温めなおす, 再加熱する; 暖房する, 暖める; (興奮や刺激で)熱くする ◆**-arsi** 温[暖]まる; かっとする[なる]; 活気づく **riscaldamento** [男] 暖房(装置); ウォーミングアップ (→ scaldare)

riscatto/リスカット/([英] ransoming) [男] 買い戻し; (金銭による)釈放, 解放;身代金, 代償 **riscattare** [他] 買い戻す; (金銭で)自由にする, 釈放[解放]させる

rischiare/リスキアーレ/([英] risk) [他] (命などを)かける, 危険にさらす; (不利やリスクを)覚悟してやる; 危うく~しそうになる **rischio**/リスキオ/[男] 危険, リスク **rischioso** [形] 危険な, リスクの大きい

risciacquare/リッシャックァーレ/([英] rinse) [他] (汚れをきれいに)すすぎ落とす, 洗い落とす **risciacquare i panni in Arno** 純粋なイタリア語に書き改める(「アルノ川で衣服の汚れを洗い落とす」. マンゾーニが自分の『婚約者』の初稿をフィレンツェの語法で書き改めて決定稿にしたことから)

riscuotere/リスクオーテレ/([英] get) [他][riscosso] (お金を)受け取る; 得る, 獲得する; 激しく振る[揺する]; 揺り起こす, 目覚めさせる ◆**-ersi** 意識[感覚]が戻る; 自分を取り戻す; はっと目を覚ます, ぎくっとする

risentirsi/リセンティルスィ/([英] resent) [再] 憤慨する, むかっとする; (相互的に)また声を聞く[通話する] **Ci risentiamo. A risentirci.** (電話やラジオの別れの挨拶)ではまた, さようなら(再会[rivedere]の挨拶:Ci rivediamo. A rivederci.)
risentimento [男] 怒り, 恨み **risentito** [形] 憤慨した, むかっとした (→ sentire)

riserva/リセルヴァ/([英] reserve) [女] 蓄え, 予備;控え, 交代要員; (自然や居留の)保護地域; 年代物のワイン **con riserva** 条件付で **senza riserve** 無条件で **riservare** [他] (予備[特別]に)取っておく; (事前に)確保する, 予約する
riservato [形] (特別に)指定された, 専用の, 優先の; 取り扱い注意の, 親展の;控え目な, 遠慮深い, 内気な

riso¹/リーゾ/([英] laughter) [男]

R

[4] 笑い **Il riso fa buon sangue.** 笑いは健康のもと，笑う門には福きたる(→ridere)

riso²/リーゾ/([英] rice) [男] 米

risotto/リゾット/[男] リゾット(スープで煮込んだ御飯)

risolvere/リソルヴェレ/([英] resolve) [他][risolto] (問題などを)解く，解決する

risorgere/リソルジェレ/([英] rise again) [自][es, risorto] また昇る；よみがえる；再生する，復活する **risorgimento** [男] 復興；(R-) イタリア国家統一運動(明治維新とほぼ同時期)(→sorgere)

risorsa/リソルサ/([英] resource) [女] 資源，財源；手腕，資質

risparmiare/リスパルミアーレ/([英] save) [他] 節約する，始末する；貯める，蓄える **risparmiare il fiato** 黙っている(話しても無駄だから)

risparmio/リスパルミオ/[男] 節約，倹約；貯金，貯蓄 ¶ comprare *qs* con i *propri risparmi* 〈何か〉を自分の小遣いで買う

rispecchiare/リスペッキアーレ/([英] mirror) [他] 映し出す；反映する(→specchio)

rispetto/リスペット/([英] respect) [男] 尊敬，敬意；尊重，遵守(じゅんしゅ) **rispetto a...** ～に関して[ついて]は；～と較べて[比較して] **rispettare** [他] 尊敬する，大切にする；尊重する，従う **rispettivo** [形] それぞれの，めいめいの **-mente** [副] それぞれ，めいめいに

risplendere/リスプレンデレ/([英] shine) [自] (単独時制のみで) 光り輝く，きらめく(→splendere)

rispondere/リスポンデレ/([英] answer) [自][risposto] (応答・返答の)答える；返事する，返事を書く；言い返す，口答えする；(di...) ～の責任を持つ[取る]；(a...) ～に応じる，反応する；(a...) ～に適合する，合致する **rispondere picche** にべも無く拒絶する，門前払いをくわせる **risposta** [女] 答え，返答；返事，返信

rissa/リッサ/([英] fight) [女] 取っ組み合い[殴り合い]の喧嘩，乱闘；激論 **rissoso** [形] 喧嘩っ早い，すぐ喧嘩する

ristabilire ⑥/リスタビリーレ/([英] reestablish) [他] 安定を図る，建て直す，回復させる ◆**-irsi** 回復する，安定を取り戻す(→stabilire)

ristampare/リスタンパーレ/([英] reprint) [他] 増刷する；再版[重版]する(→stampa)

ristorante/リストランテ/([英] restaurant) [男] レストラン，食堂

ristrutturare/リストルットゥラーレ/([英] restructure) [他] 構造改革する，リストラを図る **ristrutturazione** [女] 構造改革，リストラ(→struttura)

risultato/リスルタート/([英] result) [男] 結果；成果，成績 **risultare** [自][es] (結果として)生じる，起こる；(結果から)明らかである；～という結果になる

risuonare/リスオナーレ/([英] play again) [自][av/es] 反響する，響く；鳴り渡る；何度もよみがえる；再び鳴る(→suonare)

risurrezione/リッスレツィオーネ/([英] resurrection) [女] 生き返り，蘇生；復活，復興；(R-) キリストの復活

risuscitare/リスッシターレ/([英] resurrect) [他] (死者を)生き返らせる，蘇生させる；(リバイバルで) よみがえらせる；(昔の感情などを)呼び覚ます，再燃させる — [自][es] 生き返る；(元気や健康を)取り戻す

R

risvegliare/リズヴェッリアーレ/([英] awake again) [他] 再び起こす，目覚めさせる；(感情を)呼び起こす，呼び覚ます；刺激する，掻き立てる ◆**-arsi** 目が覚める；意識を取り戻す；目を覚ます，覚醒する；再び活発になる，よみがえる **risveglio**/リズヴェッリォ/ [男] 目覚め；再生，復活；覚醒

ritardo/リタルド/([英] delay) [男] 遅れ，遅延；遅刻 ¶ essere in — 遅れている / arrivare in — 遅れて着く，遅刻する **ritardare** [自] 遅れる，遅くなる — [他] 遅らせる；邪魔する，妨害する(→tardo)

ritenere (30)/リテネーレ/([英] think) [他] 考える，思う(→tenere)

ritirare/リティラーレ/([英] withdraw) [他] 引っ込める，取り入れる；退去させる，撤退させる；撤回する；受け取る，もらう；撤収する，回収する；もう一度投げる ◆**-arsi** 引退する，身を引く；手を引く **ritirata** [女] 撤退，退却，退去 **battere in ritirata** 急いで立ち去る[立ち退く](→tirare)

ritmo/リトモ/([英] rhythm) [男] リズム，調子，拍子

rito/リート/([英] rite) [男] 儀礼，儀式；習慣，風習

ritoccare/リトッカーレ/([英] touch again) [他] 再び触れる；修整する，手直しする，手を加える — [自](a *qc*) 〈人〉に再び順番が回ってくる(→toccare)

ritornare/リトルナーレ/([英] go back) [自][es] (離れた場所に)戻る，帰る；(元の状態に)戻る，復帰する **ritorno** [男] 戻る[帰る]こと；(往復の)復路，帰り；帰還，復帰 **andata e ritorno** 往復 **essere di ritorno** 帰って[戻って]くる **ritornello** [男] (詩歌や楽曲の)繰返しの部分，リフレイン；毎度の話，いつもの講釈(→tornare)

ritratto/リトラット/([英] portrait) [男] 肖像，肖像画；生き写し **ritrarre** (31) [他] 引っ込める；引き離す，そらす；描写する；肖像を描く(→trarre)

ritrovare/リトロヴァーレ/([英] find again) [他] (探し物を)見つける；(新しく)発見する；取り戻す；見いだす ◆**-arsi** (ある場所に，なぜか，期せずして)いる，居合わす；(ある立場や状況に)置かれる，戻る；(自分の居場所が)わかる；落ち着ける，居心地がよい **ritrovo** [男] 会合，集い；会場，会合[集合]場所；盛り場，たまり場(→trovare)

riunione/リウニオーネ/([英] reunion) [女] 集会，会合，会議；競技大会；和解，復縁 **riunire** (6) [他] (1箇所に)集める；(ひとつに)まとめる；召集する ◆**-irsi** 集まる；(会議・集会が)開かれる；和解する，よりを戻す(→unire)

riuscire/リウッシーレ/ (33) ([英] succeed) [自][es] (試みた結果)うまくできる，うまくいく；成功する，成果を上げる(迷宮に入ったテセウスがアリアドネの糸で脱出に成功したように「出て来る＝出来る」) **riuscita** [女] 成功，成果；達成，成就(→uscire)

riva/リーヴァ/([英] bank) [女] (川・湖・海の)岸 ¶ in riva al lago 湖畔に

rivale/リヴァーレ/([英] rival) [男][女] 競争相手，ライバル ¶ — in amore 恋敵(がたき) / — in politica 政敵

rivedere/リヴェデーレ/([英] see again) [他][-visto] (人に)また会う，再会する；(映画や芝居を)もう一度見る；(想い出の場所を)再び訪れる；ありあり[まざまざ]と覚えている，思い出す；

R

見直す，手直しする；再検討[点検]する；復習する ◆**-ersi** 再会する (→ vedere)

rivelare/リヴェラーレ/(英 reveal) 他 (秘密などを)明かす，漏らす，暴く；(感情などを)示す，表わす；(見えないものを)検知する，検出する ◆**-arsi** (隠れていたことが)現れる，露見する，表面化する；(実態・実体が)明らかになる

rivelazione 女 暴露，発覚；注目の的，新星；啓示，天啓 (→ velare, velo)

rivendere/リヴェンデレ/(英 resell) 他 転売する，再販する

rivendita/リヴェンディタ/ 女 転売；小売業者；(タバコや塩の)委託販売店 (→ vendere)

rivendicare/リヴェンディカーレ/(英 claim) 他 (権利などを)強く求める，主張する；犯行声明を出す (→ vendicare)

rivestire/リヴェスティーレ/(英 dress again) 他 再び身に着ける；着替えさせる；上張りする，上塗りする；(感情を)包み隠す；(制服や礼服を)着用する；(地位や称号を)与える，授ける；(性質や特徴などを)帯びる ◆**-irsi** 再び着る **rivestimento** 男 上張り，上塗り；張地，特殊塗料 (→ vestire)

rivincita/リヴィンチタ/(英 revenge) 女 雪辱；雪辱戦，リターンマッチ (→ vincere)

rivista/リヴィスタ/(英 magazine) 女 雑誌；バラエティー，演芸；(特に軍隊などの)パレード (→ rivedere)

rivolgere/リヴォルジェレ/(英 turn) 他 [-volto] (人や場所に)向ける；(人に向かって)声をかける，言う；(考えなどを)めぐらす，反芻する ◆**-ersi** 向く，向き直る；(人や場所に)向かう；(人に向かって)話しかける；(a...)〜に専念する ¶ A chi [Dove] posso *rivolgermi*? 誰に言えば[どこに行けば]いいのですか (→ volgere)

rivolta/リヴォルタ/(英 revolt) 女 反乱，暴動

rivoltare/リヴォルターレ/(英 turn over again) 他 裏返す，ひっくり返す；掻き混ぜる，こねまわす；吐き気を催させる ◆**-arsi** 振り返る，振り向く；変化する；反抗する；(動物が)はむかう，襲う **rivoltarsi lo stomaco** むかつく，吐き気を催す **rivoltarsi nel letto** 寝つけない (→ voltare)

rivoltella/リヴォルテッラ/(英 revolver) 女 ピストル，拳銃，リボルバー(回転式連発銃)

rivoluzione/リヴォルツィオーネ/(英 revolution) 女 革命；革新，刷新；大混乱

rivoluzionario/リヴォルツィオナーリオ/ 形 革命の，革命的な；斬新な，画期的な —男 [f] 革命家，過激派

roba/ローバ/(英 stuff) 女 もの，物 **roba da matti** 話にならない，ばかばかしい，あほらしい

robusto/ロブスト/(英 robust) 形 がっしりした，頑強な，丈夫な；強固な，堅牢な

rocca¹/ロッカ/(英 fortress) 女 (高台にある)城塞，砦(とりで) **roccaforte** 女[roccheforti] 要塞，堅陣

rocca²/ロッカ/(英 distaff) 女 糸巻き棒 (→ fuso)

rocchetto 男 糸巻き，ボビン；巻き枠，リール；(糸などの)一巻き

roccia/ロッチャ/(英 rock) 女 岩，岩石；岩場，岩壁；岩盤，一枚岩 **roccioso** 形 岩の，岩の多い；頑強な，強力な

rodaggio/ロダッジョ/(英 running in) 男 試運転期間；慣らし運転；慣れ，調整

rodere/ローデレ/(英 gnaw) 他 [roso] かじる；蝕(むしば)む，浸食する；消耗[憔悴]させる，

さいなむ **roditore** 男 齧歯(げっし)類(ネズミやリスなど前歯で齧る動物)

romagnolo/ロマニョーロ/形男[1] ロマーニャ地方の(人) **Romagna** 女 ロマーニャ地方(エミーリア・ロマーニャ州のアドリア海側の呼称で、ラヴェンナやリミニなどの町がある)

romano/ロマーノ/(英 Roman)形男[1] 古代ローマの(人);ローマの(人) **Roma** 女 ローマ(イタリアの首都;Lazio ラーツィオ州の州都)

romantico/ロマンティコ/(英 romantic)形 ロマン主義の、ロマン派の;感傷的な、ロマンチストの、夢想家の;(場所などが)ロマンチックな、夢のような

romanzo/ロマンゾ/(英 novel)男 小説, フィクション ¶ — sceneggiato 連続テレビ小説 **romanziere** 男[1] 小説家

rombo/ロンボ/(英 rhombus, rumble)男 菱形;(魚の)平目;(雷鳴などの)轟音、騒音、大音響

rompere/ロンペレ/(英 break)他[rotto] 割る、折る、壊す;(関係を)断つ **rompere le scatole** 厄介をかける、うんざりさせる ◆**-ersi** 割れる、折れる、壊れる **rompicapo** 男 難題, 難問 **rompicollo** 男女[0] 向こう見ずな人 **a rompicollo** 一目散に、猪突猛進で **rompighiaccio**/ロンピギアッチョ/男[0] 砕氷船;アイスピック、アイスピッケル

rompiscatole/ロンピスカートレ/男女[0] 厄介者、うるさい[しつこい]人間

rondine/ロンディネ/(英 swallow)女 燕(ツバメ) **Una rondine non fa primavera.** 一匹のツバメで春が来た[冬が終わった]と判断してはいけない(一つのことで全体を楽観視することを戒めた諺)

ronzio/ロンズィーオ/(英 buzz)男 (虫の)ブーンという音;(飛行機や車や拡声器の)耳障りな音 **ronzare** 自 ブーンとうなる[音を立てる];(人が)うろつく;(考えなどが)渦巻く ¶ Mi ronzano le orecchie. 耳鳴りがする / Mi ronzano in testa mille dubbi. 数々の疑惑が頭に渦巻く **ronzare intorno a qc** (ストーカーのように)〈人〉にうるさく付きまとう

rosa/ローザ/(英 rose)女 薔薇(バラ);(教会などの)円花窓(ローズウィンドウ) ¶ — dei venti (風の名称で方位を星形に示した)風配図 — 男[0] ピンク, 桃色 — 形[0] ピンクの ¶ romanzo — (女性向の)恋愛小説 **roseo**/ローゼオ/形 バラ色の **rosato** 男 ロゼワイン **roseto** 男 バラ園 **rosetta** 女 ロゼッタ(少し硬めの小さな丸いパン)

rosario/ロザーリオ/(英 rosary)男 ロザリオ(聖母マリアへの祈り、その祈りに使う長い数珠);長く連なったもの;数珠つなぎ

rosicchiare/ロスィッキアーレ/(英 gnaw at)他 かじる;(食物をガムのように)噛んで食べる;(スポーツで劣勢を)少しずつ挽回する

rosmarino/ロズマリーノ/(英 rosemary)男 ローズマリー

rosolia/ロゾリーア/(英 German meales)女 風疹(ふうしん)

rospo/ロスポ/(英 toad)男 ヒキガエル ¶ coda di rospo (魚の)アンコウ

rosso/ロッソ/(英 red)形 赤い — 男 赤, 赤色;(卵の)黄身, 赤ワイン;赤字 **rossore** 男 (顔色の)紅潮、赤面、赤らみ **rossastro** 形 赤味がかった、赤茶けた **rossetto** 男 紅(べに);口紅、頬紅 ¶ darsi il —

紅を引く

rosticceria/ロスティッチェリーア/([英] delicatessen) [女] 惣菜屋，デリカテッセン

rotaia/ロタイア/([英] rail) [女] 線路，レール，軌道；わだち

rotella/ロテッラ/([英] wheel) [女] 小さな車輪，ローラー ¶ sedia a *rotelle* 車椅子

rotolo/ロートロ/([英] roll) [男] 筒状に巻いた物，ロール **andare a rotoli** (計画などが)御破算になる，台無しになる **rotolare** [他] (樽などを押して)転がす — [自][es] 転がる，転げる

rotondo/ロトンド/([英] round) [形] 丸い，円形の；丸みのある，まろやかな；(数が)端数のない，概算の

rotta/ロッタ/([英] rout) [女] 航路，空路；敗退，敗走 **a rotta di collo** 一目散に，猛スピードで

rotto → rompere (の過去分詞)

rottura/ロットゥーラ/([英] breaking) [女] 壊れる[わす]こと；切断，破断；骨折；破棄，解消；断絶，絶交，断交(→rompere)

R

roulotte/ルロット/[仏] [女] トレーラーハウス；キャンピングカー

rovesciare/ロヴェッシャーレ/([英] turn over) [他] 裏返す，ひっくり返す；倒す；こぼす；覆(くつがえ)す；浴びせる ◆**-arsi** 転覆する，ひっくり返る；こぼれる；大雨が降る；殺到する，溢れる **rovescio**/ロヴェッショ/ [男] 裏，裏側；(服や帽子の)折り返し；(テニスの)バックハンド；豪雨 **rovesciata** [女] (サッカーで)オーバーヘッド・キック

rovinare/ロヴィナーレ/([英] ruin) [他] だめにする，台無しにする **rovina** [女] 崩壊，倒壊；痛手，損害；失墜，破滅；〔複で〕残骸，廃墟；遺跡，遺構

rovo/ローヴォ/([英] bramble) [男] いばら(トゲのある植物)

rozzo/ロッツォ/([英] rough) [形] 無作法な，教養のない；粗野な，野卑な

rubare/ルバーレ/([英] steal) [他] (人から物を)盗む；(人から人・物を)奪う ¶ Mi hanno rubato la borsa. 私は財布を盗まれた / Gli hanno rubato la bicicletta. 彼は自転車を盗まれた / La morte lo ha rubato alla famiglia. 死が家族から彼を奪った / Posso rubarti un minuto? ちょっとお邪魔してもいいかな？

rubinetto/ルビネット/([英] tap) [男] 蛇口；(ガスなどの)コック

rubino/ルビーノ/([英] ruby) [男] ルビー，紅玉

rubrica/ルブリーカ/([英] index book) [女] (ABCのインデックス付)住所録，電話帳，手帳；(新聞や雑誌の)欄，コラム；(テレビやラジオの)特集番組

rucola/ルーコラ/([英] garden rocket) [女] ロケット菜

rude/ルーデ/([英] rough) [形] (気性が)荒っぽい，粗野な；(仕事などが)骨の折れる，つらい

ruga/ルーガ/([英] wrinkle) [女] 皺(しわ)(特に顔の)

ruggine/ルッジネ/([英] rust) [女] 錆(さび)；赤錆，赤茶けた色；遺恨

ruggire [6]/ルッジーレ/([英] roar) [自] (猛獣が)ほえる；(人や自然が)うなる，怒号する **ruggito** [男] (猛獣の)ほえる声，咆哮(ほうこう)；(風や波の)荒れ狂う音；怒号，怒声

rugiada/ルジャーダ/([英] dew) [女] 露(つゆ)

rullo/ルッロ/([英] roll) [男] (太鼓の)連打；ローラー；(フィルムの)巻

rumeno/ルメーノ/([英] Rumanian) [形] [男][1] ルーマニアの(人) — [男] ルーマニア語 **Romania**/ロマーニア/ [女]

ルーマニア

ruminare /ルミナーレ/(㊌ ruminate) 他 反芻する
ruminante 男 反芻動物
rumore /ルモーレ/(㊌ noise) 男 音, 物音; 騒がしさ, 騒音, 喧騒; 反響, 物議 **rumoroso** 形 騒がしい, 騒々しい, やかましい, うるさい
ruolo /ルオーロ/(㊌ role) 男 役, 役割, 役目
ruota /ルオータ/(㊌ wheel) 女 車輪, (回転式の)輪 **ruotare** 自 回る, 回転する; 円を描いて飛ぶ ━ 他 回す, 回転させる
rurale /ルラーレ/(㊌ rural) 形 田舎の, 農村の
ruscello /ルッシェッロ/(㊌ brook) 男 小川
russare /ルッサーレ/(㊌ snore) 自 いびきをかく
russo /ルッソ/(㊌ Russian) 形 男[1] ロシアの(人) ━ 男 ロシア語 **insalata russa** ロシアサラダ(賽の目に切った野菜をマヨネーズであえたもの) **montagne russe** ジェットコースター **Russia** /ルッスィア/ 女 ロシア
rustico /ルスティコ/(㊌ rural) 形 田舎の, 田園の; (物が)素材のままの, 飾り気のない; (態度が)無作法な, 無骨な
rutto /ルット/(㊌ belch) 男 げっぷ **ruttare** 自 げっぷをする
ruvido /ルーヴィド/(㊌ rough) 形 (表面が)ざらざらした; (皮膚が)ひびの切れた, あかぎれのある; (気性が)荒い, 粗野な
ruzzolone /ルッツォローネ/(㊌ tumble) 男 転倒, 転落 ¶ fare un ━ ころぶ

S, s

S /エッセ/ 女 (男) 17番目の字母：《符丁》**S come Savona** サヴォーナのS **ad S** S字型の[に]
S- /ス(ズ)/ 接頭「逆に」「強く」「離

れて」の意
sabato /サーバト/(㊌ Saturday) 男 土曜日(に)
sabbia /サッピア/(㊌ sand) 女 砂 **sabbioso** 形 砂の多い, 砂だらけの
saccheggiare /サッケッジャーレ/(㊌ sack) 他 略奪[強奪]する; (家や店を)荒らす; 盗む, 剽窃(ひょうせつ)する
saccheggio /サッケッジョ/ 男 略奪, 強奪
sacco /サッコ/(㊌ sack) 男 袋 ¶ ━ a pelo 寝袋, シュラフ **un sacco di...** 山のような[大量の]～ **vuotare il sacco** 包み隠さず話す, 白状する
sacchetto 男 小さい袋
sacerdote /サチェルドーテ/(㊌ priest) 男 聖職者, 司祭
sacerdotessa 女 女司祭, 巫女(みこ)
sacramento /サクラメント/(㊌ sacrament) 男 秘跡, サクラメント(洗礼, 聖体拝領などの重要な儀式)
sacrificare /サクリフィカーレ/(㊌ sacrifice) 他 犠牲にする; 生贄(いけにえ)として捧げる
◆ **-arsi** 身を捧げる
sacrificio /サクリフィーチョ/ 男 犠牲, 献身; (神への)供物
sacro /サークロ/(㊌ sacred) 形 神聖な, 聖なる; 犯すことのできない; 厳粛な, 崇高な; 不可欠な **Le Sacre Scritture** 聖書 ━ 男 (単のみ)神聖, 聖なるもの
saggio /サッジョ/(㊌ sage) 形 良識のある, 賢明な ━ 男 [1] 賢人, 知識や経験を積んだ老人; エッセイ **saggezza** 女 良識, 分別, 賢明さ
saggista 男 女 [3] エッセイスト
sagittario /サジッターリオ/(㊌ Sagittarius) 男 射手(いて); (S-) 射手座
sagoma /サーゴマ/ (㊌

sagra ➤

outline) 囡 輪郭, かたち, 影; (射撃練習用の) 人間をかたどった標的

sagra/サグラ/(英 festival) 囡 収穫祭, 祝祭

sagrestano/サグレスターノ/ (英 sacristan) 男[1] 聖具保管係 **sagrestia**/サグレスティーア/囡 (教会の) 聖具室

sala/サーラ/(英 hall) 囡 広間; (公共の) 室, ホール ¶ — da pranzo ダイニングルーム / — da ballo ダンスホール / — d'aspetto 待合室, 控室 / — operatoria 手術室 **salotto** 男 応接間, 居間 **salone** 男 大広間, ホール; 展覧会場

salame/サラーメ/(英 salami) 男 サラミ (ソーセージ)

saldare/サルダーレ/(英 solder) 他 つなぐ, 接合する; (はんだで) 溶接する; 清算 [決済] する ◆ -arsi (元通りに) つながる **saldatura** 囡 接合, 溶接, 接着 **saldatrice** 囡 溶接機 **saldo** 男 清算; バーゲン, 特売

sale/サーレ/(英 salt) 男 塩; 良識, 分別 [non] avere sale in zucca 頭が良い [悪い] restare di sale びっくりする, 仰天する **salare** 他 塩をする [かける] **salato** 形 塩味の; 塩辛い; (値段が) 高い 一 男 (単のみ) 塩味 **salario**/サラーリオ/ 男 給金, 賃金 (ラテン語の「塩の給与」が原義) **saliera** 囡 (食卓用の) 塩入れ

salice/サーリチェ/(英 willow) 男 柳 (ヤナギ) ¶ — piangente しだれ柳

salire ㉕/サリーレ/(英 go up) 自[es] 上がる, 登る, 乗る; 昇る 一 他 (階段などを) 登る

salita 囡 上り; 上昇, 急騰

saliva/サリーヴァ/(英 saliva) 囡 唾液 (だえき)

salmone/サルモーネ/(英 salmon) 男 鮭 (サケ), サーモン 一 形[0] サーモンピンクの

salsa/サルサ/(英 sauce) 囡 ソース, たれ **salsiera** 囡 ソース入れ

salsiccia/サルスィッチャ/(英 sausage) 囡 ソーセージ

saltare/サルターレ/(英 jump) 自[av] 跳ぶ, 跳ねる, ジャンプする; [es] 飛び乗る, 飛び降りる, 飛び込む; (電気系統が) 切れる, 飛ぶ, 破裂する, 飛び散る 一 他 飛び越える; (食事などを) 抜く, 飛ばす saltare di palo in frasca 急に話題を変える, 脈絡のない話をする saltare la mosca al naso いら立つ, 怒る

saltellare 自 ぴょんぴょん跳び跳ねる ¶ — per la gioia 小躍りする **salto** 男 跳躍, ジャンプ; 飛躍, 急上昇; 短い訪問, ちょっと立ち寄ること

saltimbanco 男[1][-chi] (大道の) 軽業師; いかさま師, ぺてん師 **saltimbocca**/サルティンボッカ/ 男[0] 生ハムとセージを使った子牛の肉のソテー (ローマの名物料理)

salume/サルーメ/(英 cold pork meats) 男 豚肉の加工品 (ハムやソーセージ)

salumeria/サルメリーア/ 囡 豚肉加工食品の専門店

salutare/サルターレ/(英 greet) 他 挨拶する; 別れを告げる, 見送る; 訪ねる; 迎え入れる **saluto** 男 挨拶 (の仕草, 言葉)

salute/サルーテ/(英 health) 囡 健康, 体の状態; 安全, 保障 Salute! お大事に (くしゃみをした人に); (驚嘆して) わあ, すごい **(bere)alla salute di** *qc* 〈人〉の健康を祝して乾杯 (する)

salubre 形 健康に良い; 健全な

salvare/サルヴァーレ/(英 save) 他 救う, 救出する, 救助する; 《コン》保存する, セーブする

salvezza 囡 安全(保障);救い,救済;逃げ道 **salvatore** 男[2] 人命救助者,救済者;(S-)イエス・キリスト

salvadanaio/サルヴァダナイオ/男 貯金箱(=salvadanaro)

salvagente 男[-i/-e] 救命具(浮き輪,胴衣)

salve/サルヴェ/(英 hail) 間[0] (親しい相手に)やあ,どうも

salvia/サルヴィア/(英 sage) 囡 セージ;サルビア

salvo/サルヴォ/(英 safe) 形 無事な,安全な,救われた ― 前 ~以外,~を除いて **salvo che non** 《接続法》ただし,~しない場合に限り,~する場合はこの限りにあらず

sambuco/サンブーコ/(英 elder) 男[-chi] ニワトコ(スイカズラ科の植物) **sambuca** 囡 サンブーカ(アニス酒に似たリキュール)

sandalo/サンダロ/(英 sandal) 男 サンダル;底の平らな小舟

sangue/サングェ/(英 blood) 男 〔単のみ〕血,血液,血筋,血統;何もかも,全身全霊 **a sangue caldo** 興奮して **a sangue freddo** 冷静に,クールに;冷たく,冷徹に **all'ultimo sangue** 生きるか死ぬかの,生死を賭けた **farsi cattivo sangue** 怒る,腹を立てる **sudare(sputare)sangue** 血のにじむ **sanguinoso** 形 血まみれの;流血の,血なまぐさい;致命的な **sanguigno** 形 血の,血液の;血の色をした,真っ赤な **sanguinare** 自 出血する;(胸が)痛む

sanguisuga 囡 蛭(ヒル)

sanitario/サニターリオ/(英 sanitary) 形 保健衛生の,公衆衛生の ― 男[複で] 水回りの設備(洗面台,シャワー,便器など)

sano/サーノ/(英 healthy) 形 健康な,丈夫な;健康に良い;健全な,良識のある,正常な **di sana pianta** 完全に,何から何まで

santo/サント/(英 Saint) 形 聖なる,神聖な;(聖人の呼び名)聖~;慈悲深い,聖人のような ― 男[1] 聖人 **La Santa Fede** ヴァチカン,ローマ法王庁 **Settimana Santa** 聖週(復活祭前の1週間) **in santa pace** のんびりと,何の心配もなく

santuario/サントゥアーリオ/男 教会,聖堂(特に聖遺物や奇跡に関わる品を安置したり,奇跡が起こった場所に建てられたもの);聖域,神域

sapere㉖/サペーレ/(英 know) 他[saputo] (知識や情報として)知る,知っている;(不定詞を伴って「能力・技術」として)~できる ― 自(di...) ~の匂い[味]がする **saperla lunga** 抜け目がない,狡猾である,如才が無い **Lo sai che…?** 実はね,~なんだよ **sapiente** 形 博識の,学識豊かな;賢明な,思慮深い ― 男囡 哲人,賢者

sapienza 囡 賢明さ,知恵;学識,博識;(S-) ローマ大学

sapone/サポーネ/(英 soap) 男 石鹸(せっけん) **saponetta** 囡 化粧石鹸

sapore/サポーレ/(英 taste) 男 味,風味;[複で] 香草

saporito 形 おいしい,風味のある;塩味のきいた

sardina/サルディーナ/(英 sardine) 囡 (油漬けの)イワシ

sardo/サルド/(英 Sardinian) 形 男[1] サルデーニャの(人) ― 男 サルデーニャ語(ロマンス諸語の一つ) **Sardegna** 囡 サルデーニャ島(イタリアの特別州)

sarto/サルト/(英 tailor) 男[1] 仕立て屋,洋服屋,テーラー;ファッションデザイナー;(映画演劇の)衣装係 **sartoria**/サルトリーア/囡 (オーダーメード

の)洋裁店，ブティック;仕立ての技術

sasso/サッソ/([英] stone) [男] 石;岩，岩山 **sassoso** [形] 石の多い，岩肌の

satellite/サテッリテ/([英] satellite) [男] 衛星;サテライト ¶ — artificiale 人工衛星

saziare/サツィアーレ/([英] satiate) [他] 満腹させる，(飢えや渇きを)癒す;飽きさせる，うんざりさせる **sazio**/サーツィオ/ [形] 満足[満腹]した;うんざりした **sazietà** [女] 満腹;嫌気 **a sazietà** 嫌ほど，たらふく

sbadiglio/ズバディッリォ/([英] yawn) [男] あくび **sbadigliare** [自] あくびする

sbafo/ズバーフォ/([英] sponging) [男] **a sbafo** ただで，無料で

sbaglio/ズバッリォ/([英] mistake) [男] 誤り，間違い，ミス **sbagliare** [自] 間違う，誤る;勘違いする — [他] 間違える;取り違える ◆**-arsi** 間違う，誤る

sbalordire ⑥/ズバロルディーレ/([英] amaze) [他] 仰天させる，度肝を抜く;茫然[唖然]とさせる — [自] びっくりする;唖然とする ◆**-irsi** 驚嘆する

sbandare/ズバンダーレ/([英] skid) [自] 横滑りする，スリップする ◆**-arsi** 解散する，離散する **sbandamento** [男] 横すべり，スリップ

sbarbare/ズバルバーレ/([英] shave) [他] ひげをそる ◆**-arsi** (自分の)ひげをそる **sbarbatello** [男] 青二才 (→barba)

sbarcare/ズバルカーレ/([英] disembark) [自][es] 下船する，上陸する — [他] (船から)降ろす，上陸させる **sbarcare il lunario** その日暮らしをする，なんとか暮らしていく **sbarco** [男] 下船，上陸 (→imbarcare)

sbarra/ズバッラ/([英] bar) [女] (木や金属の)棒;かんぬき，横木;格子，柵;(削除・修正の)横線，縦線，斜線 **sbarrare** [他] 遮断する，ふさぐ;かんぬきをする;(目などを)大きく開く **sbarramento** [男] 遮断;遮断するもの

sbattere/ズバッテレ/([英] knock) [他] 激しく振る[打つ，たたく];(ドアなどを)バタンと閉める;投げつける;(卵やクリームを)攪拌する，混ぜる;追い払う，たたき出す(→battere)

sbiadire ⑥/ズビアディーレ/([英] fade) [自][es] 色あせる — [他] 色をあせさせる **sbiadito** [形] 色あせた

sbiancare/ズビアンカーレ/([英] whiten) [他] 白くする;漂白する ◆**-arsi** 白くなる;青ざめる(→bianco)

sbieco/ズビエーコ/([英] at an angle) [形][-chi] 斜めの，傾いた，曲がった **di sbieco** 斜めに，斜(はす)に;それとなく **guardare di sbieco** 横目で見る[睨む]

sbigottire ⑥/ズビゴッティーレ/([英] dismay) [他] 狼狽(ろうばい)させる;肝をつぶさせる，ぎょっとさせる ◆**-irsi** 狼狽する;唖然[茫然]とする

sbirciare/ズビルチャーレ/([英] peep) [他] 盗み見する;(こっそり)覗く，窺う

sbloccare/ズブロッカーレ/([英] open up) [他] 元の状態に戻す，動きを再開する;禁止[規制]を解除する;制約を撤廃する(→bloccare)

sboccare/ズボッカーレ/([英] flow into) [自][es] 流れ込む;〜に達する[至る] **sbocco** [男] [-chi] (暗いところからの)出口;貿易港;就職口;販路(→bocca)

sbornia/ズボルニア/([英] drunkenness) [女] 酩酊;陶酔

sbottonare/ズボットナーレ/

(英 unbutton)他 ボタンをはずす ◆-arsi（自分の服の）ボタンをはずす；ボタンがはずれる；心を開く，胸の内を明かす

sbottonato 形 ボタンをかけていない (→ abbottonare)

sbriciolare /ズブリチョラーレ/ (英 crumble)他 粉々にする，粉砕する (→ briciola)

sbrigare /ズブリガーレ/ (英 dispatch)他 手早く終える[処理する] ◆-arsi 急ぐ，手早くする

sbronzo /ズブロンゾ/ (英 pickled)形 (酒に)酔った

sbucare /ズブカーレ/ (英 pop out of)自[es] 突然現れる；(穴や巣から)出る；(広い[明るい]場所に)出る (→ buco)

sbucciare /ズブッチャーレ/ (英 remove the skin)他 (果物などの)皮をむく ◆-arsi (体の一部を)すりむく (→ buccia)

sbuffare /ズブッファーレ/ (英 puff)自 息が荒くなる；ため息をつく；煙[蒸気]を噴き出す

scacciare /スカッチャーレ/ (英 drive away)他 追い出す，追放する；(疑惑などを)払拭（ふっしょく）する (→ cacciare)

scacco /スカッコ/ (英 square) 男[-chi] 格子縞；チェス；敗北，失敗　**scacco matto** (チェスの)詰み，終局　**scacchiera** 女 チェスボード　**a scacchiera** 市松模様に

scadenza /スカデンツァ/ (英 expiration)女 期限，有効期限；支払い期日，満期

scadere 自[es] 期限が切れる，無効になる (→ cadere)

scaffale /スカッファーレ/ (英 shelf)男 棚，本棚；陳列棚

scafo /スカーフォ/ (英 hull)男 (船や飛行艇の)本体，船体 (→ motoscafo)

scagliare /スカッリアーレ/ (英 hurl)他 投げつける；(侮辱などを)浴びせる

scala /スカーラ/ (英 stair)女 階段；梯子（はしご）；段階，度合い；縮尺，比率　¶ — **mobile** エスカレーター / — **musicale** 音階

scalinata 女 (玄関ホールの)大階段　**scalino** 男 (階段や梯子の)段，踏み段

scalare /スカラーレ/ (英 scale)他 (壁などを)よじ登る，(はしごで)登る　**scalata** 女 よじ登ること；登頂　**dare la scalata** 這い上がる；頂上を目指す (→ calare)

scaldare /スカルダーレ/ (英 warm)他 温める，熱くする

scaldabagno 男[0] 湯沸かし器 (→ caldo)

scalo /スカーロ/ (英 call)男 寄港[寄航]地　¶ — **ferroviario** 貨物駅 / — **merci** 流通センター

scaloppa /スカロッパ/ (英 escalope)女 子牛のエスカロープ (= scaloppina)

scalpello /スカルペッロ/ (英 chisel)男(工具の)のみ，たがね

scalzo /スカルツォ/ (英 barefoot)形 裸足（はだし）の (→ calza)

scambiare /スカンビアーレ/ (英 exchange)他 交換する，取り替える；取り違える；(意見を)交わす ◆-arsi (互いに)交換する，交わす　**scambio** /スカンビオ/ 男 交換，交流；貿易，交易；取り違え，間違い；(線路を切替える)ポイント (→ cambiare)

scampare /スカンパーレ/ (英 escape)自[es] 免れる，逃げる；避難する　**scamparla bella** 窮地を脱する　**scampo** 男 救い；逃げ道；手長エビ

scandalo /スカンダロ/ (英 scandal)男 スキャンダル；恥，恥ずべき行為[言葉]

scandalizzare 他 怒らせる，あきれさせる

scandaloso 形 非常識な，聞いてあきれるような，とんでもない

scansare /スカンサーレ/([英] move aside) [他] 遠ざける，避ける

scapito /スカーピト/([英] damage) [男] ダメージ，損害；損益，損失 **a scapito di...** 〜の低下[不利]に

scapolo /スカーポロ/([英] bachelor) [男] (男性の)独身(→celibe, nubile)

scappare /スカッパーレ/([英] run away) [自][es] 逃げる；抑えきれない(で態度に出てしまう) **scappata** [女] ちょっと立ち寄ること；さぼること **scappamento** [男] (車の)排気管 **scappatoia** /スカッパトイア/ [女] 逃げ道，抜け道；言い逃れ

scarabocchiare /スカラボッキアーレ/([英] scribble) [他] 走り書きする，なぐり書きする；下手な字で書く **scarabocchio** /スカラボッキオ/ [男] (インクなどの)汚れ；乱筆，なぐり書き；落書き

scarafaggio /スカラファッジョ/([英] cockroach) [男] ゴキブリ，アブラムシ

scarcerare /スカルチェラーレ/([英] release from prison) [他] (刑務所から)釈放する(→carcere)

scarica /スカーリカ/([英] discharging) [女] 放電；連射，連発 ¶ — elettrica 放電，感電

scaricare /スカリカーレ/([英] set down) [他] 降ろす；放出[排出]する；《コン》ダウンロードする ◆**-arsi** (自分の荷を)降ろす；(負担から)解放される；(雷が)落ちる；(嵐などが)襲う；(電池などが)切れる **scarico** /スカーリコ/ [男][-chi] 荷物を降ろすこと；排出，排気；排水管；廃棄(物)，ごみ置場 ¶ gas di — 排気ガス **scaricatore** [男][2] (運送業の)搬出搬入の係員；荷物運び，ポーター

scarlatto /スカルラット/([英] scarlet) [男][形] 緋色(の)，深紅(の) **scarlattina** [女] 猩紅熱(しょうこうねつ)

scarpa /スカルパ/([英] shoe) [女] 靴 ¶ due paia di *scarpe* 靴2足 **scarpone** [男] 登山靴，スキー靴

scarso /スカルソ/([英] scare) [形] 乏しい，欠乏した；足りない，弱い **scarseggiare** [自] 残り少なくなる；不足する

scartare /スカルターレ/([英] unwrap) [他] 包み紙を開ける；(不用・不良なものとして)はねる，捨てる；(車などが)急に方向を変える，急に斜行する(→carta)

scassare /スカッサーレ/([英] break up) [他] 壊す，つぶす

scatenare /スカテナーレ/([英] rouse) [他] 扇動する，駆り立てる；(感情を)剥き出しにする，あらわにする ◆**-arsi** 荒れ狂う，逆上する

scatola /スカートラ/([英] box) [女] 箱，ケース；缶詰 **rompere le scatole a *qc*** 〈人〉を悩ませる，うんざりさせる

scattare /スカッターレ/([英] go off) [自][es] (バネや留め金が)はずれる；(安全装置などが)作動する；飛び出す，ダッシュ[スパート]する；怒る，癇癪を起こす — [他] (カメラのシャッターを切って写真を) 撮る **scatto** [男] (バネなどが)はずれること；バネ仕掛けの装置；ダッシュ，スパート；シャッターを切ること；(感情の)激発，爆発；(電話の)通話単位 **a scatti** ぎくしゃくと(特に歩き方や話し方が) **di scatto** 突然，突如；出し抜けに，いきなり

scaturire ⑥ /スカトゥリーレ/([英] gush) [自][es] ほとばしり出る，湧き出す

scavalcare /スカヴァルカーレ/([英] get over) [他] 飛び越える；

S

scavare /スカヴァーレ/(英 dig) 他 掘る, 深くする; 発掘する, 掘り出す **scavo** 男 穴を掘ること; 掘削; 発掘(現場)

scegliere /シェッリエレ/(英 choose) 他[scelto] 選ぶ, 選(よ)る, 選択する **scelta** 女 選択, 選別, 選り分け; 選集

sceicco /シェイッコ/(英 sheik) 男[-chi] (アラブ諸国の)首長, 族長

scemo /シェーモ/(英 stupid) 形 ばかな, 愚かな ― 男[1] ばか, あほ

scena /シェーナ/(英 scene) 女 場面, シーン; 舞台; 光景, 景色; 言い争い **colpo di scena** 逆転, どんでん返し **fare scena muta** 黙り込む, だんまりを決め込む **scenata** 女 激しい口喧嘩, 怒鳴り合い

scendere /シェンデレ/(英 descend) 自[es, sceso] 下におりる, 下がる; 降りる, 下車する

sceneggiare /シェネッジャーレ/(英 dramatize) 他 (文学作品を) 脚色する, 劇化する

sceneggiatura 女 脚本, シナリオ

scheda /スケーダ/(英 card) 女 カード ¶ ― elettorale 投票用紙

scheggia /スケッジャ/(英 splinter) 女 破片, かけら, 切れ端

scheletro /スケーレトロ/(英 skeleton) 男 骨格, 骸骨; 骨組み

schema /スケーマ/(英 diagram) 男[3] 図式, 図解; 要点; 素案, レイアウト; チャート, スキーム

scherma /スケルマ/(英 fencing) 女 フェンシング

schermo /スケルモ/(英 screen) 男 スクリーン, 銀幕; 画面; 防御, 保護

scherzo /スケルツォ/(英 joke) 男 冗談, しゃれ; からかい, 冷やかし, いたずら **scherzare** 自 ふざける, はしゃぐ; 冗談を言う

schiacciare /スキアッチャーレ/(英 squash) 他 押しつぶす; (ボタンを) 押す; 打ち負かす, 粉砕する; スマッシュ[スパイク]する **schiacciare un sonnolino [pisolino]** うたた寝する, 仮眠する

schiacciata 女 《スポ》スマッシュ, スパイク

schacciante 形 圧倒的な

schiaccianoci 男[0] クルミ割り器 **schiacciapatate** 男[0] ポテト・マッシャー

schiaffo /スキアッフォ/(英 slap) 男 平手打ち; 侮辱

schiaffeggiare 他 平手で打つ, 横っ面を張る; (ボールなどを) 手のひらで打つ; (風や波が) 激しく打ちつける

schiamazzo /スキアマッツォ/(英 cackle) 男 うるさい声, 馬鹿騒ぎ **schiamazzare** 自 大きな声で騒ぐ, うるさく騒ぐ

schiantare /スキアンターレ/(英 break) 他 へし折る; 打ちのめす ◆ **-arsi** 激突して大破する

schiavo /スキアーヴォ/(英 slave) 男[1] 奴隷; (悪癖の)とりこ **schiavismo** 男 奴隷制度 **schiavitù** 女 奴隷の身分[境遇]; 隷属状態

schiena /スキエーナ/(英 back) 女 背, 背中 **schienale** 男 (椅子の)背もたれ

schiera /スキエーラ/(英 formation) 女 隊列, 部隊; 集団, 一団 **schierare** 他 配置する, 整列させる

schieramento 男 配列, 配置; 陣形, 隊形; 党派, 勢力; 《スポ》フォーメーション, ラインアップ

schietto /スキエット/(英 pure)

schifo ►

形 純粋な，混じり気のない；偽りの無い，誠実な

schifo /スキーフォ/ (英 repugnance) 男 見た[聞いた]だけで胸がむかつくようなもの[人] **Fa schifo.** むかつく，胸糞が悪い，話にならない **schifoso** 形 むかつく，胸糞が悪い；ひどい，最低の

schiuma /スキューマ/ (英 foam) 女 泡；よだれ

schizzare /スキッツァーレ/ (英 squirt) 自[es] (液体が)噴き出す；跳びはねる，飛び出す ── 他 (水や泥を)はねる，散らす；(液体を)吐き出す，吹き出す；スケッチする，素描する

schizzo 男 (水や泥の)はね；(液体の)噴出；スケッチ

sci /シー/ (英 ski) 男 スキー；スキーの板 **sciare** /シャーレ/ 自 スキーをする **sciatore** 男 [2] スキーヤー **sciovia** /ショヴィーア/ 女 スキーリフト

scia /シーア/ (英 wake) 女 航跡；(光や煙の)筋

sciacquare /シャックァーレ/ (英 rinse) 他 すすぐ，ゆすぐ ◆**-arsi** (自分の身体を)水ですすぐ

sciagura /シャグーラ/ (英 disaster) 女 大惨事，大事故 **sciagurato** 形 悲惨な，痛ましい；いまいましい，呪われた；手に負えない，どうしようもない，無責任な

scialle /シャッレ/ (英 shawl) 男 ショール，肩掛け

sciame /シャーメ/ (英 swarm) 男 ミツバチの群れ；大群，大集団 **a sciami** 群がって，群れをなして

sciarpa /シャルパ/ (英 scarf; maffler) 女 スカーフ；マフラー

scienza /シェンツァ/ (英 science) 女 科学，学問；知識，教養 **scientifico** /シェンティーフィコ/ 形 科学の，科学的な **scienziato** 男 [1] 科学者

scimmia /シンミア/ (英 monkey) 女 猿(サル)；猿真似，物真似 **scimmiottare** 他 猿真似をする；(人の身振りを)真似る **scimpanzé** 男 チンパンジー

scintilla /シンティッラ/ (英 spark) 女 火花，火の粉；輝き，きらめき；ひらめき

scintillare 自 輝く，きらめく **scintillante** 形 輝く，きらめく

sciocco /ショッコ/ (英 foolish) 形 [-chi] ばかな，愚かな；気の抜けた，つまらない ── 男 [1] 間抜け，ばか者 **sciocchezza** 女 ばかなこと，ばかげたこと

sciogliere ⑩ /ショッリェレ/ (英 untie) 他 [sciolto] 解く，ほどく；解放する，免除する；溶かす；解散する，散会する；(契約などを)解消する **sciogliere le campane** (キリストの復活を祝して)鐘を打ち鳴らす ◆**-ersi** 自由になる，解放される；解散する；ほどける；リラックスする

scioglimento 男 解き放つこと；取り消し，解消；散会，解散；解決，解明

scioglilingua 男 [0] 早口言葉 **sciolto** 形 ほどけた；つながれていない；溶けた；解放された；自由闊達な；(品物が)ばら売りの

sciopero /ショーペロ/ (英 strike) 男 ストライキ **scioperare** 自 ストライキをする

scirocco /シロッコ/ (英 sirocco) 男 [-chi] 南東(の風)，熱風

sciroppo /シロッポ/ (英 syrup) 男 シロップ

sciupare /シュパーレ/ (英 spoil) 他 ぼろぼろにする，駄目にする；無駄遣いする

sciupone 男 [1] 浪費家，金遣いの荒い人

scivolare /シヴォラーレ/ (英

slide) [自][es] 滑る，滑走する；滑り落ちる

scocciare/スコッチャーレ/([英] bother) [他] 邪魔をする，煩わす；うるさく付きまとう

scodella/スコデッラ/([英] bowl) [女] 深皿，スープ皿

scoglio/スコッリォ/([英] rock) [男] (海の)岩場，岩礁；障害，難題

scoiattolo/スコイアットロ/([英] squirrel) [男] リス

scolaro/スコラーロ/([英] schoolchild) [男][1] (小・中学校の)生徒；弟子，門下生

scolastico/スコラスティコ/([英] scholastic) [形] 学校の，教育に関する

scolorito/スコロリート/([英] discolored) [形] 色あせた；青ざめた

scolpire ⑥/スコルピーレ/([英] sculpture) [他] 彫る，彫刻する；刻み込む，感銘を与える(→scultura)

scommettere/スコンメッテレ/([英] bet) [他][-messo] 賭ける；賭けてもよい，絶対に〜である **scommessa** [女] 賭；賭金(→mettere)

scomodo/スコーモド/([英] uncomfortable) [形] 快適でない；居[乗り，座り，寝]心地の悪い；不便な，面倒な(→comodo)

scomparire ⑧/スコンパリーレ/([英] disappear) [自] [es, -parso] 姿を消す，消える **scomparsa** [女] 消失，紛失；失踪；(婉曲に)亡くなること

scompartimento/スコンパルティメント/([英] compartment) [男] (列車の)コンパートメント

sconfiggere/スコンフィッジェレ/([英] defeat) [他][-fitto] 打ち破る，打ち負かす **sconfitta** [女] 敗北，負け

sconforto/スコンフォルト/([英] dejection) [男] 落胆，意気消沈；失望，失意(→conforto)

scongelare/スコンジェラーレ/([英] thaw) [他] 解凍する(→congelare)

scongiurare/スコンジュラーレ/([英] avoid) [他] 回避する；嘆願する **scongiuro** [男] 魔よけ，厄払い；呪文

sconosciuto/スコノッシュート/([英] unknown) [形] 未知の；見たことがない；知られていない，無名の；正体不明の；経験したことが無い — [男][1] 知らない人，見知らぬ人(→conoscere)

sconsigliare/スコンシッリアーレ/([英] not recommend) [他] 〜しないように助言する；断念させる(→consigliare)

sconsolato/スコンソラート/([英] disconsolate) [形] 意気消沈した，打ちひしがれた(→consolato)

scontento/スコンテント/([英] discontented) [形] 不満な；不機嫌な(→contento)

sconto/スコント/([英] discount) [男] 値引き，割引き ¶ fare uno — 値引きする / Non si fanno sconti. 値引き[割引き]をしない **scontare** [他] 値引く，割り引く；(罪を)償う，(代償を)払う

scontro/スコントロ/([英] clash) [男] 衝突，激突；戦闘，対戦 **scontrare** [他] ばったり出会う，出くわす **◆-arsi** (互いに)ぶつかる，衝突する；激突する，交戦する

sconvolgere/スコンヴォルジェレ/([英] upset) [他][-volto] ひっくり返す，転覆させる；混乱させる，動転させる

scopa/スコーパ/([英] broom) [女] (床用の)ほうき；スコーパ(持ち札と捨て札の数の合計で札を取り合うトランプのゲーム)

scoperta/スコペルタ/([英] discovery) [女] 発見(→scoprire)

S

scopo /スコーポ/(英 aim)男 目的, 目標

scoppiare /スコッピアーレ/(英 burst) 自[es] 爆発する, 破裂する; 突然起こる, 勃発する; 堪えきれずに〜する **scoppio** /スコッピオ/男 爆発, 破裂; 爆発[破裂]音; 突発, 勃発

scoprire /スコプリーレ/(英 uncover) 他[scoperto] カバーを取る, ふたを取る;(衣服をめくって)肌を出す; 発見する, 見いだす; 明かす, 打ち明ける (→ coprire)

scoraggiare /スコラッジャーレ/(英 discourage) 他 がっかりさせる; 不安にさせる; 障害[妨げ]になる ◆-**arsi** がっかりする; 自信を失う (→ coraggio)

scordare (di) /スコルダーレ/(英 forget) 他 忘れる ◆-**arsi** 忘れる, 覚えていない **non ti scordar di me** (私を忘れないでね)忘れな草 (→ ricordare)

scorgere /スコルジェレ/(英 sight) 他[scorto] 見える, 見つける; 気づく ¶ **senza farsi —** 気づかれずに, こっそり

scorpione /スコルピオーネ/(英 scorpion)男 蠍(サソリ);(S-) 蠍座

scorrere /スコッレレ/(英 flow) 自[es, scorso] 流れる; 走る; 過ぎ去る — 他 ざっと目を通す; 回想する **scorso** 形 過ぎ去った;(昨年, 先月, 先週などの)昨〜, 先〜 (→ correre)

scorretto /スコッレット/(英 incorrect) 形 正確でない, 間違いのある; だらしない, 非常識な;«スポ»フェアーでない (→ corretto)

scorta /スコルタ/(英 escort)女 警護, 護衛; 蓄え, 予備; 在庫 **scortare** 他 警護する, 護衛[護送]する

scortese /スコルテーゼ/ 形 (英 rude) 無愛想な, つっけんどんな; 無礼な, 無作法な (→ cortese)

scorza /スコルツァ/(英 bark) 女 (木の)皮, 樹皮;(柑橘類の)厚い皮 **scorticare** 他 皮をはぐ;(皮膚を)すりむく;(人から)暴利をむさぼる, 金をぼる

scossa /スコッサ/(英 shake) 女 揺れ, 振動; 衝撃, ショック ¶ **prendere la —** 感電する (→ scuotere)

scostare /スコスターレ/(英 push aside)他 少し離す[動かす]; 避ける, よける ◆-**arsi** 遠ざかる, 離れる; 脇に寄る; 離反する (→ costa)

scotch /スコッチ/ [英] 男[0] 粘着テープ; スコッチウイスキー

scottare /スコッターレ/(英 scorch)他 やけどさせる;(肉などを)軽くあぶる; 湯通しする — 自 とても熱い; とても興味深い, 気になる ◆-**arsi** 日に焼ける;(体の一部を)やけどする; 痛い目にあう

scout /スカウト/ [英] 男 女 形 [0] ボーイ[ガール]スカウト(の)

scovare /スコヴァーレ/(英 find out) 他 探し出す, 見つけ出す;(動物を)穴から追い出す (→ covo)

scozzese /スコッツェーゼ/(英 Scottish) 形 男 女 スコットランドの(人) **Scozia** /スコーツィア/ 女 スコットランド

scricchiolare /スクリッキオラーレ/(英 creak) 自 軋(きし)む (ミシミシ, キー, キュッ) **scricchiolio** /スクリッキオリーオ/ 男 軋み, 軋む音

scritta /スクリッタ/(英 writing)女 (書かれた)文字, 文章, メモ; 看板 (→ scrivere)

scritto /スクリット/(英 written) 形 書かれた; 明文化された, 明記された; 筆記の — 男 書いた[書かれた]もの; 文書,

著書(→ scrivere)
scrivere /スクリーヴェレ/(英 write) 他[scritto] 書く;手紙を書く **scrittore** 男[2] 作家 **scrittura** 女 筆跡;書体 **scrivania** /スクリヴァニーア/ 女 机

scroccone /スクロッコーネ/(英 sponger) 男[1] 他人の金で飲み食いする人;居候(いそうろう)

scrofa /スクローファ/(英 sow) 女 雌豚

scroscio /スクロッショ/(英 pelt) 男 (雨の)ひどい降り,土砂降り;ザーザー(豪雨の音),ゴーゴー(激流の音);(テレビやラジオの)サンドストーム ¶ — di pioggia 土砂降りの雨 / — di applausi 割れんばかりの拍手 / — risa [pianto] 爆笑[号泣] **scrosciare** 自[av/es] (雨が激しく降る);(水が)激しく流れる;ごうごうと鳴り響く **a scroscio** 激しく,激しい音をたてて

scrupolo /スクルーポロ/(英 scruple) 男 気が咎めること,後ろめたさ;遠慮,気兼ね;細心,綿密 **con scrupolo** 丹念[入念]に,几帳面に **farsi scrupolo** 気兼ねする,気が引ける **fino allo scrupolo** 申し分なく,この上なく **senza scrupoli** 平然と,平気で

scrutare /スクルターレ/(英 scrutinize) 他 綿密に調べる,吟味する;追究する,考察する

scrutinio /スクルティーニオ/(英 scrutiny) 男 開票,得票数の集計;(学期末の)成績判定

scudo /スクード/(英 shield) 男 盾(たて);防御,保護
scudetto 男 盾形のワッペン(イタリア選手権を制したチームが翌シーズンにユニフォームの胸につける盾形の三色旗);イタリア選手権(試合)

scultura /スクルトゥーラ/(英 sculpture) 女 彫刻 **scultore** 男[2] 彫刻家(→ scolpire)

scuola /スクオーラ/(英 school) 女 学校,授業;(文学,美術の)派 **scuolabus** 男 スクールバス

scuotere /スクオーテレ/(英 shake) 他[scosso] 振る,揺り動かす;動揺させる —自 揺れる ◆-ersi びくっとする,はっとする;(眠りなどから)覚める;動揺する,取り乱す;(体から)振り払う,振り落とす

scure /スクーレ/(英 axe) 女 斧(おの),まさかり

scuro /スクーロ/(英 dark) 形 暗い,薄暗い;黒っぽい ¶ verde — ダークグリーン **scurire** ⑥ 他 黒くする —自[es] 黒ずむ —(非人称)[av/es] 暗くなる ◆-irsi 黒くなる;暗くなる

scusare /スクザーレ/(英 excuse) 他 許す,理解を示す;(人の)言い分を認める,弁護する ◆-arsi 謝る,わびる;弁解する,自己弁護する **scusa** 女 許し,謝罪;言い訳,言い逃れ,口実

sdebitarsi /ズデビタルスィ/(英 pay one's debts) 再 借金を返済する;(精神的な)借りを返す,報いる

sdegnare /ズデニャーレ/(英 disdain) 他 軽蔑する;憤慨させる ◆-arsi 憤慨する **sdegno** 男 憤り,憤慨,義憤;軽蔑,侮蔑 **sdegnoso** 形 怒りに満ちた,軽蔑的な;(人を)馬鹿にした,蔑視する

sdraiare /スドライアーレ/(英 lie down) 他 横たえる,寝かせる ◆-arsi 横になる,寝そべる

sdraio /ズドライオ/ 男 **poltrona a sdraio** リクライニングシート ¶ **sedia a sdraio** デッキチェア,寝椅子

se¹ /セ/(英 if) 接 もしも〜なら;(従属節で)〜かどうか **anche se** たとえ〜でも

se² → si（3人称の再帰補語）

sé /セ/ (英 oneself) 代 3人称の自分自身(stesso, medesimoを添えて強調する場合が多い)

sebbene /セッベーネ/ (英 although) 接 (接続法と共に)〜なのに，〜にもかかわらず

seccare /セッカーレ/ (英 dry) 他 乾かす，乾燥させる；煩わす，面倒[厄介]をかける ◆-arsi 乾く，乾燥する；干上がる；干からびる；煩わしく思う，いら立つ

seccatura 女 煩わしさ，面倒，厄介 **seccante** 形 煩わしい，面倒な，厄介な

seccatore 男[2] うんざりさせる人；厄介者，邪魔者

secchio /セッキオ/ (英 pail) 男 バケツ，手おけ(= secchia)

secco /セッコ/ (英 dry) 形 乾いた，乾燥した；乾燥させた；素っ気ない，断固たる；(ワインが)辛口の ― 男 乾燥；乾燥した場所[気候]

secessione /セチェッスィオーネ/ (英 secession) 女 分離，離脱 ¶ la guerra di ― americana アメリカ南北戦争

secolo /セーコロ/ (英 century) 男 世紀，100年；長い歳月

secondario /セコンダーリオ/ (英 secondary) 形 副次[二次]的な，二義的な ¶ scuola *secondaria* 中学校

secondo¹ /セコンド/ (英 second) 形 2番目の，第2の **di seconda mano** 中古の **secondo piatto** (肉や魚の)メインディッシュ ― 男 秒(< minuto *secondo*)

secondo² /セコンド/ (英 according to) 前 〜によれば，〜の考え[見解]では；〜に従って，〜に応じて

sedano /セーダノ/ (英 celery) 男 セロリ

sede /セーデ/ (英 seat) 女 (組織の)所在地；(要職者の)居住地；(活動の)拠点，本部 **La Santa Sede** ヴァチカン，ローマ法王庁

sedere ⑳ /セデーレ/ (英 sit) 自[es] 座る，腰をおろす ◆-ersi 座る，席につく **sedere** 男 お尻

sedia /セーディア/ (英 chair) 女 椅子 **sedile** 男 座席，シート，腰掛け

sedici /セーディチ/ (英 sixteen) 男形 [0] 16(の)

sedurre ⑪ /セドゥッレ/ (英 seduce) 他 [-dotto] 誘惑する，そそのかす；心をひく，魅了する **seducente** 形 誘惑的な，魅力的な **seduttore** 男[2] 誘惑者；女たらし，女殺し

seduta /セドゥータ/ (英 meeting) 女 ミーティング；集会，会合(→ sedere)

sega /セーガ/ (英 saw) 女 鋸(のこ)，鋸ぎり **segare** 他 鋸で切る；鎌で刈る **segheria** /セゲリーア/ 女 製材所

seggio /セッジョ/ (英 seat) 男 (要職者の)椅子，座 ¶ ― reale 王座 / ― elettorale 投票所；選挙管理委員会 **seggiola** /セッジョラ/ 女 椅子，腰掛け

seggiovia /セッジョヴィーア/ 女 スキーリフト

segnale /セニャーレ/ (英 signal) 男 信号，合図，シグナル ¶ ― orario 時報 / ― stradale 道路[交通]標識

segnalare 他 (合図や信号で)知らせる；(人を)推薦する，推す ◆-arsi 目立つ，抜きんでる

segno /セーニョ/ (英 sign) 男 (何かを示す)しるし；記号，符号；跡，痕跡；合図，サイン；標的，的(まと)；限界，限度 **segno zodiacale [dello zodiaco]** 星座(星占いの) **per filo e per segno** 綿密に，事細かに

segnare 他 しるし[目印]を付ける；書き記す，メモする；指し示す；≪スポ≫得点する

> **sempre**

◆ **-arsi** 十字をきる

segnalinee/セニャリーネエ/男女[0] 線審,ラインズマン;副審

segretario/セグレターリオ/(英 secretary)男 秘書;事務官,事務局員;書記,幹事

segretaria女 (女性の)秘書

segreteria/セグレテリーア/女 事務局;秘書課;書記局

segreto/セグレート/(英 secret)男 秘密;秘訣(ひけつ);心底,胸中;神秘 ― 形 秘密の;秘密を守る,口が堅い

seguire/セグイーレ/(英 follow)他 (人の)あとについて行く[来る];(人や物の)あとを追う;(表示などに)沿って行く,従って行く;(規則などに)従う,倣(なら)う;(特定の対象に強い関心を示して欠かさず)観る,読む,聴く,通う,出席する ― 自[es] あとに続く,続いて来る **seguito**/セーグイト/男 続き;随行,おとも **di seguito** 連続して,絶え間なく

seguente形 次の,次に続く

seguace男女 信奉者,追随者;従者,家来

sei/セーイ/(英 six)男 形 6(の)

selciato/セルチャート/(英 paved)形 (小さな敷石や砂利で)舗装した,石畳の ― 男 敷石

selezione/セレツィオーネ/(英 selection)女 選抜,精選;ふるいにかけること,ふるい落とすこと;精選品,珠玉集

selezionare他 選抜[精選]する,選りすぐる

self-service/セルフセルヴィス/[英]男 セルフサービスの食堂

sella/セッラ/(英 saddle)女 馬の鞍(くら);(自転車やバイクの)サドル

selva/セルヴァ/(英 wood)女 森,森林 **una selva di...** 大量の~ **selvaggio**/セルヴァッ

ジョ/形 野生の;未開の;野蛮な,残酷な ― 男[1] 未開人

selvaggina女 狩猟の獲物;野生動物の肉

selvatico/セルヴァーティコ/(英 wild)形 野生の,自然に育った;(人が)粗野な,扱いにくい

selvatichezza女 野性;野生

semaforo/セマーフォロ/(英 traffic ligts)男 信号(機)

sembrare/センブラーレ/(英 seem)自[es] ~のようだ,~みたいだ;~に似ている;~のように思われる,~ような気がする(→ parere)

seme/セーメ/(英 seed)男 種,種子;元,原因 **seminare**他 種をまく;まき散らす,ばらまく;広める,流布させる;(競走で他を)大きく引き離す

semestre/セメストレ/(英 semester)男 半年;(2学期制の)学期,セメスター;(家賃などの)半年分 **semestrale**形 半年続く;半年に1度の

semifreddo/セミフレッド/(英 half-cold)形 ぬるい,生ぬるい 男 ソフトクリーム

semmai/センマーイ/(英 in case)接 (接続法と共に)もし[万一]~の場合は ― 副 もしもの場合[時]は,なんなら

semplice/センプリチェ/(英 simple)形 (形式などが)単純な,簡単な;(飲物が)何も混ぜない,ストレートの;飾り気のない,シンプルな;(性格が)純朴な,無邪気な,単純な;(名詞に前置して)ただの,単なる,普通の;(名詞に後置して)階級が最低の,平(ひら)の

semplicità女 簡単,平易,簡潔;簡素,質素;素朴,無邪気

semplificare他 簡単にする,単純化する

sempre/センプレ/(英 always)副 常に,いつでも,いつも;ずっと,今でも,相変わらず **non sempre** いつも[必ずしも]~と

はかぎらない **per sempre** いつまでも，永遠に

sempreverde 形 常緑の —男女 常緑樹

senato/セナート/(英 senate)男 (古代ローマの) 元老院; (S-) 二院制の上院
¶ — accademico (大学の)学部長会議 **senatore**男 [2] 上院議員；元老院議員

sennò/センノ/(英 otherwise)副 さもなければ，そうでないと (=se no)

senno/センノ/(英 sense)男 良識，知性；正気，理性

seno/セーノ/(英 breast)男 (特に女性の)胸，乳房；懐(ふところ)，胎内

sensazione/センサツィオーネ/(英 sensation)女 感覚；感じ，気持 **sensazionale** 形 センセーショナルな

sensibile/センスィービレ/(英 sensible, sensitive)形 感じられる，知覚できる；感覚が鋭い，鋭敏な；敏感な，過敏な；感度が高い **sensibilità** 女 感覚；敏感さ，鋭敏さ；感性，感受性；感度，感光度

senso/センソ/(英 sense)男 感覚(器官)；[複で] 官能，性欲；感じ，気持；感覚，センス；意味，意義；(運動の)方向，向き **buon senso** 良識 **senso unico** 一方通行

sentenza/センテンツァ/(英 decision)女 判決(文)；格言，警句

sentiero/センティエーロ/(英 path)男 (田舎や山の)小道，細道

sentimento/センティメント/(英 sentiment)男 感情，心；情，愛情；感覚，意識

sentimentale 形 感傷的な，涙もろい，おセンチな；愛情の，恋の

sentinella/センティネッラ/(英 sentinel)女 見張りの兵士，歩哨(ほしよう)

sentire/センティーレ/(英 feel; hear)他 (五感で)感じる；味わう；聞く，聞こえる；(人の)話を聞く **farsi sentire** 自分の話を聞いてもらう；自分の声[足音]を聞かれる；近況を知らせる，連絡する ◆**-irsi** 自分を～だと感じる，～の気分である；(互いに)電話で話す **sentirsela di** 《不定詞》 ～するだけの力[勇気]がある；～できる状態にある

senza/センツァ/(英 without)前 ～なしで，～抜きで；(不定詞と共に) ～せずに，～しないで

separare/セパラーレ/(英 separate)他 分ける，分離する；別れさせる；区別する
◆**-arsi** (da) ～と別れる，～から遠ざかる；(相互的に)別居する **separazione** 女 分離，別居；離別

seppellire⑥/セッペッリーレ/(英 bury)他[sepolto] 埋葬する；地に埋める，隠す；埋没させる；(広義で)忘れ去る，葬り去る ◆**-irsi** 閉じこもる；埋没する

seppia/セッピア/(英 cuttle)女 烏賊(イカ)，モンゴウイカ；セピア色

sequenza/セクエンツァ/(英 sequence)女 (順序だった)一続き，連続；(映画の)ワンカット，シーン；(トランプの)続き札，(ポーカーの)ストレート

sequestrare/セクエストラーレ/(英 attach)他 差し押さえる；押収[没収]する；(不法に)監禁する，誘拐する **sequestro** 男 差押え；押収，没収；不法監禁，誘拐

sera/セーラ/(英 evening)女 夕方；晩，夜(日没から深夜までの時間帯) **serale** 形 夜の，夜間の **serata** 女 夕べ，夕刻；夜会，夜宴；(演劇の)夜の部 **prima serata** (テレビの)ゴールデンアワー **serenata** 女 セレナード，小夜(さよ)曲

serbare /セルバーレ/ (英 lay aside) 他 取っておく，蓄えておく；(感情などを)持ち続ける ◆ **-arsi** 保つ，保たれる

serbatoio /セルバトイオ/ 男 水槽，タンク；貯水池；源泉，宝庫

sereno /セレーノ/ (英 serene) 形 快晴の，雲ひとつ無い；のどかな，落ち着いた ― 男 快晴，晴天 **fulmine a cielo sereno** 青天の霹靂(へきれき)

serenità 女 晴朗；平穏，平静

sergente /セルジェンテ/ (英 sergeant) 男 軍曹

serie /セーリエ/ (英 series) 女 [0] 連続，一続き，系列；(同系の)セット，シリーズ；(プロスポーツの)リーグ **una serie di...** 一連の～ **di serie** 量産の **fuori serie** 特別仕様の；並外れた，超ど級の **in serie** 連続して；大量生産の[で] **serial** /セリアル/ 男 [0] (テレビやラジオの)連続物語[ドラマ]，続き物

serio /セーリオ/ (英 serious) 形 (態度が)真剣な，真面目な，本気の；(表情などが)深刻な，不安げな；(事態が)重大な，深刻な；(病気が)重い，重度の **sul serio** 真面目に，本気で

serietà 女 真剣，真面目，本気；重大性，深刻

serpe /セルペ/ (英 snake) 女 蛇(ヘビ)；腹黒い偽善者

serpente 男 蛇(ヘビ)；蛇革；陰険[冷酷]な人間

serpeggiare 自 蛇行する，曲がりくねる

serpeggiante 形 曲がりくねった，蛇行する

serra /セッラ/ (英 hothouse) 女 温室，温床

serratura /セッラトゥーラ/ (英 lock) 女 錠，錠前，ロック

servire /セルヴィーレ/ (英 serve) 自[es] 役に立つ，使う，必要とする ― 他 仕える，奉公する；勤める，勤務する；(料理を食卓に)出す，給仕する；(客に)対応する；(単独で)ボールをサーブする；(ゲームで)札を配る ◆ **-irsi** 利用する；常用する；(出されたものを)取る

servizio /セルヴィーツィオ/ (英 service) 男 勤めること，勤務，奉公，兵役；もてなすこと，奉仕，給仕，サービス(料)；(公共・公益の)事業，施設；(交通の)運行，便；〔複で〕水回り(台所，浴室，トイレ)，そこで使う必要品；《スポ》サーブ，サービス

servo /セルヴォ/ (英 servant) 男 召使，使用人，下男，僕(しもべ) **serva** 女 お手伝い，メイド，下女 **servitù** 女 (集合的に)使用人，(ホテルなどの)従業員；奴隷の状態；隷属

sessanta /セッサンタ/ (英 sixty) 男 形 60(の)

sesso /セッソ/ (英 sex) 男 性；性別 **sessuale** 形 性に関する，性的な

sesto /セスト/ (英 sixth) 形 6番目の

set /セット/ [英] 男 [0] 一式，セット

seta /セータ/ (英 silk) 女 絹，シルク

sete /セーテ/ (英 thirst) 女 (のどの)渇き；渇望 **avere sete** 喉が渇いている

sette /セッテ/ (英 seven) 男 形 7(の) **settanta** 男 形 70(の)

settembre /セッテンブレ/ (英 September) 男 9月

settentrione /セッテントリオーネ/ (英 north) 男 北(部)；(S-) 北イタリア

settentrionale 形 北の；北欧の ― 男 女 北イタリアの人；北欧の人

settimana /セッティマーナ/ (英 week) 女 週，週間 **fine settimana** 男 週末 **settimanale** 形 1週間の；週に1度の ― 男 週刊誌

settimo /セッティモ/ (英

seventh) [形] 7番目の

settore/セットーレ/([英] sector) [男] 分野, 部門, セクター;(座席などの)区切り **settoriale** [形] 分野[部門]に関する;分野[部門]別の

severo/セヴェーロ/([英] severe) [形] 厳しい, 厳格な **severità** [女] 厳格, 謹厳

sezione/セツィオーネ/([英] section) [女] (組織内の)分課, 分科;セクション;断面図

sfacciato/スファッチャート/([英] impudent) [形] ずうずうしい, 生意気な — [男][1] ずうずうしい[生意気な]やつ

sfamare/スファマーレ/([英] satisfy hunger) [他] 飢えを癒す;養う(→fame)

sfavillante/スファヴィッランテ/([英] sparkling) [形] きらきら光る, きらめく

sfegatato/スフェガタート/([英] enthusiastic) [形] 熱狂的な, 猪突猛進の;猛烈な, 激烈な

sfera/スフェーラ/([英] sphere) [女] 球, 球体;球形のもの;領域, 範囲 **penna a *sfera*** ボールペン

sfida/スフィーダ/([英] challenge) [女] 挑戦;決戦, 勝負;挑発 **sfidare** [他] 挑戦する;(決戦に)挑む;(危険などに)勇敢に立ち向かう

sfiducia/スフィドゥーチャ/([英] distrust, diffidence) [女] 不信(感);自信のなさ, 弱気, 悲観 ¶ voto di — 不信任投票(→fiducia)

sfilare/スフィラーレ/([英] unthread, parade) [他] 抜き取る — [自][av/es] (人の前を)行進する ◆**-arsi** (糸が)抜ける;(糸から)はずれる **sfilata** [女] 行列, パレード(→fila, filo)

sfinge/スフィンジェ/([英] Sphinx) [女] スフィンクス;謎めいた[得体の知れない]人物

sfiorare/スフィオラーレ/([英] touch lightly) [他] 軽く触れる;かすめる;軽く言及する;(考えなどが)よぎる;紙一重の状態にある

sfiorire ⑥/スフィオリーレ/([英] lose one's blossoms) [自][es] 花が散る, しおれる;(美しさなどが)色あせる **sfiorito** [形] (花が) しおれた; 色あせた(→fiorire)

sfociare/スフォチャーレ/([英] flow into) [自][es] (川が)流れ込む;(道が)通じる;(結果を)もたらす

sfogare/スフォガーレ/([英] vent) [他] (不満や悩みを)吐き出す, ぶちまける — [自][es] (液体が)流れ出る;(不満などが)噴き出す ◆**-arsi** (con *qc*) 〈人〉に悩みを打ち明ける **sfogo** [男] (悩みなどを)明かすこと, (心情の)吐露

sfoglia/スフォッリァ/([英] lamina) [女] (金属の)薄片;薄く伸ばしたパスタ, 菓子用の生地(→foglia)

sfogliare/スフォッリアーレ/([英] strip the leaves) [他] (葉や花弁を)摘み取る;(本などの)ページをぺらぺらめくる;流し読み[拾い読み]する(→foglia, foglio)

sfollare/スフォッラーレ/([英] disperse) [自][es] (群集が)分散[解散]する, (人の)波が引く;(一時的に)避難する, 退去する — [他] (群集が場所を)あとにする, 立ち去る;(強制退去などで場所を)無人状態にする;(人員を)削減する **sfollamento** [男] (場所からの)解散, 強制退去;避難;人員の削減(→folla)
sfollagente [男][0] 警棒(<sfollare+gente)

sfondare/スフォンダーレ/([英] break) [他] 突き破る, (穴を開けて)壊す — [自] 成功する ◆**-arsi** 底が抜ける, 穴が開く(→fondo)

sfortuna/スフォルトゥーナ/([英]

bad luck) 囡 不運, 不幸; 災難
sfortunato 形 不運な, 不幸な, 惨めな (→ fortuna)
sforzo /スフォルツォ/ (英 effort) 男 努力, 苦労 **sforzarsi** 再 (di 《不定詞》) 頑張って〜する; 無理をして〜する (→ forza)
sfratto /スフラット/ (英 eviction) 男 （賃貸契約での）立ち退き, 地上げ ¶ **dare lo —** 立ち退かせる, 追い立てる
sfrattare 他 立ち退かせる; 追い出す
sfrenato /スフレナート/ (英 unrestrained) 形 節度の無い, セーブしない; 不摂生な; 止められない, 手に負えない; 無際限な (→ freno)
sfruttare /スフルッターレ/ (英 exploit) 他 （土地や資源を）有効に利用する, 開発する;（何かを）最大限に活かす;（他人を）利用する, 酷使[搾取]する
sfruttamento 男 活用, 利用; 酷使, 搾取 (→ frutto)
sfuggire /スフッジーレ/ (英 avoid) 自[es] (a qc/qs)〈人〉から逃れる,〈物事〉を免れる;（物が人の手から）滑り落ちる;（言葉が人の口から）漏れる, 口を滑らす;（人を間接補語, 物事を主語に）〜を見逃す, 失う, 逸す, 忘れる ― 他 避ける, 回避する (→ fuggire)
sfumare /スフマーレ/ 自 (英 vanish)[es] 消える, 消散[消失]する;（輪郭が）ぼやける;（色合いが）弱まる ― 他 （濃淡を）淡くする, ぼかす;（調子を徐々に）弱める;（髪を）段カットする **sfumatura** 囡 微妙な意味合い, ニュアンス; 濃淡, ぼかし (→ fumo)
sganciare /ズガンチャーレ/ (英 unhook) 他 切り離す, 取りはずす; 投下する, 発射する;（お金を）出す ◆ **-arsi** （留めたものが）はずれる; 手を切る, 解消する (→ gancio)

sgangherato /ズガンゲラート/ (英 ramshackle) 形 蝶番（ちょうつがい）がはずれた;（家具が）ぐらつく, がたがたする;（態度が）しまりのない, だらしない, 下品な
sgarbato /ズガルバート/ (英 rude) 形 無作法な, 無礼な, ぶしつけな; 無器用な **sgarbo** 男 無礼, 非礼, 顰蹙（ひんしゅく）
sghembo /ズゲンボ/ (英 skew) 形 斜めの; ゆがんだ;（上下に）クロスする ¶ **a [di] —** 斜めに, はすに
sgombrare /ズゴンブラーレ/ (英 clear) 他 （邪魔なものを）かたづける, 取り払う, 一掃する;（不安などを）払拭（ふっしょく）する;（場所から）退去させる (= sgomberare)
sgombro /ズゴンブロ/ 男 (英 mackerel) 鯖（サバ）(→ scombro)
sgomentare /ズゴメンターレ/ (英 dismay) 他 驚愕させる
sgomento 男 驚愕, 戦慄
sgonfiare /ズゴンフィアーレ/ (英 deflate) 他 空気[ガス]を抜く; 腫（は）れを引かせる;（規模や評価を）縮小する ◆ **-arsi** 空気が抜ける; 腫れがひく;（人が）しゅんとなる, 自信をなくす (→ gonfiare)
sgridare /ズグリダーレ/ (英 scold) 他 大声でしかる, がみがみ怒鳴る
sguaiato /ズグァイアート/ (英 wild) 形 行儀の悪い, 見苦しい, だらしない
sguardo /ズグァルド/ (英 glance) 男 視線, 目つき, まなざし
sguinzagliare /ズグィンツァッリアーレ/ (英 unleash) 他 （つなぎから犬などを）解き放つ;（繋ぎを解いて人を）追跡させる (→ guinzaglio)
shampoo /シャンポ/ [英] 男 シャンプー

si¹ /スィ/ (英 oneself) 代 (3人称の再帰補語) 彼[彼女, あなた, 彼ら, 彼女ら]自身に[のために, を] (直接補語とは se lo [la, li, le, ne])

si² /スィ/ (英 one; we) 代 特に主語を限定しない一般的な表現に用いられ, 動詞は原則として3人称単数形で対応させるが, 他動詞が複数の直接補語を伴う場合は3人称複数で対応する (再帰動詞の場合はci si, 直接補語の場合は後置させて [lo, la, li, le]si, ne とは常に se ne])

sì /スィー/ (英 yes) 副 はい ― 男 肯定, 賛成

sia /スィーア/ 接 essere の接続法現在・3人称単数形 sia A sia [che] B A も B も (ともに) sia che (接続法) sia che (接続法) 〜であろうと〜であろうと

siamese /スィアメーゼ/ (英 Siamese) 形 シャムの(タイの旧称) 一心同体の 男 シャム猫

sibilare /スィビラーレ/ (英 sibilate) 自 口笛を吹く; ピュー[ヒュー, シュー]と音を立てる

sibilo /スィービロ/ 男 ピュー [ヒュー, シュー]という音

sicario /スィカーリオ/ (英 hired killer) 男 刺客, 殺し屋

sicché /スィッケ/ (英 so) 接 それで; (疑問)それで?

siccità /スィッチタ/ (英 drought) 女 干魃(かんばつ); 異常乾燥

siccome /スィッコーメ/ (英 since) 接 〜なので

siciliano /スィチリアーノ/ (英 Sicilian) 形 男 [1] シチリアの(人) **Sicilia** /スィチーリア/ 女 シチリア島(イタリア特別州)

sicuro /スィクーロ/ (英 safe; sure) 形 安全な, 安心できる; 確かな, 確実な; 腕のよい, 熟練の ― 副 確かに **-mente** 副 確かに; かならず, もちろん

sicurezza 女 安全, 確実; 確信, 自信 ¶ cintura di ― 安全ベルト[シートベルト] pubblica ― 警察, 公安 trattato di ― 安全保障条約 uscita di ― 非常口

siderurgia /スィデルルジーア/ (英 iron metallurgy) 女 製鉄, 鉄鋼 **siderurgico** /スィデルルジコ/ 形 製鉄[鉄鋼]の

siepe /スィエーペ/ (英 hedge) 女 生け垣, 垣根; 障壁, 障害物

sigaretta /スィガレッタ/ (英 cigarette) 女 (紙巻き)タバコ **sigaro** /スィーガロ/ 男 葉巻き

sigillare /スィジッラーレ/ (英 seal) 他 封印する, 封をする; しっかり閉める, 密封する

sigillo 男 (封印するための)印章, シール; 封印

sigla /スィグラ/ (英 initials) 女 (頭文字などを使った)略号, 略記 ¶ ― musicale (番組の)テーマ音楽

significare /スィニフィカーレ/ (英 signify) 他 意味する

significato 男 意味, 意義; 価値 **significativo** 形 有意義な, 意義深い; 意味深長な

signora /スィニョーラ/ (英 lady) 女 既婚の女性, 婦人, ミセス; 奥さん, 〜夫人; 妻, 家内 (略記: sig.ra) **Nostra Signora** 聖母マリア

signore /スィニョーレ/ (英 gentleman) 男 大人の男性, ミスター; ご主人, 〜氏 (略記: sig.); (S-) 主, 神 **Nostro Signore** イエス・キリスト

signorile 形 紳士的な, 洗練された; 立派な, 豪華な

signorina /スィニョリーナ/ (英 young lady) 女 若い女性, 未婚の女性, ミス; お嬢さん, 〜嬢 (略記: sig.na)

silenzio /スィレンツィオ/ (英 silence) 男 静寂, 静けさ; 沈黙; ご無沙汰; 口外しないこと **silenzioso** 形 無口な, 口数の少ない; 騒音[雑音]を出さない; 静かな

sillaba/スィッラバ/（英 syllable）囡 音節, シラブル

siluro/スィルーロ/（英 torpedo）男 魚雷；水雷；裏工作(人を失脚させるための) **silurare** 他 魚雷で攻撃する；失脚させる, 左遷する；(計画などを)妨害する, 失敗させる

simbolo/スィンボロ/（英 symbol）男 象徴, シンボル

simile/スィーミレ/（英 similar）形(a...) ～に似た, ～と同じような

simpatico/スィンパーティコ/（英 nice）形 感じの良い, 好感の持てる **simpatia** /スィンパティーア/ 囡 好感；共感, 同感

simulare/スィムラーレ/（英 simulate）他 装う, ふりをする；真似る, 擬態する；シミュレーションを作る, 模擬実験する **simulazione** 囡 シミュレーション；ふり, 見せかけ；擬態 **simultaneo**/スィムルターネオ/ 男 同時に起こる[行なう] ¶ traduzione simultanea 同時通訳

sincero/スィンチェーロ/（英 sincere）形 誠実な, 偽りのない, 本物の **sincerità** 囡 真心；誠実, 誠意；率直

sindacato/スィンダカート/（英 trade union）男 労働組合, 企業連合 **sindacale** 形 労働組合の

sindaco/スィンダコ/（英 town mayor）男[1] 市長, 町長, 村長

sinfonia/スィンフォニーア/（英 symphony）囡 交響曲, シンフォニー

singhiozzo/スィンギオッツォ/（英 hiccup）男 しゃっくり；すすり[むせび]泣き

singhiozzare 自 しゃっくりをする；すすり泣く, 泣きじゃくる

singolo/スィンゴロ/（英 single）形 個々の, 個別の；唯一の, 単一の；一人用の, シングルの ― 男 個人；《スポ》個人戦, シングル；(野球の)シングルヒット；シングル盤 **singolare** 形 特異な, 風変わりな；単独の；単数の

sinistra/スィニストラ/（英 left）囡 左, 左手, 左側；左派, 左翼 **sinistro** 形 左の；不吉な (→ destra, destro)

sino(→ fino)

sinonimo/スィノーニモ/（英 synonym）男 同意語, 類語

sintomo/スィントモ/（英 symptom）男 症状；徴候

sipario/スィパーリオ/（英 curtain）男 (劇場の)幕, 緞帳(どんちょう)

sirena/スィレーナ/（英 siren）囡 サイレン；人魚, セイレーン

siringa/スィリンガ/（英 syringe）囡 注射器；(クリームなどの)押し出し器；葦笛, パンフルート

sistema/スィステーマ/（英 system）男[3] 制度, 体制；方式, システム；体系

sistemare 他 体系づける；整理する；解決する；(就職・結婚の意で)かたづける

sistemazione 囡 体系化, システム化；整理, 整頓；配置, 配列

situare/スィトゥアーレ/（英 place）他 置く；位置づける
◆-arsi 置かれる；位置づけられる **sito** 男 場所, 位置；(インターネットの)ウェブサイト

situazione/スィトゥアツィオーネ/（英 situation）囡 状況, 事態；立場, 状態；位置, 場所

slacciare/ズラッチャーレ/（英 unlace）他 ひもをほどく；ボタンをはずす；(締めつけているものを)はずす (→ laccio)

slancio/ズランチョ/（英 fling）男 跳躍, 飛躍；勢い, はずみ；熱情, 熱烈 **slanciarsi** 身を投げ出す；(物が)そそり立つ

slanciato 形 すらりとした；

そそり立つ(→ lanciare)

slavina/ズラヴィーナ/([英] snowslide) [女] (特に春の)雪崩(なだれ)

slavo/ズラーヴォ/([英] Slavic) [形] スラブ系[民族]の **gli Slavi** スラブ民族 — [男] スラブ系の言語(ロシア語, ポーランド語, チェック語など)

sleale/ズレアーレ/([英] disloyal) [形] 不誠実, 不実な;不正な, 不公平な(→ leale)

slitta/ズリッタ/([英] sledge) [女] そり **slittare** [自][es] スリップする;(本来の位置から)ずれる;(株価などが)下落する;延期される **slittamento** [男] スリップ;ずれ;下落

slogan/ズローガン/ 〔英〕 [男][0] スローガン, 標語

sloggiare/ズロッジャーレ/([英] turn out) [他] (借家人を)立ち退かせる;(敵などを)追い払う — [自] 立ち退く;撤退する, 退去する

slogare/ズロガーレ/([英] dislocate) [他] 脱臼(だっきゅう)させる ◆**-arsi** 脱臼する **slogatura** [女] 脱臼

smacchiare/ズマッキアーレ/([英] remove stains) [他] 染み抜きする, 染みを落とす **smacchiatore** [男] 染み抜き(剤)(→ macchia)

smagliante/ズマッリアンテ/([英] resplendent) [形] 光り輝く, まぶしい;(色が)燃えるように鮮やかな

smalto/ズマルト/([英] enamel) [男] エナメル;琺瑯(ホウロウ);七宝焼き;マニキュア;(歯の)エナメル質 **smaltato** [形] エナメルを塗った;ホウロウ引きの;七宝焼きの

smarrire ⑥/ズマッリーレ/([英] lose) [他] 紛失する, なくす;(道などに)迷う ◆**-irsi** 道に迷う;おろおろする, うろたえる **smarrimento** [男] 紛失, 遺失;道に迷うこと;おろおろする[うろたえる]こと **smarrito** [形] 紛失した, 置き忘れられた;道に迷った;うろたえた **ufficio oggetti smarriti** 遺失物取扱所

smascherare/ズマスケラーレ/([英] unmask) [他] 正体を暴く ◆**-arsi** 本性を現わす, 正体が暴かれる

smentire ⑥/ズメンティーレ/([英] prove wrong) [他] (他人の)嘘を暴く;(情報などを)間違いだと言う, 否定する;(自供や証言を)翻す, 撤回する;(評判や期待を)裏切る ◆**-irsi** 前言を翻す; 自分の嘘を認める(→ mentire)

smeraldo/ズメラルド/([英] emerald) [男] エメラルド;エメラルドグリーン — [形][0] エメラルド色の

smettere/ズメッテレ/([英] stop) [他][smesso] やめる;使うのをやめる;(di《不定詞》)~するのをやめる;(非人称動詞にも) ¶ Ha smesso di piovere [nevicare]. 雨[雪]が止んだ **Smettila!** やめろ, いいかげんにしろ — [自] (雨や雪が)降り止む(→ mettere)

smisurato/ズミズラート/([英] immeasurable) [形] 計り知れない, 途方も無い, とてつもない;巨大な, 広漠たる, 莫大な(→ misurare)

smontare/ズモンターレ/([英] dismount) [他] 解体する, 分解する;(理論などを)覆す, 反証する;がっかりさせる — [自][es] (乗ったものから)降りる;非番になる;(泡立てたものが)液状になる(→ montare)

smorfia/ズモルフィア/([英] grimace) [女] (苦痛や不快感で無意識に)顔をしかめること;(意識的な)しかめっ面, 渋い顔;〔複で〕 媚びへつらい

smuovere ⑲/ズムオーヴェレ/([英] shift) [他][smosso] 少し動

snello /ズネッロ/(英 slender) 形 軽快な, 軽やかな；すらりとした(細身で長身)

soave /ソアーヴェ/(英 sweet) 形 心地よい, 甘美な

sobborgo /ソッボルゴ/(英 suburb) 男 (都市の)周辺部, 郊外

sobrio /ソーブリオ/(英 sober) 形 質素な, 地味な；節度ある, 控え目な；しらふの, 酔っていない **sobrietà** 女 (飲食の)節制, 節度；(生活の)質素, 地味

socchiudere /ソッキューデレ/(英 leave ajar) 他 [-chiuso] (窓などを完全に閉めずに)少しだけ開けておく；(目や口を)わずかに開ける

soccorso /ソッコルソ/(英 aid) 男 救助, 救援；援助 **pronto soccorso** 救急病院

soccorrere 他 [-corso] 助ける, 救う

sociale /ソチャーレ/(英 social) 形 社会的な, 社会の(ための)

socialista 男 女 [3] 社会主義者

società /ソチェタ/(英 society) 女 社会；会社；協会, 団体 **società per azione** 株式会社(略記:SPA, S.p.a.) **socio** /ソーチョ/ 男 [1] 会員, メンバー

societario /ソチェターリオ/ 形 会社の；協会 [団体] の

socievole /ソチェーヴォレ/ 形 社交的な, 友好的な

soddisfare ⑰ /ソッディスファーレ/(英 satisfy) 他 [-fatto] 満足させる；(要求などを)満たす, かなえる **soddisfatto** 形 満足した, 満ち足りた

soddisfazione 女 満足(感)；(要求などを)満たすこと

sodo /ソード/(英 hard) 形 固い ¶ **uovo —** ゆで卵 — 副 頑張って, 一生懸命

sofà /ソファ/(英 sofa) 男 ソファー(→ divano)

sofferente /ソッフェレンテ/(英 suffering) 形 病身の；苦しんでいる **sofferenza** 女 苦しみ, 苦痛(→ soffrire)

soffiare /ソッフィアーレ/(英 blow) 自 息を吹きかける；(楽器を息で)吹く, 鳴らす；息を切らす；大きなため息をつく；鼻を鳴らす；(風が)吹く — 他 (タバコの煙を)吐く；(道具で空気を)吹く, 風を起こす；吹き消す, 吹き飛ばす **soffio** /ソッフィオ/ 男 息で吹くこと；(風が)そよ吹くこと；霊感, ひらめき **in un soffio** 一瞬にして(→ fiato)

soffice /ソッフィチェ/(英 soft) 形 柔らかい, ふんわりした；柔軟な

soffitto /ソッフィット/(英 ceiling) 男 天井 **soffitta** 女 屋根裏部屋(→ abbaino)

soffocare /ソッフォカーレ/(英 suffocate) 他 息苦しくさせる；窒息させる；(物を覆って火を)消す；(感情を)押し殺す；(反乱を)鎮圧する；(植物の)成長を妨げる — 自 [es] 息が詰まる；息苦しい；窒息死する ◆ -arsi (事故や自殺で)窒息死する

soffocante 形 息苦しい, 息が詰まるような；むしむしする；口うるさい；抑圧的な

soffriggere /ソッフリッジェレ/(英 fry lightly) 他 [-itto] (料理で)軽く炒める

soffrire /ソッフリーレ/(英 suffer) 自 [sofferto] 苦しむ；(di…) ～を患う；(作物などが)被害を受ける — 他 ～に苦しむ[しめられる]；～の苦しみを味わう；耐え忍ぶ；(車など)に酔う；(寒さなど)で被害を受ける

soggetto /ソッジェット/(英 subject) 男 主題, 話題, テー

soggezione ▶

soggezione /ソッジェツィオーネ/ (愈 awe; diffidence) 女 畏敬, 畏怖;気後れ, 気が引けること ¶ avere — かしこまる, かたくなる

soggiorno /ソッジョルノ/ (愈 stay) 男 滞在;居間(の家具) ¶ permesso di — 滞在許可(証)

soggiungere /ソッジュンジェレ/ (愈 add) 他 [-unto] 付け加える, 言い足す

soglia /ソッリァ/ (愈 threshold) 女 敷居;戸口, 玄関先;初め

sogliola /ソッリォラ/ (愈 sole) 女 シタビラメ

sogno /ソーニョ/ (愈 dream) 男 夢;あこがれ(の人, 物) **sognare** 他 ～の夢を見る;(否定で)夢にも思わない;夢見る, あこがれる — 自 夢を見る;夢のような気がする;空想[夢想]する

soia /ソイア/ (愈 soya bean) 女 大豆 ¶ salsa di — 醤油

sol /ソル/ (愈 sol) 男 ソ(の音)

solaio /ソライオ/ (愈 attic) 男 屋根裏部屋, ロフト

solamente /ソラメンテ/ (愈 only) 副 ただ～だけ, 単に

solco /ソルコ/ (愈 furrow) 男 [-chi] (畑の種を蒔く)畝溝(うねみぞ);溝, すじ, しわ;轍(わだち);航跡

soldato /ソルダート/ (愈 soldier) 男 兵士, 兵隊;(象徴的に)戦士 **soldatessa** 女 女性の兵士(= soldata)

soldo /ソルド/ (愈 money) 男 一文, 一銭; [複で] お金 non vale un soldo 一銭の価値もない

sole /ソーレ/ (愈 sun) 男 太陽, 日, 日光;日なた ¶ esserci il sole 日が照っている, 太陽が出ている / essere bello come il sole とても美しい **colpo di sole** 日射病 **solare** 形 太陽の;太陽熱[光線]を利用した;日差しの強い;光り輝やく **sistema solare** 太陽系

solenne /ソレンネ/ (愈 solemn) 形 (儀式などが)荘厳な, 厳(おごそ)かな;(雰囲気が)厳粛な, 張り詰めた;(建物が)壮大な, 雄大な;(態度などが)威厳のある, 堂々とした

solido /ソリド/ (愈 solid) 形 堅い, 固形[固体]の;頑丈な, 強固な — 男 固体;立体

solidarietà 女 連帯(感);団結

solitario /ソリターリオ/ (愈 solitary) 形 孤独な, 孤独を愛する;さびしい, 人けのない;独りの, ひとつだけの — 男 単石のダイヤモンド(指輪);(トランプの)一人遊び, ソリテール

solito /ソーリト/ (愈 usual) 形 いつもの, 普段の, **di solito** いつも(決まって), 普通[普段]は **come al solito** いつものように, いつもどおり

solitudine /ソリトゥーディネ/ (愈 solitude) 女 孤独;さびしさ, 静寂;寂しい場所[時間, 雰囲気]

sollecitare /ソッレチターレ/ (愈 hasten) 他 催促する, せかす, 急がせる **sollecito** /ソッレーチト/ 形 すばやい, 機敏な, 迅速な;熱心な, 勤勉な — 男 催促[督促]状

sollecitazione 女 催促, 督促 **sollecitudine** /ソッレチトゥーディネ/ 女 機敏, 迅速;気づかい, 配慮

solletico /ソッレーティコ/ (愈 tickle) 男 [-chi] くすぐったい感じ, むずがゆさ;むずむずする気持 **solleticare** 他 くすぐる;刺激する

sollevare /ソッレヴァーレ/ (愈

raise) 他 持ち上げる，上にあげる；高める，向上させる；慰める，安心させる；(問題などを)取り上げる；(民衆を)蜂起させる ◆ **-arsi** 上がる，昇る；立ち上がる，蜂起する

solo /ソーロ/ (英 alone) 形 独りの，独りだけの；ただ～だけの — 副 ただ～だけ，単に **da solo** 独力で，独りで；独りだけで；独りでに，勝手に **da solo a solo** 二人きりで，一対一で

solstizio /ソルスティーツィオ/ (英 solstice) 男 至(し) ¶ — d'estate [d'inverno] 夏至[冬至] (→ equinozio)

soltanto /ソルタント/ (英 only) 副 ただ～だけ，単に

soluzione /ソルツィオーネ/ (英 solution) 女 解決，解答；溶液

somaro /ソマーロ/ (英 ass) 男 [1] ロバ；ばか，あほ

somiglianza /ソミリィアンツァ/ (英 similarity) 女 類似(点) **somigliare** 自[av/es] ～に似ている ◆ **-arsi** (互いに)似ている

somma /ソンマ/ (英 sum) 女 合計；金額；総和，結集；要旨，要約 **sommare** 他 合計する

sommario /ソンマーリオ/ 男 要約，大意，概要

sommergere /ソンメルジェレ/ (英 submerge) 他[-merso] 水浸しにする；水没させる，沈める **sommerso** 形 水没した，水中の；没頭した，埋没した；(納税を逃れる)闇(やみ)の，潜水の **sommergibile** /ソンメルジービレ/ 男 潜水艦

sommozzatore 男 [2] 潜水作業員，フロッグマン

sonaglio /ソナッリォ/ (英 harness bell) 男 鈴

sondaggio /ソンダッジョ/ (英 sounding) 男 調査，探査 **sonda** 女 (水深を測る)測鉛；ゾンデ，消息子；探査機

sonno /ソンノ/ (英 drowsiness) 男 眠気；眠り，睡眠 ¶ avere — 眠い / il primo — 寝入りばな / — eterno 永眠 **far venire sonno** 眠気を催させる；うんざりさせる **prendere sonno** うとうとする

sonnolento 形 眠い，眠そうな；活気のない；眠気を誘う

sonnifero /ソンニーフェロ/ 男 睡眠薬

sonoro /ソノーロ/ (英 resonant) 形 (音や声が)よく響く；音を出す[伝える] ¶ film — トーキー(映画) / colonna sonora サウンドトラック

sopportare /ソッポルターレ/ (英 bear) 他 支える；耐える，我慢する **sopportazione** 女 忍耐力，我慢

sopprimere /ソップリーメレ/ (英 abolish) 他[-presso] 廃止する，撤廃する；(検閲なので)削除する，カットする；(出版物を)発禁にする；殺害[抹殺]する

sopra /ソープラ/ (英 on, over) 前 (人称代名詞には di を添えて：sopra di me) ～の上に[で]；～に関して — 副 上に[で] — 形 [0] 上の — 男 [0] 上部，表面 (→ sotto)

sopra- /ソプラ/ 接頭 「上方」「超過」「追加」の意 **soprabito** /ソプラービト/ 男 薄手のコート (→ abito) **sopracciglio** /ソプラチッリォ/ 男 [5] 眉，眉毛 (→ ciglio) **soprannome** 男 あだ名，ニックネーム；通称，俗称 (→ nome) **soprano** 男 女 ソプラノ(歌手)

soprammobile /ソプランモービレ/ 男 (家具の上に置く)飾り，置き物 (→ mobile)

sopraggiungere /ソプラッジュンジェレ/ (英 arrive suddenly) 自[es, -giunto] 不意に来る；不意に起こる

soprassalto /ソプラッサルト/ (英 jump) 男 不意に跳びあがること，どきっとすること；(状

soprattutto ►

況などの)急変，激変　**di soprassalto** 突然，急に(→ salto)

soprattutto /ソプラットゥット/ (㊥ above all) 副 (なかでも) 特に，とりわけ(→ tutto)

sopravvalutare /ソプラッヴァルターレ/ (㊥ overestimate) 他 過大評価する，買いかぶる

sopravvenire ㉟ /ソプラッヴェニーレ/(㊥ turn up) 自[es, -venuto] 不意に来る[現れる]; 不意に起こる[生じる]

sopravvivere /ソプラッヴィーヴェレ/ (㊥ survive) 自 [es, -vissuto] (事故などで)生き残る，生存する;長生きする，生きのびる;(物が)生き続ける，長く残る **sopravvissuto** 男[1] (死亡事故の)生存者

sopruso /ソプルーソ/ (㊥ abuse of power) 男 権力[権利]の濫用，横暴

sor/sora /ソル/ソーラ/ 男 signor よりも親しみを込めて名前や称号に添える敬称: il sor... ～さん(女性には la sora...)

sorcio /ソルチョ/(㊥ mouse) 男 ネズミ　**far vedere i sorci verdi** びっくり仰天させる(→ topo)

sordo /ソルド/ (㊥ deaf) 形 耳が聞こえない，耳が不自由な; 耳が遠い;(音や声が)響かない, にぶい **sordità** 女 耳が聞こえないこと;難聴

sorella /ソレッラ/(㊥ sister) 女 姉，妹;修道女，シスター(→ fratello, suora)

sorgere /ソルジェレ/ (㊥ rise) 自[es, sorto] (太陽や月が)昇る;(物事が)生じる，持ち上がる;(建物が)立つ，そびえる

sorgente 女 泉，源泉;根源，原因

soriano /ソリアーノ/ (㊥ tabby) 男 虎猫(トラネコ)

sorpassare /ソルパッサーレ/ (㊥ go past) 他 越える;追い越す;(単独で)追い越しをする;凌駕(りょうが)する **sorpasso** 男 (車の)追い越し　¶ **divieto di ─** 追い越し禁止

sorprendere /ソルプレンデレ/ (㊥ surprise) 他[sorpreso] 驚かす，びっくりさせる; (単独で)人を驚かす;不意に襲う;現場で取り押さえる，現行犯で逮捕する ◆**-ersi** 驚く，びっくりする **sorpresa** 女 驚き,感嘆;予期せぬ来訪;(おまけで入っている)プレゼント

sorridere /ソッリーデレ/ (㊥ smile) 自[sorriso] ほほえむ，にっこり笑う **sorridente** 形 微笑んだ，嬉しそうな

sorriso 男 微笑，ほほえみ

sorso /ソルソ/ (㊥ draught) 男 (液体の)一口，一口に飲む量; 少量

sorte /ソルテ/ (㊥ fortune) 女 運，運命;(運命的な)境遇，巡り合わせ;偶然の結果 **estrarre [tirare] a sorte** くじを引く

sorteggiare くじで決める，抽選する **sorteggio** /ソルテッジョ/ 男 くじ引き，抽選

sorvegliare /ソルヴェリアーレ/(㊥ watch) 他 見張る，監視する;注意深く見守る，厳しくチェックする

sorvegliante 男 女 監督者，監視人，警備員

sorveglianza 女 監視，監督，警備

sospendere /ソスペンデレ/ (㊥ suspend) 他[sospeso] 中断する，中止する，延期する;停職処分にする，停学処分にする;吊るす，ぶら下げる **sospeso** 形 吊るされた;中断された;延期された;停職[停学]の ── 男 未払い;未決 **sospeso a un filo** 絶体絶命のピンチ，風前のともしび **sospensione** 女 吊るすこと;中断，停止;停職，停学; 不安，懸念;(自動車などの)サスペンション

sospettare/ソスペッターレ/(英 suspect)他 疑う, 怪しむ ― 自(di...) ~を疑う, 怪しむ

sospetto 男 疑い, 疑惑；嫌疑, 容疑 **sospettoso** 形 うたぐり深い；怪しむような, 警戒した

sospiro/ソスピーロ/(英 sigh)男 ため息, 嘆息 **mandare un sospiro di sollievo** 安堵する, ほっとする **sospirare** 自 ため息をつく ― 他 待望する, 待ち望む；待ちあぐむ

sostanza/ソスタンツァ/(英 substance)女 物質；(実質的な)中身, 内容 **sostantivo** 男 (品詞の)名詞

sosta/ソスタ/(英 stop; stay)女 停車, 駐車；(短期間の)滞在；(一時的な)中断, 休憩；休戦

sostare 自 (途中で少し)とどまる, 立ち寄る, 休む

sostenere ㉚/ソステネーレ/(英 support)他 支える；支持する, サポートする；主張する；(試験を)受ける；(攻撃などに)抵抗する **sostegno** 男 支え；支柱 **sostenitore** 男[2] 支持者, 擁護者；《スポ》サポーター

sostituire ⑥/ソスティトゥイーレ/(英 replace)他 (代替として)取り替える, 置き換える, 入れ替える

sotterrare/ソッテッラーレ/(英 bury)他 (地中に)埋める；埋葬する

sottile/ソッティーレ/(英 thin)形 薄い；細い；鋭敏な, 繊細な；か細い, 弱々しい

sottinteso/ソッティンテーゾ/(英 implicit)形 明記されていない, 言外に暗示された ― 男 言外の意味；ほのめかし, 暗示

sotto/ソット/(英 under)前 (人称代名詞にはdiを添えて: sotto di noi)~の下に[で] ― 副 下に[で] ― 形[0] 下の ― 男[0] 下, 下部(→ sopra)

sotto-/ソット/接頭 「下方」「下位」の意

sottaceto 形[0] 酢漬けにした ― 男 酢漬けの野菜, ピクルス(→ aceto)

sottana 女 女性の下着；スカート；裾の長い聖職者の服, スータン

sotterraneo/ソッテッラーネオ/形 地下の ― 男 地下室(→ terra)

sottomarino 形 海底[海中]の ― 男 潜水艦(→ marino)

sottopassaggio/ソットパッサッジョ/ 男 地下道(→ passaggio)

sottoscala 男[0] 階段下のスペース(→ scala)

sottosegretario/ソットセグレターリオ/男[1] 補佐官；(政務)次官(→ segretario)

sottosviluppato 形 発展途上の；発育が遅い(→ sviluppare)

sottoveste 女 (下着の)スリップ, シュミーズ(→ veste)

sottovoce 副 低い声で, ひそひそ(→ voce)

sottolineare/ソットリネアーレ/(英 underline)他 下線を引く, 強調する(→ linea)

sottomettere/ソットメッテレ/(英 subjugate)他[-messo] 従わせる, 服従させる, 支配下におく

sottoporre ㉒/ソットポッレ/(英 subject)他[-posto] (試験や検査を)受けさせる；(人の判断に)委ねる ◆-orsi (甘んじて)受ける, 従う

sottoscrivere/ソットスクリーヴェレ/(英 sign)他[-scritto] 署名する, サインする

sottoscritto 男[1] 署名者

sottrarre ㉛/ソットラッレ/(英 take away)他[-tratto] 取る；(こっそり)持ち出す, 抜き取る；(qc a ...)〈人〉を~から救

sovente ▶

う，逃れさせる；(計算)引く，控除する ◆ **-arsi** (a) ～を免れる，回避する **sottrazione** 囡 引き算，控除；盗み，抜き取り

sovente /ソヴェンテ/ (英 often) 副 よく，しばしば

sovietico /ソヴィエーティコ/ (英 Soviet) 形 (旧)ソビエトの

sovraccarico /ソヴラッカリコ/ (英 overloaded) 形 重量制限を超過した；乗せ過ぎ[積み過ぎ]の；(果実が)鈴なりの；過重な，過密な，多忙な ― 男[-chi] 過重，重量超過；過重な任務[労働] (< sopra + carico)

sovrano /ソヴラーノ/ (英 sovereign) 男[1] (国家の)元首，君主；国王，皇帝 ― 形 (権力が)最高の，主権の；主権を有する

sovrumano /ソヴルマーノ/ (英 superhuman) 形 超人的な，神がかり的な (→ umano)

sovversivo /ソッヴェルスィーヴォ/ (英 subversive) 形 (政体や秩序などを)くつがえす，破壊的な ― 男[1] 反体制の危険分子，破壊活動をする人間

spaccare /スパッカーレ/ (英 break up) 他 割る，壊す **spaccare il minuto** (人が)時間を厳守する；(時計などが)寸分の狂いもない **spaccare il capello in quattro** 重箱の隅を楊枝でほじくる，事細かに詮索する(「髪の毛を4本に裂く」意から) **spaccatura** 囡 裂け目，ひび

spaccio /スパッチョ/ (英 shop) 男 売店(特に組織内の雑貨品を売る店)；無許可の販売，密売

spacciato 形 絶望的な，救いの手を断たれた

spacciatore 男[2] 麻薬の密売人；(贋金や禁制品やデマを)流布させる人間

spacco /スパッコ/ (英 split) 男[-chi] 割れ目，裂け目；(服の)スリット **spaccone** 男[1] ほら吹き

spada /スパーダ/ (英 sword) 囡 剣，刀

spaghetto /スパゲット/ (英 spaghetti) 男 [主に複で] スパゲッティ (→ spago)

spagnolo /スパニョーロ/ (英 Spanish) 形 男[1] スペインの(人) ― 男 スペイン語

Spagna /スパーニャ/ 囡 スペイン

spago /スパーゴ/ (英 string) 男 ひも

spalancare /スパランカーレ/ (英 open wide) 他 開け放つ，大きく開ける **spalancato** 形 開け放たれた；(目などを)見開いた

spalare /スパラーレ/ (英 shovel) 他 スコップ[シャベル]ですくい出す，すくい取る (→ pala)

spalla /スパッラ/ (英 shoulder) 囡 肩；[複で] 背中 **di spalle** 後ろから，背中を向けて **vivere alle spalle di qc** 〈人〉に養ってもらう **ridere alle spalle di qc** 〈人〉に後ろ指を差す **mettere qc con le spalle al muro** 決断を迫る，窮地に追い込む **spalliera** 囡 (椅子の)背，背もたれ

spalmare /スパルマーレ/ (英 smear) 他 (クリームなどを)塗る ◆ **-arsi** (自分の肌に)塗る (→ palma)

spandere /スパンデレ/ (英 shed) 他 [spanto] まき散らす；(液体を)流す，こぼす ◆ **-ersi** 広がる

sparare /スパラーレ/ (英 shoot) 他 発射[発砲]する；思いきり放つ ― 自 発砲する，銃を撃つ **sparato** 形 弾丸のように速い，電光石火の ¶ **andare [venire]** ― 飛んで行く[来る]

sparecchiare /スパレッキアーレ/ (英 clear away) 他 (食卓を)片づける (→ apparecchiare)

spargere /スパルジェレ/([英] scatter) [他][sparso] まく，ばらまく；流す，こぼす ◆**-ersi** 散らばる；こぼれる；広まる

sparire ⑥/スパリーレ/([英] disappear) [自][es] 消える

sparo /スパーロ/([英] shooting) [男] 発砲；銃声

spasso /スパッソ/([英] stroll) [男] 散歩，ぶらつくこと；気晴らし，楽しみ，娯楽 **andare a spasso** ぶらつく，散歩する **essere a spasso** 定職がない，失業している

spavaldo /スパヴァルド/([英] bold) [形] (自信過剰で)図太い，ふてぶてしい，高慢ちきな

spaventare /スパヴェンターレ/([英] frighten) [他] おびえさせる，びびらせる，どきっ[ひやっ]とさせる，びびらせる；ひどく不安にする ◆**-arsi** おびえる，びびる，どきっ[ひやっ]とする；気が滅入る
spavento [男] (肝を冷やすほどの)恐怖；ひどい不安；ぎょっとするような人[物]
spaventoso [形] 恐ろしい，ぞっとする；ものすごい，すさまじい **spaventapasseri** /スパヴェンタパッセリ/ [男][0] 案山子(かかし)；ひどい風体の人間

spazio /スパーツィオ/([英] space) [男] 空間，場所，スペース；宇宙(空間)；距離，間隔，期間
spazioso [形] 広々とした，ゆったりした **spaziale** [形] 宇宙の

spazzare /スパッツァーレ/([英] sweep) [他] (ほうきで)掃く；一掃する；(食べ物を)きれいに平らげる **spazzatura** [女] 清掃，掃除；ごみくず **spazzino** [男][1] (街路や公園の)清掃員

spazzola /スパッツォラ/([英] brush) [女] ブラシ ¶ capelli a —(散髪の) 五分刈り
spazzolare [他] ブラシをかける

specchio /スペッキオ/([英] mirror) [男] 鏡 ¶ — d'acqua 水面 **specchietto** [男] 手鏡；(車の)ミラー **specchiarsi** 《in》 [再] 〜に自分の姿[顔]を映して見る；(物が)〜に影を映す[落とす]；〜を見習う

speciale /スペチャーレ/([英] special) [形] 特別の，特殊な **-mente** [副] 特に **specialità** [女] 専門，専攻；特産物，名物料理 **specialista** [男][女][3] 専門家，スペチャリスト
specializzare [他] 専門化する ◆**-arsi** 専門とする，専攻する

specie /スペーチェ/([英] kind) [女][0] 種類；種(しゅ)，種族 **una specie di...** 〜のようなもの[人] — [副] 特に (= in specie)

speculare /スペクラーレ/([英] speculate on) [自] 思索[思弁]する；投機する
speculazione [女] 思索，思弁，純理；投機，(一攫千金の)金儲け **speculativo** [形] 思索[思弁]的な，純理的な；投機的な **speculatore** [男][2] 投機家，相場師

spedire ⑥/スペディーレ/([英] send) [他] 送る，発送する；派遣する **spedizione** [女] 発送；遠征

spegnere ㉘/スペーニェレ/([英] put out) [他][spento] 消す ◆**-ersi** 消える **spento** [形] 消えた；(色が)くすんだ，暗色の

spellare /スペッラーレ/([英] skin) [他] 皮をはぐ ◆**-arsi** 皮膚をすりむく，皮膚がむける；(動物が)脱皮する (→ pelle)

spendere /スペンデレ/([英] spend) [他][speso] (お金を)使う，出費する；(時間などを)費す **spendaccione** [男][1] 浪費家

spennare /スペンナーレ/([英] pluck) [他] 羽をむしる；金をむしりとる ◆**-arsi** 羽が抜け落ち

[S]

spensierato/スペンスィエラート/(英 breezy)形 気楽な,のんきな **spensieratezza**女 気楽,のんき

sperare/スペラーレ/(英 hope)他 希望する,期待する;(di《不定詞》)自分が〜できればいいと思う ── 自(in...)〜を期待する,〜に望みをつなぐ

speranza女 希望,期待,望み;期待の的,希望の星,ホープ

sperduto/スペルドゥート/(英 lost)形 片田舎の;(雰囲気に)馴染めない

sperimentale/スペリメンターレ/(英 experimental)形 実験的な

sperone → sprone (拍車)

spesa/スペーザ/(英 expense)女 出費,費用;買物,ショッピング(食料品などの日常の買物は la spesa) **a spese di...** 〜の費用[出費]で

spesso/スペッソ/(英 often)副 (頻度が)よく,たびたび,頻繁に(= spesse volte) ── 形 分厚い;濃い;度重なる

spessore男 厚さ;太さ

spettacolo/スペッターコロ/(英 spectacle)男 観客の前で演じたり見せたりするもの(演劇・映画・演芸・ショー・見世物・パフォーマンスなど);(回数を意識した)上演,公演,上映;(単のみで)芸能界;(目を張るような)光景,場面 ¶ ── **di varietà** バラエティー / ── **pirotecnico** 花火大会

spettacoloso形 目を見張らせる,手に汗握る,目を覆いたくなるような **spettatore**男[2] 観客;目撃者

spettare/スペッターレ/(英 be due)自[es] (義務や権利が人)にある ¶ Spetta a lui farlo. それをするのが彼の義務[本分]です / Ciò mi spetta di diritto. それは当然[本来ならば]私のものです

spettinare/スペッティナーレ/(英 ruffle one's hair)他 (他人の)髪を乱す ¶ Il vento mi ha spettinato i capelli. 風で髪が乱れた **-arsi** (自分の)髪が乱れる;(髪が)乱れる ¶ Ti sei spettinato/a i capelli. 髪が乱れてるよ / Con il vento si sono spettinati i capelli. 風で髪が乱れた **spettinato**形 髪が乱れた,ぼさぼさ頭の

spettro/スペットロ/(英 spectre)男 亡霊,幽霊;悪夢,脅威,暗い影 (→ fantasma)

spezie/スペーツィエ/(英 spices)女複 薬味,香辛料,スパイス

spezzare/スペッツァーレ/(英 break up)他 (ガラスを)粉々に割る;(大きいものを)小さく割る[ちぎる,折る];(線などを)分断する;(期間や行程を)区切る;(仕事や休暇を)邪魔する,つぶさせる ◆ **-arsi** 粉々に割れる,砕ける;(線などが)切れる,ちぎれる;(骨が)折れる,骨折する **spezzarsi in due per qc** 〈人〉のために尽力する,身を粉にする (→ pezzo)

spezzarsi ma non piegarsi 不撓不屈の精神を貫く

spia/スピーア/(英 spy)女 スパイ;徴候,前兆;警告ランプ[ブザー];(電話の)盗聴装置;(ドアなどの)のぞき窓 **spiare**他 ひそかに探る[監視する];(機会などを)じっと窺う **spiata**女 密告,告発

spiacere → dispiacere

spiacevole/スピアチェーヴォレ/(英 unpleasant)形 不愉快な,嫌な;つらい,残念な;(人が)感じの悪い,うさんくさい (→ piacevole)

spiaggia/スピアッジャ/(英 beach)女 海岸,浜辺

spianare/スピアナーレ/(英 level)他 平らにする,ならす,

spiazzo/スピアッツォ/(英 open space)男 空き地，原っぱ

spiccare/スピッカーレ/(英 pick)他 切り離す，取り外す；(地面を蹴って跳躍や飛行を)する；(法令などを)出す —自 際立つ **spicco** 男[-chi] 目立つこと ¶ fare — 際立つ(→ picco)

spicchio/スピッキオ/(英 segment)男 (ミカンなどの)一袋，(ニンニクなどの)一欠け；(三日月状に切った)一切れ

spiccioli/スピッチョリ/(英 coins)男複 小銭，細かいお金 ¶ cambiare in — 小銭に換える

spiedo/スピエード/(英 spit)男 焼き串，鉄串 **allo spiedo** 串焼きの

spiegare/スピエガーレ/(英 explain)他 説明する；広げる，伸ばす；(部隊を陣形に)配備する ◆-arsi (自分の考えを)説明する；広がる，伸びる **spiegazione**女 説明(書)；釈明(→ piegare)

spietato/スピエタート/(英 pitiless)形 無慈悲な，無情な，冷酷な；執拗な，しつこい **fare una corte spietata a** *qc* ⟨人⟩にうるさく付きまとう[言い寄る](→ pietà)

spiga/スピーガ/(英 ear)女 (麦などの)穂

spigolo/スピーゴロ/(英 edge)男 (テーブルなどの)角(かど)，(壁などの)隅(すみ)；〔複で〕気難しさ，とげとげしさ ¶ smussare gli *spigoli* del *proprio* carattere 性格が丸くなる，角が取れる

spilla/スピッラ/(英 brooch)女 (アクセサリーの)ピン；ブローチ ¶ — da cravatta ネクタイピン，— di sicurezza [balia] 安全ピン **spillo** 男 留め針 **a spillo** 細くとがった

spina/スピーナ/(英 spine)女 とげ；〔複で〕いばら；魚の骨；(電気の)プラグ **a spina di pesce** ヘリンボーン(herringborn)；(日本の)矢はず(への字を幾重にも並べたような模様) **spina dorsale** 背骨 **stare sulle spine** 心配でたまらない；じれったい **spinoso**形 とげのある[多い]；困難な，厄介な

spinaci/スピナーチ/(英 spinach)男複 ほうれん草(< spinacio)

spingere/スピンジェレ/(英 push)他 [spinto] 押す，突く；(遠くに)向ける；仕向ける，駆り立てる —自 押す ◆-ersi 向かう，足を伸ばす **spinta**女 押し，突き；押す力；刺激，衝動；後押し，助力(→ tirare)

spionaggio/スピオナッジョ/(英 spying)男 スパイ行為[活動]

spiraglio/スピラッリォ/(英 small opening)男 小さな明かり取り；換気[通風]孔；(比喩的に)かすかな光，きざし

spirito/スピーリト/(英 spirit)男 精神，心；才気，機知，エスプリ；気質；真髄；精，精霊，幽霊；エチルアルコール

spiritoso形 機知[エスプリ]に富む，愉快な **spirituale**形 精神の，精神的な；霊的な，宗教に関する

spirale/スピラーレ/(英 spiral)女 螺旋(らせん)；悪循環，スパイラル現象；(比喩的に)底なし沼，長いトンネル —形 螺旋(らせん)状の

splendido/スプレンディド/(英 splendid)形 光り輝く；華麗な，壮麗な；豪華な，豪勢な；見事な，素晴らしい **splendore**男 輝き，きらめき；美麗，華麗，豪華絢爛 **splendere**/スプレンデレ/自 光り輝く **splendente**形 光り輝く；まぶしい，まばゆい

spogliare/スポッリアーレ/(英

spola ▶

strip)他 (人の)服を脱がせる; 取る, 奪う ◆-arsi 服を脱ぐ; (樹木が)葉を落とす; (動物が)脱皮する;(di...) ～を投げ出す, 捨てる **spogliarello** 男 ストリップ(ショー) **spoglio**/スポッリョ/形 裸の;(di...) ～のない **spogliatoio**/スポッリアトイォ/男 更衣室, 脱衣所

spola/スポーラ/(英 shuttle) 女 ひ(機織で横糸を左右に通す舟形の道具), シャトル **fare la spola** 何度も行き来[往復]する

spolverare/スポルヴェラーレ/(英 dust) 他 埃(ほこり)を払う (→ polvere)

sponda/スポンダ/(英 bank)女 岸; 端, 縁;(ベッドなどの)手すり

sporco/スポルコ/(英 dirty)形[-chi] 汚い, よごれた, 不潔な **sporcizia**/スポルチーツィア/女 よごれ;不潔さ;汚い物, 汚物 **sporcare** 他 よごす, 汚くする;(名誉などを)けがす
◆-arsi (自分の体を)よごす, よごれる;評判を下げる

sporgere/スポルジェレ/(英 stretch out) 他[sporto] 突き出す ── 自[es] 突き出る
◆-ersi 身を乗り出す

sport/スポルト/[英]男[0] スポーツ, 運動 **sportivo** 形 スポーツ[運動]の;スポーツ[運動]用の;(服装や靴が)スポーティーな;運動選手[愛好家]の;(性格が)いさぎよい, さっぱりした ── 男[1] スポーツマン, 運動家

sporta/スポルタ/(英 basket) 女 買い物かご **un sacco e una sporta** 大量

sportello/スポルテッロ/(英 door)男 (家具や器具の)小さなドア[扉];(車の)ドア;(銀行・郵便局・役所などの)窓口

sposare/スポザーレ/(英 marry) 他 [A sposare B] Aは Bと結婚する;[A sposare B con C] AはBをCと結婚させる;[A sposare B a C] AはBをCに嫁がせる;[A sposare B e C] AはBとCを結婚させる[結婚式を執り行う] ◆-arsi(con qc) 〈人〉と結婚する;(ワインなどが)〈料理〉に合う;〔相互的に〕結婚する **sposato** 形 結婚した, 既婚の ── 男[1] 既婚者, 妻帯者 **sposa** 女 花嫁, 新婦;(新婚の)妻, 新妻;妻 ¶ **abito da ──** ウェディングドレス, 花嫁衣裳 **sposo** 男 花婿, 新郎;(新婚の)夫 **sposalizio**/スポザリーツィオ/男 結婚式, 婚礼

spostare/スポスターレ/(英 move) 他 動かす, 移す, 移動させる ◆-arsi 動く, 移る, 移動[移転]する **spostamento** 男 移動, 移転;変更, 延期

spranga/スプランガ/(英 iron bar) 女 (門や窓の)かんぬき, 横木

spray/スプライ/[英]男形 スプレー(式の)(→ spruzzatore)

sprecare/スプレカーレ/(英 waste) 他 浪費する, むだ使いする ◆-arsi むだ骨を折る **spreco** 男[-chi] 浪費, むだ使い **sprecone** 男[1] 浪費家

spremere/スプレメレ/(英 squeeze) 他 (果物を)絞る;(果汁を)絞り出す;(金銭を)搾り取る, 搾取する **spremuta** 女 生ジュース

sprofondare/スプロフォンダーレ/(英 sink) 自[es] (土地が)陥没する;(船が)沈没する;(土台から)崩れ落ちる ◆-arsi (ソファーなどに)身を沈める;(物事に)のめり込む, はまる;身を隠す

sprone/スプローネ/(英 spur) 男 拍車 **a spron battuto** 全速力で;ただちに

sproposito/スプロポーズィト/(英 gross mistake) 男 ひどい間違い[ミス];莫大な量;大金

spruzzare/スプルッツァーレ/(英 spray)他 (霧状の液体を)吹きかける, スプレーする;(粉状のものを)ふりかける;しぶきをあげる, はねをかける
◆-arsi しぶき[はね]にかかる;(自分の体や服を)しぶき[はね]でよごす **spruzzatore**男 スプレー, 霧吹き(→ spray)

spugna/スプーニャ/(英 sponge)女 海綿;スポンジ;(吸水性のよい)タオル地 **bere come una spugna** 鯨飲する **gettare la spugna** 降参する, タオルを投げる(ボクシングで)

spuma/スプーマ/(英 foam)女 泡;ムース **spumante**男 発泡性のワイン, スパークリングワイン

spuntare/スプンターレ/(英 rise)自[es] 先端が出る[現われる];(物が)姿を現わす, 顔を出す;(人が)不意に現われる, 飛び出す ━ 他 (鉛筆などの)先を折る;(髪や枝の)先端をカットする;(困難などを)克服する ◆-arsi 先が折れる

spuntino/スプンティーノ/(英 snack)男 (食事時間外の)軽い食事, 間食

sputo/スプート/(英 spit)男 唾(つば) **sputare**自 唾を吐く ━ 他 吐き出す

squadra/スクァードラ/(英 team)女 チーム, 班;部隊;三角定規

squalificare/スクァリフィカーレ/(英 disqualify)他 (罰則や懲罰として)出場停止処分にする;(規定に反したため)失格にする;(任務などに対して)不適任[不適格]と見なす;信用[評判]を落とさせる ◆-arsi 顰蹙(ひんしゅく)を買う;メンツを失う(→ qualificare)

squallido/スクァッリド/(英 bleak)形(場所が)荒涼とした, 寒々とした, 寂寞とした;(状態が)わびしい, うらぶれた;(人の外見が)みすぼらしい, おちぶれた;(道徳的に)軽蔑すべき, 卑劣な

squalo/スクァーロ/(英 shark)男 鮫(サメ)

squama/スクァーマ/(英 scale)女 鱗(うろこ)

squarciare/スクァルチャーレ/(英 tear)他 裂く, 破る
◆-arsi 裂ける, 破れる

squarcio/スクァルチョ/男 裂け目, 破れ;裂傷;(雲などの)切れ目;断編, 断章

squillare/スクィッラーレ/(英 ring)自 (ベルや鐘が)鳴る;(甲高い声が)鳴り響く, 響き渡る

squillo男 (電話の)ベル;甲高い音[声]

squisito/スクィズィート/(英 exquisite)形 とてもおいしい, 美味な; 洗練された, 優美な

sradicare/ズラディカーレ/(英 uproot)他 (根から)引き抜く;根絶する;(人を強い絆から)引き離す ◆-arsi 根こそぎにされる, 引き抜かれる;(強い絆の場所を)離れる(→ radice)

srotolare/ズロトラーレ/(英 unroll)他 (巻いた物を)開く, 広げる(→ rotolo)

stabilire ⑥/スタビリーレ/(英 establish)他 決める, 定める
◆-irsi 居を構える, 本拠[本部]を置く **stabilimento**男 工場;(公共の)施設 **stabile**/スタービレ/形 安定した, 一定の, 変動しない ━ 男 家屋, 建物

staccare/スタッカーレ/(英 take off)他 離す, 切り離す;はずす, はがす ━ 自 目立つ, 際立つ ◆-arsi 取れる, はずれる, はがれる;離れる, 別れる **stacco**男 [-chi] はがす[はぐ]こと;切れ目, 中断;コントラスト

stadio/スターディオ/(英 stadium)男 競技場, スタジアム;(変化や推移の)段階, 期

staffa/スタッファ/(英 stirrup)

stagione ►

女(馬具の)あぶみ;(オルガンの)踏み板,ペダル;足掛け,踏み台 **staffetta** 女 急使,伝令;(駅伝やリレーの)選手

stagione /スタジョーネ/(英 season) 女 季節,シーズン

stagionato 形 熟成した,よく寝かせた

stagno /スターニョ/(英 pond; tin) 男 池,水たまり;錫(すず)

stalagmite /スタラグミーテ/(英 stalagmite) 石筍(せきじゅん) **stalattite** 女 鍾乳(しょうにゅう)石

stalla /スタッラ/(英 cattle-shed) 女 家畜小屋,馬[牛]小屋 **stallone** 男 種馬

stambecco /スタンベッコ/(英 ibex) 男[-chi] アイベックス(アルプスの岩場に生息する野生のヤギ)

stamberga /スタンベルガ/(英 hovel) 女 あばら家,掘っ建て小屋

stamattina /スタマッティーナ/(英 this morning) 副 今朝(けさ) **stamani** 副 今朝(= stamane)

stampa /スタンパ/(英 print) 女 印刷;[複で]印刷物;版画,複製画;新聞雑誌;報道陣,記者団 **libertà di stampa** 出版の自由 **sala stampa** プレスセンター[ルーム] **ufficio stampa** 広報(部) **stampare** 他 印刷する,プリントする;出版する;複写[複製]する
◆**-arsi** (心に)刻まれる;激突する **finito di stampare** (出版物の)奥付 **stampante** 女 プリンター,印刷機

stampatello 男 形 活字体(の) **stampella** 女 松葉杖(まつばづえ);ハンガー;支え,頼り **stampo** 男 (型紙や鋳型の)型;(人間の)タイプ

stanare /スタナーレ/(英 drive out) 他 穴から追い出す;(人を)連れ出す,引っ張り出す(→ tana)

stanco /スタンコ/(英 tired) 形 [-chi] 疲れた;飽きた,退屈した **stancare** 他 疲れさせる;飽きさせる,退屈させる ◆**-arsi** 疲れる;飽きる,退屈する

stanchezza 女 疲労,疲れ;退屈,嫌気

stand /ステンド/ [英] 男 (見本市などの)展示場,ブース;観客席,スタンド

stanga /スタンガ/(英 bar) 女 (扉や窓の)かんぬき,横木;のっぽの人

stanotte /スタノッテ/(英 tonight) 副 今夜;昨夜(ゆうべ)

stanza /スタンツァ/(英 room) 女 部屋

stare ㉙ /スターレ/(英 stay) 自[es] (essere の強調的な意味合いで)いる,ある **stare bene** 調子が良い;合う,調和する **stare male** 調子が悪い;合わない **starci** 収容できる,入る;(仲間に)入る,賛同する **stare a [in] qc** 〈人〉次第である,〈人〉にかかっている **stare a** (不定詞) (ずっと,じっと,黙って)~する **stare per** (不定詞) (ちょうど)~するところである,~しかけている **stare** (ジェルンディオ) (進行動作を強調して)~している(最中である)

stasera /スタセーラ/(英 this evening) 副 今晩,今夜(< questa sera)

statistica /スタティスティカ/(英 statistics) 女 統計,統計結果;統計学 **statistico** /スタティスティコ/ 形 統計(学)の,統計上の ― 男[1] 統計学者

stato¹ → essere/stare (の過去分詞)

stato² /スタート/(英 state) 男 状態;身分;国家 ¶ **ferrovia dello Stato** 国鉄(略記:FS) **statale** 形 国の,国立の,国営の ― 男 女 国家公務員 ― 女 国道

statua /スタートゥア/ (英 statue) 女 像, 彫像
statuetta 女 小像 **statura** 女 背丈, 身長
statunitense /スタトゥニテンセ/ (英 United States) 形 男 女 アメリカ合衆国の(人) **Stati Uniti d'America** 男 (複) アメリカ合衆国 (=gli Stati Uniti)
statuto /スタトゥート/ (英 statute) 男 基本法, 法規; 定款 (ていかん)
stavolta /スタヴォルタ/ (英 this time) 副 今回は, 今度は (< que*sta volta*)
stazione /スタツィオーネ/ (英 station) 女 (鉄道の)駅; 保養地, リゾート; 放送局; 警察署 ¶ — di servizio (車の)サービス・ステーション
stecca /ステッカ/ (英 stick) 女 細い棒; (ビリヤードの)キュー; 棒状の菓子; (タバコの)カートン; 調子外れの声[音]
steccato 男 木の囲い, 柵
stecchino 男 爪楊枝 (→ stuzzicadenti)
stella /ステッラ/ (英 star) 女 星; 星形のもの, 星印; (人気)スター **stella alpina** エーデルワイス **stella cadente** 流れ星 **stella filante** (歓送迎用に投げる)紙テープ
stemma /ステンマ/ (英 coat of arms) 男 [3] 紋章, エンブレム
stendere /ステンデレ/ (英 stretch) 他 [steso] 伸ばす, 広げる; (文書を)作成する, 記述する ◆ -ersi 横たわる, 寝そべる; 広がる, 伸びる
stentare /ステンターレ/ (英 find it hard) 自 (a《不定詞》)〜するのに苦労する **stentare la vita [il pane]** 貧困にあえぐ **stento** 男 [複で] 生活苦, 貧困; 苦労, 困難 **a stento** なんとか, かろうじて, やっとこさ
sterile /ステリレ/ (英 sterile) 形 不毛の; 無菌の, 殺菌した

sterlina /ステルリーナ/ (英 pound) 女 (英国の貨幣単位)ポンド (= lira sterlina)
sterminare /ステルミナーレ/ (英 exterminate) 他 殲滅(せんめつ)する, 絶滅させる; 根絶する **sterminio** /ステルミーニオ/ 男 殲滅, 皆殺し; 根絶
sterzo /ステルツォ/ (英 handlebar) 男 (車の)ハンドル **sterzare** 自 ハンドルを切る
stesso /ステッソ/ (英 same) 形 同じ, 同一の; まさに; 自分自身の **lo stesso** 予定どおり, やはり — 代 〔定冠詞と共に〕同じこと[結果]; [複で] 同じ人々[連中]
stetoscopio /ステトスコーピオ/ (英 stethoscope) 男 聴診器
stile /スティーレ/ (英 style) 男 文体, 様式; スタイル, 型; 気品, 品のよさ **stilista** 男 女 [3] デザイナー, スタイリスト
stima /スティーマ/ (英 estimate) 女 評価; 評判
stimare 他 見積もる; 評価する
stimolo /スティーモロ/ (英 stimulus) 男 刺激(物)
stimolare 他 刺激する, 掻き立てる; 活発にする, 増進する **stimolante** 形 刺激的な, 興味深い — 男 促進剤, 増進剤
stinco /スティンコ/ (英 shin) 男 [-chi] すね, 脛骨(けいこつ)
stipendio /スティペンディオ/ (英 salary) 男 給料, 月給 **stipendiare** 他 給料を払う
stirare /スティラーレ/ (英 stretch) 他 アイロンをかける; (平らに, ぴんと)伸ばす **stiro** 男 アイロンがけ ¶ ferro da — アイロン
stivale /スティヴァーレ/ (英 boot) 男 長靴, ブーツ
stoffa /ストッファ/ (英 cloth) 女 布地; 素質, 才能
stomaco /ストーマコ/ (英

stomach) [男][-chi/-ci] 胃;忍耐力
stonare/ストナーレ/([英] play out of tune) [他] 音をはずして歌う[演奏する];調子を狂わせる ― [自](con...) ～にマッチしない,そぐわない **stonatura** [女] 音が狂うこと,音痴;調子はずれの音;不調和
stop/ストップ/ 〖英〗 [男][0] 停止標識[信号],ストップ **stoppare** 停止させる,ストップする
stoppa/ストッパ/([英] tow) [女] 麻[亜麻]くず
storcere/ストルチェレ/([英] twist) [他][storto] ねじる,ひねる;(目を)むく;(顔や口を)ゆがめる;曲解する ◆**-ersi** ねじれる,ゆがむ;捻挫する
stordire ⑥/ストルディーレ/([英] daze) [他] (人の頭を)ぼうっとさせる;失神させる;(騒音が人の)耳をつんざく
storia/ストーリア/([英] history; story) [女] 歴史;話,物語;事件,出来事;作り話,嘘 **storico**/ストーリコ/[形]歴史の,歴史的な;歴史に残る,歴史上重要な ― [男][1] 歴史家 **-mente** [副] 歴史上,歴史的に[は]
storione/ストリオーネ/([英] sturgeon) [男] チョウザメ(→caviale)
stornello/ストルネッロ/([英] stornello) [男] ストルネッロ(17世紀以降に中部イタリアで流行した恋愛や風刺を歌った民謡)
storno/ストルノ/([英] starling) [男] 椋鳥(ムクドリ)
storta/ストルタ/([英] twist) [女] 捻挫 **storto** [形] ねじれた,曲がった(→storcere)
stoviglie/ストヴィッリェ/([英] dishes) [女][複] 食器類
stra-/ストラ/([英] extra-) [接頭] 「外に」「過度に」の意
straccio/ストラッチョ/([英] rag) [男] ぼろぎれ,雑巾(ぞうきん) **straccione** [男][1] ルンペン,乞食
strada/ストラーダ/([英] street) [女] 道,道路 **stradale** [形] 道の,道路の ― [女] 交通警察(= polizia ―)
strage/ストラージェ/([英] massacre) [女] 大虐殺;(死者多数の)大惨事;破壊
strangolare/ストランゴラーレ/([英] strangle) [他] 絞殺する;喉を締めつける
straniero/ストラニエーロ/([英] foreign) [形] 外国の ― [男][1] 外国人
strano/ストラーノ/([英] strange) [形] 変な,奇妙な,風変わりな **stranezza**[女] 奇行,突飛な言動
straordinario/ストラオルディナーリオ/([英] extraordinary) [形] 特別な,臨時の,異常な;並外れた ― [男] 残業(手当);異常事
strapazzare/ストラパッツァーレ/([英] maltreat) [他] 虐待する,酷使する;ぞんざいに扱う **strapazzo** [男] 過労
strapiombo/ストラピオンボ/([英] cliff) [男] 断崖,絶壁 **a strapiombo** 張り出した,突き出た
strappare/ストラッパーレ/([英] tear up) [他] もぎ取る,はぎ取る;ちぎる,破る;無理やり引き離す ◆**-arsi** ずたずたに破れる;肉離れを起こす **strapparsi i capelli** 髪の毛をかきむしる(絶望のしるし) **strappo** [男] 破れ;特例;(自分の車に)乗せてやる
straripare/ストラリパーレ/([英] overflow) [自][av/es] (川が)氾濫する(→riva)
strato/ストラート/([英] layer) [男] 層,積み重ね
stravagante/ストラヴァガンテ/([英] bizarre) [形] 変った,風変わりな;(天候などが)変わりやすい
straziare/ストラツィアーレ/([英]

S

torture)他 (肉体的に)ひどく苦しめる;苛(さいな)む;(体を)引き裂く **strazio**/ストラーツィオ/男 ひどい苦痛, 苦悶;(体を)ばらばらにすること

strega/ストレーガ/(英 witch)女 魔女, 魔法使い **stregone** 男[1] 呪術師, 祈禱師

strenna /ストレンナ/(英 present)女 プレゼント, 贈り物

stretta/ストレッタ/(英 grasp)女 握りしめる[締めつける, 抱きしめる]こと;激痛;雑踏, 人込み;難局, 窮地(→ stringere)

stretto/ストレット/(英 narrow)形 (空間が)狭い;(サイズ的に)きつい, 小さい;固く閉じた;親密な;近親の ― 男 海峡(→ stringere)

strido/ストリード/(英 shrill cry)男[4] 耳障りな音;金切り声;(鳥や虫の)甲高い鳴き声

stridere/ストリーデレ/自 耳障りな音をたてる;(鳥や虫が)うるさく鳴く;(色調などが)調和しない

strillo/ストリッロ/(英 scream)男 悲鳴, 金切り声;がみがみ言うこと **strillare** 自 わめく, 喚声をあげる ― 他 声を張り上げて言う;(物を)大声で売る;怒鳴りつける

stringere/ストリンジェレ/④(英 hold tightly)他[stretto] 握りしめる;きつく縛る[結ぶ];締めつける;(寸法を)詰める, 縮める;追い詰める;わきに追いやる **stringere la mano a qc** 〈人〉に握手する ― 自 (一方に)寄る;(時間などが)さし迫る, 切迫する;(ある地点に)迫る, 押し上げる ◆**-ersi** 身を寄せる;(席などで)詰める;(道幅などが)狭まる;(服などが)縮む;抱きしめる **stringersi la mano** 握手を交わす **stringersi le spalle** 肩をすぼめる(無関心や無視のしるし)

striscia/ストリッシャ/(英 strip)女 細長い一片;帯状の物;細長い筋;漫画(コマ割りの)

strisciare/ストリッシャーレ/(英 creep)自 這(は)う;(体や車を何かに)こすりつける ― 他 引きずる;こすって傷を付ける

strofinare/ストロフィナーレ/(英 rub)他 (磨くために)こする, 拭く ◆**-arsi** (体を)こする;(人に)すり寄る

strofinaccio/ストロフィナッチョ/男 雑巾(ぞうきん)

stroncare/ストロンカーレ/(英 break off)他 折る, へし折る;鎮圧する;命を奪う;酷評する

stropicciare/ストロピッチャーレ/(英 rub)他 強くこする;しわくちゃにする ◆**-arsi** (自分の目などを)強くこする;(自分の服を)しわくちゃにする

strozzare/ストロッツァーレ/(英 throttle)他 首を絞めて殺す;(物が)首を絞めつける;(通路を)狭くする;(比喩的に)行く手を塞ぐ ◆**-arsi** (自身も含めて)窒息死する;(道幅が)狭まる;(器官が)閉塞する

strumento/ストゥルメント/(英 instrument)男 道具, 器具;楽器

struttura/ストゥルットゥーラ/(英 structure)女 構造, 骨組み

struzzo/ストゥルッツォ/(英 ostrich)男 ダチョウ **fare come lo struzzo** 深刻な事態から目をそらす, 見てみぬふりをする **avere uno stomaco di struzzo** 健啖家である

stucco/ストゥッコ/(英 stucco)男[-chi] 化粧漆喰(しっくい), スタッコ **rimanere di stucco** 唖然とする, びっくりする

studiare/ストゥディアーレ/(英 study)他 勉強する, 研究する, 学ぶ **studio**/ストゥーディオ/男 勉強, 研究;書斎, 勉強部屋;仕

stufa ➤

事場, 研究室;撮影所, スタジオ
studioso 男[1] 学者, 研究者 ─ 形 勉強好きの, 研究熱心な
studente 男 学生
studentessa 女 女学生
stufa/ストゥーファ/(英 stove) 女 ストーブ, ヒーター
stufare/ストゥファーレ/(英 stew) 他 弱火で煮込む;飽きさせる, うんざりさせる ◆-arsi 飽きる, うんざりする
stufato 男 シチュー料理
stufo/ストゥーフォ/(英 tired) 形 飽きあきした, 嫌気がさした
stuoia/ストゥオイア/(英 matting) 女 (イグサや藁の)マット, むしろ, すだれ
stupefacente/ストゥペファチェンテ/(英 amazing) 形 驚くべき, 驚異的な ─ 男 麻薬, ドラッグ
stupendo/ストゥペンド/(英 wonderful) 形 素晴らしい, 見とれるほど美しい
stupido/ストゥーピド/(英 stupid) 形 馬鹿な, 間の抜けた ─ 男[1] 馬鹿, 愚か者
stupidaggine/ストゥピダッジネ/女 愚行, 馬鹿げた言動
stupire ⑥/ストゥピーレ/(英 surprise) 他 驚かす ─ 自[es] 驚く ◆-irsi 驚く **stupito** 形 驚いた **stupore** 男 驚き
stuzzicare/ストゥッツィカーレ/(英 prod) 他 つつく, いじめる; そそる, 刺激する
stuzzicadenti 男[0] 爪楊枝
su/ス/(英 on, about) 前 [巻末11] ～の上に[で];～に面して;～について; (数値が) およそ, ほぼ ─ 副 上に, 上で; (間投詞的に) さあ
subacqueo/スバックェオ/(英 subaqueous) 形 水中の, 水生の;海底の, 水面下の ─ 男[1] ダイバー(スキューバダイビングの)
subire ⑥/スビーレ/(英 suffer) 他 (災難や試練を)被る, 受ける

subito/スービト/(英 at once) 副 すぐに, ただちに
succedere/スッチェーデレ/(英 succeed) 自[es, successo] 起こる, 生じる;次に来る, 続いて起こる;継承[相続]する ◆-ersi 次から次へと来る, 相次いで起こる[現れる] **successo** 男 成功, 好結果;ヒット作[商品]
di successo とても人気のある, 大評判の, 売れっ子の
successivo 形 その次の, あとに続く **successione** 女 後継, 継承;相次いで起こること, 連続 **successore** 男 後継者, 後任;継承者, 相続人
succeditrice 女 女性の後継者
succhiare/スッキアーレ/(英 suck) 他 吸う, すする;しゃぶる;吸収する **succhiare la ruota** (自転車競技で風圧を避けて)前の選手にぴったりつける, (サポート役の選手に)引っ張ってもらう **succhiotto** 男 (赤ん坊の)おしゃぶり
succhiello/スッキエッロ/(英 gimlet) 男 (大工道具の)錐(キリ)
succo/スッコ/(英 juice) 男 [-chi] 果汁, ジュース; (胃液などの)体液; (話の)内容, 要旨
succoso 形 ジューシーな;内容の充実した
sud/スッド/(英 south) 男 南, 南方;南部(地方)
sudamericano 形 男[1] 南米の(人)
sudare/スダーレ/(英 sweat) 自 汗をかく;苦労する ─ 他 苦労して手に入れる **sudare sangue** 血のにじむような努力をする **sudare sette camicie** 奮闘努力する **sudore** 男 汗;汗水, 苦労
sudicio/スーディチョ/(英 dirty) 形 汚い, よごれた, 不潔な **sudiciume** 男 よごれ, 汚い物;けがれ, いかがわしさ

sufficiente/スッフィチェンテ/([英] sufficient)[形] 十分な;及第点を満たす **sufficienza** [女] 十分な量;及第点

suggerire ⑥/スッジェリーレ/([英] suggest)[他] 勧める，提案する;示唆する **suggestivo** [形] 魅力的な;感動的な **suggerimento** [男] 勧め，助言，示唆

sughero/スーゲロ/([英] cork)[男] コルク

sugo/スーゴ/([英] juice; sauce)[男] 果汁;(パスタ用の)ソース;(話の)要点，主旨;(芸術作品の)完成度，充実度;満足感，楽しみ **sugoso** [形] 果汁の多い;ソースの多い

suicidio/スイチーディオ/([英] suicide)[男] 自殺;自殺行為 **suicidarsi** [再] 自殺する

suino/スイーノ/([英] pig)[男][形] 豚(の)

suo/スーオ/([英] his; her ;its)[形] [男 suo - suoi; 女 sua - sue] 彼[彼女，それ]の;(敬称の)あなたの —[代] (定冠詞と共に)彼[彼女，あなた]のもの

suocero/スオーチェロ/([英] father-in-law)[男] 舅(しゅうと)，義父;[複で] 義父母 **suocera** [女] 姑(しゅうとめ)，義母

suola/スオーラ/([英] sole)[女] 靴底

suolo/スオーロ/([英] ground)[男] 土地，地面

suonare/スオナーレ/([英] sound)[他] (楽器を)弾く，吹く，演奏する;(ベルや鐘を)鳴らす;なぐる，ぶつ —[自][av] 鳴る，鳴り渡る[響く];[es] (時報などが)鳴る **suono** [男] 音，サウンド

suora/スオーラ/([英] sister)[女] 尼僧，修道女，シスター

super/スーペル/([英] super)[形] [0] 高級な;特別な，異例の —[男][0] 最高 —[女] (ガソリンの)ハイオク

superare/スーペラーレ/([英] exeed)[他] 越える，乗り越える;上回る，圧倒する;克服する，合格する

superbo/スーペルボ/([英] proud)[形] 傲慢な，高慢な，うぬぼれた;(物が)素晴らしい，見事な **superbia**/スーペルビア/[女] 傲慢(ごうまん)，高慢

superficie/スーペルフィーチェ/([英] surface)[女] 表面，外面;外見，うわべ **superficiale** [形] 表面[外面]の;(傷が)浅い，軽い;浅薄な，軽率な

superfluo/スーペルフルオ/([英] superfluous)[形] 余分[余計]な，必要以上の，過剰な

superiore/スーペリオーレ/([英] superior)[形] (位置が)上の;(レベルが)高い，上位[上級]の;上回る，まさる —[男][1] 上司，上役，上官(→inferiore)

supermercato/スーペルメルカート/([英] supermarket)[男] スーパー(マーケット)

superstizione/スーペルスティツィオーネ/([英] superstition)[女] 迷信;ジンクス

supino/スーピーノ/([英] supine)[形] 仰向けになった;無抵抗の，屈従的な

suppellettile/スッペッレッティレ/([英] furniture)[女] (総称的に)家具，調度品

supplemento/スップレメント/([英] supplement)[男] 追加，補足，補遺;追加料金，割り増し金 **supplementare** [形] 補足[補充]の;追加の;臨時の

supplica/スップリカ/([英] supplication)[女] 懇願，嘆願，哀願;請願書 **supplicare** [他] 懇願[嘆願，哀願]する

supplizio/スップリーツィオ/([英] torture)[男] 苦悶;責め苦;死刑

supporre ㉒/スッポッレ/([英] suppose)[他][supposto] 仮定する，想像する;推測[推定]する

supremo/スープレーモ/([英] supreme) [形] 最高の，至高の

surgelare/スルジェラーレ/([英] deep-freeze) [他] 冷凍にする **surgelato** [形] 冷凍の ― [男] 冷凍食品

surrogato/スッロガート/([英] substitute) [男] 代用品，代替物

suscettibile/スッシェッティービレ/([英] touch) [形] 怒りっぽい，気難しい

suscitare/スッシターレ/([英] raise) [他] 引き起こす，招く，生む；(何かの)原因になる

susina/スースィーナ/([英] plum) [女] 西洋すもも[プラム]の実 **susino** [男] 西洋すもも，プラム

sussurrare/スッスッラーレ/([英] whisper) [他] [自] 囁く；噂する **sussurro** [男] 囁き；ざわめき

svago/ズヴァーゴ/([英] pastime) [男] 気晴らし，気分転換；息抜き，骨休め；遊び，楽しみ，趣味

svaligiare/ズヴァリジャーレ/([英] burgle) [他] (場所を)荒らす，盗みに入る

T

svanire ⑥/ズヴァニーレ/([英] vanish) [自][es] 消える；無くなる

svedese/ズヴェデーゼ/([英] Swedish) [形] [男] [女] スウェーデンの(人) **Svezia**/ズヴェーツィア/ [女] スウェーデン

sveglia/ズヴェッリァ/([英] waking up) [女] 目覚め，起床；目覚まし時計；モーニングコール **svegliare** [他] 目覚めさせる，起こす；覚醒させる ◆**-arsi** 目が覚める **sveglio**/ズヴェッリォ/ [形] 起きている，目覚めた；利発な，利口な

svelto/ズヴェルト/([英] quick) [形] (動きが)速い，機敏な；手際のよい，頭の回転が速い；(体型が)スマートな，すらりとした

svenire ㉟/ズヴェニーレ/([英] faint) [自][es, svenuto] 気を失う，気絶する

sventolare/ズヴェントラーレ/([英] wave) [他] はためかせる ― [自] はためく，ひるがえる

sventura/ズヴェントゥーラ/([英] misfortune) [女] 不運；災難 **sventurato** [形] 運の悪い，不幸な

sviare/ズヴィアーレ/([英] divert) [他] そらす，避ける；堕落させる

svignarsela/ズヴィニャルセラ/([英] slink away) [再] こっそり逃げる，ずらかる

sviluppo/ズヴィルッポ/([英] development) [男] 発展，発達；(写真の)現像 **sviluppare** [他] 発展[発達]させる；現像する ◆**-arsi** 発展[発達]する；成長する；広がる

svizzero/ズヴィッツェロ/([英] Swiss) [形] [男][1] スイスの(人) **Svizzera**/ズヴィッツェラ/ [女] スイス

svincolo/ズヴィンコロ/([英] junction) [男] (道路の)合流点，インター，ジャンクション

svogliato/ズヴォッリアート/([英] indolent) [形] やる気のない；無精な，怠惰な；しらけた

svolgere/ズヴォルジェレ/([英] unwind) [他][svolto] ほどく；広げる，発展させる；展開する，実行する，果たす ◆**-ersi** ほどける；広がる；(催しなどが)行われる **svolgimento** [男] ほどけること；広がり，発展；展開，実行

svolta/ズヴォルタ/([英] turning) [女] 曲がること；方向転換；転機，変わり目

svuotare/ズヴオターレ/([英] empty) [他] からにする，空ける

T, t

t/ティ/ [女]([男]) 18番目の字母：《符T》 *T* come Torino トリーノのT **a T** T字型の[に]

tabacco/タバコ/(英 tobacco)男[-chi] タバコ

tabaccaio/タバッカイオ/男[1] タバコ屋(の主人)

tabaccheria/タバッケリーア/女 タバコの売店

tabella/タベッラ/(英 table)女 表, 図表; 掲示板 **tabellone** 男 大型の掲示[告示]板;(競技場などの)掲示板, スコアボード;(駅や空港の)時刻表 ¶ — luminoso 電光掲示板

tabernacolo/タベルナーコロ/(英 niche)男 壁がん, ニッチ(聖像などを祭る街角や建物の壁面のくぼみ);聖体を収める祭壇の櫃(ひつ)

tabù/タブ/(英 taboo)男 形 タブー(の)

tacca/タッカ/(英 nick)女(目印や目盛りの)刻み目, 切り目;(刀剣の)刃こぼれ

tacchino/タッキーノ/男(英 turkey)[1] 七面鳥(シチメンチョウ)

tacco/タッコ/(英 heel)男[-chi] 靴のかかと

tacere ㉑/タチェーレ/(英 be silent)自[-ciuto] 黙る, 何も言わない;静かにする

taciturno 形 無口な, 口数の少ない, 物静かな

tachimetro/タキメトロ/(英 speedometer)男 速度計, スピードメーター;走行計, メーター

tafano/タファーノ/(英 horsefly)男 虻(アブ);しつこい人

taglia/タッリァ/(英 size)女 衣類のサイズ;(犯人逮捕のための)懸賞金

tagliare/タッリアーレ/(英 cut)他 切る, カットする;横切る —自(刃物が)切れる;近道する ◆-arsi(自分の体の一部を)切る, けがする;(自分の髪や爪を)切る (話や議論を急に)打ち切る, はしょる **tagliare la corda** 逃げる, ずらかる **tagliare il traguardo** ゴールインする **essere tagliato per…**(人が)〜の素質がある, 〜に向いている **tagliente** 形 よく切れる;辛辣(しんらつ)な;厳しい, 身を切るような

tagliando 男 クーポン券;半券 **tagliaunghie**/タッリァウンギェ/男[0] 爪切り **tagliere** 男 まな板 **taglierina** 女 切断機, 裁断機 **tagliola** 女(動物捕獲用の)落としわな

tagliatelle/タッリアテッレ/女⓪ 平麺(きし麺に似たパスタ)

taglio/タッリォ/(英 cutting)男 切断, カット;伐採;切り傷;切開(手術);(衣服の)ライン, カット;裁ち布;刃 **biglietto di piccolo taglio** 額面の小さいお札

talco/タルコ/(英 talc)男[-chi] 滑石, タルク;(滑り止め・汗止めの)パウダー

tale/ターレ/(英 such)形(指示)その[この]ような;(程度)それ[これ]ほどの;(不定冠詞と)ある, とある;(主に quello と)あの, 例の(なんとかいう) **essere tale e quale…** 〜にそっくりである, とてもよく似ている —代(指示)その人;(不定)ある人;(主に quello と)あの人, 例の人 **il [la] tal dei tali**(名前は覚えていない)誰かが;(名前は言えない)さるお方が

talento/タレント/(英 talent)男 才能, 手腕

talismano/タリズマーノ/(英 talisman)男 お守り, 護符

tallone/タッローネ/(英 heel)男(足の)かかと

talmente/タルメンテ/(英 so much)副 そのように;それほど

talora/タローラ/(英 sometimes)副 時々, 時折

talpa/タルパ/(英 mole)女 モ

グラ；掘削機

talvolta /タルヴォルタ/ (英 sometimes) 副 時々；時には

tamburo /タンブーロ/ (英 drum) 男 太鼓, ドラム **a tamburo battente** 即座に, ただちに **tamburello** 男 (楽器の) タンバリン；(丸枠の木に皮を張った) ラケット；刺繍の丸い木枠

tamponare /タンポナーレ/ (英 plug) 他 詰め物をする；(傷口を) ふさぐ；追突する

tamponamento 男 追突 [衝突] (事故)；(傷口に) ガーゼや綿を当てる [詰める] こと

tampone /タンポーネ/ (英 plug) 男 丸めた綿 [ガーゼ]；詰め栓；スタンプ台

tana /ターナ/ (英 den) 女 (野生動物が棲む) 穴, 隠れ処；あばら家

tanica /ターニカ/ (英 can) 女 ポリタンク；燃料タンク

tanto /タント/ (英 many) 形 たくさんの, 多くの **ogni tanto** 時々, たまに ―代 [複で] 多くのもの [こと]；大勢の人 ―副 とても, 非常に **tanto per cambiare** 少し気分を変えて, 気分転換に

tapiro /タピーロ/ (英 tapir) 男 《動物》バク

tappa /タッパ/ (英 halting place) 女 休息 [休憩] 地；(全行程の) 1区間

tapparella /タッパレッラ/ (英 rolling shutter) 女 ロールカーテン [ブラインド]

tappeto /タッペート/ (英 carpet) 男 カーペット, 絨毯 (じゅうたん)；(リングの) マット

tappezzare /タッペッツァーレ/ (英 paper) 他 (壁紙などを) 張る；(di…) ～を張り詰める

tappo /タッポ/ (英 bung) 男 栓 **tappare** 他 栓をする；しっかり閉める **tappare un buco [una falla]** 穴埋めする, 帳尻をあわす (→tappo)

tara /ターラ/ (英 tare) 女 風袋 (ふうたい) (→lordo, netto)

tarantella /タランテッラ/ 女 (英 tarantella) タランテッラ (イタリア南部のテンポの速いダンス) **tarantola** /タラントラ/ 女 毒グモ, タランチュラ；ヤモリ

tardi /タルディ/ (英 late) 副 遅く；遅れて **al più tardi** (どんなに遅くても) **a più tardi** (別れ際に) またあとで, のちほど **presto o tardi** 遅かれ早かれ

tardo /タルド/ (英 slow) 形 遅い；(動作が) 鈍い, のろい **tardare** 自 遅れる, 遅くなる

targa /タルガ/ (英 plate) 女 (金属の) 名札, プレート；(車の) プレート **targhetta** 女 小さな名札, ネームプレート

tariffa /タリッファ/ (英 tariff) 女 料金 [運賃] 表；料金, 運賃

tarlo /タルロ/ (英 woodworm) 男 木食い虫；苦悩, 心痛

tartagliare /タルタッリアーレ/ (英 stutter) 自 どもる ―他 口ごもる

tartaro /タルタロ/ (英 tartar) 男 歯石；酒石 (ワインの酒樽の底の沈殿物)

tartaruga /タルタルーガ/ (英 tortoise) 女 亀 (カメ)；のろま

tartufo /タルトゥーフォ/ (英 truffle) 男 トリュフ

tasca /タスカ/ (英 pocket) 女 ポケット **tascabile** /タスカービレ/ 形 ポケットに入る；文庫版の

tassa /タッサ/ (英 tax) 女 税金；公共料金 **tassare** 他 課税する

tassì /タッスィ/ (英 taxi) 男 タクシー (表示：TAXI) **tassista** 男女 [3] タクシー運転手

tasto /タスト/ (英 key) 男 (鍵盤やキーボードの) キー；(プッシュ式の) ボタン；問題 (点), ポイント **al tasto** 触って, 触感で **tastare** 他 触れる, 触試

tastiera 囡 鍵盤, キーボード **tastoni** 副 a — 手探りで
tattica/タッティカ/(英 tactics) 囡 戦術
tatto/タット/(英 touch) 男 触覚; 手触り, 肌触り
tatuaggio/タトゥアッジョ/(英 tattoo) 男 刺青(いれずみ)
tatuare 他 刺青する
tatuato 形 刺青をした
taverna/タヴェルナ/(英 tavern) 囡 居酒屋, 安酒場; 田舎造りのレストラン
tavernetta 囡 (主に地下にある個人の)娯楽室
tavola/ターヴォラ/(英 table) 囡 食卓, テーブル; 板; 表, 図版 **tavola calda [fredda]** カウンター式の軽食堂 **tavola rotonda** 円卓会議 **mettere le carte in tavola** 本音[本心]を明かす **tavolo** 男 テーブル, 机, 台 **tavolino** 男 小テーブル, 小さな机[台] **tavolozza** 囡 パレット
tazza/タッツァ/(英 cup) 囡 カップ; カップ一杯の量
te/テ/(英 you) 代 君を, あなたを; (前置詞と共に)君, あなた; (直接補語[lo, la, li, le, ne]の前で)君(自身)に, あなた(自身)に(→ti)
tè/テ/(英 tea) 男 茶, 紅茶
teiera 囡 ティーポット
teatro/テアートロ/(英 theatre) 男 劇場; 演劇 **teatrale** 形 演劇の; 芝居じみた, 大袈裟な
tecnica/テクニカ/(英 technique) 囡 手法, 技法, テクニック
tecnico/テクニコ/(英 technical) 形 技術的な; 専門的な — 男[1] 技術者; 専門家
tedesco/テデスコ/(英 German) 形 [-chi] 男[1] ドイツ(人) — 男 ドイツ語
tegame/テガーメ/(英 pan) 囡 浅鍋

teglia/テッリァ/(英 baking-pan) 囡 オーブン料理用の平鍋
tegola/テーゴラ/(英 tile) 囡 屋根瓦(かわら); 予期しない災難
tela/テーラ/(英 cloth) 囡 布; 画布, キャンバス; 油絵 ¶ — incerata 防水布
telaio/テライオ/(英 loom) 男 (織物を織る)機(はた), 織機; 骨組み, 枠, フレーム
tele-/テレ/接頭 「遠い」「テレビ」の意
telecamera/テレカーメラ/囡 テレビカメラ
telecomando 男 リモコン
telecomandato 形 遠隔操作された
telecronaca/テレクローナカ/囡 (ニュースの)実況中継, VTR
telecronista 男 囡[3] ニュース解説者(主にスポーツの実況中継)
telefilm 男 テレビ映画
teleferica/テレフェーリカ/囡 ロープウエー
telegiornale 男 テレビニュース
teleromanzo 男 テレビ小説
telescopio/テレスコーピオ/男 望遠鏡
teleselezione 囡 ダイヤル通話
telespettatore 男[2] テレビ視聴者
telefonare/テレフォナーレ/(英 telephone) 自 電話する — 他 電話で知らせる ◆-arsi 電話で話し合う **telefonata** 囡 電話(をかけること, がかかること)
telefono/テレーフォノ/(英 telephone) 男 電話(機); 電話局 **telefonino** 男 携帯電話
telefonico/テレフォーニコ/形 電話の; 電話による ¶ cabina *telefonica* 電話ボックス / elenco — 電話帳
telefonista 男 囡[3] 電話交

換手；電話局の技術者

telegrafare/テレグラファーレ/(英 telegraph) 他 電報で知らせる ― 自 電報を打つ

telegrafo/テレーグラフォ/男 電信機 **telegrafico**/テレグラーフィコ/形 電信の；電報による；電文ような，簡略化された

telegramma 男[3] 電報

televisione/テレヴィズィオーネ/(英 television) 女 テレビ(映像，放送，番組)；テレビ局

televisore 男 テレビ(受像機) ¶ ― in bianco e nero 白黒テレビ / ― a colori カラーテレビ

tema/テーマ/(英 subject) 男[3] 主題，テーマ

temere/テメーレ/(英 fear) 他 恐れる，恐がる；心配する，懸念する ― 自(per...) ～を心配する，気づかう；(di...) ～を疑う，信用しない

temperamento/テンペラメント/(英 temperament) 男 性質；気質；緩和，軽減

temperatura/テンペラトゥーラ/(英 temperature) 女 温度；気温；体温

temperino/テンペリーノ/(英 pocket-knife) 男 ポケットナイフ，小刀；鉛筆削り

tempesta/テンペスタ/(英 tempest) 女 嵐，暴風雨

tempestoso 形 暴風雨の；荒れ狂う，波乱に満ちた

tempia/テンピア/(英 temple) 女 こめかみ，側頭

tempio/テンピオ/(英 temple) 男[templi] 神殿；寺院

tempo/テンポ/(英 time) 男 時，時間；時代；天気，天候；(演劇や試合の)前[後]半；(文法の)時制 a tempo perso 余暇に，仕事の合間に per tempo 早く；朝早く **temporale** 男 (雷鳴を伴う) **temporaneo**/テンポラーネオ/形 一時的な，臨時の，仮の

tenace/テナーチェ/(英 tenacious) 形 粘り強い，頑強な **tenacia**/テナーチャ/女 粘り強さ，不屈

tenaglia/テナッリャ/(英 pincers) 女 ペンチ；(甲殻類の)ツメ，ハサミ

tenda/テンダ/(英 tent) 女 カーテン；テント

tendenza/テンデンツァ/(英 tendency) 女 傾向，向き

tendenziale 形 潜在的な

tendere/テンデレ/(英 stretch) 他[teso] (ロープなどを)張る；(手などを)差し出す ― 自(a verso...) ～に向かう；～の傾向がある；(色彩や風味が)～を帯びる

tendine/テンディネ/(英 tendon) 男 (筋肉の)腱(けん)

tenebra/テーネブラ/(英 darkness) 女 闇，暗黒

tenebroso 形 暗い；謎めいた，不可解な

tenente/テネンテ/(英 lieutenant) 男 中尉

tenere ③⓪/テネーレ/(英 hold) 他 (手に)持つ；(動かないように)支える，握る；取っておく，保持する；(状態などを)保つ，維持する；(場所を)占める，占領[占拠]する；(会議などを)開く，開催する；(容量が)～ある，～入る ― 自 持ちこたえる；長く続く[持つ]；(a...) ～に執着する[こだわる]；(per...) ～に味方する，～を応援する **tenerci a qs** 〈物〉を大切[大事]にする **tenere a mente** 心にとめる，覚えておく **tenere da conto** 大事にする，大切に保管する **tenere d'occhio** 見張る，監視する **tenere duro** (苦しい立場でも)頑張る，粘る

tenero/テーネロ/(英 tender) 形 やわらかい；心優しい，情け深い；幼い，若い；(色が)淡い

tenerezza 女 やさしさ，情愛；やわらかさ

tennis/テンニス/[英] 男 テニス **tennista** 男 女 [3] テニス選手

tenore/テノーレ/(愛 tenor) 男 (全体的な) 様子, 状態;(文書や話の) 流れ, 調子;(声楽の) テノール, テナー歌手 ¶ — di vita 暮し向き, 生活ぶり

tensione/テンスィオーネ/(愛 tension) 女 (物の)張り, 張り詰めること;(精神的な) 緊張, テンション;電圧

tentare/テンターレ/(愛 try) 他 試みる, やってみる;誘惑する, そそのかす;(物が人を)その気にさせる **tentazione** 女 (悪いことへの) 誘惑, 誘い;(何かを)したい気持, 衝動

tentativo 男 試み, 努力

tenuta/テヌータ/(愛 estate) 女 所有地, 農地;容量;耐久性, 持久力;制服;装備

teoria/テオリーア/(愛 theory) 女 理論, 理屈;学説, 説;物の見方, 考え方

tepore/テポーレ/(愛 warmth) 男 暖かさ;温もり

teppista/テッピスタ/(愛 hooligan) 男 女 [3] 乱暴者, フーリガン;不良, ごろつき

tergicristallo/テルジクリスタッロ/(愛 wiper) 男 (自動車の)ワイパー

terme/テルメ/(愛 thermal baths) 女複 温泉, 湯治場;(古代ローマの)公衆浴場

terminal/テルミナル/[英] 男 [0] エアターミナル;発着所, ターミナル

termine/テルミネ/(愛 end) 男 終わり, 端;期限, 期間;(特殊な) 言葉, 表現;[複で] 条件 **terminare** 他 終える — 自[es] 終わる

termometro/テルモーメトロ/(愛 thermometer) 男 温度計, 体温計;(現象の)指標

termos → thermos (魔法瓶, ジャー)

termosifone/テルモスィフォーネ/(愛 radiator) 男 (暖房用の) ラジエーター ¶ riscaldamento a — セントラルヒーティング

termostato/テルモスタト/男 (愛 thermostat) サーモスタット

terno/テルノ/(愛 winning triplet) 男 (ロトくじやビンゴの) 3つの数の組み合わせ;思いがけない幸運

terra/テッラ/(愛 earth) 女 地球;陸, 陸地;地面, 床;土, 土地 **gomma a terra** パンクしたタイヤ **essere a terra** お手上げ[どん底]の状態にある **buttare a terra** 打ちのめす, 参らせる **terracotta** 女[terrecotte] テラコッタ, 粘土の素焼き(の製品)

terrazza/テッラッツァ/(愛 terrace) 女 屋上, ルーフバルコニー **terrazzo** 男 テラス, ベランダ;台地, 段丘

terremoto/テッレモート/(愛 earthquake) 男 地震;(比喩的に)激震;やんちゃ坊主

terreno/テッレーノ/(愛 ground) 男 地面;土地, 耕地, グラウンド;(研究の) 分野, 領域;戦地, 戦場 — 形 地上の **tastare il terreno** 意図を探る, 出方を窺う

terrestre/テッレストレ/(愛 terrestrial) 形 地球の;(空や海に対して)陸の, 陸上の — 男 女 地球人

terribile/テッリービレ/(愛 terrible) 形 恐ろしい, ものすごい;ひどい, 耐えがたい

territorio/テッリトーリオ/(愛 territory) 男 領土, 領地;地域, 領域;縄張り, テリトリー

terrore/(愛 terror) 男 恐怖 **terrorismo** 男 テロ(行為) **terrorista** 男 女[3] テロリスト **terrorizzare** 他 恐れさせる, 恐怖を抱かせる

terzo /テルツォ/(英 third)形 3番目の, 第3の; 3分の1の ― 男 3分の1; 第三者

teschio /テスキオ/(英 skull)男 頭蓋(ずがい), 頭蓋骨

tesi /テーズィ/(英 thesis)女[0] 主張, 理論, テーゼ; 論文 ¶ ― di laurea 卒業論文

tesoro /テゾーロ/(英 treasure)男 宝, 宝物; かけがえのない人; 国庫; 名品, 宝典

tessera /テッセラ/(英 card)女 会員証, 身分証; 定期券, パス

tessuto /テッスート/(英 fabric)男 生地, 織物; 組織 **tessile** /テッスィレ/男 織物, 繊維製品

tessere /テッセレ/他 織る; 編む

testa /テスタ/(英 head)女 頭; 先端, 先頭 ¶ colpo di ― ヘディング / gruppo di ― 先頭集団 / tiro di ― ヘディングシュート **a testa** 一人当たり(頭勘定) **con la testa nel sacco** よく考えずに **di testa** 頭から, 頭を下にして **far girare la testa a qc** (人の)目を回させる; 夢中にさせる **girare la testa a qc** (人の)目が回る **in testa** 先頭に, トップに **montarsi la testa** 思い上がる, 慢心する **perdere la testa** 逆上する, 狂う **testa calda** 無鉄砲な人; 過激派 **tenere testa a…** ～に抵抗する, 屈しない **un occhio della testa** 高額(目をむくほどの額)

testamento /テスタメント/(英 will)男 遺言状; (T-) 聖書

testardo /テスタルド/(英 stubborn)形 頑固な, 強情な **testardaggine** /テスタルダッジネ/女 頑固, 強情

testimone /テスティモーネ/(英 witness)男女 証人; (結婚式などの)立会人 **testimoniare** 他 証言する; 証明する ― 自 証言する **testimonianza** 女 証言; あかし, しるし, 証拠

testimonio /テスティモーニオ/ 男 証人, 立会人; (リレーの)バトン, (駅伝の)たすき

testo /テスト/(英 text)男 本文, 全文; 教科書; 原文, 原典

tetro /テトロ/(英 gloomy)形 暗い; 陰気な, 憂鬱な

tetto /テット/(英 roof)男 屋根; 家, 家庭 **tettoia** /テットイア/ 女 (屋外の)ひさし, 屋根

thermos /テルモス/ [英] 男 魔法瓶, ジャー

ti /ティ/(英 to you, you, yourself)代 君に[を], (親称の)あなたに[を]; (再帰の)君自身に[を](→ te)

tiara /ティアーラ/(英 tiara)女 ローマ法王冠

tic /ティク/(英 tick)間 (機械などの)カチカチ; (水滴の)ポタリポタリ ― 男 (顔面の)けいれん, ピクッ; (無意識に繰り返す)癖 **tic tac** 男 (時計などの)チクタク **ticchettio** /ティッケッティーオ/ 男 カチカチ, チクタク, ポタリポタリ (という連続音)

ticchio /ティッキオ/(英 whim)男 気まぐれ, 衝動的な欲望

tiepido /ティエーピド/(英 tepid)形 ぬるい, 生暖かい; 熱意のない, 生ぬるい

tifo /ティーフォ/(英 typhus)男 チフス(熱); (ファンの)熱狂 **tifoso** 男[1] 熱狂的なファン; スポーツ狂

tifone /ティフォーネ/(英 typhoon)男 台風

tigre /ティーグレ/(英 tiger)女 虎(とら)

timbro /ティンブロ/(英 stamp)男 印, スタンプ; 消印; 音色, 響き **timbrare** 他 捺印する; 消印[日付印]を押す

timido /ティーミド/(英 shy)形 (性格が)恥ずかしがり屋の, 内気な, ; (動物が)恐がりの, 臆病な; (様子が)はにかんだ, 恥ずかしそうな **timidezza** 女 内気, はにかみ, 恥ずかしさ

timone /ティモーネ/ (英 rudder) 男 舵(かじ), 操舵
timoniere 男[1] 操舵手, 舵取り
timore /ティモーレ/ (英 fear) 男 恐れ, 懸念
timpano /ティンパノ/ (英 tympanum) 男 (楽器の)ティンパニー; (耳の)鼓膜
tingere /ティンジェレ/ (英 dye) 他[tinto] 染める; (染みで)よごす ◆-ersi (色に)染まる; (自分の髪を)染める; (自分を)よごす; 化粧する
tino /ティーノ/ (英 vat) 男 (ワイン醸造用の)大きな桶(おけ)
tinta /ティンタ/ (英 dyeing) 女 染料; 色合い; 傾向, 性質
tintarella 女 日焼け
tipo /ティーポ/ (英 type) 男 タイプ, 種類; 型; 典型, 模範; (軽蔑的に)人間, やつ **sul tipo di...** ～と同じ, ～に似た **tipico** /ティーピコ/ 形 典型的な
tipografia /ティポグラフィーア/ (英 typography) 女 印刷所
tiranno /ティランノ/ (英 tyrant) 男[1] 専制君主, 独裁者, 暴君 ― 形 暴君のような, 傍若無人な
tirare /ティラーレ/ 他 (英 pull) 引く, 引っ張る; 引き出す, 抜き出す; 投げる, 発射[発砲]する ― 自 進む; (a...) ～に向く; 注目される, 当たる; (風が)吹く; (服などが)つっぱる **tirare sul prezzo** 値引きを交渉する **tirare l'acqua al proprio mulino** 我田引水 ◆-arsi 身を引く
tirchio /ティルキオ/ (英 miserly) 形 けちな, しみったれた
tiro /ティーロ/ (英 shot) 男 発砲, 射撃; 悪ふざけ, いたずら; (サッカーの)シュート
titolo /ティートロ/ (英 title) 男 題名, タイトル; 称号, 肩書き; 証券, 債券; (株式の)銘柄

to' /トッ/ (英 here) 間 (物を差し出して)ほら, さあ (=togli < togliere)
toast /トスト/ [英] 男 トーストサンド
toccare /トッカーレ/ (英 touch) 他 さわる, 触れる; (場所に)届く, 達する; (人に)関係がある, かかわる; (人の)心を打つ, 感動させる; (人の)心を乱す, 動揺させる ― 自[es] (自分の身に)ふりかかる; (役目が)当たる; (義務や順番が)回ってくる; (非人称で)～せざるを得なくなる **tocco** 男[-chi] 触れること; (ドアの)ノック; (鐘を)打つ音 **il tocco** 1時(トスカーナ地方で)
togliere ⑩ /トッリェレ/ (英 take away) 他[tolto] 取り去る[除く]; 取る, 奪う ◆-ersi (服や靴を)脱ぐ; 離れる, のく, どく
toilette /トアレット/ [仏] (英 toilet) 女 化粧室, トイレ; 化粧直し, 身づくろい
tollerare /トッレラーレ/ (英 tolerate) 他 我慢する; 耐える; 容認する, 許す **tolleranza** 女 忍耐; 寛容, 寛大
tomba /トンバ/ (英 tomb) 女 墓, 墓地
tombola /トンボラ/ (英 bingo) 女 トンボラ(1～90の数字の並びを競うビンゴに似たゲーム)
tonaca /トーナカ/ (英 frock) 女 (聖職者の)僧服, 法衣
tondo /トンド/ (英 round) 形 丸い, 円形の; 端数を切り捨てた ― 男 円, 輪; 丸い物
tonnellata /トンネッラータ/ (英 ton) 女 (重量の)トン
tonno /トンノ/ (英 tuna) 男 鮪(マグロ)
tono /トーノ/ (英 tone) 男 口調, 語気; 音色; 色調 **rispondere a tono** きっちり答える
tonsilla /トンスィッラ/ (英 tonsil) 女 扁桃腺(へんとうせん)

tonsillite 囡 扁桃炎
tonto /トント/(英 dull)形 間の抜けた ― 男[1] 間抜け **fare il tonto** とぼける
topo /トーポ/(英 mouse)男 ネズミ **topo d'auto** 車上荒らし
topolino 男 小ネズミ;(T-)ミッキーマウス
toppa /トッパ/(英 patch)囡 (継ぎはぎ用の)当て布;鍵穴(かぎあな);応急手当
torbido /トルビド/(英 cloudy)形 (液体が)濁った;不純な, いかがわしい
torcere /トルチェレ/(英 twist)他[torto] ねじる, よじる, しぼる, ゆがめる ◆ **-ersi** 身をよじる[くねらせる];曲がる, たわむ;(自分の髪などを)ねじる
torchio /トルキオ/(英 press)男 (ブドウなどを搾る)圧搾機;圧縮機械;手動式の印刷機
torcia /トルチャ/(英 torch)囡 松明(たいまつ);懐中電灯
torcicollo /トルチコッロ/(英 stiff neck)男[0] (寝違いなどによる)首の痛み;肩こり
tordo /トルド/(英 thrush)男 鶫(ツグミ)
torero /トレーロ/(英 bullfighter)男 闘牛士
torinese /トリネーゼ/(英 of Turin)形 男囡 トリノの(人)
Torino /トリーノ/(英 Turin) トリノ(Piemonte/ピエモンテ/州の州都)
tormentare /トルメンターレ/(英 torment)他 苦しめる, 悩ます;困らせる, いじめる ◆ **-arsi** 苦しむ, 悩む
tormento 男 激しい苦痛;苦悩;厄介者 **tormenta** 囡 吹雪(ふぶき)
tornaconto /トルナコント/(英 advantage)男 利益, 得;報い
tornare /トルナーレ/(英 return)自[es] 戻る, 帰る;(essereと同義で)〜である;(計算が)合う, 正しい
torneo /トルネーオ/(英 tournament)男 トーナメント;(中世の)馬上試合
tornio /トルニオ/(英 lathe)男 旋盤;轆轤(ロクロ)
toro /トーロ/(英 bull)男 雄牛;(T-) 牡牛(おうし)座 **prendere il toro per la corna** 真っ向から立向かう **tagliare la testa al toro** 問題を一気に解決する, 英断を下す
torpedone /トルペドーネ/(英 bus)男 観光バス(→pullman)
torre /トッレ/(英 tower)囡 塔, タワー
torrente /トッレンテ/(英 stream)男 急流 **un torrente di...** 堰を切ったような〜
torrenziale 形 どしゃ降りの;猛烈な, すさまじい
torso /トルソ/(英 torso)男 上半身;トルソ(胴体だけの彫刻)
torta /トルタ/(英 cake)囡 ケーキ, パイケーキ
tortellino /トルテッリーノ/ [主に複で] トルテッリーニ(スープに入れる挽肉を詰めたパスタ)
torto /トルト/(英 wrong)男 過ち, 過失;迷惑, 無礼 **avere torto** 間違っている
tortora /トルトラ/(英 turtledove)囡 雉鳩(キジバト)
tortuoso /トルトゥオーゾ/(英 tortuous)形 曲がりくねった;紆余曲折の, 不明瞭な
tortura /トルトゥーラ/(英 torture)囡 拷問, 責め苦;ひどい苦痛 **torturare** 他 拷問にかける;苦しめる, 悩ます ◆ **-arsi** 煩悶する
tosare /トザーレ/(英 shear)他 (人や動物の)毛を刈る;(草を)刈り込む
toscano /トスカーノ/(英 Tuscan)形[1] トスカーナの(人) **Toscana** 囡 トスカーナ州(州都:Firenze/フィレンツェ/)
tosse /トッセ/(英 cough)囡 咳

(せき) ¶ avere la tosse 咳が出る **tossire** [自] 咳をする

tossicodipendente/トッスィコディペンデンテ/(英 drug addict) [男][女] 麻薬常用者, 麻薬患者 **tossicomane**/トッスィコーマネ/[男][女] 麻薬常用者, 麻薬患者

tostapane/トスタパーネ/(英 toaster) [男][0] トースター

tosto/トスト/(英 hard) [形] 硬い;厚かましい ¶ faccia tosta 厚顔無恥

totale/トターレ/(英 total) [形] 全体の, 全部の;完全な, 徹底的な — [男] 総額, 総計;全体

tournée/トゥルネ/〖仏〗[女][0] 巡業, 演奏旅行;《スポ》前哨戦, 親善試合

tovaglia/トヴァッリァ/(英 tablecloth) [女] テーブルクロス **tovagliolo** [男] (テーブル)ナプキン

tra/トラ/(英 between) [前] ～の間に[で];～の中に[で];(今から)～後に(→fra)

traballare/トラバッラーレ/(英 totter) [自] よろめく, ふらつく;ぐらつく;(車が)揺れる **traballante** [形] よろめく, 揺れる;ぐらつく(→ballare)

traboccare/トラボッカーレ/(英 overflow) [自][es] (中身が)溢れ出る, こぼれる;[av] 溢れかえる **traboccante** [形] (液体が)溢れるほどの;(喜びなどが)溢れんばかりの(→bocca)

trabocchetto/トラボッケット/(英 trapdoor) [男] 落とし穴;わな, 策略

traccia/トラッチャ/(英 trace) [女] 跡, 足跡;形跡, 痕跡;構想, 素案;素描, 下絵 **tracciare** [他] (線などを)引く;スケッチする;概略をまとめる

tracolla/トラコッラ/(英 shoulder belt) [女] 肩から斜めにかける帯, ストラップ;ショルダーバッグ **a tracolla** 斜めに掛けて

tradire 6/トラディーレ/(英 betray) [他] 裏切る;暴露する;見捨てる ◆**-irsi** 本性をあらわす;本音をもらす **tradimento** [男] 裏切り **traditore** [男][2] 裏切り者 — [形] 裏切りの, 偽りの

tradizione/トラディツィオーネ/(英 tradition) [女] 伝統;習慣 **tradizionale** [形] 伝統的な;いつもの, お決まりの

tradurre 11/トラドゥッレ/(英 translate) [他][-dotto] 翻訳する;言い換える ◆**-ursi**(in...) ～に変わる, ～の形で表われる **traduzione** [女] 翻訳 **traduttore** [男][2] 翻訳者

traffico/トラッフィコ/(英 traffic) [男] 交通(量);(車や人の)通行, 往来;取引, 商売;密売

traforo/トラフォーロ/(英 perforation) [男] 穴を開けること;トンネル;透かし彫り **traforare** [他] 穴を開ける(→foro²)

tragedia/トラジェーディア/(英 tragedy) [女] 悲劇;悲惨な出来事[事件, 事故] **fare una tragedia per nulla** 何でもないことを大袈裟に騒ぎ立てる **tragico**/トラージコ/[形] 悲惨な, 痛ましい;悲劇の, 悲劇的な

traghetto/トラゲット/(英 ferrying) [男] 船で渡ること;渡し場;渡し船 **nave traghetto** フェリーボート

tragitto/トラジット/(英 route) [男] 道のり;旅行

traguardo/トラグァルド/(英 winning post) [男] ゴール, 到着点

traiettoria/トライエットーリア/(英 trajectory) [女] 軌道;弾道

tram/トラム/(英 tram) [男][0] 路面電車, 市電

trama/トラーマ/(英 weave) [女] (織物の)横糸;陰謀;(小説や映画の)筋立て, プロット

T

tramezzino/トラメッズィーノ/([英] sandwich) [男] サンドイッチ

tramontana/トラモンターナ/([英] northwind) [女] 北風;北

tramonto/トラモント/([英] setting) [男] 日没;夕焼け;終焉,凋落 **tramontare** [自][es] (太陽や月が)沈む;終わる, 消える

trampolino/トランポリーノ/([英] diving-board) [男] (水泳の)飛び込み台;(スキーの)ジャンプ台;(体操の)踏み切り板;トランポリン **trampolo**/トランポロ/[男] 竹馬

tranne/トランネ/([英] except) [前] ～を除いて

tranquillo/トランクィッロ/([英] calm) [形] (場所や雰囲気が)静かな, 落ち着ける;(人が)冷静な, 落ち着いた **tranquillità** [女] 静けさ, 平安;平静, 安心, 落ち着き **tranquillizzare** [他] 安心させる ◆**-arsi** 安心する, 落ち着く, 気を静める **tranquillamente** [副] 安心して, 安らかに;落ち着いて, 冷静に

transito/トランズィト/([英] transit) [男] (人や車の)通行, 通過;(空港での)乗り継ぎ

trapano/トラーパノ/([英] drill) [男] (大工道具の)ドリル

trapezio/トラペーツィオ/([英] trapezium) [男] 台形;(曲芸や体操用の)ぶらんこ **trapezista** [男][女][3] 空中ぶらんこ乗り

trapianto/トラピアント/([英] transplanting) [男] 移植 **trapiantare** [他] 移植する

trappola/トラッポラ/([英] trap) [女] (動物を捕獲する)わな, ネズミ取り;(よく故障する)おんぼろ, がらくた

trarre ㉛/トラッレ/([英] pull) [他][tratto] 引っ張る, 引く;引き出す, 抽出する

trascinare/トラッシナーレ/([英] drag) [他] 引きずる;(無理やり)連れて行く, 連行する;引きつける;(マウスを)ドラッグする ◆**-arsi** 身を引きずる;だらだら続く

tras-/トラス/[接頭] 「越えて」「変えて」の意

trascorrere/トラスコッレレ/([英] spend) [他][-corso] (休暇などを)過ごす ── [自][es] (時が)過ぎる, 経つ(→ correre)

trascurare/トラスクラーレ/([英] neglect) [他] なおざりにする, おろそかにする ◆**-arsi** 健康に留意しない;身なりをかまわない **trascurabile**/トラスクラービレ/[形] 無視できる, 取るに足らない **trascurato** ぞんざいな, 無頓着な;なおざりにされた(→ curare)

trasferire ⑥/トラスフェリーレ/([英] transfer) [他] 移す, 移転させる;転勤[転任, 転校]させる ◆**-irsi** 引っ越す, 移転する **trasferta** [女] 出張(費);《スポ》遠征試合

trasformare/トラスフォルマーレ/([英] transform) [他] (姿・形・性質などを)変える ◆**-arsi** 姿[形, 性質]が変わる **trasformazione** [女] 変化, 変形, 変質

trasfusione/トラスフズィオーネ/([英] transfusion) [女] 輸液;(液体の)注入

trasloco/トラズローコ/([英] move) [男][-chi] 引っ越し, 移転 **traslocare** [他] (物を)移動させる ── [自] 引っ越す, 移転する

trasmettere/トラズメッテレ/([英] transmit) [他][-messo] 放送する;伝える, 伝達する;(病気を)うつす, 伝染させる **trasmissione** [女] 放送, 送信;伝達, 伝播(でんぱ) **trasmittente** [女] 放送局;送信機, 発信装置;トランシーバー

trasparente/トラスパレンテ/

T

(＊ transparent) 形 透明な; 非常に薄い

trasporto / トラスポルト / (＊ transport) 男 輸送, 運搬; 交通機関; (感情の) 爆発

trasportare 他 運ぶ, 運送する; 移す, 移動させる **lasciarsi trasportare dall'ira [dalla collera]** 怒りに身をゆだねる

trattare / トラッターレ / (＊ treat) 他 扱う, 取り扱う; (人を) もてなす ― 自(di...) 〜を問題にする; (con...) 〜と付き合う **trattamento** 男 待遇, もてなし; 処理, 処置 **trattato** 男 条約, 協定; 学術書, 学術論文 **trattativa** 女 交渉, 折衝; 談判, 話し合い

tratteggiare / トラッテッジャーレ / (＊ outline) 他 (鉛筆やペンで) 描く, 素描する; 概略する, 略述する

trattenere ㉚ / トラッテネーレ / (＊ hold back) 他 (人を) 引きとめる; (逃げないように) 押さえておく; (感情を) 抑える, こらえる; 保持する, 預かる; (金額などを) 差し引く ◆ **-ersi** とどまる, 滞在する; (da...) 〜を我慢する **trattenimento** 男 歓談, 宴会; 娯楽, ショー **trattenuta** 女 控除額, 天引き (→ tenere)

tratto / トラット / (＊ line) 男 (手書きの) 線; 顔だち, 態度; (全体の) 一部分 [期間, 区間, 節] **a [ad] un tratto** 突然, 急に (→ trarre)

trattore / トラットーレ / (＊ tractor) 男 トラクター, 牽引 (けんいん) 車 (→ trarre)

trattoria / トラットリーア / (＊ restaurant) 女 食堂 (庶民的な家庭料理のレストラン) (→ trattare)

travaglio / トラヴァッリョ / (＊ suffering) 男 苦痛, 苦悩; 重労働

travasare / トラヴァザーレ / (＊ pour) 他 (in...) 〜に移す [移しかえる]; 〜に伝える [託す] (→ vaso)

trave / トラーヴェ / (＊ beam) 女 梁 (はり), けた

traversa / トラヴェルサ / (＊ cross-bar) 女 (補強のための) 横木; 横道; ≪スポ≫ クロスバー

traversata / トラヴェルサータ / (＊ crossing) 女 横断; 横断旅行 [飛行]; 航海

traverso / トラヴェルソ / (＊ transverse) 形 横切る, 横の, 不正な, 裏の ― 男 横幅 **di traverso** 斜めに, はすに **andare di [per] traverso** (食事が) 喉につかえる, 気管支に入ってむせる; 期待はずれに終わる

travestire / トラヴェスティーレ / (＊ disguise) 他 変装させる ◆ **-irsi** 変装 [仮装] する 装う **travestimento** 男 変装, 仮装 **travestito** 男 女装した男性; おかま

traviare / トラヴィアーレ / (＊ lead astray) 他 道を誤らせる, 堕落させる ◆ **-arsi** 道を踏みはずす, 堕落する

traviato 形 道を踏みはずした, 堕落した **La Traviata** 『椿姫』 (ヴェルディのオペラ)

travolgere / トラヴォルジェレ / (＊ sweep away) 他 [-volto] 押し流す; 圧倒する

tre / トレ / (＊ three) 男 形 3 (の) [20以上の数字の語尾としてはアクセント記号を付す: ventitré]

trebbiare / トレッビアーレ / (＊ thresh) 他 脱穀する **trebbiatrice** 女 脱穀機

treccia / トレッチャ / (＊ plait) 女 (髪や藁などを) ひも状に編んだもの, 編み下げ; お下げ, 三つ編み; 組みひも; ねじり焼きしたパン [菓子]

tredici / トレーディチ / (＊

tregua ►

thirteen) 男形 13(の); (トトカルチョの)パーフェクト(全試合的中)

tregua /トレーグァ/ (英 truce) 女 休戦, 停戦; 休止

tremare /トレマーレ/ 自 (英 tremble) 震える; 揺れる

tremendo 形 恐ろしい, 恐るべき; (人が) 我慢できない, 許せない

treno /トレーノ/ (英 train) 男 列車, 電車, 汽車 ¶ — passeggeri [merci] 客車[貨車]

trenta /トレンタ/ (英 thirty) 男形 [0] 30(の); (大学の試験の)満点

trentino /トレンティーノ/ 形男 [1] トレントの(人) **Trento** トレント(Trentino-Alto Adige/トレンティーノアルトアーディジェ/州の州都)

tri- /トリ/ 接頭 「3」の意

triangolo /トリアンゴロ/ 男 三角形; トライアングル (→ angolo)

triciclo 男 三輪車 (→ ciclo)

tricolore 形 三色の ― 男 三色旗 (→ colore)

trifoglio /トリフォッリョ/ 男 クローバー, うまごやし (→ foglia)

trimestre 男 3か月(間); 3か月ごとに払うお金; (4学期制の)学期

trimestrale 形 3か月間の, 3か月ごとの (→ mese)

trio 男 三重奏(曲, 団), 三重唱(曲, 団); トリオ, 3人組

tribù /トリブ/ (英 tribe) 女 部族, 種族

tribuna /トリブーナ/ (英 tribune) 女 (競技場などの)観覧席, スタンド; (法廷の)傍聴席 **tribunale** 男 裁判所, 地方裁判所

tricheco /トリケーコ/ (英 walrus) 男[-chi] 《動物》セイウチ

triestino /トリエスティーノ/ 形 男 [1] トリエステの(人) **Trieste** 女 トリエステ (Friuli-Venezia Giulia/フリウリ・ヴェーネツィアジューリア/州の州都)

trillo /トリッロ/ (英 trill) 男 鳥のさえずり; 鐘の音 **trillare** 自 (鳥が)さえずる; (鐘などが)鳴り響く

trina /トリーナ/ (英 lace) 女 レース

trincea /トリンチェーア/ (英 trench) 女 塹壕(ざんごう); 堀

trionfo /トリオンフォ/ (英 triumph) 男 大勝利; 大成功; 凱旋 ¶ arco di — 凱旋門 **portare** *qc* **in trionfo** (成功を祝して)高く担ぎ上げる, 胴上げする **trionfale** 形 凱旋の, 祝勝の; 堂々とした, 素晴らしい

trionfante 形 意気揚揚とした, 歓喜に満ちた

tripletta /トリプレッタ/ (英 hat-trick) 女 ハットトリック; トリプルプレー; 3連勝; 猛打賞

trippa /トリッパ/ (英 tripe) 女 牛の胃袋, センマイ; トリッパ (トマトや豆と煮込んだフィレンツェの名物料理)

triste /トリステ/ (英 sad) 形 悲しい, 悲しげな; 憂鬱な, 陰気な, 寂しい **tristezza** 女 悲しみ, 悲哀; わびしさ, 寂しさ, 憂鬱

tritare /トリターレ/ (英 mince) 他 みじん切りにする; ミンチにする **tritato** 形 みじん切りにした, ミンチの

trofeo /トロフェーオ/ (英 trophy) 男 戦勝の記念品, トロフィー

tromba /トロンバ/ (英 trumpet) 女 トランペット; 喇叭(ラッパ); (車の)クラクション; ラッパ状の物; 竜巻 (= — d'aria) **tromba delle scale** 吹き抜け **trombone** 男 トロンボーン (奏者); ほら吹き, はったり屋; ラッパ銃; ラッパズイセン

tronco /トロンコ/ (英 trunk) 男

(木の)幹，丸太，切り株;(人間の)胴体;(鉄道や道路の)幹線
troncare 他 切断する;打ち切る;(文法で)語尾音を省略する
troncamento 男 切断;中止;断絶，絶交;語尾切断(-[l, n, r]+[o, e])の語尾を持つ単語に限り必要に応じて[o, e]を省略する場合がある
trono /トローノ/ (英 throne) 男 王座，王位;権力の座
troppo /トロッポ/ (英 too) 副 〜しすぎる，極めて 一形 多すぎる，過度の 一代 多すぎる数量 (複で) 多すぎる人
trota /トロータ/ (英 trout) 女 鱒(マス)
trottare /トロッターレ/ (英 trot) 自 (馬が)速歩で駆ける;(人が)速足で歩く; せっせと働く
trotto 男 (馬の)速足，トロット **trottola** /トロットラ/ 女 独楽(コマ);せかせか動き回る人
trovare /トロヴァーレ/ (英 find) 他 見つける;出くわす;(人を)訪ねる;受け取る;(目的補語と共に)〜だと思う ◆**-arsi** (essereと同等で)いる，ある;(互いに)会う，出会う
trovata 女 (とっさの)思いつき;ユニークな考え;駄じゃれ
trucco /トルッコ/ (英 trick) 男 [-chi] 仕掛け，トリック;化粧，メーク;ごまかし，八百長
truccare 他 (化粧や小道具で)変装させる;だます，ごまかす;(点数などを)不正に操作する;改造する ◆**-arsi** 扮装する;化粧する;装う
truffa /トルッファ/ (英 fraud) 女 詐欺(罪)，ぺてん **truffare** 他 (人から)だまし取る，詐欺する
truppa /トルッパ/ (英 troops) 女 軍隊，部隊;一団
tu /トゥ/ (英 you) 代 君，お前，(親称の)あなた[前置詞とは: con te, per te](→te)
tubo /トゥーボ/ (英 tube) 男 管，パイプ

tubercolosi /トゥベルコローズィ/ (英 tuberculosis) 女 結核
tuffo /トゥッフォ/ (英 dive) 男 飛び込み，ダイビング;墜落，没頭;衝撃，ショック **tuffare** 他 (液体に)つける;沈める ◆**-arsi** 飛び込む，ダイビングする; 没頭する; 沈む
tuffatore 男 [2] (水泳の)飛び込みの選手
tulipano /トゥリパーノ/ (英 tulip) 男 チューリップ
tumore /トゥモーレ/ (英 tumour) 男 腫瘍(しゅよう)
tumulto /トゥムルト/ (英 tumult) 男 騒動，暴動;喧騒，大騒ぎ;動揺，興奮
tumultuoso 形 騒然とした，騒々しい;取り乱した，動揺した
tunnel /トゥンネル/ (英 tunnel) 男 [0] トンネル;地下道(→galleria)
tuo /トゥーオ/ (英 your) 形 [男 tuo - tuoi; 女 tua - tue] 君の，(親称の)あなたの 一代 (定冠詞と共に)君のもの
tuono /トゥオーノ/ (英 thunder) 男 雷，雷鳴; 轟音 **tuonare** (非人称) [av/es] 雷が鳴る，雷鳴が轟(とどろ)く 自 大声で怒鳴る[叱る];(大砲などが)轟く，轟音をあげる
tuorlo /トゥオルロ/ (英 yolk) 男 卵黄，黄身(→rosso)
turbare /トゥルバーレ/ (英 disturb) 他 妨げる，妨害する;困惑[動揺]させる ◆**-arsi** 取り乱す，狼狽(ろうばい)する
turbamento 男 動揺，不安;騒動，動乱;混乱，波乱
turco /トゥルコ/ (英 Turkish) 形 男 [-chi] [1] トルコの(人) 一 トルコ語 **Turchia** /トゥルキーア/ 女 トルコ
turchese 女 トルコ石
turismo /トゥーリズモ/ (英 tourism) 男 観光 **turista** 男

[女][3] 観光客 **turistico**/トゥーリスティコ/[形] 観光の

turno /トゥルノ/ (㊧ turn) [男] 番，順番；当番，交替；勤務(時間)

tuta/トゥータ/(㊧ overalls) [女] (上下のつながった)作業着，つなぎ ¶ — mimetica 迷彩服 / — subacquea ウエットスーツ / — spaziale 宇宙服 / — da ginnastica トラックスーツ / — da lavoro 作業着

tutela / トゥテーラ / (㊧ tutelage) [女] 保護，保全；後見 **tutore** [男][2] 後見人，保護者；擁護者

tuttavia/トゥッタヴィーア/(㊧ but) [接] ところが，しかしながら

tutto/トゥット/(㊧ all) [形] すべての，全部の；(形容詞を強調して)すっかり，完全に — [代] 〔単で〕 なにもかも，全部；〔複で〕 すべての人，全員 ¶ *tutta* la città 町じゅう / *tutta* Roma ローマじゅう / *tutti* e due/*tutt'*e due (男性名詞が)ふたり[ふたつ]とも / tutte e due/*tutt'*e due (女性名詞が)ふたり[ふたつ]とも / *tutte* e tre le sorelle 姉妹3人とも **con tutto...** ～にもかかわらず：Con *tutta* la mia buona volontà, non ci sono riuscito. 精一杯頑張ったのに駄目だった **tutt'al più** 多くても，せいぜい **tutt'intorno** 周囲をぐるりと，あたり一面

tuttora/トゥットーラ/(㊧ still) [副] 今でも，今も，まだ

U

U, u

u/ウ/[女][男] イタリア字母の第19字：《符丁》*U* come Udine ウーディネのU **a U** U字型の(に)：curva a *U* U字カーブ / inversione a *U* Uターン

ubbidire 〔a〕 ⑥/ウッビディーレ/(㊧ obey) [自] ～に従う，～の言うことを聞く

ubbidiente [形] 素直な，おとなしい **ubbidienza** [女] 従順さ，素直さ；服従 ¶ — cieca 盲従

ubriacare/ウブリアカーレ/(㊧ make drunk) [他] 酔わせる，酔うまで飲ませる；正体を無くさせる ◆**-arsi** 酔う，酔うまで飲む；酔いしれる，我を忘れる

ubriaco/ウブリアーコ/(㊧ drunk) [形][-chi] 酒に酔った，酔っ払った；正体を無くした，意識朦朧の **ubriaco fradicio** へべれけ，ぐでんぐでん(に酔った) **ubriachezza** [女] 酩酊，深酒；酒飲み

uccello/ウッチェッロ/(㊧ bird) [男] 鳥 **uccellino** [男] 小鳥

uccidere/ウッチーデレ/(㊧ kill) [他][ucciso] 殺す，殺害する，命を奪う **uccisione**/ウッチズィオーネ/[女] 殺し，殺害；虐殺，殺戮

udinese/ウディネーゼ/[形][男][女] ウーディネの(人) **Udine**/ウーディネ/[女] ウーディネ(Triesteを州都とするFriuli-Venezia Giulia州の都市)

udire ㉜/ウディーレ/(㊧ hear) [他] 聞く，耳にする **udito** [男] 聴覚，聴力

uffa/ウッファ/(㊧ phew!) [間] あーあ，ちぇっ(不快感や嫌悪感)

ufficiale[1]/ウッフィチャーレ/(㊧ officer) [男] 将校，士官；公務員，役人

ufficiale[2]/ウッフィチャーレ/(㊧ official) [形] 公式の，公的な；政府(当局)の；公務の，公用の **-mente** 公式に(は)，表向きは；公務上

ufficio/ウッフィーチョ/(㊧ office) [男] 事務所，オフィス；会社，職場；(役所の)担当部局；(担当する)職務，役割 ¶ — stampa 広報課

ufo[1]/ウーフォ/〔英〕 [男][0] UFO，未確認飛行物体(oggetto

volante sconosciuto);空飛ぶ円盤(disco volante)

ufo²/ウーフォ/(英 without paying) 副 **a ufo** ただで,金を払わずに, 人の払いで **mangiapane a ufo** 食客(しょっかく), 居候(いそうろう); 穀潰(ごくつぶ)し

uguale/ウグァーレ/(英 equal) 形 同じ,等しい,同等の ― 男 同じこと;同等[同格]の物[者] **non avere uguali** 他の類を見ない,匹敵するものがない **-mente** 副 平等に,同等に,均等に;にもかかわらず,それでも **uguaglianza** 女 平等,同等;均一, 均等

ulcera/ウルチェラ/(英 ulcer) 女 潰瘍(かいよう)

ulteriore/ウルテリオーレ/(英 ulterior) 形 これ[それ]以上の,さらなる **-mente** 副 さらに,その上 (→ oltre)

ultimare/ウルティマーレ/(英 complete) 他 完成する

ultimo/ウルティモ/(英 last) 形 最後の;最新の;最果ての;最低[最下位]の **all'ultima moda** とてもモダンに[な],流行の先端を行く,最新式の **all'ultimo momento** ぎりぎりに,土壇場で **l'ultima parola** 最終決定,最終的な決断 **ultimatum**/ウルティマートゥム/形[0] 最後通牒(つうちょう);(交渉を打ち切る)最後的な要求[条件]

ultra-/ウルトラ/接頭 「超過・超越」の意で

ultrasonico/ウルトラソーニコ/形 超音波[音速]の

ultrasuono 男 超音波

ultraterreno 形 この世を超越した;不死の,永遠の

ultravioletto 男 形 紫外線(の)

ultramoderno 形 超近代的な

ultrarapido/ウルトララービド/形 超高速の

ululare/ウルラーレ/(英 howl) 自 (犬や狼が)遠吠えする;(人や風が)うなる **ululato** 男 (動物の)遠吠え

umano/ウマーノ/(英 human) 形 人の,人間の;人間的な,人間味のある, 情け深い **umanità** 女 人類,人間;人間味,人情,温情

umbro/ウンブロ/(英 Umbrian) 形 男 [1] ウンブリアの(人) **Umbria**/ウンブリア/ 女 ウンブリア州(州都:Perugia/ペルージャ/)

umido/ウーミド/(英 damp) 形 湿った, じめじめした **in umido** (シチュー風に)煮込んだ **umidità** 女 湿気;湿度

umile/ウーミレ/(英 humble) 形 謙虚な,慎ましい;見栄を張らない,威張らない;(社会的に)身分の低い **umiltà** 女 謙遜(けんそん),謙譲,慎ましさ;身分の低さ **umiliare** 他 恥をかかせる,屈辱を与える ◆**-arsi** 謙虚になる;謙遜する;頭を下げる **umiliazione** 女 屈辱,辱(はずかし)め

umore/ウモーレ/(英 humour) 男 機嫌,気分;気質,気性

umorismo 男 ユーモア ¶ avere il senso dell'— ユーモアのセンス[ユーモアを解する力]がある **umorista** 形 [3] ユーモアで人を笑わせる(人)

umoristico/ウモリスティコ/形 ユーモラスな,滑稽な;ふざけた,不真面目な

un, un', una → uno

unanime/ウナーニメ/(英 unanimous) 形 満場[全員]一致の **unanimità** 女 満場一致 ¶ all'— 満場一致で

una tantum/ウーナタントゥム/ラテン 形 女 [0] 一度限りの(特別給付金,特別徴収税)

uncino/ウンチーノ/(英 hook) 男 鉤(かぎ),ホック

uncinetto 男 編み針,鉤針

undici/ウンディチ/([英] eleven) [男][形] 11(の)

ungere/ウンジェレ/([英] grease) [他][unto] (油性のものを)塗る;(機械などに)油をさす;油で汚す;買収する;(カトリックで)聖油を塗る ¶ ― i capelli di brillantina 髪にポマードを塗る **unguento** [男] (油性の)軟膏;香油, バルサム

ungherese/ウンゲレーゼ/([英] Hungarian) [形][男][女] ハンガリーの(人) ― [男]ハンガリー語 **Ungheria**/ウンゲリーア/[女] ハンガリー

unghia/ウンギア/([英] nail) [女] 爪(つめ);蹄(ひづめ) **ungulato** [形][男] 蹄がある(動物)

unico/ウーニコ/([英] unique) [形] 唯一の, ただ1つ[1人]の;傑出した, 特異な, ユニークな;極めてまれな, 他に類を見ない ¶ figli*o/a* unic*o/a* 一人っ子, 一人息子[娘] **senso unico** 一方通行 **-mente** [副] ただ(単に), もっぱら

unificare/ウニフィカーレ/([英] unify) [他] 統一する, 統合する ◆**-arsi** 統一[統合]される **unificazione** [女] 統一, 統合

uniforme/ウニフォルメ/([英] uniform) [形] (質や形が)同じ, 均一な;一様の, 単調な, 変化のない [女] 制服, ユニフォーム

unione/ウニオーネ/([英] union) [女] 結合, 統合;連合, 組合 ¶ ― monetaria 通貨統合 / ― doganale 関税同盟 **Unione Europea** ヨーロッパ連合(略称: UE, EU) **Unione Sovietica** ソ連邦(旧ソ連)

unire⑥/ウニーレ/([英] unite) [他] 結びつける, 結ぶ;結合する, 団結する ◆**-irsi** 結びつく, 結ばれる, 交わる **unito** [形] 結ばれた, 結合された;単色の, 無地の **Nazioni Unite** 国連(=Organizzazione delle ―) **Regno Unito** 連合王国(< United Kingdom) **gli Stati Uniti** 合衆国(=― d'America)

unità/ウニタ/([英] unit) [女] 統一;一致;単位;ユニット, 装置

università/ウニヴェルスィタ/([英] university) [女] 大学 **universitario**/ウニヴェルスィターリオ/[形] 大学の ― [男][1] 大学生

universo/ウニヴェルソ/([英] universe) [男] 宇宙;世界 **universale** [形] 全世界の, 全人類の, 宇宙の;普遍的な, 広く一般的な

uno/ウーノ/([英] a, one) [冠][巻末I](不特定の)ある, ひとつの, ひとりの ¶ C'è *una* macchina. 車が1台ある(私たちが「車」と呼んでいるものが「ひとつ」) ― [形] ひとつの, ひとりの(語尾変化は不定冠詞と同じ) ¶ C'è *una* macchina e due moto. 車が1台とバイクが2台ある(いくつあるかの「数」を強く意識して) ― [男][1] 1, いち, ひとつ ― [代][1] ひとつ, ひとり ¶ Ci sono due macchine; *una* bianca e *una* rossa. 車が2台ある, 白が1台と赤が1台 / È *uno/a* che lavora con me. 私と一緒に働いている人です(同じ職場の人間)

unto/ウント/([英] grease) [男] 脂(あぶら), 獣脂;グリース **untuoso** [形] 油[脂]を塗った;油[脂]で汚れた

uomo/ウオーモ/([英] human) [男][gli uomini] 人, 人間;男, 男性(→donna)

uovo/ウオーヴォ/([英] egg) [男][4] 卵(→ovale)

upupa/ウープパ/([英] hoopoe) [女] 《鳥》ヤツガシラ, 仏法僧(ブッポウソウ)

uragano/ウラガーノ/([英] hurricane) [男] 暴風雨, ハリケーン;(拍手などの)嵐

uranio/ウラーニオ/([英] uranium) [男] ウラン

U

urbano/ウルバーノ/(英 urban) 形 都市の, 町の;都会風の, 洗練された

urgente/ウルジェンテ/(英 urgent) 形 緊急の **urgenza** 女 緊急

urlare/ウルラーレ/(英 howl) 自 絶叫する;どなる;悲鳴をあげる;(サイレンなどが)けたたましく鳴る — 他 叫ぶように言う[歌う] **urlo** 男 [5] 悲鳴, 叫び声;(サイレンなどの)けたたましい音 **urlatore** 男 [2] 大声を出す人;絶叫型の歌手

urna/ウルナ/(英 urn) 女 投票(箱);壺(つぼ)

urto/ウルト/(英 bump) 男 衝突;対立, 不和 **urtare** 他 ぶつかる, 衝突する;(感情などを)傷つける, 害する, 損ねる — 自 ぶつかる, 衝突する ◆-arsi 衝突する, ぶつかり合う;反目する

usa e getta/ウザエジェッタ/ (英 disposable) 形 [0] 使い捨ての

usanza/ウザンツァ/(英 custom) 女 しきたり, 慣わし;習慣;流行 **Paese che vai, usanza che trovi.** 所変われば品変わる, 郷に入っては郷に従え

usare/ウザーレ/(英 use) 他 使う, 使用する;(非人称小詞[si]と) 常用される, いつも〜する ¶ Si usano di nuovo le gonne lunghe. またロングスカートが流行している / Il sabato sera si usa andare a ballare. 土曜の夜はみんな踊りに行く — 自 使用される, 用いられる;流行する **usato** 形 中古の

uscire ㉝ /ウッシーレ/(英 go out) 自 [es] 出る;出かける, 外出する **uscita** 女 出口;支出 (→entrata) **uscio**/ウッショ/ 男 ドア;出入り口

usignolo/ウズィニョーロ/(英 nightingale) 男 《鳥》ナイチンゲール(夜美しい声で鳴く鶯(ウグイス)に似た鳥;夜告げ鳥, 小夜鳴き鳥)

uso/ウーゾ/(英 use) 男 使用, 利用;(判断などをする)能力;習慣, 流行 **fuori uso** 使用不可[故障];回送(車両)

ustione/ウスティオーネ/(英 burn) 女 火傷(やけど) **ustionarsi** (con) 再 〜で火傷する

usura/ウズーラ/(英 usury; wear) 女 高利;消耗, 摩滅 **usuraio**/ウズライオ/ 男 [1] 高利貸し;守銭奴

usurpare/ウズルパーレ/(英 usurp) 他 横領する, 横取りする;騙(かた)る **usurpatore** 男 [2] 横領者;騙り

utensile/ウテンスィーレ/(英 utensil) 男 道具, 用具, 器具

utente/ウテンテ/(英 user) 男女 使用者, ユーザー

utile/ウーティレ/(英 useful) 形 役に立つ;有益[有効]な;(人が)助けになる, 頼りがいがある ¶ tempo — 有効期限 / Posso esserLe *utile*? 何か御用はございませんか — 男 実益, 実利 **unire l'utile al dilettevole** 趣味と実益を兼ねる **utilità** 女 実用性, 効用

utilizzare/ウティリッザーレ/(英 utilize) 他 利用する, 活用する **utilizzazione** 女 利用, 活用

utopia/ウトピーア/(英 utopia) 女 ユートピア, 理想郷;非現実的な計画 **utopista** 男 女 [3] ユートピアン, 空想的社会改良家

uva/ウーヴァ/(英 grape) 女 ブドウ ¶ — spina スグリ(= ribes)

V, v

V/ヴ/女(男) 20番目の字母:《符 T》V come Venezia ヴェネーツィアのV **a V** V字型の;

scollo a V Vネック
vacanza /ヴァカンツァ/(英 vacation) 囡 休日;〖複で〗休暇, バカンス
vacca /ヴァッカ/(英 cow) 囡 雌牛
vaccino /ヴァッチーノ/(英 vaccine) ワクチン
vaccinare 他 予防接種をする **vaccinazione** 囡 予防接種
vademecum /ヴァデメクム/(英 vade-mecum) 男[0] 手引書, マニュアル ¶ — del fai da te 日曜大工のハンドブック
vagare /ヴァガーレ/(英 wander) 自 (当てもなく)歩き回る, うろつく **vagabondo** 形 放浪の;ホームレスの;漂流する — 男[1] 浮浪者, ホームレス;遊び人, 怠け者;放浪者, さすらい人
vagabondare 自 浮浪する;放浪する
vagire ⑥ /ヴァジーレ/(英 whimper) 自 (乳幼児が)泣く;(文明や芸術が)産声をあげる
vagito 男 (乳幼児の)泣き声;発祥, 揺籃期 ¶ il primo — 産声
vaglia /ヴァッリャ/(英 money-order) 男[0] 為替 ¶ — postale [bancario] 郵便[銀行]為替
vago /ヴァーゴ/(英 vague) 形 漠然とした, 不明瞭な, 明確でない
vagone /ヴァゴーネ/(英 van) 男 車両 ¶ — letto [ristorante] 寝台[食堂]車
valanga /ヴァランガ/(英 avalanche) 囡 雪崩(なだれ);大量, 洪水
valdostano /ヴァルドスターノ/ 形 男[1] ヴァッレ・ダオスタの(人) **Valle d'Aosta** /ヴァッレ ダオスタ/ 囡 ヴァッレ・ダオスタ州(州都:Aosta/アオスタ/)
valere ㉞ /ヴァレーレ/(英 be worth) 自[es] 価値[値打ち]がある;優秀[有能]である;有効である, 役立つ **valere la pena di** 〖不定詞〗[che 〖接続法〗] 〜するだけの価値[やりがい]がある
valico /ヴァーリコ/(英 pass) 男[-chi] 峠, 山越えの道;(国境や山を)越えること **valicare** 他 (国境や山を)越える
valido /ヴァーリド/(英 valid) 形 有効な, 使用可能な;効果的な, 適切な;優れた, 有益な
valigia /ヴァリージャ/(英 suitcase) 囡 スーツケース, 旅行かばん
valle /ヴァッレ/(英 valley) 囡 谷, 渓谷;(河口の)湿地帯 **a valle** 下手で[に], 谷側に
vallata 囡 開けた谷あい
valore /ヴァローレ/(英 value) 男 価値, 値打ち;有能;勇気;意味, 効果 **valoroso** 形 勇敢な, 勇ましい
valutare /ヴァルターレ/(英 value) 他 評価する;考慮する
valuta 囡 貨幣, 紙幣
valvola /ヴァルヴォラ/(英 valve) 囡 バルブ, 弁;ヒューズ
valzer /ヴァルツェル/(英 waltz) 男 ワルツ, 円舞曲
vampata /ヴァンパータ/(英 burst of heat) 囡 (顔の)紅潮
vampiro /ヴァンピーロ/(英 vampire) 男[1] 吸血鬼, ドラキュラ;悪徳業者;(職場の電話を)私用でかけまくる人
vandalo /ヴァンダロ/(英 vandal) 男[1] 野蛮人;(文化や芸術の)破壊者
vanga /ヴァンガ/(英 spade) 囡 鋤(すき), 踏み鍬(くわ)
vangelo /ヴァンジェーロ/(英 Gospel) 男(V-) 福音書(新約聖書のキリスト伝:マタイ[Matteo/マッテーオ/], マルコ[Marco/マルコ/], ルカ[Luca/ルーカ/], ヨハネ[Giovanni/ジョヴァンニ/])
vano /ヴァーノ/(英 vain) 形 中身[根拠]のない;無駄な, 無益

な；虚栄心[うぬぼれ]の強い — 男 空き，空間；部屋；物置

vanità 女 虚栄心，うぬぼれ

vanitoso 形 虚栄心[うぬぼれ]の強い

vantaggio /ヴァンタッジョ/ (英 advantage) 男 優位，優勢，有利；利益，利点；長所，メリット；差，リード **vantaggioso** 形 有利な，恵まれた；好都合な，格好な

vanto /ヴァント/ (英 boast) 男 自慢，誇り；名誉，功績 **vantare** 他 自慢する，自負する，誇る；言い張る ◆ **-arsi** (di) 〜を自慢する；〜を誇りに思う

vanvera /ヴァンヴェラ/ (英 haphazard) 副 **a vanvera** (口から)でまかせに，でたらめに

vapore /ヴァポーレ/ (英 vapour) 男 蒸気，湯気；[複で]もや，煙霧 ¶ **bagno di —** 蒸し風呂 / **ferro a —** スチームアイロン / **locomotiva a —** 蒸気機関車 **a tutto vapore** 全速力で，最速で **cavallo vapore** 馬力(略記：ＣＶ) **cuocere al vapore** (料理の)蒸す

vaporetto 男 水上バス，小型蒸気船，ポンポン蒸気

variare /ヴァリアーレ/ (英 vary) 他 〜の変化をつける，変える — 自[es] 変わる，変化する，異なる；(di…) 〜を変える

variabile /ヴァリアービレ/ 形 変わりやすい，不安定な；変化する，可変性の — 女 変数

variazione 女 変化，変動；変奏(曲)；バリエーション

vario /ヴァーリオ/ (英 varied) 形 様々な，各種の；変化のある，変化に富む **varietà** 女 変化に富むこと，種類の多さ[豊富さ]，多様性；違い，相違；変種 — 女 バラエティー(ショウ)

variopinto 形 カラフルな，色とりどりの

vasca /ヴァスカ/ (英 basin) 女 水槽；バスタブ

vascello /ヴァッシェッロ/ (英 vessel) 男 大型帆船

vaso /ヴァーゾ/ (英 vase) 男 花瓶 (=*vaso* da fiori) ，壺（つぼ）； (血液やリンパの) 管 ¶ *vasi* sanguigni [linfatici] 血管[リンパ管]

vassoio /ヴァッソイオ/ (英 tray) 男 盆，トレー

vasto /ヴァスト/ (英 vast) 形 広大な；(知識が) 広い，該博な

vastità 女 広大さ，広さ

ve → vi

vecchio /ヴェッキオ/ (英 old) 形 年取った，年老いた；古い，昔の；(ワインが)年代物の — 男 老人，年寄り **vecchietto** 男 おじいさん；**vecchietta** 女 おばあさん **vecchiaia** /ヴェッキアイア/ 女 老い；老年(期)

vedere /ヴェデーレ/ (英 see) 他[visto] 見る，見える；(人に)会う；わかる，理解する **Chi si vede!** (人と偶然出会ったときに)誰かと思ったら **non vedere l'ora di** (不定詞) 今すぐにでも〜したい，待ち遠しい **vederci bene** よく見える **vedere le stelle** 激痛が走る(目の前に星が飛ぶほど)

vedova /ヴェードヴァ/ (英 widow) 女 未亡人 **vedovo** 男 男やもめ

veduta /ヴェドゥータ/ (英 view) 女 景色，見晴らし；[複で] 見識，メンタリティー

vegetale /ヴェジェターレ/ (英 vegetable) 男 植物

vegetazione 女 (集合的に)植物 **vegetariano** 男 [1] 菜食主義者，ベジタリアン

vegliare /ヴェッリアーレ/ (英 stay awake) 自 眠らないで起きている — 他 徹夜で見守る[看病する] **veglia** /ヴェッリャ/ 女 徹夜；(夜通しの)宴会，パーティー ¶ **— funebre** 通夜 **veglione** 男 (夜通しの)舞

veicolo ▶

踏会, ダンス・パーティー

veicolo /ヴェイーコロ/ (英 vehicle) 男 乗り物, 車; 媒介物, 伝達手段

vela /ヴェーラ/ (英 sail) 女 帆(ほ) ¶ barca a *vela* ヨット **a gonfie vele** 順風満帆に

veleno /ヴェレーノ/ (英 poison) 男 毒, 毒薬;有害物;憎悪, 敵意

velenoso 形 有毒な;有害な;険のある

velluto /ヴェッルート/ (英 velvet) 男 ビロード

vellutato 形 ビロードのような;柔らかな, すべすべした;優しい

velo /ヴェーロ/ (英 veil) 男 ベール;(表面を)薄く覆うもの

velare 他 ベールで覆う;覆い隠す, ぼやけさせる

veloce /ヴェローチェ/ (英 fast) 形 速い **velocità** 女 スピード, 速さ, 速度;(車の)ギア

vena /ヴェーナ/ (英 vein) 女 静脈;鉱脈;霊感, 感興 **essere in vena** やる気[その気]になっている

vendemmia /ヴェンデンミア/ (英 grape harvest) 女 ブドウの収穫 **vendemmiare** 他自 (ブドウを)収穫する

vendere /ヴェンデレ/ (英 sell) 他 売る VENDESI 売家;売土地;売物 **vendita** /ヴェンディタ/ 女 販売, 売却;売れ行き, 売上高 **venditore** 男[2] 店主;販売員

vendetta /ヴェンデッタ/ (英 revenge) 女 復讐, 報復, 仕返し **vendicare** 他 復讐する, 恨みを晴らす ◆ **-arsi** 仕返しする, 報復する

venerare /ヴェネラーレ/ (英 venerate) 他 崇拝する, あがめる

venerdì /ヴェネルディ/ (英 Friday) 男 金曜日(に)

veneto /ヴェーネト/ 形 男[1] ヴェーネトの(人) **Veneto** ヴェーネト/ 男 ヴェネト州(州都:Venezia/ヴェネーツィア/)

veneziano /ヴェネツィアーノ/ (英 Venetian) 形 男[1] ヴェネツィアの(人) **Venezia** /ヴェネーツィア/ 女 ヴェネツィア(ヴェネト州の州都)

veniale /ヴェニアーレ/ (英 venial) 形 (過ちなどが)軽い, 許せる(程度の)

venire ㉟ /ヴェニーレ/ (英 come) 自[es, venuto] 来る;(相手の所へ)行く;できあがる, 仕上がる;(単独時制＋過去分詞で受動態) ～される(ところである) **Quanto viene?** (値段・料金は)いくらですか **venire alle mani** 殴り合いになる **venire in mente a** *qc* 〈人〉の頭に浮かぶ, 思いつく **venire via** (こちらに)離れる;抜ける, はずれる, とれる

ventaglio /ヴェンタッリォ/ (英 fan) 男 扇子, 扇 **a ventaglio** 扇形に[の], 放射状に

ventata /ヴェンタータ/ (英 gust of wind) 女 突風;激変, 激動

venti /ヴェンティ/ (英 twenty) 男 形 20(の)

ventilare /ヴェンティラーレ/ (英 ventilate) 他 風を通す, 換気する **ventilato** 形 風通し[換気の]よい **ventilatore** 男 扇風機;換気扇, ファン

ventiquattrore /ヴェンティクァットローレ/ (英 briefcase) 女 小型の旅行かばん, アタッシュケース;24 時間, 丸一日(→ quarantottore)

vento /ヴェント/ (英 wind) 男 風 **parlare al vento** 聴く気のない相手に話す(＝馬の耳に風) **ventoso** 形 風の強い, 吹きさらしの

ventre /ヴェントレ/ (英 venter) 男 腹, 腹部;子宮, 母胎

venuta /ヴェヌータ/ (英 coming) 女 到着, 到来(→ venire)

verbale / ヴェルバーレ / (英 verbal) 男 議事録;口述記録, 調書

verbo / ヴェルボ / (英 verb) 男 動詞;言葉

verde / ヴェルデ / (英 green) 形 緑の;熟していない, 青い ¶ numero — フリーダイヤル — 男 緑, グリーン;青;植物, 草木 **essere al verde** 金欠状態にある **verdura** 女 野菜, 青物

vergine / ヴェルジネ / (英 virgin) 形 処女[童貞]の;(テープなどが) 未使用の;未開拓の — 女 処女; (V-) 聖母[処女]マリア; 乙女座

vergognarsi (di) / ヴェルゴニャルスィ / (英 be ashamed) 再 恥じる, 恥ずかしく思う;恥らう, 恥ずかしがる **vergogna** 女 恥ずかしさ, 羞恥(しゅうち)心;恥, 恥ずべき行為

vergognoso 形 (行為が)恥ずべき, 見苦しい;恥ずかしがり屋の;(仕草が)恥ずかしそうな

verificare / ヴェリフィカーレ / (英 verify) 他 検証する, チェックする ◆ **-arsi** 生じる, 起こる;実現する, 現実のものとなる **verifica** / ヴェリーフィカ / 女 検証, 照合 (→ vero)

verità / ヴェリタ / (英 truth) 女 真実, 真相;真理

verme / ヴェルメ / (英 worm) 男 ミミズ; 蛆(うじ), 回虫;卑劣な男, 蛆虫 **sentirsi un verme** 自分を情けなく[惨めに]思う

vermicelli 男 極細のパスタ, バーミセリ

vermiglio / ヴェルミッリョ / (英 vermilion) 男 形 朱色(の), 真紅(の)

vernice / ヴェルニーチェ / (英 varnish) 女 ニス, ペンキ, 塗料;エナメル革 **verniciare** 他 ニス[ペンキ]を塗る

vero / ヴェーロ / (英 true) 形 本当の, 真実の;本物の, 真の
-mente 副 本当に, 実に

verosimile / ヴェロスィーミレ / 形 本当[真実]らしい, もっともらしい, ありそうな **-mente** 副 きっと, 十中八九

verruca / ヴェッルーカ / (英 verruca) 女 疣(いぼ)

versare / ヴェルサーレ / (英 pour) 他 (液体を)つぐ, そそぐ; (別の容器に)あける, こぼす; 預金する, 振り込む

versamento 男 預金, 振込み

versione / ヴェルズィオーネ / (英 version) 女 翻訳, 版, バージョン

verso[1] / ヴェルソ / (英 toward) 前 (人称代名詞には di を添えて:verso di me) 〜の方に(向かって); (時間)〜頃, 〜近くに;(年齢)〜才前後

verso[2] / ヴェルソ / (英 line (of verse)) 男 (詩の)行; [複で] 詩; (動物の)鳴き声;方向;方法, 手段

vertebra / ヴェルテブラ / (英 vertebra) 女 脊椎(せきつい)

verticale / ヴェルティカーレ / (英 vertical) 形 縦の;垂直の

vertigine / ヴェルティージネ / (英 vertigo) 女 めまい

vertiginoso 形 目がくらむほどの

vescovo / ヴェスコヴォ / (英 bishop) 男 司教

vespa / ヴェスパ / (英 wasp) 女 スズメバチ;スクーター

vespaio / ヴェスパイオ / 男 スズメバチの巣;ハチの巣

vestaglia / ヴェスタッリァ / (英 dressing gown) 女 部屋着, ナイトガウン

vestire / ヴェスティーレ / (英 dress) 他 服を着せる;着る — 自 服を着る[着こなす] ◆ **-irsi** 服を着る[着こなす] **vestito** 男 服, 服装 **veste** 女 衣服;外見, 装い

vestiario /ヴェスティアーリオ/ 男 衣服類

veterinario /ヴェテリナーリオ/ (英 veterinary) 男[1] 獣医

veto /ヴェート/ (英 veto) 男 拒否, 反対

vetro /ヴェートロ/ (英 glass) 男 ガラス **vetrina** 女 ショーウィンドー, 陳列ケース；食器棚 **vetrata** 女 大きなガラス窓

vetta /ヴェッタ/ (英 top) 女 頂上, 頂点, 絶頂

vettovaglie /ヴェットヴァッリェ/ (英 victuals) 女複 食糧

vettura /ヴェットゥーラ/ (英 coach) 女 (車輪のついた) 乗物, 車

vi /ヴィ/ (英 you; there) 代 君たちを[に], あなた方を[に], 君たち[あなた方]自身を[に] — 副 そこに ([lo, la, li, le, ne]の前では ve)

via¹ /ヴィーア/ (英 street) 女 道, 通り；手段, 方法；行程, ルート **per via di...** ～によって, ～のために **Via Lattea** 銀河, 天の川 **via crucis** いばらの道 (キリストが十字架を背負って歩いたゴルゴタの丘への道)

via² /ヴィーア/ (英 away) 副 向こうへ, 離れて；～し去って **e così via** その他, ～など — 間 あっちへ行け；さあ, それっ；スタート ¶ **Pronti, via!** ようい, どん

viaggio /ヴィアッジョ/ (英 journey) 男 旅, 旅行, 移動；輸送 **viaggiare** 自 旅行する, 旅する；(乗物で)移動する, 乗って行く；(物が)運ばれる

viaggiatore 男[2] 旅行者；セールスマン, 外交員

viale /ヴィアーレ/ (英 avenue) 男 大通り, 並木道

viavai /ヴィアヴァーイ/ (英 traffic) 男 往来, 雑踏

vibrare /ヴィブラーレ/ (英 vibrate) 自 振動する, 震える — 他 振り回す；投げる；打つ

vicenda /ヴィチェンダ/ (英 event) 女 出来事, 事件 **a vicenda** 交互に, 相互に

viceversa /ヴィチェヴェルサ/ (英 vice versa) 副 その逆も同様に；逆に, 反対に

vicino /ヴィチーノ/ (英 near) 形 近い, 近くの — 男[1] 近所の人；そばにいる人 — 副 近くに **vicino a...** ～の近くに

vicolo /ヴィーコロ/ (英 alley) 男 路地, 横丁 ¶ — **cieco** 袋小路

video /ヴィーデオ/ (英 video) 男[0] ビデオ；画面 **videocassetta** 女 ビデオテープ **videoregistrare** 他 ビデオに撮る[録画する] **videoregistratore** 男 ビデオデッキ **videoregistrazione** 女 ビデオ録画

viennese /ヴィエンネーゼ/ (英 Viennese) 形男女 ウィーンの(人) **Vienna** /ヴィエンナ/ 女 ウィーン(オーストリアの首都 → Austria)

vietare /ヴィエターレ/ (英 forbid) 他 禁止する **vietato** 形 禁じられた

vigile /ヴィージレ/ (英 vigilant) 男女 巡査, 警官 ¶ — **del fuoco** 消防士 — 形 監視を怠らない, 注意深い **vigilare** 自 注意する, 見守る — 他 見張る, 監視する **vigilanza** 女 監視, 警備；細心の注意, 気配り

vigilia /ヴィジーリア/ (英 vigil) 女 前日, 前夜 ¶ — **di Natale** クリスマス・イブ

vigliacco /ヴィッリアッコ/ (英 cowardly) 形[-chi] 臆病な, 意気地のない；卑怯な, 卑劣な **vigliaccheria** /ヴィッリアッケリーア/ 女 臆病；卑怯, 卑劣

vigna /ヴィーニャ/ (英 vineyard) 女 ブドウ畑 **vigneto** 男 ブドウ畑

vigore /ヴィゴーレ/ (英 vigour)

► visita

男 力強さ，たくましさ；活力，効力

vile/ヴィーレ/(英 cowardly)形 臆病な，意気地のない；卑怯な，無責任な；下劣な，下等な **viltà** 女 臆病，卑怯

villa/ヴィッラ/(英 villa)女 別荘，別邸

villaggio/ヴィッラッジョ/(英 village)男 村，村落

villeggiatura/ヴィッレッジャトゥーラ/(英 vacation)女（避暑地などでの）バカンス，避暑

villeggiante 男女 バカンス客，避暑客

vimine/ヴィーミネ/(英 wicker)男（柳などの）細枝，つる

vincere/ヴィンチェレ/(英 win)他[vinto] 勝つ，負かす；克服する；（賞金などを）獲得する

vincere un terno al lotto 幸運をつかむ **vincitore** 男[2] 勝者，当選者，受賞者 ― 形 勝利に満ちた，勝利を収めた

vincente 形 勝った，優勝した；当選の ― 男女 勝者；当選者；勝ち馬

vinto/ヴィント/(英 beaten)形(da...) ～に負けた［敗れた］；勝った ― 男[1] 敗者，負け犬 darla vinta 負けを認める，勝ちを譲る darle a qc tutte vinte〈人〉にとても甘い，〈人〉の欲しがるものをすべて与える darsi per vinto 降参する，あきらめる

vino/ヴィーノ/(英 wine)男 ワイン，ブドウ酒

viola/ヴィオーラ/(英 violet)女 スミレ（の花）；（楽器の）ビオラ（→violino） ― 男[0] 形 すみれ色(の)，紫(の) **violetto** 男 形 すみれ色(の)，紫(の)

violare/ヴィオラーレ/(英 violate)他（規則などを）破る，犯す；（神聖なものを）汚す，冒涜する

violenza/ヴィオレンツァ/(英 violence)女 暴力，暴行；激しさ，猛烈さ **violento** 形 乱暴な，暴力的な；激しい，猛烈な

violentare 他 暴行する

violino/ヴィオリーノ/(英 violin)男 ヴァイオリン

violoncello 男 チェロ

violinista 男女[3] ヴァイオリン奏者，ヴァイオリニスト

violoncellista 男女[3] チェロ奏者（→viola）

viottolo/ヴィオットロ/(英 path)男 細道，小道（舗装されていない田舎や山の）

vipera/ヴィーペラ/(英 viper)女 毒蛇，蝮（マムシ）；腹黒い人間

virgola/ヴィルゴラ/(英 comma)女 コンマ；小数点

virtù/ヴィルトゥ/(英 virtue)女 徳，美徳；技量，力量；力，効力，効能 **virtuale** 形 理論上の，名目的な；仮想の，バーチャルな **virtuoso** 形 有徳の，徳の高い；名人芸の ― 男[1] 名手，名人

virus/ヴィールス/(英 virus)男 ウイルス；（病的な）情念，執念

viscere/ヴィッシェレ/(英 viscus)男 内臓，臓器 ― 女複 腸，はらわた，臓物；深部，奥底

visconte/ヴィスコンテ/(英 viscount)男 子爵 **viscontessa** 女 女性の子爵；子爵夫人

visibile/ヴィズィービレ/(英 visible)形 目に見える；明らかな **visibilità** 女 視界，見通し

visiera/ヴィズィエーラ/(英 visor)女（帽子の）ひさし；（ヘルメットなどの）面の部分

visione/ヴィズィオーネ/(英 vision)女 視力，視覚；（未来に対する）考え，ビジョン；幻，幻影；景色，光景；上映，放映 ¶ prima ― 封切り，ロードショウ

visita/ヴィーズィタ/(英 visit)女 訪問；訪問者［客］；見物，見学；診察；視察，査察 **visitare** 他

viso ▶

訪問する，訪ねる；見物［見学］する；診察する；視察［査察］する

visitatore 男[2] 見学者，訪問者

viso／ヴィーソ／(英 face) 男 顔；顔つき，表情 **a viso aperto** 率直に；臆せず，毅然と

visone／ヴィゾーネ／(英 mink) 男 ミンク；ミンクの毛皮

vista／ヴィスタ／(英 sight) 女 視覚；視力，目；景色，眺望 **conoscere** *qc* **di vista** 顔は見て〈人〉を知っている **punto di vista** 視点，見地 **sparare a vista** 予告なし（見た途端）に発砲する **vistoso** 形 目立つ；派手な，けばけばしい；多額の

vita／ヴィータ／(女)(英 life) 命（いのち），生；人生，生涯，伝記；生活（費）**vitale** 形 生命の；活気のある；重要な，根本的な

vitalità 女 生命力，活力，バイタリティー；活気，生気

vitamina／ヴィタミーナ／(英 vitamin) 女 ビタミン

vite／ヴィーテ／(英 screw) 女 ネジ，ビス；ブドウの木

vitello／ヴィテッロ／(英 calf) 男 子牛（の肉）；子牛の革

vittima／ヴィッティマ／(英 victim) 女 犠牲者；被害者；生贄（いけにえ）

vitto／ヴィット／(英 food) 男 食べ物，食事

vittoria／ヴィットーリア／(英 victory) 女 勝利 **vittorioso** 形 勝利に満ちた，勝ち誇った（→ vincere）

viva／ヴィーヴァ／(英 hurrah) 間 万歳（vivere の接続法3人称単数）

vivace／ヴィヴァーチェ／(英 lively) 形 活発な，元気な；活気のある；鮮やかな **vivacità** 女 活発さ；活気；鮮やかさ

vivere／ヴィーヴェレ／(英 live) 自[es, vissuto] 生きている；生存する；暮らす，生活する ― 他 生きる；体験する；強く感じる

vivo／ヴィーヴォ／(英 living) 形 生きている；現行の，現代の；元気な，活発な；鮮やかな；激しい，強烈な **a viva forza** 強引に，力ずくで ― 男 生者；生身；核心

vizio／ヴィーツィオ／(英 vice) 男 悪習，悪癖；悪，不徳；不備，欠陥 **vizioso** 形 不品行な；堕落した，不徳の；不備な，不完全な **viziare** 他 甘やかす；堕落させる

vocabolario／ヴォカボラーリオ／(英 vocabulary) 男 辞書，辞典 **vocabolo** 男 語，単語

vocazione／ヴォカツィオーネ／(英 vocation) 女 天性，天職

voce／ヴォーチェ／(英 voice) 女 声，音声；噂（うわさ）；単語，見出し語；項目，品目 **vocale** 形 声の

voga／ヴォーガ／(英 vogue) 女 流行，ブーム，人気

voglia／ヴォッリア／(英 desire) 女 願望，欲求；やる気，意欲 **aver voglia di** (不定詞) ～したい，～する気がある

voi／ヴォーイ／(英 you) 代 君たち，あなた方；（古く）あなた

voialtri 代 （反対の立場を強調して）君たち，あなた方

volante／ヴォランテ／(英 flying) 形 空を飛ぶ ¶ cervo ― クワガタムシ；たこ，カイト／disco ― 空飛ぶ円盤／otto ― ジェットコースター／squadra ― 機動隊 ― 男 （丸い）ハンドル **essere al volante** 運転している

volantino／ヴォランティーノ／(英 handbill) 男 （宣伝用の）ビラ，チラシ

volare／ヴォラーレ／(英 fly) 自[av (発着点が明示された場合は es)] （鳥や飛行機が）飛ぶ；（人が飛行機などに乗って）飛ぶ；[es] （物が）舞う，飛ぶ；（飛ぶ

ように)走る，伝わる，過ぎる **volata** 囡 疾走;(最後の)追い込み，ラストスパート;(球技の)フライ **di volata** 大急ぎで，飛んで **volatile**/ヴォラーティレ/男 鳥類

volenteroso/ヴォレンテローソ/(英 willing)形 熱意[意欲]のある; 意欲的な (= volonteroso)

volentieri/ヴォレンティエーリ/(英 willingly)副 喜んで，進んで

volere ㊱/ヴォレーレ/(英 want)他[av/es] ～が欲しい，欲する;(不定詞を伴って)～したい，～したがる **volere bene a qc** 〈人〉を慕う，〈人〉を愛している **volerci** (非人称的に)～が必要である，～がかかる **volere dire** 意味する;意味がある，重要である

volgare/ヴォルガーレ/(英 vulgar)形 下品な，低俗な **volgarità** 囡 下品なもの[話]

volgere/ヴォルジェレ/(英 turn)他[volto] 向ける;傾注する，変える ― 自 向かう;曲がる;近づく

volo/ヴォーロ/(英 flight)男 飛行;飛行便，フライト

volontà/ヴォロンタ/(英 will)囡 意志，意欲，やる気 **a volontà** 好きなだけ，いくらでも **volontario**/ヴォロンターリオ/形 自発的な;ボランティアの ― 男[1] ボランティア;志願兵，義勇兵

volpe/ヴォルペ/(英 fox)囡 狐 (キツネ) ¶ ― **argentata** 銀狐

volpone 男[1] 悪賢い[狡猾な]人間

volta/ヴォルタ/(英 time)囡 (頻度)回，度;(機会)時，折，回，度;番，順番 **una volta** 一度，一回;かつて，昔

voltare/ヴォルターレ/(英 turn)他 向ける，向きを変える;めくる，裏返す;曲がる ― 自 向きが変わる，曲がる **voltare le spalle a qc** 〈人〉に背を向ける;〈人〉を見捨てる

volto/ヴォルト/(英 face)男 顔，顔つき;表情，一面，様相

volume/ヴォルーメ/(英 volume)男 体積，容量;かさ，量;大きさ;音量;(書籍の)巻，冊 **voluminoso** 形 かさばる，かさの高い

vomitare/ヴォミターレ/(英 vomit)他 (食べた物を)もどす;吐き出す;(侮辱などを)浴びせる，ぶちまける ― 自 吐く，もどす **vomito**/ヴォーミト/男 吐くこと，嘔吐(おうと);吐いた物

vongola/ヴォンゴラ/(英 clam)囡 アサリ

vorace/ヴォラーチェ/(英 voracious)形 大食いの，がつがつした;飽くことを知らない，むさぼるような

vortice/ヴォルティチェ/(英 vortex)男 渦，渦巻き **vorticoso** 形 渦の多い，渦巻く;めまぐるしく変化する

vostro/ヴォストロ/(英 your)形 君たちの;あなた方の ― 代 君たち[あなた方]のもの

voto/ヴォート/(英 vote)男 投票;採決;評点，成績;(神や聖人への)誓い，誓約，誓願 **votare** 自 投票する **votazione** 囡 投票;評点，成績

vulcano/ヴルカーノ/(英 volcano)男 火山 **essere un vulcano** 空想力に富む;想像力がある;創造性に富む;常に新しい何か仕事を持っている

vulcanico/ヴルカーニコ/形 火山の;火山で出来た;(思想，発想が)わき出る，激しい

vuoto/ヴォート/(英 empty)形 からの，空っぽの;空虚な，内容のない;すいている，がらんとした **a mani vuote** 空手で，何の成果もなく **a vuoto** 無駄に ― 男 空間，虚空，空き;

くぼみ，間隙，穴；からの容器(空瓶，空缶，空箱)；真空；空虚，むなしさ **vuotare** 他 からにする；(中身を)空ける **vuotare il sacco** 包み隠さず話す，白状する ◆ **-arsi** からになる；(ポケットや財布を)からにする

W, w

w/ドッピオヴ/[女][男] 外来語だけに用いられ/ヴ/で発音される場合が多い：《符T》*W come Washington* ワシントンのW
wafer/ヴァーフェル/[英][男][0] ウェハース
wagon-lit/ヴァゴンリッ/[仏][男][0] 寝台車(=vagone letto)
wagon-restaurant/ヴァゴン レストラン/[仏][男][0] 食堂車(=vagone ristorante)
water-closet/ヴァテルクロズ/[英][男][0] トイレ，WC
watt/ヴァット/(英 watt)[男][0] (電力の)ワット
week-end/ウィケンド/[英][男][0] ウィーク・エンド(=fine settimana)
western/ウエステルン/[英][男][0] 西部劇，ウエスタン ¶ *spaghetti —* マカロニ・ウエスタン
whisky/ウィスキ/[英][男][0] ウィスキー
windsurf/ウィンドセルフ/[英][男][0] ウィンドサーフィン
würstel/ヴルステル/[独][男][0] フランクフルト・ソーセージ

X, x

X/イクス/[女][男] 主にギリシャ語源の単語で：《符T》*X come xeres* ヘレス酒のX；(大文字で)ローマ数字の10 *il giorno x* Xデー
xenofobia/クセノフォビーア/(英 xenophobia)[女] 外国人嫌い **xenofobo**/クセノーフォボ/[形] 外国人嫌いの — [男][1] 外国人嫌い
xilofono/クスィローフォノ/(英 xylophone)[男] 木琴，シロホン
xilografia/クスィログラフィーア/(英 xylography)[女] 木版[画] **xilografo**/クスィローグラフォ/[男] 木版師

Y, y

y/イプスィロン(イグレーコ)/[女][男] 外来語に用いられ「ギリシャのI」と呼ばれるように/イ/で発音：《符T》*Y come yacht* ヨットのY
yacht/ヨット/[英][男][0] ヨット
yoga/ヨーガ/[男][0] ヨガ(サンスクリットで「(精神)統一」を意味)
yogurt/ヨーグルト/(英 yoghurt)[男][0] ヨーグルト
yo-yo/ヨヨー/[英][男][0] (おもちゃの)ヨーヨー

Z, z

z/ゼータ/[女][男] 21番目[最後]の字母：《符T》*Z come Zara* ザーラのZ
zabaione/ザバイオーネ/(＝zabaglione)[男] 卵クリーム(卵黄，砂糖，リキュールで作ったデザート)
zafferano/ザッフェラーノ/(英 saffron)[男] サフラン
zaffiro/ザッフィーロ/(英 sapphire)[男] サファイア
zaino/ザイノ/(英 rucksack)[男] リュックサック；ランドセル
zampa/ザンパ/(英 leg)[女] (動物の)足，足先 ¶ 豚の前足の皮に挽き肉などを袋詰めにした料理(エミリア地方，特にModena/モーデナ/の名物料理)
zampogna/ザンポーニャ/[女] 南イタリアの羊飼いが吹くバグ

パイプに似た楽器

zampognaro 男 ザンポーニャ奏者

zanna/ザンナ/(英 tusk) 女 (象や猪の)牙(きば)

zanzara/ザンザーラ/(英 mosquito) 女 蚊 **zanzariera** 女 蚊帳(かや);(虫除けの)網戸

zappa/ザッパ/(英 hoe) 女 鋤(すき),鍬(くわ) **zappare** 他 (鋤鍬で)耕す

zattera/ザッテラ/(英 raft) 女 筏(いかだ);艀(はしけ)

zavorra/ザヴォッラ/(英 ballast) 女 (舟の)底荷,バラスト

zebra/ゼーブラ/(英 zebra) 女 縞馬(シマウマ);横断歩道 **zebrato** 形 縞模様の,縞柄の

zecca/ゼッカ/(英 tick) 女 造幣局 **zecchino** 男 16世紀にヴェネツィアで鋳造された金貨 Zecchino d'oro (児童歌謡祭「黒猫のタンゴ」が優勝曲になった歌唱コンクール)

zefiro/ゼーフィロ/(英 zephyr) 男 そよ風,微風(=zeffiro/ゼッフィロ/)

zelo/ゼーロ/(英 zeal) 男 熱意,熱心 **con zelo** 熱心に,一生懸命

zenit/ゼニット/(英 zenith) 男 天頂,絶頂,極致

zeppo/ゼッポ/(英 full) 形 満杯の,充満した ¶ pieno — 超満員の,ぎゅうぎゅう詰めの

zero/ゼーロ/(英 zero) 男 ゼロ,零 — 形 [0] ゼロの,零の

zeta/ゼータ/女(男) Zの読み **dall'a alla zeta** 最初から最後まで

zingaro/ズィンガロ/(英 gypsy) 男 [1] ジプシー;放浪者

zio/ズィーオ/(英 uncle) 男 おじ(伯父,叔父) **zia** 女 おば(伯母,叔母)

zitella/ズィテッラ/(英 spinster) 女 独身女性;オールド・ミス

zitto/ツィ(ズィ)ット/(英 silent) 形 黙った,しゃべらない ¶ stare — 黙っている — 間 静かに(しなさい)

zizzania/ズィッザーニア/(英 darnel) 女 毒麦,細麦;不和[不満]の種

zoccolo/ゾッコロ/(英 sabot) 男 木靴,こっぽり;(馬などの)ひづめ

zodiaco/ゾディーアコ/(英 zodiac) 男 黄道帯,獣帯 ¶ 12 segni dello zodiaco 12の星座(黄道12宮)

zolfo/ゾルフォ/(英 sulfur, sulphur) 男 硫黄(イオウ)

zolla/ゾッラ/(英 clod) 女 土くれ,土塊;(砂糖の)かたまり **zolletta** 女 小さな塊 ¶ — di zucchero 角砂糖

zona/ゾーナ/(英 zone) 女 地域,地帯;区域,ゾーン;圏

zonzo/ゾンゾ/男 **andare a zonzo** ぶらつく,ほっつきあるく

zoo/ゾー/[英] 男 動物園 ¶ zoo safari サファリ・パーク **zoologia**/ゾーロジーア/女 動物学 **zoologico**/ゾーロジコ/形 動物学の ¶ giardino — 動物園

zoom/ズム/[英] 男 ズームレンズ;ズーム(撮影)

zoppo/ゾッポ/(英 lame) 形 片足が不自由な;(椅子などの)ぐらぐらする;ちぐはぐな,安定感のない **zoppicare** 自 足をひきずって歩く;ぐらぐらする;ちぐはぐである

zotico/ゾーティコ/(英 boorish) 形 (動作が)粗野な,無作法な,がさつな

zucca/ズッカ/(英 pumpkin) 女 カボチャ,南京;頭,石頭 **avere sale in zucca** 頭がよい,気が利く **zuccone** 男 [1] ばか,石頭

zucchero/ズッケロ/(英 sugar) 男 砂糖,シュガー

zuccherato 形（砂糖や甘味料で）甘くした **zuccheriera** 女 砂糖入れ，シュガーポット

zuccherino 形 糖分を含む，甘味な ── 男 砂糖菓子，ボンボン

zuffa /ズッファ/（英 fight）女 乱闘，乱戦；激論（→rissa）

zufolo /ズーフォロ/（英 flageolet）男 縦笛，フラジョレット；口笛

zuppa /ズッパ/（英 soup）女 各種スープ；牛乳にパンを浸した朝食 ¶ *zuppa* di pesce ブイヤベース（魚介スープ） / *zuppa* inglese クリーム状のチョコレート・ケーキ **zuppiera** 女 スープ鉢

zuzzerellone /ズッゼレッローネ/（英 happy-go-lucky person）男 [1] 気楽トンボ，のんきな人（= zuzzurullone）

■ ミニ文法 ■

I. 冠詞（不定冠詞，部分冠詞，定冠詞）

		不定冠詞	部分冠詞	定冠詞	次に来る語の先頭の音
男性	単	un	del	il	大部分の子音
	複		dei	i	
	単	uno	dello	lo	S＋子音, Z
	複		degli	gli	gn, pn, ps, x
	単	un	dell'	l'	母音
	複		degli	gli	
女性	単	una	della	la	子音
	複		delle	le	
	単	un'	dell'	l'	母音
	複		delle	le	

1. 部分冠詞は若干の数量を意味し，数えられる名詞には《di＋定冠詞の複数形》，数えられない名詞には《di＋定冠詞の単数形》を用いる．
2. 不定冠詞に対応した語尾変化
    buono: un‐buon, uno‐buono, una‐buona, un'‐buon'
    nessuno: un‐nessun, uno‐nessuno, una‐nessuna, un'‐nessun'
    その他: alcuno, ciascuno, qualcuno
3. 定冠詞に対応した語尾変化
    quello: il‐quel, i‐quei, lo‐quello, gli‐quegli, l'‐quell'
      la‐quella, le‐quelle, l'‐quell'
    bello: il‐bel, i‐bei, lo‐bello, gli‐begli, l'‐bell'
      la‐bella, le‐belle, l'‐bell'

II. 冠詞前置詞（前置詞＋定冠詞）

前置詞	定冠詞男性形					定冠詞女性形		
	il	i	lo	l'	gli	la	l'	le
a	al	ai	allo	all'	agli	alla	all'	alle
di	del	dei	dello	dell'	degli	della	dell'	delle
da	dal	dai	dallo	dall'	dagli	dalla	dall'	dalle
in	nel	nei	nello	nell'	negli	nella	nell'	nelle
su	sul	sui	sullo	sull'	sugli	sulla	sull'	sulle
con	*col	*coi						col=con il, coi=con i 古形(co'=coi;pe'=pei)

III. 人称代名詞

人称	主格	再帰	間接	直接	強調・後置
1単	io	mi	mi	mi	me
2単(親称)	tu	ti	ti	ti	te
2単(敬称)	Lei	si	Le	La	Lei
3単(口語)男性(文語)	lui, egli	si	gli	lo	(a) lui
3単(口語)女性(文語)	lei, ella	si	le	la	lei
1複	noi	ci	ci	ci	noi
2複	voi	vi	vi	vi	voi
3複	loro	si	gli	li, le	loro

1. 後置形 [loro] は動詞の直後に限り前置詞 [a] を省略する場合がある.
2. 間接 [mi, ti, si, gli/le, ci, vi, gli] + [lo, la, li, le, ne]
   → [me, te, se, glie-, ce, ve, glie-] + [lo, la, li, le, ne]

IV. 名詞と形容詞の語尾変化

名詞の性・数と語尾

	男性	女性	
単数	-o	-e	-a
複数	-i	-i	-e

形容詞[-o]の語尾

	男性	女性
単数	-o	-a
複数	-i	-e

形容詞[-e]の語尾

	男性・女性
単数	-e
複数	-i

不規則な語尾変化

1. 男性形の語尾 [-co] の複数形
   1) 語尾から数えて2番目の音節にアクセントがある場合は [-chi]
      antico(アンティーコ) → antichi(アンティーキ)
      例外：amico・amici, nemico・nemici, greco・greci, porco・porci
   2) 語尾から数えて3番目の音節にアクセントがある場合は [-ci]
      medico(メーディコ) → medici(メーディチ)
      例外：carico・carichi, pizzico・pizzichi, solletico・solletichi, valico・valichi
      ＊辞書では便宜的に [-chi] のみ表記

2. 男性形の語尾 [-go] の複数形
   アクセントの位置に関係なく，ほとんどの場合 [-ghi]
   lago(ラーゴ)・laghi(ラーギ), catalogo(カターロゴ)・cataloghi(カターロギ)
   併用型：chirurgo・chirurgi/-ghi, psicologo・psicologi/-ghi, mago・magi/-ghi
   ＊辞書では便宜的に [-gi] のみ表記

3. 女性形の語尾 [-ca/-ga] の複数形
    例外なく，すべて [-che/-ghe] で対応
    amica - amiche, greca - greche, bianca - bianche, lunga - lunghe

4. 女性形の語尾 [-cia/-gia] の複数形
    1) [-i-] にアクセントがある場合は [-cie/-gie] で対応
        farmacia(ファルマチーア) → farmacie(ファルマチーエ)
        energia(エネルジーア) → energie(エネルジーエ)
        bugia(ブジーア) → bigie(ブジーエ)
    2) アクセントがない場合は [-ce/-ge] と [-cie/-gie] が使い分けられたり併用されるが，［子音＋cia(gia)］の場合は前者で，［母音＋cia(gia)］は後者で統一的に対応させればよい．
        roccia - rocce, spiaggia - spiagge, provincia - province
        camicia - camicie, valigia - valigie, ciliegia - ciliegie

5. 男性形の語尾 [-io] の複数形
    [-i-] にアクセントがある場合は [-ii] で，ない場合は [-i] で対応
    zio(ズィ[ツィ]ーオ) → zii(ズィ[ツィ]ーイ)
    figlio(フィッリォ) → figli(フィッリ)

6. その他の語尾対応(番号は辞書の記号)
    [0]: 単複同形
        単音節の語: il re - i re, la gru - le gru
        語尾が子音: il film - i film, lo sport - gli sport
        語尾に強勢: la città - le città, un caffè - due caffè
        省略形の語: l'auto(-mobile) - le auto(-mobili)
    [1]: 男性名詞の語尾を [-a] に変えて女性名詞になる．
        il ragazzo - la ragazza, il padrone - la padrona
    [2]: 男性名詞の語尾を [-trice] に変えて女性名詞になる．
        l'attore - l'attrice, lo scrittore - la scrittrice
    [3]: [-a] の男性名詞の複数形が [-i] で対応する．
        il poeta - i poeti, il pianista - i pianisti, il duca - i duchi
        ＊ギリシャ語源の [-ma] も同様: il problema - i problemi
        clima, diploma, poema, panorama, sistema, tema
    [4]: [-o]の男性名詞の複数形が女性名詞になって語尾が[-a]で対応する．
        l'uovo - le uova, un paio - due paia

[5]: [-o] の男性名詞の複数形が男性形 [-i] と女性形 [-a] で意味を区別する．

一般によく使われるほうが女性形に変化することに注意．

il braccio - le braccia(腕) * i bracci(十字架や天秤の腕)
il budello - le budella(腸) * i budelli(腸に似た細長いもの)
il cervello - le cervella(脳) * i cervelli(頭脳，シンクタンク)
il ciglio - le ciglia(まつげ) * i cigli(道端などの端や縁)
il corno - le corna(動物の角) * i corni(角に似たもの)
il dito - le dita(指) * i diti(指に似たもの)
il fondamento - le fondamenta(建物の基礎) * i fondamenti(学問上の基礎)
il grido - le grida(人間の叫び声) * i gridi(動物の鳴き声)
il labbro - le labbra(唇) * i labbri(器の口や傷口)
il membro - le menbra(上下肢) * i membri(会員，メンバー)
il muro - le mura(城壁) * i muri(壁，塀)
l'osso - le ossa(骨格や人間の骨) * gli ossi(動物の骨や骨に似たもの)
l'urlo - le urla(悲鳴や喚声や甲高い音) * gli urli(動物の遠吠え)

[6]: [capo-] の合成語
 1) [capo(長)] + [名詞] の場合は [capi]+[不変化]
   il capostazione → i capistazione(駅長)
   ＊女性形は単複同形 (la capostazione - le capostazione)
 2) [capo(主要な)] + [名詞] の場合は [capo] + [複数]
   il capolavoro → i capolavori(代表作)

V． 動詞の法と時制

1．直説法
 現在　　－近過去(助動詞 [es/av] の現在＋過去分詞)
 半過去　－大過去(助動詞 [es/av] の半過去＋過去分詞)
 遠過去　－先立過去(助動詞 [es/av] の遠過去＋過去分詞)
 単純未来－先立未来(助動詞 [es/av] の未来＋過去分詞)
2．条件法
 現在　　－過去(助動詞 [es/av] の現在＋過去分詞)
3．接続法
 現在　　－過去(助動詞 [es/av] の現在＋過去分詞)
 半過去　－大過去(助動詞 [es/av] の半過去＋過去分詞)
4．命令法
 現在(1人称単数は欠如)

不規則動詞の活用
〇不定詞[過去分詞; 現在分詞; ジェルンディオ]
　活用は主語 [io, tu, lui/lei/Lei, noi, voi, loro] の順
　斜体は不規則活用，太字は注意すべきアクセントの位置

① **essere**[*stato*; essente; essendo]
　現在：*sono, sei, è, siamo, siete, sono*
　半過：*ero, eri, era, eravamo, eravate, erano*
　遠過：*fui, fosti, fu, fummo, foste, furono*
　未来：sarò, sarai, sarà, saremo, sarete, saranno
　条現：sarei, saresti, sarebbe, saremmo, sareste, sarebbero
　接現：*sia, sia, sia, siamo, siate, siano*
　接半：*fossi, fossi, fosse, fossimo, foste, fossero*
　命令：*, *sii, sia, siamo, siate, siano*

② **avere**[avuto; avente; avendo]
　現在：*ho, hai, ha, abbiamo*, avete, *hanno*
　半過：avevo, avevi, aveva, avevamo, avevate, av**e**vano
　遠過：*ebbi*, avesti, *ebbe*, avemmo, aveste, *ebbero*
　未来：avrò, avrai, avrà, avremo, avrete, avranno
　条現：avrei, avresti, avrebbe, avremmo, avreste, avrebbero
　接現：*abbia, abbia, abbia, abbiamo, abbiate, **a**bbiano*
　接半：avessi, avessi, avesse, av**e**ssimo, aveste, av**e**ssero
　命令：*, *abbi, abbia, abbiamo, abbiate, **a**bbiano*

③ **-are** 規則変化 [-ato; -ante; -ando]: am·are
　現在：(am)-o, -i, -a, -iamo, -ate, **am**·ano
　半過：(am)-avo, -avi, -ava, -avamo, -avate, -**a**vano
　遠過：(am)-ai, -asti, -ò, -ammo, -aste, -**a**rono
　未来：(am)-erò, -erai, -erà, -eremo, -erete, -eranno
　条現：(am)-erei, -eresti, -erebbe, -eremmo, -ereste, -erebbero
　接現：(am)-i, -i, -i, -iamo, -iate, **am**·ino
　接半：(am)-assi, -assi, -asse, -**a**ssimo, -aste, -**a**ssero
　命令：*, (am)-a, -i, -iamo, -ate, **am**·ino
***gio**care: gioco, gio*chi*, gioca, gio*chiamo*, giocate, giocano
　pa**gare**: pago, pa*ghi*, paga, pa*ghiamo*, pagate, pagano
　stud**iare**: studio, stud*i*, studia, stud*iamo*, studiate, studiano

④ **-ere** 規則変化 [-uto; -ente; -endo]: tem·ere
　現在：tem·o, tem·i, tem·e, tem·iamo, tem·ete, tem·ono
　半過：(tem)-evo, -evi, -eva, -evamo, -evate, -**e**vano
　遠過：(tem)-ei(-etti), -esti, -è(-ette), -emmo, -este, -**e**rono(-**e**ttero)
　未来：(tem)-erò, -erai, -erà, -eremo, -erete, -eranno
　条現：(tem)-erei, -eresti, -erebbe, -eremmo, -ereste, -erebbero
　接現：(tem)-a, -a, -a, -iamo, -iate, **tem**·ano
　接半：(tem)-essi, -essi, -esse, -**e**ssimo, -este, -**e**ssero
　命令：*, (tem)-i, -a, -iamo, -ete, -ano
***vin**cere: vin*co*, vinci, vince, vinciamo, vincete, vin*cono*
　leggere: leg*go*, leggi, legge, leggiamo, leggete, leg*gono*

⑤ **-ire** 規則変化 [-ito; -ente; -endo]: dorm·ire
　現在：(dorm)-o, -i, -e, -iamo, -ite, **dor**·mono

半過：(dorm)-ivo, -ivi, -iva, -ivamo, -ivate, -ivano
遠過：(dorm)-ii, -isti, -ì, -immo, -iste, -irono
未来：(dorm)-irò, -irai, -irà, -iremo, -irete, -iranno
条現：(dorm)-irei, -iresti, -irebbe, -iremmo, -ireste, -irebbero
接現：(dorm)-a, -a, -a, -iamo, -iate, dorm-ano
接半：(dorm)-issi, -issi, -isse, -issimo, -iste, -issero
命令：*, (dorm)-i, -a, -iamo, -ite, dorm-ano

⑥ -ire(-isco 型規則変化)[-ito; -ente, -endo]: finire
現在：(fin)-isco, -isci, -isce, -iamo, -ite, -iscono
接現：(fin)-isca, -isca, -isca, -iamo, -iate, -iscano
命令：*, (fin)-isci, -isca, -iamo, -ite, -iscano

⑦ andare[-ato; -ante, -ando]
現在：*vado, vai, va, -iamo, -ate, vanno*
未来：(andr)-ò, -ai, -à, -emo, -ete, -anno
条現：(andr)-ei, -esti, -ebbe, -emmo, -este, -ebbero
接現：*vada, vada, vada, -iamo, -ate, vadano*
命令：*, va' (va, vai), vada, andiamo, andate, *vadano*

⑧ apparire[-ito, apparso; -ente; -endo]
現在：*appaio*(-isco), appari(-isci), appare(-isce), -iamo, -ite, *appaiono*(-iscono)
遠過：*apparvi*(apparsi, -ii), -isti, apparve(apparse, -ì), -immo, -iste, *apparvero*(-irono)
接現：*appaia*(-isca), *appaia*(-isca), *appaia*(-isca), -iamo, -ite, *appaiano*(-iscano)
命令：*, appari(-isci), *appaia*(-isca), appariamo, apparite, *appaiano*(-iscano)

⑨ bere(<*bevere*)[bevuto; bevente; bevendo]
現在：(bev)-o, -i, -e, -iamo, -ete, bev-ono
半過：(bev)-evo, -evi, -eva, -evamo, -evate, -evano
遠過：*bevvi*(bevetti), bevesti, *bevve*(bevette), bevemmo, beveste, *bevvero*(bevettero)
未来：(berr)-ò, -ai, -à, -emo, -ete, -anno
条現：(berr)-ei, -esti, -ebbe, -emmo, -este, -ebbero
接現：beva, beva, beva, beviamo, bevete, bevano
接半：(bev)-essi, -essi, -esse, -essimo, -este, -essero
命令：*, bevi, beva, beviamo, bevete, bevano

⑩ cogliere[*colto*; -ente; -endo]
現在：*colgo*, cogli, -ie, -iamo, -iete, *colgono*
遠過：*colsi*, -esti, *colse*, -emmo, -este, *colsero*
未来：coglierò(corrò), -ai, -à, -emo, -ete, -anno
命令：*, cogli, *colga*, cogliamo, cogliete, *colgano*

⑪ condurre(<*conducere*)[*condotto*; conducente; conducendo]
現在：(condu)-co, -ci, -ce, -ciamo, -cete, condu*cono*
半過：(condu)-cevo, -cevi, -ceva, -cevamo, -cevate, -cevano
遠過：(con)-*dussi*, -ducesti, -*dusse*, -ducemmo, -duceste, -*dussero*
未来：(condurr)-ò, -ai, -à, -emo, -ete, -anno
条現：(condurr)-ei, -esti, -ebbe, -emmo, -este, -ebbero
接現：(condu)-ca, -ca, -ca, -ciamo, -ciate, condu*cano*
接半：(condu)-cessi, -cessi, -cesse, -cessimo, -ceste, -cessero
命令：*, (con)-duci, -duca, -duciamo, -ducete, -du*cano*

⑫ **cuocere**[*cotto*; *cocente*; *cocendo*]
現在：*cuocio, -ci, -ce, -ciamo, -cete, cuociono*
遠過：*cossi, -cesti, cosse, -cemmo, -ceste, cossero*
接現：*cuocia, cuocia, cuocia, cuociamo, cuociate, cuociano*
命令：*, cuoci, cuocia, cuociamo, cuocete, cuociano

⑬ **dare**[-*ato*; -*ante*; -*ando*]
現在：*do, dai, dà, diamo, date, danno*
半過：davo, davi, dava, davamo, davate, d*avano*
遠過：*diedi*(*detti*)*, desti, diede*(*dette*)*, demmo, deste, diedero*(*dettero*)
未来：*darò, darai, darà, daremo, darete, daranno*
条現：*darei, daresti, darebbe, daremmo, dareste, darebbero*
接現：*dia, dia, dia, diamo, date, diano*
接半：*dessi, dessi, desse, dessimo, deste, dessero*
命令：*, da' (dai), dia, diamo, date, diano*

⑭ **dire**(<*dicere*)[*detto*; *dicente*; *dicendo*]
現在：*dico, dici, dice, diciamo, dite, dicono*
半過：(dic)-*evo, -evi, -eva, -evamo, -evate, -evano*
遠過：*dissi, dicesti, disse, dicemmo, diceste, dissero*
未来：(dir)-*ò, -ai, -à, -emo, -ete, -anno*
条現：(dir)-*ei, -esti, -ebbe, -emmo, -este, -ebbero*
接現：*dica, dica, dica, diciamo, diciate, dicano*
接半：(dic)-*essi, -cessi, -cesse, -cessimo, -ceste, -cessero*
命令：*, dî (dì), dica, diciamo, dite, dicano*

⑮ **dolersi**[dolutosi; dolentesi; dolendosi]
現在：mi *dolgo*, ti *duoli*, si *duole*, ci *dogliamo*, vi dolete, si *dolgono*
遠過：mi *dolsi*, ti -esti, si *dolse*, ci -emmo, vi -este, si *dolsero*
未来：mi (*dorr*)-*ò*, ti -ai, si -à, ci -emo, vi -ete, si -anno
条現：mi (*dorr*)-ei, ti -esti, si -ebbe, ci -emmo, vi -este, si -ebbero
接現：mi *dolga*, ti *dolga*, si *dolga*, ci -iamo(*dogliamo*), vi -iate(*dogliate*), si *dolgano*
接半：mi (dol)-essi, ti -essi, si -esse, ci -essimo, vi -este, si -essero
命令：*, duoliti, si *dolga*, doliamoci(*dogliamoci*), doletevi, si *dolgano*

⑯ **dovere**[dovuto; - ; dovendo]
現在：*devo*(*debbo*)*, devi, deve, dobbiamo, dovete, devono*(*debbono*)
半過：(dov)-evo, -evi, -eva, -evamo, -evate, -evano
遠過：dovei(*dovetti*)*, -esti, dové*(*dovette*)*, -emmo, -este, -erono*(*dovettero*)
未来：(dov)-rò, -rai, -rà, -remo, -rete, -ranno
条現：(dov)-rei, -resti, -rebbe, -remmo, -reste, -rebbero
接現：deva(*debba*), deva(*debba*), deva(*debba*), -iamo, -iate, devano(*debbano*)
接半：(dov)-essi, -essi, -esse, -essimo, -este, -essero
命令：******

⑰ **fare**(<*facere*)[*fatto*; *facente*; *facendo*]
現在：*faccio, fai, fa, facciamo, fate, fanno*
半過：(fac)-evo, -evi, -eva, -evamo, -evate, -evano
遠過：*feci*, -cesti, *fece*, -cemmo, -ceste, *fecero*
未来：*farò, farai, farà, faremo, farete, faranno*
条現：*farei, faresti, farebbe, faremmo, fareste, farebbero*
接現：*faccia, faccia, faccia, facciamo, facciate, facciano*

接半：(fac)-essi, -essi, -esse, -essimo, -este, -essero
命令：*, fa' (fa, fai), facciamo, fate, *facciano*

⑱ **morire**[*morto*; morente; morendo]
現在：*muoio, muori, muore,* -iamo, -ite, *muoiono*
未来：morirò(*morrò*), -ai, -à, -emo, -ete, -anno
条現：moriei(*morrei*), -esti, -ebbe, -emmo, -este, -ebbero
接現：*muoia, muoia, muoia,* moriamo, moriate, *muoiano*
命令：*, muori, muoia, -iamo, -ite, *muoiano*

⑲ **muovere**[*mosso*; muovente(*movente*); muovendo]
遠過：*mossi,* -esti, *mosse,* -emmo, -este, *mossero*

⑳ **parere**[*parso*; parvente; parendo]
現在：*paio,* -i, -e, paiamo, -ete, *paiono*
遠過：*parvi,* -esti, *parve,* -emmo, -este, *parvero*
未来：(parr)-ò, -ai, -à, -emo, -ete, -anno
条現：(parr)-ei, -esti, -ebbe, -emmo, -este, -ebbero
接現：*paia, paia, paia,* paiamo, paiate, *paiano*
命令：******

㉑ **piacere**[piaciuto; piacente; piacendo]
現在：*piaccio,* piaci, piace, *piacciamo*(piaciamo), piacete, *piacciono*(*piaciono*)
遠過：*piacqui,* -cesti, *piacque,* -cemmo, -ceste, *piacquero*
接現：*piaccia, piaccia, piaccia, piacciamo,* piacciate, *piacciano*
命令：*, piaci, *piaccia, piacciamo,* piacete, *piacciano*

㉒ **porre**(<*ponere*)[*posto*; ponente; ponendo]
現在：*pongo,* poni, pone, poniamo, ponete, *pongono*
半過：(pon)-evo, -evi, -eva, -evamo, -evate, -evano
遠過：*posi,* ponesti, *pose,* ponemmo, poneste, *posero*
未来：(porr)-ò, -ai, -à, -emo, -ete, -anno
条現：(porr)-rei, -esti, -ebbe, -emmo, -este, -ebbero
接現：*ponga, ponga, ponga,* poniamo, poniate, *pongano*
接半：(pon)-essi, -essi, -esse, -essimo, -este, -essero
命令：*, poni, *ponga,* poniamo, ponete, *pongano*

㉓ **potere**[potuto; potente; potendo]
現在：*posso,* puoi, può, possiamo, potete, *possono*
未来：(potr)-ò, -ai, -à, -emo, -ete, -anno
条現：(potr)-ei, -esti, -ebbe, -emmo, -este, -ebbero
接現：*possa, possa, possa,* possiamo, possiate, *possano*
命令：******

㉔ **rimanere**[*rimasto*; rimanente; rimanendo]
現在：*rimango,* -i, -e, -iamo, -ete, *rimangono*
遠過：*rimasi,* -esti, *rimase,* -emmo, -este, *rimasero*
未来：(rimarr)-ò, -ai, -à, -emo, -ete, -anno
条現：(rimarr)-ei, -esti, -ebbe, -emmo, -este, -ebbero
接現：*rimanga, rimanga, rimanga,* -iamo, -iate, *rimangano*
命令：*, rimani, *rimanga,* rimaniamo, rimanete, *rimangano*

㉕ **salire**[salito; salente; salendo]
現在：*salgo*, -i, -e, -iamo, -ite, *salgono*
接現：*salga, salga, salga*, -iamo, -iate, *salgano*
命令：*, sali, *salga*, saliamo, salite, *salgano*

㉖ **sapere**[saputo; sapiente, sapendo]
現在：*so, sai, sa, sappiamo*, -ete, *sanno*
遠過：*seppi*, -esti, *seppe*, -emmo, -este, *seppero*
未来：(sapr)-ò, -ai, -à, -emo, -ete, -anno
条現：(sapr)-ei, -esti, -ebbe, -emmo, -este, -ebbero
接現：*sappia, sappia, sappia, sappiamo, sappiate, sappiano*
命令：*, sappi, sappia, sappiamo, sappiate, sappiano*

㉗ **sedere**[seduto; sedente, sedendo]
現在：*siedo, siedi, siede*, (sediamo), sedete, *siedono*
遠過：(sed)-ei(-etti), -esti, -é(-ette), -emmo, -este, -erono(-ettero)
接現：*sieda, sieda, sieda*, sediamo, sediate, *siedano*
命令：*, siedi, sieda*, sediamo, sedete, *siedano*

㉘ **spegnere**[spento; spegnente; spegnendo]
現在：*spengo*, -gni, -gne, -gniamo, -gnete, *spengono*
遠過：*spensi*, -gnesti, *spense*, -gnemmo, -gneste, *spensero*
接現：*spenga, spenga, spenga*, -gniamo, -gniate, *spengano*
命令：*, spegni, spenga, spegniamo, spegnete, spengano*

㉙ **stare**[stato; stante; stando]
現在：*sto, stai, sta*, stiamo, state, *stanno*
遠過：*stetti, stesti, stette, stemmo, steste, stettero*
未来：(star)-ò, -ai, -à, -emo, -ete, -anno
条現：(star)-ei, -esti, -ebbe, -emmo, -este, -rebbero
接現：*stia, stia, stia*, stiamo, stiate, *stiano*
接半：*stessi, stessi, stesse, stessimo, steste, stessero*
命令：*, sta' (sta, stai), stia, stiamo, state, stiano*

㉚ **tenere**[tenuto; tenente; tenendo]
現在：*tengo, tieni, tiene*, teniamo, tenete, *tengono*
遠過：*tenni*, -esti, *tenne*, -emmo, -este, *tennero*
未来：(terr)-ò, -ai, -à, -emo, -ete, -anno
条現：(terr)-ei, -esti, -ebbe, -emmo, -este, -ebbero
接現：*tenga, tenga, tenga*, teniamo, teniate, *tengano*
命令：*, tieni, tenga, teniamo, tenete, tengano*

㉛ **trarre**(<*traere*)[tratto; traente; traendo]
現在：*traggo, trai, trae*, traiamo, traete, *traggono*
半過：(tra)-evo, -evi, -eva, -evamo, -evete, -evano
遠過：*trassi, traesti, trasse*, traemmo, traeste, *trassero*
未来：(trarr)-ò, -ai, -à, -emo, -ete, -anno
条現：(trarr)-ei, -esti, -ebbe, -emmo, -este, -ebbero
接現：*tragga, tragga, tragga*, traiamo, traiate, *traggano*
接半：(tra)-essi, -essi, -esse, -essimo, -este, -essero
命令：*, trai, tragga, traiamo, traete, traggano*

㉜ **udire**[udito; udente; udendo]
　現在 : *odo*, *odi*, *ode*, udiamo, udite, *odono*
　未来 : udirò(*udrò*), -ai, -à, -emo, -ete, -anno
　条現 : udirei(*udrei*), -esti, -ebbe, -emmo, -este, -ebbero
　接現 : *oda*, *oda*, *oda*, udiamo, udiate, *odano*
　命令 : *, *odi*, *oda*, udiamo, udite, *odano*

㉝ **uscire**[uscito; uscente; uscendo]
　現在 : *esco*, *esci*, *esce*, usciamo, uscite, *escono*
　接現 : *esca*, *esca*, *esca*, usciamo, usciate, *escano*
　命令 : *, *esci*, *esca*, usciamo, uscite, *escano*

㉞ **valere**[*valso*; valente; valendo]
　現在 : *valgo*, vali, vale, valiamo, valete, *valgono*
　遠過 : *valsi*, -esti, *valse*, -emmo, -este, *valsero*
　未来 : (varr)-ò, -ai, -à, -emo, -ete, -anno
　条現 : (varr)-ei, -esti, -ebbe, -emmo, -este, -ebbero
　接現 : *valga*, *valga*, *valga*, valiamo, valiate, *valgano*
　命令 : *, vali, *valga*, valiamo, valete, , *valgano*

㉟ **venire**[*venuto*; venente; venendo]
　現在 : *vengo*, *vieni*, *viene*, veniamo, venite, *vengono*
　遠過 : *venni*, venisti, *venne*, venimmo, veniste, *vennero*
　未来 : (verr)-ò, -ai, -à, -emo, -ete, -anno
　条現 : (verr)-ei, -esti, -ebbe, -emmo, -este, -ebbero
　接現 : *venga*, *venga*, *venga*, veniamo, veniate, *vengano*
　命令 : *, *vieni*, *venga*, veniamo, venite, *vengano*

㊱ **volere**[voluto; volente; volendo]
　現在 : *voglio*, *vuoi*, *vuole*, vogliamo, volete, *vogliono*
　遠過 : *volli*, -esti, *volle*, -emmo, -este, *vollero*
　未来 : (vorr)-ò, -ai, -à, -emo, -ete, -anno
　条現 : (vorr)-ei, -esti, -ebbe, -emmo, -este, -ebbero
　接現 : *voglia*, *voglia*, *voglia*, -gliamo, -gliate, *vogliano*
　命令 : *, *vogli*, *voglia*, vogliamo, vogliate, *vogliano*

2003年9月10日　初版発行

デイリー日伊英・伊日英辞典

2018年3月10日　第6刷発行

監　修	藤村昌昭（ふじむら・まさあき）
編　集	三省堂編修所
発行者	株式会社三省堂　代表者 北口克彦
印刷者	三省堂印刷株式会社
発行所	株式会社三省堂

〒101-8371
東京都千代田区神田三崎町二丁目22番14号
電話　編集　(03) 3230-9411
　　　営業　(03) 3230-9412
http://www.sanseido.co.jp/

〈デイリー日伊英・1056pp.〉

落丁本・乱丁本はお取り替えいたします。

ISBN978-4-385-12221-2

本書を無断で複写複製することは、著作権法上の例外を除き、禁じられています。また、本書を請負業者等の第三者に依頼してスキャン等によってデジタル化することは、たとえ個人や家庭内での利用であっても一切認められておりません。

デイリー日仏英・仏日英辞典
これは便利！シンプルな3か国語辞典。「日仏英」は1万3千項目、囲み項目も充実。「仏日英」は5千項目、用例や成句も入って充実。仏・英語はカタカナ発音付き。2色刷。

デイリー日中英・中日英辞典
これは便利！シンプルな3か国語辞典。「日中英」は1万3千項目、「中日英」は5千項目。HSKの重要語にもとづきランキングと品詞を明示。カタカナ発音付き。2色刷。

デイリー日韓英・韓日英辞典
これは便利！シンプルな3か国語辞典。「日韓英」は1万4千項目、「韓日英」は6千項目、ハングルの漢字表記がひと目でわかる。韓国語・英語はカタカナ発音付き。2色刷。

デイリー日葡英・葡日英辞典
これは便利！シンプルな3か国語辞典。「日葡英」は囲み項目も充実して1万5千項目、「葡日英」は7千項目。ブラジル・ポルトガル語、英語はカタカナ発音付き。2色刷。

デイリーコンサイス仏和・和仏辞典
仏和7万項目、和仏2万3千項目を収録した最大級のポケット仏和・和仏辞典。的確で簡潔な訳語と精選された最適の用例。場面別会話集も収録。カナ発音付き。2色刷。

デイリーコンサイス独和・和独辞典
独和6万1千項目、和独5万5千項目収録のポケット独和・和独辞典。新正書法表記を全面的に記載。()内に従来の表記も併記。ドイツの新時代に対応した的確な訳語。

デイリーコンサイス中日・日中辞典
ハンディな中国語辞典のトップセラー。中日は親字9千字、子見出し約4万語。簡潔な用例。日中は見出し語3万、用例2万1千。ピンイン付き。付録に日本語の音読み索引。

数 詞

基数

1 uno ウーノ	11 undici ウンディチ	21 ventuno ヴェントゥーノ	
2 due ドゥーエ	12 dodici ドーディチ	22 ventidue ヴェンティドゥーエ	
3 tre トレ	13 tredici トレーディチ	23 ventitré ヴェンティトレ	
4 quattro クアットロ	14 quattordici クァットルディチ	24 ventiquattro ヴェンティクアットロ	
5 cinque チンクェ	15 quindici クインディチ	25 venticinque ヴェンティチンクェ	
6 sei セーイ	16 sedici セーディチ	26 ventisei ヴェンティセーイ	
7 sette セッテ	17 diciassette ディチャッセッテ	27 ventisette ヴェンティセッテ	
8 otto オット	18 diciotto ディチョット	28 ventotto ヴェントット	
9 nove ノーヴェ	19 diciannove ディチァンノーヴェ	29 ventinove ヴェンティノーヴェ	
10 dieci ディエーチ	20 venti ヴェンティ	30 trenta トレンタ	

31 trentuno トレントゥーノ	100 cento チェント
33 trentatré トレンタトレ	200 duecento ドゥエチェント
38 trentotto トレントット	300 trecento トレチェント
40 quaranta クァランタ	400 quattrocento クァットロチェント
50 cinquanta チンクァンタ	500 cinquecento チンクェチェント
60 sessanta セッサンタ	600 seicento セイチェント
70 settanta セッタンタ	700 settecento セッテチェント
80 ottanta オッタンタ	800 ottocento オットチェント
90 novanta ノヴァンタ	900 novecento ノヴェチェント

1.000 mille
ミッレ

2.000 duemila
ドゥエミーラ

10.000 diecimila
ディエチミーラ

20.000 ventimila
ヴェンティミーラ

1.000.000 un milione
ウンミリオーネ

2.000.000 due milioni
ドゥエミリオーニ

10.000.000 dieci milioni
ディエチミリオーニ

20.000.000 venti milioni
ヴェンティミリオーニ

100.000.000 cento milioni
チェントミリオーニ

200.000.000 duecento milioni
ドゥエチェントミリオーニ

1.000.000.000 un miliardo
ウンミリアルド

2.000.000.000 due miliardi
ドゥエミリアルディ

序数

I primo(-a,-i,-e) プリーモ(マ,ミ,メ)	VI sesto セスト	XI undicesimo ウンディチェーズィモ
II secondo セコンド	VII settimo セッティモ	XII dodicesimo ドディチェーズィモ
III terzo テルツォ	VIII ottavo オッターヴォ	XX ventesimo ヴェンテーズィモ
IV quarto クアルト	IX nono ノーノ	C centesimo チェンテーズィモ
V quinto クイント	X decimo デーチモ	M millesimo ミッレーズィモ